Städteverbindungen
1855

mit Eisenbahn-, Post- und Dampfschiff-Coursen

von / nach

Aachen • Augsburg • Basel • Berlin • Bonn • Braunschweig • Bremen • Breslau • Carlsruhe • Cassel • Chemnitz • Coblenz • Cöln • Constanz • Danzig • Darmstadt • Dortmund • Dresden • Düsseldorf • Elberfeld • Erfurt • Essen • Frankfurt a.M. • Freiburg i.B. • Gera • Görlitz • Hagen • Halle • Hamburg • Hamm • Hannover • Heidelberg • Kiel • Königsberg i.Pr. • Leipzig • Lindau • Ludwigshafen • Lübeck • Magdeburg • Mainz • Mannheim • München • Münster • Nürnberg • Oberhausen • Oppeln • Osnabrück • Passau • Posen • Regensburg • Rostock • Saarbrücken • Schwerin • Stettin • Stralsund • Stuttgart • Trier • Ulm • Wiesbaden • Würzburg • Zwickau

sowie nach dem angrenzenden Auslande

IMPRESSUM

HEEL Verlag GmbH
Gut Pottscheidt
53639 Königswinter
Telefon 02223 9230-0
Telefax 02223 9230 26
info@heel-verlag.de
www.heel-verlag.de

Verantwortlich für den Inhalt:
Peter Schindler

Lektorat:
Jürgen Schlegelmilch

Fotonachweis Titelbild: © akg-images gmbh
Das Bild zeigt die Unterführung der Königstraße am Bahnhof Alexanderplatz der Berliner Stadtbahn. Der Holzstich von ca. 1885 steht stellvertretend für die boomenden Verkehrsanbindungen in der zweiten Hälfte des 19. Jahrhunderts.

Printed in Czech Republic

ISBN: 978-3-95843-796-8

Inhaltsverzeichnis

ZEICHENERKLÄRUNG

Cz	=	Courierzug	✉	=	Post-Cours
Sz	=	Schnellzug	⛴	=	Dampfschiff-Cours, Trajekt-Verkehr
Ez	=	Eilzug	🛏	=	Nachtlager am Ort
Pz	=	Personenzug	8.45^3	=	Ankunft um 8.45 Uhr am 3. Reisetag
GmP	=	Güterzug mit Personenbeförderung			(Abreisetag dabei mitgezählt)
U	=	Umsteigen erforderlich	k.A., #	=	Fahrplan lag nicht vor

Vorwort

Wer häufig zeitgenössische Berichte oder Romane und Erzählungen des 19. Jahrhunderts liest, dem wird immer wieder bewusst, welche Umwälzungen der Übergang zur Industriegesellschaft für die Menschen zur Folge hatte, selbst wenn sie nicht in einer neuen, aufstrebenden Industrie tätig waren. Besonders deutlich zeigt sich diese Veränderung im Transportwesen. Die Eisenbahn war zu jener Zeit, was der unseren das Internet ist. Und so wie heute der Ausbau solcher Netze Zeit beansprucht und regionale wirtschaftliche und soziale Gefälle schafft, so gilt Ähnliches für die Zeit der Einführung des Linienverkehrs im Transportwesen. Das stetig wachsende Angebot an regelmäßigen, getakteten Verbindungen steigerte auch das Bedürfnis nach Mobilität. Länder und Kontinente begannen zu schrumpfen, der Horizont der Menschen erweiterte sich und der Wunsch, schneller voranzukommen wuchs mit dem Bewusstsein, dass die Technik dafür existierte und „nur" noch installiert zu werden brauchte. Geschwindigkeit war dabei kein wirksames Gegenmittel gegen Ungeduld, sie förderte sie noch.

Wie viel Geduld der moderne Reisende Mitte des 19. Jahrhunderts bei der Durchquerung der deutschen Lande noch aufbringen musste und wie schnell er tatsächlich voran kommen konnte, wenn denn alles nach Plan ging, lässt sich aus diesem Buch rekonstruieren. Es zeigt eine Momentaufnahme: Das Jahr 1855 ist der früheste Zeitpunkt, für den sich eine solche Betrachtung lohnt. Dreißig Jahre vorher ist in England die *Stockton and Darlington Railway* eröffnet worden; zwanzig Jahre zurück fuhr offiziell die erste deutsche Dampflokomotive und die ersten planmäßigen Personentransporte auf deutschen Eisenbahnstrecken sind gerade einmal sechzehn Jahre her – genauso viele, wie noch bis zur Reichsgründung ins Land gehen werden. Diese Phase der Entwicklung ist umso faszinierender, weil das Eisenbahnnetz noch so viele Lücken an wichtigen Stellen aufweist. Postkutschen und Dampfschiffe schließen sie und geraten so in den Takt des Molochs Eisenbahn hinein, der ihnen oft in wenigen Jahren die Geschäftsgrundlage entziehen wird. Als es soweit ist, werden auch Kursbücher als Informationsquelle für die Reisenden unverzichtbar.

Wenn Sie, geneigter Leser, demnächst irgendwo hören oder lesen, wie der junge Brahms von Hamburg oder Leipzig aus zu Clara Schumann nach Düsseldorf reiste, oder Ferdinand Lassalle von Düsseldorf nach Leipzig oder Theodor Fontane von Berlin nach London, können Sie dieses Buch aufschlagen und sich präzise ausmalen, welche relativ mühsamen Vorgänge und komplizierten Details sich hinter der schlichten Formulierung „er reiste" verbergen. Denn vor Ihnen liegt ein aus zeitgenössischen Quellen sorgsam zusammengestelltes Kursbuch des Jahres 1855, das sämtliche Eisenbahn-, Post- und Dampfschiff-Course zwischen 60 größeren Städten von Aachen bis Zwickau sowie nach dem benachbarten Ausland enthält.

Ich wünsche viel Vergnügen auf den imaginären Reisen durch eine rekonstruierte Vergangenheit.

Peter Schindler
Königswinter, Juli 2019

Städteverbindungen Inland

Aachen

Aachen verfügt über Bahnanschlüsse in vier Richtungen:

- in der Ost-West-Richtung verläuft die Hauptlinie der Rheinischen Eisenbahn Cöln–Aachen–Herbesthal–Grenze zu Belgien (–Lüttich–Brüssel mit zahlreichen Anschlüssen in Belgien sowie nach London über Ostende und nach Paris),
- in nordöstlicher Richtung die Aachen-Düsseldorf-Ruhrorter Eisenbahn, die sich in Gladbach nach Ober-Cassel gegenüber Düsseldorf und nach Oberhausen verzweigt,
- in nordwestlicher Richtung die Aachen-Mastrichter Eisenbahn in die Niederlande.

Weitere Linien sind nicht projectirt.

Bahnhöfe: Die Züge fahren sämmtlich ab Bf Marschierthor, Züge nach Gladbach und Mastricht außerdem ab Bf Templerbend.

---

von **Aachen**

nach **Augsburg**

7.15 Pz **U** Cöln 9.15 / 10.00
U Coblenz 17.00 / 20.00 ✉
U Wiesbaden 5.00 / 5.45 Pz
U Frankfurt a.M. 7.30 / **8.30 Ez**
U Bamberg **14.45** / **15.30 Ez** — **21.20**

Fortsetzung siehe nächste Spalte

15.00 Pz **U** Cöln 16.45 / 20.15
U Mainz 11.00 / **11.20 Sz**
U Ludwigshafen **13.00** / #
U Mannheim # / 15.10 Pz
U Bruchsal 17.01* / 17.20 Pz
U Stuttgart 20.15 / 7.05 Pz
U Ulm 10.50 / 11.15 GmP — 15.40[3]

* Ankunftszeit geschätzt

nach **Basel***

3.15 Sz **U** Cöln **5.00** / 6.00
U Mainz 19.30 / 20.00 Pz
U Ludwigshafen 21.59 / #
U Mannheim # / **6.40 Sz** — **14.56**

15.00 Pz **U** Cöln 16.45 / 20.15
U Mainz 11.00 / **11.20 Sz**
U Ludwigshafen **13.00** / #
U Mannheim # / 15.10 Pz
U Offenburg 20.47 / 6.00 Pz — 10.55[3]

* Ankunft Basel Badischer Bf

nach **Berlin**

3.15 Sz	**U** Cöln > Deutz **5.00** / **6.30 Cz**	**21.20**
7.30 Pz	**U** Oberhausen 12.55 / 13.23 Pz	9.30
16.25 Pz	**U** Oberhausen 21.35 / **21.56 Sz**	**13.10**

nach **Bonn**

3.15 Sz	**U** Cöln **5.00** / 6.00	8.00
3.15 Sz	**U** Cöln **5.00** / 7.00 Pz	7.50
7.15 Pz	**U** Cöln 9.15 / 10.00 Pz	10.50
15.00 Pz	**U** Cöln 16.45 / 17.45 Pz	18.35

nach **Braunschweig**

3.15 Sz	**U** Cöln > Deutz **5.00** / **6.30 Cz**	**15.22**
7.30 Pz	**U** Oberhausen 12.55 / 13.23 Pz	0.30
16.25 Pz	**U** Oberhausen 21.35 / **21.56 Sz**	**7.05**

nach **Bremen**

3.15 Sz **U** Cöln > Deutz **5.00** / **6.30 Cz**
U Wunstorf **13.15*** / 13.25 Pz — 16.00

16.25 Pz **U** Oberhausen 21.35 / **21.56 Sz**
U Wunstorf **4.35*** / 7.30 Pz — 10.15

* Ankunftszeit geschätzt

nach **Breslau**

3.15 Sz **U** Cöln > Deutz **5.00** / **6.30 Cz**
U Berlin **21.20** / **22.15 Sz** — **5.43**

nach **Carlsruhe**

3.15 Sz **U** Cöln **5.00** / 6.00
U Mainz 19.30 / 20.00 Pz
U Ludwigshafen 21.59 / #
U Mannheim # / 5.00 Pz — 9.12

3.15 Sz **U** Cöln **5.00** / 6.00
U Mainz 19.30 / 20.00 Pz
U Ludwigshafen 21.59 / #
U Mannheim # / **6.40 Sz** — **8.27**

15.00 Pz **U** Cöln 16.45 / 20.15
U Mainz 11.00 / **11.20 Sz**
U Ludwigshafen **13.00** / #
U Mannheim # / 15.10 Pz — 17.50

nach **Cassel**

3.15 Sz **U** Cöln > Deutz **5.00** / **6.30 Cz**
U Hamm **9.36** / 9.50 Pz — 15.55

7.30 Pz **U** Oberhausen 12.55 / 13.23 Pz
U Hamm 16.00 / 16.18 Pz — 22.00

nach **Chemnitz**

3.15 Sz **U** Cöln > Deutz **5.00** / **6.30 Cz**
U Magdeburg **18.00** / 18.15 Pz
U Leipzig 21.15 / **22.00 Sz**
U Riesa **23.15*** / 5.15 Pz — 8.15

Fortsetzung siehe nächste Seite

noch: nach **Chemnitz**

7.30 Pz	**U** Oberhausen 12.55 / 13.23 Pz	
	U Magdeburg 4.50 / 5.30 Pz	
	U Leipzig 9.00 / 10.00 Pz	
	U Riesa 11.25* / 12.15 Pz	15.30
16.25 Pz	**U** Oberhausen 21.35 / **21.56 Sz**	
	U Magdeburg **10.00** / 10.45 Pz	
	U Leipzig 14.05 / 14.30 Pz	
	U Riesa 16.00* / 16.45 Pz	19.30

* Ankunftszeit geschätzt

nach **Coblenz**

3.15 Sz	**U** Cöln **5.00** / 6.00 ⛴	12.15
7.15 Pz	**U** Cöln 9.15 / 10.00 ⛴	17.00
15.00 Pz	**U** Cöln 16.45 / 20.15 ⛴	2.45
21.00 Sz	**U** Cöln **22.30** / 23.30 ⛴	9.00
	nur Mo und Do	

nach **Cöln**

3.15 Sz	**5.00**
7.15 Pz	9.15
13.00 Pz	15.00
15.00 Pz	16.45
21.00 Sz	**22.30**

nach **Constanz**

3.15 Sz	**U** Cöln **5.00** / 6.00 ⛴	
	U Mainz 19.30 / 20.00 Pz	
	U Ludwigshafen 21.59 ↪ / #	
	U Mannheim # / **6.40 Sz**	
	U Offenburg **10.22** / 10.45 ⊠	6.15^3

nach **Danzig**

3.15 Sz	**U** Cöln > Deutz **5.00** / **6.30 Cz**	
	U Berlin **21.20** / **22.40 Sz**	**11.35**

nach **Darmstadt**

7.15 Pz	**U** Cöln 9.15 / 10.00 ⛴	
	U Coblenz 17.00 / 20.00 ⊠	
	U Wiesbaden 5.00 / 5.45 Pz	
	U Frankfurt a.M. 7.30 / 8.00 GmP	9.15*
15.00 Pz	**U** Cöln 16.45 / 20.15 ⛴	
	U Mainz 11.00 / 16.30 ⊠	19.45

* Ankunftszeit geschätzt

nach **Dortmund***

3.15 Sz	**U** Cöln > Deutz **5.00** / **6.30 Cz**	**9.02**
7.30 Pz	**U** Oberhausen 12.55 / 13.23 Pz	15.00
13.00 Pz	**U** Cöln > Deutz 15.00 / 16.00 Pz	20.25
16.25 Pz	**U** Oberhausen 21.35 / **21.56 Sz**	**23.11**

* Ankunftszeiten in Dortmund sind sämmtlich geschätzt.

nach **Dresden**

3.15 Sz	**U** Cöln > Deutz **5.00** / **6.30 Cz**	
	U Magdeburg **18.00** / 18.15 Pz	
	U Leipzig 21.15 / **22.00 Sz**	**0.30**
7.30 Pz	**U** Oberhausen 12.55 / 13.23 Pz	
	U Magdeburg 4.50 / 5.30 Pz	
	U Leipzig 9.00 / 10.00 Pz	13.15
16.25 Pz	**U** Oberhausen 21.35 / **21.56 Sz**	
	U Magdeburg **10.00** / 10.45 Pz	
	U Leipzig 14.05 / 14.30 Pz	17.30

Fortsetzung siehe nächste Spalte

nach **Düsseldorf**

3.15 Sz	**U** Cöln > Deutz **5.00** / **6.30 Cz**	**7.15**
7.30 Pz	**U** Gladbach 9.19 / 9.35 Pz	10.13*
11.30 Pz	**U** Gladbach 13.33 / 13.44 Pz	14.33*
13.00 Pz	**U** Cöln > Deutz 15.00 / 16.00 Pz	17.10
16.25 Pz	**U** Gladbach 18.14 / 18.30 Pz	19.08*

* Ankunft in Ober-Cassel auf der linken Rheinseite

nach **Elberfeld**

3.15 Sz	**U** Cöln > Deutz **5.00** / **6.30 Cz**	
	U Düsseldorf **7.15** / 7.30 Pz	8.36
7.30 Pz	**U** Gladbach 9.19 / 9.35 Pz	
	U Düsseldorf 10.13* / 12.30 Pz	14.07
13.00 Pz	**U** Cöln > Deutz 15.00 / 16.00 Pz	
	U Düsseldorf 17.10 / 17.30 Pz	18.36
16.25 Pz	**U** Gladbach 18.14 / 18.30 Pz	
	U Düsseldorf 19.08* / 21.15 Pz	22.21

* Ankunft in Ober-Cassel auf der linken Rheinseite

nach **Erfurt**

7.30 Pz	**U** Oberhausen 12.55 / 13.23 Pz	
	U Hamm 16.00 / 16.18 Pz	
	U Cassel 22.00 / 22.15 Pz	
	U Guntershausen 22.35 / **22.45 Sz**	**2.50***

* Ankunftszeit geschätzt

nach **Essen**

7.30 Pz	**U** Oberhausen 12.55 / 13.23 Pz	13.45*
13.00 Pz	**U** Cöln > Deutz 15.00 / 16.00 Pz	18.55*
16.25 Pz	**U** Oberhausen 21.35 / **21.56 Sz**	**22.15***

* Ankunft in Alten-Essen, Ankunftszeit geschätzt; ein Fahrplan der Post-Course von Alten-Essen nach Essen Stadt liegt nicht vor.

nach **Frankfurt a.M.**

7.15 Pz	**U** Cöln 9.15 / 10.00 ⛴	
	U Coblenz 17.00 / 20.00 ⊠	
	U Wiesbaden 5.00 / 5.45 Pz	7.30
15.00 Pz	**U** Cöln 16.45 / 22.00 ⛴	17.30

nach **Freiburg i.B.**

3.15 Sz	**U** Cöln **5.00** / 6.00 ⛴	
	U Mainz 19.30 / 20.00 Pz	
	U Ludwigshafen 21.59 ↪ / #	
	U Mannheim # / **6.40 Sz**	**12.35**
15.00 Pz	**U** Cöln 16.45 / 20.15 ⛴	
	U Mainz 11.00 / **11.20 Sz**	
	U Ludwigshafen **13.00** / #	
	U Mannheim # / 15.10 Pz	
	U Offenburg 20.47 ↪ / 6.00 Pz	8.16^3

nach **Gera**

3.15 Sz	**U** Cöln > Deutz **5.00** / **6.30 Cz**	
	U Magdeburg **18.00** / 18.15 Pz	
	U Leipzig 21.15 ↪ / 6.00 Pz	
	U Altenburg 7.10* / 9.00 ⊠	13.00
3.15 Sz	**U** Cöln > Deutz **5.00** / **6.30 Cz**	
	U Magdeburg **18.00** / 18.15 Pz	
	U Leipzig 21.15 ↪ / **7.15 Ez**	
	U Altenburg **8.08*** / 9.00 ⊠	13.00
16.25 Pz	**U** Oberhausen 21.35 / **21.56 Sz**	
	U Magdeburg **10.00** / 10.45 Pz	
	U Leipzig 14.05 / 18.30 Pz	
	U Altenburg 19.40* / 20.30 ⊠	0.30^3

* Ankunftszeit geschätzt

nach **Görlitz**

3.15 Sz	**U** Cöln > Deutz **5.00** / **6.30 Cz**	
	U Berlin **21.20** / **22.15 Sz**	
	U Kohlfurt **2.40*** / 3.15 Pz	4.00
3.15 Sz	**U** Cöln > Deutz **5.00** / **6.30 Cz**	
	U Magdeburg **18.00** / 18.15 Pz	
	U Leipzig 21.15 / **22.00 Sz**	
	U Dresden **0.30** / 5.30 Pz	9.00
7.30 Pz	**U** Oberhausen 12.55 / 13.23 Pz	
	U Magdeburg 4.50 / 5.30 Pz	
	U Leipzig 9.00 / 10.00 Pz	
	U Dresden 13.15 / 14.30 Pz	18.15
16.25 Pz	**U** Oberhausen 21.35 / **21.56 Sz**	
	U Magdeburg **10.00** / 10.45 Pz	
	U Leipzig 14.05 / 14.30 Pz	
	U Dresden 17.30 / 18.15 Pz	21.40

* Ankunftszeit geschätzt

nach **Hagen***

3.15 Sz	**U** Cöln > Deutz **5.00** / **6.30 Cz**	
	U Düsseldorf **7.15** / 7.30 Pz	
	U Elberfeld 8.36 / 9.40 Pz	11.17
7.30 Pz	**U** Gladbach 9.19 / 9.35 Pz	
	U Düsseldorf 10.13** / 12.30 Pz	
	U Elberfeld 14.07 / 16.20 Pz	17.38
13.00 Pz	**U** Cöln > Deutz 15.00 / 16.00 Pz	
	U Düsseldorf 17.10 / 17.30 Pz	
	U Elberfeld 18.36 / 19.25 Pz	20.33
16.25 Pz	**U** Gladbach 18.14 / 18.30 Pz	
	U Düsseldorf 19.08** / 21.15 Pz	
	U Elberfeld 22.21 ↪ / 6.45 Pz	7.50

* Ankunftszeiten in Hagen sind sämmtlich geschätzt.
** Ankunft in Ober-Cassel auf der linken Rheinseite

nach **Halle**

3.15 Sz	**U** Cöln > Deutz **5.00** / **6.30 Cz**	
	U Magdeburg **18.00** / 18.15 Pz	20.25
7.30 Pz	**U** Oberhausen 12.55 / 13.23 Pz	
	U Magdeburg 4.50 / 5.30 Pz	8.00
16.25 Pz	**U** Oberhausen 21.35 / **21.56 Sz**	
	U Magdeburg **10.00** / 10.45 Pz	13.10

noch: ab **Aachen**

nach Hamburg

3.15 Sz	U Cöln > Deutz **5.00 / 6.30 Cz**	
	U Lehrte **14.25*** / 14.35 Pz	
	U Harburg 18.20 / 19.00 ⛴	20.15
16.25 Pz	U Oberhausen 21.35 / **21.56 Sz**	
	U Lehrte **6.00*** / 6.05 Pz	
	U Harburg 10.05 / 10.30 ⛴	11.45

* Ankunftszeit geschätzt

nach Hamm

3.15 Sz	U Cöln > Deutz **5.00 / 6.30 Cz**	**9.36**
7.30 Pz	U Oberhausen 12.55 / 13.23 Pz	16.00
13.00 Pz	U Cöln > Deutz 15.00 / 16.00 Pz	21.15
16.25 Pz	U Oberhausen 21.35 / **21.56 Sz**	**24.00**

nach Hannover

3.15 Sz	U Cöln > Deutz **5.00 / 6.30 Cz**	**13.45**
7.30 Pz	U Oberhausen 12.55 / 13.23 Pz	22.10
16.25 Pz	U Oberhausen 21.35 / **21.56 Sz**	**5.10**

nach Heidelberg*

3.15 Sz	U Cöln **5.00** / 6.00 ⛴	
	U Mainz 19.30 / 20.00 Pz	
	U Ludwigshafen 21.59 ↪ / #	
	U Mannheim # / 5.00 Pz	5.45
3.15 Sz	U Cöln **5.00** / 6.00 ⛴	
	U Mainz 19.30 / 20.00 Pz	
	U Ludwigshafen 21.59 ↪ / #	
	U Mannheim # / **6.40 Sz**	**7.07**
15.00 Pz	U Cöln 16.45 / 20.15 ⛴	
	U Mainz 11.00 / **11.20 Sz**	
	U Ludwigshafen **13.00** / #	
	U Mannheim # / 15.10 Pz	15.46

* Ankunftszeiten in Heidelberg sind sämmtlich geschätzt.

nach Kiel

3.15 Sz	U Cöln > Deutz **5.00 / 6.30 Cz**	
	U Lehrte **14.25*** / 14.35 Pz	
	U Harburg 18.20 / 19.00 ⛴	
	U Hamburg 20.15 ↪ / Altona 8.10 Pz	11.00
16.25 Pz	U Oberhausen 21.35 / **21.56 Sz**	
	U Lehrte **6.00*** / 6.05 Pz	
	U Harburg 10.05 / 10.30 ⛴	
	U Hamburg 11.45 / Altona 13.00 GmP	16.30

* Ankunftszeit geschätzt

nach Königsberg i.Pr.

3.15 Sz	U Cöln > Deutz **5.00 / 6.30 Cz**	
	U Berlin **21.20 / 22.40 Sz**	
	U Dirschau **10.45** / 11.37 ✉	
	U Marienburg 16.07 / **16.37 Sz**	**21.02**

nach Leipzig

3.15 Sz	U Cöln > Deutz **5.00 / 6.30 Cz**	
	U Magdeburg **18.00** / 18.15 Pz	21.15
7.30 Pz	U Oberhausen 12.55 / 13.23 Pz	
	U Magdeburg 4.50 / 5.30 Pz	9.00
16.25 Pz	U Oberhausen 21.35 / **21.56 Sz**	
	U Magdeburg **10.00** / 10.45 Pz	14.05

nach Lindau

7.15 Pz	U Cöln 9.15 / 10.00 ⛴	
	U Coblenz 17.00 / 20.00 ✉	
	U Wiesbaden 5.00 / 5.45 Pz	
	U Frankfurt a.M. 7.30 / **8.30 Ez**	
	U Bamberg **14.45 / 15.30 Ez**	
	U Augsburg **21.20** / 21.30 GmP	6.30[3]
15.00 Pz	U Cöln 16.45 / 20.15 ⛴	
	U Mainz 11.00 / **11.20 Sz**	
	U Ludwigshafen **13.00** / #	
	U Mannheim # / 15.10 Pz	
	U Bruchsal 17.01* / 17.20 Pz	
	U Stuttgart 20.15 ↪ / 7.05 Pz	
	U Friedrichshafen 15.20 / 15.30 ⛴	k.A.[3]

* Ankunftszeit geschätzt

nach Ludwigshafen

3.15 Sz	U Cöln **5.00** / 6.00 ⛴	
	U Mainz 19.20 / 20.00 Pz	21.59
15.00 Pz	U Cöln 16.45 / 20.15 ⛴	
	U Mainz 11.00 / **11.20 Sz**	**13.00**
21.00 Sz	U Cöln **22.30** / 23.30 ⛴	
	U Mainz 17.30 / 18.00 Pz	20.35

ab Cöln nur Mo und Do

weitere Verbindungen > **Mannheim**

nach Lübeck

3.15 Sz	U Cöln > Deutz **5.00 / 6.30 Cz**	
	U Lehrte **14.25*** / 14.35 Pz	
	U Harburg 18.20 / 19.00 ⛴	
	U Hamburg 20.15 / 23.00 ✉	5.00
16.25 Pz	U Oberhausen 21.35 / **21.56 Sz**	
	U Lehrte **6.00*** / 6.05 Pz	
	U Harburg 10.05 / 10.30 ⛴	
	U Hamburg 11.45 / 17.00 Pz	
	U Büchen 18.45* / 19.00 Pz	20.11

* Ankunftszeit geschätzt

nach Magdeburg

3.15 Sz	U Cöln > Deutz **5.00 / 6.30 Cz**	**18.00**
7.30 Pz	U Oberhausen 12.55 / 13.23 Pz	4.50
16.25 Pz	U Oberhausen 21.35 / **21.56 Sz**	**10.00**

nach Mainz

3.15 Sz	U Cöln 5.00 / 6.00 ⛴	19.30
15.00 Pz	U Cöln 16.45 / 20.15 ⛴	11.00
21.00 Sz	U Cöln **22.30** / 23.30 ⛴	17.30

nur Mo/Di und Do/Fr

nach Mannheim

15.00 Pz	U Cöln 16.45 / 22.00 ⛴	19.30
21.00 Sz	U Cöln **22.30** / 23.30 ⛴	abends

nur Mo/Di und Do/Fr

weitere Verbindungen > **Ludwigshafen**

nach München

7.15 Pz	U Cöln 9.15 / 10.00 ⛴	
	U Coblenz 17.00 / 20.00 ✉	
	U Wiesbaden 5.00 / 5.45 Pz	
	U Frankfurt a.M. 7.30 / **8.30 Ez**	
	U Bamberg **14.45 / 15.30 Ez**	**23.00**
15.00 Pz	U Cöln 16.45 / 20.15 ⛴	
	U Mainz 11.00 / **11.20 Sz**	
	U Ludwigshafen **13.00** / #	
	U Mannheim # / 15.10 Pz	
	U Bruchsal 17.01* / 17.20 Pz	
	U Stuttgart 20.15 ↪ / 7.05 Pz	
	U Ulm 10.50 / 11.15 GmP	20.30[3]

* Ankunftszeit geschätzt

nach Münster

3.15 Sz	U Cöln > Deutz **5.00 / 6.30 Cz**	
	U Hamm **9.36** / 12.10 Pz	13.00
7.30 Pz	U Oberhausen 12.55 / 13.23 Pz	
	U Hamm 16.00 / 19.00 Pz	20.00
16.25 Pz	U Oberhausen 21.35 / **21.56 Sz**	
	U Hamm **24.00** ↪ / 7.30 Pz	8.30

nach Nürnberg

7.15 Pz	U Cöln 9.15 / 10.00 ⛴	
	U Coblenz 17.00 / 20.00 ✉	
	U Wiesbaden 5.00 / 5.45 Pz	
	U Frankfurt a.M. 7.30 / **8.30 Ez**	
	U Bamberg **14.45 / 15.30 Ez**	**17.00**

nach Oberhausen

3.15 Sz	U Cöln > Deutz **5.00 / 6.30 Cz**	**8.00**
7.30 Pz	*über Gladbach–Ruhrort*	12.55
11.30 Pz	*über Gladbach–Ruhrort*	17.30
13.00 Pz	U Cöln > Deutz 15.00 / 16.00 Pz	18.25
16.25 Pz	*über Gladbach–Ruhrort*	21.35

nach Oppeln

3.15 Sz	U Cöln > Deutz **5.00 / 6.30 Cz**	
	U Berlin **21.20 / 22.15 Sz**	**7.45***

* Ankunftszeit geschätzt

nach Osnabrück

3.15 Sz	U Cöln > Deutz **5.00 / 6.30 Cz**	
	U Bielefeld **11.13*** / 11.30 ✉	18.00
7.30 Pz	U Oberhausen 12.55 / 13.23 Pz	
	U Minden 19.45 / 1.00 ✉	8.00
16.25 Pz	U Oberhausen 21.35 / **21.56 Sz**	
	U Minden **3.05** / 9.00 ✉	16.00

* Ankunftszeit geschätzt

nach **Passau**
7.15 Pz **U** Cöln 9.15 / 10.00 ⛴
U Coblenz 17.00 / 20.00 ✉
U Wiesbaden 5.00 / 5.45 Pz
U Frankfurt a.M. 7.30 / **8.30 Ez**
U Bamberg **14.45** / **15.30 Ez**
U Nürnberg **17.00** / 17.30 ✉
U Regensburg 5.30 / 11.00 ✉ 22.30[3]

nach **Posen**
3.15 Sz **U** Cöln > Deutz **5.00** / **6.30 Cz**
U Berlin **21.20** / **22.40 Sz**
U Kreutz **4.43** / 5.03 Pz 7.47

nach **Regensburg**
7.15 Pz **U** Cöln 9.15 / 10.00 ⛴
U Coblenz 17.00 / 20.00 ✉
U Wiesbaden 5.00 / 5.45 Pz
U Frankfurt a.M. 7.30 / **8.30 Ez**
U Bamberg **14.45** / **15.30 Ez**
U Nürnberg **17.00** / 17.30 ✉ 5.30[3]

nach **Rostock**
3.15 Sz **U** Cöln > Deutz **5.00** / **6.30 Cz**
U Lehrte **14.25*** / 14.35 Pz
U Harburg 18.20 / 19.00 ⛴
U Hamburg 20.15 / **22.30 Cz**
U Hagenow **0.40*** ↷ / 7.30 Pz 11.05

* Ankunftszeit geschätzt

nach **Saarbrücken**
6.45 ✉ **U** Trier 3.45 / 8.00 ✉ 18.45[2]

nach **Schwerin**
3.15 Sz **U** Cöln > Deutz **5.00** / **6.30 Cz**
U Lehrte **14.25*** / 14.35 Pz
U Harburg 18.20 / 19.00 ⛴
U Hamburg 20.15 / **22.30 Cz**
U Hagenow **0.40*** ↷ / 7.30 Pz 8.12
16.25 Pz **U** Oberhausen 21.35 / **21.56 Sz**
U Lehrte **6.00*** / 6.05 Pz
U Harburg 10.05 / 10.30 ⛴
U Hamburg 11.45 / 17.00 Pz
U Hagenow 20.30* / 20.45 Pz 21.30

* Ankunftszeit geschätzt

nach **Stettin**
3.15 Sz **U** Cöln > Deutz **5.00** / **6.30 Cz**
U Berlin **21.20** / **22.40 Sz** **1.47**
7.30 Pz **U** Oberhausen 12.55 / 13.23 Pz
U Berlin 9.30 / 12.15 Pz 15.52
16.25 Pz **U** Oberhausen 21.35 / **21.56 Sz**
U Berlin **13.10** / 17.30 Pz 21.10

nach **Stralsund**
3.15 Sz **U** Cöln > Deutz **5.00** / **6.30 Cz**
U Berlin **21.20** / **22.40 Sz**
U Passow 0.50* / 1.15 ✉ 18.00.
16.25 Pz **U** Oberhausen 21.35 / **21.56 Sz**
U Berlin **13.10** / 17.30 Pz
U Passow 20.00* / 20.20 ✉ 11.20[3]

* Ankunftszeit geschätzt

nach **Stuttgart**
3.15 Sz **U** Cöln **5.00** / 6.00 ⛴
U Mainz 19.30 / 20.00 Pz
U Ludwigshafen 21.59 ↷ / #
U Mannheim # / **6.40 Sz**
U Bruchsal **7.59*** / 8.15 Pz 11.05
15.00 Pz **U** Cöln 16.45 / 20.15 ⛴
U Mainz 11.00 / **11.20 Sz**
U Ludwigshafen **13.00** / #
U Mannheim # / 15.10 Pz
U Bruchsal 17.01* / 17.20 Pz 20.15

* Ankunftszeit geschätzt

nach **Trier**
6.45 ✉ *über Montjoie* 3.45

nach **Ulm**
3.15 Sz **U** Cöln **5.00** / 6.00 ⛴
U Mainz 19.30 / 20.00 Pz
U Ludwigshafen 21.59 ↷ / #
U Mannheim # / **6.40 Sz**
U Bruchsal **7.59*** / 8.15 Pz 15.05
15.00 Pz **U** Cöln 16.45 / 20.15 ⛴
U Mainz 11.00 / **11.20 Sz**
U Ludwigshafen **13.00** / #
U Mannheim # / 15.10 Pz
U Bruchsal 17.01* / 17.20 Pz
U Stuttgart 20.15 ↷ / 7.05 Pz 10.50[3]

* Ankunftszeit geschätzt

nach **Wiesbaden**
7.15 Pz **U** Cöln 9.15 / 10.00 ⛴
U Coblenz 17.00 / 20.00 ✉ 5.00
15.00 Pz **U** Cöln 16.45 / 22.00 ⛴
U Coblenz 5.45 / 7.15 ✉ 16.15

nach **Würzburg**
7.15 Pz **U** Cöln 9.15 / 10.00 ⛴
U Coblenz 17.00 / 20.00 ✉
U Wiesbaden 5.00 / 5.45 Pz
U Frankfurt a.M. 7.30 / **8.30 Ez** **12.00**
15.00 Pz **U** Cöln 16.45 / 22.00 ⛴
U Frankfurt a.M.17.30 / 20.55 GmP 9.50[3]

nach **Zwickau**
7.15 Pz **U** Cöln 9.15 / 10.00 ⛴
U Coblenz 17.00 / 20.00 ✉
U Wiesbaden 5.00 / 5.45 Pz
U Frankfurt a.M. 7.30 / **8.30 Ez**
U Bamberg **14.45** / **15.05 Ez**
U Werdau **20.55*** / 21.17 Pz 21.40*

* Ankunftszeit geschätzt

Auslandsverbindungen
Aachen ist außerdem im **Auslandsteil** ab S. 210 mit den hier abgehenden Eisenbahn-Coursen nach **Belgien** (mit Anschlüssen nach **Frankreich** und **England**) sowie in die **Niederlande** aufgeführt.

Augsburg

Augsburg hat sich zu einem veritablen Eisenbahnkreuz mit guten gegenseitigen Anschlüssen entwickelt, indem hier die vier Hauptlinien der Bayerischen Staatseisenbahnen abgehen und aufeinander abgestimmt sind:

- nach München,
- nach Nürnberg–Bamberg–Hof mit Anschluß in Bamberg Richtung Würzburg und Übergang in Hof an die Sächsische Staatsbahn Richtung Leipzig,
- nach Lindau sowie
- nach Ulm mit Anschluß an die Württembergischen Staatseisenbahnen in die Richtungen Stuttgart und Friedrichshafen.

von Augsburg

nach **Aachen**
9.00 Ez **U** Ulm **11.30** / 11.45 Pz
U Bruchsal 16.48 / 17.05 Pz
U Mannheim 18.52 / #
U Ludwigshafen # / **22.00 Sz**
U Mainz **23.39** ↷ / 6.00 ⛴
U Cöln 14.45 / 18.00 Pz 20.00
16.15 GmP **U** Ulm 20.45 ↷ / 5.35 Pz
U Bruchsal 12.06 / **12.27 Sz**
U Mannheim **13.42** / #
U Ludwigshafen # / 15.10 Pz
U Mainz 17.15 / 20.00 ✉
U Coblenz 5.30 / 6.00 ⛴
U Cöln 10.30 / 11.45 Pz 13.45[3]

nach **Basel***

9.00 Ez **U** Ulm **11.30** / 11.45 Pz
U Bruchsal 16.48 / 17.06 Pz
U Offenburg 20.47 ↷ / 6.00 Pz 10.55

13.00 GmP **U** Ulm 17.30 / 17.42 Pz
U Stuttgart 21.10 ↷ / 7.20 Pz
U Bruchsal 10.12 / 10.58 Pz 20.15

* Ankunft Basel Badischer Bf

nach **Berlin**

8.55 Ez **U** Leipzig **23.00** ↷ / **5.00 Sz** **10.30**

15.55 Pz **U** Hof 6.30 / 7.00 Pz
U Leipzig 12.30 / 14.30 Pz
U Röderau 16.15 / 16.45 Pz 20.45

nach **Bonn**

9.00 Ez **U** Ulm **11.30** / 11.45 Pz
U Bruchsal 16.48 / 17.05 Pz
U Mannheim 18.52 / #
U Ludwigshafen # / **22.00 Sz**
U Mainz **23.39** ↷ / 6.00 ⛴ 12.45

16.15 GmP **U** Ulm 20.45 ↷ / 5.35 Pz
U Bruchsal 12.06 / **12.27 Sz**
U Mannheim **13.42** / #
U Ludwigshafen # / 15.10 Pz
U Mainz 17.15 / 20.00 ✉
U Coblenz 5.30 / 6.00 ⛴ 8.45[3]

nach **Braunschweig**

8.55 Ez **U** Bamberg **14.45** / **15.45 Ez**
U Frankfurt a.M. **22.00** ↷ / 5.45 Pz
U Guntershausen 11.45 / 11.50 Pz
U Cassel 12.10 / 12.30 ✉
U Göttingen 17.45 / 18.00 Pz
U Hannover 21.30 / 22.30 Pz 0.30[3]

15.55 Pz **U** Bamberg 23.45 / 1.45 Pz
U Frankfurt a.M. 9.20 / **17.00 Sz**
U Guntershausen **21.50** / 21.55 Pz
U Cassel 22.15 / 23.15 ✉
U Göttingen 4.40 / 5.15 Pz
U Hannover 8.45 / 10.00 Pz 12.15[3]

15.55 Pz **U** Bamberg 23.45 / 1.45 Pz
U Frankfurt a.M. 9.20 / **17.00 Sz**
U Halle **5.40** / 7.45 Pz
U Magdeburg 9.50 / **10.40 Cz** **12.50**[3]

nach **Bremen**

8.55 Ez **U** Bamberg **14.45** / **15.45 Ez**
U Frankfurt a.M. **22.00** ↷ / 5.45 Pz
U Guntershausen 11.45 / 11.50 Pz
U Cassel 12.10 / 12.30 ✉
U Göttingen 17.45 / 18.00 Pz
U Hannover 21.30 ↷ / **6.45 Sz**
U Wunstorf **7.15*** / 7.30 Pz 10.15[3]

Fortsetzung siehe nächste Spalte

15.55 Pz **U** Bamberg 23.45 / 1.45 Pz
U Frankfurt a.M. 9.20 / **17.00 Sz**
U Guntershausen **21.50** / 21.55 Pz
U Cassel 22.15 / 23.15 ✉
U Göttingen 4.40 / 5.15 Pz
U Hannover 8.45 / 12.45 Pz 16.00[3]

* Ankunftszeit geschätzt

nach **Breslau**

8.55 Ez **U** Leipzig **23.00** ↷ / 6.00 Pz
U Dresden 9.15 / 9.45 Pz
U Görlitz 12.50 / 13.30 Pz
U Kohlfurt 14.10 / 14.15 Pz 18.30

15.55 Pz **U** Hof 6.30 / 7.00 Pz
U Leipzig 12.30 / 14.30 Pz
U Dresden 17.30 / 18.15 Pz
U Görlitz 21.40 / 23.00 Pz
U Kohlfurt 23.45 / **2.45 Sz** **5.45**[3]

nach **Carlsruhe**

9.00 Ez **U** Ulm **11.30** /11.45 Pz
U Bruchsal 16.48 / 17.06 Pz 17.50

13.00 GmP **U** Ulm 17.30 / 17.42 Pz
U Stuttgart 21.10 ↷ / 7.20 Pz
U Bruchsal 10.12 / 10.58 Pz 11.44

nach **Cassel**

8.55 Ez **U** Bamberg **14.45** / **15.45 Ez**
U Frankfurt a.M. **22.00** ↷ / 5.45 Pz
U Guntershausen 11.45/11.50 Pz 12.10

15.55 Pz **U** Bamberg 23.45 / 1.45 Pz
U Frankfurt a.M. 9.20 / 10.35 Pz
U Guntershausen 18.50/19.00 Pz 19.20

nach **Chemnitz**

8.55 Ez **U** Werdau **20.55*** / 21.17 Pz
U Zwickau 21.40* / 22.30 ✉ 3.00

15.55 Pz **U** Hof 6.30 / 7.00 Pz
U Werdau 9.40* / 9.47 Pz
U Zwickau 10.10* / 10.30 ✉ 15.00

* Ankunftszeit geschätzt

nach **Coblenz**

9.00 Ez **U** Ulm **11.30** / 11.45 Pz
U Bruchsal 16.48 / 17.05 Pz
U Mannheim 18.52 / #
U Ludwigshafen # / **22.00 Sz**
U Mainz **23.39** ↷ / 6.00 ⛴ 9.45

16.15 GmP **U** Ulm 20.45 ↷ / 5.35 Pz
U Bruchsal 12.06 / **12.27 Sz**
U Mannheim **13.42** / #
U Ludwigshafen # / 15.10 Pz
U Mainz 17.15 / 20.00 ✉ 5.30[3]

nach **Cöln**

9.00 Ez **U** Ulm **11.30** / 11.45 Pz
U Bruchsal 16.48 / 17.05 Pz
U Mannheim 18.52 / #
U Ludwigshafen # / **22.00 Sz**
U Mainz **23.39** ↷ / 6.00 ⛴ 14.45

16.15 GmP **U** Ulm 20.45 ↷ / 5.35 Pz
U Bruchsal 12.06 / **12.27 Sz**
U Mannheim **13.42** / #
U Ludwigshafen # / 15.10 Pz
U Mainz 17.15 / 20.00 ✉
U Coblenz 5.30 / 6.00 ⛴ 10.30[3]

nach **Constanz**

9.00 Ez **U** Ulm **11.30** / 11.45 Pz
U Friedrichshafen 15.20 / 16.30 ⛴ k.A.

12.50 GmP **U** Lindau 22.35 ↷ / 6.00 ⛴
U Friedrichhafen # / 9.15 ⛴ k.A.

nach **Danzig**

15.55 Pz **U** Hof 6.30 / 7.00 Pz
U Leipzig 12.30 / 14.30 Pz
U Röderau 16.15 / 16.45 Pz
U Berlin 20.45 / **22.40 Sz** **11.35**[3]

nach **Darmstadt**

9.00 Ez **U** Ulm **11.30** / 11.45 Pz
U Bruchsal 16.48 / 17.05 Pz
U Heidelberg 18.05* / 18.25 Pz 20.43*

15.55 Pz **U** Bamberg 23.45 / 1.45 Pz
U Frankfurt a.M. 9.20 / **10.30 Sz** **11.08***

* Ankunftszeit geschätzt

nach **Dortmund**

8.55 Ez **U** Bamberg **14.45** / **15.45 Ez**
U Frankfurt a.M. **22.00** ↷ / 5.45 Pz
U Guntershausen 11.45 / 11.50 Pz
U Cassel 12.10 / 12.30 Pz
U Hamm 18.26 / **18.45 Cz** **19.20***

9.00 Ez **U** Ulm **11.30** / 11.45 Pz
U Bruchsal 16.48 / 17.05 Pz
U Mannheim 18.52 / #
U Ludwigshafen # / **22.00 Sz**
U Mainz **23.39** ↷ / 6.00 ⛴
U Cöln 14.45 / 16.00 Pz 20.25

15.55 Pz **U** Bamberg 23.45 / 1.45 Pz
U Frankfurt a.M. 9.20 / 10.35 Pz
U Guntershausen 18.50 / 19.00 Pz
U Cassel 19.20 ↷ / 5.55 Pz
U Hamm 11.46 / **12.01 Sz** **12.45***[3]

* Ankunftszeiten in Dortmund sind sämmtlich geschätzt.

nach **Dresden**

8.55 Ez **U** Leipzig **23.00** ↷ / 6.00 Pz 9.15

15.55 Pz **U** Hof 6.30 / 7.00 Pz
U Leipzig 12.30 / 14.30 Pz 17.30

nach **Düsseldorf**

9.00 Ez **U** Ulm **11.30** / 11.45 Pz
U Bruchsal 16.48 / 17.05 Pz
U Mannheim 18.52 / #
U Ludwigshafen # / **22.00 Sz**
U Mainz **23.39** ↪ / 6.00 ⛴
U Cöln > Deutz 14.45 / 16.00 Pz 17.10

16.15 GmP **U** Ulm 20.45 ↪ / 5.35 Pz
U Bruchsal 12.06 / **12.27 Sz**
U Mannheim **13.42** / #
U Ludwigshafen # / 15.10 Pz
U Mainz 17.15 / 20.00 ✉
U Coblenz 5.30 / 6.00 ⛴
U Cöln > Deutz 10.30 / 11.00 Pz 12.10[3]

nach **Elberfeld**

9.00 Ez **U** Ulm **11.30** / 11.45 Pz
U Bruchsal 16.48 / 17.05 Pz
U Mannheim 18.52 / #
U Ludwigshafen # / **22.00 Sz**
U Mainz **23.39** ↪ / 6.00 ⛴
U Cöln > Deutz 14.45 / 16.00 Pz
U Düsseldorf 17.10 / 17.30 Pz 18.36

16.15 GmP **U** Ulm 20.45 ↪ / 5.35 Pz
U Bruchsal 12.06 / **12.27 Sz**
U Mannheim **13.42** / #
U Ludwigshafen # / 15.10 Pz
U Mainz 17.15 / 20.00 ✉
U Coblenz 5.30 / 6.00 ⛴
U Cöln > Deutz 10.30 / 11.00 Pz
U Düsseldorf 12.10 / 12.30 Pz 14.07[3]

nach **Erfurt**

8.55 Ez **U** Leipzig **23.00** ↪ / 7.00 Pz
U Halle 7.40 / 8.15 Pz 11.10*

15.55 Pz **U** Hof 6.30 / 7.00 Pz
U Leipzig 12.30 / 17.30 Pz
U Halle 18.15 / 18.40 Pz 22.55

* Ankunftszeit geschätzt

nach **Essen***

9.00 Ez **U** Ulm **11.30** / 11.45 Pz
U Bruchsal 16.48 / 17.05 Pz
U Mannheim 18.52 / #
U Ludwigshafen # / **22.00 Sz**
U Mainz **23.39** ↪ / 6.00 ⛴
U Cöln 14.45 / 16.00 Pz 18.55

15.55 Pz **U** Bamberg 23.45 / 1.45 Pz
U Frankfurt a.M. 9.20 / 10.35 Pz
U Guntershausen 18.50 / 19.00 Pz
U Cassel 19.20 ↪ / 5.55 Pz
U Hamm 11.46 / **12.01 Sz** **13.39**[3]

Fortsetzung siehe nächste Spalte

16.15 GmP **U** Ulm 20.45 ↪ / 5.35 Pz
U Bruchsal 12.06 / **12.27 Sz**
U Mannheim **13.42** / #
U Ludwigshafen # / 15.10 Pz
U Mainz 17.15 / 20.00 ✉
U Coblenz 5.30 / 6.00 ⛴
U Cöln 10.30 / 11.00 Pz 13.45[3]

* Ankunft in Alten-Essen, Ankunftszeit geschätzt; Fahrplan der Post-Course von Alten-Essen nach Essen Stadt liegt nicht vor.

nach **Frankfurt a.M.**

8.55 Ez **U** Bamberg **14.45** / **15.45 Ez** **22.00**

9.00 Ez **U** Ulm **11.30** / 11.45 Pz
U Bruchsal 16.48 / 17.05 Pz
U Heidelberg* 18.10 / 18.25 Pz 21.30

15.55 Pz **U** Bamberg 23.45 / 1.45 Pz 9.20

* Ankunftszeit geschätzt

nach **Freiburg i.B.**

9.00 Ez **U** Ulm **11.30** /11.45 Pz
U Bruchsal 16.48 / 17.06 Pz
U Offenburg 20.47 ↪ / 6.00 Pz 8.16

13.00 GmP **U** Ulm 17.30 / 17.42 Pz
U Stuttgart 21.10 ↪ / 7.20 Pz
U Bruchsal 10.12 / 10.58 Pz 17.07

nach **Gera**

8.55 Ez **U** Altenburg **21.55*** ↪ / 9.00 ✉ 13.00

15.55 Pz **U** Hof 6.30 / 7.00 Pz
U Altenburg 10.55* / 15.00 ✉ 19.00

* Ankunftszeit geschätzt

nach **Görlitz**

8.55 Ez **U** Leipzig **23.00** ↪ / 6.00 Pz
U Dresden 9.15 / 9.45 Pz 12.50

15.55 Pz **U** Hof 6.30 / 7.00 Pz
U Leipzig 12.30 / 14.30 Pz
U Dresden 17.30 / 18.15 Pz 21.40

nach **Hagen**

8.55 Ez **U** Bamberg **14.45** / **15.45 Ez**
U Frankfurt a.M. **22.00** ↪ / 5.45 Pz
U Guntershausen 11.45 / 11.50 Pz
U Cassel 12.10 / 12.30 Pz
U Hamm 18.26 / **18.45 Cz**
U Dortmund **19.20*** / 19.30 Pz 20.28

9.00 Ez **U** Ulm **11.30** / 11.45 Pz
U Bruchsal 16.48 / 17.05 Pz
U Mannheim 18.52 / #
U Ludwigshafen # / **22.00 Sz**
U Mainz **23.39** ↪ / 6.00 ⛴
U Cöln 14.45 / 16.00 Pz
U Düsseldorf 17.10 / 17.30 Pz
U Elberfeld 18.36 / 19.25 Pz 20.33

15.55 Pz **U** Bamberg 23.45 / 1.45 Pz
U Frankfurt a.M. 9.20 / 10.35 Pz
U Guntershausen 18.50 / 19.00 Pz
U Cassel 19.20 ↪ / 5.55 Pz
U Hamm 11.46 / **12.01 Sz**
U Dortmund **12.45*** / 13.15 Pz 14.22[3]

nach **Halle**

8.55 Ez **U** Leipzig **23.00** ↪ / **5.00 Sz** **5.45**

15.55 Pz **U** Hof 6.30 / 7.00 Pz
U Leipzig 12.30 / 15.15 Pz 16.00

nach **Hamburg**

15.55 Pz **U** Hof 6.30 / 7.00 Pz
U Leipzig 12.30 / 14.30 Pz
U Röderau 16.15 / 16.45 Pz
U Berlin 20.45 / **23.00 Cz** **5.07**[3]

nach **Hamm**

8.55 Ez **U** Bamberg **14.45** / **15.45 Ez**
U Frankfurt a.M. **22.00** ↪ / 5.45 Pz
U Guntershausen 11.45 / 11.50 Pz
U Cassel 12.10 / 12.30 Pz 18.26

15.55 Pz **U** Bamberg 23.45 / 1.45 Pz
U Frankfurt a.M. 9.20 / 10.35 Pz
U Guntershausen 18.50 / 19.00 Pz
U Cassel 19.20 ↪ / 5.55 Pz 11.46[3]

nach **Hannover**

8.55 Ez **U** Leipzig **23.00** ↪ / 7.00 Pz
U Magdeburg 9.50 / **10.40 Cz** **14.20**

8.55 Ez **U** Bamberg **14.45** / **15.45 Ez**
U Frankfurt a.M. **22.00** ↪ / 5.45 Pz
U Guntershausen 11.45 / 11.50 Pz
U Cassel 12.10 / 12.30 ✉
U Göttingen 17.45 / 18.00 Pz 21.30

15.55 Pz **U** Hof 6.30 / 7.00 Pz
U Leipzig 12.30 / 17.30 Pz
U Magdeburg 21.00 / **1.50 Sz** **6.20**[3]

15.55 Pz **U** Bamberg 23.45 / 1.45 Pz
U Frankfurt a.M. 9.20 / **17.00 Sz**
U Guntershausen **21.50** / 21.55 Pz
U Cassel 22.15 / 23.15 ✉
U Göttingen 4.40 / 5.15 Pz 8.45[3]

nach **Heidelberg**

9.00 Ez **U** Ulm **11.30** / 11.45 Pz
U Bruchsal 16.48 / 17.05 Pz 18.19

13.00 GmP **U** Ulm 17.30 / 17.42 Pz
U Stuttgart 21.10 ↪ / 7.20 Pz
U Bruchsal 10.12 / 10.30 Pz 11.27

15.55 Pz **U** Nördlingen 18.05 / 19.45 ✉
U Stuttgart 8.45 / 9.15 Pz
U Bruchsal 12.06 / **12.27 Sz** **13.05**

nach **Kiel**

15.55 Pz **U** Hof 6.30 / 7.00 Pz
U Leipzig 12.30 / 14.30 Pz
U Röderau 16.15 / 16.45 Pz
U Berlin 20.45 / **23.00 Cz**
U Hamburg **5.16** /
Altona 8.10 Pz 11.00[3]

nach Königsberg i.Pr.

15.55 Pz **U** Hof 6.30 / 7.00 Pz
U Leipzig 12.30 / 14.30 Pz
U Röderau 16.15 / 16.45 Pz
U Berlin 20.45 / **22.40 Sz**
U Dirschau **10.45** / 11.37 ✉
U Marienburg 16.07 / **16.37 Sz** **21.02**[3]

nach Leipzig

8.55 Ez *über Nürnburg–Hof* **23.00**
15.55 Pz **U** Hof 6.30 / 7.00 Pz 12.30

nach Lindau

8.55 Ez *über Kaufbeuern–Kempten* **15.10**
12.50 GmP *über Kaufbeuern–Kempten* 22.35
21.30 GmP *über Kaufbeuern–Kempten* 6.30

nach Ludwigshafen

> Mannheim

nach Lübeck

15.55 Pz **U** Hof 6.30 / 7.00 Pz
U Leipzig 12.30 / 14.30 Pz
U Röderau 16.15 / 16.45 Pz
U Berlin 20.45 / **23.00 Cz**
U Büchen **4.10*** / 9.00 Pz 10.45[3]

* Ankunftszeit geschätzt

nach Magdeburg

8.55 Ez **U** Leipzig **23.00** ↩ / 7.00 Pz 9.50
15.55 Pz **U** Hof 6.30 / 7.00 Pz
U Leipzig 12.30 / 17.30 Pz 21.00

nach Mainz

8.55 Ez **U** Bamberg **14.45** / **15.45 Ez**
U Frankfurt a.M. **22.00** ↩ / 5.45 Pz
U Castel 7.05* / # k.A.
15.55 Pz **U** Bamberg 23.45 / 1.45 Pz
U Frankfurt a.M. 9.20 / **10.15 Sz**
U Castel **11.00** / # k.A.

* Ankunftszeit geschätzt

nach Mannheim

9.00 Ez **U** Ulm **11.30** /11.45 Pz
U Bruchsal 16.48 / 17.05 Pz 18.52
13.00 GmP **U** Ulm 17.30 / 17.42 Pz
U Stuttgart 21.10 ↩ / 7.20 Pz
U Bruchsal 10.12 / 10.30 Pz 12.09
15.55 Pz **U** Nördlingen 18.05 / 19.45 ✉
U Stuttgart 8.45 / 9.15 Pz
U Bruchsal 12.06 / **12.27 Sz** **13.42**

nach München

5.00 GmP 7.45
11.25 Pz 13.15

Fortsetzung siehe nächste Spalte

13.45 GmP 16.30
17.45 GmP 20.30
21.30 Ez **23.00**

nach Münster

8.55 Ez **U** Bamberg **14.45** / **15.45 Ez**
U Frankfurt a.M. **22.00** ↩ / 5.45 Pz
U Guntershausen 11.45 / 11.50 Pz
U Cassel 12.10 / 12.30 Pz
U Hamm 18.26 / 19.00 Pz 20.00
15.55 Pz **U** Bamberg 23.45 / 1.45 Pz
U Frankfurt a.M. 9.20 / 10.35 Pz
U Guntershausen 18.50 / 19.00 Pz
U Cassel 19.20 ↩ / 5.55 Pz
U Hamm 11.46 / 12.10 Pz 13.00[3]

nach Nürnberg

4.25 GmP 15.10
8.55 Ez **13.10**
15.55 Pz 21.20
21.40 GmP 7.52

nach Oberhausen

9.00 Ez **U** Ulm **11.30** / 11.45 Pz
U Bruchsal 16.48 / 17.05 Pz
U Mannheim 18.52 / #
U Ludwigshafen # / **22.00 Sz**
U Mainz **23.39** ↩ / 6.00 ⛴
U Cöln > Deutz 14.45 / 16.00 Pz 18.25
16.15 GmP **U** Ulm 20.45 ↩ / 5.35 Pz
U Bruchsal 12.06 / **12.27 Sz**
U Mannheim **13.42** / #
U Ludwigshafen # / 15.10 Pz
U Mainz 17.15 / 20.00 ✉
U Coblenz 5.30 / 6.00 ⛴
U Cöln > Deutz 10.30 / 11.00 Pz 13.20[3]

nach Oppeln*

8.55 Ez **U** Leipzig **23.00** ↩ / 6.00 Pz
U Dresden 9.15 / 9.45 Pz
U Görlitz 12.50 / 13.30 Pz
U Kohlfurt 14.10 / 14.15 Pz 21.27
15.55 Pz **U** Hof 6.30 / 7.00 Pz
U Leipzig 12.30 / 14.30 Pz
U Dresden 17.30 / 18.15 Pz
U Görlitz 21.40 / 23.00 Pz
U Kohlfurt 23.45 / **2.45 Sz** **7.45**[3]

* Ankunftszeiten in Oppeln sind sämmtlich geschätzt.

nach Osnabrück

8.55 Ez **U** Bamberg **14.45** / **15.45 Ez**
U Frankfurt a.M. **22.00** ↩ / 5.45 Pz
U Guntershausen 11.45 / 11.50 Pz
U Cassel 12.10 / 12.30 Pz
U Hamm 18.26 / **0.00 Sz**
U Minden **3.05** / 9.00 ✉ 16.00[3]

Fortsetzung siehe nächste Spalte

15.55 Pz **U** Bamberg 23.45 / 1.45 Pz
U Frankfurt a.M. 9.20 / 10.35 Pz
U Guntershausen 18.50 / 19.00 Pz
U Cassel 19.20 ↩ / 5.55 Pz
U Hamm 11.46 / 16.03 Pz
U Minden 19.45 / 1.00 ✉ 8.00[4]

nach Passau

5.00 GmP **U** München 7.45 / 12.00 ✉ 10.15
17.45 GmP **U** München 20.30 / 23.00 ✉ 23.15

nach Posen

15.55 Pz **U** Hof 6.30 / 7.00 Pz
U Leipzig 12.30 / 14.30 Pz
U Röderau 16.15 / 16.45 Pz
U Berlin 20.45 / **22.40 Sz**
U Kreutz **4.43** / 5.03 Pz 7.47[3]

nach Regensburg

5.00 GmP **U** München 7.45 / 12.00 ✉ 3.30
21.40 GmP **U** Donauwörth 23.25 / 23.30 ✉ 14.30
23.00 ✉ 14.15

nach Rostock

15.55 Pz **U** Hof 6.30 / 7.00 Pz
U Leipzig 12.30 / 14.30 Pz
U Röderau 16.15 / 16.45 Pz
U Berlin 20.45 / **23.00 Cz**
U Hagenow **3.08*** / 7.30 Pz 11.05[3]

* Ankunftszeit geschätzt

nach Saarbrücken

9.00 Ez **U** Ulm **11.30** /11.45 Pz
U Bruchsal 16.48 / 17.05 Pz
U Mannheim 18.52 ↩ / #
U Ludwigshafen # / 6.10 Pz 10.36
13.00 GmP **U** Ulm 17.30 / 17.42 Pz
U Stuttgart 21.10 ↩ / 7.20 Pz
U Bruchsal 10.12 / 10.30 Pz
U Mannheim 12.09 / #
U Ludwigshafen # / **13.10 Sz** **16.58**
15.55 Pz **U** Nördlingen 18.05 / 19.45 ✉
U Stuttgart 8.45 / 9.15 Pz
U Bruchsal 12.06 / **12.27 Sz**
U Mannheim **13.42** / #
U Ludwigshafen # / 17.30 Pz 22.05

nach Schwerin

8.55 Ez **U** Leipzig **23.00** ↩ / 7.00 Pz
U Magdeburg 9.50 / 10.45 GmP
U Wittenberge 14.10 / 15.10 GmP
U Hagenow 17.00* / 17.30 Pz 18.15
15.55 Pz **U** Hof 6.30 / 7.00 Pz
U Leipzig 12.30 / 17.30 Pz
U Magdeburg 21.00 ↩ / 7.45 Pz
U Wittenberge 10.15 / 10.55 Pz
U Hagenow 12.40* / 12.50 Pz 13.35[3]

* Ankunftszeit geschätzt

nach **Stettin**

8.55 Ez	**U** Leipzig **23.00** ↪ / **5.00 Sz**	
	U Berlin **10.30** / 12.15 Pz	15.52
15.55 Pz	**U** Hof 6.30 / 7.00 Pz	
	U Leipzig 12.30 / 15.15 Pz	
	U Berlin 21.30 / **22.40 Sz**	**1.47**[3]

nach **Stralsund**

8.55 Ez	**U** Leipzig **23.00** ↪ / **5.00 Sz**	
	U Berlin **10.30** / 17.30 Pz	
	U Passow 20.00* / 20.20 ⊠	11.20[3]
15.55 Pz	**U** Hof 6.30 / 7.00 Pz	
	U Leipzig 12.30 / 15.15 Pz	
	U Berlin 21.30 / **22.40 Sz**	
	U Passow 0.50* / 1.15 ⊠	18.00[3]

* Ankunftszeit geschätzt

nach **Stuttgart**

9.00 Ez	**U** Ulm **11.30** / 11.45 Pz	14.23
13.00 GmP	**U** Ulm 17.30 / 17.42 Pz	21.10
15.55 Pz	**U** Nördlingen 18.05 / 19.45 ⊠	8.45

nach **Trier**

13.00 GmP	**U** Ulm 17.30 / 17.42 Pz	
	U Stuttgart 21.10 ↪ / 7.20 Pz	
	U Bruchsal 10.12 / 10.30 Pz	
	U Mannheim 12.09 / #	
	U Ludwigshafen # / **13.10 Sz**	
	U Saarbrücken **16.58** / 17.30 ⊠	4.00[3]
15.55 Pz	**U** Nördlingen 18.05 / 19.45 ⊠	
	U Stuttgart 8.45 / 9.15 Pz	
	U Bruchsal 12.06 / **12.27 Sz**	
	U Mannheim **13.42** / #	
	U Ludwigshafen # / 17.30 Pz	
	U Saarbrücken 22.05 ↪ /8.15 ⊠	18.45[3]

nach **Ulm**

9.00 Ez	**11.30**
13.00 GmP	17.30
16.15 GmP	20.45

nach **Wiesbaden**

8.55 Ez	**U** Bamberg **14.45 / 15.45 Ez**	
	U Frankfurt a.M **22.00** ↪ / 5.45 Pz	7.30
9.00 Ez	**U** Ulm **11.30** / 11.45 Pz	
	U Bruchsal 16.48 / 17.05 Pz	
	U Heidelberg* 18.10 / 18.25 Pz	
	U Frankfurt a.M 21.30 ↪ / 5.45 Pz	7.30
15.55 Pz	**U** Bamberg 23.45 / 1.45 Pz	
	U Frankfurt a.M 9.20 / 11.15 Pz	12.45

* Ankunftszeit geschätzt

nach **Würzburg**

8.55 Ez	**U** Bamberg **14.45 / 15.45 Ez**	**18.15**
15.55 Pz	**U** Bamberg 23.45 / 1.45 Pz	4.50

nach **Zwickau**

8.55 Ez	**U** Werdau **20.55*** / 21.17 Pz	21.40*
15.55 Pz	**U** Hof 6.30 / 7.00 Pz	
	U Werdau 9.40* / 9.47 Pz	10.10*

* Ankunftszeit geschätzt

Basel Bad. Bf

Der in Basel auf Schweizer Territorium gelegene Badische Bahnhof (zur Zeit noch ein Provisorium) ist Ausgangspunkt der kürzlich in voller Länge in Betrieb geommenen Hauptbahn der Badischen Staatseisenbahnen nach Mannheim über Freiburg i.B.–Carlsruhe–Heidelberg.

Der Weiterbau der Hauptbahn mit projectirtem Endpunkt Constanz ist in Angriff genommen, so daß im kommenden Jahr mit der Fertigstellung des Abschnitts Basel–Säckingen–Waldshut zu rechnen ist.

nach **Aachen**

7.00 Sz	**U** Mannheim **13.42** / #	
	U Ludwigshafen # / 15.10 Pz	
	U Mainz 17.15 / 20.00 ⊠	
	U Coblenz 5.30 / 6.00 ⛴	
	U Cöln 10.30 / 11.45 Pz	13.45
9.20 Pz	**U** Mannheim 18.52 / #	
	U Ludwigshafen # / **22.00 Sz**	
	U Mainz **23.39** ↪ / 6.00 ⛴	
	U Cöln 14.45 / 18.00 Pz	20.00
14.25 Pz	**U** Carlsruhe 22.00 ↪ / 5.15 Pz	
	U Mannheim 7.42 / #	
	U Ludwigshafen # / 12.25 Pz	
	U Mainz 14.06 / 14.30 ⛴	
	U Cöln 23.00 / **23.30 Sz**	**1.20**

nach **Augsburg**

7.00 Sz	**U** Bruchsal **12.25*** / **13.48 Ez**	
	U Ulm **18.25 / 18.45 Ez**	**21.15**
9.20 Pz	**U** Bruchsal 17.03* / 17.20 Pz	
	U Stuttgart 20.15 ↪ / 7.05 Pz	
	U Ulm 10.50 / 11.15 Pz	15.40

* Ankunftszeit geschätzt

nach **Berlin**

7.00 Sz	**U** Heidelberg **13.05 / 13.20 Sz**	
	U Frankfurt a.M. **15.30 / 17.00 Sz**	**10.30**

nach **Bonn**

7.00 Sz	**U** Mannheim **13.42** / #	
	U Ludwigshafen # / 15.10 Pz	
	U Mainz 17.15 / 20.00 ⊠	
	U Coblenz 5.30 / 6.00 ⛴	8.45
9.20 Pz	**U** Mannheim 18.52 / #	
	U Ludwigshafen # / **22.00 Sz**	
	U Mainz **23.39** ↪ / 6.00 ⛴	12.45
9.20 Pz	**U** Mannheim 18.52 ↪ / 4.30 ⛴	16.15
14.25 Pz	**U** Carlsruhe 22.00 ↪ / 5.15 Pz	
	U Mannheim 7.42 / #	
	U Ludwigshafen # / 12.25 Pz	
	U Mainz 14.06 / 14.30 ⛴	21.00

nach **Braunschweig**

7.00 Sz	**U** Heidelberg **13.05 / 13.20 Sz**	
	U Frankfurt a.M. **15.30 / 17.00 Sz**	
	U Guntershausen **21.50** / 21.55 Pz	
	U Cassel 22.15 / 23.15 ⊠	
	U Göttingen 4.40 / 5.15 Pz	
	U Hannover 8.45 / 10.00 Pz	12.15
7.00 Sz	**U** Heidelberg **13.05 / 13.20 Sz**	
	U Frankfurt a.M. **15.30 / 17.00 Sz**	
	U Halle **5.40** / 7.45 Pz	
	U Magdeburg 9.50 / **10.40 Cz**	**12.50**
9.20 Pz	**U** Heidelberg 18.04 / 18.25 Pz	
	U Frankfurt a.M. 21.30 ↪ / 5.45 Pz	
	U Guntershausen 11.45 / 11.50 Pz	
	U Cassel 12.10 / 12.30 ⊠	
	U Göttingen 17.45 / 18.00 Pz	
	U Hannover 21.30 / 22.30 Pz	0.30[3]

nach **Bremen**

7.00 Sz	**U** Heidelberg **13.05 / 13.20 Sz**	
	U Frankfurt a.M. **15.30 / 17.00 Sz**	
	U Guntershausen **21.50** / 21.55 Pz	
	U Cassel 22.15 / 23.15 ⊠	
	U Göttingen 4.40 / 5.15 Pz	
	U Hannover 8.45 / 12.45 Pz	16.00
9.20 Pz	**U** Heidelberg 18.04 / 18.25 Pz	
	U Frankfurt a.M. 21.30 ↪ / 5.45 Pz	
	U Guntershausen 11.45 / 11.50 Pz	
	U Cassel 12.10 / 12.30 ⊠	
	U Göttingen 17.45 / 18.00 Pz	
	U Hannover 21.30 ↪ / **6.45 Sz**	
	U Wunstorf **7.15*** / 7.30 Pz	10.15

* Ankunftszeit geschätzt

nach **Breslau**

7.00 Sz	**U** Heidelberg **13.05 / 13.20 Sz**	
	U Frankfurt a.M. **15.30 / 17.00 Sz**	
	U Halle **5.40** / 6.15 Pz	
	U Leipzig 7.30 / 14.30 Pz	
	U Dresden 17.30 / 18.15 Pz	
	U Görlitz 21.40 / 23.00 Pz	
	U Kohlfurt 23.45 / **2.45 Sz**	**5.45**[3]

Fortsetzung siehe nächste Seite

noch: ab **Basel**

noch: nach **Breslau**

9.20 Pz **U** Heidelberg 18.04 / 18.25 Pz
U Frankfurt a.M. 21.30 ↝ / 5.45 Pz
U Halle 20.05 / 20.30 Pz
U Leipzig 21.15 ↝ / 6.00 Pz
U Dresden 9.15 / 9.45 Pz
U Görlitz 12.50 / 13.30 Pz
U Kohlfurt 14.10 / 14.15 Pz 18.30[3]

nach **Carlsruhe**

7.00 Sz **11.40**
9.20 Pz 15.50
14.25 Pz 22.00
18.00 Pz **U** Freiburg 20.36 ↝ / 5.00 Pz 9.35

Hinweis: *Weitere Verbindungen von Basel (Bahnhof linke Rheinseite) Richtung Carlsruhe und weiter bestehen über Strasburg auf der parallelen Bahnstrecke via Mühlhausen–Colmar. In Strasburg ist ein Post-Cours über den Rhein zu benutzen, welcher in Kehl auf die Zweigbahn nach Appenweier trifft und dort auf die Badische Staatsbahn. Wegen der durchweg längeren Reisezeit bei Benutzung dieser Route werden deren Fahrpläne hier allerdings außer Acht gelassen,*

nach **Cassel**

7.00 Sz **U** Heidelberg **13.05** / **13.20 Sz**
U Frankfurt a.M. **15.30** / **17.00 Sz**
U Guntershausen **21.50**/21.55 Pz 22.15

9.20 Pz **U** Heidelberg 18.04 / 18.25 Pz
U Frankfurt a.M. 21.30 ↝ / 5.45 Pz
U Guntershausen 11.45/11.50 Pz 12.10

14.25 Pz **U** Carlsruhe 22.00 ↝ / 5.15 Pz
U Heidelberg 7.00* / 7.15 Pz
U Frankfurt a.M. 10.00 / 10.35 Pz
U Guntershausen 18.50/19.00 Pz 19.20

nach **Chemnitz**

7.00 Sz **U** Heidelberg **13.05** / **13.20 Sz**
U Frankfurt a.M. **15.30** / **17.00 Sz**
U Halle **5.40** / 6.15 Pz
U Leipzig 7.30 / 10.00 Pz
U Riesa 11.25* / 12.15 Pz 15.30

9.20 Pz **U** Heidelberg 18.04 / 18.25 Pz
U Frankfurt a.M. 21.30 ↝ / 5.45 Pz
U Halle 20.05 / 20.30 Pz
U Leipzig 21.15 / **22.00 Sz**
U Riesa **23.15*** ↝ / 5.15 Pz 8.15[3]

* Ankunftszeit geschätzt

nach **Coblenz**

7.00 Sz **U** Mannheim **13.42** / #
U Ludwigshafen # / 15.10 Pz
U Mainz 17.15 / 20.00 ✉ 5.30

Fortsetzung siehe nächste Spalte

9.20 Pz **U** Mannheim 18.52 / #
U Ludwigshafen # / **22.00 Sz**
U Mainz **23.39** ↝ / 6.00 ⛴ 9.45

9.20 Pz **U** Mannheim 18.52 ↝ / 4.30 ⛴ 13.00

14.25 Pz **U** Carlsruhe 22.00 ↝ / 5.15 Pz
U Mannheim 7.42 / #
U Ludwigshafen # / 12.25 Pz
U Mainz 14.06 / 14.30 ⛴ 18.00

nach **Cöln**

7.00 Sz **U** Mannheim **13.42** / #
U Ludwigshafen # / 15.10 Pz
U Mainz 17.15 / 20.00 ✉
U Coblenz 5.30 / 6.00 ⛴ 10.30

9.20 Pz **U** Mannheim 18.52 / #
U Ludwigshafen # / **22.00 Sz**
U Mainz **23.39** ↝ / 6.00 ⛴ 14.45

9.20 Pz **U** Mannheim 18.52 ↝ / 4.30 ⛴ 18.15

14.25 Pz **U** Carlsruhe 22.00 ↝ / 5.15 Pz
U Mannheim 7.42 / #
U Ludwigshafen # / 12.25 Pz
U Mainz 14.06 / 14.30 ⛴ 23.00

nach **Constanz**

17.30 ✉ **U** Schaffhausen* 4.00 / 12.30 ✉ 17.00

* über Waldshut

nach **Darmstadt**

7.00 Sz **U** Heidelberg **13.05** / **13.20 Sz** **14.53***

9.20 Pz **U** Heidelberg 18.04 / 18.25 Pz 20.43*

14.25 Pz **U** Carlsruhe 22.00 ↝ / 5.15 Pz
U Heidelberg 7.00 / 7.15 Pz 9.15*

18.00 Pz **U** Freiburg 20.36 ↝ / 5.00 Pz
U Heidelberg 11.27 / 11.45 Pz 13.43*

* Ankunftszeit geschätzt

nach **Dortmund**

7.00 Sz **U** Heidelberg **13.05** / **13.20 Sz**
U Frankfurt a.M.**15.30** /**17.00 Sz**
U Guntershausen **21.50** / 21.55 Pz
U Cassel 22.15 ↝ / 5.55 Pz
U Hamm 11.46 / **12.01 Sz** **12.45***

9.20 Pz **U** Heidelberg 18.04 / 18.25 Pz
U Frankfurt a.M. 21.30 ↝ / 5.45 Pz
U Guntershausen 11.45 / 11.50 Pz
U Cassel 12.10 / 12.30 Pz
U Hamm 18.26 / **18.45 Sz** **19.20***

9.20 Pz **U** Mannheim 18.52 / #
U Ludwigshafen # / **22.00 Sz**
U Mainz **23.39** ↝ / 6.00 ⛴
U Cöln > Deutz 14.45 / 16.00 Pz 20.25*

14.25 Pz **U** Carlsruhe 22.00 ↝ / 5.15 Pz
U Mannheim 7.42 / #
U Ludwigshafen # / 12.25 Pz
U Mainz 14.06 / 14.30 ⛴
U Cöln > Deutz 23.00 ↝/ **6.30 Cz** **9.02***[3]

* Ankunftszeit geschätzt

nach **Dresden**

7.00 Sz **U** Heidelberg **13.05** / **13.20 Sz**
U Frankfurt a.M. **15.30** / **17.00 Sz**
U Halle **5.40** / 6.15 Pz
U Leipzig 7.30 / 10.00 Pz 13.15

9.20 Pz **U** Heidelberg 18.04 / 18.25 Pz
U Frankfurt a.M. 21.30 ↝ / 5.45 Pz
U Halle 20.05 / 20.30 Pz
U Leipzig 21.15 / **22.00 Sz** **0.30**[3]

* Ankunftszeit geschätzt

nach **Düsseldorf**

7.00 Sz **U** Mannheim **13.42** / #
U Ludwigshafen # / 15.10 Pz
U Mainz 17.15 / 20.00 ✉
U Coblenz 5.30 / 6.00 ⛴
U Cöln > Deutz 10.30 / 11.00 Pz 12.10

9.20 Pz **U** Mannheim 18.52 / #
U Ludwigshafen # / **22.00 Sz**
U Mainz **23.39** ↝ / 6.00 ⛴
U Cöln > Deutz 14.45 / 16.00 Pz 17.10

9.20 Pz **U** Mannheim 18.52 ↝ / 4.30 ⛴
U Cöln > Deutz 18.15 / **20.00 Sz** **20.55**

14.25 Pz **U** Carlsruhe 22.00 ↝ / 5.15 Pz
U Mannheim 7.42 / #
U Ludwigshafen # / 12.25 Pz
U Mainz 14.06 / 14.30 ⛴
U Cöln > Deutz 23.00 ↝/ **6.30 Cz** **7.15**[3]

nach **Elberfeld**

7.00 Sz **U** Mannheim **13.42** / #
U Ludwigshafen # / 15.10 Pz
U Mainz 17.15 / 20.00 ✉
U Coblenz 5.30 / 6.00 ⛴
U Cöln > Deutz 10.30 / 11.00 Pz
U Düsseldorf 12.10 / 12.30 Pz 14.07

9.20 Pz **U** Mannheim 18.52 / #
U Ludwigshafen # / **22.00 Sz**
U Mainz **23.39** ↝ / 6.00 ⛴
U Cöln > Deutz 14.45 / 16.00 Pz
U Düsseldorf 17.10 / 17.30 Pz 18.36

9.20 Pz **U** Mannheim 18.52 ↝ / 4.30 ⛴
U Cöln > Deutz 18.15 / **20.00 Sz**
U Düsseldorf **20.55** / 21.15 Pz 22.21

14.25 Pz **U** Carlsruhe 22.00 ↝ / 5.15 Pz
U Mannheim 7.42 / #
U Ludwigshafen # / 12.25 Pz
U Mainz 14.06 / 14.30 ⛴
U Cöln > Deutz 23.00 ↝ / **6.30 Cz**
U Düsseldorf **7.15** / 7.30 Pz 8.36[3]

nach **Erfurt***

7.00 Sz **U** Heidelberg **13.05** / **13.20 Sz**
U Frankfurt a.M. **15.30** / **17.00 Sz** **2.50**

9.20 Pz **U** Heidelberg 18.04 / 18.25 Pz
U Frankfurt a.M. 21.30 ↝ /5.45 Pz 16.50

* Ankunftszeiten in Erfurt sind sämmtlich geschätzt.

noch: ab **Basel**

nach **Essen**

7.00 Sz U Heidelberg **13.05 / 13.20 Sz**
U Frankfurt a.M.**15.30 /17.00 Sz**
U Guntershausen **21.50** / 21.55 Pz
U Cassel 22.15 ↩ / 5.55 Pz
U Hamm 11.46 / **12.01 Sz** — **13.38***

9.20 Pz U Mannheim 18.52 / #
U Ludwigshafen # / **22.00 Sz**
U Mainz **23.39** ↩ / 6.00 ⛴
U Cöln > Deutz 14.45 / 16.00 Pz — 18.59*

* Ankunft in Alten-Essen, Ankunftszeit geschätzt; Fahrplan der Post-Course von Alten-Essen nach Essen Stadt liegt nicht vor.

nach **Frankfurt a.M.**

7.00 Sz U Heidelberg **13.05 / 13.20 Sz** — **15.30**

9.20 Pz U Heidelberg 18.04 / 18.25 Pz — 21.30

14.25 Pz U Carlsruhe 22.00 ↩ / 5.15 Pz
U Heidelberg 7.00 / 7.15 Pz — 10.00

18.00 Pz U Freiburg 20.36 ↩ / 5.00 Pz
U Heidelberg 11.27 / 11.45 Pz — 14.30

* Ankunftszeit geschätzt

nach **Freiburg i.B.**

5.00 Pz — 8.13
7.00 Sz — **8.31**
9.20 Pz — 11.41
14.25 Pz — 16.40
18.00 Pz — 20.36

nach **Gera**

9.20 Pz U Heidelberg 18.04 / 18.25 Pz
U Frankfurt a.M. 21.30 ↩ /5.45 Pz
U Weissenfels 19.10* / 0.45 ✉ — 7.30[3]

* Ankunftszeit geschätzt

nach **Görlitz**

7.00 Sz U Heidelberg **13.05 / 13.20 Sz**
U Frankfurt a.M. **15.30 / 17.00 Sz**
U Halle **5.40** / 6.15 Pz
U Leipzig 7.30 / 10.00 Pz
U Dresden 13.15 / 14.30 Pz — 18.15

9.20 Pz U Heidelberg 18.04 / 18.25 Pz
U Frankfurt a.M. 21.30 ↩ / 5.45 Pz
U Halle 20.05 / 20.30 Pz
U Leipzig 21.15 / **22.00 Sz**
U Dresden **0.30** / 5.30 Pz — 9.00[3]

nach **Hagen***

7.00 Sz U Mannheim **13.42** / #
U Ludwigshafen # / 15.10 Pz
U Mainz 17.15 / 20.00 ✉
U Coblenz 5.30 / 6.00 ⛴
U Cöln > Deutz 10.30 / 11.00 Pz
U Düsseldorf 12.10 / 12.30 Pz
U Elberfeld 14.07 / 16.20 Pz — 17.38

Fortsetzung siehe nächste Spalte

9.20 Pz U Mannheim 18.52 / #
U Ludwigshafen # / **22.00 Sz**
U Mainz **23.39** ↩ / 6.00 ⛴
U Cöln > Deutz 14.45 / 16.00 Pz
U Düsseldorf 17.10 / 17.30 Pz
U Elberfeld 18.36 / 19.25 Pz — 20.33

14.25 Pz U Carlsruhe 22.00 ↩ / 5.15 Pz
U Mannheim 7.42 / #
U Ludwigshafen # / 12.25 Pz
U Mainz 14.06 / 14.30 ⛴
U Cöln > Deutz 23.00 ↩/ **6.30 Cz**
U Düsseldorf **7.15** / 7.30 Pz
U Elberfeld 8.36 / 9.40 Pz — 11.17[3]

* Ankunftszeiten in Hagen sind sämmtlich geschätzt.

nach **Halle**

7.00 Sz U Heidelberg **13.05 / 13.20 Sz**
U Frankfurt a.M. **15.30 / 17.00 Sz** — **5.40**

9.20 Pz U Heidelberg 18.04 / 18.25 Pz
U Frankfurt a.M.21.30↩/5.45 Pz — 20.05

nach **Hamburg**

7.00 Sz U Heidelberg **13.05 / 13.20 Sz**
U Frankfurt a.M. **15.30 / 17.00 Sz**
U Guntershausen **21.50** / 21.55 Pz
U Cassel 22.15 / 23.15 ✉
U Göttingen 4.40 / 5.15 Pz
U Hannover 8.45 / 10.00 GmP
U Lehrte 10.30* / 11.00 Pz — 16.10**

9.20 Pz U Heidelberg 18.04 / 18.25 Pz
U Frankfurt a.M. 21.30 ↩ / 5.45 Pz
U Guntershausen 11.45 / 11.50 Pz
U Cassel 12.10 / 12.30 ✉
U Göttingen 17.45 / 18.00 Pz
U Hannover 21.30 ↩ / **5.30 Sz**
U Lehrte **6.00*** / 6.05 Pz
U Harburg 10.05 / 10.30 ⛴ — 11.45[3]

* Ankunftszeit geschätzt
** an Harburg ohne unmittelbaren Schiffsanschluß nach Hamburg

nach **Hamm**

7.00 Sz U Heidelberg **13.05 / 13.20 Sz**
U Frankfurt a.M. **15.30 / 17.00 Sz**
U Guntershausen **21.50** / 21.55 Pz
U Cassel 22.15 ↩ / 5.55 Pz — 11.46

9.20 Pz U Heidelberg 18.04 / 18.25 Pz
U Frankfurt a.M. 21.30 ↩ / 5.45 Pz
U Guntershausen 11.45 / 11.50 Pz
U Cassel 12.10 / 12.30 Pz — 18.26

* Ankunftszeit geschätzt

nach **Hannover**

7.00 Sz U Heidelberg **13.05 / 13.20 Sz**
U Frankfurt a.M. **15.30 / 17.00 Sz**
U Guntershausen **21.50** / 21.55 Pz
U Cassel 22.15 / 23.15 ✉
U Göttingen 4.40 / 5.15 Pz — 8.45

Fortsetzung siehe nächste Spalte

9.20 Pz U Heidelberg 18.04 / 18.25 Pz
U Frankfurt a.M. 21.30 ↩ / 5.45 Pz
U Guntershausen 11.45 / 11.50 Pz
U Cassel 12.10 / 12.30 ✉
U Göttingen 17.45 / 18.00 Pz — 21.30

* Ankunftszeit geschätzt

nach **Heidelberg**

7.00 Sz — **13.05**
9.20 Pz — 18.04
14.25 Pz U Carlsruhe 22.00 ↩ / 5.15 Pz — 7.00
18.00 Pz U Freiburg 20.36 ↩ / 5.00 Pz — 11.27

nach **Kiel**

9.20 Pz U Heidelberg 18.04 / 18.25 Pz
U Frankfurt a.M. 21.30 ↩ / 5.45 Pz
U Guntershausen 11.45 / 11.50 Pz
U Cassel 12.10 / 12.30 ✉
U Göttingen 17.45 / 18.00 Pz
U Hannover 21.30 ↩ / **5.30 Sz**
U Lehrte **6.00*** / 6.05 Pz
U Harburg 10.05 / 10.30 ⛴
U Hamburg > Altona 11.45 / 13.00 GmP — 16.30[3]

* Ankunftszeit geschätzt

nach **Königsberg i.Pr.**

7.00 Sz U Heidelberg **13.05 / 13.20 Sz**
U Frankfurt a.M. **15.30 / 17.00 Sz**
U Berlin **10.30 / 22.40 Sz**
U Dirschau **10.45** / 11.37 ✉
U Marienburg 16.07 / **16.37 Sz** — **21.02**[3]

nach **Leipzig**

7.00 Sz U Heidelberg **13.05 / 13.20 Sz**
U Frankfurt a.M. **15.30 / 17.00 Sz**
U Halle **5.40** / 6.15 Pz — 7.30

9.20 Pz U Heidelberg 18.04 / 18.25 Pz
U Frankfurt a.M. 21.30 ↩ / 5.45 Pz
U Halle 20.05 / 20.30 Pz — 21.15

nach **Lindau**

17.30 ✉ U Schaffhausen 4.00 / 12.30 ✉
U Constanz 17.00 ↩ / 7.30 ⛴
U Friedrichshafen # / 9.30 ⛴ — k.A.*[3]

* Ankunftszeiten werden von der Bodensee-Dampfschiffahrt nicht veröffentlicht.

nach **Ludwigshafen**

> Mannheim

Auslandsverbindungen

Basel ist außerdem im **Auslandsteil** ab S. 210 mit den von hier abgehenden Post-Coursen in das Innere der **Schweiz** sowie nach **Italien** und **Südfrankreich** aufgeführt.

noch: ab **Basel**

nach **Lübeck**

9.20 Pz	**U** Heidelberg 18.04 / 18.25 Pz	
	U Frankfurt a.M. 21.30 / 5.45 Pz	
	U Guntershausen 11.45 / 11.50 Pz	
	U Cassel 12.10 / 12.30 ✉	
	U Göttingen 17.45 / 18.00 Pz	
	U Hannover 21.30 / **5.30 Sz**	
	U Lehrte **6.00*** / 6.05 Pz	
	U Harburg 10.05 / 10.30	
	U Hamburg 11.45 / 17.00 Pz	
	U Büchen 18.45* / 19.00 Pz	20.11^3

* Ankunftszeit geschätzt

nach **Magdeburg**

7.00 Sz	**U** Heidelberg **13.05** / **13.20 Sz**	
	U Frankfurt a.M. **15.30** / **17.00 Sz**	
	U Halle **5.40** / 7.45 Pz	9.50
9.20 Pz	**U** Heidelberg 18.04 / 18.25 Pz	
	U Frankfurt a.M. 21.30 / 5.45 Pz	
	U Halle 20.05 / 22.45 Pz	1.15^3

nach **Mainz**

7.00 Sz	**U** Mannheim **13.42** / #	
	U Ludwigshafen # / 15.10 Pz	17.15
9.20 Pz	**U** Mannheim 18.52 / #	
	U Ludwigshafen # / **22.00 Sz**	**23.39**
14.25 Pz	**U** Carlsruhe 22.00 / 5.15 Pz	
	U Mannheim 7.42 / #	
	U Ludwigshafen # / 12.25 Pz	14.06

nach **Mannheim**

7.00 Sz		**13.42**
9.20 Pz		18.52
14.25 Pz	**U** Carlsruhe 22.00 / 5.15 Pz	7.42
18.00 Pz	**U** Freiburg 20.36 / 5.00 Pz	12.09

nach **München**

7.00 Sz	**U** Bruchsal **12.25*** / **13.48 Ez**	
	U Ulm **18.25** / **18.45 Ez**	
	U Augsburg **21.15** / **21.30 Ez**	**23.00**
9.20 Pz	**U** Bruchsal 17.03*/ 17.20 Pz	
	U Stuttgart 20.15 / 7.05 Pz	
	U Ulm 10.50 / 11.15 Pz	
	U Augsburg 15.40 / 17.45 GmP	20.30

* Ankunftszeit geschätzt

nach **Münster**

7.00 Sz	**U** Heidelberg **13.054** / **13.20 Sz**	
	U Frankfurt a.M. **15.30** / **17.00 Sz**	
	U Guntershausen **21.50** / 21.55 Pz	
	U Cassel 22.15 / 5.55 Pz	
	U Hamm 11.46 / 12.10 Pz	13.00
9.20 Pz	**U** Heidelberg 18.04 / 18.25 Pz	
	U Frankfurt a.M. 21.30 / 5.45 Pz	
	U Guntershausen 11.45 / 11.50 Pz	
	U Cassel 12.10 / 12.30 Pz	
	U Hamm 18.26 / 19.00 Pz	20.00

nach **Nürnberg**

7.00 Sz	**U** Heidelberg **13.05** / **13.20 Sz**	
	U Frankfurt a.M. **15.30** / 17.15 Pz	
	U Bamberg 1.05 / 3.15 Pz	5.15
9.20 Pz	**U** Heidelberg 18.04 / 18.25 Pz	
	U Frankfurt a.M. 21.30 / **8.30 Ez**	
	U Bamberg **14.45** / **15.30 Ez**	**17.00**

nach **Oberhausen**

7.00 Sz	**U** Heidelberg **13.05** / **13.20 Sz**	
	U Frankfurt a.M.**15.30** /**17.00 Sz**	
	U Guntershausen **21.50** / 21.55 Pz	
	U Cassel 22.15 / 5.55 Pz	
	U Hamm 11.46 / **12.01 Sz**	**14.00**
9.20 Pz	**U** Mannheim 18.52 / #	
	U Ludwigshafen # / **22.00 Sz**	
	U Mainz **23.39** / 6.00	
	U Cöln > Deutz 14.45 / 16.00 Pz	18.25
14.25 Pz	**U** Carlsruhe 22.00 / 5.15 Pz	
	U Mannheim 7.42 / #	
	U Ludwigshafen # / 12.25 Pz	
	U Mainz 14.06 / 14.30	
	U Cöln > Deutz 23.00 / **6.30 Cz**	**8.00**^{3}

nach **Oppeln***

7.00 Sz	**U** Heidelberg **13.05** / **13.20 Sz**	
	U Frankfurt a.M. **15.30** / **17.00 Sz**	
	U Halle **5.40** / 6.15 Pz	
	U Leipzig 7.30 / 14.30 Pz	
	U Dresden 17.30 / 18.15 Pz	
	U Görlitz 21.40 / 23.00 Pz	
	U Kohlfurt 23.45 / **2.45 Sz**	**7.45**^{3}
9.20 Pz	**U** Heidelberg 18.04 / 18.25 Pz	
	U Frankfurt a.M. 21.30 / 5.45 Pz	
	U Halle 20.05 / 20.30 Pz	
	U Leipzig 21.15 / 6.00 Pz	
	U Dresden 9.15 / 9.45 Pz	
	U Görlitz 12.50 / 13.30 Pz	
	U Kohlfurt 14.10 / 14.15 Pz	21.27^3

* Ankunftszeiten in Oppeln sind sämmtlich geschätzt.

nach **Osnabrück**

7.00 Sz	**U** Heidelberg **13.05** / **13.20 Sz**	
	U Frankfurt a.M. **15.30** / **17.00 Sz**	
	U Guntershausen **21.50** / 21.55 Pz	
	U Cassel 22.15 / 5.55 Pz	
	U Hamm 11.46 / 16.03 Pz	
	U Minden 19.45 / 1.00 ✉	8.00^3
9.20 Pz	**U** Heidelberg 18.04 / 18.25 Pz	
	U Frankfurt a.M. 21.30 / 5.45 Pz	
	U Guntershausen 11.45 / 11.50 Pz	
	U Cassel 12.10 / 12.30 Pz	
	U Hamm 18.26 / **0.00 Sz**	
	U Minden **3.05** / 9.00 ✉	16.00^3

nach **Passau**

9.20 Pz	**U** Heidelberg 18.04 / 18.25 Pz	
	U Frankfurt a.M. 21.30 / **8.30 Ez**	
	U Bamberg **14.45** / **15.30 Ez**	
	U Nürnberg **17.00** / 17.30 ✉	
	U Regensburg 5.30 / 11.00 ✉	22.30^3

nach **Posen**

7.00 Sz	**U** Heidelberg **13.05** / **13.20 Sz**	
	U Frankfurt a.M. **15.30** / **17.00 Sz**	
	U Berlin **10.30** / **22.40 Sz**	
	U Kreutz **4.43** / 5.03 Pz	7.47^3

nach **Regensburg**

9.20 Pz	**U** Heidelberg 18.04 / 18.25 Pz	
	U Frankfurt a.M. 21.30 / **8.30 Ez**	
	U Bamberg **14.45** / **15.30 Ez**	
	U Nürnberg **17.00** / 17.30 ✉	5.30^3
18.00 Pz	**U** Freiburg 20.36 / 5.00 Pz	
	U Heidelberg 11.27 / 11.45 Pz	
	U Frankfurt a.M. 14.30 / 17.15 Pz	
	U Bamberg 1.05 / 3.15 Pz	
	U Nürnberg 5.15 / 6.00 ✉	18.00^3

nach **Rostock**

7.00 Sz	**U** Heidelberg **13.05** / **13.20 Sz**	
	U Frankfurt a.M. **15.30** / **17.00 Sz**	
	U Halle **5.40** / 7.45 Pz	
	U Magdeburg 9.50 / 10.45 GmP	
	U Wittenberge 14.10 / 15.10 GmP	
	U Hagenow 17.00* / 17.30 Pz	22.10
9.20 Pz	**U** Heidelberg 18.04 / 18.25 Pz	
	U Frankfurt a.M. 21.30 / 5.45 Pz	
	U Halle 20.05 / 22.45 Pz	
	U Magdeburg 1.15 / 7.45 Pz	
	U Wittenberge 10.15 / 10.55 Pz	
	U Hagenow 12.40* / 12.50 Pz	16.40^3

* Ankunftszeit geschätzt

nach **Saarbrücken**

7.00 Sz	**U** Mannheim **13.42** / #	
	U Ludwigshafen # / 17.30 Pz	22.05
9.20 Pz	**U** Mannheim 18.52 / #	
	U Ludwigshafen # / 6.10 Pz	10.36
18.00 Pz	**U** Freiburg i.B. 20.36 / 5.00 Pz	
	U Mannheim 12.09 / #	
	U Ludwigshafen # / **13.10 Sz**	**16.58**

nach **Schwerin**

7.00 Sz	**U** Heidelberg **13.05** / **13.20 Sz**	
	U Frankfurt a.M. **15.30** / **17.00 Sz**	
	U Halle **5.40** / 7.45 Pz	
	U Magdeburg 9.50 / 10.45 GmP	
	U Wittenberge 14.10 / 15.10 GmP	
	U Hagenow 17.00* / 17.30 Pz	18.15

Fortsetzung siehe nächste Seite

noch: nach **Schwerin**

9.20 Pz	**U** Heidelberg 18.04 / 18.25 Pz	
	U Frankfurt a.M. 21.30 ↩ / 5.45 Pz	
	U Halle 20.05 / 22.45 Pz	
	U Magdeburg 1.15 / 7.45 Pz	
	U Wittenberge 10.15 / 10.55 Pz	
	U Hagenow 12.40* / 12.50 Pz	13.35[3]

* Ankunftszeit geschätzt

nach **Stettin**

7.00 Sz	**U** Heidelberg **13.05 / 13.20 Sz**	
	U Frankfurt a.M. **15.30 / 17.00 Sz**	
	U Berlin **10.30** / 17.30 Pz	21.10

* Ankunftszeit geschätzt

nach **Stralsund**

7.00 Sz	**U** Heidelberg **13.05 / 13.20 Sz**	
	U Frankfurt a.M. **15.30 / 17.00 Sz**	
	U Berlin **10.30** / 17.30 Pz	
	U Passow 20.00* / 20.20 ✉	11.20[3]

* Ankunftszeit geschätzt

nach **Stuttgart**

7.00 Sz	**U** Bruchsal **12.25* / 13.48 Ez**	**15.46**
9.20 Pz	**U** Bruchsal 17.03*/ 17.20 Pz	20.15
14.25 Pz	**U** Carlsruhe 22.00 ↩ / 5.15 Pz	
	U Bruchsal 5.59 * / 8.15 Pz	11.05
18.00 Pz	**U** Freiburg 20.36 ↩ / 5.00 Pz	
	U Bruchsal 10.26* / 11.10 Pz	14.10

* Ankunftszeit geschätzt

nach **Trier**

7.00 Sz	**U** Mannheim **13.42** / #	
	U Ludwigshafen # / 17.30 Pz	
	U Saarbrücken 22.05 ↩ / 8.15 ✉	18.45
18.00 Pz	**U** Freiburg i.B. 20.36 ↩ / 5.00 Pz	
	U Mannheim 12.09 / #	
	U Ludwigshafen # / **13.10 Sz**	
	U Saarbrücken **16.58** / 17.30 ✉	4.00[3]

nach **Ulm**

7.00 Sz	**U** Bruchsal **12.25* / 13.48 Ez**	**18.25**
9.20 Pz	**U** Bruchsal 17.03*/ 17.20 Pz	
	U Stuttgart 20.15 ↩ / 7.05 Pz	10.50
14.25 Pz	**U** Carlsruhe 22.00 ↩ / 5.15 Pz	
	U Bruchsal 5.59 * / 8.15 Pz	15.05

* Ankunftszeit geschätzt

nach **Wiesbaden**

7.00 Sz	**U** Heidelberg **13.05 / 13.20 Sz**	
	U Frankfurt a.M. **15.30** / 18.00 Pz	19.30
9.20 Pz	**U** Heidelberg 18.04 / 18.25 Pz	
	U Frankfurt a.M. 21.30 ↩ / 5.45 Pz	7.30
14.25 Pz	**U** Carlsruhe 22.00 ↩ / 5.15 Pz	
	U Heidelberg 7.00 / 7.15 Pz	
	U Frankfurt a.M. 10.00 / 11.15 Pz	12.45
18.00 Pz	**U** Freiburg 20.36 ↩ / 5.00 Pz	
	U Heidelberg 11.27 / 11.45 Pz	
	U Frankfurt a.M. 14.30 / 14.45 Pz	16.15

Fortsetzung siehe nächste Spalte

nach **Würzburg**

7.00 Sz	**U** Heidelberg **13.05 / 13.20 Sz**	
	U Frankfurt a.M. **15.30** / 17.15 Pz	21.40
9.20 Pz	**U** Heidelberg 18.04 / 18.25 Pz	
	U Frankfurt a.M. 21.30↩/ **8.30 Ez**	**12.00**

nach **Zwickau**

7.00 Sz	**U** Heidelberg **13.05 / 13.20 Sz**	
	U Frankfurt a.M. **15.30** / 17.15 Pz	
	U Bamberg 1.05 / 1.35 Pz	
	U Hof 6.30 / 7.00 Pz	
	U Werdau 9.40* / 9.47 Pz	10.10*
9.20 Pz	**U** Heidelberg 18.04 / 18.25 Pz	
	U Frankfurt a.M. 21.30 ↩ / **8.30 Ez**	
	U Bamberg **14.45 / 15.05 Ez**	
	U Werdau **20.55*** / 21.17 Pz	21.40*

* Ankunftszeit geschätzt

Auslandsverbindungen

Basel ist außerdem im **Auslandsteil** ab S. 210 mit den von hier abgehenden Post-Coursen in das Innere der **Schweiz** sowie nach **Italien** und **Südfrankreich** aufgeführt.

Berlin

Berlin ist gegenwärtig Ausgangspunkt von fünf Fernbahnlinien mit jeweils eigenem Sackbahnhof:

- ab Potsdamer Bahnhof die Berlin-Potsdam-Magdeburger Eisenbahn mit durchgehenden Zügen bzw. Anschlüssen u.a. bis Cöln (und weiter nach Brüssel, Paris und London);
- ab Anhalter Bahnhof die Berlin-Anhaltische Eisenbahn nach Dessau–Köthen mit verschiedenen Verzweigungen nach Dresden und Leipzig sowie durchgehenden Zügen bzw. Anschlüssen bis Frankfurt am Main oder Prag–Wien;
- ab Stettiner Bahnhof die Berlin-Stettiner Eisenbahn bis Stargard und weiter nach Schneidemühl–Bromberg–Danzig;
- ab Frankfurter Bahnhof die Niederschlesisch-Märkische Eisenbahn nach Breslau mit durchgehenden Zügen bis Oppeln–Oderberg–Wien oder Myslowitz–Krakau;
- ab Hamburger Bahnhof die Berlin-Hamburger Eisenbahn.

Infolge der laufenden Ergänzungen des Eisenbahnnetzes und der Erstellung größerer Brückenbauwerke ist mit weiteren Direktverbindungen in absehbarer Zeit zu rechnen, so voraussichtlich 1857 nach Fertigstellung der Weichselbrücke bei Dirschau und der Nogatbrücke bei Marienburg mit dem durchgehenden Schienenweg von Berlin nach Königsberg i.Pr. Zugleich ist seitens der Preußischen Ostbahn eine Bahnlinie zwischen Frankfurt a.d.Oder und Kreuz im Entstehen, wodurch der gegenwärtige Umweg über Stettin für Fahrten nach Ostpreußen in Wegfall kommen wird.

von Berlin

nach **Aachen**

7.30 Cz	**U** Deutz > Cöln **22.00 / 23.30 Sz**	**1.20**
12.00 Pz	**U** Oberhausen 6.42 / 7.00 Pz	11.20
22.00 Sz	**U** Deutz > Cöln **16.00** / 18.00 Pz	20.00

nach **Augsburg**

8.10 Pz	**U** Leipzig 14.05 / 14.30 Pz	
	U Hof 20.00 / 20.30 Pz	11.05
18.40 Sz	**U** Leipzig **0.15** ↩ / **7.15 Ez**	**21.20**

nach **Basel***

18.40 Sz	**U** Frankfurt a.M. **9.55 / 10.30 Sz**	
	U Heidelberg **12.35 / 12.55 Sz**	**19.15**

* Ankunft Basel Badischer Bf

nach **Bonn**

7.30 Cz	**U** Deutz > Cöln **22.00** ↩ / 7.00 Pz	7.50
12.00 Pz	**U** Deutz > Cöln 9.15 / 10.00 Pz	10.50
22.00 Sz	**U** Deutz > Cöln **16.00** / 17.45 Pz	18.35

nach **Braunschweig**

5.00 GmP	*über Magdeburg*	15.00
7.30 Cz	*über Magdeburg*	**12.50**
12.00 Pz	*über Magdeburg*	19.15
22.00 Sz	*über Magdeburg*	**4.30**

nach **Bremen**

7.30 Cz	**U** Wunstorf **15.03*** / 16.40 Pz	19.25
22.00 Sz	**U** Wunstorf **7.15*** / 7.30 Pz	10.15

* Ankunftszeit geschätzt

nach **Breslau**

8.00 Pz	*über Frankfurt a.O.–Liegnitz*	18.30
22.15 Sz	*über Frankfurt a.O.–Liegnitz*	**5.45**

nach **Carlsruhe**

18.40 Sz	**U** Frankfurt a.M. **9.55 / 10.30 Sz**	
	U Heidelberg **12.35 / 12.55 Sz**	**14.10**

nach **Cassel**

8.10 Pz	*über Halle–Erfurt–Bebra*	22.00
18.40 Sz	**U** Guntershausen **5.05** / 5.10 Pz	5.30

nach **Chemnitz**

7.00 Pz	**U** Röderau 10.55* / 11.30 Pz **U** Riesa 11.45* / 12.15 Pz	15.30
8.10 Pz	**U** Leipzig 14.05 / 14.30 Pz **U** Riesa* 16.05 / 16.45 Pz	19.30
13.45 Pz	**U** Röderau* 17.40 / 18.00 Pz **U** Riesa* 18.10 / 20.00 Pz	22.30
18.40 Sz	**U** Leipzig **0.15** / 5.00 Pz **U** Riesa 7.10* / 8.30 Pz	11.00

* Ankunftszeit geschätzt

nach **Coblenz**

7.30 Cz	**U** Deutz > Cöln **22.00** / 23.30 ⛴	9.00
	nur Mo und Do	
7.30 Cz	**U** Deutz > Cöln **22.00** ↩ / 6.00 ⛴	12.15
12.00 Pz	**U** Deutz > Cöln 9.15 / 10.00 ⛴	7.00
22.00 Sz	**U** Deutz > Cöln **16.00** / 20.15 ⛴	2.45

nach **Cöln***

7.30 Cz	*über Magdeburg–Hannover*	**22.00**
12.00 Pz	*über Magdeburg–Hannover*	9.15
22.00 Sz	*über Magdeburg–Hannover*	**16.00**

* Ankunft in Deutz auf der rechten Rheinseite

nach **Constanz**

8.10 Pz	**U** Leipzig 14.05 / 14.30 Pz **U** Hof 20.00 / 20.30 Pz **U** Augsburg 11.05 / 12.50 GmP **U** Lindau 22.35 ↩ / 6.00 ⛴ **U** Friedrichhafen # / 9.15 ⛴	k.A.[3]
18.40 Sz	**U** Frankfurt a.M. **9.55** / **10.30 Sz** **U** Heidelberg **12.35** / **12.55 Sz** **U** Freiburg i.B. **17.36** / 18.15 ✉ **U** Schaffhausen 5.15 / 12.30 ✉	17.00[3]

nach **Danzig**

6.15 Pz	*über Stettin–Bromberg–Dirschau*	22.19
22.40 Sz	*über Stettin–Bromberg–Dirschau*	**11.35**

nach **Darmstadt**

18.40 Sz	**U** Frankfurt a.M. **9.55** / **10.30 Sz**	**11.08***

* Ankunftszeit geschätzt

nach **Dortmund***

7.30 Cz	*über Hannover*	**19.20**
12.00 Pz	*über Hannover*	5.08
22.00 Sz	*über Hannover*	**12.40**

* Ankunftszeiten in Dortmund sind sämmtlich geschätzt.

nach **Dresden**

7.00 Pz	*über Röderau*	12.30
8.10 Pz	**U** Leipzig 14.05 / 14.30 Pz	17.30
13.45 Pz	*über Röderau*	20.00
18.40 Sz	**U** Leipzig **0.15** / 6.00 Pz	9.15

nach **Düsseldorf**

7.30 Cz	*über Hannover*	**21.03**
12.00 Pz	*über Hannover*	7.55
22.00 Sz	*über Hannover*	**14.57**

nach **Elberfeld**

7.30 Cz	**U** Dortmund **19.20*** / 19.30 Pz	21.33
12.00 Pz	**U** Dortmund 5.08* / 7.15 Pz	9.30
22.00 Sz	**U** Dortmund **12.40*** / 13.15 Pz	15.28

* Ankunftszeit geschätzt

nach **Erfurt***

8.10 Pz	*über Cöthen–Halle*	16.45
18.40 Sz	*über Cöthen–Halle*	**1.25**

* Ankunftszeiten in Erfurt sind sämmtlich geschätzt.

nach **Essen**

7.30 Cz	**U** Oberhausen** **20.20** / 21.56 Pz	22.15*
12.00 Pz		6.18*
22.00 Sz		**13.38***

* Ankunft in Alten-Essen, Ankunftszeit geschätzt; ein Fahrplan der Post-Course von Alten-Essen nach Essen Stadt liegt nicht vor.

** Cours über Oberhausen nur mit Umwegkarte zu benutzen.

nach **Frankfurt a.M.**

18.40 Sz	*über Halle–Bebra–Giessen*	**9.55**

nach **Freiburg i.B.**

18.40 Sz	**U** Frankfurt a.M. **9.55** / **10.30 Sz** **U** Heidelberg **12.35** / **12.55 Sz**	**17.36**

nach **Gera**

8.10 Pz	**U** Leipzig 14.05 / 18.30 Pz **U** Altenburg 19.40* / 20.30 ✉	0.30
18.40 Sz	**U** Leipzig **0.15** ↩ / 6.00 Pz **U** Altenburg 7.10* / 9.00 ✉	13.00
18.40 Sz	**U** Leipzig **0.15** ↩ / **7.15 Ez** **U** Altenburg **8.08*** / 9.00 ✉	13.00

* Ankunftszeit geschätzt

nach **Görlitz**

7.00 Pz	**U** Dresden 12.30 / 14.30 Pz	18.15
8.00 Pz	**U** Kohlfurt 14.10* / 14.30 Pz	15.15
13.45 Pz	**U** Dresden 20.00 ↩ / 5.30 Pz	9.00
22.15 Sz	**U** Kohlfurt **2.40*** / 3.15 Pz	4.00

* Ankunftszeit geschätzt

nach **Hagen**

7.30 Cz	**U** Dortmund **19.20*** / 19.30 Pz	20.28*
12.00 Pz	**U** Dortmund 5.08* / 7.15 Pz	8.24*
22.00 Sz	**U** Dortmund **12.40*** / 13.15 Pz	14.22*

* Ankunftszeit geschätzt

nach **Halle**

8.10 Pz		13.15
18.40 Sz		**23.00**

nach **Hamburg**

7.30 Pz		15.30
10.30 GmP	**U** Wittenberge 15.10/15.10 GmP	20.00
23.00 Cz		**5.16**

nach **Hamm**

7.30 Cz	*über Hannover*	**18.40**
12.00 Pz	*über Hannover*	4.05
22.00 Sz	*über Hannover*	**11.55***

* Ankunftszeit geschätzt

nach **Hannover**

5.00 GmP	*über Magdeburg*	19.05
7.30 Cz	*über Magdeburg*	**14.20**
12.00 Pz	*über Magdeburg*	21.25
22.00 Sz	*über Magdeburg*	**6.20**

nach **Heidelberg**

18.40 Sz	**U** Frankfurt a.M. **9.55** / **10.30 Sz**	**12.35**

nach **Kiel**

7.30 Pz	**U** Hamburg 15.30 / Altona 17.10 Pz	20.00
23.00 Cz	**U** Hamburg **5.16** / Altona 8.10 Pz	11.00

nach **Königsberg i.Pr.**

22.40 Sz	**U** Dirschau **10.45** / 11.37 ✉ **U** Marienburg 16.07 / **16.37 Sz**	**21.02**

nach **Leipzig**

7.00 Pz	**U** Röderau 10.55* / 11.30 Pz	13.30
8.10 Pz	*über Cöthen–Halle*	14.05
13.45 Pz	**U** Röderau 17.40* / 18.00 Pz	20.30
18.40 Sz	*über Cöthen–Halle*	**0.15**

* Ankunftszeit geschätzt

nach **Lindau**

8.10 Pz	**U** Leipzig 14.05 / 14.30 Pz **U** Hof 20.00 / 20.30 Pz **U** Augsburg 11.05 / 12.50 GmP	22.35
18.40 Sz	**U** Leipzig **0.15** ↩ / **7.15 Ez** **U** Augsburg **21.20** / 21.30 GmP	6.30[3]

nach **Ludwigshafen**

> Mannheim

nach **Lübeck**

7.30 Pz	**U** Büchen 13.55* / 14.00 Pz	15.11
10.30 GmP	**U** Wittenberge 15.10 / 15.10 GmP **U** Büchen 18.35* / 19.00 Pz	20.11
23.00 Cz	**U** Büchen **4.10*** / 9.00 Pz	10.45

* Ankunftszeit geschätzt

noch: ab **Berlin**

nach **Magdeburg**

5.00 GmP — 11.00
7.30 Cz — **10.40**
12.00 Pz — 16.15
22.00 Sz — **1.50**

nach **Mainz**

18.40 Sz **U** Frankfurt a.M. **9.55** / **10.15 Sz**
U Castel **11.00** / # ✉ — k.A.*

* Zwischen Castel und Mainz bestehen Verbindungen mit Post-Coursen über eine Schiffsbrücke. Ein Fahrplan liegt nicht vor.

nach **Mannheim**

18.40 Sz **U** Frankfurt a.M. **9.55** / **10.30 Sz** — **12.38**

nach **München**

8.10 Pz **U** Leipzig 14.05 / 14.30 Pz
U Hof 20.00 / 20.30 Pz — 13.15
18.40 Sz **U** Leipzig **0.15** ↩ / **7.15 Ez** — **23.00**

nach **Münster**

7.30 Cz **U** Hamm **18.40** / 19.00 Pz — 20.00
12.00 Pz **U** Hamm 4.05 / 7.30 Pz — 8.30
22.00 Sz **U** Hamm **11.55*** / 12.10 Pz — 13.00

* Ankunftszeit geschätzt

nach **Nürnberg**

8.10 Pz **U** Leipzig 14.05 / 14.30 Pz
U Hof 20.00 / 20.30 Pz — 5.15
18.40 Sz **U** Leipzig **0.15** ↩ / **7.15 Ez** — **17.00**

nach **Oberhausen**

7.30 Cz *über Magdeburg–Hannover* — **20.20**
12.00 Pz *über Magdeburg–Hannover* — 6.42
22.00 Sz *über Magdeburg–Hannover* — **14.00**

nach **Oppeln***

8.00 Pz *über Frankfurt a.O.–Breslau* — 21.27
22.15 Sz *über Frankfurt a.O.–Breslau* — **7.45**

* Ankunftszeiten in Oppeln sind sämmtlich geschätzt.

nach **Osnabrück**

12.00 Pz **U** Minden 23.45 / 1.00 ✉ — 8.00
22.00 Sz **U** Minden **8.35** / 9.00 ✉ — 16.00

nach **Passau**

18.40 Sz **U** Leipzig **0.15** ↩ / **7.15 Ez**
U Nürnberg 17.00 / 17.30 ✉
U Regensburg 5.30 / 11.00 ✉ — 22.30[3]

nach **Posen**

6.15 Pz **U** Kreutz 13.32 / 14.11 Pz — 16.26
8.00 Pz **U** Frankfurt a.O. 9.55* / 13.30 ✉ — 9.45
22.15 Sz **U** Frankfurt a.O. **23.40*** / 1.00 ✉ — 21.15
22.40 Sz **U** Kreutz **4.43** / 5.03 Pz — 7.47

* Ankunftszeit geschätzt

nach **Regensburg**

8.10 Pz **U** Leipzig 14.05 / 14.30 Pz
U Hof 20.00 / 20.30 Pz
U Nürnberg 5.15 / 6.00 ✉ — 18.00
18.40 Sz **U** Leipzig **0.15** ↩ / **7.15 Ez**
U Nürnberg 17.00 / 17.30 ✉ — 5.30[3]

nach **Rostock**

7.30 Pz **U** Hagenow 12.40* / 12.50 Pz — 16.40
10.30 GmP **U** Wittenberge 15.10 / 15.10 GmP
U Hagenow 17.00* / 17.30 Pz — 22.10
23.00 Cz **U** Hagenow **3.08*** / 7.30 Pz — 11.05

* Ankunftszeit geschätzt

nach **Saarbrücken**

18.40 Sz **U** Frankfurt a.M. **9.55** / **10.30 Sz**
U Mannheim **12.38** / #
U Ludwigshafen # / **13.10 Sz** — **16.58**

nach **Schwerin**

7.30 Pz **U** Hagenow 12.40* / 12.50 Pz — 13.35
10.30 GmP **U** Wittenberge 15.10 / 15.10 GmP
U Hagenow 17.00* / 17.30 Pz — 18.15
23.00 Cz **U** Hagenow **3.08*** / 7.30 Pz — 8.12

* Ankunftszeit geschätzt

nach **Stettin**

6.15 Pz — 9.47
12.15 Pz — 15.52
17.30 Pz — 21.10
22.40 Sz — **1.47**

nach **Stralsund**

6.15 Pz **U** Passow 8.43* / 9.15 ✉ — 2.00
17.30 Pz **U** Passow 20.00* / 20.20 ✉ — 11.20
22.40 Sz **U** Passow 0.50* / 1.15 ✉ — 18.00

* Ankunftszeit geschätzt

nach **Stuttgart**

18.40 Sz **U** Frankfurt a.M. **9.55** / **10.30 Sz**
U Heidelberg **12.35** / **12.55 Sz**
U Bruchsal **13.28*** / **13.48 Ez** — **15.46**

* Ankunftszeit geschätzt

nach **Trier**

7.30 Cz **U** Deutz > Cöln **22.00** ↩ / 5.00 ✉ — 2.15[3]
7.30 Cz **U** Deutz > Cöln **22.00** ↩ / 6.00 ⛴
U Coblenz 12.15 / 15.30 ✉ — 6.30[3]
22.00 Sz **U** Deutz > Cöln **16.00** / 19.00 ✉ — 17.30[3]
22.00 Sz **U** Deutz > Cöln **16.00** / 22.00 ⛴
U Coblenz 5.45 / 6.45 ✉ — 21.00[3]

nach **Ulm**

8.10 Pz **U** Leipzig 14.05 / 14.30 Pz
U Hof 20.00 / 20.30 Pz
U Augsburg 11.05 / 13.00 GmP — 17.30

Fortsetzung siehe nächste Spalte

18.40 Sz **U** Frankfurt a.M. **9.55** / **10.30 Sz**
U Heidelberg **12.35** / **12.55 Sz**
U Bruchsal **13.28*** / **13.48 Ez** — **18.25**

* Ankunftszeit geschätzt

nach **Wiesbaden**

18.40 Sz **U** Frankfurt a.M. **9.55** / 10.15 Pz — 11.45

nach **Würzburg**

8.10 Pz **U** Leipzig 14.05 / 14.30 Pz
U Hof 20.00 / 20.30 Pz
U Bamberg 1.15 / 1.45 Pz — 4.50
18.40 Sz **U** Leipzig **0.15** ↩ / **7.15 Ez**
U Bamberg **15.05** / **15.45 Ez** — **18.15**

nach **Zwickau**

8.10 Pz **U** Leipzig 14.05 / 14.30 Pz
U Werdau 16.50* / 17.47 Pz — 18.10*
18.40 Sz **U** Leipzig **0.15** ↩ / 6.00 Pz
U Werdau 8.40* / 9.15 Pz — 9.40'

* Ankunftszeit geschätzt

Auslandsverbindungen

Berlin ist außerdem im **Auslandsteil** ab S. 210 bzw. ab S. 224 mit den Verbindungen zu zahlreichen Metropolen Europas aufgeführt.

Bonn

Bonn ist auf der Schiene durch die Bonn-Cölner Eisenbahn mit Cöln verbunden, von wo zur Zeit Anschlüsse an die Cöln-Mindener Eisenbahn und weiter nach Hannover–Berlin sowie an die Rheinische Eisenbahn nach Aachen und weiter nach Belgien bestehen. Weitere Planungen ab Cöln siehe dort.

Die Bonn-Cölner Eisenbahn baut gegenwärtig an der Verlängerung ihrer Strecke in Richtung Süden, zunächst bis Rolandseck. Eröffnung bis Rolandswerth ist noch für Oktober dieses Jahres vorgesehen.

Für Fahrten nach Coblenz–Mainz empfehlen sich die täglich mehrmals verkehrenden Rheinischen Dampfschiff-Fahrten speziell der Cölner und Düsseldorfer Gesellschaften.

von **Bonn**

nach **Aachen**

8.45 ⛴	U Cöln 10.30 / 11.45 Pz	13.45
14.20 Pz	U Cöln 15.10 / 18.00 Pz	20.00
21.00 ⛴	U Cöln 23.00 / **23.30 Sz**	**1.20**

nach **Augsburg**

12.30 ⛴	U Coblenz 17.00 / 20.00 ✉ U Wiesbaden 5.00 / 5.45 Pz U Frankfurt a.M. 7.30 / **8.30 Ez** U Bamberg **14.45 / 15.30 Ez**	**21.20**
14.00 ✉	U Siegburg 15.30 / 17.00 ✉ U Frankft. a.M. 12-13.00/17.15 Pz U Bamberg 1.05 / 3.15 Pz	11.05[3]
22.30 ⛴	U Mainz 11.00 / **11.20 Sz** U Ludwigshafen **13.00** / # U Mannheim # / 15.10 Pz U Bruchsal 17.01* / 17.20 Pz U Stuttgart 20.15 ⤳ / 7.05 Pz U Ulm 10.50 / 11.15 GmP	15.40[3]

nach **Basel***

8.00 ⛴	U Mainz 19.30 / 20.00 Pz U Ludwigshafen 21.59 ⤳ / # U Mannheim # / **6.40 Sz**	**14.56**
22.30 ⛴	U Mainz 11.00 / **11.20 Sz** U Ludwigshafen **13.00** / # U Mannheim # / 15.10 Pz U Offenburg 20.47 ⤳ / 6.00 Pz	10.55[3]

* Ankunft Basel Badischer Bf

nach **Berlin**

8.45 ⛴	U Cöln > Deutz 10.30 / 11.00 Pz	9.30
17.55 Pz	U Cöln > Deutz 18.45 / **20.00 Sz**	**13.10**
21.00 ⛴	U Cöln > Deutz 23.00 ⤳/ **6.30 Cz**	**21.20**

nach **Braunschweig**

8.45 ⛴	U Cöln > Deutz 10.30 / 11.00 Pz	0.30
17.55 Pz	U Cöln > Deutz 18.45 / **20.00 Sz**	**7.05**
21.00 ⛴	U Cöln > Deutz 23.00 ⤳/ **6.30 Cz**	**15.22**

nach **Bremen**

17.55 Pz	U Cöln > Deutz 18.45 / **20.00 Sz** U Wunstorf **4.35*** / 7.30 Pz	10.15
21.00 ⛴	U Cöln > Deutz 23.00 ⤳ / **6.30 Cz** U Wunstorf **13.15*** / 13.25 Pz	16.00

* Ankunftszeit geschätzt

nach **Breslau**

21.00 ⛴	U Cöln > Deutz 23.00 ⤳ / **6.30 Cz** U Berlin **21.20 / 22.15 Sz**	**5.45**[3]

nach **Carlsruhe**

0.30 ⛴	U Mannheim 19.30 / 19.45 Pz	22.25

Fortsetzung siehe nächste Spalte

0.30 ⛴	U Mainz 14.00 / 15.00 Pz U Ludwigshafen 17.00 / # U Mannheim # / 19.45 Pz	22.25
8.00 ⛴	U Mainz 19.30 / 20.00 Pz U Ludwigshafen 21.59 ⤳ / # U Mannheim # / 5.00 Pz	9.12
8.00 ⛴	U Mainz 19.30 / 20.00 Pz U Ludwigshafen 21.59 ⤳ / # U Mannheim # / **6.40 Sz**	**8.27**
22.30 ⛴	U Mainz 11.00 / **11.20 Sz** U Ludwigshafen **13.00** / # U Mannheim # / 15.10 Pz	17.50

nach **Cassel**

8.45 ⛴	U Cöln > Deutz 10.30 / 11.00 Pz U Hamm 16.00 / 16.18 Pz	22.00
11.00 ⛴	U Coblenz 15.45 / 17.00 ✉ U Giessen 6.30 / 8.10 Pz U Guntershsn 11.45 / 11.50 Pz	12.10
21.00 ⛴	U Cöln > Deutz 23.00 ⤳ / **6.30 Cz** U Hamm **9.36** / 9.50 Pz	15.55

nach **Chemnitz**

8.45 ⛴	U Cöln > Deutz 10.30 / 11.00 Pz U Magdeburg 4.50 / 5.30 Pz U Leipzig 9.00 / 10.00 Pz U Riesa 11.25* / 12.15 Pz	15.30
17.55 Pz	U Cöln > Deutz 18.45 / **20.00 Sz** U Magdeburg **10.00** / 10.45 Pz U Leipzig 14.05 / 14.30 Pz U Riesa 16.00* / 16.45 Pz	19.30
21.00 ⛴	U Cöln > Deutz 23.00 ⤳ / **6.30 Cz** U Magdeburg **18.00** / 18.15 Pz U Leipzig 21.15 / **22.00 Sz** U Riesa **23.15*** ⤳ / 5.15 Pz	8.15[3]

* Ankunftszeit geschätzt

nach **Coblenz**

0.30 ⛴		5.45
8.00 ⛴		12.15
11.00 ⛴		15.45
11.30 ⛴*	**nur Mo, Di, Do, Fr und So**	16.30
12.30 ⛴		17.00
15.45 ⛴		20.00
22.30 ⛴		2.45

* Niederländische Gesellschaft

nach **Cöln**

6.20 Pz		7.10
8.30 Pz		9.20
8.45 ⛴		10.30
11.40 Pz		12.30
12.45 ⛴		14.45
14.20 Pz		15.10
16.15 ⛴		18.15
16.30 ⛴*	**nur So, Mo, Mi, Do und Fr**	18.00
17.55 Pz		18.45

Fortsetzung siehe nächste Spalte

18.15 ⛴		20.15
20.00 ⛴		22.00
20.30 Pz		21.20
21.00 ⛴		23.00

* Niederländische Gesellschaft

nach **Constanz**

8.00 ⛴	U Mainz 19.30 / 20.00 Pz U Ludwigshafen 21.59 ⤳ / # U Mannheim # / **6.40 Sz** U Offenburg **10.22** / 10.45 ✉	6.15[3]

nach **Danzig**

21.00 ⛴	U Cöln > Deutz 23.00 ⤳/ **6.30 Cz** U Berlin **21.20 / 22.40 Sz**	**11.35**[3]

nach **Darmstadt**

0.30 ⛴	U Mainz 14.00 / 16.30 ✉	19.45
8.00 ⛴	U Mainz 19.30 ⤳ / 7.30 Pz U Oppenheim 8.08* / 8.15 ✉	11.00
12.30 ⛴	U Coblenz 17.00 / 20.00 ✉ U Wiesbaden 5.00 / 5.45 Pz U Frankfurt a.M. 7.30 / **10.30 Sz**	**11.08***
14.00 ✉	U Siegburg 15.30 / 17.00 ✉ U Frankft a.M. 12-13.00/17.35 Pz	18.20*

* Ankunftszeit geschätzt

nach **Dortmund***

6.20 Pz	U Cöln > Deutz 7.10 / 8.00 Pz	11.52
8.45 ⛴	U Cöln > Deutz 10.30 / 11.00 Pz	15.00
14.20 Pz	U Cöln > Deutz 15.10 / 16.00 Pz	20.25
17.55 Pz	U Cöln > Deutz 18.45 / **20.00 Sz**	**23.11**
21.00 ⛴	U Cöln > Deutz 23.00 ⤳ / **6.30 Cz**	**9.02**

* Ankunftszeiten in Dortmund sind sämmtlich geschätzt.

nach **Dresden**

8.45 ⛴	U Cöln > Deutz 10.30 / 11.00 Pz U Magdeburg 4.50 / 5.30 Pz U Leipzig 9.00 / 10.00 Pz	13.15
17.55 Pz	U Cöln > Deutz 18.45 / **20.00 Sz** U Magdeburg **10.00** / 10.45 Pz U Leipzig 14.05 / 14.30 Pz	17.30
21.00 ⛴	U Cöln > Deutz 23.00 ⤳/ **6.30 Cz** U Magdeburg **18.00** / 18.15 Pz U Leipzig 21.15 / **22.00 Sz**	**0.30**

nach **Düsseldorf**

6.20 Pz	U Cöln > Deutz 7.10 / 8.00 Pz	9.09
8.45 ⛴	U Cöln > Deutz 10.30 / 11.00 Pz	12.10
14.20 Pz	U Cöln > Deutz 15.10 / 16.00 Pz	17.10
16.15 ⛴		22.00
16.30 ⛴	Cöln 18.00 / 20.00 **nur So, Mi und Do**	23.00
17.55 Pz	U Cöln > Deutz 18.45 / **20.00 Sz**	**20.55**
20.30 Pz	U Cöln > Deutz 21.20 ⤳ / **6.30 Cz**	**7.15**
21.00 ⛴	Cöln 23.00 ⤳ / 5.30	8.00

noch: ab **Bonn**

nach **Elberfeld**

6.20 Pz **U** Cöln > Deutz 7.10 / 8.00 Pz
U Düsseldorf 9.09 / 9.30 Pz — 10.36

8.45 ⛴ **U** Cöln > Deutz 10.30 / 11.00 Pz
U Düsseldorf 12.10 / 12.30 Pz — 14.07

14.20 Pz **U** Cöln > Deutz 15.10 / 16.00 Pz
U Düsseldorf 17.10 / 17.30 Pz — 18.36

17.55 Pz **U** Cöln > Deutz 18.45 / **20.00 Sz**
U Düsseldorf **20.55** / 21.15 Pz — 22.21

21.00 ⛴ **U** Cöln > Deutz 21.20 ↩ / **6.30 Cz**
U Düsseldorf **7.15** / 7.30 Pz — 8.36

nach **Erfurt**

8.45 ⛴ **U** Cöln > Deutz 10.30 / 11.00 Pz
U Hamm 16.00 / 16.18 Pz
U Cassel 22.00 / 22.15 Pz
U Guntershausen 22.35/**22.45 Sz** — **2.50***

* Ankunftszeit geschätzt

nach **Essen***

6.20 Pz **U** Cöln > Deutz 7.10 / 8.00 Pz — 10.40
8.45 ⛴ **U** Cöln > Deutz 10.30 / 11.00 Pz — 13.45
14.20 Pz **U** Cöln > Deutz 15.10 / 16.00 Pz — 18.55
17.55 Pz **U** Cöln > Deutz 18.45 / **20.00 Sz** — **22.16**

* Ankunft in Alten-Essen, Ankunftszeit geschätzt; Fahrplan der Post-Course von Alten-Essen nach Essen Stadt liegt nicht vor.

nach **Frankfurt a.M.**

0.30 ⛴ — 17.30

0.30 ⛴ **U** Coblenz 5.45 / 7.15 ✉
U Wiesbaden 16.15 / 17.35 Pz — 19.05

12.30 ⛴ **U** Coblenz 17.00 / 20.00 ✉
U Wiesbaden 5.00 / 5.45 Pz — 7.30

14.00 ✉ **U** Siegburg 15.30 / 17.00 ✉ — 12-13.00

nach **Freiburg i.B.**

8.00 ⛴ **U** Mainz 19.30 / 20.00 Pz
U Ludwigshafen 21.59 ↩ / #
U Mannheim # / **6.40 Sz** — **12.35**

22.30 ⛴ **U** Mainz 11.00 / **11.20 Sz**
U Ludwigshafen **13.00** / #
U Mannheim # / 15.10 Pz
U Offenburg 20.47 ↩ / 6.00 Pz — 8.16[3]

nach **Gera**

17.55 Pz **U** Cöln > Deutz 18.45 / **20.00 Sz**
U Magdeburg **10.00** / 10.45 Pz
U Leipzig 14.05 / 18.30 Pz
U Altenburg 19.40* / 20.30 ✉ — 0.30[3]

21.00 ⛴ **U** Cöln > Deutz 21.20 ↩ / **6.30 Cz**
U Magdeburg **18.00** / 18.15 Pz
U Leipzig 21.15 ↩ / 6.00 Pz
U Altenburg 7.10* / 9.00 ✉ — 13.00[3]

Fortsetzung siehe nächste Spalte

21.00 ⛴ **U** Cöln > Deutz 21.20 ↩ / **6.30 Cz**
U Magdeburg **18.00** / 18.15 Pz
U Leipzig 21.15 ↩ / **7.15 Ez**
U Altenburg **8.08*** / 9.00 ✉ — 13.00[3]

* Ankunftszeit geschätzt

nach **Görlitz**

8.45 ⛴ **U** Cöln > Deutz 10.30 / 11.00 Pz
U Magdeburg 4.50 / 5.30 Pz
U Leipzig 9.00 / 10.00 Pz
U Dresden 13.15 / 14.30 Pz — 18.15

17.55 Pz **U** Cöln > Deutz 18.45 / **20.00 Sz**
U Magdeburg **10.00** / 10.45 Pz
U Leipzig 14.05 / 14.30 Pz
U Dresden 17.30 / 18.15 Pz — 21.40

21.00 ⛴ **U** Cöln > Deutz 23.00 ↩ / **6.30 Cz**
U Berlin **21.20** / **22.15 Sz**
U Kohlfurt **2.40*** / 3.15 Pz — 4.00

21.00 ⛴ **U** Cöln > Deutz 23.00 ↩ / **6.30 Cz**
U Magdeburg **18.00** / 18.15 Pz
U Leipzig 21.15 / **22.00 Sz**
U Dresden **0.30** / 5.30 Pz — 9.00

nach **Hagen**

6.20 Pz **U** Cöln > Deutz 7.10 / 8.00 Pz
U Düsseldorf 9.09 / 9.30 Pz
U Elberfeld 10.36/ 12.45 Pz — 13.48

8.45 ⛴ **U** Cöln > Deutz 10.30 / 11.00 Pz
U Düsseldorf 12.10 / 12.30 Pz
U Elberfeld 14.07 / 16.20 Pz — 17.38

14.20 Pz **U** Cöln > Deutz 15.10 / 16.00 Pz
U Düsseldorf 17.10 / 17.30 Pz
U Elberfeld 18.36 / 19.25 Pz — 20.33

17.55 Pz **U** Cöln > Deutz 18.45 / **20.00 Sz**
U Düsseldorf **20.55** / 21.15 Pz
U Elberfeld 22.21 ↩ / 6.45 Pz — 7.50

21.00 ⛴ **U** Cöln > Deutz 21.20 ↩ / **6.30 Cz**
U Düsseldorf **7.15** / 7.30 Pz
U Elberfeld 8.36 / 9.40 Pz — 11.17

* Ankunftszeiten in Hagen sind sämmtlich geschätzt.

nach **Halle**

8.45 ⛴ **U** Cöln > Deutz 10.30 / 11.00 Pz
U Magdeburg 4.50 / 5.30 Pz — 8.00

17.55 Pz **U** Cöln > Deutz 18.45 / **20.00 Sz**
U Magdeburg **10.00** / 10.45 Pz — 13.10

21.00 ⛴ **U** Cöln > Deutz 23.00 ↩/ **6.30 Cz**
U Magdeburg **18.00** / 18.15 Pz — 20.25

nach **Hamburg**

17.55 Pz **U** Cöln > Deutz 18.45 / **20.00 Sz**
U Lehrte **6.00*** / 6.05 Pz
U Harburg 10.05 / 10.30 ⛴ — 11.45

21.00 ⛴ **U** Cöln > Deutz 23.00 ↩ / **6.30 Cz**
U Lehrte **14.25*** / 14.35 Pz
U Harburg 18.20 / 19.00 ⛴ — 20.15

* Ankunftszeit geschätzt

nach **Hamm**

6.20 Pz **U** Cöln > Deutz 7.10 / 8.00 Pz — 12.55
8.45 ⛴ **U** Cöln > Deutz 10.30 / 11.00 Pz — 16.00
14.20 Pz **U** Cöln > Deutz 15.10 / 16.00 Pz — 21.15
17.55 Pz **U** Cöln > Deutz 18.45 / **20.00 Sz** — **24.00**
21.00 ⛴ **U** Cöln > Deutz 23.00 ↩ / **6.30 Cz** — **9.36**

nach **Hannover**

8.45 ⛴ **U** Cöln > Deutz 10.30 / 11.00 Pz — 22.10
17.55 Pz **U** Cöln > Deutz 18.45 / **20.00 Sz** — **5.10**
21.00 ⛴ **U** Cöln > Deutz 23.00 ↩/ **6.30 Cz** — **13.45**

nach **Heidelberg**

0.30 ⛴ **U** Mainz 14.00 / 15.00 Pz
U Ludwigshafen 17.00 / #
U Mannheim # / 19.45 Pz — 20.21

8.00 ⛴ **U** Mainz 19.30 / 20.00 Pz
U Ludwigshafen 21.59 ↩ / #
U Mannheim # / 5.00 Pz — 5.45

8.00 ⛴ **U** Mainz 19.30 / 20.00 Pz
U Ludwigshafen 21.59 ↩ / #
U Mannheim # / **6.40 Sz** — **7.07**

22.30 ⛴ **U** Mainz 11.00 / **11.20 Sz**
U Ludwigshafen **13.00** / #
U Mannheim # / 15.10 Pz — 15.46

nach **Kiel**

17.55 Pz **U** Cöln > Deutz 18.45 / **20.00 Sz**
U Lehrte **6.00*** / 6.05 Pz
U Harburg 10.05 / 10.30 ⛴
U Hamburg > Altona 11.45 /
13.00 GmP — 16.30

21.00 ⛴ **U** Cöln > Deutz 23.00 ↩ / **6.30 Cz**
U Lehrte **14.25*** / 14.35 Pz
U Harburg 18.20 / 19.00 ⛴
U Hamburg > Altona 20.15 ↩ /
8.10 Pz — 11.00[3]

* Ankunftszeit geschätzt

nach **Königsberg i.Pr.**

21.00 ⛴ **U** Cöln > Deutz 23.00 ↩/ **6.30 Cz**
U Berlin **21.20** / **22.40 Sz**
U Dirschau **10.45** / 11.37 ✉
U Marienburg 16.07 / **16.37 Sz** — **21.02**[3]

nach **Leipzig**

8.45 ⛴ **U** Cöln > Deutz 10.30 / 11.00 Pz
U Magdeburg 4.50 / 5.30 Pz — 9.00

17.55 Pz **U** Cöln > Deutz 18.45 / **20.00 Sz**
U Magdeburg **10.00** / 10.45 Pz — 14.05

21.00 ⛴ **U** Cöln > Deutz 23.00 ↩/ **6.30 Cz**
U Magdeburg **18.00** / 18.15 Pz — 21.15

nach **Lindau**

12.30 ⛴ **U** Coblenz 17.00 / 20.00 ✉
U Wiesbaden 5.00 / 5.45 Pz
U Frankfurt a.M. 7.30 / **8.30 Ez**
U Bamberg **14.45** / **15.30 Ez**
U Augsburg **21.20** / 21.30 GmP — 6.30[3]

Fortsetzung siehe nächste Seite

noch: nach **Lindau**

22.30 ⛴ **U** Mainz 11.00 / **11.20 Sz**
U Ludwigshafen **13.00** / #
U Mannheim # / 15.10 Pz
U Bruchsal 17.01* / 17.20 Pz
U Stuttgart 20.15 ↪ / 7.05 Pz
U Friedrichshafen 15.20 / 15.30 ⛴ k.A.[3]

* Ankunftszeit geschätzt

nach Ludwigshafen

0.30 ⛴ **U** Mainz 14.00 / 15.00 Pz 17.00

8.00 ⛴ **U** Mainz 19.30 / 20.00 Pz 21.59

22.30 ⛴ **U** Mainz 11.00 / **11.20 Sz** **13.00**

weitere Verbindungen > **Mannheim**

nach Lübeck

17.55 Pz **U** Cöln > Deutz 18.45 / **20.00 Sz**
U Lehrte **6.00*** / 6.05 Pz
U Harburg 10.05 / 10.30 ⛴
U Hamburg 11.45 / 17.00 Pz
U Büchen 18.45* / 19.00 Pz 20.11

21.00 ⛴ **U** Cöln > Deutz 23.00 ↪ / **6.30 Cz**
U Lehrte **14.25*** / 14.35 Pz
U Harburg 18.20 / 19.00 ⛴
U Hamburg 20.15 / 23.00 ✉ 5.00[3]

* Ankunftszeit geschätzt

nach Magdeburg

8.45 ⛴ **U** Cöln > Deutz 10.30 / 11.00 Pz 4.50

17.55 Pz **U** Cöln > Deutz 18.45 / **20.00 Sz** **10.00**

21.00 ⛴ **U** Cöln > Deutz 23.00 ↪/ **6.30 Cz** **18.00**

nach Mainz

0.30 ⛴ 14.00

8.00 ⛴ 19.30

22.30 ⛴ 11.00

nach Mannheim

0.30 ⛴ 19.30

weitere Verbindungen > **Ludwigshafen**

nach München

12.30 ⛴ **U** Coblenz 17.00 / 20.00 ✉
U Wiesbaden 5.00 / 5.45 Pz
U Frankfurt a.M. 7.30 / **8.30 Ez**
U Bamberg **14.45** / **15.30 Ez** **23.00**

22.30 ⛴ **U** Mainz 11.00 / **11.20 Sz**
U Ludwigshafen **13.00** / #
U Mannheim # / 15.10 Pz
U Bruchsal 17.01* / 17.20 Pz
U Stuttgart 20.15 ↪ / 7.05 Pz
U Ulm 10.50 / 11.15 GmP 20.30[3]

* Ankunftszeit geschätzt

nach Münster

6.20 Pz **U** Cöln > Deutz 7.10 / 8.00 Pz
U Hamm 12.50 / 13.15 GmP 14.45

8.45 ⛴ **U** Cöln > Deutz 10.30 / 11.00 Pz
U Hamm 16.00 / 19.00 Pz 20.00

17.55 Pz **U** Cöln > Deutz 18.45 / **20.00 Sz**
U Hamm **24.00** ↪ / 7.30 Pz 8.30

21.00 ⛴ **U** Cöln > Deutz 23.00 ↪ / **6.30 Cz**
U Hamm 9.36 / 12.10 Pz 13.00

nach Nürnberg

12.30 ⛴ **U** Coblenz 17.00 / 20.00 ✉
U Wiesbaden 5.00 / 5.45 Pz
U Frankfurt a.M. 7.30 / **8.30 Ez**
U Bamberg **14.45** / **15.30 Ez** **17.00**

14.00 ✉ **U** Siegburg 15.30 / 17.00 ✉
U Frankft. a.M. 12-13.00/17.15 Pz
U Bamberg 1.05 / 3.15 Pz 5.15[3]

nach Oberhausen

6.20 Pz **U** Cöln > Deutz 7.10 / 8.00 Pz 10.15

8.45 ⛴ **U** Cöln > Deutz 10.30 / 11.00 Pz 13.20

14.20 Pz **U** Cöln > Deutz 15.10 / 16.00 Pz 18.25

17.55 Pz **U** Cöln > Deutz 18.45 / **20.00 Sz** **21.50**

21.00 ⛴ **U** Cöln > Deutz 23.00 ↪ / **6.30 Cz** **8.00**

nach Oppeln

21.00 ⛴ **U** Cöln > Deutz 23.00 ↪ / **6.30 Cz**
U Berlin **21.20** / **22.15 Sz** **7.45***[3]

* Ankunftszeit geschätzt

nach Osnabrück

8.45 ⛴ **U** Cöln > Deutz 10.30 / 11.00 Pz
U Minden 19.45 / 1.00 ✉ 8.00

17.55 Pz **U** Cöln > Deutz 18.45 / **20.00 Sz**
U Minden **3.05** / 9.00 ✉ 16.00

21.00 ⛴ **U** Cöln > Deutz 23.00 ↪ / **6.30 Cz**
U Bielefeld **11.13*** / 11.30 ✉ 18.00

* Ankunftszeit geschätzt

nach Passau

12.30 ⛴ **U** Coblenz 17.00 / 20.00 ✉
U Wiesbaden 5.00 / 5.45 Pz
U Frankfurt a.M. 7.30 / **8.30 Ez**
U Bamberg **14.45** / **15.30 Ez**
U Nürnberg **17.00** / 17.30 ✉
U Regensburg 5.30 / 11.00 ✉ 22.30[3]

nach Posen

21.00 ⛴ **U** Cöln > Deutz 23.00 ↪/ **6.30 Cz**
U Berlin **21.20** / **22.40 Sz**
U Kreutz **4.43** / 5.03 Pz 7.47[3]

nach Regensburg

12.30 ⛴ **U** Coblenz 17.00 / 20.00 ✉
U Wiesbaden 5.00 / 5.45 Pz
U Frankfurt a.M. 7.30 / **8.30 Ez**
U Bamberg **14.45** / **15.30 Ez**
U Nürnberg **17.00** / 17.30 ✉ 5.30[3]

14.00 ✉ **U** Siegburg 15.30 / 17.00 ✉
U Frankft. a.M. 12-13.00/17.15 Pz
U Bamberg 1.05 / 3.15 Pz
U Nürnberg 5.15 / 6.00 ✉ 18.00[3]

nach Rostock

21.00 ⛴ **U** Cöln > Deutz 23.00 ↪ / **6.30 Cz**
U Lehrte **14.25*** / 14.35 Pz
U Harburg 18.20 / 19.00 ⛴
U Hamburg 20.15 / **22.30 Cz**
U Hagenow **0.40*** ↪ / 7.30 Pz 11.05[3]

* Ankunftszeit geschätzt

nach Saarbrücken

0.30 ⛴ **U** Mainz 14.00 / 15.00 Pz 22.05

22.30 ⛴ **U** Mainz 11.00 / **11.20 Sz** **16.58**

nach Schwerin

17.55 Pz **U** Cöln > Deutz 18.45 / **20.00 Sz**
U Lehrte **6.00*** / 6.05 Pz
U Harburg 10.05 / 10.30 ⛴
U Hamburg 11.45 / 17.00 Pz
U Hagenow 20.30* / 20.45 Pz 21.30

21.00 ⛴ **U** Cöln > Deutz 23.00 ↪ / **6.30 Cz**
U Lehrte **14.25*** / 14.35 Pz
U Harburg 18.20 / 19.00 ⛴
U Hamburg 20.15 / **22.30 Cz**
U Hagenow **0.40*** ↪ / 7.30 Pz 8.12[3]

* Ankunftszeit geschätzt

nach Stettin

8.45 ⛴ **U** Cöln > Deutz 10.30 / 11.00 Pz
U Berlin 9.30 / 12.15 Pz 15.52

17.55 Pz **U** Cöln > Deutz 18.45 / **20.00 Sz**
U Berlin **13.10** / 17.30 Pz 21.10

21.00 ⛴ **U** Cöln > Deutz 23.00 ↪/ **6.30 Cz**
U Berlin **21.20** / **22.40 Sz** **1.47**[3]

nach Stralsund

17.55 Pz **U** Cöln > Deutz 18.45 / **20.00 Sz**
U Berlin **13.10** / 17.30 Pz
U Passow 20.00* / 20.20 ✉ 11.20[3]

21.00 ⛴ **U** Cöln > Deutz 23.00 ↪/ **6.30 Cz**
U Berlin **21.20** / **22.40 Sz**
U Passow 0.50* / 1.15 ✉ 18.00[3]

* Ankunftszeit geschätzt

noch: ab **Bonn**

nach **Stuttgart**

8.00 ⛴ **U** Mainz 19.30 / 20.00 Pz
U Ludwigshafen 21.59 ↪ / #
U Mannheim # / **6.40 Sz**
U Bruchsal **7.59*** / 8.15 Pz — 11.05

22.30 ⛴ **U** Mainz 11.00 / **11.20 Sz**
U Ludwigshafen **13.00** / #
U Mannheim # / 15.10 Pz
U Bruchsal 17.01* / 17.20 Pz — 20.15

* Ankunftszeit geschätzt

nach **Trier**

0.30 ⛴ **U** Coblenz 5.45 / 6.45 ✉ — 21.00
8.00 ⛴ **U** Coblenz 12.15 / 15.30 ✉ — 6.30
18.00 ✉ **U** Euskirchen 21.00 / 22.30 ✉ — 15.30
20.30 Pz **U** Brühl 21.00 ↪ / 6.15 ✉ — 2.15[3]

nach **Ulm**

8.00 ⛴ **U** Mainz 19.30 / 20.00 Pz
U Ludwigshafen 21.59 ↪ / #
U Mannheim # / **6.40 Sz**
U Bruchsal **7.59*** / 8.15 Pz — 15.05

22.30 ⛴ **U** Mainz 11.00 / **11.20 Sz**
U Ludwigshafen **13.00** / #
U Mannheim # / 15.10 Pz
U Bruchsal 17.01* / 17.20 Pz
U Stuttgart 20.15 ↪ / 7.05 Pz — 10.50[3]

* Ankunftszeit geschätzt

nach **Wiesbaden**

0.30 ⛴ **U** Coblenz 5.45 / 7.15 ✉ — 16.15
12.30 ⛴ **U** Coblenz 17.00 / 20.00 ✉ — 5.00

nach **Würzburg**

0.30 ⛴ **U** Frankfurt a.M. 17.30 / 20.55 GmP — 9.50

12.30 ⛴ **U** Coblenz 17.00 / 20.00 ✉
U Wiesbaden 5.00 / 5.45 Pz
U Frankfurt a.M. 7.30 / **8.30 Ez** — **12.00**

14.00 ✉ **U** Siegburg 15.30 / 17.00 ✉
U Frankft. a.M. 12-13.00/17.15 Pz — 21.40

nach **Zwickau**

12.30 ⛴ **U** Coblenz 17.00 / 20.00 ✉
U Wiesbaden 5.00 / 5.45 Pz
U Frankfurt a.M. 7.30 / **8.30 Ez**
U Bamberg **14.45** / **15.05 Ez**
U Werdau **20.55*** / 21.17 Pz — 21.40*

* Ankunftszeit geschätzt

Braunschweig

Ab Braunschweig gehen zwei Bahnlinien der Braunschweigischen Staatseisenbahnen ab:

- in westlicher Richtung bis zur Grenze bei Peine, ab wo die Hannöversche Staatsbahn den Verkehr über Lehrte nach Hannover übernimmt und von dort u.a. weiter nach Minden mit Anschluß an die Cöln-Mindener Eisenbahn leitet, ferner in Lehrte Anschluß bietet nach Harburg südlich von Hamburg und nach Hildesheim,
- in südöstlicher Richtung nach Harzburg über Wolfenbüttel, dort Abzweigung einer Strecke nach Oschersleben, woselbst die Magdeburg-Halberstädter Eisenbahn die durchgehenden Züge Cöln–Hannover–Braunschweig–Magdeburg–Berlin übernimmt.

Als weitere Strecke der Braunschweigischen Staatseisenbahnen ist für das kommende Jahr die Eröffnung einer in Börßum abzweigenden Linie nach Kreiensen vorgesehen, woselbst Anschluß an die Bahnlinie Richtung Göttingen und weiter nach Cassel bestehen wird.

---

von Braunschweig

nach **Aachen**

4.50 Sz **U** Deutz > Cöln **16.00** / 18.00 Pz — 20.00
13.10 Cz **U** Deutz > Cöln **22.00** / **23.30 Sz** — **1.20**
19.45 Pz **U** Oberhausen 6.42 / 7.00 Pz — 11.20

nach **Augsburg**

15.45 Cz **U** Magdeburg 18.00 / 18.15 Pz
U Halle 20.25 / **23.00 Sz**
U Frankfurt a.M. **9.55** / **10.30 Sz**
U Heidelberg **12.35** / **12.55 Sz**
U Bruchsal **13.28*** / **13.48 Ez**
U Ulm **18.25** / **18.45 Ez** — **21.15**

* Ankunftszeit geschätzt

nach **Basel***

4.50 Sz **U** Hannover **6.20** / 6.45 Pz
U Göttingen 10.05 / 10.30 ✉
U Cassel 16.00 / 16.10 Pz
U Guntershausen 16.30/16.45 Pz
U Frankfurt a.M. 22.30 ↪/ **5.00 Cz**
U Heidelberg **7.05** / **7.20 Sz** — **14.56**

15.45 Cz **U** Magdeburg 18.00 / 18.15 Pz
U Halle 20.25 / **23.00 Sz**
U Frankfurt a.M. **9.55** / **10.30 Sz**
U Heidelberg **12.35** / **12.55 Sz** — **19.15**

* Ankunft Basel Badischer Bf

nach **Berlin**

1.15 Pz *über Magdeburg* — 9.30
7.25 Sz *über Magdeburg* — **13.10**
13.30 GmP *über Magdeburg* — 23.15
15.45 Cz *über Magdeburg* — **21.20**

nach **Bonn**

4.50 Sz **U** Deutz > Cöln **16.00** / 17.45 Pz — 18.35
13.10 Cz **U** Deutz > Cöln **22.00** ↪ / 7.00 Pz — 7.50
19.45 Pz **U** Deutz > Cöln 9.15 / 10.00 Pz — 10.50

nach **Bremen**

4.50 Sz **U** Wunstorf **7.15*** / 7.30 Pz — 10.15
9.45 Pz **U** Hannover 11.30 / 12.45 Pz — 16.00
13.10 Cz **U** Hannover **14.20** / 16.00 Pz
U Wunstorf 16.30* / 16.40 Pz — 19.25

* Ankunftszeit geschätzt

nach **Breslau**

15.45 Cz **U** Berlin **21.20** / **22.15 Sz** — **5.45**

nach **Carlsruhe**

4.50 Sz **U** Hannover **6.20** / 6.45 Pz
U Göttingen 10.05 / 10.30 ✉
U Cassel 16.00 / 16.10 Pz
U Guntershausen 16.30 / 16.45 Pz
U Frankfurt a.M. 22.30 ↪/ **5.00 Cz**
U Heidelberg **7.05** / **7.20 Sz** — **8.27**

15.45 Cz **U** Magdeburg 18.00 / 18.15 Pz
U Halle 20.25 / **23.00 Sz**
U Frankfurt a.M. **9.55** / **10.30 Sz**
U Heidelberg **12.35** / **12.55 Sz** — **14.10**

nach **Cassel**

4.50 Sz **U** Hannover **6.20** / 6.45 Pz
U Göttingen 10.05 / 10.30 ✉ — 16.00

13.10 Cz **U** Hannover **14.20** / 16.30 Pz
U Göttingen 21.05 / 21.30 ✉ — 3.00

nach **Chemnitz**

1.15 Pz **U** Magdeburg 4.50 / 5.30 Pz
U Leipzig 9.00 / 10.00 Pz
U Riesa 11.25* / 12.15 Pz — 15.30

7.25 Sz **U** Magdeburg **10.00** / 10.45 Pz
U Leipzig 14.05 / 14.30 Pz
U Riesa 16.00* / 16.45 Pz — 19.30

15.45 Cz **U** Magdeburg **18.00** / 18.15 Pz
U Leipzig 21.15 / **22.00 Sz**
U Riesa **23.15*** ↪ / 5.15 Pz — 8.15

* Ankunftszeit geschätzt

nach **Coblenz**

4.50 Sz **U** Deutz > Cöln **16.00** / 20.15 ⛴ — 2.45
13.10 Cz **U** Deutz > Cöln **22.00** / 23.30 ⛴ — 9.00
nur Mo und Do
13.10 Cz **U** Deutz > Cöln **22.00** ↪ / 6.00 ⛴ — 12.15
19.45 Pz **U** Deutz > Cöln 9.15 / 10.00 ⛴ — 17.00

nach **Cöln***

4.50 Sz	*über Hannover–Dortmund*	**16.00**
13.10 Cz	*über Hannover–Dortmund*	**22.00**
19.45 Pz	*über Hannover–Dortmund*	9.15

* Ankunft in Deutz auf der rechten Rheinseite

nach **Constanz**

4.50 Sz	U Hannover **6.20** / 6.45 Pz	
	U Göttingen 10.05 / 10.30 ✉	
	U Cassel 16.00 / 16.10 Pz	
	U Guntershausen 16.30 / 16.45 Pz	
	U Frankfurt a.M. 22.30 ↩/ **5.00 Cz**	
	U Heidelberg **7.05** / **7.20 Sz**	
	U Offenburg **10.22** / 10.45 ✉	6.15^{3}
15.45 Cz	U Magdeburg 18.00 / 18.15 Pz	
	U Halle 20.25 / **23.00 Sz**	
	U Frankfurt a.M. **9.55** / **10.30 Sz**	
	U Heidelberg **12.35** / **12.55 Sz**	
	U Freiburg i.B. **17.36** / 18.15 ✉	
	U Schaffhausen 5.15 / 12.30 ✉	17.00^{3}

nach **Danzig**

15.45 Cz	U Berlin **21.20** / **22.40 Sz**	**11.35**

nach **Darmstadt**

4.50 Sz	U Hannover **6.20** / 6.45 Pz	
	U Göttingen 10.05 / 10.30 ✉	
	U Cassel 16.00 / 16.10 Pz	
	U Guntershausen 16.30 / 16.45 Pz	
	U Frankfurt a.M. 22.30 ↩/ **5.00 Cz**	**5.38***
15.45 Cz	U Magdeburg 18.00 / 18.15 Pz	
	U Halle 20.25 / **23.00 Sz**	
	U Frankfurt a.M. **9.55** / **10.30 Sz**	**11.08***

* Ankunftszeit geschätzt

nach **Dortmund***

4.50 Sz	*über Hannover*	**12.40**
13.10 Cz	*über Hannover*	**19.20**
19.45 Pz	*über Hannover*	5.08

* Ankunftszeiten in Dortmund sind sämmtlich geschätzt.

nach **Dresden**

1.15 Pz	U Magdeburg 4.50 / 5.30 Pz	
	U Leipzig 9.00 / 10.00 Pz	13.15
7.25 Sz	U Magdeburg **10.00** / 10.45 Pz	
	U Leipzig 14.05 / 14.30 Pz	17.30
15.45 Cz	U Magdeburg **18.00** / 18.15 Pz	
	U Leipzig 21.15 / **22.00 Sz**	**0.30**

nach **Düsseldorf**

4.50 Sz	*über Hannover–Dortmund*	**14.57**
13.10 Cz	*über Hannover–Dortmund*	**21.03**
19.45 Pz	*über Hannover–Dortmund*	7.55

nach **Elberfeld**

4.50 Sz	U Dortmund **12.40*** / 13.15 Pz	15.28
13.10 Cz	U Dortmund **19.20*** / 19.30 Pz	21.33
19.45 Pz	U Dortmund 5.08* / 7.15 Pz	9.30

* Ankunftszeit geschätzt

nach **Erfurt***

1.15 Pz	U Magdeburg 4.50 / 5.30 Pz	
	U Halle 8.00 / 8.15 Pz	11.10
7.25 Sz	U Magdeburg **10.00** / 10.45 Pz	
	U Halle 13.10 / 13.40 Pz	16.50
15.45 Cz	U Magdeburg **18.00** / 18.15 Pz	
	U Halle 20.25 / **23.00 Sz**	**1.20**

* Ankunftszeiten in Erfurt sind sämmtlich geschätzt.

nach **Essen**

4.50 Sz		**13.38***
13.10 Cz	U Oberhausen** **20.20**/ 21.56 Pz	22.15*
19.45 Pz		6.18*

* Ankunft in Alten-Essen, Ankunftszeit geschätzt; ein Fahrplan der Post-Course von Alten-Essen nach Essen Stadt liegt nicht vor.

** Cours über Oberhausen nur mit Umwegkarte zu benutzen.

nach **Frankfurt a.M.**

4.50 Sz	U Hannover **6.20** / 6.45 Pz	
	U Göttingen 10.05 / 10.30 ✉	
	U Cassel 16.00 / 16.10 Pz	
	U Guntershausen 16.30/16.45 Pz	22.30
13.10 Cz	U Hannover **14.20** / 16.30 Pz	
	U Göttingen 21.05 / 21.30 ✉	
	U Cassel 3.00 / 4.45 Pz	
	U Guntershausen 5.05 / **5.15 Sz**	**9.55**
15.45 Cz	U Magdeburg 18.00 / 18.15 Pz	
	U Halle 20.25 / **23.00 Sz**	**9.55**

nach **Freiburg i.B.**

4.50 Sz	U Hannover **6.20** / 6.45 Pz	
	U Göttingen 10.05 / 10.30 ✉	
	U Cassel 16.00 / 16.10 Pz	
	U Guntershausen 16.30 / 16.45 Pz	
	U Frankfurt a.M. 22.30 ↩/ **5.00 Cz**	
	U Heidelberg **7.05** / **7.20 Sz**	12.35
15.45 Cz	U Magdeburg 18.00 / 18.15 Pz	
	U Halle 20.25 / **23.00 Sz**	
	U Frankfurt a.M. **9.55** / **10.30 Sz**	
	U Heidelberg **12.35** / **12.55 Sz**	**17.36**

nach **Gera**

7.25 Sz	U Magdeburg **10.00** / 10.45 Pz	
	U Leipzig 14.05 / 18.30 Pz	
	U Altenburg 19.40* / 20.30 ✉	0.30
15.45 Cz	U Magdeburg **18.00** / 18.15 Pz	
	U Leipzig 21.15 ↩ / 6.00 Pz	
	U Altenburg 7.10* / 9.00 ✉	13.00
15.45 Cz	U Magdeburg **18.00** / 18.15 Pz	
	U Leipzig 21.15 ↩ / **7.15 Ez**	
	U Altenburg **8.08*** / 9.00 ✉	13.00

* Ankunftszeit geschätzt

nach **Görlitz**

1.15 Pz	U Magdeburg 4.50 / 5.30 Pz	
	U Leipzig 9.00 / 10.00 Pz	
	U Dresden 13.15 / 14.30 Pz	18.15

Fortsetzung siehe nächste Spalte

7.25 Sz	U Magdeburg **10.00** / 10.45 Pz	
	U Leipzig 14.05 / 14.30 Pz	
	U Dresden 17.30 / 18.15 Pz	21.40
15.45 Cz	U Berlin **21.20** / **22.15 Sz**	
	U Kohlfurt **2.40*** / 3.15 Pz	4.00
15.45 Cz	U Magdeburg **18.00** / 18.15 Pz	
	U Leipzig 21.15 / **22.00 Sz**	
	U Dresden **0.30** ↩ / 5.30 Pz	9.00

* Ankunftszeit geschätzt

nach **Hagen**

4.50 Sz	U Dortmund **12.40*** / 13.15 Pz	14.22*
13.10 Cz	U Dortmund **19.20*** / 19.30 Pz	20.28*
19.45 Pz	U Dortmund 5.08* / 7.15 Pz	8.24*

* Ankunftszeit geschätzt

nach **Halle**

1.15 Pz	U Magdeburg 4.50 / 5.30 Pz	8.00
7.25 Sz	U Magdeburg **10.00** / 10.45 Pz	13.10
13.30 GmP	U Magdeburg 17.00 / 18.15 Pz	20.25
15.45 Cz	U Magdeburg **18.00** / 18.15 Pz	20.25

nach **Hamburg**

4.50 Pz	U Lehrte **5.55*** / 6.05 Pz	
	U Harburg 10.05 / 10.30 ⛴	11.45 .
9.45 Pz	U Lehrte 10.55* / 11.00 Pz	16.10**
13.10 Cz	U Lehrte **14.00*** / 14.35 Pz	
	U Harburg 18.20 / 19.00 ⛴	20.15 .
13.30 GmP	U Magdeburg 17.00 / 17.30 GmP	
	U Wittenberge 21.00 / **1.45 Cz**	**5.16** .
16.00 GmP	U Lehrte 18.25* / 18.45 Pz	
	U Uelzen 22.05 ↩ / 4.45 Pz	
	U Harburg 8.20 / 9.00 ⛴	10.15 .

* Ankunftszeit geschätzt

** an Harburg ohne unmittelbaren Schiffsanschluß nach Hamburg

nach **Hamm**

4.50 Sz	*über Hannover*	**11.55***
13.10 Cz	*über Hannover*	**18.40**
19.45 Pz	*über Hannover*	4.05

* Ankunftszeit geschätzt

nach **Hannover**

4.50 Sz	*über Lehrte*	**6.20**
6.45 Pz	*über Lehrte*	9.00
9.45 Pz	*über Lehrte*	11.30
13.10 Cz	*über Lehrte*	**14.20**
16.00 GmP	*über Lehrte*	19.05
19.45 Pz	*über Lehrte*	21.25

nach **Heidelberg**

4.50 Sz	U Hannover **6.20** / 6.45 Pz	
	U Göttingen 10.05 / 10.30 ✉	
	U Cassel 16.00 / 16.10 Pz	
	U Guntershausen 16.30 / 16.45 Pz	
	U Frankfurt a.M. 22.30 ↩/ **5.00 Cz**	**7.05**
15.45 Cz	U Magdeburg 18.00 / 18.15 Pz	
	U Halle 20.25 / **23.00 Sz**	
	U Frankfurt a.M. **9.55** / **10.30 Sz**	**12.35**

nach **Kiel**

4.50 Pz **U** Lehrte **5.55*** / 6.05 Pz
U Harburg 10.05 / 10.30 ⛴
U Hamburg > Altona 11.45 / 13.00 GmP — 16.30

13.10 Cz **U** Lehrte **14.00*** / 14.35 Pz
U Harburg 18.20 / 19.00 ⛴
U Hamburg > Altona 20.15 ↩ / 8.10 Pz — 11.00

* Ankunftszeit geschätzt

nach **Königsberg i.Pr.**

15.45 Cz **U** Berlin **21.20** / **22.40 Sz**
U Dirschau **10.45** / 11.37 ✉
U Marienburg 16.07 / **16.37 Sz** — **21.02**

nach **Leipzig**

1.15 Pz **U** Magdeburg 4.50 / 5.30 Pz — 9.00
7.25 Sz **U** Magdeburg **10.00** / 10.45 Pz — 14.05
15.45 Cz **U** Magdeburg **18.00** / 18.15 Pz — 21.15

nach **Lindau**

15.45 Cz **U** Magdeburg **18.00** / 18.15 Pz
U Halle 20.25 / **23.00 Sz**
U Frankfurt a.M. **9.55** / **10.30 Sz**
U Heidelberg **12.35** / **12.55 Sz**
U Bruchsal **13.28*** / **13.48 Ez**
U Ulm **18.25** / **18.45 Ez**
U Augsburg **21.15** / 21.30 GmP — 6.30[3]

* Ankunftszeit geschätzt

nach **Ludwigshafen**

> Mannheim

nach **Lübeck**

4.50 Pz **U** Lehrte **5.55*** / 6.05 Pz
U Harburg 10.05 / 10.30 ⛴
U Hamburg 11.45 / 17.00 Pz
U Büchen 18.45* / 19.00 Pz — 20.11

13.10 Cz **U** Lehrte **14.00*** / 14.35 Pz
U Harburg 18.20 / 19.00 ⛴
U Hamburg 20.15 / 23.00 ✉ — 5.00

13.30 GmP **U** Magdeburg 17.00 / 17.30 GmP
U Wittenberge 21.00 / **1.45 Cz**
U Büchen **4.12*** / 9.00 Pz — 10.45

* Ankunftszeit geschätzt

nach **Magdeburg**

1.15 Pz *über Oschersleben* — 4.50
7.25 Sz *über Oschersleben* — **10.00**
13.30 GmP *über Oschersleben* — 17.00
15.45 Cz *über Oschersleben* — **18.00**

nach **Mainz**

4.50 Sz **U** Hannover **6.20** / 6.45 Pz
U Göttingen 10.05 / 10.30 ✉
U Cassel 16.00 / 16.10 Pz
U Guntershausen 16.30 / 16.45 Pz
U Frankfurt a.M. 22.30 ↩ / 5.45 Pz
U Castel 7.05* / # — k.A.

15.45 Cz **U** Magdeburg 18.00 / 18.15 Pz
U Halle 20.25 / **23.00 Sz**
U Frankfurt a.M. 9.20 / **10.15 Sz**
U Castel **11.00** / # — k.A.

nach **Mannheim**

4.50 Sz **U** Hannover **6.20** / 6.45 Pz
U Göttingen 10.05 / 10.30 ✉
U Cassel 16.00 / 16.10 Pz
U Guntershausen 16.30 / 16.45 Pz
U Frankfurt a.M. 22.30 ↩ / **5.00 Cz** — **7.06**

15.45 Cz **U** Magdeburg 18.00 / 18.15 Pz
U Halle 20.25 / **23.00 Sz**
U Frankfurt a.M. **9.55** / **10.30 Sz** — **12.38**

nach **München**

7.25 Sz **U** Magdeburg **10.00** / 10.45 Pz
U Leipzig 14.05 / 14.30 Pz
U Hof 20.00 / 20.30 Pz — 13.15

15.45 Cz **U** Magdeburg **18.00** / 18.15 Pz
U Leipzig 21.15 ↩ / **7.15 Ez** — **23.00**

15.45 Cz **U** Magdeburg **18.00** / 18.15 Pz
U Halle 20.25 / **23.00 Sz**
U Frankfurt a.M. **9.55** / **10.30 Sz**
U Heidelberg **12.35** / **12.55 Sz**
U Bruchsal **13.28*** / **13.48 Ez**
U Ulm **18.25** / **18.45 Ez**
U Augsburg **21.15** / **21.30 Ez** — **23.00**

nach **Münster**

4.50 Sz **U** Hamm **11.55*** / 12.10 Pz — 13.00
13.10 Cz **U** Hamm **18.40** / 19.00 Pz — 20.00
19.45 Pz **U** Hamm 4.05 / 7.30 Pz — 8.30

* Ankunftszeit geschätzt

nach **Nürnberg**

7.25 Sz **U** Magdeburg **10.00** / 10.45 Pz
U Leipzig 14.05 / 14.30 Pz
U Hof 20.00 / 20.30 Pz — 5.15

15.45 Cz **U** Magdeburg **18.00** / 18.15 Pz
U Leipzig 21.15 ↩ / **7.15 Ez** — **17.00**

nach **Oberhausen**

4.50 Sz *über Hannover–Dortmund* — **14.00**
13.10 Cz *über Hannover–Dortmund* — **20.20**
19.45 Pz *über Hannover–Dortmund* — 6.42

nach **Oppeln**

15.45 Cz **U** Berlin **21.20** / **22.15 Sz** — **7.45***

* Ankunftszeit geschätzt

nach **Osnabrück**

4.50 Sz **U** Minden **8.35** / 9.00 ✉ — 16.00
4.50 Sz **U** Bielefeld **10.11*** / 11.30 ✉ — 18.00
19.45 Pz **U** Minden 23.45 / 1.00 ✉ — 8.00

* Ankunftszeit geschätzt

nach **Passau**

15.45 Cz **U** Magdeburg **18.00** / 18.15 Pz
U Leipzig 21.15 ↩ / **7.15 Ez**
U Nürnberg **17.00** / 17.30 ✉
U Regensburg 5.30 / 11.00 ✉ — 22.30[3]

nach **Posen**

15.45 Cz **U** Berlin **21.20** / **22.40 Sz**
U Kreutz **4.43** / 5.03 Pz — 7.47

nach **Regensburg**

7.25 Sz **U** Magdeburg **10.00** / 10.45 Pz
U Leipzig 14.05 / 14.30 Pz
U Hof 20.00 / 20.30 Pz
U Nürnberg 5.15 / 6.00 ✉ — 18.00

15.45 Cz **U** Magdeburg **18.00** / 18.15 Pz
U Leipzig 21.15 ↩ / **7.15 Ez**
U Nürnberg **17.00** / 17.30 ✉ — 5.30[3]

nach **Rostock**

1.15 Pz **U** Magdeburg 4.50 / 7.45 Pz
U Wittenberge 10.15 / 10.55 Pz
U Hagenow 12.40* / 12.50 Pz — 16.40

7.25 Sz **U** Magdeburg **10.00** / 10.45 GmP
U Wittenberge 14.10 / 15.10 GmP
U Hagenow 17.00 / 17.30 — 20.10

13.10 Cz **U** Lehrte **14.00*** / 14.35 Pz
U Harburg 18.20 / 19.00 ⛴
U Hamburg 20.15 / **22.30 Cz**
U Hagenow **0.40*** ↩ / 7.30 Pz — 11.05

13.30 GmP **U** Magdeburg 17.00 / 17.30 GmP
U Wittenberge 21.10 / **1.45 Cz**
U Hagenow **3.08*** / 7.30 Pz — 11.05

* Ankunftszeit geschätzt

nach **Saarbrücken**

4.50 Sz **U** Hannover **6.20** / 6.45 Pz
U Göttingen 10.05 / 10.30 ✉
U Cassel 16.00 / 16.10 Pz
U Guntershausen 16.30 / 16.45 Pz
U Frankfurt a.M. 22.30 ↩ / **5.00 Cz**
U Mannheim **7.06** / #
U Ludwigshafen # / 8.30 GmP — 18.10

4.50 Sz **U** Hannover **6.20** / 6.45 Pz
U Göttingen 10.05 / 10.30 ✉
U Cassel 16.00 / 16.10 Pz
U Guntershausen 16.30 / 16.45 Pz
U Frankfurt a.M. 22.30 ↩ / **5.00 Cz**
U Mannheim **7.06** / #
U Ludwigshafen # / **13.10 Sz** — **16.58**

Fortsetzung siehe nächste Seite

noch: ab **Braunschweig**

noch: nach **Saarbrücken**

15.45 Cz	**U** Magdeburg 18.00 / 18.15 Pz	
	U Halle 20.25 / **23.00 Sz**	
	U Frankfurt a.M. **9.55 / 10.30 Sz**	
	U Mannheim **12.38** / #	
	U Ludwigshafen # / 17.30 Pz	22.05

nach **Schwerin**

1.15 Pz	**U** Magdeburg 4.50 / 7.45 Pz	
	U Wittenberge 10.15 / 10.55 Pz	
	U Hagenow 12.40* / 12.50 Pz	13.35
7.25 Sz	**U** Magdeburg **10.00** / 10.45 GmP	
	U Wittenberge 14.10 / 15.10 GmP	
	U Hagenow 17.00 / 17.30	18.15
13.10 Cz	**U** Lehrte **14.00*** / 14.35 Pz	
	U Harburg 18.20 / 19.00 ⛴	
	U Hamburg 20.15 / **22.30 Cz**	
	U Hagenow **0.40*** ↵ / 7.30 Pz	8.12
13.30 GmP	**U** Magdeburg 17.00 / 17.30 GmP	
	U Wittenberge 21.10 / **1.45 Cz**	
	U Hagenow **3.08*** / 7.30 Pz	8.12

* Ankunftszeit geschätzt

nach **Stettin**

1.15 Pz	**U** Berlin 9.30 / 12.15 Pz	15.52
7.25 Sz	**U** Berlin **13.10** / 17.30 Pz	21.10
15.45 Cz	**U** Berlin **21.20 / 22.40 Sz**	**1.47**

nach **Stralsund**

7.25 Sz	**U** Berlin **13.10** / 17.30 Pz	
	U Passow 20.00* / 20.20 ✉	11.20
15.45 Cz	**U** Berlin **21.20 / 22.40 Sz**	
	U Passow 0.50* / 1.15 ✉	18.00

* Ankunftszeit geschätzt

nach **Stuttgart**

4.50 Sz	**U** Hannover **6.20** / 6.45 Pz	
	U Göttingen 10.05 / 10.30 ✉	
	U Cassel 16.00 / 16.10 Pz	
	U Guntershausen 16.30 / 16.45 Pz	
	U Frankfurt a.M. 22.30 ↵ / **5.00 Cz**	
	U Heidelberg **7.05 / 7.20 Sz**	
	U Bruchsal **7.59*** / 8.15 Pz	11.05
15.45 Cz	**U** Magdeburg 18.00 / 18.15 Pz	
	U Halle 20.25 / **23.00 Sz**	
	U Frankfurt a.M. **9.55 / 10.30 Sz**	
	U Heidelberg **12.35 / 12.55 Sz**	
	U Bruchsal **13.28* / 13.48 Ez**	**15.46**

* Ankunftszeit geschätzt

nach **Trier**

4.50 Sz	**U** Deutz > Cöln **16.00** / 19.00 ✉	17.30
4.50 Sz	**U** Deutz > Cöln **16.00** / 22.00 ⛴	
	U Coblenz 5.45 / 6.45 ✉	21.00
13.10 Cz	**U** Deutz > Cöln **22.00** ↵ / 5.00 ✉	2.15[3]
13.10 Cz	**U** Deutz > Cöln **22.00** ↵ / 6.00 ⛴	
	U Coblenz 12.15 / 15.30 ✉	6.30[3]

nach **Ulm**

4.50 Sz	**U** Hannover **6.20** / 6.45 Pz	
	U Göttingen 10.05 / 10.30 ✉	
	U Cassel 16.00 / 16.10 Pz	
	U Guntershausen 16.30 / 16.45 Pz	
	U Frankfurt a.M. 22.30 ↵ / **5.00 Cz**	
	U Heidelberg **7.05 / 7.20 Sz**	
	U Bruchsal **7.59*** / 8.15 Pz	15.05
15.45 Cz	**U** Magdeburg 18.00 / 18.15 Pz	
	U Halle 20.25 / **23.00 Sz**	
	U Frankfurt a.M. **9.55 / 10.30 Sz**	
	U Heidelberg **12.35 / 12.55 Sz**	
	U Bruchsal **13.28* / 13.48 Ez**	**18.25**

* Ankunftszeit geschätzt

nach **Wiesbaden**

4.50 Sz	**U** Hannover **6.20** / 6.45 Pz	
	U Göttingen 10.05 / 10.30 ✉	
	U Cassel 16.00 / 16.10 Pz	
	U Guntershausen 16.30 / 16.45 Pz	
	U Frankfurt a.M. 22.30 ↵ / 5.45 Pz	7.30
13.10 Cz	**U** Hannover **14.20** / 16.30 Pz	
	U Göttingen 21.05 / 21.30 ✉	
	U Cassel 3.00 / 4.45 Pz	
	U Guntershausen 5.05 / **5.15 Sz**	
	U Frankfurt a.M. **9.55** / 11.15 Pz	12.45

nach **Würzburg**

4.50 Sz	**U** Hannover **6.20** / 6.45 Pz	
	U Göttingen 10.05 / 10.30 ✉	
	U Cassel 16.00 / 16.10 Pz	
	U Guntershausen 16.30/16.45 Pz	
	U Frankft. a.M. 22.30 ↵ / **8.30 Ez**	**12.00**
15.45 Cz	**U** Magdeburg 18.00 / 18.15 Pz	
	U Halle 20.25 / **23.00 Sz**	
	U Frankfurt a.M. **9.55** / 17.15 Pz	21.40

nach **Zwickau**

7.25 Sz	**U** Magdeburg **10.00** / 10.45 Pz	
	U Leipzig 14.05 / 14.30 Pz	
	U Werdau 16.50* / 17.47	18.10*
15.45 Cz	**U** Magdeburg **18.00** / 18.15 Pz	
	U Leipzig 21.15 ↵ / 6.00 Pz	
	U Werdau 8.40* / 9.15 Pz	9.40*
	Fortsetzung siehe nächste Spalte	
15.45 Cz	**U** Magdeburg **18.00** / 18.15 Pz	
	U Leipzig 21.15 ↵ / **7.15 Ez**	
	U Werdau **9.10*** / 9.15 Pz	9.40*

Bremen

Bremen ist Ausgangspunkt der von der Hannöverschen Staatsbahn betriebenen Bremischen Staatsbahn nach Wunstorf, wo Anschluß einerseits nach Hannover bzw. andrerseits nach Minden besteht, wo wiederum die durchgehenden Züge auf die Cöln-Mindener Eisenbahn übergehen. Zu den ab Hannover bestehenden Verbindungen sehe man Hannover.

von **Bremen**

nach **Aachen**

10.15 Pz	**U** Wunstorf 12.45* / **15.05 Cz**	
	U Deutz > Cöln **22.00 / 23.30 Sz**	**1.20**
18.25 Pz	**U** Wunstorf 21.05* / 22.30 Pz	
	U Oberhausen 6.42 / 7.00 Pz	11.20

* Ankunftszeit geschätzt

nach **Augsburg**

10.15 Pz	**U** Hannover 13.30 / 16.30 Pz	
	U Göttingen 21.05 / 21.30 ✉	
	U Cassel 3.00 / 4.45 Pz	
	U Guntershausen 5.05 / **5.15 Sz**	
	U Frankfurt a.M. **9.55 / 10.30 Sz**	
	U Heidelberg **12.35 / 12.55 Sz**	
	U Bruchsal **13.28* / 13.48 Ez**	
	U Ulm **18.25 / 18.45 Ez**	**21.15**

nach **Basel***

10.15 Pz	**U** Hannover 13.30 / 16.30 Pz	
	U Göttingen 21.05 / 21.30 ✉	
	U Cassel 3.00 / 4.45 Pz	
	U Guntershausen 5.05 / **5.15 Sz**	
	U Frankfurt a.M. **9.55 / 10.30 Sz**	
	U Heidelberg **12.35 / 12.55 Sz**	**19.15**
18.25 Pz	**U** Wunstorf 21.05** / 21.35 Pz	
	U Hannover 22.10 ↵ / 6.45 Pz	
	U Göttingen 10.05 / 10.30 ✉	
	U Cassel 16.00 / 16.10 Pz	
	U Guntershausen 16.30 / 16.45 Pz	
	U Frankft. a.M. 22.30 ↵ / **5.00 Cz**	
	U Heidelberg **7.05 / 7.20 Sz**	**14.56**[3]

* Ankunft Basel Badischer Bf ** Ankunftszeit geschätzt

nach **Berlin**

10.15 Pz	**U** Wunstorf 12.45* / **13.20 Cz**	**21.20**
18.25 Pz	**U** Wunstorf 21.05* / 21.35 Pz	9.30

* Ankunftszeit geschätzt

nach **Bonn**

10.15 Pz	**U** Wunstorf 12.45* / **15.05 Cz**	
	U Deutz > Cöln **22.00** ↵ / 7.00 Pz	7.50
18.25 Pz	**U** Wunstorf 21.05* / 22.30 Pz	
	U Deutz > Cöln 9.15 / 10.00 Pz	10.50

* Ankunftszeit geschätzt

nach **Braunschweig**

5.15 Pz	**U** Hannover 8.50 / 10.00 GmP	12.15
10.15 Pz	**U** Hannover 13.30 / **14.00 Cz**	**15.22**
18.25 Pz	**U** Wunstorf 21.05* / 21.35 Pz	0.30

* Ankunftszeit geschätzt

nach **Breslau**

10.15 Pz **U** Wunstorf 12.45* / **13.20 Cz**
U Berlin **21.20 / 22.15 Sz** **5.45**

* Ankunftszeit geschätzt

nach **Carlsruhe**

10.15 Pz **U** Hannover 13.30 / 16.30 Pz
U Göttingen 21.05 / 21.30 ✉
U Cassel 3.00 / 4.45 Pz
U Guntershausen 5.05 / **5.15 Sz**
U Frankfurt a.M. **9.55 / 10.30 Sz**
U Heidelberg **12.35 / 12.55 Sz** **14.10**

18.25 Pz **U** Wunstorf 21.05* / 21.35 Pz
U Hannover 22.10 ↪ / 6.45 Pz
U Göttingen 10.05 / 10.30 ✉
U Cassel 16.00 / 16.10 Pz
U Guntershausen 16.30 / 16.45 Pz
U Frankft. a.M. 22.30 ↪ / **5.00 Cz**
U Heidelberg **7.05 / 7.20 Sz** **8.27**

* Ankunftszeit geschätzt

nach **Cassel**

10.15 Pz **U** Hannover 13.30 / 16.30 Pz
U Göttingen 21.05 / 21.30 ✉ 3.00

18.25 Pz **U** Wunstorf 21.05* / 21.35 Pz
U Hannover 22.10 ↪ / 6.45 Pz
U Göttingen 10.05 / 10.30 ✉ 16.00

* Ankunftszeit geschätzt

nach **Chemnitz**

10.15 Pz **U** Wunstorf 12.50* / **13.20 Cz**
U Magdeburg **18.00** / 18.15 Pz
U Leipzig 21.15 / **22.00 Sz**
U Riesa **23.15*** ↪ / 5.15 Pz 8.15

18.25 Pz **U** Wunstorf 21.05* / 21.35 Pz
U Magdeburg 4.50 / 5.30 Pz
U Leipzig 9.00 / 10.00 Pz
U Riesa 11.25* / 12.15 Pz 15.30

* Ankunftszeit geschätzt

nach **Coblenz**

10.15 Pz **U** Wunstorf 12.45* / **15.05 Cz**
U Deutz > Cöln **22.00** / 23.30 ⛴ 9.00
nur Mo und Do

10.15 Pz **U** Wunstorf 12.45* / **15.05 Cz**
U Deutz > Cöln **22.00** ↪/ 6.00 ⛴ 12.15

18.25 Pz **U** Wunstorf 21.05* / 22.30 Pz
U Deutz > Cöln 9.15 / 10.00 ⛴ 17.00

* Ankunftszeit geschätzt

nach **Cöln***

10.15 Pz **U** Wunstorf 12.45** / **15.05 Cz** **22.00**

18.25 Pz **U** Wunstorf 21.05** / 22.30 Pz 9.15

* Ankunft in Deutz (rrh.) ** Ankunftszeit geschätzt

nach **Constanz**

10.15 Pz **U** Hannover 13.30 / 16.30 Pz
U Göttingen 21.05 / 21.30 ✉
U Cassel 3.00 / 4.45 Pz
U Guntershausen 5.05 / **5.15 Sz**
U Frankfurt a.M. **9.55 / 10.30 Sz**
U Heidelberg **12.35 / 12.55 Sz**
U Freiburg i.B. **17.36** / 18.15 ✉
U Schaffhausen 5.15 / 12.30 ✉ 17.00[3]

18.25 Pz **U** Wunstorf 21.05* / 21.35 Pz
U Hannover 22.10 ↪ / 6.45 Pz
U Göttingen 10.05 / 10.30 ✉
U Cassel 16.00 / 16.10 Pz
U Guntershausen 16.30 / 16.45 Pz
U Frankft. a.M. 22.30 ↪ / **5.00 Cz**
U Heidelberg **7.05 / 7.20 Sz**
U Offenburg **10.22** / 10.45 ✉ 6.15[4]

* Ankunftszeit geschätzt

nach **Danzig**

10.15 Pz **U** Wunstorf 12.45* / **13.20 Cz**
U Berlin **21.20 / 22.40 Sz** **11.35**[3]

* Ankunftszeit geschätzt

nach **Darmstadt**

10.15 Pz **U** Hannover 13.30 / 16.30 Pz
U Göttingen 21.05 / 21.30 ✉
U Cassel 3.00 / 4.45 Pz
U Guntershausen 5.05 / **5.15 Sz**
U Frankfurt a.M. **9.55 / 10.30 Sz** **11.08***

18.25 Pz **U** Wunstorf 21.05* / 21.35 Pz
U Hannover 22.10 ↪ / 6.45 Pz
U Göttingen 10.05 / 10.30 ✉
U Cassel 16.00 / 16.10 Pz
U Guntershausen 16.30 / 16.45 Pz
U Frankft. a.M. 22.30 ↪/ **5.00 Cz** **5.38***[3]

* Ankunftszeit geschätzt

nach **Dortmund**

10.15 Pz **U** Wunstorf 12.45* / **15.05 Cz** **19.20***

18.25 Pz **U** Wunstorf 21.05* / 22.30 Pz 5.08*

* Ankunftszeit geschätzt

nach **Dresden**

10.15 Pz **U** Wunstorf 12.45* / **13.20 Cz**
U Magdeburg **18.00** / 18.15 Pz
U Leipzig 21.15 / **22.00 Sz** **0.30**

18.25 Pz **U** Wunstorf 21.05* / 21.35 Pz
U Magdeburg 4.50 / 5.30 Pz
U Leipzig 9.00 / 10.00 Pz 13.15

* Ankunftszeit geschätzt

nach **Düsseldorf**

10.15 Pz **U** Wunstorf 12.45* / **15.05 Cz** **21.03**

18.25 Pz **U** Wunstorf 21.05* / 22.30 Pz 7.55

* Ankunftszeit geschätzt

nach **Elberfeld**

10.15 Pz **U** Wunstorf 12.45* / **15.05 Cz**
U Dortmund **19.20*** / 19.30 21.33

18.25 Pz **U** Wunstorf 21.05* / 22.30 Pz
U Dortmund 5.08* / 7.15 Pz 9.30

* Ankunftszeit geschätzt

nach **Erfurt**

10.15 Pz **U** Wunstorf 12.45* / **13.20 Cz**
U Magdeburg **18.00** / 18.15 Pz
U Halle 20.25 / **23.00 Sz** **1.20***

18.25 Pz **U** Wunstorf 21.05* / 21.35 Pz
U Magdeburg 4.50 / 5.30 Pz
U Halle 8.00 / 8.15 Pz 11.10*

* Ankunftszeit geschätzt

nach **Essen***

10.15 Pz **U** Wunstorf 12.45** / **15.05 Cz**
U Oberhausen*** **20.20** / 21.56 22.15*

18.25 Pz **U** Wunstorf 21.05* / 22.30 Pz 6.18*

* Ankunft in Alten-Essen, Ankunftszeit geschätzt; ein Fahrplan der Post-Course von Alten-Essen nach Essen Stadt liegt nicht vor.

** Ankunftszeit geschätzt

*** Cours über Oberhausen nur mit Umwegkarte zu benutzen.

nach **Frankfurt a.M.**

10.15 Pz **U** Hannover 13.30 / 16.30 Pz
U Göttingen 21.05 / 21.30 ✉
U Cassel 3.00 / 4.45 Pz
U Guntershausen 5.05 / **5.15 Sz** **9.55**

18.25 Pz **U** Wunstorf 21.05* / 21.35 Pz
U Hannover 22.10 ↪ / 6.45 Pz
U Göttingen 10.05 / 10.30 ✉
U Cassel 16.00 / 16.10 Pz
U Guntershausen 16.30/16.45 Pz 22.30

* Ankunftszeit geschätzt

nach **Freiburg i.B.**

10.15 Pz **U** Hannover 13.30 / 16.30 Pz
U Göttingen 21.05 / 21.30 ✉
U Cassel 3.00 / 4.45 Pz
U Guntershausen 5.05 / **5.15 Sz**
U Frankfurt a.M. **9.55 / 10.30 Sz**
U Heidelberg **12.35 / 12.55 Sz** **17.36**

18.25 Pz **U** Wunstorf 21.05* / 21.35 Pz
U Hannover 22.10 ↪ / 6.45 Pz
U Göttingen 10.05 / 10.30 ✉
U Cassel 16.00 / 16.10 Pz
U Guntershausen 16.30/ 16.45 Pz
U Frankft. a.M. 22.30 ↪ / **5.00 Cz**
U Heidelberg **7.05 / 7.20 Sz** **12.35**

* Ankunftszeit geschätzt

nach **Gera**

10.15 Pz **U** Wunstorf 12.50* / **13.20 Cz**
U Magdeburg **18.00** / 18.15 Pz
U Leipzig 21.15 ↪ / 6.00 Pz
U Altenburg 7.10* / 9.00 ✉ 13.00

Fortsetzung siehe nächste Seite

noch: nach **Gera**

10.15 Pz **U** Wunstorf 12.50* / **13.20 Cz**
U Magdeburg **18.00** / 18.15 Pz
U Leipzig 21.15 ↪ / **7.15 Ez**
U Altenburg **8.08*** / 9.00 ✉ 13.00

18.25 Pz **U** Wunstorf 21.05* / 21.35 Pz
U Magdeburg 4.50 / 5.30 Pz
U Leipzig 9.00 / 18.30 Pz
U Altenburg 19.40* / 20.30 ✉ 0.30[3]

* Ankunftszeit geschätzt

nach **Görlitz**

10.15 Pz **U** Wunstorf 12.45* / **13.20 Cz**
U Berlin **21.20** / **22.15 Sz**
U Kohlfurt **2.40*** / 3.15 Pz 4.00

10.15 Pz **U** Wunstorf 12.45* / **13.20 Cz**
U Magdeburg **18.00** / 18.15 Pz
U Leipzig 21.15 / **22.00 Sz**
U Dresden **0.30** / 5.30 Pz 9.00

18.25 Pz **U** Wunstorf 21.05* / 21.35 Pz
U Magdeburg 4.50 / 5.30 Pz
U Leipzig 9.00 / 10.00 Pz
U Dresden 13.15 / 14.30 Pz 18.15

* Ankunftszeit geschätzt

nach **Hagen**

10.15 Pz **U** Wunstorf 12.45* / **15.05 Cz**
U Dortmund **19.20*** / 19.30 Pz 20.28*

18.25 Pz **U** Wunstorf 21.05* / 22.30 Pz
U Dortmund 5.08* / 7.15 Pz 8.24*

* Ankunftszeit geschätzt

nach **Halle**

10.15 Pz **U** Wunstorf 12.45* / **13.20 Cz**
U Magdeburg **18.00** / 18.15 Pz 21.00

18.25 Pz **U** Wunstorf 21.05* / 21.35 Pz
U Magdeburg 4.50 / 7.45 Pz 9.50

* Ankunftszeit geschätzt

nach **Hamburg**

5.15 Pz **U** Hannover 8.50 / 10.00 GmP
U Lehrte 10.30* / 11.00 Pz 16.10**

10.15 Pz **U** Hannover 13.30 / **14.00 Cz**
U Lehrte **14.25*** / 14.35 Pz
U Harburg 18.20 / 19.00 ⛴ 20.15

19.00 ✉ **U** Harburg 6.00 / 7.00 ⛴ 8.15

* Ankunftszeit geschätzt
** an Harburg ohne unmittelbaren Schiffsanschluß nach Hamburg

nach **Hamm**

10.15 Pz **U** Wunstorf 12.45* / **15.05 Cz** **18.40**

18.25 Pz **U** Wunstorf 21.05* / 22.30 Pz 4.05

* Ankunftszeit geschätzt

nach **Hannover**

5.15 Pz 8.50

10.15 Pz 13.30

18.25 Pz **U** Wunstorf 21.05* / 21.35 Pz 22.10

* Ankunftszeit geschätzt

nach **Heidelberg**

10.15 Pz **U** Hannover 13.30 / 16.30 Pz
U Göttingen 21.05 / 21.30 ✉
U Cassel 3.00 / 4.45 Pz
U Guntershausen 5.05 / **5.15 Sz**
U Frankfurt a.M. **9.55** / **10.30 Sz** **12.35**

18.25 Pz **U** Wunstorf 21.05* / 21.35 Pz
U Hannover 22.10 ↪ / 6.45 Pz
U Göttingen 10.05 / 10.30 ✉
U Cassel 16.00 / 16.10 Pz
U Guntershausen 16.30 / 16.45 Pz
U Frankft. a.M. 22.30 ↪/ **5.00 Cz** **7.05**[3]

* Ankunftszeit geschätzt

nach **Kiel**

10.15 Pz **U** Hannover 13.30 / **14.00 Cz**
U Lehrte **14.25*** / 14.35 Pz
U Harburg 18.20 / 19.00 ⛴
U Hamburg 20.15 ↪ >
Altona 8.10 Pz 11.00

19.00 ✉ **U** Harburg 6.00 / 7.00 ⛴
U Hamburg 8.15 >
Altona 13.00 GmP 16.30

* Ankunftszeit geschätzt

nach **Königsberg i.Pr.**

10.15 Pz **U** Wunstorf 12.45* / **13.20 Cz**
U Berlin **21.20** / **22.40 Sz**
U Dirschau **10.45** / 11.37 ✉
U Marienburg 16.07 / **16.37 Sz** **21.02**

* Ankunftszeit geschätzt

nach **Leipzig**

10.15 Pz **U** Wunstorf 12.50* / **13.20 Cz**
U Magdeburg **18.00** / 18.15 Pz 21.15

18.25 Pz **U** Wunstorf 21.05* / 21.35 Pz
U Magdeburg 4.50 / 5.30 Pz 9.00

* Ankunftszeit geschätzt

nach **Lindau**

10.15 Pz **U** Hannover 13.30 / 16.30 Pz
U Göttingen 21.05 / 21.30 ✉
U Cassel 3.00 / 4.45 Pz
U Guntershausen 5.05 / **5.15 Sz**
U Frankfurt a.M. **9.55** / **10.30 Sz**
U Heidelberg **12.35** / **12.55 Sz**
U Bruchsal **13.28*** / **13.48 Ez**
U Ulm **18.25** / **18.45 Ez**
U Augsburg **21.15** / 21.30 GmP 6.30[3]

* Ankunftszeit geschätzt

nach **Ludwigshafen**
> Mannheim

nach **Lübeck**

10.15 Pz **U** Hannover 13.30 / **14.00 Cz**
U Lehrte **14.25*** / 14.35 Pz
U Harburg 18.20 / 19.00 ⛴
U Hamburg 20.15 / 23.00 ✉ 5.00

19.00 ✉ **U** Harburg 6.00 / 7.00 ⛴
U Hamburg 8.15 / 9.00 GmP
U Büchen 10.35* / 14.00 Pz 15.11

* Ankunftszeit geschätzt

nach **Magdeburg**

10.15 Pz **U** Wunstorf 12.45* / **13.20 Cz** **18.00**

18.25 Pz **U** Wunstorf 21.05* / 21.35 Pz 4.50

* Ankunftszeit geschätzt

nach **Mainz**

10.15 Pz **U** Hannover 13.30 / 16.30 Pz
U Göttingen 21.05 / 21.30 ✉
U Cassel 3.00 / 4.45 Pz
U Guntershausen 5.05 / **5.15 Sz**
18.40 Sz **U** Frankfurt a.M. **9.55** / **10.15 Sz**
U Castel **11.00** / # ✉ k.A.*

18.25 Pz **U** Wunstorf 21.05* / 21.35 Pz
U Hannover 22.10 ↪ / 6.45 Pz
U Göttingen 10.05 / 10.30 ✉
U Cassel 16.00 / 16.10 Pz
U Guntershausen 16.30 / 16.45 Pz
U Frankfurt a.M. 22.30 ↪ / 5.45 Pz
U Castel 7.05* / # k.A.[3]

* Ankunftszeit geschätzt

nach **Mannheim**

10.15 Pz **U** Hannover 13.30 / 16.30 Pz
U Göttingen 21.05 / 21.30 ✉
U Cassel 3.00 / 4.45 Pz
U Guntershausen 5.05 / **5.15 Sz**
U Frankfurt a.M. **9.55** / **10.30 Sz** **12.38**

18.25 Pz **U** Wunstorf 21.05* / 21.35 Pz
U Hannover 22.10 ↪ / 6.45 Pz
U Göttingen 10.05 / 10.30 ✉
U Cassel 16.00 / 16.10 Pz
U Guntershausen 16.30 / 16.45 Pz
U Frankft. a.M. 22.30 ↪/ **5.00 Cz** **7.06**[3]

* Ankunftszeit geschätzt

nach **München**

10.15 Pz **U** Wunstorf 12.45* / **13.20 Cz**
U Magdeburg **18.00** / 18.15 Pz
U Leipzig 21.15 ↪ / **7.15 Ez** **23.00**

18.25 Pz **U** Wunstorf 21.05* / 21.35 Pz
U Magdeburg 4.50 / 5.30 Pz
U Leipzig 9.00 / 14.30 Pz
U Hof 20.00 / 20.30 Pz 13.15[3]

* Ankunftszeit geschätzt

noch: ab **Bremen**

nach **Münster**

10.15 Pz **U** Wunstorf 12.45* / **15.05 Cz**
Hamm **18.40** / 19.00 Pz — 20.00

18.25 Pz **U** Wunstorf 21.05* / 22.30 Pz
U Hamm 4.05 / 7.30 Pz — 8.30

* Ankunftszeit geschätzt

nach **Nürnberg**

10.15 Pz **U** Wunstorf 12.45* / **13.20 Cz**
U Magdeburg **18.00** / 18.15 Pz
U Leipzig 21.15 ↪ / **7.15 Ez** — **17.00**

18.25 Pz **U** Wunstorf 21.05* / 21.35 Pz
U Magdeburg 4.50 / 5.30 Pz
U Leipzig 9.00 / 14.30 Pz
U Hof 20.00 / 20.30 Pz — 5.15[3]

* Ankunftszeit geschätzt

nach **Oberhausen**

10.15 Pz **U** Wunstorf 12.45* / **15.05 Cz** — **20.20**

18.25 Pz **U** Wunstorf 21.05* / 22.30 Pz — 6.42

* Ankunftszeit geschätzt

nach **Oppeln**

10.15 Pz **U** Wunstorf 12.45* / **13.20 Cz**
U Berlin **21.20** / **22.15 Sz** — **7.45***

* Ankunftszeit geschätzt

nach **Osnabrück**

17.00 ✉ — 7.30

18.25 Pz **U** Nienburg 20.10* / 21.30 ✉ — 11.00

* Ankunftszeit geschätzt

nach **Passau**

10.15 Pz **U** Wunstorf 12.45* / **13.20 Cz**
U Magdeburg **18.00** / 18.15 Pz
U Leipzig 21.15 ↪ / **7.15 Ez**
U Nürnberg **17.00** / 17.30 ✉
U Regensburg 5.30 / 11.00 ✉ — 22.30[3]

* Ankunftszeit geschätzt

nach **Posen**

10.15 Pz **U** Wunstorf 12.45* / **13.20 Cz**
U Berlin **21.20** / **22.15 Sz**
U Frankfurt a.O. **23.40*** / 1.00 ✉ — 21.15

* Ankunftszeit geschätzt

nach **Regensburg**

10.15 Pz **U** Wunstorf 12.45* / **13.20 Cz**
U Magdeburg **18.00** / 18.15 Pz
U Leipzig 21.15 ↪ / **7.15 Ez**
U Nürnberg **17.00** / 17.30 ✉ — 5.30[3]

18.25 Pz **U** Wunstorf 21.05* / 21.35 Pz
U Magdeburg 4.50 / 5.30 Pz
U Leipzig 9.00 / 14.30 Pz
U Hof 20.00 / 20.30 Pz
U Nürnberg 5.15 / 6.00 ✉ — 18.00[3]

* Ankunftszeit geschätzt

nach **Rostock**

10.15 Pz **U** Hannover 13.30 / **14.00 Cz**
U Lehrte **14.25*** / 14.35 Pz
U Harburg 18.20 / 19.00 ⛴
U Hamburg 20.15 / **22.30 Cz**
U Hagenow **0.40*** ↪ / 7.30 Pz — 11.05

18.25 Pz **U** Wunstorf 21.05* / 21.35 Pz
U Magdeburg 4.50 / 7.45 Pz
U Wittenberge 10.15 / 10.55 Pz
U Hagenow 12.40* / 12.50 Pz — 16.40

19.00 ✉ **U** Harburg 6.00 / 7.00 ⛴
U Hamburg 8.15 / 9.00 GmP
U Hagenow 12.10* / 12.50 Pz — 16.40

* Ankunftszeit geschätzt

nach **Saarbrücken**

10.15 Pz **U** Hannover 13.30 / 16.30 Pz
U Göttingen 21.05 / 21.30 ✉
U Cassel 3.00 / 4.45 Pz
U Guntershausen 5.05 / **5.15 Sz**
U Frankfurt a.M. **9.55** / **10.30 Sz**
U Mannheim **12.38** / #
U Ludwigshafen # / **13.10 Sz** — **16.58**

nach **Schwerin**

10.15 Pz **U** Hannover 13.30 / **14.00 Cz**
U Lehrte **14.25*** / 14.35 Pz
U Harburg 18.20 / 19.00 ⛴
U Hamburg 20.15 / **22.30 Cz**
U Hagenow **0.40*** ↪ / 7.30 Pz — 8.12

18.25 Pz **U** Wunstorf 21.05* / 21.35 Pz
U Magdeburg 4.50 / 7.45 Pz
U Wittenberge 10.15 / 10.55 Pz
U Hagenow 12.40* / 12.50 Pz — 13.35

19.00 ✉ **U** Harburg 6.00 / 7.00 ⛴
U Hamburg 8.15 / 9.00 GmP
U Hagenow 12.10* / 12.50 Pz — 13.35

* Ankunftszeit geschätzt

nach **Stettin**

10.15 Pz **U** Wunstorf 12.45* / **13.20 Cz**
U Berlin **21.20** / **22.40 Sz** — **1.47**

18.25 Pz **U** Wunstorf 21.05* / 21.35 Pz
U Berlin 9.30 / 12.15 Pz — 15.52

* Ankunftszeit geschätzt

nach **Stralsund**

10.15 Pz **U** Wunstorf 12.45* / **13.20 Cz**
U Berlin **21.20** / **22.40 Sz**
U Passow 0.50* / 1.15 ✉ — 18.00

18.25 Pz **U** Wunstorf 21.05* / 21.35 Pz
U Berlin 9.30 / 17.30 Pz
U Passow 20.00* / 20.20 ✉ — 11.20[3]

* Ankunftszeit geschätzt

nach **Stuttgart**

10.15 Pz **U** Hannover 13.30 / 16.30 Pz
U Göttingen 21.05 / 21.30 ✉
U Cassel 3.00 / 4.45 Pz
U Guntershausen 5.05 / **5.15 Sz**
U Frankfurt a.M. **9.55** / **10.30 Sz**
U Heidelberg **12.35** / **12.55 Sz**
U Bruchsal **13.28*** / **13.48 Ez** — **15.46**

18.25 Pz **U** Wunstorf 21.05* / 21.35 Pz
U Hannover 22.10 ↪ / 6.45 Pz
U Göttingen 10.05 / 10.30 ✉
U Cassel 16.00 / 16.10 Pz
U Guntershausen 16.30 / 16.45 Pz
U Frankfurt a.M. 22.30 ↪ / **5.00 Cz**
U Heidelberg **7.05** / **7.20 Sz**
U Bruchsal **7.59*** / 8.15 Pz — 11.05[3]

* Ankunftszeit geschätzt

nach **Trier**

10.15 Pz **U** Wunstorf 12.45* / **15.05 Cz**
U Deutz > Cöln **22.00** ↪ / 5.00 ✉ — 2.15[3]

10.15 Pz **U** Wunstorf 12.45* / **15.05 Cz**
U Deutz > Cöln **22.00** ↪ / 6.00 ⛴
U Coblenz 12.15 / 15.30 ✉ — 6.30[3]

* Ankunftszeit geschätzt

nach **Ulm**

10.15 Pz **U** Hannover 13.30 / 16.30 Pz
U Göttingen 21.05 / 21.30 ✉
U Cassel 3.00 / 4.45 Pz
U Guntershausen 5.05 / **5.15 Sz**
U Frankfurt a.M. **9.55** / **10.30 Sz**
U Heidelberg **12.35** / **12.55 Sz**
U Bruchsal **13.28*** / **13.48 Ez** — **18.25**

18.25 Pz **U** Wunstorf 21.05* / 21.35 Pz
U Hannover 22.10 ↪ / 6.45 Pz
U Göttingen 10.05 / 10.30 ✉
U Cassel 16.00 / 16.10 Pz
U Guntershausen 16.30 / 16.45 Pz
U Frankfurt a.M. 22.30 ↪ / **5.00 Cz**
U Heidelberg **7.05** / **7.20 Sz**
U Bruchsal **7.59*** / 8.15 Pz — 15.05[3]

* Ankunftszeit geschätzt

nach **Wiesbaden**

10.15 Pz **U** Hannover 13.30 / 16.30 Pz
U Göttingen 21.05 / 21.30 ✉
U Cassel 3.00 / 4.45 Pz
U Guntershausen 5.05 / **5.15 Sz**
U Frankfurt a.M. **9.55** / 11.15 Pz — 12.45

18.25 Pz **U** Wunstorf 21.05* / 21.35 Pz
U Hannover 22.10 ↪ / 6.45 Pz
U Göttingen 10.05 / 10.30 ✉
U Cassel 16.00 / 16.10 Pz
U Guntershausen 16.30 / 16.45 Pz
U Frankfurt a.M. 22.30 ↪ / 5.45 Pz — 7.30[3]

* Ankunftszeit geschätzt

noch: ab **Bremen**

nach **Würzburg**

10.15 Pz **U** Wunstorf 12.50* / **13.20 Cz**
U Magdeburg **18.00** / 18.15 Pz
U Leipzig 21.15 ↝ / **7.15 Ez**
U Bamberg **15.05 / 15.45 Ez** **18.15**

10.15 Pz **U** Hannover 13.30 / 16.30 Pz
U Göttingen 21.05 / 21.30 ✉
U Cassel 3.00 / 4.45 Pz
U Guntershausen 5.05 / **5.15 Sz**
U Frankfurt a.M. **9.55** / 17.15 Pz 21.40

18.25 Pz **U** Wunstorf 21.05* / 21.35 Pz
U Magdeburg 4.50 / 5.30 Pz
U Leipzig 9.00 / 14.30 Pz
U Hof 20.00 / 20.30 Pz
U Bamberg 1.15 / 1.45 Pz 4.50

18.25 Pz **U** Wunstorf 21.05* / 21.35 Pz
U Hannover 22.10 ↝ / 6.45 Pz
U Göttingen 10.05 / 10.30 ✉
U Cassel 16.00 / 16.10 Pz
U Guntershausen 16.30 / 16.45 Pz
U Frankfurt a.M. 22.30 ↝ / **8.30 Ez 12.00**

* Ankunftszeit geschätzt

nach **Zwickau**

10.15 Pz **U** Wunstorf 12.45* / **13.20 Cz**
U Magdeburg **18.00** / 18.15 Pz
U Leipzig 21.15 ↝ / 6.00 Pz
U Werdau 8.40* / 9.15 Pz 9.40*

10.15 Pz **U** Wunstorf 12.45* / **13.20 Cz**
U Magdeburg **18.00** / 18.15 Pz
U Leipzig 21.15 ↝ / **7.15 Ez**
U Werdau **9.10*** / 9.15 Pz 9.40*

18.25 Pz **U** Wunstorf 21.05* / 21.35 Pz
U Magdeburg 4.50 / 5.30 Pz
U Leipzig 9.00 / 14.30 Pz
U Werdau 16.50* / 17.47 18.10*

* Ankunftszeit geschätzt

Breslau

Die von Breslau abgehenden Hauptbahnen sind:

- die Oberschlesischen Eisenbahnen nach Brieg–Oppeln–Cosel–Kattowitz–Myslowitz bis österr. Grenze,
- die Niederschlesisch-Märkische Eisenbahn, die nach Übernahme der Berlin-Frankfurter Eisenbahn von Breslau über Liegnitz–Kohlfurt–Frankfurt a.O. nach Berlin reicht und in Kohlfurt eine Zweiglinie nach Görlitz mit Anschluß nach Dresden aufweist.

Eine weitere Bahn ist die Breslau–Schweidnitz–Freiburger Bahn. Schließlich besteht Schienenverbindung durch die in Cosel abzweigende Wilhelmsbahn nach Ratibor–österr. Grenze.

Für 1857 ist seitens der Oberschlesischen Eisenbahn die Fertigstellung der Strecke Breslau–Posen vorgesehen.

von Breslau

nach **Aachen**

6.45 Pz **U** Berlin 16.45 / **22.00 Sz**
U Deutz > Cöln **16.00** / 18.00 Pz 20.00

21.30 Sz U Berlin **5.00 / 7.30 Cz**
U Deutz > Cöln **22.00 / 23.30 Sz** **1.20**

nach **Augsburg**

6.45 Pz **U** Kohlfurt 10.10* / 10.30 Pz
U Görlitz 11.15 / 11.45 Pz
U Dresden 15.30 / 18.00 Pz
U Leipzig 21.15 ↝ / **7.15 Ez** **21.20**

21.30 Sz U Kohlfurt **0.10*** / 0.15 Pz
U Görlitz 1.00 / 6.00 Pz
U Dresden 9.40 / 10.30 Pz
U Leipzig 13.30 / 14.30 Pz
U Hof 20.00 / 20.30 Pz 11.05[3]

* Ankunftszeit geschätzt

nach **Basel***

6.45 Pz **U** Berlin 16.45 / **18.40 Sz**
U Frankfurt a.M. **9.55 / 10.30 Sz**
U Heidelberg **12.35 / 12.55 Sz** **19.15**

* Ankunft Basel Badischer Bf

nach **Berlin**

6.45 Pz *über Liegnitz–Frankfurt a.O* 16.45

17.45 GmP **U** Sorau 22.45 ↝ / 4.15 GmP 8.15

21.30 Sz *über Liegnitz–Frankfurt a.O.* **5.00**

nach **Bonn**

6.45 Pz **U** Berlin 16.45 / **22.00 Sz**
U Deutz > Cöln **16.00** / 17.45 Pz 18.35

21.30 Sz U Berlin **5.00 / 7.30 Cz**
U Deutz > Cöln **22.00** ↝ / 7.00 Pz 7.50[3]

nach **Braunschweig**

6.45 Pz **U** Berlin 16.45 / **22.00 Sz** **4.30**

21.30 Sz U Berlin **5.00 / 7.30 Cz** **12.50**

nach **Bremen**

6.45 Pz **U** Berlin 16.45 / **22.00 Sz**
U Wunstorf **7.15*** / 7.30 Pz 10.15

21.30 Sz U Berlin **5.00 / 7.30 Cz**
U Wunstorf **15.03*** / 16.40 Pz 19.25

* Ankunftszeit geschätzt

nach **Carlsruhe**

6.45 Pz **U** Berlin 16.45 / **18.40 Sz**
U Frankfurt a.M. **9.55 / 10.30 Sz**
U Heidelberg **12.35 / 12.55 Sz** **14.10**

nach **Cassel**

6.45 Pz **U** Berlin 16.45 / **18.40 Sz** **9.55**

21.30 Sz U Berlin **5.00** / 8.10 Pz 22.00

nach **Chemnitz**

6.45 Pz **U** Kohlfurt 10.10* / 10.30 Pz
U Görlitz 11.15 / 11.45 Pz
U Dresden 15.30 / 18.00 Pz
U Riesa 19.10* / 20.00 22.30

21.30 Sz U Kohlfurt **0.10*** / 0.15 Pz
U Görlitz 1.00 / 6.00 Pz
U Dresden 9.40 / 10.30 Pz
U Riesa 11.40* / 12.15 Pz 15.30

* Ankunftszeit geschätzt

nach **Coblenz**

6.45 Pz **U** Berlin 16.45 / **22.00 Sz**
U Deutz > Cöln **16.00** / 20.15 ⛴ 2.45

21.30 Sz U Berlin **5.00 / 7.30 Cz**
U Deutz > Cöln **22.00** / 23.30 ⛴ 9.00
ab Cöln nur Mo und Do

21.30 Sz U Berlin **5.00 / 7.30 Cz**
U Deutz > Cöln **22.00** ↝ / 6.00 ⛴ 12.15

nach **Cöln***

6.45 Pz **U** Berlin 16.45 / **22.00 Sz** **16.00**

21.30 Sz U Berlin **5.00 / 7.30 Cz** **22.00**

* Ankunft in Deutz auf der rechten Rheinseite

nach **Constanz**

6.45 Pz **U** Berlin 16.45 / **18.40 Sz**
U Frankfurt a.M. **9.55 / 10.30 Sz**
U Heidelberg **12.35 / 12.55 Sz**
U Freiburg i.B. **17.36** / 18.15 ✉
U Schaffhausen 5.15 / 12.30 ✉ 17.00[3]

nach **Danzig**

6.45 Pz **U** Berlin 16.45 / **22.40 Sz** **11.35**

12.00 ✉ **U** Posen 6.30 / 10.46 Pz
U Kreuz 13.42 / 13.57 Pz 22.19

21.30 Sz U Berlin **5.00** / 6.15 Pz 22.19

22.30 ✉ **U** Posen 17.00 / 20.24 Pz
U Kreuz 22.39 / **4.51 Sz** **11.35[3]**

nach **Darmstadt**

6.45 Pz **U** Berlin 16.45 / **18.40 Sz**
U Frankfurt a.M. **9.55 / 10.30 Sz** **11.08***

* Ankunftszeit geschätzt

noch: ab **Breslau**

nach **Dortmund**

6.45 Pz	**U** Berlin 16.45 / **22.00 Sz**	**12.45**
21.30 Sz	**U** Berlin **5.00** / **7.30 Cz**	**19.20**

nach **Dresden**

6.45 Pz	**U** Kohlfurt 10.10* / 10.30 Pz	
	U Görlitz 11.15 / 11.45 Pz	15.30
21.30 Sz	**U** Kohlfurt **0.10*** / 0.15 Pz	
	U Görlitz 1.00 / 6.00 Pz	9.40

* Ankunftszeit geschätzt

nach **Düsseldorf**

6.45 Pz	**U** Berlin 16.45 / **22.00 Sz**	**14.57**
21.30 Sz	**U** Berlin **5.00** / **7.30 Cz**	**21.03**

nach **Elberfeld**

6.45 Pz	**U** Berlin 16.45 / **22.00 Sz**	
	U Dortmund **12.40*** / 13.15 Pz	15.28
21.30 Sz	**U** Berlin **5.00** / **7.30 Cz**	
	U Dortmund **19.20*** / 19.30 Pz	21.33

* Ankunftszeit geschätzt

nach **Erfurt**

6.45 Pz	**U** Kohlfurt 10.10* / 10.30 Pz	
	U Görlitz 11.15 / 11.45 Pz	
	U Dresden 15.30 / 18.00 Pz	
	U Leipzig 21.15 / 22.00 Pz	
	U Halle 22.45 / **23.00 Sz**	**1.20***
21.30 Sz	**U** Kohlfurt **0.10*** / 0.15 Pz	
	U Görlitz 1.00 / 6.00 Pz	
	U Dresden 9.40 / 10.30 Pz	
	U Leipzig 13.30 / 15.15 Pz	
	U Halle 16.00 / 18.40 Pz	22.55

* Ankunftszeit geschätzt

nach **Essen**

6.45 Pz	**U** Berlin 16.45 / **22.00 Sz**	**13.38***
21.30 Sz	**U** Berlin **5.00** / **7.30 Cz**	
	U Oberhausen** **20.20** / 21.56 Pz	22.15*

* Ankunft in Alten-Essen, Ankunftszeit geschätzt; Fahrplan der Post-Course von Alten-Essen nach Essen Stadt liegt nicht vor.

** Cours über Oberhausen nur mit Umwegkarte zu benutzen.

nach **Frankfurt a.M.**

6.45 Pz	**U** Berlin 16.45 / **18.40 Sz**	**9.55**
21.30 Sz	**U** Kohlfurt **0.10*** / 0.15 Pz	
	U Görlitz 1.00 / 6.00 Pz	
	U Dresden 9.40 / 10.30 Pz	
	U Leipzig 13.30 / 14.30 Pz	
	U Hof 20.00 / 20.30 Pz	
	U Bamberg 1.15 / 1.45 Pz	9.20[3]

* Ankunftszeit geschätzt

nach **Freiburg i.B.**

6.45 Pz	**U** Berlin 16.45 / **18.40 Sz**	
	U Frankfurt a.M. **9.55** / **10.30 Sz**	
	U Heidelberg **12.35** / **12.55 Sz**	**17.36**

nach **Gera**

6.45 Pz	**U** Kohlfurt 10.10* / 10.30 Pz	
	U Görlitz 11.15 / 11.45 Pz	
	U Dresden 15.30 / 18.00 Pz	
	U Leipzig 21.15 ↝ / 6.00 Pz	
	U Altenburg 7.10* / 9.00 ✉	13.00
6.45 Pz	**U** Kohlfurt 10.10* / 10.30 Pz	
	U Görlitz 11.15 / 11.45 Pz	
	U Dresden 15.30 / 18.00 Pz	
	U Leipzig 21.15 ↝ / **7.15 Ez**	
	U Altenburg **8.08*** / 9.00 ✉	13.00
21.30 Sz	**U** Kohlfurt **0.10*** / 0.15 Pz	
	U Görlitz 1.00 / 6.00 Pz	
	U Dresden 9.40 / 10.30 Pz	
	U Leipzig 13.30 ↝ / 18.30 Pz	
	U Altenburg 19.40* / 20.30 ✉	0.30[3]

* Ankunftszeit geschätzt

nach **Görlitz**

6.45 Pz	**U** Kohlfurt 10.10* / 10.30 Pz	11.15
17.45 GmP	**U** Kohlfurt 21.10* / 21.30 Pz	22.15
21.30 Sz	**U** Kohlfurt **0.10*** / 0.15 Pz	1.00

* Ankunftszeit geschätzt

nach **Hagen**

6.45 Pz	**U** Berlin 16.45 / **22.00 Sz**	
	U Dortmund **12.40*** / 13.15 Pz	14.22*
21.30 Sz	**U** Berlin **5.00** / **7.30 Cz**	
	U Dortmund **19.20*** / 19.30 Pz	20.28*

* Ankunftszeit geschätzt

nach **Halle**

6.45 Pz	**U** Kohlfurt 10.10* / 10.30 Pz	
	U Görlitz 11.15 / 11.45 Pz	
	U Dresden 15.30 / 18.00 Pz	
	U Leipzig 21.15 / 22.00 Pz	22.45
21.30 Sz	**U** Kohlfurt **0.10*** / 0.15 Pz	
	U Görlitz 1.00 / 6.00 Pz	
	U Dresden 9.40 / 10.30 Pz	
	U Leipzig 13.30 / 15.15 Pz	16.00

* Ankunftszeit geschätzt

nach **Hamburg**

6.45 Pz	**U** Berlin 16.45 / **23.00 Cz**	**5.16**
21.30 Sz	**U** Berlin **5.00** / 7.30 Pz	15.30

nach **Hamm**

6.45 Pz	**U** Berlin 16.45 / **22.00 Sz**	**11.59***
21.30 Sz	**U** Berlin **5.00** / **7.30 Cz**	**18.40**

* Ankunftszeit geschätzt

nach **Hannover**

6.45 Pz	**U** Berlin 16.45 / **22.00 Sz**	**6.20**
21.30 Sz	**U** Berlin **5.00** / **7.30 Cz**	**14.20**

nach **Heidelberg**

6.45 Pz	**U** Berlin 16.45 / **18.40 Sz**	
	U Frankfurt a.M. **9.55** / **10.30 Sz**	**12.35**

nach **Kiel**

6.45 Pz	**U** Berlin 16.45 / **23.00 Cz**	
	U Hamburg **5.16** > Altona 8.10 Pz	11.00
21.30 Sz	**U** Berlin **5.00** / 7.30 Pz	
	U Hamburg 15.30 > Altona 17.10 Pz	20.00

nach **Königsberg i.Pr.**

6.45 Pz	**U** Berlin 16.45 / **22.40 Sz**	
	U Dirschau **10.45** / 11.37 ✉	
	U Marienburg 16.07 / **16.37 Sz**	**21.02**

nach **Leipzig**

6.45 Pz	**U** Kohlfurt 10.10* / 10.30 Pz	
	U Görlitz 11.15 / 11.45 Pz	
	U Dresden 15.30 / 18.00 Pz	21.15
21.30 Sz	**U** Kohlfurt **0.10*** / 0.15 Pz	
	U Görlitz 1.00 / 6.00 Pz	
	U Dresden 9.40 / 10.30 Pz	13.30

* Ankunftszeit geschätzt

nach **Lindau**

6.45 Pz	**U** Kohlfurt 10.10* / 10.30 Pz	
	U Görlitz 11.15 / 11.45 Pz	
	U Dresden 15.30 / 18.00 Pz	
	U Leipzig 21.15 ↝ / **7.15 Ez**	
	U Augsburg **21.20** / 21.30 GmP	6.30[3]
21.30 Sz	**U** Kohlfurt **0.10*** / 0.15 Pz	
	U Görlitz 1.00 / 6.00 Pz	
	U Dresden 9.40 / 10.30 Pz	
	U Leipzig 13.30 / 14.30 Pz	
	U Hof 20.00 / 20.30 Pz	
	U Augsburg 11.05 / 12.50 GmP	22.35[3]

* Ankunftszeit geschätzt

nach **Ludwigshafen**

> Mannheim

nach **Lübeck**

6.45 Pz	**U** Berlin 16.45 / **23.00 Cz**	
	U Büchen **4.10*** / 9.00 Pz	10.45
21.30 Sz	**U** Berlin **5.00** / 7.30 Pz	
	U Büchen 13.55* / 14.00 Pz	15.11

* Ankunftszeit geschätzt

nach **Magdeburg**

6.45 Pz	**U** Berlin 16.45 / **22.00 Sz**	**1.50**
21.30 Sz	**U** Berlin **5.00** / **7.30 Cz**	**10.40**

nach **Mainz**

6.45 Pz	**U** Berlin 16.45 / **18.40 Sz**	
	U Frankfurt a.M. **9.55** / **10.15 Sz**	
	U Castel **11.00** / # ✉	k.A.*

nach **Mannheim**

6.45 Pz	**U** Berlin 16.45 / **18.40 Sz**	
	U Frankfurt a.M. **9.55** / **10.30 Sz**	**12.38**

noch: ab **Breslau**

nach **München**

6.45 Pz	**U** Kohlfurt 10.10* / 10.30 Pz	
	U Görlitz 11.15 / 11.45 Pz	
	U Dresden 15.30 / 18.00 Pz	
	U Leipzig 21.15 ↪ / **7.15 Ez**	**23.00**
21.30 Sz	**U** Kohlfurt **0.10*** / 0.15 Pz	
	U Görlitz 1.00 / 6.00 Pz	
	U Dresden 9.40 / 10.30 Pz	
	U Leipzig 13.30 / 14.30 Pz	13.15[3]

* Ankunftszeit geschätzt

nach **Münster**

6.45 Pz	**U** Berlin 16.45 / **22.00 Sz**	
	U Hamm 11.59* / 12.10 Pz	13.00
21.30 Sz	**U** Berlin **5.00** / **7.30 Cz**	
	U Hamm **18.40** / 19.00 Pz	20.00

* Ankunftszeit geschätzt

nach **Nürnberg**

6.45 Pz	**U** Kohlfurt 10.10* / 10.30 Pz	
	U Görlitz 11.15 / 11.45 Pz	
	U Dresden 15.30 / 18.00 Pz	
	U Leipzig 21.15 ↪ / **7.15 Ez**	**17.00**
21.30 Sz	**U** Kohlfurt **0.10*** / 0.15 Pz	
	U Görlitz 1.00 / 6.00 Pz	
	U Dresden 9.40 / 10.30 Pz	
	U Leipzig 13.30 / 14.30 Pz	
	U Hof 20.00 / 20.30 Pz	5.15[3]

* Ankunftszeit geschätzt

nach **Oberhausen**

6.45 Pz	**U** Berlin 16.45 / **22.00 Sz**	**14.00**
21.30 Sz	**U** Berlin **5.00** / **7.30 Cz**	**20.20**

nach **Oppeln***

6.00 Sz	**7.45**
12.30 Pz	15.03
18.40 Pz	21.27

* Ankunftszeiten in Oppeln sind sämmtlich geschätzt.

nach **Osnabrück**

6.45 Pz	**U** Berlin 16.45 / **22.00 Sz**	
	U Minden **8.35** / 9.00 ✉	16.00
21.30 Sz	**U** Berlin **5.00** / 12.00 Pz	
	U Minden 23.45 / 1.00 ✉	8.00[3]

nach **Passau**

6.45 Pz	**U** Kohlfurt 10.10* / 10.30 Pz	
	U Görlitz 11.15 / 11.45 Pz	
	U Dresden 15.30 / 18.00 Pz	
	U Leipzig 21.15 ↪ / **7.15 Ez**	
	U Nürnberg **17.00** / 17.30 ✉	
	U Regensburg 5.30 / 11.00 ✉	22.30[3]

* Ankunftszeit geschätzt

nach **Posen**

12.00 ✉	6.30
22.30 ✉	17.00

nach **Regensburg**

6.45 Pz	**U** Kohlfurt 10.10* / 10.30 Pz	
	U Görlitz 11.15 / 11.45 Pz	
	U Dresden 15.30 / 18.00 Pz	
	U Leipzig 21.15 ↪ / **7.15 Ez**	
	U Nürnberg **17.00** / 17.30 ✉	5.30[3]
21.30 Sz	**U** Kohlfurt **0.10*** / 0.15 Pz	
	U Görlitz 1.00 / 6.00 Pz	
	U Dresden 9.40 / 10.30 Pz	
	U Leipzig 13.30 / 14.30 Pz	
	U Hof 20.00 / 20.30 Pz	
	U Nürnberg 5.30 / 6.00 ✉	18.00[3]

* Ankunftszeit geschätzt

nach **Rostock**

6.45 Pz	**U** Berlin 16.45 / **23.00 Cz**	
	U Hagenow **3.08*** / 7.30 Pz	11.05
21.30 Sz	**U** Berlin **5.00** / 7.30 Pz	
	U Hagenow 12.40* / 12.50 Pz	16.40

* Ankunftszeit geschätzt

nach **Saarbrücken**

6.45 Pz	**U** Berlin 16.45 / **18.40 Sz**	
	U Frankfurt a.M. **9.55** / **10.30 Sz**	
	U Mannheim **12.38** / #	
	U Ludwigshafen # / **13.10 Sz**	**16.58**

nach **Schwerin**

6.45 Pz	**U** Berlin 16.45 / **23.00 Cz**	
	U Hagenow **3.08*** / 7.30 Pz	8.12
21.30 Sz	**U** Berlin **5.00** / 7.30 Pz	
	U Hagenow 12.40* / 12.50 Pz	13.35

* Ankunftszeit geschätzt

nach **Stettin**

6.45 Pz	**U** Berlin 16.45 / 17.30 Pz	21.10
21.30 Sz	**U** Berlin **5.00** / 6.15 Pz	9.47

nach **Stralsund**

6.45 Pz	**U** Berlin 16.45 / 17.30 Pz	
	U Passow 20.00* / 20.20 ✉	11.20
21.30 Sz	**U** Berlin **5.00** / 6.15 Pz	
	U Passow 8.43* / 9.15 ✉	2.00[3]

* Ankunftszeit geschätzt

nach **Stuttgart**

6.45 Pz	**U** Berlin 16.45 / **18.40 Sz**	
	U Frankfurt a.M. **9.55** / **10.30 Sz**	
	U Heidelberg **12.35** / **12.55 Sz**	
	U Bruchsal **13.28*** / **13.48 Ez**	**15.46**

* Ankunftszeit geschätzt

nach **Trier**

6.45 Pz	**U** Berlin 16.45 / **22.00 Sz**	
	U Deutz > Cöln **16.00** / 19.00 ✉	17.30[3]

Fortsetzung siehe nächste Spalte

6.45 Pz	**U** Berlin 16.45 / **22.00 Sz**	
	U Deutz > Cöln **16.00**/ 22.00 ⛴	
	U Coblenz 5.45 / 6.45 ✉	21.00[3]
21.30 Sz	**U** Berlin **5.00** / **7.30 Cz**	
	U Deutz > Cöln **22.00** ↪/ 5.00 ✉	2.15[4]
21.30 Sz	**U** Berlin **5.00** / **7.30 Cz**	
	U Deutz > Cöln **22.00** ↪ / 6.00 ⛴	
	U Coblenz 12.15 / 15.30 ✉	6.30[4]

nach **Ulm**

6.45 Pz	**U** Berlin 16.45 / **18.40 Sz**	
	U Frankfurt a.M. **9.55** / **10.30 Sz**	
	U Heidelberg **12.35** / **12.55 Sz**	
	U Bruchsal **13.28*** / **13.48 Ez**	**18.25**

* Ankunftszeit geschätzt

nach **Wiesbaden**

6.45 Pz	**U** Berlin 16.45 / **18.40 Sz**	
	U Frankfurt a.M. **9.55** / 11.15 Pz	12.45

nach **Würzburg**

6.45 Pz	**U** Kohlfurt 10.10* / 10.30 Pz	
	U Görlitz 11.15 / 11.45 Pz	
	U Dresden 15.30 / 18.00 Pz	
	U Leipzig 21.15 ↪ / **7.15 Ez**	
	U Bamberg **15.05** / **15.45 Ez**	**18.15**
21.30 Sz	**U** Kohlfurt **0.10*** / 0.15 Pz	
	U Görlitz 1.00 / 6.00 Pz	
	U Dresden 9.40 / 10.30 Pz	
	U Leipzig 13.30 / 14.30 Pz	
	U Hof 20.00 / 20.30 Pz	
	U Bamberg 1.15 / 1.45 Pz	4.50[3]

* Ankunftszeit geschätzt

nach **Zwickau**

6.45 Pz	**U** Kohlfurt 10.10* / 10.30 Pz	
	U Görlitz 11.15 / 11.45 Pz	
	U Dresden 15.30 / 18.00 Pz	
	U Leipzig 21.15 ↪ / 6.00 Pz	
	U Werdau 8.40* / 9.15 Pz	9.40*
6.45 Pz	**U** Kohlfurt 10.10* / 10.30 Pz	
	U Görlitz 11.15 / 11.45 Pz	
	U Dresden 15.30 / 18.00 Pz	
	U Leipzig 21.15 ↪ / **7.15 Ez**	
	U Werdau **9.10*** / 9.15 Pz	9.40*
21.30 Sz	**U** Kohlfurt **0.10*** / 0.15 Pz	
	U Görlitz 1.00 / 6.00 Pz	
	U Dresden 9.40 / 10.30 Pz	
	U Leipzig 13.30 / 14.30 Pz	
	U Werdau 16.50* / 17.47 Pz	18.10*

* Ankunftszeit geschätzt

Auslandsverbindungen

Breslau ist außerdem im **Auslandsteil** ab S. 210 mit den hier abgehenden Eisenbahn-Coursen nach **Österreich** und **Polen** aufgeführt

Carlsruhe

Durch Carlsruhe verläuft die „Hauptbahn" der Badischen Staatseisenbahnen, die ihren Ausgang in Mannheim hat und sich über Heidelberg–Carlsruhe–Offenburg–Freiburg zur Zeit bis Basel erstreckt, welches im Februar dieses Jahres erreicht wurde. Ab Basel ist in einer zweiten Etappe der Weiterbau bis Constanz über Waldshut–Schaffhausen vorgesehen, der bereits bis Säckingen in Angriff genommen werden konnte. In Basel endet die Strecke im noch provisorischen Badischen Bahnhof auf Schweizer Terrain.

---

von Carlsruhe

nach Aachen

5.15 Pz	U Mannheim 7.42 / #	
	U Ludwigshafen # / 12.25 Pz	
	U Mainz 14.06 / 14.30 ⛴	
	U Cöln 23.00 / **23.30 Sz**	**1.20**
11.50 Sz	U Mannheim **13.42** / #	
	U Ludwigshafen # / 15.10 Pz	
	U Mainz 17.15 / 20.00 ✉	
	U Coblenz 5.30 / 6.00 ⛴	
	U Cöln 10.30 / 11.45 Pz	13.45
16.20 Pz	U Mannheim 18.52 / #	
	U Ludwigshafen # / **22.00 Sz**	
	U Mainz **23.39** ↩ / 6.00 ⛴	
	U Cöln 15.45 / 18.00 Pz	20.00

nach Augsburg

11.50 Sz	U Bruchsal **12.25* / 13.48 Ez**	
	U Ulm **18.25 / 18.45 Ez**	**21.15**
16.20 Pz	U Bruchsal 17.03*/ 17.20 Pz	
	U Stuttgart 20.15 ↩ / 7.05 Pz	
	U Ulm 10.50 / 11.15 GmP	15.40

* Ankunftszeit geschätzt

nach Basel*

8.35 Sz	*über Offenburg–Freiburg*	**14.56**
11.55 Pz	*über Offenburg–Freiburg*	20.15
14.20 Sz	*über Offenburg–Freiburg*	**19.15**
18.00 Pz	U Offenburg 20.47 ↩ / 6.00 Pz	10.55

* Ankunft Basel Badischer Bf auf der rechten Rheinseite

Hinweis: *Weitere Verbindungen von Carlsruhe nach Basel (Bahnhof linke Rheinseite) bestehen über Strasburg. Hierzu ist in Appenweier in die Zweigbahn nach Kehl umzusteigen, von hier ein Post-Cours über den Rhein nach Strasburg zu benutzen, woselbst nach neuestem Fahrplan fünfmal täglich Anschluß auf der direkten, zu Frankfreich gehörenden Bahnlinie nach Basel via Colmar–Mühlhausen besteht. Wegen der durchweg längeren Reisezeit bei Benutzung dieser Route werden deren Fahrpläne hier außer Acht gelassen, jedoch im Auslandsteil unter* **Frankreich** ❺ *aufgeführt.*

nach Berlin

11.50 Sz	U Heidelberg **13.05 / 13.20 Sz**	
	U Frankfurt a.M. **15.30 / 17.00 Sz**	**10.30**

nach Bonn

5.15 Pz	U Mannheim 7.42 / #	
	U Ludwigshafen # / 12.25 Pz	
	U Mainz 14.06 / 14.30 ⛴	21.00
11.50 Sz	U Mannheim **13.42** / #	
	U Ludwigshafen # / 15.10 Pz	
	U Mainz 17.15 / 20.00 ✉	
	U Coblenz 5.30 / 6.00 ⛴	8.45
16.20 Pz	U Mannheim 18.52 / #	
	U Ludwigshafen # / **22.00 Sz**	
	U Mainz **23.39** ↩ / 6.00 ⛴	12.45
20.52 Sz	U Mannheim **22.41** / #	
	U Ludwigshafen # ↩ / 6.05 Pz	
	U Mainz 8.05 / 9.00 ⛴	16.15
20.52 Sz	U Mannheim **22.41** ↩ / 4.30 ⛴	16.15

nach Braunschweig

11.50 Sz	U Heidelberg **13.05 / 13.20 Sz**	
	U Frankfurt a.M. **15.30 / 17.00 Sz**	
	U Guntershausen **21.50** / 21.55 Pz	
	U Cassel 22.15 / 23.15 ✉	
	U Göttingen 4.40 / 5.15 Pz	
	U Hannover 8.45 / 10.00 Pz	12.15
11.50 Sz	U Heidelberg **13.05 / 13.20 Sz**	
	U Frankfurt a.M. **15.30 / 17.00 Sz**	
	U Halle **5.40** / 7.45 Pz	
	U Magdeburg 9.50 / **10.40 Cz**	**12.50**
20.52 Sz	U Heidelberg **21.59 / 22.10 Cz**	
	U Frankfurt a.M. **0.15** ↩ / 5.45 Pz	
	U Guntershausen 11.45 / 11.50 Pz	
	U Cassel 12.10 / 12.30 ✉	
	U Göttingen 17.45 / 18.00 Pz	
	U Hannover 21.30 / 22.30 Pz	0.30^{3}

nach Bremen

11.50 Sz	U Heidelberg **13.05 / 13.20 Sz**	
	U Frankfurt a.M.**15.30 / 17.00 Sz**	
	U Guntershausen **21.50** / 21.55 Pz	
	U Cassel 22.15 / 23.15 ✉	
	U Göttingen 4.40 / 5.15 Pz	
	U Hannover 8.45 / 12.45 Pz	16.00
20.52 Sz	U Heidelberg **21.59 / 22.10 Cz**	
	U Frankfurt a.M. **0.15** ↩ / 5.45 Pz	
	U Halle 20.05 / 22.45 Pz	
	U Magdeburg 1.15 / **1.50 Sz**	
	U Wunstorf **7.15*** / 7.30 Pz	10.15^{3}

Fortsetzung siehe nächste Spalte

20.52 Sz	U Heidelberg **21.59 / 22.10 Cz**	
	U Frankfurt a.M. **0.15** ↩ / 5.45 Pz	
	U Guntershausen 11.45 / 11.50 Pz	
	U Cassel 12.10 / 12.30 ✉	
	U Göttingen 17.45 / 18.00 Pz	
	U Hannover 21.30 ↩ / **6.45 Sz**	
	U Wunstorf **7.15*** / 7.30 Pz	10.15^{3}

nach Breslau

11.50 Sz	U Heidelberg **13.05 / 13.20 Sz**	
	U Frankfurt a.M. **15.30 / 17.00 Sz**	
	U Berlin **10.30 / 22.15 Sz**	**5.45^{3}**
11.50 Sz	U Heidelberg **13.05 / 13.20 Sz**	
	U Frankfurt a.M. **15.30 / 17.00 Sz**	
	U Halle **5.40** / 6.15 Pz	
	U Leipzig 7.30 / 14.30 Pz	
	U Dresden 17.30 / 18.15 Pz	
	U Görlitz 21.40 / 23.00 Pz	
	U Kohlfurt 23.45 / **2.45 Sz**	**5.45^{3}**
20.52 Sz	U Heidelberg **21.59 / 22.10 Cz**	
	U Frankfurt a.M. **0.15** / 5.45 Pz	
	U Halle 20.05 / 20.30 Pz	
	U Leipzig 21.15 ↩ / 6.00 Pz	
	U Dresden 9.15 / 9.45 Pz	
	U Görlitz 12.50 / 13.30 Pz	
	U Kohlfurt 14.10 / 14.15 Pz	18.30^{3}

nach Cassel

5.15 Pz	U Heidelberg 7.00 / 7.15 Pz	
	U Frankfurt a.M. 10.00 / 10.35 Pz	
	U Guntershausen 18.50 / 19.00 Pz	19.20
11.50 Sz	U Heidelberg **13.05 / 13.20 Sz**	
	U Frankfurt a.M. **15.30 / 17.00 Sz**	
	U Guntershausen **21.50** / 21.55 Pz	22.15
20.52 Sz	U Heidelberg **21.59 / 22.10 Cz**	
	U Frankfurt a.M. **0.15** ↩ / 5.45 Pz	
	U Guntershausen 11.45 / 11.50 Pz	12.10

nach Chemnitz

11.50 Sz	U Heidelberg **13.05 / 13.20 Sz**	
	U Frankfurt a.M. **15.30 / 17.00 Sz**	
	U Halle **5.40** / 6.15 Pz	
	U Leipzig 7.30 / 10.00 Pz	
	U Riesa 11.25* / 12.15 Pz	15.30
20.52 Sz	U Heidelberg **21.59 / 22.10 Cz**	
	U Frankfurt a.M. **0.15** / 5.45 Pz	
	U Halle 20.05 / 20.30 Pz	
	U Leipzig 21.15 / **22.00 Sz**	
	U Riesa **23.15*** ↩ / 5.15 Pz	8.15^{3}

* Ankunftszeit geschätzt

nach Coblenz

5.15 Pz	U Mannheim 7.42 / #	
	U Ludwigshafen # / 12.25 Pz	
	U Mainz 14.06 / 14.30 ⛴	18.00
11.50 Sz	U Mannheim **13.42** / #	
	U Ludwigshafen # / 15.10 Pz	
	U Mainz 17.15 / 20.00 ✉	5.30

Fortsetzung siehe nächste Seite

noch: ab **Carlsruhe**

noch: nach **Coblenz**

16.20 Pz **U** Mannheim 18.52 / #
U Ludwigshafen # / **22.00 Sz**
U Mainz **23.39** ↵ / 6.00 ⛴ 9.45

20.52 Sz **U** Mannheim **22.41** ↵ / 4.30 ⛴ 13.00

20.52 Sz **U** Mannheim **22.41** / #
U Ludwigshafen # ↵ / 6.05 Pz
U Mainz 8.05 / 9.00 ⛴ 13.00

nach **Cöln**

5.15 Pz **U** Mannheim 7.42 / #
U Ludwigshafen # / 12.25 Pz
U Mainz 14.06 / 14.30 ⛴ 23.00

11.50 Sz **U** Mannheim **13.42** / #
U Ludwigshafen # / 15.10 Pz
U Mainz 17.15 / 20.00 ✉
U Coblenz 5.30 / 6.00 ⛴ 10.30

16.20 Pz **U** Mannheim 18.52 / #
U Ludwigshafen # / **22.00 Sz**
U Mainz **23.39** ↵ / 6.00 ⛴ 15.45

20.52 Sz **U** Mannheim **22.41** / #
U Ludwigshafen # ↵ / 6.05 Pz
U Mainz 8.05 / 9.00 ⛴ 18.15

20.52 Sz **U** Mannheim **22.41** ↵ / 4.30 ⛴ 18.15

nach **Constanz**

8.35 Sz **U** Offenburg **10.22** / 10.45 ✉ 6.15

8.35 Sz **U** Freiburg i.B. **12.35** / 13.00 ✉ 7.30

11.55 Pz **U** Freiburg i.B. 17.07 / 18.15 ✉
U Schaffhausen 5.15 / 12.30 ✉ 17.00

14.20 Sz **U** Freiburg i.B. **17.36** / 18.15 ✉
U Schaffhausen 5.15 / 12.30 ✉ 17.00

nach **Danzig**

11.50 Sz **U** Heidelberg **13.05** / **13.20**
U Frankfurt a.M. **15.30** / **17.00 Sz**
U Berlin **10.30** / **22.40 Sz** **11.35**[3]

nach **Darmstadt***

5.15 Pz **U** Heidelberg 7.00 / 7.15 Pz 9.15

9.42 Pz **U** Heidelberg 11.27 /11.45 Pz 13.43

11.50 Sz **U** Heidelberg **13.05** / **13.20 Sz** **14.53**

16.20 Pz **U** Heidelberg 18.04 / 18.25 Pz 20.43

20.52 Sz **U** Heidelberg **21.59** / **22.10 Cz** **23.38**

* Ankunftszeiten in Darmstadt sind sämmtlich geschätzt.

nach **Dortmund***

5.15 Pz **U** Mannheim 7.42 / #
U Ludwigshafen # / 12.25 Pz
U Mainz 14.06 / 14.30 ⛴
U Cöln > Deutz 23.00 ↵ / **6.30 Cz** **9.02**

11.50 Sz **U** Heidelberg **13.05** / **13.20 Sz**
U Frankfurt a.M.**15.30** /**17.00 Sz**
U Guntershausen **21.50** / 21.55 Pz
U Cassel 22.15 ↵ / 5.55 Pz
U Hamm 11.46 / **12.01 Sz** **12.45**

Fortsetzung siehe nächste Spalte

16.20 Pz **U** Heidelberg 18.04 / 18.25 Pz
U Frankfurt a.M. 21-30 ↵ / 5.45 Pz
U Guntershausen 11.45 / 11.50 Pz
U Cassel 12.10 / 12.30 Pz
U Hamm 18.26 / **18.45 Sz** **19.20**

16.20 Pz **U** Mannheim 18.52 / #
U Ludwigshafen # / **22.00 Sz**
U Mainz **23.39** ↵ / 6.00 ⛴
U Cöln > Deutz 14.45 / 16.00 Pz 20.25

20.52 Sz **U** Heidelberg **21.59** / **22.10 Cz**
U Frankfurt a.M. **0.15** / 5.45 Pz
U Guntershausen 11.45 / 11.50 Pz
U Cassel 12.10 / 12.30 Pz
U Hamm 18.26 / **18.45 Cz** **19.20**

* Ankunftszeiten in Dortmund sind sämmtlich geschätzt.

nach **Dresden**

11.50 Sz **U** Heidelberg **13.05** / **13.20 Sz**
U Frankfurt a.M.**15.30** / **17.00 Sz**
U Halle **5.40** / 6.15 Pz
U Leipzig 7.30 / 10.00 Pz 13.15

20.52 Sz **U** Heidelberg **21.59** / **22.10 Cz**
U Frankfurt a.M. **0.15** / 5.45 Pz
U Halle 20.05 / 20.30 Pz
U Leipzig 21.15 / **22.00 Sz** **0.30**[3]

nach **Düsseldorf**

5.15 Pz **U** Mannheim 7.42 / #
U Ludwigshafen # / 12.25 Pz
U Mainz 14.06 / 14.30 ⛴
U Cöln > Deutz 23.00 ↵ / **6.30 Cz** **7.15**

5.15 Pz **U** Mannheim 7.42 / #
U Ludwigshafen # / 12.25 Pz
U Mainz 14.06 / 14.30 ⛴
Cöln 23.00 ↵ / 5.30 8.00

11.50 Sz **U** Mannheim **13.42** / #
U Ludwigshafen # / 15.10 Pz
U Mainz 17.15 / 20.00 ✉
U Coblenz 5.30 / 6.00 ⛴
U Cöln > Deutz 10.30 / 11.00 Pz 12.10

16.20 Pz **U** Mannheim 18.52 / #
U Ludwigshafen # / **22.00 Sz**
U Mainz **23.39** ↵ / 6.00 ⛴
U Cöln > Deutz 14.45 / 16.00 Pz 17.10

20.52 Sz **U** Mannheim **22.41** / #
U Ludwigshafen # ↵ / 6.05 Pz
U Mainz 8.05 / 9.00 ⛴
U Cöln > Deutz 18.15 / **20.00 Sz** **20.55**

20.52 Sz **U** Mannheim **22.41** ↵ / 4.30 ⛴
U Cöln > Deutz 18.15 / **20.00 Sz** **20.55**

nach **Elberfeld**

5.15 Pz **U** Mannheim 7.42 / #
U Ludwigshafen # / 12.25 Pz
U Mainz 14.06 / 14.30 ⛴
U Cöln > Deutz 23.00 ↵ / **6.30 Cz**
U Düsseldorf **7.15** / 7.30 Pz 8.36

Fortsetzung siehe nächste Spalte

11.50 Sz **U** Mannheim **13.42** / #
U Ludwigshafen # / 15.10 Pz
U Mainz 17.15 / 20.00 ✉
U Coblenz 5.30 / 6.00 ⛴
U Cöln > Deutz 10.30 / 11.00 Pz
U Düsseldorf 12.10 / 12.30 Pz 14.07

16.20 Pz **U** Mannheim 18.52 / #
U Ludwigshafen # / **22.00 Sz**
U Mainz **23.39** ↵ / 6.00 ⛴
U Cöln > Deutz 14.45 / 16.00 Pz
U Düsseldorf 17.10 / 17.30 Pz 18.36

20.52 Sz **U** Mannheim **22.41** / #
U Ludwigshafen # ↵ / 6.05 Pz
U Mainz 8.05 / 9.00 ⛴
U Cöln > Deutz 18.15 / **20.00 Sz**
U Düsseldorf **20.55** / 21.15 Pz 22.21

20.52 Sz **U** Mannheim **22.41** ↵ / 4.30 ⛴
U Cöln > Deutz 18.15 / **20.00 Sz**
U Düsseldorf **20.55** / 21.15 Pz 22.21

nach **Erfurt***

11.50 Sz **U** Heidelberg **13.05** / **13.20 Sz**
U Frankfurt a.M. **15.30** / **17.00 Sz** **2.50**

20.52 Sz **U** Heidelberg **22.00*** / **22.10 Cz**
U Frankfurt a.M. **0.15** ↵ /
5.45 Pz 16.50

* Ankunftszeiten in Erfurt sind sämmtlich geschätzt.

nach **Essen***

11.50 Sz **U** Heidelberg **13.05** / **13.20 Sz**
U Frankfurt a.M.**15.30** /**17.00 Sz**
U Guntershausen **21.50** / 21.55 Pz
U Cassel 22.15 ↵ / 5.55 Pz
U Hamm 11.46 / **12.01 Sz** **13.39**

11.50 Sz **U** Mannheim **13.42** / #
U Ludwigshafen # / 15.10 Pz
U Mainz 17.15 / 20.00 ✉
U Coblenz 5.30 / 6.00 ⛴
U Cöln > Deutz 10.30 / 11.00 Pz 13.45

16.20 Pz **U** Mannheim 18.52 / #
U Ludwigshafen # / **22.00 Sz**
U Mainz **23.39** ↵ / 6.00 ⛴
U Cöln > Deutz 14.45 / 16.00 Pz 18.55

20.52 Sz **U** Mannheim **22.41** / #
U Ludwigshafen # ↵ / 6.05 Pz
U Mainz 8.05 / 9.00 ⛴
U Cöln > Deutz 18.15 / **20.00 Sz** **22.15**

20.52 Sz **U** Mannheim **22.41** ↵ / 4.30 ⛴
U Cöln > Deutz 18.15 / **20.00 Sz** **22.15**

* Ankunft in Alten-Essen, Ankunftszeit geschätzt; ein Fahrplan der Post-Course von Alten-Essen nach Essen Stadt liegt nicht vor.

nach **Frankfurt a.M.**

5.15 Pz **U** Heidelberg 7.00 / 7.15 Pz 10.00

9.42 Pz **U** Heidelberg 11.27 / 11.45 Pz 14.30

11.50 Sz **U** Heidelberg **13.05** / **13.20 Sz** **15.30**

16.20 Pz **U** Heidelberg 18.04 / 18.25 Pz 21.30

20.52 Sz **U** Heidelberg **21.59** / **22.10 Cz** **0.15**

noch: ab **Carlsruhe**

nach **Freiburg i.B.**

8.35 Sz *über Offenburg* **12.35**
11.55 Pz *über Offenburg* 17.07
14.20 Sz *über Offenburg* **17.36**
18.00 Pz **U** Offenburg 20.47 ↝ / 6.00 Pz 8.16

nach **Gera**

20.52 Sz **U** Heidelberg **21.59** / **22.10 Cz**
U Frankfurt a.M. **0.15** ↝ / 5.45
U Weissenfels 19.10* / 0.45 ✉ 7.30[3]

* Ankunftszeit geschätzt

nach **Görlitz**

11.50 Sz **U** Heidelberg **13.05** / **13.20 Sz**
U Frankfurt a.M.**15.30** / **17.00 Sz**
U Halle **5.40** / 6.15 Pz
U Leipzig 7.30 / 10.00 Pz
U Dresden 13.15 / 14.30 Pz 18.15
20.52 Sz **U** Heidelberg **21.59** / **22.10 Cz**
U Frankfurt a.M. **0.15** / 5.45 Pz
U Halle 20.05 / 20.30 Pz
U Leipzig 21.15 / **22.00 Sz**
U Dresden **0.30** / 5.30 Pz 9.00[3]

nach **Hagen***

5.15 Pz **U** Mannheim 7.42 / #
U Ludwigshafen # / 12.25 Pz
U Mainz 14.06 / 14.30 ⛴
U Cöln > Deutz 23.00 ↝ / **6.30 Cz**
U Düsseldorf **7.15** / 7.30 Pz
U Elberfeld 8.36 / 9.40 Pz 11.17
11.50 Sz **U** Mannheim **13.42** / #
U Ludwigshafen # / 15.10 Pz
U Mainz 17.15 / 20.00 ✉
U Coblenz 5.30 / 6.00 ⛴
U Cöln > Deutz 10.30 / 11.00 Pz
U Düsseldorf 12.10 / 12.30 Pz
U Elberfeld 14.07 / 16.20 Pz 17.38
16.20 Pz **U** Mannheim 18.52 / #
U Ludwigshafen # / **22.00 Sz**
U Mainz **23.39** ↝ / 6.00 ⛴
U Cöln > Deutz 14.45 / 16.00 Pz
U Düsseldorf 17.10 / 17.30 Pz
U Elberfeld 18.36 / 19.25 Pz 20.33
20.52 Sz **U** Mannheim **22.41** / #
U Ludwigshafen # ↝ / 6.05 Pz
U Mainz 8.05 / 9.00 ⛴
U Cöln > Deutz 18.15 / **20.00 Sz**
U Düsseldorf **20.55** / 21.15 Pz
U Elberfeld 22.21 ↝ / 6.45 Pz 7.50[3]
20.52 Sz **U** Mannheim **22.41** ↝ / 4.30 ⛴
U Cöln > Deutz 18.15 / **20.00 Sz**
U Düsseldorf **20.55** / 21.15 Pz
U Elberfeld 22.21 ↝ / 6.45 Pz 7.50[3]

* Ankunftszeiten in Hagen sind sämtlich geschätzt.

nach **Halle**

11.50 Sz **U** Heidelberg **13.05** / **13.20 Sz**
U Frankfurt a.M.**15.30** / **17.00 Sz** **5.40**
20.52 Sz **U** Heidelberg **21.59** / **22.10 Cz**
U Frankfurt a.M. **0.15** / 5.45 Pz 20.05

nach **Hamburg**

11.50 Sz **U** Heidelberg **13.05** / **13.20 Sz**
U Frankfurt a.M.**15.30** / **17.00 Sz**
U Guntershausen **21.50** / 21.55 Pz
U Cassel 22.15 / 23.15 ✉
U Göttingen 4.40 / 5.15 Pz
U Hannover 8.45 / 10.00 GmP
U Lehrte 10.30* / 11.00 Pz 16.10**
20.52 Sz **U** Heidelberg **21.59** / **22.10 Cz**
U Frankfurt a.M. **0.15** / 5.45 Pz
U Guntershausen 11.45 / 11.50 Pz
U Cassel 12.10 / 12.30 ✉
U Göttingen 17.45 / 18.00 Pz
U Hannover 21.30 ↝ / **5.30 Sz**
U Lehrte **6.00*** / 6.05 Pz
U Harburg 10.05 / 10.30 ⛴ 11.45[3]

* Ankunftszeit geschätzt
** an Harburg ohne unmittelbaren Schiffsanschluß nach Hamburg

nach **Hamm**

11.50 Sz **U** Heidelberg **13.05** / **13.20 Sz**
U Frankfurt a.M.**15.30** /**17.00 Sz**
U Guntershausen **21.50** / 21.55 Pz
U Cassel 22.15 ↝ / 5.55 Pz 11.46
20.52 Sz **U** Heidelberg **21.59** / **22.10 Cz**
U Frankfurt a.M. **0.15** / 5.45 Pz
U Guntershausen 11.45 / 11.50 Pz
U Cassel 12.10 / 12.30 Pz 18.26

nach **Hannover**

11.50 Sz **U** Heidelberg **13.05** / **13.20 Sz**
U Frankfurt a.M.**15.30** / **17.00 Sz**
U Guntershausen **21.50** / 21.55 Pz
U Cassel 22.15 / 23.15 ✉
U Göttingen 4.40 / 5.15 Pz 8.45
20.52 Sz **U** Heidelberg **21.59** / **22.10 Cz**
U Frankfurt a.M. **0.15** / 5.45 Pz
U Guntershausen 11.45 / 11.50 Pz
U Cassel 12.10 / 12.30 ✉
U Göttingen 17.45 / 18.00 Pz 21.30

nach **Heidelberg**

5.15 Pz *über Bruchsal* 7.00
9.42 Pz *über Bruchsal* 11.27
11.50 Sz *über Bruchsal* **13.05**
16.20 Pz *über Bruchsal* 18.04
17.30 Pz *über Bruchsal* 20.19
20.52 Sz *über Bruchsal* **21.59**

nach **Kiel**

20.52 Sz **U** Heidelberg **21.59** / **22.10 Cz**
U Frankfurt a.M. **0.15** / 5.45 Pz
U Guntershausen 11.45 / 11.50 Pz
U Cassel 12.10 / 12.30 ✉
U Göttingen 17.45 / 18.00 Pz
U Hannover 21.30 ↝ / **5.30 Sz**
U Lehrte **6.00*** / 6.05 Pz
U Harburg 10.05 / 10.30 ⛴
U Hamburg > Altona 11.45 / 13.00 GmP 16.30[3]

* Ankunftszeit geschätzt

nach **Königsberg i.Pr.**

11.50 Sz **U** Heidelberg **13.05** / **13.20**
U Frankfurt a.M. **15.30** / **17.00 Sz**
U Berlin **10.30** / **22.40 Sz**
U Dirschau **10.45** / 11.37 ✉
U Marienburg 16.07 / **16.37 Sz** **21.02**[3]

nach **Leipzig**

11.50 Sz **U** Heidelberg **13.05*** / **13.20 Sz**
U Frankfurt a.M.**15.30** / **17.00 Sz**
U Halle **5.40** / 6.15 Pz 7.30
20.52 Sz **U** Heidelberg **21.59** / **22.10 Cz**
U Frankfurt a.M. **0.15** / 5.45 Pz
U Halle 20.05 / 20.30 Pz 21.15

nach **Lindau**

11.50 Sz **U** Bruchsal **12.25*** / **13.48 Ez**
U Ulm **18.25** / **18.45 Ez**
U Augsburg **21.15** / 21.30 GmP 6.30
11.50 Sz **U** Bruchsal **12.25*** / **13.48 Ez**
U Friedrichshafen **22.15** ↝ / 6.00 ⛴ k.A.
16.20 Pz **U** Bruchsal 17.03* / 17.20 Pz
U Stuttgart 20.15 ↝ / 7.05 Pz 10.50
U Friedrichshafen 15.20 / 15.30 ⛴ k.A.

* Ankunftszeit geschätzt

nach **Ludwigshafen**

> Mannheim

nach **Lübeck**

20.52 Sz **U** Heidelberg **21.59** / **22.10 Cz**
U Frankfurt a.M. **0.15** / 5.45 Pz
U Guntershausen 11.45 / 11.50 Pz
U Cassel 12.10 / 12.30 ✉
U Göttingen 17.45 / 18.00 Pz
U Hannover 21.30 ↝ / **5.30 Sz**
U Lehrte **6.00*** / 6.05 Pz
U Harburg 10.05 / 10.30 ⛴
U Hamburg 11.45 / 17.00 Pz
U Büchen 18.45* / 19.00 Pz 20.11[3]

* Ankunftszeit geschätzt

nach **Magdeburg**

11.50 Sz	**U** Heidelberg **13.05** / **13.20 Sz**	
	U Frankfurt a.M.**15.30** / **17.00 Sz**	
	U Halle **5.40** / 7.45 Pz	9.50
20.52 Sz	**U** Heidelberg **21.59** / **22.10 Cz**	
	U Frankfurt a.M. **0.15** / 5.45 Pz	
	U Halle 20.05 / 22.45 Pz	1.15[3]

nach **Mainz**

5.15 Pz	**U** Mannheim 7.42 / #	
	U Ludwigshafen # / 12.25 Pz	14.06
11.50 Sz	**U** Mannheim **13.42** / #	
	U Ludwigshafen # / 15.10 Pz	17.15
16.20 Pz	**U** Mannheim 18.52 / #	
	U Ludwigshafen # / **22.00 Sz**	**23.39**
20.52 Sz	**U** Mannheim **22.41** / #	
	U Ludwigshafen # ↩ / 6.05 Pz	8.05
20.52 Sz	**U** Mannheim **22.41** ↩ / 4.30 ⛴	8.30

nach **Mannheim**

5.15 Pz	*über Heidelberg*	7.42
9.42 Pz	*über Heidelberg*	12.09
11.50 Sz	*über Heidelberg*	**13.42**
16.20 Pz	*über Heidelberg*	18.52
17.30 Pz	*über Heidelberg*	21.30
20.52 Sz	*über Heidelberg*	**22.41**

nach **München**

11.50 Sz	**U** Bruchsal **12.22*** / **13.48 Ez**	
	U Ulm **18.25** / **18.45 Ez**	
	U Augsburg **21.15** / **21.30 Ez**	**23.00**
16.20 Pz	**U** Bruchsal 17.03* / 17.20 Pz	
	U Stuttgart 20.15 ↩ / 7.05 Pz	
	U Ulm 10.50 / 11.15 GmP	
	U Augsburg 15.40 / 17.45 GmP	20.30

* Ankunftszeit geschätzt

nach **Münster**

11.50 Sz	**U** Heidelberg **13.05** / **13.20 Sz**	
	U Frankfurt a.M.**15.30** /**17.00 Sz**	
	U Guntershausen **21.50** / 21.55 Pz	
	U Cassel 22.15 ↩ / 5.55 Pz	
	U Hamm 11.46 / 12.10 Pz	13.00
20.52 Sz	**U** Heidelberg **21.59** / **22.10 Cz**	
	U Frankfurt a.M. **0.15** / 5.45 Pz	
	U Guntershausen 11.45 / 11.50 Pz	
	U Cassel 12.10 / 12.30 Pz	
	U Hamm 18.26 / 19.00 Pz	20.00

nach **Nürnberg**

11.50 Sz	**U** Heidelberg **13.05** / **13.20 Sz**	
	U Frankfurt a.M. **15.30** / 17.15 Pz	
	U Bamberg 1.05 / 3.15 Pz	5.15
20.52 Sz	**U** Heidelberg **21.59** / **22.10 Cz**	
	U Frankfurt a.M. **0.15** ↩ / **8.30 Ez**	
	U Bamberg **14.45** / **15.30 Ez**	**17.00**

nach **Oberhausen**

5.15 Pz	**U** Mannheim 7.42 / #	
	U Ludwigshafen # / 12.25 Pz	
	U Mainz 14.06 / 14.30 ⛴	
	U Cöln > Deutz 23.00 ↩ / **6.30 Cz**	**8.00**
11.50 Sz	**U** Mannheim **13.42** / #	
	U Ludwigshafen # / 15.10 Pz	
	U Mainz 17.15 / 20.00 ✉	
	U Coblenz 5.30 / 6.00 ⛴	
	U Cöln > Deutz 10.30 / 11.00 Pz	13.20
16.20 Pz	**U** Mannheim 18.52 / #	
	U Ludwigshafen # / **22.00 Sz**	
	U Mainz **23.39** ↩ / 6.00 ⛴	
	U Cöln > Deutz 14.45 / 16.00 Pz	18.25
20.52 Sz	**U** Heidelberg **21.59** / **22.10 Cz**	
	U Frankfurt a.M. **0.15** / 5.45 Pz	
	U Guntershausen 11.45 / 11.50 Pz	
	U Cassel 12.10 / 12.30 Pz	
	U Hamm 18.26 / **18.45 Cz**	**20.20**
20.52 Sz	**U** Mannheim **22.41** / #	
	U Ludwigshafen # ↩ / 6.05 Pz	
	U Mainz 8.05 / 9.00 ⛴	
	U Cöln > Deutz 18.15 / **20.00 Sz**	**21.50**
20.52 Sz	**U** Mannheim **22.41** ↩ / 4.30 ⛴	
	U Cöln > Deutz 18.15 / **20.00 Sz**	**21.50**

nach **Oppeln**

11.50 Sz	**U** Heidelberg **13.05** / **13.20 Sz**	
	U Frankfurt a.M. **15.30** / **17.00 Sz**	
	U Berlin **10.30** / **22.15 Sz**	**7.45***[3]

* Ankunftszeit geschätzt

nach **Osnabrück**

11.50 Sz	**U** Heidelberg **13.05** / **13.20 Sz**	
	U Frankfurt a.M.**15.30** /**17.00 Sz**	
	U Guntershausen **21.50** / 21.55 Pz	
	U Cassel 22.15 ↩ / 5.55 Pz	
	U Hamm 11.46 / 16.03 Pz	
	U Minden 19.45 / 1.00 ✉	8.00[3]
20.52 Sz	**U** Heidelberg **21.59** / **22.10 Cz**	
	U Frankfurt a.M. **0.15** / 5.45 Pz	
	U Guntershausen 11.45 / 11.50 Pz	
	U Cassel 12.10 / 12.30 Pz	
	U Hamm 18.26 / **0.00 Sz**	
	U Minden **3.05** / 9.00 ✉	16.00[3]

nach **Passau**

20.52 Sz	**U** Heidelberg **21.59** / **22.10 Cz**	
	U Frankfurt a.M. **0.15** ↩ / **8.30 Ez**	
	U Bamberg **14.45** / **15.30 Ez**	
	U Nürnberg **17.00** / 17.30 ✉	
	U Regensburg 5.30 / 11.00 ✉	22.30[3]

nach **Posen**

11.50 Sz	**U** Heidelberg **13.05** / **13.20 Sz**	
	U Frankfurt a.M. **15.30** / **17.00 Sz**	
	U Berlin **10.30** / **22.40 Sz**	
	U Kreutz **4.43** / 5.03 Pz	7.47[3]

nach **Regensburg**

11.50 Sz	**U** Heidelberg **13.05** / **13.20 Sz**	
	U Frankfurt a.M. **15.30** / 17.15 Pz	
	U Bamberg 1.05 / 3.15 Pz	
	U Nürnberg 5.15 / 6.00 ✉	18.00
20.52 Sz	**U** Heidelberg **21.59** / **22.10 Cz**	
	U Frankfurt a.M. **0.15** ↩ / **8.30 Ez**	
	U Bamberg **14.45** / **15.30 Ez**	
	U Nürnberg **17.00** / 17.30 ✉	5.30[3]

nach **Rostock**

11.50 Sz	**U** Heidelberg **13.05** / **13.20 Sz**	
	U Frankfurt a.M.**15.30** / **17.00 Sz**	
	U Halle **5.40** / 7.45 Pz	
	U Magdeburg 9.50 / 10.45 GmP	
	U Wittenberge 14.10 / 15.10 GmP	
	U Hagenow 17.00* / 17.30 Pz	22.10
20.52 Sz	**U** Heidelberg **21.59** / **22.10 Cz**	
	U Frankfurt a.M. **0.15** / 5.45 Pz	
	U Halle 20.05 / 22.45 Pz	
	U Magdeburg 1.15 / 7.45 Pz	
	U Wittenberge 10.15 / 10.55 Pz	
	U Hagenow 12.40* / 12.50 Pz	16.40[3]

* Ankunftszeit geschätzt

nach **Saarbrücken**

9.42 Pz	**U** Mannheim 12.09 / #	
	U Ludwigshafen # / **13.10 Sz**	**16.58**
20.52 Sz	**U** Mannheim **22.41** ↩ / #	
	U Ludwigshafen # / 6.10 Pz	10.36

nach **Schwerin**

11.50 Sz	**U** Heidelberg **13.05** / **13.20 Sz**	
	U Frankfurt a.M.**15.30** / **17.00 Sz**	
	U Halle **5.40** / 7.45 Pz	
	U Magdeburg 9.50 / 10.45 GmP	
	U Wittenberge 14.10 / 15.10 GmP	
	U Hagenow 17.00* / 17.30 Pz	18.15
20.52 Sz	**U** Heidelberg **21.59** / **22.10 Cz**	
	U Frankfurt a.M. **0.15** / 5.45 Pz	
	U Halle 20.05 / 22.45 Pz	
	U Magdeburg 1.15 / 7.45 Pz	
	U Wittenberge 10.15 / 10.55 Pz	
	U Hagenow 12.40* / 12.50 Pz	13.35[3]

* Ankunftszeit geschätzt

nach **Stettin**

11.50 Sz	**U** Heidelberg **13.05** / **13.20 Sz**	
	U Frankfurt a.M. **15.30** / **17.00 Sz**	
	U Berlin **10.30** / 12.15 Pz	15.52

nach **Stralsund**

11.50 Sz	**U** Heidelberg **13.05** / **13.20 Sz**	
	U Frankfurt a.M. **15.30** / **17.00 Sz**	
	U Berlin **10.30** / 17.30 Pz	
	U Passow 20.00* / 20.20 ✉	11.20[3]

* Ankunftszeit geschätzt

noch: ab **Carlsruhe**

nach **Stuttgart**

5.15 Pz	**U** Bruchsal 5.59* / 8.15 Pz	11.05
9.42 Pz	**U** Bruchsal 10.26* / 11.10 Pz	14.10
11.50 Sz	**U** Bruchsal **12.25* / 13.48 Ez**	**15.46**
16.20 Pz	**U** Bruchsal 17.03*/ 17.20 Pz	20.15

* Ankunftszeit geschätzt

nach **Trier**

9.42 Pz	**U** Mannheim 12.09 / #	
	U Ludwigshafen # / **13.10 Sz**	
	U Saarbrücken **16.58** / 17.30 ✉	4.00
11.50 Sz	**U** Mannheim **13.42** / #	
	U Ludwigshafen # / 17.30 Pz	
	U Saarbrücken 22.05 ↵ / 8.15 ✉	18.45

nach **Ulm**

5.15 Pz	**U** Bruchsal 5.59* / 8.15 Pz	15.05
11.50 Sz	**U** Bruchsal **12.25* / 13.48 Ez**	**18.25**
16.20 Pz	**U** Bruchsal 17.03* / 17.20 Pz	
	U Stuttgart 20.15 ↵ / 7.05 Pz	10.50

* Ankunftszeit geschätzt

nach **Wiesbaden**

5.15 Pz	**U** Heidelberg 7.00 / 7.15 Pz	
	U Frankfurt a.M. 10.00 / 11.15 Pz	12.45
9.42 Pz	**U** Heidelberg 11.27 / 11.45 Pz	
	U Frankfurt a.M. 14.30 / 14.45 Pz	16.15
11.50 Sz	**U** Heidelberg **13.05 / 13.20 Sz**	
	U Frankfurt a.M. **15.30** / 18.00 Pz	19.30
20.52 Sz	**U** Heidelberg **21.59 / 22.10 Cz**	
	U Frankfurt a.M. **0.15** ↵ / 5.45 Pz	7.30

nach **Würzburg**

9.42 Pz	**U** Heidelberg 11.27 / 11.45 Pz	
	U Frankfurt a.M. 14.30 / 17.15 Pz	21.40
11.50 Sz	**U** Heidelberg **13.05 / 13.20 Sz**	
	U Frankfurt a.M. **15.30** / 17.15 Pz	21.40
20.52 Sz	**U** Heidelberg **21.59 / 22.10 Cz**	
	U Frankfurt a.M. **0.15** ↵/ **8.30 Ez**	**12.00**

nach **Zwickau**

11.50 Sz	**U** Heidelberg **13.05 / 13.20 Sz**	
	U Frankfurt a.M. **15.30** / 17.15 Pz	
	U Bamberg 1.05 / 1.35 Pz	
	U Hof 6.30 / 7.00 Pz	
	U Werdau 9.40* / 9.47 Pz	10.10*
20.52 Sz	**U** Heidelberg **21.59 / 22.10 Cz**	
	U Frankfurt a.M. **0.15** ↵ / **8.30 Ez**	
	U Bamberg **14.45 / 15.05 Ez**	
	U Werdau **20.55*** / 21.17 Pz	21.40*

* Ankunftszeit geschätzt

Cassel

Von Cassel – und zwar von einem noch provisorischen Gemeinschaftsbahnhof – nehmen folgende Bahnlinien ihren Ausgang:

- die Kurfürst-Friedrich-Wilhelms-Eisenbahn einerseits nach Warburg mit Anschluß an die Westfälische Eisenbahn nach Paderborn–Soest–Hamm sowie
- dieselbe Bahn andrerseits nach Guntershausen –Bebra–Richtung Gerstungen mit Anschluß an die Thüringische Eisenbahn nach Eisenach–Erfurt–Weimar–Halle (Saale),
- die Main-Weser-Bahn nach Guntershausen–Marburg–Giessen–Frankfurt am Main, wobei zwischen Cassel und Guntershausen gemeinschaftliche Streckenbenutzung mit der Kurfürst-Friedrich-Wilhelms-Eisenbahn stattfindet.

Im Bau begriffen ist das letzte Teilstück Göttingen–Cassel der Hannöverschen Staatsbahn, mit dessen Eröffnung zusammen mit dem neuen „Hauptbahnhof“ im kommenden Jahr zu rechnen ist.

Ein Hinweis: Die durchgehenden Züge aus Richtung Thüringen nach Frankfurt a.M. und umgekehrt nehmen bereits in Guntershausen den Richtungswechsel vor, ohne Cassel zu berühren. Alle diese Züge sind aber mit Cassel durch häufige Pendelzüge (Fahrzeit: 20 Min.) verbun den.

von **Cassel**

nach **Aachen**

5.55 Pz	**U** Hamm 11.46 / **12.01 Sz**	
	U Deutz > Cöln **16.00** / 18.00 Pz	20.00
12.30 Pz	**U** Hamm 18.26 / **18.45 Cz**	
	U Deutz > Cöln **22.00 / 23.30 Sz**	**1.20**

nach **Augsburg**

4.45 Pz	**U** Guntershausen 5.05 / **5.15 Sz**	
	U Frankfurt a.M. **9.55 / 10.30 Sz**	
	U Heidelberg **12.35 / 12.55 Sz**	
	U Bruchsal **13.28* / 13.48 Ez**	
	U Ulm **18.25 / 18.45 Ez**	**21.15**
8.30 Pz	**U** Guntershausen 8.50 / 9.00 Pz	
	U Frankfurt a.M. 14.40 / 17.15 Pz	
	U Bamberg 1.05 / 3.15 Pz	11.05

* Ankunftszeit geschätzt

nach **Basel**

4.45 Pz	**U** Guntershausen 5.05 / **5.15 Sz**	
	U Frankfurt a.M. **9.55 / 10.30 Sz**	
	U Heidelberg **12.35 / 12.55 Sz**	**19.15**
16.10 Pz	**U** Guntershausen 16.30 / 16.45 Pz	
	U Frankfurt a.M. 22.30 ↵ / **5.00 Cz**	
	U Heidelberg **7.05 / 7.20 Sz**	**14.56**

nach **Berlin**

7.45 Pz	**U** Guntershausen 8.05 / 8.15 Pz	21.30
12.30 ✉	**U** Göttingen 17.45 / 18.00 Pz	
	U Hannover 21.30 / 22.30 Pz	9.30
22.15 Pz	**U** Guntershausen 22.35 / **22.45 Sz**	**10.30**

nach **Bonn**

5.55 Pz	**U** Hamm 11.46 / **12.01 Sz**	
	U Deutz > Cöln **16.00** / 17.45 Pz	18.35
12.30 Pz	**U** Hamm 18.26 / **18.45 Cz**	
	U Deutz > Cöln **22.00** ↵ / 7.00 Pz	7.50
16.10 Pz	**U** Guntershausen 16.30 / 16.45 Pz	
	U Giessen 20.28* / 21.30 ✉	
	U Coblenz 11.30 / 13.15 ⛴	16.15

* Ankunftszeit geschätzt

nach **Braunschweig**

12.30 ✉	**U** Göttingen 17.45 / 18.00 Pz	
	U Hannover 21.30 / 22.30 Pz	0.30
23.15 ✉	**U** Göttingen 4.40 / 5.15 Pz	
	U Hannover 8.45 / 10.00 Pz	12.15

nach **Bremen**

12.30 ✉	**U** Göttingen 17.45 / 18.00 Pz	
	U Hannover 21.30 / ↵ **6.45 Sz**	
	U Wunstorf **7.15*** / 7.30 Pz	10.15
23.15 ✉	**U** Göttingen 4.40 / 5.15 Pz	
	U Hannover 8.45 / 12.45 Pz	16.00

* Ankunftszeit geschätzt

nach **Breslau**

7.45 Pz	**U** Guntershausen 8.05 / 8.15 Pz	
	U Berlin 21.30 / **22.15 Sz**	**5.45**

nach **Carlsruhe**

4.45 Pz	**U** Guntershausen 5.05 / **5.15 Sz**	
	U Frankfurt a.M. **9.55 / 10.30 Sz**	
	U Heidelberg **12.35 / 12.55 Sz**	**14.10**
8.30 Pz	**U** Guntershausen 8.50 / 9.00 Pz	
	U Frankfurt a.M. 14.40 / 17.35 Pz	
	U Heidelberg 20.20 / 20.35 Pz	22.25
16.10 Pz	**U** Guntershausen 16.30 / 16.45 Pz	
	U Frankfurt a.M. 22.30 ↵ / **5.00 Cz**	
	U Heidelberg **7.05 / 7.20 Sz**	**8.27**

nach **Chemnitz**

7.45 Pz	**U** Guntershausen 8.05 / 8.15 Pz	
	U Halle 16.05 / 16.15 Pz	
	U Leipzig 17.15 / 17.30 Pz	
	U Riesa 19.25* / 20.00 Pz	22.30
11.20 Pz	**U** Guntershausen 11.40 / 12.00 Pz	
	U Halle 20.05 / 20.30 Pz	
	U Leipzig 21.15 / **22.00 Sz**	
	U Riesa **23.15*** ↵ / 5.15 Pz	8.15
22.15 Pz	**U** Guntershausen 22.35 / **22.45 Sz**	
	U Halle **5.40** / 6.15 Pz	
	U Leipzig 7.30 / 10.00 Pz	
	U Riesa 11.25* / 12.15 Pz	15.30

* Ankunftszeit geschätzt

nach **Coblenz**
4.45 Pz **U** Guntershausen 5.05 / **5.15 Sz**
U Giessen **8.14*** / 8.30 ✉ 22.30
5.55 Pz **U** Hamm 11.46 / **12.01 Sz**
U Deutz > Cöln **16.00** / 20.15 ⛴ 2.15
8.30 Pz **U** Guntershausen 8.50 / 9.00 Pz
U Frankfurt a.M. 14.40 / 18.00 ✉ 4.00
12.30 Pz **U** Hamm 18.26 / **18.45 Cz**
U Deutz > Cöln **22.00** / 23.30 ⛴ 9.00
nur So/Mo und Mi/Do
12.30 Pz **U** Hamm 18.26 / **18.45 Cz**
U Deutz > Cöln **22.00** ↩ / 6.00 ⛴ 12.15
16.10 Pz **U** Guntershausen 16.30 / 16.45 Pz
U Giessen 20.28* / 21.30 ✉ 11.30

* Ankunftszeit geschätzt

nach **Cöln***
5.55 Pz **U** Hamm 11.46 / **12.01 Sz** **16.00**
12.30 Pz **U** Hamm 18.26 / **18.45 Cz** **22.00**

* Ankunft in Deutz auf der rechten Rheinseite

nach **Constanz**
4.45 Pz **U** Guntershausen 5.05 / **5.15 Sz**
U Frankfurt a.M. **9.55** / **10.30 Sz**
U Heidelberg **12.35** / **12.55 Sz**
U Freiburg i.B. **17.36** / 18.15 ✉
U Schaffhausen 5.15 / 12.30 ✉ 17.00
16.10 Pz **U** Guntershausen 16.30 / 16.45 Pz
U Frankfurt a.M. 22.30 ↩ / **5.00 Cz**
U Heidelberg **7.05** / **7.20 Sz**
U Offenburg **10.22** / 10.45 ✉ 6.15[3]

nach **Danzig**
7.45 Pz **U** Guntershausen 8.05 / 8.15 Pz
U Berlin 21.30 / **22.40 Sz** **11.35**

nach **Darmstadt***
4.45 Pz **U** Guntershausen 5.05 / **5.15 Sz**
U Frankfurt a.M. **9.55** / **10.30 Sz** **11.08**
8.30 Pz **U** Guntershausen 8.50 / 9.00 Pz
U Frankfurt a.M. 14.40/17.35 Pz 18.20
11.35 Pz **U** Frankfurt a.M. 20.15 / 20.45 Pz 21.30
16.10 Pz **U** Guntershausen 16.30 / 16.45 Pz
U Frankfurt a.M. 22.30 ↩ / **5.00 Cz** **5.38**

* Ankunftszeiten in Darmstadt sind sämmtlich geschätzt.

nach **Dortmund***
5.55 Pz **U** Hamm 11.46 / **12.01 Sz** **12.45**
12.30 Pz **U** Hamm 18.26 / **18.45 Cz** **19.20**

* Ankunftszeiten in Dortmund sind sämmtlich geschätzt.

nach **Dresden**
7.45 Pz **U** Guntershausen 8.05 / 8.15 Pz
U Halle 16.05 / 16.15 Pz
U Leipzig 17.15 / 17.30 Pz 21.00
11.20 Pz **U** Guntershausen 11.40 / 12.00 Pz
U Halle 20.05 / 20.30 Pz
U Leipzig 21.15 / **22.00 Sz** **0.30**

Fortsetzung siehe nächste Spalte

22.15 Pz **U** Guntershausen 22.35 / **22.45 Sz**
U Halle **5.40** / 6.15 Pz
U Leipzig 7.30 / 10.00 Pz 13.15

nach **Düsseldorf**
5.55 Pz **U** Hamm 11.46 / **12.01 Sz** **14.57**
12.30 Pz **U** Hamm 18.26 / **18.45 Cz** **21.03**

nach **Elberfeld**
5.55 Pz **U** Hamm 11.46 / **12.01 Sz**
U Dortmund **12.40*** / 13.15 Pz 15.28
12.30 Pz **U** Hamm 18.26 / **18.45 Cz**
U Dortmund **19.20*** / 19.30 Pz 21.33

* Ankunftszeit geschätzt

nach **Erfurt***
7.45 Pz **U** Guntershausen 8.05 / 8.15 Pz 12.45
11.20 Pz **U** Guntershausen 11.40/12.00 Pz 16.45
22.15 Pz **U** Guntershausen 22.35 / **22.45 Sz** **2.50**

* Ankunftszeiten in Erfurt sind sämmtlich geschätzt.

nach **Essen**
5.55 Pz **U** Hamm 11.46 / **12.01 Sz** **13.38***
12.30 Pz **U** Hamm 18.26 / **18.45 Cz**
U Oberhausen** **20.20** / 21.56 Pz 22.15*

* Ankunft in Alten-Essen, Ankunftszeit geschätzt; ein Fahrplan der Post-Course von Alten-Essen nach Essen Stadt liegt nicht vor.

** Cours über Oberhausen nur mit Umwegkarte zu benutzen.

nach **Frankfurt a.M.**
4.45 Pz **U** Guntershausen 5.05 / **5.15 Sz** **9.55**
8.30 Pz **U** Guntershausen 8.50 / 9.00 Pz 14.40
11.35 Pz 20.15
16.10 Pz **U** Guntershausen 16.30/ 16.45 Pz 22.30

nach **Freiburg i.B.**
4.45 Pz **U** Guntershausen 5.05 / **5.15 Sz**
U Frankfurt a.M. **9.55** / **10.30 Sz**
U Heidelberg **12.35** / **12.55 Sz** **17.36**
16.10 Pz **U** Guntershausen 16.30 / 16.45 Pz
U Frankfurt a.M. 22.30 ↩ / **5.00 Cz**
U Heidelberg **7.05** / **7.20 Sz** **12.35**

nach **Gera**
7.45 Pz **U** Guntershausen 8.05 / 8.15 Pz
U Weimar 13.30* / 16.00 ✉ 24.00
11.20 Pz **U** Guntershausen 11.40/12.00 Pz
U Weissenfels 19.10* / 0.45 ✉ 7.30

* Ankunftszeit geschätzt

nach **Görlitz**
11.20 Pz **U** Guntershausen 11.40 / 12.00 Pz
U Halle 20.05 / 20.30 Pz
U Leipzig 21.15 / **22.00 Sz**
U Dresden **0.30** ↩ / 5.30 Pz 9.00
22.15 Pz **U** Guntershausen 22.35 / **22.45 Sz**
U Halle **5.40** / 6.15 Pz
U Leipzig 7.30 / 10.00 Pz
U Dresden 13.15 / 14.30 Pz 18.15

nach **Hagen**
5.55 Pz **U** Hamm 11.46 / **12.01 Sz**
U Dortmund **12.40*** / 13.15 Pz 14.22*
12.30 Pz **U** Hamm 18.26 / **18.45 Cz**
U Dortmund **19.20*** / 19.30 Pz 20.28*

* Ankunftszeit geschätzt

nach **Halle**
7.45 Pz **U** Guntershausen 8.05 / 8.15 Pz 16.05
11.20 Pz **U** Guntershausen 11.40/12.00 Pz 20.05
22.15 Pz **U** Guntershausen 22.35 / **22.45 Sz** **5.40**

nach **Hamburg**
12.30 ✉ **U** Göttingen 17.45 / 18.00 Pz
U Hannover 21.30 ↩ / **5.30 Sz**
U Lehrte **6.00*** / 6.05 Pz
U Harburg 10.05 / 10.30 ⛴ 11.45
23.15 ✉ **U** Göttingen 4.40 / 5.15 Pz
U Hannover 8.45 / 10.00 GmP
U Lehrte 10.30* / 11.00 Pz 16.10**

* Ankunftszeit geschätzt

** an Harburg ohne unmittelbaren Schiffsanschluß nach Hamburg

nach **Hamm**
5.55 Pz *über Warburg–Paderborn* 11.46
12.30 Pz *über Warburg–Paderborn* 18.26

nach **Hannover**
12.30 ✉ **U** Göttingen 17.45 / 18.00 Pz 21.30
23.15 ✉ **U** Göttingen 4.40 / 5.15 Pz 8.45

nach **Heidelberg**
4.45 Pz **U** Guntershausen 5.05 / **5.15 Sz**
U Frankfurt a.M. **9.55** / **10.30 Sz** **12.35**
8.30 Pz **U** Guntershausen 8.50 / 9.00 Pz
U Frankfurt a.M. 14.40 / 17.35 Pz 20.20
16.10 Pz **U** Frankfurt a.M. 22.30 ↩ /**5.00 Cz** **7.05**

nach **Kiel**
12.30 ✉ **U** Göttingen 17.45 / 18.00 Pz
U Hannover 21.30 ↩ / **5.30 Sz**
U Lehrte **6.00*** / 6.05 Pz
U Harburg 10.05 / 10.30 ⛴
U Hamburg > Altona 11.45 / 13.00 GmP 16.30
23.15 ✉ **U** Göttingen 4.40 / 5.15 Pz
U Hannover 8.45 / **14.00 Cz**
U Lehrte **14.25*** / 14.35 Pz
U Harburg 18.20 / 19.00 ⛴
U Hamburg > Altona 20.15 ↩ / 8.10 Pz 11.00[3]

* Ankunftszeit geschätzt

nach **Königsberg i.Pr.**
7.45 Pz **U** Guntershausen 8.05 / 8.15 Pz
U Berlin 21.30 / **22.40 Sz**
U Dirschau **10.45** / 11.37 ✉
U Marienburg 16.07 / **16.37 Sz** **21.02**

nach **Leipzig**

7.45 Pz **U** Guntershausen 8.05 / 8.15 Pz
U Halle 16.05 / 16.15 Pz 17.15
11.20 Pz **U** Guntershausen 11.40 / 12.00 Pz
U Halle 20.05 / 20.30 Pz 21.15
22.15 Pz **U** Guntershausen 22.35 / **22.45 Sz**
U Halle **5.40** / 6.15 Pz 7.30

nach **Lindau**

4.45 Pz **U** Guntershausen 5.05 / **5.15 Sz**
U Frankfurt a.M. **9.55** / **10.30 Sz**
U Heidelberg **12.35** / **12.55 Sz**
U Bruchsal **13.28*** / **13.48 Ez**
U Ulm **18.25** / **18.45 Ez**
U Augsburg **21.15** / 21.30 GmP 6.30
8.30 Pz **U** Guntershausen 8.50 / 9.00 Pz
U Frankfurt a.M. 14.40 / 17.15 Pz
U Bamberg 1.05 / 3.15 Pz
U Augsburg 11.05 / 12.50 GmP 22.35

nach **Ludwigshafen**

> Mannheim

nach **Lübeck**

11.20 Pz **U** Guntershausen 11.40 / 12.00 Pz
U Halle 20.05 / 22.45 Pz
U Magdeburg 1.15 / 7.45 Pz
U Wittenberge 10.15 / 10.55 Pz
U Büchen 13.55* / 14.00 Pz 15.11
22.15 Pz **U** Guntershausen 22.35 / **22.45 Sz**
U Halle **5.40** / 7.45 Pz
U Magdeburg 9.50 / 10.45 GmP
U Wittenberge 14.10 / 15.10 GmP
U Büchen 18.35* / 19.00 20.11

nach **Magdeburg**

7.45 Pz **U** Guntershausen 8.05 / 8.15 Pz
U Halle 16.05 / 18.15 Pz 21.00
11.20 Pz **U** Guntershausen 11.40 / 12.00 Pz
U Halle 20.05 / 22.45 Pz 1.15
22.15 Pz **U** Guntershausen 22.35 / **22.45 Sz**
U Halle **5.40** / 7.45 Pz 9.50

nach **Mainz**

4.45 Pz **U** Guntershausen 5.05 / **5.15 Sz**
U Frankfurt a.M. **9.55** / **10.15 Sz**
U Castel **11.00** / # ✉ k.A.
16.10 Pz **U** Guntershausen 16.30 / 16.45 Pz
U Frankfurt a.M. 22.30 ↪ /
U Frankfurt a.M. 22.30 ↪ / 5.45 Pz
U Castel 7.05* / # k.A.

* Ankunftszeit geschätzt

nach **Mannheim**

4.45 Pz **U** Guntershausen 5.05 / **5.15 Sz**
U Frankfurt a.M. **9.55** / **10.30 Sz** **12.38**

Fortsetzung siehe nächste Spalte

8.30 Pz **U** Guntershausen 8.50 / 9.00 Pz
U Frankfurt a.M. 14.40 / 17.35 Pz 20.23
16.10 Pz **U** Frankf. a.M. 22.30 ↪ /**5.00 Cz** **7.06**

nach **München**

4.45 Pz **U** Guntershausen 5.05 / **5.15 Sz**
U Frankfurt a.M. **9.55** / **10.30 Sz**
U Heidelberg **12.35** / **12.55 Sz**
U Bruchsal **13.28*** / **13.48 Ez**
U Ulm **18.25** / **18.45 Ez**
U Augsburg **21.15** / **21.30 Ez** **23.00**
8.30 Pz **U** Guntershausen 8.50 / 9.00 Pz
U Frankfurt a.M. 14.40 / 17.15 Pz
U Bamberg 1.05 / 3.15 Pz 13.15

nach **Münster**

5.55 Pz **U** Hamm 11.46 / 12.10 Pz 13.00
12.30 Pz **U** Hamm 18.26 / 19.00 Pz 20.00

nach **Nürnberg**

8.30 Pz **U** Guntershausen 8.50 / 9.00 Pz
U Frankfurt a.M. 14.40 / 17.15 Pz
U Bamberg 1.05 / 3.15 Pz 5.15
16.10 Pz **U** Guntershausen 16.30 / 16.45 Pz
U Frankfurt a.M. 22.30 ↪ / **8.30 Ez**
U Bamberg **14.45** / **15.30 Ez** **17.00**

nach **Oberhausen**

5.55 Pz **U** Hamm 11.46 / **12.01 Sz** **14.00**
12.30 Pz **U** Hamm 18.26 / **18.45 Cz** **20.20**

nach **Oppeln**

7.45 Pz **U** Guntershausen 8.05 / 8.15 Pz
U Berlin 21.30 / **22.15 Sz** **7.45***

* Ankunftszeit geschätzt

nach **Osnabrück**

5.55 Pz **U** Hamm 11.46 / 16.03 Pz
U Minden 19.45 / 1.00 ✉ 8.00
12.30 Pz **U** Hamm 18.26 / **0.00 Sz**
U Minden **3.05** / 9.00 ✉ 16.00

nach **Passau**

16.10 Pz **U** Guntershausen 16.30 / 16.45 Pz
U Frankfurt a.M. 22.30 ↪ / **8.30 Ez**
U Bamberg **14.45** / **15.30 Ez**
U Nürnberg **17.00** / 17.30 ✉
U Regensburg 5.30 / 11.00 ✉ 22.30[3]

nach **Posen**

7.45 Pz **U** Guntershausen 8.05 / 8.15 Pz
U Berlin 21.30 / **22.40 Sz**
U Kreutz **4.43** / 5.03 Pz 7.47

nach **Regensburg**

8.30 Pz **U** Guntershausen 8.50 / 9.00 Pz
U Frankfurt a.M. 14.40 / 17.15 Pz
U Bamberg 1.05 / 3.15 Pz
U Nürnberg 5.15 / 6.00 ✉ 18.00

Fortsetzung siehe nächste Spalte

16.10 Pz **U** Guntershausen 16.30 / 16.45 Pz
U Frankfurt a.M. 22.30 ↪ / **8.30 Ez**
U Bamberg **14.45** / **15.30 Ez**
U Nürnberg **17.00** / 17.30 ✉ 5.30[3]

nach **Rostock**

11.20 Pz **U** Guntershausen 11.40 / 12.00 Pz
U Halle 20.05 / 22.45 Pz
U Magdeburg 1.15 / 7.45 Pz
U Wittenberge 10.15 / 10.55 Pz
U Hagenow 12.40* / 12.50 Pz 16.40
22.15 Pz **U** Guntershausen 22.35 / **22.45 Sz**
U Halle **5.40** / 7.45 Pz
U Magdeburg 9.50 / 10.45 GmP
U Wittenberge 14.10 / 15.10 GmP
U Hagenow 17.05* / 17.30 Pz 20.10

* Ankunftszeit geschätzt

nach **Saarbrücken**

4.45 Pz **U** Guntershausen 5.05 / **5.15 Sz**
U Frankfurt a.M. **9.55** / **10.30 Sz**
U Mannheim **12.38** / #
U Ludwigshafen 17.30 Pz 22.05
8.30 Pz **U** Guntershausen 8.50 / 9.00 Pz
U Frankfurt a.M. 14.40 / 17.35 Pz
U Mannheim 20.23 / #
U Ludwigshafen # / 6.10 Pz 10.36
16.10 Pz **U** Guntershausen 16.30/16.45 Pz
U Frankf. a.M. 22.30 ↪ /**5.00 Cz**
U Mannheim **7.06** / #
U Ludwigshafen # / **13.10 Sz** **16.58**

nach **Schwerin**

11.20 Pz **U** Guntershausen 11.40 / 12.00 Pz
U Halle 20.05 / 22.45 Pz
U Magdeburg 1.15 / 7.45 Pz
U Wittenberge 10.15 / 10.55 Pz
U Hagenow 12.40* / 12.50 Pz 13.35
22.15 Pz **U** Guntershausen 22.35 / **22.45 Sz**
U Halle **5.40** / 7.45 Pz
U Magdeburg 9.50 / 10.45 GmP
U Wittenberge 14.10 / 15.10 GmP
U Hagenow 17.05* / 17.30 Pz 18.15

* Ankunftszeit geschätzt

nach **Stettin**

7.45 Pz **U** Guntershausen 8.05 / 8.15 Pz
U Berlin 21.30 / **22.40 Sz** **1.47**
22.15 Pz **U** Guntershausen 22.35 / **22.45 Sz**
U Berlin **10.30** / 12.15 Pz 15.52

nach **Stralsund**

7.45 Pz **U** Guntershausen 8.05 / 8.15 Pz
U Berlin 21.30 / **22.40 Sz**
U Passow 0.50* / 1.15 ✉ 18.00
22.15 Pz **U** Guntershausen 22.35 / **22.45 Sz**
U Berlin **10.30** / 17.30 Pz
U Passow 20.00* / 20.20 ✉ 11.20[3]

* Ankunftszeit geschätzt

noch: ab **Cassel**

nach **Stuttgart**

4.45 Pz	**U** Guntershausen 5.05 / **5.15 Sz**	
	U Frankfurt a.M. **9.55** / **10.30 Sz**	
	U Heidelberg **12.35** / **12.55 Sz**	
	U Bruchsal **13.28*** / **13.48 Ez**	**15.46**
16.10 Pz	**U** Guntershausen 16.30 / 16.45 Pz	
	U Frankf. a.M. 22.30 ↩ / **5.00 Cz**	
	U Heidelberg **7.05** / **7.20 Sz**	
	U Bruchsal **7.59*** / 8.15 Pz	11.05

* Ankunftszeit geschätzt

nach **Trier**

4.45 Pz	**U** Guntershausen 5.05 / **5.15 Sz**	
	U Giessen **8.14*** / 8.30 ✉	
	U Coblenz 22.30 ↩ / 6.45 ✉	21.00
5.55 Pz	**U** Hamm 11.46 / **12.01 Sz**	
	U Deutz > Cöln **16.00** / 19.00 ✉	17.30
5.55 Pz	**U** Hamm 11.46 / **12.01 Sz**	
	U Deutz > Cöln **16.00** / 22.00 ⛴	
	U Coblenz 5.45 / 6.45 ✉	21.00
8.30 Pz	**U** Guntershausen 8.50 / 9.00 Pz	
	U Frankfurt a.M. 14.40 / 18.00 ✉	
	U Coblenz 4.00 / 6.45 ✉	21.00
12.30 Pz	**U** Hamm 18.26 / **18.45 Cz**	
	U Deutz > Cöln **22.00** ↩/ 5.00 ✉	2.15[3]
12.30 Pz	**U** Hamm 18.26 / **18.45 Cz**	
	U Deutz > Cöln **22.00** ↩/ 6.00 ⛴	
	U Coblenz 12.15 / 15.30 ✉	6.30[3]
16.10 Pz	**U** Guntershausen 16.30 / 16.45 Pz	
	U Giessen 20.28* / 21.30 ✉	
	U Coblenz 11.30 / 15.30 ✉	6.30[3]

* Ankunftszeit geschätzt

nach **Ulm**

4.45 Pz	**U** Guntershausen 5.05 / **5.15 Sz**	
	U Frankfurt a.M. **9.55** / **10.30 Sz**	
	U Heidelberg **12.35** / **12.55 Sz**	
	U Bruchsal **13.28*** / **13.48 Ez**	**18.25**
16.10 Pz	**U** Guntershausen 16.30 / 16.45 Pz	
	U Frankfurt a.M. 22.30 ↩/ **5.00 Cz**	
	U Heidelberg **7.05** / **7.20 Sz**	
	U Bruchsal **7.59*** / 8.15 Pz	15.05

* Ankunftszeit geschätzt

nach **Wiesbaden**

4.45 Pz	**U** Guntershausen 5.05 / **5.15 Sz**	
	U Frankfurt a.M. **9.55** / 11.15 Pz	12.45
8.30 Pz	**U** Guntershausen 8.50 / 9.00 Pz	
	U Frankfurt a.M. 14.40 / 18.00 Pz	19.30
11.35 Pz	**U** Frankfurt a.M. 20.15 / 20.35 Pz	22.05
16.10 Pz	**U** Guntershausen 16.30 / 16.45 Pz	
	U Frankfurt a.M. 22.30 ↩ / 5.45 Pz	7.30

nach **Würzburg**

8.30 Pz	**U** Guntershausen 8.50 / 9.00 Pz	
	U Frankfurt a.M. 14.40 / 17.15 Pz	21.40
11.35 Pz	**U** Frankft a.M. 20.15 / 20.55 GmP	9.50

Fortsetzung siehe nächste Spalte

16.10 Pz	**U** Guntershausen 16.30 / 16.45 Pz	
	U Frankfurt a.M. 22.30 ↩/ **8.30 Ez**	**12.00**

nach **Zwickau**

7.45 Pz	**U** Guntershausen 8.05 / 8.15 Pz	
	U Halle 16.05 / 16.15 Pz	
	U Leipzig 17.15 / 18.30 Pz	
	U Werdau 20.50* / 21.17 Pz	21.40*
11.20 Pz	**U** Guntershausen 11.40 / 12.00 Pz	
	U Halle 20.05 / 20.30 Pz	
	U Leipzig 21.15 ↩ / 6.00 Pz	
	U Werdau 8.40* / 9.15 Pz	9.40*
11.20 Pz	**U** Guntershausen 11.40 / 12.00 Pz	
	U Halle 20.05 / 20.30 Pz	
	U Leipzig 21.15 ↩ / **7.15 Ez**	
	U Werdau **9.10*** / 9.15 Pz	9.40*
22.15 Pz	**U** Guntershausen 22.35 / **22.45 Sz**	
	U Halle **5.40** / 6.15 Pz	
	U Leipzig 7.30 / 14.30 Pz	
	U Werdau 16.50* / 17.47 Pz	18.10*

Chemnitz

Chemnitz ist Ausgangspunkt einer Stichstrecke der Niedererzgebirgischen Bahn (Sächsische Staatsbahn) bis Riesa, woselbst sie auf die Leipzig-Dresdener Eisenbahn trifft sowie im benachbarten Röderau auf die Berlin-Anhaltische Eisenbahn Richtung Berlin.

von Chemnitz

nach **Aachen**

5.00 Pz	**U** Riesa 7.00 / 7.45 Pz	
	U Leipzig 10.00 / 12.00 Pz	
	U Magdeburg 15.30 / 16.15 Pz	
	U Oberhausen 6.42 / 7.00 Pz	11.20
16.30 Pz	**U** Riesa 18.30 / 19.15 Pz	
	U Leipzig 21.15 / 22.00 Pz	
	U Magdeburg 1.15 / **1.50 Sz**	
	U Deutz > Cöln **16.00** / 18.00 Pz	20.00
18.45 Pz	**U** Riesa 21.30 ↩ / **4.55 Sz**	
	U Leipzig **6.30** / 7.00 Pz	
	U Magdeburg 9.50 / **10.40 Cz**	
	U Deutz > Cöln **22.00** / **23.30 Sz**	**1.20**[3]
20.00 ✉	**U** Leipzig 5.00 / 7.00 Pz	
	U Magdeburg 9.50 / **10.40 Cz**	
	U Deutz > Cöln **22.00** / **23.30 Sz**	**1.20**[3]

nach **Augsburg**

9.00 Pz	**U** Riesa 11.15 / 11.45 Pz	
	U Leipzig 13.30 / 14.30 Pz	
	U Hof 20.00 / 20.30 Pz	11.05

Fortsetzung siehe nächste Spalte

23.30 ✉	**U** Zwickau 4.30 / 8.20 Pz	
	U Werdau 8.43* / **9.13 Ez**	**21.20**

* Ankunftszeit geschätzt

nach **Basel***

16.30 Pz	**U** Riesa 18.30 / 19.15 Pz	
	U Leipzig 21.15 / 22.00 Pz	
	U Halle 22.40** / **23.00 Sz**	
	U Frankfurt a.M. **9.55 / 10.30 Sz**	
	U Heidelberg **12.35 / 12.55 Sz**	**19.15**
18.45 Pz	**U** Riesa 21.30 ↩ / **4.55 Sz**	
	U Leipzig **6.30** / 7.00 Pz	
	U Halle 7.40** / 8.15 Pz	
	U Frankfurt a.M. 22.30 ↩/ **5.00 Cz**	
	U Heidelberg **7.05 / 7.20 Sz**	**14.56**
20.00 ✉	**U** Leipzig 5.00 / 7.00 Pz	
	U Halle 7.40** / 8.15 Pz	
	U Frankfurt a.M. 22.30 ↩/ **5.00 Cz**	
	U Heidelberg **7.05 / 7.20 Sz**	**14.56**

* Ankunft Basel Badischer Bf ** Ankunftszeit geschätzt

nach **Berlin**

5.00 Pz	**U** Riesa 7.00 / 7.15 Pz	
	U Röderau 7.20* / 7.45 Pz	11.45
9.00 Pz	**U** Riesa 11.15 / 11.45 Pz	
	U Leipzig 13.30 / 15.15 Pz	21.30
12.00 Pz	**U** Riesa 15.00 / 16.10 Pz	
	U Röderau 16.15* / 16.45 Pz	20.45
16.30 Pz	**U** Riesa 18.30 / 19.15 Pz	
	U Leipzig 21.15 ↩ / **5.00 Sz**	**10.30**

nach **Bonn**

5.00 Pz	**U** Riesa 7.00 / 7.45 Pz	
	U Leipzig 10.00 / 12.00 Pz	
	U Magdeburg 15.30 / 16.15 Pz	
	U Deutz > Cöln 9.15 / 10.00 Pz	10.50
16.30 Pz	**U** Riesa 18.30 / 19.15 Pz	
	U Leipzig 21.15 / 22.00 Pz	
	U Magdeburg 1.15 / **1.50 Sz**	
	U Deutz > Cöln **16.00** / 17.45 Pz	18.35
18.45 Pz	**U** Riesa 21.30 ↩ / **4.55 Sz**	
	U Leipzig **6.30** / 7.00 Pz	
	U Magdeburg 9.50 / **10.40 Cz**	
	U Deutz > Cöln **22.00** ↩ / 7.00 Pz	7.50
20.00 ✉	**U** Leipzig 5.00 / 7.00 Pz	
	U Magdeburg 9.50 / **10.40 Cz**	
	U Deutz > Cöln **22.00** ↩ / 7.00 Pz	7.50

nach **Braunschweig**

5.00 Pz	**U** Riesa 7.00 / 7.45 Pz	
	U Leipzig 10.00 / 12.00 Pz	
	U Magdeburg 15.30 / 16.15 Pz	19.15
16.30 Pz	**U** Riesa 18.30 / 19.15 Pz	
	U Leipzig 21.15 / 22.00 Pz	
	U Magdeburg 1.15 / **1.50 Sz**	**4.30**
18.45 Pz	**U** Riesa 21.30 ↩ / **4.55 Sz**	
	U Leipzig **6.30** / 7.00 Pz	
	U Magdeburg 9.50 / **10.40 Cz**	**12.50**
20.00 ✉	**U** Leipzig 5.00 / 7.00 Pz	
	U Magdeburg 9.50 / **10.40 Cz**	**12.50**

nach **Bremen**

16.30 Pz **U** Riesa 18.30 / 19.15 Pz
U Leipzig 21.15 / 22.00 Pz
U Magdeburg 1.15 / **1.50 Sz**
U Wunstorf **7.15*** / 7.30 Pz — 10.15

18.45 Pz **U** Riesa 21.30 ↩ / **4.55 Sz**
U Leipzig **6.30** / 7.00 Pz
U Magdeburg 9.50 / **10.40 Cz**
U Hannover **14.20** / 16.00 Pz
U Wunstorf 16.30* / 16.40 Pz — 19.25

20.00 ⊠ **U** Leipzig 5.00 / 7.00 Pz
U Magdeburg 9.50 / **10.40 Cz**
U Hannover **14.20** / 16.00 Pz
U Wunstorf 16.30* / 16.40 Pz — 19.25

* Ankunftszeit geschätzt

nach **Breslau**

5.00 Pz **U** Riesa 7.00 / 7.45 Pz
U Dresden 9.15 / 9.45 Pz
U Görlitz 12.50 / 13.30 Pz
U Kohlfurt 14.10 / 14.15 Pz — 18.30

12.00 Pz **U** Riesa 15.00 / 16.10 Pz
U Dresden 17.30 / 18.15 Pz
U Görlitz 21.40 / 23.00 Pz
U Kohlfurt 23.45 / **2.45 Sz** — **5.45**

nach **Carlsruhe**

16.30 Pz **U** Riesa 18.30 / 19.15 Pz
U Leipzig 21.15 / 22.00 Pz
U Halle 22.40* / **23.00 Sz**
U Frankfurt a.M. **9.55** / **10.30 Sz**
U Heidelberg **12.35** / **12.55 Sz** — **14.10**

18.45 Pz **U** Riesa 21.30 ↩ / **4.55 Sz**
U Leipzig **6.30** / 7.00 Pz
U Halle 7.40* / 8.15 Pz
U Frankf.a.M.22.30 ↩ / **5.00 Cz**
U Heidelberg **7.05** / **7.20 Sz** — **8.27**[3]

20.00 ⊠ **U** Leipzig 5.00/ 7.00 Pz
U Halle 7.40* / 8.15 Pz
U Frankf.a.M.22.30 ↩ / **5.00 Cz**
U Heidelberg **7.05** / **7.20 Sz** — **8.27**[3]

* Ankunftszeit geschätzt

nach **Cassel**

5.00 Pz **U** Riesa 7.00 / 7.45 Pz
U Leipzig 10.00 / 12.00 Pz
U Halle 12.40* / 13.40 Pz — 22.00

16.30 Pz **U** Riesa 18.30 / 19.15 Pz
U Leipzig 21.15 / 22.00 Pz
U Halle 22.40* / **23.00 Sz**
U Guntershausen 5.05 / 5.10 Pz — 5.30

18.45 Pz **U** Riesa 21.30 ↩ / **4.55 Sz**
U Leipzig **6.30** / 7.00 Pz
U Halle 7.40* / 8.15 Pz
U Guntershausen 16.30/16.40 Pz — 17.00

20.00 ⊠ **U** Leipzig 5.00/ 7.00 Pz
U Halle 7.40* / 8.15 Pz
U Guntershausen 16.30/16.40 Pz — 17.00

* Ankunftszeit geschätzt

nach **Coblenz**

5.00 Pz **U** Riesa 7.00 / 7.45 Pz
U Leipzig 10.00 / 12.00 Pz
U Magdeburg 15.30 / 16.15 Pz
U Deutz > Cöln 9.15 / 10.00 ⛴ — 17.00

16.30 Pz **U** Riesa 18.30 / 19.15 Pz
U Leipzig 21.15 / 22.00 Pz
U Magdeburg 1.15 / **1.50 Sz**
U Deutz > Cöln **16.00** / 20.15 ⛴ — 2.45[3]

18.45 Pz **U** Riesa 21.30 ↩ / **4.55 Sz**
U Leipzig **6.30** / 7.00 Pz
U Magdeburg 9.50 / **10.40 Cz**
U Deutz > Cöln **22.00** / 23.30 ⛴ — 9.00[3]
ab Cöln nur Mo und Do

18.45 Pz **U** Riesa 21.30 ↩ / **4.55 Sz**
U Leipzig **6.30** / 7.00 Pz
U Magdeburg 9.50 / **10.40 Cz**
U Deutz > Cöln **22.00** ↩ /
6.00 ⛴ — 12.15[3]

20.00 ⊠ **U** Leipzig 5.00 / 7.00 Pz
U Magdeburg 9.50 / **10.40 Cz**
U Deutz > Cöln **22.00** / 23.30 ⛴ — 9.00[3]
ab Cöln nur Mo und Do

20.00 ⊠ **U** Leipzig 5.00 / 7.00 Pz
U Magdeburg 9.50 / **10.40 Cz**
U Deutz > Cöln **22.00** ↩ /
6.00 ⛴ — 12.15[3]

nach **Cöln***

5.00 Pz **U** Riesa 7.00 / 7.45 Pz
U Leipzig 10.00 / 12.00 Pz
U Magdeburg 15.30 / 16.15 Pz — 9.15

16.30 Pz **U** Riesa 18.30 / 19.15 Pz
U Leipzig 21.15 / 22.00 Pz
U Magdeburg 1.15 / **1.50 Sz** — **16.00**

18.45 Pz **U** Riesa 21.30 ↩ / **4.55 Sz**
U Leipzig **6.30** / 7.00 Pz
U Magdeburg 9.50 / **10.40 Cz** — **22.00**

20.00 ⊠ **U** Leipzig 5.00 / 7.00 Pz
U Magdeburg 9.50 / **10.40 Cz** — **22.00**

* Ankunft in Deutz auf der rechten Rheinseite

nach **Constanz**

9.00 Pz **U** Riesa 11.15 / 11.45 Pz
U Leipzig 13.30 / 14.30 Pz
U Hof 20.00 / 20.30 Pz
U Augsburg 11.05 / 12.50 GmP
U Lindau 22.35 ↩ / 6.00 ⛴
U Friedrichhafen # / 9.15 ⛴ — k.A.[3]

16.30 Pz **U** Riesa 18.30 / 19.15 Pz
U Leipzig 21.15 / 22.00 Pz
U Halle 22.40* / **23.00 Sz**
U Frankfurt a.M. **9.55** / **10.30 Sz**
U Heidelberg **12.35** / **12.55 Sz**
U Freiburg i.B. **17.36** / 18.15 ⊠
U Schaffhausen 5.15 / 12.30 ⊠ — 17.00[3]

Fortsetzung siehe nächste Spalte

23.30 ⊠ **U** Zwickau 4.30 / 8.20 Pz
U Werdau 8.43* / **9.13 Ez**
U Augsburg **21.20** ↩ / **9.00 Ez**
U Ulm 11.30 / 11.45 Pz
U Friedrichshafen 15.20 / 16.30 ⛴ — k.A.[3]

* Ankunftszeit geschätzt

nach **Danzig**

12.00 Pz **U** Riesa 15.00 / 16.10 Pz
U Röderau 16.15* / 16.45 Pz
U Berlin 20.45 / **22.40 Sz** — **11.35**

* Ankunftszeit geschätzt

nach **Darmstadt**

16.30 Pz **U** Riesa 18.30 / 19.15 Pz
U Leipzig 21.15 / 22.00 Pz
U Halle 22.40* / **23.00 Sz**
U Frankfurt a.M. **9.55** / **10.30 Sz** — **11.08***

18.45 Pz **U** Riesa 21.30 ↩ / **4.55 Sz**
U Leipzig **6.30** / 7.00 Pz
U Halle 7.40* / 8.15 Pz
U Frankft. a.M. 22.30 ↩/ **5.00 Cz** — **5.38***[3]

18.45 Pz **U** Riesa 21.30 ↩ / **4.55 Sz**
U Leipzig **6.30** / **7.15 Ez**
U Bamberg **15.05** / **15.45 Ez**
U Frankft a.M. **22.00** ↩/ **5.00 Cz** — **5.38***[3]

20.00 ⊠ **U** Leipzig 5.00 / 7.00 Pz
U Halle 7.40* / 8.15 Pz
U Frankft. a.M. 22.30 ↩/ **5.00 Cz** — **5.38***[3]

20.00 ⊠ **U** Leipzig 5.00 / 7.00 Pz
U Leipzig **6.30** / **7.15 Ez**
U Bamberg **15.05** / **15.45 Ez**
U Frankft a.M. **22.00** ↩/ **5.00 Cz** — **5.38***[3]

* Ankunftszeit geschätzt

nach **Dortmund***

5.00 Pz **U** Riesa 7.00 / 7.45 Pz
U Leipzig 10.00 / 12.00 Pz
U Magdeburg 15.30 / 16.15 Pz — 5.08

16.30 Pz **U** Riesa 18.30 / 19.15 Pz
U Leipzig 21.15 / 22.00 Pz
U Magdeburg 1.15 / **1.50 Sz** — **12.40**

18.45 Pz **U** Riesa 21.30 ↩ / **4.55 Sz**
U Leipzig **6.30** / 7.00 Pz
U Magdeburg 9.50 / **10.40 Cz** — **19.20**

20.00 ⊠ **U** Leipzig 5.00 / 7.00 Pz
U Magdeburg 9.50 / **10.40 Cz** — **19.20**

* Ankunftszeiten in Dortmund sind sämmtlich geschätzt.

nach **Dresden**

5.00 Pz **U** Riesa 7.00 / 7.45 Pz — 9.15
9.00 Pz **U** Riesa 11.15 / 11.45 Pz — 13.15
12.00 Pz **U** Riesa 15.00 / 16.10 Pz — 17.30
12.00 ⊠ — 21.00
16.30 Pz **U** Riesa 18.30 / 19.30 Pz — 21.00
18.45 Pz **U** Riesa 21.30 / **23.20 Sz** — **0.30**
20.00 ⊠ — 5.00

nach **Düsseldorf**

5.00 Pz **U** Riesa 7.00 / 7.45 Pz
U Leipzig 10.00 / 12.00 Pz
U Magdeburg 15.30 / 16.15 Pz 7.55

16.30 Pz **U** Riesa 18.30 / 19.15 Pz
U Leipzig 21.15 / 22.00 Pz
U Magdeburg 1.15 / **1.50 Sz** **14.57**

18.45 Pz **U** Riesa 21.30 ⤷ / **4.55 Sz**
U Leipzig **6.30** / 7.00 Pz
U Magdeburg 9.50 / **10.40 Cz** **21.03**

20.00 ⊠ **U** Leipzig 5.00 / 7.00 Pz
U Magdeburg 9.50 / **10.40 Cz** **21.03**

nach **Elberfeld**

5.00 Pz **U** Riesa 7.00 / 7.45 Pz
U Leipzig 10.00 / 12.00 Pz
U Magdeburg 15.30 / 16.15 Pz
U Dortmund 5.08* / 7.15 Pz 9.30

16.30 Pz **U** Riesa 18.30 / 19.15 Pz
U Leipzig 21.15 / 22.00 Pz
U Magdeburg 1.15 / **1.50 Sz**
U Dortmund **12.40*** / 13.15 Pz 15.28

20.00 ⊠ **U** Leipzig 5.00 / 7.00 Pz
U Magdeburg 9.50 / **10.40 Cz**
U Dortmund **19.20*** / 19.30 Pz 21.33

* Ankunftszeit geschätzt

nach **Erfurt**

5.00 Pz **U** Riesa 7.00 / 7.45 Pz
U Leipzig 11.00 / 12.00 Pz
U Halle 12.40 / 13.40 Pz 16.50*

9.00 Pz **U** Riesa 11.15 / 11.45 Pz
U Leipzig 13.30 / 17.30 Pz
U Halle 18.15 / 18.40 Pz 22.55

16.30 Pz **U** Riesa 18.30 / 19.15 Pz
U Leipzig 21.15 / 22.00 Pz
U Halle 22.45 / / **23.00 Sz** **1.20***

18.45 Pz **U** Riesa 21.30 ⤷ / **4.55 Sz**
U Leipzig **6.30** / 7.00 Pz
U Halle 7.40 / 8.15 Pz 11.10*

20.00 ⊠ **U** Leipzig 5.00 / 7.00 Pz
U Halle 7.40 / 8.15 Pz 11.10

* Ankunftszeit geschätzt

nach **Essen**

5.00 Pz **U** Riesa 7.00 / 7.45 Pz
U Leipzig 10.00 / 12.00 Pz
U Magdeburg 15.30 / 16.15 Pz 6.18*

16.30 Pz **U** Riesa 18.30 / 19.15 Pz
U Leipzig 21.15 / 22.00 Pz
U Magdeburg 1.15 / **1.50 Sz** **13.38***

18.45 Pz **U** Riesa 21.30 ⤷ / **4.55 Sz**
U Leipzig **6.30** / 7.00 Pz
U Magdeburg 9.50 / **10.40 Cz**
U Oberhausen** **20.20** / 21.56 Pz 22.15*

Fortsetzung siehe nächste Spalte

20.00 ⊠ **U** Leipzig 5.00 / 7.00 Pz
U Magdeburg 9.50 / **10.40 Cz**
U Oberhausen** **20.20** / 21.56 Pz 22.15*

* Ankunft in Alten-Essen, Ankunftszeit geschätzt; ein Fahrplan der Post-Course von Alten-Essen nach Essen Stadt liegt nicht vor.
** Cours über Oberhausen nur mit Umwegkarte zu benutzen.

nach **Frankfurt a.M.**

9.00 Pz **U** Riesa 11.15 / 11.45 Pz
U Leipzig 13.30 / 14.30 Pz
U Hof 20.00 / 20.30 Pz
U Bamberg 1.15 / 1.45 Pz 9.20

16.30 Pz **U** Riesa 18.30 / 19.15 Pz
U Leipzig 21.15 / 22.00 Pz
U Halle 22.40* / **23.00 Sz** **9.55**

18.45 Pz **U** Riesa 21.30 ⤷ / **4.55 Sz**
U Leipzig **6.30** / **7.15 Ez**
U Bamberg **15.05** / **15.45 Ez** **22.00**

18.45 Pz **U** Riesa 21.30 ⤷ / **4.55 Sz**
U Leipzig **6.30** / 7.00 Pz
U Halle 7.40* / 8.15 Pz 22.30

20.00 ⊠ **U** Leipzig 5.00 / **7.15 Ez**
U Bamberg **15.05** / **15.45 Ez** **22.00**

20.00 ⊠ **U** Leipzig 5.00 / 7.00 Pz
U Halle 7.40* / 8.15 Pz 22.30

* Ankunftszeit geschätzt

nach **Freiburg i.B.**

16.30 Pz **U** Riesa 18.30 / 19.15 Pz
U Leipzig 21.15 / 22.00 Pz
U Halle 22.40* / **23.00 Sz**
U Frankfurt a.M. **9.55** / **10.30 Sz**
U Heidelberg **12.35** / **12.55 Sz** **17.36**

18.45 Pz **U** Riesa 21.30 ⤷ / **4.55 Sz**
U Leipzig **6.30** / 7.00 Pz
U Halle 7.40* / 8.15 Pz
U Frankf.a.M.22.30 ⤷ / **5.00 Cz**
U Heidelberg **7.05** / **7.20 Sz** **12.35**[3]

20.00 ⊠ **U** Leipzig 5.00/ 7.00 Pz
U Halle 7.40* / 8.15 Pz
U Frankf.a.M.22.30 ⤷ / **5.00 Cz**
U Heidelberg **7.05** / **7.20 Sz** **12.35**[3]

* Ankunftszeit geschätzt

nach **Gera**

5.00 ⊠ **U** Altenburg 10.00 / 15.00 ⊠ 19.00

12.00 Pz **U** Riesa 15.00 / 16.00 Pz
U Leipzig 18.00 / 18.30 Pz
U Altenburg 19.40* / 20.30 ⊠ 0.30

20.00 ⊠ **U** Leipzig 5.00 / 6.00 Pz
U Altenburg 7.10* / 9.00 ⊠ 13.00

* Ankunftszeit geschätzt

nach **Görlitz**

5.00 Pz **U** Riesa 7.00 / 7.45 Pz
U Dresden 9.15 / 9.45 Pz 12.50

9.00 Pz **U** Riesa 11.15 / 11.45 Pz
U Dresden 13.15 / 14.30 Pz 18.15

Fortsetzung siehe nächste Spalte

12.00 Pz **U** Riesa 15.00 / 16.10 Pz
U Dresden 17.30 / 18.15 Pz 21.40

20.00 ⊠ **U** Dresden 5.00 / 5.30 Pz 9.00

nach **Hagen**

5.00 Pz **U** Riesa 7.00 / 7.45 Pz
U Leipzig 10.00 / 12.00 Pz
U Magdeburg 15.30 / 16.15 Pz
U Dortmund 5.08* / 7.15 Pz 8.24*

16.30 Pz **U** Riesa 18.30 / 19.15 Pz
U Leipzig 21.15 / 22.00 Pz
U Magdeburg 1.15 / **1.50 Sz**
U Dortmund **12.40*** / 13.15 Pz 14.22*

20.00 ⊠ **U** Leipzig 5.00 / 7.00 Pz
U Magdebug 9.50 / **10.40 Cz**
U Dortmund **19.20*** / 19.30 Pz 20.28*

* Ankunftszeit geschätzt

nach **Halle**

5.00 Pz **U** Riesa 7.00 / 7.45 Pz
U Leipzig 10.00 / 12.00 Pz 12.40

9.00 Pz **U** Riesa 11.15 / 11.45 Pz
U Leipzig 13.30 / 15.15 Pz 16.00

12.00 Pz **U** Riesa 15.00 / 16.00 Pz
U Leipzig 18.00 / 18.30 Pz 19.30

16.30 Pz **U** Riesa 18.30 / 19.15 Pz
U Leipzig 21.15 / 22.00 Pz 22.45

18.45 Pz **U** Riesa 21.30 ⤷ / **4.55 Sz**
U Leipzig **6.30** / 7.00 Pz 7.40

20.00 ⊠ **U** Leipzig 5.00 / 7.00 Pz 7.40

nach **Hamburg**

12.00 Pz **U** Riesa 15.00 / 16.10 Pz
U Röderau 16.15* / 16.45 Pz
U Berlin 20.45 / **23.00 Cz** **5.16**

18.45 Pz **U** Riesa 21.30 ⤷ / **4.55 Sz**
U Leipzig **6.30** / 7.00 Pz
U Magdeburg 9.50 / 10.45 GmP
U Wittenberge 14.10/ 15.10 GmP 20.00

20.00 ⊠ **U** Leipzig 5.00 / 7.00 Pz
U Magdeburg 9.50 / 10.45 GmP
U Wittenberge 14.10/ 15.10 GmP 20.00

nach **Hamm**

5.00 Pz **U** Riesa 7.00 / 7.45 Pz
U Leipzig 10.00 / 12.00 Pz
U Magdeburg 15.30 / 16.15 Pz 4.05

16.30 Pz **U** Riesa 18.30 / 19.15 Pz
U Leipzig 21.15 / 22.00 Pz
U Magdeburg 1.15 / **1.50 Sz** **11.55***

18.45 Pz **U** Riesa 21.30 ⤷ / **4.55 Sz**
U Leipzig **6.30** / 7.00 Pz
U Magdeburg 9.50 / **10.40 Cz** **18.40**

20.00 ⊠ **U** Leipzig 5.00 / 7.00 Pz
U Magdeburg 9.50 / **10.40 Cz** **18.40**

* Ankunftszeit geschätzt

nach **Hannover**

5.00 Pz	**U** Riesa 7.00 / 7.45 Pz	
	U Leipzig 10.00 / 12.00 Pz	
	U Magdeburg 15.30 / 16.15 Pz	21.25
16.30 Pz	**U** Riesa 18.30 / 19.15 Pz	
	U Leipzig 21.15 / 22.00 Pz	
	U Magdeburg 1.15 / **1.50 Sz**	**6.20**
18.45 Pz	**U** Riesa 21.30 🛏 / **4.55 Sz**	
	U Leipzig **6.30** / 7.00 Pz	
	U Magdeburg 9.50 / **10.40 Cz**	**14.20**
20.00 ✉	**U** Leipzig 5.00 / 7.00 Pz	
	U Magdeburg 9.50 / **10.40 Cz**	**14.20**

nach **Heidelberg**

16.30 Pz	**U** Riesa 18.30 / 19.15 Pz	
	U Leipzig 21.15 / 22.00 Pz	
	U Halle 22.40* / **23.00 Sz**	
	U Frankfurt a.M. **9.55 / 10.30 Sz**	**12.35**
18.45 Pz	**U** Riesa 21.30 🛏 / **4.55 Sz**	
	U Leipzig **6.30** / 7.00 Pz	
	U Halle 7.40* / 8.15 Pz	
	U Frankft. a.M. 22.30 🛏/ **5.00 Cz**	**7.05**[3]
18.45 Pz	**U** Riesa 21.30 🛏 / **4.55 Sz**	
	U Leipzig **6.30 / 7.15 Ez**	
	U Bamberg **15.05 / 15.45 Ez**	
	U Frankft a.M. **22.00** 🛏/ **5.00 Cz**	**7.05**[3]
20.00 ✉	**U** Leipzig 5.00 / 7.00 Pz	
	U Halle 7.40* / 8.15 Pz	
	U Frankft. a.M. 22.30 🛏/ **5.00 Cz**	**7.05**[3]
20.00 ✉	**U** Leipzig 5.00 / **7.15 Ez**	
	U Bamberg **15.05 / 15.45 Ez**	
	U Frankft a.M. **22.00** 🛏/ **5.00 Cz**	**7.05**[3]

nach **Kiel**

12.00 Pz	**U** Riesa 15.00 / 16.10 Pz	
	U Röderau 16.15* / 16.45 Pz	
	U Berlin 20.45 / **23.00 Cz**	
	U Hamburg **5.16** / Altona 8.10 Pz	11.00

* Ankunftszeit geschätzt

nach **Königsberg i.Pr.**

12.00 Pz	**U** Riesa 15.00 / 16.10 Pz	
	U Röderau 16.15* / 16.45 Pz	
	U Berlin 20.45 / **22.40 Sz**	
	U Dirschau **10.45** / 11.37 ✉	
	U Marienburg 16.07 / **16.37 Sz**	**21.02**

* Ankunftszeit geschätzt

nach **Leipzig**

5.00 Pz	**U** Riesa 7.00 / 7.45 Pz	10.00
9.00 Pz	**U** Riesa 11.15 / 11.45 Pz	13.30
12.00 Pz	**U** Riesa 15.00 / 16.00 Pz	18.00
16.30 Pz	**U** Riesa 18.30 / 19.15 Pz	21.15
18.45 Pz	**U** Riesa 21.30 🛏 / **4.55 Sz**	**6.30**
20.00 ✉		5.00

nach **Lindau**

9.00 Pz	**U** Riesa 11.15 / 11.45 Pz	
	U Leipzig 13.30 / 14.30 Pz	
	U Hof 20.00 / 20.30 Pz	
	U Augsburg 11.05 / 12.50 GmP	22.35
23.30 ✉	**U** Zwickau 4.30 / 8.20 Pz	
	U Werdau 8.43* / **9.13 Ez**	**21.20**
	U Augsburg **21.20** / 21.30 GmP	6.30

* Ankunftszeit geschätzt

nach **Ludwigshafen**

> Mannheim

nach **Lübeck**

12.00 Pz	**U** Riesa 15.00 / 16.10 Pz	
	U Röderau 16.15* / 16.45 Pz	
	U Berlin 20.45 / **23.00 Cz**	
	U Büchen **4.10*** / 9.00 Pz	10.45
16.30 Pz	**U** Riesa 18.30 / 19.15 Pz	
	U Leipzig 21.15 / 22.00 Pz	
	U Magdeburg 1.15 / 7.45 Pz	
	U Wittenberge 10.15 / 10.55 Pz	
	U Büchen 13.55* / 14.00 Pz	15.11
18.45 Pz	**U** Riesa 21.30 🛏 / **4.55 Sz**	
	U Leipzig **6.30** / 7.00 Pz	
	U Magdeburg 9.50 / 10.45 GmP	
	U Wittenberge 14.10 / 15.10 GmP	
	U Büchen 18.35* / 19.00 Pz	20.11
20.00 ✉	**U** Leipzig 5.00 / 7.00 Pz	
	U Magdeburg 9.50 / 10.45 GmP	
	U Wittenberge 14.10 / 15.10 GmP	
	U Büchen 18.35* / 19.00 Pz	20.11

* Ankunftszeit geschätzt

nach **Magdeburg**

5.00 Pz	**U** Riesa 7.00 / 7.45 Pz	
	U Leipzig 10.00 / 12.00 Pz	15.30
9.00 Pz	**U** Riesa 11.15 / 11.45 Pz	
	U Leipzig 13.30 / 17.30 Pz	21.00
16.30 Pz	**U** Riesa 18.30 / 19.15 Pz	
	U Leipzig 21.15 / 22.00 Pz	1.15
18.45 Pz	**U** Riesa 21.30 🛏 / **4.55 Sz**	
	U Leipzig **6.30** / 7.00 Pz	9.50
20.00 ✉	**U** Leipzig 5.00 / 7.00 Pz	9.50

nach **Mainz**

16.30 Pz	**U** Riesa 18.30 / 19.15 Pz	
	U Leipzig 21.15 / 22.00 Pz	
	U Halle 22.40* / **23.00 Sz**	
	U Frankfurt a.M. **9.55 / 10.15 Sz**	
	U Castel **11.00** / # ✉	k.A.
20.00 ✉	**U** Leipzig 5.00 / **7.15 Ez**	
	U Bamberg **15.05 / 15.45 Ez**	
	U Frankfurt a.M. **22.00** 🛏 / 5.45 Pz	
	U Castel 7.05* / #	k.A.
20.00 ✉	**U** Leipzig 5.00 / 7.00 Pz	
	U Halle 7.40* / 8.15 Pz	
	U Frankfurt a.M. 22.30 🛏 / 5.45 Pz	
	U Castel 7.05* / #	k.A.

* Ankunftszeit geschätzt

nach **Mannheim**

16.30 Pz	**U** Riesa 18.30 / 19.15 Pz	
	U Leipzig 21.15 / 22.00 Pz	
	U Halle 22.40* / **23.00 Sz**	
	U Frankfurt a.M. **9.55 / 10.30 Sz**	**12.38**
18.45 Pz	**U** Riesa 21.30 🛏 / **4.55 Sz**	
	U Leipzig **6.30** / 7.00 Pz	
	U Halle 7.40* / 8.15 Pz	
	U Frankft. a.M. 22.30 🛏/ **5.00 Cz**	**7.06**[3]
18.45 Pz	**U** Riesa 21.30 🛏 / **4.55 Sz**	
	U Leipzig **6.30 / 7.15 Ez**	
	U Bamberg **15.05 / 15.45 Ez**	
	U Frankft a.M. **22.00** 🛏/ **5.00 Cz**	**7.06**[3]
20.00 ✉	**U** Leipzig 5.00 / 7.00 Pz	
	U Halle 7.40* / 8.15 Pz	
	U Frankft. a.M. 22.30 🛏/ **5.00 Cz**	**7.06**[3]
20.00 ✉	**U** Leipzig 5.00 / 7.00 Pz	
	U Leipzig **6.30 / 7.15 Ez**	
	U Bamberg **15.05 / 15.45 Ez**	
	U Frankft a.M. **22.00** 🛏/ **5.00 Cz**	**7.06**[3]

* Ankunftszeit geschätzt

nach **München**

9.00 Pz	**U** Riesa 11.15 / 11.45 Pz	
	U Leipzig 13.30 / 14.30 Pz	
	U Hof 20.00 / 20.30 Pz	13.15
23.30 ✉	**U** Zwickau 4.30 / 8.20 Pz	
	U Werdau 8.43* / **9.13 Ez**	**23.00**

* Ankunftszeit geschätzt

nach **Münster**

5.00 Pz	**U** Riesa 7.00 / 7.45 Pz	
	U Leipzig 10.00 / 12.00 Pz	
	U Magdeburg 15.30 / 16.15 Pz	
	U Hamm 4.05 / 7.30 Pz	8.30
16.30 Pz	**U** Riesa 18.30 / 19.15 Pz	
	U Leipzig 21.15 / 22.00 Pz	
	U Magdeburg 1.15 / **1.50 Sz**	
	U Hamm **11.55*** / 12.10 Pz	13.00
18.45 Pz	**U** Riesa 21.30 🛏 / **4.55 Sz**	
	U Leipzig **6.30** / 7.00 Pz	
	U Magdeburg 9.50 / **10.40 Cz**	
	U Hamm **18.40** / 19.00 Pz	20.00
20.00 ✉	**U** Leipzig 5.00 / 7.00 Pz	
	U Magdeburg 9.50 / **10.40 Cz**	
	U Hamm **18.40** / 19.00 Pz	20.00

* Ankunftszeit geschätzt

nach **Nürnberg**

9.00 Pz	**U** Riesa 11.15 / 11.45 Pz	
	U Leipzig 13.30 / 14.30 Pz	
	U Hof 20.00 / 20.30 Pz	5.15
23.30 ✉	**U** Zwickau 4.30 / 8.20 Pz	
	U Werdau 8.43* / **9.13 Ez**	**17.00**

* Ankunftszeit geschätzt

nach **Oberhausen**

5.00 Pz	**U** Riesa 7.00 / 7.45 Pz	
	U Leipzig 10.00 / 12.00 Pz	
	U Magdeburg 15.30 / 16. 15 Pz	6.42
16.30 Pz	**U** Riesa 18.30 / 19.15 Pz	
	U Leipzig 21.15 / 22.00 Pz	
	U Magdeburg 1.15 / **1.50 Sz**	**14.00**
18.45 Pz	**U** Riesa 21.30 ↪ / **4.55 Sz**	
	U Leipzig **6.30** / 7.00 Pz	
	U Magdeburg 9.50 / **10.40 Cz**	**20.20**
20.00 ✉	**U** Leipzig 5.00 / 7.00 Pz	
	U Magdeburg 9.50 / **10.40 Cz**	**20.20**

nach **Oppeln***

5.00 Pz	**U** Riesa 7.00 / 7.45 Pz	
	U Dresden 9.15 / 9.45 Pz	
	U Görlitz 12.50 / 13.30 Pz	
	U Kohlfurt 14.10 / 14.15 Pz	21.27
12.00 Pz	**U** Riesa 15.00 / 16.10 Pz	
	U Dresden 17.30 / 18.15 Pz	
	U Görlitz 21.40 / 23.00 Pz	
	U Kohlfurt 23.45 / **2.45 Sz**	**7.45**

* Ankunftszeiten in Oppeln sind sämmtlich geschätzt.

nach **Osnabrück**

5.00 Pz	**U** Riesa 7.00 / 7.45 Pz	
	U Leipzig 10.00 / 12.00 Pz	
	U Magdeburg 15.30 / 16.15 Pz	
	U Minden 23.45 / 1.00 ✉	8.00
16.30 Pz	**U** Riesa 18.30 / 19.15 Pz	
	U Leipzig 21.15 / 22.00 Pz	
	U Magdeburg 1.15 / **1.50 Sz**	
	U Minden **8.35** / 9.00 ✉	16.00

nach **Passau**

23.30 ✉	**U** Zwickau 4.30 / 8.20 Pz	
	U Werdau 8.43* / **9.13 Ez**	
	U Nürnberg **17.00** / 17.30 ✉	
	U Regensburg 5.30 / 11.00 ✉	22.30[3]

* Ankunftszeit geschätzt

nach **Posen**

12.00 Pz	**U** Riesa 15.00 / 16.10 Pz	
	U Röderau 16.15* / 16.45 Pz	20.45
	U Berlin 20.45 / **22.40 Sz**	
	U Kreutz **4.43** / 5.03 Pz	7.47

* Ankunftszeit geschätzt

nach **Regensburg**

9.00 Pz	**U** Riesa 11.15 / 11.45 Pz	
	U Leipzig 13.30 / 14.30 Pz	
	U Hof 20.00 / 20.30 Pz	
	U Nürnberg 5.15 / 6.00 ✉	18.00
23.30 ✉	**U** Zwickau 4.30 / 8.20 Pz	
	U Werdau 8.43* / **9.13 Ez**	
	U Nürnberg **17.00** / 17.30 ✉	5.30[3]

* Ankunftszeit geschätzt

nach **Rostock**

9.00 Pz	**U** Riesa 11.15 / 11.45 Pz	
	U Leipzig 13.30 / 15.15 Pz	
	U Berlin 21.30 / **23.00 Cz**	
	U Hagenow **3.08*** / 7.30 Pz	11.05
16.30 Pz	**U** Riesa 18.30 / 19.15 Pz	
	U Leipzig 21.15 / 22.00 Pz	
	U Magdeburg 1.15 / 7.45 Pz	
	U Wittenberge 10.15 / 10.55 Pz	
	U Hagenow 12.40* / 12.50 Pz	16.40
18.45 Pz	**U** Riesa 21.30 ↪ / **4.55 Sz**	
	U Leipzig **6.30** / 7.00 Pz	
	U Magdeburg 9.50 / 10.45 GmP	
	U Wittenberge 14.10 / 15.10 GmP	
	U Hagenow 17.00* / 17.30 Pz	22.10
20.00 ✉	**U** Leipzig 5.00 / 7.00 Pz	
	U Magdeburg 9.50 / 10.45 GmP	
	U Wittenberge 14.10 / 15.10 GmP	
	U Hagenow 17.00* / 17.30 Pz	22.10

* Ankunftszeit geschätzt

nach **Saarbrücken**

16.30 Pz	**U** Riesa 18.30 / 19.15 Pz	
	U Leipzig 21.15 / 22.00 Pz	
	U Halle 22.40* / **23.00 Sz**	
	U Frankfurt a.M. **9.55** / **10.30 Sz**	
	U Mannheim **12.38** / #	
	U Ludwigshafen # / 17.30 Pz	22.05
18.45 Pz	**U** Riesa 21.30 ↪ / **4.55 Sz**	
	U Leipzig **6.30** / 7.00 Pz	
	U Halle 7.40* / 8.15 Pz	
	U Frankft. a.M. 22.30 ↪/ **5.00 Cz**	
	U Mannheim **7.06** / #	
	U Ludwigshafen # / **13.10 Sz**	**16.58**
20.00 ✉	**U** Leipzig 5.00 / 7.00 Pz	
	U Halle 7.40* / 8.15 Pz	
	U Frankft. a.M. 22.30 ↪/ **5.00 Cz**	
	U Mannheim **7.06** / #	
	U Ludwigshafen # / **13.10 Sz**	**16.58**

* Ankunftszeit geschätzt

nach **Schwerin**

9.00 Pz	**U** Riesa 11.15 / 11.45 Pz	
	U Leipzig 13.30 / 15.15 Pz	
	U Berlin 21.30 / **23.00 Cz**	
	U Hagenow **3.08*** / 7.30 Pz	8.12
16.30 Pz	**U** Riesa 18.30 / 19.15 Pz	
	U Leipzig 21.15 / 22.00 Pz	
	U Magdeburg 1.15 / 7.45 Pz	
	U Wittenberge 10.15 / 10.55 Pz	
	U Hagenow 12.40* / 12.50 Pz	13.35
18.45 Pz	**U** Riesa 21.30 ↪ / **4.55 Sz**	
	U Leipzig **6.30** / 7.00 Pz	
	U Magdeburg 9.50 / 10.45 GmP	
	U Wittenberge 14.10 / 15.10 GmP	
	U Hagenow 17.00* / 17.30 Pz	18.15

Fortsetzung siehe nächste Spalte

20.00 ✉	**U** Leipzig 5.00 / 7.00 Pz	
	U Magdeburg 9.50 / 10.45 GmP	
	U Wittenberge 14.10 / 15.10 GmP	
	U Hagenow 17.00* / 17.30 Pz	18.15

* Ankunftszeit geschätzt

nach **Stettin**

5.00 Pz	**U** Riesa 7.00 / 7.15 Pz	
	U Röderau 7.20* / 7.45 Pz	
	U Berlin 11.45 / 12.15 Pz	15.52
12.00 Pz	**U** Riesa 15.00 / 16.10 Pz	
	U Röderau 16.15* / 16.45 Pz	
	U Berlin 20.45 / **22.40 Sz**	**1.47**

* Ankunftszeit geschätzt

nach **Stralsund**

5.00 Pz	**U** Riesa 7.00 / 7.15 Pz	
	U Röderau 7.20* / 7.45 Pz	
	U Berlin 11.45 / 17.30 Pz	
	U Passow 20.00* / 20.20 ✉	11.20
12.00 Pz	**U** Riesa 15.00 / 16.10 Pz	
	U Röderau 16.15* / 16.45 Pz	
	U Berlin 20.45 / **22.40 Sz**	
	U Passow 0.50* / 1.15 ✉	18.00

* Ankunftszeit geschätzt

nach **Stuttgart**

9.00 Pz	**U** Riesa 11.15 / 11.45 Pz	
	U Leipzig 13.30 / 14.30 Pz	
	U Hof 20.00 / 20.30 Pz	
	U Augsburg 11.05 / 13.00 GmP	
	U Ulm 17.30 / 17.42 Pz	21.10
23.30 ✉	**U** Zwickau 4.30 / 8.20 Pz	
	U Werdau 8.43* / **9.13 Ez**	
	U Nördlingen **19.29** / 19.45 ✉	8.45[3]

* Ankunftszeit geschätzt

nach **Trier**

16.30 Pz	**U** Riesa 18.30 / 19.15 Pz	
	U Leipzig 21.15 / 22.00 Pz	
	U Magdeburg 1.15 / **1.50 Sz**	
	U Deutz > Cöln **16.00** / 19.00 ✉	17.30[3]
18.45 Pz	**U** Riesa 21.30 ↪ / **4.55 Sz**	
	U Leipzig **6.30** / 7.00 Pz	
	U Magdeburg 9.50 / **10.40 Cz**	
	U Deutz > Cöln **22.00** ↪/ 5.00 ✉	2.15[4]
20.00 ✉	**U** Leipzig 5.00 / 7.00 Pz	
	U Magdeburg 9.50 / **10.40 Cz**	
	U Deutz > Cöln **22.00** ↪/ 5.00 ✉	2.15[4]
20.00 ✉	**U** Leipzig 5.00 / 7.00 Pz	
	U Magdeburg 9.50 / **10.40 Cz**	
	U Deutz > Cöln **22.00** ↪ / 6.00 ⛴	
	U Coblenz 12.15 / 15.30 ✉	6.30[4]

nach **Ulm**

9.00 Pz	**U** Riesa 11.15 / 11.45 Pz	
	U Leipzig 13.30 / 14.30 Pz	
	U Hof 20.00 / 20.30 Pz	
	U Augsburg 11.05 / 13.00 GmP	17.30

Fortsetzung siehe nächste Seite

noch: nach **Ulm**

23.30 ⊠ **U** Zwickau 4.30 / 8.20 Pz
U Werdau 8.43* / **9.13 Ez**
U Augsburg **21.20** ↪ / **9.00 Ez** **11.30**

* Ankunftszeit geschätzt

nach **Wiesbaden**

6.30 Pz **U** Riesa 18.30 / 19.15 Pz
U Leipzig 21.15 / 22.00 Pz
U Halle 22.40* / **23.00 Sz**
U Frankfurt a.M. **9.55** / 11.15 Pz 12.45

18.45 Pz **U** Riesa 21.30 ↪ / **4.55 Sz**
U Leipzig **6.30** / **7.15 Ez**
U Bamberg **15.05** / **15.45 Ez**
U Frankfrt a.M. **22.00** ↪ / 5.45 Pz 7.30

20.00 ⊠ **U** Leipzig 5.00 / **7.15 Ez**
U Bamberg **15.05** / **15.45 Ez**
U Frankfrt a.M. **22.00** ↪ / 5.45 Pz 7.30

* Ankunftszeit geschätzt

nach **Würzburg**

9.00 Pz **U** Riesa 11.15 / 11.45 Pz
U Leipzig 13.30 / 14.30 Pz
U Hof 20.00 / 20.30 Pz
U Bamberg 1.15 / 1.45 Pz 4.50

23.30 ⊠ **U** Zwickau 4.30 / 8.20 Pz
U Werdau 8.43* / **9.13 Ez**
U Bamberg **15.05** / **15.45 Ez** **18.15**

* Ankunftszeit geschätzt

nach **Zwickau**

4.30 ⊠ 9.30
12.30 ⊠ 17.30
23.30 ⊠ 4.30

Auslandsverbindungen
Chemnitz ist außerdem im **Auslandsteil** ab S. 210 mit dem hier abgehenden Post-Cours nach **Österreich** (Carlsbad) aufgeführt.

Coblenz

Gegenwärtig findet noch kein Zugverkehr von und nach Coblenz statt. Für Fahrten rheinauf- und rheinabwärts nach Mainz bzw. Cöln empfehlen sich die täglich mehrmals verkehrenden Rheinischen Dampfschiff-Fahrten speziell der Cölner und Düsseldorfer Gesellschaften.

von **Coblenz**

nach **Aachen**

6.00 ⛴ **U** Cöln 10.30 / 11.45 Pz 13.45
10.00 ⛴ **U** Cöln 14.45 / 18.00 Pz 20.00
15.30 ⊠ *über Losheim* 14.30
18.15 ⛴ **U** Cöln 23.00 / **23.30 Sz** **1.20**

nach **Augsburg**

3.00 ⛴ **U** Mainz 11.00 / **11.20 Sz**
U Ludwigshafen **13.00** / #
U Mannheim # / 15.10 Pz
U Bruchsal 17.01* / 17.20 Pz
U Stuttgart 20.15 ↪ / 7.05 Pz
U Ulm 10.50 / 11.15 GmP 15.40

20.00 ⊠ **U** Wiesbaden 5.00 / 5.45 Pz
U Frankfurt a.M. 7.30 / **8.30 Ez**
U Bamberg **14.45** / **15.30 Ez** **21.20**

* Ankunftszeit geschätzt

nach **Basel***

3.00 ⛴ **U** Mainz 11.00 / **11.20 Sz**
U Ludwigshafen **13.00** / #
U Mannheim # / 15.10 Pz
U Offenburg 20.47 ↪ / 6.00 Pz 10.55

12.30 ⛴ **U** Mainz 19.30 / 20.00 Pz
U Ludwigshafen 21.59 ↪ / #
U Mannheim # / **6.40 Sz** **14.56**

14.00 ⊠ **U** Mainz 23.15 ↪ / 4.30 Pz
U Ludwigshafen 6.04 / #
U Mannheim # / **12.15 Sz** **19.15**

14.00 ⊠ **U** Mainz 23.15 ↪ / 4.30 Pz
U Ludwigshafen 6.04 / #
U Mannheim # / 9.00 Pz 20.15

* Ankunft Basel Badischer Bf

nach **Berlin**

6.00 ⛴ **U** Cöln > Deutz 10.30 / 11.00 Pz 9.30
13.15 ⛴ **U** Cöln > Deutz 18.15 / **20.00 Sz** **13.10**
18.15 ⛴ **U** Cöln > Deutz 23.00 ↪ / **6.30 Cz** **21.20**

nach **Bonn**

6.00 ⛴ 8.45
10.00 ⛴ 12.45
13.15 ⛴ 16.15
13.30 ⛴* **nur Mo, Do und So** 16.30
15.30 ⛴ 18.15
17.00 ⛴ 20.00
18.15 ⛴ 21.00

* Niederländische Gesellschaft

nach **Braunschweig**

6.00 ⛴ **U** Cöln > Deutz 10.30 / 11.00 Pz 0.30
13.15 ⛴ **U** Cöln > Deutz 18.15 / **20.00 Sz** **7.05**
18.15 ⛴ **U** Cöln > Deutz 23.00 ↪ / **6.30 Cz** **15.22**

nach **Bremen**

13.15 ⛴ **U** Cöln > Deutz 18.15 / **20.00 Sz**
U Wunstorf **4.35*** / 7.30 Pz 10.15

18.15 ⛴ **U** Cöln > Deutz 23.00 ↪ / **6.30 Cz**
U Wunstorf **13.15*** / 13.25 Pz 16.00

* Ankunftszeit geschätzt

nach **Breslau**

18.15 ⛴ **U** Cöln > Deutz 23.00 ↪ / **6.30 Cz**
U Berlin **21.20** / **22.15 Sz** **5.45**[3]

nach **Carlsruhe**

3.00 ⛴ **U** Mainz 11.00 / **11.20 Sz**
U Ludwigshafen **13.00** / #
U Mannheim # / 15.10 Pz 17.50

6.00 ⛴ **U** Mainz 14.00 / 15.00 Pz
U Ludwigshafen 17.00 / #
U Mannheim # / 19.45 Pz 22.25

12.30 ⛴ **U** Mainz 19.30 / 20.00 Pz
U Ludwigshafen 21.59 ↪ / #
U Mannheim # / 5.00 Pz 9.12

12.30 ⛴ **U** Mainz 19.30 / 20.00 Pz
U Ludwigshafen 21.59 ↪ / #
U Mannheim # / **6.40 Sz** **8.27**

14.00 ⊠ **U** Mainz 23.15 ↪ / 4.30 Pz
U Ludwigshafen 6.04 / #
U Mannheim # / 9.00 Pz 11.44

nach **Cassel**

6.00 ⛴ **U** Cöln > Deutz 10.30 / 11.00 Pz
U Hamm 16.00 / 16.18 Pz 22.00

6.30 ⊠ **U** Giessen 20.00 / 21.08 Pz
U Fronhausen 21.50 ↪ / 4.55 Pz
U Guntershausen 7.55 / 8.05 Pz 8.25

17.00 ⊠ **U** Giessen 6.30 / 8.10 Pz
U Guntershausen 11.45/11.50 Pz 12.10

18.15 ⛴ **U** Cöln > Deutz 23.00 ↪ / **6.30 Cz**
U Hamm **9.36** / 9.50 Pz 15.55

20.00 ⊠ **U** Wiesbaden 5.00 / 5.45 Pz
U Frankfurt a.M. 7.30 / 10.35 Pz
U Guntershausen 18.50/19.00 Pz 19.20

nach **Chemnitz**

6.00 ⛴ **U** Cöln > Deutz 10.30 / 11.00 Pz
U Magdeburg 4.50 / 5.30 Pz
U Leipzig 9.00 / 10.00 Pz
U Riesa 11.25* / 12.15 Pz 15.30

13.15 ⛴ **U** Cöln > Deutz 18.15 / **20.00 Sz**
U Magdeburg **10.00** / 10.45 Pz
U Leipzig 14.05 / 14.30 Pz
U Riesa 16.00* / 16.45 Pz 19.30

18.15 ⛴ **U** Cöln > Deutz 23.00 ↪ / **6.30 Cz**
U Magdeburg **18.00** / 18.15 Pz
U Leipzig 21.15 / **22.00 Sz**
U Riesa **23.15*** ↪ / 5.15 Pz 8.15[3]

* Ankunftszeit geschätzt

nach **Cöln**

6.00 ⛴		10.30
6.30 ⛴*		11.15
10.00 ⛴		14.45
13.15 ⛴		18.15
13.30 ⛴*	**nur Mo, Do und So**	18.00
15.30 ⛴		20.15
16.15 ⛴*		20.15
17.00 ⛴		22.00
18.15 ⛴		23.00

* Niederländische Gesellschaft

nach **Constanz**

12.30 ⛴	**U** Mainz 19.30 / 20.00 Pz **U** Ludwigshafen 21.59 ⤳ / # **U** Mannheim # / **6.40 Sz** **U** Offenburg **10.22** / 10.45 ✉	6.15[3]
14.00 ✉	**U** Mainz 23.15 ⤳ / 4.30 Pz **U** Ludwigshafen 6.04 / # **U** Mannheim # / 9.00 Pz **U** Freiburg i.B. 17.07 / 18.15 ✉ **U** Schaffhausen 5.15 / 12.30 ✉	17.00[3]

nach **Danzig**

18.15 ⛴	**U** Cöln > Deutz 23.00 ⤳/ **6.30 Cz** **U** Berlin **21.20** / **22.40 Sz**	**11.35**[3]

nach **Darmstadt**

7.00 ✉	**U** Mainz 16.15 / 16.30 ✉	19.45
7.15 ✉	**U** Wiesbaden 16.15 / 17.35 Pz **U** Frankfurt a.M. 19.05 / 20.45 Pz	21.30
8.00 ⛴	**U** Mainz 15.00 / 16.30 ✉	19.45
14.00 ✉	**U** Mainz 23.15 ⤳ / 7.30 Pz **U** Oppenheim 8.08* / 8.15 ✉	11.00
20.00 ✉	**U** Wiesbaden 5.00 / 5.45 Pz **U** Frankfurt a.M. 7.30 / 8.00 GmP	9.15*

* Ankunftszeit geschätzt

nach **Dortmund***

6.00 ⛴	**U** Cöln > Deutz 10.30 / 11.00 Pz	15.00
10.00 ⛴	**U** Cöln > Deutz 14.45 / 16.00 Pz	20.25
13.15 ⛴	**U** Cöln > Deutz 18.15 / **20.00 Sz**	**23.11**
18.15 ⛴	**U** Cöln > Deutz 23.00 ⤳/ **6.30 Cz**	**9.02**

* Ankunftszeiten in Dortmund sind sämmtlich geschätzt.

nach **Dresden**

6.00 ⛴	**U** Cöln > Deutz 10.30 / 11.00 Pz **U** Magdeburg 4.50 / 5.30 Pz **U** Leipzig 9.00 / 10.00 Pz	13.15
13.15 ⛴	**U** Cöln > Deutz 18.15 / **20.00 Sz** **U** Magdeburg **10.00** / 10.45 Pz **U** Leipzig 14.05 / 14.30 Pz	17.30
17.00 ✉	**U** Giessen 6.30 / 8.10 Pz **U** Halle 20.05 / 20.30 Pz **U** Leipzig 21.15 / **22.00 Sz**	**0.30**[3]

Fortsetzung siehe nächste Spalte

18.15 ⛴	**U** Cöln > Deutz 23.00 ⤳/ **6.30 Cz** **U** Magdeburg **18.00** / 18.15 Pz **U** Leipzig 21.15 / **22.00 Sz**	**0.30**[3]

nach **Düsseldorf**

6.00 ⛴	**U** Cöln > Deutz 10.30 / 11.00 Pz	12.10
10.00 ⛴	**U** Cöln > Deutz 14.45 / 16.00 Pz	17.10
13.15 ⛴	**U** Cöln > Deutz 18.15 / **20.00 Sz**	**20.55**
13.15 ⛴		22.00
13.30 ⛴	**nur Mo, Do und So**	23.00
18.15 ⛴	**U** Cöln > Deutz 23.00 ⤳ / **6.30 Cz**	**7.15**
18.15 ⛴	Cöln 23.00 ⤳ / 5.30	8.00

nach **Elberfeld**

6.00 ⛴	**U** Cöln > Deutz 10.30 / 11.00 Pz **U** Düsseldorf 12.10 / 12.30 Pz	14.07
10.00 ⛴	**U** Cöln > Deutz 14.45 / 16.00 Pz **U** Düsseldorf 17.10 / 17.30 Pz	18.36
13.15 ⛴	**U** Cöln > Deutz 18.15 / **20.00 Sz** **U** Düsseldorf **20.55** / 21.15 Pz	22.21
18.15 ⛴	**U** Cöln > Deutz 23.00 ⤳ / **6.30 Cz** **U** Düsseldorf **7.15** / 7.30 Pz	8.36

nach **Erfurt***

6.00 ⛴	**U** Cöln > Deutz 10.30 / 11.00 Pz **U** Hamm 16.00 / 16.18 Pz **U** Cassel 22.00 / 22.15 Pz **U** Guntershausen 22.35 / **22.45 Sz**	**2.50**
6.30 ✉	**U** Giessen 20.00 / 21.08 Pz **U** Fronhausen 21.50 ⤳ / 4.55 Pz	12.45
17.00 ✉	**U** Giessen 6.30 / 8.10 Pz	16.45

* Ankunftszeiten in Erfurt sind sämmtlich geschätzt.

nach **Essen***

6.00 ⛴	**U** Cöln > Deutz 10.30 / 11.00 Pz	13.45
10.00 ⛴	**U** Cöln > Deutz 14.45 / 16.00 Pz	18.55
13.15 ⛴	**U** Cöln > Deutz 18.15 / **20.00 Sz**	**22.15**

* Ankunft in Alten-Essen, Ankunftszeit geschätzt; ein Fahrplan der Post-Course von Alten-Essen nach Essen Stadt liegt nicht vor.

nach **Frankfurt a.M.**

6.00 ⛴		17.30
7.15 ✉	**U** Wiesbaden 16.15 / 17.35 Pz	19.05
17.00 ✉	**U** Giessen 6.30 / **8.16 Sz**	**9.55**
20.00 ✉	**U** Wiesbaden 5.00 / 5.45 Pz	7.30

nach **Freiburg i.B.**

3.00 ⛴	**U** Mainz 11.00 / **11.20 Sz** **U** Ludwigshafen **13.00** / # **U** Mannheim # / 15.10 Pz **U** Offenburg 20.47 ⤳ / 6.00 Pz	8.16
12.30 ⛴	**U** Mainz 19.30 / 20.00 Pz **U** Ludwigshafen 21.59 ⤳ / # **U** Mannheim # / **6.40 Sz**	**12.35**

Fortsetzung siehe nächste Spalte

14.00 ✉	**U** Mainz 23.15 ⤳ / 4.30 Pz **U** Ludwigshafen 6.04 / # **U** Mannheim # / 9.00 Pz	17.07

nach **Gera**

6.30 ✉	**U** Giessen 20.00 / 21.08 Pz **U** Fronhausen 21.50 ⤳ / 4.55 Pz **U** Weimar 13.30* / 16.00 ✉	24.00*
13.15 ⛴	**U** Cöln > Deutz 18.15 / **20.00 Sz** **U** Magdeburg **10.00** / 10.45 Pz **U** Leipzig 14.05 / 18.30 Pz **U** Altenburg 19.40* / 20.30 ✉	0.30[3]
18.15 ⛴	**U** Cöln > Deutz 23.00 ⤳ / **6.30 Cz** **U** Magdeburg **18.00** / 18.15 Pz **U** Leipzig 21.15 ⤳ / 6.00 Pz **U** Altenburg 7.10* / 9.00 ✉	13.00[3]
18.15 ⛴	**U** Cöln > Deutz 23.00 ⤳ / **6.30 Cz** **U** Magdeburg **18.00** / 18.15 Pz **U** Leipzig 21.15 ⤳ / **7.15 Ez** **U** Altenburg **8.08*** / 9.00 ✉	13.00[3]

* Ankunftszeit geschätzt

nach **Görlitz**

6.00 ⛴	**U** Cöln > Deutz 10.30 / 11.00 Pz **U** Magdeburg 4.50 / 5.30 Pz **U** Leipzig 9.00 / 10.00 Pz **U** Dresden 13.15 / 14.30 Pz	18.15
13.15 ⛴	**U** Cöln > Deutz 18.15 / **20.00 Sz** **U** Magdeburg **10.00** / 10.45 Pz **U** Leipzig 14.05 / 14.30 Pz **U** Dresden 17.30 / 18.15 Pz	21.40
18.15 ⛴	**U** Cöln > Deutz 23.00 ⤳/ **6.30 Cz** **U** Magdeburg **18.00** / 18.15 Pz **U** Leipzig 21.15 / **22.00 Sz** **U** Dresden **0.30** ⤳ / 5.30 Pz	9.00[3]

nach **Hagen**

6.00 ⛴	**U** Cöln > Deutz 10.30 / 11.00 Pz **U** Düsseldorf 12.10 / 12.30 Pz **U** Elberfeld 14.07 / 16.20 Pz	17.38
10.00 ⛴	**U** Cöln > Deutz 14.45 / 16.00 Pz **U** Düsseldorf 17.10 / 17.30 Pz **U** Elberfeld 18.36 / 19.25 Pz	20.33
13.15 ⛴	**U** Cöln > Deutz 18.15 / **20.00 Sz** **U** Düsseldorf **20.55** / 21.15 Pz **U** Elberfeld 22.21 ⤳ / 6.45 Pz	7.50
18.15 ⛴	**U** Cöln > Deutz 23.00 ⤳ / **6.30 Cz** **U** Düsseldorf **7.15** / 7.30 Pz **U** Elberfeld 8.36 / 9.40 Pz	11.17

* Ankunftszeiten in Hagen sind sämmtlich geschätzt.

nach **Halle**

6.00 ⛴	**U** Cöln > Deutz 10.30 / 11.00 Pz **U** Magdeburg 4.50 / 5.30 Pz	8.00
13.15 ⛴	**U** Cöln > Deutz 18.15 / **20.00 Sz** **U** Magdeburg **10.00** / 10.45 Pz	13.10
18.15 ⛴	**U** Cöln > Deutz 23.00 ⤳/ **6.30 Cz** **U** Magdeburg **18.00** / 18.15 Pz	20.25

nach **Hamburg**

13.15 ⛴ **U** Cöln > Deutz 18.15 / **20.00 Sz**
U Lehrte **6.00*** / 6.05 Pz
U Harburg 10.05 / 10.30 ⛴ 11.45

18.15 ⛴ **U** Cöln > Deutz 23.00 ↩ / **6.30 Cz**
U Lehrte **14.25*** / 14.35 Pz
U Harburg 18.20 / 19.00 ⛴ 20.15

* Ankunftszeit geschätzt

nach **Hamm**

6.00 ⛴ **U** Cöln > Deutz 10.30 / 11.00 Pz 16.00
10.00 ⛴ **U** Cöln > Deutz 14.45 / 16.00 Pz 21.15
13.15 ⛴ **U** Cöln > Deutz 18.15 / **20.00 Sz** **24.00**
18.15 ⛴ **U** Cöln > Deutz 23.00 ↩ / **6.30 Cz** **9.36**

nach **Hannover**

6.00 ⛴ **U** Cöln > Deutz 10.30 / 11.00 Pz 22.10
13.15 ⛴ **U** Cöln > Deutz 18.15 / **20.00 Sz** **5.10**
18.15 ⛴ **U** Cöln > Deutz 23.00 ↩/ **6.30 Cz** **13.45**

nach **Heidelberg**

3.00 ⛴ **U** Mainz 11.00 / **11.20 Sz**
U Ludwigshafen **13.00** / #
U Mannheim # / 15.10 Pz 15.46

6.00 ⛴ **U** Mainz 14.00 / 15.00 Pz
U Ludwigshafen 17.00 / #
U Mannheim # / 19.45 Pz 20.21

12.30 ⛴ **U** Mainz 19.30 / 20.00 Pz
U Ludwigshafen 21.59 ↩ / #
U Mannheim # / 5.00 Pz 5.45

12.30 ⛴ **U** Mainz 19.30 / 20.00 Pz
U Ludwigshafen 21.59 ↩ / #
U Mannheim # / **6.40 Sz** **7.07**

14.00 ✉ **U** Mainz 23.15 ↩ / 4.30 Pz
U Ludwigshafen 6.04 / #
U Mannheim # / 9.00 Pz 9.36

nach **Kiel**

13.15 ⛴ **U** Cöln > Deutz 18.15 / **20.00 Sz**
U Lehrte **6.00*** / 6.05 Pz
U Harburg 10.05 / 10.30 ⛴
U Hamburg > Altona 11.45 /
13.00 GmP 16.30

18.15 ⛴ **U** Cöln > Deutz 23.00 ↩ / **6.30 Cz**
U Lehrte **14.25*** / 14.35 Pz
U Harburg 18.20 / 19.00 ⛴
U Hamburg > Altona 20.15 ↩ /
8.10 Pz 11.00³

* Ankunftszeit geschätzt

nach **Königsberg i.Pr.**

18.15 ⛴ **U** Cöln > Deutz 23.00 ↩/ **6.30 Cz**
U Berlin **21.20** / **22.40 Sz**
U Dirschau **10.45** / 11.37 ✉
U Marienburg 16.07 / **16.37 Sz** **21.02³**

nach **Leipzig**

6.00 ⛴ **U** Cöln > Deutz 10.30 / 11.00 Pz
U Magdeburg 4.50 / 5.30 Pz 9.00

13.15 ⛴ **U** Cöln > Deutz 18.15 / **20.00 Sz**
U Magdeburg **10.00** / 10.45 Pz 14.05

17.00 ✉ **U** Giessen 6.30 / 8.10 Pz
U Halle 20.05 / 20.30 Pz 21.15

18.15 ⛴ **U** Cöln > Deutz 23.00 ↩ / **6.30 Cz**
U Magdeburg **18.00** / 18.15 Pz 21.15

nach **Lindau**

3.00 ⛴ **U** Mainz 11.00 / **11.20 Sz**
U Ludwigshafen **13.00** / #
U Mannheim # / 15.10 Pz
U Bruchsal 17.01* / 17.20 Pz
U Stuttgart 20.15 ↩ / 7.05 Pz
U Friedrichshafen 15.20 / 15.30 ⛴ k.A.

20.00 ✉ **U** Wiesbaden 5.00 / 5.45 Pz
U Frankfurt a.M. 7.30 / **8.30 Ez**
U Bamberg **14.45** / **15.30 Ez**
U Augsburg **21.20** / 21.30 GmP 6.30³

* Ankunftszeit geschätzt

nach **Ludwigshafen**

3.00 ⛴ **U** Mainz 11.00 / **11.20 Sz** **13.00**
6.00 ⛴ **U** Mainz 14.00 / 15.00 Pz 17.00
7.00 ✉ **U** Mainz 16.15 / 18.00 Pz 20.35
8.00 ⛴ **U** Mainz 15.00 / 18.00 Pz 20.35
9.00 ⛴ **U** Mainz 17.30 / 18.00 Pz 20.35
nur Di, Mi, Fr, Sa und So
12.30 ⛴ **U** Mainz 19.30 / 20.00 Pz 21.59
14.00 ✉ **U** Mainz 23.15 ↩ / 4.30 Pz 6.04

weitere Verbindungen > **Mannheim**

nach **Lübeck**

13.15 ⛴ **U** Cöln > Deutz 18.15 / **20.00 Sz**
U Lehrte **6.00*** / 6.05 Pz
U Harburg 10.05 / 10.30 ⛴
U Hamburg 11.45 / 17.00 Pz
U Büchen 18.45* / 19.00 Pz 20.11

18.15 ⛴ **U** Cöln > Deutz 23.00 ↩ / **6.30 Cz**
U Lehrte **14.25*** / 14.35 Pz
U Harburg 18.20 / 19.00 ⛴
U Hamburg 20.15 / 23.00 ✉ 5.00³

* Ankunftszeit geschätzt

nach **Magdeburg**

6.00 ⛴ **U** Cöln > Deutz 10.30 / 11.00 Pz 4.50
13.15 ⛴ **U** Cöln > Deutz 18.15 / **20.00 Sz** **10.00**
18.15 ⛴ **U** Cöln > Deutz 23.00 ↩/ **6.30 Cz** **18.00**

nach **Mainz**

3.00 ⛴ 11.00
5.30 ⛴* 13.00
6.00 ⛴ 14.00

Fortsetzung siehe nächste Spalte

7.00 ✉ 16.15
8.00 ⛴ 15.00
9.00 ⛴* **nur Di, Mi, Fr, Sa und So** 17.30
12.15 ⛴* 18.15**
12.30 ⛴ 19.30
14.00 ✉ 23.15

* Niederländische Gesellschaft ** an Mainz-Castel

nach **Mannheim**

5.30 ⛴* 18.30
6.00 ⛴ 19.30
8.00 ⛴ 20.30
9.00 ⛴* **nur Di und Fr** abends

* Niederländische Gesellschaft

weitere Verbindungen > **Ludwigshafen**

nach **München**

3.00 ⛴ **U** Mainz 11.00 / **11.20 Sz**
U Ludwigshafen **13.00** / #
U Mannheim # / 15.10 Pz
U Bruchsal 17.01* / 17.20 Pz
U Stuttgart 20.15 ↩ / 7.05 Pz
U Ulm 10.50 / 11.15 GmP 20.30

20.00 ✉ **U** Wiesbaden 5.00 / 5.45 Pz
U Frankfurt a.M. 7.30 / **8.30 Ez**
U Bamberg **14.45** / **15.30 Ez** **23.00**

* Ankunftszeit geschätzt

nach **Münster**

6.00 ⛴ **U** Cöln > Deutz 10.30 / 11.00 Pz
U Hamm 16.00 / 19.00 Pz 20.00

13.15 ⛴ **U** Cöln > Deutz 18.15 / **20.00 Sz**
U Hamm **24.00** ↩ / 7.30 Pz 8.30

18.15 ⛴ **U** Cöln > Deutz 23.00 ↩ / **6.30 Cz**
U Hamm **9.36** / 12.10 Pz 13.00

nach **Nürnberg**

20.00 ✉ **U** Wiesbaden 5.00 / 5.45 Pz
U Frankfurt a.M. 7.30 / **8.30 Ez**
U Bamberg **14.45** / **15.30 Ez** **17.00**

nach **Oberhausen**

6.00 ⛴ **U** Cöln > Deutz 10.30 / 11.00 Pz 13.20
10.00 ⛴ **U** Cöln > Deutz 14.45 / 16.00 Pz 18.25
13.15 ⛴ **U** Cöln > Deutz 18.15 / **20.00 Sz** **21.50**
18.15 ⛴ **U** Cöln > Deutz 23.00 ↩ / **6.30 Cz** **8.00**

nach **Oppeln***

18.15 ⛴ **U** Cöln > Deutz 23.00 ↩/ **6.30 Cz**
U Berlin **21.20** / **22.15 Sz** **7.45³**

* Ankunftszeit geschätzt

nach **Osnabrück**

6.00 ⛴ **U** Cöln > Deutz 10.30 / 11.00 Pz
U Minden 19.45 / 1.00 ✉ 8.00

Fortsetzung siehe nächste Seite

noch: nach **Osnabrück**

13.15 ⛴ **U** Cöln > Deutz 18.15 / **20.00 Sz**
U Minden **3.05** / 9.00 ✉ 16.00

18.15 ⛴ **U** Cöln > Deutz 23.00 ↪ / **6.30 Cz**
U Bielefeld **11.13*** / 11.30 ✉ 18.00

* Ankunftszeit geschätzt

nach **Passau**

20.00 ✉ **U** Wiesbaden 5.00 / 5.45 Pz
U Frankfurt a.M. 7.30 / **8.30 Ez**
U Bamberg **14.45** / **15.30 Ez**
U Nürnberg **17.00** / 17.30 ✉
U Regensburg 5.30 / 11.00 ✉ 22.30[3]

nach **Posen**

18.15 ⛴ **U** Cöln > Deutz 23.00 ↪/ **6.30 Cz**
U Berlin **21.20** / **22.40 Sz**
U Kreutz **4.43** / 5.03 Pz 7.47[3]

nach **Regensburg**

20.00 ✉ **U** Wiesbaden 5.00 / 5.45 Pz
U Frankfurt a.M. 7.30 / **8.30 Ez**
U Bamberg **14.45** / **15.30 Ez**
U Nürnberg **17.00** / 17.30 ✉ 5.30[3]

nach **Rostock**

6.00 ⛴ **U** Cöln > Deutz 10.30 / 11.00 Pz
U Magdeburg 4.50 / 7.45 Pz
U Wittenberge 10.15 / 10.55 Pz
U Hagenow 12.40* / 12.50 Pz 16.40

13.15 ⛴ **U** Cöln > Deutz 18.15 / **20.00 Sz**
U Magdeburg **10.00** / 10.45 GmP
U Wittenberge 14.10 / 15.10 GmP
U Hagenow 17.00 / 17.30 20.10

18.15 ⛴ **U** Cöln > Deutz 23.00 ↪/ **6.30 Cz**
U Lehrte **14.00*** / 14.35 Pz
U Harburg 18.20 / 19.00 ⛴
U Hamburg 20.15 / **22.30 Cz**
U Hagenow **0.40*** ↪ / 7.30 Pz 11.05[3]

* Ankunftszeit geschätzt

nach **Saarbrücken**

3.00 ⛴ **U** Mainz 11.00 / **11.20 Sz** **16.58**
6.00 ⛴ **U** Mainz 14.00 / 15.00 Pz 22.05
14.00 ✉ **U** Mainz 23.15 ↪ / 4.30 Pz 10.36

nach **Schwerin**

6.00 ⛴ **U** Cöln > Deutz 10.30 / 11.00 Pz
U Magdeburg 4.50 / 7.45 Pz
U Wittenberge 10.15 / 10.55 Pz
U Hagenow 12.40* / 12.50 Pz 13.35

13.15 ⛴ **U** Cöln > Deutz 18.15 / **20.00 Sz**
U Magdeburg **10.00** / 10.45 GmP
U Wittenberge 14.10 / 15.10 GmP
U Hagenow 17.00 / 17.30 18.15

Fortsetzung siehe nächste Spalte

18.15 ⛴ **U** Cöln > Deutz 23.00 ↪/ **6.30 Cz**
U Lehrte **14.00*** / 14.35 Pz
U Harburg 18.20 / 19.00 ⛴
U Hamburg 20.15 / **22.30 Cz**
U Hagenow **0.40*** ↪ / 7.30 Pz 8.12[3]

* Ankunftszeit geschätzt

nach **Stettin**

6.00 ⛴ **U** Cöln > Deutz 10.30 / 11.00 Pz
U Berlin 9.30 / 12.15 Pz 15.52

13.15 ⛴ **U** Cöln > Deutz 18.15 / **20.00 Sz**
U Berlin **13.10** / 17.30 Pz 21.10

18.15 ⛴ **U** Cöln > Deutz 23.00 ↪/ **6.30 Cz**
U Berlin **21.20** / **22.40 Sz** , **1.47**[3]

nach **Stralsund**

13.15 ⛴ **U** Cöln > Deutz 18.15 / **20.00 Sz**
U Berlin **13.10** / 17.30 Pz
U Passow 20.00* / 20.20 ✉ 11.20[3]

18.15 ⛴ **U** Cöln > Deutz 23.00 ↪/ **6.30 Cz**
U Berlin **21.20** / **22.40 Sz**
U Passow 0.50* / 1.15 ✉ 18.00[3]

* Ankunftszeit geschätzt

nach **Stuttgart**

3.00 ⛴ **U** Mainz 11.00 / **11.20 Sz**
U Ludwigshafen **13.00** / #
U Mannheim # / 15.10 Pz
U Bruchsal 17.01* / 17.20 Pz 20.15

12.30 ⛴ **U** Mainz 19.30 / 20.00 Pz
U Ludwigshafen 21.59 ↪ / #
U Mannheim # / **6.40 Sz**
U Bruchsal **7.59*** / 8.15 Pz 11.05

14.00 ✉ **U** Mainz 23.15 ↪ / 4.30 Pz
U Ludwigshafen 6.04 / #
U Mannheim # / 9.00 Pz
U Bruchsal 10.51* / 11.10 Pz 14.10

* Ankunftszeit geschätzt

nach **Trier**

5.00 ⛴ **nur Di, Do und Sa** k.A.
6.45 ✉ *über Polch–Wittlich* 21.00
7.00 ⛴ mit ↪ in Berncastel k.A.
nur So/Mo und Mi/Do
15.30 ✉ *über Mayen–Wittlich* 6.30

nach **Ulm**

3.00 ⛴ **U** Mainz 11.00 / **11.20 Sz**
U Ludwigshafen **13.00** / #
U Mannheim # / 15.10 Pz
U Bruchsal 17.01* / 17.20 Pz
U Stuttgart 20.15 ↪ / 7.05 Pz 10.50

12.30 ⛴ **U** Mainz 19.30 / 20.00 Pz
U Ludwigshafen 21.59 ↪ / #
U Mannheim # / **6.40 Sz**
U Bruchsal **7.59*** / 8.15 Pz 15.05

Fortsetzung siehe nächste Spalte

14.00 ✉ **U** Mainz 23.15 ↪ / 7.30 Pz
U Ludwigshafen 9.37 / #
U Mannheim # / **12.15 Sz**
U Bruchsal **13.28*** / **13.48 Ez** **18.25**

* Ankunftszeit geschätzt

nach **Wiesbaden**

7.15 ✉ 16.15
20.00 ✉ 5.00

nach **Würzburg**

7.15 ✉ **U** Wiesbaden 16.15 / 17.35 Pz
U Frankfurt a.M. 19.05 / 20.55 GmP 9.50

20.00 ✉ **U** Wiesbaden 5.00 / 5.45 Pz
U Frankfurt a.M. 7.30 / **8.30 Ez** **12.00**

nach **Zwickau**

20.00 ✉ **U** Wiesbaden 5.00 / 5.45 Pz
U Frankfurt a.M. 7.30 / **8.30 Ez**
U Bamberg **14.45** / **15.05 Ez**
U Werdau **20.55*** / 21.17 Pz 21.40*

* Ankunftszeit geschätzt

Cöln

mit Deutz

Von Cöln bzw. vom rechtsrheinisch gelegenen Deutz gehen zur Zeit drei Bahnlinien von jeweils eigenen Bahnhöfen ab:

- die Bonn-Cölner Eisenbahn ab Bahnhof St. Pantaleon nach Bonn (demnächst verlängert bis Rolandseck),
- die Rheinische Eisenbahn ab Bahnhof am Thürmchen nach Aachen und Herbesthal vor der Grenze mit durchgehenden Zügen nach Belgien,
- die Cöln-Mindener Eisenbahn ab Bahnhof Deutz über Düsseldorf–Hamm bis Minden mit durchgehenden Zügen weiter nach Hannover–Braunschweig–Magdeburg–Berlin.

Für Fahrten Richtung Coblenz–Mainz empfehlen sich die täglich mehrmals verkehrenden Rheinischen Dampfschiff-Fahrten speziell der Cölner und Düsseldorfer Gesellschaften.

Noch im Herbst des laufenden Jahres ist mit der Eröffnung der ersten Teilstrecke der Cöln-Crefelder Eisenbahn bis Neuß zu rechnen (vollständige Betriebsaufnahme für nächstes Jahr projektiert). Für die weitere Zukunft befinden sich zwei Eisenbahn-Großprojekte in Vorbereitung: ein Personen-Centralbahnhof, den die Rheinische Eisenbahn in unmittelbarer Nachbarschaft zur Dombauruine zu bauen beabsichtigt, und eine feste Rheinbrücke, errichtet durch die Cöln-Mindener Bahn für ihre derzeit noch gegenüber in Deutz endenden bzw. abgehenden Züge aus/in Richtung Düsseldorf–Hannover–Berlin.

---

von **Cöln**

nach **Aachen**

7.00 Pz	9.00
11.45 Pz	13.45
18.00 Pz	20.00
23.30 Sz	**1.20**

nach **Augsburg**

10.00 ⛴	**U** Coblenz 17.00 / 20.00 ✉ **U** Wiesbaden 5.00 / 5.45 Pz **U** Frankfurt a.M. 7.30 / **8.30 Ez** **U** Bamberg **14.45 / 15.30 Ez**	**21.20**
13.00 ✉	**U** Frankft. a.M. 12-13.00/17.15 Pz **U** Bamberg 1.05 / 3.15 Pz	11.05^{3}
20.15 ⛴	**U** Mainz 11.00 / **11.20 Sz** **U** Ludwigshafen **13.00** / # **U** Mannheim # / 15.10 Pz **U** Bruchsal 17.01* / 17.20 Pz **U** Stuttgart 20.15 ↪ / 7.05 Pz **U** Ulm 10.50 / 11.15 GmP	15.40^{3}

* Ankunftszeit geschätzt

nach **Basel***

6.00 ⛴	**U** Mainz 19.30 / 20.00 Pz **U** Ludwigshafen 21.59 ↪ / # **U** Mannheim # / **6.40 Sz**	**14.56**
20.15 ⛴	**U** Mainz 11.00 / **11.20 Sz** **U** Ludwigshafen **13.00** / # **U** Mannheim # / 15.10 Pz **U** Offenburg 20.47 ↪ / 6.00 Pz	10.55^{3}

* Ankunft Basel Badischer Bf

nach **Berlin***

6.30 Cz	*über Hannover–Magdeburg*	**21.20**
11.00 Pz	*über Hannover–Magdeburg*	9.30
20.00 Sz	*über Hannover–Magdeburg*	**13.10**

* Abfahrt in Deutz

nach **Bonn**

5.45 ⛴*		8.00
6.00 ⛴		8.00
7.00 Pz		7.50
8.15 ⛴		11.00
9.30 ⛴*	**nur Mo, Di, Do, Fr und Sa**	11.30
10.00 Pz		10.50
10.00 ⛴		12.30
11.30 Pz		12.20
11.30 ⛴*		14.15
13.00 ⛴		15.45
14.45 Pz		15.35
17.45 Pz		18.35
19,00 ⛴*		21.45
20.15 ⛴		22.30
21.00 Pz		21.50
22.00 ⛴		0.30

Fortsetzung siehe nächste Spalte

* Niederländische Gesellschaft

nach **Braunschweig***

6.30 Cz	**15.22**
11.00 Pz	0.30
20.00 Sz	**7.05**

* Abfahrt in Deutz

nach **Bremen***

6.30 Cz	**U** Wunstorf **13.15**** / 13.25 Pz	16.00
20.00 Sz	**U** Wunstorf **4.35**** / 7.30 Pz	10.15

* Abfahrt in Deutz ** Ankunftszeit geschätzt

nach **Breslau***

6.30 Cz	**U** Berlin **21.20 / 22.15 Sz**	**5.45**

* Abfahrt in Deutz

nach **Carlsruhe**

6.00 ⛴	**U** Mainz 19.30 / 20.00 Pz **U** Ludwigshafen 21.59 ↪ / # **U** Mannheim # / 5.00 Pz	9.12
6.00 ⛴	**U** Mainz 19.30 / 20.00 Pz **U** Ludwigshafen 21.59 ↪ / # **U** Mannheim # / **6.40 Sz**	**8.27**
20.15 ⛴	**U** Mainz 11.00 / **11.20 Sz** **U** Ludwigshafen **13.00** / # **U** Mannheim # / 15.10 Pz	17.50
22.00 ⛴	**U** Mannheim 19.30 / 19.45 Pz	22.25
22.00 ⛴	**U** Mainz 14.00 / 15.00 Pz **U** Ludwigshafen 17.00 / # **U** Mannheim # / 19.45 Pz	22.25

nach **Cassel***

6.30 Cz	**U** Hamm **9.36** / 9.50 Pz	15.55
11.00 Pz	**U** Hamm 16.00 / 16.18 Pz	22.00

* Abfahrt in Deutz

nach **Chemnitz**

6.30 Cz	**U** Magdeburg **18.00** / 18.15 Pz **U** Leipzig 21.15 / **22.00 Sz** **U** Riesa **23.15*** ↪ / 5.15 Pz	8.15
11.00 Pz	**U** Magdeburg 4.50 / 5.30 Pz **U** Leipzig 9.00 / 10.00 Pz **U** Riesa 11.25* / 12.15 Pz	15.30
20.00 Sz	**U** Magdeburg **10.00** / 10.45 Pz **U** Leipzig 14.05 / 14.30 Pz **U** Riesa 16.00* / 16.45 Pz	19.30

* Ankunftszeit geschätzt

nach **Coblenz**

5.45 ⛴*		12.15
6.00 ⛴		12.15
6.30 ⛴*	*ohne Zwischenhalte*	11.15
8.15 ⛴		15.45
9.30 ⛴*	**nur Mo, Di, Do, Fr und Sa**	16.30
10.00 ⛴		17.00
11.30 ⛴*		18.30
13.00 ⛴		20.00
20.15 ⛴		2.45
21.00 Pz	**U** Bonn 21.50 / 22.30 ⛴	2.45
22.00 ⛴		5.45
23.30 ⛴*	**nur Mo und Do**	9.00

Fortsetzung siehe nächste Spalte

* Niederländische Gesellschaft

nach **Constanz**

6.00 ⛴	**U** Mainz 19.30 / 20.00 Pz **U** Ludwigshafen 21.59 ↪ / # **U** Mannheim # / **6.40 Sz** **U** Offenburg **10.22** / 10.45 ✉	6.15^{3}

nach **Danzig***

6.30 Cz	**U** Berlin **21.20 / 22.40 Sz**	**11.35**

* Abfahrt in Deutz

nach **Darmstadt**

10.00 ⛴	**U** Coblenz 17.00 / 20.00 ✉ **U** Wiesbaden 5.00 / 5.45 Pz **U** Frankfurt a.M. 7.30 / 8.00 GmP	9.15*
13.00 ✉	**U** Frankfurt a.M. 12-13.00 / 17.35 Pz	18.20*
22.00 ⛴	**U** Mainz 14.00 / 16.30 ✉	19.45.

* Ankunftszeit geschätzt

nach **Dortmund***

6.30 Cz	*über Oberhausen*	**9.02**
8.00 Pz	*über Oberhausen*	11.52
11.00 Pz	*über Oberhausen*	15.00
16.00 Pz	*über Oberhausen*	20.25
20.00 Sz	*über Oberhausen*	**23.11**

* Abfahrt in Deutz; Ankunftszeiten in Dortmund sind sämmtlich geschätzt.

nach **Dresden***

6.30 Cz	**U** Magdeburg **18.00** / 18.15 Pz **U** Leipzig 21.15 / **22.00 Sz**	**0.30**
11.00 Pz	**U** Magdeburg 4.50 / 5.30 Pz **U** Leipzig 9.00 / 10.00 Pz	13.15
20.00 Sz	**U** Magdeburg **10.00** / 10.45 Pz **U** Leipzig 14.05 / 14.30 Pz	17.30

* Abfahrt in Deutz

nach **Düsseldorf***

5.30 ⛴		8.00
6.30 Cz		**7.15**
8.00 Pz		9.09
11.00 Pz		12.10
16.00 Pz		17.10
18.30 ⛴		22.00
20.00 Sz		**20.55**
20.00 ⛴**	**nur So, Mo, Mi, Do und Fr**	23.00

* Abfahrten **der Züge** in Deutz
** Niederländische Gesellschaft

nach **Elberfeld***

6.00 ✉	*über Lennep*	13.00
6.30 Cz	**U** Düsseldorf **7.15** / 7.30 Pz	8.36
8.00 Pz	**U** Düsseldorf 9.09 / 9.30 Pz	10.36
11.00 Pz	**U** Düsseldorf 12.10 / 12.30 Pz	14.07
16.00 Pz	**U** Düsseldorf 17.10 / 17.30 Pz	18.36
20.00 Sz	**U** Düsseldorf **20.55** / 21.15 Pz	22.21

* Abfahrten **der Züge** ab Deutz

nach **Erfurt***

11.00 Pz	**U** Hamm 16.00 / 16.18 Pz	
	U Cassel 22.00 / 22.15 Pz	
	U Guntershausen 22.35/**22.45 Sz**	**2.50****

* Abfahrt in Deutz ** Ankunftszeit geschätzt

nach **Essen***

8.00 Pz	*über Düsseldorf–Oberhausen*	10.40
11.00 Pz	*über Düsseldorf–Oberhausen*	13.45
16.00 Pz	*über Düsseldorf–Oberhausen*	18.55
20.00 Sz	*über Düsseldorf–Oberhausen*	**22.15**

* Abfahrt in Deutz, Ankunft in Alten-Essen, Ankunftszeit geschätzt; ein Fahrplan der Post-Course von Alten-Essen nach Essen Stadt liegt nicht vor.

nach **Frankfurt a.M.**

10.00 ⛴	**U** Coblenz 17.00 / 20.00 ✉	
	U Wiesbaden 5.00 / 5.45 Pz	7.30
13.00 ✉	*über Siegburg–Limburg*	12-13.00
22.00 ⛴		17.30
22.00 ⛴	**U** Coblenz 5.45 / 7.15 ✉	
	U Wiesbaden 16.15 / 17.35 Pz	19.05

nach **Freiburg i.B.**

6.00 ⛴	**U** Mainz 19.30 / 20.00 Pz	
	U Ludwigshafen 21.59 ↪ / #	
	U Mannheim # / **6.40 Sz**	**12.35**
20.15 ⛴	**U** Mainz 11.00 / **11.20 Sz**	
	U Ludwigshafen **13.00** / #	
	U Mannheim # / 15.10 Pz	
	U Offenburg 20.47 ↪ / 6.00 Pz	8.16[3]

nach **Gera***

6.30 Cz	**U** Magdeburg **18.00** / 18.15 Pz	
	U Leipzig 21.15 ↪ / 6.00 Pz	
	U Altenburg 7.10** / 9.00 ✉	13.00
6.30 Cz	**U** Magdeburg **18.00** / 18.15 Pz	
	U Leipzig 21.15 ↪ / **7.15 Ez**	
	U Altenburg **8.08**** / 9.00 ✉	13.00
20.00 Sz	**U** Magdeburg **10.00** / 10.45 Pz	
	U Leipzig 14.05 / 18.30 Pz	
	U Altenburg 19.40** / 20.30 ✉	0.30[3]

* Abfahrt in Deutz ** Ankunftszeit geschätzt

nach **Görlitz***

6.30 Cz	**U** Berlin **21.20** / **22.15 Sz**	
	U Kohlfurt **2.40**** / 3.15 Pz	4.00

Fortsetzung siehe nächste Spalte

6.30 Cz	**U** Magdeburg **18.00** / 18.15 Pz	
	U Leipzig 21.15 / **22.00 Sz**	
	U Dresden **0.30** / 5.30 Pz	9.00
11.00 Pz	**U** Magdeburg 4.50 / 5.30 Pz	
	U Leipzig 9.00 / 10.00 Pz	
	U Dresden 13.15 / 14.30 Pz	18.15
20.00 Sz	**U** Magdeburg **10.00** / 10.45 Pz	
	U Leipzig 14.05 / 14.30 Pz	
	U Dresden 17.30 / 18.15 Pz	21.40

* Abfahrt in Deutz ** Ankunftszeit geschätzt

nach **Hagen***

6.30 Cz	**U** Düsseldorf **7.15** / 7.30 Pz	
	U Elberfeld 8.36 / 9.40 Pz	11.17
8.00 Pz	**U** Düsseldorf 9.09 / 9.30 Pz	
	U Elberfeld 10.36/ 12.45 Pz	13.48
11.00 Pz	**U** Düsseldorf 12.10 / 12.30 Pz	
	U Elberfeld 14.07 / 16.20 Pz	17.38
16.00 Pz	**U** Düsseldorf 17.10 / 17.30 Pz	
	U Elberfeld 18.36 / 19.25 Pz	20.33
20.00 Sz	**U** Düsseldorf **20.55** / 21.15 Pz	
	U Elberfeld 22.21 ↪ / 6.45 Pz	7.50

* Abfahrt in Deutz; Ankunftszeiten in Hagen sind sämmtlich geschätzt.

nach **Halle***

6.30 Cz	**U** Magdeburg **18.00** / 18.15 Pz	20.25
11.00 Pz	**U** Magdeburg 4.50 / 5.30 Pz	8.00
20.00 Sz	**U** Magdeburg **10.00** / 10.45 Pz	13.10

* Abfahrt in Deutz

nach **Hamburg***

6.30 Cz	**U** Lehrte **14.25**** / 14.35 Pz	
	U Harburg 18.20 / 19.00 ⛴	20.15
20.00 Sz	**U** Lehrte **6.00**** / 6.05 Pz	
	U Harburg 10.05 / 10.30 ⛴	11.45

* Abfahrt in Deutz ** Ankunftszeit geschätzt

nach **Hamm***

6.30 Cz	*über Oberhausen*	**9.36**
8.00 Pz	*über Oberhausen*	12.55
11.00 Pz	*über Oberhausen*	16.00
16.00 Pz	*über Oberhausen*	21.15
20.00 Sz	*über Oberhausen*	**24.00**

* Abfahrt in Deutz

nach **Hannover***

6.30 Cz	*über Hamm*	**13.45**
11.00 Pz	*über Hamm*	22.10
20.00 Sz	*über Hamm*	**5.10**

* Abfahrt in Deutz

nach **Heidelberg**

6.00 ⛴	**U** Mainz 19.30 / 20.00 Pz	
	U Ludwigshafen 21.59 ↪ / #	
	U Mannheim # / 5.00 Pz	5.45
6.00 ⛴	**U** Mainz 19.30 / 20.00 Pz	
	U Ludwigshafen 21.59 ↪ / #	
	U Mannheim # / **6.40 Sz**	**7.07**

Fortsetzung siehe nächste Spalte

20.15 ⛴	**U** Mainz 11.00 / **11.20 Sz**	
	U Ludwigshafen **13.00** / #	
	U Mannheim # / 15.10 Pz	15.46
22.00 ⛴	**U** Mannheim 19.30 / 19.45 Pz	20.21
22.00 ⛴	**U** Mainz 14.00 / 15.00 Pz	
	U Ludwigshafen 17.00 / #	
	U Mannheim # / 19.45 Pz	20.21

nach **Kiel***

6.30 Cz	**U** Lehrte **14.25**** / 14.35 Pz	
	U Harburg 18.20 / 19.00 ⛴	
	U Hamburg > Altona 20.15 ↪ / 8.10 Pz	11.00
20.00 Sz	**U** Lehrte **6.00**** / 6.05 Pz	
	U Harburg 10.05 / 10.30 ⛴	
	U Hamburg > Altona 11.45 / 13.00 GmP	16.30

* Abfahrt in Deutz ** Ankunftszeit geschätzt

nach **Königsberg i.Pr.***

6.30 Cz	**U** Berlin **21.20** / **22.40 Sz**	
	U Dirschau **10.45** / 11.37 ✉	
	U Marienburg 16.07 / **16.37 Sz**	**21.02**

* Abfahrt in Deutz

nach **Leipzig***

6.30 Cz	**U** Magdeburg **18.00** / 18.15 Pz	21.15
11.00 Pz	**U** Magdeburg 4.50 / 5.30 Pz	9.00
20.00 Sz	**U** Magdeburg **10.00** / 10.45 Pz	14.05

* Abfahrt in Deutz

nach **Lindau**

10.00 ⛴	**U** Coblenz 17.00 / 20.00 ✉	
	U Wiesbaden 5.00 / 5.45 Pz	
	U Frankfurt a.M. 7.30 / **8.30 Ez**	
	U Bamberg **14.45** / **15.30 Ez**	
	U Augsburg **21.20** / 21.30 GmP	6.30[3]
20.15 ⛴	**U** Mainz 11.00 / **11.20 Sz**	
	U Ludwigshafen **13.00** / #	
	U Mannheim # / 15.10 Pz	
	U Bruchsal 17.01* / 17.20 Pz	
	U Stuttgart 20.15 ↪ / 7.05 Pz	
	U Friedrichshafen 15.20 / 15.30 ⛴	k.A.[3]

* Ankunftszeit geschätzt

nach **Ludwigshafen**

6.00 ⛴	**U** Mainz 19.30 / 20.00 Pz	21.59
20.15 ⛴	**U** Mainz 11.00 / **11.20 Sz**	**13.00**
22.00 ⛴	**U** Mainz 14.00 / 15.00 Pz	17.00
23.30 ⛴	**U** Mainz 17.30 / 18.00 Pz **nur Mo und Do**	20.35

weitere Verbindungen > **Mannheim**

nach **Lübeck***

6.30 Cz	**U** Lehrte **14.25**** / 14.35 Pz	
	U Harburg 18.20 / 19.00 ⛴	
	U Hamburg 20.15 / 23.00 ✉	5.00

Fortsetzung siehe nächste Seite

noch: nach **Lübeck**

20.00 Sz **U** Lehrte **6.00**** / 6.05 Pz
U Harburg 10.05 / 10.30 ⛴
U Hamburg 11.45 / 17.00 Pz
U Büchen 18.45** / 19.00 Pz — 20.11

* Abfahrt in Deutz ** Ankunftszeit geschätzt

nach **Magdeburg***

6.30 Cz *über Hannover* — **18.00**
11.00 Pz *über Hannover* — 4.50
20.00 Sz *über Hannover* — **10.00**

* Abfahrt in Deutz

nach **Mainz**

6.00 ⛴ — 19.30
20.15 ⛴ — 11.00
21.00 Pz **U** Bonn 21.50 / 22.30 ⛴ — 11.00
22.00 ⛴ — 14.00
23.30 ⛴* **nur Mo und Do** — 17.30

* Niederländische Gesellschaft

nach **Mannheim**

22.00 ⛴ — 19.30
23.30 ⛴* **nur Mo und Do** — abends

* Niederländische Gesellschaft

weitere Verbindungen > **Ludwigshafen**

nach **München**

10.00 ⛴ **U** Coblenz 17.00 / 20.00 ✉
U Wiesbaden 5.00 / 5.45 Pz
U Frankfurt a.M. 7.30 / **8.30 Ez**
U Bamberg **14.45 / 15.30 Ez** — **23.00**

13.00 ✉ **U** Frankft. a.M. 12-13.00/17.15 Pz
U Bamberg 1.05 / 3.15 Pz — 13.15[3]

20.15 ⛴ **U** Mainz 11.00 / **11.20 Sz**
U Ludwigshafen **13.00** / #
U Mannheim # / 15.10 Pz
U Bruchsal 17.01* / 17.20 Pz
U Stuttgart 20.15 ↪ / 7.05 Pz
U Ulm 10.50 / 11.15 GmP — 20.30[3]

* Ankunftszeit geschätzt

nach **Münster***

6.30 Cz **U** Hamm **9.36** / 12.10 Pz — 13.00
8.00 Pz **U** Hamm 12.50 / 13.15 GmP — 14.45
11.00 Pz **U** Hamm 16.00 / 19.00 Pz — 20.00
20.00 Sz **U** Hamm **24.00** ↪ / 7.30 Pz — 8.30

* Abfahrt in Deutz

nach **Nürnberg**

10.00 ⛴ **U** Coblenz 17.00 / 20.00 ✉
U Wiesbaden 5.00 / 5.45 Pz
U Frankfurt a.M. 7.30 / **8.30 Ez**
U Bamberg **14.45 / 15.30 Ez** — **17.00**

13.00 ✉ **U** Frankft. a.M. 12-13.00/17.15 Pz
U Bamberg 1.05 / 3.15 Pz — 5.15[3]

nach **Oberhausen***

6.30 Cz — **8.00**
8.00 Pz — 10.15
11.00 Pz — 13.20
16.00 Pz — 18.25
20.00 Sz — **21.50**

* Abfahrt in Deutz

nach **Oppeln***

6.30 Cz **U** Berlin **21.20 / 22.15 Sz** — **7.45**

* Abfahrt in Deutz; Ankunftszeit in Oppeln geschätzt.

nach **Osnabrück***

6.30 Cz **U** Bielefeld **11.13**** / 11.30 ✉ — 18.00
11.00 Pz **U** Minden 19.45 / 1.00 ✉ — 8.00
20.00 Sz **U** Minden **3.05** / 9.00 ✉ — 16.00

* Abfahrt in Deutz ** Ankunftszeit geschätzt

nach **Passau**

10.00 ⛴ **U** Coblenz 17.00 / 20.00 ✉
U Wiesbaden 5.00 / 5.45 Pz
U Frankfurt a.M. 7.30 / **8.30 Ez**
U Bamberg **14.45 / 15.30 Ez**
U Nürnberg **17.00** / 17.30 ✉
U Regensburg 5.30 / 11.00 ✉ — 22.30[3]

nach **Posen***

6.30 Cz **U** Berlin **21.20 / 22.40 Sz**
U Kreutz **4.43** / 5.03 Pz — 7.47

* Abfahrt in Deutz

nach **Regensburg**

10.00 ⛴ **U** Coblenz 17.00 / 20.00 ✉
U Wiesbaden 5.00 / 5.45 Pz
U Frankfurt a.M. 7.30 / **8.30 Ez**
U Bamberg **14.45 / 15.30 Ez**
U Nürnberg **17.00** / 17.30 ✉ — 5.30[3]

13.00 ✉ **U** Frankft. a.M. 12-13.00/17.15 Pz
U Bamberg 1.05 / 3.15 Pz
U Nürnberg 5.15 / 6.00 ✉ — 18.00[3]

nach **Rostock***

6.30 Cz **U** Lehrte **14.25**** / 14.35 Pz
U Harburg 18.20 / 19.00 ⛴
U Hamburg 20.15 / **22.30 Cz**
U Hagenow **0.40**** ↪ / 7.30 Pz — 11.05

11.00 Pz **U** Magdeburg 4.50 / 7.45 Pz
U Wittenberge 10.15 / 10.55 Pz
U Hagenow 12.40** / 12.50 Pz — 16.40

20.00 Sz **U** Magdeburg **10.00** / 10.45 GmP
U Wittenberge 14.10 / 15.10 GmP
U Hagenow 17.00 / 17.30 — 20.10

* Abfahrt in Deutz ** Ankunftszeit geschätzt

nach **Saarbrücken**

6.00 ⛴ **U** Mainz 19.30 ↪ / 4.30 Pz — 10.36
20.15 ⛴ **U** Mainz 11.00 / **11.20 Sz** — **16.58**
22.00 ⛴ **U** Mainz 14.00 / 15.00 Pz — 22.05

nach **Schwerin***

6.30 Cz **U** Lehrte **14.25*** / 14.35 Pz
U Harburg 18.20 / 19.00 ⛴
U Hamburg 20.15 / **22.30 Cz**
U Hagenow **0.40**** ↪ / 7.30 Pz — 8.12

11.00 Pz **U** Magdeburg 4.50 / 7.45 Pz
U Wittenberge 10.15 / 10.55 Pz
U Hagenow 12.40** / 12.50 Pz — 13.35

20.00 Sz **U** Magdeburg **10.00** / 10.45 GmP
U Wittenberge 14.10 / 15.10 GmP
U Hagenow 17.00 / 17.30 Pz — 18.15

* Abfahrt in Deutz ** Ankunftszeit geschätzt

nach **Stettin***

6.30 Cz **U** Berlin **21.20 / 22.40 Sz** — **1.47**
11.00 Pz **U** Berlin 9.30 / 12.15 Pz — 15.52
20.00 Sz **U** Berlin **13.10** / 17.30 Pz — 21.10

* Abfahrt in Deutz

nach **Stralsund***

6.30 Cz **U** Berlin **21.20 / 22.40 Sz**
U Passow 0.50** / 1.15 ✉ — 18.00

20.00 Sz **U** Berlin **13.10** / 17.30 Pz
U Passow 20.00** / 20.20 ✉ — 11.20[3]

* Abfahrt in Deutz ** Ankunftszeit geschätzt

nach **Stuttgart**

6.00 ⛴ **U** Mainz 19.30 / 20.00 Pz
U Ludwigshafen 21.59 ↪ / #
U Mannheim # / **6.40 Sz**
U Bruchsal **7.59*** / 8.15 Pz — 11.05

20.15 ⛴ **U** Mainz 11.00 / **11.20 Sz**
U Ludwigshafen **13.00** / #
U Mannheim # / 15.10 Pz
U Bruchsal 17.01* / 17.20 Pz — 20.15

* Ankunftszeit geschätzt

nach **Trier**

5.00 ✉ *über Losheim–Bitburg* — 2.15
6.00 ⛴ **U** Coblenz 12.15 / 15.30 ✉ — 6.30
19.00 ✉ *über Münstereifel–Bitburg* — 17.30
22.00 ⛴ **U** Coblenz 5.45 / 6.45 ✉ — 21.00

nach **Ulm**

6.00 ⛴ **U** Mainz 19.30 / 20.00 Pz
U Ludwigshafen 21.59 ↪ / #
U Mannheim # / **6.40 Sz**
U Bruchsal **7.59*** / 8.15 Pz — 15.05

20.15 ⛴ **U** Mainz 11.00 / **11.20 Sz**
U Ludwigshafen **13.00** / #
U Mannheim # / 15.10 Pz
U Bruchsal 17.01* / 17.20 Pz
U Stuttgart 20.15 ↪ / 7.05 Pz — 10.50[3]

* Ankunftszeit geschätzt

nach **Wiesbaden**

10.00 ⛴ **U** Coblenz 17.00 / 20.00 ✉ — 5.00
22.00 ⛴ **U** Coblenz 5.45 / 7.15 ✉ — 16.15

nach **Würzburg**

10.00 ⛴ **U** Coblenz 17.00 / 20.00 ✉
U Wiesbaden 5.00 / 5.45 Pz
U Frankfurt a.M. 7.30 / **8.30 Ez** **12.00**

13.00 ✉ **U** Frankfurt a.M. 12.00-13.00 / 17.15 Pz 21.40

22.00 ⛴ **U** Frankfurt a.M. 17.30/ 20.55 GmP 9.50[3]

nach **Zwickau**

10.00 ⛴ **U** Coblenz 17.00 / 20.00 ✉
U Wiesbaden 5.00 / 5.45 Pz
U Frankfurt a.M. 7.30 / **8.30 Ez**
U Bamberg **14.45** / **15.05 Ez**
U Werdau **20.55*** / 21.17 Pz 21.40*

* Ankunftszeit geschätzt

Auslandsverbindungen

Cöln ist außerdem im **Auslandsteil** ab S. 210 mit den hier abgehenden Eisenbahn-Coursen nach **Belgien** aufgeführt, ferner mit den ab dort bestehenden Anschlüssen nach **England** und **Frankreich**.

Constanz

Gegenwärtig findet noch kein Zugverkehr von und nach Constanz statt.

Geplant ist jedoch seitens der Badischen Staatseisenbahnen, deren kürzlich eröffnete „Hauptbahn" Mannheim–Heidelberg–Carlsruhe–Basel über Waldshut–Schaffhausen bis Constanz zu verlängern. Am Abschnitt Basel–Säckingen wird bereits gebaut.

Von den Bodensee-Dampfschiff-Fahrten, die neben den Post-Coursen einen Großteil des Verkehrsbedarfs erfüllen und die vor allem die Verbindung zu den aus Friedrichshafen und Lindau abgehenden Eisenbahnlinien vermitteln, liegen leider nur unvollständige Fahrplandaten vor, so daß für die im folgrnden genannten Bahnanschlüsse keine Gewähr übernommen werden kann.

nach **Aachen**

7.30 ⛴ **U** Friedrichshafen # / 10.30 Pz
U Bruchsal 21.00 / **21.23 Sz**
U Mannheim **22.41** / #
U Ludwigshafen # ↪ / 6.05 Pz
U Mainz 8.05 / 9.00 ⛴
U Cöln 18.15 / **23.30 Sz** **1.20**[3]

12.00 ✉ **U** Freiburg i.B. 4.45* / 5.00 Pz
U Mannheim 12.09 / #
U Ludwigshafen # / 15.10 Pz
U Mainz 17.15 / 20.00 ✉
U Coblenz 5.30 / 6.00 ⛴
U Cöln 10.30 / 11.45 Pz 13.45[3]

13.30 ⛴ **U** Friedrichshafen # / 18.30 Pz
U Ulm 22.06 ↪ / 5.35 Pz
U Bruchsal 12.06 / **12.27 Sz**
U Mannheim **13.42** / #
U Ludwigshafen # / 15.10 Pz
U Mainz 17.15 / 20.00 ✉
U Coblenz 5.30 / 6.00 ⛴
U Cöln 10.30 / 11.45 Pz 13.45[3]

* Ankunftszeit geschätzt

nach **Augsburg**

7.30 ⛴ **U** Friedrichshafen # / 9.30 ⛴
U Lindau # / **14.40 Ez** **21.05**

12.30 ⛴ **U** Friedrichshafen # / 13.50 Pz
U Ulm 17.20 / **18.45 Ez** **21.15**

13.30 ⛴ **U** Friedrichshafen # / 15.30 Pz
U Lindau # / 20.15 GmP 7.45

nach **Basel**

12.00 ✉ **U** Schaffhausen 16.30 / 19.30 ✉ 9.00

nach **Berlin**

12.00 ✉ **U** Freiburg i.B. 4.45 / 5.00 Pz
U Heidelberg 11.27 / 11.45 Pz
U Frankfurt a.M. 14.30 / **17.00 Sz** **10.30**[3]

13.30 ⛴ **U** Friedrichshafen # / 15.30 Pz
U Lindau # / 20.15 GmP
U Augsburg 7.45 / **8.55 Ez**
U Leipzig **23.00** ↪ / **5.00 Sz** **10.30**[3]

nach **Bonn**

7.30 ⛴ **U** Friedrichshafen # / 10.30 Pz
U Bruchsal 21.00 / **21.23 Sz**
U Mannheim **22.41** / #
U Ludwigshafen # ↪ / 6.05 Pz
U Mainz 8.05 / 9.00 ⛴ 16.15

12.00 ✉ **U** Freiburg i.B. 4.45* / 5.00 Pz
U Heidelberg 11.27 / 11.45 Pz
U Frankfurt a.M. 14.30/ 18.00 ✉
U Coblenz 4.00 / 6.00 ⛴ 8.45[3]

13.30 ⛴ **U** Friedrichshafen # / 18.30 Pz
U Ulm 22.06 ↪ / 5.35 Pz
U Bruchsal 12.06 / **12.27 Sz**
U Heidelberg **13.05** / **13.20 Sz**
U Frankfurt a.M. **15.30** / 18.00 ✉
U Coblenz 4.00 / 6.00 ⛴ 8.45[3]

* Ankunftszeit geschätzt

☞ **Wichtiger Hinweis** ☜

Angaben zu den Eisenbahnanschlüssen in Friedrichshafen bzw. Lindau **ohne Gewähr**

nach **Braunschweig**

7.30 ⛴ **U** Friedrichshafen # / 10.30 Pz
U Bruchsal 21.00 / **21.23 Sz**
U Heidelberg **22.00*** / **22.10 Cz**
U Frankfurt a.M. **0.15** ↪ / 5.45 Pz
U Guntershausen 11.45/ 11.50 Pz
U Cassel 12.10 / 12.30 ✉
U Göttingen 17.45 / 18.00 Pz
U Hannover 21.30 / 22.30 Pz 0.30[3]

13.30 ⛴ **U** Friedrichshafen # / 18.30 Pz
U Ulm 22.06 ↪ / 5.35 Pz
U Bruchsal 12.06 / **12.27 Sz**
U Heidelberg **13.05*** / **13.20**
U Frankfurt a.M. **15.30** / **17.00 Sz**
U Guntershausen **21.50** / 21.55 Pz
U Cassel 22.15 / 23.15 ✉
U Göttingen 4.40 / 5.15 Pz
U Hannover 8.45 / 10.00 Pz 12.15[3]

13.30 ⛴ **U** Friedrichshafen # / 15.30 Pz
U Lindau # / 20.15 GmP
U Augsburg 7.45 / **8.55 Ez**
U Leipzig **23.00** ↪ / 7.00 Pz
U Magdeburg 9.50 / **10.40 Cz** **12.50**[3]

* Ankunftszeit geschätzt

nach **Bremen**

7.30 ⛴ **U** Friedrichshafen # / 10.30 Pz
U Bruchsal 21.00 / **21.23 Sz**
U Heidelberg **21.59** / **22.10 Cz**
U Frankfurt a.M. **0.15** ↪ / 5.45 Pz
U Guntershausen 11.45 / 11.50 Pz
U Cassel 12.10 / 12.30 ✉
U Göttingen 17.45 / 18.00 Pz
U Hannover 21.30 ↪ / **6.45 Sz**
U Wunstorf **7.15*** / 7.30 Pz 10.15[3]

13.30 ⛴ **U** Friedrichshafen # / 18.30 Pz
U Ulm 22.06 ↪ / 5.35 Pz
U Bruchsal 12.06 / **12.27 Sz**
U Heidelberg **13.05** / **13.20**
U Frankfurt a.M. **15.30** / **17.00 Sz**
U Guntershausen **21.50** / 21.55 Pz
U Cassel 22.15 / 23.15 ✉
U Göttingen 4.40 / 5.15 Pz
U Hannover 8.45 / 12.45 Pz 16.00[3]

* Ankunftszeit geschätzt

nach **Breslau**

13.30 ⛴ **U** Friedrichshafen # / 15.30 Pz
U Lindau # / 20.15 GmP
U Augsburg 7.45 / **8.55 Ez**
U Leipzig **23.00** ↪ / 6.00 Pz
U Dresden 9.15 / 9.45 Pz
U Görlitz 12.50 / 13.30 Pz
U Kohlfurt 14.10 / 14.15 Pz 18.30[3]

nach **Carlsruhe**

12.00 ✉ **U** Freiburg i.B. 4.45* / 5.00 Pz 9.35

12.00 ✉ **U** Offenburg 6.45* / 7.00 Pz 9.35

Fortsetzung siehe nächste Seite

noch: nach **Carlsruhe**

13.30 ⛴	U Friedrichshafen # / 18.30 Pz	
	U Ulm 22.06 🚆 / 5.35 Pz	
	U Bruchsal 12.06 / **13.38 Sz**	**14.15**

* Ankunftszeit geschätzt

nach **Cassel**

7.30 ⛴	U Friedrichshafen # / 10.30 Pz	
	U Bruchsal 21.00 / **21.23 Sz**	
	U Heidelberg **21.59** / **22.10 Cz**	
	U Frankfurt a.M. **0.15** 🚆 / 5.45 Pz	
	U Guntershausen 11.45/11.50 Pz	12.10
12.00 ✉	U Freiburg i.B. 4.45* / 5.00 Pz	
	U Heidelberg 11.27 / 11.45 Pz	
	U Frankfurt a.M. 14.30 / **17.00 Sz**	
	U Guntershausen **21.50**/21.55 Pz	22.15
12.30 ⛴	U Friedrichshafen # / 13.50 Pz	
	U Stuttgart 21.10 🚆 / 7.20 Pz	
	U Bruchsal 10.12 / 10.30 Pz	
	U Heidelberg 11.27 / 11.45 Pz	
	U Frankfurt a.M. 14.30 / **17.00 Sz**	
	U Guntershausen **21.50** / 21.55 Pz	22.15
13.30 ⛴	U Friedrichshafen # / 18.30 Pz	
	U Ulm 22.06 🚆 / 5.35 Pz	
	U Bruchsal 12.06 / **12.27 Sz**	
	U Heidelberg **13.05** / **13.20 Sz**	
	U Frankfurt a.M. **15.30** / **17.00 Sz**	
	U Guntershausen **21.50** / 21.55 Pz	22.15

nach **Chemnitz**

13.30 ⛴	U Friedrichshafen # / 15.30 Pz	
	U Lindau # / 20.15 GmP	
	U Augsburg 7.45 / **8.55 Ez**	
	U Werdai **20.55*** / 21.17 Pz	
	U Zwickau 21.40* / 22.30 ✉	3.00[3]

* Ankunftszeit geschätzt

nach **Coblenz**

7.30 ⛴	U Friedrichshafen # / 10.30 Pz	
	U Bruchsal 21.00 / **21.23 Sz**	
	U Mannheim **22.41** / #	
	U Ludwigshafen # 🚆 / 6.05 Pz	
	U Mainz 8.05 / 9.00 ⛴	13.00
12.00 ✉	U Freiburg i.B. 4.45* / 5.00 Pz	
	U Heidelberg 11.27 / 11.45 Pz	
	U Frankfurt a.M. 14.30/ 18.00 ✉	4.00[3]
13.30 ⛴	U Friedrichshafen # / 18.30 Pz	
	U Ulm 22.06 🚆 / 5.35 Pz	
	U Bruchsal 12.06 / **12.27 Sz**	
	U Heidelberg **13.05** / **13.20 Sz**	
	U Frankfurt a.M. **15.30** / 18.00 ✉	4.00[3]

* Ankunftszeit geschätzt

☞ **Wichtiger Hinweis** ☜

Angaben zu den Eisenbahnanschlüssen in Friedrichshafen bzw. Lindau **ohne Gewähr**

nach **Cöln**

7.30 ⛴	U Friedrichshafen # / 10.30 Pz	
	U Bruchsal 21.00 / **21.23 Sz**	
	U Mannheim **22.41** / #	
	U Ludwigshafen # 🚆 / 6.05 Pz	
	U Mainz 8.05 / 9.00 ⛴	18.15
12.00 ✉	U Freiburg i.B. 4.45* / 5.00 Pz	
	U Mannheim 12.09 / #	
	U Ludwigshafen # / 15.10 Pz	
	U Mainz 17.15 / 20.00 ✉	
	U Coblenz 5.30 / 6.00 ⛴	10.30[3]
13.30 ⛴	U Friedrichshafen # / 18.30 Pz	
	U Ulm 22.06 🚆 / 5.35 Pz	
	U Bruchsal 12.06 / **12.27 Sz**	
	U Mannheim **13.42** / #	
	U Ludwigshafen # / 15.10 Pz	
	U Mainz 17.15 / 20.00 ✉	
	U Coblenz 5.30 / 6.00 ⛴	10.30[3]

* Ankunftszeit geschätzt

nach **Danzig**

13.30 ⛴	U Friedrichshafen # / 15.30 Pz	
	U Lindau # / 20.15 GmP	
	U Augsburg 7.45 / **8.55 Ez**	
	U Leipzig **23.00** 🚆 / **5.00 Sz**	
	U Berlin **10.30** / **22.40 Sz**	**11.35**[4]

nach **Darmstadt***

7.30 ⛴	U Friedrichshafen # / 10.30 Pz	
	U Bruchsal 21.00 / **21.23 Sz**	
	U Heidelberg **21.59** / **22.10 Cz**	**23.38**
12.00 ✉	U Freiburg i.B. 4.45* / 5.00 Pz	
	U Heidelberg 11.27 / 11.45 Pz	13.43
12.00 ✉	U Offenburg 6.45* / 7.00 Pz	
	U Heidelberg 11.27 / 11.45 Pz	13.43
12.30 ⛴	U Friedrichshafen # / 13.50 Pz	
	U Stuttgart 21.10 🚆 / 7.20 Pz	
	U Bruchsal 10.12 / 10.30 Pz	
	U Heidelberg 11.27 / 11.45 Pz	13.43
13.30 ⛴	U Friedrichshafen # / 18.30 Pz	
	U Ulm 22.06 🚆 / 5.35 Pz	
	U Bruchsal 12.06 / **12.27 Sz**	
	U Heidelberg **13.05 / 13.20**	**14.53**

* Ankunftszeit geschätzt

nach **Dortmund**

7.30 ⛴	U Friedrichshafen # / 10.30 Pz	
	U Bruchsal 21.00 / **21.23 Sz**	
	U Heidelberg **21.59** / **22.10 Cz**	
	U Frankfurt a.M. **0.15** / 5.45 Pz	
	U Guntershausen 11.45/11.50 Pz	
	U Cassel 12.10 / 12.30 Pz	
	U Hamm 18.26 / **18.45 Cz**	**19.20***
12.00 ✉	U Freiburg i.B. 4.45 / 5.00 Pz	
	U Heidelberg 11.27 / 11.45 Pz	
	U Frankfurt a.M. 14.30 / **17.00 Sz**	
	U Guntershausen **21.50** / 21.55 Pz	
	U Cassel 22.15 🚆 / 5.55 Pz	
	U Hamm 11.46 / **12.01 Sz**	**12.45***[3]
13.30 ⛴	U Friedrichshafen # / 18.30 Pz	
	U Ulm 22.06 🚆 / 5.35 Pz	
	U Bruchsal 12.06 / **12.27 Sz**	
	U Heidelberg **13.05** / **13.20 Sz**	
	U Frankfurt a.M. **15.30** / **17.00 Sz**	
	U Guntershausen **21.50** / 21.55 Pz	
	U Cassel 22.15 🚆 / 5.55 Pz	
	U Hamm 11.46 / **12.01 Sz**	**12.45***[3]

nach **Dresden**

13.30 ⛴	U Friedrichshafen # / 15.30 Pz	
	U Lindau # / 20.15 GmP	
	U Augsburg 7.45 / **8.55 Ez**	
	U Leipzig **23.00** 🚆 / 6.00 Pz	9.15[3]

nach **Düsseldorf**

7.30 ⛴	U Friedrichshafen # / 10.30 Pz	
	U Bruchsal 21.00 / **21.23 Sz**	
	U Mannheim **22.41** / #	
	U Ludwigshafen # 🚆 / 6.05 Pz	
	U Mainz 8.05 / 9.00 ⛴	22.00
12.00 ✉	U Freiburg i.B. 4.45* / 5.00 Pz	
	U Mannheim 12.09 / #	
	U Ludwigshafen # / 15.10 Pz	
	U Mainz 17.15 / 20.00 ✉	
	U Coblenz 5.30 / 6.00 ⛴	
	U Cöln > Deutz 10.30 / 11.00 Pz	12.10[3]
13.30 ⛴	U Friedrichshafen # / 18.30 Pz	
	U Ulm 22.06 🚆 / 5.35 Pz	
	U Bruchsal 12.06 / **12.27 Sz**	
	U Mannheim **13.42** / #	
	U Ludwigshafen # / 15.10 Pz	
	U Mainz 17.15 / 20.00 ✉	
	U Coblenz 5.30 / 6.00 ⛴	
	U Cöln > Deutz 10.30 / 11.00 Pz	12.10[3]

nach **Elberfeld**

7.30 ⛴	U Friedrichshafen # / 10.30 Pz	
	U Bruchsal 21.00 / **21.23 Sz**	
	U Mannheim **22.41** / #	
	U Ludwigshafen # 🚆 / 6.05 Pz	
	U Mainz 8.05 / 9.00 ⛴	
	U Cöln > Deutz 18.15 / **20.00 Sz**	
	U Düsseldorf **20.55** / 21.15 Pz	22.21
12.00 ✉	U Freiburg i.B. 4.45* / 5.00 Pz	
	U Mannheim 12.09 / #	
	U Ludwigshafen # / 15.10 Pz	
	U Mainz 17.15 / 20.00 ✉	
	U Coblenz 5.30 / 6.00 ⛴	
	U Cöln > Deutz 10.30 / 11.00 Pz	
	U Düsseldorf 12.10 / 12.30 Pz	14.07[3]
13.30 ⛴	U Friedrichshafen # / 18.30 Pz	
	U Ulm 22.06 🚆 / 5.35 Pz	
	U Bruchsal 12.06 / **12.27 Sz**	
	U Mannheim **13.42** / #	
	U Ludwigshafen # / 15.10 Pz	
	U Mainz 17.15 / 20.00 ✉	
	U Coblenz 5.30 / 6.00 ⛴	
	U Cöln > Deutz 10.30 / 11.00 Pz	
	U Düsseldorf 12.10 / 12.30 Pz	14.07[3]

nach **Erfurt**

7.30 ⛴ **U** Friedrichshafen # / 10.30 Pz
U Bruchsal 21.00 / **21.23 Sz**
U Heidelberg **21.59** / **22.10 Cz**
U Frankfurt a.M. **0.15** ↝/ 5.45 Pz 16.50*

12.00 ✉ **U** Freiburg i.B. 4.45* / 5.00 Pz
U Heidelberg 11.27 / 11.45 Pz
U Frankfurt a.M. 14.30 / **17.00 Sz** **2.50***[3]

13.30 ⛴ **U** Friedrichshafen # / 18.30 Pz
U Ulm 22.06 ↝ / 5.35 Pz
U Bruchsal 12.06 / **12.27 Sz**
U Heidelberg **13.05** / **13.20 Sz**
U Frankfurt a.M. **15.30** / **17.00 Sz** **2.50***[3]

* Ankunftszeit geschätzt

nach **Essen***

7.30 ⛴ **U** Friedrichshafen # / 10.30 Pz
U Bruchsal 21.00 / **21.23 Sz**
U Mannheim **22.41** / #
U Ludwigshafen # ↝ / 6.05 Pz
U Mainz 8.05 / 9.00 ⛴
U Cöln > Deutz 18.15 / **20.00 Sz** **22.15**

12.00 ✉ **U** Freiburg i.B. 4.45 / 5.00 Pz
U Mannheim 12.09 / #
U Ludwigshafen # / 15.10 Pz
U Mainz 17.15 / 20.00 ✉
U Coblenz 5.30 / 6.00 ⛴
U Cöln > Deutz 10.30 / 11.00 Pz 13.45[3]

13.30 ⛴ **U** Friedrichshafen # / 18.30 Pz
U Ulm 22.06 ↝ / 5.35 Pz
U Bruchsal 12.06 / **12.27 Sz**
U Mannheim **13.42** / #
U Ludwigshafen # / 15.10 Pz
U Mainz 17.15 / 20.00 ✉
U Coblenz 5.30 / 6.00 ⛴
U Cöln > Deutz 10.30 / 11.00 Pz 13.45[3]

* Ankunft in Alten-Essen, Ankunftszeit geschätzt; Fahrplan der Post-Course von Alten-Essen nach Essen Stadt liegt nicht vor.

nach **Frankfurt a.M.**

7.30 ⛴ **U** Friedrichshafen # / 10.30 Pz
U Bruchsal 21.00 / **21.23 Sz**
U Heidelberg **21.59** / **22.10 Cz** **0.15**

12.00 ✉ **U** Freiburg i.B. 4.45* / 5.00 Pz
U Heidelberg 11.27 / 11.45 Pz 14.30

12.00 ✉ **U** Offenburg 6.45* / 7.00 Pz
U Heidelberg 11.27 / 11.45 Pz 14.30

12.30 ⛴ **U** Friedrichshafen # / 13.50 Pz
U Stuttgart 21.10 ↝ / 7.20 Pz
U Bruchsal 10.12 / 10.30 Pz
U Heidelberg 11.27 / 11.45 Pz 14.30

13.30 ⛴ **U** Friedrichshafen # / 18.30 Pz
U Ulm 22.06 ↝ / 5.35 Pz
U Bruchsal 12.06 / **12.27 Sz**
U Heidelberg **13.05** / **13.20** **15.30**

* Ankunftszeit geschätzt

nach **Freiburg i.B.**

12.00 ✉ *über Schaffhausen* 4.45

nach **Gera**

13.30 ⛴ **U** Friedrichshafen # / 15.30 Pz
U Lindau # / 20.15 GmP
U Augsburg 7.45 / **8.55 Ez**
U Leipzig **23.00** ↝ / 9.00 ✉ 13.00[3]

nach **Görlitz**

13.30 ⛴ **U** Friedrichshafen # / 15.30 Pz
U Lindau # / 20.15 GmP
U Augsburg 7.45 / **8.55 Ez**
U Leipzig **23.00** ↝ / 6.00 Pz
U Dresden 9.15 / 9.45 Pz 12.50[3]

nach **Hagen**

7.30 ⛴ **U** Friedrichshafen # / 10.30 Pz
U Bruchsal 21.00 / **21.23 Sz**
U Heidelberg **22.00*** / **22.10 Cz**
U Frankfurt a.M. **0.15** / 5.45 Pz
U Guntershausen 11.45/11.50 Pz
U Cassel 12.10 / 12.30 Pz
U Hamm 18.26 / **18.45 Cz**
U Dortmund **19.20*** / 19.30 Pz 20.20*

12.00 ✉ **U** Freiburg i.B. 4.45 / 5.00 Pz
U Heidelberg 11.30* / 11.45 Pz
U Frankfurt a.M. 14.30 / **17.00 Sz**
U Guntershausen **21.50** / 21.55 Pz
U Cassel 22.15 ↝ / 5.55 Pz
U Hamm 11.46 / **12.01 Sz**
U Dortmund **12.40*** / 13.15 Pz 14.22*[3]

13.30 ⛴ **U** Friedrichshafen # / 18.30 Pz
U Ulm 22.06 ↝ / 5.35 Pz
U Bruchsal 12.06 / **12.27 Sz**
U Heidelberg **13.05*** / **13.20 Sz**
U Frankfurt a.M. **15.30** / **17.00 Sz**
U Guntershausen **21.50** / 21.55 Pz
U Cassel 22.15 ↝ / 5.55 Pz
U Hamm 11.46 / **12.01 Sz**
U Dortmund **12.40*** / 13.15 Pz 14.22*[3]

* Ankunftszeit geschätzt

nach **Halle**

13.30 ⛴ **U** Friedrichshafen # / 15.30 Pz
U Lindau # / 20.15 GmP
U Augsburg 7.45 / **8.55 Ez**
U Leipzig **23.00** ↝ / **5.00 Sz** **5.45**[3]

nach **Hamburg**

12.00 ✉ **U** Freiburg i.B. 4.45 / 5.00 Pz
U Heidelberg 11.30* / 11.45 Pz
U Frankfurt a.M. 14.30 / **17.00 Sz**
U Guntershausen **21.50** / 21.55 Pz
U Cassel 22.15 / 23.15 ✉
U Göttingen 4.40 / 5.15 Pz
U Hannover 8.45 / 10.00 GmP
U Lehrte 10.30* / 11.00 Pz 16.10**[3]

Fortsetzung siehe nächste Spalte

13.30 ⛴ **U** Friedrichshafen # / 15.30 Pz
U Lindau # / 20.15 GmP
U Augsburg 7.45 / **8.55 Ez**
U Leipzig **23.00** ↝ / **5.00 Sz**
U Berlin **10.30** / **23.00 Cz** **5.07**[4]

* Ankunftszeit geschätzt
** an Harburg ohne unmittelbaren Schiffsanschluß nach Hamburg

nach **Hamm**

7.30 ⛴ **U** Friedrichshafen # / 10.30 Pz
U Bruchsal 21.00 / **21.23 Sz**
U Heidelberg **21.59** / **22.10 Cz**
U Frankfurt a.M. **0.15** / 5.45 Pz
U Guntershausen 11.45/11.50 Pz
U Cassel 12.10 / 12.30 Pz 18.26

12.00 ✉ **U** Freiburg i.B. 4.45 / 5.00 Pz
U Heidelberg 11.27 / 11.45 Pz
U Frankfurt a.M. 14.30 / **17.00 Sz**
U Guntershausen **21.50** / 21.55 Pz
U Cassel 22.15 ↝ / 5.55 Pz 11.46[3]

13.30 ⛴ **U** Friedrichshafen # / 18.30 Pz
U Ulm 22.06 ↝ / 5.35 Pz
U Bruchsal 12.06 / **12.27 Sz**
U Heidelberg **13.05** / **13.20 Sz**
U Frankfurt a.M. **15.30** / **17.00 Sz**
U Guntershausen **21.50** / 21.55 Pz
U Cassel 22.15 ↝ / 5.55 Pz 11.46[3]

nach **Hannover**

7.30 ⛴ **U** Friedrichshafen # / 10.30 Pz
U Bruchsal 21.00 / **21.23 Sz**
U Heidelberg **21.59** / **22.10 Cz**
U Frankfurt a.M. **0.15** ↝ / 5.45 Pz
U Guntershausen 11.45/ 11.50 Pz
U Cassel 12.10 / 12.30 ✉
U Göttingen 17.45 / 18.00 Pz 21.30

12.00 ✉ **U** Freiburg i.B. 4.45* / 5.00 Pz
U Heidelberg 11.27 / 11.45 Pz
U Frankfurt a.M. 14.30 / **17.00 Sz**
U Guntershausen **21.50** / 21.55 Pz
U Cassel 22.15 / 23.15 ✉
U Göttingen 4.40 / 5.15 Pz 8.45[3]

13.30 ⛴ **U** Friedrichshafen # / 18.30 Pz
U Ulm 22.06 ↝ / 5.35 Pz
U Bruchsal 12.06 / **12.27 Sz**
U Heidelberg **13.05** / **13.20**
U Frankfurt a.M. **15.30** / **17.00 Sz**
U Guntershausen **21.50** / 21.55 Pz
U Cassel 22.15 / 23.15 ✉
U Göttingen 4.40 / 5.15 Pz 8.45[3]

nach **Heidelberg**

7.30 ⛴ **U** Friedrichshafen # / 10.30 Pz
U Bruchsal 21.00 / **21.23 Sz** **21.59**

12.00 ✉ **U** Freiburg i.B. 4.45* / 5.00 Pz 11.27

12.00 ✉ **U** Offenburg 6.45* / 7.00 Pz 11.27

Fortsetzung siehe nächste Seite

noch: nach **Heidelberg**

Ab		Verbindung	An
12.30	⛴	**U** Friedrichshafen # / 13.50 Pz	
		U Stuttgart 21.10 ↪ / 7.20 Pz	
		U Bruchsal 10.12 / 10.30 Pz	11.27
13.30	⛴	**U** Friedrichshafen # / 18.30 Pz	
		U Ulm 22.06 ↪ / 5.35 Pz	
		U Bruchsal 12.06 / **12.27 Sz**	**13.05**

* Ankunftszeit geschätzt

nach **Kiel**

Ab		Verbindung	An
13.30	⛴	**U** Friedrichshafen # / 15.30 Pz	
		U Lindau # / 20.15 GmP	
		U Augsburg 7.45 / **8.55 Ez**	
		U Leipzig **23.00** ↪ / **5.00 Sz**	
		U Berlin **10.30** / **23.00 Cz**	
		U Hamburg **5.16** / Altona 8.10 Pz	11.00[4]

nach **Königsberg i.Pr.**

Ab		Verbindung	An
13.30	⛴	**U** Friedrichshafen # / 15.30 Pz	
		U Lindau # / 20.15 GmP	
		U Augsburg 7.45 / **8.55 Ez**	
		U Leipzig **23.00** ↪ / **5.00 Sz**	
		U Berlin **10.30** / **22.40 Sz**	
		U Dirschau **10.45** / 11.37 ✉	
		U Marienburg 16.07 / **16.37 Sz**	**21.02**[4]

nach **Leipzig**

Ab		Verbindung	An
13.30	⛴	**U** Friedrichshafen # / 15.30 Pz	
		U Lindau # / 20.15 GmP	
		U Augsburg 7.45 / **8.55 Ez**	**23.00**

nach **Lindau**

Ab		Verbindung	An
7.30	⛴	**U** Friedrichshafen # / 9.30 ⛴	k.A.
13.30	⛴	**U** Friedrichshafen # / 15.30 ⛴	k.A.

nach **Ludwigshafen**

> Mannheim

nach **Lübeck**

Ab		Verbindung	An
13.30	⛴	**U** Friedrichshafen # / 15.30 Pz	
		U Lindau # / 20.15 GmP	
		U Augsburg 7.45 / **8.55 Ez**	
		U Leipzig **23.00** ↪ / **5.00 Sz**	
		U Berlin **10.30** / **23.00 Cz**	
		U Büchen **4.10*** / 9.00 Pz	10.45[4]

* Ankunftszeit geschätzt

nach **Magdeburg**

Ab		Verbindung	An
13.30	⛴	**U** Friedrichshafen # / 15.30 Pz	
		U Lindau # / 20.15 GmP	
		U Augsburg 7.45 / **8.55 Ez**	
		U Leipzig **23.00** ↪ / 7.00 Pz	9.50[3]

nach **Mainz**

Ab		Verbindung	An
7.30	⛴	**U** Friedrichshafen # / 10.30 Pz	
		U Bruchsal 21.00 / **21.23 Sz**	
		U Mannheim **22.41** / #	
		U Ludwigshafen # ↪ / 6.05 Pz	8.05
7.30	⛴	**U** Friedrichshafen # / 10.30 Pz	
		U Bruchsal 21.00 / **21.23 Sz**	
		U Mannheim **22.41** ↪ / 4.30 ⛴	8.30
12.00	✉	**U** Freiburg i.B. 4.45* / 5.00 Pz	
		U Mannheim 12.09 / #	
		U Ludwigshafen # / 15.10 Pz	17.15
13.30	⛴	**U** Friedrichshafen # / 18.30 Pz	
		U Ulm 22.06 ↪ / 5.35 Pz	
		U Bruchsal 12.06 / **12.27 Sz**	
		U Mannheim **13.42** / #	
		U Ludwigshafen # / 15.10 Pz	17.15

nach **Mannheim**

Ab		Verbindung	An
7.30	⛴	**U** Friedrichshafen # / 10.30 Pz	
		U Bruchsal 21.00 / **21.23 Sz**	**22.41**
12.00	✉	**U** Freiburg i.B. 4.45* / 5.00 Pz	12.09
12.00	✉	**U** Offenburg 6.45* / 7.00 Pz	12.09
12.30	⛴	**U** Friedrichshafen # / 13.50 Pz	
		U Stuttgart 21.10 ↪ / 7.20 Pz	
		U Bruchsal 10.12 / 10.30 Pz	12.09
13.30	⛴	**U** Friedrichshafen # / 18.30 Pz	
		U Ulm 22.06 ↪ / 5.35 Pz	
		U Bruchsal 12.06 / **12.27 Sz**	**13.42**

* Ankunftszeit geschätzt

nach **München**

Ab		Verbindung	An
12.30	⛴	**U** Friedrichshafen # / 13.50 Pz	
		U Ulm 17.20 / **18.45 Ez**	
		U Augsburg **21.15** / **21.30 Ez**	**23.00**
13.30	⛴	**U** Friedrichshafen # / 15.30 ⛴	
		U Lindau # / 20.15 GmP	
		U Augsburg 7.45 / 11.25 Pz	13.15

nach **Münster**

Ab		Verbindung	An
7.30	⛴	**U** Friedrichshafen # / 10.30 Pz	
		U Bruchsal 21.00 / **21.23 Sz**	
		U Heidelberg **21.59** / **22.10 Cz**	
		U Frankfurt a.M. **0.15** ↪ / 5.45 Pz	
		U Guntershausen 11.45/11.50 Pz	
		U Cassel 12.10 / 12.30 Pz	
		U Hamm 18.26 / 19.00 Pz	20.00
13.30	⛴	**U** Friedrichshafen # / 18.30 Pz	
		U Ulm 22.06 ↪ / 5.35 Pz	
		U Bruchsal 12.06 / **12.27 Sz**	
		U Heidelberg **13.05** / **13.20**	
		U Frankfurt a.M. **15.30** / **17.00 Sz**	
		U Guntershausen **21.50** / 21.55 Pz	
		U Cassel 22.15 ↪ / 5.55 Pz	
		U Hamm 11.46 / 12.10 Pz	13.00[3]

nach **Nürnberg**

Ab		Verbindung	An
12.30	⛴	**U** Friedrichshafen # / 13.50 Pz	
		U Ulm 17.20 / **18.45 Ez**	
		U Augsburg **21.15** / 21.40 GmP	7.52
13.30	⛴	**U** Friedrichshafen # / 15.30 Pz	
		U Lindau # / 20.15 GmP	
		U Augsburg 7.45 / **8.55 Ez**	**13.10**

nach **Oberhausen**

Ab		Verbindung	An
7.30	⛴	**U** Friedrichshafen # / 10.30 Pz	
		U Bruchsal 21.00 / **21.23 Sz**	
		U Heidelberg **21.59** / **22.10 Cz**	
		U Frankfurt a.M. **0.15** / 5.45 Pz	
		U Guntershausen 11.45/11.50 Pz	
		U Cassel 12.10 / 12.30 Pz	
		U Hamm 18.26 / **18.45 Cz**	**20.20**
12.00	✉	**U** Freiburg i.B. 4.45* / 5.00 Pz	
		U Mannheim 12.09 / #	
		U Ludwigshafen # / 15.10 Pz	
		U Mainz 17.15 / 20.00 ✉	
		U Coblenz 5.30 / 6.00 ⛴	
		U Cöln > Deutz 10.30 / 11.00 Pz	13.20[3]
13.30	⛴	**U** Friedrichshafen # / 18.30 Pz	
		U Ulm 22.06 ↪ / 5.35 Pz	
		U Bruchsal 12.06 / **12.27 Sz**	
		U Mannheim **13.42** / #	
		U Ludwigshafen # / 15.10 Pz	
		U Mainz 17.15 / 20.00 ✉	
		U Coblenz 5.30 / 6.00 ⛴	
		U Cöln > Deutz 10.30 / 11.00 Pz	13.20[3]

* Ankunftszeit geschätzt

nach **Oppeln**

Ab		Verbindung	An
13.30	⛴	**U** Friedrichshafen # / 15.30 Pz	
		U Lindau # / 20.15 GmP	
		U Augsburg 7.45 / **8.55 Ez**	
		U Leipzig **23.00** ↪ / 6.00 Pz	
		U Dresden 9.15 / 9.45 Pz	
		U Görlitz 12.50 / 13.30 Pz	
		U Kohlfurt 14.10 / 14.15 Pz	21.27*[3]

* Ankunftszeit geschätzt

nach **Osnabrück**

Ab		Verbindung	An
7.30	⛴	**U** Friedrichshafen # / 10.30 Pz	
		U Bruchsal 21.00 / **21.23 Sz**	
		U Heidelberg **21.59** / **22.10 Cz**	
		U Frankfurt a.M. **0.15** ↪ / 5.45 Pz	
		U Guntershausen 11.45 / 11.50 Pz	
		U Cassel 12.10 / 12.30 ✉	
		U Göttingen 17.45 / 18.00 Pz	
		U Hannover 21,30 / 21.50 Pz	
		U Minden 23.45 / 1.00 ✉	8.00[3]

noch: ab **Constanz**

nach **Passau**

12.30 ⛴ **U** Friedrichshafen # / 13.50 Pz
U Ulm 17.20 / **18.45 Ez**
U Augsburg **21.15 / 21.30 Ez**
U München **23.00** ↪ / 12.00 ✉ 10.15[3]

13.30 ⛴ **U** Friedrichshafen # / 15.30 ⛴
U Lindau # / 20.15 GmP
U Augsburg 7.45 / 11.25 Pz
U München 13.15 / 23.00 ✉ 23.15[3]

nach **Posen**

13.30 ⛴ **U** Friedrichshafen # / 15.30 Pz
U Lindau # / 20.15 GmP
U Augsburg 7.45 / **8.55 Ez**
U Leipzig **23.00** ↪ / **5.00 Sz**
U Berlin **10.30** / **22.40 Sz**
U Kreutz **4.43** / 5.03 Pz 7.47[4]

nach **Regensburg**

12.30 ⛴ **U** Friedrichshafen # / 13.50 Pz
U Ulm 17.20 / **18.45 Ez**
U Augsburg **21.15** / 21.40 GmP
U Donauwörth 23.25 / 23.30 ✉ 14.30

12.30 ⛴ **U** Friedrichshafen # / 13.50 Pz
U Ulm 17.20 / **18.45 Ez**
U Augsburg **21.15** / 23.00 ✉ 14.15

nach **Rostock**

13.30 ⛴ **U** Friedrichshafen # / 15.30 Pz
U Lindau # / 20.15 GmP
U Augsburg 7.45 / **8.55 Ez**
U Leipzig **23.00** ↪ / **5.00 Sz**
U Berlin **10.30** / **23.00 Cz**
U Hagenow **3.08*** / 7.30 Pz 11.05[4]

* Ankunftszeit geschätzt

nach **Saarbrücken**

12.00 ✉ **U** Freiburg i.B. 4.45* / 5.00 Pz
U Mannheim 12.09 / #
U Ludwigshafen # / **13.10 Sz** **16.58**

13.30 ⛴ **U** Friedrichshafen # / 18.30 Pz
U Ulm 22.06 ↪ / 5.35 Pz
U Bruchsal 12.06 / **12.27 Sz**
U Mannheim **13.42** / #
U Ludwigshafen # / 17.30 Pz 22.05

* Ankunftszeit geschätzt

nach **Schwerin**

13.30 ⛴ **U** Friedrichshafen # / 15.30 Pz
U Lindau # / 20.15 GmP
U Augsburg 7.45 / **8.55 Ez**
U Leipzig **23.00** ↪ / **5.00 Sz**
U Berlin **10.30** / **23.00 Cz**
U Hagenow **3.08*** / 7.30 Pz 8.12[4]

* Ankunftszeit geschätzt

nach **Stettin**

13.30 ⛴ **U** Friedrichshafen # / 15.30 Pz
U Lindau # / 20.15 GmP
U Augsburg 7.45 / **8.55 Ez**
U Leipzig **23.00** ↪ / **5.00 Sz**
U Berlin **10.30** / 12.15 Pz 15.52[3]

* Ankunftszeit geschätzt

nach **Stralsund**

13.30 ⛴ **U** Friedrichshafen # / 15.30 Pz
U Lindau # / 20.15 GmP
U Augsburg 7.45 / **8.55 Ez**
U Leipzig **23.00** ↪ / **5.00 Sz**
U Berlin **10.30** / 17.30 Pz
U Passow 20.00* / 20.20 ✉ 11.20[4]

* Ankunftszeit geschätzt

nach **Stuttgart**

7.30 ⛴ **U** Friedrichshafen # / 10.30 Pz 17.48

12.30 ⛴ **U** Friedrichshafen # / 13.50 Pz 21.10

13.30 ⛴ **U** Friedrichshafen # / 18.30 Pz
U Ulm 22.06 ↪ / 5.35 Pz 9.00

nach **Trier**

12.00 ✉ **U** Freiburg i.B. 4.45* / 5.00 Pz
U Mannheim 12.09 / #
U Ludwigshafen # / **13.10 Sz**
U Saarbrücken **16.58** / 17.30 ✉ 4.00[3]

13.30 ⛴ **U** Friedrichshafen # / 18.30 Pz
U Ulm 22.06 ↪ / 5.35 Pz
U Bruchsal 12.06 / **12.27 Sz**
U Mannheim **13.42** / #
U Ludwigshafen # / 17.30 Pz
U Saarbrücken 22.05 ↪ /
8.15 ✉ 18.45[3]

* Ankunftszeit geschätzt

nach **Ulm**

7.30 ⛴ **U** Friedrichshafen # / 10.30 Pz 14.00

12.30 ⛴ **U** Friedrichshafen # / 13.50 Pz 17.20

13.30 ⛴ **U** Friedrichshafen # / 18.30 Pz 22.06

nach **Wiesbaden**

7.30 ⛴ **U** Friedrichshafen # / 10.30 Pz
U Bruchsal 21.00 / **21.23 Sz**
U Heidelberg **21.59 / 22.10 Cz**
U Frankfurt a.M. **0.15** ↪ / 5.45 Pz 7.30

12.00 ✉ **U** Freiburg i.B. 4.45* / 5.00 Pz
U Heidelberg 11.27 / 11.45 Pz
U Frankfurt a.M. 14.30 / 14.45 Pz 16.15

12.30 ⛴ **U** Friedrichshafen # / 13.50 Pz
U Stuttgart 21.10 ↪ / 7.20 Pz
U Bruchsal 10.12 / 10.30 Pz
U Heidelberg 11.27 / 11.45 Pz
U Frankfurt a.M. 14.30 / 14.45 Pz 16.15

Fortsetzung siehe nächste Spalte

13.30 ⛴ **U** Friedrichshafen # / 18.30 Pz
U Ulm 22.06 ↪ / 5.35 Pz
U Bruchsal 12.06 / **12.27 Sz**
U Heidelberg **13.05 / 13.20 Sz**
U Frankfurt a.M. **15.30** / 14.45 Pz 16.15

* Ankunftszeit geschätzt

nach **Würzburg**

13.30 ⛴ **U** Friedrichshafen # / 15.30 Pz
U Lindau # / 20.15 GmP
U Augsburg 7.45 / **8.55 Ez**
U Bamberg **14.45 /15.45 Ez** **18.15**

nach **Zwickau**

13.30 ⛴ **U** Friedrichshafen # / 15.30 Pz
U Lindau # / 20.15 GmP
U Augsburg 7.45 / **8.55 Ez**
U Werdau **20.55*** / 21.17 Pz 21.40*

* Ankunftszeit geschätzt

Auslandsverbindungen

Constanz ist außerdem im **Auslandsteil** ab S. 210 mit den hier abgehenden Post-Coursen in die **Schweiz** aufgeführt.

[redacted]

Danzig

Aus Danzig geht die staatl. Preußische Ostbahn ab, die über Dirschau–Bromberg–Kreuz nach Stargard reicht, woselbst sie in die Berlin-Stettiner Eisenbahn übergeht.

In Dirschau besteht Anschluß nach Königsberg i.Pr., zur Zeit noch bis Marienburg mittels Schiff- und Post-Coursen, voraussichtlich ab übernächstem Jahr, nach Fer-tigstellung der Brückenbauwerke über Weichsel und Nogat, durchgehend per Eisenbahn.

von Danzig

nach **Aachen**

5.14 Pz **U** Berlin 21.15 / **22.00 Sz**
U Deutz > Cöln **16.00** / 18.00 Pz 20.00

15.39 Sz **U** Berlin **5.20 / 7.30 Cz**
U Deutz > Cöln **22.00 / 23.30 Ez** **1.20**[3]

nach **Augsburg**

15.39 Sz **U** Berlin **5.20** / 8.10 Pz
U Leipzig 14.05 / 14.30 Pz
U Hof 20.00 / 20.30 Pz 11.05[3]

noch: ab **Danzig**

nach Basel*
15.39 Sz **U** Berlin **5.20** / **18.40 Sz**
U Frankfurt a.M. **9.55** / **10.30 Sz**
U Heidelberg **12.35** / **12.55 Sz** — **19.15**[3]

* Ankunft Basel Badischer Bf

nach Berlin
5.14 Pz *über Dirschau–Bromberg–Stettin* — 21.15
15.39 Sz *über Dirschau–Bromberg–Stettin* — **5.20**

nach Bonn
5.14 Pz **U** Berlin 21.15 / **22.00 Sz**
U Deutz > Cöln **16.00** / 17.45 Pz — 18.35
15.39 Sz **U** Berlin **5.20** / **7.30 Cz**
U Deutz > Cöln **22.00** ↩ / 7.00 Pz — 7.50[3]

nach Braunschweig
5.14 Pz **U** Berlin 21.15 / **22.00 Sz** — **4.30**
15.39 Sz **U** Berlin **5.20** / **7.30 Cz** — **12.50**

nach Bremen
5.14 Pz **U** Berlin 21.15 / **22.00 Sz**
U Wunstorf **7.15*** / 7.30 Pz — 10.15
15.39 Sz **U** Berlin **5.20** / **7.30 Cz**
U Wunstorf **15.03*** / 16.40 Pz — 19.25

* Ankunftszeit geschätzt

nach Breslau
5.14 Pz **U** Berlin 21.15 / **22.15 Sz** — **5.45**
5.14 Pz **U** Kreutz 13.35 / 14.11 Pz
U Posen 16.26 / 18.00 ⊠ — 12.30
15.39 Sz **U** Berlin **5.20** / 8.00 Pz — 18.30

nach Carlsruhe
15.39 Sz **U** Berlin **5.20** / **18.40 Sz**
U Frankfurt a.M. **9.55** / **10.30 Sz**
U Heidelberg **12.35** / **12.55 Sz** — **14.10**[3]

nach Cassel
5.14 Pz **U** Berlin 21.15 / **22.00 Sz**
U Hannover **6.20** / 6.45 Pz
U Göttingen 10.05 / 10.30 ⊠ — 16.00
15.39 Sz **U** Berlin **5.20** / 8.10 Pz — 22.00

nach Chemnitz
15.39 Sz **U** Berlin **5.20** / 7.00 Pz
U Röderau 10.55* / 11.30 Pz
U Riesa 11.45* / 12.15 Pz — 15.30

* Ankunftszeit geschätzt

nach Coblenz
5.14 Pz **U** Berlin 21.15 / **22.00 Sz**
U Deutz > Cöln **16.00** / 20.15 ⛴ — 2.45[3]
15.39 Sz **U** Berlin **5.20** / **7.30 Cz**
U Deutz > Cöln **22.00** / 23.30 ⛴ — 9.00[3]
ab Cöln nur Mo und Do

Fortsetzung siehe nächste Spalte

15.39 Sz **U** Berlin **5.20** / **7.30 Cz**
U Deutz > Cöln **22.00** ↩ / 6.00 ⛴ — 12.15[3]

nach Cöln*
5.14 Pz **U** Berlin 21.15 / **22.00 Sz** — **16.00**
15.39 Sz **U** Berlin **5.20** / **7.30 Cz** — **22.00**

* Ankunft in Deutz

nach Constanz
15.39 Sz **U** Berlin **5.20** / **18.40 Sz**
U Frankfurt a.M. **9.55** / **10.30 Sz**
U Heidelberg **12.35** / **12.55 Sz**
U Bruchsal **13.28*** / **13.48 Ez**
U Friedrichshafen **22.15** ↩ /
9.15 ⛴ — k.A[4]
15.39 Sz **U** Berlin **5.20** / 8.10 Pz
U Leipzig 14.05 / 14.30 Pz
U Hof 20.00 / 20.30 Pz
U Augsburg 11.05 / 12.50 GmP
U Lindau 22.35 ↩ / 6.00 ⛴
U Friedrichhafen # / 9.15 ⛴ — k.A[4]

* Ankunftszeit geschätzt

nach Darmstadt
15.39 Sz **U** Berlin **5.20** / **18.40 Sz**
U Frankfurt a.M. **9.55** / **10.30 Sz** — **11.08***[3]

* Ankunftszeit geschätzt

nach Dortmund*
5.14 Pz **U** Berlin 21.15 / **22.00 Sz** — **12.45**
15.39 Sz **U** Berlin **5.20** / **7.30 Cz** — **19.20**

* Ankunftszeiten in Dortmund sind sämmtlich geschätzt.

nach Dresden
15.39 Sz **U** Berlin **5.20** / 7.00 Pz — 12.30

nach Düsseldorf
5.14 Pz **U** Berlin 21.15 / **22.00 Sz** — **16.00**
15.39 Sz **U** Berlin **5.20** / **7.30 Cz** — **22.00**

nach Elberfeld
5.14 Pz **U** Berlin 21.15 / **22.00 Sz**
U Dortmund **12.45*** / 13.15 Pz — 15.28
15.39 Sz **U** Berlin **5.20** / **7.30 Cz**
U Dortmund **19.20*** / 19.30 Pz — 21.33

* Ankunftszeit geschätzt

nach Erfurt
15.39 Sz **U** Berlin **5.20** / 8.10 Pz — 16.45*

* Ankunftszeit geschätzt

nach Essen
15.39 Sz **U** Berlin **5.20** / **7.30 Cz**
U Oberhausen **20.20** / 21.56 Pz — 22.15*

* Ankunft in Alten-Essen, Ankunftszeit geschätzt; ein Fahrplan der Post-Course von Alten-Essen nach Essen Stadt liegt nicht vor. Cours über Oberhausen nur mit Umwegkarte zu benutzen.

nach Frankfurt a.M.
15.39 Sz **U** Berlin **5.20** / **18.40 Sz** — **9.55**[3]

nach Freiburg i.B.
15.39 Sz **U** Berlin **5.20** / **18.40 Sz**
U Frankfurt a.M. **9.55** / **10.30 Sz**
U Heidelberg **12.35** / **12.55 Sz** — **17.36**[3]

nach Gera
15.39 Sz **U** Berlin **5.20** / 8.10 Pz
U Leipzig 14.05 / 18.30 Pz
U Altenburg 19.40* / 20.30 ⊠ — 0.30[3]

* Ankunftszeit geschätzt

nach Görlitz
5.14 Pz **U** Berlin 21.15 / **22.15 Sz**
U Kohlfurt **2.40*** / 3.15 Pz — 4.00
15.39 Sz **U** Berlin **5.20** / 8.00 Pz
U Kohlfurt 14.10* / 14.30 Pz — 15.15

* Ankunftszeit geschätzt

nach Hagen
5.14 Pz **U** Berlin 21.15 / **22.00 Sz**
U Dortmund **12.45*** / 13.15 Pz — 14.22*
15.39 Sz **U** Berlin **5.20** / **7.30 Cz**
U Dortmund **19.20*** / 19.30 Pz — 20.28*

* Ankunftszeit geschätzt

nach Halle
15.39 Sz **U** Berlin **5.20** / 8.10 Pz — 13.15

nach Hamburg
5.14 Pz **U** Berlin 21.15 / **23.00 Cz** — **5.16**
15.39 Sz **U** Berlin **5.20** / 7.30 Pz — 15.30

nach Hamm
5.14 Pz **U** Berlin 21.15 / **22.00 Sz** — **11.55***
15.39 Sz **U** Berlin **5.20** / **7.30 Cz** — **18.40**

* Ankunftszeit geschätzt

nach Hannover
5.14 Pz **U** Berlin 21.15 / **22.00 Sz** — **6.20**
15.39 Sz **U** Berlin **5.20** / **7.30 Cz** — **14.20**

nach Heidelberg
15.39 Sz **U** Berlin **5.20** / **18.40 Sz**
U Frankfurt a.M. **9.55** / **10.30 Sz** — **12.35**

nach Kiel
5.14 Pz **U** Berlin 21.15 / **23.00 Cz**
U Hamburg **5.16** /
Altona 8.10 Pz — 11.00
15.39 Sz **U** Berlin **5.20** / 7.30 Pz
U Hamburg 15.30 /
Altona 17.10 Pz — 20.00

nach Königsberg i.Pr.
5.14 Pz **U** Dirschau 6.07 / 6.59 ⊠
U Marienburg 10.29 / 12.04 Pz — 18.55

Fortsetzung siehe nächste Seite

noch: nach **Königsberg i-Pr.**
9.39 Pz **U** Dirschau 10.36 / 11.37 ✉
U Marienburg 16.07 / **16.37 Sz** **21.02**
k.A. ⛴ **nur Mo, Mi u. Fr** 12 Std.

nach **Leipzig**
15.39 Sz **U** Berlin **5.20** / 7.00 Pz
U Röderau 10.55* / 11.30 Pz 13.30
* Ankunftszeit geschätzt

nach **Lindau**
15.39 Sz **U** Berlin **5.20** / 8.10 Pz
U Leipzig 14.05 / 14.30 Pz
U Hof 20.00 / 20.30 Pz
U Augsburg 11.05 / 12.50 GmP 22.35[3]

nach **Ludwigshafen**
> *Mannheim*

nach **Lübeck**
5.14 Pz **U** Berlin 21.15 / **23.00 Cz**
U Büchen **4.10*** / 9.00 Pz 10.45
15.39 Sz **U** Berlin **5.20** / 7.30 Pz
U Büchen 13.55* / 14.00 Pz 15.11
* Ankunftszeit geschätzt

nach **Magdeburg**
5.14 Pz **U** Berlin 21.15 / **22.00 Sz** **1.50**
15.39 Sz **U** Berlin **5.20** / **7.30 Cz** **10.40**

nach **Mainz**
5.14 Pz **U** Berlin 21.15 / **22.00 Sz**
U Deutz > Cöln **16.00** / 20.15 ⛴ 11.00[3]
15.39 Sz **U** Berlin **5.20** / **18.40 Sz**
U Frankfurt a.M. **9.55** / **10.15 Sz**
U Castel **11.00** / # ✉ k.A.[3]
15.39 Sz **U** Berlin **5.20** / **7.30 Cz**
U Deutz > Cöln **22.00**/ 23.30 ⛴ 17.30[3]
ab Cöln nur Mo und Do
15.39 Sz **U** Berlin **5.20** / **7.30 Cz**
U Deutz > Cöln **22.00** ↵ /6.00 ⛴ 19.30[3]

nach **Mannheim**
15.39 Sz **U** Berlin **5.20** / **18.40 Sz**
U Frankfurt a.M. **9.55** / **10.30 Sz** **12.38**[3]

nach **München**
15.39 Sz **U** Berlin **5.20** / 8.10 Pz
U Leipzig 14.05 / 14.30 Pz
U Hof 20.00 / 20.30 Pz 13.15[3]

nach **Münster**
5.14 Pz **U** Berlin 21.15 / **22.00 Sz**
U Hamm **11.55*** / 12.10 Pz 13.00
15.39 Sz **U** Berlin **5.20** / **7.30 Cz**
U Hamm **18.40** / 19.00 Pz 20.00
* Ankunftszeit geschätzt

nach **Nürnberg**
15.39 Sz **U** Berlin **5.20** / 8.10 Pz
U Leipzig 14.05 / 14.30 Pz
U Hof 20.00 / 20.30 Pz 5.15[3]

nach **Oberhausen**
5.14 Pz **U** Berlin 21.15 / **22.00 Sz** **14.00**
15.39 Sz **U** Berlin **5.20** / **7.30 Cz** **20.20**

nach **Oppeln***
5.14 Pz **U** Berlin 21.15 / **22.15 Sz** **7.45**
15.39 Sz **U** Berlin **5.20** / 8.00 Pz 21.27
* Ankunftszeiten in Oppeln sind sämmtlich geschätzt.

nach **Osnabrück**
5.14 Pz **U** Berlin 21.15 / **22.00 Sz**
U Minden **8.35** / 9.00 ✉ 16.00
15.39 Sz **U** Berlin **5.20** / 12.00 Pz
U Minden 23.45 / 1.00 ✉ 8.00[3]

nach **Passau**
15.39 Sz **U** Berlin **5.20** / 8.10 Pz
U Leipzig 14.05 / 14.30 Pz
U Hof 20.00 / 20.30 Pz
U Nürnberg 5.15 / 6.00 ✉
U Regensburg 18.00 ↵ /11.00 ✉ 22.30[4]

nach **Posen**
5.14 Pz **U** Kreutz 13.35 / 14.11 Pz 16.26
15.39 Sz **U** Kreutz **22.43** ↵ / 5.03 Pz 7.47

nach **Regensburg**
15.39 Sz **U** Berlin **5.20** / 8.10 Pz
U Leipzig 14.05 / 14.30 Pz
U Hof 20.00 / 20.30 Pz
U Nürnberg 5.15 / 6.00 ✉ 18.00[3]

nach **Rostock**
5.14 Pz **U** Berlin 21.15 / **23.00 Cz**
U Hagenow **3.08*** / 7.30 Pz 11.05
15.39 Sz **U** Berlin **5.20** / 7.30 Pz
U Hagenow 12.40* / 12.50 Pz 16.40
* Ankunftszeit geschätzt

nach **Saarbrücken**
15.39 Sz **U** Berlin **5.20** / **18.40 Sz**
U Frankfurt a.M. **9.55** / **10.30 Sz**
U Mannheim **12.38** / #
U Ludwigshafen # / **13.10 Sz** **16.58**[3]

nach **Schwerin**
5.14 Pz **U** Berlin 21.15 / **23.00 Cz**
U Hagenow **3.08*** / 7.30 Pz 8.12
15.39 Sz **U** Berlin **5.20** / 7.30 Pz
U Hagenow 12.40* / 12.50 Pz 13.35
* Ankunftszeit geschätzt

nach **Stettin**
0.00 ✉ *über Stolp* 11.30[2]
5.14 Pz *über Dirschau–Bromberg* 17.25
15.15 ✉ *über Stolp* 4.45[3]
15.39 Sz *über Dirschau–Bromberg* **1.37**[2]

nach **Stralsund**
5.14 Pz **U** Stettin 17.25 / 20.45 ✉ 10.45
15.39 Sz **U** Stettin **1.37** / 2.30 ✉ 18.30

nach **Stuttgart**
15.39 Sz **U** Berlin **5.20** / **18.40 Sz**
U Frankfurt a.M. **9.55** / **10.30 Sz**
U Heidelberg **12.35** / **12.55 Sz**
U Bruchsal **13.28*** / **13.48 Ez** **15.46**[3]
* Ankunftszeit geschätzt

nach **Trier**
5.14 Pz **U** Berlin 21.15 / **22.00 Sz**
U Deutz > Cöln **16.00** / 19.00 ✉ 17.30[3]
5.14 Pz **U** Berlin 21.15 / **22.00 Sz**
U Deutz > Cöln **16.00** / 22.00 ⛴
U Coblenz 5.45 / 6.45 ✉ 21.00[3]
15.39 Sz **U** Berlin **5.20** / **7.30 Cz**
U Deutz > Cöln **22.00** ↵ / 5.00 ✉ 2.15[4]
15.39 Sz **U** Berlin **5.20** / **7.30 Cz**
U Deutz > Cöln **22.00** ↵ / 6.00 ⛴
U Coblenz 12.15 / 15.30 ✉ 6.30[4]

nach **Ulm**
15.39 Sz **U** Berlin **5.20** / **18.40 Sz**
U Frankfurt a.M. **9.55** / **10.30 Sz**
U Heidelberg **12.35** / **12.55 Sz**
U Bruchsal **13.28*** / **13.48 Ez** **18.25**[3]
* Ankunftszeit geschätzt

nach **Wiesbaden**
15.39 Sz **U** Berlin **5.20** / **18.40 Sz**
U Frankfurt a.M. **9.55** / 10.15 Pz 11.45[3]

nach **Würzburg**
15.39 Sz **U** Berlin **5.20** / 8.10 Pz
U Leipzig 14.05 / 14.30 Pz
U Hof 20.00 / 20.30 Pz
U Bamberg 1.15 / 1.45 Pz 4.50[3]

nach **Zwickau**
15.39 Sz **U** Berlin **5.20** / 8.10 Pz
U Leipzig 14.05 / 14.30 Pz
U Werdau 16.50* / 17.47 Pz 18.10*
* Ankunftszeit geschätzt

Darmstadt

Durch Darmstadt verläuft die Main-Neckar-Bahn:
in nördlicher Richtung bis Frankfurt a.M.,
in Richtung Süden nach Heidelberg mit Abzweigung in Friedrichsfeld nach Mannheim und Anschluß an die Badischen Staatseisenbahnen Richtung Basel.

Hinweis: Wegen der abweichenden Spurweite bei den Badischen Staatseisenbahnen (1600 mm) ist in Heidelberg bei der Fahrt Richtung Bruchsal–Carlsruhe in jedem Fall ein Zugwechsel erforderlich.

---

von **Darmstadt**

nach **Aachen**

6.35 Pz **U** Frankfurt a.M. 7.20 / 8.30 ⛴
U Cöln 20.15 / **23.30 Sz** — **1.20**

14.55 Sz **U** Frankfurt a.M. **15.30** / 18.00 ⊠
U Coblenz 4.00 / 6.00 ⛴
U Cöln 10.30 / 11.45 Pz — 13.45

nach **Augsburg**

11.10 Sz **U** Heidelberg **12.35 / 12.55 Sz**
U Bruchsal **13.28* / 13.48 Ez**
U Ulm **18.25 / 18.45 Ez** — **21.15**

13.10 Pz **U** Heidelberg 15.25 / 16.00 Pz
U Bruchsal 17.01* / 17.20 Pz
U Esslingen 21.05 ↩ / 6.35 Pz
U Ulm 9.50 / 11.15 GmP — 15.40

* Ankunftszeit geschätzt

nach **Basel***

5.40 Cz **U** Heidelberg **7.05 / 7.20 Sz** — **14.56**

7.25 Pz **U** Heidelberg 9.20 / 9.50 Pz — 20.15

11.10 Sz **U** Heidelberg **12.35 / 12.55 Sz** — **19.15**

13.10 Pz **U** Heidelberg 15.25 / 16.00 Pz
U Offenburg 20.47 ↩ / 6.00 Pz — 10.55

* Ankunft Basel Badischer Bf

nach **Berlin**

14.55 Sz **U** Frankfurt a.M. **15.30 / 17.00 Sz** **10.30**

nach **Bonn**

6.00 ⊠ **U** Mainz 9.15 / 11.00 ⛴ — 18.15

6.35 Pz **U** Frankfurt a.M. 7.20 / 8.30 ⛴ — 18.15

14.55 Sz **U** Frankfurt a.M. **15.30** / 18.00 ⊠
U Coblenz 4.00 / 6.00 ⛴ — 8.45

nach **Braunschweig**

14.55 Sz **U** Frankfurt a.M. **15.30 / 17.00 Sz**
U Guntershausen **21.50** / 21.55 Pz
U Cassel 22.15 / 23.15 ⊠
U Göttingen 4.40 / 5.15 Pz
U Hannover 8.45 / 10.00 Pz — 12.15

14.55 Sz **U** Frankfurt a.M. **15.30 / 17.00 Sz**
U Halle **5.40** / 7.45 Pz
U Magdeburg 9.50 / **10.40 Cz** — **12.50**

23.40 Cz **U** Frankfurt a.M. **0.15** ↩ / 5.45 Pz
U Guntershausen 11.45 / 11.50 Pz
U Cassel 12.10 / 12.30 ⊠
U Göttingen 17.45 / 18.00 Pz
U Hannover 21.30 / 22.30 Pz — 0.30[3]

nach **Bremen**

14.55 Sz **U** Frankfurt a.M. **15.30 / 17.00 Sz**
U Guntershausen **21.50** / 21.55 Pz
U Cassel 22.15 / 23.15 ⊠
U Göttingen 4.40 / 5.15 Pz
U Hannover 8.45 / 12.45 Pz — 16.00

23.40 Cz **U** Frankfurt a.M. **0.15** ↩ / 5.45 Pz
U Guntershausen 11.45 / 11.50 Pz
U Cassel 12.10 / 12.30 ⊠
U Göttingen 17.45 / 18.00 Pz
U Hannover 21.30 / ↩ **6.45 Sz**
U Wunstorf **7.15*** / 7.30 Pz — 10.15[3]

* Ankunftszeit geschätzt

nach **Breslau**

14.55 Sz **U** Frankfurt a.M. **15.30 / 17.00 Sz**
U Berlin **10.30 / 22.15 Sz** — **5.45**[3]

nach **Carlsruhe**

5.40 Cz **U** Heidelberg **7.05 / 7.20 Sz** — **8.27**

7.25 Pz **U** Heidelberg 9.20 / 9.50 Pz — 11.44

11.10 Sz **U** Heidelberg **12.35 / 12.55 Sz** — **14.10**

13.10 Pz **U** Heidelberg 15.25 / 16.00 Pz — 17.50

18.25 Pz **U** Heidelberg 20.20 / 20.35 Pz — 22.25

nach **Cassel**

9.20 Pz **U** Frankfurt a.M. 10.00 / 10.35 Pz
U Guntershausen 18.50/19.00 Pz — 19.20

14.55 Sz **U** Frankfurt a.M. **15.30 / 17.00 Sz**
U Guntershausen **21.50**/21.55 Pz — 22.15

23.40 Cz **U** Frankfurt a.M. **0.15** / 5.45 Pz
U Guntershausen 11.45/11.50 Pz — 12.10

nach **Chemnitz**

14.55 Sz **U** Frankfurt a.M. **15.30 / 17.00 Sz**
U Halle **5.40** / 6.15 Pz
U Leipzig 7.30 / 10.00 Pz
U Riesa 11.25* / 12.15 Pz — 15.30

23.40 SzU Frankfurt a.M. **0.15** / 5.45 Pz
U Halle 20.05 / 20.30 Pz
U Leipzig 21.15 / **22.00 Sz**
U Riesa **23.15*** ↩ / 5.15 Pz — 8.15[3]

* Ankunftszeit geschätzt

nach **Coblenz**

6.00 ⊠ **U** Mainz 9.15 / 11.00 ⛴ — 15.15

6.35 Pz **U** Frankfurt a.M. 7.20 / 8.30 ⛴ — 15.15

14.55 Sz **U** Frankfurt a.M. **15.30** / 18.00 ⊠ — 4.00

nach **Cöln**

6.00 ⊠ **U** Mainz 9.15 / 11.00 ⛴ — 20.15

6.35 Pz **U** Frankfurt a.M. 7.20 / 8.30 ⛴ — 20.15

14.55 Sz **U** Frankfurt a.M. **15.30** / 18.00 ⊠
U Coblenz 4.00 / 6.00 ⛴ — 10.30

nach **Constanz**

5.40 Cz **U** Heidelberg **7.05 / 7.20 Sz**
U Offenburg **10.22** / 10.45 ⊠ — 6.15

11.10 Sz **U** Heidelberg **12.35 / 12.55 Sz**
U Bruchsal **13.28* / 13.48 Ez**
U Friedrichshafen **22.15** ↩ /
5.30 ⛴ — 7.00

11.10 Sz **U** Heidelberg **12.35 / 12.55 Sz**
U Freiburg i.B. **17.36** / 18.15 ⊠
U Schaffhausen 5.15 / 12.30 ⊠ — 17.00

13.10 Pz **U** Heidelberg 15.25 / 16.00 Pz
U Bruchsal 17.01* / 17.20 Pz
U Esslingen 21.05 ↩ / 7.40 Pz
U Friedrichshafen 15.20 / 16.30 ⛴ — k.A.

* Ankunftszeit geschätzt

nach **Danzig**

14.55 Sz **U** Frankfurt a.M. **15.30 / 17.00 Sz**
U Berlin **10.30 / 22.40 Sz** — **11.35**[3]

nach **Dortmund***

6.35 Pz **U** Frankfurt a.M. 7.20 / 8.30 ⛴
U Cöln > Deutz 20.15 ↩ / **6.30 Sz** **9.02**

14.55 Sz **U** Frankfurt a.M. **15.30 / 17.00 Sz**
U Guntershausen **21.50** / 21.55 Pz
U Cassel 22.15 ↩ / 5.55 Pz
U Hamm 11.46 / **12.01 Sz** — **12.45**

14.55 Sz **U** Frankfurt a.M. **15.30** / 18.00 ⊠
U Coblenz 4.00 / 6.00 ⛴
U Cöln > Deutz 10.30 / 11.00 Pz — 15.00

23.40 Cz **U** Frankfurt a.M. **0.15** ↩ / 5.45 Pz
U Guntershausen 11.45 / 11.50 Pz
U Cassel 12.10 / 12.30 Pz
U Hamm 18.26 / **18.45 Cz** — **19.20**

* Ankunftszeiten in Dortmund sind sämmtlich geschätzt.

nach **Dresden**

14.55 Sz **U** Frankfurt a.M. **15.30 / 17.00 Sz**
U Halle **5.40** / 6.15 Pz
U Leipzig 7.30 / 10.00 Pz — 13.15

23.40 Cz **U** Frankfurt a.M. **0.15** ↩/ 5.45 Pz
U Halle 20.05 / 20.30 Pz
U Leipzig 21.15 / **22.00 Sz** — **0.30**[3]

nach **Düsseldorf**

6.35 Pz **U** Frankfurt a.M. 7.20 / 8.30 ⛴
U Cöln > Deutz 20.15 ↩ / **6.30 Sz** **7.15**

Fortsetzung siehe nächste Seite

noch: nach **Düsseldorf**

14.55 Sz **U** Frankfurt a.M. **15.30** / 18.00 ✉
U Coblenz 4.00 / 6.00
U Cöln > Deutz 10.30 / 11.00 Pz 12.10

23.40 Cz **U** Frankfurt a.M. **0.15** / 5.45 Pz
U Guntershausen 11.45 / 11.50 Pz
U Cassel 12.10 / 12.30 Pz
U Hamm 18.26 / **18.45 Cz** **21.03**

nach **Elberfeld**

6.35 Pz **U** Frankfurt a.M. 7.20 / 8.30
U Cöln > Deutz 20.15 / **6.30 Sz**
U Düsseldorf **7.15** / 7.30 Pz 8.36

14.55 Sz **U** Frankfurt a.M. **15.30** / 18.00 ✉
U Coblenz 4.00 / 6.00
U Cöln > Deutz 10.30 / 11.00 Pz
U Düsseldorf 12.10 / 12.30 Pz 14.07

23.40 Cz **U** Frankfurt a.M. **0.15** / 5.45 Pz
U Guntershausen 11.45 / 11.50 Pz
U Cassel 12.10 / 12.30 Pz
U Hamm 18.26 / **18.45 Cz**
U Dortmund **19.20*** / 19.30 Pz 21.33

* Ankunftszeit geschätzt

nach **Erfurt**

14.55 Sz **U** Frankfurt a.M. **15.30** / **17.00 Sz** **2.50**
23.40 Cz **U** Frankfurt a.M. **0.15** / 5.45 Pz 16.50

* Ankunftszeiten in Erfurt sind sämmtlich geschätzt.

nach **Essen**

14.55 Sz **U** Frankfurt a.M. **15.30** / 18.00 ✉
U Coblenz 4.00 / 6.00
U Cöln > Deutz 10.30 / 11.00 Pz 13.45*

23.40 Cz **U** Frankfurt a.M. **0.15** / 5.45 Pz
U Guntershausen 11.45 / 11.50 Pz
U Cassel 12.10 / 12.30 Pz
U Hamm 18.26 / **18.45 Cz**
U Oberhausen** **20.20** / 21.56 Pz 22.15*

* Ankunft in Alten-Essen, Ankunftszeit geschätzt; Fahrplan der Post-Course von Alten-Essen nach Essen Stadt liegt nicht vor.
** Cours über Oberhausen nur mit Umwegkarte zu benutzen

nach **Frankfurt a.M.**

6.35 Pz	7.20
9.20 Pz	10.00
13.45 Pz	14.30
14.55 Sz	**15.30**
20.45 Pz	21.30
23.40 Cz	**0.15**

nach **Freiburg i.B.**

5.40 Cz **U** Heidelberg **7.05** / **7.20 Sz** **12.35**
7.25 Pz **U** Heidelberg 9.20 / 9.50 Pz 17.07
11.10 Sz **U** Heidelberg **12.35** / **12.55 Sz** **17.36**
13.10 Pz **U** Heidelberg 15.25 / 16.00 Pz
U Offenburg 20.47 / 6.00 Pz 8.16

nach **Gera**

14.55 Sz **U** Frankfurt a.M. **15.30** / **17.00 Sz**
U Weimar **3.20*** / 16.00 ✉ 24.00

23.40 Cz **U** Frankfurt a.M. **0.15** / 5.45
U Weissenfels 19.10* / 0.45 ✉ 7.30[3]

* Ankunftszeit geschätzt

nach **Görlitz**

14.55 Sz **U** Frankfurt a.M.**15.30** / **17.00 Sz**
U Halle **5.40** / 6.15 Pz
U Leipzig 7.30 / 10.00 Pz
U Dresden 13.15 / 14.30 Pz 18.15

23.40 Cz **U** Frankfurt a.M. **0.15** / 5.45 Pz
U Halle 20.05 / 20.30 Pz
U Leipzig 21.15 / **22.00 Sz**
U Dresden **0.30** / 5.30 Pz 9.00[3]

* Ankunftszeit geschätzt

nach **Hagen**

6.35 Pz **U** Frankfurt a.M. 7.20 / 8.30
U Cöln > Deutz 20.15 / **6.30 Sz**
U Düsseldorf **7.15** / 7.30 Pz
U Elberfeld 8.36 / 9.40 Pz 11.17

14.55 Sz **U** Frankfurt a.M. **15.30** / 18.00 ✉
U Coblenz 4.00 / 6.00
U Cöln > Deutz 10.30 / 11.00 Pz
U Düsseldorf 12.10 / 12.30 Pz
U Elberfeld 14.07 / 16.20 Pz 17.38

23.40 Cz **U** Frankfurt a.M. **0.15** / 5.45 Pz
U Guntershausen 11.45 / 11.50 Pz
U Cassel 12.10 / 12.30 Pz
U Hamm 18.26 / **18.45 Cz**
U Dortmund **19.20*** / 19.30 Pz 20.28

nach **Halle**

14.55 Sz **U** Frankfurt a.M. **15.30** / **17.00 Sz** **5.40**
23.40 Cz **U** Frankfurt a.M. **0.15** / 5.45 Pz 20.05

nach **Hamburg**

14.55 Sz **U** Frankfurt a.M. **15.30** / **17.00 Sz**
U Guntershausen **21.50** / 21.55 Pz
U Cassel 22.15 / 23.15 ✉
U Göttingen 4.40 / 5.15 Pz
U Hannover 8.45 / 10.00 GmP
U Lehrte 10.30* / 11.00 Pz 16.10**

23.40 Cz **U** Frankfurt a.M. **0.15** / 5.45 Pz
U Guntershausen 11.45 / 11.50 Pz
U Cassel 12.10 / 12.30 ✉
U Göttingen 17.45 / 18.00 Pz
U Hannover 21.30 / **5.30 Sz**
U Lehrte **6.00*** / 6.05 Pz
U Harburg 10.05 / 10.30 11.45[3]

* Ankunftszeit geschätzt
** an Harburg ohne unmittelbaren Schiffsanschluß nach Hamburg

nach **Hamm**

14.55 Sz **U** Frankfurt a.M. **15.30** / **17.00 Sz**
U Guntershausen **21.50** / 21.55 Pz
U Cassel 22.15 / 5.55 Pz 11.46

23.40 Cz **U** Frankfurt a.M. **0.15** / 5.45 Pz
U Guntershausen 11.45 / 11.50 Pz
U Cassel 12.10 / 12.30 Pz 18.26

nach **Hannover**

14.55 Sz **U** Frankfurt a.M. **15.30** / **17.00 Sz**
U Guntershausen **21.50** / 21.55 Pz
U Cassel 22.15 / 23.15 ✉
U Göttingen 4.40 / 5.15 Pz 8.45

23.40 Cz **U** Frankfurt a.M. **0.15** / 5.45 Pz
U Guntershausen 11.45 / 11.50 Pz
U Cassel 12.10 / 12.30 ✉
U Göttingen 17.45 / 18.00 Pz 21.30

nach **Heidelberg**

5.40 Cz	*über Friedrichsfeld*	**7.05**
7.25 Pz	*über Friedrichsfeld*	9.20
11.10 Sz	*über Friedrichsfeld*	**12.35**
13.10 Pz	*über Friedrichsfeld*	15.25
18.25 Pz	*über Friedrichsfeld*	20.20

nach **Kiel**

23.40 Cz **U** Frankfurt a.M. **0.15** / 5.45 Pz
U Guntershausen 11.45 / 11.50 Pz
U Cassel 12.10 / 12.30 ✉
U Göttingen 17.45 / 18.00 Pz
U Hannover 21.30 / **5.30 Sz**
U Lehrte **6.00*** / 6.05 Pz
U Harburg 10.05 / 10.30
U Hamburg > Altona 11.45 / 13.00 GmP 16.30[3]

* Ankunftszeit geschätzt

nach **Königsberg i.Pr.**

14.55 Sz **U** Frankfurt a.M. **15.30** / **17.00 Sz**
U Berlin **10.30** / **22.40 Sz**
U Dirschau **10.45** / 11.37 ✉
U Marienburg 16.07 / **16.37 Sz** **21.02**[3]

nach **Leipzig**

14.55 Sz **U** Frankfurt a.M. **15.30** / **17.00 Sz**
U Halle **5.40** / 6.15 Pz 7.30

23.40 Cz **U** Frankfurt a.M. **0.15** / 5.45 Pz
U Halle 20.05 / 20.30 Pz 21.15

nach **Lindau**

11.10 Sz **U** Heidelberg **12.35** / **12.55 Sz**
U Bruchsal **13.28*** / **13.48 Ez**
U Ulm **18.25** / **18.45 Ez**
U Augsburg **21.15** / 21.30 GmP 6.30

11.10 Sz **U** Heidelberg **12.35** / **12.55 Sz**
U Bruchsal **13.28*** / **13.48 Ez**
U Friedrichshafen **22.15** / 6.00 k.A.

Fortsetzung siehe nächste Seite

noch: ab **Darmstadt**

noch: nach **Lindau**
13.10 Pz **U** Heidelberg 15.25 / 16.00 Pz
U Bruchsal 17.01* / 17.20 Pz
U Esslingen 21.05 ⤷ / 7.40 Pz
U Friedrichshafen 15.20 / 15.30 ⛴ k.A.

* Ankunftszeit geschätzt

nach Ludwigshafen
15.00 ✉ **U** Oppenheim 17.30 / 18.41 Pz 20.35

weitere Verbindungen > **Mannheim**

nach Lübeck
23.40 Cz **U** Frankfurt a.M. **0.15** / 5.45 Pz
U Guntershausen 11.45 / 11.50 Pz
U Cassel 12.10 / 12.30 ✉
U Göttingen 17.45 / 18.00 Pz
U Hannover 21.30 ⤷ / **5.30 Sz**
U Lehrte **6.00*** / 6.05 Pz
U Harburg 10.05 / 10.30 ⛴
U Hamburg 11.45 / 17.00 Pz
U Büchen 18.45* / 19.00 Pz 20.11[3]

* Ankunftszeit geschätzt

nach Magdeburg
14.55 Sz **U** Frankfurt a.M. **15.30** / **17.00 Sz**
U Halle **5.40** / 7.45 Pz 9.50

23.40 Cz **U** Frankfurt a.M. **0.15** ⤷ / 5.45 Pz
U Halle 20.05 / 22.45 Pz 1.15

nach Mainz
6.00 ✉ 9.15

6.35 Pz **U** Frankfurt a.M. 7.20 / 8.05 Pz
U Castel 9.10* / # ✉ k.A.

6.35 Pz **U** Frankfurt a.M. 7.20 / 8.30 ⛴ 11.00

9.20 Pz **U** Frankfurt a.M. 10.00 / 11.35 Pz
U Castel 12.20* / # ✉ k.A.

9.20 Pz **U** Frankfurt a.M. 10.00 / 14.30 ⛴ 17.00

14.55 Sz **U** Frankfurt a.M. **15.30** / 18.00 Pz
U Castel 19.00* / # ✉ k.A.

15.00 ✉ **U** Oppenheim 17.30 / 18.48 Pz 19.50

23.40 Sz **U** Frankfurt a.M. **0.15** / 5.45 Pz
U Castel 7.05* / # ✉ k.A.

* Ankunftszeit geschätzt

nach Mannheim
5.40 Cz *über Friedrichsfeld* **7.06**
7.25 Pz *über Friedrichsfeld* 9.23
11.10 Sz *über Friedrichsfeld* **12.38**
13.10 Pz *über Friedrichsfeld* 15.28
18.25 Pz *über Friedrichsfeld* 20.23

nach München
11.10 Sz **U** Heidelberg **12.35** / **12.55 Sz**
U Bruchsal **13.28*** / **13.48 Ez**
U Ulm **18.25** / **18.45 Ez**
U Augsburg **21.15** / **21.30 Ez** **23.00**

Fortsetzung siehe nächste Spalte

14.55 Sz **U** Frankfurt a.M. **15.30** / 17.15 Pz
U Bamberg 1.05 / 3.15 Pz 13.15

* Ankunftszeit geschätzt

nach Münster
14.55 Sz **U** Frankfurt a.M. **15.30** / **17.00 Sz**
U Guntershausen **21.50** / 21.55 Pz
U Cassel 22.15 ⤷ / 5.55 Pz
U Hamm 11.46 / 12.10 Pz 13.00

23.40 Cz **U** Frankfurt a.M. **0.15** / 5.45 Pz
U Guntershausen 11.45 / 11.50 Pz
U Cassel 12.10 / 12.30 Pz
U Hamm 18.26 / 19.00 Pz 20.00

nach Nürnberg
8.30 Ez **U** Bamberg **14.45** / **15.30 Ez** **17.00**
17.15 Pz **U** Bamberg 1.05 / 3.15 Pz 5.15

nach Oberhausen
6.35 Pz **U** Frankfurt a.M. 7.20 / 8.30 ⛴
U Cöln > Deutz 20.15 ⤷ / **6.30 Sz** **8.00**

14.55 Sz **U** Frankfurt a.M. **15.30** / 18.00 ✉
U Coblenz 4.00 / 6.00 ⛴
U Cöln > Deutz 10.30 / 11.00 Pz 13.20

23.40 Cz **U** Frankfurt a.M. **0.15** ⤷ / 5.45 Pz
U Guntershausen 11.45 / 11.50 Pz
U Cassel 12.10 / 12.30 Pz
U Hamm 18.26 / **18.45 Cz** **20.20**

nach Oppeln
14.55 Sz **U** Frankfurt a.M. **15.30** / **17.00 Sz**
U Berlin **10.30** / **22.15 Sz** **7.45***[3]

* Ankunftszeit geschätzt

nach Osnabrück
14.55 Sz **U** Frankfurt a.M. **15.30** / **17.00 Sz**
U Guntershausen **21.50** / 21.55 Pz
U Cassel 22.15 ⤷ / 5.55 Pz
U Hamm 11.46 / 16.03 Pz
U Minden 19.45 / 1.00 ✉ 8.00[3]

23.40 Cz **U** Frankfurt a.M. **0.15** / 5.45 Pz
U Guntershausen 11.45 / 11.50 Pz
U Cassel 12.10 / 12.30 Pz
U Hamm 18.26 / **0.00 Sz**
U Minden **3.05** / 9.00 ✉ 16.00[3]

nach Passau
23.40 Cz **U** Frankfurt a.M. **0.15** ⤷ / **8.30 Ez**
U Bamberg **14.45** / **15.30 Ez**
U Nürnberg **17.00** / 17.30 ✉
U Regensburg 5.30 / 11.00 ✉ 22.30[3]

nach Posen
14.55 Sz **U** Frankfurt a.M. **15.30** / **17.00 Sz**
U Berlin **10.30** / **22.40 Sz**
U Kreutz **4.43** / 5.03 Pz 7.47[3]

nach Regensburg
14.55 Sz **U** Frankfurt a.M. **15.30** / 17.15 Pz
U Bamberg 1.05 / 3.15 Pz
U Nürnberg 5.15 / 6.00 ✉ 18.00

23.40 Cz **U** Frankfurt a.M. **0.15** ⤷ / **8.30 Ez**
U Bamberg **14.45** / **15.30 Ez**
U Nürnberg **17.00** / 17.30 ✉ 5.30

nach Rostock
14.55 Sz **U** Frankfurt a.M.**15.30** / **17.00 Sz**
U Halle **5.40** / 7.45 Pz
U Magdeburg 9.50 / 10.45 GmP
U Wittenberge 14.10 / 15.10 GmP
U Hagenow 17.00* / 17.30 Pz 22.10

23.40 Cz **U** Frankfurt a.M. **0.15** / 5.45 Pz
U Halle 20.05 / 22.45 Pz
U Magdeburg 1.15 / 7.45 Pz
U Wittenberge 10.15 / 10.55 Pz
U Hagenow 12.40* / 12.50 Pz 16.40[3]

* Ankunftszeit geschätzt

nach Saarbrücken
7.25 Pz **U** Mannheim 9.23 / #
U Ludwigshafen # / **13.10 Sz** **16.58**

13.10 Pz **U** Mannheim 15.28 / #
U Ludwigshafen # / 17.30 22.05

18.25 Pz **U** Mannheim 20.23 ⤷ / #
U Ludwigshafen # / 6.10 Pz 10.36

nach Schwerin
14.55 Sz **U** Frankfurt a.M.**15.30** / **17.00 Sz**
U Halle **5.40** / 7.45 Pz
U Magdeburg 9.50 / 10.45 GmP
U Wittenberge 14.10 / 15.10 GmP
U Hagenow 17.00* / 17.30 Pz 18.15

23.40 Cz **U** Frankfurt a.M. **0.15** / 5.45 Pz
U Halle 20.05 / 22.45 Pz
U Magdeburg 1.15 / 7.45 Pz
U Wittenberge 10.15 / 10.55 Pz
U Hagenow 12.40* / 12.50 Pz 13.35[3]

* Ankunftszeit geschätzt

nach Stettin
14.55 Sz **U** Frankfurt a.M. **15.30** / **17.00 Sz**
U Berlin **10.30** / 12.15 Pz 15.52

nach Stralsund
14.55 Sz **U** Frankfurt a.M. **15.30** / **17.00 Sz**
U Berlin **10.30** / 17.30 Pz
U Passow 20.00* / 20.20 ✉ 11.20[3]

* Ankunftszeit geschätzt

nach Stuttgart
5.40 Cz **U** Heidelberg **7.05** / **7.20 Sz**
U Bruchsal **7.59*** / 8.15 Pz 11.05

7.25 Pz **U** Heidelberg 9.20 / 9.50 Pz
U Bruchsal 10.51* / 11.10 Pz 14.10

11.10 Sz **U** Heidelberg **12.35** / **12.55 Sz**
U Bruchsal **13.28*** / **13.48 Ez** **15.46**

Fortsetzung siehe nächste Seite

noch: ab **Darmstadt**

noch: nach **Stuttgart**

13.10 Pz	**U** Heidelberg 15.25 / 16.00 Pz	
	U Bruchsal 17.01* / 17.20 Pz	20.15

* Ankunftszeit geschätzt

nach **Trier**

7.25 Pz	**U** Mannheim 9.23 / #	
	U Ludwigshafen # / **13.10 Sz**	
	U Saarbrücken **16.58** / 17.30 ✉	4.00
13.10 Pz	**U** Mannheim 15.28 / #	
	U Ludwigshafen # / 17.30 Pz	
	U Saarbrücken 22.05 ↩ / 8.15 ✉	18.45

nach **Ulm**

5.40 Cz	**U** Heidelberg **7.05 / 7.20 Sz**	
	U Bruchsal **7.59*** / 8.15 Pz	15.05
11.10 Sz	**U** Heidelberg **12.35 / 12.55 Sz**	
	U Bruchsal **13.28* / 13.48 Ez**	**18.25**
13.10 Pz	**U** Heidelberg 15.25 / 16.00 Pz	
	U Bruchsal 17.01* / 17.20 Pz	
	U Esslingen 21.05 ↩ / 7.40 Pz	10.50

* Ankunftszeit geschätzt

nach **Wiesbaden**

6.35 Pz	**U** Frankfurt a.M. 7.20 / 8.05 Pz	9.35
9.20 Pz	**U** Frankfurt a.M. 10.00 / 11.15 Pz	12.45
13.45 Pz	**U** Frankfurt a.M. 14.30 / 14.45 Pz	16.15
14.55 Sz	**U** Frankfurt a.M. **15.30** / 18.00 Pz	19.30
23.40 Cz	**U** Frankfurt a.M. **0.15** / 5.45 Pz	7.30

nach **Würzburg**

14.55 Sz	**U** Frankfurt a.M. **15.30** / 17.15 Pz	21.40
23.40 Cz	**U** Frankfurt a.M. **0.15** ↩ / **8.30 Ez**	**12.00**

nach **Zwickau**

14.55 Sz	**U** Frankfurt a.M. **15.30** / 17.15 Pz	
	U Bamberg 1.05 / 1.35 Pz	
	U Hof 6.30 / 7.00 Pz	
	U Werdau 9.40* / 9.47 Pz	10.10*
23.40 Cz	**U** Frankfurt a.M. **0.15** ↩ / **8.30 Ez**	
	U Bamberg **14.45 / 15.05 Ez**	
	U Werdau **20.55*** / 21.17 Pz	21.40*

* Ankunftszeit geschätzt

Dortmund

Von Dortmund gehen zur Zeit Bahnverbindungen in drei Richtungen ab: In ost-westlicher Richtung durchquert die Cöln-Mindener Eisenbahn die Stadt, die in Minden an die Strecke nach Hannover–Braunschweig–Magdeburg–Berlin anschließt. Außerdem besteht die von der Bergisch-Märkischen Eisenbahn errichtete Strecke über Hagen nach Elberfeld mit Umsteigeverbindung an die Düsseldorf-Elberfelder Eisenbahn.

Als nächste Erweiterung des Streckennetzes steht die Eröffnung der Strecke Dortmund–Soest der vom preußischen Staat betriebenen Bergisch-Märkischen Eisenbahn unmittelbar bevor. In Soest trifft diese Linie auf die Strecke Hamm–Paderborn–Cassel.

von Dortmund

nach **Aachen**

5.10 Pz	**U** Oberhausen 6.42 / 7.00 Pz	11.20
8.30 Pz	**U** Oberhausen 10.10 / 10.30 Pz	16.00
12.48 Sz	**U** Deutz > Cöln **16.00** / 18.00 Pz	20.00
19.22 Cz	**U** Deutz > Cöln **22.00 / 23.30 Sz**	**1.20**

nach **Augsburg**

15.05 Pz	**U** Hamm 16.00 / 16.18 Pz	
	U Cassel 22.00 ↩ / 4.45 Pz	
	U Guntershausen 5.05 / **5.15 Sz**	
	U Frankfurt a.M. **9.55 / 10.30 Sz**	
	U Heidelberg **12.35 / 12.55 Sz**	
	U Bruchsal **13.28* / 13.48 Ez**	
	U Ulm **18.25 / 18.45 Ez**	**21.15**

* Ankunftszeit geschätzt

nach **Basel***

9.04 Cz	**U** Hamm **9.36** / 9.50 Pz	
	U Cassel 15.55 / 16.10 Pz	
	U Guntershausen 16.30 / 16.45 Pz	
	U Frankfurt a.M. 22.30 ↩ / **5.00 Cz**	
	U Heidelberg **7.05 / 7.20 Sz**	**14.56**
15.05 Pz	**U** Hamm 16.00 / 16.18 Pz	
	U Cassel 22.00 ↩ / 4.45 Pz	
	U Guntershausen 5.05 / **5.15 Sz**	
	U Frankfurt a.M. **9.55 / 10.30 Sz**	
	U Heidelberg **12.35 / 12.55 Sz**	**19.15**

* Ankunft Basel Badischer Bf

nach **Berlin**

9.04 Cz	*über Hannover–Magdeburg*	**21.20**
15.05 Pz	*über Hannover–Magdeburg*	9.30
23.16 Sz	*über Hannover–Magdeburg*	**13.10**

nach **Bonn**

5.10 Pz	**U** Deutz > Cöln 9.15 / 10.00 Pz	10.15
8.30 Pz	**U** Deutz > Cöln 12.45 / 14.45 Pz	15.35
12.48 Sz	**U** Deutz > Cöln **16.00** / 17.45 Pz	18.35
16.02 Pz	**U** Deutz > Cöln 20.10 / 21.00 Pz	21.50
19.22 Cz	**U** Deutz > Cöln **22.00** ↩ / 7.00 Pz	7.50

nach **Braunschweig**

9.04 Cz	*über Hannover*	**15.22**
15.05 Pz	*über Hannover*	0.30
23.16 Sz	*über Hannover*	**7.05**

nach **Bremen**

9.04 Cz	**U** Wunstorf **13.15*** / 13.25 Pz	16.00
23.16 Sz	**U** Wunstorf **4.35*** / 7.30 Pz	10.15

* Ankunftszeit geschätzt

nach **Breslau**

9.04 Cz	**U** Berlin **21.20 / 22.15 Sz**	**5.45**

nach **Carlsruhe**

9.04 Cz	**U** Hamm **9.36** / 9.50 Pz	
	U Cassel 15.55 / 16.10 Pz	
	U Guntershausen 16.30 / 16.45 Pz	
	U Frankfurt a.M. 22.30 ↩ / **5.00 Cz**	
	U Heidelberg **7.05 / 7.20 Sz**	**8.27**
15.05 Pz	**U** Hamm 16.00 / 16.18 Pz	
	U Cassel 22.00 ↩ / 4.45 Pz	
	U Guntershausen 5.05 / **5.15 Sz**	
	U Frankfurt a.M. **9.55 / 10.30 Sz**	
	U Heidelberg **12.35 / 12.55 Sz**	**14.10**

nach **Cassel**

9.04 Cz	**U** Hamm **9.36** / 9.50 Pz	15.55
15.05 Pz	**U** Hamm 16.00 / 16.18 Pz	22.00

nach **Chemnitz**

9.04 Cz	**U** Magdeburg **18.00** / 18.15 Pz	
	U Leipzig 21.15 / **22.00 Sz**	
	U Riesa **23.15*** ↩ / 5.15 Pz	8.15
15.05 Pz	**U** Magdeburg 4.50 / 5.30 Pz	
	U Leipzig 9.00 / 10.00 Pz	
	U Riesa 11.25* / 12.15 Pz	15.30
23.16 Sz	**U** Magdeburg **10.00** / 10.45 Pz	
	U Leipzig 14.05 / 14.30 Pz	
	U Riesa 16.00* / 16.45 Pz	19.30

* Ankunftszeit geschätzt

nach **Coblenz**

5.10 Pz	**U** Deutz > Cöln 9.15 / 10.00 ⛴	17.00
8.30 Pz	**U** Deutz > Cöln 12.45 / 13.00 ⛴	20.00
12.48 Sz	**U** Deutz > Cöln **16.00** / 20.15 ⛴	2.45
16.02 Pz	**U** Deutz > Cöln 20.10 / 13.00 ⛴	5.45
19.22 Cz	**U** Deutz > Cöln **22.00** / 23.30 ⛴	9.00
	nur Mo und Do	.
19.22 Cz	**U** Deutz > Cöln **22.00** ↩ / 6.00 ⛴	12.15

nach **Cöln***

5.10 Pz	*über Oberhausen*	9.15
8.30 Pz	*über Oberhausen*	12.45
12.48 Sz	*über Oberhausen*	**16.00**
16.02 Pz	*über Oberhausen*	20.10
19.22 Cz	*über Oberhausen*	**22.00**

* Ankunft in Deutz

nach **Constanz**

9.04 Cz **U** Hamm **9.36** / 9.50 Pz
U Cassel 15.55 / 16.10 Pz
U Guntershausen 16.30 / 16.45 Pz
U Frankfurt a.M. 22.30 ↪ / **5.00 Cz**
U Heidelberg **7.05** / **7.20 Sz**
U Offenburg **10.22** / 10.45 ✉ 6.15[3]

15.05 Pz **U** Hamm 16.00 / 16.18 Pz
U Cassel 22.00 ↪ / 4.45 Pz
U Guntershausen 5.05 / **5.15 Sz**
U Frankfurt a.M. **9.55** / **10.30 Sz**
U Heidelberg **12.35** / **12.55 Sz**
U Freiburg i.B. **17.36** / 18.15 ✉
U Schaffhausen 5.15 / 12.30 ✉ 17.00[3]

nach **Danzig**

9.04 Cz **U** Berlin **21.20** / **22.40 Sz** **11.35**

nach **Darmstadt***

9.04 Cz **U** Hamm **9.36** / 9.50 Pz
U Cassel 15.55 / 16.10 Pz
U Guntershausen 16.30/ 16.45 Pz
U Frankfurt a.M. 22.30 ↪/ **5.00 Cz** **5.38**

15.05 Pz **U** Hamm 16.00 / 16.18 Pz
U Cassel 22.00 / 4.45 Pz
U Guntershausen 5.05 / **5.15 Sz**
U Frankfurt a.M. **9.55** / **10.30 Sz** **11.08**

* Ankunftszeiten in Darmstadt sind sämmtlich geschätzt.

nach **Dresden**

9.04 Cz **U** Magdeburg **18.00** / 18.15 Pz
U Leipzig 21.15 / **22.00 Sz** **0.30**

15.05 Pz **U** Magdeburg 4.50 / 5.30 Pz
U Leipzig 9.00 / 10.00 Pz 13.15

23.16 Sz **U** Magdeburg **10.00** / 10.45 Pz
U Leipzig 14.05 / 14.30 Pz 17.30

nach **Düsseldorf**

5.10 Pz *über Oberhausen* 7.55
7.15 Pz **U** Elberfeld 9.30 / 10.00 Pz 11.04
8.30 Pz *über Oberhausen* 11.22
9.00 Pz **U** Elberfeld 12.25 / 13.30 Pz 14.33
12.48 Sz *über Oberhausen* **14.57**
13.25 Pz **U** Elberfeld 15.28 / 15.40 Pz 17.10
16.02 Pz *über Oberhausen* 18.52
16.10 Pz **U** Elberfeld 18.51 / 19.40 Pz 20.43
19.22 Cz *über Oberhausen* **21.03**

nach **Elberfeld**

7.15 Pz *über Hagen* 9.30
9.00 Pz *über Hagen* 12.25
13.15 Pz *über Hagen* 15.28
16.10 Pz *über Hagen* 18.51
19.30 Pz *über Hagen* 21.33

nach **Erfurt**

15.05 Pz **U** Hamm 16.00 / 16.18 Pz
U Cassel 22.00 / 22.15 Pz
U Guntershausen 22.35 / **22.45 Sz** **2.50***

* Ankunftszeit geschätzt

nach **Essen***

5.10 Pz 6.18
8.30 Pz 9.44
12.48 Sz **13.39**
16.02 Pz 17.15
19.22 Cz **U** Oberhausen** **20.20** / 21.56 Pz 22.15

* Ankunft in Alten-Essen, Ankunftszeit geschätzt; ein Fahrplan der Post-Course von Alten-Essen nach Essen Stadt liegt nicht vor.
** Cours über Oberhausen nur mit Umwegkarte zu benutzen.

nach **Frankfurt a.M.**

9.04 Cz **U** Hamm **9.36** / 9.50 Pz
U Cassel 15.55 / 16.10 Pz
U Guntershausen 16.30/ 16.45 Pz 22.30

15.05 Pz **U** Hamm 16.00 / 16.18 Pz
U Cassel 22.00 / 4.45 Pz
U Guntershausen 5.05 / **5.15 Sz** **9.55**

nach **Freiburg i.B.**

9.04 Cz **U** Hamm **9.36** / 9.50 Pz
U Cassel 15.55 / 16.10 Pz
U Guntershausen 16.30 / 16.45 Pz
U Frankfurt a.M. 22.30 ↪ / **5.00 Cz**
U Heidelberg **7.05** / **7.20 Sz** **12.35**

15.05 Pz **U** Hamm 16.00 / 16.18 Pz
U Cassel 22.00 ↪ / 4.45 Pz
U Guntershausen 5.05 / **5.15 Sz**
U Frankfurt a.M. **9.55** / **10.30 Sz**
U Heidelberg **12.35** / **12.55 Sz** **17.36**

nach **Gera**

9.04 Cz **U** Magdeburg **18.00** / 18.15 Pz
U Leipzig 21.15 ↪ / 6.00 Pz
U Altenburg 7.10* / 9.00 ✉ 13.00

9.04 Cz **U** Magdeburg **18.00** / 18.15 Pz
U Leipzig 21.15 ↪ / **7.15 Ez**
U Altenburg **8.08*** / 9.00 ✉ 13.00

23.16 Sz **U** Magdeburg **10.00** / 10.45 Pz
U Leipzig 14.05 / 18.30 Pz
U Altenburg 19.40* / 20.30 ✉ 0.30

nach **Görlitz**

9.04 Cz **U** Berlin **21.20** / **22.15 Sz**
U Kohlfurt **2.40*** / 3.15 Pz 4.00

9.04 Cz **U** Magdeburg **18.00** / 18.15 Pz
U Leipzig 21.15 / **22.00 Sz**
U Dresden **0.30** / 5.30 Pz 9.00

15.05 Pz **U** Magdeburg 4.50 / 5.30 Pz
U Leipzig 9.00 / 10.00 Pz
U Dresden 13.15 / 14.30 Pz 18.15

23.16 Sz **U** Magdeburg **10.00** / 10.45 Pz
U Leipzig 14.05 / 14.30 Pz
U Dresden 17.30 / 18.15 Pz 21.40

* Ankunftszeit geschätzt

nach **Hagen***

7.15 Pz *über Witten* 8.24
9.00 Pz *über Witten* 10.31
13.15 Pz *über Witten* 14.22
16.10 Pz *über Witten* 17.27
19.30 Pz *über Witten* 20.28

* Ankunftszeiten in Hagen sind sämmtlich geschätzt.

nach **Halle**

9.04 Cz **U** Magdeburg **18.00** / 18.15 Pz 20.25
15.05 Pz **U** Magdeburg 4.50 / 5.30 Pz 8.00
23.10 Sz **U** Magdeburg **10.00** / 10.45 Pz 13.10

nach **Hamburg**

9.04 Cz **U** Lehrte **14.25*** / 14.35 Pz
U Harburg 18.20 / 19.00 ⛴ 20.15

23.16 Sz **U** Lehrte **6.00*** / 6.05 Pz
U Harburg 10.05 / 10.30 ⛴ 11.45

* Ankunftszeit geschätzt

nach **Hamm**

5.15 Pz 7.10
9.04 Cz **9.36**
11.55 Pz 12.55
15.05 Pz 16.00
20.27 Pz 21.15
23.16 Sz **24.00**

nach **Hannover**

9.04 Cz **13.45**
15.05 Pz 22.10
23.16 Sz **5.10**

nach **Heidelberg**

9.04 Cz **U** Hamm **9.36** / 9.50 Pz
U Cassel 15.55 / 16.10 Pz
U Guntershausen 16.30/ 16.45 Pz
U Frankfurt a.M. 22.30 ↪ /**5.00 Cz** **7.05**

15.05 Pz **U** Hamm 16.00 / 16.18 Pz
U Cassel 22.00 / 4.45 Pz
U Guntershausen 5.05 / **5.15 Sz**
U Frankfurt a.M. **9.55** / **10.30 Sz** **12.35**

nach **Kiel**

9.04 Cz **U** Lehrte **14.25*** / 14.35 Pz
U Harburg 18.20 / 19.00 ⛴
U Hamburg > Altona 20.15 ↪ / 8.10 Pz 11.00

23.16 Sz **U** Lehrte **6.00*** / 6.05 Pz
U Harburg 10.05 / 10.30 ⛴
U Hamburg > Altona 11.45 / 13.00 GmP 16.30

* Ankunftszeit geschätzt

nach **Königsberg i.Pr.**

9.04 Cz **U** Berlin **21.20** / **22.40 Sz**
U Dirschau **10.45** / 11.37 ✉
U Marienburg 16.07 / **16.37 Sz** **21.02**

noch: ab Dortmund

nach **Leipzig**

9.04 Cz	**U** Magdeburg **18.00** / 18.15 Pz	21.15
15.05 Pz	**U** Magdeburg 4.50 / 5.30 Pz	9.00
23.16 Sz	**U** Magdeburg **10.00** / 10.45 Pz	14.05

nach **Lindau**

15.05 Pz	**U** Hamm 16.00 / 16.18 Pz	
	U Cassel 22.00 ↩ / 4.45 Pz	
	U Guntershausen 5.05 / **5.15 Sz**	
	U Frankfurt a.M. **9.55** / **10.30 Sz**	
	U Heidelberg **12.35** / **12.55 Sz**	
	U Bruchsal **13.28*** / **13.48 Ez**	
	U Ulm **18.25** / **18.45 Ez**	
	U Augsburg **21.15** / 21.30 GmP	6.30[3]

nach **Ludwigshafen**

12.48 Sz	**U** Deutz > Cöln **16.00** / 20.15 ⛴	
	U Mainz 11.00 / **11.20 Sz**	**13.00**
16.02 Pz	**U** Deutz > Cöln 20.10 / 22.00 ⛴	
	U Mainz 14.00 / 15.00 Pz	17.00
19.22 Cz	**U** Deutz > Cöln **22.00** / 23.30 ⛴	
	U Mainz 17.30 / 18.00 Pz	20.35
	nur Mo und Do	
19.22 Cz	**U** Deutz > Cöln **22.00** ↩/ 6.00 ⛴	
	U Mainz 19.30 / 20.00 Pz	21.59

weitere Verbindungen > **Mannheim**

nach **Lübeck**

9.04 Cz	**U** Lehrte **14.25*** / 14.35 Pz	
	U Harburg 18.20 / 19.00 ⛴	
	U Hamburg 20.15 / 23.00 ✉	5.00
23.16 Sz	**U** Lehrte **6.00*** / 6.05 Pz	
	U Harburg 10.05 / 10.30 ⛴	
	U Hamburg 11.45 / 17.00 Pz	
	U Büchen 18.45** / 19.00 Pz	20.11

* Ankunftszeit geschätzt

nach **Magdeburg**

9.04 Cz	*über Hannover*	**18.00**
15.05 Pz	*über Hannover*	4.50
23.16 Sz	*über Hannover*	**10.00**

nach **Mainz**

12.48 Sz	**U** Deutz > Cöln **16.00** / 20.15 ⛴	11.00
16.02 Pz	**U** Deutz > Cöln 20.10 / 22.00 ⛴	14.00
19.22 Cz	**U** Deutz > Cöln **22.00** / 23.30 ⛴	17.30
	nur Mo und Do	
19.22 Cz	**U** Deutz > Cöln **22.00** ↩/ 6.00 ⛴	19.30

nach **Mannheim**

9.04 Cz	**U** Hamm **9.36** / 9.50 Pz	
	U Cassel 15.55 / 16.10 Pz	
	U Guntershausen 16.30/ 16.45 Pz	
	U Frankfurt a.M. 22.30 ↩ /**5.00 Cz**	**7.06**

Fortsetzung siehe nächste Spalte

15.05 Pz	**U** Hamm 16.00 / 16.18 Pz	
	U Cassel 22.00 / 4.45 Pz	
	U Guntershausen 5.05 / **5.15 Sz**	
	U Frankfurt a.M. **9.55** / **10.30 Sz**	**12.38**

weitere Verbindungen > **Ludwigshafen**

nach **München**

15.05 Pz	**U** Hamm 16.00 / 16.18 Pz	
	U Cassel 22.00 ↩ / 4.45 Pz	
	U Guntershausen 5.05 / **5.15 Sz**	
	U Frankfurt a.M. **9.55** / **10.30 Sz**	
	U Heidelberg **12.35** / **12.55 Sz**	
	U Bruchsal **13.28*** / **13.48 Ez**	
	U Ulm **18.25** / **18.45 Ez**	
	U Augsburg **21.15** / **21.30 Ez**	**23.00**

* Ankunftszeit geschätzt

nach **Münster**

9.04 Cz	**U** Hamm **9.36** / 12.10 Pz	13.00
11.55 Pz	**U** Hamm 12.50 / 13.15 GmP	14.45
15.05 Pz	**U** Hamm 16.00 / 19.00 Pz	20.00
23.16 Sz	**U** Hamm **24.00** ↩ / 7.30 Pz	8.30

nach **Nürnberg**

9.04 Cz	**U** Hamm **9.36** / 9.50 Pz	
	U Cassel 15.55 / 16.10 Pz	
	U Guntershausen 16.30/ 16.45 Pz	
	U Frankfurt a.M. 22.30 ↩ / **8.30 Ez**	
	U Bamberg **14.45** / **15.30 Ez**	**17.00**
15.05 Pz	**U** Hamm 16.00 / 16.18 Pz	
	U Cassel 22.00 / 4.45 Pz	
	U Guntershausen 5.05 / **5.15 Sz**	
	U Frankfurt a.M. **9.55** / 17.15 Pz	
	U Bamberg 1.05 / 3.15 Pz	5.15[3]

nach **Oberhausen**

5.10 Pz	6.42
8.30 Pz	10.10
12.48 Sz	**14.00**
16.02 Pz	17.45
19.22 Cz	**20.20**

nach **Oppeln**

9.04 Cz	**U** Berlin **21.20** / **22.15 Sz**	**7.45***

* Ankunftszeit geschätzt

nach **Osnabrück**

5.15 Pz	**U** Hamm 7.10 / 7.30 Pz	
	U Münster 8.30 / 10.30 ✉	17.00
9.04 Cz	**U** Bielefeld **11.13*** / 11.30 ✉	18.00
15.05 Pz	**U** Minden 19.45 / 1.00 ✉	8.00
23.16 Sz	**U** Minden **3.05** / 9.00 ✉	16.00

* Ankunftszeit geschätzt

nach **Passau**

9.04 Cz	**U** Hamm **9.36** / 9.50 Pz	
	U Cassel 15.55 / 16.10 Pz	
	U Guntershausen 16.30 / 16.45 Pz	
	U Frankfurt a.M. 22.30 ↩ / **8.30 Ez**	
	U Bamberg **14.45** / **15.30 Ez**	
	U Nürnberg **17.00** / 17.30 ✉	
	U Regensburg 5.30 / 11.00 ✉	22.30[3]

nach **Posen**

9.04 Cz	**U** Berlin **21.20** / **22.40 Sz**	
	U Kreutz **4.43** / 5.03 Pz	7.47

nach **Regensburg**

9.04 Cz	**U** Hamm **9.36** / 9.50 Pz	
	U Cassel 15.55 / 16.10 Pz	
	U Guntershausen 16.30/ 16.45 Pz	
	U Frankfurt a.M. 22.30 ↩ / **8.30 Ez**	
	U Bamberg **14.45** / **15.30 Ez**	
	U Nürnberg **17.00** / 17.30 ✉	5.30[3]
15.05 Pz	**U** Hamm 16.00 / 16.18 Pz	
	U Cassel 22.00 / 4.45 Pz	
	U Guntershausen 5.05 / **5.15 Sz**	
	U Frankfurt a.M. **9.55** / 17.15 Pz	
	U Bamberg 1.05 / 3.15 Pz	
	U Nürnberg 5.15 / 6.00 ✉	18.00[3]

nach **Rostock**

9.04 Cz	**U** Lehrte **14.25*** / 14.35 Pz	
	U Harburg 18.20 / 19.00 ⛴	
	U Hamburg 20.15 / **22.30 Cz**	
	U Hagenow **0.40*** ↩ / 7.30 Pz	11.05
15.05 Pz	**U** Magdeburg 4.50 / 7.45 Pz	
	U Wittenberge 10.15 / 10.55 Pz	
	U Hagenow 12.40* / 12.50 Pz	16.40
23.16 Sz	**U** Magdeburg **10.00** / 10.45 GmP	
	U Wittenberge 14.10 / 15.10 GmP	
	U Hagenow 17.00 / 17.30	20.10

nach **Saarbrücken**

12.48 Sz	**U** Deutz > Cöln **16.00** / 20.15 ⛴	
	U Mainz 11.00 / **11.20 Sz**	**16.58**
16.02 Pz	**U** Deutz > Cöln 20.10 / 22.00 ⛴	
	U Mainz 14.00 / 15.00 Pz	22.05
19.22 Cz	**U** Deutz > Cöln **22.00** ↩/ 6.00 ⛴	
	U Mainz 19.30 ↩ / 4.30 Pz	10.36

nach **Schwerin**

9.04 Cz	**U** Lehrte **14.25*** / 14.35 Pz	
	U Harburg 18.20 / 19.00 ⛴	
	U Hamburg 20.15 / **22.30 Cz**	
	U Hagenow **0.40*** ↩ / 7.30 Pz	8.12
15.05 Pz	**U** Magdeburg 4.50 / 7.45 Pz	
	U Wittenberge 10.15 / 10.55 Pz	
	U Hagenow 12.40* / 12.50 Pz	13.35
23.16 Sz	**U** Magdeburg **10.00** / 10.45 GmP	
	U Wittenberge 14.10 / 15.10 GmP	
	U Hagenow 17.00 / 17.30	18.15

nach **Stettin**

9.04 Cz **U** Berlin **21.20 / 22.40 Sz** **1.47**
15.05 Pz **U** Berlin 9.30 / 12.15 Pz 15.52
23.16 Sz **U** Berlin **13.10** / 17.30 Pz 21.10

nach **Stralsund**

9.04 Cz **U** Berlin **21.20 / 22.40 Sz**
U Passow 0.50* / 1.15 ✉ 18.00
23.16 Sz **U** Berlin **13.10** / 17.30 Pz
U Passow 20.00* / 20.20 ✉ 11.20^3

* Ankunftszeit geschätzt

nach **Stuttgart**

12.48 Sz **U** Deutz > Cöln **16.00** / 20.15 ⛴
U Mainz 11.00 / **11.20 Sz**
U Ludwigshafen **13.00** / #
U Mannheim # / 15.10 Pz
U Bruchsal 17.01* / 17.20 Pz 20.15
19.22 Cz **U** Deutz > Cöln **22.00** ↵ / 6.00 ⛴
U Mainz 19.30 / 20.00 Pz
U Ludwigshafen 21.59 ↵ / #
U Mannheim # / **6.40 Sz**
U Bruchsal **7.59*** / 8.15 Pz 11.05^3

* Ankunftszeit geschätzt

nach **Trier**

12.48 Sz **U** Deutz > Cöln **16.00** / 19.00 ✉ 17.30
16.02 Pz **U** Deutz > Cöln 20.10 / 22.00 ⛴
U Coblenz 5.45 / 6.45 ✉ 21.00
19.22 Cz **U** Deutz > Cöln **22.00** ↵ / 5.00 ✉ 2.15^3
19.22 Cz **U** Deutz > Cöln **22.00** ↵ / 6.00 ⛴
U Coblenz 12.15 / 15.30 ✉ 6.30^3

nach **Ulm**

12.48 Sz **U** Deutz > Cöln **16.00** / 20.15 ⛴
U Mainz 11.00 / **11.20 Sz**
U Ludwigshafen **13.00** / #
U Mannheim # / 15.10 Pz
U Bruchsal 17.01* / 17.20 Pz
U Stuttgart 20.15 ↵ / 7.05 Pz 10.50^3
19.22 Cz **U** Deutz > Cöln **22.00** ↵ / 6.00 ⛴
U Mainz 19.30 / 20.00 Pz
U Ludwigshafen 21.59 ↵ / #
U Mannheim # / **6.40 Sz**
U Bruchsal **7.59*** / 8.15 Pz 15.05^3

* Ankunftszeit geschätzt

nach **Wiesbaden**

5.10 Pz **U** Deutz > Cöln 9.15 / 10.00 ⛴
U Coblenz 17.00 / 20.00 ✉ 5.00
9.04 Cz **U** Hamm **9.36** / 9.50 Pz
U Cassel 15.55 / 16.10 Pz
U Guntershausen 16.30 / 16.45 Pz
U Frankfurt a.M. 22.30 ↵ / 5.45 Pz 7.30

Fortsetzung siehe nächste Spalte

15.05 Pz **U** Hamm 16.00 / 16.18 Pz
U Cassel 22.00 / 4.45 Pz
U Guntershausen 5.05 / **5.15 Sz**
U Frankfurt a.M. **9.55** / 11.15 Pz 12.45
16.02 Pz **U** Deutz > Cöln 20.10 / 22.00 ⛴
U Coblenz 5.45 / 7.15 ✉ 16.15

nach **Würzburg**

9.04 Cz **U** Hamm **9.36** / 9.50 Pz
U Cassel 15.55 / 16.10 Pz
U Guntershausen 16.30/ 16.45 Pz
U Frankfurt a.M. 22.30 ↵ / **8.30 Ez** **12.00**
15.05 Pz **U** Hamm 16.00 / 16.18 Pz
U Cassel 22.00 / 4.45 Pz
U Guntershausen 5.05 / **5.15 Sz**
U Frankfurt a.M. **9.55** / 17.15 Pz 21.40

nach **Zwickau**

9.04 Cz **U** Magdeburg **18.00** / 18.15 Pz
U Leipzig 21.15 ↵ / 6.00 Pz
U Werdau 8.40* / 9.15 Pz 9.40*
9.04 Cz **U** Magdeburg **18.00** / 18.15 Pz
U Leipzig 21.15 ↵ / **7.15 Ez**
U Werdau **9.10*** / 9.15 Pz 9.40*
23.16 Sz **U** Magdeburg **10.00** / 10.45 Pz
U Leipzig 14.05 / 14.30 Pz
U Werdau 16.50* / 17.47 Pz 18.10*

* Ankunftszeit geschätzt

Dresden

Dresden ist gegenwärtig Ausgangspunkt von den folgenden drei Fernbahnen mit jeweils separatem Bahnhofe:

- die Leipzig-Dresdener Eisenbahn mit Anschluß in Riesa nach Richtung Berlin,
- die Sächsisch-schlesische Eisenbahn (inzwischen Sächsische Staatsbahn) bis Görlitz mit Anschluß an die Niederschlesisch-Märkische Eisenbahn nach Kohlfurt, woselbst Anschluß nach Berlin und Breslau besteht,
- die Sächsisch-böhmische Bahn (inzwischen ebenso Sächsische Staatsbahn) Richtung Bodenbach und weiter nach Österreich, insbes. Prag und Wien.

Kurz vor der Eröffnung steht eine erste, bis Tharandt reichende Teilstrecke der Albertsbahn Dresden–Freiberg–Zwickau an.

von **Dresden**

nach **Aachen**

4.00 Sz **U** Leipzig **6.30** / 7.00 Pz
U Magdeburg 9.50 / **10.40 Cz**
U Deutz > Cöln **22.00 / 23.30 Sz** **1.20**
6.30 Pz **U** Leipzig 10.00 / 12.00 Pz
U Magdeburg 15.30 / 16.15 Pz
U Oberhausen 6.42 / 7.00 Pz 11.20
18.00 Pz **U** Leipzig 21.15 / 22.00 Pz
U Magdeburg 1.15 / **1.50 Sz**
U Deutz > Cöln **16.00** / 18.00 Pz 20.00

nach **Augsburg**

4.00 Sz **U** Leipzig **6.30 / 7.15 Ez** **21.20**
10.30 Pz **U** Leipzig 13.30 / 14.30 Pz
U Hof 20.00 / 20.30 Pz 11.05

nach **Basel***

4.00 Sz **U** Leipzig **6.30** / 7.00 Pz
U Halle 7.40** / 8.15 Pz
U Frankfurt a.M. 22.30 ↵ / **5.00 Cz**
U Heidelberg **7.05 / 7.20 Sz** **14.56**
18.00 Pz **U** Leipzig 21.15 / 22.00 Pz
U Halle 22.40** / **23.00 Sz**
U Frankfurt a.M. **9.55 / 10.30 Sz**
U Heidelberg **12.35 / 12.55 Sz** **19.15**

* Ankunft Basel Badischer Bf   ** Ankunftszeit geschätzt

nach **Berlin**

6.00 Pz *über Röderau* 11.45
10.30 Pz **U** Leipzig 13.30 / 14.30 Pz 18.00
15.15 Pz *über Röderau* 20.45

nach **Bonn**

4.00 Sz **U** Leipzig **6.30** / 7.00 Pz
U Magdeburg 9.50 / **10.40 Cz**
U Deutz> Cöln **22.00** ↵ / 7.00 Pz 7.50
6.30 Pz **U** Leipzig 10.00 / 12.00 Pz
U Magdeburg 15.30 / 16.15 Pz
U Deutz > Cöln 9.15 / 10.00 Pz 10.50
18.00 Pz **U** Leipzig 21.15 / 22.00 Pz
U Magdeburg 1.15 / **1.50 Sz**
U Deutz > Cöln **16.00** / 17.45 Pz 18.35

nach **Braunschweig**

4.00 Sz **U** Leipzig **6.30** / 7.00 Pz
U Magdeburg 9.50 / **10.40 Cz** **12.50**
6.30 Pz **U** Leipzig 10.00 / 12.00 Pz
U Magdeburg 15.30 / 16.15 Pz 19.15
18.00 Pz **U** Leipzig 21.15 / 22.00 Pz
U Magdeburg 1.15 / **1.50 Sz** **4.30**

nach **Bremen**

4.00 Sz **U** Leipzig **6.30** / 7.00 Pz
U Magdeburg 9.50 / **10.40 Cz**
U Wunstorf **15.03*** / 16.40 Pz 19.25

Fortsetzung siehe nächste Seite

noch: nach **Bremen**

18.00 Pz	**U** Leipzig 21.15 / 22.00 Pz **U** Magdeburg 1.15 / **1.50 Sz** **U** Wunstorf **7.15*** / 7.30 Pz	10.15

* Ankunftszeit geschätzt

nach **Breslau**

9.45 Pz	**U** Görlitz 12.50 / 13.30 Pz **U** Kohlfurt 14.10 / 14.15 Pz	18.30
18.15 Pz	**U** Görlitz 21.40 / 23.00 Pz **U** Kohlfurt 23.45 / **2.45 Sz**	**5.45**

nach **Carlsruhe**

4.00 Sz	**U** Leipzig **6.30** / 7.00 Pz **U** Halle 7.40* / 8.15 Pz **U** Frankfurt a.M.22.30 ↝ / **5.00 Cz** **U** Heidelberg **7.05** / **7.20 Sz**	**8.27**
18.00 Pz	**U** Leipzig 21.15 / 22.00 Pz **U** Halle 22.40* / **23.00 Sz** **U** Frankfurt a.M. **9.55** / **10.30 Sz** **U** Heidelberg **12.35** / **12.55 Sz**	**14.10**

* Ankunftszeit geschätzt

nach **Cassel**

4.00 Sz	**U** Leipzig **6.30** / 7.00 Pz **U** Halle 7.40* / 8.15 Pz **U** Guntershausen 16.30 / 16.40 Pz	17.00
6.30 Pz	**U** Leipzig 10.00 / 12.00 Pz **U** Halle 12.40* / 13.40 Pz	22.00
18.00 Pz	**U** Leipzig 21.15 / 22.00 Pz **U** Halle 22.40* / **23.00 Sz** **U** Guntershausen **5.05** / 5.10 Pz	5.30

* Ankunftszeit geschätzt

nach **Chemnitz**

4.00 Sz	**U** Riesa **4.52** */ 5.15 Pz	8.15
6.30 Pz	**U** Riesa 7.40 */ 8.30 Pz	11.00
10.30 Pz	**U** Riesa 11.40* / 12.15 Pz	15.30
12.00 ✉	*über Freiberg*	21.00
14.30 Pz	**U** Riesa 16.00* / 16.45 Pz	19.30
18.00 Pz	**U** Riesa 19.10* / 20.00 Pz	22.30
18.30 ✉	*über Freiberg*	3.30

* Ankunftszeit geschätzt

nach **Coblenz**

4.00 Sz	**U** Leipzig **6.30** / 7.00 Pz **U** Magdeburg 9.50 / **10.40 Cz** **U** Deutz > Cöln **22.00** ↝/ 6.00 ⛴	12.15
6.30 Pz	**U** Leipzig 10.00 / 12.00 Pz **U** Magdeburg 15.30 / 16.15 Pz **U** Deutz > Cöln 9.15 / 10.00 ⛴	17.00
18.00 Pz	**U** Leipzig 21.15 / 22.00 Pz **U** Magdeburg 1.15 / **1.50 Sz** **U** Deutz > Cöln **16.00** / 20.15 ⛴	2.45[3]

nach **Cöln***

4.00 Sz	**U** Leipzig **6.30** / 7.00 Pz **U** Magdeburg 9.50 / **10.40 Cz**	**22.00**
6.30 Pz	**U** Leipzig 10.00 / 12.00 Pz **U** Magdeburg 15.30 / 16.15 Pz	9.15
18.00 Pz	**U** Leipzig 21.15 / 22.00 Pz **U** Magdeburg 1.15 / **1.50 Sz**	**16.00**

* Ankunft in Deutz auf der rechten Rheinseite

nach **Constanz**

4.00 Sz	**U** Leipzig **6.30** / **7.15 Ez** **U** Augsburg **21.20** ↝ / **9.00 Ez** **U** Ulm 11.30 / 11.45 Pz **U** Friedrichshafen 15.20 / 16.30 ⛴	k.A.
10.30 Pz	**U** Leipzig 13.30 / 14.30 Pz **U** Hof 20.00 / 20.30 Pz **U** Augsburg 11.05 / 12.50 GmP **U** Lindau 22.35 ↝ / 6.00 ⛴ **U** Friedrichshafen # / 9.15 ⛴	k.A.[3]

nach **Danzig**

15.15 Pz	**U** Berlin 20.45 / **22.40 Sz**	**11.35**

nach **Darmstadt**

4.00 Sz	**U** Leipzig **6.30** / 7.00 Pz **U** Halle 7.40* / 8.15 Pz **U** Frankfurt a.M.22.30 ↝ / **5.00 Cz**	**5.38***
18.00 Pz	**U** Leipzig 21.15 / 22.00 Pz **U** Halle 22.40* / **23.00 Sz** **U** Frankfurt a.M. **9.55** / **10.30 Sz**	**11.08***

* Ankunftszeit geschätzt

nach **Dortmund***

4.00 Sz	**U** Leipzig **6.30** / 7.00 Pz **U** Magdeburg 9.50 / **10.40 Cz**	**19.20***
6.30 Pz	**U** Leipzig 10.00 / 12.00 Pz **U** Magdeburg 15.30 / 16.15 Pz	5.08*
18.00 Pz	**U** Leipzig 21.15 / 22.00 Pz **U** Magdeburg 1.15 / **1.50 Sz**	**12.45***

* Ankunftszeiten in Dortmund sind sämmtlich geschätzt

nach **Düsseldorf**

4.00 Sz	**U** Leipzig **6.30** / 7.00 Pz **U** Magdeburg 9.50 / **10.40 Cz**	**21.03**
6.30 Pz	**U** Leipzig 10.00 / 12.00 Pz **U** Magdeburg 15.30 / 16.15 Pz	7.55
18.00 Pz	**U** Leipzig 21.15 / 22.00 Pz **U** Magdeburg 1.15 / **1.50 Sz**	**14.57**

nach **Elberfeld**

4.00 Sz	**U** Leipzig **6.30** / 7.00 Pz **U** Magdeburg 9.50 / **10.40 Cz** **U** Dortmund **19.20*** / 19.30 Pz	21.33
6.30 Pz	**U** Leipzig 10.00 / 12.00 Pz **U** Magdeburg 15.30 / 16.15 Pz **U** Dortmund 5.08* / 7.15 Pz	9.30
18.00 Pz	**U** Leipzig 21.15 / 22.00 Pz **U** Magdeburg 1.15 / **1.50 Sz** **U** Dortmund **12.40*** / 13.15 Pz	15.28

* Ankunftszeit geschätzt

nach **Erfurt**

4.00 Sz	**U** Leipzig **6.30** / 7.00 Pz **U** Halle 7.40 / 8.15 Pz	11.10*
6.30 Pz	**U** Leipzig 10.00 / 12.00 Pz **U** Halle 12.40 / 13.40 Pz	16.50*
10.30 Pz	**U** Leipzig 13.30 / 15.15 Pz **U** Halle 16.00 / 18.40 Pz	22.55
18.00 Pz	**U** Leipzig 21.15 / 22.00 Pz **U** Halle 22.45 / **23.00 Sz**	**1.20***

* Ankunftszeit geschätzt

nach **Essen***

4.00 Sz	**U** Leipzig **6.30** / 7.00 Pz **U** Magdeburg 9.50 / **10.40 Cz** **U** Oberhausen** **20.20** / 21.56 Pz	22.15
6.30 Pz	**U** Leipzig 10.00 / 12.00 Pz **U** Magdeburg 15.30 / 16.15 Pz	5.08
18.00 Pz	**U** Leipzig 21.15 / 22.00 Pz **U** Magdeburg 1.15 / **1.50 Sz**	**12.40**

* Ankunft in Alten-Essen, Ankunftszeit geschätzt; ein Fahrplan der Post-Course von Alten-Essen nach Essen Stadt liegt nicht vor.

** Cours über Oberhausen nur mit Umwegkarte zu benutzen..

nach **Frankfurt a.M.**

4.00 Sz	**U** Leipzig **6.30** / 7.00 Pz **U** Halle 7.40* / 8.15 Pz	22.30
18.00 Pz	**U** Leipzig 21.15 / 22.00 Pz **U** Halle 22.40* / **23.00 Sz**	**9.55**

* Ankunftszeit geschätzt

nach **Freiburg i.B.**

4.00 Sz	**U** Leipzig **6.30** / 7.00 Pz **U** Halle 7.40* / 8.15 Pz **U** Frankf.a.M.22.30 ↝/ **5.00 Cz** **U** Heidelberg **7.05** / **7.20 Sz**	**12.35**
18.00 Pz	**U** Leipzig 21.15 / 22.00 Pz **U** Halle 22.40* / **23.00 Sz** **U** Frankfurt a.M. **9.55** / **10.30 Sz** **U** Heidelberg **12.35** / **12.55 Sz**	**17.36**

* Ankunftszeit geschätzt

nach **Gera**

4.00 Sz	**U** Leipzig **6.30** / **7.15 Ez** **U** Altenburg **8.08*** / 9.00 ✉	13.00
7.00 ✉	**U** Altenburg 13.00 / 15.00 ✉	19.00
14.30 Pz	**U** Leipzig 18.00 / 18.30 Pz **U** Altenburg 19.40* / 20.30 ✉	0.30

* Ankunftszeit geschätzt

nach **Görlitz**

5.30 Pz	9.00
9.45 Pz	12.50
14.30 Pz	18.15
18.15 Pz	21.40

nach **Hagen**

4.00 Sz	**U** Leipzig **6.30** / 7.00 Pz **U** Magdeburg 9.50 / **10.40 Cz** **U** Dortmund **19.20*** / 19.30 Pz	20.28*

Fortsetzung siehe nächste Seite

noch: nach **Hagen**
6.30 Pz **U** Leipzig 10.00 / 12.00 Pz
U Magdeburg 15.30 / 16.15 Pz
U Dortmund 5.08* / 7.15 Pz 8.24*
18.00 Pz **U** Leipzig 21.15 / 22.00 Pz
U Magdeburg 1.15 / **1.50 Sz**
U Dortmund **12.40*** / 13.15 Pz 14.22*
* Ankunftszeit geschätzt

nach **Halle**
4.00 Sz **U** Leipzig **6.30** / 7.00 Pz 7.40
6.30 Pz **U** Leipzig 10.00 / 12.00 Pz 12.40
10.30 Pz **U** Leipzig 13.30 / 15.15 Pz 16.00
14.30 Pz **U** Leipzig 18.00 / 18.30 Pz 19.30
18.00 Pz **U** Leipzig 21.15 / 22.00 Pz 22.45

nach **Hamburg**
4.00 Sz **U** Leipzig **6.30** / 7.00 Pz
U Magdeburg 9.50 / **10.40 Cz**
U Lehrte **14.00*** / 14.35 Pz
U Harburg 18.20 / 19.00 🚢 20.15
15.15 Pz **U** Berlin 20.45 / **23.00 Cz** **5.16**
18.00 Pz **U** Leipzig 21.15 / 22.00 Pz
U Magdeburg 1.15 / **1.50 Sz**
U Lehrte **5.55*** / 6.05 Pz
U Harburg 10.05 / 10.30 🚢 11.45
* Ankunftszeit geschätzt

nach **Hamm**
4.00 Sz **U** Leipzig **6.30** / 7.00 Pz
U Magdeburg 9.50 / **10.40 Cz** **18.40**
6.30 Pz **U** Leipzig 10.00 / 12.00 Pz
U Magdeburg 15.30 / 16.15 Pz 4.05
18.00 Pz **U** Leipzig 21.15 / 22.00 Pz
U Magdeburg 1.15 / **1.50 Sz** **11.55***
* Ankunftszeit geschätzt

nach **Hannover**
4.00 Sz **U** Leipzig **6.30** / 7.00 Pz
U Magdeburg 9.50 / **10.40 Cz** **14.20**
6.30 Pz **U** Leipzig 10.00 / 12.00 Pz
U Magdeburg 15.30 / 16.15 Pz 21.25
18.00 Pz **U** Leipzig 21.15 / 22.00 Pz
U Magdeburg 1.15 / **1.50 Sz** **6.20**

nach **Heidelberg**
4.00 Sz **U** Leipzig **6.30** / 7.00 Pz
U Halle 7.40* / 8.15 Pz
U Frankfurt a.M.22.30 ↪ / **5.00 Cz** **7.05**
18.00 Pz **U** Leipzig 21.15 / 22.00 Pz
U Halle 22.40* / **23.00 Sz**
U Frankfurt a.M. **9.55** / **10.30 Sz** **12.35**
* Ankunftszeit geschätzt

nach **Kiel**
15.15 Pz **U** Berlin 20.45 / **23.00 Cz**
U Hamburg **5.16** /
Altona 8.10 Pz 11.00

nach **Königsberg i.Pr.**
15.15 Pz **U** Berlin 20.45 / **22.40 Sz**
U Dirschau **10.45** / 11.37 ✉
U Marienburg 16.07 / **16.37 Sz** **21.02**

nach **Leipzig**
4.00 Sz **6.30**
6.30 Pz 10.00
10.30 Pz 13.30
14.30 Pz 18.00
18.00 Pz 21.15

nach **Lindau**
4.00 Sz **U** Leipzig **6.30** / **7.15 Ez**
U Augsburg **21.20** / 21.30 GmP 6.30
10.30 Pz **U** Leipzig 13.30 / 14.30 Pz
U Hof 20.00 / 20.30 Pz
U Augsburg 11.05 / 12.50 GmP 22.35

nach **Ludwigshafen**
> Mannheim

nach **Lübeck**
4.00 Sz **U** Leipzig **6.30** / 7.00 Pz
U Magdeburg 9.50 / 10.45 GmP
U Wittenberge 14.10 / 15.10 GmP
U Büchen 18.35* / 19.00 Pz 20.11
15.15 Pz **U** Berlin 20.45 / **23.00 Cz**
U Büchen **4.10*** / 9.00 Pz 10.45
18.00 Pz **U** Leipzig 21.15 / 22.00 Pz
U Magdeburg 1.15 / 7.45 Pz
U Wittenberge 10.15 / 10.55 Pz
U Büchen 13.55* / 14.00 Pz 15.11
* Ankunftszeit geschätzt

nach **Magdeburg**
4.00 Sz **U** Leipzig **6.30** / 7.00 Pz 9.50
6.30 Pz **U** Leipzig 10.00 / 12.00 Pz 15.30
10.30 Pz **U** Leipzig 13.30 / 17.30 Pz 21.00
18.00 Pz **U** Leipzig 21.15 / 22.00 Pz 1.15

nach **Mainz**
4.00 Sz **U** Leipzig **6.30** / 7.00 Pz
U Halle 7.40* / 8.15 Pz
U Frankfurt a.M. 22.30 ↪ / 5.45 Pz
U Castel 7.05* / # k.A.
18.00 Pz **U** Leipzig 21.15 / 22.00 Pz
U Halle 22.40* / **23.00 Sz**
U Frankfurt a.M. **9.55** / **10.15 Sz**
U Castel **11.00** / # ✉ k.A.
* Ankunftszeit geschätzt

nach **Mannheim**
4.00 Sz **U** Leipzig **6.30** / 7.00 Pz
U Halle 7.40* / 8.15 Pz
U Frankfurt a.M.22.30 ↪ / **5.00 Cz** **7.06**
18.00 Pz **U** Leipzig 21.15 / 22.00 Pz
U Halle 22.40* / **23.00 Sz**
U Frankfurt a.M. **9.55** / **10.30 Sz** **12.38**
* Ankunftszeit geschätzt

nach **München**
4.00 Sz **U** Leipzig **6.30** / **7.15 Ez** **23.00**
10.30 Pz **U** Leipzig 13.30 / 14.30 Pz
U Hof 20.00 / 20.30 Pz 13.15

nach **Münster**
4.00 Sz **U** Leipzig **6.30** / 7.00 Pz
U Magdeburg 9.50 / **10.40 Cz**
U Hamm **18.40** / 19.00 Pz 20.00
6.30 Pz **U** Leipzig 10.00 / 12.00 Pz
U Magdeburg 15.30 / 16.15 Pz
U Hamm 4.05 / 7.30 Pz 8.30
18.00 Pz **U** Leipzig 21.15 / 22.00 Pz
U Magdeburg 1.15 / **1.50 Sz**
U Hamm **11.55*** / 12.10 Pz 13.00
* Ankunftszeit geschätzt

nach **Nürnberg**
4.00 Sz **U** Leipzig **6.30** / **7.15 Ez** **17.00**
10.30 Pz **U** Leipzig 13.30 / 14.30 Pz
U Hof 20.00 / 20.30 Pz 5.15

nach **Oberhausen**
4.00 Sz **U** Leipzig **6.30** / 7.00 Pz
U Magdeburg 9.50 / **10.40 Cz** **20.20**
6.30 Pz **U** Leipzig 10.00 / 12.00 Pz
U Magdeburg 15.30 / 16.15 Pz 6.42
18.00 Pz **U** Leipzig 21.15 / 22.00 Pz
U Magdeburg 1.15 / **1.50 Sz** **14.00**

nach **Oppeln***
9.45 Pz **U** Görlitz 12.50 / 13.30 Pz
U Kohlfurt 14.10 / 14.15 Pz 21.27
18.15 Pz **U** Görlitz 21.40 / 23.00 Pz
U Kohlfurt 23.45 / **2.45 Sz** **7.45**
* Ankunftszeiten in Oppeln sind sämmtlich geschätzt.

nach **Osnabrück**
6.30 Pz **U** Leipzig 10.00 / 12.00 Pz
U Magdeburg 15.30 / 16.15 Pz
U Minden 23.45 / 1.00 ✉ 8.00
18.00 Pz **U** Leipzig 21.15 / 22.00 Pz
U Magdeburg 1.15 / **1.50 Sz**
U Minden **8.35** / 9.00 ✉ 16.00

nach **Passau**
4.00 Sz **U** Leipzig **6.30** / **7.15 Ez**
U Nürnberg **17.00** / 17.30 ✉
U Regensburg 5.30 / 11.00 ✉ 22.30

nach **Posen**
15.15 Pz **U** Berlin 20.45 / **22.40 Sz**
U Kreutz **4.43** / 5.03 Pz 7.47

nach **Regensburg**
4.00 Sz **U** Leipzig **6.30** / **7.15 Ez**
U Nürnberg **17.00** / 17.30 ✉ 5.30
10.30 Pz **U** Leipzig 13.30 / 14.30 Pz
U Hof 20.00 / 20.30 Pz
U Nürnberg 5.15 / 6.00 ✉ 18.00

noch: ab **Dresden**

nach Rostock

4.00 Sz U Leipzig **6.30** / 7.00 Pz
U Magdeburg 9.50 / 10.45 GmP
U Wittenberge 14.10 / 15.10 GmP
U Hagenow 17.00* / 17.30 Pz — 22.10

10.30 Pz U Leipzig 13.30 / 14.30 Pz
U Berlin 18.00 / **23.00 Cz**
U Hagenow **3.08*** / 7.30 Pz — 11.05

18.00 Pz U Leipzig 21.15 / 22.00 Pz
U Magdeburg 1.15 / 7.45 Pz
U Wittenberge 10.15 / 10.55 Pz
U Hagenow 12.40* / 12.50 Pz — 16.40

* Ankunftszeit geschätzt

nach Saarbrücken

4.00 Sz U Leipzig **6.30** / 7.00 Pz
U Halle 7.40* / 8.15 Pz
U Frankfurt a.M.22.30 ⤶ / 6.30 Pz
U Mannheim 9.23 / #
U Ludwigshafen # / **13.10 Sz** — **16.58**

18.00 Pz U Leipzig 21.15 / 22.00 Pz
U Halle 22.40* / **23.00 Sz**
U Frankfurt a.M. **9.55** / **10.30 Sz**
U Mannheim **12.38** / #
U Ludwigshafen # / 17.30 — 22.05

* Ankunftszeit geschätzt

nach Schwerin

4.00 Sz U Leipzig **6.30** / 7.00 Pz
U Magdeburg 9.50 / 10.45 GmP
U Wittenberge 14.10 / 15.10 GmP
U Hagenow 17.00* / 17.30 Pz — 18.15

10.30 Pz U Leipzig 13.30 / 14.30 Pz
U Berlin 18.00 / **23.00 Cz**
U Hagenow **3.08*** / 7.30 Pz — 8.12

18.00 Pz U Leipzig 21.15 / 22.00 Pz
U Magdeburg 1.15 / 7.45 Pz
U Wittenberge 10.15 / 10.55 Pz
U Hagenow 12.40* / 12.50 Pz — 13.35

* Ankunftszeit geschätzt

nach Stettin

6.00 Pz U Berlin 11.45 / 12.15 Pz — 15.52
15.15 Pz U Berlin 20.45 / **22.40 Sz** — **1.47**

nach Stralsund

6.00 Pz U Berlin 11.45 / 17.30 Pz
U Passow 20.00* / 20.20 ⊠ — 11.20

15.15 Pz U Berlin 20.45 / **22.40 Sz**
U Passow 0.50* / 1.15 ⊠ — 18.00

* Ankunftszeit geschätzt

nach Stuttgart

4.00 Sz U Leipzig **6.30** / 7.00 Pz
U Halle 7.40* / 8.15 Pz
U Frankfurt a.M.22.30 ⤶ / **5.00 Cz**
U Heidelberg **7.05** / **7.20 Sz**
U Bruchsal **7.59*** / 8.15 Pz — 11.05

Fortsetzung siehe nächste Spalte

18.00 Pz U Leipzig 21.15 / 22.00 Pz
U Halle 22.40* / **23.00 Sz**
U Frankfurt a.M. **9.55** / **10.30 Sz**
U Heidelberg **12.35** / **12.55 Sz**
U Bruchsal **13.28*** / **13.48 Ez** — **15.46**

* Ankunftszeit geschätzt

nach Trier

4.00 Sz U Leipzig **6.30** / 7.00 Pz
U Magdeburg 9.50 / **10.40 Cz**
U Deutz > Cöln **22.00** ⤶ / 5.00 ⊠ — 2.15[3]

4.00 Sz U Leipzig **6.30** / 7.00 Pz
U Halle 7.40* / 8.15 Pz
U Frankfurt a.M.22.30 ⤶ / 6.30 Pz
U Mannheim 9.23 / #
U Ludwigshafen # / **13.10 Sz**
U Saarbrücken **16.58** / 17.30 ⊠ — 4.00[3]

4.00 Sz U Leipzig **6.30** / 7.00 Pz
U Magdeburg 9.50 / **10.40 Cz**
U Deutz > Cöln **22.00** ⤶ / 6.00 ⛴
U Coblenz 12.15 / 15.30 ⊠ — 6.30[3]

18.00 Pz U Leipzig 21.15 / 22.00 Pz
U Magdeburg 1.15 / **1.50 Sz**
U Deutz > Cöln **16.00** / 19.00 ⊠ — 17.30[3]

18.00 Pz U Leipzig 21.15 / 22.00 Pz
U Halle 22.40* / **23.00 Sz**
U Frankfurt a.M. **9.55** / **10.30 Sz**
U Mannheim **12.38** / #
U Ludwigshafen # / 17.30
U Saarbrücken 22.05 ⤶ / 8.15 ⊠ — 18.45[3]

18.00 Pz U Leipzig 21.15 / 22.00 Pz
U Magdeburg 1.15 / **1.50 Sz**
U Deutz > Cöln **16.00** / 22.00 ⛴
U Coblenz 5.45 / 6.45 ⊠ — 21.00[3]

nach Ulm

4.00 Sz U Leipzig **6.30** / **7.15 Ez**
U Augsburg **21.20** ⤶ / **9.00 Ez** — **11.30**

10.30 Pz U Leipzig 13.30 / 14.30 Pz
U Hof 20.00 / 20.30 Pz
U Augsburg 11.05 / 13.00 GmP — 17.30

18.00 Pz U Leipzig 21.15 / 22.00 Pz
U Halle 22.40* / **23.00 Sz**
U Frankfurt a.M. **9.55** / **10.30 Sz**
U Heidelberg **12.35** / **12.55 Sz**
U Bruchsal **13.28*** / **13.48 Ez** — **18.25**

* Ankunftszeit geschätzt

nach Wiesbaden

4.00 Sz U Leipzig **6.30** / 7.00 Pz
U Halle 7.40* / 8.15 Pz
U Frankfurt a.M. 22.30 ⤶ / 5.45 Pz — 7.30

18.00 Pz U Leipzig 21.15 / 22.00 Pz
U Halle 22.40* / **23.00 Sz**
U Frankfurt a.M. **9.55** / 11.15 Pz — 12.45

* Ankunftszeit geschätzt

nach Würzburg

4.00 Sz U Leipzig **6.30** / **7.15 Ez**
U Bamberg **15.05** / **15.45 Ez** — **18.15**

10.30 Pz U Leipzig 13.30 / 14.30 Pz
U Hof 20.00 / 20.30 Pz
U Bamberg 1.15 / 1.45 Pz — 4.50

nach Zwickau

4.00 Sz U Leipzig **6.30** / **7.15 Ez**
U Werdau **9.10*** / 9.15 Pz — 9.40*

10.30 Pz U Leipzig 13.30 / 14.30 Pz
U Werdau 16.50* / 17.47 Pz — 18.10*

14.30 Pz U Leipzig 18.00 / 18.30 Pz
U Werdau 20.50* / 21.17 Pz — 21.40*

* Ankunftszeit geschätzt

Auslandsverbindungen

Dresden ist außerdem im **Auslandsteil** ab S. 210 mit den von hier abgehenden Eisenbahn-, Post- und Schiffs-Coursen nach **Österreich**, insbes. Böhmen, aufgeführt.

Düsseldorf

Düsseldorf verfügt derzeit über Bahnverbindungen in vier Richtungen:

- In Nord-Süd-Richtung verläuft die Cöln-Mindener Eisenbahn, an die sich an ihrem östlichen Ende die Strecke nach Hannover–Braunschweig –Magdeburg–Berlin anschließt.
- Richtung Osten geht die Düsseldorf-Elberfelder Eisenbahn ab, an die sich die Bergisch-Märkische Eisenbahn mit ihrer Strecke nach Hagen–Dortmund anschließt.
- In westlicher Richtung ab dem linksrheinischen Bahnhof Ober-Kassel gibt es die Aachen-Düsseldorf-Ruhrorter Eisenbahn.

von Düsseldorf

nach Aachen

8.25* Pz U Gladbach 9.20 / 9.32 Pz — 11.20
12.40* Pz U Gladbach 13.30 / 13.50 Pz — 16.00
15.04 Sz U Deutz > Cöln **16.00** / 18.00 Pz — 20.00
17.40* Pz U Gladbach 18.18 / 18.30 Pz — 20.20
21.10 Cz U Deutz > Cöln **22.00** / **23.30 Sz** — **1.20**

* Abfahrt ab Ober-Cassel auf der linken Rheinseite

noch: ab **Düsseldorf**

nach **Augsburg**

8.05 Pz **U** Deutz > Cöln 9.15 / 10.00 ⛴
U Coblenz 17.00 / 20.00 ✉
U Wiesbaden 5.00 / 5.45 Pz
U Frankfurt a.M. 7.30 / **8.30 Ez**
U Bamberg **14.45 / 15.30 Ez** **21.20**

11.30 Pz **U** Deutz (b. Cöln) 12.45 / 13.15 ✉
U Frankft. a.M. 12-13.00 / 17.15 Pz
U Bamberg 1.05 / 3.15Pz 11.05[3]

15.04 Sz **U** Deutz > Cöln **16.00** / 20.15 ⛴
U Mainz 11.00 / **11.20 Sz**
U Ludwigshafen **13.00** / #
U Mannheim # / 15.10 Pz
U Bruchsal 17.01* / 17.20 Pz
U Stuttgart 20.15 ↩ / 7.05 Pz
U Ulm 10.50 / 11.15 GmP 15.40[3]

* Ankunftszeit geschätzt

nach **Basel***

15.04 Sz **U** Deutz > Cöln **16.00** / 20.15 ⛴
U Mainz 11.00 / **11.20 Sz**
U Ludwigshafen **13.00** / #
U Mannheim # / 15.10 Pz
U Offenburg 20.47 ↩ / 6.00 Pz 10.55[3]

21.10 Cz **U** Deutz > Cöln **22.00** ↩ / 6.00 ⛴
U Mainz 19.30 / 20.00 Pz
U Ludwigshafen 21.59 ↩ / #
U Mannheim # / **6.40 Sz** **14.56**[3]

* Ankunft Basel Badischer Bf

nach **Berlin**

7.21 Cz *über Hannover–Magdeburg* **21.20**
12.20 Pz *über Hannover–Magdeburg* 9.30
21.02 Sz *über Hannover–Magdeburg* **13.10**

nach **Bonn**

8.05 Pz **U** Deutz > Cöln 9.15 / 10.00 Pz 10.50
11.30 Pz **U** Deutz > Cöln 12.45 / 14.45 Pz 15.35
15.04 Sz **U** Deutz > Cöln **16.00** / 17.45 Pz 18.35
17.00 ⛴ *über Cöln* 0.30
17.00 ⛴* Cöln 21.30 ↩ / 9.30 11.30
nur Di, Fr und Sa .
19.00 Pz **U** Deutz > Cöln 20.10 / 21.00 Pz 21.50
21.10 Cz **U** Deutz > Cöln **22.00** ↩ / 7.00 Pz 7.50

* Niederländische Gesellschaft

nach **Braunschweig**

7.21 Cz *über Hannover* **15.22**
12.20 Pz *über Hannover* 0.30
21.02 Sz *über Hannover* **7.05**

nach **Bremen**

7.21 Cz **U** Wunstorf **13.15*** / 13.25 Pz 16.00
21.02 Sz **U** Wunstorf **4.35*** / 7.30 Pz 10.15

* Ankunftszeit geschätzt

nach **Breslau**

7.21 Cz **U** Berlin **21.20 / 22.15 Sz** **5.45**

nach **Carlsruhe**

15.04 Sz **U** Deutz > Cöln **16.00** / 20.15 ⛴
U Mainz 11.00 / **11.20 Sz**
U Ludwigshafen **13.00** / #
U Mannheim # / 15.10 Pz 17.50

17.00 ⛴ **U** Mannheim 19.30 / 19.45 Pz 22.25

17.00 ⛴ **U** Mainz 14.00 / 15.00 Pz
U Ludwigshafen 17.00 / #
U Mannheim # / 19.45 Pz 22.25

21.10 Cz **U** Deutz > Cöln **22.00** ↩ / 6.00 ⛴
U Mainz 19.30 / 20.00 Pz
U Ludwigshafen 21.59 ↩ / #
U Mannheim # / 5.00 Pz 9.12

21.10 Cz **U** Deutz > Cöln **22.00** ↩ / 6.00 ⛴
U Mainz 19.30 / 20.00 Pz
U Ludwigshafen 21.59 ↩ / #
U Mannheim # / **6.40 Sz** **8.27**

nach **Cassel**

7.21 Cz **U** Hamm **9.36** / 9.50 Pz 15.55
12.20 Pz **U** Hamm 16.00 / 16.18 Pz 22.00

nach **Chemnitz**

7.21 Cz **U** Magdeburg **18.00** / 18.15 Pz
U Leipzig 21.15 / **22.00 Sz**
U Riesa **23.15*** ↩ / 5.15 Pz 8.15

12.20 Pz **U** Magdeburg 4.50 / 5.30 Pz
U Leipzig 9.00 / 10.00 Pz
U Riesa 11.25* / 12.15 Pz 15.30

21.02 Sz **U** Magdeburg **10.00** / 10.45 Pz
U Leipzig 14.05 / 14.30 Pz
U Riesa 16.00* / 16.45 Pz 19.30

* Ankunftszeit geschätzt

nach **Coblenz**

8.05 Pz **U** Deutz > Cöln 9.15 / 10.00 ⛴ 17.00
11.30 Pz **U** Deutz > Cöln 12.45 / 13.00 ⛴ 20.00
15.04 Sz **U** Deutz > Cöln **16.00** / 20.15 ⛴ 2.45
17.00 ⛴ 5.45
17.00 ⛴* **nur Mo und Do** 9.00
17.00 ⛴* Cöln 21.30 ↩ / 9.30 16.30
nur Mi, Sa und So .
19.00 Pz **U** Deutz > Cöln 20.10 / 22.10 ⛴ 5.45
21.10 Cz **U** Deutz > Cöln **22.00** / 23.30 ⛴ 9.00
nur Mo und Do .
21.10 Cz **U** Deutz > Cöln **22.00** ↩ / 6.00 ⛴ 12.15

* Niederländische Gesellschaft

nach **Cöln***

7.00 ⛴ **nur Mo, Mi, Fr und Sa** 11.30.
8.05 Pz 9.15*
11.30 Pz 12.45*
15.04 Sz **16.00***
17.00 ⛴ 21.30.

Fortsetzung siehe nächste Spalte

17.00 ⛴** **Mo, Mi, Do, Sa und So** 22.00.
19.00 Pz 20.10*
21.10 Cz **22.00***

* Ankunft **der Züge** rechtsrheinisch in Deutz
** Niederländische Gesellschaft

nach **Constanz**

21.10 Cz **U** Deutz > Cöln **22.00** ↩ / 6.00 ⛴
U Mainz 19.30 / 20.00 Pz
U Ludwigshafen 21.59 ↩ / #
U Mannheim # / **6.40 Sz**
U Offenburg **10.22** / 10.45 ✉ 6.15[4]

nach **Danzig**

7.21 Cz **U** Berlin **21.20 / 22.40 Sz** **11.35**

nach **Darmstadt**

8.05 Pz **U** Deutz > Cöln 9.15 / 10.00 ⛴
U Coblenz 17.00 / 20.00 ✉
U Wiesbaden 5.00 / 5.45 Pz
U Frankfurt a.M. 7.30 / 8.00 GmP 9.15*

11.30 Pz **U** Deutz (b. Cöln) 12.45 / 13.15 ✉
U Frankfurt a.M. 12-13.00 /
17.35 Pz 18.20*

17.00 ⛴ **U** Frankfurt a.M. 17.30 / 20.45 21.30

19.00 Pz **U** Deutz > Cöln 20.10 / 22.00 ⛴
U Frankfurt a.M. 17.30 / 20.45 21.30

nach **Dortmund**

7.21 Cz *über Oberhausen* **9.02***
7.30 Pz **U** Elberfeld 8.36 / 9.40 Pz 12.40.
9.16 Pz *über Oberhausen* 11.52*
9.30 Pz **U** Elberfeld 10.36/ 12.45 Pz 14.49.
12.20 Pz *über Oberhausen* 15.00*
12.30 Pz **U** Elberfeld 14.07 / 16.20 Pz 19.13.
17.20 Pz *über Oberhausen* 20.25*
17.30 Pz **U** Elberfeld 18.36 / 19.25 Pz 21.38.
21.02 Sz *über Oberhausen* **23.11***

* Ankunftszeit geschätzt

nach **Dresden**

7.21 Cz **U** Magdeburg **18.00** / 18.15 Pz
U Leipzig 21.15 / **22.00 Sz** **0.30**

12.20 Pz **U** Magdeburg 4.50 / 5.30 Pz
U Leipzig 9.00 / 10.00 Pz 13.15

21.02 Sz **U** Magdeburg **10.00** / 10.45 Pz
U Leipzig 14.05 / 14.30 Pz 17.30

nach **Elberfeld**

7.30 Pz 8.36
9.30 Pz 10.36
12.30 Pz 14.07
17.30 Pz 18.36
21.15 Pz 22.21

nach **Erfurt**

12.20 Pz **U** Hamm 16.00 / 16.18 Pz
U Cassel 22.00 / 22.15 Pz
U Guntershausen 22.35 / **22.45 Sz** **2.50***

* Ankunftszeit geschätzt

nach **Essen**

8.00 ✉ *über Ratingen–Werden* 12.15.
9.16 Pz *über Oberhausen* 10.40*
9.30 Pz **U** Vohwinkel 10.18** / 10.45 Pz
U Steele 12.18 / 12.25 ✉ 12.55.
11.00 Pz *über Oberhausen* 13.45*
12.30 Pz **U** Vohwinkel 13.45** / 14.00 Pz
U Steele 15.33 / 15.40 ✉ 16.10.
16.00 Pz *über Oberhausen* 18.55*
17.00 ✉ *über Ratingen–Werden* 21.15.
20.00 Sz *über Oberhausen* **22.15***

* Ankunft in Alten-Essen, Ankunftszeit geschätzt; ein Fahrplan der Post-Course von Alten-Essen nach Essen Stadt liegt nicht vor.
** Ankunftszeit geschätzt

nach **Frankfurt a.M.**

8.05 Pz **U** Deutz > Cöln 9.15 / 10.00 ⛴
U Coblenz 17.00 / 20.00 ✉
U Wiesbaden 5.00 / 5.45 Pz 7.30
11.30 Pz **U** Deutz (b. Cöln) 12.45 /
13.15 ✉ 12-13.00
17.00 ⛴ 17.30
19.00 Pz **U** Deutz > Cöln 20.10 / 22.00 ⛴ 17.30

nach **Freiburg i.B.**

15.04 Sz **U** Deutz > Cöln **16.00** / 20.15 ⛴
U Mainz 11.00 / **11.20 Sz**
U Ludwigshafen **13.00** / #
U Mannheim # / 15.10 Pz
U Offenburg 20.47 ↪ / 6.00 Pz 8.16[3]
21.10 Cz **U** Deutz > Cöln **22.00** ↪ / 6.00 ⛴
U Mainz 19.30 / 20.00 Pz
U Ludwigshafen 21.59 ↪ / #
U Mannheim # / **6.40 Sz** **12.35**[3]

nach **Gera**

7.21 Cz **U** Magdeburg **18.00** / 18.15 Pz
U Leipzig 21.15 ↪ / 6.00 Pz
U Altenburg 7.10* / 9.00 ✉ 13.00
7.21 Cz **U** Magdeburg **18.00** / 18.15 Pz
U Leipzig 21.15 ↪ / **7.15 Ez**
U Altenburg **8.08*** / 9.00 ✉ 13.00
21.02 Sz **U** Magdeburg **10.00** / 10.45 Pz
U Leipzig 14.05 / 18.30 Pz
U Altenburg 19.40* / 20.30 ✉ 0.30[3]

nach **Görlitz**

7.21 Cz **U** Magdeburg **18.00** / 18.15 Pz
U Leipzig 21.15 / **22.00 Sz**
U Dresden **0.30** / 5.30 Pz 9.00
12.20 Pz **U** Magdeburg 4.50 / 5.30 Pz
U Leipzig 9.00 / 10.00 Pz
U Dresden 13.15 / 14.30 Pz 18.15
21.02 Sz **U** Magdeburg **10.00** / 10.45 Pz
U Leipzig 14.05 / 14.30 Pz
U Dresden 17.30 / 18.15 Pz 21.40

nach **Hagen***

7.30 Pz **U** Elberfeld 8.36 / 9.40 Pz 11.17
9.30 Pz **U** Elberfeld 10.36/ 12.45 Pz 13.48
12.30 Pz **U** Elberfeld 14.07 / 16.20 Pz 17.38
17.30 Pz **U** Elberfeld 18.36 / 19.25 Pz 20.33
21.15 Pz **U** Elberfeld 22.21 ↪ / 6.45 Pz 7.50

* Ankunftszeiten in Hagen sind sämmtlich geschätzt.

nach **Halle**

7.21 Cz **U** Magdeburg **18.00** / 18.15 Pz 20.25
12.20 Pz **U** Magdeburg 4.50 / 5.30 Pz 8.00
21.02 Sz **U** Magdeburg **10.00** / 10.45 Pz 13.10

nach **Hamburg**

7.21 Cz **U** Lehrte **14.25*** / 14.35 Pz
U Harburg 18.20 / 19.00 ⛴ 20.15
21.02 Sz **U** Lehrte **6.00*** / 6.05 Pz
U Harburg 10.05 / 10.30 ⛴ 11.45

* Ankunftszeit geschätzt

nach **Hamm**

7.21 Cz *über Oberhausen* **9.36**
9.16 Pz *über Oberhausen* 12.55
12.20 Pz *über Oberhausen* 16.00
17.20 Pz *über Oberhausen* 21.15
21.02 Sz *über Oberhausen* **24.00**

nach **Hannover**

7.21 Cz *über Hamm* **13.45**
12.20 Pz *über Hamm* 22.10
21.02 Sz *über Hamm* **5.10**

nach **Heidelberg**

15.04 Sz **U** Deutz > Cöln **16.00** / 20.15 ⛴
U Mainz 11.00 / **11.20 Sz**
U Ludwigshafen **13.00** / #
U Mannheim # / 15.10 Pz 15.46
17.00 ⛴ **U** Mannheim 19.30 / 19.45 Pz 20.21
19.00 Pz **U** Deutz > Cöln 20.10 / 22.00 ⛴
U Mainz 14.00 / 15.00 Pz
U Ludwigshafen 17.00 / #
U Mannheim # / 19.45 Pz 20.21
21.10 Cz **U** Deutz > Cöln **22.00** ↪/ 6.00 ⛴
U Mainz 19.30 / 20.00 Pz
U Ludwigshafen 21.59 ↪ / #
U Mannheim # / 5.00 Pz 5.45
21.10 Cz **U** Deutz > Cöln **22.00** ↪/ 6.00 ⛴
U Mainz 19.30 / 20.00 Pz
U Ludwigshafen 21.59 ↪ / #
U Mannheim # / **6.40 Sz** **7.07**

nach **Kiel**

7.21 Cz **U** Lehrte **14.25*** / 14.35 Pz
U Harburg 18.20 / 19.00 ⛴
U Hamburg > Altona 20.15 ↪ /
8.10 Pz 11.00

Fortsetzung siehe nächste Spalte

21.02 Sz **U** Lehrte **6.00*** / 6.05 Pz
U Harburg 10.05 / 10.30 ⛴
U Hamburg > Altona 11.45 /
13.00 GmP 16.30

* Ankunftszeit geschätzt

nach **Königsberg i.Pr.**

7.21 Cz **U** Berlin **21.20** / **22.40 Sz**
U Dirschau **10.45** / 11.37 ✉
U Marienburg 16.07 / **16.37 Sz** **21.02**

nach **Leipzig**

7.21 Cz **U** Magdeburg **18.00** / 18.15 Pz 21.15
12.20 Pz **U** Magdeburg 4.50 / 5.30 Pz 9.00
21.02 Sz **U** Magdeburg **10.00** / 10.45 Pz 14.05

nach **Lindau**

8.05 Pz **U** Deutz > Cöln 9.15 / 10.00 ⛴
U Coblenz 17.00 / 20.00 ✉
U Wiesbaden 5.00 / 5.45 Pz
U Frankfurt a.M. 7.30 / **8.30 Ez**
U Bamberg **14.45** / **15.30 Ez**
U Augsburg **21.20** / 21.30 GmP 6.30[3]
15.04 Sz **U** Deutz > Cöln **16.00** / 20.15 ⛴
U Mainz 11.00 / **11.20 Sz**
U Ludwigshafen **13.00** / #
U Mannheim # / 15.10 Pz
U Bruchsal 17.01* / 17.20 Pz
U Stuttgart 20.15 ↪ / 7.05 Pz
U Friedrichshafen 15.20 / 15.30 ⛴ k.A.[3]

* Ankunftszeit geschätzt

nach **Ludwigshafen**

15.04 Sz **U** Deutz > Cöln **16.00** / 20.15 ⛴
U Mainz 11.00 / **11.20 Sz** **13.00**
17.00 ⛴ **U** Mainz 14.00 / 15.00 Pz 17.00
19.00 Pz **U** Deutz > Cöln 20.10 / 22.00 ⛴
U Mainz 14.00 / 15.00 Pz 17.00
21.10 Sz **U** Deutz > Cöln **22.00** / 23.30 ⛴
U Mainz 17.30 / 18.00 Pz 20.35
nur Mo und Do .
21.10 Cz **U** Deutz > Cöln **22.00** ↪/ 6.00 ⛴
U Mainz 19.30 / 20.00 Pz 21.59

weitere Verbindungen > **Mannheim**

nach **Lübeck**

7.21 Cz **U** Lehrte **14.25*** / 14.35 Pz
U Harburg 18.20 / 19.00 ⛴
U Hamburg 20.15 / 23.00 ✉ 5.00
21.02 Sz **U** Lehrte **6.00*** / 6.05 Pz
U Harburg 10.05 / 10.30 ⛴
U Hamburg 11.45 / 17.00 Pz
U Büchen 18.45* / 19.00 Pz 20.11

* Ankunftszeit geschätzt

nach **Magdeburg**

7.21 Cz *über Hannover* **18.00**
12.20 Pz *über Hannover* 4.50
21.02 Sz *über Hannover* **10.00**

nach **Mainz**

15.04 Sz **U** Deutz > Cöln **16.00** / 20.15 ⛴ 11.00
17.00 ⛴ 14.00
17.00 ⛴* **nur Mo und Do** 17.30
17.00 ⛴* Cöln 21.30 ↷ / 9.30 7.00^{3}
nur Mi, Sa und So .
19.00 Pz **U** Deutz > Cöln 20.10 / 22.00 ⛴ 14.00
21.10 Sz **U** Deutz > Cöln **22.00** / 23.30 ⛴ 17.30
nur Mo und Do .
21.10 Cz **U** Deutz > Cöln **22.00** ↷/ 6.00 ⛴ 19.30

* Niederländische Gesellschaft

nach **Mannheim**

17.00 ⛴ 19.30
17.00 ⛴* **nur Mo und Do** abends
17.00 ⛴* Cöln 21.30 ↷ / 9.30 16.30^{3}
nur Mi, Sa und So .

* Niederländische Gesellschaft

weitere Verbindungen > **Ludwigshafen**

nach **München**

8.05 Pz **U** Deutz > Cöln 9.15 / 10.00 ⛴
U Coblenz 17.00 / 20.00 ✉
U Wiesbaden 5.00 / 5.45 Pz
U Frankfurt a.M. 7.30 / **8.30 Ez**
U Bamberg **14.45** / **15.30 Ez** **23.00**
11.30 Pz **U** Deutz (b. Cöln) 12.45 / 13.15 ✉
U Frankft. a.M. 12-13.00 / 17.15 Pz
U Bamberg 1.05 / 3.15 Pz 13.15^{3}
15.04 Sz **U** Deutz > Cöln **16.00** / 20.15 ⛴
U Mainz 11.00 / **11.20 Sz**
U Ludwigshafen **13.00** / #
U Mannheim # / 15.10 Pz
U Bruchsal 17.01* / 17.20 Pz
U Stuttgart 20.15 ↷ / 7.05 Pz
U Ulm 10.50 / 11.15 GmP 20.30^{3}

* Ankunftszeit geschätzt

nach **Münster**

7.21 Cz **U** Hamm **9.36** / 12.10 Pz 13.00
9.16 Pz **U** Hamm 12.50 / 13.15 GmP 14.45
12.20 Pz **U** Hamm 16.00 / 19.00 Pz 20.00
20.55 Sz **U** Hamm **24.00** ↷ / 7.30 Pz 8.30

nach **Nürnberg**

8.05 Pz **U** Deutz > Cöln 9.15 / 10.00 ⛴
U Coblenz 17.00 / 20.00 ✉
U Wiesbaden 5.00 / 5.45 Pz
U Frankfurt a.M. 7.30 / **8.30 Ez**
U Bamberg **14.45** / **15.30 Ez** **17.00**
11.30 Pz **U** Deutz (b. Cöln) 12.45 / 13.15 ✉
U Frankft. a.M. 12-13.00 / 17.15 Pz
U Bamberg 1.05 / 3.15 Pz 5.15^{3}

nach **Oberhausen**

7.21 Cz **8.00**
9.16 Pz 10.15
12.20 Pz 13.20
17.20 Pz 18.25
21.02 Sz **21.50**

nach **Oppeln**

7.21 Cz **U** Berlin **21.20** / **22.15 Sz** **7.45***

* Ankunftszeit geschätzt

nach **Osnabrück**

7.21 Cz **U** Bielefeld **11.13*** / 11.30 ✉ 18.00
12.20 Pz **U** Minden 19.45 / 1.00 ✉ 8.00
21.02 Sz **U** Minden **3.05** / 9.00 ✉ 16.00

* Ankunftszeit geschätzt

nach **Passau**

8.05 Pz **U** Deutz > Cöln 9.15 / 10.00 ⛴
U Coblenz 17.00 / 20.00 ✉
U Wiesbaden 5.00 / 5.45 Pz
U Frankfurt a.M. 7.30 / **8.30 Ez**
U Bamberg **14.45** / **15.30 Ez**
U Nürnberg **17.00** / 17.30 ✉
U Regensburg 5.30 / 11.00 ✉ 22.30^{3}

nach **Posen**

7.21 Cz **U** Berlin **21.20** / **22.40 Sz**
U Kreutz **4.43** / 5.03 Pz 7.47

nach **Regensburg**

8.05 Pz **U** Deutz > Cöln 9.15 / 10.00 ⛴
U Coblenz 17.00 / 20.00 ✉
U Wiesbaden 5.00 / 5.45 Pz
U Frankfurt a.M. 7.30 / **8.30 Ez**
U Bamberg **14.45** / **15.30 Ez**
U Nürnberg **17.00** / 17.30 ✉ 5.30^{3}
11.30 Pz **U** Deutz (b. Cöln) 12.45 / 13.15 ✉
U Frankft. a.M. 12-13.00/17.15 Pz
U Bamberg 1.05 / 3.15 Pz
U Nürnberg 5.15 / 6.00 ✉ 18.00^{3}

nach **Rostock**

7.21 Cz **U** Lehrte **14.25*** / 14.35 Pz
U Harburg 18.20 / 19.00 ⛴
U Hamburg 20.15 / **22.30 Cz**
U Hagenow **0.40*** ↷ / 7.30 Pz 11.05
11.00 Pz **U** Magdeburg 4.50 / 7.45 Pz
U Wittenberge 10.15 / 10.55 Pz
U Hagenow 12.40* / 12.50 Pz 16.40
21.02 Sz **U** Magdeburg **10.00** / 10.45 GmP
U Wittenberge 14.10 / 15.10 GmP
U Hagenow 17.00 / 17.30 20.10

* Ankunftszeit geschätzt

nach **Saarbrücken**

15.04 Sz **U** Deutz > Cöln **16.00** / 20.15 ⛴
U Mainz 11.00 / **11.20 Sz** **16.58**
19.00 Pz **U** Deutz > Cöln 20.10 / 22.00 ⛴
U Mainz 14.00 / 15.00 Pz 22.05
21.10 Cz **U** Deutz > Cöln **22.00** ↷/ 6.00 ⛴
U Mainz 19.30 ↷ / 4.30 Pz 10.36^{3}

nach **Schwerin**

7.21 Cz **U** Lehrte **14.25*** / 14.35 Pz
U Harburg 18.20 / 19.00 ⛴
U Hamburg 20.15 / **22.30 Cz**
U Hagenow **0.40*** ↷ / 7.30 Pz 8.12
12.20 Pz **U** Magdeburg 4.50 / 7.45 Pz
U Wittenberge 10.15 / 10.55 Pz
U Hagenow 12.40* / 12.50 Pz 13.35
21.02 Sz **U** Magdeburg **10.00** / 10.45 GmP
U Wittenberge 14.10 / 15.10 GmP
U Hagenow 17.00 / 17.30 18.15

* Ankunftszeit geschätzt

nach **Stettin**

7.21 Cz **U** Berlin **21.20** / **22.40 Sz** **1.47**
12.20 Pz **U** Berlin 9.30 / 12.15 Pz 15.52
21.02 Sz **U** Berlin **13.10** / 17.30 Pz 21.10

nach **Stralsund**

7.21 Cz **U** Berlin **21.20** / **22.40 Sz**
U Passow 0.50* / 1.15 ✉ 18.00
21.02 Sz **U** Berlin **13.10** / 17.30 Pz
U Passow 20.00* / 20.20 ✉ 11.20^{3}

* Ankunftszeit geschätzt

nach **Stuttgart**

15.04 Sz **U** Deutz > Cöln **16.00** / 20.15 ⛴
U Mainz 11.00 / **11.20 Sz**
U Ludwigshafen **13.00** / #
U Mannheim # / 15.10 Pz
U Bruchsal 17.01* / 17.20 Pz 20.15.
21.10 Cz **U** Deutz > Cöln **22.00** ↷ / 6.00 ⛴
U Mainz 19.30 / 20.00 Pz
U Ludwigshafen 21.59 ↷ / #
U Mannheim # / **6.40 Sz**
U Bruchsal **7.59*** / 8.15 Pz 11.05^{3}

* Ankunftszeit geschätzt

nach **Trier**

15.04 Sz **U** Deutz > Cöln **16.00** / 19.00 ✉ 17.30
19.00 Pz **U** Deutz > Cöln 20.10 / 22.00 ⛴
U Coblenz 5.45 / 6.45 ✉ 21.00
21.10 Cz **U** Deutz > Cöln **22.00** ↷/ 5.00 ✉ 2.15^{3}
21.10 Cz **U** Deutz > Cöln **22.00** ↷/ 6.00 ⛴
U Coblenz 12.15 / 15.30 ✉ 6.30^{3}

noch: ab **Düsseldorf**

nach **Ulm**

15.04 Sz	**U** Deutz > Cöln **16.00** / 20.15 ⛴	
	U Mainz 11.00 / **11.20 Sz**	
	U Ludwigshafen **13.00** / #	
	U Mannheim # / 15.10 Pz	
	U Bruchsal 17.01* / 17.20 Pz	
	U Stuttgart 20.15 ↩ / 7.05 Pz	10.50[3]
21.10 Cz	**U** Deutz > Cöln **22.00** ↩ / 6.00 ⛴	
	U Mainz 19.30 / 20.00 Pz	
	U Ludwigshafen 21.59 ↩ / #	
	U Mannheim # / **6.40 Sz**	
	U Bruchsal **7.59*** / 8.15 Pz	15.05[3]

* Ankunftszeit geschätzt

nach **Wiesbaden**

8.05 Pz	**U** Deutz > Cöln 9.15 / 10.00 ⛴	
	U Coblenz 17.00 / 20.00 ✉	5.00
17.00 ⛴	**U** Coblenz 5.45 / 7.15 ✉	16.15

nach **Würzburg**

8.05 Pz	**U** Deutz > Cöln 9.15 / 10.00 ⛴	
	U Coblenz 17.00 / 20.00 ✉	
	U Wiesbaden 5.00 / 5.45 Pz	
	U Frankfurt a.M. 7.30 / **8.30 Ez**	**12.00**
11.30 Pz	**U** Deutz (b. Cöln) 12.45 / 13.15 ✉	
	U Frankfurt a.M. 12.00-13.00 / 17.15 Pz	21.40
17.00 ⛴	**U** Frankfurt a.M. 17.30 / 20.55 GmP	9.50[3]
19.00 Pz	**U** Deutz > Cöln 20.10 / 22.00 ⛴	
	U Frankfurt a.M. 17.30/ 20.55 GmP	9.50[3]

nach **Zwickau**

8.05 Pz	**U** Deutz > Cöln 9.15 / 10.00 ⛴	
	U Coblenz 17.00 / 20.00 ✉	
	U Wiesbaden 5.00 / 5.45 Pz	
	U Frankfurt a.M. 7.30 / **8.30 Ez**	
	U Bamberg **14.45** / **15.05 Ez**	
	U Werdau **20.55*** / 21.17 Pz	21.40*

* Ankunftszeit geschätzt

Auslandsverbindungen

Düsseldorf ist außerdem im **Auslandsteil** ab S.210 mit den hier abgehenden Schiffs-Coursen und Anschluß-Postcoursen in die **Niederlande** aufgeführt.

Elberfeld

Elberfeld ist einerseits durch die Düsseldorf-Elberfelder Eisenbahn mit Düsseldorf und andererseits durch die Bergisch-Märkische Eisenbahn mit Dortmund über Schwelm–Hagen mit dem Schienennetz verbunden. Bei Fahrten zwischen Düsseldorf und Dortmund muß zur Zeit noch in Elberfeld umgestiegen werden. Die weiteren Bahnanschlüsse in Düsseldorf und Dortmund sehe man unter diesen Bahnhöfen.

von Elberfeld

nach **Aachen**

6.48 Pz	**U** Düsseldorf 7.50 / 8.25* Pz	
	U Gladbach 9.20 / 9.32 Pz	11.20
10.00 Pz	**U** Düsseldorf 11.04 / 12.40* Pz	
	U Gladbach 13.30 / 13.50 Pz	16.00
13.30 Pz	**U** Düsseldorf 14.33 / **15.04 Sz**	
	U Deutz > Cöln **16.00** / 18.00 Pz	20.00
15.40 Pz	**U** Düsseldorf 17.10 / 17.40* Pz	
	U Gladbach 18.18 / 18.30 Pz	20.20
19.40 Pz	**U** Düsseldorf 20.43 / **21.10 Cz**	
	U Deutz > Cöln **22.00** / **23.30 Sz**	**1.20**

* Abfahrt ab Ober-Cassel auf der linken Rheinseite.

nach **Augsburg**

6.48 Pz	**U** Düsseldorf 7.50 / 8.05 Pz	
	U Deutz > Cöln 9.15 / 10.00 ⛴	
	U Coblenz 17.00 / 20.00 ✉	
	U Wiesbaden 5.00 / 5.45 Pz	
	U Frankfurt a.M. 7.30 / **8.30 Ez**	
	U Bamberg **14.45** / **15.30 Ez**	**21.20**
10.00 Pz	**U** Düsseldorf 11.04 / 11.30 Pz	
	U Deutz (b. Cöln) 12.45 / 13.15 ✉	
	U Frankft. a.M. 12-13.00 / 17.15 Pz	
	U Bamberg 1.05 / 3.15 Pz	11.05[3]
13.30 Pz	**U** Düsseldorf 14.33 / **15.04 Sz**	
	U Deutz > Cöln **16.00** / 20.15 ⛴	
	U Mainz 11.00 / **11.20 Sz**	
	U Ludwigshafen **13.00** / #	
	U Mannheim # / 15.10 Pz	
	U Bruchsal 17.01* / 17.20 Pz	
	U Stuttgart 20.15 ↩ / 7.05 Pz	
	U Ulm 10.50 / 11.15 GmP	15.40[3]

* Ankunftszeit geschätzt

nach **Basel***

13.30 Pz	**U** Düsseldorf 14.33 / **15.04 Sz**	
	U Deutz > Cöln **16.00** / 20.15 ⛴	
	U Mainz 11.00 / **11.20 Sz**	
	U Ludwigshafen **13.00** / #	
	U Mannheim # / 15.10 Pz	
	U Offenburg 20.47 ↩ / 6.00 Pz	10.55[3]
19.40 Pz	**U** Düsseldorf 20.43 / **21.10 Cz**	
	U Deutz > Cöln **22.00** ↩ / 6.00 ⛴	
	U Mainz 19.30 / 20.00 Pz	
	U Ludwigshafen 21.59 ↩ / #	
	U Mannheim # / **6.40 Sz**	**14.56[3]**

* Ankunft Basel Badischer Bf

nach **Berlin**

6.45 Pz	**U** Dortmund 8.48 / **9.04 Cz**	**21.20**
12.45 Pz	**U** Dortmund 14.49 / 15.05 Pz	9.30
19.25 Pz	**U** Dortmund 21.38 / **23.16 Sz**	**13.10**

nach **Bonn**

6.48 Pz	**U** Düsseldorf 7.50 / 8.05 Pz	
	U Deutz > Cöln 9.15 / 10.00 Pz	10.50
10.00 Pz	**U** Düsseldorf 11.04 / 11.30 Pz	
	U Deutz > Cöln 12.45 / 13.00 ⛴	15.45
10.00 Pz	**U** Düsseldorf 11.04 / 11.32 Pz	
	U Deutz > Cöln 12.42 / 14.45 Pz	15.35
13.30 Pz	**U** Düsseldorf 14.33 / **15.04 Sz**	
	U Deutz > Cöln **16.00** / 17.45 Pz	18.35
15.40 Pz	**U** Düsseldorf 17.10 / 19.00 Pz	
	U Deutz > Cöln 20.10 / 21.00 Pz	21.50

nach **Braunschweig**

6.45 Pz	**U** Dortmund 8.48 / **9.04 Cz**	**15.22**
12.45 Pz	**U** Dortmund 14.49 / 15.05 Pz	0.30
19.25 Pz	**U** Dortmund 21.38 / **23.16 Sz**	**7.05**

nach **Bremen**

6.45 Pz	**U** Dortmund 8.48 / **9.04 Cz**	
	U Wunstorf **13.15*** / 13.25 Pz	16.00
19.25 Pz	**U** Dortmund 21.38 / **23.16 Sz**	
	U Wunstorf **4.35*** / 7.30 Pz	10.15

* Ankunftszeit geschätzt

nach **Breslau**

6.45 Pz	**U** Dortmund 8.48 / **9.04 Cz**	
	U Berlin **21.20** / **22.15 Sz**	**5.45**

nach **Carlsruhe**

13.30 Pz	**U** Düsseldorf 14.33 / **15.04 Sz**	
	U Deutz > Cöln **16.00** / 20.15 ⛴	
	U Mainz 11.00 / **11.20 Sz**	
	U Ludwigshafen **13.00** / #	
	U Mannheim # / 15.10 Pz	17.50
15.40 Pz	**U** Düsseldorf 17.10 / 19.00 Pz	
	U Deutz > Cöln 20.10 / 22.00 ⛴	
	U Mannheim 19.30 / 19.45 Pz	22.25
15.40 Pz	**U** Düsseldorf 17.10 / 19.00 Pz	
	U Deutz > Cöln 20.10 / 22.00 ⛴	
	U Mainz 14.00 / 15.00 Pz	
	U Ludwigshafen 17.00 / #	
	U Mannheim # / 19.45 Pz	22.25
19.40 Pz	**U** Düsseldorf 20.43 / **21.10 Cz**	
	U Deutz > Cöln **22.00** ↩/ 6.00 ⛴	
	U Mainz 19.30 / 20.00 Pz	
	U Ludwigshafen 21.59 ↩ / #	
	U Mannheim # / 5.00 Pz	9.12
19.40 Pz	**U** Düsseldorf 20.43 / **21.10 Cz**	
	U Deutz > Cöln **22.00** ↩/ 6.00 ⛴	
	U Mainz 19.30 / 20.00 Pz	
	U Ludwigshafen 21.59 ↩ / #	
	U Mannheim # / **6.40 Sz**	**8.27**

Cassel

6.45 Pz	**U** Dortmund 8.48 / **9.04 Cz**	
	U Hamm **9.36** / 9.50 Pz	15.55
12.45 Pz	**U** Dortmund 14.49 / 15.05 Pz	
	U Hamm 16.00 / 16.18 Pz	22.00

nach **Chemnitz**

6.45 Pz	**U** Dortmund 8.48 / **9.04 Cz**	
	U Magdeburg **18.00** / 18.15 Pz	
	U Leipzig 21.15 / **22.00 Sz**	
	U Riesa **23.15*** ⤻ / 5.15 Pz	8.15
12.45 Pz	**U** Dortmund 14.49 / 15.05 Pz	
	U Magdeburg 4.50 / 5.30 Pz	
	U Leipzig 9.00 / 10.00 Pz	
	U Riesa 11.25* / 12.15 Pz	15.30
19.25 Pz	**U** Dortmund 21.38 / **23.16 Sz**	
	U Magdeburg **10.00** / 10.45 Pz	
	U Leipzig 14.05 / 14.30 Pz	
	U Riesa 16.00* / 16.45 Pz	19.30

* Ankunftszeit geschätzt

nach **Coblenz**

6.48 Pz	**U** Düsseldorf 7.50 / 8.05 Pz	
	U Deutz > Cöln 9.15 / 10.00 ⛴	17.00
10.00 Pz	**U** Düsseldorf 11.04 / 11.30 Pz	
	U Deutz > Cöln 12.45 / 13.00 ⛴	20.00
13.30 Pz	**U** Düsseldorf 14.33 / **15.04 Sz**	
	U Deutz > Cöln **16.00** / 20.15 ⛴	2.45
15.40 Pz	**U** Düsseldorf 17.10 / 19.00 Pz	
	U Deutz > Cöln 20.10 / 22.00 ⛴	5.45
19.40 Pz	**U** Düsseldorf 20.43 / **21.10 Cz**	
	U Deutz > Cöln **22.00** / 23.30 ⛴	9.00
	ab Cöln nur Mo und Do	
19.40 Pz	**U** Düsseldorf 20.43 / **21.10 Cz**	
	U Deutz > Cöln **22.00** ⤻ / 6.00 ⛴	12.15

nach **Cöln***

6.48 Pz	**U** Düsseldorf 7.50 / 8.05 Pz	9.15
10.00 Pz	**U** Düsseldorf 11.04 / 11.30 Pz	12.45
13.30 Pz	**U** Düsseldorf 14.33 / **15.04 Sz**	**16.00**
15.40 Pz	**U** Düsseldorf 17.10 / 19.00 Pz	20.10
19.40 Pz	**U** Düsseldorf 20.43 / **21.10 Cz**	**22.00**

* Ankunft in Deutz auf der rechten Rheinseite

nach **Constanz**

19.40 Pz	**U** Düsseldorf 20.43 / **21.10 Cz**	
	U Deutz > Cöln **22.00** ⤻ / 6.00 ⛴	
	U Mainz 19.30 / 20.00 Pz	
	U Ludwigshafen 21.59 ⤻ / #	
	U Mannheim # / **6.40 Sz**	
	U Offenburg **10.22** / 10.45 ✉	6.15[4]

nach **Danzig**

6.45 Pz	**U** Dortmund 8.48 / **9.04 Cz**	
	U Berlin **21.20** / **22.40 Sz**	**11.35**

nach **Darmstadt**

6.48 Pz	**U** Düsseldorf 7.50 / 8.05 Pz	
	U Deutz > Cöln 9.15 / 10.00 ⛴	
	U Coblenz 17.00 / 20.00 ✉	
	U Wiesbaden 5.00 / 5.45 Pz	
	U Frankfurt a.M. 7.30 / 8.00 GmP	9.15*
10.00 Pz	**U** Düsseldorf 11.04 / 11.30 Pz	
	U Deutz (b. Cöln) 12.45 / 13.15 ✉	
	U Frankfurt a.M. 12-13.00 / 17.35 Pz	18.20*
13.30 Pz	**U** Düsseldorf 14.33 / 17.00 ⛴	
	U Frankfurt a.M. 17.30 / 20.45	21.30
15.40 Pz	**U** Düsseldorf 17.10 / 19.00 Pz	
	U Deutz > Cöln 20.10 / 22.00 ⛴	
	U Frankfurt a.M. 17.30 / 20.45	21.30

nach **Dortmund**

6.45 Pz	*über Hagen*	8.48
9.40 Pz	*über Hagen*	12.40
12.45 Pz	*über Hagen*	14.49
16.20 Pz	*über Hagen*	19.13
19.25 Pz	*über Hagen*	21.38

nach **Dresden**

6.45 Pz	**U** Dortmund 8.48 / **9.04 Cz**	
	U Magdeburg **18.00** / 18.15 Pz	
	U Leipzig 21.15 / **22.00 Sz**	**0.30**
12.45 Pz	**U** Dortmund 14.49 / 15.05 Pz	
	U Magdeburg 4.50 / 5.30 Pz	
	U Leipzig 9.00 / 10.00 Pz	13.15
19.25 Pz	**U** Dortmund 21.38 / **23.16 Sz**	
	U Magdeburg **10.00** / 10.45 Pz	
	U Leipzig 14.05 / 14.30 Pz	17.30

nach **Düsseldorf**

6.48 Pz	7.50
10.00 Pz	11.04
13.30 Pz	14.33
15.40 Pz	17.10
19.40 Pz	20.43

nach **Erfurt**

12.45 Pz	**U** Dortmund 14.49 / 15.05 Pz	
	U Hamm 16.00 / 16.18 Pz	
	U Cassel 22.00 / 22.15 Pz	
	U Guntershausen 22.35 / **22.45 Sz**	**2.50***

* Ankunftszeit geschätzt

nach **Essen**

6.48 Pz	**U** Vohwinkel 7.06 / 7.16 Pz	
	U Steele 8.50 / 8.55 ✉	9.25
10.00 Pz	**U** Vohwinkel 10.18 / 10.45 Pz	
	U Steele 12.18 / 12.25 ✉	12.55
13.30 Pz	**U** Vohwinkel 13.47 / 14.00 Pz	
	U Steele 15.33 / 15.45 ✉	16.15

nach **Frankfurt a.M.**

6.48 Pz	**U** Düsseldorf 7.50 / 8.05 Pz	
	U Deutz > Cöln 9.15 / 10.00 ⛴	
	U Coblenz 17.00 / 20.00 ✉	
	U Wiesbaden 5.00 / 5.45 Pz	7.30
10.00 Pz	**U** Düsseldorf 11.04 / 11.30 Pz	
	U Deutz (b. Cöln) 12.45 / 13.15 ✉	12-13.00
13.30 Pz	**U** Düsseldorf 14.33 / 17.00 ⛴	17.30
15.40 Pz	**U** Düsseldorf 17.10 / 19.00 Pz	
	U Deutz > Cöln 20.10 / 22.00 ⛴	17.30

nach **Freiburg i.B.**

13.30 Pz	**U** Düsseldorf 14.33 / **15.04 Sz**	
	U Deutz > Cöln **16.00** / 20.15 ⛴	
	U Mainz 11.00 / **11.20 Sz**	
	U Ludwigshafen **13.00** / #	
	U Mannheim # / 15.10 Pz	
	U Offenburg 20.47 ⤻ / 6.00 Pz	8.16[3]
19.40 Pz	**U** Düsseldorf 20.43 / **21.10 Cz**	
	U Deutz > Cöln **22.00** ⤻ / 6.00 ⛴	
	U Mainz 19.30 / 20.00 Pz	
	U Ludwigshafen 21.59 ⤻ / #	
	U Mannheim # / **6.40 Sz**	**12.35**[3]

nach **Gera**

6.45 Pz	**U** Dortmund 8.48 / **9.04 Cz**	
	U Magdeburg **18.00** / 18.15 Pz	
	U Leipzig 21.15 ⤻ / 6.00 Pz	
	U Altenburg 7.10* / 9.00 ✉	13.00
6.45 Pz	**U** Dortmund 8.48 / **9.04 Cz**	
	U Magdeburg **18.00** / 18.15 Pz	
	U Leipzig 21.15 ⤻ / **7.15 Ez**	
	U Altenburg **8.08*** / 9.00 ✉	13.00
19.25 Pz	**U** Dortmund 21.38 / **23.16 Sz**	
	U Magdeburg **10.00** / 10.45 Pz	
	U Leipzig 14.05 / 18.30 Pz	
	U Altenburg 19.40* / 20.30 ✉	0.30

nach **Görlitz**

6.45 Pz	**U** Dortmund 8.48 / **9.04 Cz**	
	U Berlin **21.20** / **22.15 Sz**	
	U Kohlfurt **2.40*** / 3.15 Pz	4.00
6.45 Pz	**U** Dortmund 8.48 / **9.04 Cz**	
	U Magdeburg **18.00** / 18.15 Pz	
	U Leipzig 21.15 / **22.00 Sz**	
	U Dresden **0.30** / 5.30 Pz	9.00
12.45 Pz	**U** Dortmund 14.49 / 15.05 Pz	
	U Magdeburg 4.50 / 5.30 Pz	
	U Leipzig 9.00 / 10.00 Pz	
	U Dresden 13.15 / 14.30 Pz	18.15
19.25 Pz	**U** Dortmund 21.38 / **23.16 Sz**	
	U Magdeburg **10.00** / 10.45 Pz	
	U Leipzig 14.05 / 14.30 Pz	
	U Dresden 17.30 / 18.15 Pz	21.40

* Ankunftszeit geschätzt

noch: ab **Elberfeld**

nach **Hagen***

6.45 Pz	7.50
9.40 Pz	11.17
12.45 Pz	13.48
16.20 Pz	17.38
19.25 Pz	20.33

* Ankunftszeiten in Hagen sind sämmtlich geschätzt.

nach **Halle**

6.45 Pz	**U** Dortmund 8.48 / **9.04 Cz**	
	U Magdeburg **18.00** / 18.15 Pz	20.25
12.45 Pz	**U** Dortmund 14.49 / 15.05 Pz	
	U Magdeburg 4.50 / 5.30 Pz	8.00
19.25 Pz	**U** Dortmund 21.38 / **23.16 Sz**	
	U Magdeburg **10.00** / 10.45 Pz	13.10

nach **Hamburg**

6.45 Pz	**U** Dortmund 8.48 / **9.04 Cz**	
	U Lehrte **14.25*** / 14.35 Pz	
	U Harburg 18.20 / 19.00 ⛴	20.15
19.25 Pz	**U** Dortmund 21.38 / **23.16 Sz**	
	U Lehrte **6.00*** / 6.05 Pz	
	U Harburg 10.05 / 10.30 ⛴	11.45

* Ankunftszeit geschätzt

nach **Hamm**

6.45 Pz	**U** Dortmund 8.48 / **9.04 Cz**	**9.36**
12.45 Pz	**U** Dortmund 14.49 / 15.05 Pz	16.00
16.20 Pz	**U** Dortmund 19.13 / 20.27 Pz	21.15
19.25 Pz	**U** Dortmund 21.38 / **23.16 Sz**	**24.00**

nach **Hannover**

6.45 Pz	**U** Dortmund 8.48 / **9.04 Cz**	**13.45**
12.45 Pz	**U** Dortmund 14.49 / 15.05 Pz	22.10
19.25 Pz	**U** Dortmund 21.38 / **23.16 Sz**	**5.30**

nach **Heidelberg**

13.30 Pz	**U** Düsseldorf 14.33 / **15.04 Sz**	
	U Deutz > Cöln **16.00** / 20.15 ⛴	
	U Mainz 11.00 / **11.20 Sz**	
	U Ludwigshafen **13.00** / #	
	U Mannheim # / 15.10 Pz	15.46
15.40 Pz	**U** Düsseldorf 17.10 / 19.00 Pz	
	U Deutz > Cöln 20.10 / 22.00 ⛴	
	U Mainz 14.00 / 15.00 Pz	
	U Ludwigshafen 17.00 / #	
	U Mannheim # / 19.45 Pz	20.21
19.40 Pz	**U** Düsseldorf 20.43 / **21.10 Cz**	
	U Deutz > Cöln **22.00** ↪ / 6.00 ⛴	
	U Mainz 19.30 / 20.00 Pz	
	U Ludwigshafen 21.59 ↪ / #	
	U Mannheim # / 5.00 Pz	5.45
19.40 Pz	**U** Düsseldorf 20.43 / **21.10 Cz**	
	U Deutz > Cöln **22.00** ↪ / 6.00 ⛴	
	U Mainz 19.30 / 20.00 Pz	
	U Ludwigshafen 21.59 ↪ / #	
	U Mannheim # / **6.40 Sz**	**7.07**

nach **Kiel**

6.45 Pz	**U** Dortmund 8.48 / **9.04 Cz**	
	U Lehrte **14.25*** / 14.35 Pz	
	U Harburg 18.20 / 19.00 ⛴	
	U Hamburg > Altona 20.15 ↪ / 8.10 Pz	11.00
19.25 Pz	**U** Dortmund 21.38 / **23.16 Sz**	
	U Lehrte **6.00*** / 6.05 Pz	
	U Harburg 10.05 / 10.30 ⛴	
	U Hamburg > Altona 11.45 / 13.00 GmP	16.30

* Ankunftszeit geschätzt

nach **Königsberg i.Pr.**

6.45 Pz	**U** Dortmund 8.48 / **9.04 Cz**	
	U Berlin **21.20** / **22.40 Sz**	
	U Dirschau **10.45** / 11.37 ✉	
	U Marienburg 16.07 / **16.37 Sz**	**21.02**

nach **Leipzig**

6.45 Pz	**U** Dortmund 8.48 / **9.04 Cz**	
	U Magdeburg **18.00** / 18.15 Pz	21.15
12.45 Pz	**U** Dortmund 14.49 / 15.05 Pz	
	U Magdeburg 4.50 / 5.30 Pz	9.00
19.25 Pz	**U** Dortmund 21.38 / **23.16 Sz**	
	U Magdeburg **10.00** / 10.45 Pz	14.05

nach **Lindau**

6.48 Pz	**U** Düsseldorf 7.50 / 8.05 Pz	
	U Deutz > Cöln 9.15 / 10.00 ⛴	
	U Coblenz 17.00 / 20.00 ✉	
	U Wiesbaden 5.00 / 5.45 Pz	
	U Frankfurt a.M. 7.30 / **8.30 Ez**	
	U Bamberg **14.45** / **15.30 Ez**	
	U Augsburg **21.20** / 21.30 GmP	6.30[3]
13.30 Pz	**U** Düsseldorf 14.33 / **15.04 Sz**	
	U Deutz > Cöln **16.00** / 20.15 ⛴	
	U Mainz 11.00 / **11.20 Sz**	
	U Ludwigshafen **13.00** / #	
	U Mannheim # / 15.10 Pz	
	U Bruchsal 17.01* / 17.20 Pz	
	U Stuttgart 20.15 ↪ / 7.05 Pz	
	U Friedrichshafen 15.20 / 15.30 ⛴	k.A.[3]

* Ankunftszeit geschätzt

nach **Ludwigshafen**

13.30 Pz	**U** Düsseldorf 14.33 / **15.04 Sz**	
	U Deutz > Cöln **16.00** / 20.15 ⛴	
	U Mainz 11.00 / **11.20 Sz**	**13.00**
15.40 Pz	**U** Düsseldorf 17.10 / 19.00 Pz	
	U Deutz > Cöln 20.10 / 22.00 ⛴	
	U Mainz 14.00 / 15.00 Pz	17.00
19.40 Pz	**U** Düsseldorf 20.43 / **21.10 Cz**	
	U Deutz > Cöln **22.00** / 23.30 ⛴	
	U Mainz 17.30 / 18.00 Pz	20.35
	nur Mo und Do	

Fortsetzung siehe nächste Spalte

19.40 Pz	**U** Düsseldorf 20.43 / **21.10 Cz**	
	U Deutz > Cöln **22.00** ↪ / 6.00 ⛴	
	U Mainz 19.30 / 20.00 Pz	21.59

weitere Verbindungen > **Mannheim**

nach **Lübeck**

6.45 Pz	**U** Dortmund 8.48 / **9.04 Cz**	
	U Lehrte **14.25*** / 14.35 Pz	
	U Harburg 18.20 / 19.00 ⛴	
	U Hamburg 20.15 / 23.00 ✉	5.00
19.25 Pz	**U** Dortmund 21.38 / **23.16 Sz**	
	U Lehrte **6.00*** / 6.05 Pz	
	U Harburg 10.05 / 10.30 ⛴	
	U Hamburg 11.45 / 17.00 Pz	
	U Büchen 18.45** / 19.00 Pz	20.11

* Ankunftszeit geschätzt

nach **Magdeburg**

6.45 Pz	**U** Dortmund 8.48 / **9.04 Cz**	**18.00**
12.45 Pz	**U** Dortmund 14.49 / 15.05 Pz	4.50
19.25 Pz	**U** Dortmund 21.38 / **23.16 Sz**	**10.00**

nach **Mainz**

13.30 Pz	**U** Düsseldorf 14.33 / **15.04 Sz**	
	U Deutz > Cöln **16.00** / 20.15 ⛴	11.00
15.40 Pz	**U** Düsseldorf 17.10 / 19.00 Pz	
	U Deutz > Cöln 20.10 / 22.00 ⛴	14.00
19.40 Pz	**U** Düsseldorf 20.43 / **21.10 Cz**	
	U Deutz > Cöln **22.00** / 23.30 ⛴	17.30
	ab Cöln nur Mo und Do	

nach **Mannheim**

13.30 Pz	**U** Düsseldorf 14.33 / 17.00 ⛴	19.30

weitere Verbindungen > **Ludwigshafen**

nach **München**

6.48 Pz	**U** Düsseldorf 7.50 / 8.05 Pz	
	U Deutz > Cöln 9.15 / 10.00 ⛴	
	U Coblenz 17.00 / 20.00 ✉	
	U Wiesbaden 5.00 / 5.45 Pz	
	U Frankfurt a.M. 7.30 / **8.30 Ez**	
	U Bamberg **14.45** / **15.30 Ez**	**23.00**
10.00 Pz	**U** Düsseldorf 11.04 / 11.30 Pz	
	U Deutz (b. Cöln) 12.45 / 13.15 ✉	
	U Frankft. a.M. 12-13.00 / 17.15 Pz	
	U Bamberg 1.05 / 3.15 Pz	13.15[3]
13.30 Pz	**U** Düsseldorf 14.33 / **15.04 Sz**	
	U Deutz > Cöln **16.00** / 20.15 ⛴	
	U Mainz 11.00 / **11.20 Sz**	
	U Ludwigshafen **13.00** / #	
	U Mannheim # / 15.10 Pz	
	U Bruchsal 17.01* / 17.20 Pz	
	U Stuttgart 20.15 ↪ / 7.05 Pz	
	U Ulm 10.50 / 11.15 GmP	20.30[3]

* Ankunftszeit geschätzt

noch: ab **Elberfeld**

nach Münster

6.45 Pz	**U** Dortmund 8.48 / **9.04 Cz**	
	U Hamm **9.36** / 12.10 Pz	13.00
12.45 Pz	**U** Dortmund 14.49 / 15.05 Pz	
	U Hamm 16.00 / 19.00 Pz	20.00
19.25 Pz	**U** Dortmund 21.38 / **23.16 Sz**	
	U Hamm **24.00** ↩ / 7.30 Pz	8.30

nach Nürnberg

6.48 Pz	**U** Düsseldorf 7.50 / 8.05 Pz	
	U Deutz > Cöln 9.15 / 10.00 ⛴	
	U Coblenz 17.00 / 20.00 ✉	
	U Wiesbaden 5.00 / 5.45 Pz	
	U Frankfurt a.M. 7.30 / **8.30 Ez**	
	U Bamberg **14.45** / **15.30 Ez**	**17.00**
10.00 Pz	**U** Düsseldorf 11.04 / 11.30 Pz	
	U Deutz (b. Cöln) 12.45 / 13.15 ✉	
	U Frankft. a.M. 12-13.00 / 17.15 Pz	
	U Bamberg 1.05 / 3.15 Pz	5.15[3]

nach Oberhausen

6.48 Pz	**U** Düsseldorf 7.50 / 9.16 Pz	10.15
10.00 Pz	**U** Düsseldorf 11.04 / 12.20 Pz	13.20
12.45 Pz	**U** Dortmund 14.49 / 16.02 Pz	17.45
15.40 Pz	**U** Düsseldorf 17.10 / 17.20 Pz	18.25
16.20 Pz	**U** Dortmund 19.13 / **19.22 Cz**	**20.20**
19.40 Pz	**U** Düsseldorf 20.43 / **21.02 Sz**	**21.50**

nach Oppeln

6.45 Pz	**U** Dortmund 8.48 / **9.04 Cz**	
	U Berlin **21.20** / **22.15 Sz**	**7.45***

* Ankunftszeit geschätzt

nach Osnabrück

6.45 Pz	**U** Dortmund 8.48 / **9.04 Cz**	
	U Bielefeld **11.13*** / 11.30 ✉	18.00
12.45 Pz	**U** Dortmund 14.49 / 15.05 Pz	
	U Minden 19.45 / 1.00 ✉	8.00
19.25 Pz	**U** Dortmund 21.38 / **23.16 Sz**	
	U Minden **3.05** / 9.00 ✉	16.00

* Ankunftszeit geschätzt

nach Passau

6.48 Pz	**U** Düsseldorf 7.50 / 8.05 Pz	
	U Deutz > Cöln 9.15 / 10.00 ⛴	
	U Coblenz 17.00 / 20.00 ✉	
	U Wiesbaden 5.00 / 5.45 Pz	
	U Frankfurt a.M. 7.30 / **8.30 Ez**	
	U Bamberg **14.45** / **15.30 Ez**	
	U Nürnberg **17.00** / 17.30 ✉	
	U Regensburg 5.30 / 11.00 ✉	22.30[3]

nach Posen

6.45 Pz	**U** Dortmund 8.48 / **9.04 Cz**	
	U Berlin **21.20** / **22.40 Sz**	
	U Kreutz **4.43** / 5.03 Pz	7.47

nach Regensburg

6.48 Pz	**U** Düsseldorf 7.50 / 8.05 Pz	
	U Deutz > Cöln 9.15 / 10.00 ⛴	
	U Coblenz 17.00 / 20.00 ✉	
	U Wiesbaden 5.00 / 5.45 Pz	
	U Frankfurt a.M. 7.30 / **8.30 Ez**	
	U Bamberg **14.45** / **15.30 Ez**	
	U Nürnberg **17.00** / 17.30 ✉	5.30[3]
10.00 Pz	**U** Düsseldorf 11.04 / 11.30 Pz	
	U Deutz (b. Cöln) 12.45 / 13.15 ✉	
	U Frankft. a.M. 12-13.00 / 17.15 Pz	
	U Bamberg 1.05 / 3.15 Pz	
	U Nürnberg 5.15 / 6.00 ✉	18.00[3]

nach Rostock

6.45 Pz	**U** Dortmund 8.48 / **9.04 Cz**	
	U Lehrte **14.25*** / 14.35 Pz	
	U Harburg 18.20 / 19.00 ⛴	
	U Hamburg 20.15 / **22.30 Cz**	
	U Hagenow **0.40*** ↩ / 7.30 Pz	11.05
12.45 Pz	**U** Dortmund 14.49 / 15.05 Pz	
	U Magdeburg 4.50 / 7.45 Pz	
	U Wittenberge 10.15 / 10.55 Pz	
	U Hagenow 12.40* / 12.50 Pz	16.40
19.25 Pz	**U** Dortmund 21.38 / **23.16 Sz**	
	U Magdeburg **10.00** / 10.45 GmP	
	U Wittenberge 14.10 / 15.10 GmP	
	U Hagenow 17.00 / 17.30	20.10

nach Saarbrücken

13.30 Pz	**U** Düsseldorf 14.33 / **15.04 Sz**	
	U Deutz > Cöln **16.00** / 20.15 ⛴	
	U Mainz 11.00 / **11.20 Sz**	**16.58**
15.40 Pz	**U** Düsseldorf 17.10 / 19.00 Pz	
	U Deutz > Cöln 20.10 / 22.00 ⛴	
	U Mainz 14.00 / 15.00 Pz	22.05
19.40 Pz	**U** Düsseldorf 20.43 / **21.10 Cz**	
	U Deutz > Cöln **22.00** ↩ / 6.00 ⛴	
	U Mainz 19.30 ↩ / 4.30 Pz	10.36[3]

nach Schwerin

6.45 Pz	**U** Dortmund 8.48 / **9.04 Cz**	
	U Lehrte **14.25*** / 14.35 Pz	
	U Harburg 18.20 / 19.00 ⛴	
	U Hamburg 20.15 / **22.30 Cz**	
	U Hagenow **0.40*** ↩ / 7.30 Pz	8.12
12.45 Pz	**U** Dortmund 14.49 / 15.05 Pz	
	U Magdeburg 4.50 / 7.45 Pz	
	U Wittenberge 10.15 / 10.55 Pz	
	U Hagenow 12.40* / 12.50 Pz	13.35
19.25 Pz	**U** Dortmund 21.38 / **23.16 Sz**	
	U Magdeburg **10.00** / 10.45 GmP	
	U Wittenberge 14.10 / 15.10 GmP	
	U Hagenow 17.00 / 17.30 Pz	18.15

nach Stettin

6.45 Pz	**U** Dortmund 8.48 / **9.04 Cz**	
	U Berlin **21.20** / **22.40 Sz**	**1.47**
12.45 Pz	**U** Dortmund 14.49 / 15.05 Pz	
	U Berlin 9.30 / 12.15 Pz	15.52
19.25 Pz	**U** Dortmund 21.38 / **23.16 Sz**	
	U Berlin **13.10** / 17.30 Pz	21.10

Fortsetzung siehe nächste Spalte

nach Stralsund

6.45 Pz	**U** Dortmund 8.48 / **9.04 Cz**	
	U Berlin **21.20** / **22.40 Sz**	
	U Passow 0.50* / 1.15 ✉	18.00
19.25 Pz	**U** Dortmund 21.38 / **23.16 Sz**	
	U Berlin **13.10** / 17.30 Pz	
	U Passow 20.00* / 20.20 ✉	11.20[3]

* Ankunftszeit geschätzt

nach Stuttgart

13.30 Pz	**U** Düsseldorf 14.33 / **15.04 Sz**	
	U Deutz > Cöln **16.00** / 20.15 ⛴	
	U Mainz 11.00 / **11.20 Sz**	
	U Ludwigshafen **13.00** / #	
	U Mannheim # / 15.10 Pz	
	U Bruchsal 17.01* / 17.20 Pz	20.15
19.40 Pz	**U** Düsseldorf 20.43 / **21.10 Cz**	
	U Deutz > Cöln **22.00** ↩ / 6.00 ⛴	
	U Mainz 19.30 / 20.00 Pz	
	U Ludwigshafen 21.59 ↩ / #	
	U Mannheim # / **6.40 Sz**	
	U Bruchsal **7.59*** / 8.15 Pz	11.05[3]

* Ankunftszeit geschätzt

nach Trier

13.30 Pz	**U** Düsseldorf 14.33 / **15.04 Sz**	
	U Deutz > Cöln **16.00** / 19.00 ✉	17.30
15.40 Pz	**U** Düsseldorf 17.10 / 19.00 Pz	
	U Deutz > Cöln 20.10 / 22.00 ⛴	
	U Coblenz 5.45 / 6.45 ✉	21.00
19.40 Pz	**U** Düsseldorf 20.43 / **21.10 Cz**	
	U Deutz > Cöln **22.00** ↩ / 5.00 ✉	2.15[3]

nach Ulm

13.30 Pz	**U** Düsseldorf 14.33 / **15.04 Sz**	
	U Deutz > Cöln **16.00** / 20.15 ⛴	
	U Mainz 11.00 / **11.20 Sz**	
	U Ludwigshafen **13.00** / #	
	U Mannheim # / 15.10 Pz	
	U Bruchsal 17.01* / 17.20 Pz	
	U Stuttgart 20.15 ↩ / 7.05 Pz	10.50[3]
19.40 Pz	**U** Düsseldorf 20.43 / **21.10 Cz**	
	U Deutz > Cöln **22.00** ↩ / 6.00 ⛴	
	U Mainz 19.30 / 20.00 Pz	
	U Ludwigshafen 21.59 ↩ / #	
	U Mannheim # / **6.40 Sz**	
	U Bruchsal **7.59*** / 8.15 Pz	15.05[3]

* Ankunftszeit geschätzt

nach Wiesbaden

6.48 Pz	**U** Düsseldorf 7.50 / 8.05 Pz	
	U Deutz > Cöln 9.15 / 10.00 ⛴	
	U Coblenz 17.00 / 20.00 ✉	5.00
13.30 Pz	**U** Düsseldorf 14.33 / 17.00 ⛴	
	U Coblenz 5.45 / 7.15 ✉	16.15

noch: ab **Elberfeld**

nach **Würzburg**

6.48 Pz **U** Düsseldorf 7.50 / 8.05 Pz
U Deutz > Cöln 9.15 / 10.00
U Coblenz 17.00 / 20.00
U Wiesbaden 5.00 / 5.45 Pz
U Frankfurt a.M. 7.30 / **8.30 Ez** **12.00**

10.00 Pz **U** Düsseldorf 11.04 / 11.30 Pz
U Deutz (b. Cöln) 12.45 / 13.15
U Frankfurt a.M. 12.00-13.00 / 17.15 Pz 21.40

15.40 Pz **U** Düsseldorf 17.10 / 19.00 Pz
U Deutz > Cöln 20.10 / 22.00
U Frankfurt a.M. 17.30/ 20.55 GmP 9.50[3]

nach **Zwickau**

6.48 Pz **U** Düsseldorf 7.50 / 8.05 Pz
U Deutz > Cöln 9.15 / 10.00
U Coblenz 17.00 / 20.00
U Wiesbaden 5.00 / 5.45 Pz
U Frankfurt a.M. 7.30 / **8.30 Ez**
U Bamberg **14.45** / **15.05 Ez**
U Werdau **20.55*** / 21.17 Pz 21.40*

* Ankunftszeit geschätzt

Erfurt

Erfurt wird von der Thüringischen Eisenbahn durchquert, die – von Halle/Saale her über Weimar kommend – weiter bis Gerstungen reicht. Durchgehende Züge wechseln hier auf die Kurfürst-Friedrich-Wilhelms-Eisenbahn Richtung Cassel über, die wiederum in Guntershausen auf die Main-Weser-Bahn nach Frankfurt am Main trifft.

von Erfurt

nach **Aachen**

1.25 Sz **U** Guntershausen **5.05** / 5.10 Pz
U Cassel 5.30 / 5.55 Pz
U Hamm 11.46 / **12.01 Sz**
U Deutz > Cöln **16.00** / 18.00 Pz 20.00

nach **Augsburg**

1.25 Sz **U** Frankfurt a.M. **9.55** / **10.30 Sz**
U Heidelberg **12.35** / **12.55 Sz**
U Bruchsal **13.28*** / **13.48 Ez**
U Ulm **18.25** / **18.45 Ez** **21.15**

* Ankunftszeit geschätzt

nach **Basel***

1.25 Sz **U** Frankfurt a.M. **9.55** / **10.30 Sz**
U Heidelberg **12.35** / **12.55 Sz** **19.15**

11.30 Pz **U** Frankfurt a.M. 22.30 / **5.00 Cz**
U Heidelberg **7.05** / **7.20 Sz** **14.56**

* Ankunft Basel Badischer Bf

nach **Berlin**

2.55 Sz *über Halle* **10.30**

12.55 Pz *über Halle* 21.30

nach **Bonn**

1.25 Sz **U** Guntershausen **5.05** / 5.10 Pz
U Cassel 5.30 / 5.55 Pz
U Hamm 11.46 / **12.01 Sz**
U Deutz > Cöln **16.00** / 17.45 Pz 18.35

nach **Braunschweig**

2.55 Sz **U** Halle **5.40** / 7.45 Pz
U Magdeburg 9.50 / **10.40 Cz** **12.50**

5.30 Pz **U** Halle 9.35 / 12.45 Pz
U Magdeburg 15.35 / 16.15 Pz 19.15

16.55 Pz **U** Halle 20.05 / 22.45 Pz
U Magdeburg 1.15 / **1.50 Sz** **4.30**

nach **Bremen**

2.55 Sz **U** Halle **5.40** / 7.45 Pz
U Magdeburg 9.50 / **10.40 Cz**
U Wunstorf **15.03*** / 16.40 Pz 19.25

16.55 Pz **U** Halle 20.05 / 22.45 Pz
U Magdeburg 1.15 / **1.50 Sz**
U Wunstorf **7.15*** / 7.30 Pz 10.15

* Ankunftszeit geschätzt

nach **Breslau**

12.55 Pz **U** Berlin 21.30 / **22.15 Sz** **5.45**

16.55 Pz **U** Halle 20.05 / 20.30 Pz
U Leipzig 21.15 / **22.00 Sz**
U Dresden **0.30** / 9.45 Pz
U Görlitz 12.50 / 13.30 Pz
U Kohlfurt 14.10 / 14.15 Pz 18.30

nach **Carlsruhe**

1.25 Sz **U** Frankfurt a.M. **9.55** / **10.30 Sz**
U Heidelberg **12.35** / **12.55 Sz** **14.10**

11.30 Pz **U** Frankfurt a.M. 22.30 / **5.00 Cz**
U Heidelberg **7.05** / **7.20 Sz** **8.27**

nach **Cassel**

1.25 Sz **U** Guntershausen **5.05** / 5.10 Pz 5.30

11.30 Pz **U** Guntershausen 16.30/16.40 Pz 17.00

16.55 Pz 22.00

nach **Chemnitz**

2.55 Sz **U** Halle **5.40** / 6.15 Pz
U Leipzig 7.30 / 10.00 Pz
U Riesa 11.25* / 12.15 Pz 15.30

Fortsetzung siehe nächste Spalte

5.30 Pz **U** Halle 9.35 / 10.45 Pz
U Leipzig 12.15 / 14.30 Pz
U Riesa 16.00* / 16.45 Pz 19.30

12.55 Pz **U** Halle 16.05 / 16.15 Pz
U Leipzig 17.15 / 17.30 Pz
U Riesa 19.25* / 20.00 Pz 22.30

16.55 Pz **U** Halle 20.05 / 20.30 Pz
U Leipzig 21.15 / **22.00 Sz**
U Riesa **23.15*** / 5.15 Pz 8.15

nach **Coblenz**

1.25 Sz **U** Giessen **8.14*** / 8.30 22.30

11.30 Pz **U** Giessen 20.28* / 21.30 11.30

* Ankunftszeit geschätzt

nach **Cöln***

1.25 Sz **U** Guntershausen **5.05** / 5.10 Pz
U Cassel 5.30 / 5.55 Pz
U Hamm 11.46 / **12.01 Sz** **16.00**

* Ankunft in Deutz

nach **Constanz**

1.25 Sz **U** Frankfurt a.M. **9.55** / **10.30 Sz**
U Heidelberg **12.35** / **12.55 Sz**
U Freiburg i.B. **17.36** / 18.15
U Schaffhausen 5.15 / 12.30 17.00

11.30 Pz **U** Frankfurt a.M. 22.30 / **5.00 Cz**
U Heidelberg **7.05** / **7.20 Sz**
U Offenburg **10.22** / 10.45 6.15[3]

nach **Danzig**

12.55 Pz **U** Berlin 21.30 / **22.40 Sz** **11.35**

nach **Darmstadt***

1.25 Sz **U** Frankfurt a.M. **9.55** / **10.30 Sz** **11.08**

11.30 Pz **U** Frankfurt a.M. 22.30 / **5.00 Cz** **5.38**

* Ankunftszeiten in Darmstadt sind sämmtlich geschätzt.

nach **Dortmund**

1.25 Sz **U** Guntershausen **5.05** / 5.10 Pz
U Cassel 5.30 / 5.55 Pz
U Hamm 11.46 / **12.01 Sz** **12.45***

* Ankunftszeit geschätzt

nach **Dresden**

2.55 Sz **U** Halle **5.40** / 6.15 Pz
U Leipzig 7.30 / 10.00 Pz 13.15

5.30 Pz **U** Halle 9.35 / 10.45 Pz
U Leipzig 12.15 / 14.30 Pz 17.30

12.55 Pz **U** Halle 16.05 / 16.15 Pz
U Leipzig 17.15 / 17.30 Pz 21.00

16.55 Pz **U** Halle 20.05 / 20.30 Pz
U Leipzig 21.15 / **22.00 Sz** **0.30**

nach **Düsseldorf**

1.25 Sz **U** Guntershausen 5.05 / 5.10 Pz
U Cassel 5.30 / 5.55 Pz
U Hamm 11.46 / **12.01 Sz** **14.57**

nach **Elberfeld**

1.25 Sz **U** Guntershausen **5.05** / 5.10 Pz
U Cassel 5.30 / 5.55 Pz
U Hamm 11.46 / **12.01 Sz**
U Dortmund **12.40*** / 13.15 Pz — 15.28

* Ankunftszeit geschätzt

nach **Essen**

1.25 Sz **U** Guntershausen **5.05** / 5.10 Pz
U Cassel 5.30 / 5.55 Pz
U Hamm 11.46 / **12.01 Sz** — **13.38***

* Ankunft in Alten-Essen, Ankunftszeit geschätzt; ein Fahrplan der Post-Course von Alten-Essen nach Essen Stadt liegt nicht vor.

nach **Frankfurt a.M.**

1.25 Sz *über Bebra–Giessen* — **9.55**
11.30 Pz *über Bebra–Giessen* — 22.30

nach **Freiburg i.B.**

1.25 Sz **U** Frankfurt a.M. **9.55** / **10.30 Sz**
U Heidelberg **12.35** / **12.55 Sz** — **17.36**
11.30 Pz **U** Frankfurt a.M. 22.30 ↪ / **5.00 Cz**
U Heidelberg **7.05** / **7.20 Sz** — **12.35**

nach **Gera**

12.55 Pz **U** Weimar 13.30* / 16.00 ✉ — 24.00*
12.55 Pz **U** Halle 16.05 / 16.15 Pz
U Leipzig 17.15 / 18.30 Pz
U Altenburg 19.40* / 20.30 ✉ — 0.30
16.55 Pz **U** Weissenfels 19.10* / 0.45 ✉ — 7.30

* Ankunftszeit geschätzt

nach **Görlitz**

2.55 Sz **U** Halle **5.40** / 6.15 Pz
U Leipzig 7.30 / 10.00 Pz
U Dresden 13.15 / 14.30 Pz — 18.15
5.30 Pz **U** Halle 9.35 / 10.45 Pz
U Leipzig 12.15 / 14.30 Pz
U Dresden 17.30 / 18.15 Pz — 21.40
16.55 Pz **U** Halle 20.05 / 20.30 Pz
U Leipzig 21.15 / **22.00 Sz**
U Dresden **0.30** ↪ / 5.30 Pz — 9.00

nach **Hagen**

1.25 Sz **U** Guntershausen **5.05** / 5.10 Pz
U Cassel 5.30 / 5.55 Pz
U Hamm 11.46 / **12.01 Sz**
U Dortmund **12.40*** / 13.15 Pz — 14.22*

* Ankunftszeit geschätzt

nach **Halle**

2.55 Sz — **5.40**
5.30 Pz — 9.35
12.55 Pz — 16.05
14.00 ✉ — 5.00
16.55 Pz — 20.05

nach **Hamburg**

2.55 Sz **U** Halle **5.40** / 7.45 Pz
U Magdeburg 9.50 / 10.45 GmP
U Wittenberge 14.10 / 15.10 GmP — 20.00
5.30 Pz **U** Halle 9.35 / 12.45 Pz
U Magdeburg 15.30 / 17.30 GmP
U Wittenberge 21.00 / **1.45 Cz** — **5.16**
16.55 Pz **U** Halle 20.05 / 22.45 Pz
U Magdeburg 1.15 / 7.45 Pz
U Wittenberge 10.15 / 10.55 Pz — 15.30

nach **Hamm**

1.25 Sz **U** Guntershausen **5.05** / 5.10 Pz
U Cassel 5.30 / 5.55 Pz — 11.46

nach **Hannover**

1.25 Sz **U** Guntershausen **5.05** / 5.10 Pz
U Cassel 5.30 / 12.30 Pz
U Göttingen 17.45 / 18.00 Pz — 21.30
2.55 Sz **U** Halle **5.40** / 7.45 Pz
U Magdeburg 9.50 / **10.40 Cz** — **14.20**
5.30 Pz **U** Halle 9.35 / 12.45 Pz
U Magdeburg 15.35 / 16.15 Pz — 21.25
16.55 Pz **U** Halle 20.05 / 22.45 Pz
U Magdeburg 1.15 / **1.50 Sz** — **6.20**
16.55 Pz **U** Cassel 22.00 / 23.15 ✉
U Göttingen 4.40 / 5.15 Pz — 8.45

nach **Heidelberg**

1.25 Sz **U** Frankfurt a.M. **9.55** / **10.30 Sz** — **12.35**
11.30 Pz **U** Frankfurt a.M. 22.30 ↪ / **5.00 Cz** — **7.05**

nach **Kiel**

5.30 Pz **U** Halle 9.35 / 12.45 Pz
U Magdeburg 15.30 / 17.30 GmP
U Wittenberge 21.00 / **1.45 Cz**
U Hamburg **5.16** / Altona 8.10 Pz — 11.00
16.55 Pz **U** Halle 20.05 / 22.45 Pz
U Magdeburg 1.15 / 7.45 Pz
U Wittenberge 10.15 / 10.55 Pz
U Hamburg 15.30 / Altona 17.10 Pz — 20.00

nach **Königsberg i.Pr.**

12.55 Pz **U** Berlin 21.30 / **22.40 Sz**
U Dirschau **10.45** / 11.37 ✉
U Marienburg 16.07 / **16.37 Sz** — **21.02**

nach **Leipzig**

2.55 Sz **U** Halle **5.40** / 6.15 Pz — 7.30
5.30 Pz **U** Halle 9.35 / 10.45 Pz — 12.15
12.55 Pz **U** Halle 16.05 / 16.15 Pz — 17.15
16.55 Pz **U** Halle 20.05 / 20.30 Pz — 21.15

nach **Lindau**

1.25 Sz **U** Frankfurt a.M. **9.55** / **10.30 Sz**
U Heidelberg **12.35** / **12.55 Sz**
U Bruchsal **13.28*** / **13.48 Ez**
U Ulm **18.25** / **18.45 Ez**
U Augsburg **21.15** / 21.30 GmP — 6.30
1.25 Sz **U** Frankfurt a.M. **9.55** / **10.30 Sz**
U Heidelberg **12.35** / **12.55 Sz**
U Bruchsal **13.28*** / **13.48 Ez**
U Friedrichshafen **22.15** ↪ / 6.00 ⛴ — k.A.

* Ankunftszeit geschätzt

nach **Ludwigshafen**

> Mannheim

nach **Lübeck**

2.55 Sz **U** Halle **5.40** / 7.45 Pz
U Magdeburg 9.50 / 10.45 GmP
U Wittenberge 14.10 / 15.10 GmP
U Büchen 18.35* / 19.00 Pz — 20.11
5.30 Pz **U** Halle 9.35 / 12.45 Pz
U Magdeburg 15.30 / 17.30 GmP
U Wittenberge 21.00 ↪ / 5.15 Pz
U Büchen 8.45* / 9.00 Pz — 10.45
16.55 Pz **U** Halle 20.05 / 22.45 Pz
U Magdeburg 1.15 / 7.45 Pz
U Wittenberge 10.15 / 10.55 Pz
U Büchen 13.55* / 14.00 Pz — 15.11

* Ankunftszeit geschätzt

nach **Magdeburg**

2.55 Sz **U** Halle **5.40** / 7.45 Pz — 9.50
5.30 Pz **U** Halle 9.35 / 12.45 Pz — 15.35
12.55 Pz **U** Halle 16.05 / 18.15 Pz — 21.00
16.55 Pz **U** Halle 20.05 / 22.45 Pz — 1.15

nach **Mainz**

1.25 Sz **U** Frankfurt a.M. **9.55** / **10.15 Sz**
U Castel **11.00** / # ✉ — k.A.**
11.30 Pz **U** Frankfurt a.M. 22.30 ↪ / 5.45 Pz
U Castel 7.05* / # ✉ — k.A.**

* Ankunftszeit geschätzt
** Ein Fahrplan der Post-Course von Castel auf der rechten Rheinseite über die Schiffsbrücke nach Mainz liegt nicht vor.

nach **Mannheim**

1.25 Sz **U** Frankfurt a.M. **9.55** / **10.30 Sz** — **12.38**
11.30 Pz **U** Frankfurt a.M. 22.30 ↪ / **5.00 Cz** — **7.06**

nach **München**

1.25 Sz **U** Frankfurt a.M. **9.55** / 17.15 Pz
U Bamberg 1.05 / 3.15 Pz — 13.15
11.30 Pz **U** Frankft. a.M. 22.30 ↪ / **8.30 Ez**
U Bamberg **14.45** / **15.30 Ez** — **23.00**

nach **Münster**

1.25 Sz	**U** Guntershausen **5.05** / 5.10 Pz	
	U Cassel 5.30 / 5.55 Pz	
	U Hamm 11.46 / 12.10 Pz	13.00

nach **Nürnberg**

1.25 Sz	**U** Frankfurt a.M. **9.55** / 17.15 Pz	
	U Bamberg 1.05 / 3.15 Pz	5.15
11.30 Pz	**U** Frankft. a.M. 22.30 ↵/ **8.30 Ez**	
	U Bamberg **14.45 / 15.30 Ez**	**17.00**

nach **Oberhausen**

1.25 Sz	**U** Guntershausen **5.05** / 5.10 Pz	
	U Cassel 5.30 / 5.55 Pz	
	U Hamm 11.46 / **12.01 Sz**	**14.00**

nach **Oppeln***

12.55 Pz	**U** Berlin 21.30 / **22.15 Sz**	**7.45**
16.55 Pz	**U** Halle 20.05 / 20.30 Pz	
	U Leipzig 21.15 / **22.00 Sz**	
	U Dresden **0.30** ↵ / 9.45 Pz	
	U Görlitz 12.50 / 13.30 Pz	
	U Kohlfurt 14.10 / 14.15 Pz	21.27

* Ankunftszeiten in Oppeln sind sämmtlich geschätzt.

nach **Osnabrück**

1.25 Sz	**U** Guntershausen **5.05** / 5.10 Pz	
	U Cassel 5.30 / 5.55 Pz	
	U Hamm 11.46 / 16.03 Pz	
	U Minden 19.45 / 1.00 ✉	8.00

nach **Passau**

11.30 Pz	**U** Frankfurt a.M. 22.30 ↵/ **8.30 Ez**	
	U Bamberg **14.45 / 15.30 Ez**	
	U Nürnberg **17.00** / 17.30 ✉	
	U Regensburg 5.30 / 11.00 ✉	22.30[3]
12.55 Pz	**U** Berlin 21.30 / **22.40 Sz**	
	U Kreutz **4.43** / 5.03 Pz	7.47

nach **Regensburg**

1.25 Sz	**U** Frankfurt a.M. **9.55** / 17.15 Pz	
	U Bamberg 1.05 / 3.15 Pz	
	U Nürnberg 5.15 / 6.00 ✉	18.00
11.30 Pz	**U** Frankft. a.M. 22.30 ↵/ **8.30 Ez**	
	U Bamberg **14.45 / 15.30 Ez**	
	U Nürnberg **17.00** / 17.30 ✉	5.30

nach **Rostock**

2.55 Sz	**U** Halle **5.40** / 7.45 Pz	
	U Magdeburg 9.50 / 10.45 GmP	
	U Wittenberge 14.10 / 15.10 GmP	
	U Hagenow 17.00* / 17.30 Pz	22.10
5.30 Pz	**U** Halle 9.35 / 12.45 Pz	
	U Magdeburg 15.30 / 17.30 GmP	
	U Wittenberge 21.00 ↵ / 5.15 Pz	
	U Hagenow 7.10* / 7.30 Pz	11.05
16.55 Pz	**U** Halle 20.05 / 22.45 Pz	
	U Magdeburg 1.15 ↵ / 7.45 Pz	
	U Wittenberge 10.15 / 10.55 Pz	
	U Hagenow 12.40* / 12.50 Pz	16.40

Fortsetzung siehe nächste Spalte

* Ankunftszeit geschätzt

nach **Saarbrücken**

1.25 Sz	**U** Frankfurt a.M. **9.55 / 10.30 Sz**	
	U Mannheim **12.38** / #	
	U Ludwigshafen # / 17.30 Pz	22.05
11.30 Pz	**U** Frankfurt a.M. 22.30 ↵/ **5.00 Cz**	
	U Mannheim **7.06** / #	
	U Ludwigshafen # / **13.10 Sz**	**16.58**

nach **Schwerin**

2.55 Sz	**U** Halle **5.40** / 7.45 Pz	
	U Magdeburg 9.50 / 10.45 GmP	
	U Wittenberge 14.10 / 15.10 GmP	
	U Hagenow 17.00* / 17.30 Pz	18.15
5.30 Pz	**U** Halle 9.35 / 12.45 Pz	
	U Magdeburg 15.30 / 17.30 GmP	
	U Wittenberge 21.00 ↵ / 5.15 Pz	
	U Hagenow 7.10* / 7.30 Pz	8.12
16.55 Pz	**U** Halle 20.05 / 22.45 Pz	
	U Magdeburg 1.15 ↵ / 7.45 Pz	
	U Wittenberge 10.15 / 10.55 Pz	
	U Hagenow 12.40* / 12.50 Pz	13.35

* Ankunftszeit geschätzt

nach **Stettin**

2.55 Sz	**U** Berlin **10.30** / 12.15 Pz	15.52
12.55 Pz	**U** Berlin 21.30 / **22.40 Sz**	**1.47**

nach **Stralsund**

2.55 Sz	**U** Berlin **10.30** / 17.30 Pz	
	U Passow 20.00* / 20.20 ✉	11.20
12.55 Pz	**U** Berlin 21.30 / **22.40 Sz**	
	U Passow 0.50* / 1.15 ✉	18.00

nach **Stuttgart**

1.25 Sz	**U** Frankfurt a.M. **9.55 / 10.30 Sz**	
	U Heidelberg **12.35 / 12.55 Sz**	
	U Bruchsal **13.28* / 13.48 Ez**	**15.46**
11.30 Pz	**U** Frankf. a.M. 22.30 ↵ / **5.00 Cz**	
	U Heidelberg **7.05 / 7.20 Sz**	
	U Bruchsal **7.59*** / 8.15 Pz	11.05

* Ankunftszeit geschätzt

nach **Trier**

1.25 Sz	**U** Guntershausen **5.05** / 5.10 Pz	
	U Cassel 5.30 / 5.55 Pz	
	U Hamm 11.46 / **12.01 Sz**	
	U Deutz > Cöln **16.00** / 19.00 ✉	17.30
11.30 Pz	**U** Giessen 20.28* / 21.30 ✉	11.30
	U Coblenz 11.30 / 15.30 ✉	6.30[3]

nach **Ulm**

1.25 Sz	**U** Frankfurt a.M. **9.55 / 10.30 Sz**	
	U Heidelberg **12.35 / 12.55 Sz**	
	U Bruchsal **13.28* / 13.48 Ez**	**18.25**
11.30 Pz	**U** Frankf. a.M. 22.30 ↵ / **5.00 Cz**	
	U Heidelberg **7.05 / 7.20 Sz**	
	U Bruchsal **7.59*** / 8.15 Pz	15.05

* Ankunftszeit geschätzt

nach **Wiesbaden**

1.25 Sz	**U** Frankfurt a.M. **9.55** / 11.15 Pz	12.45
11.30 Pz	**U** Frankfurt a.M. 22.30 ↵ / 5.45 Pz	7.30

nach **Würzburg**

1.25 Sz	**U** Frankfurt a.M. **9.55** / 17.15 Pz	21.40
11.30 Pz	**U** Frankft. a.M. 22.30 ↵/ **8.30 Ez**	**12.00**

nach **Zwickau***

5.30 Pz	**U** Halle 9.35 / 10.45 Pz	
	U Leipzig 12.15 / 14.30 Pz	
	U Werdau 16.50* / 17.47 Pz	18.10
12.55 Pz	**U** Halle 16.05 / 16.15 Pz	
	U Leipzig 17.15 / 18.30 Pz	
	U Werdau 20.50* / 21.17 Pz	21.40
16.55 Pz	**U** Halle 20.05 / 20.30 Pz	
	U Leipzig 21.15 ↵ / 6.00 Pz	
	U Werdau 8.40* / 9.15 Pz	9.40
16.55 Pz	**U** Halle 20.05 / 20.30 Pz	
	U Leipzig 21.15 ↵ / **7.15 Ez**	
	U Werdau **9.10*** / 9.15 Pz	9.40

* Ankunftszeiten in Zwickau sind sämmtlich geschätzt.
** Ankunftszeit geschätzt

Essen

Essen Stadt verfügt zur Zeit noch über keinen unmittelbaren Bahn-Anschluß. Post-Course verkehren zu den Bahnhöfen Alten-Essen und Steele. Durch Alten-Essen verläuft die Cöln-Mindener Eisenbahn, von Steele aus geht eine Stichbahn nach Vohwinkel, welches an der Bahnlinie Elberfeld–Düsseldorf liegt.

Ein Hinweis: Anschluß an den morgentlichen Courierzug Richtung Berlin, welcher in Alten-Essen nicht hält, wird erreicht, indem man dem Zug nach Oberhausen entgegenfährt, wozu allerdings eine Umwegkarte erforderlich ist. Entsprechendes gilt für die abentliche Ankunft des Gegenzuges aus Richtung Berlin.

von Essen

nach **Aachen**

5.45 ✉ **U** Alten-Essen 6.05 / 6.20 Pz
U Oberhausen 6.42 / 7.00 Pz 11.20

9.15 ✉ **U** Alten-Essen 9.35 / 9.47 Pz
U Oberhausen 10.10 / 10.30 Pz 16.00

13.10 ✉ **U** Alten-Essen 13.30 / **13.40 Sz**
U Deutz > Cöln **16.00** / 18.00 Pz 20.00

16.45 ✉ **U** Alten-Essen 17.05 / 17.19 Pz
U Deutz > Cöln 20.10 / **23.30 Sz** **1.20**

nach **Augsburg**

5.45 ✉ **U** Alten-Essen 6.05 / 6.20 Pz
U Deutz > Cöln 9.15 / 10.00 ⛴
U Coblenz 17.00 / 20.00 ✉
U Wiesbaden 5.00 / 5.45 Pz
U Frankfurt a.M. 7.30 / **8.30 Ez**
U Bamberg **14.45 / 15.30 Ez** **21.20**

9.15 ✉ **U** Alten-Essen 9.35 / 9.47 Pz
U Deutz (b. Cöln) 12.45 / 13.15 ✉
U Frankft. a.M. 12-13.00 / 17.15 Pz
U Bamberg 1.05 / 3.15Pz 11.05[3]

13.10 ✉ **U** Alten-Essen 13.30 / **13.40 Sz**
U Deutz > Cöln **16.00** / 20.15 ⛴
U Mainz 11.00 / **11.20 Sz**
U Ludwigshafen **13.00** / #
U Mannheim # / 15.10 Pz
U Bruchsal 17.01* / 17.20 Pz
U Stuttgart 20.15 ↝ / 7.05 Pz
U Ulm 10.50 / 11.15 GmP 15.40[3]

* Ankunftszeit geschätzt

nach **Basel***

13.10 ✉ **U** Alten-Essen 13.30 / **13.40 Sz**
U Deutz > Cöln **16.00** / 20.15 ⛴
U Mainz 11.00 / **11.20 Sz**
U Ludwigshafen **13.00** / #
U Mannheim # / 15.10 Pz
U Offenburg 20.47 ↝ / 6.00 Pz 10.55[3]

16.45 ✉ **U** Alten-Essen 17.05 / 17.19 Pz
U Deutz > Cöln 20.10 ↝ / 6.00 ⛴
U Mainz 19.30 / 20.00 Pz
U Ludwigshafen 21.59 ↝ / #
U Mannheim # / **6.40 Sz** **14.56**[3]

* Ankunft Basel Badischer Bf

nach **Berlin**

5.45 ✉ **U** Alten-Essen 6.05 / 6.20 Pz
U Oberhausen* 6.42 / **8.02 Cz** **21.20**

13.10 ✉ **U** Alten-Essen 13.30 / 13.47 Pz 9.30

21.40 ✉ **U** Alten-Essen 22.00 / **22.16 Sz** **13.10**

* Cours über Oberhausen nur mit Umwegkarte zu benutzen.

nach **Bonn**

5.45 ✉ **U** Alten-Essen 6.05 / 6.20 Pz
U Deutz > Cöln 9.15 / 10.00 Pz 10.50

Fortsetzung siehe nächste Spalte

9.15 ✉ **U** Alten-Essen 9.35 / 9.47 Pz
U Deutz > Cöln 12.45 / 14.45 Pz 15.35

13.10 ✉ **U** Alten-Essen 13.30 / **13.40 Sz**
U Deutz > Cöln **16.00** / 17.45 Pz 18.35

16.45 ✉ **U** Alten-Essen 17.05 / 17.19 Pz
U Deutz > Cöln 20.10 / 21.00 Pz 21.50

nach **Braunschweig**

5.45 ✉ **U** Alten-Essen 6.05 / 6.20 Pz
U Oberhausen* 6.42 / **8.02 Cz** **15.22**

13.10 ✉ **U** Alten-Essen 13.30 / 13.47 Pz 0.30

21.40 ✉ **U** Alten-Essen 22.00 / **22.16 Sz** **7.05**

* Cours über Oberhausen nur mit Umwegkarte zu benutzen

nach **Bremen**

5.45 ✉ **U** Alten-Essen 6.05 / 6.20 Pz
U Oberhausen* 6.42 / **8.02 Cz**
U Wunstorf **13.15**** / 13.25 Pz 16.00

21.40 ✉ **U** Alten-Essen 22.00 / **22.16 Sz**
U Wunstorf **4.35**** / 7.30 Pz 10.15

* Cours über Oberhausen nur mit Umwegkarte zu benutzen
** Ankunftszeit geschätzt

nach **Breslau**

5.45 ✉ **U** Alten-Essen 6.05 / 6.20 Pz
U Oberhausen* 6.42 / **8.02 Cz**
U Berlin **21.20** / **22.15 Sz** **5.45**

* Cours über Oberhausen nur mit Umwegkarte zu benutzen.

nach **Carlsruhe**

13.10 ✉ **U** Alten-Essen 13.30 / **13.40 Sz**
U Deutz > Cöln **16.00** / 20.15 ⛴
U Mainz 11.00 / **11.20 Sz**
U Ludwigshafen **13.00** / #
U Mannheim # / 15.10 Pz 17.50

16.45 ✉ **U** Alten-Essen 17.05 / 17.19 Pz
U Deutz > Cöln 20.10 ↝ / 6.00 ⛴
U Mainz 19.30 / 20.00 Pz
U Ludwigshafen 21.59 ↝ / #
U Mannheim # / 5.00 Pz 9.12

16.45 ✉ **U** Alten-Essen 17.05 / 17.19 Pz
U Deutz > Cöln 20.10 ↝ / 6.00 ⛴
U Mainz 19.30 / 20.00 Pz
U Ludwigshafen 21.59 ↝ / #
U Mannheim # / **6.40 Sz** **8.27**

nach **Cassel**

5.45 ✉ **U** Alten-Essen 6.05 / 6.20 Pz
U Oberhausen* 6.42 / **8.02 Cz**
U Hamm **9.36** / 9.50 Pz 15.55

13.10 ✉ **U** Alten-Essen 13.30 / 13.47 Pz
U Hamm 16.00 / 16.18 Pz 22.00

* Cours über Oberhausen nur mit Umwegkarte zu benutzen.

nach **Chemnitz**

5.45 ✉ **U** Alten-Essen 6.05 / 6.20 Pz
U Oberhausen* 6.42 / **8.02 Cz**
U Magdeburg **18.00** / 18.15 Pz
U Leipzig 21.15 / **22.00 Sz**
U Riesa **23.15**** ↝ / 5.15 Pz 8.15

13.10 ✉ **U** Alten-Essen 13.30 / 13.47 Pz
U Magdeburg 4.50 / 5.30 Pz
U Leipzig 9.00 / 10.00 Pz
U Riesa 11.25** / 12.15 Pz 15.30

21.40 ✉ **U** Alten-Essen 22.00 / **22.16 Sz**
U Magdeburg **10.00** / 10.45 Pz
U Leipzig 14.05 / 14.30 Pz
U Riesa 16.00** / 16.45 Pz 19.30

* Cours über Oberhausen nur mit Umwegkarte zu benutzen.
** Ankunftszeit geschätzt

nach **Coblenz**

5.45 ✉ **U** Alten-Essen 6.05 / 6.20 Pz
U Deutz > Cöln 9.15 / 10.00 ⛴ 17.00

9.15 ✉ **U** Alten-Essen 9.35 / 9.47 Pz
U Deutz > Cöln 12.45 / 13.00 ⛴ 20.00

13.10 ✉ **U** Alten-Essen 13.30 / **13.40 Sz**
U Deutz > Cöln **16.00** / 20.15 ⛴ 2.45

16.45 ✉ **U** Alten-Essen 17.05 / 17.19 Pz
U Deutz > Cöln 20.10 / 22.00 ⛴ 5.45

nach **Cöln***

5.45 ✉ **U** Alten-Essen 6.05 / 6.20 Pz 9.15

9.15 ✉ **U** Alten-Essen 9.35 / 9.47 Pz 12.45

13.10 ✉ **U** Alten-Essen 13.30 / **13.40 Sz** **16.00**

16.45 ✉ **U** Alten-Essen 17.05 / 17.19 Pz 20.10

* Ankunft in Deutz

nach **Constanz**

16.45 ✉ **U** Alten-Essen 17.05 / 17.19 Pz
U Deutz > Cöln 20.10 ↝ / 6.00 ⛴
U Mainz 19.30 / 20.00 Pz
U Ludwigshafen 21.59 ↝ / #
U Mannheim # / **6.40 Sz**
U Offenburg **10.22** / 10.45 ✉ 6.15[4]

nach **Danzig**

5.45 ✉ **U** Alten-Essen 6.05 / 6.20 Pz
U Oberhausen* 6.42 / **8.02 Cz**
U Berlin **21.20** / **22.40 Sz** **11.35**

* Cours über Oberhausen nur mit Umwegkarte zu benutzen.

nach **Darmstadt**

5.45 ✉ **U** Alten-Essen 6.05 / 6.20 Pz
U Oberhausen** 6.42 / **8.02 Cz**
U Hamm **9.36** / 9.50 Pz
U Cassel 15.55 / 16.10 Pz
U Guntershausen 16.30/ 16.45 Pz
U Frankfurt a.M. 22.30 ↝ / **5.00 Cz** **5.38***

Fortsetzung siehe nächste Seite

noch: nach **Darmstadt**

13.10 ⊠ **U** Alten-Essen 13.30 / 13.47 Pz
U Hamm 16.00 / 16.18 Pz
U Cassel 22.00 / 4.45 Pz
U Guntershausen 5.05 / **5.15 Sz**
U Frankfurt a.M. **9.55** / **10.30 Sz** **11.08***

16.45 ⊠ **U** Alten-Essen 17.05 / 17.19 Pz
U Deutz > Cöln 20.10 / 22.00 ⛴
U Frankfurt a.M. 17.30 / 20.45 21.30

* Ankunftszeit geschätzt
** Cours über Oberhausen nur mit Umwegkarte zu benutzen.

nach **Dortmund***

5.45 ⊠ **U** Alten-Essen 6.05 / 6.20 Pz
U Oberhausen* 6.42 / **8.02 Cz** **9.02**

10.05 ⊠ **U** Alten-Essen 10.25 / 10.41 Pz 11.52

13.10 ⊠ **U** Alten-Essen 13.30 / 13.47 Pz 15.00

18.25 ⊠ **U** Alten-Essen 18.45 / 19.01 Pz 20.25

21.40 ⊠ **U** Alten-Essen 22.00 / **22.16 Sz** **23.11**

* Ankunftszeiten in Dortmund sind sämmtlich geschätzt
** Cours über Oberhausen nur mit Umwegkarte zu benutzen.

nach **Dresden**

5.45 ⊠ **U** Alten-Essen 6.05 / 6.20 Pz
U Oberhausen* 6.42 / **8.02 Cz**
U Magdeburg **18.00** / 18.15 Pz
U Leipzig 21.15 / **22.00 Sz** **0.30**

13.10 ⊠ **U** Alten-Essen 13.30 / 13.47 Pz
U Magdeburg 4.50 / 5.30 Pz
U Leipzig 9.00 / 10.00 Pz 13.15

21.40 ⊠ **U** Alten-Essen 22.00 / **22.16 Sz**
U Magdeburg **10.00** / 10.45 Pz
U Leipzig 14.05 / 14.30 Pz 17.30

* Cours über Oberhausen nur mit Umwegkarte zu benutzen.

nach **Düsseldorf**

5.45 ⊠ **U** Alten-Essen 6.05 / 6.20 Pz 7.55

7.10 ⊠ **U** Steele 8.10 / 8.15 Pz
U Vohwinkel 10.05 / 10.20 Pz 11.04

9.15 ⊠ **U** Alten-Essen 9.35 / 9.47 Pz 11.22

10.35 ⊠ **U** Steele 11.35 / 11.40 Pz
U Vohwinkel 13.32 / 13.49 Pz 14.33

13.10 ⊠ **U** Alten-Essen 13.30 / **13.40 Sz** **14.57**

14.30 ⊠ *über Werden–Kettwig* 18.45

15.10 ⊠ **U** Steele 16.10 / 16.15 Pz
U Vohwinkel 18.05 / 19.59 Pz 20.43

16.45 ⊠ **U** Alten-Essen 17.05 / 17.19 Pz 18.52

nach **Elberfeld**

7.10 ⊠ **U** Steele 8.10 / 8.15 Pz
U Vohwinkel 10.05 / 10.20 Pz 10.36

10.35 ⊠ **U** Steele 11.35 / 11.40 Pz
U Vohwinkel 13.32 / 13.47 Pz 14.07

15.10 ⊠ **U** Steele 16.10 / 16.15 Pz
U Vohwinkel 18.05 / 18.20 Pz 18.36

nach **Erfurt**

13.10 ⊠ **U** Alten-Essen 13.30 / 13.47 Pz
U Hamm 16.00 / 16.18 Pz
U Cassel 22.00 / 22.15 Pz
U Guntershausen 22.35/**22.45 Sz** **2.50***

* Ankunftszeit geschätzt

nach **Frankfurt a.M.**

5.45 ⊠ **U** Alten-Essen 6.05 / 6.20 Pz
U Oberhausen* 6.42 / **8.02 Cz**
U Hamm **9.36** / 9.50 Pz
U Cassel 15.55 / 16.10 Pz
U Guntershausen 16.30/ 16.45 Pz 22.30

13.10 ⊠ **U** Alten-Essen 13.30 / 13.47 Pz
U Hamm 16.00 / 16.18 Pz
U Cassel 22.00 / 4.45 Pz
U Guntershausen 5.05 / **5.15 Sz** **9.55**

16.45 ⊠ **U** Alten-Essen 17.05 / 17.19 Pz
U Deutz > Cöln 20.10 / 22.00 ⛴ 17.30

* Cours über Oberhausen nur mit Umwegkarte zu benutzen.

nach **Freiburg i.B.**

13.10 ⊠ **U** Alten-Essen 13.30 / **13.40 Sz**
U Deutz > Cöln **16.00** / 20.15 ⛴
U Mainz 11.00 / **11.20 Sz**
U Ludwigshafen **13.00** / #
U Mannheim # / 15.10 Pz
U Offenburg 20.47 ↩ / 6.00 Pz 8.16³

16.45 ⊠ **U** Alten-Essen 17.05 / 17.19 Pz
U Deutz > Cöln 20.10 ↩ / 6.00 ⛴
U Mainz 19.30 / 20.00 Pz
U Ludwigshafen 21.59 ↩ / #
U Mannheim # / **6.40 Sz** **12.35³**

nach **Gera**

5.45 ⊠ **U** Alten-Essen 6.05 / 6.20 Pz
U Oberhausen** 6.42 / **8.02 Cz**
U Magdeburg **18.00** / 18.15 Pz
U Leipzig 21.15 ↩ / 6.00 Pz
U Altenburg 7.10* / 9.00 ⊠ 13.00

5.45 ⊠ **U** Alten-Essen 6.05 / 6.20 Pz
U Oberhausen* 6.42 / **8.02 Cz**
U Magdeburg **18.00** / 18.15 Pz
U Leipzig 21.15 ↩ / **7.15 Ez**
U Altenburg **8.08*** / 9.00 ⊠ 13.00

21.40 ⊠ **U** Alten-Essen 22.00 / **22.16 Sz**
U Magdeburg **10.00** / 10.45 Pz
U Leipzig 14.05 / 18.30 Pz
U Altenburg 19.40* / 20.30 ⊠ 0.30

* Ankunftszeit geschätzt
** Cours über Oberhausen nur mit Umwegkarte zu benutzen.

nach **Görlitz**

5.45 ⊠ **U** Alten-Essen 6.05 / 6.20 Pz
U Oberhausen* 6.42 / **8.02 Cz**
U Berlin **21.20** / **22.15 Sz**
U Kohlfurt **2.40*** / 3.15 Pz 4.00

Fortsetzung siehe nächste Spalte

5.45 ⊠ **U** Alten-Essen 6.05 / 6.20 Pz
U Oberhausen* 6.42 / **8.02 Cz**
U Magdeburg **18.00** / 18.15 Pz
U Leipzig 21.15 / **22.00 Sz**
U Dresden **0.30** / 5.30 Pz 9.00

13.10 ⊠ **U** Alten-Essen 13.30 / 13.47 Pz
U Magdeburg 4.50 / 5.30 Pz
U Leipzig 9.00 / 10.00 Pz
U Dresden 13.15 / 14.30 Pz 18.15

21.40 ⊠ **U** Alten-Essen 22.00 / **22.16 Sz**
U Magdeburg **10.00** / 10.45 Pz
U Leipzig 14.05 / 14.30 Pz
U Dresden 17.30 / 18.15 Pz 21.40

* Ankunftszeit geschätzt

nach **Hagen**

10.05 ⊠ **U** Alten-Essen 10.25 / 10.41 Pz
U Dortmund 11.52* / 13.15 Pz 14.22

13.10 ⊠ **U** Alten-Essen 13.30 / 13.47 Pz
U Dortmund 15.00* / 16.10 Pz 17.27

16.30 ⊠ **U** Witten 19.50* / 19.55 Pz 20.28

21.40 ⊠ **U** Alten-Essen 22.00 / **22.16 Sz**
U Dortmund **23.11*** ↩ / 7.15 Pz 8.24

* Ankunftszeit geschätzt

nach **Halle**

5.45 ⊠ **U** Alten-Essen 6.05 / 6.20 Pz
U Oberhausen* 6.42 / **8.02 Cz**
U Magdeburg **18.00** / 18.15 Pz 20.25

13.10 ⊠ **U** Alten-Essen 13.30 / 13.47 Pz
U Magdeburg 4.50 / 5.30 Pz 8.00

21.40 ⊠ **U** Alten-Essen 22.00 / **22.16 Sz**
U Magdeburg **10.00** / 10.45 Pz 13.10

* Cours über Oberhausen nur mit Umwegkarte zu benutzen.

nach **Hamburg**

5.45 ⊠ **U** Alten-Essen 6.05 / 6.20 Pz
U Oberhausen* 6.42 / **8.02 Cz**
U Lehrte **14.25**** / 14.35 Pz
U Harburg 18.20 / 19.00 ⛴ 20.15

21.40 ⊠ **U** Alten-Essen 22.00 / **22.16 Sz**
U Lehrte **6.00**** / 6.05 Pz
U Harburg 10.05 / 10.30 ⛴ 11.45

* Cours über Oberhausen nur mit Umwegkarte zu benutzen.
** Ankunftszeit geschätzt

nach **Hamm**

5.45 ⊠ **U** Alten-Essen 6.05 / 6.20 Pz
U Oberhausen* 6.42 / **8.02 Cz** **9.36**

10.05 ⊠ **U** Alten-Essen 10.25 / 10.41 Pz 12.55

13.10 ⊠ **U** Alten-Essen 13.30 / 13.47 Pz 16.00

18.25 ⊠ **U** Alten-Essen 18.45 / 19.01 Pz 21.15

21.40 ⊠ **U** Alten-Essen 22.00 / **22.16 Sz** **24.00**

* Cours über Oberhausen nur mit Umwegkarte zu benutzen.

nach **Hannover**

5.45 ⊠ **U** Alten-Essen 6.05 / 6.20 Pz
U Oberhausen* 6.42 / **8.02 Cz** **13.45**

Fortsetzung siehe nächste Seite

noch: nach **Hannover**

13.10 ✉ **U** Alten-Essen 13.30 / 13.47 Pz 22.10
21.40 ✉ **U** Alten-Essen 22.00 / **22.16 Sz** **5.10**

* Cours über Oberhausen nur mit Umwegkarte zu benutzen.

nach **Heidelberg**

13.10 ✉ **U** Alten-Essen 13.30 / **13.40 Sz**
U Deutz > Cöln **16.00** / 20.15 🚢
U Mainz 11.00 / **11.20 Sz**
U Ludwigshafen **13.00** / #
U Mannheim # / 15.10 Pz 15.46

16.45 ✉ **U** Alten-Essen 17.05 / 17.19 Pz
U Deutz > Cöln 20.10 / 22.00 🚢
U Mainz 14.00 / 15.00 Pz
U Ludwigshafen 17.00 / #
U Mannheim # / 19.45 Pz 20.21

nach **Kiel**

5.45 ✉ **U** Alten-Essen 6.05 / 6.20 Pz
U Oberhausen* 6.42 / **8.02 Cz**
U Lehrte **14.25**** / 14.35 Pz
U Hamburg > Altona 20.15 ↬ / 8.10 Pz 11.00

21.40 ✉ **U** Alten-Essen 22.00 / **22.16 Sz**
U Lehrte **6.00**** / 6.05 Pz
U Hamburg > Altona 11.45 / 13.00 GmP 16.30

* Cours über Oberhausen nur mit Umwegkarte zu benutzen.
** Ankunftszeit geschätzt

nach **Königsberg i.Pr.**

5.45 ✉ **U** Alten-Essen 6.05 / 6.20 Pz
U Oberhausen* 6.42 / **8.02 Cz**
U Berlin **21.20** / **22.40 Sz**
U Dirschau **10.45** / 11.37 ✉
U Marienburg 16.07 / **16.37 Sz** **21.02**

* Cours über Oberhausen nur mit Umwegkarte zu benutzen.

nach **Leipzig**

5.45 ✉ **U** Alten-Essen 6.05 / 6.20 Pz
U Oberhausen* 6.42 / **8.02 Cz**
U Magdeburg **18.00** / 18.15 Pz 21.15

13.10 ✉ **U** Alten-Essen 13.30 / 13.47 Pz
U Magdeburg 4.50 / 5.30 Pz 9.00

21.40 ✉ **U** Alten-Essen 22.00 / **22.16 Sz**
U Magdeburg **10.00** / 10.45 Pz 14.05

* Cours über Oberhausen nur mit Umwegkarte zu benutzen.

nach **Lindau**

5.45 ✉ **U** Alten-Essen 6.05 / 6.20 Pz
U Deutz > Cöln 9.15 / 10.00 🚢
U Coblenz 17.00 / 20.00 ✉
U Wiesbaden 5.00 / 5.45 Pz
U Frankfurt a.M. 7.30 / **8.30 Ez**
U Bamberg **14.45** / **15.30 Ez**
U Augsburg **21.20** / 21.30 GmP 6.30[3]

Fortsetzung siehe nächste Spalte

13.10 ✉ **U** Alten-Essen 13.30 / **13.40 Sz**
U Deutz > Cöln **16.00** / 20.15 🚢
U Mainz 11.00 / **11.20 Sz**
U Ludwigshafen **13.00** / #
U Mannheim # / 15.10 Pz
U Bruchsal 17.01* / 17.20 Pz
U Stuttgart 20.15 ↬ / 7.05 Pz
U Friedrichshafen 15.20 / 15.30 🚢 k.A.[3]

* Ankunftszeit geschätzt

nach **Ludwigshafen**

13.10 ✉ **U** Alten-Essen 13.30 / **13.40 Sz**
U Deutz > Cöln **16.00** / 20.15 🚢
U Mainz 11.00 / **11.20 Sz** 13.00

16.45 ✉ **U** Alten-Essen 17.05 / 17.19 Pz
U Deutz > Cöln 20.10 / 22.00 🚢
U Mainz 14.00 / 15.00 Pz 17.00

weitere Verbindungen > **Mannheim**

nach **Lübeck**

5.45 ✉ **U** Alten-Essen 6.05 / 6.20 Pz
U Oberhausen* 6.42 / **8.02 Cz**
U Lehrte **14.25**** / 14.35 Pz
U Harburg 18.20 / 19.00 🚢
U Hamburg 20.15 / 23.00 ✉ 5.00

21.40 ✉ **U** Alten-Essen 22.00 / **22.16 Sz**
U Lehrte **6.00**** / 6.05 Pz
U Harburg 10.05 / 10.30 🚢
U Hamburg 11.45 / 17.00 Pz
U Büchen 18.45* / 19.00 Pz 20.11

* Cours über Oberhausen nur mit Umwegkarte zu benutzen.
** Ankunftszeit geschätzt

nach **Magdeburg**

5.45 ✉ **U** Alten-Essen 6.05 / 6.20 Pz
U Oberhausen* 6.42 / **8.02 Cz** **18.00**

13.10 ✉ **U** Alten-Essen 13.30 / 13.47 Pz 4.50
21.40 ✉ **U** Alten-Essen 22.00 / **22.16 Sz** **10.00**

* Cours über Oberhausen nur mit Umwegkarte zu benutzen.

nach **Mainz**

13.10 ✉ **U** Alten-Essen 13.30 / **13.40 Sz**
U Deutz > Cöln **16.00** / 20.15 🚢 11.00

16.45 ✉ **U** Alten-Essen 17.05 / 17.19 Pz
U Deutz > Cöln 20.10 / 22.00 🚢 14.00

nach **Mannheim**

13.10 ✉ **U** Alten-Essen 13.30 / **13.40 Sz**
U Düsseldorf **14.57** / 17.00 🚢 19.30

weitere Verbindungen > **Ludwigshafen**

nach **München**

5.45 ✉ **U** Alten-Essen 6.05 / 6.20 Pz
U Deutz > Cöln 9.15 / 10.00 🚢
U Coblenz 17.00 / 20.00 ✉
U Wiesbaden 5.00 / 5.45 Pz
U Frankfurt a.M. 7.30 / **8.30 Ez**
U Bamberg **14.45** / **15.30 Ez** **23.00**

Fortsetzung siehe nächste Spalte

9.15 ✉ **U** Alten-Essen 9.35 / 9.47 Pz
U Deutz (b. Cöln) 12.45 / 13.15 ✉
U Frankft. a.M. 12-13.00 / 17.15 Pz
U Bamberg 1.05 / 3.15 Pz 13.15[3]

13.10 ✉ **U** Alten-Essen 13.30 / **13.40 Sz**
U Deutz > Cöln **16.00** / 20.15 🚢
U Mainz 11.00 / **11.20 Sz**
U Ludwigshafen **13.00** / #
U Mannheim # / 15.10 Pz
U Bruchsal 17.01* / 17.20 Pz
U Stuttgart 20.15 ↬ / 7.05 Pz
U Ulm 10.50 / 11.15 GmP 20.30[3]

* Ankunftszeit geschätzt

nach **Münster**

5.45 ✉ **U** Alten-Essen 6.05 / 6.20 Pz
U Oberhausen* 6.42 / **8.02 Cz**
U Hamm **9.36** / 12.10 Pz 13.00

10.05 ✉ **U** Alten-Essen 10.25 / 10.41 Pz
U Hamm 12.55 / 13.15 GmP 14.45

13.10 ✉ **U** Alten-Essen 13.30 / 13.47 Pz
U Hamm 16.00 / 19.00 Pz 20.00

21.40 ✉ **U** Alten-Essen 22.00 / **22.16 Sz**
U Hamm **24.00** ↬ / 7.30 Pz 8.30

* Cours über Oberhausen nur mit Umwegkarte zu benutzen.

nach **Nürnberg**

5.45 ✉ **U** Alten-Essen 6.05 / 6.20 Pz
U Deutz > Cöln 9.15 / 10.00 🚢
U Coblenz 17.00 / 20.00 ✉
U Wiesbaden 5.00 / 5.45 Pz
U Frankfurt a.M. 7.30 / **8.30 Ez**
U Bamberg **14.45** / **15.30 Ez** **17.00**

9.15 ✉ **U** Alten-Essen 9.35 / 9.47 Pz
U Deutz (b. Cöln) 12.45 / 13.15 ✉
U Frankft. a.M. 12-13.00 / 17.15 Pz
U Bamberg 1.05 / 3.15 Pz 5.15[3]

nach **Oberhausen**

5.45 ✉ **U** Alten-Essen 6.05 / 6.20 Pz 6.42
7.45 ✉ **U** Mülheim a.d.R. 9.00 / 9.15 ✉ 10.00
9.15 ✉ **U** Alten-Essen 9.35 / 9.47 Pz 10.10
13.10 ✉ **U** Alten-Essen 13.30 / **13.40 Sz** **14.00**
16.45 ✉ **U** Alten-Essen 17.05 / 17.19 Pz 17.45

nach **Oppeln**

5.45 ✉ **U** Alten-Essen 6.05 / 6.20 Pz
U Oberhausen* 6.42 / **8.02 Cz**
U Berlin **21.20** / **22.15 Sz** **7.45****

* Cours über Oberhausen nur mit Umwegkarte zu benutzen.
** Ankunftszeit geschätzt

nach **Osnabrück**

5.45 ✉ **U** *Alten-Essen 6.05 / 6.20 Pz*
U Oberhausen* 6.42 / **8.02 Cz**
U Bielefeld **11.13**** / 11.30 ✉ 18.00

13.10 ✉ **U** Alten-Essen 13.30 / 13.47 Pz
U Minden 19.45 / 1.00 ✉ 8.00

Fortsetzung siehe nächste Seite

noch: nach **Osnabrück**
21.40 ⊠ **U** Alten-Essen 22.00 / **22.16 Sz**
U Minden **3.05** / 9.00 ⊠ 16.00
* Cours über Oberhausen nur mit Umwegkarte zu benutzen.
** Ankunftszeit geschätzt

nach **Passau**
5.45 ⊠ **U** Alten-Essen 6.05 / 6.20 Pz
U Deutz > Cöln 9.15 / 10.00 ⛴
U Coblenz 17.00 / 20.00 ⊠
U Wiesbaden 5.00 / 5.45 Pz
U Frankfurt a.M. 7.30 / **8.30 Ez**
U Bamberg **14.45** / **15.30 Ez**
U Nürnberg **17.00** / 17.30 ⊠
U Regensburg 5.30 / 11.00 ⊠ 22.30[3]

nach **Posen**
5.45 ⊠ **U** Alten-Essen 6.05 / 6.20 Pz
U Oberhausen* 6.42 / **8.02 Cz**
U Berlin **21.20** / **22.40 Sz**
U Kreutz **4.43** / 5.03 Pz 7.47
* Cours über Oberhausen nur mit Umwegkarte zu benutzen.

nach **Regensburg**
5.45 ⊠ **U** Alten-Essen 6.05 / 6.20 Pz
U Deutz > Cöln 9.15 / 10.00 ⛴
U Coblenz 17.00 / 20.00 ⊠
U Wiesbaden 5.00 / 5.45 Pz
U Frankfurt a.M. 7.30 / **8.30 Ez**
U Bamberg **14.45** / **15.30 Ez**
U Nürnberg **17.00** / 17.30 ⊠ 5.30[3]
9.15 ⊠ **U** Alten-Essen 9.35 / 9.47 Pz
U Deutz (b. Cöln) 12.45 / 13.15 ⊠
U Frankft. a.M. 12-13.00/17.15 Pz
U Bamberg 1.05 / 3.15 Pz
U Nürnberg 5.15 / 6.00 ⊠ 18.00[3]

nach **Rostock**
5.45 ⊠ **U** Alten-Essen 6.05 / 6.20 Pz
U Oberhausen* 6.42 / **8.02 Cz**
U Lehrte **14.25**** / 14.35 Pz
U Harburg 18.20 / 19.00 ⛴
U Hamburg 20.15 / **22.30 Cz**
U Hagenow **0.40*** ↪ / 7.30 Pz 11.05
13.10 ⊠ **U** Alten-Essen 13.30 / 13.47 Pz
U Magdeburg 4.50 / 7.45 Pz
U Wittenberge 10.15 / 10.55 Pz
U Hagenow 12.40** / 12.50 Pz 16.40
21.40 ⊠ **U** Alten-Essen 22.00 / **22.16 Sz**
U Magdeburg **10.00** / 10.45 GmP
U Wittenberge 14.10 / 15.10 GmP
U Hagenow 17.00 / 17.30 20.10
* Cours über Oberhausen nur mit Umwegkarte zu benutzen.
** Ankunftszeit geschätzt

nach **Saarbrücken**
13.10 ⊠ **U** Alten-Essen 13.30 / **13.40 Sz**
U Deutz > Cöln **16.00** / 20.15 ⛴
U Mainz 11.00 / **11.20 Sz** **16.58**
16.45 ⊠ **U** Alten-Essen 17.05 / 17.19 Pz
U Deutz > Cöln 20.10 / 22.00 ⛴
U Mainz 14.00 / 15.00 Pz 22.05

nach **Schwerin**
5.45 ⊠ **U** Alten-Essen 6.05 / 6.20 Pz
U Oberhausen* 6.42 / **8.02 Cz**
U Lehrte **14.25*** / 14.35 Pz
U Harburg 18.20 / 19.00 ⛴
U Hamburg 20.15 / **22.30 Cz**
U Hagenow **0.40*** ↪ / 7.30 Pz 8.12
13.10 ⊠ **U** Alten-Essen 13.30 / 13.47 Pz
U Magdeburg 4.50 / 7.45 Pz
U Wittenberge 10.15 / 10.55 Pz
U Hagenow 12.40* / 12.50 Pz 13.35
21.40 ⊠ **U** Alten-Essen 22.00 / **22.16 Sz**
U Magdeburg **10.00** / 10.45 GmP
U Wittenberge 14.10 / 15.10 GmP
U Hagenow 17.00 / 17.30 18.15
* Cours über Oberhausen nur mit Umwegkarte zu benutzen.
** Ankunftszeit geschätzt

nach **Stettin**
5.45 ⊠ **U** Alten-Essen 6.05 / 6.20 Pz
U Oberhausen* 6.42 / **8.02 Cz**
U Berlin **21.20** / **22.40 Sz** **1.47**
13.10 ⊠ **U** Alten-Essen 13.30 / 13.47 Pz
U Berlin 9.30 / 12.15 Pz 15.52
21.40 ⊠ **U** Alten-Essen 22.00 / **22.16 Sz**
U Berlin **13.10** / 17.30 Pz 21.10
* Cours über Oberhausen nur mit Umwegkarte zu benutzen.

nach **Stralsund**
5.45 ⊠ **U** Alten-Essen 6.05 / 6.20 Pz
U Oberhausen* 6.42 / **8.02 Cz**
U Berlin **21.20** / **22.40 Sz**
U Passow 0.50** / 1.15 ⊠ 18.00
21.40 ⊠ **U** Alten-Essen 22.00 / **22.16 Sz**
U Berlin **13.10** / 17.30 Pz
U Passow 20.00** / 20.20 ⊠ 11.20[3]
* Cours über Oberhausen nur mit Umwegkarte zu benutzen.
** Ankunftszeit geschätzt

nach **Stuttgart**
13.10 ⊠ **U** Alten-Essen 13.30 / **13.40 Sz**
U Deutz > Cöln **16.00** / 20.15 ⛴
U Mainz 11.00 / **11.20 Sz**
U Ludwigshafen **13.00** / #
U Mannheim # / 15.10 Pz
U Bruchsal 17.01* / 17.20 Pz 20.15.
Fortsetzung siehe nächste Spalte
16.45 ⊠ **U** Alten-Essen 17.05 / 17.19 Pz
U Deutz > Cöln 20.10 / 22.00 ⛴
U Mainz 14.00 / 20.00 Pz
U Ludwigshafen 21.59 ↪ / #
U Mannheim # / **6.40 Sz**
U Bruchsal **7.59*** / 8.15 Pz 11.05[3]
* Ankunftszeit geschätzt

nach **Trier**
13.10 ⊠ **U** Alten-Essen 13.30 / **13.40 Sz**
U Deutz > Cöln **16.00** / 19.00 ⊠ 17.30
16.45 ⊠ **U** Alten-Essen 17.05 / 17.19 Pz
U Deutz > Cöln 20.10 / 22.00 ⛴
U Coblenz 5.45 / 6.45 ⊠ 21.00

nach **Ulm**
13.10 ⊠ **U** Alten-Essen 13.30 / **13.40 Sz**
U Deutz > Cöln **16.00** / 20.15 ⛴
U Mainz 11.00 / **11.20 Sz**
U Ludwigshafen **13.00** / #
U Mannheim # / 15.10 Pz
U Bruchsal 17.01* / 17.20 Pz
U Stuttgart 20.15 ↪ / 7.05 Pz 10.50[3]
16.45 ⊠ **U** Alten-Essen 17.05 / 17.19 Pz
U Deutz > Cöln 20.10 / 22.00 ⛴
U Mainz 14.00 / 20.00 Pz
U Ludwigshafen 21.59 ↪ / #
U Mannheim # / **6.40 Sz**
U Bruchsal **7.59*** / 8.15 Pz 15.05[3]
* Ankunftszeit geschätzt

nach **Wiesbaden**
5.45 ⊠ **U** Alten-Essen 6.05 / 6.20 Pz
U Deutz > Cöln 9.15 / 10.00 ⛴
U Coblenz 17.00 / 20.00 ⊠ 5.00
16.45 ⊠ **U** Alten-Essen 17.05 / 17.19 Pz
U Deutz > Cöln 20.10 / 22.00 ⛴
U Coblenz 5.45 / 7.15 ⊠ 16.15

nach **Würzburg**
5.45 ⊠ **U** Alten-Essen 6.05 / 6.20 Pz
U Deutz > Cöln 9.15 / 10.00 ⛴
U Coblenz 17.00 / 20.00 ⊠
U Wiesbaden 5.00 / 5.45 Pz
U Frankfurt a.M. 7.30 / **8.30 Ez** **12.00**
9.15 ⊠ **U** Alten-Essen 9.35 / 9.47 Pz
U Deutz (b. Cöln) 12.45 / 13.15 ⊠
U Frankfurt a.M. 12.00-13.00 / 17.15 Pz 21.40
16.45 ⊠ **U** Alten-Essen 17.05 / 17.19 Pz
U Deutz > Cöln 20.10 / 22.00 ⛴
U Frankfurt a.M. 17.30/ 20.55 GmP 9.50[3]

noch: ab **Essen**

nach **Zwickau**

5.45 ⊠	**U** Alten-Essen 6.05 / 6.20 Pz	
	U Deutz > Cöln 9.15 / 10.00 ⛴	
	U Coblenz 17.00 / 20.00 ⊠	
	U Wiesbaden 5.00 / 5.45 Pz	
	U Frankfurt a.M. 7.30 / **8.30 Ez**	
	U Bamberg **14.45 / 15.05 Ez**	
	U Werdau **20.55*** / 21.17 Pz	21.40*

* Ankunftszeit geschätzt

Frankfurt a.M.

Frankfurt am Main ist gegenwärtig Ausgangspunkt von den folgenden vier Fernbahnen mit jeweils eigenem Sackbahnhof:

- die Taunus-Eisenbahn nach Wiesbaden,
- die Main-Neckar-Bahn nach Heidelberg mit Abzweigung in Friedrichsfeld nach Mannheim mit Anschluß an die Badischen Staatseisenbahnen Richtung Basel,
- die Frankfurt-Hanau-Eisenbahn nach Aschaffenburg, wo die Ludwigs-Westbahn nach Würzburg–Bamberg beginnt,
- die Main-Weser-Eisenbahn Richtung Cassel mit Anschluß in Guntershausen an die Kurfürst-Friedrich-Wilhelms-Eisenbahn bis Bebra–Gerstungen, woselbst sie in die Thüringische Eisenbahn nach Erfurt–Halle (Saale) übergeht.

Lokalverkehre bestehen außerdem achtmal am Tag nach Offenbach.

Ein Hinweis: Verbindungen von Frankfurt a.M. in das nördliche Ruhrgebiet werden im folgenden ausschließlich über Cassel angezeigt, da deren Reisezeiten zum Teil beträchtlich kürzer sind als auf der Route über die Rheinstrecke und Cöln. Wer dennoch letzteren Reiseweg aus landschaftlichen Gründen und wegen der Möglichkeit einer beschaulichen Schiffsfahrt auf dem Rhein bevorzugen möchte, kann die entsprechenden Fahrpläne unter Mainz nachschlagen.

von Frankfurt a.M.

nach **Aachen**

8.30 ⛴	**U** Mainz 11.00 / 11.00 ⛴	
	U Cöln 20.15 / **23.30 Sz**	**1.20**
18.00 Pz	**U** Wiesbaden 19.30 / 20.15 ⊠	
	U Coblenz 5.30 / 6.00 ⛴	
	U Cöln 10.30 / 11.45 Pz	13.45

nach **Augsburg**

8.30 Ez	**U** Bamberg **14.45 / 15.30 Ez**	**21.20**
10.30 Sz	**U** Heidelberg **12.35 / 12.55 Sz**	
	U Bruchsal **13.28* / 13.48 Ez**	
	U Ulm **18.25 / 18.45 Ez**	**21.15**
17.15 Pz	**U** Bamberg 1.05 / 3.15 Pz	11.05

nach **Basel***

5.00 Cz	**U** Heidelberg **7.05 / 7.20 Sz**	**14.56**
6.30 Pz	**U** Heidelberg 9.20 / 9.50 Pz	20.15
10.30 Sz	**U** Heidelberg **12.35 / 12.55 Sz**	**19.15**
12.05 Pz	**U** Heidelberg 15.25 / 16.00 Pz	
	U Offenburg 20.47 ↩ / 6.00 Pz	10.55

* Ankunft Basel Badischer Bf

nach **Berlin**

17.00 Sz	*über Giessen–Bebra–Halle*	**10.30**
18.30 Pz	**U** Marburg 21.50 ↩ / 4.55 Pz	21.30

nach **Bonn**

5.45 Pz	**U** Castel 7.05* / # ⊠	
	U Mainz # / 9.00 ⛴	16.15
8.30 ⛴	**U** Mainz 11.00 / 11.00 ⛴	18.15
11.35 Pz	**U** Castel 12.20* / # ⊠	
	U Mainz #/ 14.30 ⛴	21.00
13.00 ⊠	**U** Siegburg 9.00* / 10.00 ⊠	11.30
18.00 ⊠	**U** Coblenz 5.30 / 6.00 ⛴	8.45
20.35 Pz	**U** Castel 21.40* / # ⊠	
	U Mainz # ↩ / 6.00 ⛴	12.45

nach **Braunschweig**

5.45 Pz	**U** Guntershausen 11.45 / 11.50 Pz	
	U Cassel 12.10 / 12.30 ⊠	
	U Göttingen 17.45 / 18.00 Pz	
	U Hannover 21.30 / 22.30 Pz	0.30
17.00 Sz	**U** Guntershausen **21.50** / 21.55 Pz	
	U Cassel 22.15 / 23.15 ⊠	
	U Göttingen 4.40 / 5.15 Pz	
	U Hannover 8.45 / 10.00 Pz	12.15
17.00 Sz	**U** Halle **5.40** / 7.45 Pz	
	U Magdeburg 9.50 / **10.40 Cz**	**12.50**

nach **Bremen**

5.45 Pz	**U** Guntershausen 11.45 / 11.50 Pz	
	U Cassel 12.10 / 12.30 ⊠	
	U Göttingen 17.45 / 18.00 Pz	
	U Hannover 21.30 ↩ / **6.45 Sz**	
	U Wunstorf **7.15*** / 7.30 Pz	10.15
17.00 Sz	**U** Guntershausen **21.50** / 21.55 Pz	
	U Cassel 22.15 / 23.15 ⊠	
	U Göttingen 4.40 / 5.15 Pz	
	U Hannover 8.45 / 12.45 Pz	16.00

* Ankunftszeit geschätzt

Breslau

5.45	**U** Halle 20.05 / 20.30 Pz	
	U Leipzig 21.15 ↩ / 6.00 Pz	
	U Dresden 9.15 / 9.45 Pz	
	U Görlitz 12.50 / 13.30 Pz	
	U Kohlfurt 14.10 / 14.15 Pz	18.30
17.00 Sz	**U** Halle **5.40** / 6.15 Pz	
	U Leipzig 7.30 / 14.30 Pz	
	U Dresden 17.30 / 18.15 Pz	
	U Görlitz 21.40 / 23.00 Pz	
	U Kohlfurt 23.45 / **2.45 Sz**	**5.45**[3]
17.00 Sz	**U** Berlin **10.30 / 22.15 Sz**	**5.45**[3]

nach **Carlsruhe**

5.00 Cz	**U** Heidelberg **7.05 / 7.20 Sz**	**8.27**
6.30 Pz	**U** Heidelberg 9.20 / 9.50 Pz	11.44
10.30 Sz	**U** Heidelberg **12.35 / 12.55 Sz**	**14.10**
12.05 Pz	**U** Heidelberg 15.25 / 16.00 Pz	17.50
17.35 Pz	**U** Heidelberg 20.20 / 20.35 Pz	22.25

nach **Cassel**

5.45 Pz	**U** Guntershausen 11.45/11.50 Pz	12.10
10.35 Pz	**U** Guntershausen 18.50/19.00 Pz	19.20
17.00 Sz	**U** Guntershausen **21.50**/21.55 Pz	22.15
18.30 Pz	**U** Marburg 21.50 ↩ / 4.55 Pz	
	U Guntershausen 7.55 / 8.05 Pz	8.25

nach **Chemnitz**

5.45 Pz	**U** Halle 20.05 / 20.30 Pz	
	U Leipzig 21.15 / **22.00 Sz**	
	U Riesa **23.15*** ↩ / 5.15 Pz	8.15
17.00 Sz	**U** Halle **5.40** / 6.15 Pz	
	U Leipzig 7.30 / 10.00 Pz	
	U Riesa 11.25* / 12.15 Pz	15.30
18.30 Pz	**U** Marburg 21.50 ↩ / 4.55 Pz	
	U Halle 16.05 / 16.15 Pz	
	U Leipzig 17.15 / 17.30 Pz	
	U Riesa 19.25* / 20.00 Pz	22.30

* Ankunftszeit geschätzt

nach **Coblenz**

5.45 Pz	**U** Castel 7.05* / # ⊠	
	U Mainz #/ 9.00 ⛴	13.00
6.00 ⊠	*über Wiesbaden*	16.00
8.30 ⛴	**U** Mainz 11.00 / 11.00 ⛴	15.15
11.35 Pz	**U** Castel 12.20* / # ⊠	
	U Mainz #/ 14.30 ⛴	18.00
18.00 ⊠	*über Wiesbaden*	4.00
18.00 ⊠	*über Mainz*	5.30
18.30 Pz	**U** Giessen 21.02 / 21.30 ⊠	11.30
20.35 Pz	**U** Castel 21.40* / # ⊠	
	U Mainz # ↩ / 6.00 ⛴	9.45

* Ankunftszeit geschätzt

nach **Cöln**

5.45 Pz	**U** Castel 7.05* / # ⊠	
	U Mainz #/ 9.00 ⛴	18.15
8.30 ⛴	**U** Mainz 11.00 / 11.00 ⛴	20.15
11.35 Pz	**U** Castel 12.20* / # ⊠	
	U Mainz #/ 14.30 ⛴	23.00
13.00 ⊠	*über Limburg–Altenkirchen*	ca. 13.00
18.00 Pz	**U** Wiesbaden 19.30 / 20.15 ⊠	
	U Coblenz 5.30 / 6.00 ⛴	10.30

Fortsetzung siehe nächste Seite

noch: nach **Cöln**

20.35 Pz **U** Castel 21.40* / # ✉
U Mainz # ↪ / 6.00 ⛴ 14.45

* Ankunftszeit geschätzt

nach **Constanz**

5.00 Cz **U** Heidelberg **7.05 / 7.20 Sz**
U Offenburg **10.22** / 10.45 ✉ 6.15

6.30 Pz **U** Heidelberg 9.20 / 9.50 Pz
U Freiburg i.B. 17.07 / 18.15 ✉
U Schaffhausen 5.15 / 12.30 ✉ 17.00

10.30 Sz **U** Heidelberg **12.35 / 12.55 Sz**
U Bruchsal **13.28* / 13.48 Ez**
U Friedrichshafen **22.15** ↪ /
5.30 ⛴ 7.00

10.30 Sz **U** Heidelberg **12.35 / 12.55 Sz**
U Freiburg i.B. **17.36** / 18.15 ✉
U Schaffhausen 5.15 / 12.30 ✉ 17.00

12.05 Pz **U** Heidelberg 15.25 / 16.00 Pz
U Bruchsal 17.01* / 17.20 Pz
U Esslingen 21.05 ↪ / 7.40 Pz
U Friedrichshafen 15.20 / 16.30 ⛴ k.A.

* Ankunftszeit geschätzt

nach **Danzig**

17.00 Sz **U** Berlin **10.30 / 22.40 Sz** **11.35**[3]

nach **Darmstadt**

5.00 Cz	**5.38***
6.30 Pz	7.19*
8.00 GmP	9.15*
10.30 Sz	**11.08***
12.05 Pz	12.58*
17.35 Pz	18.20*
20.45 Pz	21.30.

* Ankunftszeit geschätzt

nach **Dortmund***

5.45 Pz **U** Guntershausen 11.45 / 11.50 Pz
U Cassel 12.10 / 12.30 Pz
U Hamm 18.26 / **18.45 Cz** **19.20**

17.00 Sz **U** Guntershausen **21.50** / 21.55 Pz
U Cassel 22.15 ↪ / 5.55 Pz
U Hamm 11.46 / **12.01 Sz** **12.45**

18.00 ✉ **U** Coblenz 4.00 / 6.00 ⛴
U Cöln > Deutz 10.30 / 11.00 Pz 15.00

* Ankunftszeiten in Dortmund sind sämmtlich geschätzt

nach **Dresden**

5.45 Pz **U** Halle 20.05 / 20.30 Pz
U Leipzig 21.15 / **22.00 Sz** **0.30**

17.00 Sz **U** Halle **5.40** / 6.15 Pz
U Leipzig 7.30 / 10.00 Pz 13.15

nach **Düsseldorf**

5.45 Pz **U** Castel 7.05* / # ✉
U Mainz #/ 9.00 ⛴
U Cöln > Deutz 18.15 / **20.00 Sz** **20.55**

11.35 Pz **U** Castel 12.20* / # ✉
U Mainz #/ 14.30 ⛴
U Cöln > Deutz 23.00 ↪ / **6.30 Cz** **7.15**

18.00 Pz **U** Wiesbaden 19.30 / 20.15 ✉
U Coblenz 5.30 / 6.00 ⛴
U Cöln > Deutz 10.30 / 11.00 Pz 12.10

20.35 Pz **U** Castel 21.40* / # ✉
U Mainz # ↪ / 6.00 ⛴
U Cöln > Deutz 14.45 / 16.00 Pz 17.10

* Ankunftszeit geschätzt

nach **Elberfeld**

5.45 Pz **U** Castel 7.05* / # ✉
U Mainz #/ 9.00 ⛴
U Cöln > Deutz 18.15 / **20.00 Sz**
U Düsseldorf **20.55** / 21.15 Pz 22.21

11.35 Pz **U** Castel 12.20* / # ✉
U Mainz #/ 14.30 ⛴
U Cöln > Deutz 23.00 ↪ / **6.30 Cz**
U Düsseldorf **7.15** / 7.30 Pz 8.36

18.00 Pz **U** Wiesbaden 19.30 / 20.15 ✉
U Coblenz 5.30 / 6.00 ⛴
U Cöln > Deutz 10.30 / 11.00 Pz
U Düsseldorf 12.10 / 12.30 Pz 14.07

20.35 Pz **U** Castel 21.40* / # ✉
U Mainz # ↪ / 6.00 ⛴
U Cöln > Deutz 14.45 / 16.00 Pz
U Düsseldorf 17.10 / 17.30 Pz 18.36

* Ankunftszeit geschätzt

nach **Erfurt***

5.45 Pz *über Gießen–Bebra* 16.50

17.00 Sz *über Gießen–Bebra* **2.50**

18.30 Pz **U** Marburg 21.50 ↪ / 4.55 Pz 12.50

* Ankunftszeiten in Erfurt sind sämmtlich geschätzt.

nach **Essen***

5.45 Pz **U** Castel 7.05* / # ✉
U Mainz #/ 9.00 ⛴
U Cöln > Deutz 18.15 / **20.00 Sz** **22.15**

5.45 Pz **U** Guntershausen 11.45 / 11.50 Pz
U Cassel 12.10 / 12.30 Pz
U Hamm 18.26 / **18.45 Cz**
U Oberhausen*** **20.20** / 21.56 Pz 22.15

11.35 Pz **U** Castel 12.20* / # ✉
U Mainz #/ 14.30 ⛴
U Cöln > Deutz 23.00 ↪ / 8.00 Pz 10.40

17.00 Sz **U** Guntershausen **21.50** / 21.55 Pz
U Cassel 22.15 ↪ / 5.55 Pz
U Hamm 11.46 / **12.01 Sz** **13.38**

18.00 Pz **U** Wiesbaden 19.30 / 20.15 ✉
U Coblenz 5.30 / 6.00 ⛴
U Cöln > Deutz 10.30 / 11.00 Pz 13.45

Fortsetzung siehe nächste Spalte

20.35 Pz **U** Castel 21.40* / # ✉
U Mainz # ↪ / 6.00 ⛴
U Cöln > Deutz 14.45 / 16.00 Pz 18.55

* Ankunft in Alten-Essen, Ankunftszeit geschätzt; ein Fahrplan der Post-Course von Alten-Essen nach Essen Stadt liegt nicht vor. ** Ankunftszeit geschätzt

*** Cours über Oberhausen nur mit Umwegkarte zu benutzen.

nach **Freiburg i.B.**

5.00 Cz **U** Heidelberg **7.05 / 7.20 Sz** **12.35**

6.30 Pz **U** Heidelberg 9.20 / 9.50 Pz 17.07

10.30 Sz **U** Heidelberg **12.35 / 12.55 Sz** **17.36**

12.05 Pz **U** Heidelberg 15.25 / 16.00 Pz
U Offenburg 20.47 ↪ / 6.00 Pz 8.16

nach **Gera**

5.45 Pz **U** Weissenfels 19.10* / 0.45 ✉ 7.30

18.30 Pz **U** Marburg 21.50 ↪ / 4.55 Pz
U Weimar 13.30* / 16.00 ✉ 24.00*

18.30 Pz **U** Marburg 21.50 ↪ / 4.55 Pz
U Halle 16.05 / 16.15 Pz
U Leipzig 17.15 / 18.30 Pz
U Altenburg 19.40* / 20.30 ✉ 0.30

* Ankunftszeit geschätzt

nach **Görlitz**

5.45 Pz **U** Halle 20.05 / 20.30 Pz
U Leipzig 21.15 / **22.00 Sz**
U Dresden **0.30** ↪ / 5.30 Pz 9.00

17.00 Sz **U** Halle **5.40** / 6.15 Pz
U Leipzig 7.30 / 10.00 Pz
U Dresden 13.15 / 14.30 Pz 18.15

nach **Hagen**

5.45 Pz **U** Guntershausen 11.45 / 11.50 Pz
U Cassel 12.10 / 12.30 Pz
U Hamm 18.26 / **18.45 Cz**
U Dortmund **19.20*** / 19.30 Pz 20.28*

11.35 Pz **U** Castel 12.20* / # ✉
U Mainz #/ 14.30 ⛴
U Cöln > Deutz 23.00 ↪ / **6.30 Cz**
U Düsseldorf **7.15** / 7.30 Pz
U Elberfeld 8.36 / 9.40 Pz 11.17*

17.00 Sz **U** Guntershausen **21.50** / 21.55 Pz
U Cassel 22.15 ↪ / 5.55 Pz
U Hamm 11.46 / **12.01 Sz**
U Dortmund **12.40*** / 13.15 Pz 14.22*

18.00 Pz **U** Wiesbaden 19.30 / 20.15 ✉
U Coblenz 5.30 / 6.00 ⛴
U Cöln > Deutz 10.30 / 11.00 Pz
U Düsseldorf 12.10 / 12.30 Pz
U Elberfeld 14.07 / 16.20 Pz 17.38*

* Ankunftszeit geschätzt

nach **Halle**

5.45 Pz *über Gießen–Bebra–Erfurt* 20.05

17.00 Sz *über Gießen–Bebra–Erfurt* **5.40**

18.30 Pz **U** Marburg 21.50 ↪ / 4.55 Pz 16.05

noch: ab **Frankfurt a.M.**

nach **Hamburg**

5.45 Pz	**U** Guntershausen 11.45 / 11.50 Pz	
	U Cassel 12.10 / 12.30 ✉	
	U Göttingen 17.45 / 18.00 Pz	
	U Hannover 21.30 ↪ / **5.30 Sz**	
	U Lehrte **6.00*** / 6.05 Pz	
	U Harburg 10.05 / 10.30 ⛴	11.45
17.00 Sz	**U** Guntershausen **21.50** / 21.55 Pz	
	U Cassel 22.15 / 23.15 ✉	
	U Göttingen 4.40 / 5.15 Pz	
	U Hannover 8.45 / 10.00 GmP	
	U Lehrte 10.30* / 11.00 Pz	16.10**

* Ankunftszeit geschätzt

** an Harburg ohne unmittelbaren Schiffsanschluß nach Hamburg

nach **Hamm**

5.45 Pz	**U** Guntershausen 11.45 / 11.50 Pz	
	U Cassel 12.10 / 12.30 Pz	18.26
17.00 Sz	**U** Guntershausen **21.50** / 21.55 Pz	
	U Cassel 22.15 ↪ / 5.55 Pz	11.46

nach **Hannover**

5.45 Pz	**U** Guntershausen 11.45 / 11.50 Pz	
	U Cassel 12.10 / 12.30 ✉	
	U Göttingen 17.45 / 18.00 Pz	21.30
17.00 Sz	**U** Guntershausen **21.50** / 21.55 Pz	
	U Cassel 22.15 / 23.15 ✉	
	U Göttingen 4.40 / 5.15 Pz	8.45

nach **Heidelberg**

5.00 Cz	*über Friedrichsfeld*	**7.05**
6.30 Pz	*über Friedrichsfeld*	9.20
10.30 Sz	*über Friedrichsfeld*	**12.35**
12.05 Pz	*über Friedrichsfeld*	15.25
17.35 Pz	*über Friedrichsfeld*	20.20

nach **Kiel**

5.45 Pz	**U** Guntershausen 11.45 / 11.50 Pz	
	U Cassel 12.10 / 12.30 ✉	
	U Göttingen 17.45 / 18.00 Pz	
	U Hannover 21.30 ↪ / **5.30 Sz**	
	U Lehrte **6.00*** / 6.05 Pz	
	U Harburg 10.05 / 10.30 ⛴	
	U Hamburg > Altona 11.45 / 13.00 GmP	16.30

* Ankunftszeit geschätzt

nach **Königsberg i.Pr.**

17.00 Sz	**U** Berlin **10.30** / **22.40 Sz**	
	U Dirschau **10.45** / 11.37 ✉	
	U Marienburg 16.07 / **16.37 Sz**	**21.02**[3]

nach **Leipzig**

5.45 Pz	**U** Halle 20.05 / 20.30 Pz	21.15
17.00 Sz	**U** Halle **5.40** / 6.15 Pz	7.30
18.30 Pz	**U** Marburg 21.50 ↪ / 4.55 Pz	
	U Halle 16.05 / 16.15 Pz	17.15

nach **Lindau**

10.30 Sz	**U** Heidelberg **12.35** / **12.55 Sz**	
	U Bruchsal **13.28*** / **13.48 Ez**	
	U Ulm **18.25** / **18.45 Ez**	
	U Augsburg **21.15** / 21.30 GmP	6.30
10.30 Sz	**U** Heidelberg **12.35** / **12.55 Sz**	
	U Bruchsal **13.28*** / **13.48 Ez**	
	U Friedrichshafen **22.15** ↪ / 6.00 ⛴	k.A.
12.05 Pz	**U** Heidelberg 15.25 / 16.00 Pz	
	U Bruchsal 17.01* / 17.20 Pz	
	U Stuttgart 20.15 ↪ / 7.05 Pz	
	U Friedrichshafen 15.20 / 15.30 ⛴	k.A.

* Ankunftszeit geschätzt

nach **Ludwigshafen**

8.30 ⛴	**U** Mainz 11.00 / **11.20 Sz**	**13.00**
14.45 Pz	**U** Castel 15.50* / # ✉	
	U Mainz # / 18.00	20.35
18.00 Pz	**U** Castel 19.00* / # ✉	
	U Mainz # / 20.00	21.55
20.35 Pz	**U** Castel 21.40* / # ✉	
	U Mainz # ↪ / 4.30	6.04

* Ankunftszeit geschätzt

weitere Verbindungen > **Mannheim**

nach **Lübeck**

5.45 Pz	**U** Halle 20.05 / 22.45 Pz	
	U Magdeburg 1.15 / 7.45 Pz	
	U Wittenberge 10.15 / 10.55 Pz	
	U Büchen 13.55* / 14.00 Pz	15.11
17.00 Sz	**U** Halle **5.40** / 7.45 Pz	
	U Magdeburg 9.50 / 10.45 GmP	
	U Wittenberge 14.10 / 15.10 GmP	
	U Büchen 18.35* / 19.00 Pz	20.11

* Ankunftszeit geschätzt

nach **Magdeburg**

5.45 Pz	**U** Halle 20.05 / 22.45 Pz	1.15
17.00 Sz	**U** Halle **5.40** / 7.45 Pz	9.50

nach **Mainz**

5.45 Pz	**U** Castel 7.05* / # ✉	k.A.**
8.05 Pz	**U** Castel 9.10* / # ✉	k.A.**
8.30 ⛴		11.00.
10.15 Sz	**U** Castel **11.00** / # ✉	k.A.**
11.35 Pz	**U** Castel 12.20* / # ✉	k.A.**
14.30 ⛴		17.00.
14.45 Pz	**U** Castel 15.50* / # ✉	k.A.**
15.00 ⛴		18.00.
18.00 Pz	**U** Castel 19.00* / # ✉	k.A.**
18.00 ✉		k.A.**
20.35 Pz	**U** Castel 21.40* / # ✉	k.A.**

* Ankunftszeit geschätzt

** Ein Fahrplan der Post-Course von Castel auf der rechten Rheinseite über die Schiffsbrücke nach Mainz liegt nicht vor.

nach **Mannheim**

5.00 Cz	*über Darmstadt*	**7.06**
6.30 Pz	*über Darmstadt*	9.23
10.30 Sz	*über Darmstadt*	**12.38**
12.05 Pz	*über Darmstadt*	15.28
17.35 Pz	*über Darmstadt*	20.23

nach **München**

8.30 Ez	**U** Bamberg **14.45** / 15.30 **Ez**	**23.00**
10.30 Sz	**U** Heidelberg **12.35** / **12.55 Sz**	
	U Bruchsal **13.28*** / **13.48 Ez**	
	U Ulm **18.25** / **18.45 Ez**	
	U Augsburg **21.15** / **21.30 Ez**	**23.00**
17.15 Pz	**U** Bamberg 1.05 / 3.15 Pz	13.15

* Ankunftszeit geschätzt

nach **Münster**

5.45 Pz	**U** Guntershausen 11.45 / 11.50 Pz	
	U Cassel 12.10 / 12.30 Pz	
	U Hamm 18.26 / 19.00 Pz	20.00
17.00 Sz	**U** Guntershausen **21.50** / 21.55 Pz	
	U Cassel 22.15 ↪ / 5.55 Pz	
	U Hamm 11.46 / 12.10 Pz	13.00

nach **Nürnberg**

8.30 Ez	**U** Bamberg **14.45** / **15.30 Ez**	**17.00**
17.15 Pz	**U** Bamberg 1.05 / 3.15 Pz	5.15

nach **Oberhausen**

5.45 Pz	**U** Guntershausen 11.45 / 11.50 Pz	
	U Cassel 12.10 / 12.30 Pz	
	U Hamm 18.26 / **18.45 Cz**	**20.20**
5.45 Pz	**U** Castel 7.05* / # ✉	
	U Mainz #/ 9.00 ⛴	
	U Cöln > Deutz 18.15 / **20.00 Sz**	**21.50**
11.35 Pz	**U** Castel 12.20* / # ✉	
	U Mainz #/ 14.30 ⛴	
	U Cöln > Deutz 23.00 ↪ / 8.00 Pz	10.15
17.00 Sz	**U** Guntershausen **21.50** / 21.55 Pz	
	U Cassel 22.15 ↪ / 5.55 Pz	
	U Hamm 11.46 / **12.01 Sz**	**14.00**
18.00 Pz	**U** Wiesbaden 19.30 / 20.15 ✉	
	U Coblenz 5.30 / 6.00 ⛴	
	U Cöln > Deutz 10.30 / 11.00 Pz	13.20
20.35 Pz	**U** Castel 21.40* / # ✉	
	U Mainz # ↪ / 6.00 ⛴	
	U Cöln > Deutz 14.45 / 16.00 Pz	18.25

nach **Oppeln**

5.45 Pz	**U** Halle 20.05 / 20.30 Pz	
	U Leipzig 21.15 ↪ / 6.00 Pz	
	U Dresden 9.15 / 9.45 Pz	
	U Görlitz 12.50 / 13.30 Pz	
	U Kohlfurt 14.10 / 14.15 Pz	21.27
17.00 Sz	**U** Halle **5.40** / 6.15 Pz	
	U Leipzig 7.30 / 14.30 Pz	
	U Dresden 17.30 / 18.15 Pz	
	U Görlitz 21.40 / 23.00 Pz	
	U Kohlfurt 23.45 / **2.45 Sz**	**7.45**[3]

nach **Osnabrück**

5.45 Pz	**U** Guntershausen 11.45 / 11.50 Pz	
	U Cassel 12.10 / 12.30 Pz	
	U Hamm 18.26 / **0.00 Sz**	
	U Minden **3.05** / 9.00 ✉	16.00
17.00 Sz	**U** Guntershausen **21.50** / 21.55 Pz	
	U Cassel 22.15 ↪ / 5.55 Pz	
	U Hamm 11.46 / 16.03 Pz	
	U Minden 19.45 / 1.00 ✉	8.00[3]

nach **Passau**

8.30 Ez	**U** Bamberg **14.45 / 15.30 Ez**	
	U Nürnberg **17.00** / 17.30 ✉	
	U Regensburg 5.30 / 11.00 ✉	22.30

nach **Posen**

17.00 Sz	**U** Berlin **10.30 / 22.40 Sz**	
	U Kreutz **4.43** / 5.03 Pz	7.47[3]

nach **Regensburg**

8.30 Ez	**U** Bamberg **14.45 / 15.30 Ez**	
	U Nürnberg **17.00** / 17.30 ✉	5.30
17.15 Pz	**U** Bamberg 1.05 / 3.15 Pz	
	U Nürnberg 5.15 / 6.00 ✉	18.00

nach **Rostock**

5.45 Pz	**U** Halle 20.05 / 22.45 Pz	
	U Magdeburg 1.15 ↪ / 7.45 Pz	
	U Wittenberge 10.15 / 10.55 Pz	
	U Hagenow 12.40* / 12.50 Pz	16.40
17.00 Sz	**U** Halle **5.40** / 7.45 Pz	
	U Magdeburg 9.50 / 10.45 GmP	
	U Wittenberge 14.10 / 15.10 GmP	
	U Hagenow 17.00* / 17.30 Pz	22.10

* Ankunftszeit geschätzt

nach **Saarbrücken**

6.30 Pz	**U** Mannheim 9.23 / #	
	U Ludwigshafen # / **13.10 Sz**	**16.58**
8.30 ⛴	**U** Mainz 11.00 / **11.20 Sz**	**16.58**
12.05 Pz	**U** Mannheim 15.28 / #	
	U Ludwigshafen # / 17.30	22.05
20.35 Pz	**U** Castel 21.40* / # ✉	
	U Mainz # ↪ / 4.30	10.36

* Ankunftszeit geschätzt

nach **Schwerin**

5.45 Pz	**U** Halle 20.05 / 22.45 Pz	
	U Magdeburg 1.15 ↪ / 7.45 Pz	
	U Wittenberge 10.15 / 10.55 Pz	
	U Hagenow 12.40* / 12.50 Pz	13.35
17.00 Sz	**U** Halle **5.40** / 7.45 Pz	
	U Magdeburg 9.50 / 10.45 GmP	
	U Wittenberge 14.10 / 15.10 GmP	
	U Hagenow 17.00* / 17.30 Pz	18.15

* Ankunftszeit geschätzt

nach **Stettin**

17.00 Sz	**U** Berlin **10.30** / 12.15 Pz	15.52
18.30 Pz	**U** Marburg 21.50 ↪ / 4.55 Pz	
	U Berlin 21.30 / **22.40 Sz**	**1.47[3]**

nach **Stralsund**

17.00 Sz	**U** Berlin **10.30** / 17.30 Pz	
	U Passow 20.00* / 20.20 ✉	11.20[3]
18.30 Pz	**U** Marburg 21.50 ↪ / 4.55 Pz	
	U Berlin 21.30 / **22.40 Sz**	
	U Passow **0.50*** / 1.15 ✉	18.00[3]

* Ankunftszeit geschätzt

nach **Stuttgart**

5.00 Cz	**U** Heidelberg **7.05 / 7.20 Sz**	
	U Bruchsal **7.59*** / 8.15 Pz	11.05
6.30 Pz	**U** Heidelberg 9.20 / 9.50 Pz	
	U Bruchsal 10.51* / 11.10 Pz	14.10
10.30 Sz	**U** Heidelberg **12.35 / 12.55 Sz**	
	U Bruchsal **13.28* / 13.48 Ez**	**15.46**
12.05 Pz	**U** Heidelberg 15.25 / 16.00 Pz	
	U Bruchsal 17.01* / 17.20 Pz	20.15

* Ankunftszeit geschätzt

nach **Trier**

6.30 Pz	**U** Mannheim 9.23 / #	
	U Ludwigshafen # / **13.10 Sz**	
	U Saarbrücken **16.58** / 17.30 ✉	4.00
12.05 Pz	**U** Mannheim 15.28 / #	
	U Ludwigshafen # / 17.30	
	U Saarbrücken 22.05 ↪ / 8.15 ✉	18.45

nach **Ulm**

5.00 Cz	**U** Heidelberg **7.05 / 7.20 Sz**	
	U Bruchsal **7.59*** / 8.15 Pz	15.05
10.30 Sz	**U** Heidelberg **12.35 / 12.55 Sz**	
	U Bruchsal **13.28* / 13.48 Ez**	**18.25**
12.05 Pz	**U** Heidelberg 15.25 / 16.00 Pz	
	U Bruchsal 17.01* / 17.20 Pz	
	U Stuttgart 20.15 ↪ / 7.05 Pz	10.50

* Ankunftszeit geschätzt

nach **Wiesbaden**

5.45 Pz	7.30
6.00 ✉	k.A.
8.05 Pz	9.35
11.15 Pz	12.45
14.45 Pz	16.15
18.00 Pz	19.30
18.00 ✉	k.A.
20.35 Pz	22.05

nach **Würzburg**

8.30 Ez	*über Aschaffenburg*	**12.00**
17.15 Pz	*über Aschaffenburg*	21.40
20.55 GmP	*über Aschaffenburg*	9.50

nach **Zwickau**

8.30 Ez	**U** Bamberg **14.45 / 15.05 Ez**	
	U Werdau 20.55* / 21.17 Pz	21.40*
17.15 Pz	**U** Bamberg 1.05 / 1.35 Pz	
	U Hof 6.30 / 7.00 Pz	
	U Werdau 9.40* / 9.47 Pz	10.10*

* Ankunftszeit geschätzt

Freiburg i.B.

Freiburg in Baden liegt an der sog. „Hauptbahn" der Badischen Staatseisenbahnen, die in Richtung Norden über Carlsruhe–Heidelberg bis Mannheim reicht und in Richtung Süden seit kurzem bis Basel fertiggestellt ist. Der Weiterbau von Basel nach Constanz über Waldshut–Schaffhausen ist in Angriff genommen worden und soll im nächsten Jahr Säckingen erreichen. In Basel endet die Strecke im noch provisorischen Badischen Bahnhof auf Schweizer Terrain.

von **Freiburg i.B.**

nach **Aachen**

8.36 Sz	**U** Mannheim **13.42** / #	
	U Ludwigshafen # / 15.10 Pz	
	U Mainz 17.15 / 20.00 ✉	
	U Coblenz 5.30 / 6.00 ⛴	
	U Cöln 10.30 / 11.45 Pz	13.45
11.50 Pz	**U** Mannheim 18.52 / #	
	U Ludwigshafen # / **22.00 Sz**	
	U Mainz **23.39** ↪ / 6.00 ⛴	
	U Cöln 14.45 / 18.00 Pz	20.00
16.50 Pz	**U** Carlsruhe 22.00 ↪ / 5.15 Pz	
	U Mannheim 7.42 / #	
	U Ludwigshafen # / 12.25 Pz	
	U Mainz 14.06 / 14.30 ⛴	
	U Cöln 23.00 / **23.30 Sz**	**1.20[3]**

nach **Augsburg**

8.36 Sz	**U** Bruchsal **12.25* / 13.48 Ez**	
	U Ulm **18.25 / 18.45 Ez**	**21.15**
11.50 Pz	**U** Bruchsal 17.03*/ 17.20 Pz	
	U Stuttgart 20.15 ↪ / 7.05 Pz	
	U Ulm 10.50 / 11.15 GmP	15.40

* Ankunftszeit geschätzt

nach **Basel***

5.15 Pz	8.40
8.25 Pz	10.55
12.42 Sz	**14.56**

Fortsetzung siehe nächste Seite

noch: nach **Basel**

17.41 Sz		**19.15**
17.50 Pz		20.15

* Ankunft Basel Badischer Bf

nach **Berlin**

8.36 Sz	U Heidelberg **13.05 / 13.20**	
	U Frankfurt a.M. **15.30 / 17.00 Sz**	**10.30**

nach **Bonn**

8.36 Sz	U Mannheim **13.42** / #	
	U Ludwigshafen # / 15.10 Pz	
	U Mainz 17.15 / 20.00 ⊠	
	U Coblenz 5.30 / 6.00 ⛴	8.45
11.50 Pz	U Mannheim 18.52 / #	
	U Ludwigshafen # / **22.00 Sz**	
	U Mainz **23.39** ↩ / 6.00 ⛴	12.45
11.50 Pz	U Mannheim 18.52 ↩ / 4.30 ⛴	16.15
16.50 Pz	U Carlsruhe 22.00 ↩ / 5.15 Pz	
	U Mannheim 7.42 / #	
	U Ludwigshafen # / 12.25 Pz	
	U Mainz 14.06 / 14.30 ⛴	21.00

nach **Braunschweig**

8.36 Sz	U Heidelberg **13.05 / 13.20 Sz**	
	U Frankfurt a.M. **15.30** ↩ / **17.00 Sz**	
	U Guntershausen **21.50** / 21.55 Pz	
	U Cassel 22.15 / 23.15 ⊠	
	U Göttingen 4.40 / 5.15 Pz	
	U Hannover 8.45 / 10.00 Pz	12.15
8.36 Sz	U Heidelberg **13.05 / 13.20 Sz**	
	U Frankfurt a.M. **15.30** ↩ / **17.00 Sz**	
	U Halle **5.40** / 7.45 Pz	
	U Magdeburg 9.50 / **10.40 Cz**	**12.50**
11.50 Pz	U Heidelberg 18.04 / 18.25 Pz	
	U Frankfurt a.M. 21.30 ↩ / 5.45 Pz	
	U Guntershausen 11.45 / 11.50 Pz	
	U Cassel 12.10 / 12.30 ⊠	
	U Göttingen 17.45 / 18.00 Pz	
	U Hannover 21.30 / 22.30 Pz	0.30[3]

nach **Bremen**

8.36 Sz	U Heidelberg **13.05* / 13.20 Sz**	
	U Frankfurt a.M. **15.30 / 17.00 Sz**	
	U Guntershausen **21.50**/ 21.55 Pz	
	U Cassel 22.15 / 23.15 ⊠	
	U Göttingen 4.40 / 5.15 Pz	
	U Hannover 8.45 / 12.45 Pz	16.00
11.50 Pz	U Heidelberg 18.04 / 18.25 Pz	
	U Frankfurt a.M. 21.30 ↩ / 5.45 Pz	
	U Guntershausen 11.45 / 11.50 Pz	
	U Cassel 12.10 / 12.30 ⊠	
	U Göttingen 17.45 / 18.00 Pz	
	U Hannover 21.30 / ↩ **6.45 Sz**	
	U Wunstorf **7.15*** / 7.30 Pz	10.15[3]

nach **Breslau**

8.36 Sz	U Heidelberg **13.05 / 13.20 Sz**	
	U Frankfurt a.M. **15.30 / 17.00 Sz**	
	U Halle **5.40** / 6.15 Pz	
	U Leipzig 7.30 / 14.30 Pz	
	U Dresden 17.30 / 18.15 Pz	
	U Görlitz 21.40 / 23.00 Pz	
	U Kohlfurt 23.45 **/ 2.45 Sz**	**5.45[3]**
11.50 Pz	U Heidelberg 18.04 / 18.25 Pz	
	U Frankfurt a.M. 21.30 ↩/ 5.45 Pz	
	U Halle 20.05 / 20.30 Pz	
	U Leipzig 21.15 ↩ / 6.00 Pz	
	U Dresden 9.15 / 9.45 Pz	
	U Görlitz 12.50 / 13.30 Pz	
	U Kohlfurt 14.10 / 14.15 Pz	18.30[3]

nach **Carlsruhe**

5.00 Pz	*über Offenburg*	9.35
8.36 Sz	*über Offenburg*	**11.40**
8.45 Pz	*über Offenburg*	15.50
11.50 Pz	*über Offenburg*	16.10
16.50 Pz	*über Offenburg*	22.00
21.00 GmP	*über Offenburg*	6.00

nach **Cassel**

8.36 Sz	U Heidelberg **13.05 / 13.20 Sz**	
	U Frankfurt a.M. **15.30 / 17.00 Sz**	
	U Guntershausen **21.50**/21.55 Pz	22.15
11.50 Pz	U Heidelberg 18.04 / 18.25 Pz	
	U Frankfurt a.M. 21.30 ↩ / 5.45 Pz	
	U Guntershausen 11.45/11.50 Pz	12.10
16.50 Pz	U Carlsruhe 22.00 ↩ / 5.15 Pz	
	U Heidelberg 7.00 / 7.15 Pz	
	U Frankfurt a.M. 10.00 / 10.35 Pz	
	U Guntershausen 18.50/19.00 Pz	19.20

nach **Chemnitz**

8.36 Sz	U Heidelberg **13.05 / 13.20 Sz**	
	U Frankfurt a.M. **15.30 / 17.00 Sz**	
	U Halle **5.40** / 6.15 Pz	
	U Leipzig 7.30 / 10.00 Pz	
	U Riesa 11.25* / 12.15 Pz	15.30
11.50 Pz	U Heidelberg 18.04 / 18.25 Pz	
	U Frankfurt a.M. 21.30 ↩ / 5.45 Pz	
	U Halle 20.05 / 20.30 Pz	
	U Leipzig 21.15 / **22.00 Sz**	
	U Riesa **23.15*** ↩ / 5.15 Pz	8.15

* Ankunftszeit geschätzt

nach **Coblenz**

8.36 Sz	U Mannheim **13.42** / #	
	U Ludwigshafen # / 15.10 Pz	
	U Mainz 17.15 / 20.00 ⊠	5.30
11.50 Pz	U Mannheim 18.52 / #	
	U Ludwigshafen # / **22.00 Sz**	
	U Mainz **23.39** ↩ / 6.00 ⛴	9.45
11.50 Pz	U Mannheim 18.52 ↩ / 4.30 ⛴	13.00

Fortsetzung siehe nächste Spalte

16.50 Pz	U Carlsruhe 22.00 ↩ / 5.15 Pz	
	U Mannheim 7.42 / #	
	U Ludwigshafen # / 12.25 Pz	
	U Mainz 14.06 / 14.30 ⛴	18.00

nach **Cöln**

8.36 Sz	U Mannheim **13.42** / #	
	U Ludwigshafen # / 15.10 Pz	
	U Mainz 17.15 / 20.00 ⊠	
	U Coblenz 5.30 / 6.00 ⛴	10.30
11.50 Pz	U Mannheim 18.52 / #	
	U Ludwigshafen # / **22.00 Sz**	
	U Mainz **23.39** ↩ / 6.00 ⛴	14.45
11.50 Pz	U Mannheim 18.52 ↩ / 4.30 ⛴	18.15
16.50 Pz	U Carlsruhe 22.00 ↩ / 5.15 Pz	
	U Mannheim 7.42 / #	
	U Ludwigshafen # / 12.25 Pz	
	U Mainz 14.06 / 14.30 ⛴	23.00

nach **Constanz**

13.00 ⊠	*über Donaueschingen–Schaffhsn.*	7.30
18.15 ⊠	U Schaffhausen 5.15 / 12.30 ⊠	17.00

nach **Danzig**

8.36 Sz	U Heidelberg **13.05 / 13.20**	
	U Frankfurt a.M. **15.30 / 17.00 Sz**	
	U Berlin **10.30 / 22.40 Sz**	**11.35[3]**

nach **Darmstadt**

5.00 Pz	U Heidelberg 11.27 / 11.45 Pz	13.43*
8.36 Sz	U Heidelberg **13.05 / 13.20 Sz**	**14.53***
11.50 Pz	U Heidelberg 18.04 / 18.25 Pz	20.43*
16.50 Pz	U Carlsruhe 22.00 ↩ / 5.15 Pz	
	U Heidelberg 7.00 / 7.15 Pz	9.15*

* Ankunftszeit geschätzt

nach **Dortmund**

8.36 Sz	U Heidelberg **13.05 / 13.20 Sz**	
	U Frankfurt a.M. **15.30 / 17.00 Sz**	
	U Guntershausen **21.50** / 21.55 Pz	
	U Cassel 22.15 ↩ / 5.55 Pz	
	U Hamm 11.46 / **12.01 Sz**	**12.45***
8.36 Sz	U Mannheim **13.42** / #	
	U Ludwigshafen # / 15.10 Pz	
	U Mainz 17.15 / 20.00 ⊠	
	U Coblenz 5.30 / 6.00 ⛴	
	U Cöln > Deutz 10.30 / 11.00 Pz	15.00*
11.50 Pz	U Heidelberg 18.04 / 18.25 Pz	
	U Frankfurt a.M. 21.30 ↩ / 5.45 Pz	
	U Guntershausen 11.45 / 11.50 Pz	
	U Cassel 12.10 / 12.30 Pz	
	U Hamm 18.26 / **18.45 Cz**	**19.20**
11.50 Pz	U Mannheim 18.52 / #	
	U Ludwigshafen # / **22.00 Sz**	
	U Mainz **23.39** ↩ / 6.00 ⛴	
	U Cöln > Deutz 14.45 / 16.00 Pz	20.25*

Fortsetzung siehe nächste Seite

noch: ab **Freiburg i.B.**

noch: nach **Dortmund**

16.50 Pz **U** Carlsruhe 22.00 ↪ / 5.15 Pz
U Mannheim 7.42 / #
U Ludwigshafen # / 12.25 Pz
U Mainz 14.06 / 14.30 ⛴
U Cöln > Deutz 23.00 ↪/**6.30 Cz 9.02*** [3]

* Ankunftszeit geschätzt

nach **Dresden**

8.36 Sz U Heidelberg **13.05** / **13.20 Sz**
U Frankfurt a.M. **15.30** / **17.00 Sz**
U Halle **5.40** / 6.15 Pz
U Leipzig 7.30 / 10.00 Pz 13.15

11.50 Pz **U** Heidelberg 18.04 / 18.25 Pz
U Frankfurt a.M. 21.30 ↪ / 5.45
U Halle 20.05 / 20.30 Pz
U Leipzig 21.15 / **22.00 Sz** **0.30** [3]

nach **Düsseldorf**

8.36 Sz U Mannheim **13.42** / #
U Ludwigshafen # / 15.10 Pz
U Mainz 17.15 / 20.00 ✉
U Coblenz 5.30 / 6.00 ⛴
U Cöln > Deutz 10.30 / 11.00 Pz 12.10

11.50 Pz **U** Mannheim 18.52 / #
U Ludwigshafen # / **22.00 Sz**
U Mainz **23.39** ↪ / 6.00 ⛴
U Cöln > Deutz 14.45 / 16.00 Pz 17.10

11.50 Pz **U** Mannheim 18.52 ↪ / 4.30 ⛴ 22.00

16.50 Pz **U** Carlsruhe 22.00 ↪ / 5.15 Pz
U Mannheim 7.42 / #
U Ludwigshafen # / 12.25 Pz
U Mainz 14.06 / 14.30 ⛴
U Cöln > Deutz 23.00 ↪ / **6.30 Cz 7.15** [3]

16.50 Pz **U** Carlsruhe 22.00 ↪ / 5.15 Pz
U Mannheim 7.42 / #
U Ludwigshafen # / 12.25 Pz
U Mainz 14.06 / 14.30 ⛴
Cöln 23.00 ↪ / 5.30 8.00 [3]

nach **Elberfeld**

8.36 Sz U Mannheim **13.42** / #
U Ludwigshafen # / 15.10 Pz
U Mainz 17.15 / 20.00 ✉
U Coblenz 5.30 / 6.00 ⛴
U Cöln > Deutz 10.30 / 11.00 Pz
U Düsseldorf 12.10 / 12.30 Pz 14.07

11.50 Pz **U** Mannheim 18.52 / #
U Ludwigshafen # / **22.00 Sz**
U Mainz **23.39** ↪ / 6.00 ⛴
U Cöln > Deutz 14.45 / 16.00 Pz
U Düsseldorf 17.10 / 17.30 Pz 18.36

16.50 Pz **U** Carlsruhe 22.00 ↪ / 5.15 Pz
U Mannheim 7.42 / #
U Ludwigshafen # / 12.25 Pz
U Mainz 14.06 / 14.30 ⛴
U Cöln > Deutz 23.00 ↪/ **6.30 Cz**
U Düsseldorf **7.15** / 7.30 Pz 8.36 [3]

nach **Erfurt**

8.36 Sz U Heidelberg **13.05*** / **13.20 Sz**
U Frankfurt a.M. **15.30** / **17.00 Sz** **2.50***

11.50 Pz **U** Heidelberg 18.10* / 18.25 Pz
U Frankfurt a.M. 21.30 ↪ / 5.45 Pz 16.50*

* Ankunftszeit geschätzt

nach **Essen***

8.36 Sz U Heidelberg **13.05*** / **13.20 Sz**
U Frankfurt a.M.**15.30** /**17.00 Sz**
U Guntershausen **21.50** / 21.55 Pz
U Cassel 22.15 ↪ / 5.55 Pz
U Hamm 11.46 / **12.01 Sz** **13.39**

8.36 Sz U Mannheim **13.42** / #
U Ludwigshafen # / 15.10 Pz
U Mainz 17.15 / 20.00 ✉
U Coblenz 5.30 / 6.00 ⛴
U Cöln > Deutz 10.30 / 11.00 Pz 13.45

11.50 Pz **U** Mannheim 18.52 / #
U Ludwigshafen # / **22.00 Sz**
U Mainz **23.39** ↪ / 6.00 ⛴
U Cöln > Deutz 14.45 / 16.00 Pz 18.55

* Ankunft in Alten-Essen, Ankunftszeit geschätzt; ein Fahrplan der Post-Course von Alten-Essen nach Essen Stadt liegt nicht vor.

nach **Frankfurt a.M.**

5.00 Pz **U** Heidelberg 11.27 / 11.45 Pz 14.30
8.36 Sz U Heidelberg **13.05** / **13.20 Sz** **15.30**
11.50 Pz **U** Heidelberg 18.04 / 18.25 Pz 21.30
16.50 Pz **U** Carlsruhe 22.00 ↪ / 5.15 Pz
U Heidelberg 7.00 / 7.15 Pz 10.00

* Ankunftszeit geschätzt

nach **Gera**

11.50 Pz **U** Heidelberg 18.04 / 18.25 Pz
U Frankfurt a.M. 21.30 ↪ / 5.45 Pz
U Weissenfels 19.10* / 0.45 ✉ 7.30 [3]

nach **Görlitz**

8.36 Sz U Heidelberg **13.05** / **13.20 Sz**
U Frankfurt a.M.**15.30** / **17.00 Sz**
U Halle **5.40** / 6.15 Pz
U Leipzig 7.30 / 10.00 Pz
U Dresden 13.15 / 14.30 Pz 18.15

11.50 Pz **U** Heidelberg 18.04 / 18.25 Pz
U Frankfurt a.M. 21.30 ↪ / 5.45 Pz
U Halle 20.05 / 20.30 Pz
U Leipzig 21.15 / **22.00 Sz**
U Dresden **0.30** / 5.30 Pz 9.00 [3]

* Ankunftszeit geschätzt

Auslandsverbindungen

Freiburg i.B. ist außerdem im **Auslandsteil** ab S. 210 mit den hier durchgehenden Eisenbahn-Coursen in die **Schweiz** (Basel) und den abgehenden Post-Coursen nach Schaffhausen aufgeführt.

nach **Hagen**

8.36 Sz U Mannheim **13.42** / #
U Ludwigshafen # / 15.10 Pz
U Mainz 17.15 / 20.00 ✉
U Coblenz 5.30 / 6.00 ⛴
U Cöln > Deutz 10.30 / 11.00 Pz
U Düsseldorf 12.10 / 12.30 Pz
U Elberfeld 14.07 / 16.20 Pz 17.38

11.50 Pz **U** Mannheim 18.52 / #
U Ludwigshafen # / **22.00 Sz**
U Mainz **23.39** ↪ / 6.00 ⛴
U Cöln > Deutz 14.45 / 16.00 Pz
U Düsseldorf 17.10 / 17.30 Pz
U Elberfeld 18.36 / 19.25 Pz 20.33

16.50 Pz **U** Carlsruhe 22.00 ↪ / 5.15 Pz
U Mannheim 7.42 / #
U Ludwigshafen # / 12.25 Pz
U Mainz 14.06 / 14.30 ⛴
U Cöln > Deutz 23.00 ↪ / **6.30 Cz**
U Düsseldorf **7.15** / 7.30 Pz
U Elberfeld 8.36 / 9.40 Pz 11.17 [3]

* Ankunftszeiten in Hagen sind sämmtlich geschätzt.

nach **Halle**

8.36 Sz U Heidelberg **13.05** / **13.20 Sz**
U Frankfurt a.M. **15.30** / **17.00 Sz** **5.40**

11.50 Pz **U** Heidelberg 18.04 / 18.25 Pz
U Frankfurt a.M. 21.30 ↪/ 5.45 Pz 20.05

nach **Hamburg**

8.36 Sz U Heidelberg **13.05** / **13.20 Sz**
U Frankfurt a.M. **15.30 / 17.00 Sz**
U Guntershausen **21.50** / 21.55 Pz
U Cassel 22.15 / 23.15 ✉
U Göttingen 4.40 / 5.15 Pz
U Hannover 8.45 / 10.00 GmP
U Lehrte 10.30* / 11.00 Pz 16.10**

11.50 Pz **U** Heidelberg 18.04 / 18.25 Pz
U Frankfurt a.M. 21.30 ↪ / 5.45 Pz
U Guntershausen 11.45 / 11.50 Pz
U Cassel 12.10 / 12.30 ✉
U Göttingen 17.45 / 18.00 Pz
U Hannover 21.30 ↪ / **5.30 Sz**
U Lehrte **6.00*** / 6.05 Pz
U Harburg 10.05 / 10.30 ⛴ 11.45 [3]

* Ankunftszeit geschätzt
** an Harburg ohne unmittelbaren Schiffsanschluß nach Hamburg

nach **Hamm**

8.36 Sz U Heidelberg **13.05** / **13.20 Sz**
U Frankfurt a.M. **15.30** / **17.00 Sz**
U Guntershausen **21.50** / 21.55 Pz
U Cassel 22.15 ↪ / 5.55 Pz 11.46

11.50 Pz **U** Heidelberg 18.04 / 18.25 Pz
U Frankfurt a.M. 21.30 ↪ / 5.45 Pz
U Guntershausen 11.45 / 11.50 Pz
U Cassel 12.10 / 12.30 Pz 18.26

Fortsetzung siehe nächste Seite

noch: nach **Hamm**

16.50 Pz	U Carlsruhe 22.00 ↵ / 5.15 Pz	
	U Mannheim 7.42 / #	
	U Ludwigshafen # / 12.25 Pz	
	U Mainz 14.06 / 14.30 ⛴	
	U Cöln > Deutz 23.00 ↵/**6.30 Cz**	**9.36**[3]

nach **Hannover**

8.36 Sz	U Heidelberg **13.05 / 13.20 Sz**	
	U Frankfurt a.M. **15.30 / 17.00 Sz**	
	U Guntershausen **21.50** / 21.55 Pz	
	U Cassel 22.15 / 23.15 ✉	
	U Göttingen 4.40 / 5.15 Pz	8.45
11.50 Pz	U Heidelberg 18.04 / 18.25 Pz	
	U Frankfurt a.M. 21.30 ↵ / 5.45 Pz	
	U Guntershausen 11.45 / 11.50 Pz	
	U Cassel 12.10 / 12.30 ✉	
	U Göttingen 17.45 / 18.00 Pz	21.30

nach **Heidelberg**

5.00 Pz		11.27
8.36 Sz		**13.05**
11.50 Pz		18.04
16.50 Pz	U Carlsruhe 22.00 ↵ / 5.15 Pz	7.00

nach **Kiel**

11.50 Pz	U Heidelberg 18.04 / 18.25 Pz	
	U Frankfurt a.M. 21.30 ↵ / 5.45 Pz	
	U Guntershausen 11.45 / 11.50 Pz	
	U Cassel 12.10 / 12.30 ✉	
	U Göttingen 17.45 / 18.00 Pz	
	U Hannover 21.30 ↵ / **5.30 Sz**	
	U Lehrte **6.00*** / 6.05 Pz	
	U Harburg 10.05 / 10.30 ⛴	
	U Hamburg > Altona 11.45 / 13.00 GmP	16.30[3]

nach **Königsberg i.Pr.**

8.36 Sz	U Heidelberg **13.05 / 13.20 Sz**	
	U Frankfurt a.M. **15.30 / 17.00 Sz**	
	U Berlin **10.30 / 22.40 Sz**	
	U Dirschau **10.45** / 11.37 ✉	
	U Marienburg 16.07 / **16.37 Sz**	**21.02**[3]

* Ankunftszeit geschätzt

nach **Leipzig**

8.36 Sz	U Heidelberg **13.05* / 13.20 Sz**	
	U Frankfurt a.M. **15.30 / 17.00 Sz**	
	U Halle **5.40** / 6.15 Pz	7.30
11.50 Pz	U Heidelberg 18.04 / 18.25 Pz	
	U Frankfurt a.M. 21.30 ↵/ 5.45 Pz	
	U Halle 20.05 / 20.30 Pz	21.15

nach **Lindau**

8.36 Sz	U Bruchsal **12.25* / 13.48 Ez**	
	U Ulm **18.25 / 18.45 Ez**	
	U Augsburg **21.15** / 21.30 GmP	6.30
11.50 Pz	U Bruchsal 17.03*/ 17.20 Pz	
	U Stuttgart 20.15 ↵ / 7.05 Pz	
	U Friedrichshafen 15.20 / 15.30 ⛴	k.A.

* Ankunftszeit geschätzt

nach **Ludwigshafen**

> Mannheim

nach **Lübeck**

11.50 Pz	U Heidelberg 18.04 / 18.25 Pz	
	U Frankfurt a.M. 21.30 ↵ / 5.45 Pz	
	U Guntershausen 11.45 / 11.50 Pz	
	U Cassel 12.10 / 12.30 ✉	
	U Göttingen 17.45 / 18.00 Pz	
	U Hannover 21.30 ↵ / **5.30 Sz**	
	U Lehrte **6.00*** / 6.05 Pz	
	U Harburg 10.05 / 10.30 ⛴	
	U Hamburg 11.45 / 17.00 Pz	
	U Büchen 18.45* / 19.00 Pz	20.11[3]

* Ankunftszeit geschätzt

nach **Magdeburg**

8.36 Sz	U Heidelberg **13.05 / 13.20 Sz**	
	U Frankfurt a.M. **15.30 / 17.00 Sz**	
	U Halle **5.40** / 7.45 Pz	9.50
11.50 Pz	U Heidelberg 18.04 / 18.25 Pz	
	U Frankfurt a.M. 21.30 ↵ / 5.45 Pz	
	U Halle 20.05 / 22.45 Pz	1.15[3]

* Ankunftszeit geschätzt

nach **Mainz**

8.36 Sz	U Mannheim **13.42** / #	
	U Ludwigshafen # / 15.10 Pz	17.15
11.50 Pz	U Mannheim 18.52 / #	
	U Ludwigshafen # / **22.00 Sz**	**23.39**
16.50 Pz	U Carlsruhe 22.00 ↵ / 5.15 Pz	
	U Mannheim 7.42 / #	
	U Ludwigshafen # / 12.25 Pz	14.06

nach **Mannheim**

5.00 Pz	*über Carlsruhe–Heidelberg*	12.09
8.36 Sz	*über Carlsruhe–Heidelberg*	**13.42**
11.50 Pz	*über Carlsruhe–Heidelberg*	18.52
16.50 Pz	U Carlsruhe 22.00 ↵ / 5.15 Pz	7.42

nach **München**

8.36 Sz	U Bruchsal **12.22* / 13.48 Ez**	
	U Ulm **18.25 / 18.45 Ez**	
	U Augsburg **21.15 / 21.30 Ez**	**23.00**
11.50 Pz	U Bruchsal 17.03* / 17.20 Pz	
	U Stuttgart 20.15 ↵ / 7.05 Pz	
	U Ulm 10.50 / 11.15 GmP	
	U Augsburg 15.40 / 17.45 GmP	20.30

* Ankunftszeit geschätzt

nach **Münster**

8.36 Sz	U Heidelberg **13.05 / 13.20 Sz**	
	U Frankfurt a.M. **15.30 / 17.00 Sz**	
	U Guntershausen **21.50** / 21.55 Pz	
	U Cassel 22.15 ↵ / 5.55 Pz	
	U Hamm 11.46 / 12.10 Pz	13.00
11.50 Pz	U Heidelberg 18.04 / 18.25 Pz	
	U Frankfurt a.M. 21.30 ↵ / 5.45 Pz	
	U Guntershausen 11.45 / 11.50 Pz	
	U Cassel 12.10 / 12.30 Pz	
	U Hamm 18.26 / 19.00 Pz	20.00

nach **Nürnberg**

8.36 Sz	U Heidelberg **13.05 / 13.20 Sz**	
	U Frankfurt a.M. **15.30** / 17.15 Pz	
	U Bamberg 1.05 / 3.15 Pz	5.15
11.50 Pz	U Heidelberg 18.04 / 18.25 Pz	
	U Frankfurt a.M. 21.30 ↵ / **8.30 Ez**	
	U Bamberg **14.45 / 15.30 Ez**	**17.00**

nach **Oberhausen**

8.36 Sz	U Mannheim **13.42** / #	
	U Ludwigshafen # / 15.10 Pz	
	U Mainz 17.15 / 20.00 ✉	
	U Coblenz 5.30 / 6.00 ⛴	
	U Cöln > Deutz 10.30 / 11.00 Pz	13.20
11.50 Pz	U Mannheim 18.52 / #	
	U Ludwigshafen # / **22.00 Sz**	
	U Mainz **23.39** ↵ / 6.00 ⛴	
	U Cöln > Deutz 14.45 / 16.00 Pz	18.25
16.50 Pz	U Carlsruhe 22.00 ↵ / 5.15 Pz	
	U Mannheim 7.42 / #	
	U Ludwigshafen # / 12.25 Pz	
	U Mainz 14.06 / 14.30 ⛴	
	U Cöln > Deutz 23.00 ↵/ **6.30 Cz**	**8.00**[3]

nach **Oppeln**

8.36 Sz	U Heidelberg **13.05 / 13.20 Sz**	
	U Frankfurt a.M. **15.30 / 17.00 Sz**	
	U Berlin **10.30 / 22.15 Sz**	**7.45***[3]

* Ankunftszeit geschätzt

nach **Osnabrück**

8.36 Sz	U Heidelberg **13.05 / 13.20 Sz**	
	U Frankfurt a.M. **15.30 / 17.00 Sz**	
	U Guntershausen **21.50** / 21.55 Pz	
	U Cassel 22.15 ↵ / 5.55 Pz	
	U Hamm 11.46 / 16.03 Pz	
	U Minden 19.45 / 1.00 ✉	8.00[3]
11.50 Pz	U Heidelberg 18.04 / 18.25 Pz	
	U Frankfurt a.M. 21.30 ↵ / 5.45 Pz	
	U Guntershausen 11.45 / 11.50 Pz	
	U Cassel 12.10 / 12.30 Pz	
	U Hamm 18.26 / **0.00 Sz**	
	U Minden **3.05** / 9.00 ✉	16.00[3]

nach **Passau**

11.50 Pz	U Heidelberg 18.04 / 18.25 Pz	
	U Frankfurt a.M. 21.30 ↪ / **8.30 Ez**	
	U Bamberg **14.45 / 15.30 Ez**	
	U Nürnberg **17.00** / 17.30 ✉	
	U Regensburg 5.30 / 11.00 ✉	22.30[3]

* Ankunftszeit geschätzt

nach **Posen**

8.36 Sz	U Heidelberg **13.05 / 13.20 Sz**	
	U Frankfurt a.M. **15.30 / 17.00 Sz**	
	U Berlin **10.30 / 22.40 Sz**	
	U Kreutz **4.43** / 5.03 Pz	7.47[3]

nach **Regensburg**

8.36 Sz	U Heidelberg **13.05 / 13.20 Sz**	
	U Frankfurt a.M. **15.30** / 17.15 Pz	
	U Bamberg 1.05 / 3.15 Pz	
	U Nürnberg 5.15 / 6.00 ✉	18.00
11.50 Pz	U Heidelberg 18.04 / 18.25 Pz	
	U Frankfurt a.M. 21.30 ↪ / **8.30 Ez**	
	U Bamberg **14.45 / 15.30 Ez**	
	U Nürnberg **17.00** / 17.30 ✉	5.30[3]

nach **Rostock**

8.36 Sz	U Heidelberg **13.05 / 13.20 Sz**	
	U Frankfurt a.M.**15.30 / 17.00 Sz**	
	U Halle **5.40** / 7.45 Pz	
	U Magdeburg 9.50 / 10.45 GmP	
	U Wittenberge 14.10 / 15.10 GmP	
	U Hagenow 17.00* / 17.30 Pz	22.10
11.50 Pz	U Heidelberg 18.04 / 18.25 Pz	
	U Frankfurt a.M. 21.30 ↪ / 5.45 Pz	
	U Halle 20.05 / 22.45 Pz	
	U Magdeburg 1.15 / 7.45 Pz	
	U Wittenberge 10.15 / 10.55 Pz	
	U Hagenow 12.40* / 12.50 Pz	16.40[3]

* Ankunftszeit geschätzt

nach **Saarbrücken**

5.00 Pz	U Mannheim 12.09 / #	
	U Ludwigshafen # / **13.10 Sz**	**16.58**
8.36 Sz	U Mannheim **13.42** / #	
	U Ludwigshafen # / 17.30 Pz	22.05
11.50 Pz	U Mannheim 18.52 ↪ / #	
	U Ludwigshafen # / 6.10 Pz	10.36

nach **Schwerin**

8.36 Sz	U Heidelberg **13.05*** / **13.20 Sz**	
	U Frankfurt a.M.**15.30 / 17.00 Sz**	
	U Halle **5.40** / 7.45 Pz	
	U Magdeburg 9.50 / 10.45 GmP	
	U Wittenberge 14.10 / 15.10 GmP	
	U Hagenow 17.00* / 17.30 Pz	18.15

Fortsetzung siehe nächste Spalte

11.50 Pz	U Heidelberg 18.10* / 18.25 Pz	
	U Frankfurt a.M. 21.30 ↪ / 5.45 Pz	
	U Halle 20.05 / 22.45 Pz	
	U Magdeburg 1.15 / 7.45 Pz	
	U Wittenberge 10.15 / 10.55 Pz	
	U Hagenow 12.40* / 12.50 Pz	13.35[3]

* Ankunftszeit geschätzt

nach **Stettin**

8.36 Sz	U Heidelberg **13.05*** / **13.20**	
	U Frankfurt a.M. **15.30 / 17.00 Sz**	
	U Berlin **10.30** / 12.15 Pz	15.52

* Ankunftszeit geschätzt

nach **Stralsund**

8.36 Sz	U Heidelberg **13.05 / 13.20**	
	U Frankfurt a.M. **15.30 / 17.00 Sz**	
	U Berlin **10.30** / 17.30 Pz	
	U Passow 20.00* / 20.20 ✉	11.20[3]

nach **Stuttgart**

5.00 Pz	U Bruchsal 10.26* / 11.10 Pz	14.10
8.36 Sz	U Bruchsal **12.25* / 13.48 Ez**	**15.46**
11.50 Pz	U Bruchsal 17.03*/ 17.20 Pz	20.15
16.50 Pz	U Carlsruhe 22.00 ↪ / 5.15 Pz	
	U Bruchsal 5.59 * / 8.15 Pz	11.05

* Ankunftszeit geschätzt

nach **Trier**

5.00 Pz	U Mannheim 12.09 / #	
	U Ludwigshafen # / **13.10 Sz**	
	U Saarbrücken **16.58** / 17.30 ✉	4.00
8.36 Sz	U Mannheim **13.42** / #	
	U Ludwigshafen # / 17.30 Pz	
	U Saarbrücken 22.05 ↪ / 8.15 ✉	18.45

nach **Ulm**

8.36 Sz	U Bruchsal **12.25* / 13.48 Ez**	**18.25**
11.50 Pz	U Bruchsal 17.03* / 17.20 Pz	
	U Stuttgart 20.15 ↪ / 7.05 Pz	10.50
16.50 Pz	U Carlsruhe 22.00 ↪ / 5.15 Pz	
	U Bruchsal 5.59* / 8.15 Pz	15.05

* Ankunftszeit geschätzt

nach **Wiesbaden**

5.00 Pz	U Heidelberg 11.27 / 11.45 Pz	
	U Frankfurt a.M. 14.30 / 14.45 Pz	16.15
8.36 Sz	U Heidelberg **13.05 / 13.20 Sz**	
	U Frankfurt a.M. **15.30** / 18.00 Pz	19.30
16.50 Pz	U Carlsruhe 22.00 ↪ / 5.15 Pz	
	U Heidelberg 7.00 / 7.15 Pz	
	U Frankfurt a.M. 10.00 / 11.15 Pz	12.45

* Ankunftszeit geschätzt

nach **Würzburg**

8.36 Sz	U Heidelberg **13.05 / 13.20 Sz**	
	U Frankfurt a.M. **15.30** / 17.15 Pz	21.40
11.50 Pz	U Heidelberg 18.04 / 18.25 Pz	
	U Frankfurt a.M. 21.30 ↪ /	
	8.30 Ez	**12.00**

nach **Zwickau**

8.36 Sz	U Heidelberg **13.05 / 13.20 Sz**	
	U Frankfurt a.M. **15.30** / 17.15 Pz	
	U Bamberg 1.05 / 1.35 Pz	
	U Hof 6.30 / 7.00 Pz	
	U Werdau 9.40* / 9.47 Pz	10.10*
11.50 Pz	U Heidelberg 18.04 / 18.25 Pz	
	U Frankfurt a.M. 21.30 ↪ / **8.30 Ez**	
	U Heidelberg **22.00* / 22.10 Cz**	
	U Frankfurt a.M. **0.15** ↪ /	
	U Bamberg **14.45 / 15.05 Ez**	
	U Werdau **20.55*** / 21.17 Pz	21.40*

* Ankunftszeit geschätzt

Gera

Gera ist gegenwärtig noch mit keiner Strecke an das Eisenbahnnetz angebunden. Alle Städteverbindungen werden bis zum nächstliegenden Bahnanschluß (in der Hauptsache Altenburg) zunächst mit Post-Coursen durchgeführt.

von **Gera**

nach **Aachen**

2.00 ✉	U Altenburg 6.00 / 7.25 Pz	
	U Leipzig 9.00 / 12.00 Pz	
	U Magdeburg 15.30 / 16.15 Pz	
	U Oberhausen 6.42 / 7.00 Pz	11.20
13.30 ✉	U Altenburg 17.30 / 18.55 Pz	
	U Leipzig 20.30 / 22.00 Pz	
	U Magdeburg 1.15 / **1.50 Sz**	
	U Deutz > Cöln **16.00** / 18.00 Pz	20.00

nach **Augsburg**

2.00 ✉	U Werdau 6.45 / **9.13 Ez**	**21.20**

nach **Basel***

2.00 ✉	U Werdau 6.45 / **9.13 Ez**	
	U Bamberg **15.05 / 15.45 Ez**	
	U Frankfurt a.M. **22.00** ↪/ **5.00 Cz**	
	U Heidelberg **7.05 / 7.20 Sz**	**14.56**
2.00 ✉	U Weimar 10.00 / 10.45 Pz	
	U Frankfurt a.M. 22.30 ↪/ **5.00 Cz**	
	U Heidelberg **7.05 / 7.20 Sz**	**14.56**

* Ankunft Basel Badischer Bf

nach **Berlin**

2.00 ✉	U Altenburg 6.00 / 7.25 Pz	
	U Leipzig 9.00 / 14.30 Pz	
	U Röderau 16.15 / 16.45 Pz	20.45

Fortsetzung siehe nächste Seite

noch: nach **Berlin**
13.30 ⊠ **U** Altenburg 17.30 / 18.55 Pz
U Leipzig 20.30 ↝ / **5.00 Sz** **10.30**

nach **Bonn**
2.00 ⊠ **U** Altenburg 6.00 / 7.25 Pz
U Leipzig 9.00 / 12.00 Pz
U Magdeburg 15.30 / 16.15 Pz
U Deutz > Cöln 9.15 / 10.00 Pz 10.50
13.30 ⊠ **U** Altenburg 17.30 / 18.55 Pz
U Leipzig 20.30 / 22.00 Pz
U Magdeburg 1.15 / **1.50 Sz**
U Deutz > Cöln **16.00** / 17.45 Pz 18.35

nach **Braunschweig**
2.00 ⊠ **U** Altenburg 6.00 / 7.25 Pz
U Leipzig 9.00 / 12.00 Pz
U Magdeburg 15.30 / 16.15 Pz 19.15
13.30 ⊠ **U** Altenburg 17.30 / 18.55 Pz
U Leipzig 20.30 / 22.00 Pz
U Magdeburg 1.15 / **1.50 Sz** **4.30**

nach **Bremen**
13.30 ⊠ **U** Altenburg 17.30 / 18.55 Pz
U Leipzig 20.30 / 22.00 Pz
U Magdeburg 1.15 / **1.50 Sz**
U Wunstorf **7.15*** / 7.30 Pz 10.15
* Ankunftszeit geschätzt

nach **Breslau**
2.00 ⊠ **U** Altenburg 6.00 / 7.25 Pz
U Leipzig 9.00 / 10.00 Pz
U Dresden 13.15 / 18.15 Pz
U Görlitz 21.40 / 23.00 Pz
U Kohlfurt 23.45 / **2.45 Sz** **5.45**
13.30 ⊠ **U** Altenburg 17.30 / 18.55 Pz
U Leipzig 20.30 ↝ / 6.00 Pz
U Dresden 9.15 / 9.45 Pz
U Görlitz 12.50 / 13.30 Pz
U Kohlfurt 14.10 / 14.15 Pz 18.30

nach **Carlsruhe**
2.00 ⊠ **U** Werdau 6.45 / **9.13 Ez**
U Bamberg **15.05** / **15.45 Ez**
U Frankfurt a.M. **22.00** ↝ / **5.00 Cz**
U Heidelberg **7.05** / **7.20 Sz** **8.27**
2.00 ⊠ **U** Weimar 10.00 / 10.45 Pz
U Frankfurt a.M. 22.30 ↝ / **5.00 Cz**
U Heidelberg **7.05** / **7.20 Sz** **8.27**

nach **Cassel**
2.00 ⊠ **U** Weimar 10.00 / 10.45 Pz
U Guntershausen 16.30 / 16.40 Pz 17.00

nach **Chemnitz**
2.00 ⊠ **U** Werdau 6.45 / 9.15 Pz
U Zwickau 9.40* / 10.30 ⊠ 15.00
* Ankunftszeit geschätzt

nach **Coblenz**
2.00 ⊠ **U** Altenburg 6.00 / 7.25 Pz
U Leipzig 9.00 / 12.00 Pz
U Magdeburg 15.30 / 16.15 Pz
U Deutz > Cöln 9.15 / 10.00 ⛴ 17.00
13.30 ⊠ **U** Altenburg 17.30 / 18.55 Pz
U Leipzig 20.30 / 22.00 Pz
U Magdeburg 1.15 / **1.50 Sz**
U Deutz > Cöln **16.00** / 20.15 ⛴ 2.45[3]

nach **Constanz**
2.00 ⊠ **U** Werdau 6.45 / **9.13 Ez**
U Bamberg **15.05** / **15.45 Ez**
U Frankfurt a.M. **22.00** ↝ / **5.00 Cz**
U Heidelberg **7.05** / **7.20 Sz**
U Offenburg **10.22** / 10.45 ⊠ 6.15[3]
2.00 ⊠ **U** Weimar 10.00 / 10.45 Pz
U Frankfurt a.M. 22.30 ↝ / **5.00 Cz**
U Heidelberg **7.05** / **7.20 Sz**
U Offenburg **10.22** / 10.45 ⊠ 6.15[3]

nach **Danzig**
2.00 ⊠ **U** Altenburg 6.00 / 7.25 Pz
U Leipzig 9.00 / 15.15 Pz
U Berlin 21.30 / **22.40 Sz** **11.35**

nach **Darmstadt**
2.00 ⊠ **U** Werdau 6.45 / **9.13 Ez**
U Bamberg **15.05** / **15.45 Ez**
U Frankfurt a.M. **22.00** ↝ / **5.00 Cz 5.38***
2.00 ⊠ **U** Weimar 10.00 / 10.45 Pz
U Frankfurt a.M. 22.30 ↝ / **5.00 Cz 5.38***
* Ankunftszeit geschätzt

nach **Dortmund**
2.00 ⊠ **U** Altenburg 6.00 / 7.25 Pz
U Leipzig 9.00 / 12.00 Pz
U Magdeburg 15.30 / 16.15 Pz 5.08*
13.30 ⊠ **U** Altenburg 17.30 / 18.55 Pz
U Leipzig 20.30 / 22.00 Pz
U Magdeburg 1.15 / **1.50 Sz** **12.40***
* Ankunftszeit geschätzt

nach **Dresden**
2.00 ⊠ **U** Altenburg 6.00 / 7.25 Pz
U Leipzig 9.00 / 10.00 Pz 13.15
13.30 ⊠ **U** Altenburg 17.30 / 18.55 Pz
U Leipzig 20.30 / **22.00 Sz** **0.30**

nach **Düsseldorf**
2.00 ⊠ **U** Altenburg 6.00 / 7.25 Pz
U Leipzig 9.00 / 12.00 Pz
U Magdeburg 15.30 / 16.15 Pz 7.55
Fortsetzung siehe nächste Spalte

13.30 ⊠ **U** Altenburg 17.30 / 18.55 Pz
U Leipzig 20.30 / 22.00 Pz
U Magdeburg 1.15 / **1.50 Sz** **14.57**

nach **Elberfeld**
2.00 ⊠ **U** Altenburg 6.00 / 7.25 Pz
U Leipzig 9.00 / 12.00 Pz
U Magdeburg 15.30 / 16.15 Pz
U Dortmund 5.08* / 7.15 Pz 9.30
13.30 ⊠ **U** Altenburg 17.30 / 18.55 Pz
U Leipzig 20.30 / 22.00 Pz
U Magdeburg 1.15 / **1.50 Sz**
U Dortmund **12.40*** / 13.15 Pz 15.28
* Ankunftszeit geschätzt

nach **Erfurt**
0.45 ⊠ **U** Weissenfels 7.30 / 9.05 Pz 11.10*
2.00 ⊠ **U** Weimar 10.00 / 10.45 Pz 11.10*
* Ankunftszeit geschätzt

nach **Essen***
2.00 ⊠ **U** Altenburg 6.00 / 7.25 Pz
U Leipzig 9.00 / 12.00 Pz
U Magdeburg 15.30 / 16.15 Pz 5.08*
13.30 ⊠ **U** Altenburg 17.30 / 18.55 Pz
U Leipzig 20.30 / 22.00 Pz
U Magdeburg 1.15 / **1.50 Sz** **12.40***
* Ankunft in Alten-Essen, Ankunftszeit geschätzt; ein Fahrplan der Post-Course von Alten-Essen nach Essen Stadt liegt nicht vor.

nach **Frankfurt a.M.**
2.00 ⊠ **U** Werdau 6.45 / **9.13 Ez**
U Bamberg **15.05** / **15.45 Ez** **22.00**
2.00 ⊠ **U** Weimar 10.00 / 10.45 Pz 22.30

nach **Freiburg i.B.**
2.00 ⊠ **U** Werdau 6.45 / **9.13 Ez**
U Bamberg **15.05** / **15.45 Ez**
U Frankfurt a.M. **22.00** ↝ / **5.00 Cz**
U Heidelberg **7.05** / **7.20 Sz** **12.35**
2.00 ⊠ **U** Weimar 10.00 / 10.45 Pz
U Frankfurt a.M. 22.30 ↝ / **5.00 Cz**
U Heidelberg **7.05** / **7.20 Sz** **12.35**

nach **Görlitz**
2.00 ⊠ **U** Altenburg 6.00 / 7.25 Pz
U Leipzig 9.00 / 10.00 Pz
U Dresden 13.15 / 14.30 Pz 18.15
13.30 ⊠ **U** Altenburg 17.30 / 18.55 Pz
U Leipzig 20.30 / **22.00 Sz**
U Dresden **0.30** ↝ / 5.30 Pz 9.00

nach **Hagen**
2.00 ⊠ **U** Altenburg 6.00 / 7.25 Pz
U Leipzig 9.00 / 12.00 Pz
U Magdeburg 15.30 / 16.15 Pz
U Dortmund 5.08* / 7.15 Pz 8.24*
Fortsetzung siehe nächste Seite

noch: ab **Gera**

noch: nach **Hagen**

13.30 ✉ **U** Altenburg 17.30 / 18.55 Pz
U Leipzig 20.30 / 22.00 Pz
U Magdeburg 1.15 / **1.50 Sz**
U Dortmund **12.40** * / 13.15 Pz 14.22*

* Ankunftszeit geschätzt

nach **Halle**

0.45 ✉ **U** Weissenfels 7.30 / 8.30 Pz 9.35

2.00 ✉ **U** Altenburg 6.00 / 7.25 Pz
U Leipzig 9.00 / 12.00 Pz 12.40

13.30 ✉ **U** Altenburg 17.30 / 18.55 Pz
U Leipzig 20.30 / 22.00 Pz 22.45

nach **Hamburg**

2.00 ✉ **U** Altenburg 6.00 / 7.25 Pz
U Leipzig 9.00 / 12.00 Pz
U Magdeburg 15.30 / 17.30 GmP
U Wittenberge 21.00 / **1.45 Cz** **5.16**

13.30 ✉ **U** Altenburg 17.30 / 18.55 Pz
U Leipzig 20.30 / 22.00 Pz
U Magdeburg 1.15 ↪ / 7.45 Pz
U Wittenberge 10.15 / 10.55 Pz 15.30

nach **Hamm**

2.00 ✉ **U** Altenburg 6.00 / 7.25 Pz
U Leipzig 9.00 / 12.00 Pz
U Magdeburg 15.30 / 16.15 Pz 4.05

13.30 ✉ **U** Altenburg 17.30 / 18.55 Pz
U Leipzig 20.30 / 22.00 Pz
U Magdeburg 1.15 / **1.50 Sz** **11.59**

nach **Hannover**

2.00 ✉ **U** Altenburg 6.00 / 7.25 Pz
U Leipzig 9.00 / 12.00 Pz
U Magdeburg 15.30 / 16.15 Pz 21.25

13.30 ✉ **U** Altenburg 17.30 / 18.55 Pz
U Leipzig 20.30 / 22.00 Pz
U Magdeburg 1.15 / **1.50 Sz** **6.20**

nach **Heidelberg**

2.00 ✉ **U** Werdau 6.45 / **9.13 Ez**
U Bamberg **15.05** / **15.45 Ez**
U Frankfurt a.M. **22.00** ↪/ **5.00 Cz** **7.05**

2.00 ✉ **U** Weimar 10.00 / 10.45 Pz
U Frankfurt a.M. 22.30 ↪/ **5.00 Cz** **7.05**

nach **Kiel**

2.00 ✉ **U** Altenburg 6.00 / 7.25 Pz
U Leipzig 9.00 / 12.00 Pz
U Magdeburg 15.30 / 17.30 GmP
U Wittenberge 21.00 / **1.45 Cz**
U Hamburg > Altona **5.16** /
8.10 Pz 11.00

Fortsetzung siehe nächste Spalte

13.30 ✉ **U** Altenburg 17.30 / 18.55 Pz
U Leipzig 20.30 / 22.00 Pz
U Magdeburg 1.15 ↪ / 7.45 Pz
U Wittenberge 10.15 / 10.55 Pz
U Hamburg > Altona 15.30 /
17.10 Pz 20.00

nach **Königsberg i.Pr.**

2.00 ✉ **U** Altenburg 6.00 / 7.25 Pz
U Leipzig 9.00 / 14.30 Pz
U Röderau 16.15 / 16.45 Pz
U Berlin 20.45 / **22.40 Sz**
U Dirschau **10.45** / 11.37 ✉
U Marienburg 16.07 / **16.37 Sz** **21.02**

nach **Leipzig**

2.00 ✉ **U** Altenburg 6.00 / 7.25 Pz 9.00

13.30 ✉ **U** Altenburg 17.30 / 18.55 Pz 20.30

nach **Lindau**

2.00 ✉ **U** Werdau 6.45 / **9.13 Ez**
U Augsburg **21.20** / 21.30 GmP 6.30

nach **Ludwigshafen**

> Mannheim

nach **Lübeck**

2.00 ✉ **U** Altenburg 6.00 / 7.25 Pz
U Leipzig 9.00 / 12.00 Pz
U Magdeburg 15.30 / 17.30 GmP
U Wittenberge 21.00 ↪ / 5.15 Pz
U Büchen 8.45* / 9.00 Pz 10.45

13.30 ✉ **U** Altenburg 17.30 / 18.55 Pz
U Leipzig 20.30 / 22.00 Pz
U Magdeburg 1.15 ↪ / 7.45 Pz
U Wittenberge 10.15 / 10.55 Pz
U Büchen 13.55* / 14.00 Pz 15.11

* Ankunftszeit geschätzt

nach **Magdeburg**

0.45 ✉ **U** Weissenfels 7.30 / 8.30 Pz
U Halle 9.35 / 12.45 Pz 15.30

2.00 ✉ **U** Altenburg 6.00 / 7.25 Pz
U Leipzig 9.00 / 12.00 Pz 15.30

13.30 ✉ **U** Altenburg 17.30 / 18.55 Pz
U Leipzig 20.30 / 22.00 Pz 1.15

nach **Mainz**

2.00 ✉ **U** Werdau 6.45 / **9.13 Ez**
U Bamberg **15.05** / **15.45 Ez**
U Frankfurt a.M. **22.00** ↪ / 5.45 Pz
U Castel 7.05* / # k.A.

2.00 ✉ **U** Weimar 10.00 / 10.45 Pz
U Frankfurt a.M. 22.30 ↪ / 5.45 Pz
U Castel 7.05* / # k.A.

* Ankunftszeit geschätzt

nach **Mannheim**

2.00 ✉ **U** Werdau 6.45 / **9.13 Ez**
U Bamberg **15.05** / **15.45 Ez**
U Frankfurt a.M. **22.00** ↪/ **5.00 Cz** **7.06**

2.00 ✉ **U** Weimar 10.00 / 10.45 Pz
U Frankfurt a.M. 22.30 ↪/ **5.00 Cz** **7.06**

nach **München**

2.00 ✉ **U** Werdau 6.45 / **9.13 Ez** **23.00**

nach **Münster**

2.00 ✉ **U** Altenburg 6.00 / 7.25 Pz
U Leipzig 9.00 / 12.00 Pz
U Magdeburg 15.30 / 16.15 Pz
U Hamm 4.05 / 7.30 Pz 8.30

13.30 ✉ **U** Altenburg 17.30 / 18.55 Pz
U Leipzig 20.30 / 22.00 Pz
U Magdeburg 1.15 / **1.50 Sz**
U Hamm **11.55*** / 12.10 Pz 13.00

* Ankunftszeit geschätzt

nach **Nürnberg**

2.00 ✉ **U** Werdau 6.45 / **9.13 Ez** **17.00**

15.15 ✉ **U** Hof 1.45 / 3.45 GmP 16.10

nach **Oberhausen**

2.00 ✉ **U** Altenburg 6.00 / 7.25 Pz
U Leipzig 9.00 / 12.00 Pz
U Magdeburg 15.30 / 16.15 Pz 6.42

13.30 ✉ **U** Altenburg 17.30 / 18.55 Pz
U Leipzig 20.30 / 22.00 Pz
U Magdeburg 1.15 / **1.50 Sz** **14.00**

nach **Oppeln***

2.00 ✉ **U** Altenburg 6.00 / 7.25 Pz
U Leipzig 9.00 / 10.00 Pz
U Dresden 13.15 / 18.15 Pz
U Görlitz 21.40 / 23.00 Pz
U Kohlfurt 23.45 / **2.45 Sz** **7.45**

13.30 ✉ **U** Altenburg 17.30 / 18.55 Pz
U Leipzig 20.30 ↪ / 6.00 Pz
U Dresden 9.15 / 9.45 Pz
U Görlitz 12.50 / 13.30 Pz
U Kohlfurt 14.10 / 14.15 Pz 21.27

* Ankunftszeiten in Oppeln sind sämmtlich geschätzt.

nach **Osnabrück**

2.00 ✉ **U** Altenburg 6.00 / 7.25 Pz
U Leipzig 9.00 / 12.00 Pz
U Magdeburg 15.30 / 16.15 Pz
U Minden 23.45 / 1.00 ✉ 8.00

13.30 ✉ **U** Altenburg 17.30 / 18.55 Pz
U Leipzig 20.30 / 22.00 Pz
U Magdeburg 1.15 / **1.50 Sz**
U Minden **8.35** / 9.00 ✉ 16.00

nach **Passau**

2.00 ✉ **U** Werdau 6.45 / **9.13 Ez**
U Nürnberg **17.00** / 17.30 ✉
U Regensburg 5.30 / 11.00 ✉ 22.30

nach **Posen**
2.00 ✉ **U** Altenburg 6.00 / 7.25 Pz
U Leipzig 9.00 / 14.30 Pz
U Röderau 16.15 / 16.45 Pz
U Berlin 20.45 / **22.40 Sz**
U Kreutz **4.43** / 5.03 Pz — 7.47

nach **Regensburg**
2.00 ✉ **U** Werdau 6.45 / **9.13 Ez**
U Nürnberg **17.00** / 17.30 ✉ — 5.30

nach **Rostock**
2.00 ✉ **U** Altenburg 6.00 / 7.25 Pz
U Leipzig 9.00 / 12.00 Pz
U Magdeburg 15.30 / 17.30 GmP
U Wittenberge 21.00 ↩ / 5.15 Pz
U Hagenow 7.10* / 7.30 Pz — 11.05

13.30 ✉ **U** Altenburg 17.30 / 18.55 Pz
U Leipzig 20.30 / 22.00 Pz
U Magdeburg 1.15 / 7.45 Pz
U Wittenberge 10.15 / 10.55 Pz
U Hagenow 12.40* / 12.50 Pz — 16.40

* Ankunftszeit geschätzt

nach **Saarbrücken**
2.00 ✉ **U** Werdau 6.45 / **9.13 Ez**
U Bamberg **15.05** / **15.45 Ez**
U Frankfurt a.M. **22.00** ↩/ 6.30 Pz
U Mannheim 9.23 / #
U Ludwigshafen # / **13.10 Sz** — **16.58**

2.00 ✉ **U** Weimar 10.00 / 10.45 Pz
U Frankfurt a.M. **22.00** ↩/ 6.30 Pz
U Mannheim 9.23 / #
U Ludwigshafen # / **13.10 Sz** — **16.58**

nach **Schwerin**
2.00 ✉ **U** Altenburg 6.00 / 7.25 Pz
U Leipzig 9.00 / 12.00 Pz
U Magdeburg 15.30 / 17.30 GmP
U Wittenberge 21.00 ↩ / 5.15 Pz
U Hagenow 7.10* / 7.30 Pz — 8.12

13.30 ✉ **U** Altenburg 17.30 / 18.55 Pz
U Leipzig 20.30 / 22.00 Pz
U Magdeburg 1.15 / 7.45 Pz
U Wittenberge 10.15 / 10.55 Pz
U Hagenow 12.40* / 12.50 Pz — 13.35

* Ankunftszeit geschätzt

nach **Stettin**
2.00 ✉ **U** Altenburg 6.00 / 7.25 Pz
U Leipzig 9.00 / 15.15 Pz
U Berlin 21.30 / **22.40 Sz** — **1.47**

13.30 ✉ **U** Altenburg 17.30 / 18.55 Pz
U Leipzig 20.30 ↩ / **5.00 Sz**
U Berlin **10.30** / 12.15 Pz — 15.52

nach **Stralsund**
2.00 ✉ **U** Altenburg 6.00 / 7.25 Pz
U Leipzig 9.00 / 15.15 Pz
U Berlin 21.30 / **22.40 Sz**
U Passow 0.50* / 1.15 ✉ — 18.00

13.30 ✉ **U** Altenburg 17.30 / 18.55 Pz
U Leipzig 20.30 ↩ / **5.00 Sz**
U Berlin **10.30** / 17.30 Pz
U Passow 20.00* / 20.20 ✉ — 11.20

* Ankunftszeit geschätzt

nach **Stuttgart**
2.00 ✉ **U** Werdau 6.45 / **9.13 Ez**
U Nördlingen **19.29** / 19.45 ✉ — 8.45

2.00 ✉ **U** Werdau 6.45 / **9.13 Ez**
U Bamberg **15.05** / **15.45 Ez**
U Frankfurt a.M. **22.00** ↩ / **5.00 Cz**
U Heidelberg **7.05** / **7.20 Sz**
U Bruchsal **7.59*** / 8.15 Pz — 11.05

2.00 ✉ **U** Weimar 10.00 / 10.45 Pz
U Frankfurt a.M. 22.30 ↩ / **5.00 Cz**
U Heidelberg **7.05** / **7.20 Sz**
U Bruchsal **7.59*** / 8.15 Pz — 11.05

* Ankunftszeit geschätzt

nach **Trier**
2.00 ✉ **U** Werdau 6.45 / **9.13 Ez**
U Bamberg **15.05** / **15.45 Ez**
U Frankfurt a.M. **22.00** ↩/ 6.30 Pz
U Mannheim 9.23 / #
U Ludwigshafen # / **13.10 Sz**
U Saarbrücken **16.58** / 17.30 ✉ — 4.00^{3}

2.00 ✉ **U** Weimar 10.00 / 10.45 Pz
U Frankfurt a.M. 22.30 ↩/ 6.30 Pz
U Mannheim 9.23 / #
U Ludwigshafen # / **13.10 Sz**
U Saarbrücken **16.58** / 17.30 ✉ — 4.00^{3}

nach **Ulm**
2.00 ✉ **U** Werdau 6.45 / **9.13 Ez**
U Augsburg **21.20** ↩ / **9.00 Ez** — **11.30**

nach **Wiesbaden**
2.00 ✉ **U** Werdau 6.45 / **9.13 Ez**
U Bamberg **15.05** / **15.45 Ez**
U Frankfurt a.M. **22.00** ↩/ 5.45 Pz — 7.30

2.00 ✉ **U** Weimar 10.00 / 10.45 Pz
U Frankfurt a.M. 22.30 ↩/ 5.45 Pz — 7.30

nach **Würzburg**
2.00 ✉ **U** Werdau 6.45 / **9.13 Ez**
U Bamberg **15.05** / **15.45 Ez** — **18.15**

nach **Zwickau**
2.00 ✉ **U** Werdau 6.45 / 9.15 Pz — 9.40*

* Ankunftszeit geschätzt

Görlitz

Zwei Bahnlinien gehen zur Zeit aus Görlitz ab:

- die Sächsische Staatsbahn mit der Strecke nach Dresden und
- eine Zweigbahn der Niederschlesisch-Märkischen Eisenbahn nach Kohlfurt, woselbst Anschluß sowohl nach Frankfurt a.O.–Berlin als auch nach Liegnitz–Breslau besteht.

Beide Bahnen bieten somit mehrmals täglich günstige Anschlußverbindungen zwischen Leipzig–Dresden und Breslau an, doch muß in Görlitz stets umgestiegen werden.

von **Görlitz**

nach **Aachen**
11.45 Pz **U** Dresden 15.30 / 18.00 Pz
U Leipzig 21.15 / 22.00 Pz
U Magdeburg 1.15 / **1.50 Sz**
U Deutz > Cöln **16.00** / 18.00 Pz — 20.00

23.00 Pz **U** Kohlfurt 23.45 / **0.15 Sz**
U Berlin **5.00** / **7.30 Cz**
U Deutz > Cöln **22.00** / **23.30 Sz** — $\mathbf{1.20}^{3}$

nach **Augsburg**
6.00 Pz **U** Dresden 9.40 / 10.30 Pz
U Leipzig 13.30 / 14.30 Pz
U Hof 20.00 / 20.30 Pz — 11.05

17.00 Pz **U** Dresden 20.20 ↩ / **4.00 Sz**
U Leipzig **6.30** / **7.15** — **21.20**

nach **Basel***
11.45 Pz **U** Dresden 15.30 / 18.00 Pz
U Leipzig 21.15 / 22.00 Pz
U Halle 22.45 / **23.00 Sz**
U Frankfurt a.M. **9.55** / **10.30 Sz**
U Heidelberg **12.35** / **12.55 Sz** — **19.15**

17.00 Pz **U** Dresden 20.20 ↩ / **4.00 Sz**
U Leipzig **6.30** / 7.00 Pz
U Halle 7.40 / 8.15 Pz
U Frankfurt a.M. 22.30 ↩ / **5.00 Cz**
U Heidelberg **7.05** / **7.20 Sz** — **14.56**

* Ankunft Basel Badischer Bf

nach **Berlin**
9.30 Pz **U** Kohlfurt 10.15 / 10.15 Pz — 16.45
9.30 Pz **U** Dresden 13.00 / 15.15 Pz — 20.45
17.00 Pz **U** Dresden 20.20 ↩ / 6.00 Pz — 11.45
20.30 Pz **U** Kohlfurt 21.15 / 21.15 GmP
U Sorau 22.45 ↩ / 4.15 GmP — 9.15
23.00 Pz **U** Kohlfurt 23.45 / **0.15 Sz** — **5.00**

noch: ab **Görlitz**

nach **Bonn**

11.45 Pz **U** Dresden 15.30 / 18.00 Pz
U Leipzig 21.15 / 22.00 Pz
U Magdeburg 1.15 / **1.50 Sz**
U Deutz > Cöln **16.00** / 17.45 Pz 18.35

23.00 Pz **U** Kohlfurt 23.45 / **0.15 Sz**
U Berlin **5.00 / 7.30 Cz**
U Deutz > Cöln **22.00** 🛏 / 7.00 Pz 7.50[3]

nach **Braunschweig**

11.45 Pz **U** Dresden 15.30 / 18.00 Pz
U Leipzig 21.15 / 22.00 Pz
U Magdeburg 1.15 / **1.50 Sz** **4.30**

23.00 Pz **U** Kohlfurt 23.45 / **0.15 Sz**
U Berlin **5.00 / 7.30 Cz** **12.50**

nach **Bremen**

11.45 Pz **U** Dresden 15.30 / 18.00 Pz
U Leipzig 21.15 / 22.00 Pz
U Magdeburg 1.15 / **1.50 Sz**
U Wunstorf **7.15*** / 7.30 Pz 10.15

23.00 Pz **U** Kohlfurt 23.45 / **0.15 Sz**
U Berlin **5.00 / 7.30 Cz**
U Wunstorf **15.03*** / 16.40 Pz 19.25

* Ankunftszeit geschätzt

nach **Breslau**

1.45 Pz **U** Kohlfurt 2.30 / **2.45 Sz** **5.45**

4.45 Pz **U** Kohlfurt 5.30 / 5.30 GmP 9.45

13.30 Pz **U** Kohlfurt 14.15 / 14.15 Pz 18.30

nach **Carlsruhe**

11.45 Pz **U** Dresden 15.30 / 18.00 Pz
U Leipzig 21.15 / 22.00 Pz
U Halle 22.45 / **23.00 Sz**
U Frankfurt a.M. **9.55 / 10.30 Sz**
U Heidelberg **12.35 / 12.55 Sz** **14.10**

17.00 Pz **U** Dresden 20.20 🛏 / **4.00 Sz**
U Leipzig **6.30** / 7.00 Pz
U Halle 7.40 / 8.15 Pz
U Frankfurt a.M. 22.30 🛏 / **5.00 Cz**
U Heidelberg **7.05 / 7.20 Sz** **8.27**

nach **Cassel**

11.45 Pz **U** Dresden 15.30 / 18.00 Pz
U Leipzig 21.15 / 22.00 Pz
U Halle 22.45 / **23.00 Sz**
U Guntershausen **5.05** / 5.10 Pz 5.30

17.00 Pz **U** Dresden 20.20 🛏 / **4.00 Sz**
U Leipzig **6.30** / 7.00 Pz
U Halle 7.40 / 8.15 Pz
U Guntershausen 16.30 / 16.40 Pz 17.00

nach **Chemnitz**

6.00 Pz **U** Dresden 9.40 / 10.30 Pz
U Riesa 11.40* / 12.15 Pz 15.30

Fortsetzung siehe nächste Spalte

9.30 Pz **U** Dresden 13.00 / 14.30 Pz
U Riesa 16.00* / 16.45 Pz 19.30

11.45 Pz **U** Dresden 15.30 / 18.00 Pz
U Riesa 19.10* / 20.00 Pz 22.30

17.00 Pz **U** Dresden 20.20 🛏 / **4.00 Sz**
U Riesa **4.52***/ 5.15 Pz 8.15

* Ankunftszeit geschätzt

nach **Coblenz**

11.45 Pz **U** Dresden 15.30 / 18.00 Pz
U Leipzig 21.15 / 22.00 Pz
U Magdeburg 1.15 / **1.50 Sz**
U Deutz > Cöln **16.00*** / 20.15 ⛴ 2.45

23.00 Pz **U** Kohlfurt 23.45 / **0.15 Sz**
U Berlin **5.00 / 7.30 Cz**
U Deutz > Cöln **22.00** / 23.30 ⛴ 9.00
ab Cöln nur Mo und Do

23.00 Pz **U** Kohlfurt 23.45 / **0.15 Sz**
U Berlin **5.00 / 7.30 Cz**
U Deutz > Cöln **22.00** 🛏 / 6.00 ⛴ 12.15

nach **Cöln***

11.45 Pz **U** Dresden 15.30 / 18.00 Pz
U Leipzig 21.15 / 22.00 Pz
U Magdeburg 1.15 / **1.50 Sz** **16.00**

23.00 Pz **U** Kohlfurt 23.45 / **0.15 Sz**
U Berlin **5.00 / 7.30 Cz** **22.00**

* Ankunft in Deutz auf der rechten Rheinseite

nach **Constanz**

6.00 Pz **U** Dresden 9.40 / 10.30 Pz
U Leipzig 13.30 / 14.30 Pz
U Hof 20.00 / 20.30 Pz
U Augsburg 11.05 / 12.50 GmP
U Lindau 22.35 🛏 / 6.00 ⛴
U Friedrichshafen # / 9.15 ⛴ k.A.[3]

17.00 Pz **U** Dresden 20.20 🛏 / **4.00 Sz**
U Leipzig **6.30 / 7.15 Ez**
U Augsburg **21.20** 🛏 / **9.00 Ez**
U Ulm 11.30 / 11.45 Pz
U Friedrichshafen 15.20 / 16.30 ⛴ k.A.

nach **Danzig**

9.30 Pz **U** Dresden 13.00 / 15.15 Pz
U Berlin 20.45 / **22.40 Sz** **11.35**

23.00 Pz **U** Kohlfurt 23.45 / **0.15 Sz**
U Berlin **5.00** / 6.15 Pz 22.19

nach **Darmstadt***

11.45 Pz **U** Dresden 15.30 / 18.00 Pz
U Leipzig 21.15 / 22.00 Pz
U Halle 22.45 / **23.00 Sz**
U Frankfurt a.M. **9.55 / 10.30 Sz** **11.08**

17.00 Pz **U** Dresden 20.20 🛏 / **4.00 Sz**
U Leipzig **6.30** / 7.00 Pz
U Halle 7.40 / 8.15 Pz
U Frankfurt a.M. 22.30 🛏/ **5.00 Cz** **5.38**[3]

* Ankunftszeiten in Darmstadt sind sämmtlich geschätzt.

nach **Dortmund***

11.45 Pz **U** Dresden 15.30 / 18.00 Pz
U Leipzig 21.15 / 22.00 Pz
U Magdeburg 1.15 / **1.50 Sz** **12.40**

23.00 Pz **U** Kohlfurt 23.45 / **0.15 Sz**
U Berlin **5.00 / 7.30 Cz** **19.20**

* Ankunftszeiten in Dortmund sind sämmtlich geschätzt.

nach **Dresden**

6.00 Pz 9.40

9.30 Pz 13.00

11.45 Pz 15.30

17.00 Pz 20.20

nach **Düsseldorf**

11.45 Pz **U** Dresden 15.30 / 18.00 Pz
U Leipzig 21.15 / 22.00 Pz
U Magdeburg 1.15 / **1.50 Sz** **14.57**

23.00 Pz **U** Kohlfurt 23.45 / **0.15 Sz**
U Berlin **5.00 / 7.30 Cz** **21.03**

nach **Elberfeld**

11.45 Pz **U** Dresden 15.30 / 18.00 Pz
U Leipzig 21.15 / 22.00 Pz
U Magdeburg 1.15 / **1.50 Sz**
U Dortmund **12.40*** / 13.15 Pz 15.28

23.00 Pz **U** Kohlfurt 23.45 / **0.15 Sz**
U Berlin **5.00 / 7.30 Cz**
U Dortmund **19.20*** / 19.30 Pz 21.33

* Ankunftszeit geschätzt

nach **Erfurt**

6.00 Pz **U** Dresden 9.40 / 10.30 Pz
U Leipzig 13.30 / 15.15 Pz
U Halle 16.00 / 18.40 Pz 22.55

11.45 Pz **U** Dresden 15.30 / 18.00 Pz
U Leipzig 21.15 / 22.00 Pz
U Halle 22.45 / **23.00 Sz** **1.20***

17.00 Pz **U** Dresden 20.20 🛏 / **4.00 Sz**
U Leipzig **6.30** / 7.00 Pz
U Halle 7.40 / 8.15 Pz 11.10*

* Ankunftszeit geschätzt

nach **Essen***

11.45 Pz **U** Dresden 15.30 / 18.00 Pz
U Leipzig 21.15 / 22.00 Pz
U Magdeburg 1.15 / **1.50 Sz** **14.00**

23.00 Pz **U** Kohlfurt 23.45 / **0.15 Sz**
U Berlin **5.00 / 7.30 Cz**
U Oberhausen** **20.20** / 21.56 Pz 22.15

* Ankunft in Alten-Essen, Ankunftszeit geschätzt; ein Fahrplan der Post-Course von Alten-Essen nach Essen Stadt liegt nicht vor.

** Cours über Oberhausen nur mit Umwegkarte zu benutzen.

nach **Frankfurt a.M.**

11.45 Pz **U** Dresden 15.30 / 18.00 Pz
U Leipzig 21.15 / 22.00 Pz
U Halle 22.45 / **23.00 Sz** **9.55**

Fortsetzung siehe nächste Seite

noch: nach **Frankfurt a.M.**

17.00 Pz	**U** Dresden 20.20 ↝ / **4.00 Sz**	
	U Leipzig **6.30** / 7.00 Pz	
	U Halle 7.40 / 8.15 Pz	22.30

nach **Freiburg i.B.**

11.45 Pz	**U** Dresden 15.30 / 18.00 Pz	
	U Leipzig 21.15 / 22.00 Pz	
	U Halle 22.45 / **23.00 Sz**	
	U Frankfurt a.M. **9.55 / 10.30 Sz**	
	U Heidelberg **12.35 / 12.55 Sz**	**17.36**
17.00 Pz	**U** Dresden 20.20 ↝ / **4.00 Sz**	
	U Leipzig **6.30** / 7.00 Pz	
	U Halle 7.40 / 8.15 Pz	
	U Frankfurt a.M. 22.30 ↝ / **5.00 Cz**	
	U Heidelberg **7.05 / 7.20 Sz**	**12.35**[3]

nach **Gera**

9.30 Pz	**U** Dresden 13.00 / 14.30 Pz	
	U Leipzig 18.00 / 18.30 Pz	
	U Altenburg 19.40* / 20.30 ✉	0.30
17.00 Pz	**U** Dresden 20.20 ↝ / **4.00 Sz**	
	U Leipzig **6.30 / 7.15 Ez**	
	U Altenburg **8.08*** / 9.00 ✉	13.00

* Ankunftszeit geschätzt

nach **Hagen**

11.45 Pz	**U** Dresden 15.30 / 18.00 Pz	
	U Leipzig 21.15 / 22.00 Pz	
	U Magdeburg 1.15 / **1.50 Sz**	
	U Dortmund **12.40*** / 13.15 Pz	14.22*
23.00 Pz	**U** Kohlfurt 23.45 / **0.15 Sz**	
	U Berlin **5.00 / 7.30 Cz**	
	U Dortmund **19.20*** / 19.30 Pz	20.28*

* Ankunftszeit geschätzt

nach **Halle**

6.00 Pz	**U** Dresden 9.40 / 10.30 Pz	
	U Leipzig 13.30 / 15.15 Pz	16.00
9.30 Pz	**U** Dresden 13.00 / 14.30 Pz	
	U Leipzig 18.00 / 18.30 Pz	19.30
11.45 Pz	**U** Dresden 15.30 / 18.00 Pz	
	U Leipzig 21.15 / 22.00 Pz	22.45
17.00 Pz	**U** Dresden 20.20 ↝ / **4.00 Sz**	
	U Leipzig **6.30** / 7.00 Pz	7.40

nach **Hamburg**

9.30 Pz	**U** Dresden 13.00 / 15.15 Pz	
	U Berlin 20.45 / **23.00 Cz**	**5.16**
23.00 Pz	**U** Kohlfurt 23.45 / **0.15 Sz**	
	U Berlin **5.00** / 7.30 Pz	15.30

nach **Hamm**

11.45 Pz	**U** Dresden 15.30 / 18.00 Pz	
	U Leipzig 21.15 / 22.00 Pz	
	U Magdeburg 1.15 / **1.50 Sz**	**11.55***
23.00 Pz	**U** Kohlfurt 23.45 / **0.15 Sz**	
	U Berlin **5.00 / 7.30 Cz**	**18.40**.

* Ankunftszeit geschätzt

nach **Hannover**

11.45 Pz	**U** Dresden 15.30 / 18.00 Pz	
	U Leipzig 21.15 / 22.00 Pz	
	U Magdeburg 1.15 / **1.50 Sz**	**6.20**
23.00 Pz	**U** Kohlfurt 23.45 / **0.15 Sz**	
	U Berlin **5.00 / 7.30 Cz**	**14.20**

nach **Heidelberg**

11.45 Pz	**U** Dresden 15.30 / 18.00 Pz	
	U Leipzig 21.15 / 22.00 Pz	
	U Halle 22.45 / **23.00 Sz**	
	U Frankfurt a.M. **9.55 / 10-30 Sz**	**12.35**
17.00 Pz	**U** Dresden 20.20 ↝ / **4.00 Sz**	
	U Leipzig **6.30** / 7.00 Pz	
	U Halle 7.40 / 8.15 Pz	
	U Frankfurt a.M. 22.30 ↝ / **5.00**	**7.05**[3]

nach **Kiel**

9.30 Pz	**U** Dresden 13.00 / 15.15 Pz	
	U Berlin 20.45 / **23.00 Cz**	
	U Hamburg **5.16** /	
	Altona 8.10 Pz	11.00
23.00 Pz	**U** Kohlfurt 23.45 / **0.15 Sz**	
	U Berlin **5.00** / 7.30 Pz	
	U Hamburg 15.30 /	
	Altona 17.10 Pz	20.00

nach **Königsberg i.Pr.**

9.30 Pz	**U** Kohlfurt 10.15 / 10.15 Pz	
	U Berlin 16.45 / **22.40 Sz**	
	U Dirschau **10.45** / 11.37 ✉	
	U Marienburg 16.07 / **16.37 Sz**	**21.02**

nach **Leipzig**

6.00 Pz	**U** Dresden 9.40 / 10.30 Pz	13.30
9.30 Pz	**U** Dresden 13.00 / 14.30 Pz	18.00
11.45 Pz	**U** Dresden 15.30 / 18.00 Pz	21.15
17.00 Pz	**U** Dresden 20.20 ↝ / **4.00 Sz**	**6.30**

nach **Lindau**

6.00 Pz	**U** Dresden 9.40 / 10.30 Pz	
	U Leipzig 13.30 / 14.30 Pz	
	U Hof 20.00 / 20.30 Pz	
	U Augsburg 11.05 / 12.50 GmP	22.35.
17.00 Pz	**U** Dresden 20-20 / **4.00 Sz**	
	U Leipzig **6.30 / 7.15 Ez**	
	U Augsburg **21.20** / 21.30 GmP	6.30[3]

nach **Ludwigshafen**

> Mannheim

nach **Lübeck**

9.30 Pz	**U** Dresden 13.00 / 15.15 Pz	
	U Berlin 20.45 / **23.00 Cz**	
	U Büchen **4.10*** / 9.00 Pz	10.45
23.00 Pz	**U** Kohlfurt 23.45 / **0.15 Sz**	
	U Berlin **5.00** / 7.30 Pz	
	U Büchen 13.55* / 14.00 Pz	15.11

* Ankunftszeit geschätzt

nach **Magdeburg**

6.00 Pz	**U** Dresden 9.40 / 10.30 Pz	
	U Leipzig 13.30 / 17.30 Pz	21.00
11.45 Pz	**U** Dresden 15.30 / 18.00 Pz	
	U Leipzig 21.15 / 22.00 Pz	1.15
17.00 Pz	**U** Dresden 20.20 / **4.00 Sz**	
	U Leipzig **6.30** / 7.00 Pz	9.50
23.00 Pz	**U** Kohlfurt 23.45 / **0.15 Sz**	
	U Berlin **5.00 / 7.30 Cz**	**10.40**

nach **Mainz**

11.45 Pz	**U** Dresden 15.30 / 18.00 Pz	
	U Leipzig 21.15 / 22.00 Pz	
	U Halle 22.45 / **23.00 Sz**	
	U Frankfurt a.M. **9.55 / 10.15 Sz**	
	U Castel **11.00** / # ✉	k.A.
17.00 Pz	**U** Dresden 20.20 ↝ / **4.00 Sz**	
	U Leipzig **6.30** / 7.00 Pz	
	U Halle 7.40 / 8.15 Pz	
	U Frankfurt a.M. 22.30 ↝ / 5.45 Pz	
	U Castel 7.05* / # ✉	k.A.

* Ankunftszeit geschätzt

nach **Mannheim**

11.45 Pz	**U** Dresden 15.30 / 18.00 Pz	
	U Leipzig 21.15 / 22.00 Pz	
	U Halle 22.45 / **23.00 Sz**	
	U Frankfurt a.M. **9.55 / 10-30 Sz**	**12.38**
17.00 Pz	**U** Dresden 20.20 ↝ / **4.00 Sz**	
	U Leipzig **6.30** / 7.00 Pz	
	U Halle 7.40 / 8.15 Pz	
	U Frankfurt a.M. 22.30 ↝ / **5.00**	**7.06**[3]

nach **München**

6.00 Pz	**U** Dresden 9.40 / 10.30 Pz	
	U Leipzig 13.30 / 14.30 Pz	
	U Hof 20.00 / 20.30 Pz	13.15
17.00 Pz	**U** Dresden 20.20 ↝ / **4.00 Sz**	
	U Leipzig **6.30 / 7.15 Ez**	**23.00**

nach **Münster**

11.45 Pz	**U** Dresden 15.30 / 18.00 Pz	
	U Leipzig 21.15 / 22.00 Pz	
	U Magdeburg 1.15 / **1.50 Sz**	
	U Hamm **11.55*** / 12.10 Pz	13.00
23.00 Pz	**U** Kohlfurt 23.45 / **0.15 Sz**	
	U Berlin **5.00 / 7.30 Cz**	
	U Hamm **18.40** / 19.00 Pz	20.00

* Ankunftszeit geschätzt

nach **Nürnberg**

6.00 Pz	**U** Dresden 9.40 / 10.30 Pz	
	U Leipzig 13.30 / 14.30 Pz	
	U Hof 20.00 / 20.30 Pz	5.15
17.00 Pz	**U** Dresden 20.20 ↝ / **4.00 Sz**	
	U Leipzig **6.30 / 7.15 Ez**	**17.00**

nach **Oberhausen**

11.45 Pz	U Dresden 15.30 / 18.00 Pz	
	U Leipzig 21.15 / 22.00 Pz	
	U Magdeburg 1.15 / **1.50 Sz**	**14.00**
23.00 Pz	U Kohlfurt 23.45 / **0.15 Sz**	
	U Berlin **5.00 / 7.30 Cz**	**20.20**

nach **Oppeln***

1.45 Pz	U Kohlfurt 2.30 / **2.45 Sz**	**7.45**
4.45 Pz	U Kohlfurt 5.30 / 5.30 GmP	
	U Breslau 9.45 / 12.30 Pz	15.00
13.30 Pz	U Kohlfurt 14.15 / 14.15 Pz	21.27

* Ankunftszeiten in Oppeln sind sämmtlich geschätzt.

nach **Osnabrück**

11.45 Pz	U Dresden 15.30 / 18.00 Pz	
	U Leipzig 21.15 / 22.00 Pz	
	U Magdeburg 1.15 / **1.50 Sz**	
	U Minden **8.35** / 9.00 ✉	16.00
23.00 Pz	U Kohlfurt 23.45 / **0.15 Sz**	
	U Berlin **5.00** / 12.00 Pz	
	U Minden 23.45 / 1.00 ✉	8.00^{3}

nach **Passau**

17.00 Pz	U Dresden 20.20 ↪ / **4.00 Sz**	
	U Leipzig **6.30 / 7.15 Ez**	
	U Nürnberg **17.00** / 17.30 ✉	
	U Regensburg 5.30 / 11.00 ✉	22.30^{3}

nach **Posen**

4.45 Pz	U Kohlfurt 5.30 / 5.30 GmP	
	U Breslau 9.45 / 12.00 ✉	6.30
13.30 Pz	U Kohlfurt 14.15 / 14.15 Pz	
	U Breslau 18.30 / 22.30 ✉	17.00

nach **Regensburg**

6.00 Pz	U Dresden 9.40 / 10.30 Pz	
	U Leipzig 13.30 / 14.30 Pz	
	U Hof 20.00 / 20.30 Pz	
	U Nürnberg 5.15 / 6.00 ✉	18.00.
17.00 Pz	U Dresden 20.20 ↪ / **4.00 Sz**	
	U Leipzig **6.30 / 7.15 Ez**	
	U Nürnberg **17.00** / 17.30 ✉	5.30^{3}

nach **Rostock**

9.30 Pz	U Kohlfurt 10.15 / 10.15 Pz	
	U Berlin 16.45 / **23.00 Cz**	
	U Hagenow **3.08*** / 7.30 Pz	11.05
20.30 Pz	U Kohlfurt 21.15 / 21.15 GmP	
	U Sorau 22.45 ↪ / 4.15 GmP	
	U Berlin 9.15 / 10.30 GmP	
	U Wittenberge 15.10 / 15.10 GmP	
	U Hagenow 17.00* / 17.30 Pz	22.10
23.00 Pz	U Kohlfurt 23.45 / **0.15 Sz**	
	U Berlin **5.00** / 7.30 Pz	
	U Hagenow 12.40* / 12.50 Pz	16.40

* Ankunftszeit geschätzt

nach **Saarbrücken**

11.45 Pz	U Dresden 15.30 / 18.00 Pz	
	U Leipzig 21.15 / 22.00 Pz	
	U Halle 22.45 / **23.00 Sz**	
	U Frankfurt a.M. **9.55 / 10.30 Sz**	
	U Mannheim **12.38** / #	
	U Ludwigshafen # / 17.30	22.05
17.00 Pz	U Dresden 20.20 ↪ / **4.00 Sz**	
	U Leipzig **6.30** / 7.00 Pz	
	U Halle 7.40* / 8.15 Pz	
	U Frankfurt a.M.22.30 ↪ / 6.30 Pz	
	U Mannheim 9.23 / #	
	U Ludwigshafen # / **13.10 Sz**	**16.58**

* Ankunftszeit geschätzt

nach **Schwerin**

9.30 Pz	U Dresden 13.00 / 15.15 Pz	
	U Berlin 20.45 / **23.00 Cz**	
	U Hagenow **3.08*** / 7.30 Pz	8.12
23.00 Pz	U Kohlfurt 23.45 / **0.15 Sz**	
	U Berlin **5.00** / 7.30 Pz	
	U Hagenow 12.40* / 12.50 Pz	13.35

* Ankunftszeit geschätzt

nach **Stettin**

9.30 Pz	U Kohlfurt 10.15 / 10.15 Pz	
	U Berlin 16.45 / 17.30 Pz	21.10
23.00 Pz	U Kohlfurt 23.45 / **0.15 Sz**	
	U Berlin **5.00** / 6.15 Pz	9.47

nach **Stralsund**

9.30 Pz	U Kohlfurt 10.15 / 10.15 Pz	
	U Berlin 16.45 / 17.30 Pz	
	U Passow 20.00* / 20.20 ✉	11.20
23.00 Pz	U Kohlfurt 23.45 / **0.15 Sz**	
	U Berlin **5.00** / 6.15 Pz	
	U Passow 8.43* / 9.15 ✉	2.00^{3}

* Ankunftszeit geschätzt

nach **Stuttgart**

11.45 Pz	U Dresden 15.30 / 18.00 Pz	
	U Leipzig 21.15 / 22.00 Pz	
	U Halle 22.45 / **23.00 Sz**	
	U Frankfurt a.M. **9.55 / 10-30 Sz**	
	U Heidelberg **12.35 / 12.55 Sz**	
	U Bruchsal **13.28* / 13.48 Ez**	**15.46**
17.00 Pz	U Dresden 20.20 ↪ / **4.00 Sz**	
	U Leipzig **6.30** / 7.00 Pz	
	U Halle 7.40 / 8.15 Pz	
	U Frankfurt a.M. 22.30 ↪ / **5.00**	
	U Heidelberg **7.05 / 7.20 Sz**	
	U Bruchsal **7.59*** / 8.15 Pz	11.05^{3}

* Ankunftszeit geschätzt

nach **Trier**

11.45 Pz	U Dresden 15.30 / 18.00 Pz	
	U Leipzig 21.15 / 22.00 Pz	
	U Magdeburg 1.15 / **1.50 Sz**	
	U Deutz > Cöln **16.00** / 19.00 ✉	17.30^{3}

Fortsetzung siehe nächste Spalte

23.00 Pz	U Kohlfurt 23.45 / **0.15 Sz**	
	U Berlin **5.00 / 7.30 Cz**	
	U Deutz > Cöln **22.00** ↪ / 5.00 ✉	2.15^{4}
23.00 Pz	U Kohlfurt 23.45 / **0.15 Sz**	
	U Berlin **5.00 / 7.30 Cz**	
	U Deutz > Cöln **22.00** ↪ / 6.00 ⛴	
	U Coblenz 12.15 / 15.30 ✉	6.30^{4}

nach **Ulm**

11.45 Pz	U Dresden 15.30 / 18.00 Pz	
	U Leipzig 21.15 / 22.00 Pz	
	U Halle 22.45 / **23.00 Sz**	
	U Frankfurt a.M. **9.55 / 10-30 Sz**	
	U Heidelberg **12.35 / 12.55 Sz**	
	U Bruchsal **13.28* / 13.48 Ez**	**18.25**
17.00 Pz	U Dresden 20.20 ↪ / **4.00 Sz**	
	U Leipzig **6.30** / 7.00 Pz	
	U Halle 7.40 / 8.15 Pz	
	U Frankfurt a.M. 22.30 ↪ / **5.00**	
	U Heidelberg **7.05 / 7.20 Sz**	
	U Bruchsal **7.59*** / 8.15 Pz	15.05^{3}

* Ankunftszeit geschätzt

nach **Wiesbaden**

11.45 Pz	U Dresden 15.30 / 18.00 Pz	
	U Leipzig 21.15 / 22.00 Pz	
	U Halle 22.45 / **23.00 Sz**	
	U Frankfurt a.M. **9.55** / 11.15 Pz	12.45
17.00 Pz	U Dresden 20.20 ↪ / **4.00 Sz**	
	U Leipzig **6.30** / 7.00 Pz	
	U Halle 7.40 / 8.15 Pz	
	U Frankfurt a.M. 22.30 ↪/ 5.45 Pz	7.30^{3}

nach **Würzburg**

6.00 Pz	U Dresden 9.40 / 10.30 Pz	
	U Leipzig 13.30 / 14.30 Pz	
	U Hof 20.00 / 20.30 Pz	
	U Bamberg 1.15 / 1.45 Pz	4.50
17.00 Pz	U Dresden 20.20 ↪ / **4.00 Sz**	
	U Leipzig **6.30 / 7.15 Ez**	
	U Bamberg **15.05 / 15.45 Ez**	**18.15**

nach **Zwickau**

6.00 Pz	U Dresden 9.40 / 10.30 Pz	
	U Leipzig 13.30 / 14.30 Pz	
	U Werdau 16.50* / 17.47 Pz	18.10*
9.30 Pz	U Dresden 13.00 / 14.30 Pz	
	U Leipzig 18.00 / 18.30 Pz	
	U Werdau 20.50* / 21.17 Pz	21.40*
17.00 Pz	U Dresden 20.20 ↪ / **4.00 Sz**	
	U Leipzig **6.30 / 7.15 Ez**	
	U Werdau **9.10*** / 9.15 Pz	9.40*

* Ankunftszeit geschätzt

Hagen

Hagen hat Bahnanschluß in zwei Richtungen durch die Strecke Dortmund–Witten–Hagen–Elberfeld der Bergisch-Märkischen Eisenbahn (Betriebsführung durch den preußischen Staat).

In Dortmund kreuzt die Cöln-Mindener Eisenbahn, in Elberfeld kann in die Düsseldorf-Elberfelder Eisenbahn umgestiegen werden.

von **Hagen**

nach **Aachen**

8.26 Pz	**U** Elberfeld 9.30 / 10.00 Pz **U** Düsseldorf 11.04 / 12.40* Pz **U** Gladbach 13.30 / 13.50 Pz	16.00
10.41 Pz	**U** Elberfeld 12.25 / 13.30 Pz **U** Düsseldorf 14.33 / **15.04 Sz** **U** Deutz > Cöln **16.00** / 18.00 Pz	20.00
14.24 Pz	**U** Elberfeld 15.28 / 15.40 Pz **U** Düsseldorf 17.10 / 17.40* Pz **U** Gladbach 18.18 / 18.30 Pz	20.20
17.45 Pz	**U** Elberfeld 18.51 / 19.40 Pz **U** Düsseldorf 20.43 / **21.10 Cz** **U** Deutz > Cöln **22.00** / **23.30 Sz**	**1.20**

* Abfahrt ab Ober-Cassel auf der linken Rheinseite

nach **Augsburg**

8.26 Pz	**U** Elberfeld 9.30 / 10.00 Pz **U** Düsseldorf 11.04 / 11.30 Pz **U** Deutz (b. Cöln) 12.45 / 13.15 ✉ **U** Frankft. a.M. 12-13.00/17.15 Pz **U** Bamberg 1.05 / 3.15 Pz	11.05[3]
10.41 Pz	**U** Elberfeld 12.25 / 13.30 Pz **U** Düsseldorf 14.33 / **15.04 Sz** **U** Deutz > Cöln **16.00** / 20.15 ⛴ **U** Mainz 11.00 / **11.20 Sz** **U** Ludwigshafen **13.00** / # **U** Mannheim # / 15.10 Pz **U** Bruchsal 17.01* / 17.20 Pz **U** Stuttgart 20.15 ↩ / 7.05 Pz **U** Ulm 10.50 / 11.15 GmP	15.40[3]
17.45 Pz	**U** Elberfeld 18.51 / 19.40 Pz **U** Düsseldorf 20.43 / ↩ 8.05 Pz **U** Deutz > Cöln 9.15 / 10.00 ⛴ **U** Coblenz 17.00 / 20.00 ✉ **U** Wiesbaden 5.00 / 5.45 Pz **U** Frankfurt a.M. 7.30 / **8.30 Ez** **U** Bamberg **14.45** / **15.30 Ez**	**21.20**[3]

* Ankunftszeit geschätzt

nach **Basel***

10.41 Pz	**U** Elberfeld 12.25 / 13.30 Pz **U** Düsseldorf 14.33 / **15.04 Sz** **U** Deutz > Cöln **16.00** / 20.15 ⛴ **U** Mainz 11.00 / **11.20 Sz** **U** Ludwigshafen **13.00** / # **U** Mannheim # / 15.10 Pz **U** Offenburg 20.47 ↩ / 6.00 Pz	10.55[3]
17.45 Pz	**U** Elberfeld 18.51 / 19.40 Pz **U** Düsseldorf 20.43 / **21.10 Cz** **U** Deutz > Cöln **22.00** ↩ / 6.00 ⛴ **U** Mainz 19.30 / 20.00 Pz **U** Ludwigshafen 21.59 ↩ / # **U** Mannheim # / **6.40 Sz**	**14.56**[3]

* Ankunft Basel Badischer Bf

nach **Berlin**

7.52 Pz	**U** Dortmund 8.48 / **9.04 Cz**	**21.20**
13.50 Pz	**U** Dortmund 14.49 / 15.05 Pz	9.30
20.37 Pz	**U** Dortmund 21.38 / **23.16 Sz**	**13.10**

nach **Bonn**

8.26 Pz	**U** Elberfeld 9.30 / 10.00 Pz **U** Düsseldorf 11.04 / 11.30 Pz **U** Deutz > Cöln 12.45 / 14.45 Pz	15.35
10.41 Pz	**U** Elberfeld 12.25 / 13.30 Pz **U** Düsseldorf 14.33 / **15.04 Sz** **U** Deutz > Cöln **16.00** / 17.45 Pz	18.35
14.24 Pz	**U** Elberfeld 15.28 / 15.40 Pz **U** Düsseldorf 17.10 / 19.00 Pz **U** Deutz > Cöln 20.10 / 21.00 Pz	21.50
17.45 Pz	**U** Elberfeld 18.51 / 19.40 Pz **U** Düsseldorf 20.43 / **21.10 Cz** **U** Deutz > Cöln **22.00** ↩ / 7.00 Pz	7.50

nach **Braunschweig**

7.52 Pz	**U** Dortmund 8.48 / **9.04 Cz**	**15.22**
13.50 Pz	**U** Dortmund 14.49 / 15.05 Pz	0.30
20.37 Pz	**U** Dortmund 21.38 / **23.16 Sz**	**7.05**

nach **Bremen**

7.52 Pz	**U** Dortmund 8.48 / **9.04 Cz** **U** Wunstorf **13.15*** / 13.25 Pz	16.00
20.37 Pz	**U** Dortmund 21.38 / **23.16 Sz** **U** Wunstorf **4.35*** / 7.30 Pz	10.15

* Ankunftszeit geschätzt

nach **Breslau**

7.52 Pz	**U** Dortmund 8.48 / **9.04 Cz** **U** Berlin **21.20** / **22.15 Sz**	**5.45**

nach **Carlsruhe**

10.41 Pz	**U** Elberfeld 12.25 / 13.30 Pz **U** Düsseldorf 14.33 / **15.04 Sz** **U** Deutz > Cöln **16.00** / 20.15 ⛴ **U** Mainz 11.00 / **11.20 Sz** **U** Ludwigshafen **13.00** / # **U** Mannheim # / 15.10 Pz	17.50

Fortsetzung siehe nächste Spalte

14.24 Pz	**U** Elberfeld 15.28 / 15.40 Pz **U** Düsseldorf 17.10 / 19.00 Pz **U** Deutz > Cöln 20.10 / 22.00 ⛴ **U** Mannheim 19.30 / 19.45 Pz	22.25
14.24 Pz	**U** Elberfeld 15.28 / 15.40 Pz **U** Düsseldorf 17.10 / 19.00 Pz **U** Deutz > Cöln 20.10 / 22.00 ⛴ **U** Mainz 14.00 / 15.00 Pz **U** Ludwigshafen 17.00 / # **U** Mannheim # / 19.45 Pz	22.25
17.45 Pz	**U** Elberfeld 18.51 / 19.40 Pz **U** Düsseldorf 20.43 / **21.10 Cz** **U** Deutz > Cöln **22.00** ↩ / 6.00 ⛴ **U** Mainz 19.30 / 20.00 Pz **U** Ludwigshafen 21.59 ↩ / # **U** Mannheim # / 5.00 Pz	9.12
17.45 Pz	**U** Elberfeld 18.51 / 19.40 Pz **U** Düsseldorf 20.43 / **21.10 Cz** **U** Deutz > Cöln **22.00** ↩ / 6.00 ⛴ **U** Mainz 19.30 / 20.00 Pz **U** Ludwigshafen 21.59 ↩ / # **U** Mannheim # / **6.40 Sz**	**8.27**

nach **Cassel**

7.52 Pz	**U** Dortmund 8.48 / **9.04 Cz** **U** Hamm **9.36** / 9.50 Pz	15.55
13.50 Pz	**U** Dortmund 14.49 / 15.05 Pz **U** Hamm 16.00 / 16.18 Pz	22.00

nach **Chemnitz**

7.52 Pz **Cz**	**U** Dortmund 8.48 / **9.04 Cz** **U** Magdeburg **18.00** / 18.15 Pz **U** Leipzig 21.15 / **22.00 Sz** **U** Riesa **23.15*** ↩ / 5.15 Pz	8.15
13.50 Pz	**U** Dortmund 14.49 / 15.05 Pz **U** Magdeburg 4.50 / 5.30 Pz **U** Leipzig 9.00 / 10.00 Pz **U** Riesa 11.25* / 12.15 Pz	15.30
20.37 Pz	**U** Dortmund 21.38 / **23.16 Sz** **U** Magdeburg **10.00** / 10.45 Pz **U** Leipzig 14.05 / 14.30 Pz **U** Riesa 16.00* / 16.45 Pz	19.30

* Ankunftszeit geschätzt

nach **Coblenz**

8.26 Pz	**U** Elberfeld 9.30 / 10.00 Pz **U** Düsseldorf 11.04 / 11.32 Pz **U** Deutz > Cöln 12.42 / 13.00 ⛴	20.00
10.41 Pz	**U** Elberfeld 12.25 / 13.30 Pz **U** Düsseldorf 14.33 / **15.04 Sz** **U** Deutz > Cöln **16.00** / 20.15 ⛴	2.45
14.24 Pz	**U** Elberfeld 15.28 / 15.40 Pz **U** Düsseldorf 17.10 / 19.00 Pz **U** Deutz > Cöln 20.10 / 22.00 ⛴	5.45
17.45 Pz	**U** Elberfeld 18.51 / 19.40 Pz **U** Düsseldorf 20.43 / **21.10 Cz** **U** Deutz > Cöln **22.00** / 23.30 ⛴ **ab Cöln nur Mo und Do**	9.00

Fortsetzung siehe nächste Seite

noch: nach **Coblenz**

17.45 Pz	U Elberfeld 18.51 / 19.40 Pz	
	U Düsseldorf 20.43 / **21.10 Cz**	
	U Deutz > Cöln **22.00** ↩ / 6.00 ⛴	12.15
20.32 Pz	U Elberfeld 21.33 ↩ / 6.48 Pz	
	U Düsseldorf 7.50 / 8.05 Pz	
	U Deutz > Cöln 9.15 / 10.00 ⛴	17.00

nach **Cöln***

8.26 Pz	U Elberfeld 9.30 / 10.00 Pz	
	U Düsseldorf 11.04 / 11.30 Pz	12.45
10.41 Pz	U Elberfeld 12.25 / 13.30 Pz	
	U Düsseldorf 14.33 / **15.04 Sz**	**16.00**
14.24 Pz	U Elberfeld 15.28 / 15.40 Pz	
	U Düsseldorf 17.10 / 19.00 Pz	20.10

Fortsetzung siehe nächste Spalte

17.45 Pz	U Elberfeld 18.51 / 19.40 Pz	
	U Düsseldorf 20.43 / **21.10 Cz**	**22.00**
20.32 Pz	U Elberfeld 21.33 ↩ / 6.48 Pz	
	U Düsseldorf 7.50 / 8.05 Pz	9.15

* Ankunft in Deutz auf der rechten Rheinseite

nach **Constanz**

17.45 Pz	U Elberfeld 18.51 / 19.40 Pz	
	U Düsseldorf 20.43 / **21.10 Cz**	
	U Deutz > Cöln **22.00** ↩ / 6.00 ⛴	
	U Mainz 19.30 / 20.00 Pz	
	U Ludwigshafen 21.59 ↩ / #	
	U Mannheim # / **6.40 Sz**	
	U Offenburg **10.22** / 10.45 ✉	6.15[4]

nach **Danzig**

7.52 Pz	U Dortmund 8.48 / **9.04 Cz**	
	U Berlin **21.20 / 22.40 Sz**	**11.35**

nach **Darmstadt**

8.26 Pz	U Elberfeld 9.30 / 10.00 Pz	
	U Düsseldorf 11.04 / 11.30 Pz	
	U Deutz (b. Cöln) 12.45 / 13.15 ✉	
	U Frankf.a.M. 12-13.00/17.35 Pz	18.20*
14.24 Pz	U Elberfeld 15.28 / 15.40 Pz	
	U Düsseldorf 17.10 / 19.00 Pz	
	U Deutz > Cöln 20.10 / 22.00 ⛴	
	U Frankfurt a.M 17.30 / 20.45	21.30
20.32 Pz	U Elberfeld 21.33 ↩ / 6.48 Pz	
	U Düsseldorf 7.50 / 8.05 Pz	
	U Deutz > Cöln 9.15 / 10.00 ⛴	
	U Coblenz 17.00 / 20.00 ✉	
	U Wiesbaden 5.00 / 5.45 Pz	
	U Frankfurt a.M 7.30 / 8.00 GmP	9.15*[3]

* Ankunftszeit geschätzt

nach **Dortmund**

7.52 Pz	8.48
11.22 Pz	12.40
13.50 Pz	14.49
17.44 Pz	19.13
20.37 Pz	21.38

nach **Dresden**

7.52 Pz	U Dortmund 8.48 / **9.04 Cz**	
	U Magdeburg **18.00** / 18.15 Pz	
	U Leipzig 21.15 / **22.00 Sz**	**0.30**
13.50 Pz	U Dortmund 14.49 / 15.05 Pz	
	U Magdeburg 4.50 / 5.30 Pz	
	U Leipzig 9.00 / 10.00 Pz	13.15
17.44 Pz	U Dortmund 21.38 / **23.16 Sz**	
	U Magdeburg **10.00** / 10.45 Pz	
	U Leipzig 14.05 / 14.30 Pz	17.30

nach **Düsseldorf**

8.26 Pz	U Elberfeld 9.30 / 10.00 Pz	11.04
10.41 Pz	U Elberfeld 12.25 / 13.30 Pz	14.33
14.24 Pz	U Elberfeld 15.28 / 15.40 Pz	17.10
17.45 Pz	U Elberfeld 18.51 / 19.40 Pz	20.43
20.32 Pz	U Elberfeld 21.33 ↩ / 6.48 Pz	7.50

nach **Elberfeld**

8.26 Pz	9.30
10.41 Pz	12.25
14.24 Pz	15.28
17.45 Pz	18.51
20.32 Pz	21.33

nach **Erfurt**

13.50 Pz	U Dortmund 14.49 / 15.05 Pz	
	U Hamm 16.00 / 16.18 Pz	
	U Cassel 22.00 / 22.15 Pz	
	U Guntershausen 22.35 / **22.45 Sz**	**2.50***

* Ankunftszeit geschätzt

nach **Essen**

8.26 Pz	U Elberfeld 9.30 / 10.00 Pz	
	U Vohwinkel 10.18 / 10.45 Pz	
	U Steele 12.18 / 12.25 ✉	12.55.
10.41 Pz	U Elberfeld 12.25 / 13.30 Pz	
	U Vohwinkel 13.47 / 14.00 Pz	
	U Steele 15.33 / 15.45 ✉	16.15.
11.22 Pz	U Dortmund 12.40 / **12.48 Sz**	**13.39***
13.50 Pz	U Dortmund 14.49 / 16.02 Pz	17.15*
13.50 Pz	U Witten 14.17* / 14.30 ✉	19.15 .

* Ankunft in Alten-Essen, Ankunftszeit geschätzt; ein Fahrplan der Post-Course von Alten-Essen nach Essen Stadt liegt nicht vor.

nach **Frankfurt a.M.**

8.26 Pz	U Elberfeld 9.30 / 10.00 Pz	
	U Düsseldorf 11.04 / 11.30 Pz	
	U Deutz (b. Cöln) 12.45 / 13.15 ✉	12-13.00
14.24 Pz	U Elberfeld 15.28 / 15.40 Pz	
	U Düsseldorf 17.10 / 19.00 Pz	
	U Deutz > Cöln 20.10 / 22.00 ⛴	17.30
20.32 Pz	U Elberfeld 21.33 ↩ / 6.48 Pz	
	U Düsseldorf 7.50 / 8.05 Pz	
	U Deutz > Cöln 9.15 / 10.00 ⛴	
	U Coblenz 17.00 / 20.00 ✉	
	U Wiesbaden 5.00 / 5.45 Pz	7.30

nach **Freiburg i.B.**

10.41 Pz	U Elberfeld 12.25 / 13.30 Pz	
	U Düsseldorf 14.33 / **15.04 Sz**	
	U Deutz > Cöln **16.00** / 20.15 ⛴	
	U Mainz 11.00 / **11.20 Sz**	
	U Ludwigshafen **13.00** / #	
	U Mannheim # / 15.10 Pz	
	U Offenburg 20.47 ↩ / 6.00 Pz	8.16[3]
17.45 Pz	U Elberfeld 18.51 / 19.40 Pz	
	U Düsseldorf 20.43 / **21.10 Cz**	
	U Deutz > Cöln **22.00** ↩ / 6.00 ⛴	
	U Mainz 19.30 / 20.00 Pz	
	U Ludwigshafen 21.59 ↩ / #	
	U Mannheim # / **6.40 Sz**	**12.35**[3]

nach **Gera**

7.52 Pz	U Dortmund 8.48 / **9.04 Cz**	
	U Magdeburg **18.00** / 18.15 Pz	
	U Leipzig 21.15 ↩ / 6.00 Pz	
	U Altenburg 7.10* / 9.00 ✉	13.00
7.52 Pz	U Dortmund 8.48 / **9.04 Cz**	
	U Magdeburg **18.00** / 18.15 Pz	
	U Leipzig 21.15 ↩ / **7.15 Ez**	
	U Altenburg **8.08*** / 9.00 ✉	13.00
20.37 Pz	U Dortmund 21.38 / **23.16 Sz**	
	U Magdeburg **10.00** / 10.45 Pz	
	U Leipzig 14.05 / 18.30 Pz	
	U Altenburg 19.40* / 20.30 ✉	0.30

nach **Görlitz**

7.52Pz	U Dortmund 8.48 / **9.04 Cz**	
	U Berlin **21.20** / **22.15 Sz**	
	U Kohlfurt **2.40*** / 3.15 Pz	4.00
7.52Pz	U Dortmund 8.48 / **9.04 Cz**	
	U Magdeburg **18.00** / 18.15 Pz	
	U Leipzig 21.15 / **22.00 Sz**	
	U Dresden **0.30** / 5.30 Pz	9.00
13.50 Pz	U Dortmund 14.49 / 15.05 Pz	
	U Magdeburg 4.50 / 5.30 Pz	
	U Leipzig 9.00 / 10.00 Pz	
	U Dresden 13.15 / 14.30 Pz	18.15
20.37 Pz	U Dortmund 21.38 / **23.16 Sz**	
	U Magdeburg **10.00** / 10.45 Pz	
	U Leipzig 14.05 / 14.30 Pz	
	U Dresden 17.30 / 18.15 Pz	21.40

* Ankunftszeit geschätzt

nach **Halle**

7.52 Pz	U Dortmund 8.48 / **9.04 Cz**	
	U Magdeburg **18.00** / 18.15 Pz	20.25
13.50 Pz	U Dortmund 14.49 / 15.05 Pz	
	U Magdeburg 4.50 / 5.30 Pz	8.00
17.44 Pz	U Dortmund 21.38 / **23.16 Sz**	
	U Magdeburg **10.00** / 10.45 Pz	13.10

nach **Hamburg**

7.52 Pz	U Dortmund 8.48 / **9.04 Cz**	
	U Lehrte **14.25*** / 14.35 Pz	
	U Harburg 18.20 / 19.00 ⛴	20.15

Fortsetzung siehe nächste Seite

noch: nach **Hamburg**

20.37 Pz **U** Dortmund 21.38 / **23.16 Sz**
U Lehrte **6.00*** / 6.05 Pz
U Harburg 10.05 / 10.30 ⛴ 11.45

* Ankunftszeit geschätzt

nach **Hamm**

7.52 Pz **U** Dortmund 8.48 / **9.04 Cz** **9.36**

13.50 Pz **U** Dortmund 14.49 / 15.05 Pz 16.00

17.44 Pz **U** Dortmund 19.13 / 20.27 Pz 21.15

20.37 Pz **U** Dortmund 21.38 / **23.16 Sz** **24.00**

nach **Hannover**

7.52 Pz **U** Dortmund 8.48 / **9.04 Cz** **13.45**

13.50 Pz **U** Dortmund 14.49 / 15.05 Pz 22.10

20.37 Pz **U** Dortmund 21.38 / **23.16 Sz** **5.10**

nach **Heidelberg**

10.41 Pz **U** Elberfeld 12.25 / 13.30 Pz
U Düsseldorf 14.33 / **15.04 Sz**
U Deutz > Cöln **16.00** / 20.15 ⛴
U Mainz 11.00 / **11.20 Sz**
U Ludwigshafen **13.00** / #
U Mannheim # / 15.10 Pz 15.46

14.24 Pz **U** Elberfeld 15.28 / 15.40 Pz
U Düsseldorf 17.10 / 19.00 Pz
U Deutz > Cöln 20.10 / 22.00 ⛴
U Mainz 14.00 / 15.00 Pz
U Ludwigshafen 17.00 / #
U Mannheim # / 19.45 Pz 20.21

17.45 Pz **U** Elberfeld 18.51 / 19.40 Pz
U Düsseldorf 20.43 / **21.10 Cz**
U Deutz > Cöln **22.00** ↪ / 6.00 ⛴
U Mainz 19.30 / 20.00 Pz
U Ludwigshafen 21.59 ↪ / #
U Mannheim # / 5.00 Pz 5.45

17.45 Pz **U** Elberfeld 18.51 / 19.40 Pz
U Düsseldorf 20.43 / **21.10 Cz**
U Deutz > Cöln **22.00** ↪ / 6.00 ⛴
U Mainz 19.30 / 20.00 Pz
U Ludwigshafen 21.59 ↪ / #
U Mannheim # / **6.40 Sz** **7.07**

nach **Kiel**

7.52 Pz **U** Dortmund 8.48 / **9.04 Cz**
U Lehrte **14.25*** / 14.35 Pz
U Harburg 18.20 / 19.00 ⛴
U Hamburg > Altona 20.15 ↪ / 8.10 Pz 11.00

20.37 Pz **U** Dortmund 21.38 / **23.16 Sz**
U Lehrte **6.00*** / 6.05 Pz
U Harburg 10.05 / 10.30 ⛴
U Hamburg > Altona 11.45 / 13.00 GmP 16.30

* Ankunftszeit geschätzt

nach **Königsberg i.Pr.**

7.52 Pz **U** Dortmund 8.48 / **9.04 Cz**
U Berlin **21.20** / **22.40 Sz**
U Dirschau **10.45** / 11.37 ✉
U Marienburg 16.07 / **16.37 Sz** **21.02**

nach **Leipzig**

7.52 Pz **U** Dortmund 8.48 / **9.04 Cz**
Cz **U** Magdeburg **18.00** / 18.15 Pz 21.15

13.50 Pz **U** Dortmund 14.49 / 15.05 Pz
U Magdeburg 4.50 / 5.30 Pz 9.00

20.37 Pz **U** Dortmund 21.38 / **23.16 Sz**
U Magdeburg **10.00** / 10.45 Pz 14.05

nach **Lindau**

10.41 Pz **U** Elberfeld 12.25 / 13.30 Pz
U Düsseldorf 14.33 / **15.04 Sz**
U Deutz > Cöln **16.00** / 20.15 ⛴
U Mainz 11.00 / **11.20 Sz**
U Ludwigshafen **13.00** / #
U Mannheim # / 15.10 Pz
U Bruchsal 17.01* / 17.20 Pz
U Stuttgart 20.15 ↪ / 7.05 Pz
U Friedrichshafen 15.20 / 15.30 ⛴ k.A.[3]

20.32 Pz **U** Elberfeld 21.33 ↪ / 6.48 Pz
U Düsseldorf 7.50 / 8.05 Pz
U Deutz > Cöln 9.15 / 10.00 ⛴
U Coblenz 17.00 / 20.00 ✉
U Wiesbaden 5.00 / 5.45 Pz
U Frankfurt a.M. 7.30 / **8.30 Ez**
U Bamberg **14.45** / **15.30 Ez**
U Augsburg **21.20** / 21.30 GmP 6.30[4]

* Ankunftszeit geschätzt

nach **Ludwigshafen**

10.41 Pz **U** Elberfeld 12.25 / 13.30 Pz
U Düsseldorf 14.33 / **15.04 Sz**
U Deutz > Cöln **16.00** / 20.15 ⛴
U Mainz 11.00 / **11.20 Sz** **13.00**

14.24 Pz **U** Elberfeld 15.28 / 15.40 Pz
U Düsseldorf 17.10 / 19.00 Pz
U Deutz > Cöln 20.10 / 22.00 ⛴
U Mainz 14.00 / 15.00 Pz 17.00

17.45 Pz **U** Elberfeld 18.51 / 19.40 Pz
U Düsseldorf 20.43 / **21.10 Cz**
U Deutz > Cöln **22.00** / 23.30 ⛴
U Mainz 17.30 / 18.00 Pz 20.35
nur Mo und Do

17.45 Pz **U** Elberfeld 18.51 / 19.40 Pz
U Düsseldorf 20.43 / **21.10 Cz**
U Deutz > Cöln **22.00** ↪ / 6.00 ⛴
U Mainz 19.30 / 20.00 Pz 21.59

weitere Verbindungen > **Mannheim**

nach **Lübeck**

7.52 Pz **U** Dortmund 8.48 / **9.04 Cz**
U Lehrte **14.25*** / 14.35 Pz
U Harburg 18.20 / 19.00 ⛴
U Hamburg 20.15 / 23.00 ✉ 5.00

20.37 Pz **U** Dortmund 21.38 / **23.16 Sz**
U Lehrte **6.00*** / 6.05 Pz
U Harburg 10.05 / 10.30 ⛴
U Hamburg 11.45 / 17.00 Pz
U Büchen 18.45* / 19.00 Pz 20.11

* Ankunftszeit geschätzt

nach **Magdeburg**

7.52 Pz **U** Dortmund 8.48 / **9.04 Cz** **18.00**

13.50 Pz **U** Dortmund 14.49 / 15.05 Pz 4.50

20.37 Pz **U** Dortmund 21.38 / **23.16 Sz** **10.00**

nach **Mainz**

10.41 Pz **U** Elberfeld 12.25 / 13.30 Pz
U Düsseldorf 14.33 / **15.04 Sz**
U Deutz > Cöln **16.00** / 20.15 ⛴ 11.00

14.24 Pz **U** Elberfeld 15.28 / 15.40 Pz
U Düsseldorf 17.10 / 19.00 Pz
U Deutz > Cöln 20.10 / 22.00 ⛴ 14.00

17.45 Pz **U** Elberfeld 18.51 / 19.40 Pz
U Düsseldorf 20.43 / **21.10 Cz**
U Deutz > Cöln **22.00** / 23.30 ⛴ 17.30
ab Cöln nur Mo und Do

nach **Mannheim**

10.41 Pz **U** Elberfeld 12.25 / 13.30 Pz
13.30 Pz **U** Düsseldorf 14.33 / 17.00 ⛴ 19.30

weitere Verbindungen > **Ludwigshafen**

nach **München**

8.26 Pz **U** Elberfeld 9.30 / 10.00 Pz
U Düsseldorf 11.04 / 11.30 Pz
U Deutz (b. Cöln) 12.45 / 13.15 ✉
U Frankft. a.M. 12-13.00/17.15 Pz
U Bamberg 1.05 / 3.15 Pz 13.15[3]

10.41 Pz **U** Elberfeld 12.25 / 13.30 Pz
U Düsseldorf 14.33 / **15.04 Sz**
U Deutz > Cöln **16.00** / 20.15 ⛴
U Mainz 11.00 / **11.20 Sz**
U Ludwigshafen **13.00** / #
U Mannheim # / 15.10 Pz
U Bruchsal 17.01* / 17.20 Pz
U Stuttgart 20.15 ↪ / 7.05 Pz
U Ulm 10.50 / 11.15 GmP 20.30[3]

17.45 Pz **U** Elberfeld 18.51 / 19.40 Pz
U Düsseldorf 20.43 / ↪ 8.05 Pz
U Deutz > Cöln 9.15 / 10.00 ⛴
U Coblenz 17.00 / 20.00 ✉
U Wiesbaden 5.00 / 5.45 Pz
U Frankfurt a.M. 7.30 / **8.30 Ez**
U Bamberg **14.45** / **15.30 Ez** **23.00**[3]

* Ankunftszeit geschätzt

noch: ab **Hagen**

nach **Münster**

7.52 Pz	**U** Dortmund 8.48 / **9.04 Cz**	
	U Hamm **9.36** / 12.10 Pz	13.00
13.50 Pz	**U** Dortmund 14.49 / 15.05 Pz	
	U Hamm 16.00 / 19.00 Pz	20.00
20.37 Pz	**U** Dortmund 21.38 / **23.16 Sz**	
	U Hamm **24.00** ↩ / 7.30 Pz	8.30

nach **Nürnberg**

8.26 Pz	**U** Elberfeld 9.30 / 10.00 Pz	
	U Düsseldorf 11.04 / 11.30 Pz	
	U Deutz (b. Cöln) 12.45 / 13.15 ✉	
	U Frankft. a.M. 12-13.00/17.15 Pz	
	U Bamberg 1.05 / 3.15 Pz	5.15[3]
20.32 Pz	**U** Elberfeld 21.33 ↩ / 6.48 Pz	
	U Düsseldorf 7.50 / 8.05 Pz	
	U Deutz > Cöln 9.15 / 10.00 ⛴	
	U Coblenz 17.00 / 20.00 ✉	
	U Wiesbaden 5.00 / 5.45 Pz	
	U Frankfurt a.M. 7.30 / **8.30 Ez**	
	U Bamberg **14.45 / 15.30 Ez**	**17.00**[3]

* Ankunftszeit geschätzt

nach **Oberhausen**

8.26 Pz	**U** Elberfeld 9.30 / 10.00 Pz	
	U Düsseldorf 11.04 / 12.20 Pz	13.20
11.22 Pz	**U** Dortmund 12.40 / **12.48 Sz**	**14.00**
13.50 Pz	**U** Dortmund 14.49 / 16.02 Pz	17.45
14.24 Pz	**U** Elberfeld 15.28 / 15.40 Pz	
	U Düsseldorf 17.10 / 17.20 Pz	18.25
17.44 Pz	**U** Dortmund 19.13 / **19.22 Cz**	**20.20**
17.45 Pz	**U** Elberfeld 18.51 / 19.40 Pz	
	U Düsseldorf 20.43 / **21.02 Sz**	**21.50**
20.37 Pz	**U** Dortmund 21.38 ↩ / 5.10 Pz	6.42

nach **Oppeln**

7.52 Pz	**U** Dortmund 8.48 / **9.04 Cz**	
	U Berlin **21.20 / 22.15 Sz**	**7.45***

* Ankunftszeit geschätzt

nach **Osnabrück**

7.52 Pz	**U** Dortmund 8.48 / **9.04 Cz**	
	U Bielefeld **11.13*** / 11.30 ✉	18.00
13.50 Pz	**U** Dortmund 14.49 / 15.05 Pz	
	U Minden 19.45 / 1.00 ✉	8.00
20.37 Pz	**U** Dortmund 21.38 / **23.16 Sz**	
	U Minden **3.05** / 9.00 ✉	16.00

* Ankunftszeit geschätzt

nach **Passau**

20.32 Pz	**U** Elberfeld 21.33 ↩ / 6.48 Pz	
	U Düsseldorf 7.50 / 8.05 Pz	
	U Deutz > Cöln 9.15 / 10.00 ⛴	
	U Coblenz 17.00 / 20.00 ✉	
	U Wiesbaden 5.00 / 5.45 Pz	
	U Frankfurt a.M. 7.30 / **8.30 Ez**	
	U Bamberg **14.45 / 15.30 Ez**	
	U Nürnberg **17.00** / 17.30 ✉	
	U Regensburg 5.30 / 11.00 ✉	22.30[4]

nach **Posen**

7.52 Pz	**U** Dortmund 8.48 / **9.04 Cz**	
	U Berlin **21.20 / 22.40 Sz**	
	U Kreutz **4.43** / 5.03 Pz	7.47

nach **Regensburg**

8.26 Pz	**U** Elberfeld 9.30 / 10.00 Pz	
	U Düsseldorf 11.04 / 11.30 Pz	
	U Deutz (b. Cöln) 12.45 / 13.15 ✉	
	U Frankft. a.M. 12-13.00/17.15 Pz	
	U Bamberg 1.05 / 3.15 Pz	
	U Nürnberg 5.15 / 6.00 ✉	8.00[3]
20.32 Pz	**U** Elberfeld 21.33 ↩ / 6.48 Pz	
	U Düsseldorf 7.50 / 8.05 Pz	
	U Deutz > Cöln 9.15 / 10.00 ⛴	
	U Coblenz 17.00 / 20.00 ✉	
	U Wiesbaden 5.00 / 5.45 Pz	
	U Frankfurt a.M. 7.30 / **8.30 Ez**	
	U Bamberg **14.45 / 15.30 Ez**	
	U Nürnberg **17.00** / 17.30 ✉	5.30[4]

nach **Rostock**

7.52 Pz	**U** Dortmund 8.48 / **9.04 Cz**	
	U Lehrte **14.25*** / 14.35 Pz	
	U Harburg 18.20 / 19.00 ⛴	
	U Hamburg 20.15 / **22.30 Cz**	
	U Hagenow **0.40*** ↩ / 7.30 Pz	11.05
13.50 Pz	**U** Dortmund 14.49 / 15.05 Pz	
	U Magdeburg 4.50 / 7.45 Pz	
	U Wittenberge 10.15 / 10.55 Pz	
	U Hagenow 12.40* / 12.50 Pz	16.40
20.37 Pz	**U** Dortmund 21.38 / **23.16 Sz**	
	U Magdeburg **10.00** / 10.45 GmP	
	U Wittenberge 14.10 / 15.10 GmP	
	U Hagenow 17.00 / 17.30	20.10

nach **Saarbrücken**

10.41 Pz	**U** Elberfeld 12.25 / 13.30 Pz	
	U Düsseldorf 14.33 / **15.04 Sz**	
	U Deutz > Cöln **16.00** / 20.15 ⛴	
	U Mainz 11.00 / **11.20 Sz**	**16.58**
14.24 Pz	**U** Elberfeld 15.28 / 15.40 Pz	
	U Düsseldorf 17.10 / 19.00 Pz	
	U Deutz > Cöln 20.10 / 22.00 ⛴	
	U Mainz 14.00 / 15.00 Pz	22.05
17.45 Pz	**U** Elberfeld 18.51 / 19.40 Pz	
	U Düsseldorf 20.43 / **21.10 Cz**	
	U Deutz > Cöln **22.00** ↩ / 6.00 ⛴	
	U Mainz 19.30 ↩ / 4.30 Pz	10.36[3]

nach **Schwerin**

7.52 Pz	**U** Dortmund 8.48 / **9.04 Cz**	
	U Lehrte **14.25*** / 14.35 Pz	
	U Harburg 18.20 / 19.00 ⛴	
	U Hamburg 20.15 / **22.30 Cz**	
	U Hagenow **0.40*** ↩ / 7.30 Pz	8.12

Fortsetzung siehe nächste Spalte

13.50 Pz	**U** Dortmund 14.49 / 15.05 Pz	
	U Magdeburg 4.50 / 7.45 Pz	
	U Wittenberge 10.15 / 10.55 Pz	
	U Hagenow 12.40* / 12.50 Pz	13.35
20.37 Pz	**U** Dortmund 21.38 / **23.16 Sz**	
	U Magdeburg **10.00** / 10.45 GmP	
	U Wittenberge 14.10 / 15.10 GmP	
	U Hagenow 17.00 / 17.30 Pz	18.15

nach **Stettin**

7.52 Pz	**U** Dortmund 8.48 / **9.04 Cz**	
	U Berlin **21.20 / 22.40 Sz**	**1.47**
13.50 Pz	**U** Dortmund 14.49 / 15.05 Pz	
	U Berlin 9.30 / 12.15 Pz	15.52
20.37 Pz	**U** Dortmund 21.38 / **23.16 Sz**	
	U Berlin **13.10** / 17.30 Pz	21.10

nach **Stralsund**

7.52 Pz	**U** Dortmund 8.48 / **9.04 Cz**	
	U Berlin **21.20 / 22.40 Sz**	
	U Passow 0.50* / 1.15 ✉	18.00
20.37 Pz	**U** Dortmund 21.38 / **23.16 Sz**	
	U Berlin **13.10** / 17.30 Pz	
	U Passow 20.00* / 20.20 ✉	11.20[3]

* Ankunftszeit geschätzt

nach **Stuttgart**

10.41 Pz	**U** Elberfeld 12.25 / 13.30 Pz	
	U Düsseldorf 14.33 / **15.04 Sz**	
	U Deutz > Cöln **16.00** / 20.15 ⛴	
	U Mainz 11.00 / **11.20 Sz**	
	U Ludwigshafen **13.00** / #	
	U Mannheim # / 15.10 Pz	
	U Bruchsal 17.01* / 17.20 Pz	20.15
17.45 Pz	**U** Elberfeld 18.51 / 19.40 Pz	
	U Düsseldorf 20.43 / **21.10 Cz**	
	U Deutz > Cöln **22.00** ↩ / 6.00 ⛴	
	U Mainz 19.30 / 20.00 Pz	
	U Ludwigshafen 21.59 ↩ / #	
	U Mannheim # / **6.40 Sz**	
	U Bruchsal **7.59*** / 8.15 Pz	11.05[3]

* Ankunftszeit geschätzt

nach **Trier**

10.41 Pz	**U** Elberfeld 12.25 / 13.30 Pz	
	U Düsseldorf 14.33 / **15.04 Sz**	
	U Deutz > Cöln **16.00** / 19.00 ✉	17.30
14.24 Pz	**U** Elberfeld 15.28 / 15.40 Pz	
	U Düsseldorf 17.10 / 19.00 Pz	
	U Deutz > Cöln 20.10 / 22.00 ⛴	
	U Coblenz 5.45 / 6.45 ✉	21.00
17.45 Pz	**U** Elberfeld 18.51 / 19.40 Pz	
	U Düsseldorf 20.43 / **21.10 Cz**	
	U Deutz > Cöln **22.00** ↩ / 5.00 ✉	2.15[3]

nach **Ulm**

10.41 Pz **U** Elberfeld 12.25 / 13.30 Pz
U Düsseldorf 14.33 / **15.04 Sz**
U Deutz > Cöln **16.00** / 20.15 ⛴
U Mainz 11.00 / **11.20 Sz**
U Ludwigshafen **13.00** / #
U Mannheim # / 15.10 Pz
U Bruchsal 17.01* / 17.20 Pz
U Stuttgart 20.15 ⤻ / 7.05 Pz — 10.50[3]

17.45 Pz **U** Elberfeld 18.51 / 19.40 Pz
U Düsseldorf 20.43 / **21.10 Cz**
U Deutz > Cöln **22.00** ⤻ / 6.00 ⛴
U Mainz 19.30 / 20.00 Pz
U Ludwigshafen 21.59 ⤻ / #
U Mannheim # / **6.40 Sz**
U Bruchsal **7.59*** / 8.15 Pz — 15.05[3]

* Ankunftszeit geschätzt

nach **Wiesbaden**

10.41 Pz **U** Elberfeld 12.25 / 13.30 Pz
U Düsseldorf 14.33 / 17.00 ⛴
U Coblenz 5.45 / 7.15 ⊠ — 16.15

20.32 Pz **U** Elberfeld 21.33 ⤻ / 6.48 Pz
U Düsseldorf 7.50 / 8.05 Pz
U Deutz > Cöln 9.15 / 10.00 ⛴
U Coblenz 17.00 / 20.00 ⊠ — 5.00

nach **Würzburg**

8.26 Pz **U** Elberfeld 9.30 / 10.00 Pz
U Düsseldorf 11.04 / 11.30 Pz
U Deutz (b. Cöln) 12.45 / 13.15 ⊠
U Frankfurt a.M. 12-13.00 / 17.15 Pz — 21.40

14.24 Pz **U** Elberfeld 15.28 / 15.40 Pz
U Düsseldorf 17.10 / 19.00 Pz
U Deutz > Cöln 20.10 / 22.00 ⛴
U Frankfurt a.M. 17.30 / 20.55 GmP — 9.50

20.32 Pz **U** Elberfeld 21.33 ⤻ / 6.48 Pz
U Düsseldorf 7.50 / 8.05 Pz
U Deutz > Cöln 9.15 / 10.00 ⛴
U Coblenz 17.00 / 20.00 ⊠
U Wiesbaden 5.00 / 5.45 Pz
U Frankfurt a.M. 7.30 / **8.30 Ez** — **12.00**[3]

nach **Zwickau**

20.32 Pz **U** Elberfeld 21.33 ⤻ / 6.48 Pz
U Düsseldorf 7.50 / 8.05 Pz
U Deutz > Cöln 9.15 / 10.00 ⛴
U Coblenz 17.00 / 20.00 ⊠
U Wiesbaden 5.00 / 5.45 Pz
U Frankfurt a.M. 7.30 / **8.30 Ez**
U Bamberg **14.45** / **15.05 Ez**
U Werdau **20.55*** / 21.17 Pz — 21.40*[3]

* Ankunftszeit geschätzt

Halle (Saale)

Halle an der Saale ist durch folgende zwei Eisenbahnlinien weitreichend an das Schienennetz eingebunden:

- durch die durch die Stadt verlaufende Magdeburg-Cöthen-Halle-Leipziger Eisenbahn, die u.a. in Leipzig an die Leipzig-Dresdener Eisenbahn und in Cöthen an die Berlin-Anhaltische Eisenbahn anschließt,
- durch die hier abgehende Strecke der Thüringischen Eisenbahn nach Erfurt und weiter bis Gerstungen, woselbst die durchgehenden Züge nach Cassel und Frankfurt a.M. auf die Kurfürst-Friedrich-Wilhelms-Eisenbahn übergehen.

von **Halle** (Saale)

nach **Aachen**

7.45 Pz **U** Magdeburg 9.50 / **10.40 Cz**
U Deutz > Cöln **22.00** / **23.30 Sz** — **1.20**

12.45 Pz **U** Magdeburg 15.30 / 16. 15 Pz
U Oberhausen 6.42 / 7.00 Pz — 11.20

22.45 Pz **U** Magdeburg 1.15 / **1.50 Sz**
U Deutz > Cöln **16.00** / 18.00 Pz — 20.00

nach **Augsburg**

13.15 Pz **U** Leipzig 14.05 / 14.30 Pz
U Hof 20.00 / 20.30 Pz — 11.05

23.10 Pz **U** Leipzig 0.15 ⤻ / **7.15 Ez** — **21.20**

nach **Basel***

8.15 Pz **U** Frankfurt a.M. 22.30 ⤻ / **5.00 Cz**
U Heidelberg **7.05** / **7.20 Sz** — **14.56**

23.00 Sz **U** Frankfurt a.M. **9.55** / **10.30 Sz**
U Heidelberg **12.35** / **12.55 Sz** — **19.15**

* Ankunft Basel Badischer Bf

nach **Berlin**

6.05 Sz *über Coethen* — **10.30**
16.30 Pz *über Coethen* — 21.30

nach **Bonn**

7.45 Pz **U** Magdeburg 9.50 / **10.40 Cz**
U Deutz > Cöln **22.00** ⤻ / 7.00 Pz — 7.50

12.45 Pz **U** Magdeburg 15.30 / 16.15 Pz
U Deutz > Cöln 9.15 / 10.00 Pz — 10.50

22.45 Pz **U** Magdeburg 1.15 / **1.50 Sz**
U Deutz > Cöln **16.00** / 17.45 Pz — 18.35

nach **Braunschweig**

7.45 Pz **U** Magdeburg 9.50 / **10.40 Cz** — **12.50**
12.45 Pz **U** Magdeburg 15.30 / 16.15 Pz — 19.15
22.45 Pz **U** Magdeburg 1.15 / **1.50 Sz** — **4.30**

nach **Bremen**

7.45 Pz **U** Magdeburg 9.50 / **10.40 Cz**
U Wunstorf **15.03*** / 16.40 Pz — 19.25

22.45 Pz **U** Magdeburg 1.15 / **1.50 Sz**
U Wunstorf **7.15*** / 7.30 Pz — 10.15

* Ankunftszeit geschätzt

nach **Breslau**

13.15 Pz **U** Leipzig 14.05 / 14.30 Pz
U Dresden 17.30 / 18.15 Pz
U Görlitz 21.40 / 23.00 Pz
U Kohlfurt 23.45 / **2.45 Sz** — **5.45**

23.10 Pz **U** Leipzig 0.15 ⤻ / 6.00 Pz
U Dresden 9.15 / 9.45 Pz
U Görlitz 12.50 / 13.30 Pz
U Kohlfurt 14.10 / 14.15 Pz — 18.30

nach **Carlsruhe**

8.15 Pz **U** Frankfurt a.M. 22.30 ⤻ / **5.00 Cz**
U Heidelberg **7.05** / **7.20 Sz** — **8.27**

23.00 Sz **U** Frankfurt a.M. **9.55** / **10.30 Sz**
U Heidelberg **12.35** / **12.55 Sz** — **14.10**

nach **Cassel**

8.15 Pz **U** Guntershausen 16.30 / 16.40 Pz — 17.00
13.40 Pz — 22.00
23.00 Sz **U** Guntershausen **5.05** / 5.10 Pz — 5.30

nach **Chemnitz**

8.05 Pz **U** Leipzig 9.00 / 10.00 Pz
U Riesa 11.25* / 12.15 Pz — 15.30

13.15 Pz **U** Leipzig 14.05 / 14.30 Pz
U Riesa 16.00* / 16.45 Pz — 19.30

16.15 Pz **U** Leipzig 17.15 / 17.30 Pz
U Riesa 19.25* / 20.00 Pz — 22.30

20.30 Pz **U** Leipzig 21.15 / **22.00 Sz**
U Riesa **23.15*** ⤻ / 5.15 Pz — 8.15

23.10 Pz **U** Leipzig 0.15 ⤻ / 6.00 Pz
U Riesa 7.25* / 8.30 Pz — 11.00

* Ankunftszeit geschätzt

nach **Coblenz**

7.45 Pz **U** Magdeburg 9.50 / **10.40 Cz**
U Deutz > Cöln **22.00** / 23.30 ⛴ — 9.00
nur Mo und Do

7.45 Pz **U** Magdeburg 9.50 / **10.40 Cz**
U Deutz > Cöln **22.00** ⤻ / 6.00 ⛴ — 12.15

12.45 Pz **U** Magdeburg 15.30 / 16. 15 Pz
U Deutz > Cöln 9.15 / 10.00 ⛴ — 17.00

22.45 Pz **U** Magdeburg 1.15 / **1.50 Sz**
U Deutz > Cöln **16.00** / 20.15 ⛴ — 2.45

nach **Cöln***

7.45 Pz **U** Magdeburg 9.50 / **10.40 Cz** — **22.00**
12.45 Pz **U** Magdeburg 15.30 / 16. 15 Pz — 9.15
22.45 Pz **U** Magdeburg 1.15 / **1.50 Sz** — **16.00**

* Ankunft in Deutz auf der rechten Rheinseite

noch: ab **Halle** (Saale)

nach **Constanz**
8.15 Pz **U** Frankfurt a.M.22.30 ↩ / **5.00 Cz**
U Heidelberg **7.05** / **7.20 Sz**
U Offenburg **10.22** / 10.45 ✉ 6.15[3]
23.00 Sz **U** Frankfurt a.M. **9.55** / **10.30 Sz**
U Heidelberg **12.35** / **12.55 Sz**
U Freiburg i.B. **17.36** / 18.15 ✉
U Schaffhausen 5.15 / 12.30 ✉ 17.00[3]

nach **Danzig**
16.30 Pz **U** Berlin 21.30 / **22.40 Sz** **11.35**

nach **Darmstadt***
8.15 Pz **U** Frankfurt a.M. 22.30 ↩/ **5.00 Cz** **5.38**
23.00 Sz **U** Frankfurt a.M. **9.55** / **10.30 Sz** **11.08**
* Ankunftszeiten in Darmstadt sind sämmtlich geschätzt.

nach **Dortmund***
7.45 Pz **U** Magdeburg 9.50 / **10.40 Cz** **19.20**
12.45 Pz **U** Magdeburg 15.30 / 16. 15 Pz 5.08
22.45 Pz **U** Magdeburg 1.15 / **1.50 Sz** **12.45**
* Ankunftszeiten in Dortmund sind sämmtlich geschätzt.

nach **Dresden**
8.05 Pz **U** Leipzig 9.00 / 10.00 Pz 13.15
13.15 Pz **U** Leipzig 14.05 / 14.30 Pz 17.30
16.15 Pz **U** Leipzig 17.15 / 17.30 Pz 21.00
20.30 Pz **U** Leipzig 21.15 / **22.00 Sz** **0.30**
23.10 Pz **U** Leipzig 0.15 ↩ / 6.00 Pz 9.15

nach **Düsseldorf**
7.45 Pz **U** Magdeburg 9.50 / **10.40 Cz** **21.03**
12.45 Pz **U** Magdeburg 15.30 / 16. 15 Pz 7.55
22.45 Pz **U** Magdeburg 1.15 / **1.50 Sz** **14.57**

nach **Elberfeld**
7.45 Pz **U** Magdeburg 9.50 / **10.40 Cz**
U Dortmund **19.20*** / 19.30 Pz 21.33
12.45 Pz **U** Magdeburg 15.30 / 16.15 Pz
U Dortmund 5.08* / 7.15 Pz 9.30
22.45 Pz **U** Magdeburg 1.15 / **1.50 Sz**
U Dortmund **12.40*** / 13.15 Pz 15.28
* Ankunftszeit geschätzt

nach **Erfurt**
8.15 Pz 11.10*
13.40 Pz 16.50*
18.40 Pz 22.55
19.30 ✉ 10.15
23.00 Sz **1.20***
* Ankunftszeit geschätzt

nach **Essen***
7.45 Pz **U** Magdeburg 9.50 / **10.40 Cz**
U Oberhausen** **20.20** / 21.56 Pz 22.15
12.45 Pz **U** Magdeburg 15.30 / 16.15 Pz 5.08
22.45 Pz **U** Magdeburg 1.15 / **1.50 Sz** **12.40**
* Ankunft in Alten-Essen, Ankunftszeit geschätzt; ein Fahrplan der Post-Course von Alten-Essen nach Essen Stadt liegt nicht vor.
** Cours über Oberhausen nur mit Umwegkarte zu benutzen.

nach **Frankfurt a.M.**
8.15 Pz *über Erfurt–Bebra–Giessen* 22.30
23.00 Sz *über Erfurt–Bebra–Giessen* **9.55**

nach **Freiburg i.B.**
8.15 Pz **U** Frankfurt a.M. 22.30 ↩ / **5.00 Cz**
U Heidelberg **7.05** / **7.20 Sz** **12.35**
23.00 Sz **U** Frankfurt a.M. **9.55** / **10.30 Sz**
U Heidelberg **12.35** / **12.55 Sz** **17.36**

nach **Gera**
16.15 Pz **U** Leipzig 17.15 / 18.30 Pz
U Altenburg 19.40* / 20.30 ✉ 0.30
23.10 Pz **U** Leipzig 0.15 ↩ / 6.00 Pz
U Altenburg 7.10* / 9.00 ✉ 13.00
* Ankunftszeit geschätzt

nach **Görlitz**
8.05 Pz **U** Leipzig 9.00 / 10.00 Pz
U Dresden 13.15 / 14.30 Pz 18.15
13.15 Pz **U** Leipzig 14.05 / 14.30 Pz
U Dresden 17.30 / 18.15 Pz 21.40
20.30 Pz **U** Leipzig 21.15 / **22.00 Sz**
U Dresden **0.30** ↩ / 5.30 Pz 9.00
23.10 Pz **U** Leipzig 0.15 ↩ / 6.00 Pz
U Dresden 9.15 / 9.45 Pz 12.50

nach **Hagen**
7.45 Pz **U** Magdeburg 9.50 / **10.40 Cz**
U Dortmund **19.20*** / 19.30 Pz 20.28*
12.45 Pz **U** Magdeburg 15.30 / 16.15 Pz
U Dortmund 5.08* / 7.15 Pz 8.24*
22.45 Pz **U** Magdeburg 1.15 / **1.50 Sz**
U Dortmund **12.40*** / 13.15 Pz 14.22*
* Ankunftszeit geschätzt

nach **Hamburg**
7.45 Pz **U** Magdeburg 9.50 / **10.40 Cz**
U Lehrte **14.00*** / 14.35 Pz
U Harburg 18.20 / 19.00 ⛴ 20.15
7.45 Pz **U** Magdeburg 9.50 / 10.45 GmP
U Wittenberge 14.10/ 15.10 GmP 20.00
16.30 Pz **U** Berlin 21.30 / **23.00 Sz** **5.10**
22.45 Pz **U** Magdeburg 1.15 / 7.45 Pz
U Wittenberge 10.15 / 10.55 Pz 15.30

nach **Hamm**
7.45 Pz **U** Magdeburg 9.50 / **10.40 Cz** **18.40**
12.45 Pz **U** Magdeburg 15.30 / 16.15 Pz 4.05
22.45 Pz **U** Magdeburg 1.15 / **1.50 Sz** **11.59**

nach **Hannover**
7.45 Pz **U** Magdeburg 9.50 / **10.40 Cz** **14.20**
12.45 Pz **U** Magdeburg 15.30 / 16.15 Pz 21.25
22.45 Pz **U** Magdeburg 1.15 / **1.50 Sz** **6.20**

nach **Heidelberg**
8.15 Pz **U** Frankfurt a.M. 22.30 ↩ / **5.00 Cz** **7.05**
23.00 Sz **U** Frankfurt a.M. **9.55** / **10.30 Sz** **12.35**

nach **Kiel**
16.30 Pz **U** Berlin 21.30 / **23.00 Cz**
U Hamburg **5.16** /
Altona 8.10 Pz 11.00
22.45 Pz **U** Magdeburg 1.15 / 7.45 Pz
U Wittenberge 10.15 / 10.55 Pz
U Hamburg 15.30 /
Altona 17.10 Pz 20.00

nach **Königsberg i.Pr.**
16.30 Pz **U** Berlin 21.30 / **22.40 Sz**
U Dirschau **10.45** / 11.37 ✉
U Marienburg 16.07 / **16.37 Sz** **21.02**

nach **Leipzig**
6.15 Pz 7.30
8.05 Pz 9.00
10.45 Pz 12.15
13.15 Pz 14.05
16.15 Pz 17.15
20.30 Pz 21.15
23.10 Pz 0.15

nach **Lindau**
13.15 Pz **U** Leipzig 14.05 / 14.30 Pz
U Hof 20.00 / 20.30 Pz
U Augsburg 11.05 / 12.50 GmP 22.35
23.10 Pz **U** Leipzig 0.15 ↩ / **7.15 Ez**
U Augsburg **21.20** / 21.30 GmP 6.30[3]

nach **Ludwigshafen**
> Mannheim

nach **Lübeck**
7.45 Pz **U** Magdeburg 9.50 / 10.45 GmP
U Wittenberge 14.10 / 15.10 GmP
U Büchen 18.35* / 19.00 Pz 20.11
12.45 Pz **U** Magdeburg 15.30 / 17.30 GmP
U Wittenberge 21.00 ↩ / 5.15 Pz
U Büchen 8.45* / 9.00 Pz 10.45
22.45 Pz **U** Magdeburg 1.15 / 7.45 Pz
U Wittenberge 10.15 / 10.55 Pz
U Büchen 13.55* / 14.00 Pz 15.11
* Ankunftszeit geschätzt

nach **Magdeburg**
7.45 Pz *über Cöthen* 9.50
9.00 Pz *über Cöthen* 13.00
12.45 Pz *über Cöthen* 15.30
18.15 Pz *über Cöthen* 21.00
22.45 Pz *über Cöthen* 1.15

nach **Mainz**
8.15 Pz **U** Frankfurt a.M. 22.30 ↩ / 5.45 Pz
U Castel 7.05* / # ✉ k.A.**

Fortsetzung siehe nächste Seite

noch: nach **Mainz**

23.00 Sz	**U** Frankfurt a.M. **9.55 / 10.15 Sz**	
	U Castel **11.00** / # ⊠	k.A.**

* Ankunftszeit geschätzt
** Ein Fahrplan der Post-Course von Castel auf der rechten Rheinseite über die Schiffsbrücke nach Mainz liegt nicht vor.

nach Mannheim

8.15 Pz	**U** Frankfurt a.M. 22.30 ↪/ **5.00 Cz**	**7.06**
23.00 Sz	**U** Frankfurt a.M. **9.55 / 10.30 Sz**	**12.38**

nach München

13.15 Pz	**U** Leipzig 14.05 / 14.30 Pz	
	U Hof 20.00 / 20.30 Pz	13.15
23.10 Pz	**U** Leipzig 0.15 ↪ / **7.15 Ez**	**23.00**

nach Münster

7.45 Pz	**U** Magdeburg 9.50 / **10.40 Cz**	
	U Hamm **18.40** / 19.00 Pz	20.00
12.45 Pz	**U** Magdeburg 15.30 / 16.15 Pz	
	U Hamm 4.05 / 7.30 Pz	8.30
22.45 Pz	**U** Magdeburg 1.15 / **1.50 Sz**	
	U Hamm **11.55*** / 12.10 Pz	13.00

* Ankunftszeit geschätzt

nach Nürnberg

13.15 Pz	**U** Leipzig 14.05 / 14.30 Pz	
	U Hof 20.00 / 20.30 Pz	5.15
16.15 Pz	**U** Leipzig 17.15 / 18.30 Pz	
	U Hof 24.00 / 3.45 GmP	16.10
23.10 Pz	**U** Leipzig 0.15 ↪ / **7.15 Ez**	**17.00**

nach Oberhausen

7.45 Pz	**U** Magdeburg 9.50 / **10.40 Cz**	**20.20**
12.45 Pz	**U** Magdeburg 15.30 / 16.15 Pz	6.42
22.45 Pz	**U** Magdeburg 1.15 / **1.50 Sz**	**14.00**

nach Oppeln

13.15 Pz	**U** Leipzig 14.05 / 14.30 Pz	
	U Dresden 17.30 / 18.15 Pz	
	U Görlitz 21.40 / 23.00 Pz	
	U Kohlfurt 23.45 / **2.45 Sz**	**7.45**
23.10 Pz	**U** Leipzig 0.15 ↪ / 6.00 Pz	
	U Dresden 9.15 / 9.45 Pz	
	U Görlitz 12.50 / 13.30 Pz	
	U Kohlfurt 14.10 / 14.15 Pz	18.30

nach Osnabrück

12.45 Pz	**U** Magdeburg 15.30 / 16.15 Pz	
	U Minden 23.45 / 1.00 ⊠	8.00
22.45 Pz	**U** Magdeburg 1.15 / **1.50 Sz**	
	U Minden **8.35** / 9.00 ⊠	16.00

nach Passau

23.10 Pz	**U** Leipzig 0.15 ↪ / **7.15 Ez**	
	U Nürnberg **17.00** / 17.30 ⊠	
	U Regensburg 5.30 / 11.00 ⊠	22.30[3]

nach Posen

6.05 Sz	**U** Berlin **10.30 / 22.40 Sz**	
	U Kreutz **4.43** / 5.03 Pz	7.47

nach Regensburg

13.15 Pz	**U** Leipzig 14.05 / 14.30 Pz	
	U Hof 20.00 / 20.30 Pz	
	U Nürnberg 5.15 / 6.00 ⊠	18.00
23.10 Pz	**U** Leipzig 0.15 ↪ / **7.15 Ez**	
	U Nürnberg **17.00** / 17.30 ⊠	5.30[3]

nach Rostock

7.45 Pz	**U** Magdeburg 9.50 / 10.45 GmP	
	U Wittenberge 14.10 / 15.10 GmP	
	U Hagenow 17.00* / 17.30 Pz	20.10
16.30 Pz	**U** Berlin 21.30 / **23.00 Cz**	
	U Hagenow 3.08* / 7.30 Pz	11.05
22.45 Pz	**U** Magdeburg 1.15 / 7.45 Pz	
	U Wittenberge 10.15 / 10.55 Pz	
	U Hagenow 12.40* / 12.50 Pz	16.40

* Ankunftszeit geschätzt

nach Saarbrücken

8.15 Pz	**U** Frankfurt a.M. 22.30 ↪/ **5.00 Cz**	
	U Mannheim **7.06** / #	
	U Ludwigshafen # / **13.10 Sz**	**16.58**
23.00 Sz	**U** Frankfurt a.M. **9.55 / 10.30 Sz**	
	U Mannheim **12.38** / #	
	U Ludwigshafen # / 17.30 Pz	22.05

nach Schwerin

7.45 Pz	**U** Magdeburg 9.50 / 10.45 GmP	
	U Wittenberge 14.10 / 15.10 GmP	
	U Hagenow 17.00* / 17.30 Pz	18.15
16.30 Pz	**U** Berlin 21.30 / **23.00 Cz**	
	U Hagenow 3.08* / 7.30 Pz	8.12
22.45 Pz	**U** Magdeburg 1.15 / 7.45 Pz	
	U Wittenberge 10.15 / 10.55 Pz	
	U Hagenow 12.40* / 12.50 Pz	13.35

* Ankunftszeit geschätzt

nach Stettin

6.05 Sz	**U** Berlin **10.30** / 12.15 Pz	15.52
16.30 Pz	**U** Berlin 21.30 / **22.40 Sz**	**1.47**

nach Stralsund

6.05 Sz	**U** Berlin **10.30** /17.30 Pz	
	U Passow 20.00* / 20.20 ⊠	11.20
16.30 Pz	**U** Berlin 21.30 / **22.40 Sz**	
	U Passow 0.50* / 1.15 ⊠	18.00

* Ankunftszeit geschätzt

nach Stuttgart

8.15 Pz	**U** Frankfurt a.M. 22.30 ↪ / **5.00 Cz**	
	U Heidelberg **7.05 / 7.20 Sz**	
	U Bruchsal **7.59*** / 8.15 Pz	11.05
23.00 Sz	**U** Frankfurt a.M. **9.55 / 10.30 Sz**	
	U Heidelberg **12.35 / 12.55 Sz**	
	U Bruchsal **13.28* / 13.48 Ez**	**15.46**

* Ankunftszeit geschätzt

nach Trier

7.45 Pz	**U** Magdeburg 9.50 / **10.40 Cz**	
	U Deutz > Cöln **22.00** ↪/ 5.00 ⊠	2.15[3]
7.45 Pz	**U** Magdeburg 9.50 / **10.40 Cz**	
	U Deutz > Cöln **22.00** ↪/ 6.00 ⛴	
	U Coblenz 12.15 / 15.30 ⊠	6.30[3]
22.45 Pz	**U** Magdeburg 1.15 / **1.50 Sz**	
	U Deutz > Cöln **16.00** / 19.00 ⊠	17.30[3]

nach Ulm

8.15 Pz	**U** Frankfurt a.M. 22.30 ↪ / **5.00 Cz**	
	U Heidelberg **7.05 / 7.20 Sz**	
	U Bruchsal **7.59*** / 8.15 Pz	15.05
13.15 Pz	**U** Leipzig 14.05 / 14.30 Pz	
	U Hof 20.00 / 20.30 Pz	
	U Augsburg 11.05 / 13.00 GmP	17.30
23.00 Sz	**U** Frankfurt a.M. **9.55 / 10.30 Sz**	
	U Heidelberg **12.35 / 12.55 Sz**	
	U Bruchsal **13.28* / 13.48 Ez**	**18.25**

* Ankunftszeit geschätzt

nach Wiesbaden

8.15 Pz	**U** Frankfurt a.M. 22.30 ↪ / 5.45 Pz	7.30
23.00 Sz	**U** Frankfurt a.M. **9.55** / 11.15 Pz	12.45

nach Würzburg

13.15 Pz	**U** Leipzig 14.05 / 14.30 Pz	
	U Hof 20.00 / 20.30 Pz	
	U Bamberg 1.15 / 1.45 Pz	4.50
23.00 Sz	**U** Frankfurt a.M. **9.55** / 17.15 Pz	21.40
23.10 Pz	**U** Leipzig 0.15 ↪ / **7.15 Ez**	
	U Bamberg **15.05 / 15.45 Ez**	**18.15**

nach Zwickau

13.15 Pz	**U** Leipzig 14.05 / 14.30 Pz	
	U Werdau 16.50* / 17.47 Pz	18.10*
23.10 Pz	**U** Leipzig 0.15 ↪ / 6.00 Pz	
	U Werdau 8.40* / 9.15 Pz	9.40'

* Ankunftszeit geschätzt

Hamburg

mit Altona und Harburg

Aus dem Großraum Hamburg einschl. Altona und Harburg gehen drei Eisenbahnlinien ab:

- ab Hamburg selbst die Berlin-Hamburger Eisenbahn mit mehreren Unterwegs-Anschlüssen: so in Büchen die Lübeck-Büchener Eisenbahn, in Hagenow die Mecklenburgische Eisenbahn Richtung Schwerin und in Wittenberge die Magdeburg-Wittenberge'sche Eisenbahn,

- ab Harburg die Hannöversche Staatsbahn nach Lehrte–Hannover mit Anschlüssen in Lehrte nach Braunschweig und Hildesheim,
- ab Altona (zu Dänemark gehörend!) die König-Christian-VIII.-Ostseebahn nach Kiel über Elmshorn–Neumünster mit Anschluß in Elmshorn nach Glückstadt und in Neumünster nach Rendsburg.

Hamburg ist mit Harburg durch regelmäßige Fährverbindungen angeschlossen. Ein Fahrplan für die Verbindung zwischen Hamburg und Altona liegt indes nicht vor.

---

von **Hamburg**

nach **Aachen**

7.00 ⛴	**U** Harburg 8.15 / 9.20 Pz	
	U Hannover 14.05 / **14.38 Cz**	
	U Deutz > Cöln **22.00 / 23.30 Sz**	**1.20**
14.45 ⛴	**U** Harburg 16.00 / 16.40 Pz	
	U Hannover 21.00 / 21.50 Pz	
	U Oberhausen 6.42 / 7.00 Pz	11.20

nach **Augsburg**

7.30 Pz	**U** Wittenberge 12.00 / 13.00 Pz	
	U Magdeburg 15.20 / 18.15 Pz	
	U Leipzig 21.15 ↩ / **7.15 Ez**	**21.20**
22.30 Cz	**U** Berlin **5.20** / 7.00 Pz	
	U Röderau 10.55* / 11.30 Pz	
	U Leipzig 13.30 / 14.30 Pz	
	U Hof 20.00 / 20.30 Pz	11.05[3]

nach **Basel***

7.00 ⛴	**U** Harburg 8.15 / 9.20 Pz	
	U Hannover 14.05 / 16.30 Pz	
	U Göttingen 21.05 / 21.30 ✉	
	U Cassel 3.00 / 4.45 Pz	
	U Guntershausen 5.05 / **5.15 Sz**	
	U Frankfurt a.M. **9.55 / 10.30 Sz**	
	U Heidelberg **12.35 / 12.55 Sz**	**19.15**
7.30 Pz	**U** Berlin 16.00 / **18.40 Sz**	
	U Frankfurt a.M. **9.55 / 10.30 Sz**	
	U Heidelberg **12.35 / 12.55 Sz**	**19.15**
14.45 ⛴	**U** Harburg 16.00 / 16.40 Pz	
	U Hannover 21.00 ↩ / 6.45 Pz	
	U Göttingen 10.05 / 10.30 ✉	
	U Cassel 16.00 / 16.10 Pz	
	U Guntershausen 16.30 / 16.45 Pz	
	U Frankfurt a.M. 22.30 ↩ /**5.00 Cz**	
	U Heidelberg **7.05 / 7.20 Sz**	**14.56**[3]

* Ankunft Basel Badischer Bf

nach **Berlin**

7.30 Pz	*über Wittenberg*	16.00
22.30 Cz	*über Wittenberg*	**5.20**

nach **Bonn**

7.00 ⛴	**U** Harburg 8.15 / 9.20 Pz	
	U Hannover 14.05 / **14.38 Cz**	
	U Deutz > Cöln **22.00** ↩ / 7.00 Pz	7.50
14.45 ⛴	**U** Harburg 16.00 / 16.40 Pz	
	U Hannover 21.00 / 21.50 Pz	
	U Deutz > Cöln 9.15 / 10.00 Pz	10.50

nach **Braunschweig**

5.30* Pz	**U** Lehrte 10.35** / 10.40 Pz	12.15
7.00 ⛴	**U** Harburg 8.15 / 9.20 Pz	
	U Lehrte 13.30** / **14.25 Cz**	**15.22**
7.30 Pz	**U** Wittenberge 12.00 / 13.00 Pz	
	U Magdeburg 15.20 / 16.15 Pz	19.15
14.45 ⛴	**U** Harburg 16.00 / 16.40 Pz	
	U Lehrte 20.35** / 23.05 Pz	0.30
17.00 ⛴	**U** Harburg 18.15 / 18.45 Pz	
	U Uelzen 21.55 ↩ / 4.20 Pz	
	U Lehrte 8.05** / 8.30 Pz	10.15

* Abfahrt ab Harburg ohne unmittelbaren Schiffsanschluß von Hamburg ** Ankunftszeit geschätzt

nach **Bremen**

5.30* Pz	**U** Lehrte 10.35** / 10.55 Pz	
	U Hannover 11.30 / 12.45 Pz	16.00
7.00 ⛴	**U** Harburg 8.15 / 9.20 Pz	
	U Hannover 14.05 / 16.00 Pz	
	U Wunstorf 16.30** / 16.40 Pz	19.25
14.45 ⛴	**U** Harburg 16.00 / 16.40 Pz	
	U Hannover 21.00 ↩ / **6.45 Sz**	
	U Wunstorf **7.15**** / 7.30 Pz	10.15
18.30 ⛴	**U** Harburg 19.45 / 20.00 ✉	7.15

* Abfahrt ab Harburg ohne unmittelbaren Schiffsanschluß von Hamburg ** Ankunftszeit geschätzt

nach **Breslau**

7.30 Pz	**U** Berlin 16.00 / **22.15 Sz**	**5.45**
22.30 Cz	**U** Berlin **5.20** / 8.00 Pz	18.30

nach **Carlsruhe**

7.00 ⛴	**U** Harburg 8.15 / 9.20 Pz	
	U Hannover 14.05 / 16.30 Pz	
	U Göttingen 21.05 / 21.30 ✉	
	U Cassel 3.00 / 4.45 Pz	
	U Guntershausen 5.05 / **5.15 Sz**	
	U Frankfurt a.M. **9.55 / 10.30 Sz**	
	U Heidelberg **12.35 / 12.55 Sz**	**14.10**
7.30 Pz	**U** Berlin 16.00 / **18.40 Sz**	
	U Frankfurt a.M. **9.55 / 10.30 Sz**	
	U Heidelberg **12.35 / 12.55 Sz**	**14.10**
14.45 ⛴	**U** Harburg 16.00 / 16.40 Pz	
	U Hannover 21.00 ↩ / 6.45 Pz	
	U Göttingen 10.05 / 10.30 ✉	
	U Cassel 16.00 / 16.10 Pz	
	U Guntershausen 16.30 / 16.45 Pz	
	U Frankfurt a.M. 22.30 ↩ /**5.00 Cz**	
	U Heidelberg **7.05 / 7.20 Sz**	**8.27**[3]

nach **Cassel**

7.00 ⛴	**U** Harburg 8.15 / 9.20 Pz	
	U Hannover 14.05 / 16.30 Pz	
	U Göttingen 21.05 / 21.30 ✉	3.00
14.45 ⛴	**U** Harburg 16.00 / 16.40 Pz	
	U Hannover 21.00 ↩ / 6.45 Pz	
	U Göttingen 10.05 / 10.30 ✉	16.00

nach **Chemnitz**

7.30 Pz	**U** Wittenberge 12.00 / 13.00 Pz	
	U Magdeburg 15.20 / 18.15 Pz	
	U Leipzig 21.15 / **22.00 Sz**	
	U Riesa **23.15*** ↩ / 5.15 Pz	8.15
14.45 ⛴	**U** Harburg 16.00 / 16.40 Pz	
	U Lehrte 20.35* / 23.05 Pz	
	U Magdeburg 4.50 / 5.30 Pz	
	U Leipzig 9.00 / 10.00 Pz	
	U Riesa 11.25* / 12.15 Pz	15.30
22.30 Cz	**U** Wittenberge **2.15** / 5.00 GmP	
	U Magdeburg 8.30 / 10.45 Pz	
	U Leipzig 14.05 / 14.30 Pz	
	U Riesa 16.00* / 16.45 Pz	19.30

* Ankunftszeit geschätzt

nach **Coblenz**

14.45 ⛴	**U** Harburg 16.00 / 16.40 Pz	
	U Hannover 21.00 / 21.50 Pz	
	U Deutz > Cöln 9.15 / 10.00 ⛴	17.00
7.00 ⛴	**U** Harburg 8.15 / 9.20 Pz	
	U Hannover 14.05 / **14.38 Cz**	
	U Deutz > Cöln **22.00** / 23.30 ⛴	9.00
	ab Cöln nur Mo und Do	.
7.00 ⛴	**U** Harburg 8.15 / 9.20 Pz	
	U Hannover 14.05 / **14.38 Cz**	
	U Deutz > Cöln **22.00** ↩/ 6.00 ⛴	12.15

nach **Cöln***

7.00 ⛴	**U** Harburg 8.15 / 9.20 Pz	
	U Hannover 14.05 / **14.38 Cz**	**22.00**
14.45 ⛴	**U** Harburg 16.00 / 16.40 Pz	
	U Hannover 21.00 / 21.50 Pz	9.15

* Ankunft in Deutz auf der rechten Rheinseite

nach **Constanz**

7.00 ⛴	**U** Harburg 8.15 / 9.20 Pz	
	U Hannover 14.05 / 16.30 Pz	
	U Göttingen 21.05 / 21.30 ✉	
	U Cassel 3.00 / 4.45 Pz	
	U Guntershausen 5.05 / **5.15 Sz**	
	U Frankfurt a.M. **9.55 / 10.30 Sz**	
	U Heidelberg **12.35 / 12.55 Sz**	
	U Freiburg i.B. **17.36** / 18.15 ✉	
	U Schaffhausen 5.15 / 12.30 ✉	17.00[3]
7.30 Pz	**U** Berlin 16.00 / **18.40 Sz**	
	U Frankfurt a.M. **9.55 / 10.30 Sz**	
	U Heidelberg **12.35 / 12.55 Sz**	
	U Freiburg i.B. **17.36** / 18.15 ✉	
	U Schaffhausen 5.15 / 12.30 ✉	17.00[3]

Fortsetzung siehe nächste Seite

noch: ab **Hamburg**

noch: nach **Constanz**

14.45 ⛴ **U** Harburg 16.00 / 16.40 Pz
U Hannover 21.00 ↩ / 6.45 Pz
U Göttingen 10.05 / 10.30 ✉
U Cassel 16.00 / 16.10 Pz
U Guntershausen 16 .30/ 16.45 Pz
U Frankfurt a.M. 22.30 ↩ / **5.00 Cz**
U Heidelberg **7.05** / **7.20 Sz**
U Offenburg **10.25*** / 10.45 ✉ — 6.15[4]

* Ankunftszeit geschätzt

nach **Danzig**

7.30 Pz **U** Berlin 16.00 / **22.40 Sz** — **11.35**

22.30 Cz **U** Berlin **5.20** / 6.15 Pz — 22.19

nach **Darmstadt***

7.00 ⛴ **U** Harburg 8.15 / 9.20 Pz
U Hannover 14.05 / 16.30 Pz
U Göttingen 21.05 / 21.30 ✉
U Cassel 3.00 / 4.45 Pz
U Guntershausen 5.05 / **5.15 Sz**
U Frankfurt a.M. **9.55** / **10.30 Sz** — **11.08**

7.30 Pz **U** Berlin 16.00 / **18.40 Sz**
U Frankfurt a.M. **9.55** / **10.30 Sz** — **11.08**

14.45 ⛴ **U** Harburg 16.00 / 16.40 Pz
U Hannover 21.00 ↩ / 6.45 Pz
U Göttingen 10.05 / 10.30 ✉
U Cassel 16.00 / 16.10 Pz
U Guntershausen 16.30 / 16.45 Pz
U Frankfurt a.M. 22.30 ↩/**5.00 Cz** — **5.38**[3]

* Ankunftszeiten in Darmstadt sind sämmtlich geschätzt.

nach **Dortmund***

7.00 ⛴ **U** Harburg 8.15 / 9.20 Pz
U Hannover 14.05 / **14.38 Cz** — **19.20**

14.45 ⛴ **U** Harburg 16.00 / 16.40 Pz
U Hannover 21.00 / 21.50 Pz — 5.08

* Ankunftszeiten in Dortmund sind sämmtlich geschätzt.

nach **Dresden**

22.30 Cz **U** Berlin **5.20** / 7.00 Pz — 12.30

nach **Düsseldorf**

7.00 ⛴ **U** Harburg 8.15 / 9.20 Pz
U Hannover 14.05 / **14.38 Cz** — **21.03**

14.45 ⛴ **U** Harburg 16.00 / 16.40 Pz
U Hannover 21.00 / 21.50 Pz — 7.55

nach **Elberfeld**

7.00 ⛴ **U** Harburg 8.15 / 9.20 Pz
U Hannover 14.05 / **14.38 Cz**
U Dortmund **19.20*** / 19.30 Pz — 21.33

14.45 ⛴ **U** Harburg 16.00 / 16.40 Pz
U Hannover 21.00 / 21.50 Pz
U Dortmund 5.08* / 7.15 Pz — 9.30

* Ankunftszeit geschätzt

nach **Erfurt***

7.30 Pz **U** Wittenberge 12.00 / 13.00 Pz
U Magdeburg 15.20 / 18.15 Pz
U Halle 20.25 / **23.00 Sz** — **1.20**

14.45 ⛴ **U** Harburg 16.00 / 16.40 Pz
U Lehrte 20.35** / 23.05 Pz
U Magdeburg 4.50 / 5.30 Pz
U Halle 8.00 / 8.15 Pz — 11.10

22.30 Cz **U** Wittenberge **2.15** / 5.00 GmP
U Magdeburg 8.30 / 10.45 Pz
U Halle 13.10 / 13.40 Pz — 16.50

* Ankunftszeiten in Erfurt sind sämmtlich geschätzt.
** Ankunftszeit geschätzt

nach **Essen***

7.00 ⛴ **U** Harburg 8.15 / 9.20 Pz
U Hannover 14.05 / **14.38 Cz**
U Oberhausen** **20.20** / 21.56 Pz — 22.15

14.45 ⛴ **U** Harburg 16.00 / 16.40 Pz
U Hannover 21.00 / 21.50 Pz — 6.18

* Ankunft in Alten-Essen, Ankunftszeit geschätzt; ein Fahrplan der Post-Course von Alten-Essen nach Essen Stadt liegt nicht vor.
** Cours über Oberhausen nur mit Umwegkarte zu benutzen.

nach **Frankfurt a.M.**

7.00 ⛴ **U** Harburg 8.15 / 9.20 Pz
U Hannover 14.05 / 16.30 Pz
U Göttingen 21.05 / 21.30 ✉
U Cassel 3.00 / 4.45 Pz
U Guntershausen 5.05 / **5.15 Sz** — **9.55**

7.30 Pz **U** Berlin 16.00 / **18.40 Sz** — **9.55**

14.45 ⛴ **U** Harburg 16.00 / 16.40 Pz
U Hannover 21.00 ↩ / 6.45 Pz
U Göttingen 10.05 / 10.30 ✉
U Cassel 16.00 / 16.10 Pz
U Guntershausen 16.30 / 16.45 Pz — 22.30

nach **Freiburg i.B.**

7.00 ⛴ **U** Harburg 8.15 / 9.20 Pz
U Hannover 14.05 / 16.30 Pz
U Göttingen 21.05 / 21.30 ✉
U Cassel 3.00 / 4.45 Pz
U Guntershausen 5.05 / **5.15 Sz**
U Frankfurt a.M. **9.55** / **10.30 Sz**
U Heidelberg **12.35** / **12.55 Sz** — **17.36**

7.30 Pz **U** Berlin 16.00 / **18.40 Sz**
U Frankfurt a.M. **9.55** / **10.30 Sz**
U Heidelberg **12.35** / **12.55 Sz** — **17.36**

14.45 ⛴ **U** Harburg 16.00 / 16.40 Pz
U Hannover 21.00 ↩ / 6.45 Pz
U Göttingen 10.05 / 10.30 ✉
U Cassel 16.00 / 16.10 Pz
U Guntershausen 16.30 / 16.45 Pz
U Frankfurt a.M. 22.30 ↩ /**5.00 Cz**
U Heidelberg **7.05** / **7.20 Sz** — **12.35**[3]

nach **Gera**

7.30 Pz **U** Wittenberge 12.00 / 13.00 Pz
U Magdeburg 15.20 / 18.15 Pz
U Leipzig 21.15 ↩ / 6.00 Pz
U Altenburg 7.10* / 9.00 ✉ — 13.00

7.30 Pz **U** Wittenberge 12.00 / 13.00 Pz
U Magdeburg 15.20 / 18.15 Pz
U Leipzig 21.15 ↩ / **7.15 Ez**
U Altenburg **8.08*** / 9.00 ✉ — 13.00

22.30 Cz **U** Berlin **5.20** / 7.00 Pz
U Röderau 10.55* / 11.30 Pz
U Leipzig 13.30 / 18.30 Pz
U Altenburg 19.40* / 20.30 ✉ — 0.30

* Ankunftszeit geschätzt

nach **Görlitz**

7.30 Pz **U** Berlin 16.00 / **22.15 Sz**
U Kohlfurt **2.40*** / 3.15 Pz — 4.00

22.30 Cz **U** Berlin **5.20** / 8.00 Pz
U Kohlfurt 14.10* / 14.30 Pz — 15.15

* Ankunftszeit geschätzt

nach **Hagen**

7.00 ⛴ **U** Harburg 8.15 / 9.20 Pz
U Hannover 14.05 / **14.38 Cz**
U Dortmund **19.20*** / 19.30 Pz — 20.28*

14.45 ⛴ **U** Harburg 16.00 / 16.40 Pz
U Hannover 21.00 / 21.50 Pz
U Dortmund 5.08* / 7.15 Pz — 8.24*

* Ankunftszeit geschätzt

nach **Halle**

7.30 Pz **U** Wittenberge 12.00 / 13.00 Pz
U Magdeburg 15.20 / 18.15 Pz — 20.25

14.45 ⛴ **U** Harburg 16.00 / 16.40 Pz
U Lehrte 20.35* / 23.05 Pz
U Magdeburg 4.50 / 5.30 Pz — 8.00

22.30 Cz **U** Wittenberge **2.15** / 5.00 GmP
U Magdeburg 8.30 / 10.45 Pz — 13.10

* Ankunftszeit geschätzt

nach **Hamm**

7.00 ⛴ **U** Harburg 8.15 / 9.20 Pz
U Hannover 14.05 / **14.38 Cz** — **18.40**

14.45 ⛴ **U** Harburg 16.00 / 16.40 Pz
U Hannover 21.00 / 21.50 Pz — 4.05

nach **Hannover**

5.30* Pz **U** Lehrte 10.35** / 10.55 Pz — 11.30

7.00 ⛴ **U** Harburg 8.15 / 9.20 Pz — 14.05

14.45 ⛴ **U** Harburg 16.00 / 16.40 Pz — 21.00

17.00 ⛴ **U** Harburg 18.15 / 18.45 Pz
U Uelzen 21.55 ↩ / 4.20 Pz
U Lehrte 8.05** / 8.25 Pz — 9.00

* Abfahrt ab Harburg ohne unmittelbaren Schiffsanschluß von Hamburg
** Ankunftszeit geschätzt

noch: ab **Hamburg**

nach **Heidelberg**

7.00 ⛴ **U** Harburg 8.15 / 9.20 Pz
U Hannover 14.05 / 16.30 Pz
U Göttingen 21.05 / 21.30 ✉
U Cassel 3.00 / 4.45 Pz
U Guntershausen 5.05 / **5.15 Sz**
U Frankfurt a.M. **9.55** / **10.30 Sz** **12.35**

7.30 Pz **U** Berlin 16.00 / **18.40 Sz**
U Frankfurt a.M. **9.55** / **10.30 Sz** **12.35**

14.45 ⛴ **U** Harburg 16.00 / 16.40 Pz
U Hannover 21.00 ↵ / 6.45 Pz
U Göttingen 10.05 / 10.30 ✉
U Cassel 16.00 / 16.10 Pz
U Guntershausen 16.30 / 16.45 Pz
U Frankfurt a.M. 22.30 ↵/ **5.00 Cz** **7.05**[3]

nach **Kiel***

8.10 Pz *über Neumünster* 11.00
13.00 GmP *über Neumünster* 16.30
17.10 Pz *über Neumünster* 20.00

* Abfahrt ab Altona mit dänischer König-Christian-VIII.-Ostbahn

nach **Königsberg i.Pr.**

7.30 Pz **U** Berlin 16.00 / **22.40 Sz**
U Dirschau **10.45** / 11.37 ✉
U Marienburg 16.07 / **16.37 Sz** **21.02**

nach **Leipzig**

7.30 Pz **U** Wittenberge 12.00 / 13.00 Pz
U Magdeburg 15.20 / 18.15 Pz 21.15

14.45 ⛴ **U** Harburg 16.00 / 16.40 Pz
U Lehrte 20.35* / 23.05 Pz
U Magdeburg 4.50 / 5.30 Pz 9.00

22.30 Cz **U** Berlin **5.20** / 7.00 Pz
U Röderau 10.55* / 11.30 Pz 13.30

* Ankunftszeit geschätzt

nach **Lindau**

7.00 ⛴ **U** Harburg 8.15 / 9.20 Pz
U Hannover 14.05 / 16.30 Pz
U Göttingen 21.05 / 21.30 ✉
U Cassel 3.00 / 4.45 Pz
U Guntershausen 5.05 / **5.15 Sz**
U Frankfurt a.M. **9.55** / **10.30 Sz**
U Heidelberg **12.35** / **12.55 Sz**
U Bruchsal **13.28*** / **13.48 Ez**
U Ulm **18.25** / **18.45 Ez**
U Augsburg **21.15** / 21.30 GmP 6.30[3]

nach **Ludwigshafen**

> Mannheim

nach **Lübeck**

7.30 Pz **U** Büchen 8.58* / 9.00 Pz 10.45
9.00 GmP **U** Büchen 10.35* / 14.00 Pz 15.11

Fortsetzung siehe nächste Spalte

17.00 Pz **U** Büchen 18.45* / 19.00 Pz 20.11
23.00 ✉ 5.00

* Ankunftszeit geschätzt

nach **Magdeburg**

7.30 Pz **U** Wittenberge 12.00 / 13.00 Pz 15.20
9.00 GmP **U** Wittenberge 14.40 / 18.00 GmP 21.30

14.45 ⛴ **U** Harburg 16.00 / 16.40 Pz
U Lehrte 20.35* / 23.05 Pz 4.50

22.30 Cz **U** Wittenberge **2.15** / 5.00 GmP 8.30

* Ankunftszeit geschätzt

nach **Mainz**

7.00 ⛴ **U** Harburg 8.15 / 9.20 Pz
U Hannover 14.05 / 16.30 Pz
U Göttingen 21.05 / 21.30 ✉
U Cassel 3.00 / 4.45 Pz
U Guntershausen 5.05 / **5.15 Sz**
U Frankfurt a.M. **9.55** / **10.15 Sz**
U Castel **11.00** / # ✉ k.A.

7.30 Pz **U** Berlin 16.00 / **18.40 Sz**
U Frankfurt a.M. **9.55** / **10.15 Sz**
U Castel **11.00** / # ✉ k.A.

14.45 ⛴ **U** Harburg 16.00 / 16.40 Pz
U Hannover 21.00 ↵ / 6.45 Pz
U Göttingen 10.05 / 10.30 ✉
U Cassel 16.00 / 16.10 Pz
U Guntershausen 16.30 / 16.45 Pz
U Frankfurt a.M. 22.30 ↵ / 5.45 Pz
U Castel 7.05* / # k.A.[3]

nach **Mannheim**

7.00 ⛴ **U** Harburg 8.15 / 9.20 Pz
U Hannover 14.05 / 16.30 Pz
U Göttingen 21.05 / 21.30 ✉
U Cassel 3.00 / 4.45 Pz
U Guntershausen 5.05 / **5.15 Sz**
U Frankfurt a.M. **9.55** / **10.30 Sz** **12.38**

7.30 Pz **U** Berlin 16.00 / **18.40 Sz**
U Frankfurt a.M. **9.55** / **10.30 Sz** **12.38**

14.45 ⛴ **U** Harburg 16.00 / 16.40 Pz
U Hannover 21.00 ↵ / 6.45 Pz
U Göttingen 10.05 / 10.30 ✉
U Cassel 16.00 / 16.10 Pz
U Guntershausen 16.30/ 16.45 Pz
U Frankfurt a.M. 22.30 ↵ /**5.00 Cz** **7.06**[3]

nach **München**

7.30 Pz **U** Wittenberge 12.00 / 13.00 Pz
U Magdeburg 15.20 / 18.15 Pz
U Leipzig 21.15 ↵ / **7.15 Ez** **23.00**

22.30 Cz **U** Berlin **5.20** / 8.10 Pz
U Leipzig 14.05 / 14.30 Pz
U Hof 20.00 / 20.30 Pz 13.15

nach **Münster**

7.00 ⛴ **U** Harburg 8.15 / 9.20 Pz
U Hannover 14.05 / **14.38 Cz**
U Hamm **18.40** / 19.00 Pz 20.00

Fortsetzung siehe nächste Spalte

14.45 ⛴ **U** Harburg 16.00 / 16.40 Pz
U Hannover 21.00 / 21.50 Pz
U Hamm 4.05 / 7.30 Pz 8.30

nach **Nürnberg**

7.30 Pz **U** Wittenberge 12.00 / 13.00 Pz
U Magdeburg 15.20 / 18.15 Pz
U Leipzig 21.15 ↵ / **7.15 Ez** **17.00**

22.30 Cz **U** Berlin **5.20** / 8.10 Pz
U Leipzig 14.05 / 14.30 Pz
U Hof 20.00 / 20.30 Pz 5.15

* Ankunftszeit geschätzt

nach **Oberhausen**

7.00 ⛴ **U** Harburg 8.15 / 9.20 Pz
U Hannover 14.05 / **14.38 Cz** **20.20**

14.45 ⛴ **U** Harburg 16.00 / 16.40 Pz
U Hannover 21.00 / 21.50 Pz 6.42

nach **Oppeln***

7.30 Pz **U** Berlin 16.00 / **22.15 Sz** **7.45**
22.30 Cz **U** Berlin **5.20** / 8.00 Pz 21.27

* Ankunftszeiten in Oppeln sind sammtlich geschätzt.

nach **Osnabrück**

5.30* Pz **U** Lehrte 10.35** / 10.55 Pz
U Hannover 11.30 / 12.45 Pz
U Bremen 16.00 / 17.00 ✉ 7.30

14.45 ⛴ **U** Harburg 16.00 / 16.40 Pz
U Hannover 21.00 / 21.50 Pz
U Minden 23.45 / 1.00 ✉ 8.00

* Abfahrt ab Harburg ohne unmittelbaren Schiffsanschluß von Hamburg
** Ankunftszeit geschätzt

nach **Passau**

7.30 Pz **U** Wittenberge 12.00 / 13.00 Pz
U Magdeburg 15.20 / 18.15 Pz
U Leipzig 21.15 ↵ / **7.15 Ez**
U Nürnberg **17.00** / 17.30 ✉
U Regensburg 5.30 / 11.00 ✉ 22.30[3]

nach **Posen**

7.30 Pz **U** Berlin 16.00 / **22.40 Sz**
U Kreutz **4.43** / 5.03 Pz 7.47

22.30 Cz **U** Berlin **5.20** / 6.15 Pz
U Kreutz 13.32 / 14.11 Pz 16.26

nach **Regensburg**

7.30 Pz **U** Wittenberge 12.00 / 13.00 Pz
U Magdeburg 15.20 / 18.15 Pz
U Leipzig 21.15 ↵ / **7.15 Ez**
U Nürnberg **17.00** / 17.30 ✉ 5.30[3]

22.30 Cz **U** Berlin **5.20** / 7.00 Pz
U Röderau 10.55* / 11.30 Pz
U Leipzig 13.30 / 14.30 Pz
U Hof 20.00 / 20.30 Pz
U Nürnberg 5.15 / 6.00 ✉ 18.00[3]

* Ankunftszeit geschätzt

nach **Rostock**

9.00 GmP	**U** Hagenow 12.10* / 12.50 Pz	16.40
22.30 Cz	**U** Hagenow **0.40*** ↩ / 7.30 Pz	11.05

* Ankunftszeit geschätzt

nach **Saarbrücken**

7.00 ⛴	**U** Harburg 8.15 / 9.20 Pz **U** Hannover 14.05 / 16.30 Pz **U** Göttingen 21.05 / 21.30 ✉ **U** Cassel 3.00 / 4.45 Pz **U** Guntershausen 5.05 / **5.15 Sz** **U** Frankfurt a.M. **9.55** / **10.30 Sz** **U** Mannheim **12.38** / # **U** Ludwigshafen 17.30 Pz	22.05
7.30 Pz	**U** Berlin 16.00 / **18.40 Sz** **U** Frankfurt a.M. **9.55** / **10.30 Sz** **U** Mannheim **12.38** / # **U** Ludwigshafen 17.30 Pz	22.05
14.45 ⛴	**U** Harburg 16.00 / 16.40 Pz **U** Hannover 21.00 ↩ / 6.45 Pz **U** Göttingen 10.05 / 10.30 ✉ **U** Cassel 16.00 / 16.10 Pz **U** Guntershausen 16.30 / 16.45 Pz **U** Frankfurt a.M. 22.30 ↩ /**5.00 Cz** **U** Mannheim **7.06** / # **U** Ludwigshafen # / **13.10 Sz**	**16.58**³

nach **Schwerin**

9.00 GmP	**U** Hagenow 12.10* / 12.50 Pz	13.35
17.00 Pz	**U** Hagenow 20.30* / 20.45 Pz	21.30
22.30 Cz	**U** Hagenow **0.40*** ↩ / 7.30 Pz	8.12

* Ankunftszeit geschätzt

nach **Stettin**

7.30 Pz	**U** Berlin 16.00 / 17.30 Pz	21.10
22.30 Cz	**U** Berlin **5.20** / 6.15 Pz	9.47

nach **Stralsund**

9.00 GmP	**U** Hagenow 12.10* / 12.50 Pz **U** Rostock 16.40 / 18.00 ✉	2.30
22.30 Cz	**U** Hagenow **0.40*** ↩ / 7.30 Pz **U** Rostock 11.05 / 12.00 ✉	19.45

* Ankunftszeit geschätzt

nach **Stuttgart**

7.00 ⛴	**U** Harburg 8.15 / 9.20 Pz **U** Hannover 14.05 / 16.30 Pz **U** Göttingen 21.05 / 21.30 ✉ **U** Cassel 3.00 / 4.45 Pz **U** Guntershausen 5.05 / **5.15 Sz** **U** Frankfurt a.M. **9.55** / **10.30 Sz** **U** Heidelberg **12.35** / **12.55 Sz** **U** Bruchsal **13.28*** / **13.48 Ez**	**15.46**
7.30 Pz	**U** Berlin 16.00 / **18.40 Sz** **U** Frankfurt a.M. **9.55** / **10.30 Sz** **U** Heidelberg **12.35** / **12.55 Sz** **U** Bruchsal **13.28*** / **13.48 Ez**	**15.46**

Fortsetzung siehe nächste Spalte

14.45 ⛴	**U** Harburg 16.00 / 16.40 Pz **U** Hannover 21.00 ↩ / 6.45 Pz **U** Göttingen 10.05 / 10.30 ✉ **U** Cassel 16.00 / 16.10 Pz **U** Guntershausen 16.30 / 16.45 Pz **U** Frankfurt a.M. 22.30 ↩/ **5.00 Cz** **U** Heidelberg **7.05** / **7.20 Sz** **U** Bruchsal **7.59*** / 8.15 Pz	11.05³

* Ankunftszeit geschätzt

nach **Trier**

7.00 ⛴	**U** Harburg 8.15 / 9.20 Pz **U** Hannover 14.05 / **14.38 Cz** **U** Deutz > Cöln **22.00** ↩/ 5.00 ✉	2.15³
7.00 ⛴	**U** Harburg 8.15 / 9.20 Pz **U** Hannover 14.05 / **14.38 Cz** **U** Deutz > Cöln **22.00** ↩/ 6.00 ⛴ **U** Coblenz 12.15 / 15.30 ✉	6.30³
14.45 ⛴	**U** Harburg 16.00 / 16.40 Pz **U** Hannover 21.00 / 21.50 Pz **U** Deutz > Cöln 9.15 / 19.00 ✉	17.30³
14.45 ⛴	**U** Harburg 16.00 / 16.40 Pz **U** Hannover 21.00 / 21.50 Pz **U** Deutz > Cöln 9.15 / 22.00 ⛴ **U** Coblenz 5.45 / 6.45 ✉	21.00³

nach **Ulm**

7.00 ⛴	**U** Harburg 8.15 / 9.20 Pz **U** Hannover 14.05 / 16.30 Pz **U** Göttingen 21.05 / 21.30 ✉ **U** Cassel 3.00 / 4.45 Pz **U** Guntershausen 5.05 / **5.15 Sz** **U** Frankfurt a.M. **9.55** / **10.30 Sz** **U** Heidelberg **12.35** / **12.55 Sz** **U** Bruchsal **13.28*** / **13.48 Ez**	**18.25**
7.30 Pz	**U** Berlin 16.00 / **18.40 Sz** **U** Frankfurt a.M. **9.55** / **10.30 Sz** **U** Heidelberg **12.35** / **12.55 Sz** **U** Bruchsal **13.28*** / **13.48 Ez**	**18.25**
14.45 ⛴	**U** Harburg 16.00 / 16.40 Pz **U** Hannover 21.00 ↩ / 6.45 Pz **U** Göttingen 10.05 / 10.30 ✉ **U** Cassel 16.00 / 16.10 Pz **U** Guntershausen 16.30 / 16.45 Pz **U** Frankfurt a.M. 22.30 ↩/ **5.00 Cz** **U** Heidelberg **7.05** / **7.20 Sz** **U** Bruchsal **7.59*** / 8.15 Pz	15.05³

* Ankunftszeit geschätzt

nach **Wiesbaden**

7.00 ⛴	**U** Harburg 8.15 / 9.20 Pz **U** Hannover 14.05 / 16.30 Pz **U** Göttingen 21.05 / 21.30 ✉ **U** Cassel 3.00 / 4.45 Pz **U** Guntershausen 5.05 / **5.15 Sz** **U** Frankfurt a.M. **9.55** / 11.15 Pz	12.45
7.30 Pz	**U** Berlin 16.00 / **18.40 Sz** **U** Frankfurt a.M. **9.55** / 11.15 Pz	12.45

Fortsetzung siehe nächste Spalte

14.45 ⛴	**U** Harburg 16.00 / 16.40 Pz **U** Hannover 21.00 ↩ / 6.45 Pz **U** Göttingen 10.05 / 10.30 ✉ **U** Cassel 16.00 / 16.10 Pz **U** Guntershausen 16.30 / 16.45 Pz **U** Frankfurt a.M. 22.30 ↩/ 5.45 Pz	7.30³

nach **Würzburg**

7.00 ⛴	**U** Harburg 8.15 / 9.20 Pz **U** Hannover 14.05 / 16.30 Pz **U** Göttingen 21.05 / 21.30 ✉ **U** Cassel 3.00 / 4.45 Pz **U** Guntershausen 5.05 / **5.15 Sz** **U** Frankfurt a.M. **9.55** / 17.15 Pz	21.40
7.30 Pz	**U** Berlin 16.00 / **18.40 Sz** **U** Frankfurt a.M. **9.55** / 17.15 Pz	21.40
14.45 ⛴	**U** Harburg 16.00 / 16.40 Pz **U** Hannover 21.00 ↩ / 6.45 Pz **U** Göttingen 10.05 / 10.30 ✉ **U** Cassel 16.00 / 16.10 Pz **U** Guntershausen 16.30 / 16.45 Pz **U** Frankf. a.M. 22.30 ↩/ **8.30 Ez**	**12.00**³

nach **Zwickau**

7.30 Pz	**U** Wittenberge 12.00 / 13.00 Pz **U** Magdeburg 15.20 / 18.15 Pz **U** Leipzig 21.15 ↩ / **7.15 Ez** **U** Werdau **9.10*** / 9.15 Pz	9.40*
22.30 Cz	**U** Berlin **5.20** / 7.00 Pz **U** Röderau 10.55* / 11.30 Pz **U** Leipzig 13.30 / 14.30 Pz **U** Werdau 16.50* / 17.47 Pz	18.10*

* Ankunftszeit geschätzt

Auslandsverbindungen

Hamburg ist außerdem im **Auslandsteil** ab S. 210 mit dem hier abgehenden Dampfschiff-Coursen in die **Niederlande,** nach **England, Frankreich, Norwegen** und **Schweden** aufgeführt.

Hamm

Hamm hat sich durch den Abgang von Eisenbahnlinien in vier Richtungen zu einem regelrechten Bahnkreuz entwickelt:

- in östlicher bzw. westlicher Richtung durchquert die Cöln-Mindener Eisenbahn Hamm, die in Minden unmittelbar an die Hannöversche Staatsbahn anschließt und täglich dreimal mit durchgehenden Zügen von Cöln nach Berlin und zurück belegt ist,
- in nördlicher Richtung geht die Münster-Hammer Eisenbahn ab und

◆ in südöstlicher Richtung geht die Westfälische Eisenbahn nach Haueda (Warburg) ab, woselbst sie an die Kurfürst-Friedrich-Wilhelms-Eisenbahn nach Cassel anschließt.

Ein Hinweis: Verbindungen von Hamm nach Frankfurt a.M. und weiter nach Bayern, Baden bzw. Württemberg werden im folgenden ausschließlich über Cassel angezeigt, da deren Reisezeiten beträchtlich kürzer sind als auf der Route über Cöln und die Rheinstrecke. Wer dennoch letzteren Reiseweg aus landschaftlichen Gründen und wegen der Möglichkeit einer beschaulichen Schiffsfahrt bevorzugen möchte, kann die Fahrpläne unter Dortmund nachschlagen. Alle dort aufgeführten Eisenbahnzüge nach Cöln nehmen ihren Ausgang ab Hamm.

---

von **Hamm**

nach **Aachen**

4.15 Pz	U Oberhausen 6.42 / 7.00 Pz	11.20
7.30 Pz	U Oberhausen 10.10 / 10.30 Pz	16.00
12.01 Sz	U Deutz > Cöln **16.00** / 18.00 Pz	20.00
18.45 Cz	U Deutz > Cöln **22.00** / **23.30 Sz**	**1.20**

nach **Augsburg**

9.50 Pz	U Cassel 15.55 / 16.10 Pz	
	U Guntershausen 16.30 / 16.45 Pz	
	U Frankfurt a.M. 22.30 ↝ / **8.30 Ez**	
	U Bamberg **14.45** / **15.30 Ez**	**21.20**
16.18 Pz	U Cassel 22.00 ↝ / 8.30 Pz	
	U Guntershausen 8.50 / 9.00 Pz	
	U Frankfurt a.M. 14.40 / 17.15 Pz	
	U Bamberg 1.05 / 3.15 Pz	11.05[3]

nach **Basel***

9.50 Pz	U Cassel 15.55 / 16.10 Pz	
	U Guntershausen 16.30 / 16.45 Pz	
	U Frankfurt a.M. 22.30 ↝ / **5.00 Cz**	
	U Heidelberg **7.05** / **7.20 Sz**	**14.56**
16.18 Pz	U Cassel 22.00 ↝ / 4.45 Pz	
	U Guntershausen 5.05 / **5.15 Sz**	
	U Frankfurt a.M. **9.55** / **10.30 Sz**	
	U Heidelberg **12.35** / **12.55 Sz**	**19.15**

* Ankunft Basel Badischer Bf

nach **Berlin**

0.00 Sz	*über Hannover–Magdeburg*	**13.10**
9.41 Cz	*über Hannover–Magdeburg*	**21.20**
16.03 Pz	*über Hannover–Magdeburg*	9.30

nach **Bonn**

4.15 Pz	U Deutz > Cöln 9.15 / 10.00 Pz	10.50
7.30 Pz	U Deutz > Cöln 12.45 / 14.45 Pz	15.35
12.01 Sz	U Deutz > Cöln **16.00** / 17.45 Pz	18.35
15.00 Pz	U Deutz > Cöln 20.10 / 21.00 Pz	21.50
18.45 Cz	U Deutz > Cöln **22.00** ↝ / 7.00 Pz	7.50

nach **Braunschweig**

0.00 Sz	*über Hannover*	**7.05**
9.41 Cz	*über Hannover*	**15.22**
16.03 Pz	*über Hannover*	0.30

nach **Bremen**

0.00 Sz	U Wunstorf **4.35*** / 7.30 Pz	10.15
9.41 Cz	U Wunstorf **13.15*** / 13.25 Pz	16.00

* Ankunftszeit geschätzt

nach **Breslau**

9.41 Cz	U Berlin **21.20** / **22.15 Sz**	**5.45**

nach **Carlsruhe**

9.50 Pz	U Cassel 15.55 / 16.10 Pz	
	U Guntershausen 16.30 / 16.45 Pz	
	U Frankfurt a.M. 22.30 ↝ / **5.00 Cz**	
	U Heidelberg **7.05** / **7.20 Sz**	**8.27**
16.18 Pz	U Cassel 22.00 ↝ / 4.45 Pz	
	U Guntershausen 5.05 / **5.15 Sz**	
	U Frankfurt a.M. **9.55** / **10.30 Sz**	
	U Heidelberg **12.35** / **12.55 Sz**	**14.10**

nach **Cassel**

9.50 Pz	*über Paderborn–Warburg*	15.55
16.18 Pz	*über Paderborn–Warburg*	22.00

nach **Chemnitz**

0.00 Sz	U Magdeburg **10.00** / 10.45 Pz	
	U Leipzig 14.05 / 14.30 Pz	
	U Riesa 16.00* / 16.45 Pz	19.30
9.41 Cz	U Magdeburg **18.00** / 18.15 Pz	
	U Leipzig 21.15 / **22.00 Sz**	
	U Riesa **23.15*** ↝ / 5.15 Pz	8.15
16.03 Pz	U Magdeburg 4.50 / 5.30 Pz	
	U Leipzig 9.00 / 10.00 Pz	
	U Riesa 11.25* / 12.15 Pz	15.30

* Ankunftszeit geschätzt

nach **Coblenz**

4.15 Pz	U Deutz > Cöln 9.15 / 10.00 ⛴	17.00
7.30 Pz	U Deutz > Cöln 12.45 / 13.00 ⛴	20.00
12.01 Sz	U Deutz > Cöln **16.00** / 20.15 ⛴	2.45
15.00 Pz	U Deutz > Cöln 20.10 / 22.10 ⛴	5.45
18.45 Cz	U Deutz > Cöln **22.00** / 23.30 ⛴	9.00
	nur Mo und Do	
18.45 Cz	U Deutz > Cöln **22.00** ↝ / 6.00 ⛴	12.15

nach **Cöln***

4.15 Pz	*über Oberhausen*	9.15
7.30 Pz	*über Oberhausen*	12.45
12.01 Sz	*über Oberhausen*	**16.00**
15.00 Pz	*über Oberhausen*	20.10
18.45 Cz	*über Oberhausen*	**22.00**

* Ankunft in Deutz auf der rechten Rheinseite

nach **Constanz**

9.50 Pz	U Cassel 15.55 / 16.10 Pz	
	U Guntershausen 16.30 / 16.45 Pz	
	U Frankfurt a.M. 22.30 ↝ / **5.00 Cz**	
	U Heidelberg **7.05** / **7.20 Sz**	
	U Offenburg **10.22** / 10.45 ✉	6.15[3]
16.18 Pz	U Cassel 22.00 ↝ / 4.45 Pz	
	U Guntershausen 5.05 / **5.15 Sz**	
	U Frankfurt a.M. **9.55** / **10.30 Sz**	
	U Heidelberg **12.35** / **12.55 Sz**	
	U Freiburg i.B. **17.36** / 18.15 ✉	
	U Schaffhausen 5.15 / 12.30 ✉	17.00[3]

nach **Danzig**

9.41 Cz	U Berlin **21.20** / **22.40 Sz**	**11.35**

nach **Darmstadt***

9.50 Pz	U Cassel 15.55 / 16.10 Pz	
	U Guntershausen 16.30 / 16.45 Pz	
	U Frankfurt a.M. 22.30 ↝ / **5.00 Cz**	**5.38**
16.18 Pz	U Cassel 22.00 ↝ / 4.45 Pz	
	U Guntershausen 5.05 / **5.15 Sz**	
	U Frankfurt a.M. **9.55** / **10.30 Sz**	**11.08**

* Ankunftszeiten in Darmstadt sind sämmtlich geschätzt.

nach **Dortmund**

4.15 Pz	5.08*
7.30 Pz	8.26*
12.01 Sz	**12.40***
15.00 Pz	16.00*
16.15 Pz	17.55 .
18.45 Cz	**19.20***

* Ankunftszeit geschätzt

nach **Dresden**

0.00 Sz	U Magdeburg **10.00** / 10.45 Pz	
	U Leipzig 14.05 / 14.30 Pz	17.30
9.41 Cz	U Magdeburg **18.00** / 18.15 Pz	
	U Leipzig 21.15 / **22.00 Sz**	**0.30**
16.03 Pz	U Magdeburg 4.50 / 5.30 Pz	
	U Leipzig 9.00 / 10.00 Pz	13.15

nach **Düsseldorf**

4.15 Pz	*über Oberhausen*	7.55
7.30 Pz	*über Oberhausen*	11.22
12.01 Sz	*über Oberhausen*	**14.57**
15.00 Pz	*über Oberhausen*	18.52
18.45 Cz	*über Oberhausen*	**21.03**

nach **Elberfeld**

4.15 Pz	U Dortmund 5.08* / 7.15 Pz	9.30
7.30 Pz	U Dortmund 8.26* / 9.00 Pz	12.25
12.01 Sz	U Dortmund **12.40*** / 13.15 Pz	15.28
15.00 Pz	U Dortmund 16.00* / 16.10 Pz	18.51
18.45 Cz	U Dortmund **19.20*** / 19.30 Pz	21.33

* Ankunftszeit geschätzt

noch: ab **Hamm**

nach **Erfurt**

16.18 Pz U Cassel 22.00 / 22.15 Pz
U Guntershausen 22.35/**22.45 Sz** **2.50***

* Ankunftszeit geschätzt

nach **Essen***

4.15 Pz 6.18

7.30 Pz 9.44

12.01 Sz **13.39**

15.00 Pz 17.15

18.45 Cz U Oberhausen **20.20** / 21.56** 22.15

* Ankunft in Alten-Essen, Ankunftszeit geschätzt; ein Fahrplan der Post-Course von Alten-Essen nach Essen Stadt liegt nicht vor.

** Cours über Oberhausen nur mit Umwegkarte zu benutzen.

nach **Frankfurt a.M.**

9.50 Pz U Cassel 15.55 / 16.10 Pz
U Guntershausen 16.30/16.45 Pz 22.30

16.18 Pz U Cassel 22.00 ⇝ / 4.45 Pz
U Guntershausen 5.05 / **5.15 Sz** **9.55**

nach **Freiburg i.B.**

9.50 Pz U Cassel 15.55 / 16.10 Pz
U Guntershausen 16.30 / 16.45 Pz
U Frankfurt a.M. 22.30 ⇝ / **5.00 Cz**
U Heidelberg **7.05** / **7.20 Sz** **12.35**

16.18 Pz U Cassel 22.00 ⇝ / 4.45 Pz
U Guntershausen 5.05 / **5.15 Sz**
U Frankfurt a.M. **9.55** / **10.30 Sz**
U Heidelberg **12.35** / **12.55 Sz** **17.36**

nach **Gera**

0.00 Sz U Magdeburg **10.00** / 10.45 Pz
U Leipzig 14.05 / 18.30 Pz
U Altenburg 19.40* / 20.30 ✉ 0.30

9.41 Cz U Magdeburg **18.00** / 18.15 Pz
U Leipzig 21.15 ⇝ / 6.00 Pz
U Altenburg 7.10* / 9.00 ✉ 13.00

9.41 Cz U Magdeburg **18.00** / 18.15 Pz
U Leipzig 21.15 ⇝ / **7.15 Ez**
U Altenburg **8.08*** / 9.00 ✉ 13.00

* Ankunftszeit geschätzt

nach **Görlitz**

0.00 Sz U Magdeburg **10.00** / 10.45 Pz
U Leipzig 14.05 / 14.30 Pz
U Dresden 17.30 / 18.15 Pz 21.40

9.41 Cz U Berlin **21.20** / **22.15 Sz**
U Kohlfurt **2.40*** / 3.15 Pz 4.00

9.41 Cz U Magdeburg **18.00** / 18.15 Pz
U Leipzig 21.15 / **22.00 Sz**
U Dresden **0.30** / 5.30 Pz 9.00

16.03 Pz U Magdeburg 4.50 / 5.30 Pz
U Leipzig 9.00 / 10.00 Pz
U Dresden 13.15 / 14.30 Pz 18.15

* Ankunftszeit geschätzt

nach **Hagen**

4.15 Pz U Dortmund 5.08* / 7.15 Pz 8.24*

7.30 Pz U Dortmund 8.26* / 9.00 Pz 10.31*

12.01 Sz U Dortmund **12.40*** / 13.15 Pz 14.22*

15.00 Pz U Dortmund 16.00* / 16.10 Pz 17.27*

18.45 Cz U Dortmund **19.20*** / 19.30 Pz 20.28*

* Ankunftszeit geschätzt

nach **Halle**

0.00 Sz U Magdeburg **10.00** / 10.45 Pz 13.10

9.41 Cz U Magdeburg **18.00** / 18.15 Pz 20.25

16.03 Pz U Magdeburg 4.50 / 5.30 Pz 8.00

nach **Hamburg**

0.00 Sz U Lehrte **6.00*** / 6.05 Pz
U Harburg 10.05 / 10.30 ⛴ 11.45

9.41 Cz U Lehrte **14.25*** / 14.35 Pz
U Harburg 18.20 / 19.00 ⛴ 20.15

* Ankunftszeit geschätzt

nach **Hannover**

0.00 Sz *über Minden* **5.10**

9.41 Cz *über Minden* **13.45**

16.03 Pz *über Minden* 22.10

nach **Heidelberg**

9.50 Pz U Cassel 15.55 / 16.10 Pz
U Guntershausen 16.30 / 16.45 Pz
U Frankfurt a.M. 22.30 ⇝ /**5.00 Cz** **7.05**

16.18 Pz U Cassel 22.00 ⇝ / 4.45 Pz
U Guntershausen 5.05 / **5.15 Sz**
U Frankfurt a.M. **9.55** / **10.30 Sz** **12.35**

nach **Kiel**

0.00 Sz U Lehrte **6.00*** / 6.05 Pz
U Harburg 10.05 / 10.30 ⛴
U Hamburg > Altona 11.45 / 13.00 GmP 16.30

9.41 Cz U Lehrte **14.25*** / 14.35 Pz
U Harburg 18.20 / 19.00 ⛴
U Hamburg > Altona 20.15 ⇝ / 8.10 Pz 11.00

* Ankunftszeit geschätzt

nach **Königsberg i.Pr.**

9.41 Cz U Berlin **21.20** / **22.40 Sz**
U Dirschau **10.45** / 11.37 ✉
U Marienburg 16.07 / **16.37 Sz** **21.02**

nach **Leipzig**

0.00 Sz U Magdeburg **10.00** / 10.45 Pz 14.05

9.41 Cz U Magdeburg **18.00** / 18.15 Pz 21.15

16.03 Pz U Magdeburg 4.50 / 5.30 Pz 9.00

nach **Lindau**

16.18 Pz U Cassel 22.00 ⇝ / 4.45 Pz
U Guntershausen 5.05 / **5.15 Sz**
U Frankfurt a.M. **9.55** / **10.30 Sz**
U Heidelberg **12.35** / **12.55 Sz**
U Bruchsal **13.28*** / **13.48 Ez**
U Ulm **18.25** / **18.45 Ez**
U Augsburg **21.15** / 21.30 GmP 6.30

16.18 Pz U Cassel 22.00 ⇝ / 4.45 Pz
U Guntershausen 5.05 / **5.15 Sz**
U Frankfurt a.M. **9.55** / **10.30 Sz**
U Heidelberg **12.35** / **12.55 Sz**
U Bruchsal **13.28*** / **13.48 Ez**
U Friedrichshafen **22.15** ⇝ / 6.00 ⛴ k.A.

* Ankunftszeit geschätzt

nach **Ludwigshafen**

12.01 Sz U Deutz > Cöln **16.00** / 20.15 ⛴
U Mainz 11.00 / **11.20 Sz** **13.00**

18.45 Cz U Deutz > Cöln **22.00** / 23.30 ⛴
U Mainz 17.30 / 18.00 Pz 20.35

nur Mo und Do .

18.45 Cz U Deutz > Cöln **22.00** ⇝/ 6.00 ⛴
U Mainz 19.30 / 20.00 Pz 21.59

weitere Verbindungen > **Mannheim**

nach **Lübeck**

0.00 Sz U Lehrte **6.00*** / 6.05 Pz
U Harburg 10.05 / 10.30 ⛴
U Hamburg 11.45 / 17.00 Pz
U Büchen 18.45* / 19.00 Pz 20.11

9.41 Cz U Lehrte **14.25*** / 14.35 Pz
U Harburg 18.20 / 19.00 ⛴
U Hamburg 20.15 / 23.00 ✉ 5.00

* Ankunftszeit geschätzt

nach **Magdeburg**

0.00 Sz *über Hannover–Braunschweig* **10.00**

9.41 Cz *über Hannover–Braunschweig* **18.00**

16.03 Pz *über Hannover–Braunschweig* 4.50

nach **Mainz**

9.50 Pz U Cassel 15.55 / 16.10 Pz
U Guntershausen 16.30 / 16.45 Pz
U Frankfurt a.M. 22.30 ⇝ /
U Frankfurt a.M. 22.30 ⇝ / 5.45 Pz
U Castel 7.05* / # k.A.

12.01 Sz U Deutz > Cöln **16.00** / 20.15 ⛴ 11.00

16.18 Pz U Cassel 22.00 ⇝ / 4.45 Pz
U Guntershausen 5.05 / **5.15 Sz**
U Frankfurt a.M. **9.55** / **10.15 Sz**
U Castel **11.00** / # ✉ k.A.

18.45 Cz U Deutz > Cöln **22.00** / 23.30 ⛴ 17.30

nur Mo und Do .

18.45 Cz U Deutz > Cöln **22.00** ⇝/ 6.00 ⛴ 19.30

* Ankunftszeit geschätzt

noch: ab **Hamm**

nach Mannheim

9.50 Pz U Cassel 15.55 / 16.10 Pz
U Guntershausen 16.30/16.45 Pz
U Frankf. a.M. 22.30 ↩ / **5.00 Cz** **7.06**

16.18 Pz U Cassel 22.00 ↩ / 4.45 Pz
U Guntershausen 5.05 / **5.15 Sz**
U Frankfurt a.M. **9.55** / **10.30 Sz** **12.38**

weitere Verbindungen > **Ludwigshafen**

nach München

16.18 Pz U Cassel 22.00 ↩ / 4.45 Pz
U Guntershausen 5.05 / **5.15 Sz**
U Frankfurt a.M. **9.55** / **10.30 Sz**
U Heidelberg **12.35** / **12.55 Sz**
U Bruchsal **13.28*** / **13.48 Ez**
U Ulm **18.25** / **18.45 Ez**
U Augsburg **21.15** / **21.30 Ez** **23.00**

* Ankunftszeit geschätzt

nach Münster

7.30 Pz 8.30
12.10 Pz 13.00
13.15 GmP 14.45
19.00 Pz 20.00

nach Nürnberg

9.50 Pz U Cassel 15.55 / 16.10 Pz
U Guntershausen 16.30 / 16.45 Pz
U Frankfurt a.M. 22.30 ↩ / **8.30 Ez**
U Bamberg **14.45** / **15.30 Ez** **17.00**

16.18 Pz U Cassel 22.00 ↩ / 8.30 Pz
U Guntershausen 8.50 / 9.00 Pz
U Frankfurt a.M. 14.40 / 17.15 Pz
U Bamberg 1.05 / 3.15 Pz 5.15[3]

nach Oberhausen

4.15 Pz 6.42
7.30 Pz 10.10
12.01 Sz **14.00**
15.00 Pz 17.45
18.45 Cz **20.20**

nach Oppeln

9.41 Cz U Berlin **21.20** / **22.15 Sz** **7.45***

* Ankunftszeit geschätzt

nach Osnabrück

0.00 Sz U Minden **3.05** / 9.00 ✉ 16.00
7.30 Pz U Münster 8.30 / 10.30 ✉ 17.00
9.41 Cz U Bielefeld **11.13*** / 11.30 ✉ 18.00
16.03 Pz U Minden 19.45 / 1.00 ✉ 8.00

* Ankunftszeit geschätzt

nach Passau

9.50 Pz U Cassel 15.55 / 16.10 Pz
U Guntershausen 16.30 / 16.45 Pz
U Frankfurt a.M. 22.30 ↩ / **8.30 Ez**
U Bamberg **14.45** / **15.30 Ez**
U Nürnberg **17.00** / 17.30 ✉
U Regensburg 5.30 / 11.00 ✉ 22.30[3]

nach Posen

9.41 Cz U Berlin **21.20** / **22.40 Sz**
U Kreutz **4.43** / 5.03 Pz 7.47

nach Regensburg

9.50 Pz U Cassel 15.55 / 16.10 Pz
U Guntershausen 16.30 / 16.45 Pz
U Frankfurt a.M. 22.30 ↩ / **8.30 Ez**
U Bamberg **14.45** / **15.30 Ez**
U Nürnberg **17.00** / 17.30 ✉ 5.30[3]

16.18 Pz U Cassel 22.00 ↩ / 8.30 Pz
U Guntershausen 8.50 / 9.00 Pz
U Frankfurt a.M. 14.40 / 17.15 Pz
U Bamberg 1.05 / 3.15 Pz
U Nürnberg 5.15 / 6.00 ✉ 18.00[3]

nach Rostock

0.00 Sz U Magdeburg **10.00** / 10.45 GmP
U Wittenberge 14.10 / 15.10 GmP
U Hagenow 17.00* / 17.30 Pz 22.10

9.41 Cz U Lehrte **14.25*** / 14.35 Pz
U Harburg 18.20 / 19.00 ⛴
U Hamburg 20.15 / **22.30 Cz**
U Hagenow **0.40*** ↩ / 7.30 Pz 11.05

16.03 Pz U Magdeburg 4.50 / 7.45 Pz
U Wittenberge 10.15 / 10.55 Pz
U Hagenow 12.40* / 12.50 Pz 16.40

* Ankunftszeit geschätzt

nach Saarbrücken

9.50 Pz U Cassel 15.55 / 16.10 Pz
U Guntershausen 16.30/16.45 Pz
U Frankf. a.M. 22.30 ↩ /**5.00 Cz**
U Mannheim **7.06** / #
U Ludwigshafen # / **13.10 Sz** **16.58**

16.18 Pz U Cassel 22.00 ↩ / 4.45 Pz
U Guntershausen 5.05 / **5.15 Sz**
U Frankfurt a.M. **9.55** / **10.30 Sz**
U Mannheim **12.38** / #
U Ludwigshafen 17.30 Pz 22.05

nach Schwerin

0.00 Sz U Magdeburg **10.00** / 10.45 GmP
U Wittenberge 14.10 / 15.10 GmP
U Hagenow 17.00* / 17.30 Pz 18.15

9.41 Cz U Lehrte **14.25*** / 14.35 Pz
U Harburg 18.20 / 19.00 ⛴
U Hamburg 20.15 / **22.30 Cz**
U Hagenow **0.40*** ↩ / 7.30 Pz 8.12

Fortsetzung siehe nächste Spalte

16.03 Pz U Magdeburg 4.50 / 7.45 Pz
U Wittenberge 10.15 / 10.55 Pz
U Hagenow 12.40* / 12.50 Pz 13.35

* Ankunftszeit geschätzt

nach Stettin

0.00 Sz U Berlin **13.10** / 17.30 Pz 21.10
9.41 Cz U Berlin **21.20** / **22.40 Sz** **1.47**
16.03 Pz U Berlin 9.30 / 12.15 Pz 15.52

nach Stralsund

0.00 Sz U Berlin **13.10** / 17.30 Pz
U Passow 20.00* / 20.20 ✉ 11.20

9.41 Cz U Berlin **21.20** / **22.40 Sz**
U Passow 0.50* / 1.15 ✉ 18.00

* Ankunftszeit geschätzt

nach Stuttgart

9.50 Pz U Cassel 15.55 / 16.10 Pz
U Guntershausen 16.30 / 16.45 Pz
U Frankfurt a.M. 22.30 ↩ / **5.00 Cz**
U Heidelberg **7.05** / **7.20 Sz**
U Bruchsal **7.59*** / 8.15 Pz 11.05

16.18 Pz U Cassel 22.00 ↩ / 4.45 Pz
U Guntershausen 5.05 / **5.15 Sz**
U Frankfurt a.M. **9.55** / **10.30 Sz**
U Heidelberg **12.35** / **12.55 Sz**
U Bruchsal **13.28*** / **13.48 Ez** **15.46**

* Ankunftszeit geschätzt

nach Trier

12.01 Sz U Deutz > Cöln **16.00** / 19.00 ✉ 17.30

15.00 Pz U Deutz > Cöln 20.10 / 22.00 ⛴
U Coblenz 5.45 / 6.45 ✉ 21.00

18.45 Cz U Deutz > Cöln **22.00** ↩ / 5.00 ✉ 2.15[3]

18.45 Cz U Deutz > Cöln **22.00** ↩ / 6.00 ⛴
U Coblenz 12.15 / 15.30 ✉ 6.30[3]

nach Ulm

9.50 Pz U Cassel 15.55 / 16.10 Pz
U Guntershausen 16.30 / 16.45 Pz
U Frankfurt a.M. 22.30 ↩ / **5.00 Cz**
U Heidelberg **7.05** / **7.20 Sz**
U Bruchsal **7.59*** / 8.15 Pz 15.05

16.18 Pz U Cassel 22.00 ↩ / 4.45 Pz
U Guntershausen 5.05 / **5.15 Sz**
U Frankfurt a.M. **9.55** / **10.30 Sz**
U Heidelberg **12.35** / **12.55 Sz**
U Bruchsal **13.28*** / **13.48 Ez** **18.25**

* Ankunftszeit geschätzt

nach Wiesbaden

4.15 Pz U Deutz > Cöln 9.15 / 10.00 ⛴
U Coblenz 17.00 / 20.00 ✉ 5.00

9.50 Pz U Cassel 15.55 / 16.10 Pz
U Guntershausen 16.30 / 16.45 Pz
U Frankfurt a.M. 22.30 ↩ / 5.45 Pz 7.30

Fortsetzung siehe nächste Seite

noch: nach **Wiesbaden**

16.18 Pz **U** Cassel 22.00 ↩ / 4.45 Pz
U Guntershausen 5.05 / **5.15 Sz**
U Frankfurt a.M. **9.55** / 11.15 Pz 12.45

nach **Würzburg**

9.50 Pz **U** Cassel 15.55 / 16.10 Pz
U Guntershausen 16.30 / 16.45 Pz
U Frankfurt a.M. 22.30 ↩ / **8.30 Ez 12.00**

16.18 Pz **U** Cassel 22.00 ↩ / 8.30 Pz
U Guntershausen 8.50 / 9.00 Pz
U Frankfurt a.M. 14.40 / 17.15 Pz 21.40

nach **Zwickau**

0.00 Sz **U** Magdeburg **10.00** / 10.45 Pz
U Leipzig 14.05 / 14.30 Pz
U Werdau 16.50* / 17.47 Pz 18.10*

9.41 Cz **U** Magdeburg **18.00** / 18.15 Pz
U Leipzig 21.15 ↩ / 6.00 Pz
U Werdau 8.40* / 9.15 Pz 9.40*

9.41 Cz **U** Magdeburg **18.00** / 18.15 Pz
U Leipzig 21.15 ↩ / **7.15 Ez**
U Werdau **9.10*** / 9.15 Pz 9.40*

* Ankunftszeit geschätzt

Hannover

Hannover ist durch mehrere Zweige der Hannöverschen Staatsbahn an das Schienennetz angebunden:

- Die Hauptlinie verläuft in Ost-West-Richtung durch die Stadt: Sie kommt von Peine, woselbst sie Anschluß von der Braunschweigischen Staatseisenbahn hat und die Züge aus Richtung Berlin übernimmt und sodann über Lehrte Hannover erreicht. Ab hier verläuft sie über Wunstorf nach Minden, um dort auf die Cöln-Mindener Eisenbahn überzugehen.

- In südlicher Richtung geht aus Hannover die zur Zeit bis Göttingen reichende Eisenbahnlinie ab, an deren Verlängerung bis Cassel über Münden gebaut wird (Fertigstellung voraussichtlich in der zweiten Hälfte des nächsten Jahres, was auch zu einer erheblichen Beschleunigung der Reisen nach Frankfurt a.M. führen wird).

- Zweiglinien der Hannöverschen Staatsbahn gehen einmal von Lehrte über Celle–Lüneburg bis Harburg (dort in der Regel Dampfschiffverbindung über die Elbe nach Hamburg) sowie nach Hildesheim; ab Wunstorf ferner im Auftrag der Bremischen Staatsbahn die Linie nach Bremen über Nienburg–Verden.

- Eine weitere Zweiglinie, mit deren Eröffnung noch im November dieses Jahres zu rechnen ist, wird von Löhne an der Weser im ersten Teilstück bis Osnabrück reichen.

von Hannover

nach **Aachen**

6.45 Sz **U** Deutz > Cöln **16.00** / 18.00 Pz 20.00
14.38 Cz **U** Deutz > Cöln **22.00** / **23.30 Sz 1.20**
21.50 Pz **U** Oberhausen 6.42 / 7.00 Pz 11.20

nach **Augsburg**

16.30 Pz **U** Göttingen 21.05 / 21.30 ✉
U Cassel 3.00 / 4.45 Pz
U Guntershausen 5.05 / **5.15 Sz**
U Frankfurt a.M. **9.55** / **10.30 Sz**
U Heidelberg **12.35** / **12.55 Sz**
U Bruchsal **13.28*** / **13.48 Ez**
U Ulm **18.25** / **18.45 Ez** **21.15**

nach **Basel***

6.45 Pz **U** Göttingen 10.05 / 10.30 ✉
U Cassel 16.00 / 16.10 Pz
U Guntershausen 16.30 / 16.45 Pz
U Frankfurt a.M. 22.30 ↩ / **5.00 Cz**
U Heidelberg **7.05** / **7.20 Sz** **14.56**

16.30 Pz **U** Göttingen 21.05 / 21.30 ✉
U Cassel 3.00 / 4.45 Pz
U Guntershausen 5.05 / **5.15 Sz**
U Frankfurt a.M. **9.55** / **10.30 Sz**
U Heidelberg **12.35** / **12.55 Sz** **19.15**

* Ankunft Basel Badischer Bf

nach **Berlin**

5.30 Sz *über Magdeburg* **13.10**
14.00 Cz *über Magdeburg* **21.20**
22.30 Pz *über Magdeburg* 9.30

nach **Bonn**

6.45 Sz **U** Deutz > Cöln **16.00** / 17.45 Pz 18.35
14.38 Cz **U** Deutz > Cöln **22.00** ↩ / 7.00 Pz 7.50
21.50 Pz **U** Deutz > Cöln 9.15 / 10.00 Pz 10.50

nach **Braunschweig**

5.30 Sz *über Lehrte* **7.05**
7.45 Pz *über Lehrte* 10.15
10.00 GmP *über Lehrte* 12.15
14.00 Cz *über Lehrte* **15.22**
18.00 Pz *über Lehrte* 20.00
22.30 Pz *über Lehrte* 0.30

nach **Bremen**

6.45 Sz **U** Wunstorf **7.15*** / 7.30 Pz 10.15
12.45 Pz 16.00
16.00 Pz **U** Wunstorf 16.30* / 16.40 Pz 19.25

* Ankunftszeit geschätzt

nach **Breslau**

14.00 Cz **U** Berlin **21.20** / **22.15 Sz** **5.45**

nach **Carlsruhe**

6.45 Pz **U** Göttingen 10.05 / 10.30 ✉
U Cassel 16.00 / 16.10 Pz
U Guntershausen 16.30 / 16.45 Pz
U Frankfurt a.M. 22.30 ↩ / **5.00 Cz**
U Heidelberg **7.05** / **7.20 Sz** **8.27**

16.30 Pz **U** Göttingen 21.05 / 21.30 ✉
U Cassel 3.00 / 4.45 Pz
U Guntershausen 5.05 / **5.15 Sz**
U Frankfurt a.M. **9.55** / **10.30 Sz**
U Heidelberg **12.35** / **12.55 Sz** **14.10**

nach **Cassel**

6.45 Pz **U** Göttingen 10.05 / 10.30 ✉ 16.00
16.30 Pz **U** Göttingen 21.05 / 21.30 ✉ 3.00

nach **Chemnitz**

5.30 Sz **U** Magdeburg **10.00** / 10.45 Pz
U Leipzig 14.05 / 14.30 Pz
U Riesa 16.00* / 16.45 Pz 19.30

14.00 Cz **U** Magdeburg **18.00** / 18.15 Pz
U Leipzig 21.15 / **22.00 Sz**
U Riesa **23.15*** ↩ / 5.15 Pz 8.15

22.30 Pz **U** Magdeburg 4.50 / 5.30 Pz
U Leipzig 9.00 / 10.00 Pz
U Riesa 11.25* / 12.15 Pz 15.30

* Ankunftszeit geschätzt

nach **Coblenz**

6.45 Sz **U** Deutz > Cöln **16.00** / 20.15 ⛴ 2.45
14.38 Cz **U** Deutz > Cöln **22.00** / 23.30 ⛴ 9.00
nur Mo und Do .
14.38 Cz **U** Deutz > Cöln **22.00** ↩ / 6.00 ⛴ 12.15
21.50 Pz **U** Deutz > Cöln 9.15 / 10.00 ⛴ 17.00

nach **Cöln***

6.45 Sz *über Dortmund* **16.00**
14.38 Cz *über Dortmund* **22.00**
21.50 Pz *über Dortmund* 9.15

* Ankunft in Deutz auf der rechten Rheinseite

nach **Constanz**

6.45 Pz **U** Göttingen 10.05 / 10.30 ✉
U Cassel 16.00 / 16.10 Pz
U Guntershausen 16.30 / 16.45 Pz
U Frankfurt a.M. 22.30 ↩ / **5.00 Cz**
U Heidelberg **7.05** / **7.20 Sz**
U Offenburg **10.22** / 10.45 ✉ 6.15[3]

Fortsetzung siehe nächste Seite

noch: nach **Constanz**
16.30 Pz **U** Göttingen 21.05 / 21.30 ✉
U Cassel 3.00 / 4.45 Pz
U Guntershausen 5.05 / **5.15 Sz**
U Frankfurt a.M. **9.55** / **10.30 Sz**
U Heidelberg **12.35** / **12.55 Sz**
U Freiburg i.B. **17.36** / 18.15 ✉
U Schaffhausen 5.15 / 12.30 ✉ 17.00[3]

nach **Danzig**
14.00 Cz U Berlin **21.20** / **22.40 Sz** **11.35**

nach **Darmstadt***
6.45 Pz **U** Göttingen 10.05 / 10.30 ✉
U Cassel 16.00 / 16.10 Pz
U Guntershausen 16.30 / 16.45 Pz
U Frankfurt a.M. 22.30 ↩/ **5.00 Cz 5.38***
16.30 Pz **U** Göttingen 21.05 / 21.30 ✉
U Cassel 3.00 / 4.45 Pz
U Guntershausen 5.05 / **5.15 Sz**
U Frankfurt a.M. **9.55**/ **10.30 Cz** **11.08***
* Ankunftszeiten in Darmstadt sind sämmtlich geschätzt.

nach **Dortmund***
6.45 Sz **12.40**
14.38 Cz **19.20**
21.50 Pz 5.08
* Ankunftszeiten in Dortmund sind sämmtlich geschätzt.

nach **Dresden**
5.30 Sz U Magdeburg **10.00** / 10.45 Pz
U Leipzig 14.05 / 14.30 Pz 17.30
14.00 Cz U Magdeburg **18.00** / 18.15 Pz
U Leipzig 21.15 / **22.00 Sz** **0.30**
22.30 Pz **U** Magdeburg 4.50 / 5.30 Pz
U Leipzig 9.00 / 10.00 Pz 13.15

nach **Düsseldorf**
6.45 Sz *über Dortmund* **14.57**
14.38 Cz *über Dortmund* **21.03**
21.50 Pz *über Dortmund* 7.55

nach **Elberfeld**
6.45 Sz U Dortmund **12.40*** / 13.15 Pz 15.28
14.38 Cz U Dortmund **19.20*** / 19.30 Pz 21.33
21.50 Pz **U** Dortmund 5.08* / 7.15 Pz 9.30
* Ankunftszeit geschätzt

nach **Erfurt**
5.30 Sz U Magdeburg **10.00** / 10.45 Pz
U Halle 13.10 / 13.40 Pz 16.50*
6.45 Pz **U** Göttingen 10.05 / 10.30 ✉
U Cassel 16.00 / 22.15 Pz
U Guntershausen 22.35 / **22.45 Sz 2.50***
10.00 Pz **U** Magdeburg 17.00 / 18.15 Pz
U Halle 20.25 / **23.00 Sz** **1.20***
Fortsetzung siehe nächste Spalte

14.00 Cz U Magdeburg **18.00** / 18.15 Pz
U Halle 20.25 / **23.00 Sz** **1.20***
16.30 Pz **U** Göttingen 21.05 / 21.30 ✉
U Cassel 3.00 / 7.45 Pz
U Guntershausen 8.05 / 8.15 Pz 12.45*
22.30 Pz **U** Magdeburg 4.50 / 5.30 Pz
U Halle 8.00 / 8.15 Pz 11.10*
* Ankunftszeit geschätzt

nach **Essen***
6.45 Sz **13.39**
14.38 Cz U Oberhausen** **20.20**/ 21.56 Pz 22.15
21.50 Pz 6.18
* Ankunft in Alten-Essen, Ankunftszeit geschätzt; ein Fahrplan der Post-Course von Alten-Essen nach Essen Stadt liegt nicht vor.
** Cours über Oberhausen nur mit Umwegkarte zu benutzen.

nach **Frankfurt a.M.**
6.45 Pz **U** Göttingen 10.05 / 10.30 ✉
U Cassel 16.00 / 16.10 Pz
U Guntershausen 16.30/16.45 Pz 22.30
16.30 Pz **U** Göttingen 21.05 / 21.30 ✉
U Cassel 3.00 / 4.45 Pz
U Guntershausen 5.05 / **5.15 Sz** **9.55**

nach **Freiburg i.B.**
6.45 Pz **U** Göttingen 10.05 / 10.30 ✉
U Cassel 16.00 / 16.10 Pz
U Guntershausen 16.30 / 16.45 Pz
U Frankfurt a.M. 22.30 ↩ / **5.00 Cz**
U Heidelberg **7.05** / **7.20 Sz** **12.35**
16.30 Pz **U** Göttingen 21.05 / 21.30 ✉
U Cassel 3.00 / 4.45 Pz
U Guntershausen 5.05 / **5.15 Sz**
U Frankfurt a.M. **9.55** / **10.30 Sz**
U Heidelberg **12.35** / **12.55 Sz** **17.36**

nach **Gera**
5.30 Sz U Magdeburg **10.00** / 10.45 Pz
U Leipzig 14.05 / 18.30 Pz
U Altenburg 19.40* / 20.30 ✉ 0.30
14.00 Cz U Magdeburg **18.00** / 18.15 Pz
U Leipzig 21.15 ↩ / 6.00 Pz
U Altenburg 7.10* / 9.00 ✉ 13.00
14.00 Cz U Magdeburg **18.00** / 18.15 Pz
U Leipzig 21.15 ↩ / **7.15 Ez**
U Altenburg **8.08*** / 9.00 ✉ 13.00
* Ankunftszeit geschätzt

nach **Görlitz**
5.30 Sz U Magdeburg **10.00** / 10.45 Pz
U Leipzig 14.05 / 14.30 Pz
U Dresden 17.30 / 18.15 Pz 21.40
14.00 Cz U Berlin **21.20** / **22.15 Sz**
U Kohlfurt **2.40*** / 3.15 Pz 4.00
14.00 Cz U Magdeburg **18.00** / 18.15 Pz
U Leipzig 21.15 / **22.00 Sz**
U Dresden **0.30** / 5.30 Pz 9.00
Fortsetzung siehe nächste Spalte

22.30 Pz **U** Magdeburg 4.50 / 5.30 Pz
U Leipzig 9.00 / 10.00 Pz
U Dresden 13.15 / 14.30 Pz 18.15
* Ankunftszeit geschätzt

nach **Hagen**
6.45 Sz U Dortmund **12.40*** / 13.15 Pz 14.22*
14.38 Cz U Dortmund **19.20*** / 19.30 Pz 20.28*
21.50 Pz **U** Dortmund 5.08* / 7.15 Pz 8.24*
* Ankunftszeit geschätzt

nach **Halle**
5.30 Sz U Magdeburg **10.00** / 10.45 Pz 13.10
10.00 Pz **U** Magdeburg 17.00 / 18.15 Pz 20.25
14.00 Cz U Magdeburg **18.00** / 18.15 Pz 20.25
22.30 Pz **U** Magdeburg 4.50 / 5.30 Pz 8.00

nach **Hamburg**
5.30 Sz U Lehrte **6.00**** / 6.05 Pz
U Harburg 10.05 / 10.30 ⛴ 11.45
10.00 GmP **U** Lehrte 10.30** / 11.00 Pz 16.10*
14.00 Cz U Lehrte **14.25**** / 14.35 Pz
U Harburg 18.20 / 19.00 ⛴ 20.15
18.00 Pz **U** Lehrte 18.35** / 18.45 Pz
U Uelzen 22.05 ↩ / 4.45 Pz
U Harburg 8.20 / 9.00 ⛴ 10.15
* Ankunft in Harburg ohne unmittelbaren Schiffsanschluß nach Hamburg ** Ankunftszeit geschätzt

nach **Hamm**
6.45 Sz **11.55**
14.38 Cz **18.40**
21.50 Pz 4.05

nach **Heidelberg**
6.45 Pz **U** Göttingen 10.05 / 10.30 ✉
U Cassel 16.00 / 16.10 Pz
U Guntershausen 16.30 / 16.45 Pz
U Frankfurt a.M. 22.30 ↩/ **5.00 Cz** **7.05**
16.30 Pz **U** Göttingen 21.05 / 21.30 ✉
U Cassel 3.00 / 4.45 Pz
U Guntershausen 5.05 / **5.15 Sz**
U Frankfurt a.M. **9.55** / **10.30 Sz** **12.35**

nach **Kiel**
5.30 Sz U Lehrte **6.00*** / 6.05 Pz
U Harburg 10.05 / 10.30 ⛴
U Hamburg > Altona 11.45 / 13.00 GmP 16.30
14.00 Cz U Lehrte **14.25*** / 14.35 Pz
U Harburg 18.20 / 19.00 ⛴
U Hamburg > Altona 20.15 ↩ / 8.10 Pz 11.00
* Ankunftszeit geschätzt

nach **Königsberg i.Pr.**
14.00 Cz U Berlin **21.20** / **22.40 Sz**
U Dirschau **10.45** / 11.37 ✉
U Marienburg 16.07 / **16.37 Sz** **21.02**

nach **Leipzig**

5.30 Sz	**U** Magdeburg **10.00** / 10.45 Pz	14.05
14.00 Cz	**U** Magdeburg **18.00** / 18.15 Pz	21.15
22.30 Pz	**U** Magdeburg 4.50 / 5.30 Pz	9.00

nach **Lindau**

16.30 Pz	**U** Göttingen 21.05 / 21.30 ✉	
	U Cassel 3.00 / 4.45 Pz	
	U Guntershausen 5.05 / **5.15 Sz**	
	U Frankfurt a.M. **9.55** / **10.30 Sz**	
	U Heidelberg **12.35** / **12.55 Sz**	
	U Bruchsal **13.28*** / **13.48 Ez**	
	U Ulm **18.25** / **18.45 Ez**	
	U Augsburg **21.15** / 21.30 GmP	6.30[3]

* Ankunftszeit geschätzt

nach **Ludwigshafen**

> ***Mannheim***

nach **Lübeck**

5.30 Pz	**U** Lehrte **6.00*** / 6.05 Pz	
	U Harburg 10.05 / 10.30 ⛴	
	U Hamburg 11.45 / 17.00	
	U Büchen 18.45* / 19.00 Pz	20.11
14.00 Cz	**U** Lehrte **14.25*** / 14.35 Pz	
	U Harburg 18.20 / 19.00 ⛴	
	U Hamburg 20.15 / 23.00 ✉	5.00

* Ankunftszeit geschätzt

nach **Magdeburg**

5.30 Sz	*über Braunschweig–Oschersleben*	**10.00**
10.00 Pz	*über Braunschweig–Oschersleben*	17.00
14.00 Cz	*über Braunschweig–Oschersleben*	**18.00**
22.30 Pz	*über Braunschweig–Oschersleben*	4.50

nach **Mainz**

6.45 Pz	**U** Göttingen 10.05 / 10.30 ✉	
	U Cassel 16.00 / 16.10 Pz	
	U Guntershausen 16.30 / 16.45 Pz	
	U Frankfurt a.M. 22.30 ↩ / 5.45 Pz	
	U Castel 7.05* / #	k.A.
16.30 Pz	**U** Göttingen 21.05 / 21.30 ✉	
	U Cassel 3.00 / 4.45 Pz	
	U Guntershausen 5.05 / **5.15 Sz**	
	U Frankfurt a.M. **9.55** / **10.15 Sz**	
	U Castel **11.00** / # ✉	k.A.

nach **Mannheim**

6.45 Pz	**U** Göttingen 10.05 / 10.30 ✉	
	U Cassel 16.00 / 16.10 Pz	
	U Guntershausen 16.30 / 16.45 Pz	
	U Frankfurt a.M. 22.30 ↩/ **5.00 Cz**	**7.06**
16.30 Pz	**U** Göttingen 21.05 / 21.30 ✉	
	U Cassel 3.00 / 4.45 Pz	
	U Guntershausen 5.05 / **5.15 Sz**	
	U Frankfurt a.M. **9.55** / **10.30 Sz**	**12.38**

nach **München**

5.30 Sz	**U** Magdeburg **10.00** / 10.45 Pz	
	U Leipzig 14.05 / 14.30 Pz	
	U Hof 20.00 / 20.30 Pz	13.15
16.30 Pz	**U** Göttingen 21.05 / 21.30 ✉	
	U Cassel 3.00 / 4.45 Pz	
	U Guntershausen 5.05 / **5.15 Sz**	
	U Frankfurt a.M. **9.55** / **10.30 Sz**	
	U Heidelberg **12.35** / **12.55 Sz**	
	U Bruchsal **13.28*** / **13.48 Ez**	
	U Ulm **18.25** / **18.45 Ez**	
	U Augsburg **21.15** / **21.30 Ez**	**23.00**

nach **Münster**

6.45 Sz	**U** Hamm **11.55*** / 12.10 Pz	13.00
14.38 Cz	**U** Hamm **18.40** / 19.00 Pz	20.00
21.50 Pz	**U** Hamm 4.05 / 7.30 Pz	8.30

* Ankunftszeit geschätzt

nach **Nürnberg**

5.30 Sz	**U** Magdeburg **10.00** / 10.45 Pz	
	U Leipzig 14.05 / 14.30 Pz	
	U Hof 20.00 / 20.30 Pz	5.15
14.00 Cz	**U** Magdeburg **18.00** / 18.15 Pz	
	U Leipzig 21.15 ↩ / **7.15 Ez**	**17.00**

nach **Oberhausen**

6.45 Sz	*über Dortmund*	**14.00**
14.38 Cz	*über Dortmund*	**20.20**
21.50 Pz	*über Dortmund*	6.42

nach **Oppeln**

14.00 Cz	**U** Berlin **21.20** / **22.15 Sz**	**7.45***

* Ankunftszeit geschätzt

nach **Osnabrück**

6.45 Sz	**U** Minden **8.35** / 9.00 ✉	16.00
6.45 Sz	**U** Bielefeld **10.11*** / 11.30 ✉	18.00
12.45 Pz	**U** Bremen 16.00 / 17.00 ✉	7.30
21.50 Pz	**U** Minden 23.45 / 1.00 ✉	8.00

* Ankunftszeit geschätzt

nach **Passau**

14.00 Cz	**U** Magdeburg **18.00** / 18.15 Pz	
	U Leipzig 21.15 ↩ / **7.15 Ez**	
	U Nürnberg **17.00** / 17.30 ✉	
	U Regensburg 5.30 / 11.00 ✉	22.30[3]

nach **Posen**

14.00 Cz	**U** Berlin **21.20** / **22.40 Sz**	
	U Kreutz **4.43** / 5.03 Pz	7.47

nach **Regensburg**

5.30 Sz	**U** Magdeburg **10.00** / 10.45 Pz	
	U Leipzig 14.05 / 14.30 Pz	
	U Hof 20.00 / 20.30 Pz	
	U Nürnberg 5.15 / 6.00 ✉	18.00
14.00 Cz	**U** Magdeburg **18.00** / 18.15 Pz	
	U Leipzig 21.15 ↩ / **7.15 Ez**	
	U Nürnberg **17.00** / 17.30 ✉	5.30[3]

Fortsetzung siehe nächste Spalte

nach **Rostock**

5.30 Sz	**U** Magdeburg **10.00** / 10.45 GmP	
	U Wittenberge 14.10 / 15.10 GmP	
	U Hagenow 17.00* / 17.30 Pz	22.10
14.00 Cz	**U** Lehrte **14.25*** / 14.35 Pz	
	U Harburg 18.20 / 19.00 ⛴	
	U Hamburg 20.15 / **22.30 Cz**	
	U Hagenow **0.40*** ↩ / 7.30 Pz	11.05
22.30 Pz	**U** Magdeburg 4.50 / 7.45 Pz	
	U Wittenberge 10.15 / 10.55 Pz	
	U Hagenow 12.40* / 12.50 Pz	16.40

* Ankunftszeit geschätzt

nach **Saarbrücken**

6.45 Pz	**U** Göttingen 10.05 / 10.30 ✉	
	U Cassel 16.00 / 16.10 Pz	
	U Guntershausen 16.30 / 16.45 Pz	
	U Frankf. a.M. 22.30 ↩ /**5.00 Cz**	
	U Mannheim **7.06** / #	
	U Ludwigshafen # / **13.10 Sz**	**16.58**
16.30 Pz	**U** Göttingen 21.05 / 21.30 ✉	
	U Cassel 3.00 / 4.45 Pz	
	U Guntershausen 5.05 / **5.15 Sz**	
	U Frankfurt a.M. **9.55** / **10.30 Sz**	
	U Mannheim **12.38** / #	
	U Ludwigshafen 17.30 Pz	22.05

nach **Schwerin**

5.30 Sz	**U** Magdeburg **10.00** / 10.45 GmP	
	U Wittenberge 14.10 / 15.10 GmP	
	U Hagenow 17.00* / 17.30 Pz	18.15
14.00 Cz	**U** Lehrte **14.25*** / 14.35 Pz	
	U Harburg 18.20 / 19.00 ⛴	
	U Hamburg 20.15 / **22.30 Cz**	
	U Hagenow **0.40*** ↩ / 7.30 Pz	8.12
22.30 Pz	**U** Magdeburg 4.50 / 7.45 Pz	
	U Wittenberge 10.15 / 10.55 Pz	
	U Hagenow 12.40* / 12.50 Pz	13.35

* Ankunftszeit geschätzt

nach **Stettin**

5.30 Sz	**U** Berlin **13.10** / 17.30 Pz	21.10
14.00 Cz	**U** Berlin **21.20** / **22.40 Sz**	**1.47**
22.30 Pz	**U** Berlin 9.30 / 12.15 Pz	15.52

nach **Stralsund**

5.30 Sz	**U** Berlin **13.10** / 17.30 Pz	
	U Passow 20.00* / 20.20 ✉	11.20
14.00 Cz	**U** Berlin **21.20** / **22.40 Sz**	
	U Passow 0.50* / 1.15 ✉	18.00

* Ankunftszeit geschätzt

noch: ab **Hannover**

nach **Stuttgart**

6.45 Pz	**U** Göttingen 10.05 / 10.30 ✉	
	U Cassel 16.00 / 16.10 Pz	
	U Guntershausen 16.30 / 16.45 Pz	
	U Frankf. a.M. 22.30 ↪ / **5.00 Cz**	
	U Heidelberg **7.05 / 7.20 Sz**	
	U Bruchsal **7.59*** / 8.15 Pz	11.05
16.30 Pz	**U** Göttingen 21.05 / 21.30 ✉	
	U Cassel 3.00 / 4.45 Pz	
	U Guntershausen 5.05 / **5.15 Sz**	
	U Frankfurt a.M. **9.55 / 10.30 Sz**	
	U Heidelberg **12.35 / 12.55 Sz**	
	U Bruchsal **13.28* / 13.48 Ez**	**15.46**

* Ankunftszeit geschätzt

nach **Trier**

6.45 Sz	**U** Deutz > Cöln **16.00**/ 19.00 ✉	17.30
6.45 Sz	**U** Deutz > Cöln **16.00**/ 22.00 ⛴	
	U Coblenz 5.45 / 6.45 ✉	21.00
14.38 Cz	**U** Deutz > Cöln **22.00** ↪/ 5.00 ✉	2.15[3]
14.38 Cz	**U** Deutz > Cöln **22.00** ↪/ 6.00 ⛴	
	U Coblenz 12.15 / 15.30 ✉	6.30[3]

nach **Ulm**

6.45 Pz	**U** Göttingen 10.05 / 10.30 ✉	
	U Cassel 16.00 / 16.10 Pz	
	U Guntershausen 16.30 / 16.45 Pz	
	U Frankf. a.M. 22.30 ↪ / **5.00 Cz**	
	U Heidelberg **7.05 / 7.20 Sz**	
	U Bruchsal **7.59*** / 8.15 Pz	15.05
16.30 Pz	**U** Göttingen 21.05 / 21.30 ✉	
	U Cassel 3.00 / 4.45 Pz	
	U Guntershausen 5.05 / **5.15 Sz**	
	U Frankfurt a.M. **9.55 / 10.30 Sz**	
	U Heidelberg **12.35 / 12.55 Sz**	
	U Bruchsal **13.28* / 13.48 Ez**	**18.25**

* Ankunftszeit geschätzt

nach **Wiesbaden**

6.45 Pz	**U** Göttingen 10.05 / 10.30 ✉	
	U Cassel 16.00 / 16.10 Pz	
	U Guntershausen 16.30 / 16.45 Pz	
	U Frankfurt a.M. 22.30 ↪ / 5.45 Pz	7.30
16.30 Pz	**U** Göttingen 21.05 / 21.30 ✉	
	U Cassel 3.00 / 4.45 Pz	
	U Guntershausen 5.05 / **5.15 Sz**	
	U Frankfurt a.M. **9.55** / 11.15 Pz	12.45

nach **Würzburg**

6.45 Pz	**U** Göttingen 10.05 / 10.30 ✉	
	U Cassel 16.00 / 16.10 Pz	
	U Guntershausen 16.30 / 16.45 Pz	
	U Frankfurt a.M. 22.30 ↪/ **8.30 Ez**	**12.00**
16.30 Pz	**U** Göttingen 21.05 / 21.30 ✉	
	U Cassel 3.00 / 4.45 Pz	
	U Guntershausen 5.05 / **5.15 Sz**	
	U Frankfurt a.M. **9.55** / 17.15 Pz	21.40

nach **Zwickau**

5.30 Sz	**U** Magdeburg **10.00** / 10.45 Pz	
	U Leipzig 14.05 / 14.30 Pz	
	U Werdau 16.50* / 17.47 Pz	18.10*
14.00 Cz	**U** Magdeburg **18.00** / 18.15 Pz	
	U Leipzig 21.15 ↪ / 6.00 Pz	
	U Werdau 8.40* / 9.15 Pz	9.40*
14.00 Cz	**U** Magdeburg **18.00** / 18.15 Pz	
	U Leipzig 21.15 ↪ / **7.15 Ez**	
	U Werdau **9.10*** / 9.15 Pz	9.40*

* Ankunftszeit geschätzt

Heidelberg

Ab Heidelberg gehen die folgenden drei Bahnlinien ab:

- die Badischen Staatseisenbahnen mit ihrer Hauptbahn nach Basel über Bruchsal (dort Anschluß an die Württembergischen Staatsbahnen) –Carlsruhe–Offenburg–Freiburg i.B.,
- nach Mannheim (ebenfalls Badische Staatseisenbahnen),
- die Main-Neckar-Eisenbahn nach Frankfurt a.M. über Darmstadt.

Hinweis: Wegen der zur Zeit noch unterschiedlichen Spurweiten bei den Badischen Staatseisenbahnen und der Main-Neckar-Eisenbahn müssen Übergangsreisende in Heidelberg stets den Zug wechseln. Desgleichen ist Umsteigen in Bruchsal erforderlich bei Reisen in die Richtung Stuttgart.

von Heidelberg

nach **Aachen**

7.10 Pz	**U** Mannheim 7.42 / #	
	U Ludwigshafen # / 12.25 Pz	
	U Mainz 14.06 / 14.30 ⛴	
	U Cöln 23.00 / **23.30 Sz**	**1.20**
13.15 Sz	**U** Mannheim **13.42** / #	
	U Ludwigshafen # / 15.10 Pz	
	U Mainz 17.15 / 20.00 ✉	
	U Coblenz 5.30 / 6.00 ⛴	
	U Cöln 10.30 / 11.45 Pz	13.45
18.20 Pz	**U** Mannheim 18.52 / #	
	U Ludwigshafen # / **22.00 Sz**	
	U Mainz **23.39** ↪ / 6.00 ⛴	
	U Cöln 14.45 / 18.00 Pz	20.00

nach **Augsburg**

12.55 Sz	**U** Bruchsal **13.28* / 13.48 Ez**	
	U Ulm **18.25 / 18.45 Ez**	**21.15**
16.00 Pz	**U** Bruchsal 17.01* / 17.20 Pz	
	U Stuttgart 20.15 ↪ / 7.05 Pz	
	U Ulm 10.50 / 11.15 GmP	15.40

Fortsetzung siehe nächste Spalte

* Ankunftszeit geschätzt

nach **Basel***

7.20 Sz	*über Carlsruhe*	**14.56**
9.50 Pz	*über Carlsruhe*	20.15
12.55 Sz	*über Carlsruhe*	**19.15**
16.00 Pz	**U** Offenburg 20.47 ↪ / 6.00 Pz	10.55

* Ankunft Basel Badischer Bf

nach **Berlin**

13.20 Sz	**U** Frankfurt a.M. **15.30 / 17.00 Sz**	**10.30**

nach **Bonn**

7.10 Pz	**U** Mannheim 7.42 / #	
	U Ludwigshafen # / 12.25 Pz	
	U Mainz 14.06 / 14.30 ⛴	21.00
13.15 Sz	**U** Mannheim **13.42** / #	
	U Ludwigshafen # / 15.10 Pz	
	U Mainz 17.15 / 20.00 ✉	
	U Coblenz 5.30 / 6.00 ⛴	8.45
18.20 Pz	**U** Mannheim 18.52 / #	
	U Ludwigshafen # / **22.00 Sz**	
	U Mainz **23.39** ↪ / 6.00 ⛴	12.45
22.10 Sz	**U** Mannheim **22.41** / #	
	U Ludwigshafen # ↪ / 6.05 Pz	
	U Mainz 8.05 / 9.00 ⛴	16.15
22.10 Sz	**U** Mannheim **22.41** ↪ / 4.30 ⛴	16.15

nach **Braunschweig**

13.20 Sz	**U** Frankfurt a.M. **15.30 / 17.00 Sz**	
	U Guntershausen **21.50** / 21.55 Pz	
	U Cassel 22.15 / 23.15 ✉	
	U Göttingen 4.40 / 5.15 Pz	
	U Hannover 8.45 / 10.00 Pz	12.15
13.20 Sz	**U** Frankfurt a.M. **15.30 / 17.00 Sz**	
	U Halle **5.40** / 7.45 Pz	
	U Magdeburg 9.50 / **10.40 Cz**	**12.50**
22.10 Cz	**U** Frankfurt a.M. **0.15** / 5.45 Pz	
	U Guntershausen 11.45 / 11.50 Pz	
	U Cassel 12.10 / 12.30 ✉	
	U Göttingen 17.45 / 18.00 Pz	
	U Hannover 21.30 / 22.30 Pz	0.30[3]

nach **Bremen**

13.20 Sz	**U** Frankfurt a.M. **15.30 / 17.00 Sz**	
	U Guntershausen **21.50** / 21.55 Pz	
	U Cassel 22.15 / 23.15 ✉	
	U Göttingen 4.40 / 5.15 Pz	
	U Hannover 8.45 / 12.45 Pz	16.00
22.10 Cz	**U** Frankfurt a.M. **0.15** ↪ / 5.45 Pz	
	U Guntershausen 11.45 / 11.50 Pz	
	U Cassel 12.10 / 12.30 ✉	
	U Göttingen 17.45 / 18.00 Pz	
	U Hannover 21.30 ↪ / **6.45 Sz**	
	U Wunstorf **7.15*** / 7.30 Pz	10.15[3]

* Ankunftszeit geschätzt

nach **Breslau**
13.20 Sz **U** Frankfurt a.M. **15.30 / 17.00 Sz**
U Berlin **10.30 / 22.15 Sz** **5.45**[3]

nach **Carlsruhe**
6.15 Pz *über Bruchsal* 9.12
7.20 Sz *über Bruchsal* **8.27**
9.50 Pz *über Bruchsal* 11.44
12.55 Sz *über Bruchsal* **14.10**
16.00 Pz *über Bruchsal* 17.50
20.35 Pz *über Bruchsal* 22.25

nach **Cassel**
7.15 Pz **U** Frankfurt a.M. 10.00 / 10.35 Pz
U Guntershausen 18.50/19.00 Pz 19.20
13.20 Sz **U** Frankfurt a.M. **15.30 / 17.00 Sz**
U Guntershausen **21.50**/21.55 Pz 22.15
22.10 Cz **U** Frankfurt a.M. **0.15** / 5.45 Pz
U Guntershausen 11.45/11.50 Pz 12.10

nach **Chemnitz**
13.20 Sz **U** Frankfurt a.M. **15.30 / 17.00 Sz**
U Halle **5.40** / 6.15 Pz
U Leipzig 7.30 / 10.00 Pz
U Riesa 11.25* / 12.15 Pz 15.30
22.10 Cz **U** Frankfurt a.M. **0.15** ↪ / 5.45 Pz
U Halle 20.05 / 20.30 Pz
U Leipzig 21.15 / **22.00 Sz**
U Riesa **23.15*** ↪ / 5.15 Pz 8.15

* Ankunftszeit geschätzt

nach **Coblenz**
7.10 Pz **U** Mannheim 7.42 / #
U Ludwigshafen # / 12.25 Pz
U Mainz 14.06 / 14.30 ⛴ 18.00
13.15 Sz **U** Mannheim **13.42** / #
U Ludwigshafen # / 15.10 Pz
U Mainz 17.15 / 20.00 ✉ 5.30
18.20 Pz **U** Mannheim 18.52 / #
U Ludwigshafen # / **22.00 Sz**
U Mainz **23.39** ↪ / 6.00 ⛴ 9.45
22.10 Sz **U** Mannheim **22.41** / #
U Ludwigshafen # ↪ / 6.05 Pz
U Mainz 8.05 / 9.00 ⛴ 13.00
22.10 Sz **U** Mannheim **22.41** ↪ / 4.30 ⛴ 13.00

nach **Cöln**
7.10 Pz **U** Mannheim 7.42 / #
U Ludwigshafen # / 12.25 Pz
U Mainz 14.06 / 14.30 ⛴ 23.00
13.15 Sz **U** Mannheim **13.42** / #
U Ludwigshafen # / 15.10 Pz
U Mainz 17.15 / 20.00 ✉
U Coblenz 5.30 / 6.00 ⛴ 10.30

Fortsetzung siehe nächste Spalte

18.20 Pz **U** Mannheim 18.52 / #
U Ludwigshafen # / **22.00 Sz**
U Mainz **23.39** ↪ / 6.00 ⛴ 14.45
22.10 Sz **U** Mannheim **22.41** / #
U Ludwigshafen # ↪ / 6.05 Pz
U Mainz 8.05 / 9.00 ⛴ 18.15
22.10 Sz **U** Mannheim **22.41** ↪ / 4.30 ⛴ 18.15

nach **Constanz**
7.20 Sz **U** Offenburg **10.22** / 10.45 ✉ 6.15
9.50 Pz **U** Freiburg i.B. 17.07 / 18.15 ✉
U Schaffhausen 5.15 / 12.30 ✉ 17.00
12.55 Sz **U** Bruchsal **13.28* / 13.48 Ez**
U Friedrichshafen **22.15** ↪ / 9.15 k.A.

nach **Danzig**
13.20 Sz **U** Frankfurt a.M. **15.30 / 17.00 Sz**
U Berlin **10.30 / 22.40 Sz** **11.35**[3]

nach **Darmstadt***
7.15 Pz *über Friedrichsfeld* 9.15
11.45 Pz *über Friedrichsfeld* 13.43
13.20 Sz *über Friedrichsfeld* **14.53**
18.25 Pz *über Friedrichsfeld* 20.43
22.10 Cz *über Friedrichsfeld* **23.38**

* Ankunftszeiten in Darmstadt sind sämmtlich geschätzt.

nach **Dortmund***
7.10 Pz **U** Mannheim 7.42 / #
U Ludwigshafen # / 12.25 Pz
U Mainz 14.06 / 14.30 ⛴
U Cöln 23.00 ↪ / **6.30 Cz** **9.02**
13.15 Sz **U** Mannheim **13.42** / #
U Ludwigshafen # / 15.10 Pz
U Mainz 17.15 / 20.00 ✉
U Coblenz 5.30 / 6.00 ⛴
U Cöln > Deutz 10.30 / 11.00 Pz 15.00
13.20 Sz **U** Frankfurt a.M. **15.30 / 17.00 Sz**
U Guntershausen **21.50** / 21.55 Pz
U Cassel 22.15 ↪ / 5.55 Pz
U Hamm 11.46 / **12.01 Sz** **12.45**
18.20 Pz **U** Mannheim 18.52 / #
U Ludwigshafen # / **22.00 Sz**
U Mainz **23.39** ↪ / 6.00 ⛴
U Cöln > Deutz 14.45 / 16.00 Pz 20.25
22.10 Cz **U** Frankfurt a.M. **0.15** / 5.45 Pz
U Guntershausen 11.45 / 11.50 Pz
U Cassel 12.10 / 12.30 Pz
U Hamm 18.26 / **18.45 Cz** **19.20**

* Ankunftszeiten in Dortmund sind sämmtlich geschätzt.

nach **Dresden**
13.20 Sz **U** Frankfurt a.M. **15.30 / 17.00 Sz**
U Halle **5.40** / 6.15 Pz
U Leipzig 7.30 / 10.00 Pz 13.15
22.10 Cz **U** Frankfurt a.M. **0.15** ↪ / 5.45 Pz
U Halle 20.05 / 20.30 Pz
U Leipzig 21.15 / **22.00 Sz** **0.30**

nach **Düsseldorf**
7.10 Pz **U** Mannheim 7.42 / #
U Ludwigshafen # / 12.25 Pz
U Mainz 14.06 / 14.30 ⛴
U Cöln 23.00 ↪ / **6.30 Cz** **7.15**
7.10 Pz **U** Mannheim 7.42 / #
U Ludwigshafen # / 12.25 Pz
U Mainz 14.06 / 14.30 ⛴
↪ Cöln 23.00 / 5.30 8.00
13.15 Sz **U** Mannheim **13.42** / #
U Ludwigshafen # / 15.10 Pz
U Mainz 17.15 / 20.00 ✉
U Coblenz 5.30 / 6.00 ⛴
U Cöln > Deutz 10.30 / 11.00 Pz 12.10
18.20 Pz **U** Mannheim 18.52 / #
U Ludwigshafen # / **22.00 Sz**
U Mainz **23.39** ↪ / 6.00 ⛴
U Cöln > Deutz 14.45 / 16.00 Pz 17.10
22.10 Sz **U** Mannheim **22.41** / #
U Ludwigshafen # ↪ / 6.05 Pz
U Mainz 8.05 / 9.00 ⛴ 22.00
22.10 Sz **U** Mannheim 22.41 ↪ / 4.30 ⛴ 22.00

nach **Elberfeld**
7.10 Pz **U** Mannheim 7.42 / #
U Ludwigshafen # / 12.25 Pz
U Mainz 14.06 / 14.30 ⛴
U Cöln 23.00 ↪ / **6.30 Cz**
U Düsseldorf **7.15** / 7.30 Pz 8.36
13.15 Sz **U** Mannheim **13.42** / #
U Ludwigshafen # / 15.10 Pz
U Mainz 17.15 / 20.00 ✉
U Coblenz 5.30 / 6.00 ⛴
U Cöln > Deutz 10.30 / 11.00 Pz
U Düsseldorf 12.10 / 12.30 Pz 14.07
18.20 Pz **U** Mannheim 18.52 / #
U Ludwigshafen # / **22.00 Sz**
U Mainz **23.39** ↪ / 6.00 ⛴
U Cöln > Deutz 14.45 / 16.00 Pz
U Düsseldorf 17.10 / 17.30 Pz 18.36
22.10 Sz **U** Mannheim **22.41** / #
U Ludwigshafen # ↪ / 6.05 Pz
U Mainz 8.05 / 9.00 ⛴
U Cöln > Deutz 18.15 / **20.00 Sz**
U Düsseldorf **20.55** / 21.15 Pz 22.21
22.10 Sz **U** Mannheim **22.41** ↪ / 4.30 ⛴
U Cöln > Deutz 18.15 / **20.00 Sz**
U Düsseldorf **20.55** / 21.15 Pz 22.21

nach **Erfurt**
13.20 Sz **U** Frankfurt a.M. **15.30 / 17.00 Sz** **2.50***
22.10 Cz **U** Frankfurt a.M. **0.15** ↪/ 5.45 Pz16.50*

* Ankunftszeit geschätzt

nach **Essen***
7.10 Pz **U** Mannheim 7.42 / #
U Ludwigshafen # / 12.25 Pz
U Mainz 14.06 / 14.30 ⛴
U Cöln > Deutz 23.00 ↪ / 8.00 10.40

Fortsetzung siehe nächste Seite

noch: nach **Essen**

13.15 Sz U Mannheim **13.42** / #
U Ludwigshafen # / 15.10 Pz
U Mainz 17.15 / 20.00 ✉
U Coblenz 5.30 / 6.00 ⛴
U Cöln > Deutz 10.30 / 11.00 Pz 13.45

13.20 Sz U Frankfurt a.M. **15.30** / **17.00 Sz**
U Guntershausen **21.50** / 21.55 Pz
U Cassel 22.15 ↪ / 5.55 Pz
U Hamm 11.46 / **12.01 Sz** **13.39**

18.20 Pz U Mannheim 18.52 / #
U Ludwigshafen # / **22.00 Sz**
U Mainz **23.39** ↪ / 6.00 ⛴
U Cöln > Deutz 14.45 / 16.00 Pz 18.55

22.10 Cz U Frankfurt a.M. **0.15** / 5.45 Pz
U Guntershausen 11.45 / 11.50 Pz
U Cassel 12.10 / 12.30 Pz
U Hamm 18.26 / **18.45 Cz**
U Oberhausen** **20.20** / 21.56 Pz 22.15

* Ankunft in Alten-Essen, Ankunftszeit geschätzt; Fahrplan der Post-Course von Alten-Essen nach Essen Stadt liegt nicht vor.

nach **Frankfurt a.M.**

7.15 Pz *über Friedrichsfeld–Darmstadt* 10.00
11.45 Pz *über Friedrichsfeld–Darmstadt* 14.30
13.20 Sz *über Friedrichsfeld–Darmstadt* **15.30**
18.25 Pz *über Friedrichsfeld–Darmstadt* 21.30
22.10 Cz *über Friedrichsfeld–Darmstadt* **0.15**

nach **Freiburg i.B.**

7.20 Sz *über Carlsruhe* **12.35**
9.50 Pz *über Carlsruhe* 17.07
12.55 Sz *über Carlsruhe* **17.36**
16.00 Pz U Offenburg 20.47 ↪ / 6.00 Pz 8.16

nach **Gera**

13.20 Sz U Frankfurt a.M. **15.30** / **17.00 Sz**
U Weimar **3.20*** / 16.00 ✉ 24.00

22.10 Sz U Frankfurt a.M. **0.15** ↪ / 5.45 Pz
U Weissenfels 19.10* / 0.45 ✉ 7.30[3]

* Ankunftszeit geschätzt

nach **Görlitz**

13.20 Sz U Frankfurt a.M. **15.30** / **17.00 Sz**
U Halle **5.40** / 6.15 Pz
U Leipzig 7.30 / 10.00 Pz
U Dresden 13.15 / 14.30 Pz 18.15

22.10 Cz U Frankfurt a.M. **0.15** ↪/ 5.45 Pz
U Halle 20.05 / 20.30 Pz
U Leipzig 21.15 / **22.00 Sz**
U Dresden **0.30** ↪ / 5.30 Pz 9.00[3]

nach **Hagen**

7.10 Pz U Mannheim 7.42 / #
U Ludwigshafen # / 12.25 Pz
U Mainz 14.06 / 14.30 ⛴
U Cöln 23.00 ↪ / **6.30 Cz**
U Düsseldorf **7.15** / 7.30 Pz
U Elberfeld 8.36 / 9.40 Pz 11.17

13.15 Sz U Mannheim **13.42** / #
U Ludwigshafen # / 15.10 Pz
U Mainz 17.15 / 20.00 ✉
U Coblenz 5.30 / 6.00 ⛴
U Cöln > Deutz 10.30 / 11.00 Pz
U Düsseldorf 12.10 / 12.30 Pz
U Elberfeld 14.07 / 16.20 Pz 17.38

18.20 Pz U Mannheim 18.52 / #
U Ludwigshafen # / **22.00 Sz**
U Mainz **23.39** ↪ / 6.00 ⛴
U Cöln > Deutz 14.45 / 16.00 Pz
U Düsseldorf 17.10 / 17.30 Pz
U Elberfeld 18.36 / 19.25 Pz 20.33

22.10 Sz U Mannheim **22.41** / #
U Ludwigshafen # ↪ / 6.05 Pz
U Mainz 8.05 / 9.00 ⛴
U Cöln > Deutz 18.15 / **20.00 Sz**
U Düsseldorf **20.55** / 21.15 Pz
U Elberfeld 22.21 ↪ / 6.45 Pz 7.50

22.10 Sz U Mannheim **22.41** ↪ / 4.30 ⛴
U Cöln > Deutz 18.15 / **20.00 Sz**
U Düsseldorf **20.55** / 21.15 Pz
U Elberfeld 22.21 ↪ / 6.45 Pz 7.50

nach **Halle**

13.20 Sz U Frankfurt a.M. **15.30** / **17.00 Sz** **5.40**
22.10 Cz U Frankfurt a.M. **0.15** ↪/ 5.45 Pz 20.05

nach **Hamburg**

13.20 Sz U Frankfurt a.M. **15.30** / **17.00 Sz**
U Guntershausen **21.50**/ 21.55 Pz
U Cassel 22.15 / 23.15 ✉
U Göttingen 4.40 / 5.15 Pz
U Hannover 8.45 / 10.00 GmP
U Lehrte 10.30** / 11.00 Pz 16.10*

22.10 Cz U Frankfurt a.M. **0.15** ↪ / 5.45 Pz
U Guntershausen 11.45/ 11.50 Pz
U Cassel 12.10 / 12.30 ✉
U Göttingen 17.45 / 18.00 Pz
U Hannover 21.30 ↪ / **5.30 Sz**
U Lehrte **6.00**** / 6.05 Pz
U Harburg 10.05 / 10.30 ⛴ 11.45

* Ankunft in Harburg ohne unmittelbaren Schiffsanschluß nach Hamburg ** Ankunftszeit geschätzt

nach **Hamm**

13.20 Sz U Frankfurt a.M. **15.30** / **17.00 Sz**
U Guntershausen **21.50** / 21.55 Pz
U Cassel 22.15 ↪ / 5.55 Pz 11.46

22.10 Cz U Frankfurt a.M. **0.15** / 5.45 Pz
U Guntershausen 11.45 / 11.50 Pz
U Cassel 12.10 / 12.30 Pz 18.26

nach **Hannover**

13.20 Sz U Frankfurt a.M. **15.30** / **17.00 Sz**
U Guntershausen **21.50** / 21.55 Pz
U Cassel 22.15 / 23.15 ✉
U Göttingen 4.40 / 5.15 Pz 8.45

22.10 Cz U Frankfurt a.M. **0.15** ↪ / 5.45 Pz
U Guntershausen 11.45 / 11.50 Pz
U Cassel 12.10 / 12.30 ✉
U Göttingen 17.45 / 18.00 Pz 21.30

nach **Kiel**

22.10 Cz U Frankfurt a.M. **0.15** ↪ / 5.45 Pz
U Guntershausen 11.45/ 11.50 Pz
U Cassel 12.10 / 12.30 ✉
U Göttingen 17.45 / 18.00 Pz
U Hannover 21.30 ↪ / **5.30 Sz**
U Lehrte **6.00*** / 6.05 Pz
U Harburg 10.05 / 10.30 ⛴
U Hamburg > Altona 11.45 / 13.00 GmP 16.30[3]

* Ankunftszeit geschätzt

nach **Königsberg i.Pr.**

13.20 Sz U Frankfurt a.M. **15.30** / **17.00 Sz**
U Berlin **10.30** / **22.40 Sz**
U Dirschau **10.45** / 11.37 ✉
U Marienburg 16.07 / **16.37 Sz** **21.02**[3]

nach **Leipzig**

13.20 Sz U Frankfurt a.M. **15.30** / **17.00 Sz**
U Halle **5.40** / 6.15 Pz 7.30

22.10 Cz U Frankfurt a.M. **0.15** ↪ / 5.45 Pz
U Halle 20.05 / 20.30 Pz 21.15

nach **Lindau**

12.55 Sz U Bruchsal **13.28*** / **13.48 Ez**
U Ulm **18.25** / **18.45 Ez**
U Augsburg **21.15** / 21.30 GmP 6.30

12.55 Sz U Bruchsal **13.28*** / **13.48 Ez**
U Friedrichshafen **22.15** ↪ / 6.00 ⛴ k.A.

16.00 Pz U Bruchsal 17.01* / 17.20 Pz
U Stuttgart 20.15 ↪ / 7.05 Pz
U Friedrichshafen 15.20 / 15.30 ⛴ k.A.

* Ankunftszeit geschätzt

nach **Ludwigshafen**

> Mannheim

nach **Lübeck**

22.10 Cz U Frankfurt a.M. **0.15** ↪ / 5.45 Pz
U Halle 20.05 / 22.45 Pz
U Magdeburg 1.15 / 7.45 Pz
U Wittenberge 10.15 / 10.55 Pz
U Büchen 13.55* / 14.00 Pz 15.11

13.20 Sz U Frankfurt a.M. **15.30** / **17.00 Sz**
U Halle **5.40** / 7.45 Pz
U Magdeburg 9.50 / 10.45 GmP
U Wittenberge 14.10 / 15.10 GmP
U Büchen 18.35* / 19.00 Pz 20.11

* Ankunftszeit geschätzt

nach **Magdeburg**

Abfahrt	Verbindung	Ankunft
13.20 Sz	**U** Frankfurt a.M. **15.30 / 17.00 Sz** **U** Halle **5.40** / 7.45 Pz	9.50
22.10 Cz	**U** Frankfurt a.M. **0.15** ↪ / 5.45 Pz **U** Halle 20.05 / 22.45 Pz	1.15

nach **Mainz**

Abfahrt	Verbindung	Ankunft
7.10 Pz	**U** Mannheim 7.42 / # **U** Ludwigshafen # / 12.25 Pz	14.06
7.15 Pz	**U** Frankfurt a.M. 10.00 / 11.35 Pz **U** Castel 12.20* / # ✉	k.A.
13.15 Sz	**U** Mannheim **13.42** / # **U** Ludwigshafen # / 15.10 Pz	17.15
13.20 Sz	**U** Frankfurt a.M. **15.30** / 18.00 Pz **U** Castel 19.00* / # ✉	k.A.
13.20 Sz	**U** Darmstadt **14.53** / 15.00 ✉ **U** Oppenheim 17.30 / 18.48 GmP	19.50
18.20 Pz	**U** Mannheim 18.52 / # **U** Ludwigshafen # / **22.00 Sz**	**23.39**
22.10 Sz	**U** Mannheim **22.41** / # **U** Ludwigshafen # ↪ / 6.05 Pz	8.05
22.10 Sz	**U** Mannheim **22.41** ↪ / 4.30 ⛴	8.30
22.10 Sz	**U** Frankfurt a.M. **0.15** / 5.45 Pz **U** Castel 7.05* / # ✉	k.A.

nach **Mannheim**

Abfahrt	Ankunft
7.10 Pz	7.42
11.40 Pz	12.09
13.15 Sz	**13.42**
18.20 Pz	18.52
20.45 Pz	21.30
22.10 Sz	**22.41**

nach **München**

Abfahrt	Verbindung	Ankunft
12.55 Sz	**U** Bruchsal **13.28* / 13.48 Ez** **U** Ulm **18.25 / 18.45 Ez** **U** Augsburg **21.15 / 21.30 Ez**	**23.00**
16.00 Pz	**U** Bruchsal 17.01* / 17.20 Pz **U** Stuttgart 20.15 ↪ / 7.05 Pz **U** Ulm 10.50 / 11.15 GmP **U** Augsburg 15.40 / 17.45 GmP	20.30

* Ankunftszeit geschätzt

nach **Münster**

Abfahrt	Verbindung	Ankunft
13.20 Sz	**U** Frankfurt a.M. **15.30 / 17.00 Sz** **U** Guntershausen **21.50** / 21.55 Pz **U** Cassel 22.15 ↪ / 5.55 Pz **U** Hamm 11.46 / 12.10 Pz	13.00
22.10 Cz	**U** Frankfurt a.M. **0.15** / 5.45 Pz **U** Guntershausen 11.45 / 11.50 Pz **U** Cassel 12.10 / 12.30 Pz **U** Hamm 18.26 / 19.00 Pz	20.00

nach **Nürnberg**

Abfahrt	Verbindung	Ankunft
13.20 Sz	**U** Frankfurt a.M. **15.30** / 17.15 Pz **U** Bamberg 1.05 / 3.15 Pz	5.15
22.10 Cz	**U** Frankfurt a.M. **0.15** ↪ / **8.30 Ez** **U** Bamberg **14.45 / 15.30 Ez**	**17.00**

nach **Oberhausen**

Abfahrt	Verbindung	Ankunft
7.10 Pz	**U** Mannheim 7.42 / # **U** Ludwigshafen # / 12.25 Pz **U** Mainz 14.06 / 14.30 ⛴ **U** Cöln 23.00 ↪ / **6.30 Cz**	**8.00**
13.15 Sz	**U** Mannheim **13.42** / # **U** Ludwigshafen # / 15.10 Pz **U** Mainz 17.15 / 20.00 ✉ **U** Coblenz 5.30 / 6.00 ⛴ **U** Cöln > Deutz 10.30 / 11.00 Pz	13.20
13.20 Sz	**U** Frankfurt a.M. **15.30 / 17.00 Sz** **U** Guntershausen **21.50** / 21.55 Pz **U** Cassel 22.15 ↪ / 5.55 Pz **U** Hamm 11.46 / **12.01 Sz**	**14.00**
18.20 Pz	**U** Mannheim 18.52 / # **U** Ludwigshafen # / **22.00 Sz** **U** Mainz **23.39** ↪ / 6.00 ⛴ **U** Cöln > Deutz 14.45 / 16.00 Pz	18.25
22.10 Cz	**U** Frankfurt a.M. **0.15** / 5.45 Pz **U** Guntershausen 11.45 / 11.50 Pz **U** Cassel 12.10 / 12.30 Pz **U** Hamm 18.26 / **18.45 Cz**	**20.20**

nach **Oppeln**

Abfahrt	Verbindung	Ankunft
13.20 Sz	**U** Frankfurt a.M. **15.30 / 17.00 Sz** **U** Berlin **10.30 / 22.15 Sz**	**7.45**[3]

nach **Osnabrück**

Abfahrt	Verbindung	Ankunft
13.20 Sz	**U** Frankfurt a.M. **15.30 / 17.00 Sz** **U** Guntershausen **21.50** / 21.55 Pz **U** Cassel 22.15 ↪ / 5.55 Pz **U** Hamm 11.46 / 16.03 Pz **U** Minden 19.45 / 1.00 ✉	8.00[3]
22.10 Cz	**U** Frankfurt a.M. **0.15** / 5.45 Pz **U** Guntershausen 11.45 / 11.50 Pz **U** Cassel 12.10 / 12.30 Pz **U** Hamm 18.26 / **0.00 Sz** **U** Minden **3.05** / 9.00 ✉	16.00[3]

nach **Passau**

Abfahrt	Verbindung	Ankunft
22.10 Cz	**U** Frankfurt a.M. **0.15** ↪ / **8.30 Ez** **U** Bamberg **14.45 / 15.30 Ez** **U** Nürnberg **17.00** / 17.30 ✉ **U** Regensburg 5.30 / 11.00 ✉	22.30

nach **Posen**

Abfahrt	Verbindung	Ankunft
13.20 Sz	**U** Frankfurt a.M. **15.30 / 17.00 Sz** **U** Berlin **10.30 / 22.40 Sz** **U** Kreutz **4.43** / 5.03 Pz	7.47[3]

nach **Regensburg**

Abfahrt	Verbindung	Ankunft
13.20 Sz	**U** Frankfurt a.M. **15.30** / 17.15 Pz **U** Bamberg 1.05 / 3.15 Pz **U** Nürnberg 5.15 / 6.00 ✉	18.00
22.10 Cz	**U** Frankfurt a.M. **0.15** ↪ / **8.30 Ez** **U** Bamberg **14.45 / 15.30 Ez** **U** Nürnberg **17.00** / 17.30 ✉	5.30

nach **Rostock**

Abfahrt	Verbindung	Ankunft
13.20 Sz	**U** Frankfurt a.M.**15.30 / 17.00 Sz** **U** Halle **5.40** / 7.45 Pz **U** Magdeburg 9.50 / 10.45 GmP **U** Wittenberge 14.10 / 15.10 GmP **U** Hagenow 17.00* / 17.30 Pz	22.10
22.10 Cz	**U** Frankfurt a.M. **0.15** / 5.45 Pz **U** Halle 20.05 / 22.45 Pz **U** Magdeburg 1.15 / 7.45 Pz **U** Wittenberge 10.15 / 10.55 Pz **U** Hagenow 12.40* / 12.50 Pz	16.40[3]

* Ankunftszeit geschätzt

nach **Saarbrücken**

Abfahrt	Verbindung	Ankunft
7.10 Pz	**U** Mannheim 7.42 / # **U** Ludwigshafen # / **13.10 Sz**	**16.58**
13.15 Sz	**U** Mannheim **13.42** / # **U** Ludwigshafen # / 17.30 Pz	22.05
22.10 Sz	**U** Mannheim **22.41** ↪ / # **U** Ludwigshafen # / 6.10 Pz	10.36

nach **Schwerin**

Abfahrt	Verbindung	Ankunft
13.20 Sz	**U** Frankfurt a.M.**15.30 / 17.00 Sz** **U** Halle **5.40** / 7.45 Pz **U** Magdeburg 9.50 / 10.45 GmP **U** Wittenberge 14.10 / 15.10 GmP **U** Hagenow 17.00* / 17.30 Pz	18.15
22.10 Cz	**U** Frankfurt a.M. **0.15** / 5.45 Pz **U** Halle 20.05 / 22.45 Pz **U** Magdeburg 1.15 / 7.45 Pz **U** Wittenberge 10.15 / 10.55 Pz **U** Hagenow 12.40* / 12.50 Pz	13.35[3]

* Ankunftszeit geschätzt

nach **Stettin**

Abfahrt	Verbindung	Ankunft
13.20 Sz	**U** Frankfurt a.M. **15.30 / 17.00 Sz** **U** Berlin **10.30** / 12.15 Pz	15.52

nach **Stralsund**

Abfahrt	Verbindung	Ankunft
13.20 Sz	**U** Frankfurt a.M. **15.30 / 17.00 Sz** **U** Berlin **10.30** / 17.30 Pz **U** Passow 20.00* / 20.20 ✉	11.20[3]

* Ankunftszeit geschätzt

nach **Stuttgart**

Abfahrt	Verbindung	Ankunft
7.20 Sz	**U** Bruchsal **7.59*** / 8.15 Pz	11.05
9.50 Pz	**U** Bruchsal 10.51* / 11.10 Pz	14.10
12.55 Sz	**U** Bruchsal **13.28* / 13.48 Ez**	**15.46**
16.00 Pz	**U** Bruchsal 17.01* / 17.20 Pz	20.15
21.30 ✉	**U** Heilbronn 7.00 / 8.45 Pz **U** Bietigheim 9.45 / 10.08 Pz	11.05

* Ankunftszeit geschätzt

nach **Trier**

Abfahrt	Verbindung	Ankunft
7.10 Pz	**U** Mannheim 7.42 / # **U** Ludwigshafen # / **13.10 Sz** **U** Saarbrücken **16.58** / 17.30 ✉	4.00

Fortsetzung siehe nächste Seite

noch: nach **Trier**

13.15 Sz **U** Mannheim **13.42** / #
U Ludwigshafen # / 17.30 Pz
U Saarbrücken 22.05 ↪ / 8.15 ⌧ 18.45

nach **Ulm**

7.20 Sz **U** Bruchsal **7.59*** / 8.15 Pz 15.05
12.55 Sz **U** Bruchsal **13.28* / 13.48 Ez** **18.25**
16.00 Pz **U** Bruchsal 17.01* / 17.20 Pz
U Stuttgart 20.15 ↪ / 7.05 Pz 10.50

* Ankunftszeit geschätzt

nach **Wiesbaden**

7.15 Pz **U** Frankfurt a.M. 10.00 / 11.15 Pz 12.45
11.45 Pz **U** Frankfurt a.M. 14.30 / 14.45 Pz 16.15
13.20 Sz **U** Frankfurt a.M. **15.30** / 18.00 Pz 19.30
22.10 Cz **U** Frankfurt a.M. **0.15** ↪ / 5.45 Pz 7.30

nach **Würzburg**

8.00 ⌧ *über Osterburken* 24.00
13.20 Sz **U** Frankfurt a.M. **15.30** / 17.15 Pz 21.40
16.00 ⌧ *über Miltenberg* 7.00
22.10 Cz **U** Frankfurt a.M. **0.15** ↪/ **8.30 Ez** **12.00**

nach **Zwickau**

13.20 Sz **U** Frankfurt a.M. **15.30** / 17.15 Pz
U Bamberg 1.05 / 1.35 Pz
U Hof 6.30 / 7.00 Pz
U Werdau 9.40* / 9.47 Pz 10.10*
22.10 Cz **U** Frankfurt a.M. **0.15** ↪ / **8.30 Ez**
U Bamberg **14.45 / 15.05 Ez**
U Werdau **20.55*** / 21.17 Pz 21.40*

* Ankunftszeit geschätzt

Kiel

Ab Kiel geht dreimal täglich ein Zug der dänischen König-Christian-VIII.-Ostseebahn (auch: Altona-Kieler Eisenbahn) in das zu Dänemark gehörende Altona bei Hamburg.

Hinweis: Ein Fahrplan für die Verbindungsbahn von Altona nach Hamburg liegt nicht vor.

von Kiel

nach **Aachen**

8.45 GmP **U** Altona>Hambg 12.00 / 14.45 ⛴
U Harburg 16.00 / 16.40 Pz
U Hannover 21.00 / 21.50 Pz
U Oberhausen 6.42 / 7.00 Pz 11.20

Fortsetzung siehe nächste Spalte

16.00 Pz **U** Altona>Hambg 19.00 ↪ / 7.00 ⛴
U Harburg 8.15 / 9.20 Pz
U Hannover 14.05 / **14.38 Cz**
U Deutz > Cöln **22.00 / 23.30 Sz** **1.20**[3]

nach **Altona**
> Hamburg

nach **Augsburg**

16.00 Pz **U** Altona>Hambg 19.00 ↪ / **22.30 Cz**
U Berlin **5.20** / 7.00 Pz
U Röderau 10.55* / 11.30 Pz
U Leipzig 13.30 / 14.30 Pz
U Hof 20.00 / 20.30 Pz 11.05[3]

* Ankunftszeit geschätzt

nach **Basel***

8.45 GmP **U** Altona>Hambg 12.00 / 14.45 ⛴
U Harburg 16.00 / 16.40 Pz
U Hannover 21.00 ↪ / 6.45 Pz
U Göttingen 10.05 / 10.30 ⌧
U Cassel 16.00 / 16.10 Pz
U Guntershausen 16.30 / 16.45 Pz
U Frankfurt a.M. 22.30 ↪ /**5.00 Cz**
U Heidelberg **7.05 / 7.20 Sz** **14.56**[3]
16.00 Pz **U** Altona>Hambg 19.00 ↪ / 7.00 ⛴
U Harburg 8.15 / 9.20 Pz
U Hannover 14.05 / 16.30 Pz
U Göttingen 21.05 / 21.30 ⌧
U Cassel 3.00 / 4.45 Pz
U Guntershausen 5.05 / **5.15 Sz**
U Frankfurt a.M. **9.55 / 10.30 Sz**
U Heidelberg **12.35 / 12.55 Sz** **19.15**[3]

* Ankunft Basel Badischer Bf

nach **Berlin**

16.00 Pz **U** Altona>Hambg 19.00 / **22.30 Cz** **5.20**

nach **Bonn**

8.45 GmP **U** Altona>Hambg 12.00 / 14.45 ⛴
U Harburg 16.00 / 16.40 Pz
U Hannover 21.00 / 21.50 Pz
U Deutz > Cöln 9.15 / 10.00 Pz 10.50
16.00 Pz **U** Altona>Hambg 19.00 ↪ / 7.00 ⛴
U Harburg 8.15 / 9.20 Pz
U Hannover 14.05 / **14.38 Cz**
U Deutz > Cöln **22.00** ↪ / 7.00 Pz 7.50

nach **Braunschweig**

8.45 GmP **U** Altona>Hambg 12.00 / 14.45 ⛴
U Harburg 16.00 / 16.40 Pz
U Lehrte 20.35* / 23.05 Pz 0.30
16.00 Pz **U** Altona>Hambg 19.00 ↪ / 7.00 ⛴
U Harburg 8.15 / 9.20 Pz
U Lehrte 13.30* / **14.25 Cz** **15.22**

* Ankunftszeit geschätzt

nach **Bremen**

8.45 GmP **U** Altona>Hambg 12.00 / 14.45 ⛴
U Harburg 16.00 / 16.40 Pz
U Hannover 21.00 ↪ / **6.45 Sz**
U Wunstorf **7.15*** / 7.30 Pz 10.15
8.45 GmP **U** Altona>Hambg 12.00 / 18.30 ⛴
U Harburg 19.45 / 20.00 ⌧ 7.15
16.00 Pz **U** Altona>Hambg 19.00 ↪ / 7.00 ⛴
U Harburg 8.15 / 9.20 Pz
U Hannover 14.05 / 16.00 Pz
U Wunstorf 16.30* / 16.40 Pz 19.25

* Ankunftszeit geschätzt

nach **Breslau**

16.00 Pz **U** Altona>Hambg 19.00 / **22.30 Cz**
U Berlin **5.20** / 8.00 Pz 18.30

nach **Carlsruhe**

8.45 GmP **U** Altona>Hambg 12.00 / 14.45 ⛴
U Harburg 16.00 / 16.40 Pz
U Hannover 21.00 ↪ / 6.45 Pz
U Göttingen 10.05 / 10.30 ⌧
U Cassel 16.00 / 16.10 Pz
U Guntershausen 16.30 / 16.45 Pz
U Frankfurt a.M. 22.30 ↪ / **5.00 Cz**
U Heidelberg **7.05 / 7.20 Sz** **8.27**[3]
16.00 Pz **U** Altona>Hambg 19.00 ↪ / 7.00 ⛴
U Harburg 8.15 / 9.20 Pz
U Hannover 14.05 / 16.30 Pz
U Göttingen 21.05 / 21.30 ⌧
U Cassel 3.00 / 4.45 Pz
U Guntershausen 5.05 / **5.15 Sz**
U Frankfurt a.M. **9.55 / 10.30 Sz**
U Heidelberg **12.35 / 12.55 Sz** **14.10**[3]

nach **Cassel**

8.45 GmP **U** Altona>Hambg 12.00 / 14.45 ⛴
U Harburg 16.00 / 16.40 Pz
U Hannover 21.00 ↪ / 6.45 Pz
U Göttingen 10.05 / 10.30 ⌧ 16.00
16.00 Pz **U** Altona>Hambg 19.00 ↪ / 7.00 ⛴
U Harburg 8.15 / 9.20 Pz
U Hannover 14.05 / 16.30 Pz
U Göttingen 21.05 / 21.30 ⌧ 3.00

nach **Chemnitz**

8.45 GmP **U** Altona>Hambg 12.00 / 14.45 ⛴
U Harburg 16.00 / 16.40 Pz
U Lehrte 20.35* / 23.05 Pz
U Magdeburg 4.50 / 5.30 Pz
U Leipzig 9.00 / 10.00 Pz
U Riesa 11.25* / 12.15 Pz 15.30
16.00 Pz **U** Altona>Hambg 19.00 / **22.30 Cz**
U Wittenberge **2.15** / 5.00 GmP
U Magdeburg 8.30 / 10.45 Pz
U Leipzig 14.05 / 14.30 Pz
U Riesa 16.00* / 16.45 Pz 19.30

* Ankunftszeit geschätzt

nach **Coblenz**

8.45 GmP **U** Altona>Hambg 12.00 / 14.45 ⛴
U Harburg 16.00 / 16.40 Pz
U Hannover 21.00 / 21.50 Pz
U Deutz > Cöln 9.15 / 10.00 ⛴ 17.00

16.00 Pz **U** Altona>Hambg 19.00 ↝ / 7.00 ⛴
U Harburg 8.15 / 9.20 Pz
U Hannover 14.05 / **14.38 Cz**
U Deutz > Cöln **22.00** / 23.30 ⛴ 9.00[3]
ab Cöln nur Mo und Do

16.00 Pz **U** Altona>Hambg 19.00 ↝ / 7.00 ⛴
U Harburg 8.15 / 9.20 Pz
U Hannover 14.05 / **14.38 Cz**
U Deutz>Cöln **22.00** ↝ /6.00 ⛴ 12.15[3]

nach **Cöln***

8.45 GmP **U** Altona>Hambg 12.00 / 14.45 ⛴
U Harburg 16.00 / 16.40 Pz
U Hannover 21.00 / 21.50 Pz 9.15

16.00 Pz **U** Altona>Hambg 19.00 ↝ / 7.00 ⛴
U Harburg 8.15 / 9.20 Pz
U Hannover 14.05 / **14.38 Cz** **22.00**

* Ankunft in Deutz auf der rechten Rheinseite

nach **Constanz**

8.45 GmP **U** Altona>Hambg 12.00 / 14.45 ⛴
U Harburg 16.00 / 16.40 Pz
U Hannover 21.00 ↝ / 6.45 Pz
U Göttingen 10.05 / 10.30 ✉
U Cassel 16.00 / 16.10 Pz
U Guntershausen 16.30 / 16.45 Pz
U Frankfurt a.M. 22.30 ↝ / **5.00 Cz**
U Heidelberg **7.05 / 7.20 Sz**
U Offenburg **10.22** / 10.45 ✉ 6.15[4]

16.00 Pz **U** Altona>Hambg 19.00 ↝ / 7.00 ⛴
U Harburg 8.15 / 9.20 Pz
U Hannover 14.05 / 16.30 Pz
U Göttingen 21.05 / 21.30 ✉
U Cassel 3.00 / 4.45 Pz
U Guntershausen 5.05 / **5.15 Sz**
U Frankfurt a.M. **9.55 / 10.30 Sz**
U Heidelberg **12.35 / 12.55 Sz**
U Freiburg i.B. **17.36** / 18.15 ✉
U Schaffhausen 5.15 / 12.30 ✉ 17.00[4]

nach **Danzig**

16.00 Pz **U** Altona>Hambg 19.00 / **22.30 Cz**
U Berlin **5.20** / 6.15 Pz 22.19

nach **Darmstadt***

8.45 GmP **U** Altona>Hambg 12.00 / 14.45 ⛴
U Harburg 16.00 / 16.40 Pz
U Hannover 21.00 ↝ / 6.45 Pz
U Göttingen 10.05 / 10.30 ✉
U Cassel 16.00 / 16.10 Pz
U Guntershausen 16.30 / 16.45 Pz
U Frankfurt a.M. 22.30 ↝ /**5.00 Cz** **5.38[3]**

Fortsetzung siehe nächste Spalte

16.00 Pz **U** Altona>Hambg 19.00 ↝ / 7.00 ⛴
U Harburg 8.15 / 9.20 Pz
U Hannover 14.05 / 16.30 Pz
U Göttingen 21.05 / 21.30 ✉
U Cassel 3.00 / 4.45 Pz
U Guntershausen 5.05 / **5.15 Sz**
U Frankfurt a.M. **9.55 / 10.30 Sz** **11.08**

* Ankunftszeiten in Darmstadt sind sämmtlich geschätzt.

nach **Dortmund***

8.45 GmP **U** Altona>Hambg 12.00 / 14.45 ⛴
U Harburg 16.00 / 16.40 Pz
U Hannover 21.00 / 21.50 Pz 5.08

16.00 Pz **U** Altona>Hambg 19.00 ↝ / 7.00 ⛴
U Harburg 8.15 / 9.20 Pz
U Hannover 14.05 / **14.38 Cz** **19.20**

* Ankunftszeiten in Dortmund sind sämmtlich geschätzt.

nach **Dresden**

16.00 Pz **U** Altona>Hambg 19.00 / **22.30 Cz**
U Berlin **5.20** / 7.00 Pz 12.30

nach **Düsseldorf**

8.45 GmP **U** Altona>Hambg 12.00 / 14.45 ⛴
U Harburg 16.00 / 16.40 Pz
U Hannover 21.00 / 21.50 Pz 7.55

16.00 Pz **U** Altona>Hambg 19.00 ↝ / 7.00 ⛴
U Harburg 8.15 / 9.20 Pz
U Hannover 14.05 / **14.38 Cz** **21.03**

nach **Elberfeld**

8.45 GmP **U** Altona>Hambg 12.00 / 14.45 ⛴
U Harburg 16.00 / 16.40 Pz
U Hannover 21.00 / 21.50 Pz
U Dortmund 5.08* / 7.15 Pz 9.30

16.00 Pz **U** Altona>Hambg 19.00 ↝ / 7.00 ⛴
U Harburg 8.15 / 9.20 Pz
U Hannover 14.05 / **14.38 Cz**
U Dortmund **19.20*** / 19.30 Pz 21.33

* Ankunftszeit geschätzt

nach **Erfurt***

8.45 GmP **U** Altona>Hambg 12.00 / 14.45 ⛴
U Harburg 16.00 / 16.40 Pz
U Lehrte 20.35** / 23.05 Pz
U Magdeburg 4.50 / 5.30 Pz
U Halle 8.00 / 8.15 Pz 11.10

16.00 Pz **U** Altona>Hambg 19.00 / **22.30 Cz**
U Wittenberge **2.15** / 5.00 GmP
U Magdeburg 8.30 / 10.45 Pz
U Halle 13.10 / 13.40 Pz 16.50

* Ankunftszeiten in Erfurt sind sämmtlich geschätzt.
** Ankunftszeit geschätzt

nach **Essen***

8.45 GmP **U** Altona>Hambg 12.00 / 14.45 ⛴
U Harburg 16.00 / 16.40 Pz
U Hannover 21.00 / 21.50 Pz 6.18

Fortsetzung siehe nächste Spalte

16.00 Pz **U** Altona>Hambg 19.00 ↝ / 7.00 ⛴
U Harburg 8.15 / 9.20 Pz
U Hannover 14.05 / **14.38 Cz**
U Oberhausen** **20.20**/ 21.56 Pz 22.15

* Ankunft in Alten-Essen, Ankunftszeit geschätzt; ein Fahrplan der Post-Course von Alten-Essen nach Essen Stadt liegt nicht vor.
** Cours über Oberhausen nur mit Umwegkarte zu benutzen.

nach **Frankfurt a.M.**

8.45 GmP **U** Altona>Hambg 12.00 / 14.45 ⛴
U Harburg 16.00 / 16.40 Pz
U Hannover 21.00 ↝ / 6.45 Pz
U Göttingen 10.05 / 10.30 ✉
U Cassel 16.00 / 16.10 Pz
U Guntershausen 16.30/16.45 Pz 22.30

16.00 Pz **U** Altona>Hambg 19.00 ↝ / 7.00 ⛴
U Harburg 8.15 / 9.20 Pz
U Hannover 14.05 / 16.30 Pz
U Göttingen 21.05 / 21.30 ✉
U Cassel 3.00 / 4.45 Pz
U Guntershausen 5.05 / **5.15 Sz** **9.55[3]**

nach **Freiburg i.B.**

8.45 GmP **U** Altona>Hambg 12.00 / 14.45 ⛴
U Harburg 16.00 / 16.40 Pz
U Hannover 21.00 ↝ / 6.45 Pz
U Göttingen 10.05 / 10.30 ✉
U Cassel 16.00 / 16.10 Pz
U Guntershausen 16.30 / 16.45 Pz
U Frankfurt a.M. 22.30 ↝ /**5.00 Cz**
U Heidelberg **7.05 / 7.20 Sz** **12.35[3]**

16.00 Pz **U** Altona>Hambg 19.00 ↝ / 7.00 ⛴
U Harburg 8.15 / 9.20 Pz
U Hannover 14.05 / 16.30 Pz
U Göttingen 21.05 / 21.30 ✉
U Cassel 3.00 / 4.45 Pz
U Guntershausen 5.05 / **5.15 Sz**
U Frankfurt a.M. **9.55 / 10.30 Sz**
U Heidelberg **12.35 / 12.55 Sz** **17.36[3]**

nach **Gera**

16.00 Pz **U** Altona>Hambg 19.00 / **22.30 Cz**
U Berlin **5.20** / 7.00 Pz
U Röderau 10.55* / 11.30 Pz
U Leipzig 13.30 / 18.30 Pz
U Altenburg 19.40* / 20.30 ✉ 0.30[3]

* Ankunftszeit geschätzt

nach **Görlitz**

16.00 Pz **U** Altona>Hambg 19.00 / **22.30 Cz**
U Berlin **5.20** / 8.00 Pz
U Kohlfurt 14.10* / 14.30 Pz 15.15

* Ankunftszeit geschätzt

nach **Hagen**

8.45 GmP **U** Altona>Hambg 12.00 / 14.45 ⛴
U Harburg 16.00 / 16.40 Pz
U Hannover 21.00 / 21.50 Pz
U Dortmund 5.08* / 7.15 Pz — 8.24*

16.00 Pz **U** Altona>Hambg 19.00 ↩ / 7.00 ⛴
U Harburg 8.15 / 9.20 Pz
U Hannover 14.05 / **14.38 Cz**
U Dortmund **19.20*** / 19.30 Pz — 20.28*

* Ankunftszeit geschätzt

nach **Halle**

8.45 GmP **U** Altona>Hambg 12.00 / 14.45 ⛴
U Harburg 16.00 / 16.40 Pz
U Lehrte 20.35* / 23.05 Pz
U Magdeburg 4.50 / 5.30 Pz — 8.00

16.00 Pz **U** Altona>Hambg 19.00 / **22.30 Cz**
U Wittenberge **2.15** / 5.00 GmP
U Magdeburg 8.30 / 10.45 Pz — 13.10

* Ankunftszeit geschätzt

nach **Hamburg***

7.00 Pz *über Neumünster* — 10.00
8.45 GmP *über Neumünster* — 12.00
16.00 Pz *über Neumünster* — 19.00

* Ankunft in Altona

nach **Hamm**

8.45 GmP **U** Altona>Hambg 12.00 / 14.45 ⛴
U Harburg 16.00 / 16.40 Pz
U Hannover 21.00 / 21.50 Pz — 4.05

16.00 Pz **U** Altona>Hambg 19.00 ↩ / 7.00 ⛴
U Harburg 8.15 / 9.20 Pz
U Hannover 14.05 / **14.38 Cz** — **18.40**

nach **Hannover**

8.45 GmP **U** Altona>Hambg 12.00 / 14.45 ⛴
U Harburg 16.00 / 16.40 Pz — 21.00

16.00 Pz **U** Altona>Hambg 19.00 ↩ / 7.00 ⛴
U Harburg 8.15 / 9.20 Pz — 14.05

nach **Heidelberg**

8.45 GmP **U** Altona>Hambg 12.00 / 14.45 ⛴
U Harburg 16.00 / 16.40 Pz
U Hannover 21.00 ↩ / 6.45 Pz
U Göttingen 10.05 / 10.30 ✉
U Cassel 16.00 / 16.10 Pz
U Guntershausen 16.30 / 16.45 Pz
U Frankfurt a.M. 22.30 ↩ /**5.00 Cz** — **7.05**[3]

16.00 Pz **U** Altona>Hambg 19.00 ↩ / 7.00 ⛴
U Harburg 8.15 / 9.20 Pz
U Hannover 14.05 / 16.30 Pz
U Göttingen 21.05 / 21.30 ✉
U Cassel 3.00 / 4.45 Pz
U Guntershausen 5.05 / **5.15 Sz**
U Frankfurt a.M. **9.55** / **10.30 Sz** — **12.35**[3]

nach **Königsberg i.Pr.**

16.00 Pz **U** Altona>Hambg 19.00 ↩ / 7.30 Pz
U Berlin 16.00 / **22.40 Sz**
U Dirschau **10.45** / 11.37 ✉
U Marienburg 16.07 / **16.37 Sz** — **21.02**[3]

nach **Leipzig**

8.45 GmP **U** Altona>Hambg 12.00 / 14.45 ⛴
U Harburg 16.00 / 16.40 Pz
U Lehrte 20.35* / 23.05 Pz
U Magdeburg 4.50 / 5.30 Pz — 9.00

16.00 Pz **U** Altona>Hambg 19.00 / **22.30 Cz**
U Berlin **5.20** / 7.00 Pz
U Röderau 10.55* / 11.30 Pz — 13.30

16.00 Pz **U** Altona>Hambg 19.00 / **22.30 Cz**
U Wittenberge **2.15** / 5.00 GmP
U Magdeburg 8.30 / 10.45 Pz — 14.05

* Ankunftszeit geschätzt

nach **Lindau**

16.00 Pz **U** Altona>Hambg 19.00 ↩ / 7.00 ⛴
U Harburg 8.15 / 9.20 Pz
U Hannover 14.05 / 16.30 Pz
U Göttingen 21.05 / 21.30 ✉
U Cassel 3.00 / 4.45 Pz
U Guntershausen 5.05 / **5.15 Sz**
U Frankfurt a.M. **9.55** / **10.30 Sz**
U Heidelberg **12.35** / **12.55 Sz**
U Bruchsal **13.28*** / **13.48 Ez**
U Ulm **18.25** / **18.45 Ez**
U Augsburg **21.15** / 21.30 GmP — 6.30[4]

* Ankunftszeit geschätzt

nach **Ludwigshafen**

> Mannheim

nach **Lübeck**

8.45 GmP **U** Altona>Hambg 12.00 / 17.00 Pz
U Büchen 18.45* / 19.00 Pz — 20.11

11.30 ✉ — 21.30

16.00 Pz **U** Altona>Hambg 19.00 /
23.00 ✉ — 5.00

nach **Magdeburg**

8.45 GmP **U** Altona>Hambg 12.00 / 14.45 ⛴
U Harburg 16.00 / 16.40 Pz
U Lehrte 20.35* / 23.05 Pz — 4.50

16.00 Pz **U** Altona>Hambg 19.00 / **22.30 Cz**
U Wittenberge **2.15** / 5.00 GmP — 8.30

* Ankunftszeit geschätzt

Auslandsverbindungen

Kiel ist außerdem im **Auslandsteil** ab Seite 210 mit den von hier abgehenden Dampfschiff-Coursen nach **Dänemark** und **Norwegen** aufgeführt.

nach **Mainz**

8.45 GmP **U** Altona>Hambg 12.00 / 14.45 ⛴
U Harburg 16.00 / 16.40 Pz
U Hannover 21.00 ↩ / 6.45 Pz
U Göttingen 10.05 / 10.30 ✉
U Cassel 16.00 / 16.10 Pz
U Guntershausen 16.30 / 16.45 Pz
U Frankfurt a.M. 22.30 ↩ / 5.45 Pz
U Castel 7.05* / # — k.A.[3]

16.00 Pz **U** Altona>Hambg 19.00 ↩ / 7.00 ⛴
U Harburg 8.15 / 9.20 Pz
U Hannover 14.05 / 16.30 Pz
U Göttingen 21.05 / 21.30 ✉
U Cassel 3.00 / 4.45 Pz
U Guntershausen 5.05 / **5.15 Sz**
U Frankfurt a.M. **9.55** / **10.15 Sz**
U Castel **11.00** / # ✉ — k.A.[3]

nach **Mannheim**

8.45 GmP **U** Altona>Hambg 12.00 / 14.45 ⛴
U Harburg 16.00 / 16.40 Pz
U Hannover 21.00 ↩ / 6.45 Pz
U Göttingen 10.05 / 10.30 ✉
U Cassel 16.00 / 16.10 Pz
U Guntershausen 16.30 / 16.45 Pz
U Frankfurt a.M. 22.30 ↩ /**5.00 Cz** — **7.06**[3]

16.00 Pz **U** Altona>Hambg 19.00 ↩ / 7.00 ⛴
U Harburg 8.15 / 9.20 Pz
U Hannover 14.05 / 16.30 Pz
U Göttingen 21.05 / 21.30 ✉
U Cassel 3.00 / 4.45 Pz
U Guntershausen 5.05 / **5.15 Sz**
U Frankfurt a.M. **9.55** / **10.30 Sz** — **12.38**[3]

nach **München**

16.00 Pz **U** Altona>Hambg 19.00 / **22.30 Cz**
U Berlin **5.20** / 8.10 Pz
U Leipzig 14.05 / 14.30 Pz
U Hof 20.00 / 20.30 Pz — 13.15[3]

* Ankunftszeit geschätzt

nach **Münster**

8.45 GmP **U** Altona>Hambg 12.00 / 14.45 ⛴
U Harburg 16.00 / 16.40 Pz
U Hannover 21.00 / 21.50 Pz
U Hamm 4.05 / 7.30 Pz — 8.30

16.00 Pz **U** Altona>Hambg 19.00 ↩ / 7.00 ⛴
U Harburg 8.15 / 9.20 Pz
U Hannover 14.05 / **14.38 Cz**
U Hamm **18.40** / 19.00 Pz — 20.00

nach **Nürnberg**

16.00 Pz **U** Altona>Hambg 19.00 / **22.30 Cz**
U Berlin **5.20** / 8.10 Pz
U Leipzig 14.05 / 14.30 Pz
U Hof 20.00 / 20.30 Pz — 5.15[3]

noch: ab **Kiel**

nach **Oberhausen**

8.45 GmP **U** Altona>Hambg 12.00 / 14.45 ⛴
U Harburg 16.00 / 16.40 Pz
U Hannover 21.00 / 21.50 Pz — 6.42

16.00 Pz **U** Altona>Hambg 19.00 ↪ / 7.00 ⛴
U Harburg 8.15 / 9.20 Pz
U Hannover 14.05 / **14.38 Cz** — **20.20**

nach **Oppeln**

16.00 Pz **U** Altona>Hambg 19.00 / **22.30 Cz**
U Berlin **5.20** / 8.00 Pz — 21.27*

* Ankunftszeit geschätzt.

nach **Osnabrück**

8.45 GmP **U** Altona>Hambg 12.00 / 14.45 ⛴
U Harburg 16.00 / 16.40 Pz
U Hannover 21.00 / 21.50 Pz
U Minden 23.45 / 1.00 ✉ — 8.00

nach **Passau**

16.00 Pz **U** Altona>Hambg 19.00 ↪ / 7.30 Pz
U Wittenberge 12.00 / 13.00 Pz
U Magdeburg 15.20 / 18.15 Pz
U Leipzig 21.15 ↪ / **7.15 Ez**
U Nürnberg **17.00** / 17.30 ✉
U Regensburg 5.30 / 11.00 ✉ — 22.30[4]

nach **Posen**

16.00 Pz **U** Altona>Hambg 19.00 / **22.30 Cz**
U Berlin **5.20** / 6.15 Pz
U Kreutz 13.32 / 14.11 Pz — 16.26

nach **Regensburg**

16.00 Pz **U** Altona>Hambg 19.00 / **22.30 Cz**
U Berlin **5.20** / 8.10 Pz
U Leipzig 14.05 / 14.30 Pz
U Hof 20.00 / 20.30 Pz
U Nürnberg 5.15 / 6.00 ✉ — 18.00[3]

nach **Rostock**

16.00 Pz **U** Altona>Hambg 19.00 / **22.30 Cz**
U Hagenow **0.40*** ↪ / 7.30 Pz — 11.05

* Ankunftszeit geschätzt

nach **Saarbrücken**

8.45 GmP **U** Altona>Hambg 12.00 / 14.45 ⛴
U Harburg 16.00 / 16.40 Pz
U Hannover 21.00 ↪ / 6.45 Pz
U Göttingen 10.05 / 10.30 ✉
U Cassel 16.00 / 16.10 Pz
U Guntershausen 16.30/16.45 Pz
U Frankf. a.M. 22.30 ↪ /**5.00 Cz**
U Mannheim **7.06** / #
U Ludwigshafen # / **13.10 Sz** — **16.58**[3]

Fortsetzung siehe nächste Spalte

16.00 Pz **U** Altona>Hambg 19.00 ↪ / 7.00 ⛴
U Harburg 8.15 / 9.20 Pz
U Hannover 14.05 / 16.30 Pz
U Göttingen 21.05 / 21.30 ✉
U Cassel 3.00 / 4.45 Pz
U Guntershausen 5.05 / **5.15 Sz**
U Frankfurt a.M. **9.55** / **10.30 Sz**
U Mannheim **12.38** / #
U Ludwigshafen 17.30 Pz — 22.05[3]

nach **Schwerin**

8.45 GmP **U** Altona>Hambg 12.00 / 17.00 Pz
U Hagenow 20.30* / 20.45 Pz — 21.30

16.00 Pz **U** Altona>Hambg 19.00 / **22.30 Cz**
U Hagenow **0.40*** ↪ / 7.30 Pz — 8.12

* Ankunftszeit geschätzt

nach **Stettin**

16.00 Pz **U** Altona>Hambg 19.00 / **22.30 Cz**
U Berlin **5.20** / 12.15 Pz — 15.52

nach **Stralsund**

16.00 Pz **U** Altona>Hambg 19.00 / **22.30 Cz**
U Hagenow **0.40*** ↪ / 7.30 Pz
U Rostock 11.05 / 12.00 ✉ — 19.45

* Ankunftszeit geschätzt

nach **Stuttgart**

8.45 GmP **U** Altona>Hambg 12.00 / 14.45 ⛴
U Harburg 16.00 / 16.40 Pz
U Hannover 21.00 ↪ / 6.45 Pz
U Göttingen 10.05 / 10.30 ✉
U Cassel 16.00 / 16.10 Pz
U Guntershausen 16.30 / 16.45 Pz
U Frankf. a.M. 22.30 ↪ / **5.00 Cz**
U Heidelberg **7.05** / **7.20 Sz**
U Bruchsal **7.59*** / 8.15 Pz — 11.05[3]

16.00 Pz **U** Altona>Hambg 19.00 ↪ / 7.00 ⛴
U Harburg 8.15 / 9.20 Pz
U Hannover 14.05 / 16.30 Pz
U Göttingen 21.05 / 21.30 ✉
U Cassel 3.00 / 4.45 Pz
U Guntershausen 5.05 / **5.15 Sz**
U Frankfurt a.M. **9.55** / **10.30 Sz**
U Heidelberg **12.35** / **12.55 Sz**
U Bruchsal **13.28*** / **13.48 Ez** — **15.46**[3]

* Ankunftszeit geschätzt

nach **Trier**

8.45 GmP **U** Altona>Hambg 12.00 / 14.45 ⛴
U Harburg 16.00 / 16.40 Pz
U Hannover 21.00 / 21.50 Pz
U Deutz > Cöln 9.15 / 19.00 ✉ — 17.30[3]

16.00 Pz **U** Altona>Hambg 19.00 ↪ / 7.00 ⛴
U Harburg 8.15 / 9.20 Pz
U Hannover 14.05 / **14.38 Cz**
U Deutz > Cöln **22.00** ↪/ 5.00 ✉ — 2.15[4]

Fortsetzung siehe nächste Spalte

16.00 Pz **U** Altona>Hambg 19.00 ↪ / 7.00 ⛴
U Harburg 8.15 / 9.20 Pz
U Hannover 14.05 / **14.38 Cz**
U Deutz > Cöln **22.00** ↪/ 6.00 ⛴
U Coblenz 12.15 / 15.30 ✉ — 6.30[4]

nach **Ulm**

8.45 GmP **U** Altona>Hambg 12.00 / 14.45 ⛴
U Harburg 16.00 / 16.40 Pz
U Hannover 21.00 ↪ / 6.45 Pz
U Göttingen 10.05 / 10.30 ✉
U Cassel 16.00 / 16.10 Pz
U Guntershausen 16.30 / 16.45 Pz
U Frankf. a.M. 22.30 ↪ / **5.00 Cz**
U Heidelberg **7.05** / **7.20 Sz**
U Bruchsal **7.59*** / 8.15 Pz — 15.05[3]

16.00 Pz **U** Altona>Hambg 19.00 ↪ / 7.00 ⛴
U Harburg 8.15 / 9.20 Pz
U Hannover 14.05 / 16.30 Pz
U Göttingen 21.05 / 21.30 ✉
U Cassel 3.00 / 4.45 Pz
U Guntershausen 5.05 / **5.15 Sz**
U Frankfurt a.M. **9.55** / **10.30 Sz**
U Heidelberg **12.35** / **12.55 Sz**
U Bruchsal **13.28*** / **13.48 Ez** — **18.25**[3]

* Ankunftszeit geschätzt

nach **Wiesbaden**

8.45 GmP **U** Altona>Hambg 12.00 / 14.45 ⛴
U Harburg 16.00 / 16.40 Pz
U Hannover 21.00 ↪ / 6.45 Pz
U Göttingen 10.05 / 10.30 ✉
U Cassel 16.00 / 16.10 Pz
U Guntershausen 16.30/ 16.45 Pz
U Frankfurt a.M. 22.30 ↪ /5.45 Pz — 7.30[3]

16.00 Pz **U** Altona>Hambg 19.00 ↪ / 7.00 ⛴
U Harburg 8.15 / 9.20 Pz
U Hannover 14.05 / 16.30 Pz
U Göttingen 21.05 / 21.30 ✉
U Cassel 3.00 / 4.45 Pz
U Guntershausen 5.05 / **5.15 Sz**
U Frankfurt a.M. **9.55** / 11.15 Pz — 12.45[3]

nach **Würzburg**

8.45 GmP **U** Altona>Hambg 12.00 / 14.45 ⛴
U Harburg 16.00 / 16.40 Pz
U Hannover 21.00 ↪ / 6.45 Pz
U Göttingen 10.05 / 10.30 ✉
U Cassel 16.00 / 16.10 Pz
U Guntershausen 16.30/16.45 Pz
U Frankfurt a.M. 22.30 ↪
/ **8.30 Ez** — **12.00**[3]

16.00 Pz **U** Altona>Hambg 19.00 ↪ / 7.00 ⛴
U Harburg 8.15 / 9.20 Pz
U Hannover 14.05 / 16.30 Pz
U Göttingen 21.05 / 21.30 ✉
U Cassel 3.00 / 4.45 Pz
U Guntershausen 5.05 / **5.15 Sz**
U Frankfurt a.M. **9.55** / 17.15 Pz — 21.40[3]

nach **Zwickau**
16.00 Pz **U** Altona>Hambg 19.00 / **22.30 Cz**
U Berlin **5.20** / 7.00 Pz
U Röderau 10.55* / 11.30 Pz
U Leipzig 13.30 / 14.30 Pz
U Werdau 16.50* / 17.47 Pz 18.10*

* Ankunftszeit geschätzt

Königsberg i.Pr.

Königsberg in Preußen ist Ausgangspunkt einer Teilstrecke der Preußischen Ostbahn, die sich zur Zeit bis Marienburg und ab Dirschau in Betrieb befindet. Das Zwischenstück bis Dirschau wird mit Post-Coursen und Fährbetrieb bedient.

Voraussichtlich ab 1857 wird mit der Fertigstellung der Brücken über die Nogat bei Marienburg und über die Weichsel bei Dirschau der durchgehende Eisenbahnbetrieb Richtung Berlin möglich sein. Gleichzeitig befindet sich seitens der Preußischen Ostbahn eine Bahnlinie zwischen Kreutz und Frankfurt a.d.Oder über Küstrin im Bau, wodurch sich der gegenwärtig erforderliche Umweg über Stettin bei Fahrten von Ostpreußen nach Berlin erübrigen wird.

von Königsberg i.Pr.

nach **Aachen**
7.19 Sz U Marienburg **11.35** / 12.05 ⊠
U Dirschau 16.20 / **16.51 Sz**
U Berlin **5.20 / 7.30 Cz**
U Deutz > Cöln **22.00 / 23.30 Sz** **1.20**[3]

nach **Augsburg**
7.19 Sz U Marienburg **11.35** / 12.05 ⊠
U Dirschau 16.20 / **16.51 Sz**
U Berlin **5.20** / 8.10 Pz
U Leipzig 14.05 / 14.30 Pz
U Hof 20.00 / 20.30 Pz 11.05[3]

nach **Basel***
7.19 Sz U Marienburg **11.35** / 12.05 ⊠
U Dirschau 16.20 / **16.51 Sz**
U Berlin **5.20 / 18.40 Sz**
U Frankfurt a.M. **9.55 / 10.30 Sz**
U Heidelberg **12.35 / 12.55 Sz** **19.15**[3]

* Ankunft Basel Badischer Bf

nach **Berlin**
7.19 Sz U Marienburg **11.35** / 12.05 ⊠
U Dirschau 16.20 / **16.51 Sz** **5.20**

nach **Bonn**
7.19 Sz U Marienburg **11.35** / 12.05 ⊠
U Dirschau 16.20 / **16.51 Sz**
U Berlin **5.20 / 7.30 Cz**
U Deutz > Cöln **22.00** ⤺ / 7.00 Pz 7.50[3]

nach **Braunschweig**
7.19 Sz U Marienburg **11.35** / 12.05 ⊠
U Dirschau 16.20 / **16.51 Sz**
U Berlin **5.20 / 7.30 Cz** **12.50**

nach **Bremen**
7.19 Sz U Marienburg **11.35** / 12.05 ⊠
U Dirschau 16.20 / **16.51 Sz**
U Berlin **5.20 / 7.30 Cz**
U Wunstorf **15.03*** / 16.40 Pz 19.25

* Ankunftszeit geschätzt

nach **Breslau**
7.19 Sz U Marienburg **11.35** / 12.05 ⊠
U Dirschau 16.20 / **16.51 Sz**
U Berlin **5.20** / 8.00 Pz 18.30

nach **Carlsruhe**
7.19 Sz U Marienburg **11.35** / 12.05 ⊠
U Dirschau 16.20 / **16.51 Sz**
U Berlin **5.20 / 18.40 Sz**
U Frankfurt a.M. **9.55 / 10.30 Sz**
U Heidelberg **12.35 / 12.55 Sz** **14.10**[3]

nach **Cassel**
7.19 Sz U Marienburg **11.35** / 12.05 ⊠
U Dirschau 16.20 / **16.51 Sz**
U Berlin **5.20** / 8.10 Pz 22.00

nach **Chemnitz**
7.19 Sz U Marienburg **11.35** / 12.05 ⊠
U Dirschau 16.20 / **16.51 Sz**
U Berlin **5.20** / 7.00 Pz
U Röderau 11.45* / 12.15 Pz 15.30

* Ankunftszeit geschätzt

nach **Coblenz**
7.19 Sz U Marienburg **11.35** / 12.05 ⊠
U Dirschau 16.20 / **16.51 Sz**
U Berlin **5.20 / 7.30 Cz**
U Deutz > Cöln **22.00** ⤺ / 6.00 ⛴ 12.15[3]

nach **Cöln***
7.19 Sz U Marienburg **11.35** / 12.05 ⊠
U Dirschau 16.20 / **16.51 Sz**
U Berlin **5.20 / 7.30 Cz** **22.00**

* Ankunft in Deutz auf der rechten Rheinseite

nach **Constanz**
7.19 Sz U Marienburg **11.35** / 12.05 ⊠
U Dirschau 16.20 / **16.51 Sz**
U Berlin **5.20** / 8.10 Pz
U Leipzig 14.05 / 14.30 Pz
U Hof 20.00 / 20.30 Pz
U Augsburg 11.05 / 12.50 GmP
U Lindau 22.35 ⤺ / 6.00 ⛴
U Friedrichhafen # / 9.15 ⛴ k.A.[4]

nach **Danzig**
7.19 Sz U Marienburg **11.35** / 12.05 ⊠
U Dirschau 16.20 / 17.34 Pz 18.39
23.35 Pz **U** Marienburg 4.16 / 6.22 ⊠
U Dirschau 10.37 / 11.00 Pz 11.35
früh ⛴ **nur Di, Do u. So** Fahrzeit 12-16 Std

nach **Darmstadt**
7.19 Sz U Marienburg **11.35** / 12.05 ⊠
U Dirschau 16.20 / **16.51 Sz**
U Berlin **5.20 / 18.40 Sz**
U Frankfurt a.M. **9.55 / 10.30 Sz** **11.08***[3]

* Ankunftszeit geschätzt

nach **Dortmund**
7.19 Sz U Marienburg **11.35** / 12.05 ⊠
U Dirschau 16.20 / **16.51 Sz**
U Berlin **5.20 / 7.30 Cz** **19.20***

* Ankunftszeit geschätzt

nach **Dresden**
7.19 Sz U Marienburg **11.35** / 12.05 ⊠
U Dirschau 16.20 / **16.51 Sz**
U Berlin **5.20** / 7.00 Pz 12.30

nach **Düsseldorf**
7.19 Sz U Marienburg **11.35** / 12.05 ⊠
U Dirschau 16.20 / **16.51 Sz**
U Berlin **5.20 / 7.30 Cz** **21.03**

nach **Elberfeld**
7.19 Sz U Marienburg **11.35** / 12.05 ⊠
U Dirschau 16.20 / **16.51 Sz**
U Berlin **5.20 / 7.30 Cz**
U Dortmund **19.20*** / 19.30 Pz 21.33

* Ankunftszeit geschätzt

nach **Erfurt**
7.19 Sz U Marienburg **11.35** / 12.05 ⊠
U Dirschau 16.20 / **16.51 Sz**
U Berlin **5.20** / 8.10 Pz 16.45

nach **Essen**
7.19 Sz U Marienburg **11.35** / 12.05 ⊠
U Dirschau 16.20 / **16.51 Sz**
U Berlin **5.20 / 7.30 Cz**
U Oberhausen **20.20** / 21.56 Pz 22.15*

* Ankunft in Alten-Essen, Ankunftszeit geschätzt; ein Fahrplan der Post-Course von Alten-Essen nach Essen Stadt liegt nicht vor. Der hier angezeigte Cours über Oberhausen ist nur mit Umwegkarte zu benutzen.

nach **Frankfurt a.M.**
7.19 Sz **U** Marienburg **11.35** / 12.05 ✉
U Dirschau 16.20 / **16.51 Sz**
U Berlin **5.20** / **18.40 Sz** **9.55**[3]

nach **Freiburg i.B.**
7.19 Sz **U** Marienburg **11.35** / 12.05 ✉
U Dirschau 16.20 / **16.51 Sz**
U Berlin **5.20** / **18.40 Sz**
U Frankfurt a.M. **9.55** / **10.30 Sz**
U Heidelberg **12.35** / **12.55 Sz** **17.36**[3]

nach **Gera**
7.19 Sz **U** Marienburg **11.35** / 12.05 ✉
U Dirschau 16.20 / **16.51 Sz**
U Berlin **5.20** / 8.10 Pz
U Leipzig 14.05 / 18.30 Pz
U Altenburg 19.40* / 20.30 ✉ 0.30[3]
* Ankunftszeit geschätzt

nach **Görlitz**
7.19 Sz **U** Marienburg **11.35** / 12.05 ✉
U Dirschau 16.20 / **16.51 Sz**
U Berlin **5.20** / 8.00 Pz
U Kohlfurt 14.10* / 14.30 Pz 15.15
* Ankunftszeit geschätzt

nach **Hagen**
7.19 Sz **U** Marienburg **11.35** / 12.05 ✉
U Dirschau 16.20 / **16.51 Sz**
U Berlin **5.20** / **7.30 Cz**
U Dortmund **19.20*** / 19.30 Pz 20.28*
* Ankunftszeit geschätzt

nach **Halle**
7.19 Sz **U** Marienburg **11.35** / 12.05 ✉
U Dirschau 16.20 / **16.51 Sz**
U Berlin **5.20** / 8.10 Pz 13.15

nach **Hamburg**
7.19 Sz **U** Marienburg **11.35** / 12.05 ✉
U Dirschau 16.20 / **16.51 Sz**
U Berlin **5.20** / 7.30 Pz 15.30

nach **Hamm**
7.19 Sz **U** Marienburg **11.35** / 12.05 ✉
U Dirschau 16.20 / **16.51 Sz**
U Berlin **5.20** / **7.30 Cz** **18.40**

nach **Hannover**
7.19 Sz **U** Marienburg **11.35** / 12.05 ✉
U Dirschau 16.20 / **16.51 Sz**
U Berlin **5.20** / **7.30 Cz** **14.20**

nach **Heidelberg**
7.19 Sz **U** Marienburg **11.35** / 12.05 ✉
U Dirschau 16.20 / **16.51 Sz**
U Berlin **5.20** / **18.40 Sz**
U Frankfurt a.M. **9.55** / **10.30 Sz** **12.35**[3]

nach **Kiel**
7.19 Sz **U** Marienburg **11.35** / 12.05 ✉
U Dirschau 16.20 / **16.51 Sz**
U Berlin **5.20** / 7.30 Pz
U Hamburg 15.30 /
Altona 17.10 Pz 20.00

nach **Leipzig**
7.19 Sz **U** Marienburg **11.35** / 12.05 ✉
U Dirschau 16.20 / **16.51 Sz**
U Berlin **5.20** / 7.00 Pz
U Röderau 10.55* / 11.30 Pz 13.30
* Ankunftszeit geschätzt

nach **Lindau**
7.19 Sz **U** Marienburg **11.35** / 12.05 ✉
U Dirschau 16.20 / **16.51 Sz**
U Berlin **5.20** / 8.10 Pz
U Leipzig 14.05 / 14.30 Pz
U Hof 20.00 / 20.30 Pz
U Augsburg 11.05 / 12.50 GmP 22.35[3]

nach **Ludwigshafen**
> Mannheim

nach **Lübeck**
7.19 Sz **U** Marienburg **11.35** / 12.05 ✉
U Dirschau 16.20 / **16.51 Sz**
U Berlin **5.20** / 7.30 Pz
U Büchen 13.55* / 14.00 Pz 15.11
* Ankunftszeit geschätzt

nach **Magdeburg**
7.19 Sz **U** Marienburg **11.35** / 12.05 ✉
U Dirschau 16.20 / **16.51 Sz**
U Berlin **5.20** / **7.30 Cz** **10.40**

nach **Mainz**
7.19 Sz **U** Marienburg **11.35** / 12.05 ✉
U Dirschau 16.20 / **16.51 Sz**
U Berlin **5.20** / **18.40 Sz**
U Frankfurt a.M. **9.55** / **10.15 Sz**
U Castel **11.00** / # ✉ k.A.[3]

nach **Mannheim**
7.19 Sz **U** Marienburg **11.35** / 12.05 ✉
U Dirschau 16.20 / **16.51 Sz**
U Berlin **5.20** / **18.40 Sz**
U Frankfurt a.M. **9.55** / **10.30 Sz** **12.38**[3]

nach **München**
7.19 Sz **U** Marienburg **11.35** / 12.05 ✉
U Dirschau 16.20 / **16.51 Sz**
U Berlin **5.20** / 8.10 Pz
U Leipzig 14.05 / 14.30 Pz
U Hof 20.00 / 20.30 Pz 13.15[3]

nach **Münster**
7.19 Sz **U** Marienburg **11.35** / 12.05 ✉
U Dirschau 16.20 / **16.51 Sz**
U Berlin **5.20** / **7.30 Cz**
U Hamm **18.40** / 19.00 Pz 20.00

nach **Nürnberg**
7.19 Sz **U** Marienburg **11.35** / 12.05 ✉
U Dirschau 16.20 / **16.51 Sz**
U Berlin **5.20** / 8.10 Pz
U Leipzig 14.05 / 14.30 Pz
U Hof 20.00 / 20.30 Pz 5.15[3]

nach **Oberhausen**
7.19 Sz **U** Marienburg **11.35** / 12.05 ✉
U Dirschau 16.20 / **16.51 Sz**
U Berlin **5.20** / **7.30 Cz** **20.20**

nach **Oppeln**
7.19 Sz **U** Marienburg **11.35** / 12.05 ✉
U Dirschau 16.20 / **16.51 Sz**
U Berlin **5.20** / 8.00 Pz 21.27*
* Ankunftszeit geschätzt

nach **Osnabrück**
7.19 Sz **U** Marienburg **11.35** / 12.05 ✉
U Dirschau 16.20 / **16.51 Sz**
U Berlin **5.20** / 12.00 Pz
U Minden 23.45 / 1.00 ✉ 8.00[3]

nach **Passau**
7.19 Sz **U** Marienburg **11.35** / 12.05 ✉
U Dirschau 16.20 / **16.51 Sz**
U Berlin **5.20** / 8.10 Pz
U Leipzig 14.05 / 14.30 Pz
U Hof 20.00 / 20.30 Pz
U Nürnberg 5.15 / 6.00 ✉
U Regensburg 18.00 ⛴ /
11.00 ✉ 22.30[4]

nach **Posen**
7.19 Sz **U** Marienburg **11.35** / 12.05 ✉
U Dirschau 16.20 / **16.51 Sz**
U Kreutz **22.43** ⛴ / 5.03 Pz 7.47

nach **Regensburg**
7.19 Sz **U** Marienburg **11.35** / 12.05 ✉
U Dirschau 16.20 / **16.51 Sz**
U Berlin **5.20** / 8.10 Pz
U Leipzig 14.05 / 14.30 Pz
U Hof 20.00 / 20.30 Pz
U Nürnberg 5.15 / 6.00 ✉ 18.00[3]

nach **Rostock**
7.19 Sz **U** Marienburg **11.35** / 12.05 ✉
U Dirschau 16.20 / **16.51 Sz**
U Berlin **5.20** / 7.30 Pz
U Hagenow 12.40* / 12.50 Pz 16.40
* Ankunftszeit geschätzt

noch: ab **Königsberg i.Pr.**

nach **Saarbrücken**

7.19 Sz U Marienburg **11.35** / 12.05 ✉
U Dirschau 16.20 / **16.51 Sz**
U Berlin **5.20** / **18.40 Sz**
U Frankfurt a.M. **9.55** / **10.30 Sz**
U Mannheim **12.38** / #
U Ludwigshafen # / **13.10 Sz** **16.58**

nach **Schwerin**

7.19 Sz U Marienburg **11.35** / 12.05 ✉
U Dirschau 16.20 / **16.51 Sz**
U Berlin **5.20** / 7.30 Pz
U Hagenow 12.40* / 12.50 Pz 13.35

* Ankunftszeit geschätzt

nach **Stettin**

5.00 🚢 am 4., 8., 12., 16., 20., 24. u. 28. des Monats 17.00[2]
7.19 Sz U Marienburg **11.35** / 12.05 ✉
U Dirschau 16.20 / **16.51 Sz** **1.37**

nach **Stralsund**

7.19 Sz U Marienburg **11.35** / 12.05 ✉
U Dirschau 16.20 / **16.51 Sz**
U Stettin **1.37** / 2.30 ✉ 18.30
7.19 Sz U Marienburg **11.35** / 12.05 ✉
U Dirschau 16.20 / **16.51 Sz**
U Stettin **1.37** / 6.00 🚢 18-20.00
nur Di und Fr

nach **Stuttgart**

7.19 Sz U Marienburg **11.35** / 12.05 ✉
U Dirschau 16.20 / **16.51 Sz**
U Berlin **5.20** / **18.40 Sz**
U Frankfurt a.M. **9.55** / **10.30 Sz**
U Heidelberg **12.35** / **12.55 Sz**
U Bruchsal **13.28*** / **13.48 Ez** **15.46**[3]

* Ankunftszeit geschätzt

nach **Trier**

7.19 Sz U Marienburg **11.35** / 12.05 ✉
U Dirschau 16.20 / **16.51 Sz**
U Berlin **5.20** / **7.30 Cz**
U Deutz > Cöln **22.00** ↩ / 5.00 ✉ 2.15[4]
7.19 Sz U Marienburg **11.35** / 12.05 ✉
U Dirschau 16.20 / **16.51 Sz**
U Berlin **5.20** / **7.30 Cz**
U Deutz > Cöln **22.00** ↩ / 6.00 🚢
U Coblenz 12.15 / 15.30 ✉ 6.30[4]

nach **Ulm**

7.19 Sz U Marienburg **11.35** / 12.05 ✉
U Dirschau 16.20 / **16.51 Sz**
U Berlin **5.20** / **18.40 Sz**
U Frankfurt a.M. **9.55** / **10.30 Sz**
U Heidelberg **12.35** / **12.55 Sz**
U Bruchsal **13.28*** / **13.48 Ez** **18.25**[3]

* Ankunftszeit geschätzt

nach **Wiesbaden**

7.19 Sz U Marienburg **11.35** / 12.05 ✉
U Dirschau 16.20 / **16.51 Sz**
U Berlin **5.20** / **18.40 Sz**
U Frankfurt a.M. **9.55** / 11.15 Pz 12.45[3]

nach **Würzburg**

7.19 Sz U Marienburg **11.35** / 12.05 ✉
U Dirschau 16.20 / **16.51 Sz**
U Berlin **5.20** / 8.10 Pz
U Leipzig 14.05 / 14.30 Pz
U Hof 20.00 / 20.30 Pz
U Bamberg 1.15 / 1.45 Pz 4.50

nach **Zwickau**

7.19 Sz U Marienburg **11.35** / 12.05 ✉
U Dirschau 16.20 / **16.51 Sz**
U Berlin **5.20** / 8.10 Pz
U Leipzig 14.05 / 14.30 Pz
U Werdau 16.50* / 17.47 Pz 18.10*

* Ankunftszeit geschätzt

Verbindungen nach Tilsit und Memel

Ab Königsberg i.Pr. gehen folgende Postcourse ab:

8.00 ✉ **Tilsit** 18.15 an
20.00 ✉ **Tilsit** 8.45 an
21.20 ✉ **Memel** 14.05 an

Leipzig

Leipzig ist gegenwärtig Ausgangspunkt von folgendenden drei Fernbahnen mit jeweils eigenem Sackbahnhof:

- ab dem Dresdener Bahnhof die Leipzig-Dresdener Eisenbahn mit Anschluß an die Sächsisch-schlesische Eisenbahn nach Görlitz–Breslau und an die Sächsisch-böhmische Bahn Richtung Prag,
- ab dem Magdeburger Bahnhof die Magdeburg-Cöthen-Halle-Leipziger Eisenbahn mit Anschluß u.a. in Halle an die Thüringische Eisenbahn Richtung Erfurt–Cassel und Frankfurt a.M. sowie in Cöthen an die Berlin-Anhaltische Eisenbahn,
- ab dem Bayrischen Bahnhof die von der Sächsischen Staatsbahn übernommene sächsisch-bayerische Eisenbahn über Altenburg–Plauen zur Grenze nach Bayern und weiter ab Hof nach Nürnberg–Augsburg–München resp. Lindau.

Als weitere Bahnverbindung befindet sich die Strecke von Leipzig nach Corbetha in Bau, woselbst die Hauptlinie der Thüringischen Eisenbahn verläuft, so daß sich dann bei Reisen nach Erfurt usw.der gegenwärtige Umweg über Halle erübrigen wird.

von **Leipzig**

nach **Aachen**

7.00 Pz **U** Magdeburg 9.50 / **10.40 Cz**
U Deutz > Cöln **22.00** / **23.30 Sz** **1.20**
12.00 Pz **U** Magdeburg 15.30 / 16.15 Pz
U Oberhausen 6.42 / 7.00 Pz 11.20
22.00 Pz **U** Magdeburg 1.15 / **1.50 Sz**
U Deutz > Cöln **16.00** / 18.00 Pz 20.00

nach **Augsburg**

7.15 Ez *über Hof–Nürnberg* **21.20**
14.30 Pz **U** Hof 20.00 / 20.30 Pz 11.05

nach **Basel***

7.00 Pz **U** Halle 7.40** / 8.15 Pz
U Frankfurt a.M. 22.30 ↩ / **5.00 Cz**
U Heidelberg **7.05** / **7.20 Sz** **14.56**
22.00 Pz **U** Halle 22.40** / **23.00 Sz**
U Frankfurt a.M. **9.55** / **10.30 Sz**
U Heidelberg **12.35** / **12.55 Sz** **19.15**

* Ankunft Basel Badischer Bf ** Ankunftszeit geschätzt

nach **Berlin**

5.00 Sz *über Halle–Wittenberg* **10.30**
5.00 Pz **U** Röderau 7.30 / 7.45 Pz 11.45
14.30 Pz **U** Röderau 16.15 / 16.45 Pz 20.45
15.15 Pz *über Halle–Wittenberg* 21.30

nach **Bonn**

7.00 Pz **U** Magdeburg 9.50 / **10.40 Cz**
U Deutz > Cöln **22.00** ↩ / 7.00 Pz 7.50
12.00 Pz **U** Magdeburg 15.30 / 16.15 Pz
U Deutz > Cöln 9.15 / 10.00 Pz 10.50
22.00 Pz **U** Magdeburg 1.15 / **1.50 Sz**
U Deutz > Cöln **16.00** / 17.45 Pz 18.35

nach **Braunschweig**

7.00 Pz **U** Magdeburg 9.50 / **10.40 Cz** **12.50**
12.00 Pz **U** Magdeburg 15.30 / 16.15 Pz 19.15
22.00 Pz **U** Magdeburg 1.15 / **1.50 Sz** **4.30**

nach **Bremen**

7.00 Pz **U** Magdeburg 9.50 / **10.40 Cz**
U Wunstorf **15.03*** / 16.40 Pz 19.25
22.00 Pz **U** Magdeburg 1.15 / **1.50 Sz**
U Wunstorf **7.15*** / 7.30 Pz 10.15

* Ankunftszeit geschätzt

nach **Breslau**

6.00 Pz **U** Dresden 9.15 / 9.45 Pz
U Görlitz 12.50 / 13.30 Pz
U Kohlfurt 14.10 / 14.15 Pz 18.30

Fortsetzung siehe nächste Seite

noch: nach **Breslau**

14.30 Pz **U** Dresden 17.30 / 18.15 Pz
U Görlitz 21.40 / 23.00 Pz
U Kohlfurt 23.45 / **2.45 Sz** **5.45**

nach **Carlsruhe**

7.00 Pz **U** Halle 7.40* / 8.15 Pz
U Frankf.a.M.22.30 ↩ / **5.00 Cz**
U Heidelberg **7.05** / **7.20 Sz** **8.27**

22.00 Pz **U** Halle 22.40* / **23.00 Sz**
U Frankfurt a.M. **9.55** / **10.30 Sz**
U Heidelberg **12.35** / **12.55 Sz** **14.10**

* Ankunftszeit geschätzt

nach **Cassel**

7.00 Pz **U** Halle 7.40* / 8.15 Pz
U Guntershausen 16.30/16.40 Pz 17.00

12.00 Pz **U** Halle 12.40* / 13.40 Pz 22.00

22.00 Pz **U** Halle 22.40* / **23.00 Sz**
U Guntershausen 5.05 / 5.10 Pz 5.30

* Ankunftszeit geschätzt

nach **Chemnitz**

6.00 Pz **U** Riesa 7.25* / 8.30 Pz 11.00
10.00 Pz **U** Riesa 11.25* / 12.15 Pz 15.30
14.30 Pz **U** Riesa 16.00* / 16.45 Pz 19.30
17.30 Pz **U** Riesa 19.25* / 20.00 Pz 22.30
20.00 ✉ 5.15
22.00 Sz **U** Riesa **23.15*** ↩ / 5.15 Pz 8.15

* Ankunftszeit geschätzt

nach **Coblenz**

7.00 Pz **U** Magdeburg 9.50 / **10.40 Cz**
U Deutz > Cöln **22.00** / 23.30 ⛴ 9.00

nur Mo und Do

7.00 Pz **U** Magdeburg 9.50 / **10.40 Cz**
U Deutz > Cöln **22.00** ↩/ 6.00 ⛴ 12.15

12.00 Pz **U** Magdeburg 15.30 / 16.15 Pz
U Deutz > Cöln 9.15 / 10.00 ⛴ 17.00

22.00 Pz **U** Magdeburg 1.15 / **1.50 Sz**
U Deutz > Cöln **16.00** / 20.15 ⛴ 2.45[3]

nach **Cöln***

7.00 Pz **U** Magdeburg 9.50 / **10.40 Cz** **22.00**
12.00 Pz **U** Magdeburg 15.30 / 16.15 Pz 9.15
22.00 Pz **U** Magdeburg 1.15 / **1.50 Sz** **16.00**

* Ankunft in Deutz

nach **Constanz**

7.00 Pz **U** Halle 7.40* / 8.15 Pz
U Frankf.a.M. 22.30 ↩ / **5.00 Cz**
U Heidelberg **7.05** / **7.20 Sz**
U Offenburg **10.22** / 10.45 ✉ 6.15[3]

14.30 **U** Hof 20.00 / 20.30 Pz
U Augsburg 11.05 / 12.50 GmP
U Lindau 22.35 ↩ / 6.00 ⛴
U Friedrichhafen # / 9.15 ⛴ k.A.[3]

Fortsetzung siehe nächste Spalte

22.00 Pz **U** Halle 22.40* / **23.00 Sz**
U Frankfurt a.M. **9.55** / **10.30 Sz**
U Heidelberg **12.35** / **12.55 Sz**
U Freiburg i.B. **17.36** / 18.15 ✉
U Schaffhausen 5.15 / 12.30 ✉ 17.00[3]

* Ankunftszeit geschätzt

nach **Danzig**

15.15 Pz **U** Berlin 21.30 / **22.40 Sz** **11.35**

nach **Darmstadt**

7.00 Pz **U** Halle 7.40* / 8.15 Pz
U Frankfurt a.M. 22.30 ↩/ **5.00 Cz 5.38***

7.15 Ez **U** Bamberg **15.05** / **15.45 Ez**
U Frankfurt a.M. **22.00** ↩/ **5.00 Cz 5.38***

22.00 Pz **U** Halle 22.40* / **23.00 Sz**
U Frankfurt a.M. **9.55** / **10.30 Sz** **11.08***

* Ankunftszeit geschätzt

nach **Dortmund**

7.00 Pz **U** Magdeburg 9.50 / **10.40 Cz** **19.20***
12.00 Pz **U** Magdeburg 15.30 / 16.15 Pz 5.08*
22.00 Pz **U** Magdeburg 1.15 / **1.50 Sz** **12.45***

* Ankunftszeit geschätzt

nach **Dresden**

6.00 Pz *über Riesa* 9.15
10.00 Pz *über Riesa* 13.15
14.30 Pz *über Riesa* 17.30
17.30 Pz *über Riesa* 21.00
22.00 Sz *über Riesa* **0.30**

nach **Düsseldorf**

7.00 Pz **U** Magdeburg 9.50 / **10.40 Cz** **21.03**
12.00 Pz **U** Magdeburg 15.30 / 16.15 Pz 7.55
22.00 Pz **U** Magdeburg 1.15 / **1.50 Sz** **14.57**

nach **Elberfeld**

7.00 Pz **U** Magdeburg 9.50 / **10.40 Cz**
U Dortmund **19.20*** / 19.30 Pz 21.33

12.00 Pz **U** Magdeburg 15.30 / 16.15 Pz
U Dortmund 5.08* / 7.15 Pz 9.30

22.00 Pz **U** Magdeburg 1.15 / **1.50 Sz**
U Dortmund **12.40*** / 13.15 15.28

* Ankunftszeit geschätzt

nach **Erfurt**

7.00 Pz **U** Halle 7.40 / 8.15 Pz 11.10*
12.00 Pz **U** Halle 12.40 / 13.40 Pz 16.50*
17.30 Pz **U** Halle 18.15 / 18.40 Pz 22.55
22.00 Pz **U** Halle 22.45 / **23.00 Sz** **1.20***

* Ankunftszeit geschätzt

nach **Essen***

7.00 Pz **U** Magdeburg 9.50 / **10.40 Cz**
U Oberhausen** **20.20**/ 21.56 Pz 22.15

12.00 Pz **U** Magdeburg 15.30 / 16.15 Pz 5.08
22.00 Pz **U** Magdeburg 1.15 / **1.50 Sz** **12.40**

* Ankunft in Alten-Essen, Ankunftszeit geschätzt; ein Fahrplan der Post-Course von Alten-Essen nach Essen Stadt liegt nicht vor.
** Cours über Oberhausen nur mit Umwegkarte zu benutzen.

nach **Frankfurt a.M.**

7.00 Pz **U** Halle 7.40* / 8.15 Pz 22.30
7.15 Ez **U** Bamberg **15.05** / **15.45 Ez** **22.00**

14.30 Pz **U** Hof 20.00 / 20.30 Pz
U Bamberg 1.15 / 1.45 Pz 9.20

22.00 Pz **U** Halle 22.40* / **23.00 Sz** **9.55**

* Ankunftszeit geschätzt

nach **Freiburg i.B.**

7.00 Pz **U** Halle 7.40* / 8.15 Pz
U Frankfurt a.M. 22.30 ↩/ **5.00 Cz**
U Heidelberg **7.05** / **7.20 Sz** **12.35**

22.00 Pz **U** Halle 22.40* / **23.00 Sz**
U Frankfurt a.M. **9.55** / **10.30 Sz**
U Heidelberg **12.35** / **12.55 Sz** **17.36**

* Ankunftszeit geschätzt

nach **Gera**

6.00 Pz **U** Altenburg 7.10* / 9.00 ✉ 13.00
7.15 Ez **U** Altenburg **8.08*** / 9.00 ✉ 13.00
18.30 Pz **U** Altenburg 19.40* / 20.30 ✉ 0.30

* Ankunftszeit geschätzt

nach **Görlitz**

6.00 Pz **U** Dresden 9.15 / 9.45 Pz 12.50
10.00 Pz **U** Dresden 13.15 / 14.30 Pz 18.15
14.30 Pz **U** Dresden 17.30 / 18.15 Pz 21.40
22.00 Sz **U** Dresden **0.30** ↩ / 5.30 Pz 9.00

nach **Hagen**

7.00 Pz **U** Magdeburg 9.50 / **10.40 Cz**
U Dortmund **19.20*** / 19.30 Pz 20.28*

12.00 Pz **U** Magdeburg 15.30 / 16.15 Pz
U Dortmund 5.08* / 7.15 Pz 8.24*

22.00 Pz **U** Magdeburg 1.15 / **1.50 Sz**
U Dortmund **12.40*** / 13.15 Pz 14.22*

* Ankunftszeit geschätzt

nach **Halle***

5.00 Sz **5.45**
7.00 Pz 7.40
7.30 Pz 8.30
12.00 Pz 12.40
15.15 Pz 16.00
17.30 Pz 18.15
18.30 Pz 19.30
22.00 Pz 22.45

* Ankunftszeiten in Halle sind zum Teil geschätzt.

nach **Hamburg**

7.00 Pz **U** Magdeburg 9.50 / **10.40 Cz**
U Lehrte **14.00*** / 14.35 Pz
U Harburg 18.20 / 19.00 ⛴ 20.15

7.00 Pz **U** Magdeburg 9.50 / 10.45 GmP
U Wittenberge 14.10/ 15.10 GmP 20.00

15.15 Pz **U** Berlin 21.30 / **23.00 Cz** **5.16**

22.00 Pz **U** Magdeburg 1.15 ↩ / 7.45 Pz
U Wittenberge 10.15 / 10.55 Pz 15.30

noch: ab **Leipzig**

nach **Hamm**

7.00 Pz	**U** Magdeburg 9.50 / **10.40 Cz**	**18.40**
12.00 Pz	**U** Magdeburg 15.30 / 16.15 Pz	4.05
22.00 Pz	**U** Magdeburg 1.15 / **1.50 Sz**	**11.55***

* Ankunftszeit geschätzt

nach **Hannover**

7.00 Pz	**U** Magdeburg 9.50 / **10.40 Cz**	**14.20**
12.00 Pz	**U** Magdeburg 15.30 / 16.15 Pz	21.25
22.00 Pz	**U** Magdeburg 1.15 / **1.50 Sz**	**6.20**

nach **Heidelberg**

7.00 Pz	**U** Halle 7.40* / 8.15 Pz	
	U Frankfurt a.M. 22.30 ↪ / **5.00 Cz**	**7.05**
7.15 Ez	**U** Bamberg **15.05** / **15.45 Ez**	
	U Frankfurt a.M. **22.00** ↪ / **5.00 Cz**	**7.05**
22.00 Pz	**U** Halle 22.40* / **23.00 Sz**	
	U Frankfurt a.M. **9.55** / **10.30 Sz**	**12.35**

* Ankunftszeit geschätzt

nach **Kiel**

15.15 Pz	**U** Berlin 21.30 / **23.00 Cz**	
	U Hamburg **5.16** / Altona 8.10 Pz	11.00
22.00 Pz	**U** Magdeburg 1.15 / 7.45 Pz	
	U Wittenberge 10.15 / 10.55 Pz	
	U Hamburg 15.30 / Altona 17.10 Pz	20.00

nach **Königsberg i.Pr.**

15.15 Pz	**U** Berlin 21.30 / **22.40 Sz**	
	U Dirschau **10.45** / 11.37 ✉	
	U Marienburg 16.07 / **16.37 Sz**	**21.02**

nach **Lindau**

7.15 Ez	**U** Augsburg **21.20** / 21.30 GmP	6.30
14.30 Pz	**U** Hof 20.00 / 20.30 Pz	
	U Augsburg 11.05 / 12.50 GmP	22.35

nach **Ludwigshafen**

> Mannheim

nach **Lübeck**

7.00 Pz	**U** Magdeburg 9.50 ↪ / 10.45 GmP	
	U Wittenberge 14.10 / 15.10 GmP	
	U Büchen 18.35* / 19.00 Pz	20.11
12.00 Pz	**U** Magdeburg 15.30 / 17.30 GmP	
	U Wittenberge 21.00 ↪ / 5.15 Pz	
	U Büchen 8.45* / 9.00 Pz	10.45
15.15 Pz	**U** Berlin 21.30 / **23.00 Cz**	
	U Büchen **4.10*** / 9.00 Pz	10.45
22.00 Pz	**U** Magdeburg 1.15 ↪ / 7.45 Pz	
	U Wittenberge 10.15 / 10.55 Pz	
	U Büchen 13.55* / 14.00 Pz	15.11

* Ankunftszeit geschätzt

nach **Magdeburg**

7.00 Pz	*über Halle*	9.50
7.30 Pz	*über Halle*	13.00
12.00 Pz	*über Halle*	15.30
17.30 Pz	*über Halle*	21.00
22.00 Pz	*über Halle*	1.15

nach **Mainz**

7.00 Pz	**U** Halle 7.40* / 8.15 Pz	
	U Frankfurt a.M. 22.30 ↪ / 5.45 Pz	
	U Castel 7.05* / #	k.A.
7.15 Ez	**U** Bamberg **15.05** / **15.45 Ez**	
	U Frankfurt a.M. **22.00** ↪ / 5.45 Pz	
	U Castel 7.05* / #	k.A.
22.00 Pz	**U** Halle 22.40* / **23.00 Sz**	
	U Frankfurt a.M. **9.55** / **10.15 Sz**	
	U Castel **11.00** / # ✉	k.A.

* Ankunftszeit geschätzt

nach **Mannheim**

7.00 Pz	**U** Halle 7.40* / 8.15 Pz	
	U Frankfurt a.M. 22.30 ↪ / **5.00 Cz**	**7.06**
7.15 Ez	**U** Bamberg **15.05** / **15.45 Ez**	
	U Frankfurt a.M. **22.00** ↪ / **5.00 Cz**	**7.06**
22.00 Pz	**U** Halle 22.40* / **23.00 Sz**	
	U Frankfurt a.M. **9.55** / **10.30 Sz**	**12.38**

* Ankunftszeit geschätzt

nach **München**

7.15 Ez	*über Hof–Nürnberg*	**23.00**
14.30 Pz	**U** Hof 20.00 / 20.30 Pz	13.15

nach **Münster**

7.00 Pz	**U** Magdeburg 9.50 / **10.40 Cz**	
	U Hamm **18.40** / 19.00 Pz	20.00
12.00 Pz	**U** Magdeburg 15.30 / 16.15 Pz	
	U Hamm 4.05 / 7.30 Pz	8.30
22.00 Pz	**U** Magdeburg 1.15 / **1.50 Sz**	
	U Hamm **11.55*** / 12.10 Pz	13.00

* Ankunftszeit geschätzt

nach **Nürnberg**

7.15 Ez	*über Hof–Bamberg*	**17.00**
14.30 Pz	**U** Hof 20.00 / 20.30 Pz	5.15
18.30 Pz	**U** Hof 24.00 / 3.45 GmP	16.10

nach **Oberhausen**

7.00 Pz	**U** Magdeburg 9.50 / **10.40 Cz**	**20.20**
12.00 Pz	**U** Magdeburg 15.30 / 16.15 Pz	6.42
22.00 Pz	**U** Magdeburg 1.15 / **1.50 Sz**	**14.00**

nach **Oppeln***

6.00 Pz	**U** Dresden 9.15 / 9.45 Pz	
	U Görlitz 12.50 / 13.30 Pz	
	U Kohlfurt 14.10 / 14.15 Pz	21.27
14.30 Pz	**U** Dresden 17.30 / 18.15 Pz	
	U Görlitz 21.40 / 23.00 Pz	
	U Kohlfurt 23.45 / **2.45 Sz**	**7.45**

* Ankunftszeiten in Oppeln sind sämmtlich geschätzt.

nach **Osnabrück**

12.00 Pz	**U** Magdeburg 15.30 / 16.15 Pz	
	U Minden 23.45 / 1.00 ✉	8.00
22.00 Pz	**U** Magdeburg 1.15 / **1.50 Sz**	
	U Minden **8.35** / 9.00 ✉	16.00

nach **Passau**

7.15 Ez	**U** Nürnberg **17.00** / 17.30 ✉	
	U Regensburg 5.30 / 11.00 ✉	22.30

nach **Posen**

15.15 Pz	**U** Berlin 21.30 / **22.40 Sz**	
	U Kreutz **4.43** / 5.03 Pz	7.47

nach **Regensburg**

7.15 Ez	**U** Nürnberg **17.00** / 17.30 ✉	5.30
14.30 Pz	**U** Hof 20.00 / 20.30 Pz	
	U Nürnberg 5.15 / 6.00 ✉	18.00

nach **Rostock**

7.00 Pz	**U** Magdeburg 9.50 / 10.45 GmP	
	U Wittenberge 14.10 / 15.10 GmP	
	U Hagenow 17.00* / 17.30 Pz	22.10
14.30 Pz	**U** Berlin 18.00 / **23.00 Cz**	
	U Hagenow **3.08*** / 7.30 Pz	11.05
22.00 Pz	**U** Magdeburg 1.15 / 7.45 Pz	
	U Wittenberge 10.15 / 10.55 Pz	
	U Hagenow 12.40* / 12.50 Pz	16.40

* Ankunftszeit geschätzt

nach **Saarbrücken**

7.00 Pz	**U** Halle 7.40* / 8.15 Pz	
	U Frankfurt a.M. 22.30 ↪ / **5.00 Cz**	
	U Mannheim **7.06** / #	
	U Ludwigshafen # / **13.10 Sz**	**16.58**
7.15 Ez	**U** Bamberg **15.05** / **15.45 Ez**	
	U Frankfurt a.M. **22.00** ↪ / **5.00 Cz**	
	U Mannheim **7.06** / #	
	U Ludwigshafen # / **13.10 Sz**	**16.58**
22.00 Pz	**U** Halle 22.40* / **23.00 Sz**	
	U Frankfurt a.M. **9.55** / 13.10 Pz	
	U Mannheim 15.28 / #	
	U Ludwigshafen # / 17.30	22.05

* Ankunftszeit geschätzt

nach **Schwerin**

7.00 Pz	**U** Magdeburg 9.50 / 10.45 GmP	
	U Wittenberge 14.10 / 15.10 GmP	
	U Hagenow 17.00* / 17.30 Pz	18.15
12.00 Pz	**U** Magdeburg 15.30 / 17.30 GmP	
	U Wittenberge 21.00 ↪ / 5.15 Pz	
	U Hagenow 7.10* / 7.30 Pz	8.12
22.00 Pz	**U** Magdeburg 1.15 / 7.45 Pz	
	U Wittenberge 10.15 / 10.55 Pz	
	U Hagenow 12.40* / 12.50 Pz	13.35

* Ankunftszeit geschätzt

nach **Stettin**

5.00 Sz	**U** Berlin **10.30** / 12.15 Pz	15.52
15.15 Pz	**U** Berlin 21.30 / **22.40 Sz**	**1.47**

nach **Stralsund**

5.00 Sz	**U** Berlin **10.30** / 17.30 Pz **U** Passow 20.00* / 20.20 ✉	11.20
15.15 Pz	**U** Berlin 21.30 / **22.40 Sz** **U** Passow 0.50* / 1.15 ✉	18.00

* Ankunftszeit geschätzt

nach **Stuttgart**

7.00 Pz	**U** Halle 7.40* / 8.15 Pz **U** Frankfurt a.M.22.30 ↪/ **5.00 Cz** **U** Heidelberg **7.05** / **7.20 Sz** **U** Bruchsal **7.59*** / 8.15 Pz	11.05
7.15 Ez	**U** Nördlingen **19.29** / 19.45 ✉	7.45
22.00 Pz	**U** Halle 22.40* / **23.00 Sz** **U** Frankfurt a.M. **9.55** / **10.30 Sz** **U** Heidelberg **12.35** / **12.55 Sz** **U** Bruchsal **13.28*** / **13.48 Ez**	**15.46**

* Ankunftszeit geschätzt

nach **Trier**

7.00 Pz	**U** Magdeburg 9.50 / **10.40 Cz** **U** Deutz > Cöln **22.00** ↪/ 5.00 ✉	2.15[3]
7.00 Pz	**U** Magdeburg 9.50 / **10.40 Cz** **U** Deutz > Cöln **22.00** ↪ / 6.00 ⛴ **U** Coblenz 12.15 / 15.30 ✉	6.30[3]
22.00 Pz	**U** Magdeburg 1.15 / **1.50 Sz** **U** Deutz > Cöln **16.00** / 19.00 ✉	17.30[3]
22.00 Pz	**U** Magdeburg 1.15 / **1.50 Sz** **U** Deutz > Cöln **16.00** / 22.00 ⛴ **U** Coblenz 5.45 / 6.45 ✉	21.00[3]

nach **Ulm**

7.00 Pz	**U** Halle 7.40* / 8.15 Pz **U** Frankfurt a.M.22.30 ↪/ **5.00 Cz** **U** Heidelberg **7.05** / **7.20 Sz** **U** Bruchsal **7.59*** / 8.15 Pz	15.05
7.15 Ez	**U** Augsburg **21.20** ↪ / **9.00 Ez**	**11.30**
14.30 Pz	**U** Hof 20.00 / 20.30 Pz **U** Augsburg 11.05 / 13.00 GmP	17.30
22.00 Pz	**U** Halle 22.40* / **23.00 Sz** **U** Frankfurt a.M. **9.55** / **10.30 Sz** **U** Heidelberg **12.35** / **12.55 Sz** **U** Bruchsal **13.28*** / **13.48 Ez**	**18.25**

* Ankunftszeit geschätzt

nach **Wiesbaden**

7.00 Pz	**U** Halle 7.40* / 8.15 Pz **U** Frankfurt a.M. 22.30 ↪ / 5.45 Pz	7.30
7.15 Ez	**U** Bamberg **15.05** / **15.45 Ez** **U** Frankfurt a.M. **22.00** ↪ / 5.45 Pz	7.30
22.00 Pz	**U** Halle 22.40* / **23.00 Sz** **U** Frankfurt a.M. **9.55** / 11.15 Pz	12.45

* Ankunftszeit geschätzt

nach **Würzburg**

7.15 Ez	**U** Bamberg **15.05** / **15.45** Ez	**18.15**
14.30 Pz	**U** Hof 20.00 / 20.30 Pz **U** Bamberg 1.15 / 1.45 Pz	4.50

nach **Zwickau**

6.00 Pz	**U** Werdau 8.40* / 9.15 Pz	9.40*
7.15 Ez	**U** Werdau **9.10*** / 9.15 Pz	9.40*
14.30 Pz	**U** Werdau 16.50* / 17.47 Pz	18.10*
18.30 Pz	**U** Werdau 20.50* / 21.17 Pz	21.40*

* Ankunftszeit geschätzt

Lindau

Lindau ist Ausgangspunkt der von den Bayerischen Staatseisenbahnen errichteten Ludwigs-Süd-Nord-Bahn, die über Kempten–Augsburg–Nördlingen–Nürnberg–Bamberg bis Hof verläuft, woselbst der Übergang auf die Sächsische Staatsbahn Richtung Leipzig stattfindet. In Augsburg besteht unmittelbarer Anschluß nach München. Verbindungen entlang des Bodensees, auch in die Schweiz und nach Österreich, werden überwiegend durch die Bodesee-Dampfschiff-Course gewährleistet. Jedoch sind die hierzu vorliegenden Fahrpläne zum Teil unvollständig, so daß insbesondere Ankunftszeiten geschätzt werden mußten.

von **Lindau**

nach **Aachen**

6.00 ⛴	**U** Friedrichshafen # / 10.30 Pz **U** Ulm 14.00 / 14.22 Pz **U** Bruchsal 21.00 / **21.23 Sz** **U** Mannheim **22.41** ↪ / 4.30 ⛴ **U** Cöln 18.15 / **23.30**	**1.20**[3]
6.00 ⛴	**U** Friedrichshafen # / 10.30 Pz **U** Ulm 14.00 / 14.22 Pz **U** Bruchsal 21.00 / **21.23 Sz** **U** Mannheim **22.41** / # **U** Ludwigshafen # ↪ / 6.05 Pz **U** Mainz 8.05 / 9.00 ⛴ **U** Cöln 18.15 / **23.30**	**1.20**[3]
15.00 ⛴	**U** Friedrichshafen # / 18.30 Pz **U** Ulm 22.06 ↪ / 5.35 Pz **U** Bruchsal 12.06 / **12.27 Sz** **U** Mannheim **13.42** / # **U** Ludwigshafen # / 15.10 Pz **U** Mainz 17.15 / 20.00 ✉ **U** Coblenz 5.30 / 6.00 ⛴ **U** Cöln 10.30 / 11.45 Pz	13.45[3]
20.15 GmP	**U** Augsburg 7.45 / **9.00 Ez** **U** Ulm **11.30** / 11.45 Pz **U** Bruchsal 16.48 / 17.05 Pz **U** Mannheim 18.52 / # **U** Ludwigshafen # / **22.00 Sz** **U** Mainz **23.39** ↪ / 6.00 ⛴ **U** Cöln 14.45 / 18.00 Pz	20.00[3]

Fortsetzung siehe nächste Spalte

nach **Augsburg**

6.30 GmP	*über Kempten–Kaufbeuern*	15.00
14.40 Ez	*über Kempten–Kaufbeuern*	**21.05**
20.15 GmP	*über Kempten–Kaufbeuern*	7.45

nach **Basel***

Zu den Verbindungen ab Lindau durch Schweizer Gebiet, insbes. Post-Coursen, in Richtung Basel liegt ein vollständiger Fahrplan nicht vor.

6.00 ⛴	**U** Friedrichshafen # / 10.30 Pz **U** Ulm 14.00 / 14.22 Pz **U** Bruchsal 21.00 / 21.41 Pz **U** Carlsruhe 22.25 ↪ / **8.35 Sz**	**14.56**
15.00 ⛴	**U** Friedrichshafen # / 18.30 Pz **U** Ulm 22.06 ↪ / 5.35 Pz **U** Bruchsal 12.06 / **13.38 Sz**	**19.15**
20.15 GmP	**U** Augsburg 7.45 / **9.00 Ez** **U** Ulm **11.30** / 11.45 Pz **U** Bruchsal 16.48 / 17.06 Pz **U** Offenburg 20.47 ↪ / 6.00 Pz	10.55[3]

* Ankunft Basel Badischer Bf

nach **Berlin**

6.30 GmP	**U** Augsburg 15.00 / 15.55 Pz **U** Hof 6.30 / 7.00 Pz **U** Leipzig 12.30 / 14.30 Pz **U** Röderau 16.15 / 16.45 Pz	20.45
20.15 GmP	**U** Augsburg 7.45 / **8.55 Ez** **U** Leipzig **23.00** ↪ / **5.00 Sz**	**10.30**[3]

☞ **Wichtiger Hinweis** ☜
Angaben zu den Eisenbahnanschlüssen in Friedrichshafen **ohne Gewähr**

nach **Bonn**

6.00 ⛴	**U** Friedrichshafen # / 10.30 Pz **U** Ulm 14.00 / 14.22 Pz **U** Bruchsal 21.00 / **21.23 Sz** **U** Mannheim **22.41** ↪ / 4.30 ⛴	16.15
6.00 ⛴	**U** Friedrichshafen # / 10.30 Pz **U** Ulm 14.00 / 14.22 Pz **U** Bruchsal 21.00 / **21.23 Sz** **U** Mannheim **22.41** / # **U** Ludwigshafen # ↪ / 6.05 Pz **U** Mainz 8.05 / 9.00 ⛴	16.15
6.30 GmP	**U** Augsburg 15.00 / 15.55 Pz **U** Bamberg 23.45 / 1.45 Pz **U** Frankfurt a.M. 9.20 / **10.15 Sz** **U** Castel **11.00** / # **U** Mainz # / 14.30 ⛴	21.00

Fortsetzung siehe nächste Seite

noch: nach **Bonn**

15.00 ⛴ **U** Friedrichshafen # / 18.30 Pz
U Ulm 22.06 ↩ / 5.35 Pz
U Bruchsal 12.06 / **12.27 Sz**
U Mannheim **13.42** / #
U Ludwigshafen # / 15.10 Pz
U Mainz 17.15 / 20.00 ✉
U Coblenz 5.30 / 6.00 ⛴ 8.45[3]

20.15 GmP **U** Augsburg 7.45 / **9.00 Ez**
U Ulm **11.30** / 11.45 Pz
U Bruchsal 16.48 / 17.05 Pz
U Mannheim 18.52 / #
U Ludwigshafen # / **22.00 Sz**
U Mainz **23.39** ↩ / 6.00 ⛴ 12.45[3]

nach **Braunschweig**

6.30 GmP **U** Augsburg 15.00 / 15.55 Pz
U Bamberg 23.45 / 1.45 Pz
U Frankfurt a.M. 9.20 / **17.00 Sz**
U Guntershausen **21.50** / 21.55 Pz
U Cassel 22.15 / 23.15 ✉
U Göttingen 4.40 / 5.15 Pz
U Hannover 8.45 / 10.00 Pz 12.15[3]

6.30 GmP **U** Augsburg 15.00 / 15.55 Pz
U Bamberg 23.45 / 1.45 Pz
U Frankfurt a.M. 9.20 / **17.00 Sz**
U Halle **5.40** / 7.45 Pz
U Magdeburg 9.50 / **10.40 Cz** **12.50[3]**

20.15 GmP **U** Augsburg 7.45 / **8.55 Ez**
U Bamberg **14.45** / **15.45 Ez**
U Frankfurt a.M. **22.00** ↩ / 5.45 Pz
U Guntershausen 11.45 / 11.50 Pz
U Cassel 12.10 / 12.30 ✉
U Göttingen 17.45 / 18.00 Pz
U Hannover 21.30 / 22.30 Pz 0.30[4]

nach **Bremen**

6.30 GmP **U** Augsburg 15.00 / 15.55 Pz
U Bamberg 23.45 / 1.45 Pz
U Frankfurt a.M. 9.20 / **17.00 Sz**
U Guntershausen **21.50** / 21.55 Pz
U Cassel 22.15 / 23.15 ✉
U Göttingen 4.40 / 5.15 Pz
U Hannover 8.45 / 12.45 Pz 16.00[3]

20.15 GmP **U** Augsburg 7.45 / **8.55 Ez**
U Bamberg **14.45** / **15.45 Ez**
U Frankfurt a.M. **22.00** ↩ / 5.45 Pz
U Guntershausen 11.45 / 11.50 Pz
U Cassel 12.10 / 12.30 ✉
U Göttingen 17.45 / 18.00 Pz
U Hannover 21.30 / ↩ **6.45 Sz**
U Wunstorf **7.15*** / 7.30 Pz 10.15[4]

* Ankunftszeit geschätzt

nach **Breslau**

6.30 GmP **U** Augsburg 15.00 / 15.55 Pz
U Hof 6.30 / 7.00 Pz
U Leipzig 12.30 / 14.30 Pz
U Dresden 17.30 / 18.15 Pz
U Görlitz 21.40 / 23.00 Pz
U Kohlfurt 23.45 / **2.45 Sz** **5.45[3]**

20.15 GmP **U** Augsburg 7.45 / **8.55 Ez**
U Leipzig **23.00** ↩ / 6.00 Pz
U Dresden 9.15 / 9.45 Pz
U Görlitz 12.50 / 13.30 Pz
U Kohlfurt 14.10 / 14.15 Pz 18.30[3]

nach **Carlsruhe**

6.00 ⛴ **U** Friedrichshafen # / 10.30 Pz
U Ulm 14.00 / 14.22 Pz
U Bruchsal 21.00 / 21.41 Pz 22.25

15.00 ⛴ **U** Friedrichshafen # / 18.30 Pz
U Ulm 22.06 ↩ / 5.35 Pz
U Bruchsal 12.06 / **13.38 Sz** **14.10**

20.15 GmP **U** Augsburg 7.45 / **9.00 Ez**
U Ulm **11.30** / 11.45 Pz
U Bruchsal 16.48 / 17.06 Pz 17.50

nach **Cassel**

6.30 GmP **U** Augsburg 15.00 / 15.55 Pz
U Bamberg 23.45 / 1.45 Pz
U Frankfurt a.M. 9.20 / 10.35 Pz
U Guntershausen 18.50/19.00 Pz 19.20

20.15 GmP **U** Augsburg 7.45 / **8.55 Ez**
U Bamberg **14.45** / **15.45 Ez**
U Frankfurt a.M. **22.00** ↩ / 5.45 Pz
U Guntershausen 11.45/11.50 Pz 12.10[3]

nach **Chemnitz**

6.30 GmP **U** Augsburg 15.00 / 15.55 Pz
U Hof 6.30 / 7.00 Pz
U Leipzig 12.30 / 14.30 Pz
U Riesa 16.00* / 16.45 Pz 19.30

20.15 GmP **U** Augsburg 7.45 / **8.55 Ez**
U Leipzig **23.00** ↩ / 6.00 Pz
U Riesa 7.25* / 8.30 Pz 11.00

* Ankunftszeit geschätzt

nach **Coblenz**

6.00 ⛴ **U** Friedrichshafen # / 10.30 Pz
U Ulm 14.00 / 14.22 Pz
U Bruchsal 21.00 / **21.23 Sz**
U Mannheim **22.41** ↩ / 4.30 ⛴ 13.00

6.00 ⛴ **U** Friedrichshafen # / 10.30 Pz
U Ulm 14.00 / 14.22 Pz
U Bruchsal 21.00 / **21.23 Sz**
U Mannheim **22.41** / #
U Ludwigshafen # ↩ / 6.05 Pz
U Mainz 8.05 / 9.00 ⛴ 13.00

6.30 GmP **U** Augsburg 15.00 / 15.55 Pz
U Bamberg 23.45 / 1.45 Pz
U Frankfurt a.M. 9.20 / **10.15 Sz**
U Castel **11.00** / #
U Mainz # / 14.30 ⛴ 18.00

15.00 ⛴ **U** Friedrichshafen # / 18.30 Pz
U Ulm 22.06 ↩ / 5.35 Pz
U Bruchsal 12.06 / **12.27 Sz**
U Mannheim **13.42** / #
U Ludwigshafen # / 15.10 Pz
U Mainz 17.15 / 20.00 ✉ 5.30[3]

20.15 GmP **U** Augsburg 7.45 / **9.00 Ez**
U Ulm **11.30** / 11.45 Pz
U Bruchsal 16.48 / 17.05 Pz
U Mannheim 18.52 / #
U Ludwigshafen # / **22.00 Sz**
U Mainz **23.39** ↩ / 6.00 ⛴ 9.45[3]

nach **Cöln**

6.00 ⛴ **U** Friedrichshafen # / 10.30 Pz
U Ulm 14.00 / 14.22 Pz
U Bruchsal 21.00 / **21.23 Sz**
U Mannheim **22.41** ↩ / 4.30 ⛴ 18.15

6.00 ⛴ **U** Friedrichshafen # / 10.30 Pz
U Ulm 14.00 / 14.22 Pz
U Bruchsal 21.00 / **21.23 Sz**
U Mannheim **22.41** / #
U Ludwigshafen # ↩ / 6.05 Pz
U Mainz 8.05 / 9.00 ⛴ 18.15

6.30 GmP **U** Augsburg 15.00 / 15.55 Pz
U Bamberg 23.45 / 1.45 Pz
U Frankfurt a.M. 9.20 / **10.15 Sz**
U Castel **11.00** / #
U Mainz # / 14.30 ⛴ 23.00

15.00 ⛴ **U** Friedrichshafen # / 18.30 Pz
U Ulm 22.06 ↩ / 5.35 Pz
U Bruchsal 12.06 / **12.27 Sz**
U Mannheim **13.42** / #
U Ludwigshafen # / 15.10 Pz
U Mainz 17.15 / 20.00 ✉
U Coblenz 5.30 / 6.00 ⛴ 10.30[3]

20.15 GmP **U** Augsburg 7.45 / **9.00 Ez**
U Ulm **11.30** / 11.45 Pz
U Bruchsal 16.48 / 17.05 Pz
U Mannheim 18.52 / #
U Ludwigshafen # / **22.00 Sz**
U Mainz **23.39** ↩ / 6.00 ⛴ 14.45[3]

nach **Constanz**

6.00 ⛴ *über Friedrichshafen* k.A.

15.00 ⛴ *über Friedrichshafen* k.A.

nach **Danzig**

6.30 GmP **U** Augsburg 15.00 / 15.55 Pz
U Hof 6.30 / 7.00 Pz
U Leipzig 12.30 / 14.30 Pz
U Röderau 16.15 / 16.45 Pz
U Berlin 20.45 / **22.40 Sz** **11.35[3]**

nach **Darmstadt**

6.30 GmP **U** Augsburg 15.00 / 15.55 Pz
U Bamberg 23.45 / 1.45 Pz
U Frankfurt a.M. 9.20 / **10.30 Sz** **11.08***

Fortsetzung siehe nächste Seite

noch: nach **Darmstadt**

20.15 GmP **U** Augsburg 7.45 / **9.00 Ez**
U Ulm **11.30** / 11.45 Pz
U Bruchsal 16.48 / 17.05 Pz
U Heidelberg 18.05* / 18.25 Pz 20.43*

* Ankunftszeit geschätzt

nach **Dortmund***

6.00 ⛴ **U** Friedrichshafen # / 10.30 Pz
U Ulm 14.00 / 14.22 Pz
U Bruchsal 21.00 / **21.23 Sz**
U Mannheim **22.41** ↪ / 4.30 ⛴
U Cöln > Deutz 18.15 / **20.00 Sz** **23.11**

6.00 ⛴ **U** Friedrichshafen # / 10.30 Pz
U Ulm 14.00 / 14.22 Pz
U Bruchsal 21.00 / **21.23 Sz**
U Mannheim **22.41** / #
U Ludwigshafen # ↪ / 6.05 Pz
U Mainz 8.05 / 9.00 ⛴
U Cöln > Deutz 18.15 / **20.00 Sz** **23.11**

6.30 GmP **U** Augsburg 15.00 / 15.55 Pz
U Bamberg 23.45 / 1.45 Pz
U Frankfurt a.M. 9.20 / **10.15 Sz**
U Castel **11.00** / #
U Mainz # / 14.30 ⛴
U Cöln > Deutz 23.00 ↪ / **6.30 Cz** **9.02^{3}**

15.00 ⛴ **U** Friedrichshafen # / 18.30 Pz
U Ulm 22.06 ↪ / 5.35 Pz
U Bruchsal 12.06 / **12.27 Sz**
U Mannheim **13.42** / #
U Ludwigshafen # / 15.10 Pz
U Mainz 17.15 / 20.00 ✉
U Coblenz 5.30 / 6.00 ⛴
U Cöln > Deutz 10.30 / 11.00 Pz 15.00^{3}

20.15 GmP **U** Augsburg 7.45 / **9.00 Ez**
U Ulm **11.30** / 11.45 Pz
U Bruchsal 16.48 / 17.05 Pz
U Mannheim 18.52 / #
U Ludwigshafen # / **22.00 Sz**
U Mainz **23.39** ↪ / 6.00 ⛴
U Cöln > Deutz 14.45 / 16.00 Pz 20.25^{3}

* Ankunftszeiten in Dortmund sind sämmtlich geschätzt.

nach **Dresden**

6.30 GmP **U** Augsburg 15.00 / 15.55 Pz
U Hof 6.30 / 7.00 Pz
U Leipzig 12.30 / 14.30 Pz 17.30

20.15 GmP **U** Augsburg 7.45 / **8.55 Ez**
U Leipzig **23.00** ↪ / 6.00 Pz 9.15^{3}

nach **Düsseldorf**

6.00 ⛴ **U** Friedrichshafen # / 10.30 Pz
U Ulm 14.00 / 14.22 Pz
U Bruchsal 21.00 / **21.23 Sz**
U Mannheim **22.41** ↪ / 4.30 ⛴
U Cöln > Deutz 18.15 / **20.00 Sz** **20.55**

Fortsetzung siehe nächste Spalte

6.00 ⛴ **U** Friedrichshafen # / 10.30 Pz
U Ulm 14.00 / 14.22 Pz
U Bruchsal 21.00 / **21.23 Sz**
U Mannheim **22.41** / #
U Ludwigshafen # ↪ / 6.05 Pz
U Mainz 8.05 / 9.00 ⛴
U Cöln > Deutz 18.15 / **20.00 Sz** **20.55**

6.30 GmP **U** Augsburg 15.00 / 15.55 Pz
U Bamberg 23.45 / 1.45 Pz
U Frankfurt a.M. 9.20 / **10.15 Sz**
U Castel **11.00** / #
U Mainz # / 14.30 ⛴
U Cöln > Deutz 23.00 ↪ / **6.30 Cz** **7.15^{3}**

15.00 ⛴ **U** Friedrichshafen # / 18.30 Pz
U Ulm 22.06 ↪ / 5.35 Pz
U Bruchsal 12.06 / **12.27 Sz**
U Mannheim **13.42** / #
U Ludwigshafen # / 15.10 Pz
U Mainz 17.15 / 20.00 ✉
U Coblenz 5.30 / 6.00 ⛴
U Cöln > Deutz 10.30 / 11.00 Pz 12.10^{3}

20.15 GmP **U** Augsburg 7.45 / **9.00 Ez**
U Ulm **11.30** / 11.45 Pz
U Bruchsal 16.48 / 17.05 Pz
U Mannheim 18.52 / #
U Ludwigshafen # / **22.00 Sz**
U Mainz **23.39** ↪ / 6.00 ⛴
U Cöln > Deutz 14.45 / 16.00 Pz 17.10^{3}

nach **Elberfeld**

6.00 ⛴ **U** Friedrichshafen # / 10.30 Pz
U Ulm 14.00 / 14.22 Pz
U Bruchsal 21.00 / **21.23 Sz**
U Mannheim **22.41** ↪ / 4.30 ⛴
U Cöln > Deutz 18.15 / **20.00 Sz**
U Düsseldorf **20.55** / 21.15 Pz 22.21

6.00 ⛴ **U** Friedrichshafen # / 10.30 Pz
U Ulm 14.00 / 14.22 Pz
U Bruchsal 21.00 / **21.23 Sz**
U Mannheim **22.41** / #
U Ludwigshafen # ↪ / 6.05 Pz
U Mainz 8.05 / 9.00 ⛴
U Cöln > Deutz 18.15 / **20.00 Sz**
U Düsseldorf **20.55** / 21.15 Pz 22.21

6.30 GmP **U** Augsburg 15.00 / 15.55 Pz
U Bamberg 23.45 / 1.45 Pz
U Frankfurt a.M. 9.20 / **10.15 Sz**
U Castel **11.00** / #
U Mainz # / 14.30 ⛴
U Cöln > Deutz 23.00 ↪ / **6.30 Cz**
U Düsseldorf **7.15** / 7.30 Pz 8.36^{3}

Fortsetzung siehe nächste Spalte

Auslandsverbindungen

Lindau ist außerdem im **Auslandsteil** ab S. 210 mit den von hier abgehenden Post- und Dampfschiff-Coursen nach **Österreich** und in die **Schweiz** aufgeführt.

15.00 ⛴ **U** Friedrichshafen # / 18.30 Pz
U Ulm 22.06 ↪ / 5.35 Pz
U Bruchsal 12.06 / **12.27 Sz**
U Mannheim **13.42** / #
U Ludwigshafen # / 15.10 Pz
U Mainz 17.15 / 20.00 ✉
U Coblenz 5.30 / 6.00 ⛴
U Cöln > Deutz 10.30 / 11.00 Pz
U Düsseldorf 12.10 / 12.30 Pz 14.07^{3}

20.15 GmP **U** Augsburg 7.45 / **9.00 Ez**
U Ulm **11.30** / 11.45 Pz
U Bruchsal 16.48 / 17.05 Pz
U Mannheim 18.52 / #
U Ludwigshafen # / **22.00 Sz**
U Mainz **23.39** ↪ / 6.00 ⛴
U Cöln > Deutz 14.45 / 16.00 Pz
U Düsseldorf 17.10 / 17.30 Pz 18.36^{3}

nach **Erfurt***

6.30 GmP **U** Augsburg 15.00 / 15.55 Pz
U Bamberg 23.45 / 1.45 Pz
U Frankfurt a.M. 9.20 / **17.00 Sz** **2.50^{3}**

20.15 GmP **U** Augsburg 7.45 / **9.00 Ez**
U Ulm **11.30** / 11.45 Pz
U Bruchsal 16.48 / 17.05 Pz
U Heidelberg* 18.10 / 18.25 Pz
U Frankfurt a.M. 21.30 ↪ /
5.45 Pz 16.50^{3}

20.15 GmP **U** Augsburg 7.45 / **8.55 Ez**
U Bamberg **14.45** / **15.45 Ez**
U Frankfurt a.M. **22.00** ↪ /
5.45 Pz 16.50^{3}

* Ankunftszeit geschätzt

nach **Essen***

6.00 ⛴ **U** Friedrichshafen # / 10.30 Pz
U Ulm 14.00 / 14.22 Pz
U Bruchsal 21.00 / **21.23 Sz**
U Mannheim **22.41** ↪ / 4.30 ⛴
U Cöln > Deutz 18.15 / **20.00 Sz** **22.15**

6.00 ⛴ **U** Friedrichshafen # / 10.30 Pz
U Ulm 14.00 / 14.22 Pz
U Bruchsal 21.00 / **21.23 Sz**
U Mannheim **22.41** / #
U Ludwigshafen # ↪ / 6.05 Pz
U Mainz 8.05 / 9.00 ⛴
U Cöln > Deutz 18.15 / **20.00 Sz** **22.15**

15.00 ⛴ **U** Friedrichshafen # / 18.30 Pz
U Ulm 22.06 ↪ / 5.35 Pz
U Bruchsal 12.06 / **12.27 Sz**
U Mannheim **13.42** / #
U Ludwigshafen # / 15.10 Pz
U Mainz 17.15 / 20.00 ✉
U Coblenz 5.30 / 6.00 ⛴
U Cöln > Deutz 10.30 / 11.00 Pz 13.45^{3}

Fortsetzung siehe nächste Seite

noch: nach **Essen**

20.15 GmP **U** Augsburg 7.45 / **9.00 Ez**
U Ulm **11.30** / 11.45 Pz
U Bruchsal 16.48 / 17.05 Pz
U Mannheim 18.52 / #
U Ludwigshafen # / **22.00 Sz**
U Mainz **23.39** ↩ / 6.00 ⛴
U Cöln > Deutz 14.45 / 16.00 Pz 18.55[3]

* Ankunft in Alten-Essen, Ankunftszeit geschätzt; Fahrplan der Post-Course von Alten-Essen nach Essen Stadt liegt nicht vor.

nach **Frankfurt a.M.**

6.30 GmP **U** Augsburg 15.00 / 15.55 Pz
U Bamberg 23.45 / 1.45 Pz 9.20

20.15 GmP **U** Augsburg 7.45 / **9.00 Ez**
U Ulm **11.30** / 11.45 Pz
U Bruchsal 16.48 / 17.05 Pz
U Heidelberg* 18.10 / 18.25 Pz 21.30

20.15 GmP **U** Augsburg 7.45 / **8.55 Ez**
U Bamberg **14.45 / 15.45 Ez** **22.00**

* Ankunftszeit geschätzt

nach **Freiburg i.B.**

6.00 ⛴ **U** Friedrichshafen # / 10.30 Pz
U Ulm 14.00 / 14.22 Pz
U Bruchsal 21.00 / 21.41 Pz
U Carlsruhe 22.25 ↩ / **8.35 Sz** **12.35**

15.00 ⛴ **U** Friedrichshafen # / 18.30 Pz
U Ulm 22.06 ↩ / 5.35 Pz
U Bruchsal 12.06 / **13.38 Sz** **17.36**

20.15 GmP **U** Augsburg 7.45 / **9.00 Ez**
U Ulm **11.30** / 11.45 Pz
U Bruchsal 16.48 / 17.06 Pz
U Offenburg 20.47 ↩ / 6.00 Pz 8.16[3]

nach **Gera**

6.30 GmP **U** Augsburg 15.00 / 15.55 Pz
U Hof 6.30 / 7.00 Pz
U Altenburg 10.55* / 15.00 ✉ 19.00

20.15 GmP **U** Augsburg 7.45 / **8.55 Ez**
U Altenburg **21.55*** ↩ / 9.00 ✉ 13.00[3]

* Ankunftszeit geschätzt

nach **Görlitz**

6.30 GmP **U** Augsburg 15.00 / 15.55 Pz
U Hof 6.30 / 7.00 Pz
U Leipzig 12.30 / 14.30 Pz
U Dresden 17.30 / 18.15 Pz 21.40

20.15 GmP **U** Augsburg 7.45 / **8.55 Ez**
U Leipzig **23.00** ↩ / 6.00 Pz
U Dresden 9.15 / 9.45 Pz 12.50[3]

nach **Hagen***

6.00 ⛴ **U** Friedrichshafen # / 10.30 Pz
U Ulm 14.00 / 14.22 Pz
U Bruchsal 21.00 / **21.23 Sz**
U Mannheim **22.41** ↩ / 4.30 ⛴
U Cöln > Deutz 18.15 / **20.00 Sz**
U Düsseldorf **20.55** / 21.15 Pz
U Elberfeld 22.21 ↩ / 6.45 Pz 7.50[3]

6.00 ⛴ **U** Friedrichshafen # / 10.30 Pz
U Ulm 14.00 / 14.22 Pz
U Bruchsal 21.00 / **21.23 Sz**
U Mannheim **22.41** / #
U Ludwigshafen # ↩ / 6.05 Pz
U Mainz 8.05 / 9.00 ⛴
U Cöln > Deutz 18.15 / **20.00 Sz**
U Düsseldorf **20.55** / 21.15 Pz
U Elberfeld 22.21 ↩ / 6.45 Pz 7.50[3]

6.30 GmP **U** Augsburg 15.00 / 15.55 Pz
U Bamberg 23.45 / 1.45 Pz
U Frankfurt a.M. 9.20 / **10.15 Sz**
U Castel **11.00** / #
U Mainz # / 14.30 ⛴
U Cöln > Deutz 23.00 ↩ / **6.30 Cz**
U Düsseldorf **7.15** / 7.30 Pz
U Elberfeld 8.36 / 9.40 Pz 11.17[3]

15.00 ⛴ **U** Friedrichshafen # / 18.30 Pz
U Ulm 22.06 ↩ / 5.35 Pz
U Bruchsal 12.06 / **12.27 Sz**
U Mannheim **13.42** / #
U Ludwigshafen # / 15.10 Pz
U Mainz 17.15 / 20.00 ✉
U Coblenz 5.30 / 6.00 ⛴
U Cöln > Deutz 10.30 / 11.00 Pz
U Düsseldorf 12.10 / 12.30 Pz
U Elberfeld 14.07 / 16.20 Pz 17.38[3]

0.15 GmP **U** Augsburg 7.45 / **9.00 Ez**
U Ulm **11.30** / 11.45 Pz
U Bruchsal 16.48 / 17.05 Pz
U Mannheim 18.52 / #
U Ludwigshafen # / **22.00 Sz**
U Mainz **23.39** ↩ / 6.00 ⛴
U Cöln > Deutz 14.45 / 16.00 Pz
U Düsseldorf 17.10 / 17.30 Pz
U Elberfeld 18.36 / 19.25 Pz 20.33[3]

* Ankunftszeiten in Hagen sind sämmtlich geschätzt.

nach **Halle**

6.30 GmP **U** Augsburg 15.00 / 15.55 Pz
U Hof 6.30 / 7.00 Pz
U Leipzig 12.30 / 15.15 Pz 16.00

20.15 GmP **U** Augsburg 7.45 / **8.55 Ez**
U Leipzig **23.00** ↩ / **5.00 Sz** **5.45[3]**

nach **Hamburg**

6.30 GmP **U** Augsburg 15.00 / 15.55 Pz
U Hof 6.30 / 7.00 Pz
U Leipzig 12.30 / 14.30 Pz
U Röderau 16.15 / 16.45 Pz
U Berlin 20.45 / **23.00 Cz** **5.16[3]**

nach **Hamm**

6.30 GmP **U** Augsburg 15.00 / 15.55 Pz
U Bamberg 23.45 / 1.45 Pz
U Frankfurt a.M. 9.20 / **17.00 Sz**
U Guntershausen **21.50** / 21.55 Pz
U Cassel 22.15 ↩ / 5.55 Pz 11.46[3]

20.15 GmP **U** Augsburg 7.45 / **8.55 Ez**
U Bamberg **14.45** / **15.45 Ez**
U Frankfurt a.M. **22.00** ↩ / 5.45 Pz
U Guntershausen 11.45 / 11.50 Pz
U Cassel 12.10 / 12.30 Pz 18.26[3]

nach **Hannover**

6.30 GmP **U** Augsburg 15.00 / 15.55 Pz
U Bamberg 23.45 / 1.45 Pz
U Frankfurt a.M. 9.20 / **17.00 Sz**
U Guntershausen **21.50** / 21.55 Pz
U Cassel 22.15 / 23.15 ✉
U Göttingen 4.40 / 5.15 Pz 8.45[3]

20.15 GmP **U** Augsburg 7.45 / **8.55 Ez**
U Bamberg **14.45** / **15.45 Ez**
U Frankfurt a.M. **22.00** ↩ / 5.45 Pz
U Guntershausen 11.45 / 11.50 Pz
U Cassel 12.10 / 12.30 ✉
U Göttingen 17.45 / 18.00 Pz 21.30[3]

nach **Heidelberg**

6.00 ⛴ **U** Friedrichshafen # / 10.30 Pz
U Ulm 14.00 / 14.22 Pz
U Bruchsal 21.00 / **21.23 Sz** **21.59**

15.00 ⛴ **U** Friedrichshafen # / 18.30 Pz
U Ulm 22.06 ↩ / 5.35 Pz
U Bruchsal 12.06 / **12.27 Sz** **13.05**

20.15 GmP **U** Augsburg 7.45 / **9.00 Ez**
U Ulm **11.30** / 11.45 Pz
U Bruchsal 16.48 / 17.05 Pz 18.04

nach **Kiel**

6.30 GmP **U** Augsburg 15.00 / 15.55 Pz
U Hof 6.30 / 7.00 Pz
U Leipzig 12.30 / 14.30 Pz
U Röderau 16.15 / 16.45 Pz
U Berlin 20.45 / **23.00 Cz**
U Hamburg **5.16** /
Altona 8.10 Pz 11.00[3]

nach **Königsberg i.Pr.**

6.30 GmP **U** Augsburg 15.00 / 15.55 Pz
U Hof 6.30 / 7.00 Pz
U Leipzig 12.30 / 15.15 Pz
U Berlin 21.30 / **22.40 Sz**
U Dirschau **10.45** / 11.37 ✉
U Marienburg 16.07 / **16.37 Sz** **21.02[3]**

nach **Leipzig**

6.30 GmP **U** Augsburg 15.00 / 15.55 Pz
U Hof 6.30 / 7.00 Pz 12.30

20.15 GmP **U** Augsburg 7.45 / **8.55 Ez** **23.00**

noch: ab **Lindau**

nach **Ludwigshafen**

> Mannheim

nach **Lübeck**

6.30 GmP **U** Augsburg 15.00 / 15.55 Pz
U Hof 6.30 / 7.00 Pz
U Leipzig 12.30 / 14.30 Pz
U Röderau 16.15 / 16.45 Pz
U Berlin 20.45 / **23.00 Cz**
U Büchen **4.10*** / 9.00 Pz — 10.45[3]

* Ankunftszeit geschätzt

nach **Magdeburg**

6.30 GmP **U** Augsburg 15.00 / 15.55 Pz
U Hof 6.30 / 7.00 Pz
U Leipzig 12.30 / 17.30 Pz — 21.00

20.15 GmP **U** Augsburg 7.45 / **8.55 Ez**
U Leipzig **23.00** ↩ / 7.00 Pz — 9.50[3]

nach **Mainz**

6.00 ⛴ **U** Friedrichshafen # / 10.30 Pz
U Ulm 14.00 / 14.22 Pz
U Bruchsal 21.00 / **21.23 Sz**
U Mannheim **22.41** ↩ / 4.30 ⛴ — 8.30

6.30 GmP **U** Augsburg 15.00 / 15.55 Pz
U Bamberg 23.45 / 1.45 Pz
U Frankfurt a.M. 9.20 / **10.15 Sz**
U Castel **11.00** / # — k.A.

15.00 ⛴ **U** Friedrichshafen # / 18.30 Pz
U Ulm 22.06 ↩ / 5.35 Pz
U Bruchsal 12.06 / **12.27 Sz**
U Mannheim **13.42** / #
U Ludwigshafen # / 15.10 Pz — 17.15

20.15 GmP **U** Augsburg 7.45 / **9.00 Ez**
U Ulm **11.30** / 11.45 Pz
U Bruchsal 16.48 / 17.05 Pz
U Mannheim 18.52 / #
U Ludwigshafen # / **22.00 Sz** — **23.39**

nach **Mannheim**

6.00 ⛴ **U** Friedrichshafen # / 10.30 Pz
U Ulm 14.00 / 14.22 Pz
U Bruchsal 21.00 / **21.23 Sz** — **22.41**

15.00 ⛴ **U** Friedrichshafen # / 18.30 Pz
U Ulm 22.06 ↩ / 5.35 Pz
U Bruchsal 12.06 / **12.27 Sz** — **13.42**

20.15 GmP **U** Augsburg 7.45 / **9.00 Ez**
U Ulm **11.30** / 11.45 Pz
U Bruchsal 16.48 / 17.05 Pz — 18.52

nach **München**

6.30 GmP **U** Augsburg 15.00 / 17.45 GmP — 20.30
14.40 Ez U Augsburg **21.05 / 21.30 Ez** — **23.00**
20.15 GmP **U** Augsburg 7.45 / 11.25 Pz — 13.15

nach **Münster**

6.30 GmP **U** Augsburg 15.00 / 15.55 Pz
U Bamberg 23.45 / 1.45 Pz
U Frankfurt a.M. 9.20 / **17.00 Sz**
U Guntershausen **21.50** / 21.55 Pz
U Cassel 22.15 ↩ / 5.55 Pz
U Hamm 11.46 / 12.10 Pz — 13.00[3]

20.15 GmP **U** Augsburg 7.45 / **8.55 Ez**
U Bamberg **14.45** / **15.45 Ez**
U Frankfurt a.M. **22.00** ↩ / 5.45 Pz
U Guntershausen 11.45 / 11.50 Pz
U Cassel 12.10 / 12.30 Pz
U Hamm 18.26 / 19.00 Pz — 20.00[3]

nach **Nürnberg**

6.30 GmP **U** Augsburg 15.00 / 15.55 Pz — 21.20
14.40 Ez U Augsburg **21.05** / 21.40 GmP — 7.52
20.15 GmP **U** Augsburg 7.45 / **8.55 Ez** — **13.10**

nach **Oberhausen**

6.00 ⛴ **U** Friedrichshafen # / 10.30 Pz
U Ulm 14.00 / 14.22 Pz
U Bruchsal 21.00 / **21.23 Sz**
U Mannheim **22.41** ↩ / 4.30 ⛴
U Cöln > Deutz 18.15 / **20.00 Sz** — **21.50**

6.00 ⛴ **U** Friedrichshafen # / 10.30 Pz
U Ulm 14.00 / 14.22 Pz
U Bruchsal 21.00 / **21.23 Sz**
U Mannheim **22.41** / #
U Ludwigshafen # ↩ / 6.05 Pz
U Mainz 8.05 / 9.00 ⛴
U Cöln > Deutz 18.15 / **20.00 Sz** — **21.50**

6.30 GmP **U** Augsburg 15.00 / 15.55 Pz
U Bamberg 23.45 / 1.45 Pz
U Frankfurt a.M. 9.20 / **10.15 Sz**
U Castel **11.00** / #
U Mainz # / 14.30 ⛴
U Cöln > Deutz 23.00 ↩ / **6.30 Cz** — **8.00**[3]

15.00 ⛴ **U** Friedrichshafen # / 18.30 Pz
U Ulm 22.06 ↩ / 5.35 Pz
U Bruchsal 12.06 / **12.27 Sz**
U Mannheim **13.42** / #
U Ludwigshafen # / 15.10 Pz
U Mainz 17.15 / 20.00 ✉
U Coblenz 5.30 / 6.00 ⛴
U Cöln > Deutz 10.30 / 11.00 Pz — 13.20[3]

20.15 GmP **U** Augsburg 7.45 / **9.00 Ez**
U Ulm **11.30** / 11.45 Pz
U Bruchsal 16.48 / 17.05 Pz
U Mannheim 18.52 / #
U Ludwigshafen # / **22.00 Sz**
U Mainz **23.39** ↩ / 6.00 ⛴
U Cöln > Deutz 14.45 / 16.00 Pz — 18.25[3]

> ☞ **Wichtiger Hinweis** ☜
> Angaben zu den Eisenbahnanschlüssen in Friedrichshafen **ohne Gewähr**

nach **Oppeln**

6.30 GmP **U** Augsburg 15.00 / 15.55 Pz
U Hof 6.30 / 7.00 Pz
U Leipzig 12.30 / 14.30 Pz
U Dresden 17.30 / 18.15 Pz
U Görlitz 21.40 / 23.00 Pz
U Kohlfurt 23.45 / **2.45 Sz** — **7.45**[3]

20.15 GmP **U** Augsburg 7.45 / **8.55 Ez**
U Leipzig **23.00** ↩ / 6.00 Pz
U Dresden 9.15 / 9.45 Pz
U Görlitz 12.50 / 13.30 Pz
U Kohlfurt 14.10 / 14.15 Pz — 21.27[3]

nach **Osnabrück**

6.30 GmP **U** Augsburg 15.00 / 15.55 Pz
U Bamberg 23.45 / 1.45 Pz
U Frankfurt a.M. 9.20 / **17.00 Sz**
U Guntershausen **21.50** / 21.55 Pz
U Cassel 22.15 ↩ / 5.55 Pz
U Hamm 11.46 / 16.03 Pz
U Minden 19.45 / 1.00 ✉ — 8.00[4]

20.15 GmP **U** Augsburg 7.45 / **8.55 Ez**
U Bamberg **14.45** / **15.45 Ez**
U Frankfurt a.M. **22.00** ↩ / 5.45 Pz
U Guntershausen 11.45 / 11.50 Pz
U Cassel 12.10 / 12.30 Pz
U Hamm 18.26 / **0.00 Sz**
U Minden **3.05** / 9.00 ✉ — 16.00[4]

nach **Passau**

6.30 GmP **U** Augsburg 15.00 / 17.45 GmP
U München 20.30 / 23.00 ✉ — 23.15

14.40 Ez U Augsburg **21.05** / **21.30 Ez**
U München **23.00** ↩ / 12.00 ✉ — 10.15[3]

nach **Posen**

6.30 GmP **U** Augsburg 15.00 / 15.55 Pz
U Hof 6.30 / 7.00 Pz
U Leipzig 12.30 / 14.30 Pz
U Röderau 16.15 / 16.45 Pz
U Berlin 20.45 / **22.40 Sz**
U Kreutz **4.43** / 5.03 Pz — 7.47[3]

nach **Regensburg**

14.40 Ez U Augsburg **21.05** / 23.00 ✉ — 14.15

nach **Rostock**

6.30 GmP **U** Augsburg 15.00 / 15.55 Pz
U Hof 6.30 / 7.00 Pz
U Leipzig 12.30 / 14.30 Pz
U Röderau 16.15 / 16.45 Pz
U Berlin 20.45 / **23.00 Cz**
U Hagenow **3.08*** / 7.30 Pz — 11.05[3]

* Ankunftszeit geschätzt

nach **Saarbrücken**

6.00 ⛴ **U** Friedrichshafen # / 10.30 Pz
U Ulm 14.00 / 14.22 Pz
U Bruchsal 21.00 / **21.23 Sz**
U Mannheim **22.41** ↪ / #
U Ludwigshafen # / 6.10 Pz — 10.36

15.00 ⛴ **U** Friedrichshafen # / 18.30 Pz
U Ulm 22.06 ↪ / 5.35 Pz
U Bruchsal 12.06 / **12.27 Sz**
U Mannheim **13.42** / #
U Ludwigshafen # / 17.30 Pz — 22.05

nach **Schwerin**

6.30 GmP **U** Augsburg 15.00 / 15.55 Pz
U Hof 6.30 / 7.00 Pz
U Leipzig 12.30 / 17.30 Pz
U Magdeburg 21.00 ↪ / 7.45 Pz
U Wittenberge 10.15 / 10.55 Pz
U Hagenow 12.40* / 12.50 Pz — 13.35[3]

20.15 GmP **U** Augsburg 7.45 / **8.55 Ez**
U Leipzig **23.00** ↪ / 7.00 Pz
U Magdeburg 9.50 / 10.45 GmP
U Wittenberge 14.10 / 15.10 GmP
U Hagenow 17.00* / 17.30 Pz — 18.15[3]

* Ankunftszeit geschätzt

nach **Stettin**

6.30 GmP **U** Augsburg 15.00 / 15.55 Pz
U Hof 6.30 / 7.00 Pz
U Leipzig 12.30 / 15.15 Pz
U Berlin 21.30 / **22.40 Sz** — **1.47**[3]

20.15 GmP **U** Augsburg 7.45 / **8.55 Ez**
U Leipzig **23.00** ↪ / **5.00 Sz**
U Berlin **10.30** / 12.15 Pz — 15.52[3]

nach **Stralsund**

6.30 GmP **U** Augsburg 15.00 / 15.55 Pz
U Hof 6.30 / 7.00 Pz
U Leipzig 12.30 / 15.15 Pz
U Berlin 21.30 / **22.40 Sz**
U Passow 0.50* / 1.15 ✉ — 18.00[3]

20.15 GmP **U** Augsburg 7.45 / **8.55 Ez**
U Leipzig **23.00** ↪ / **5.00 Sz**
U Berlin **10.30** / 17.30 Pz
U Passow 20.00* / 20.20 ✉ — 11.20[4]

* Ankunftszeit geschätzt

nach **Stuttgart**

6.00 ⛴ **U** Friedrichshafen # / 10.30 Pz
U Ulm 14.00 / 14.22 Pz — 17.48

15.00 ⛴ **U** Friedrichshafen # / 18.30 Pz
U Ulm 22.06 ↪ / 5.35 Pz — 9.00

20.15 GmP **U** Augsburg 7.45 / **9.00 Ez**
U Ulm **11.30** / 11.45 Pz — 14.23

nach **Trier**

6.00 ⛴ **U** Friedrichshafen # / 10.30 Pz
U Ulm 14.00 / 14.22 Pz
U Bruchsal 21.00 / **21.23 Sz**
U Mannheim **22.41** ↪ / #
U Ludwigshafen # / **13.10 Sz**
U Saarbrücken **16.58** / 17.30 ✉ — 4.00[3]

15.00 ⛴ **U** Friedrichshafen # / 18.30 Pz
U Ulm 22.06 ↪ / 5.35 Pz
U Bruchsal 12.06 / **12.27 Sz**
U Mannheim **13.42** / #
U Ludwigshafen # / 17.30 Pz
U Saarbrücken 22.05 ↪ / 8.15 ✉ — 18.45[3]

nach **Ulm**

6.00 ⛴ **U** Friedrichshafen # / 10.30 Pz — 14.00
6.30 GmP **U** Augsburg 15.00 / 16.15 GmP — 20.45
15.00 ⛴ **U** Friedrichshafen # / 18.30 Pz — 22.06
20.15 GmP **U** Augsburg 7.45 / **9.00 Ez** — **11.30**
20.15 GmP **U** Kempten 0.15 / 2.30 ✉ — 13.00

nach **Wiesbaden**

6.30 GmP **U** Augsburg 15.00 / 15.55 Pz
U Bamberg 23.45 / 1.45 Pz
U Frankfurt (M). 9.20 / 11.15 Pz — 12.45

20.15 GmP **U** Augsburg 7.45 / **8.55 Ez**
U Bamberg **14.45** / **15.45 Ez**
U Frankfurt (M) **22.00** ↪ / 5.45 Pz — 7.30

nach **Würzburg**

6.30 GmP **U** Augsburg 15.00 / 15.55 Pz
U Bamberg 23.45 / 1.45 Pz — 4.50

20.15 GmP **U** Augsburg 7.45 / **8.55 Ez**
U Bamberg **14.45** / **15.45 Ez** — **18.15**

nach **Zwickau**

6.30 GmP **U** Augsburg 15.00 / 15.55 Pz
U Hof 6.30 / 7.00 Pz
U Werdau 9.40* / 9.47 Pz — 10.10*

20.15 GmP **U** Augsburg 7.45 / **8.55 Ez**
U Werdau **20.55*** / 21.17 Pz — 21.40*

* Ankunftszeit geschätzt

Ludwigshafen

Durch Ludwigshafen (bis vor wenigen Jahren: Rheinschanze) verläuft die Pfälzische Ludwigsbahn, deren nördlicher Zweig bis zur hessischen Grenze bei Worms reicht, woselbst sie an die Hessische Ludwigsbahn nach Mainz anschließt. Der westliche Zweig der Pfälzischen Ludwigsbahn durchquert Neustadt und Kaiserslautern und endet in Bexbach bei Homburg, wo sie auf die zu Preußen gehörenden Saarbrücker Eisenbahn übergeht. Es verkehren mehrmals täglich durchgehende Züge von Mainz über Ludwigshafen nach Saarbrücken und weiter über die lothringische Grenze bei Forbach nach Frankreich (Paris) und zurück.

Die Eröffnung einer weiteren Bahnverbindung von Neustadt abzweigend nach Landau–Weißenburg durch die Pfälzische Maximiliansbahn ist noch in diesem Jahr zu erwarten.

☞ **Weitere Verbindungen** bestehen mit den von Mannheim abgehenden Eisenbahn-Coursen Richtung Heidelberg–Carlsruhe–Basel und Frankfurt a.M. sowie mit den Schiffs-Coursen Richtung Mainz.

von Ludwigshafen

nach **Aachen**

12.25 Pz **U** Mainz 14.06 / 14.30 ⛴
U Cöln 23.00 / **23.30 Sz** — **1.20**

15.55 GmP **U** Mainz 19.50 / 20.00 ✉
U Coblenz 5.30 / 6.00 ⛴
U Cöln 10.30 / 11.45 Pz — 13.45

22.00 Sz **U** Mainz **23.39** ↪ / 6.00 ⛴
U Cöln 14.45 / 18.00 Pz — 20.00

nach **Augsburg**
> Mannheim

nach **Basel**
> Mannheim

nach **Berlin**
> Mannheim

nach **Bonn**

6.05 Pz **U** Mainz 8.05 / 9.00 ⛴ — 16.15
8.15 Pz **U** Mainz 10.15 / 11.00 ⛴ — 18.15
12.25 Pz **U** Mainz 14.06 / 14.30 ⛴ — 21.00

15.55 GmP **U** Mainz 19.50 / 20.00 ✉
U Coblenz 5.30 / 6.00 ⛴ — 8.45

22.00 Sz **U** Mainz **23.39** ↪ / 6.00 ⛴ — 12.45

weitere Verbindungen > *Mannheim*

nach **Braunschweig**
> Mannheim

nach **Bremen**
> Mannheim

nach **Breslau**
> Mannheim

nach **Carlsruhe**
> Mannheim

nach **Cassel**
> **Mannheim**

nach **Chemnitz**
> **Mannheim**

nach **Coblenz**

6.05 Pz	**U** Mainz 8.05 / 9.00 ⛴	13.00
8.15 Pz	**U** Mainz 10.15 / 11.00 ⛴	15.15
12.25 Pz	**U** Mainz 14.06 / 14.30 ⛴	18.00
15.55 GmP	**U** Mainz 19.50 / 20.00 ✉	5.30
22.00 Sz	**U** Mainz **23.39** ↪ / 6.00 ⛴	9.45

weitere Verbindungen > ***Mannheim***

nach **Cöln**

6.05 Pz	**U** Mainz 8.05 / 9.00 ⛴	18.15
8.15 Pz	**U** Mainz 10.15 / 11.00 ⛴	20.15
12.25 Pz	**U** Mainz 14.06 / 14.30 ⛴	23.00
15.55 GmP	**U** Mainz 19.50 / 20.00 ✉ **U** Coblenz 5.30 / 6.00 ⛴	10.30
22.00 Sz	**U** Mainz **23.39** ↪ / 6.00 ⛴	14.45

weitere Verbindungen > ***Mannheim***

nach **Constanz**
> **Mannheim**

nach **Danzig**
> **Mannheim**

nach **Darmstadt**

6.05 Pz	**U** Oppenheim 7.21* / 8.15 ✉	11.00
15.10 Pz	**U** Oppenheim 16.38* / 17.00 ✉	19.45

* Ankunftszeit geschätzt

weitere Verbindungen > ***Mannheim***

nach **Dortmund***

12.25 Pz	**U** Mainz 14.06 / 14.30 ⛴ **U** Cöln 23.00 ↪ / **6.30 Cz**	**9.02**
15.55 GmP	**U** Mainz 19.50 / 20.00 ✉ **U** Coblenz 5.30 / 6.00 ⛴ **U** Cöln > Deutz 10.30 / 11.00 Pz	15.00
22.00 Sz	**U** Mainz **23.39** ↪ / 6.00 ⛴ **U** Cöln > Deutz 14.45 / 16.00 Pz	20.25

* Ankunftszeiten in Dortmund sind sämmtlich geschätzt.

nach **Dresden**
> **Mannheim**

nach **Düsseldorf**

6.05 Pz	**U** Mainz 8.05 / 9.00 ⛴	22.00
12.25 Pz	**U** Mainz 14.06 / 14.30 ⛴ Cöln 23.00 ↪ / 5.30	8.00
12.25 Pz	**U** Mainz 14.06 / 14.30 ⛴ **U** Cöln 23.00 ↪ / **6.30 Cz**	**7.15**
15.55 GmP	**U** Mainz 19.50 / 20.00 ✉ **U** Coblenz 5.30 / 6.00 ⛴ **U** Cöln > Deutz 10.30 / 11.00 Pz	12.10
22.00 Sz	**U** Mainz **23.39** ↪ / 6.00 ⛴ **U** Cöln > Deutz 14.45 / 16.00 Pz	17.10

Fortsetzung siehe nächste Spalte

weitere Verbindungen > ***Mannheim***

nach **Elberfeld**

12.25 Pz	**U** Mainz 14.06 / 14.30 ⛴ **U** Cöln 23.00 ↪ / **6.30 Cz** **U** Düsseldorf **7.15** / 7.30 Pz	8.36
15.55 GmP	**U** Mainz 19.50 / 20.00 ✉ **U** Coblenz 5.30 / 6.00 ⛴ **U** Cöln > Deutz 10.30 / 11.00 Pz **U** Düsseldorf 12.10 / 12.30 Pz	14.07
22.00 Sz	**U** Mainz **23.39** ↪ / 6.00 ⛴ **U** Cöln > Deutz 14.45 / 16.00 Pz **U** Düsseldorf 17.10 / 17.30 Pz	18.36

nach **Erfurt**
> **Mannheim**

nach **Essen***

15.55 GmP	**U** Mainz 19.50 / 20.00 ✉ **U** Coblenz 5.30 / 6.00 ⛴ **U** Cöln > Deutz 10.30 / 11.00 Pz	13.45
22.00 Sz	**U** Mainz **23.39** ↪ / 6.00 ⛴ **U** Cöln > Deutz 14.45 / 16.00 Pz	18.55

* Ankunft in Alten-Essen, Ankunftszeit geschätzt.

nach **Frankfurt a.M.**

6.05 Pz	**U** Oppenheim 7.21* / 8.15 ✉ **U** Darmstadt 11.00 / 13.45 Pz	14.30
15.10 Pz	**U** Oppenheim 16.38* / 17.00 ✉ **U** Darmstadt 19.45 / 20.45 Pz	21.30

* Ankunftszeit geschätzt

weitere Verbindungen > ***Mannheim***

nach **Freiburg i.B.**
> **Mannheim**

nach **Gera**
> **Mannheim**

nach **Görlitz**
> **Mannheim**

nach **Hagen***

12.25 Pz	**U** Mainz 14.06 / 14.30 ⛴ **U** Cöln 23.00 ↪ / **6.30 Cz** **U** Düsseldorf **7.15** / 7.30 Pz **U** Elberfeld 8.36 / 9.40 Pz	11.17
15.55 GmP	**U** Mainz 19.50 / 20.00 ✉ **U** Coblenz 5.30 / 6.00 ⛴ **U** Cöln > Deutz 10.30 / 11.00 Pz **U** Düsseldorf 12.10 / 12.30 Pz **U** Elberfeld 14.07 / 16.20 Pz	17.38
22.00 Sz	**U** Mainz **23.39** ↪ / 6.00 ⛴ **U** Cöln > Deutz 14.45 / 16.00 Pz **U** Düsseldorf 17.10 / 17.30 Pz **U** Elberfeld 18.36 / 19.25 Pz	20.33

Fortsetzung siehe nächste Spalte

* Ankunftszeiten in Hagen sind sämmtlich geschätzt.

nach **Halle**
> **Mannheim**

nach **Hamburg**
> **Mannheim**

nach **Hamm**

12.25 Pz	**U** Mainz 14.06 / 14.30 ⛴ **U** Cöln 23.00 ↪ / **6.30 Cz**	**9.36**
15.55 GmP	**U** Mainz 19.50 / 20.00 ✉ **U** Coblenz 5.30 / 6.00 ⛴ **U** Cöln > Deutz 10.30 / 11.00 Pz	16.00
22.00 Sz	**U** Mainz **23.39** ↪ / 6.00 ⛴ **U** Cöln > Deutz 14.45 / 16.00 Pz	21.15

nach **Hannover**
> **Mannheim**

nach **Heidelberg**
> **Mannheim**

nach **Kiel**
> **Mannheim**

nach **Königsberg i.Pr.**
> **Mannheim**

nach **Leipzig**
> **Mannheim**

nach **Lindau**
> **Mannheim**

nach **Lübeck**
> **Mannheim**

nach **Magdeburg**
> **Mannheim**

nach **Mainz**

6.05 Pz	*über Worms*	8.05
8.15 Pz	*über Worms*	10.15
12.25 Pz	*über Worms*	14.06
15.10 Pz	*über Worms*	17.15
15.55 GmP	*über Worms*	19.50
18.05 Pz	*über Worms*	20.33
22.00 Sz	*über Worms*	**23.39**

nach **Mannheim**
Ein Fahrplan liegt nicht vor.

nach **München**
> **Mannheim**

noch: ab **Ludwigshafen**

nach Münster

12.25 Pz **U** Mainz 14.06 / 14.30 ⛴
U Cöln 23.00 ↩ / **6.30 Cz**
U Hamm **9.36** / 12.10 Pz — 13.00

15.55 GmP **U** Mainz 19.50 / 20.00 ✉
U Coblenz 5.30 / 6.00 ⛴
U Cöln > Deutz 10.30 / 11.00 Pz
U Hamm 16.00 / 19.00 Pz — 20.00

22.00 Sz **U** Mainz **23.39** ↩ / 6.00 ⛴
U Cöln > Deutz 14.45 / 16.00 Pz
U Hamm 21.15 ↩ / 7.30 Pz — 8.30³

nach Nürnberg

> Mannheim

nach Oberhausen

12.25 Pz **U** Mainz 14.06 / 14.30 ⛴
U Cöln 23.00 ↩ / **6.30 Cz** — **8.00**

15.55 GmP **U** Mainz 19.50 / 20.00 ✉
U Coblenz 5.30 / 6.00 ⛴
U Cöln > Deutz 10.30 / 11.00 Pz — 13.20

22.00 Sz **U** Mainz **23.39** ↩ / 6.00 ⛴
U Cöln > Deutz 14.45 / 16.00 Pz — 18.25

nach Oppeln

> Mannheim

nach Osnabrück

> Mannheim

nach Passau

> Mannheim

nach Posen

> Mannheim

nach Regensburg

> Mannheim

nach Rostock

> Mannheim

nach Saarbrücken

6.10 Pz *über Neunkirchen* — 10.36
8.30 GmP *über Neunkirchen* — 18.10
13.10 Sz *über Neunkirchen* — **16.58**
17.30 Pz *über Neunkirchen* — 22.05

nach Schwerin

> Mannheim

nach Stettin

> Mannheim

nach Stralsund

> Mannheim

nach Stuttgart

> Mannheim

nach Trier

13.10 Sz **U** Saarbrücken **16.58** / 17.30 ✉ — 4.00
17.30 Pz **U** Saarbrücken 22.05 ↩ / 8.15 ✉ — 18.45

nach Ulm

> Mannheim

nach Wiesbaden

> nach Mainz

nach Würzburg

> Mannheim

nach Zwickau

> Mannheim

Auslandsverbindungen

Ludwigshafen ist außerdem im **Auslandsteil** ab S. 210 mit den hier durchgehenden Eisenbahn-Coursen nach **Frankreich** über Saarbrücken aufgeführt.

Lübeck

Lübeck ist durch die Lübeck-Büchener Eisenbahn mit dem Schienennetz verbunden. In Büchen besteht vor allem Anschluß in beide Richtungen an die Berlin-Hamburger Eisenbahn, außerdem kann über eine Nebenbahn von Büchen über Palmschleuse und Lauenburg sowie mittels einer Trajektverbindung über die Elbe Lüneburg erreicht werden.

von Lübeck

nach Aachen

7.30 Pz **U** Büchen 8.40 / 9.05 Pz
U Wittenberge 12.00 / 13.00 Pz
U Magdeburg 15.20 / 16.15 Pz
U Oberhausen 6.42 / 7.00 Pz — 11.20

23.00 ✉ **U** Hamburg 5.00 / 7.00 ⛴
U Harburg 8.15 / 9.20 Pz
U Hannover 14.05 / **14.38 Cz**
U Deutz > Cöln **22.00** / **23.30 Sz** — **1.20**³

nach Augsburg

7.30 Pz **U** Büchen 8.40 / 9.05 Pz
U Wittenberge 12.00 / 13.00 Pz
U Magdeburg 15.20 / 19.00 Pz
U Leipzig 0.15 ↩ / **7.15 Ez** — **21.20**

17.30 Pz **U** Büchen 18.40 / 18.50 Pz
U Wittenberge 22.45 ↩ / 5.00 GmP
U Magdeburg 8.30 / 10.45 Pz
U Leipzig 14.05 / 14.30 Pz
U Hof 20.00 / 20.30 Pz — 11.05³

nach Basel*

7.30 Pz **U** Büchen 8.40 / 9.05 Pz
U Wittenberge 12.00 / 13.00 Pz
U Magdeburg 15.20 / 18.15 Pz
U Halle 20.25 / **23.00 Sz**
U Frankfurt a.M. **9.55** / **10.30 Sz**
U Heidelberg **12.35** / **12.55 Sz** — **19.15**

* Ankunft Basel Badischer Bf

nach Berlin

7.30 Pz **U** Büchen 8.40 / 9.05 Pz — 16.00
17.30 Pz **U** Büchen 18.40 / **23.40 Cz** — **5.20**

nach Bonn

7.30 Pz **U** Büchen 8.40 / 9.05 Pz
U Wittenberge 12.00 / 13.00 Pz
U Magdeburg 15.20 / 16.15 Pz
U Deutz > Cöln 9.15 / 10.00 Pz — 10.50

23.00 ✉ **U** Hamburg 5.00 / 7.00 ⛴
U Harburg 8.15 / 9.20 Pz
U Hannover 14.05 / **14.38 Cz**
U Deutz > Cöln **22.00** ↩ / 7.00 Pz — 7.50³

nach Braunschweig

7.30 Pz **U** Büchen 8.40 / 9.05 Pz
U Wittenberge 12.00 / 13.00 Pz
U Magdeburg 15.20 / 16.15 Pz — 19.15

11.45 Pz **U** Büchen 13.30 / 14.00 Pz
U Hamburg 15.30 / 17.00 ⛴
U Harburg 18.15 / 18.45 Pz
U Uelzen 21.55 ↩ / 4.20 Pz
U Lehrte 8.05* / 8.30 Pz — 10.15

23.00 ✉ **U** Hamburg 5.00 / 7.00 ⛴
U Harburg 8.15 / 9.20 Pz
U Lehrte 13.30* / **14.25 Cz** — **15.22**

* Ankunftszeit geschätzt

nach Bremen

7.30 Pz **U** Büchen 8.40 / 8.55 Pz
U Hamburg 10.30 / 14.45 ⛴
U Harburg 16.00 / 16.40 Pz
U Hannover 21.00 ↩ / **6.45 Sz**
U Wunstorf **7.15*** / 7.30 Pz — 10.15

11.45 Pz **U** Büchen 13.30 / 14.00 Pz
U Hamburg 15.30 / 18.30 ⛴
U Harburg 19.45 / 20.00 ✉ — 7.15

Fortsetzung siehe nächste Seite

noch: nach **Bremen**

23.00 ✉ **U** Hamburg 5.00 / 7.00 ⛴
U Hannover 14.05 / 16.00 Pz
U Wunstorf 16.30* / 16.40 Pz — 19.25

* Ankunftszeit geschätzt

nach **Breslau**

7.30 Pz **U** Büchen 8.40 / 9.05 Pz
U Berlin 16.00 / **22.15 Sz** — **5.45**

17.30 Pz **U** Büchen 18.40 / **23.40 Cz**
U Berlin **5.20** / 8.00 Pz — 18.30

nach **Carlsruhe**

7.30 Pz **U** Büchen 8.40 / 9.05 Pz
U Wittenberge 12.00 / 13.00 Pz
U Magdeburg 15.20 / 18.15 Pz
U Halle 20.25 / **23.00 Sz**
U Frankfurt a.M. **9.55** / **10.30 Sz**
U Heidelberg **12.35** / **12.55 Sz** — **14.10**

nach **Cassel**

7.30 Pz **U** Büchen 8.40 / 9.05 Pz
U Wittenberge 12.00 / 13.00 Pz
U Magdeburg 15.20 / 18.15 Pz
U Halle 20.25 / **23.00 Sz**
U Guntershausen **5.05** / 5.10 Pz — 5.30

23.00 ✉ **U** Hamburg 5.00 / 7.00 ⛴
U Harburg 8.15 / 9.20 Pz
U Hannover 14.05 / 16.30 Pz
U Göttingen 21.05 / 21.30 ✉ — 3.00[3]

nach **Chemnitz**

7.30 Pz **U** Büchen 8.40 / 9.05 Pz
U Wittenberge 12.00 / 13.00 Pz
U Magdeburg 15.20 / 18.15 Pz
U Leipzig 21.15 / **22.00 Sz**
U Riesa **23.15*** ↪ / 5.15 Pz — 8.15

17.30 Pz **U** Büchen 18.40 / **23.40 Cz**
U Berlin **5.20** / 7.00 Pz
U Röderau 10.55* / 11.30 Pz
U Riesa 11.45* / 12.15 Pz — 15.30

* Ankunftszeit geschätzt

nach **Coblenz**

7.30 Pz **U** Büchen 8.40 / 9.05 Pz
U Wittenberge 12.00 / 13.00 Pz
U Magdeburg 15.20 / 16.15 Pz
U Deutz > Cöln 9.15 / 10.00 ⛴ — 17.00

23.00 ✉ **U** Hamburg 5.00 / 7.00 ⛴
U Harburg 8.15 / 9.20 Pz
U Hannover 14.05 / **14.38 Cz**
U Deutz > Cöln **22.00** / 23.30 ⛴ — 9.00[3]
nur Mo und Do .

23.00 ✉ **U** Hamburg 5.00 / 7.00 ⛴
U Harburg 8.15 / 9.20 Pz
U Hannover 14.05 / **14.38 Cz**
U Deutz > Cöln **22.00** ↪/6.00 ⛴ — 12.15[3]

nach **Cöln***

7.30 Pz **U** Büchen 8.40 / 9.05 Pz
U Wittenberge 12.00 / 13.00 Pz
U Magdeburg 15.20 / 16.15 Pz — 9.15

23.00 ✉ **U** Hamburg 5.00 / 7.00 ⛴
U Harburg 8.15 / 9.20 Pz
U Hannover 14.05 / **14.38 Cz** — **22.00**

* Ankunft in Deutz auf der rechten Rheinseite

nach **Constanz**

7.30 Pz **U** Büchen 8.40 / 9.05 Pz
U Wittenberge 12.00 / 13.00 Pz
U Magdeburg 15.20 / 18.15 Pz
U Halle 20.25 / **23.00 Sz**
U Frankfurt a.M. **9.55** / **10.30 Sz**
U Heidelberg **12.35** / **12.55 Sz**
U Freiburg i.B. **17.36** / 18.15 ✉
U Schaffhausen 5.15 / 12.30 ✉ — 17.00[3]

nach **Danzig**

7.30 Pz **U** Büchen 8.40 / 9.05 Pz
U Berlin 16.00 / **22.40 Sz** — **11.35**

17.30 Pz **U** Büchen 18.40 / **23.40 Cz**
U Berlin **5.20** / 6.15 Pz — 22.19

nach **Darmstadt**

7.30 Pz **U** Büchen 8.40 / 9.05 Pz
U Wittenberge 12.00 / 13.00 Pz
U Magdeburg 15.20 / 18.15 Pz
U Halle 20.25 / **23.00 Sz**
U Frankfurt a.M. **9.55** / **10.30 Sz** — **11.08***

* Ankunftszeit geschätzt

nach **Dortmund***

7.30 Pz **U** Büchen 8.40 / 9.05 Pz
U Wittenberge 12.00 / 13.00 Pz
U Magdeburg 15.20 / 16.15 Pz — 5.08

23.00 ✉ **U** Hamburg 5.00 / 7.00 ⛴
U Harburg 8.15 / 9.20 Pz
U Hannover 14.05 / **14.38 Cz** — **19.20**

* Ankunftszeiten in Dortmund sind sämmtlich geschätzt.

nach **Dresden**

7.30 Pz **U** Büchen 8.40 / 9.05 Pz
U Wittenberge 12.00 / 13.00 Pz
U Magdeburg 15.20 / 18.15 Pz
U Leipzig 21.15 / **22.00 Sz** — **0.30**

17.30 Pz **U** Büchen 18.40 / **23.40 Cz**
U Berlin **5.20** / 7.00 Pz — 12.30

nach **Düsseldorf**

7.30 Pz **U** Büchen 8.40 / 9.05 Pz
U Wittenberge 12.00 / 13.00 Pz
U Magdeburg 15.20 / 16.15 Pz — 7.55

23.00 ✉ **U** Hamburg 5.00 / 7.00 ⛴
U Harburg 8.15 / 9.20 Pz
U Hannover 14.05 / **14.38 Cz** — **21.03**

nach **Elberfeld**

7.30 Pz **U** Büchen 8.40 / 9.05 Pz
U Wittenberge 12.00 / 13.00 Pz
U Magdeburg 15.20 / 16.15 Pz
U Dortmund 5.08* / 7.15 Pz — 9.30

23.00 ✉ **U** Hamburg 5.00 / 7.00 ⛴
U Harburg 8.15 / 9.20 Pz
U Hannover 14.05 / **14.38 Cz**
U Dortmund **19.20*** / 19.30 Pz — 21.33

* Ankunftszeit geschätzt

nach **Erfurt***

7.30 Pz **U** Büchen 8.40 / 9.05 Pz
U Wittenberge 12.00 / 13.00 Pz
U Magdeburg 15.20 / 18.15 Pz
U Halle 20.25 / **23.00 Sz** — **1.20**

17.30 Pz **U** Büchen 18.40 / 18.50 Pz
U Wittenberge 22.45 ↪ / 5.00 GmP
U Magdeburg 8.30 / 10.45 Pz
U Halle 13.10 / 13.40 Pz — 16.50

* Ankunftszeiten in Erfurt sind sämmtlich geschätzt.

nach **Essen***

7.30 Pz **U** Büchen 8.40 / 9.05 Pz
U Wittenberge 12.00 / 13.00 Pz
U Magdeburg 15.20 / 16.15 Pz — 6.18

23.00 ✉ **U** Hamburg 5.00 / 7.00 ⛴
U Harburg 8.15 / 9.20 Pz
U Hannover 14.05 / **14.38 Cz**
U Oberhausen **20.20** / 21.56** — 22.15

* Ankunft in Alten-Essen, Ankunftszeit geschätzt; ein Fahrplan der Post-Course von Alten-Essen nach Essen Stadt liegt nicht vor.

** Cours über Oberhausen nur mit Umwegkarte zu benutzen.

nach **Frankfurt a.M.**

7.30 Pz **U** Büchen 8.40 / 9.05 Pz
U Wittenberge 12.00 / 13.00 Pz — 15.20
U Magdeburg 15.20 / 18.15 Pz
U Halle 20.25 / **23.00 Sz** — **9.55**

nach **Freiburg i.B.**

7.30 Pz **U** Büchen 8.40 / 9.05 Pz
U Wittenberge 12.00 / 13.00 Pz
U Magdeburg 15.20 / 18.15 Pz
U Halle 20.25 / **23.00 Sz**
U Frankfurt a.M. **9.55** / **10.30 Sz**
U Heidelberg **12.35** / **12.55 Sz** — **17.36**

nach **Gera**

7.30 Pz **U** Büchen 8.40 / 9.05 Pz
U Wittenberge 12.00 / 13.00 Pz
U Magdeburg 15.20 / 18.15 Pz
U Leipzig 0.15 ↪ / 6.00 Pz
U Altenburg 7.10* / 9.00 ✉ — 13.00

Fortsetzung siehe nächste Seite

noch: nach **Gera**

Abfahrt	Verbindung	Ankunft
7.30 Pz	**U** Büchen 8.40 / 9.05 Pz	
	U Wittenberge 12.00 / 13.00 Pz	
	U Magdeburg 15.20 / 18.15 Pz	
	U Leipzig 0.15 ↩ / **7.15 Ez**	
	U Altenburg **8.08*** / 9.00 ✉	13.00
17.30 Pz	**U** Büchen 18.40 / 18.50 Pz	
	U Wittenberge 22.45 ↩ / 5.00 GmP	
	U Magdeburg 8.30 / 10.45 Pz	
	U Leipzig 14.05 / 18.30 Pz	
	U Altenburg 19.40* / 20.30 ✉	0.30^3

* Ankunftszeit geschätzt

nach **Görlitz**

Abfahrt	Verbindung	Ankunft
7.30 Pz	**U** Büchen 8.40 / 9.05 Pz	
	U Berlin 16.00 / **22.15 Sz**	
	U Kohlfurt **2.40*** / 3.15 Pz	4.00
17.30 Pz	**U** Büchen 18.40 / **23.40 Cz**	
	U Berlin **5,20** / 8.00 Pz	
	U Kohlfurt 14.10* / 14.30 Pz	15.15

* Ankunftszeit geschätzt

nach **Hagen**

Abfahrt	Verbindung	Ankunft
7.30 Pz	**U** Büchen 8.40 / 9.05 Pz	
	U Wittenberge 12.00 / 13.00 Pz	
	U Magdeburg 15.20 / 16.15 Pz	
	U Dortmund 5.08* / 7.15 Pz	8.24*
23.00 ✉	**U** Hamburg 5.00 / 7.00 ⛴	
	U Harburg 8.15 / 9.20 Pz	
	U Hannover 14.05 / **14.38 Cz**	
	U Dortmund **19.20*** / 19.30 Pz	20.28*

* Ankunftszeit geschätzt

nach **Halle**

Abfahrt	Verbindung	Ankunft
7.30 Pz	**U** Büchen 8.40 / 9.05 Pz	
	U Wittenberge 12.00 / 13.00 Pz	
	U Magdeburg 15.20 / 18.15 Pz	20.25
17.30 Pz	**U** Büchen 18.40 / 18.50 Pz	
	U Wittenberge 22.45 ↩ / 5.00 GmP	
	U Magdeburg 8.30 / 10.45 Pz	13.10
17.30 Pz	**U** Büchen 18.40 / **23.40 Cz**	
	U Berlin **5.20** / 8.10 Pz	13.15

nach **Hamburg**

Abfahrt	Verbindung	Ankunft
7.30 Pz	**U** Büchen 8.40 / 8.55 Pz	10.30
11.45 Pz	**U** Büchen 13.30 / 14.00 Pz	15.30
17.30 Pz	**U** Büchen 18.40 / 18.40 Pz	20.00
23.00 ✉		5.00

nach **Hamm**

Abfahrt	Verbindung	Ankunft
7.30 Pz	**U** Büchen 8.40 / 9.05 Pz	
	U Wittenberge 12.00 / 13.00 Pz	
	U Magdeburg 15.20 / 16.15 Pz	4.05
23.00 ✉	**U** Hamburg 5.00 / 7.00 ⛴	
	U Harburg 8.15 / 9.20 Pz	
	U Hannover 14.05 / **14.38 Cz**	**18.40**

nach **Hannover**

Abfahrt	Verbindung	Ankunft
7.30 Pz	**U** Büchen 8.40 / 8.55 Pz	
	U Hamburg 10.30 / 14.45 ⛴	
	U Harburg 16.00 / 16.40 Pz	21.00
7.30 Pz	**U** Büchen 8.40 / 9.05 Pz	
	U Wittenberge 12.00 / 13.00 Pz	
	U Magdeburg 15.20 / 16.15 Pz	21.25
11.45 Pz	**U** Büchen 13.30 / 14.00 Pz	
	U Hamburg 15.30 / 17.00 ⛴	
	U Harburg 18.15 / 18.45 Pz	
	U Uelzen 21.55 ↩ / 4.20 Pz	
	U Lehrte 8.05* / 8.25 Pz	9.00
23.00 ✉	**U** Hamburg 5.00 / 7.00 ⛴	
	U Harburg 8.15 / 9.20 Pz	14.05

* Ankunftszeit geschätzt

nach **Heidelberg**

Abfahrt	Verbindung	Ankunft
7.30 Pz	**U** Büchen 8.40 / 9.05 Pz	
	U Wittenberge 12.00 / 13.00 Pz	
	U Magdeburg 15.20 / 18.15 Pz	
	U Halle 20.25 / **23.00 Sz**	
	U Frankfurt a.M. **9.55** / **10.30 Sz**	**12.35**

nach **Kiel**

Abfahrt	Verbindung	Ankunft
7.30 Pz	**U** Büchen 8.40 / 8.55 Pz	
	U Hamburg 10.30 / Altona 13.00 Pz	16.30
11.45 Pz	**U** Büchen 13.30 / 14.00 Pz	
	U Hamburg 15.30 / Altona 17.10 Pz	20.00
17.00 ✉	*über Eutin*	3.00
23.00 ✉	**U** Hamburg 5.00 / Altona 8.10 Pz	11.00

nach **Königsberg i.Pr.**

Abfahrt	Verbindung	Ankunft
7.30 Pz	**U** Büchen 8.40 / 9.05 Pz	
	U Berlin 16.00 / **22.40 Sz**	
	U Dirschau **10.45** / 11.37 ✉	
	U Marienburg 16.07 / **16.37 Sz**	**21.02**

nach **Leipzig**

Abfahrt	Verbindung	Ankunft
7.30 Pz	**U** Büchen 8.40 / 9.05 Pz	
	U Wittenberge 12.00 / 13.00 Pz	
	U Magdeburg 15.20 / 18.15 Pz	21.15
17.30 Pz	**U** Büchen 18.40 / **23.40 Cz**	
	U Berlin **5.20** / 7.00 Pz	
	U Röderau 10.55* / 11.30 Pz	13.30
17.30 Pz	**U** Büchen 18.40 / 18.50 Pz	
	U Wittenberge 22.45 ↩ / 5.00 GmP	
	U Magdeburg 8.30 / 10.45 Pz	14.05

* Ankunftszeit geschätzt

nach **Lindau**

Abfahrt	Verbindung	Ankunft
7.30 Pz	**U** Büchen 8.40 / 9.05 Pz	
	U Berlin 16.00 / **18.40 Sz**	
	U Leipzig **0.15** ↩ / **7.15 Ez**	
	U Augsburg **21.20** / 21.30 GmP	6.30^3
17.30 Pz	**U** Büchen 18.40 / **23.40 Cz**	
	U Berlin **5.20** / 8.10 Pz	
	U Leipzig 14.05 / 14.30 Pz	
	U Hof 20.00 / 20.30 Pz	
	U Augsburg 11.05 / 12.50 GmP	22.35^3

Fortsetzung siehe nächste Spalte

nach **Ludwigshafen**

> Mannheim

nach **Magdeburg**

Abfahrt	Verbindung	Ankunft
7.30 Pz	**U** Büchen 8.40 / 9.05 Pz	
	U Wittenberge 12.00 / 13.00 Pz	15.20
17.30 Pz	**U** Büchen 18.40 / 18.50 Pz	
	U Wittenberge 22.45 ↩ / 5.00 GmP	8.30

nach **Mainz**

Abfahrt	Verbindung	Ankunft
7.30 Pz	**U** Büchen 8.40 / 9.05 Pz	
	U Wittenberge 12.00 / 13.00 Pz	
	U Magdeburg 15.20 / 18.15 Pz	
	U Halle 20.25 / **23.00 Sz**	
	U Frankfurt a.M. **9.55** / **10.15 Sz**	
	U Castel **11.00** / # ✉	k.A.*

* Ein Fahrplan der Post-Course von Castel auf der rechten Rheinseite über die Schiffsbrücke nach Mainz liegt nicht vor.

nach **Mannheim**

Abfahrt	Verbindung	Ankunft
7.30 Pz	**U** Büchen 8.40 / 9.05 Pz	
	U Wittenberge 12.00 / 13.00 Pz	
	U Magdeburg 15.20 / 18.15 Pz	
	U Halle 20.25 / **23.00 Sz**	
	U Frankfurt a.M. **9.55** / **10.30 Sz**	**12.38**

nach **München**

Abfahrt	Verbindung	Ankunft
7.30 Pz	**U** Büchen 8.40 / 9.05 Pz	
	U Wittenberge 12.00 / 13.00 Pz	
	U Magdeburg 15.20 / 19.00 Pz	
	U Leipzig 0.15 ↩ / **7.15 Ez**	**23.00**
17.30 Pz	**U** Büchen 18.40 / 18.50 Pz	
	U Wittenberge 22.45 ↩ / 5.00 GmP	
	U Magdeburg 8.30 / 10.45 Pz	
	U Leipzig 14.05 / 14.30 Pz	
	U Hof 20.00 / 20.30 Pz	13.15^3

nach **Münster**

Abfahrt	Verbindung	Ankunft
7.30 Pz	**U** Büchen 8.40 / 9.05 Pz	
	U Wittenberge 12.00 / 13.00 Pz	
	U Magdeburg 15.20 / 16.15 Pz	
	U Hamm 4.05 / 7.30 Pz	8.30
23.00 ✉	**U** Hamburg 5.00 / 7.00 ⛴	
	U Harburg 8.15 / 9.20 Pz	
	U Hannover 14.05 / **14.38 Cz**	
	U Hamm **18.40** / 19.00 Pz	20.00

nach **Nürnberg**

Abfahrt	Verbindung	Ankunft
7.30 Pz	**U** Büchen 8.40 / 9.05 Pz	
	U Wittenberge 12.00 / 13.00 Pz	
	U Magdeburg 15.20 / 19.00 Pz	
	U Leipzig 0.15 ↩ / **7.15 Ez**	**17.00**

Fortsetzung siehe nächste Seite

noch: nach **Nürnberg**

17.30 Pz **U** Büchen 18.40 / 18.50 Pz
U Wittenberge 22.45 ↩ / 5.00 GmP
U Magdeburg 8.30 / 10.45 Pz
U Leipzig 14.05 / 14.30 Pz
U Hof 20.00 / 20.30 Pz — 5.15

nach **Oberhausen**

7.30 Pz **U** Büchen 8.40 / 9.05 Pz
U Wittenberge 12.00 / 13.00 Pz
U Magdeburg 15.20 / 16.15 Pz — 6.42

23.00 ✉ **U** Hamburg 5.00 / 7.00 ⛴
U Harburg 8.15 / 9.20 Pz
U Hannover 14.05 / **14.38 Cz** — **20.20**

nach **Oppeln***

7.30 Pz **U** Büchen 8.40 / 9.05 Pz
U Berlin 16.00 / **22.15 Sz** — **7.45**

17.30 Pz **U** Büchen 18.40 / **23.40 Cz**
U Berlin **5.20** / 8.00 Pz — 21.27

* Ankunftszeiten in Oppeln sind sämmtlich geschätzt.

nach **Osnabrück**

7.30 Pz **U** Büchen 8.40 / 9.05 Pz
U Wittenberge 12.00 / 13.00 Pz
U Magdeburg 15.20 / 16.15 Pz
U Minden 23.45 / 1.00 ✉ — 8.00

7.30 Pz **U** Büchen 8.40 / 8.55 Pz
U Hamburg 10.30 / 14.45 ⛴
U Harburg 16.00 / 16.40 Pz
U Hannover 21.00 / 21.50 Pz
U Minden 23.45 / 1.00 ✉ — 8.00

nach **Passau**

7.30 Pz **U** Büchen 8.40 / 9.05 Pz
U Wittenberge 12.00 / 13.00 Pz
U Magdeburg 15.20 / 19.00 Pz
U Leipzig 0.15 ↩ / **7.15 Ez**
U Nürnberg **17.00** / 17.30 ✉
U Regensburg 5.30 / 11.00 ✉ — 22.30[3]

nach **Posen**

7.30 Pz **U** Büchen 8.40 / 9.05 Pz
U Berlin 16.00 / **22.40 Sz**
U Kreutz **4.43** / 5.03 Pz — 7.47

17.30 Pz **U** Büchen 18.40 / **23.40 Cz**
U Berlin **5.20** / 6.15 Pz
U Kreutz 13.32 / 14.11 Pz — 16.26

nach **Regensburg**

7.30 Pz **U** Büchen 8.40 / 9.05 Pz
U Wittenberge 12.00 / 13.00 Pz
U Magdeburg 15.20 / 19.00 Pz
U Leipzig 0.15 ↩ / **7.15 Ez**
U Nürnberg **17.00** / 17.30 ✉ — 5.30[3]

Fortsetzung siehe nächste Spalte

17.30 Pz **U** Büchen 18.40 / 18.50 Pz
U Wittenberge 22.45 ↩ / 5.00 GmP
U Magdeburg 8.30 / 10.45 Pz
U Leipzig 14.05 / 14.30 Pz
U Hof 20.00 / 20.30 Pz
U Nürnberg 5.15 / 6.00 ✉ — 18.00[3]

nach **Rostock**

7.30 ✉ **U** Wismar 13.00 / 13.45 Pz
U Schwerin 15.20 / 18.25 Pz — 22.10

22.15 ✉ **U** Schwerin 4.45 / 8.15 Pz — 11.05

nach **Saarbrücken**

7.30 Pz **U** Büchen 8.40 / 8.55 Pz — 10.30
U Hamburg 10.30 / 14.45 ⛴
U Harburg 16.00 / 16.40 Pz
U Hannover 21.00 ↩ / 6.45 Pz
U Göttingen 10.05 / 10.30 ✉
U Cassel 16.00 / 16.10 Pz
U Guntershausen 16.30 / 16.45 Pz
U Frankfurt a.M. 22.30 ↩ /**5.00 Cz**
U Mannheim **7.06** / #
U Ludwigshafen # / **13.10 Sz** — **16.58**[3]

23.00 ✉ **U** Hamburg 5.00 / 7.00 ⛴
U Harburg 8.15 / 9.20 Pz
U Hannover 14.05 / 16.30 Pz
U Göttingen 21.05 / 21.30 ✉
U Cassel 3.00 / 4.45 Pz
U Guntershausen 5.05 / **5.15 Sz**
U Frankfurt a.M. **9.55** / **10.30 Sz**
U Mannheim **12.38** / #
U Ludwigshafen 17.30 Pz — 22.05

nach **Schwerin**

7.30 Pz **U** Büchen 8.40 / 9.05 Pz
U Hagenow 10.15 / 12.50 Pz — 13.35

7.30 ✉ **U** Ratzeburg 7.54 / 10.45 ✉ — 15.00

17.30 Pz **U** Büchen 18.40 / 18.50 Pz
U Hagenow 20.30* / 20.45 Pz — 21.30

22.15 ✉ — 4.45

* Ankunftszeiten geschätzt

nach **Stettin**

7.30 Pz **U** Büchen 8.40 / 9.05 Pz
U Berlin 16.00 / 17.30 Pz — 21.10

17.30 Pz **U** Büchen 18.40 / **23.40 Cz**
U Berlin **5.20** / 6.15 Pz — 9.47

nach **Stralsund**

22.15 ✉ **U** Schwerin 4.45 / 8.15 Pz
U Rostock 11.05 / 12.00 ✉ — 19.45

nach **Stuttgart**

7.30 Pz **U** Büchen 8.40 / 9.05 Pz
U Wittenberge 12.00 / 13.00 Pz — 15.20
U Magdeburg 15.20 / 18.15 Pz
U Halle 20.25 / **23.00 Sz**
U Frankfurt a.M. **9.55** / **10.30 Sz**
U Heidelberg **12.35** / **12.55 Sz**
U Bruchsal **13.28*** / **13.48 Ez** — **15.46**

* Ankunftszeit geschätzt

nach **Trier**

7.30 Pz **U** Büchen 8.40 / 8.55 Pz
U Hamburg 10.30 / 14.45 ⛴
U Harburg 16.00 / 16.40 Pz — 21.00
U Hannover 21.00 / 21.50 Pz
U Deutz > Cöln 9.15 / 19.00 ✉ — 17.30[3]

7.30 Pz **U** Büchen 8.40 / 8.55 Pz
U Hamburg 10.30 / 14.45 ⛴
U Harburg 16.00 / 16.40 Pz
U Hannover 21.00 / 21.50 Pz
U Deutz > Cöln 9.15 / 22.00 ⛴
U Coblenz 5.45 / 6.45 ✉ — 21.00[3]

23.00 ✉ **U** Hamburg 5.00 / 7.00 ⛴
U Harburg 8.15 / 9.20 Pz
U Hannover 14.05 / **14.38 Cz**
U Deutz > Cöln **22.00** ↩/ 5.00 ✉ — 2.15[3]

23.00 ✉ **U** Hamburg 5.00 / 7.00 ⛴
U Harburg 8.15 / 9.20 Pz
U Hannover 14.05 / **14.38 Cz**
U Deutz > Cöln **22.00** ↩/ 6.00 ⛴
U Coblenz 12.15 / 15.30 ✉ — 6.30[3]

nach **Ulm**

7.30 Pz **U** Büchen 8.40 / 9.05 Pz
U Wittenberge 12.00 / 13.00 Pz — 15.20
U Magdeburg 15.20 / 18.15 Pz
U Halle 20.25 / **23.00 Sz**
U Frankfurt a.M. **9.55** / **10.30 Sz**
U Heidelberg **12.35** / **12.55 Sz**
U Bruchsal **13.28*** / **13.48 Ez** — **18.25**

* Ankunftszeit geschätzt

nach **Wiesbaden**

7.30 Pz **U** Büchen 8.40 / 9.05 Pz
U Wittenberge 12.00 / 13.00 Pz
U Magdeburg 15.20 / 18.15 Pz
U Halle 20.25 / **23.00 Sz**
U Frankfurt a.M. **9.55** / 11.15 Pz — 12.45

nach **Würzburg**

7.30 Pz **U** Büchen 8.40 / 9.05 Pz
U Wittenberge 12.00 / 13.00 Pz
U Magdeburg 15.20 / 18.15 Pz
U Halle 20.25 / 23.10 Pz
U Leipzig 0.15 ↩ / **7.15 Ez**
U Bamberg **15.05** / **15.45 Ez** — **18.15**

17.30 Pz **U** Büchen 18.40 / 18.50 Pz
U Wittenberge 22.45 ↩ / 5.00 GmP
U Magdeburg 8.30 / 10.45 Pz
U Leipzig 14.05 / 14.30 Pz
U Hof 20.00 / 20.30 Pz
U Bamberg 1.15 / 1.45 Pz — 4.50

nach **Zwickau**

7.30 Pz **U** Büchen 8.40 / 9.05 Pz
U Berlin 16.00 / **18.40 Sz**
U Leipzig **0.15** ↩ / 6.00 Pz
U Werdau 8.40* / 9.15 Pz — 9.40*

Fortsetzung siehe nächste Seite

noch: **ab Lübeck**

noch: nach **Zwickau**
17.30 Pz **U** Büchen 18.40 / **23.40 Cz** **5.20**
U Berlin **5.20** / 8.10 Pz
U Leipzig 14.05 / 14.30 Pz
U Werdau 16.50* / 17.47 Pz 18.10*

* Ankunftszeit geschätzt

Auslandsverbindungen

Lübeck ist außerdem im **Auslandsteil** ab S. 210 mit den hier abgehenden Dampfschiff-Coursen nach **Dänemark** und **Schweden** aufgeführt.

Magdeburg

Magdeburg ist Ausgangspunkt von vier Bahnlinien in alle Richtungen:

- nach Osten die Berlin-Potsdam-Magdeburger Eisenbahn,
- nach Süden die Magdeburg-Cöthen-Halle-Leipziger Eisenbahn,
- nach Westen die Magdeburg-Halberstädter Eisenbahn, von der in Oschersleben die Braunschweigischen Eisenbahnen bis Hannover und weiter abgehen,
- nach Norden die Magdeburg-Wittenberge'sche Eisenbahn, die sich in Wittenberge an die Berlin-Hamburger Eisenbahn anschließt.

Möglicherweise in zwei Jahren wird ein erster Teil der von Magdeburg über Staßfurt bis Erfurt geplanten Strecke zur Eröffnung gelangen.

von Magdeburg

nach **Aachen**
1.50 Sz **U** Deutz > Cöln **16.00** / 18.00 Pz 20.00
10.40 Cz **U** Deutz > Cöln **22.00 / 23.30 Sz** **1.20**
16.15 Pz **U** Oberhausen 6.42 / 7.00 Pz 11.20

nach **Augsburg**
10.45 Pz **U** Leipzig 14.05 / 14.30 Pz
U Hof 20.00 / 20.30 Pz 11.05
19.00 Pz **U** Leipzig 0.15 / **7.15 Ez** **21.20**

nach **Basel***
5.30 Pz **U** Halle 8.00 / 8.15 Pz
U Frankfurt a.M. 22.30 / **5.00 Cz**
U Heidelberg **7.05 / 7.20 Sz** **14.56**

Fortsetzung siehe nächste Spalte

18.15 Pz **U** Halle 20.25 / **23.00 Sz**
U Frankfurt a.M. **9.55 / 10.30 Sz**
U Heidelberg **12.35 / 12.55 Sz** **19.15**

* Ankunft Basel Badischer Bf

nach **Berlin**
5.00 Pz *über Potsdam* 9.30
10.00 Sz *über Potsdam* **13.10**
18.00 Cz *über Potsdam* **21.20**
18.15 GmP *über Potsdam* 23.15

nach **Bonn**
1.50 Sz **U** Deutz > Cöln **16.00** / 17.45 Pz 18.35
10.40 Cz **U** Deutz > Cöln **22.00** / 7.00 Pz 7.50
16.15 Pz **U** Deutz > Cöln 9.15 / 10.00 Pz 10.50

nach **Braunschweig**
1.50 Sz *über Oschersleben* **4.30**
6.00 Pz *über Oschersleben* 9.30
10.40 Cz *über Oschersleben* **12.50**
12.00 GmP *über Oschersleben* 15.00
16.15 Pz *über Oschersleben* 19.15

nach **Bremen**
1.50 Sz **U** Wunstorf **7.15*** / 7.30 Pz 10.15
10.40 Cz **U** Wunstorf **15.03*** / 16.40 Pz 19.25

* Ankunftszeit geschätzt

nach **Breslau**
18.00 Cz **U** Berlin **21.20 / 22.15 Sz** **5.45**
19.00 Pz **U** Leipzig 0.15 / 6.00 Pz
U Dresden 9.15 / 9.45 Pz
U Görlitz 12.50 / 13.30 Pz
U Kohlfurt 14.10 / 14.15 Pz 18.30

nach **Carlsruhe**
5.30 Pz **U** Halle 8.00 / 8.15 Pz
U Frankfurt a.M. 22.30 / **5.00 Cz**
U Heidelberg **7.05 / 7.20 Sz** **8.27**
18.15 Pz **U** Halle 20.25 / **23.00 Sz**
U Frankfurt a.M. **9.55 / 10.30 Sz**
U Heidelberg **12.35 / 12.55 Sz** **14.10**

nach **Cassel**
5.30 Pz **U** Halle 8.00 / 8.15 Pz
U Guntershausen 16.30 / 16.40 Pz 17.00
18.15 Pz **U** Halle 20.25 / **23.00 Sz**
U Guntershausen **5.05** / 5.10 Pz 5.30

nach **Chemnitz**
5.30 Pz **U** Leipzig 9.00 / 10.00 Pz
U Riesa 11.25* / 12.15 Pz 15.30
10.45 Pz **U** Leipzig 14.05 / 14.30 Pz
U Riesa 16.00* / 16.45 Pz 19.30
18.15 Pz **U** Leipzig 21.15 / **22.00 Sz**
U Riesa **23.15*** / 5.15 Pz 8.15
19.00 GmP **U** Leipzig 0.15 / 6.00 Pz
U Riesa 7.25* / 8.30 Pz 11.00

* Ankunftszeit geschätzt

nach **Coblenz**
1.50 Sz **U** Deutz > Cöln **16.00** / 20.15 2.45
10.40 Cz **U** Deutz > Cöln **22.00** / 23.30 9.00
nur Mo und Do
10.40 Cz **U** Deutz > Cöln **22.00** / 6.00 12.15
16.15 Pz **U** Deutz > Cöln 9.15 / 10.00 17.00

nach **Cöln***
1.50 Sz *über Hannover* **16.00**
10.40 Cz *über Hannover* **22.00**
16.15 Pz *über Hannover* 9.15

* Ankunft in Deutz

nach **Constanz**
5.30 Pz **U** Halle 8.00 / 8.15 Pz
U Frankfurt a.M. 22.30 / **5.00 Cz**
U Heidelberg **7.05 / 7.20 Sz**
U Offenburg **10.22** / 10.45 ✉ 6.15[3]
18.15 Pz **U** Halle 20.25 / **23.00 Sz**
U Frankfurt a.M. **9.55 / 10.30 Sz**
U Heidelberg **12.35 / 12.55 Sz**
U Freiburg i.B. **17.36** / 18.15 ✉
U Schaffhausen 5.15 / 12.30 ✉ 17.00[3]

nach **Danzig**
18.00 Cz **U** Berlin **21.20 / 22.40 Sz** **11.35**

nach **Darmstadt***
5.30 Pz **U** Halle 8.00 / 8.15 Pz
U Frankfurt a.M. 22.30 / **5.00 Cz** **5.38**
18.15 Pz **U** Halle 20.25 / **23.00 Sz**
U Frankfurt a.M. **9.55 / 10.30 Sz** **11.08**

* Ankunftszeiten in Darmstadt sind sämmtlich geschätzt.

nach **Dortmund***
1.50 Sz *über Hannover* **12.40**
10.40 Cz *über Hannover* **19.20**
16.15 Pz *über Hannover* 5.08

* Ankunftszeiten in Dortmund sind sämmtlich geschätzt.

nach **Dresden**
5.30 Pz **U** Leipzig 9.00 / 10.00 Pz 13.15
10.45 Pz **U** Leipzig 14.05 / 14.30 Pz 17.30
18.15 Pz **U** Leipzig 21.15 / **22.00 Sz** **0.30**
19.00 Pz **U** Leipzig 0.15 / 6.00 Pz 9.15

nach **Düsseldorf**
1.50 Sz *über Hannover* **14.57**
10.40 Cz *über Hannover* **21.03**
16.15 Pz *über Hannover* 7.55

nach **Elberfeld**
1.50 Sz **U** Dortmund **12.40*** / 13.15 Pz 15.28
10.40 Cz **U** Dortmund **19.20*** / 19.30 Pz 21.33
16.15 Pz **U** Dortmund 5.08* / 7.15 Pz 9.30

* Ankunftszeit geschätzt

nach **Erfurt***

5.30 Pz **U** Halle 8.00 / 8.15 Pz 11.10
10.45 Pz **U** Halle 13.10 / 13.40 Pz 16.50
18.15 Pz **U** Halle 20.25 / **23.00 Sz** **1.20**

* Ankunftszeiten in Erfurt sind sämmtlich geschätzt.

nach **Essen***

1.50 Sz **12.40**
10.40 Cz **U** Oberhausen** **20.20** / 21.56 Pz 22.15
16.15 Pz 5.08

* Ankunft in Alten-Essen, Ankunftszeit geschätzt; ein Fahrplan der Post-Course von Alten-Essen nach Essen Stadt liegt nicht vor.

** Cours über Oberhausen nur mit Umwegkarte zu benutzen

nach **Frankfurt a.M.**

5.30 Pz **U** Halle 8.00 / 8.15 Pz 22.30
18.15 Pz **U** Halle 20.25 / **23.00 Sz** **9.55**

nach **Freiburg i.B.**

5.30 Pz **U** Halle 8.00 / 8.15 Pz
U Frankfurt a.M. 22.30 ↪ / **5.00 Cz**
U Heidelberg **7.05** / **7.20 Sz** **12.35**
18.15 Pz **U** Halle 20.25 / **23.00 Sz**
U Frankfurt a.M. **9.55** / **10.30 Sz**
U Heidelberg **12.35** / **12.55 Sz** **17.36**

nach **Gera**

10.45 Pz **U** Leipzig 14.05 / 18.30 Pz
U Altenburg 19.40* / 20.30 ✉ 0.30
19.00 GmP **U** Leipzig 0.15 / 6.00 Pz
U Altenburg 7.10* / 9.00 ✉ 13.00
19.00 GmP **U** Leipzig 0.15 / **7.15 Ez**
U Altenburg **8.08*** / 9.00 ✉ 13.00

* Ankunftszeit geschätzt

nach **Görlitz**

5.30 Pz **U** Leipzig 9.00 / 10.00 Pz
U Dresden 13.15 / 14.30 Pz 18.15
10.45 Pz **U** Leipzig 14.05 / 14.30 Pz
U Dresden 17.30 / 18.15 Pz 21.40
18.00 Cz **U** Berlin **21.20** / **22.15 Sz**
U Kohlfurt **2.40*** / 3.15 Pz 4.00
18.15 Pz **U** Leipzig 21.15 / **22.00 Sz**
U Dresden **0.30** ↪ / 5.30 Pz 9.00
19.00 Pz **U** Leipzig 0.15 ↪ / 6.00 Pz
U Dresden 9.15 / 9.45 Pz 12.50

* Ankunftszeit geschätzt

nach **Hagen**

1.50 Sz **U** Dortmund **12.40*** / 13.15 Pz 14.22*
10.40 Cz **U** Dortmund **19.20*** / 19.30 Pz 20.28*
16.15 Pz **U** Dortmund 5.08* / 7.15 Pz 8.24*

* Ankunftszeiten geschätzt

nach **Halle**

5.30 Pz *über Cöthen* 8.00
6.30 Pz *über Cöthen* 10.10
10.45 Pz *über Cöthen* 13.10
18.15 Pz *über Cöthen* 20.25
19.00 Pz *über Cöthen* 23.00

nach **Hamburg**

6.00 ⛴ **nur Do und So** k.A.
7.45 Pz **U** Wittenberge 10.15 / 10.55 Pz 15.30
10.40 Cz **U** Lehrte **14.00*** / 14.35 Pz
U Harburg 18.20 / 19.00 ⛴ 20.15
10.45 GmP **U** Wittenberge 14.10/ 15.10 GmP 20.00
17.30 GmP **U** Wittenberge 21.00 / **1.45 Cz** **5.16**

nach **Hamm**

1.50 Sz *über Hannover* **11.55***
10.40 Cz *über Hannover* **18.40**
16.15 Pz *über Hannover* 4.05

* Ankunftszeit geschätzt

nach **Hannover**

1.50 Sz *über Braunschweig* **6.20**
10.40 Cz *über Braunschweig* **14.20**
12.00 GmP *über Braunschweig* 19.05
16.15 Pz *über Braunschweig* 21.25

nach **Heidelberg**

5.30 Pz **U** Halle 8.00 / 8.15 Pz
U Frankfurt a.M. 22.30 ↪/ **5.00 Cz** **7.05**
18.15 Pz **U** Halle 20.25 / **23.00 Sz**
U Frankfurt a.M. **9.55** / **10.30 Sz** **12.35**

nach **Kiel**

7.45 Pz **U** Wittenberge 10.15 / 10.55 Pz
U Hamburg > Altona 15.30 / 17.10 Pz 20.00
17.30 GmP **U** Wittenberge 21.00 / **1.45 Cz**
U Hamburg > Altona **5.16** / 8.10 Pz 11.00

nach **Königsberg i.Pr.**

18.00 Cz **U** Berlin **21.20** / **22.40 Sz**
U Dirschau **10.45** / 11.37 ✉
U Marienburg 16.07 / **16.37 Sz** **21.02**

nach **Leipzig**

5.30 Pz *über Halle* 9.00
6.30 Pz *über Halle* 12.15
10.45 Pz *über Halle* 14.05
18.15 Pz *über Halle* 21.15
19.00 GmP *über Halle* 0.15

nach **Lindau**

10.45 Pz **U** Leipzig 14.05 / 14.30 Pz
U Hof 20.00 / 20.30 Pz
U Augsburg 11.05 / 12.50 GmP 22.35
19.00 Pz **U** Leipzig 0.15 ↪ / **7.15 Ez**
U Augsburg **21.20** / 21.30 GmP 6.30[3]

nach **Ludwigshafen**

> Mannheim

nach **Lübeck**

7.45 Pz **U** Wittenberge 10.15 / 10.55 Pz
U Büchen 13.55* / 14.00 Pz 15.11
10.45 GmP **U** Wittenberge 14.10 / 15.10 GmP
U Büchen 18.35* / 19.00 Pz 20.11
17.30 GmP **U** Wittenberge 21.00 ↪ / 5.15 Pz
U Büchen 8.45* / 9.00 Pz 10.45

* Ankunftszeit geschätzt

nach **Mainz**

5.30 Pz **U** Halle 8.00 / 8.15 Pz
U Frankft. a.M. 22.30 ↪/ 5.45 Pz
U Castel 7.05* / # ✉ k.A.**
5.30 Pz **U** Halle 8.00 / 8.15 Pz
U Frankft. a.M. 22.30 ↪/ 8.30 ⛴ 11.00
18.15 Pz **U** Halle 20.25 / **23.00 Sz**
U Frankfurt a.M. **9.55** / **10.15 Sz**
U Castel **11.00** / # ✉ k.A.**
18.15 Pz **U** Halle 20.25 / **23.00 Sz**
U Frankfurt a.M. **9.55** / 14.30 ⛴ 17.00

* Ankunftszeit geschätzt

** Ein Fahrplan der Post-Course von Castel auf der rechten Rheinseite über die Schiffsbrücke nach Mainz liegt nicht vor.

nach **Mannheim**

5.30 Pz **U** Halle 8.00 / 8.15 Pz
U Frankfurt a.M. 22.30 ↪/ **5.00 Cz** **7.06**
18.15 Pz **U** Halle 20.25 / **23.00 Sz**
U Frankfurt a.M. **9.55** / **10.30 Sz** **12.38**

nach **München**

10.45 Pz **U** Leipzig 14.05 / 14.30 Pz
U Hof 20.00 / 20.30 Pz 13.15
19.00 Pz **U** Leipzig 0.15 ↪ / **7.15 Ez** **23.00**

nach **Münster**

1.50 Sz **U** Hamm **11.55*** / 12.10 Pz 13.00
10.40 Cz **U** Hamm **18.40** / 19.00 Pz 20.00
16.15 Pz **U** Hamm 4.05 / 7.30 Pz 8.30

* Ankunftszeit geschätzt

nach **Nürnberg**

10.45 Pz **U** Leipzig 14.05 / 14.30 Pz
U Hof 20.00 / 20.30 Pz 5.15
19.00 Pz **U** Leipzig 0.15 ↪ / **7.15 Ez** **17.00**

nach **Oberhausen**

1.50 Sz *über Hannover* **14.00**
10.40 Cz *über Hannover* **20.20**
16.15 Pz *über Hannover* 6.42

nach **Oppeln**

18.00 Cz **U** Berlin **21.20** / **22.15 Sz** **7.45**
19.00 Pz **U** Leipzig 0.15 ↪ / 6.00 Pz
U Dresden 9.15 / 9.45 Pz
U Görlitz 12.50 / 13.30 Pz
U Kohlfurt 14.10 / 14.15 Pz 21.27

nach **Osnabrück**

1.50 Sz	**U** Minden **8.35** / 9.00 ✉	16.00
16.15 Pz	**U** Minden 23.45 / 1.00 ✉	8.00

nach **Passau**

19.00 Pz	**U** Leipzig 0.15 ↝ / **7.15 Ez**	
	U Nürnberg **17.00** / 17.30 ✉	
	U Regensburg 5.30 / 11.00 ✉	22.30[3]

nach **Posen**

18.00 Cz	**U** Berlin **21.20** / **22.40 Sz**	
	U Kreutz **4.43** / 5.03 Pz	7.47

nach **Regensburg**

10.45 Pz	**U** Leipzig 14.05 / 14.30 Pz	
	U Hof 20.00 / 20.30 Pz	
	U Nürnberg 5.15 / 6.00 ✉	18.00
19.00 Pz	**U** Leipzig 0.15 ↝ / **7.15 Ez**	
	U Nürnberg **17.00** / 17.30 ✉	5.30[3]

nach **Rostock**

7.45 Pz	**U** Wittenberge 10.15 / 10.55 Pz	
	U Hagenow 12.40* / 12.50 Pz	16.40
10.45 GmP	**U** Wittenberge 14.10 / 15.10 GmP	
	U Hagenow 17.00* / 17.30 Pz	22.10
17.30 GmP	**U** Wittenberge 21.00 ↝ / 5.15 Pz	
	U Hagenow 7.10* / 7.30 Pz	8.12

* Ankunftszeit geschätzt

nach **Saarbrücken**

5.30 Pz	**U** Halle 8.00 / 8.15 Pz	
	U Frankfurt a.M. 22.30 ↝ / 6.30 Pz	
	U Mannheim 9.23 / #	
	U Ludwigshafen # / **13.10 Sz**	**16.58**
18.15 Pz	**U** Halle 20.25 / **23.00 Sz**	
	U Frankfurt a.M. **9.55** / 12.05 Pz	
	U Mannheim 15.28 / #	
	U Ludwigshafen # / 17.30	22.05

nach **Schwerin**

7.45 Pz	**U** Wittenberge 10.15 / 10.55 Pz	
	U Hagenow 12.40* / 12.50 Pz	13.35
10.45 GmP	**U** Wittenberge 14.10 / 15.10 GmP	
	U Hagenow 17.00* / 17.30 Pz	18.15
17.30 GmP	**U** Wittenberge 21.00 ↝ / 5.15 Pz	
	U Hagenow 7.10* / 7.30 Pz	8.12

* Ankunftszeit geschätzt

nach **Stettin**

5.00 Pz	**U** Berlin 9.30 / 12.15 Pz	15.52
10.00 Sz	**U** Berlin **13.10** / 17.30 Pz	21.10
18.00 Cz	**U** Berlin **21.20** / **22.40 Sz**	**1.47**

nach **Stralsund**

10.00 Sz	**U** Berlin **13.10** / 17.30 Pz	
	U Passow 20.00* / 20.20 ✉	11.20
18.00 Cz	**U** Berlin **21.20** / **22.40 Sz**	
	U Passow 0.50* / 1.15 ✉	18.00

* Ankunftszeit geschätzt

nach **Stuttgart**

5.30 Pz	**U** Halle 8.00 / 8.15 Pz	
	U Frankfurt a.M. 22.30 ↝ / **5.00 Cz**	
	U Heidelberg **7.05** / **7.20 Sz**	
	U Bruchsal **7.59*** / 8.15 Pz	11.05
18.15 Pz	**U** Halle 20.25 / **23.00 Sz**	
	U Frankfurt a.M. **9.55** / **10.30 Sz**	
	U Heidelberg **12.35** / **12.55 Sz**	
	U Bruchsal **13.28*** / **13.48 Ez**	**15.46**

* Ankunftszeit geschätzt

nach **Trier**

1.50 Sz	**U** Deutz > Cöln **16.00** / 19.00 ✉	17.30
1.50 Sz	**U** Deutz > Cöln **16.00** / 22.00 ⛴	
	U Coblenz 5.45 / 6.45 ✉	21.00
10.40 Cz	**U** Deutz > Cöln **22.00** ↝ / 5.00 ✉	2.15[3]
10.40 Cz	**U** Deutz > Cöln **22.00** ↝ / 6.00 ⛴	
	U Coblenz 12.15 / 15.30 ✉	6.30[3]

nach **Ulm**

5.30 Pz	**U** Halle 8.00 / 8.15 Pz	
	U Frankfurt a.M. 22.30 ↝ / **5.00 Cz**	
	U Heidelberg **7.05** / **7.20 Sz**	
	U Bruchsal **7.59*** / 8.15 Pz	15.05
18.15 Pz	**U** Halle 20.25 / **23.00 Sz**	
	U Frankfurt a.M. **9.55** / **10.30 Sz**	
	U Heidelberg **12.35** / **12.55 Sz**	
	U Bruchsal **13.28*** / **13.48 Ez**	**18.25**

* Ankunftszeit geschätzt

nach **Wiesbaden**

5.30 Pz	**U** Halle 8.00 / 8.15 Pz	
Pz	**U** Frankfurt a.M. 22.30 ↝ / 5.45 Pz	7.30
18.15 Pz	**U** Halle 20.25 / **23.00 Sz**	
	U Frankfurt a.M. **9.55** / 11.15 Pz	12.45

nach **Würzburg**

10.45 Pz	**U** Leipzig 14.05 / 14.30 Pz	
	U Hof 20.00 / 20.30 Pz	
	U Bamberg 1.15 / 1.45 Pz	4.50
19.00 GmP	**U** Leipzig 0.15 ↝ / **7.15 Ez**	
	U Bamberg **15.05** / **15.45 Ez**	**18.15**

nach **Zwickau**

10.45 Pz	**U** Leipzig 14.05 / 14.30 Pz	
	U Werdau 16.50* / 17.47 Pz	18.10*
19.00 GmP	**U** Leipzig 0.15 ↝ / 6.00 Pz	
	U Werdau 8.40* / 9.15 Pz	9.40'

* Ankunftszeit geschätzt

Mainz

Mainz ist gegenwärtig Ausgangspunkt der südlich verlaufenden Hessischen Ludwigsbahn nach Worms und weiter bis zur Bayerischen Grenze bei Frankenthal (Pfalz), woselbst die Pfälzische Ludwigsbahn mit ihrer Strecke nach Ludwigshafen–Kaiserslautern bis zur preußischen Grenze hinter Bexbach anschließt. Hier übernimmt die zur Preußischen Staatsbahn gehörende Saarbrückener Eisenbahn die von Mainz kommenden durchgehenden Züge bis zur lothringischen Grenze bei Forbach, von wo sie bis nach Paris weitergeführt werden.

Häufige Verbindungen per Eisenbahn bestehen außerdem ab Bahnhof **Castel** auf der rechten Rheinseite gegenüber Mainz sowohl nach Wiesbaden als auch nach Frankfurt a.Main. Castel ist von Mainz mit Postcoursen über eine Schiffsbrücke zu erreichen; ein Fahrplan liegt nicht vor.

Für alle übrigen Relationen ab Mainz stehen Post-Course sowie Schiffs-Course insbesondere der Cölnischen und Düsseldorfer Gesellschaften zur Auswahl.

von **Mainz**

nach **Aachen**

6.00 ⛴	**U** Cöln 14.45 / 18.00 Pz	20.00
14.30 ⛴	**U** Cöln 23.00 / **23.30 Sz**	**1.20**
20.00 ✉	**U** Coblenz 5.30 / 6.00 ⛴	
	U Cöln 10.30 / 11.45 Pz	13.45

nach **Augsburg**

7.30 Pz	**U** Ludwigshafen 9.37 / #	
	U Mannheim # / **12.15 Sz**	
	U Bruchsal **13.28*** / **13.48 Ez**	
	U Ulm **18.25** / **18.45 Ez**	**21.15**
11.20 Sz	**U** Ludwigshafen **13.00** / #	
	U Mannheim # / 15.10 Pz	
	U Bruchsal 17.01* / 17.20 Pz	
	U Stuttgart 20.15 ↝ / 7.05 Pz	
	U Ulm 10.50 / 11.15 GmP	15.40

* Ankunftszeit geschätzt

nach **Basel***

4.30 Pz	**U** Ludwigshafen 6.04 / #	
	U Mannheim # / 9.00 Pz	20.15
7.30 Pz	**U** Ludwigshafen 9.37 / #	
	U Mannheim # / **12.15 Sz**	**19.15**
11.20 Sz	**U** Ludwigshafen **13.00** / #	
	U Mannheim # / 15.10 Pz	
	U Offenburg 20.47 ↝ / 6.00 Pz	10.55

Fortsetzung siehe nächste Seite

noch: nach **Basel**

20.00 Pz U Ludwigshafen 21.59 ↝ / #
U Mannheim # / **6.40 Sz** **14.56**

* Ankunft Basel Badischer Bf

nach **Berlin**

14.40* Pz U Frankfurt a.M. 15.45 / **17.00 Sz** **10.30**

* Abfahrt in Castel auf der rechten Rheinseite; ein Fahrplan der Post-Course von Mainz über die Schiffsbrücke nach Castel liegt nicht vor.

nach **Bonn**

6.00 ⛴ 12.45
9.00 ⛴ 16.15
9.15 ⛴* **nur Mo, Do und So** 16.30
11.00 ⛴ 18.15
14.30 ⛴ 21.00
20.00 ✉ U Coblenz 5.30 / 6.00 ⛴ 8.45

* Niederländische Gesellschaft

nach **Braunschweig**

14.40* Pz U Frankfurt a.M. 15.45 / **17.00 Sz**
U Guntershausen **21.50** / 21.55 Pz
U Cassel 22.15 / 23.15 ✉
U Göttingen 4.40 / 5.15 Pz
U Hannover 8.45 / 10.00 Pz 12.15
14.40* Pz U Frankfurt a.M. 15.45 / **17.00 Sz**
U Halle **5.40** / 7.45 Pz
U Magdeburg 9.50 / **10.40 Cz** **12.50**

* Abfahrt in Castel auf der rechten Rheinseite; ein Fahrplan der Post-Course von Mainz über die Schiffsbrücke nach Castel liegt nicht vor.

nach **Bremen**

14.40* Pz U Frankfurt a.M. 15.45 / **17.00 Sz**
U Guntershausen **21.50** / 21.55 Pz
U Cassel 22.15 / 23.15 ✉
U Göttingen 4.40 / 5.15 Pz
U Hannover 8.45 / 12.45 Pz 16.00
20.55* Pz U Frankfurt a.M. 22.00 ↝ / 5.45 Pz
U Guntershausen 11.45 / 11.50 Pz
U Cassel 12.10 / 12.30 ✉
U Göttingen 17.45 / 18.00 Pz
U Hannover 21.30 ↝ / **6.45 Sz**
U Wunstorf **7.15**** / 7.30 Pz 10.15[3]

* Abfahrt in Castel auf der rechten Rheinseite; ein Fahrplan der Post-Course von Mainz über die Schiffsbrücke nach Castel liegt nicht vor. ** Ankunftszeit geschätzt

nach **Breslau**

14.40* Pz U Frankfurt a.M. 15.45 / **17.00 Sz**
U Halle **5.40** / 6.15 Pz
U Leipzig 7.30 / 14.30 Pz
U Dresden 17.30 / 18.15 Pz
U Görlitz 21.40 / 23.00 Pz
U Kohlfurt 23.45 / **2.45 Sz** **5.45**[3]

Fortsetzung siehe nächste Spalte

20.55* Pz U Frankfurt a.M. 22.00 ↝ / 5.45 Pz
U Halle 20.05 / 20.30 Pz
U Leipzig 21.15 ↝ / 6.00 Pz
U Dresden 9.15 / 9.45 Pz
U Görlitz 12.50 / 13.30 Pz
U Kohlfurt 14.10 / 14.15 Pz 18.30[3]

* Abfahrt in Castel auf der rechten Rheinseite; ein Fahrplan der Post-Course von Mainz über die Schiffsbrücke nach Castel liegt nicht vor.

nach **Carlsruhe**

4.30 Pz U Ludwigshafen 6.04 / #
U Mannheim # / 9.00 Pz 11.44
7.30 Pz U Ludwigshafen 9.37 / #
U Mannheim # / **12.15 Sz** **14.10**
11.20 Sz U Ludwigshafen **13.00** / #
U Mannheim # / 15.10 Pz 17.50
15.00 Pz U Ludwigshafen 17.00 / #
U Mannheim # / 19.45 Pz 22.25
20.00 Pz U Ludwigshafen 21.59 ↝ / #
U Mannheim # / 5.00 Pz 9.12
20.00 Pz U Ludwigshafen 21.59 ↝ / #
U Mannheim # / **6.40 Sz** **8.27**

nach **Cassel**

8.25* Pz U Frankfurt a.M. 9.30 / 10.35 Pz
U Guntershausen 18.50/19.00 Pz 19.20
14.40* Pz U Frankfurt a.M. 15.45 / **17.00 Sz**
U Guntershausen **21.50**/21.55 Pz 22.15
20.55* Pz U Frankfurt a.M. 22.00 ↝ / 5.45 Pz
U Guntershausen 11.45/11.50 Pz 12.10

* Abfahrt in Castel auf der rechten Rheinseite; ein Fahrplan der Post-Course von Mainz über die Schiffsbrücke nach Castel liegt nicht vor.

nach **Chemnitz**

14.40* Pz U Frankfurt a.M. 15.45 / **17.00 Sz**
U Halle **5.40** / 6.15 Pz
U Leipzig 7.30 / 10.00 Pz
U Riesa 11.25** / 12.15 Pz 15.30
20.55* Pz U Frankfurt a.M. 22.00 ↝ / 5.45 Pz
U Halle 20.05 / 20.30 Pz
U Leipzig 21.15 / **22.00 Sz**
U Riesa **23.15**** ↝ / 5.15 Pz 8.15[3]

* Abfahrt in Castel auf der rechten Rheinseite; ein Fahrplan der Post-Course von Mainz über die Schiffsbrücke nach Castel liegt nicht vor. ** Ankunftszeit geschätzt

nach **Coblenz**

6.00 ⛴ 9.45
9.00 ⛴ 13.00
9.15 ⛴* **nur Mo, Do und So** 13.15
11.00 ⛴ 15.15
14.30 ⛴ 18.00
20.00 ✉ *über Bingen* 5.30

* Niederländische Gesellschaft

nach **Cöln**

6.00 ⛴ 14.45
9.00 ⛴ 18.15
9.15 ⛴* **nur Mo, Do und So** 18.00
11.00 ⛴ 20.15
14.30 ⛴ 23.00
20.00 ✉ U Coblenz 5.30 / 6.00 ⛴ 10.30

* Niederländische Gesellschaft

nach **Constanz**

7.30 Pz U Ludwigshafen 9.37 / #
U Mannheim # / **12.15 Sz**
U Freiburg i.B. **17.36** / 18.15 ✉
U Schaffhausen 5.15 / 12.30 ✉ 17.00
20.00 Pz U Ludwigshafen 21.59 ↝ / #
U Mannheim # / **6.40 Sz**
U Offenburg **10.22** / 10.45 ✉ 6.15[3]

nach **Danzig**

14.40* Pz U Frankfurt a.M. 15.45 / **17.00 Sz**
U Berlin **10.30** / **22.40 Sz** **11.35**[3]

* Abfahrt in Castel auf der rechten Rheinseite; ein Fahrplan der Post-Course von Mainz über die Schiffsbrücke nach Castel liegt nicht vor.

nach **Darmstadt****

6.10* Pz U Frankfurt a.M. 7.30 / 8.00 GmP 9.15
7.25* Sz U Frankfurt a.M. **8.35** / **10.30** **11.08**
7.30 Pz U Oppenheim 8.08*** / 8.15 ✉ 11.00
10.40* Pz U Frankfurt a.M. 11.45 / 12.05 Pz 12.58
14.40* Pz U Frankfurt a.M. 15.45 / 17.35 Pz 18.20
15.00 Pz U Oppenheim 15.33* / 17.00 ✉ 19.45
16.30 ✉ 20.00
18.00* Pz U Frankfurt a.M. 19.05 / 20.45 Pz 21.30

* Abfahrt der Züge in Castel auf der rechten Rheinseite; ein Fahrplan der Post-Course von Mainz über die Schiffsbrücke nach Castel liegt nicht vor.
** Ankunftszeiten in Darmstadt sind überwiegend geschätzt.
*** Ankunftszeit geschätzt

nach **Dortmund***

6.00 ⛴ U Cöln > Deutz 14.45 / 16.00 Pz 20.25
9.00 ⛴ U Cöln > Deutz 18.15 / **20.00 Sz** **23.11**
14.30 ⛴ U Cöln > Deutz 23.00 ↝ / **6.30 Cz** **9.02**
20.00 ✉ U Coblenz 5.30 / 6.00 ⛴
U Cöln > Deutz 10.30 / 11.00 Pz 15.00

* Ankunftszeiten in Dortmund sind sämmt lich geschätzt

nach **Dresden**

14.40* Pz U Frankfurt a.M. 15.45 / **17.00 Sz**
U Halle **5.40** / 6.15 Pz
U Leipzig 7.30 / 10.00 Pz 13.15
20.55* Pz U Frankfurt a.M. 22.00 ↝ / 5.45 Pz
U Halle 20.05 / 20.30 Pz
U Leipzig 21.15 / **22.00 Sz** **0.30**

* Abfahrt in Castel auf der rechten Rheinseite; ein Fahrplan der Post-Course von Mainz über die Schiffsbrücke nach Castel liegt nicht vor.

noch: ab **Mainz**

nach **Düsseldorf**

6.00 ⛴	**U** Cöln > Deutz 14.45 / 16.00 Pz	17.10
9.00 ⛴	**U** Cöln > Deutz 18.15 / **20.00 Sz**	**20.55**
9.00 ⛴		22.00
9.15 ⛴	**nur Mo, Do und So**	23.00
14.30 ⛴	Cöln 23.00 ↩ / 5.30	8.00
14.30 ⛴	**U** Cöln 23.00 ↩ / **6.30 Cz**	**7.15**
20.00 ✉	**U** Coblenz 5.30 / 6.00 ⛴ **U** Cöln > Deutz 10.30 / 11.00 Pz	12.10

nach **Elberfeld**

6.00 ⛴	**U** Cöln > Deutz 14.45 / 16.00 Pz **U** Düsseldorf 17.10 / 17.30 Pz	18.36
14.30 ⛴	**U** Cöln 23.00 ↩ / **6.30 Cz** **U** Düsseldorf **7.15** / 7.30 Pz	8.36
20.00 ✉	**U** Coblenz 5.30 / 6.00 ⛴ **U** Cöln > Deutz 10.30 / 11.00 Pz **U** Düsseldorf 12.10 / 12.30 Pz	14.07

nach **Erfurt****

14.40* Pz	**U** Frankfurt a.M. 15.45 / **17.00 Sz**	**2.50**
20.55* Pz	**U** Frankfurt a.M. 22.00 ↩/ 5.45 Pz	16.50

* Abfahrt in Castel auf der rechten Rheinseite; ein Fahrplan der Post-Course von Mainz über die Schiffsbrücke nach Castel liegt nicht vor.

** Ankunftszeiten in Erfurt sind sämmtlich geschätzt.

nach **Essen**

6.00 ⛴	**U** Cöln > Deutz 14.45 / 16.00 Pz	18.55
9.00 ⛴	**U** Cöln > Deutz 18.15 / **20.00 Sz**	**22.15**
14.30 ⛴	**U** Cöln > Deutz 23.00 ↩ / 8.00 Pz	10.40
20.00 ✉	**U** Coblenz 5.30 / 6.00 ⛴ **U** Cöln > Deutz 10.30 / 11.00 Pz	13.45

* Ankunft in Alten-Essen, Ankunftszeit geschätzt; Fahrplan der Post-Course von Alten-Essen nach Essen Stadt liegt nicht vor.

nach **Frankfurt a.M.**

6.10* Pz	7.30
7.25* Sz	**8.35**
8.25* Pz	9.30
8.30 ⛴	11.30
10.40* Pz	11.45
14.00 ⛴	17.30
14.40* Pz	15.45
18.00* Pz	19.05
20.55* Pz	22.00

* Abfahrt der Züge in Castel auf der rechten Rheinseite; ein Fahrplan der Post-Course von Mainz über die Schiffsbrücke nach Castel liegt nicht vor.

nach **Freiburg i.B.**

4.30 Pz	**U** Ludwigshafen 6.04 / # **U** Mannheim # / 9.00 Pz	17.07
7.30 Pz	**U** Ludwigshafen 9.37 / # **U** Mannheim # / **12.15 Sz**	**17.36**
11.20 Sz	**U** Ludwigshafen **13.00** / # **U** Mannheim # / 15.10 Pz **U** Offenburg 20.47 ↩ / 6.00 Pz	8.16
20.00 Pz	**U** Ludwigshafen 21.59 ↩ / # **U** Mannheim # / **6.40 Sz**	**12.35**

Fortsetzung siehe nächste Spalte

nach **Gera**

14.40* Pz	**U** Frankfurt a.M. 15.45 / 18.30 Pz **U** Marburg 21.50 ↩ / 4.55 Pz **U** Weimar 13.30** / 16.00 ✉	24.00**
14.40* Pz	**U** Frankfurt a.M. 15.45 / 18.30 Pz **U** Marburg 21.50 ↩ / 4.55 Pz **U** Halle 16.05 / 16.15 Pz **U** Leipzig 17.15 / 18.30 Pz **U** Altenburg 19.40** / 20.30 ✉	0.30[3]
20.55* Pz	**U** Frankfurt a.M. 22.00 ↩ / 5.45 Pz **U** Weissenfels 19.10** / 0.45 ✉	7.30[3]

* Abfahrt in Castel auf der rechten Rheinseite; ein Fahrplan der Post-Course von Mainz über die Schiffsbrücke nach Castel liegt nicht vor. ** Ankunftszeit geschätzt

nach **Görlitz**

14.40* Pz	**U** Frankfurt a.M. 15.45 / **17.00 Sz** **U** Halle **5.40** / 6.15 Pz **U** Leipzig 7.30 / 10.00 Pz **U** Dresden 13.15 / 14.30 Pz	18.15
20.55* Pz	**U** Frankfurt a.M. 22.00 ↩ / 5.45 Pz **U** Halle 20.05 / 20.30 Pz **U** Leipzig 21.15 / **22.00 Sz** **U** Dresden **0.30** ↩ / 5.30 Pz	9.00[3]

* Abfahrt in Castel auf der rechten Rheinseite; ein Fahrplan der Post-Course von Mainz über die Schiffsbrücke nach Castel liegt nicht vor.

nach **Hagen***

6.00 ⛴	**U** Cöln > Deutz 14.45 / 16.00 Pz **U** Düsseldorf 17.10 / 17.30 Pz **U** Elberfeld 18.36 / 19.25 Pz	20.33
14.30 ⛴	**U** Cöln 23.00 ↩ / **6.30 Cz** **U** Düsseldorf **7.15** / 7.30 Pz **U** Elberfeld 8.36 / 9.40 Pz	11.17
20.00 ✉	**U** Coblenz 5.30 / 6.00 ⛴ **U** Cöln > Deutz 10.30 / 11.00 Pz **U** Düsseldorf 12.10 / 12.30 Pz **U** Elberfeld 14.07 / 16.20 Pz	17.38

* Ankunftszeiten in Hagen sind sämmtlich geschätzt.

nach **Halle**

14.40* Pz	**U** Frankfurt a.M. 15.45 / **17.00 Sz**	**5.40**
20.55* Pz	**U** Frankfurt a.M. 22.00 ↩/ 5.45 Pz	20.05

* Abfahrt in Castel auf der rechten Rheinseite; ein Fahrplan der Post-Course von Mainz über die Schiffsbrücke nach Castel liegt nicht vor.

nach **Hamburg**

14.40* Pz	**U** Frankfurt a.M. 15.45 / **17.00 Sz** **U** Guntershausen **21.50** / 21.55 Pz **U** Cassel 22.15 / 23.15 ✉ **U** Göttingen 4.40 / 5.15 Pz **U** Hannover 8.45 / 10.00 GmP **U** Lehrte 10.30** / 11.00 Pz	16.10***
20.55* Pz	**U** Frankfurt a.M. 22.00 ↩ / 5.45 Pz **U** Guntershausen 11.45 / 11.50 Pz **U** Cassel 12.10 / 12.30 ✉ **U** Göttingen 17.45 / 18.00 Pz **U** Hannover 21.30 ↩ / **5.30 Sz** **U** Lehrte **6.00**** / 6.05 Pz **U** Harburg 10.05 / 10.30 ⛴	11.45[3]

Fortsetzung siehe nächste Spalte

* Abfahrt in Castel auf der rechten Rheinseite; ein Fahrplan der Post-Course von Mainz über die Schiffsbrücke nach Castel liegt nicht vor. ** Ankunftszeit geschätzt

*** an Harburg ohne unmittelbaren Schiffsanschluß nach Hamburg

nach **Hamm**

6.00 ⛴	**U** Cöln > Deutz 14.45 / 16.00 Pz	21.15
9.00 ⛴	**U** Cöln > Deutz 18.15 / **20.00 Sz**	**24.00**
14.30 ⛴	**U** Cöln > Deutz 23.00 ↩ / **6.30 Cz**	**9.36**
20.00 ✉	**U** Coblenz 5.30 / 6.00 ⛴ **U** Cöln > Deutz 10.30 / 11.00 Pz	16.00

nach **Hannover**

8.25* Pz	**U** Frankfurt a.M. 9.30 / 10.35 Pz **U** Guntershausen 18.50/19.00 Pz	19.20
14.40* Pz	**U** Frankfurt a.M. 15.45 / **17.00 Sz** **U** Guntershausen **21.50** / 21.55 Pz **U** Cassel 22.15 / 23.15 ✉ **U** Göttingen 4.40 / 5.15 Pz	8.45

* Abfahrt in Castel auf der rechten Rheinseite; ein Fahrplan der Post-Course von Mainz über die Schiffsbrücke nach Castel liegt nicht vor.

nach **Heidelberg**

4.30 Pz	**U** Ludwigshafen 6.04 / # **U** Mannheim # / 9.00 Pz	9.36
7.30 Pz	**U** Oppenheim 8.08 / 8.15 ✉ **U** Darmstadt 11.00 / **11.10 Sz**	**12.33**
7.30 Pz	**U** Ludwigshafen 9.37 / # **U** Mannheim # / **12.15 Sz**	**12.42**
11.20 Sz	**U** Ludwigshafen **13.00** / # **U** Mannheim # / 15.10 Pz	15.46
14.30 ⛴	**U** Mannheim 19.30 / 19.45 Pz	20.21
15.00 Pz	**U** Ludwigshafen 17.00 / # **U** Mannheim # / 19.45 Pz	20.21
20.00 Pz	**U** Ludwigshafen 21.59 ↩ / # **U** Mannheim # / 5.00 Pz	5.45
20.00 Pz	**U** Ludwigshafen 21.59 ↩ / # **U** Mannheim # / **6.40 Sz**	**7.07**

nach **Kiel**

20.55* Pz	**U** Frankfurt a.M. 22.00 ↩ / 5.45 Pz **U** Guntershausen 11.45 / 11.50 Pz **U** Cassel 12.10 / 12.30 ✉ **U** Göttingen 17.45 / 18.00 Pz **U** Hannover 21.30 ↩ / **5.30 Sz** **U** Lehrte **6.00**** / 6.05 Pz **U** Harburg 10.05 / 10.30 ⛴ **U** Hamburg > Altona 11.45 / 13.00 GmP	16.30[3]

* Abfahrt in Castel auf der rechten Rheinseite; ein Fahrplan der Post-Course von Mainz über die Schiffsbrücke nach Castel liegt nicht vor. ** Ankunftszeit geschätzt

nach **Königsberg i.Pr.**

14.40* Pz **U** Frankfurt a.M. 15.45 / **17.00 Sz**
U Berlin **10.30 / 22.40 Sz**
U Dirschau **10.45** / 11.37 ✉
U Marienburg 16.07 / **16.37 Sz** **21.02^{3}**

* Abfahrt in Castel auf der rechten Rheinseite; ein Fahrplan der Post-Course von Mainz über die Schiffsbrücke nach Castel liegt nicht vor.

nach **Leipzig**

14.40* Pz **U** Frankfurt a.M. 15.45 / **17.00 Sz**
U Halle **5.40** / 6.15 Pz — 7.30

20.55* Pz **U** Frankfurt a.M. 22.00 ↪ / 5.45 Pz
U Halle 20.05 / 20.30 Pz — 21.15

* Abfahrt in Castel auf der rechten Rheinseite; ein Fahrplan der Post-Course von Mainz über die Schiffsbrücke nach Castel liegt nicht vor.

nach **Lindau**

7.30 Pz **U** Ludwigshafen 9.37 / #
U Mannheim # / **12.15 Sz**
U Bruchsal **13.28* / 13.48 Ez**
U Ulm **18.25 / 18.45 Ez**
U Augsburg **21.15** / 21.30 GmP — 6.30

7.30 Pz **U** Ludwigshafen 9.37 / #
U Mannheim # / **12.15 Sz**
U Bruchsal **13.28* / 13.48 Ez**
U Friedrichshafen **22.15** ↪ / 6.00 ⛴ — k.A.

11.20 Sz **U** Ludwigshafen **13.00** / #
U Mannheim # / 15.10 Pz
U Bruchsal 17.01* / 17.20 Pz
U Stuttgart 20.15 ↪ / 7.05 Pz
U Friedrichshafen 15.20 / 15.30 ⛴ — k.A.

* Ankunftszeit geschätzt

nach **Ludwigshafen**

4.30 Pz	*über Worms*	6.04
7.30 Pz	*über Worms*	9.37
9.30 ⛴		k.A.
11.20 Sz	*über Worms*	**13.00**
15.00 Pz	*über Worms*	17.00
18.00 Pz	*über Worms*	20.35
20.00 Pz	*über Worms*	21.59

nach **Lübeck**

14.40* Pz **U** Frankfurt a.M. 15.45 / **17.00 Sz**
U Halle **5.40** / 7.45 Pz
U Magdeburg 9.50 / 10.45 GmP
U Wittenberge 14.10 / 15.10 GmP
U Büchen 18.35* / 19.00 Pz — 20.11

20.55* Pz **U** Frankfurt a.M. 22.00 ↪ / 5.45 Pz
U Halle 20.05 / 22.45 Pz
U Magdeburg 1.15 / 7.45 Pz
U Wittenberge 10.15 / 10.55 Pz
U Büchen 13.55* / 14.00 Pz — 15.11^{3}

* Abfahrt in Castel auf der rechten Rheinseite; ein Fahrplan der Post-Course von Mainz über die Schiffsbrücke nach Castel liegt nicht vor.
** Ankunftszeit geschätzt

nach **Magdeburg**

14.40* Pz **U** Frankfurt a.M. 15.45 / **17.00 Sz**
U Halle **5.40** / 7.45 Pz — 9.50

20.55* Pz **U** Frankfurt a.M. 22.00 ↪ / 5.45 Pz
U Halle 20.05 / 22.45 Pz — 1.15^{3}

* Abfahrt in Castel auf der rechten Rheinseite; ein Fahrplan der Post-Course von Mainz über die Schiffsbrücke nach Castel liegt nicht vor.

nach **Mannheim**

7.00 ⛴* **nur Mo, Mi, Do, Sa u. So** — mittags

7.30 Pz **U** Oppenheim 8.08 / 8.15 ✉
U Darmstadt 11.00 / **11.10 Sz** — **12.38**

13.00 ⛴*	18.30
14.30 ⛴	19.30
15.30 ⛴*	20.30
17.30 ⛴* **nur Di und Fr**	abends

* Niederländische Gesellschaft

weitere Verbindungen > **Ludwigshafen**

nach **München**

6.10* Pz **U** Frankfurt a.M. 7.30 / **8.30 Ez**
U Bamberg **14.45 / 15.30 Ez** — **23.00**

7.30 Pz **U** Ludwigshafen 9.37 / #
U Mannheim # / **12.15 Sz**
U Bruchsal **13.28* / 13.48 Ez**
U Ulm **18.25 / 18.45 Ez**
U Augsburg **21.15 / 21.30 Ez** — **23.00**

14.40* Pz **U** Frankfurt a.M. 15.45 / 17.15 Pz
U Bamberg 1.15 / 3.15 Pz — 13.15

* Abfahrt in Castel auf der rechten Rheinseite; ein Fahrplan der Post-Course von Mainz über die Schiffsbrücke nach Castel liegt nicht vor.
** Ankunftszeit geschätzt

nach **Münster**

9.00 ⛴ **U** Cöln > Deutz 18.15 / **20.00 Sz**
U Hamm **24.00** ↪ / 7.30 Pz — 8.30

14.30 ⛴ **U** Cöln > Deutz 23.00 ↪ / **6.30 Cz**
U Hamm **9.36** / 12.10 Pz — 13.00

20.00 ✉ **U** Coblenz 5.30 / 6.00 ⛴
U Cöln > Deutz 10.30 / 11.00 Pz
U Hamm 16.00 / 19.00 Pz — 20.00

nach **Nürnberg**

6.10* Pz **U** Frankfurt a.M. 7.30 / **8.30 Ez**
U Bamberg **14.45 / 15.30 Ez** — **17.00**

14.40* Pz **U** Frankfurt a.M. 15.45 / 17.15 Pz
U Bamberg 1.05 / 3.15 Pz — 5.15

* Abfahrt in Castel auf der rechten Rheinseite; ein Fahrplan der Post-Course von Mainz über die Schiffsbrücke nach Castel liegt nicht vor.

nach **Oberhausen**

6.00 ⛴ **U** Cöln > Deutz 14.45 / 16.00 Pz — 18.25

9.00 ⛴ **U** Cöln > Deutz 18.15 / **20.00 Sz** — **21.50**

14.30 ⛴ **U** Cöln > Deutz 23.00 ↪ / **6.30 Cz** — **8.00**

Fortsetzung siehe nächste Spalte

20.00 ✉ **U** Coblenz 5.30 / 6.00 ⛴
U Cöln > Deutz 10.30 / 11.00 Pz — 13.20

nach **Oppeln**

14.40* Pz **U** Frankfurt a.M. 15.45 / **17.00 Sz**
U Halle **5.40** / 6.15 Pz
U Leipzig 7.30 / 14.30 Pz
U Dresden 17.30 / 18.15 Pz
U Görlitz 21.40 / 23.00 Pz
U Kohlfurt 23.45 / **2.45 Sz** — **7.45^{3}**

20.55* Pz **U** Frankfurt a.M. 22.00 ↪ / 5.45 Pz
U Halle 20.05 / 20.30 Pz
U Leipzig 21.15 ↪ / 6.00 Pz
U Dresden 9.15 / 9.45 Pz
U Görlitz 12.50 / 13.30 Pz
U Kohlfurt 14.10 / 14.15 Pz — 21.27^{3}

* Abfahrt in Castel auf der rechten Rheinseite; ein Fahrplan der Post-Course von Mainz über die Schiffsbrücke nach Castel liegt nicht vor.

nach **Osnabrück**

9.00 ⛴ **U** Cöln > Deutz 18.15 / **20.00 Sz**
U Minden **3.05** / 9.00 ✉ — 16.00

14.30 ⛴ **U** Cöln > Deutz 23.00 ↪ / **6.30 Cz**
U Bielefeld **11.13*** / 11.30 ✉ — 18.00

20.00 ✉ **U** Coblenz 5.30 / 6.00 ⛴
U Cöln > Deutz 10.30 / 11.00 Pz
U Minden 19.45 / 1.00 ✉ — 8.00^{3}

* Ankunftszeit geschätzt

nach **Passau**

6.10* Pz **U** Frankfurt a.M. 7.30 / **8.30 Ez**
U Bamberg **14.45 / 15.30 Ez**
U Nürnberg **17.00** / 17.30 ✉
U Regensburg 5.30 / 11.00 ✉ — 22.30

* Abfahrt in Castel auf der rechten Rheinseite; ein Fahrplan der Post-Course von Mainz über die Schiffsbrücke nach Castel liegt nicht vor.

nach **Posen**

14.40* Pz **U** Frankfurt a.M. 15.45 / **17.00 Sz**
U Berlin **10.30 / 22.40 Sz**
U Kreutz **4.43** / 5.03 Pz — 7.47^{3}

* Abfahrt in Castel auf der rechten Rheinseite; ein Fahrplan der Post-Course von Mainz über die Schiffsbrücke nach Castel liegt nicht vor.

nach **Regensburg**

6.10* Pz **U** Frankfurt a.M. 7.30 / **8.30 Ez**
U Bamberg **14.45 / 15.30 Ez**
U Nürnberg **17.00** / 17.30 ✉ — 5.30

14.40* Pz **U** Frankfurt a.M. 15.45 / 17.15 Pz
U Bamberg 1.05 / 3.15 Pz
U Nürnberg 5.15 / 6.00 ✉ — 18.00

* Abfahrt in Castel auf der rechten Rheinseite; ein Fahrplan der Post-Course von Mainz über die Schiffsbrücke nach Castel liegt nicht vor.

nach **Rostock**

14.40* Pz	**U** Frankfurt a.M. 15.45 / **17.00 Sz**	
	U Halle **5.40** / 7.45 Pz	
	U Magdeburg 9.50 / 10.45 GmP	
	U Wittenberge 14.10 / 15.10 GmP	
	U Hagenow 17.00** / 17.30 Pz	22.10
20.55* Pz	**U** Frankfurt a.M. 22.00 ↩ / 5.45 Pz	
	U Halle 20.05 / 22.45 Pz	
	U Magdeburg 1.15 ↩ / 7.45 Pz	
	U Wittenberge 10.15 / 10.55 Pz	
	U Hagenow 12.40* / 12.50 Pz	16.40

* Abfahrt in Castel auf der rechten Rheinseite; ein Fahrplan der Post-Course von Mainz über die Schiffsbrücke nach Castel liegt nicht vor. ** Ankunftszeit geschätzt

nach **Saarbrücken**

4.30 Pz	*über Ludwigshafen–Neunkirchen*	10.36
11.20 Sz	*über Ludwigshafen–Neunkirchen*	**16.58**
15.00 Pz	*über Ludwigshafen–Neunkirchen*	22.05

nach **Schwerin**

14.40* Pz	**U** Frankfurt a.M. 15.45 / **17.00 Sz**	
	U Halle **5.40** / 7.45 Pz	
	U Magdeburg 9.50 / 10.45 GmP	
	U Wittenberge 14.10 / 15.10 GmP	
	U Hagenow 17.00* / 17.30 Pz	18.15
20.55* Pz	**U** Frankfurt a.M. 22.00 ↩ / 5.45 Pz	
	U Halle 20.05 / 22.45 Pz	
	U Magdeburg 1.15 ↩ / 7.45 Pz	
	U Wittenberge 10.15 / 10.55 Pz	
	U Hagenow 12.40** / 12.50 Pz	13.35[3]

* Abfahrt in Castel auf der rechten Rheinseite; ein Fahrplan der Post-Course von Mainz über die Schiffsbrücke nach Castel liegt nicht vor. ** Ankunftszeit geschätzt

nach **Stettin**

14.40* Pz	**U** Frankfurt a.M. 15.45 / **17.00 Sz**	
	U Berlin **10.30** / 12.15 Pz	15.52

* Abfahrt in Castel auf der rechten Rheinseite; ein Fahrplan der Post-Course von Mainz über die Schiffsbrücke nach Castel liegt nicht vor.

nach **Stralsund**

14.40* Pz	**U** Frankfurt a.M. 15.45 / **17.00 Sz**	
	U Berlin **10.30** / 17.30 Pz	
	U Passow 20.00** / 20.20 ✉	11.20[3]

* Abfahrt in Castel auf der rechten Rheinseite; ein Fahrplan der Post-Course von Mainz über die Schiffsbrücke nach Castel liegt nicht vor. ** Ankunftszeit geschätzt

nach **Stuttgart**

4.30 Pz	**U** Ludwigshafen 6.04 / #	
	U Mannheim # / 9.00 Pz	
	U Bruchsal 10.51* / 11.10 Pz	14.10
7.30 Pz	**U** Ludwigshafen 9.37 / #	
	U Mannheim # / **12.15 Sz**	
	U Bruchsal **13.28* / 13.48 Ez**	**15.46**

Fortsetzung siehe nächste Spalte

11.20 Sz	**U** Ludwigshafen **13.00** / #	
	U Mannheim # / 15.10 Pz	
	U Bruchsal 17.01* / 17.20 Pz	20.15
20.00 Pz	**U** Ludwigshafen 21.59 ↩ / #	
	U Mannheim # / **6.40 Sz**	
	U Bruchsal **7.59*** / 8.15 Pz	11.05

* Ankunftszeit geschätzt

nach **Trier**

11.20 Sz	**U** Saarbrücken **16.58** / 17.30 ✉	4.00
15.00 Pz	**U** Saarbrücken 22.05 ↩ / 8.15 ✉	18.45

nach **Ulm**

7.30 Pz	**U** Ludwigshafen 9.37 / #	
	U Mannheim # / **12.15 Sz**	
	U Bruchsal **13.28* / 13.48 Ez**	**18.25**
11.20 Sz	**U** Ludwigshafen **13.00** / #	
	U Mannheim # / 15.10 Pz	
	U Bruchsal 17.01* / 17.20 Pz	
	U Stuttgart 20.15 ↩ / 7.05 Pz	10.50
20.00 Pz	**U** Ludwigshafen 21.59 ↩ / #	
	U Mannheim # / **6.40 Sz**	
	U Bruchsal **7.59*** / 8.15 Pz	15.05

* Ankunftszeit geschätzt

nach **Wiesbaden***

7.10 Pz	7.30
9.15 Pz	9.35
12.25 Pz	12.45
14.35 Pz	14.55
15.55 Pz	16.15
19.05 Pz	19.30
21.45 Pz	22.05

* Abfahrt in Castel auf der rechten Rheinseite; ein Fahrplan der Post-Course von Mainz über die Schiffsbrücke nach Castel liegt nicht vor.

nach **Würzburg**

6.10* Pz	**U** Frankfurt a.M. 7.30 / **8.30 Ez**	**12.00**
14.40* Pz	**U** Frankfurt a.M. 15.45 / 17.15 Pz	21.40

* Abfahrt in Castel auf der rechten Rheinseite; ein Fahrplan der Post-Course von Mainz über die Schiffsbrücke nach Castel liegt nicht vor.

nach **Zwickau**

6.10* Pz	**U** Frankfurt a.M. 7.30 / **8.30 Ez**	
	U Bamberg **14.45 / 15.05 Ez**	
	U Werdau 20.55** / 21.17 Pz	21.40**
14.40* Pz	**U** Frankfurt a.M. 15.45 / 17.15 Pz	
	U Bamberg 1.05 / 1.35 Pz	
	U Hof 6.30 / 7.00 Pz	
	U Werdau 9.40** / 9.47 Pz	10.10**

* Abfahrt in Castel auf der rechten Rheinseite; ein Fahrplan der Post-Course von Mainz über die Schiffsbrücke nach Castel liegt nicht vor. ** Ankunftszeit geschätzt

Mannheim

Von Mannheim gehen zur Zeit zwei Bahnlinien aus:

- die Hauptbahn der Badischen Staatseisenbahnen über Heidelberg–Carlsruhe–Offenburg–Freiburg neuerdings bis Basel, Badischer Bf, von wo der Weiterbau nach Waldshut–Schaffhausen–Constanz in Angriff genommen wurde,
- eine Verbindungsbahn zur Main-Neckar-Bahn nach Darmstadt–Frankfurt am Main.

☞ **Weitere Verbindungen** bestehen mit den von Ludwigshafen abgehenden Eisenbahn-Coursen nach Mainz und nach Saarbrücken.

von **Mannheim**

nach **Aachen**

7.00 ⛴	**U** Cöln 20.15 / **23.30 Sz**	**1.20**

weitere Verbindungen > **Ludwigshafen**

nach **Augsburg**

12.15 Sz	**U** Bruchsal **13.28* / 13.48 Ez**	
	U Ulm **18.25 / 18.45 Ez**	**21.15**
15.10 Pz	**U** Bruchsal 17.01* / 17.20 Pz	
	U Stuttgart 20.15 ↩ / 7.05 Pz	
	U Ulm 10.50 / 11.15 GmP	15.40

* Ankunftszeit geschätzt

nach **Basel***

6.40 Sz		**14.56**
9.00 Pz		20.15
12.15 Sz		**19.15**
15.10 Pz	**U** Offenburg 20.47 ↩ / 6.00 Pz	10.55

* Ankunft Basel Badischer Bf

nach **Berlin**

13.10 Sz	**U** Frankfurt a.M. **15.30 / 17.00 Sz**	**10.30**

nach **Bonn**

4.30 ⛴		16.15
4.30 ⛴*	**nur Mi, Do und So**	16.30
7.00 ⛴		18.15

* Niederländische Gesellschaft

weitere Verbindungen > **Ludwigshafen**

nach **Braunschweig**

22.05 Cz	**U** Frankfurt a.M. **0.15** / 5.45 Pz	
	U Guntershausen 11.45/ 11.50 Pz	
	U Cassel 12.10 / 12.30 ✉	
	U Göttingen 17.45 / 18.00 Pz	
	U Hannover 21.30 / 22.30 Pz	0.30

Fortsetzung siehe nächste Seite

noch: nach **Braunschweig**

13.10 Sz **U** Frankfurt a.M. **15.30 / 17.00 Sz**
U Guntershausen **21.50** / 21.55 Pz
U Cassel 22.15 / 23.15 ✉
U Göttingen 4.40 / 5.15 Pz
U Hannover 8.45 / 10.00 Pz 12.15

13.10 Sz **U** Frankfurt a.M. **15.30 / 17.00 Sz**
U Halle **5.40** / 7.45 Pz
U Magdeburg 9.50 / **10.40 Cz** **12.50**

nach **Bremen**

13.10 Sz **U** Frankfurt a.M. **15.30 / 17.00 Sz**
U Guntershausen **21.50** / 21.55 Pz
U Cassel 22.15 / 23.15 ✉
U Göttingen 4.40 / 5.15 Pz
U Hannover 8.45 / 12.45 Pz 16.00

22.05 Cz **U** Frankfurt a.M. **0.15** ↩ / 5.45 Pz
U Guntershausen 11.45/ 11.50 Pz
U Cassel 12.10 / 12.30 ✉
U Göttingen 17.45 / 18.00 Pz
U Hannover 21.30 ↩ / **6.45 Sz**
U Wunstorf **7.15*** / 7.30 Pz 10.15[3]

* Ankunftszeit geschätzt

nach **Breslau**

13.10 Sz **U** Frankfurt a.M. **15.30 / 17.00 Sz**
U Berlin **10.30 / 22.15 Sz** **5.45**[3]

nach **Carlsruhe**

5.00 Pz	*über Heidelberg*	9.12
6.40 Sz	*über Heidelberg*	**8.27**
9.00 Pz	*über Heidelberg*	11.44
12.15 Sz	*über Heidelberg*	**14.10**
15.10 Pz	*über Heidelberg*	17.50
19.45 Pz	*über Heidelberg*	22.25

nach **Cassel**

7.15 Pz **U** Frankfurt a.M. 10.00 / 10.35 Pz
U Guntershausen 18.50/ 19.00 Pz 19.20

13.10 Sz **U** Frankfurt a.M. **15-30 / 17.00 Sz**
U Guntershausen **21.50**/ 21.55 Pz 22.15

22.05 Cz **U** Frankfurt a.M. **0.15** ↩ / 5.45 Pz
U Guntershausen 11.45/ 11.50 Pz 12.10

nach **Chemnitz**

13.10 Sz **U** Frankfurt a.M.**15.30 / 17.00 Sz**
U Halle **5.40** / 6.15 Pz
U Leipzig 7.30 / 10.00 Pz
U Riesa 11.25* / 12.15 Pz 15.30

22.05 Cz **U** Frankfurt a.M. **0.15** / 5.45 Pz
U Halle 20.05 / 20.30 Pz
U Leipzig 21.15 / **22.00 Sz**
U Riesa **23.15*** ↩ / 5.15 Pz 8.15

* Ankunftszeit geschätzt

nach **Coblenz**

4.30 ⛴		13.00
4.30 ⛴ *	**Mo, Mi, Do, Fr und So**	13.15
7.00 ⛴		15.15

* Niederländische Gesellschaft

weitere Verbindungen > **Ludwigshafen**

nach **Cöln**

4.30 ⛴		18.15
4.30 ⛴ *	**Mo, Mi, Do, Fr und So**	18.00
7.00 ⛴		20.15

* Niederländische Gesellschaft

weitere Verbindungen > **Ludwigshafen**

nach **Constanz**

6.40 Sz **U** Offenburg **10.22** / 10.45 ✉ 6.15

9.00 Pz **U** Freiburg i.B. 17.07 / 18.15 ✉
U Schaffhausen 5.15 / 12.30 ✉ 17.00

12.15 Pz **U** Freiburg i.B. **17.36** / 18.15 ✉
U Schaffhausen 5.15 / 12.30 ✉ 17.00

nach **Danzig**

13.10 Sz **U** Frankfurt a.M. **15.30 / 17.00 Sz**
U Berlin **10.30 / 22.40 Sz** **11.35**

nach **Darmstadt***

7.15 Pz	*über Friedrichsfeld*	9.15
11.40 Pz	*über Friedrichsfeld*	13.43
13.10 Sz	*über Friedrichsfeld*	**14.53**
18.20 Pz	*über Friedrichsfeld*	20.43
22.05 Cz	*über Friedrichsfeld*	**23.38**

* Ankunftszeiten in Darmstadt sind sämmtlich geschätzt.

nach **Dortmund***

13.10 Sz **U** Frankfurt a.M. **15.30 / 17.00 Sz**
U Guntershausen **21.50**/ 21.55 Pz
U Cassel 22.15 ↩ / 5.55 Pz
U Hamm 11.46 / **12.01 Sz** **12.45**

22.05 Cz **U** Frankfurt a.M. **0.15** ↩ / 5.45 Pz
U Guntershausen 11.45/ 11.50 Pz
U Cassel 12.10 / 12.30 Pz
U Hamm 18.26 / **18.45 Cz** **19.20**

* Ankunftszeiten in Dortmund sind sämmtlich geschätzt.

weitere Verbindungen > **Ludwigshafen**

nach **Dresden**

13.10 Sz **U** Frankfurt a.M.**15.30/ 17.00 Sz**
U Halle **5.40** / 6.15 Pz
U Leipzig 7.30 / 10.00 Pz 13.15

22.05 Cz **U** Frankfurt a.M. **0.15** / 5.45 Pz
U Halle 20.05 / 20.30 Pz
U Leipzig 21.15 / **22.00 Sz** **0.30**[3]

nach **Düsseldorf**

4.30 ⛴ **U** Cöln > Deutz 18.15 / **20.00 Sz** **20.55**
4.30 ⛴ 22.00

Fortsetzung siehe nächste Spalte

4.30 * ⛴ **Mo, Mi, Do, Fr und So** 23.00

* Niederländische Gesellschaft

weitere Verbindungen > **Ludwigshafen**

nach **Elberfeld**

> Ludwigshafen

nach **Erfurt***

13.10 Sz **U** Frankfurt a.M. **15.30 / 17.00 Sz** **2.50**
22.05 Cz **U** Frankfurt a.M. **0.15** ↩ / 5.45 Pz 16.50

* Ankunftszeiten in Erfurt sind sämmtlich geschätzt.

nach **Essen**

> Ludwigshafen

nach **Frankfurt a.M.**

7.15 Pz	*über Friedrichsfeld–Darmstadt*	10.00
11.40 Pz	*über Friedrichsfeld–Darmstadt*	14.30
13.10 Sz	*über Friedrichsfeld–Darmstadt*	**15.30**
18.20 Pz	*über Friedrichsfeld–Darmstadt*	21.30
22.05 Cz	*über Friedrichsfeld–Darmstadt*	**0.15**

nach **Freiburg i.B.**

6.40 Sz	**12.35**
9.00 Pz	17.07
12.15 Sz	**17.36**
15.10 Pz **U** Offenburg 20.47 ↩ / 6.00 Pz	8.16

nach **Gera**

13.10 Sz **U** Frankfurt a.M. **15.30** / 18.30 Pz
U Marburg 21.50 ↩ / 4.55 Pz
U Weimar 13.30* / 16.00 ✉ 24.00*

13.10 Sz **U** Frankfurt a.M. **15.30** / 18.30 Pz
U Marburg 21.50 ↩ / 4.55 Pz
U Halle 16.05 / 16.15 Pz
U Leipzig 17.15 / 18.30 Pz
U Altenburg 19.40* / 20.30 ✉ 0.30

22.05 Cz **U** Frankfurt a.M. **0.15** ↩ / 5.45 Pz
U Weissenfels 19.10* / 0.45 ✉ 7.30

* Ankunftszeit geschätzt

nach **Görlitz**

13.10 Sz **U** Frankfurt a.M.**15.30** / **17.00 Sz**
U Halle **5.40** / 6.15 Pz
U Leipzig 7.30 / 10.00 Pz
U Dresden 13.15 / 14.30 Pz 18.15

22.05 Cz **U** Frankfurt a.M. **0.15** / 5.45 Pz
U Halle 20.05 / 20.30 Pz
U Leipzig 21.15 / **22.00 Sz**
U Dresden **0.30** / 5.30 Pz 9.00[3]

nach **Hagen**

> Ludwigshafen

nach **Halle**

13.10 Sz **U** Frankfurt a.M. **15.30 / 17.00 Sz** **5.40**
22.05 Cz **U** Frankfurt a.M. **0.15** ↩ / 5.45 Pz 20.05

nach **Hamburg**

13.10 Sz	U Frankfurt a.M. **15.30** / **17.00 Sz**	
	U Guntershausen **21.50** / 21.55 Pz	
	U Cassel 22.15 / 23.15 ⊠	
	U Göttingen 4.40 / 5.15 Pz	
	U Hannover 8.45 / 10.00 GmP	
	U Lehrte 10.30* / 11.00 Pz	16.10**
22.05 Cz	U Frankfurt a.M. **0.15** ↩ / 5.45 Pz	
	U Guntershausen 11.45 / 11.50 Pz	
	U Cassel 12.10 / 12.30 ⊠	
	U Göttingen 17.45 / 18.00 Pz	
	U Hannover 21.30 ↩ / **5.30 Sz**	
	U Lehrte **6.00*** / 6.05 Pz	
	U Harburg 10.05 / 10.30 ⛴	11.45[3]

* Ankunftszeit geschätzt ** Ankunft in Harburg

nach **Hamm**

13.10 Sz	U Frankfurt a.M. **15-30** / **17.00 Sz**	
	U Guntershausen **21.50**/ 21.55 Pz	
	U Cassel 22.15 ↩ / 5.55 Pz	11.46
22.05 Cz	U Frankfurt a.M. **0.15** ↩ / 5.45 Pz	
	U Guntershausen 11.45/ 11.50 Pz	
	U Cassel 12.10 / 12.30 Pz	18.26

nach **Hannover**

13.10 Sz	U Frankfurt a.M. **15.30** / **17.00 Sz**	
	U Guntershausen **21.50** / 21.55 Pz	
	U Cassel 22.15 / 23.15 ⊠	
	U Göttingen 4.40 / 5.15 Pz	8.45
22.05 Cz	U Frankfurt a.M. **0.15** / 5.45 Pz	
	U Guntershausen 11.45/ 11.50 Pz	
	U Cassel 12.10 / 12.30 ⊠	
	U Göttingen 17.45 / 18.00 Pz	21.30

nach **Heidelberg***

5.00 Pz	5.32
6.40 Sz	**7.07**
9.00 Pz	9.32
12.15 Sz	**12.42**
15.10 Pz	15.42
19.45 Pz	20.17

* Ankunftszeiten in Heidelberg sind sämmtlich geschätzt.

nach **Kiel**

22.05 Cz	U Frankfurt a.M. **0.15** ↩ / 5.45 Pz	
	U Guntershausen 11.45 / 11.50 Pz	
	U Cassel 12.10 / 12.30 ⊠	
	U Göttingen 17.45 / 18.00 Pz	
	U Hannover 21.30 ↩ / **5.30 Sz**	
	U Lehrte **6.00*** / 6.05 Pz	
	U Harburg 10.05 / 10.30 ⛴	
	U Hamburg > Altona 11.45 / 13.00 GmP	16.30[3]

* Ankunftszeit geschätzt

nach **Königsberg i.Pr.**

13.10 Sz	U Frankfurt a.M. **15.30** / **17.00 Sz**	
	U Berlin **10.30** / **22.40 Sz**	
	U Dirschau **10.45** / 11.37 ⊠	
	U Marienburg 16.07 / **16.37 Sz**	**21.02**[3]

nach **Leipzig**

13.10 Sz	U Frankfurt a.M.**15.30** / **17.00 Sz**	
	U Halle **5.40** / 6.15 Pz	7.30
22.05 Cz	U Frankfurt a.M. **0.15** / 5.45 Pz	
	U Halle 20.05 / 20.30 Pz	21.15

nach **Lindau**

12.15 Sz	U Bruchsal **13.28*** / **13.48 Ez**	
	U Ulm **18.25** / **18.45 Ez**	
	U Augsburg **21.15** / 21.30 GmP	6.30
12.15 Sz	U Bruchsal **13.28*** / **13.48 Ez**	
	U Friedrichshafen **22.15** ↩ / 6.00 ⛴	k.A.
15.10 Pz	U Bruchsal 17.00* / 17.20 Pz	
	U Stuttgart 20.15 ↩ / 7.05 Pz	
	U Friedrichshafen 15.20 / 15.30 ⛴	k.A.

* Ankunftszeit geschätzt

nach **Ludwigshafen**

Ein Fahrplan liegt nicht vor.

nach **Lübeck**

13.10 Sz	U Frankfurt a.M. **15-30** / **17.00 Sz**	
	U Halle **5.40** / 7.45 Pz	
	U Magdeburg 9.50 / 10.45 GmP	
	U Wittenberge 14.10 / 15.10 GmP	
	U Büchen 18.35* / 19.00 Pz	20.11
22.05 Cz	U Frankfurt a.M. **0.15** ↩ / 5.45 Pz	
	U Halle 20.05 / 22.45 Pz	
	U Magdeburg 1.15 / 7.45 Pz	
	U Wittenberge 10.15 / 10.55 Pz	
	U Büchen 13.55* / 14.00 Pz	15.11[3]

* Ankunftszeit geschätzt

nach **Magdeburg**

13.10 Sz	U Frankfurt a.M.**15.30** / **17.00 Sz**	
	U Halle **5.40** / 7.45 Pz	9.50
22.05 Cz	U Frankfurt a.M. **0.15** / 5.45 Pz	
	U Halle 20.05 / 22.45 Pz	1.15

nach **Mainz**

4.30 ⛴		8.30
4.30 ⛴*	**Mo, Mi, Do, Fr und So**	8.45
7.00 ⛴		10.30
13.10 Sz	U Darmstadt **14.53** / 15.00 ⊠	
	U Oppenheim 17.30 / 18.48 GmP	19.50

* Niederländische Gesellschaft

weitere Verbindungen > **Ludwigshafen**

nach **München**

12.55 Sz	U Bruchsal **13.28*** / **13.48 Ez**	
	U Ulm **18.25** / **18.45 Ez**	
	U Augsburg **21.15** / **21.30 Ez**	**23.00**
15.10 Pz	U Bruchsal 17.01* / 17.20 Pz	
	U Stuttgart 20.15 ↩ / 7.05 Pz	
	U Ulm 10.50 / 11.15 GmP	
	U Augsburg 15.40 / 17.45 GmP	20.30

* Ankunftszeit geschätzt

nach **Münster**

13.10 Sz	U Frankfurt a.M. **15.30** / **17.00 Sz**	
	U Guntershausen **21.50**/ 21.55 Pz	
	U Cassel 22.15 ↩ / 5.55 Pz	
	U Hamm 11.46 / 12.10 Pz	13.00
22.05 Cz	U Frankfurt a.M. **0.15** ↩ / 5.45 Pz	
	U Guntershausen 11.45/ 11.50 Pz	
	U Cassel 12.10 / 12.30 Pz	
	U Hamm 18.26 / 19.00 Pz	20.00

nach **Nürnberg**

13.10 Sz	U Frankfurt a.M.**15.30** / 17.15 Pz	
	U Bamberg 1.05 / 3.15 Pz	5.15
22.05 Cz	U Frankfurt a.M. **0.15** ↩/ **8.30 Ez**	
	U Bamberg **14.45** / **15.30 Ez**	**17.00**

nach **Oberhausen**

> Ludwigshafen

nach **Oppeln**

13.10 Sz	U Frankfurt a.M. **15.30** / **17.00 Sz**	
	U Berlin **10.30** / **22.15 Sz**	**7.45**[3]
22.05 Cz	U Frankfurt a.M. **0.15** ↩ / 5.45 Pz	
	U Halle 20.05 / 20.30 Pz	
	U Leipzig 21.15 ↩ / 6.00 Pz	
	U Dresden 9.15 / 9.45 Pz	
	U Görlitz 12.50 / 13.30 Pz	
	U Kohlfurt 14.10 / 14.15 Pz	21.27

nach **Osnabrück**

13.10 Sz	U Frankfurt a.M. **15.30** / **17.00 Sz**	
	U Guntershausen **21.50**/ 21.55 Pz	
	U Cassel 22.15 ↩ / 5.55 Pz	
	U Hamm 11.46 / 16.03 Pz	
	U Minden 19.45 / 1.00 ⊠	8.00[3]
22.05 Cz	U Frankfurt a.M. **0.15** ↩ / 5.45 Pz	
	U Guntershausen 11.45/ 11.50 Pz	
	U Cassel 12.10 / 12.30 Pz	
	U Hamm 18.26 / **0.00 Sz**	
	U Minden **3.05** / 9.00 ⊠	16.00[3]

nach **Passau**

22.05 Cz	U Frankfurt a.M. **0.15** ↩/ **8.30 Ez**	
	U Bamberg **14.45** / **15.30 Ez**	
	U Nürnberg **17.00** / 17.30 ⊠	
	U Regensburg 5.30 / 11.00 ⊠	22.30[3]

nach **Posen**
13.10 Sz **U** Frankfurt a.M. **15.30 / 17.00 Sz**
U Berlin **10.30 / 22.40 Sz**
U Kreutz **4.43** / 5.03 Pz 7.47[3]

nach **Regensburg**
13.10 Sz **U** Frankfurt a.M.**15.30** / 17.15 Pz
U Bamberg 1.05 / 3.15 Pz
U Nürnberg 5.15 / 6.00 ⊠ 18.00
22.05 Cz **U** Frankfurt a.M. **0.15** ↝ **/ 8.30 Ez**
U Bamberg **14.45 / 15.30 Ez**
U Nürnberg **17.00** / 17.30 ⊠ 5.30[3]

nach **Rostock**
13.10 Sz **U** Frankfurt a.M. **15.30 / 17.00 Sz**
U Halle **5.40** / 7.45 Pz
U Magdeburg 9.50 / 10.45 GmP
U Wittenberge 14.10 / 15.10 GmP
U Hagenow 17.00* / 17.30 Pz 22.10
22.05 Cz **U** Frankfurt a.M. **0.15** ↝ / 5.45 Pz
U Halle 20.05 / 22.45 Pz
U Magdeburg 1.15 ↝ / 7.45 Pz
U Wittenberge 10.15 / 10.55 Pz
U Hagenow 12.40* / 12.50 Pz 16.40[3]

* Ankunftszeit geschätzt

nach **Saarbrücken**
> *Ludwigshafen*

nach **Schwerin**
13.10 Sz **U** Frankfurt a.M. **15.30 / 17.00 Sz**
U Halle **5.40** / 7.45 Pz
U Magdeburg 9.50 / 10.45 GmP
U Wittenberge 14.10 / 15.10 GmP
U Hagenow 17.00* / 17.30 Pz 18.15
22.05 Cz **U** Frankfurt a.M. **0.15** ↝ / 5.45 Pz
U Halle 20.05 / 22.45 Pz
U Magdeburg 1.15 ↝ / 7.45 Pz
U Wittenberge 10.15 / 10.55 Pz
U Hagenow 12.40* / 12.50 Pz 13.35[3]

* Ankunftszeit geschätzt

nach **Stettin**
13.10 Sz **U** Frankfurt a.M. **15.30 / 17.00 Sz**
U Berlin **10.30** / 12.15 Pz 15.52

nach **Stralsund**
13.10 Sz **U** Frankfurt a.M. **15.30 / 17.00 Sz**
U Berlin **10.30** / 17.30 Pz
U Passow 20.00* / 20.20 ⊠ 11.20[3]

* Ankunftszeit geschätzt

nach **Stuttgart**
6.40 Sz **U** Bruchsal **7.59*** / 8.15 Pz 11.05
9.00 Pz **U** Bruchsal 10.50* / 11.10 Pz 14.10
12.15 Sz **U** Bruchsal **13.28* / 13.48 Ez** **15.46**
15.10 Pz **U** Bruchsal 17.00* / 17.20 Pz 20.15

* Ankunftszeit geschätzt

nach **Trier**
> *Ludwigshafen*

nach **Ulm**
6.40 Sz **U** Bruchsal **7.59*** / 8.15 Pz 15.05
12.15 Sz **U** Bruchsal **13.28* / 13.48 Ez** **18.25**
15.10 Pz **U** Bruchsal 17.01* / 17.20 Pz
U Stuttgart 20.15 ↝ / 7.05 Pz 10.50

* Ankunftszeit geschätzt

nach **Wiesbaden**
7.15 Pz **U** Frankfurt a.M. 10.00 / 11.15 Pz 12.45
11.40 Pz **U** Frankfurt a.M. 14.30 / 14.45 Pz 16.15
13.10 Sz **U** Frankfurt a.M. **15.30** / 18.00 Pz 19.30
22.05 Cz **U** Frankfurt a.M. **0.15** ↝ / 5.45 Pz 7.30

nach **Würzburg**
6.40 Sz **U** Heidelberg **7.07** / 8.00 ⊠ 24.00
13.10 Sz **U** Frankfurt a.M. **15.30** / 17.15 Pz 21.40
15.10 Pz **U** Heidelberg 15.46 / 16.00 ⊠ 7.00
22.05 Cz **U** Frankfurt a.M. **0.15** ↝**/ 8.30 Ez 12.00**

nach **Zwickau**
13.10 Sz **U** Frankfurt a.M. **15.30** / 17.15 Pz
U Bamberg 1.05 / 1.35 Pz
U Hof 6.30 / 7.00 Pz
U Werdau 9.40* / 9.47 Pz 10.10*
22.05 Cz **U** Frankfurt a.M. **0.15** ↝**/ 8.30 Ez**
U Bamberg **14.45 / 15.05 Ez**
U Werdau 20.55* / 21.17 Pz 21.40*

* Ankunftszeit geschätzt

Auslandsverbindungen
nach Frankreich > *Ludwigshafen*

München

Ab München voll in Betrieb befindet sich gegenwärtig die inzwischen von der Bayerischen Staatseisenbahn übernommene München-Augsburger Eisenbahn nach Augsburg, woselbst Verzweigungen nach Nürnberg–Hof (–Leipzig), Ulm (–Stuttgart) und Lindau bestehen.

Als voraussichtlich nächste, von München ausgehende Fernbahn der Bayerischen Staatseisenbahn wird die Maximiliansbahn folgen: Sie ist projectiert als Verbindung nach Österreich. Nachdem der erste Abschnitt bis Großhessenlohe schon in Betrieb genommen ist, folgt voraussichtlich 1857 die Fertigstellung bis Rosenheim, woselbst die Bahn sich in einen Flügel nach Kufstein und einen solchen über Traunstein nach Salzburg verzweigen wird.

---

von **München**

nach **Aachen**
7.15 Ez **U** Augsburg **8.45 / 9.00 Ez**
U Ulm **11.30** / 11.45 Pz
U Bruchsal 16.48 / 17.05 Pz
U Mannheim 18.52 / #
U Ludwigshafen # / **22.00 Sz**
U Mainz **23.39** ↝ / 6.00 ⛴
U Cöln 14.45 / 18.00 Pz 20.00
13.45 Pz **U** Augsburg 15.35 / 16.15 GmP
U Ulm 20.45 ↝ / 5.35 Pz
U Bruchsal 12.06 / **12.27 Sz**
U Mannheim **13.42** / #
U Ludwigshafen # / 15.10 Pz
U Mainz 17.15 / 20.00 ⊠
U Coblenz 5.30 / 6.00 ⛴
U Cöln 10.30 / 11.45 Pz 13.45[3]

nach **Augsburg**
7.15 Ez **8.45**
8.00 GmP 10.45
13.45 Pz 15.35
17.15 GmP 20.00
20.30 GmP 23.15

nach **Basel***
7.15 Ez **U** Augsburg **8.45 / 9.00 Sz**
U Ulm **11.30** / 11.45 Pz
U Bruchsal 16.48 / 17.06 Pz
U Offenburg 20.47 ↝ / 6.00 Pz 10.55
8.00 GmP **U** Augsburg 10.45 / 13.00 GmP
U Ulm 17.30 / 17.42 Pz
U Stuttgart 21.10 ↝ / 7.20 Pz
U Bruchsal 10.12 / 10.58 Pz 20.15

* Ankunft Basel Badischer Bf

nach **Berlin**
7.15 Ez **U** Leipzig **23.00** ↝ **/ 5.00 Sz** **10.30**
13.45 Pz **U** Hof 6.30 / 7.00 Pz
U Leipzig 12.30 / 14.30 Pz
U Röderau 16.15 / 16.45 Pz 20.45

nach **Bonn**
7.15 Ez **U** Augsburg **8.45 / 9.00 Ez**
U Ulm **11.30** / 11.45 Pz
U Bruchsal 16.48 / 17.05 Pz
U Mannheim 18.52 / #
U Ludwigshafen # / **22.00 Sz**
U Mainz **23.39** ↝ / 6.00 ⛴ 12.45

Fortsetzung siehe nächste Seite

noch: nach **Bonn**

13.45 Pz	U Augsburg 15.35 / 16.15 GmP	
	U Ulm 20.45 ↷ / 5.35 Pz	
	U Bruchsal 12.06 / **12.27 Sz**	
	U Mannheim **13.42** / #	
	U Ludwigshafen # / 15.10 Pz	
	U Mainz 17.15 / 20.00 ✉	
	U Coblenz 5.30 / 6.00 ⛴	8.45[3]

nach **Braunschweig**

7.15 Ez	U Bamberg **14.45 / 15.45 Ez**	
	U Frankfurt a.M. **22.00** ↷ / 5.45 Pz	
	U Guntershausen 11.45 / 11.50 Pz	
	U Cassel 12.10 / 12.30 ✉	
	U Göttingen 17.45 / 18.00 Pz	
	U Hannover 21.30 / 22.30 Pz	0.30[3]
13.45 Pz	U Bamberg 23.45 / 1.45 Pz	
	U Frankfurt a.M. 9.20 / **17.00 Sz**	
	U Guntershausen **21.50** / 21.55 Pz	
	U Cassel 22.15 / 23.15 ✉	
	U Göttingen 4.40 / 5.15 Pz	
	U Hannover 8.45 / 10.00 Pz	12.15[3]
13.45 Pz	U Bamberg 23.45 / 1.45 Pz	
	U Frankfurt a.M. 9.20 / **17.00 Sz**	
	U Halle **5.40** / 7.45 Pz	
	U Magdeburg 9.50 / **10.40 Cz**	**12.50**[3]

nach **Bremen**

7.15 Ez	U Leipzig **23.00** ↷ / 7.00 Pz	
	U Magdeburg 9.50 / **10.40 Cz**	
	U Wunstorf **15.03*** / 16.40 Pz	19.25
13.45 Pz	U Hof 6.30 / 7.00 Pz	
	U Leipzig 12.30 / 22.00 Pz	
	U Magdeburg 1.15 / **1.50 Cz**	
	U Wunstorf **7.15*** / 7.30 Pz	10.15[3]

* Ankunftszeit geschätzt

nach **Breslau**

7.15 Ez	U Leipzig **23.00** ↷ / 6.00 Pz	
	U Dresden 9.15 / 9.45 Pz	
	U Görlitz 12.50 / 13.30 Pz	
	U Kohlfurt 14.10 / 14.15 Pz	18.30
13.45 Pz	U Hof 6.30 / 7.00 Pz	
	U Leipzig 12.30 / 14.30 Pz	
	U Dresden 17.30 / 18.15 Pz	
	U Görlitz 21.40 / 23.00 Pz	
	U Kohlfurt 23.45 / **2.45 Sz**	**5.45**

nach **Carlsruhe**

7.15 Ez	U Augsburg **8.45 / 9.00 Ez**	
	U Ulm **11.30** / 11.45 Pz	
	U Bruchsal 16.48 / 17.06 Pz	17.50
8.00 GmP	U Augsburg 10.45 / 13.00 GmP	
	U Ulm 17.30 / 17.42 Pz	
	U Stuttgart 21.10 ↷ / 7.20 Pz	
	U Bruchsal 10.12 / 10.58 Pz	11.44

nach **Cassel**

7.15 Ez	U Augsburg **8.45 / 9.00 Ez**	
	U Ulm **11.30** / 11.45 Pz	
	U Bruchsal 16.48 / 17.05 Pz	
	U Heidelberg* 18.10 / 18.25 Pz	
	U Frankfurt a.M. 21.30 ↷ / 5.45 Pz	
	U Guntershausen 11.45/11.50 Pz	12.10
7.15 Ez	U Bamberg **14.45 / 15.45 Ez**	
	U Frankfurt a.M. **22.00** ↷ / 5.45 Pz	
	U Guntershausen 11.45/11.50 Pz	12.10
13.45 Pz	U Bamberg 23.45 / 1.45 Pz	
	U Frankfurt a.M. 9.20 / 10.35 Pz	
	U Guntershausen 18.50/19.00 Pz	19.20

* Ankunftszeit geschätzt

nach **Chemnitz**

7.15 Ez	U Werdau **20.55*** / 21.17 Pz	
	U Zwickau 21.40* / 22.30 ✉	3.00
13.45 Pz	U Hof 6.30 / 7.00 Pz	
	U Werdau 9.40* / 9.47 Pz	
	U Zwickau 10.10* / 10.30 ✉	15.00

* Ankunftszeit geschätzt

nach **Coblenz**

7.15 Ez	U Augsburg **8.45 / 9.00 Ez**	
	U Ulm **11.30** / 11.45 Pz	
	U Bruchsal 16.48 / 17.05 Pz	
	U Mannheim 18.52 / #	
	U Ludwigshafen # / **22.00 Sz**	
	U Mainz **23.39** ↷ / 6.00 ⛴	9.45
13.45 Pz	U Augsburg 15.35 / 16.15 GmP	
	U Ulm 20.45 ↷ / 5.35 Pz	
	U Bruchsal 12.06 / **12.27 Sz**	
	U Mannheim **13.42** / #	
	U Ludwigshafen # / 15.10 Pz	
	U Mainz 17.15 / 20.00 ✉	5.30[3]

nach **Cöln**

7.15 Ez	U Augsburg **8.45 / 9.00 Ez**	
	U Ulm **11.30** / 11.45 Pz	
	U Bruchsal 16.48 / 17.05 Pz	
	U Mannheim 18.52 / #	
	U Ludwigshafen # / **22.00 Sz**	
	U Mainz **23.39** ↷ / 6.00 ⛴	14.45
13.45 Pz	U Augsburg 15.35 / 16.15 GmP	
	U Ulm 20.45 ↷ / 5.35 Pz	
	U Bruchsal 12.06 / **12.27 Sz**	
	U Mannheim **13.42** / #	
	U Ludwigshafen # / 15.10 Pz	
	U Mainz 17.15 / 20.00 ✉	
	U Coblenz 5.30 / 6.00 ⛴	10.30[3]

nach **Constanz**

7.15 Ez	U Augsburg **8.45 / 9.00 Ez**	
	U Ulm **11.30** / 11.45 Pz	
	U Friedrichshafen 15.20 / 16.30 ⛴	k.A.
8.00 GmP	U Augsburg 10.45 / 12.50 GmP	
	U Lindau 22.35 ↷ / 6.00 ⛴	
	U Friedrichhafen # / 9.15 ⛴	k.A.

nach **Danzig**

13.45 Pz	U Hof 6.30 / 7.00 Pz	
	U Leipzig 12.30 / 14.30 Pz	
	U Röderau 16.15 / 16.45 Pz	
	U Berlin 20.45 / **22.40 Sz**	**11.35**[3]

nach **Darmstadt**

7.15 Ez	U Augsburg **8.45 / 9.00 Ez**	
	U Ulm **11.30** / 11.45 Pz	
	U Bruchsal 16.48 / 17.05 Pz	
	U Heidelberg 18.05* / 18.25 Pz	20.43*
8.00 GmP	U Augsburg 10.45 / 13.00 GmP	
	U Ulm 17.30 / 17.42 Pz	
	U Stuttgart 21.10 ↷ / 7.20 Pz	
	U Bruchsal 10.12 / 10.30 Pz	
	U Heidelberg 11.30* / 11.45 Pz	13.43*
13.45 Pz	U Nördlingen 18.05 / 19.45 ✉	
	U Stuttgart 8.45 / 9.15 Pz	
	U Bruchsal 12.06 / **12.27 Sz**	
	U Heidelberg **13.05* / 13.20 Sz**	**14.53***

* Ankunftszeit geschätzt

nach **Dortmund***

7.15 Ez	U Augsburg **8.45 / 9.00 Ez**	
	U Bamberg **14.45 / 15.45 Ez**	
	U Frankfurt a.M. **22.00** ↷ / 5.45 Pz	
	U Guntershausen 11.45 / 11.50 Pz	
	U Cassel 12.10 / 12.30 Pz	
	U Hamm 18.26 / **18.45 Cz**	**19.20***
7.15 Ez	U Augsburg **8.45 / 9.00 Ez**	
	U Ulm **11.30** / 11.45 Pz	
	U Bruchsal 16.48 / 17.05 Pz	
	U Mannheim 18.52 / #	
	U Ludwigshafen # / **22.00 Sz**	
	U Mainz **23.39** ↷ / 6.00 ⛴	
	U Cöln 14.45 / 16.00 Pz	20.25
13.45 Pz	U Bamberg 23.45 / 1.45 Pz	
	U Frankfurt a.M. 9.20 / 10.35 Pz	
	U Guntershausen 18.50 / 19.00 Pz	
	U Cassel 19.20 ↷ / 5.55 Pz	
	U Hamm 11.46 / **12.01 Sz**	**12.45***[3]

* Ankunftszeiten in Dortmund sind sämmtlich geschätzt.

nach **Dresden**

7.15 Ez	U Leipzig **23.00** ↷ / 6.00 Pz	9.15
13.45 Pz	U Hof 6.30 / 7.00 Pz	
	U Leipzig 12.30 / 14.30 Pz	17.30

nach **Düsseldorf**

7.15 Ez	U Augsburg **8.45 / 9.00 Ez**	
	U Ulm **11.30** / 11.45 Pz	
	U Bruchsal 16.48 / 17.05 Pz	
	U Mannheim 18.52 / #	
	U Ludwigshafen # / **22.00 Sz**	
	U Mainz **23.39** ↷ / 6.00 ⛴	
	U Cöln > Deutz 14.45 / 16.00 Pz	17.10

Fortsetzung siehe nächste Seite

noch: nach **Düsseldorf**

13.45 Pz **U** Augsburg 15.35 / 16.15 GmP
U Ulm 20.45 ↷ / 5.35 Pz
U Bruchsal 12.06 / **12.27 Sz**
U Mannheim **13.42** / #
U Ludwigshafen # / 15.10 Pz
U Mainz 17.15 / 20.00 ✉
U Coblenz 5.30 / 6.00 ⛴
U Cöln > Deutz 10.30 / 11.00 Pz 12.10^{3}

nach **Elberfeld**

7.15 Ez **U** Augsburg **8.45** / **9.00 Ez**
U Ulm **11.30** / 11.45 Pz
U Bruchsal 16.48 / 17.05 Pz
U Mannheim 18.52 / #
U Ludwigshafen # / **22.00 Sz**
U Mainz **23.39** ↷ / 6.00 ⛴
U Cöln > Deutz 14.45 / 16.00 Pz
U Düsseldorf 17.10 / 17.30 Pz 18.36

13.45 Pz **U** Augsburg 15.35 / 16.15 GmP
U Ulm 20.45 ↷ / 5.35 Pz
U Bruchsal 12.06 / **12.27 Sz**
U Mannheim **13.42** / #
U Ludwigshafen # / 15.10 Pz
U Mainz 17.15 / 20.00 ✉
U Coblenz 5.30 / 6.00 ⛴
U Cöln > Deutz 10.30 / 11.00 Pz
U Düsseldorf 12.10 / 12.30 Pz 14.07^{3}

nach **Erfurt**

7.15 Ez **U** Leipzig **23.00** ↷ / 7.00 Pz
U Halle 7.40 / 8.15 Pz 11.10*

13.45 Pz **U** Hof 6.30 / 7.00 Pz
U Leipzig 12.30 / 17.30 Pz
U Halle 18.15 / 18.40 Pz 22.55

* Ankunftszeit geschätzt

nach **Essen***

7.15 Ez **U** Augsburg **8.45** / **9.00 Ez**
U Ulm **11.30** / 11.45 Pz
U Bruchsal 16.48 / 17.05 Pz
U Mannheim 18.52 / #
U Ludwigshafen # / **22.00 Sz**
U Mainz **23.39** ↷ / 6.00 ⛴
U Cöln 14.45 / 16.00 Pz 18.55

13.45 Pz **U** Bamberg 23.45 / 1.45 Pz
U Frankfurt a.M. 9.20 / 10.35 Pz
U Guntershausen 18.50 / 19.00 Pz
U Cassel 19.20 ↷ / 5.55 Pz
U Hamm 11.46 / **12.01 Sz** **13.39^{3}**

Fortsetzung siehe nächste Spalte

München ist außerdem im **Auslandsteil** ab S. 210 mit den hier abgehenden Post-Coursen nach **Österreich** und weiteren Anschlüssen (Italien) aufgeführt.

13.45 Pz **U** Augsburg 15.35 / 16.15 GmP
U Ulm 20.45 ↷ / 5.35 Pz
U Bruchsal 12.06 / **12.27 Sz**
U Mannheim **13.42** / #
U Ludwigshafen # / 15.10 Pz
U Mainz 17.15 / 20.00 ✉
U Coblenz 5.30 / 6.00 ⛴
U Cöln 10.30 / 11.00 Pz 13.45^{3}

* Ankunft in Alten-Essen, Ankunftszeit geschätzt; Fahrplan der Post-Course von Alten-Essen nach Essen Stadt liegt nicht vor.

nach **Frankfurt a.M.**

7.15 Ez **U** Augsburg **8.45** / **9.00 Ez**
U Ulm **11.30** / 11.45 Pz
U Bruchsal 16.48 / 17.05 Pz
U Heidelberg 18.05* / 18.25 Pz 21.30

7.15 Ez **U** Bamberg **14.45** / **15.45 Ez** **22.00**

13.45 Pz **U** Bamberg 23.45 / 1.45 Pz 9.20

* Ankunftszeit geschätzt

nach **Freiburg i.B.**

7.15 Ez **U** Augsburg **8.45** / **9.00 Ez**
U Ulm **11.30** /11.45 Pz
U Bruchsal 16.48 / 17.06 Pz
U Offenburg 20.47 ↷ / 6.00 Pz 8.16

8.00 GmP **U** Augsburg 10.45 / 13.00 GmP
U Ulm 17.30 / 17.42 Pz
U Stuttgart 21.10 ↷ / 7.20 Pz
U Bruchsal 10.12 / 10.58 Pz 17.07

nach **Gera**

7.15 Ez **U** Altenburg **21.55*** ↷ / 9.00 ✉ 13.00

13.45 Pz **U** Hof 6.30 / 7.00 Pz
U Altenburg 10.55* / 15.00 ✉ 19.00

* Ankunftszeit geschätzt

nach **Görlitz**

7.15 Ez **U** Leipzig **23.00** ↷ / 6.00 Pz
U Dresden 9.15 / 9.45 Pz 12.50

13.45 Pz **U** Hof 6.30 / 7.00 Pz
U Leipzig 12.30 / 14.30 Pz
U Dresden 17.30 / 18.15 Pz 21.40

nach **Hagen**

7.15 Ez **U** Bamberg **14.45** / **15.45 Ez**
U Frankfurt a.M. **22.00** ↷ / 5.45 Pz
U Guntershausen 11.45 / 11.50 Pz
U Cassel 12.10 / 12.30 Pz
U Hamm 18.26 / **18.45 Cz**
U Dortmund **19.20*** / 19.30 Pz 20.28

7.15 Ez **U** Augsburg **8.45** / **9.00 Ez**
U Ulm **11.30** / 11.45 Pz
U Bruchsal 16.48 / 17.05 Pz
U Mannheim 18.52 / #
U Ludwigshafen # / **22.00 Sz**
U Mainz **23.39** ↷ / 6.00 ⛴
U Cöln 14.45 / 16.00 Pz
U Düsseldorf 17.10 / 17.30 Pz
U Elberfeld 18.36 / 19.25 Pz 20.33

Fortsetzung siehe nächste Spalte

13.45 Pz **U** Bamberg 23.45 / 1.45 Pz
U Frankfurt a.M. 9.20 / 10.35 Pz
U Guntershausen 18.50 / 19.00 Pz
U Cassel 19.20 ↷ / 5.55 Pz
U Hamm 11.46 / **12.01 Sz**
U Dortmund **12.45*** / 13.15 Pz 14.22^{3}

* Ankunftszeiten in Hagen sind sämmtlich geschätzt.

nach **Halle**

7.15 Ez **U** Leipzig **23.00** ↷ / **5.00 Sz** **5.45**

13.45 Pz **U** Hof 6.30 / 7.00 Pz
U Leipzig 12.30 / 15.15 Pz 16.00

nach **Hamburg**

13.45 Pz **U** Hof 6.30 / 7.00 Pz
U Leipzig 12.30 / 15.15 Pz
U Berlin 21.30 / **23.00 Cz** **5.16^{3}**

nach **Hamm**

7.15 Ez **U** Bamberg **14.45** / **15.45 Ez**
U Frankfurt a.M. **22.00** ↷ / 5.45 Pz
U Guntershausen 11.45 / 11.50 Pz
U Cassel 12.10 / 12.30 Pz 18.26

13.45 Pz **U** Bamberg 23.45 / 1.45 Pz
U Frankfurt a.M. 9.20 / 10.35 Pz
U Guntershausen 18.50 / 19.00 Pz
U Cassel 19.20 ↷ / 5.55 Pz 11.46^{3}

nach **Hannover**

7.15 Ez **U** Leipzig **23.00** ↷ / 7.00 Pz
U Magdeburg 9.50 / **10.40 Cz** **14.20**

13.45 Pz **U** Hof 6.30 / 7.00 Pz
U Leipzig 12.30 / 17.30 Pz
U Magdeburg 21.00 / **1.50 Cz** **6.20^{3}**

nach **Heidelberg***

7.15 Ez **U** Augsburg **8.45** / **9.00 Ez**
U Ulm **11.30** / 11.45 Pz
U Bruchsal 16.48 / 17.05 Pz 18.05

8.00 GmP **U** Augsburg 10.45 / 13.00 GmP
U Ulm 17.30 / 17.42 Pz
U Stuttgart 21.10 ↷ / 7.20 Pz
U Bruchsal 10.12 / 10.30 Pz 11.30

13.45 Pz **U** Nördlingen 18.05 / 19.45 ✉
U Stuttgart 8.45 / 9.15 Pz
U Bruchsal 12.06 / **12.27 Sz** **13.05**

* Ankunftszeiten in Heidelberg sind sämmtlich geschätzt.

nach **Kiel**

13.45 Pz **U** Hof 6.30 / 7.00 Pz
U Leipzig 12.30 / 14.30 Pz
U Röderau 16.15 / 16.45 Pz
U Berlin 20.45 / **23.00 Cz**
U Hamburg **5.16** /
Altona 8.10 Pz 11.00^{3}

nach **Königsberg i.Pr.**

13.45 Pz	**U** Hof 6.30 / 7.00 Pz	
	U Leipzig 12.30 / 14.30 Pz	
	U Röderau 16.15 / 16.45 Pz	
	U Berlin 20.45 / **22.40 Sz**	
	U Dirschau **10.45** / 11.37 ✉	
	U Marienburg 16.07 / **16.37 Sz**	**21.02**[3]

nach **Leipzig**

7.15 Ez	*über Nürnburg–Hof*	**23.00**
13.45 Pz	**U** Hof 6.30 / 7.00 Pz	12.30

nach **Lindau**

7.15 Ez	**U** Augsburg **8.45 / 8.55 Ez**	**15.10**
8.00 GmP	**U** Augsburg 10.45 / 12.50 GmP	22.35
17.15 GmP	**U** Augsburg 20.00 / 21.30 GmP	6.30

nach **Ludwigshafen**

> Mannheim

nach **Lübeck**

13.45 Pz	**U** Hof 6.30 / 7.00 Pz	
	U Leipzig 12.30 / 14.30 Pz	
	U Röderau 16.15 / 16.45 Pz	
	U Berlin 20.45 / **23.00 Cz**	
	U Büchen **4.10*** / 9.00 Pz	10.45[3]

* Ankunftszeit geschätzt

nach **Magdeburg**

7.15 Ez	**U** Leipzig **23.00** ↩ / 7.00 Pz	9.50
13.45 Pz	**U** Leipzig 12.30 / 17.30 Pz	21.00

nach **Mainz**

7.15 Ez	**U** Bamberg **14.45 / 15.45 Ez**	
	U Frankfurt a.M. **22.00** ↩ / 5.45 Pz	
	U Castel 7.05* / #	k.A.
7.15 Ez	**U** Augsburg **8.45 / 9.00 Ez**	
	U Ulm **11.30** / 11.45 Pz	
	U Bruchsal 16.48 / 17.05 Pz	
	U Mannheim 18.52 ↩ / 4.30 🚢	8.30
13.45 Pz	**U** Bamberg 23.45 / 1.45 Pz	
	U Frankfurt a.M. 9.20 / **10.15 Sz**	
	U Castel **11.00** / #	k.A.

* Ankunftszeit geschätzt

nach **Mannheim**

7.15 Ez	**U** Augsburg **8.45 / 9.00 Ez**	
	U Ulm **11.30** / 11.45 Pz	
	U Bruchsal 16.48 / 17.05 Pz	18.52
8.00 GmP	**U** Augsburg 10.45 / 13.00 GmP	
	U Ulm 17.30 / 17.42 Pz	
	U Stuttgart 21.10 ↩ / 7.20 Pz	
	U Bruchsal 10.12 / 10.30 Pz	12.09
13.45 Pz	**U** Nördlingen 18.05 / 19.45 ✉	
	U Stuttgart 8.45 / 9.15 Pz	
	U Bruchsal 12.06 / **12.27 Sz**	**13.42**

nach **Münster**

7.15 Ez	**U** Bamberg **14.45 / 15.45 Ez**	
	U Frankfurt a.M. **22.00** ↩ / 5.45 Pz	
	U Guntershausen 11.45 / 11.50 Pz	
	U Cassel 12.10 / 12.30 Pz	
	U Hamm 18.26 / 19.00 Pz	20.00
13.45 Pz	**U** Bamberg 23.45 / 1.45 Pz	
	U Frankfurt a.M. 9.20 / 10.35 Pz	
	U Guntershausen 18.50 / 19.00 Pz	
	U Cassel 19.20 ↩ / 5.55 Pz	
	U Hamm 11.46 / 12.10 Pz	13.00[3]

nach **Nürnberg**

7.15 Ez	*über Augsburg*	**13.10**
13.45 Pz	*über Augsburg*	21.20
17.15 GmP	*über Augsburg*	7.52

nach **Oberhausen**

7.15 Ez	**U** Augsburg **8.45 / 9.00 Ez**	
	U Ulm **11.30** / 11.45 Pz	
	U Bruchsal 16.48 / 17.05 Pz	
	U Mannheim 18.52 / #	
	U Ludwigshafen # / **22.00 Sz**	
	U Mainz **23.39** ↩ / 6.00 🚢	
	U Cöln > Deutz 14.45 / 16.00 Pz	18.25
13.45 Pz	**U** Augsburg 15.35 / 16.15 GmP	
	U Ulm 20.45 ↩ / 5.35 Pz	
	U Bruchsal 12.06 / **12.27 Sz**	
	U Mannheim **13.42** / #	
	U Ludwigshafen # / 15.10 Pz	
	U Mainz 17.15 / 20.00 ✉	
	U Coblenz 5.30 / 6.00 🚢	
	U Cöln > Deutz 10.30 / 11.00 Pz	13.20[3]

nach **Oppeln***

7.15 Ez	**U** Leipzig **23.00** ↩ / 6.00 Pz	
	U Dresden 9.15 / 9.45 Pz	
	U Görlitz 12.50 / 13.30 Pz	
	U Kohlfurt 14.10 / 14.15 Pz	21.27
13.45 Pz	**U** Hof 6.30 / 7.00 Pz	
	U Leipzig 12.30 / 14.30 Pz	
	U Dresden 17.30 / 18.15 Pz	
	U Görlitz 21.40 / 23.00 Pz	
	U Kohlfurt 23.45 / **2.45 Sz**	**7.45**[3]

* Ankunftszeiten in Oppeln sind sämmtlich geschätzt.

nach **Osnabrück**

7.15 Ez	**U** Bamberg **14.45 / 15.45 Ez**	
	U Frankfurt a.M. **22.00** ↩ / 5.45 Pz	
	U Guntershausen 11.45 / 11.50 Pz	
	U Cassel 12.10 / 12.30 Pz	
	U Hamm 18.26 / **0.00 Sz**	
	U Minden **3.05** / 9.00 ✉	16.00[3]
13.45 Pz	**U** Bamberg 23.45 / 1.45 Pz	
	U Frankfurt a.M. 9.20 / 10.35 Pz	
	U Guntershausen 18.50 / 19.00 Pz	
	U Cassel 19.20 ↩ / 5.55 Pz	
	U Hamm 11.46 / 16.03 Pz	
	U Minden 19.45 / 1.00 ✉	8.00[4]

nach **Passau**

12.00 ✉	*über Erding*	10.15
23.00 ✉	*über Landshut*	23.15

nach **Posen**

13.45 Pz	**U** Hof 6.30 / 7.00 Pz	
	U Leipzig 12.30 / 14.30 Pz	
	U Röderau 16.15 / 16.45 Pz	
	U Berlin 20.45 / **22.40 Sz**	
	U Kreutz **4.43** / 5.03 Pz	7.47[3]

nach **Regensburg**

5.00 ✉	*über Landshut*	21.00
12.00 ✉	*über Landshut*	3.30
22.00 ✉	*über Neustadt*	14.00

nach **Rostock**

13.45 Pz	**U** Hof 6.30 / 7.00 Pz	
	U Leipzig 12.30 / 14.30 Pz	
	U Röderau 16.15 / 16.45 Pz	
	U Berlin 20.45 / **23.00 Cz**	
	U Hagenow **3.08*** / 7.30 Pz	11.05[3]

* Ankunftszeit geschätzt

nach **Saarbrücken**

7.15 Ez	**U** Augsburg **8.45 / 9.00 Ez**	
	U Ulm **11.30** / 11.45 Pz	
	U Bruchsal 16.48 / 17.05 Pz	
	U Mannheim 18.52 ↩ / #	
	U Ludwigshafen # / 6.10 Pz	10.36
8.00 GmP	**U** Augsburg 10.45 / 13.00 GmP	
	U Ulm 17.30 / 17.42 Pz	
	U Stuttgart 21.10 ↩ / 7.20 Pz	
	U Bruchsal 10.12 / 10.30 Pz	
	U Mannheim 12.09 / #	
	U Ludwigshafen # / **13.10 Sz**	**16.58**
13.45 Pz	**U** Nördlingen 18.05 / 19.45 ✉	
	U Stuttgart 8.45 / 9.15 Pz	
	U Bruchsal 12.06 / **12.27 Sz**	
	U Mannheim **13.42** / #	
	U Ludwigshafen # / 17.30 Pz	22.05

nach **Schwerin**

7.15 Ez	**U** Leipzig **23.00** ↩ / 7.00 Pz	
	U Magdeburg 9.50 / 10.45 GmP	
	U Wittenberge 14.10 / 15.10 GmP	
	U Hagenow 17.00* / 17.30 Pz	18.15
13.45 Pz	**U** Hof 6.30 / 7.00 Pz	
	U Leipzig 12.30 / 17.30 Pz	
	U Magdeburg 21.00 ↩ / 7.45 Pz	
	U Wittenberge 10.15 / 10.55 Pz	
	U Hagenow 12.40* / 12.50 Pz	13.35[3]

* Ankunftszeit geschätzt

nach **Stettin**

7.15 Ez	**U** Leipzig **23.00** ↩ / **5.00 Sz**	
	U Berlin **10.30** / 12.15 Pz	15.52

Fortsetzung siehe nächste Seite

noch: nach **Stettin**

13.45 Pz	U	Hof 6.30 / 7.00 Pz	
	U	Leipzig 12.30 / 14.30 Pz	
	U	Röderau 16.15 / 16.45 Pz	
	U	Berlin 20.45 / **22.40 Sz**	**1.47**^{3}

nach **Stralsund**

7.15 Ez	U	Leipzig **23.00** ↷ / **5.00 Sz**	
	U	Berlin **10.30** / 17.30 Pz	
	U	Passow 20.00* / 20.20 ✉	11.20^{3}
13.45 Pz	U	Hof 6.30 / 7.00 Pz	
	U	Leipzig 12.30 / 15.15 Pz	
	U	Berlin 21.30 / **22.40 Sz**	
	U	Passow 0.50* / 1.15 ✉	18.00^{3}

* Ankunftszeit geschätzt

nach **Stuttgart**

7.15 Ez	U	Augsburg **8.45 / 9.00 Ez**	
	U	Ulm **11.30** / 11.45 Pz	14.23
8.00 GmP	U	Augsburg 10.45 / 13.00 GmP	
	U	Ulm 17.30 / 17.42 Pz	21.10
13.45 Pz	U	Nördlingen 18.05 / 19.45 ✉	8.45

nach **Trier**

8.00 GmP	U	Augsburg 10.45 / 13.00 GmP	
	U	Ulm 17.30 / 17.42 Pz	
	U	Stuttgart 21.10 ↷ / 7.20 Pz	
	U	Bruchsal 10.12 / 10.30 Pz	
	U	Mannheim 12.09 / #	
	U	Ludwigshafen # / **13.10 Sz**	
	U	Saarbrücken **16.58** / 17.30 ✉	4.00^{3}
13.45 Pz	U	Nördlingen 18.05 / 19.45 ✉	
	U	Stuttgart 8.45 / 9.15 Pz	
	U	Bruchsal 12.06 / **12.27 Sz**	
	U	Mannheim **13.42** / #	
	U	Ludwigshafen # / 17.30 Pz	
	U	Saarbrücken 22.05 ↷ /8.15 ✉	18.45^{3}

nach **Ulm**

7.15 Ez	U	Augsburg **8.45 / 9.00 Sz**	**11.30**
8.00 GmP	U	Augsburg 10.45 / 13.00 GmP	17.30
13.45 GmP	U	Augsburg 15.35 / 16.15 GmP	20.45

nach **Wiesbaden**

7.15 Ez	U	Bamberg **14.45 / 15.45 Ez**	
	U	Frankfurt a.M. **22.00** ↷ / 5.45 Pz	7.30
13.45 Pz	U	Bamberg 23.45 / 1.45 Pz	
	U	Frankfurt a.M. 9.20 / 11.15 Pz	12.45

nach **Würzburg**

7.15 Ez	U	Bamberg **14.45 / 15.45 Ez**	**18.15**
13.45 Pz	U	Bamberg 23.45 / 1.45 Pz	4.50

nach **Zwickau**

7.15 Ez	U	Werdau **20.55*** / 21.17 Pz	21.40*
13.45 Pz	U	Hof 6.30 / 7.00 Pz	
	U	Werdau 9.40* / 9.47 Pz	10.10*

* Ankunftszeit geschätzt

München ist außerdem im **Auslandsteil** ab S. 210 mit den hier abgehenden Post-Coursen nach **Österreich** und weiteren Anschlüssen (Italien) aufgeführt.

Münster

Münster ist zur Zeit durch die Münster-Hammer Eisenbahn mit Hamm verbunden, woselbst unmittelbare Anschlüsse Richtung Minden–Hannover–Berlin, Ruhrgebiet–Cöln sowie Cassel bestehen.

Als nächstes ist für 1856 die Fertigstellung einer Schienenverbindung bis Rheine durch die Westfälische Eisenbahn vorgesehen.

Ein Hinweis: Verbindungen von Münster nach Frankfurt a.M. und weiter nach Bayern, Baden bzw. Württemberg werden hier ausschließlich über die Route Hamm–Cassel angezeigt, da deren Reisezeiten beträchtlich kürzer sind als auf der Route über Cöln und die Rheinstrecke. Wer dennoch letzteren Reiseweg aus landschaftlichen Gründen und wegen der Möglichkeit einer Schiffsfahrt auf dem Rhein vorziehen möchte, kann die Fahrpläne unter Dortmund nachschauen. Alle dort aufgeführten Eisenbahnzüge nach Cöln verkehren auch ab Hamm und haben Anschluß von Münster.

von Münster

nach **Aachen**

6.00 Pz	U	Hamm 7.00 / 7.30 Pz	
	U	Oberhausen 10.10 / 10.30 Pz	16.00
10.50 Pz	U	Hamm 11.45 / **12.01 Sz**	
	U	Deutz > Cöln **16.00** / 18.00 Pz	20.00
17.00 GmP	U	Hamm 18.30 / **18.45 Cz**	
	U	Deutz > Cöln **22.00 / 23.30 Sz**	**1.20**

nach **Augsburg**

6.00 Pz	U	Hamm 7.00 / 9.50 Pz	
	U	Cassel 15.55 / 16.10 Pz	
	U	Guntershausen 16.30 / 16.45 Pz	
	U	Frankfurt a.M. 22.30 ↷ / **8.30 Ez**	
	U	Bamberg **14.45 / 15.30 Ez**	**21.20**
14.45 Pz	U	Hamm 15.45 / 16.18 Pz	
	U	Cassel 22.00 ↷ / 8.30 Pz	
	U	Guntershausen 8.50 / 9.00 Pz	
	U	Frankfurt a.M. 14.40 / 17.15 Pz	
	U	Bamberg 1.05 / 3.15 Pz	11.05^{3}

nach **Basel***

6.00 Pz	U	Hamm 7.00 / 9.50 Pz	
	U	Cassel 15.55 / 16.10 Pz	
	U	Guntershausen 16.30 / 16.45 Pz	
	U	Frankfurt a.M. 22.30 ↷ / **5.00 Cz**	
	U	Heidelberg **7.05 / 7.20 Sz**	**14.56**
14.45 Pz	U	Hamm 15.45 / 16.18 Pz	
	U	Cassel 22.00 ↷ / 4.45 Pz	
	U	Guntershausen 5.05 / **5.15 Sz**	
	U	Frankfurt a.M. **9.55 / 10.30 Sz**	
	U	Heidelberg **12.35 / 12.55 Sz**	**19.15**

* Ankunft Basel Badischer Bf

nach **Berlin**

6.00 Pz	U	Hamm 7.00 / **9.41 Cz**	**21.20**
14.45 Pz	U	Hamm 15.45 / 16.03 Pz	9.30
17.00 GmP	U	Hamm 18.30 / **0.00 Sz**	**13.10**

nach **Bonn**

6.00 Pz	U	Hamm 7.00 / 7.30 Pz	
	U	Deutz > Cöln 12.45 / 14.45 Pz	15.35
10.50 Pz	U	Hamm 11.45 / **12.01 Sz**	
	U	Deutz > Cöln **16.00** / 17.45 Pz	18.35
17.00 GmP	U	Hamm 18.30 / **18.45 Cz**	
	U	Deutz > Cöln **22.00** ↷ / 7.00 Pz	7.50

nach **Braunschweig**

6.00 Pz	U	Hamm 7.00 / **9.41 Cz**	**15.22**
14.45 Pz	U	Hamm 15.45 / 16.03 Pz	0.30

nach **Bremen**

17.00 GmP	U	Hamm 18.30 / **0.00 Sz**	
	U	Wunstorf **4.35*** / 7.30 Pz	10.15
6.00 Pz	U	Hamm 7.00 / **9.41 Cz**	
	U	Wunstorf **13.15*** / 13.25 Pz	16.00

* Ankunftszeit geschätzt

nach **Breslau**

6.00 Pz	U	Hamm 7.00 / **9.41 Cz**	
	U	Berlin **21.20 / 22.15 Sz**	**5.45**

nach **Carlsruhe**

6.00 Pz	U	Hamm 7.00 / 9.50 Pz	
	U	Cassel 15.55 / 16.10 Pz	
	U	Guntershausen 16.30 / 16.45 Pz	
	U	Frankfurt a.M. 22.30 ↷ / **5.00 Cz**	
	U	Heidelberg **7.05 / 7.20 Sz**	**8.27**
14.45 Pz	U	Hamm 15.45 / 16.18 Pz	
	U	Cassel 22.00 ↷ / 4.45 Pz	
	U	Guntershausen 5.05 / **5.15 Sz**	
	U	Frankfurt a.M. **9.55 / 10.30 Sz**	
	U	Heidelberg **12.35 / 12.55 Sz**	**14.10**

nach **Cassel**

6.00 Pz	U	Hamm 7.00 / 9.50 Pz	15.55
14.45 Pz	U	Hamm 15.45 / 16.18 Pz	22.00

nach **Chemnitz**

6.00 Pz **U** Hamm 7.00 / **9.41 Cz**
U Magdeburg **18.00** / 18.15 Pz
U Leipzig 21.15 / **22.00 Sz**
U Riesa **23.15*** ↪ / 5.15 Pz — 8.15

14.45 Pz **U** Hamm 15.45 / 16.03 Pz
U Magdeburg 4.50 / 5.30 Pz
U Leipzig 9.00 / 10.00 Pz
U Riesa 11.25* / 12.15 Pz — 15.30

17.00 GmP **U** Hamm 18.30 / **0.00 Sz**
U Magdeburg **10.00** / 10.45 Pz
U Leipzig 14.05 / 14.30 Pz
U Riesa 16.00* / 16.45 Pz — 19.30

* Ankunftszeit geschätzt

nach **Coblenz**

6.00 Pz **U** Hamm 7.00 / 7.30 Pz
U Deutz > Cöln 12.45 / 13.00 ⛴ — 20.00

10.50 Pz **U** Hamm 11.45 / **12.01 Sz**
U Deutz > Cöln **16.00** / 20.15 ⛴ — 2.45

17.00 GmP **U** Hamm 18.30 / **18.45 Cz**
U Deutz > Cöln **22.00** / 23.30 ⛴ — 9.00

nur Mo und Do .

17.00 GmP **U** Hamm 18.30 / **18.45 Cz**
U Deutz > Cöln **22.00** ↪ / 6.00 ⛴ — 12.15

nach **Cöln***

6.00 Pz **U** Hamm 7.00 / 7.30 Pz — 12.45
10.50 Pz **U** Hamm 11.45 / **12.01 Sz** — **16.00**
17.00 GmP **U** Hamm 18.30 / **18.45 Cz** — **22.00**

* Ankunft in Deutz

nach **Constanz**

6.00 Pz **U** Hamm 7.00 / 9.50 Pz
U Cassel 15.55 / 16.10 Pz
U Guntershausen 16.30 / 16.45 Pz
U Frankfurt a.M. 22.30 ↪ / **5.00 Cz**
U Heidelberg **7.05** / **7.20 Sz**
U Offenburg **10.22** / 10.45 ✉ — 6.15³

14.45 Pz **U** Hamm 15.45 / 16.18 Pz
U Cassel 22.00 ↪ / 4.45 Pz
U Guntershausen 5.05 / **5.15 Sz**
U Frankfurt a.M. **9.55** / **10.30 Sz**
U Heidelberg **12.35** / **12.55 Sz**
U Freiburg i.B. **17.36** / 18.15 ✉
U Schaffhausen 5.15 / 12.30 ✉ — 17.00³

nach **Danzig**

6.00 Pz **U** Hamm 7.00 / **9.41 Cz**
U Berlin **21.20** / **22.40 Sz** — **11.35**

nach **Darmstadt***

6.00 Pz **U** Hamm 7.00 / 9.50 Pz
U Cassel 15.55 / 16.10 Pz
U Guntershausen 16.30/16.45 Pz
U Frankfurt a.M. 22.30 ↪ / **5.00 Cz** — **5.38**

Fortsetzung siehe nächste Spalte

14.45 Pz **U** Hamm 15.45 / 16.18 Pz
U Cassel 22.00 ↪ / 4.45 Pz
U Guntershausen 5.05 / **5.15 Sz**
U Frankfurt a.M. **9.55** / **10.30 Sz** — **11.08**

* Ankunftszeiten in Darmstadt sind sämmtlich geschätzt.

nach **Dortmund**

6.00 Pz **U** Hamm 7.00 / 7.30 Pz — 8.28*
10.50 Pz **U** Hamm 11.45 / **12.01 Sz** — **12.45***
14.45 Pz **U** Hamm 15.45 / 16.15 Pz — 17.55.
17.00 GmP **U** Hamm 18.30 / **18.45 Cz** — **19.20***

* Ankunftszeit geschätzt

nach **Dresden**

6.00 Pz **U** Hamm 7.00 / **9.41 Cz**
U Magdeburg **18.00** / 18.15 Pz
U Leipzig 21.15 / **22.00 Sz** — **0.30**

14.45 Pz **U** Hamm 15.45 / 16.03 Pz
U Magdeburg 4.50 / 5.30 Pz
U Leipzig 9.00 / 10.00 Pz — 13.15

17.00 GmP **U** Hamm 18.30 / **0.00 Sz**
U Magdeburg **10.00** / 10.45 Pz
U Leipzig 14.05 / 14.30 Pz — 17.30

nach **Düsseldorf**

6.00 Pz **U** Hamm 7.00 / 7.30 Pz — 11.22
10.50 Pz **U** Hamm 11.45 / **12.01 Sz** — **14.57**
17.00 GmP **U** Hamm 18.30 / **18.45 Cz** — **21.03**

nach **Elberfeld**

6.00 Pz **U** Hamm 7.00 / 7.30 Pz
U Dortmund 8.26* / 9.00 Pz — 12.25

10.50 Pz **U** Hamm 11.45 / **12.01 Sz**
U Dortmund **12.40*** / 13.15 Pz — 15.28

17.00 GmP **U** Hamm 18.30 / **18.45 Cz**
U Dortmund **19.20*** / 19.30 Pz — 21.33

* Ankunftszeit geschätzt

nach **Erfurt**

14.45 Pz **U** Hamm 15.45 / 16.18 Pz
U Cassel 22.00 / 22.15 Pz
U Guntershausen 22.35 / **22.45 Sz** — **2.50***

* Ankunftszeit geschätzt

nach **Essen***

6.00 Pz **U** Hamm 7.00 / 7.30 Pz — 9.44
10.50 Pz **U** Hamm 11.45 / **12.01 Sz** — **13.39**
17.00 GmP **U** Hamm 18.30 / **18.45 Cz**
U Oberhausen **20.20** / 21.56** — 22.15

* Ankunft in Alten-Essen, Ankunftszeit geschätzt; ein Fahrplan der Post-Course von Alten-Essen nach Essen Stadt liegt nicht vor.

** Cours über Oberhausen nur mit Umwegkarte zu benutzen.

nach **Frankfurt a.M.**

6.00 Pz **U** Hamm 7.00 / 9.50 Pz
U Cassel 15.55 / 16.10 Pz
U Guntershausen 16.30/16.45 Pz — 22.30

14.45 Pz **U** Hamm 15.45 / 16.18 Pz
U Cassel 22.00 ↪ / 4.45 Pz
U Guntershausen 5.05 / **5.15 Sz** — **9.55**

nach **Freiburg i.B.**

6.00 Pz **U** Hamm 7.00 / 9.50 Pz
U Cassel 15.55 / 16.10 Pz
U Guntershausen 16.30 / 16.45 Pz
U Frankfurt a.M. 22.30 ↪ / **5.00 Cz**
U Heidelberg **7.05** / **7.20 Sz** — **12.35**

14.45 Pz **U** Hamm 15.45 / 16.18 Pz
U Cassel 22.00 ↪ / 4.45 Pz
U Guntershausen 5.05 / **5.15 Sz**
U Frankfurt a.M. **9.55** / **10.30 Sz**
U Heidelberg **12.35** / **12.55 Sz** — **17.36**

nach **Gera**

6.00 Pz **U** Hamm 7.00 / **9.41 Cz**
U Magdeburg **18.00** / 18.15 Pz
U Leipzig 21.15 ↪ / 6.00 Pz
U Altenburg 7.10* / 9.00 ✉ — 13.00

6.00 Pz **U** Hamm 7.00 / **9.41 Cz**
U Magdeburg **18.00** / 18.15 Pz
U Leipzig 21.15 ↪ / **7.15 Ez**
U Altenburg **8.08*** / 9.00 ✉ — 13.00

17.00 GmP **U** Hamm 18.30 / **0.00 Sz**
U Magdeburg **10.00** / 10.45 Pz
U Leipzig 14.05 / 18.30 Pz
U Altenburg 19.40* / 20.30 ✉ — 0.30³

* Ankunftszeit geschätzt

nach **Görlitz**

6.00 Pz **U** Hamm 7.00 / **9.41 Cz**
U Berlin **21.20** / **22.15 Sz**
U Kohlfurt **2.40*** / 3.15 Pz — 4.00

6.00 Pz **U** Hamm 7.00 / **9.41 Cz**
U Magdeburg **18.00** / 18.15 Pz
U Leipzig 21.15 / **22.00 Sz**
U Dresden **0.30** / 5.30 Pz — 9.00

14.45 Pz **U** Hamm 15.45 / 16.03 Pz
U Magdeburg 4.50 / 5.30 Pz
U Leipzig 9.00 / 10.00 Pz
U Dresden 13.15 / 14.30 Pz — 18.15

17.00 GmP **U** Hamm 18.30 / **0.00 Sz**
U Magdeburg **10.00** / 10.45 Pz
U Leipzig 14.05 / 14.30 Pz
U Dresden 17.30 / 18.15 Pz — 21.40

* Ankunftszeit geschätzt

nach **Hagen**

6.00 Pz **U** Hamm 7.00 / 7.30 Pz
U Dortmund 8.26* / 9.00 Pz — 10.31*

10.50 Pz **U** Hamm 11.45 / **12.01 Sz**
U Dortmund **12.40*** / 13.15 Pz — 14.22*

17.00 GmP **U** Hamm 18.30 / **18.45 Cz**
U Dortmund **19.20*** / 19.30 Pz — 20.28*

* Ankunftszeit geschätzt

nach **Halle**

6.00 Pz **U** Hamm 7.00 / **9.41 Cz**
U Magdeburg **18.00** / 18.15 Pz — 20.25

14.45 Pz **U** Hamm 15.45 / 16.03 Pz
U Magdeburg 4.50 / 5.30 Pz — 8.00

Fortsetzung siehe nächste Seite

noch: nach **Halle**

17.00 GmP **U** Hamm 18.30 / **0.00 Sz**
U Magdeburg **10.00** / 10.45 Pz 13.10

nach Hamburg

6.00 Pz **U** Hamm 7.00 / **9.41 Cz**
U Lehrte **14.25*** / 14.35 Pz
U Harburg 18.20 / 19.00 ⛴ 20.15

17.00 GmP **U** Hamm 18.30 / **0.00 Sz**
U Lehrte **6.00*** / 6.05 Pz
U Harburg 10.05 / 10.30 ⛴ 11.45

* Ankunftszeit geschätzt

nach Hamm

6.00 Pz 7.00
10.50 Pz 11.45
14.45 Pz 15.45
17.00 GmP 18.30

nach Hannover

6.00 Pz **U** Hamm 7.00 / **9.41 Cz** **13.45**
14.45 Pz **U** Hamm 15.45 / 16.03 Pz 22.10
17.00 GmP **U** Hamm 18.30 / **0.00 Sz** **5.10**

nach Heidelberg

6.00 Pz **U** Hamm 7.00 / 9.50 Pz
U Cassel 15.55 / 16.10 Pz
U Guntershausen 16.30 / 16.45 Pz
U Frankfurt a.M. 22.30 ↩ /**5.00 Cz** **7.05**

14.45 Pz **U** Hamm 15.45 / 16.18 Pz
U Cassel 22.00 ↩ / 4.45 Pz
U Guntershausen 5.05 / **5.15 Sz**
U Frankfurt a.M. **9.55** / **10.30 Sz** **12.35**

nach Kiel

6.00 Pz **U** Hamm 7.00 / **9.41 Cz**
U Lehrte **14.25*** / 14.35 Pz
U Harburg 18.20 / 19.00 ⛴
U Hamburg > Altona 20.15 ↩ / 8.10 Pz 11.00

17.00 GmP **U** Hamm 18.30 / **0.00 Sz**
U Lehrte **6.00*** / 6.05 Pz
U Harburg 10.05 / 10.30 ⛴
U Hamburg > Altona 11.45 / 13.00 GmP 16.30

* Ankunftszeit geschätzt

nach Königsberg i.Pr.

6.00 Pz **U** Hamm 7.00 / **9.41 Cz**
U Berlin **21.20** / **22.40 Sz**
U Dirschau **10.45** / 11.37 ✉
U Marienburg 16.07 / **16.37 Sz** **21.02**

nach Leipzig

6.00 Pz **U** Hamm 7.00 / **9.41 Cz**
U Magdeburg **18.00** / 19.00 Pz 0.15

Fortsetzung siehe nächste Spalte

14.45 Pz **U** Hamm 15.45 / 16.03 Pz
U Magdeburg 4.50 / 5.30 Pz 9.00

17.00 GmP **U** Hamm 18.30 / **0.00 Sz**
U Magdeburg **10.00** / 10.45 Pz 14.05

nach Lindau

14.45 Pz **U** Hamm 15.45 / 16.18 Pz
U Cassel 22.00 ↩ / 4.45 Pz
U Guntershausen 5.05 / **5.15 Sz**
U Frankfurt a.M. **9.55** / **10.30 Sz**
U Heidelberg **12.35** / **12.55 Sz**
U Bruchsal **13.28*** / **13.48 Ez**
U Ulm **18.25** / **18.45 Ez**
U Augsburg **21.15** / 21.30 GmP 6.30[3]

14.45 Pz **U** Hamm 15.45 / 16.18 Pz
U Cassel 22.00 ↩ / 4.45 Pz
U Guntershausen 5.05 / **5.15 Sz**
U Frankfurt a.M. **9.55** / **10.30 Sz**
U Heidelberg **12.35** / **12.55 Sz**
U Bruchsal **13.28*** / **13.48 Ez**
U Friedrichshafen **22.15** ↩ / 6.00 ⛴ k.A.[3]

* Ankunftszeit geschätzt

nach Ludwigshafen

10.50 Pz **U** Hamm 11.45 / **12.01 Sz**
U Deutz > Cöln **16.00** / 20.15 ⛴
U Mainz 11.00 / **11.20 Sz** **13.00**

17.00 GmP **U** Hamm 18.30 / **18.45 Cz**
U Deutz > Cöln **22.00** / 23.30 ⛴
U Mainz 17.30 / 18.00 Pz 20.35
nur Mo und Do

17.00 GmP **U** Hamm 18.30 / **18.45 Cz**
U Deutz > Cöln **22.00** ↩/ 6.00 ⛴
U Mainz 19.30 / 20.00 Pz 21.59

weitere Verbindungen > **Mannheim**

nach Lübeck

6.00 Pz **U** Hamm 7.00 / **9.41 Cz**
U Lehrte **14.25*** / 14.35 Pz
U Harburg 18.20 / 19.00 ⛴
U Hamburg 20.15 / 23.00 ✉ 5.00

17.00 GmP **U** Hamm 18.30 / **0.00 Sz**
U Lehrte **6.00*** / 6.05 Pz
U Harburg 10.05 / 10.30 ⛴
U Hamburg 11.45 / 17.00 Pz
U Büchen 18.45** / 19.00 Pz 20.11

* Ankunftszeit geschätzt

nach Magdeburg

6.00 Pz **U** Hamm 7.00 / **9.41 Cz** **18.00**
14.45 Pz **U** Hamm 15.45 / 16.03 Pz 4.50
17.00 GmP **U** Hamm 18.30 / **0.00 Sz** **10.00**

nach Mainz

10.50 Pz **U** Hamm 11.45 / **12.01 Sz**
U Deutz > Cöln **16.00** / 20.15 ⛴ 11.00

Fortsetzung siehe nächste Spalte

17.00 GmP **U** Hamm 18.30 / **18.45 Cz**
U Deutz > Cöln **22.00** / 23.30 ⛴ 17.30
nur Mo und Do

17.00 GmP **U** Hamm 18.30 / **18.45 Cz**
U Deutz > Cöln **22.00** ↩/ 6.00 ⛴ 19.30

nach Mannheim

6.00 Pz **U** Hamm 7.00 / 9.50 Pz
U Cassel 15.55 / 16.10 Pz
U Guntershausen 16.30/16.45 Pz
U Frankf. a.M. 22.30 ↩ / **5.00 Cz** **7.06**

14.45 Pz **U** Hamm 15.45 / 16.18 Pz
U Cassel 22.00 ↩ / 4.45 Pz
U Guntershausen 5.05 / **5.15 Sz**
U Frankfurt a.M. **9.55** / **10.30 Sz** **12.38**

nach München

6.00 Pz **U** Hamm 7.00 / 9.50 Pz
U Cassel 15.55 / 16.10 Pz
U Guntershausen 16.30 / 16.45 Pz
U Frankfurt a.M. 22.30 ↩ / **8.30 Ez**
U Bamberg **14.45** / **15.30 Ez** **23.00**

14.45 Pz **U** Hamm 15.45 / 16.18 Pz
U Cassel 22.00 ↩ / 8.30 Pz
U Guntershausen 8.50 / 9.00 Pz
U Frankfurt a.M. 14.40 / 17.15 Pz
U Bamberg 1.05 / 3.15 Pz 13.15[3]

nach Nürnberg

6.00 Pz **U** Hamm 7.00 / 9.50 Pz
U Cassel 15.55 / 16.10 Pz
U Guntershausen 16.30 / 16.45 Pz
U Frankfurt a.M. 22.30 ↩ / **8.30 Ez**
U Bamberg **14.45** / **15.30 Ez** **17.00**

14.45 Pz **U** Hamm 15.45 / 16.18 Pz
U Cassel 22.00 ↩ / 8.30 Pz
U Guntershausen 8.50 / 9.00 Pz
U Frankfurt a.M. 14.40 / 17.15 Pz
U Bamberg 1.05 / 3.15 Pz 5.15[3]

nach Oberhausen

6.00 Pz **U** Hamm 7.00 / 7.30 Pz 10.10
10.50 Pz **U** Hamm 11.45 / **12.01 Sz** **14.00**
17.00 GmP **U** Hamm 18.30 / **18.45 Cz** **20.20**

nach Oppeln

6.00 Pz **U** Hamm 7.00 / **9.41 Cz**
U Berlin **21.20** / **22.15 Sz** **7.45***

* Ankunftszeit geschätzt

nach Osnabrück

10.30 ✉ 17.00

14.45 Pz **U** Hamm 15.45 / 16.03 Pz
Pz **U** Minden 19.45 / 1.00 ✉ 8.00

noch: ab **Münster**

nach **Passau**

6.00 Pz	**U** Hamm 7.00 / 9.50 Pz	
	U Cassel 15.55 / 16.10 Pz	
	U Guntershausen 16.30 / 16.45 Pz	
	U Frankfurt a.M. 22.30 ↪ / **8.30 Ez**	
	U Bamberg **14.45** / **15.30 Ez**	
	U Nürnberg **17.00** / 17.30 ✉	
	U Regensburg 5.30 / 11.00 ✉	22.30[3]

nach **Posen**

6.00 Pz	**U** Hamm 7.00 / **9.41 Cz**	
	U Berlin **21.20** / **22.40 Sz**	
	U Kreutz **4.43** / 5.03 Pz	7.47

nach **Regensburg**

6.00 Pz	**U** Hamm 7.00 / 9.50 Pz	
	U Cassel 15.55 / 16.10 Pz	
	U Guntershausen 16.30 / 16.45 Pz	
	U Frankfurt a.M. 22.30 ↪ / **8.30 Ez**	
	U Bamberg **14.45** / **15.30 Ez**	
	U Nürnberg **17.00** / 17.30 ✉	5.30[3]
14.45 Pz	**U** Hamm 15.45 / 16.18 Pz	
	U Cassel 22.00 ↪ / 8.30 Pz	
	U Guntershausen 8.50 / 9.00 Pz	
	U Frankfurt a.M. 14.40 / 17.15 Pz	
	U Bamberg 1.05 / 3.15 Pz	
	U Nürnberg 5.15 / 6.00 ✉	18.00[3]

nach **Rostock**

6.00 Pz	**U** Hamm 7.00 / **9.41 Cz**	
	U Lehrte **14.25*** / 14.35 Pz	
	U Harburg 18.20 / 19.00 ⛴	
	U Hamburg 20.15 / **22.30 Cz**	
	U Hagenow **0.40*** ↪ / 7.30 Pz	11.05
14.45 Pz	**U** Hamm 15.45 / 16.03 Pz	
	U Magdeburg 4.50 / 7.45 Pz	
	U Wittenberge 10.15 / 10.55 Pz	
	U Hagenow 12.40* / 12.50 Pz	16.40
17.00 GmP	**U** Hamm 18.30 / **0.00 Sz**	
	U Magdeburg **10.00** / 10.45 GmP	
	U Wittenberge 14.10 / 15.10 GmP	
	U Hagenow 17.00* / 17.30 Pz	22.10

nach **Saarbrücken**

10.50 Pz	**U** Hamm 11.45 / **12.01 Sz**	
	U Deutz > Cöln **16.00** / 20.15 ⛴	
	U Mainz 11.00 / **11.20 Sz**	**16.58**
17.00 GmP	**U** Hamm 18.30 / **18.45 Cz**	
	U Deutz > Cöln **22.00** ↪/ 6.00 ⛴	
	U Mainz 19.30 ↪ / 4.30 Pz	10.36[3]

nach **Schwerin**

6.00 Pz	**U** Hamm 7.00 / **9.41 Cz**	
	U Lehrte **14.25*** / 14.35 Pz	
	U Harburg 18.20 / 19.00 ⛴	
	U Hamburg 20.15 / **22.30 Cz**	
	U Hagenow **0.40*** ↪ / 7.30 Pz	8.12

Fortsetzung siehe nächste Spalte

14.45 Pz	**U** Hamm 15.45 / 16.03 Pz	
	U Magdeburg 4.50 / 7.45 Pz	
	U Wittenberge 10.15 / 10.55 Pz	
	U Hagenow 12.40* / 12.50 Pz	13.35
17.00 GmP	**U** Hamm 18.30 / **0.00 Sz**	
	U Magdeburg **10.00** / 10.45 GmP	
	U Wittenberge 14.10 / 15.10 GmP	
	U Hagenow 17.00* / 17.30 Pz	18.15

* Ankunftszeit geschätzt

nach **Stettin**

6.00 Pz	**U** Hamm 7.00 / **9.41 Cz**	
	U Berlin **21.20** / **22.40 Sz**	**1.47**
14.45 Pz	**U** Hamm 15.45 / 16.03 Pz	
	U Berlin 9.30 / 12.15 Pz	15.52
17.00 GmP	**U** Hamm 18.30 / **0.00 Sz**	
	U Berlin **13.10** / 17.30 Pz	21.10

nach **Stralsund**

6.00 Pz	**U** Hamm 7.00 / **9.41 Cz**	
	U Berlin **21.20** / **22.40 Sz**	
	U Passow 0.50* / 1.15 ✉	18.00.
17.00 GmP	**U** Hamm 18.30 / **0.00 Sz**	
	U Berlin **13.10** / 17.30 Pz	
	U Passow 20.00* / 20.20 ✉	11.20[3]

* Ankunftszeit geschätzt

nach **Stuttgart**

6.00 Pz	**U** Hamm 7.00 / 9.50 Pz	
	U Cassel 15.55 / 16.10 Pz	
	U Guntershausen 16.30 / 16.45 Pz	
	U Frankfurt a.M. 22.30 ↪ / **5.00 Cz**	
	U Heidelberg **7.05** / **7.20 Sz**	
	U Bruchsal **7.59*** / 8.15 Pz	11.05
14.45 Pz	**U** Hamm 15.45 / 16.18 Pz	
	U Cassel 22.00 ↪ / 4.45 Pz	
	U Guntershausen 5.05 / **5.15 Sz**	
	U Frankfurt a.M. **9.55** / **10.30 Sz**	
	U Heidelberg **12.35** / **12.55 Sz**	
	U Bruchsal **13.28*** / **13.48 Ez**	**15.46**

* Ankunftszeit geschätzt

nach **Trier**

10.50 Pz	**U** Hamm 11.45 / **12.01 Sz**	
	U Deutz > Cöln **16.00**/ 19.00 ✉	17.30
10.50 Pz	**U** Hamm 11.45 / **12.01 Sz**	
	U Deutz > Cöln **16.00** / 22.00 ⛴	
	U Coblenz 5.45 / 6.45 ✉	21.00
17.00 GmP	**U** Hamm 18.30 / **18.45 Cz**	
	U Deutz > Cöln **22.00** ↪/ 5.00 ✉	2.15[3]
17.00 GmP	**U** Hamm 18.30 / **18.45 Cz**	
	U Deutz > Cöln **22.00** ↪/ 6.00 ⛴	
	U Coblenz 12.15 / 15.30 ✉	6.30[3]

Auslandsverbindungen

Münster ist außerdem im **Auslandsteil** ab S. 210 mit dem hier abgehenden Post-Cours in die **Niederlande** (Enschede) aufgeführt.

nach **Ulm**

6.00 Pz	**U** Hamm 7.00 / 9.50 Pz	
	U Cassel 15.55 / 16.10 Pz	
	U Guntershausen 16.30 / 16.45 Pz	
	U Frankfurt a.M. 22.30 ↪ / **5.00 Cz**	
	U Heidelberg **7.05** / **7.20 Sz**	
	U Bruchsal **7.59*** / 8.15 Pz	15.05
14.45 Pz	**U** Hamm 15.45 / 16.18 Pz	
	U Cassel 22.00 ↪ / 4.45 Pz	
	U Guntershausen 5.05 / **5.15 Sz**	
	U Frankfurt a.M. **9.55** / **10.30 Sz**	
	U Heidelberg **12.35** / **12.55 Sz**	
	U Bruchsal **13.28*** / **13.48 Ez**	**18.25**

* Ankunftszeit geschätzt

nach **Wiesbaden**

6.00 Pz	**U** Hamm 7.00 / 9.50 Pz	
	U Cassel 15.55 / 16.10 Pz	
	U Guntershausen 16.30 / 16.45 Pz	
	U Frankfurt a.M. 22.30 ↪ / 5.45 Pz	7.30
14.45 Pz	**U** Hamm 15.45 / 16.18 Pz	
	U Cassel 22.00 ↪ / 4.45 Pz	
	U Guntershausen 5.05 / **5.15 Sz**	
	U Frankfurt a.M. **9.55** / 11.15 Pz	12.45
17.00 GmP	**U** Hamm 18.30 / **18.45 Cz**	
	U Deutz > Cöln **22.00** / 10.00 ⛴	
	U Coblenz 17.00 / 20.00 ✉	5.00[3]

nach **Würzburg**

6.00 Pz	**U** Hamm 7.00 / 9.50 Pz	
	U Cassel 15.55 / 16.10 Pz	
	U Guntershausen 16.30 / 16.45 Pz	
	U Frankfurt a.M. 22.30 ↪/ **8.30 Ez**	**12.00**
14.45 Pz	**U** Hamm 15.45 / 16.18 Pz	
	U Cassel 22.00 ↪ / 8.30 Pz	
	U Guntershausen 8.50 / 9.00 Pz	
	U Frankfurt a.M. 14.40 / 17.15 Pz	21.40

nach **Zwickau**

6.00 Pz	**U** Hamm 7.00 / **9.41 Cz**	
	U Magdeburg **18.00** / 18.15 Pz	
	U Leipzig 21.15 ↪ / 6.00 Pz	
	U Werdau 8.40* / 9.15 Pz	9.40*
6.00 Pz	**U** Hamm 7.00 / **9.41 Cz**	
	U Magdeburg **18.00** / 18.15 Pz	
	U Leipzig 21.15 ↪ / **7.15 Ez**	
	U Werdau **9.10*** / 9.15 Pz	9.40*
17.00 GmP	**U** Hamm 18.30 / **0.00 Sz**	
	U Magdeburg **10.00** / 10.45 Pz	
	U Leipzig 14.05 / 14.30 Pz	
	U Werdau 16.50* / 17.47 Pz	18.10*

* Ankunftszeit geschätzt

[redacted]

Nürnberg

Nürnberg wird durchquert von der Ludwigs-Süd-Nord-Bahn der Bayerischen Staatseisenbahnen, die mit ihrem nördlichen Strang über Bamberg bis Hof reicht und mit ihrem südlichen Strang bis Augsburg–Lindau. In Hof besteht Übergang an die Züge der Sächsischen Staatsbahn bis Leipzig und in Bamberg unmittelbarer Anschluß an die Ludwigs-Westbahn nach Würzburg–Aschafenburg mit Weiterfahrt bis Frankfurt am Main. Ab Augsburg verkehren die aus Nürnberg kommenden Züge in der Regel weiter bis nach München.

Lokalverkehr mit der Ludwigseisenbahn Nürnberg–Fürth besteht stündlich.

---

von **Nürnberg**

nach **Aachen**

13.15 Ez **U** Bamberg **14.45 / 15.45 Ez**
U Frankfurt a.M. **22.00** ↪ / 8.30 ⛴
U Mainz 11.00 / 11.00 ⛴
U Cöln 20.15 / **23.30 Sz** — **1.20**[3]

21.55 Pz **U** Bamberg 23.45 / 1.45 Pz
U Frankfurt a.M. 9.20 / 18.00 Pz
U Wiesbaden 19.30 / 20.15 ✉
U Coblenz 5.30 / 6.00 ⛴
U Cöln 10.30 / 11.45 Pz — 13.45[3]

nach **Augsburg**

5.45 Pz *über Nördlingen* — 11.05
13.25 GmP *über Nördlingen* — 23.50
17.05 Ez *über Nördlingen* — **21.20**
19.15 GmP *über Nördlingen* — 8.25

nach **Basel***

13.15 Ez **U** Bamberg **14.45 / 15.45 Ez**
U Frankfurt a.M. **22.00** ↪ / **5.00 Cz**
U Heidelberg **7.05 / 7.20 Sz** — **14.56**

21.55 Pz **U** Bamberg 23.45 / 1.45 Pz
U Frankfurt a.M. 9.20 / **10.30 Sz**
U Heidelberg **12.35 / 12.55 Sz** — **19.15**

* Ankunft Basel Badischer Bf

nach **Berlin**

13.15 Ez **U** Leipzig **23.00** ↪ / **5.00 Sz** — **10.30**

21.55 Pz **U** Hof 6.30 / 7.00 Pz
U Leipzig 12.30 / 14.30 Pz
U Röderau 16.15 / 16.45 Pz — 20.45

nach **Bonn**

13.15 Ez **U** Bamberg **14.45 / 15.45 Ez**
U Frankfurt a.M. **22.00** ↪ / 5.45 Pz
U Castel 7.05* / # ✉
U Mainz # / 9.00 ⛴ — 16.15

Fortsetzung siehe nächste Spalte

21.55 Pz **U** Bamberg 23.45 / 1.45 Pz
U Frankfurt a.M. 9.20 / 11.35 Pz
U Castel 12.20* / # ✉
U Mainz # / 14.30 ⛴ — 21.00

* Ankunftszeit geschätzt

nach **Braunschweig**

13.15 Ez **U** Leipzig **23.00** ↪ / 7.00 Pz
U Magdeburg 9.50 / **10.40 Cz** — **12.50**

21.55 Pz **U** Hof 6.30 / 7.00 Pz
U Leipzig 12.30 / 17.30 Pz
U Magdeburg 21.00 / **1.50 Cz** — **4.30**[3]

nach **Bremen**

13.15 Ez **U** Leipzig **23.00** ↪ / 7.00 Pz
U Magdeburg 9.50 / **10.40 Cz**
U Wunstorf **15.03*** / 16.40 Pz — 19.25

21.55 Pz **U** Leipzig 12.30 / 22.00 Pz
U Magdeburg 1.15 / **1.50 Cz**
U Wunstorf **7.15*** / 7.30 Pz — 10.15[3]

* Ankunftszeit geschätzt

nach **Breslau**

13.15 Ez **U** Leipzig **23.00** ↪ / 6.00 Pz
U Dresden 9.15 / 9.45 Pz
U Görlitz 12.50 / 13.30 Pz
U Kohlfurt 14.10 / 14.15 Pz — 18.30

21.55 Pz **U** Hof 6.30 / 7.00 Pz
U Leipzig 12.30 / 14.30 Pz
U Dresden 17.30 / 18.15 Pz
U Görlitz 21.40 / 23.00 Pz
U Kohlfurt 23.45 / **2.45 Sz** — **5.45**[3]

nach **Carlsruhe**

13.15 Ez **U** Bamberg **14.45 / 15.45 Ez**
U Frankfurt a.M. **22.00** ↪ / **5.00 Cz**
U Heidelberg **7.05 / 7.20 Sz** — **8.27**

21.55 Pz **U** Bamberg 23.45 / 1.45 Pz
U Frankfurt a.M. 9.20 / **10.30 Sz**
U Heidelberg **12.35 / 12.55 Sz** — **14.10**

nach **Cassel**

13.15 Ez **U** Bamberg **14.45 / 15.45 Ez**
U Frankfurt a.M. **22.00** ↪ / 5.45 Pz
U Guntershausen 11.45 / 11.50 Pz — 12.10

21.55 Pz **U** Bamberg 23.45 / 1.45 Pz
U Frankfurt a.M. 9.20 / 10.35 Pz
U Guntershausen 18.50 / 19.00 Pz — 19.20

nach **Chemnitz**

13.15 Ez **U** Werdau **20.55*** / 21.17 Pz
U Zwickau 21.40* / 22.30 ✉ — 3.00

21.55 Pz **U** Hof 6.30 / 7.00 Pz
U Werdau 9.40* / 9.47 Pz
U Zwickau 10.10* / 10.30 ✉ — 15.00

* Ankunftszeit geschätzt

nach **Coblenz**

13.15 Ez **U** Bamberg **14.45 / 15.45 Ez**
U Frankfurt a.M. **22.00** ↪ / 5.45 Pz
U Castel 7.05* / # ✉
U Mainz # / 9.00 ⛴ — 13.00

21.55 Pz **U** Bamberg 23.45 / 1.45 Pz
U Frankfurt a.M. 9.20 / 11.35 Pz
U Castel 12.20* / # ✉
U Mainz #/ 14.30 ⛴ — 18.00

nach **Cöln**

13.15 Ez **U** Bamberg **14.45 / 15.45 Ez**
U Frankfurt a.M. **22.00** ↪ / 5.45 Pz
U Castel 7.05* / # ✉
U Mainz # / 9.00 ⛴ — 18.15

21.55 Pz **U** Bamberg 23.45 / 1.45 Pz
U Frankfurt a.M. 9.20 / 11.35 Pz
U Castel 12.20* / # ✉
U Mainz # / 14.30 ⛴ — 23.00

* Ankunftszeit geschätzt

nach **Constanz**

5.45 Pz **U** Augsburg 11.05 / 12.50 GmP
U Lindau 22.35 ↪ / 6.00 ⛴
U Friedrichshafen # / 9.15 ⛴ — k.A.

19.15 GmP **U** Augsburg 8.25 / **9.00 Ez**
U Ulm **11.30** / 11.45 Pz
U Friedrichshafen 15.20 / 16.30 ⛴ — k.A.

nach **Danzig**

21.55 Pz **U** Hof 6.30 / 7.00 Pz
U Leipzig 12.30 / 14.30 Pz
U Röderau 16.15 / 16.45 Pz
U Berlin 20.45 / **22.40 Sz** — **11.35**[3]

nach **Darmstadt***

13.15 Ez **U** Bamberg **14.45 / 15.45 Ez**
U Frankfurt a.M. **22.00** ↪/**5.00 Cz** — **5.38**

21.55 Pz **U** Bamberg 23.45 / 1.45 Pz
U Frankfurt a.M. 9.20 / **10.30 Sz** — **11.08**

* Ankunftszeiten in Darmstadt sind sämmtlich geschätzt.

nach **Dortmund**

13.15 Ez **U** Bamberg **14.45 / 15.45 Ez**
U Frankfurt a.M. **22.00** ↪ / 5.45 Pz
U Guntershausen 11.45 / 11.50 Pz
U Cassel 12.10 / 12.30 Pz
U Hamm 18.26 / **18.45 Cz** — **19.20***

21.55 Pz **U** Bamberg 23.45 / 1.45 Pz
U Frankfurt a.M. 9.20 / 11.35 Pz
U Castel 12.20* / # ✉
U Mainz # / 14.30 ⛴
U Cöln > Deutz 23.00 ↪ / **6.30 Cz** **9.02***

* Ankunftszeit geschätzt

nach **Dresden**

13.15 Ez **U** Leipzig **23.00** ↪ / 6.00 Pz — 9.15

21.55 Pz **U** Hof 6.30 / 7.00 Pz
U Leipzig 12.30 / 14.30 Pz — 17.30

noch: ab **Nürnberg**

nach Düsseldorf

13.15 Ez **U** Bamberg **14.45** / **15.45 Ez**
U Frankfurt a.M. **22.00** ↩ / 5.45 Pz
U Castel 7.05* / # ✉
U Mainz # / 9.00 ⛴
U Cöln > Deutz 18.15 / **20.00 Sz** **20.55**
21.55 Pz **U** Bamberg 23.45 / 1.45 Pz
U Frankfurt a.M. 9.20 / 11.35 Pz
U Castel 12.20* / # ✉
U Mainz # / 14.30 ⛴
U Cöln > Deutz 23.00 ↩ / **6.30 Cz** **7.15**[3]

* Ankunftszeit geschätzt

nach Elberfeld

13.15 Ez **U** Bamberg **14.45** / **15.45 Ez**
U Frankfurt a.M. **22.00** ↩ / 5.45 Pz
U Castel 7.05* / # ✉
U Mainz # / 9.00 ⛴
U Cöln > Deutz 18.15 / **20.00 Sz**
U Düsseldorf **20.55** / 21.15 Pz 22.21
21.55 Pz **U** Bamberg 23.45 / 1.45 Pz
U Frankfurt a.M. 9.20 / 11.35 Pz
U Castel 12.20* / # ✉
U Mainz # / 14.30 ⛴
U Cöln > Deutz 23.00 ↩ / **6.30 Cz**
U Düsseldorf **7.15** / 7.30 Pz 8.36[3]

* Ankunftszeit geschätzt

nach Erfurt*

13.15 Ez **U** Bamberg **14.45** / **15.45 Ez**
U Frankfurt a.M. **22.00** ↩/ 5.45 Pz 16.50
21.55 Pz **U** Bamberg 23.45 / 1.45 Pz
U Frankfurt a.M. 9.20 / **17.00 Sz** **2.50**

* Ankunftszeiten in Erfurt sind sämmtlich geschätzt.

nach Essen*

13.15 Ez **U** Bamberg **14.45** / **15.45 Ez**
U Frankfurt a.M. **22.00** ↩ / 5.45 Pz
U Castel 7.05* / # ✉
U Mainz # / 9.00 ⛴
U Cöln > Deutz 18.15 / **20.00 Sz** **22.15**
21.55 Pz **U** Bamberg 23.45 / 1.45 Pz
U Frankfurt a.M. 9.20 / 11.35 Pz
U Castel 12.20* / # ✉
U Mainz # / 14.30 ⛴
U Cöln > Deutz 23.00 ↩ / 8.00 10.40

* Ankunft in Alten-Essen, Ankunftszeit geschätzt; Fahrplan der Post-Course von Alten-Essen nach Essen Stadt liegt nicht vor.
** Ankunftszeit geschätzt

nach Frankfurt a.M.

13.15 Ez **U** Bamberg **14.45** / **15.45 Ez** **22.00**
21.55 Pz **U** Bamberg 23.45 / 1.45 Pz 9.20

nach Freiburg i.B.

13.15 Ez **U** Bamberg **14.45** / **15.45 Ez**
U Frankfurt a.M. **22.00** ↩ / **5.00 Cz**
U Heidelberg **7.05** / **7.20 Sz** **12.35**
21.55 Pz **U** Bamberg 23.45 / 1.45 Pz
U Frankfurt a.M. 9.20 / **10.30 Sz**
U Heidelberg **12.35** / **12.55 Sz** **17.36**

nach Gera

13.15 Ez **U** Altenburg **21.55*** ↩ / 9.00 ✉ 13.00
21.55 Pz **U** Hof 6.30 / 7.00 Pz
U Altenburg 10.55* / 15.00 ✉ 19.00

* Ankunftszeit geschätzt

nach Görlitz

13.15 Ez **U** Leipzig **23.00** ↩ / 6.00 Pz
U Dresden 9.15 / 9.45 Pz 12.50
21.55 Pz **U** Hof 6.30 / 7.00 Pz
U Leipzig 12.30 / 14.30 Pz
U Dresden 17.30 / 18.15 Pz 21.40

nach Hagen*

13.15 Ez **U** Bamberg **14.45** / **15.45 Ez**
U Frankfurt a.M. **22.00** ↩ / 5.45 Pz
U Guntershausen 11.45/11.50 Pz
U Cassel 12.10 / 12.30 Pz
U Hamm 18.26 / **18.45 Cz**
U Dortmund **19.20*** / 19.30 Pz 20.28*
21.55 Pz **U** Bamberg 23.45 / 1.45 Pz
U Frankfurt a.M. 9.20 / 11.35 Pz
U Castel 12.20** / # ✉
U Mainz # / 14.30 ⛴
U Cöln > Deutz 23.00 ↩ / **6.30 Cz**
U Düsseldorf **7.15** / 7.30 Pz
U Elberfeld 8.36 / 9.40 Pz 11.17[3]

* Ankunftszeiten in Hagen sind sämmtlich geschätzt.
** Ankunftszeit geschätzt

nach Halle

9.30 GmP **U** Hof 23.20 / 3.30 Pz
U Leipzig 9.00 / 12.00 Pz 12.40
13.15 Ez **U** Leipzig **23.00** ↩ / **5.00 Sz** **5.45**
21.55 Pz **U** Hof 6.30 / 7.00 Pz
U Leipzig 12.30 / 15.15 Pz 16.00

nach Hamburg

21.55 Pz **U** Hof 6.30 / 7.00 Pz
U Leipzig 12.30 / 15.15 Pz
U Berlin 21.30 / **23.00 Cz** **5.16**[3]

nach Hamm

13.15 Ez **U** Bamberg **14.45** / **15.45 Ez**
U Frankfurt a.M. **22.00** ↩ / 5.45 Pz
U Guntershausen 11.45 / 11.50 Pz
U Cassel 12.10 / 12.30 Pz 18.26
21.55 Pz **U** Bamberg 23.45 / 1.45 Pz
U Frankfurt a.M. 9.20 / **17.00 Sz**
U Guntershausen **21.50** / 21.55 Pz
U Cassel 22.15 ↩ / 5.55 Pz 11.46[3]

nach Hannover

13.15 Ez **U** Leipzig **23.00** ↩ / 7.00 Pz
U Magdeburg 9.50 / **10.40 Cz** **14.20**
21.55 Pz **U** Hof 6.30 / 7.00 Pz
U Leipzig 12.30 / 17.30 Pz
U Magdeburg 21.00 / **1.50 Cz** **6.20**[3]

nach Heidelberg

13.15 Ez **U** Bamberg **14.45** / **15.45 Ez**
U Frankfurt a.M. **22.00** ↩ / **5.00 Cz** **7.05**
21.55 Pz **U** Bamberg 23.45 / 1.45 Pz
U Frankfurt a.M. 9.20 / **10.30 Sz** **12.35**

nach Kiel

21.55 Pz **U** Hof 6.30 / 7.00 Pz
U Leipzig 12.30 / 15.15 Pz
U Berlin 21.30 / **23.00 Cz**
U Hamburg **5.16** /
Altona 8.10 Pz 11.00[3]

nach Königsberg i.Pr.

21.55 Pz **U** Hof 6.30 / 7.00 Pz
U Leipzig 12.30 / 14.30 Pz
U Röderau 16.15 / 16.45 Pz
U Berlin 20.45 / **22.40 Sz**
U Dirschau **10.45** / 11.37 ✉
U Marienburg 16.07 / **16.37 Sz** **21.02**[3]

nach Leipzig

9.30 GmP **U** Hof 23.20 / 3.30 Pz 9.00
13.15 Ez *über Bamburg–Hof* **23.00**
21.55 Pz **U** Hof 6.30 / 7.00 Pz 12.30

nach Lindau

5.45 Pz **U** Augsburg 11.05 / 12.50 GmP 22.35
17.05 Ez **U** Augsburg **21.20** / 21.30 GmP 6.30
19.15 GmP **U** Augsburg 8.25 / **8.55 Ez** **15.10**

nach Ludwigshafen

> Mannheim

nach Lübeck

13.15 Ez **U** Leipzig **23.00** / ↩ 7.00 Pz
U Magdeburg 9.50 / 10.45 GmP
U Wittenberge 14.10 / 15.10 GmP
U Büchen 18.35* / 19.00 Pz 20.11
21.55 Pz **U** Hof 6.30 / 7.00 Pz 12.30
U Leipzig 12.30 / 15.15 Pz
U Berlin 21.30 / **23.00 Cz**
U Büchen **4.10*** / 9.00 Pz 10.45

* Ankunftszeit geschätzt

nach Magdeburg

13.15 Ez **U** Leipzig **23.00** ↩ / 7.00 Pz 9.50
21.55 Pz **U** Hof 6.30 / 7.00 Pz
U Leipzig 12.30 / 17.30 Pz 21.00

nach **Mainz**

13.15 Ez	**U** Bamberg **14.45 / 15.45 Ez**	
	U Frankfurt a.M. **22.00** ↪ / 5.45 Pz	
	U Castel 7.05* / #	k.A.
21.55 Pz	**U** Bamberg 23.45 / 1.45 Pz	
	U Frankfurt a.M. 9.20 / **10.15 Sz**	
	U Castel **11.00** / #	k.A.

nach **Mannheim**

13.15 Ez	**U** Bamberg **14.45 / 15.45 Ez**	
	U Frankfurt a.M. **22.00** ↪/ **5.00 Cz**	**7.06**
21.55 Pz	**U** Bamberg 23.45 / 1.45 Pz	
	U Frankfurt a.M. 9.20 / **10.30 Sz**	**12.38**

nach **München**

5.45 Pz	*über Augsburg*	13.15
17.05 Ez	*über Augsburg*	**23.00**

nach **Münster**

13.15 Ez	**U** Bamberg **14.45 / 15.45 Ez**	
	U Frankfurt a.M. **22.00** ↪ / 5.45 Pz	
	U Guntershausen 11.45 / 11.50 Pz	
	U Cassel 12.10 / 12.30 Pz	
	U Hamm 18.26 / 19.00 Pz	20.00
21.55 Pz	**U** Bamberg 23.45 / 1.45 Pz	
	U Frankfurt a.M. 9.20 / **17.00 Sz**	
	U Guntershausen **21.50** / 21.55 Pz	
	U Cassel 22.15 ↪ / 5.55 Pz	
	U Hamm 11.46 / 12.10 Pz	13.00^{3}

nach **Oberhausen**

13.15 Ez	**U** Bamberg **14.45 / 15.45 Ez**	
	U Frankfurt a.M. **22.00** ↪ / 5.45 Pz	
	U Castel 7.05* / # ✉	
	U Mainz # / 9.00 ⛴	
	U Cöln > Deutz 18.15 / **20.00 Sz**	**21.50**
21.55 Pz	**U** Bamberg 23.45 / 1.45 Pz	
	U Frankfurt a.M. 9.20 / 11.35 Pz	
	U Castel 12.20* / # ✉	
	U Mainz # / 14.30 ⛴	
	U Cöln > Deutz 23.00 ↪ / **6.30 Cz**	**8.00**

* Ankunftszeit geschätzt

nach **Oppeln**

13.15 Ez	**U** Leipzig **23.00** ↪ / 6.00 Pz	
	U Dresden 9.15 / 9.45 Pz	
	U Görlitz 12.50 / 13.30 Pz	
	U Kohlfurt 14.10 / 14.15 Pz	21,27
21.55 Pz	**U** Hof 6.30 / 7.00 Pz	
	U Leipzig 12.30 / 14.30 Pz	
	U Dresden 17.30 / 18.15 Pz	
	U Görlitz 21.40 / 23.00 Pz	
	U Kohlfurt 23.45 / **2.45 Sz**	**7.45**^{3}

nach **Osnabrück**

13.15 Ez	**U** Leipzig **23.00** ↪ / 7.00 Pz	
	U Magdeburg 9.50 / **10.40 Cz**	
	U Hannover **14.20** / 21.50 Pz	
	U Minden 23.45 / 1.00 ✉	8.00^{3}
21.55 Pz	**U** Hof 6.30 / 7.00 Pz	
	U Leipzig 12.30 / 17.30 Pz	
	U Magdeburg 21.00 / **1.50 Cz**	
	U Hannover **6.20 / 6.45Sz**	
	U Minden **8.35** / 9.00 ✉	16.00^{3}

nach **Passau**

17.30 ✉	**U** Regensburg 5.30 / 11.00 ✉	22.30

nach **Posen**

21.55 Pz	**U** Hof 6.30 / 7.00 Pz	
	U Leipzig 12.30 / 15.15 Pz	
	U Berlin 21.30 / **22.40 Sz**	
	U Kreutz **4.43** / 5.03 Pz	7.47

nach **Regensburg**

6.00 ✉		18.00
17.30 ✉		5.30

nach **Rostock**

13.15 Ez	**U** Leipzig **23.00** ↪ / 7.00 Pz	
	U Magdeburg 9.50 / 10.45 GmP	
	U Wittenberge 14.10 / 15.10 GmP	
	U Hagenow 17.00* / 17.30 Pz	22.10
21.55 Pz	**U** Hof 6.30 / 7.00 Pz	
	U Leipzig 12.30 / 14.30 Pz	
	U Berlin 18.00 / **23.00 Cz**	
	U Hagenow **3.08*** / 7.30 Pz	11.05

* Ankunftszeit geschätzt

nach **Saarbrücken**

13.15 Ez	**U** Bamberg **14.45 / 15.45 Ez**	
	U Frankfurt a.M. **22.00** ↪/ 6.30 Pz	
	U Mannheim 9.23 / #	
	U Ludwigshafen # / **13.10 Sz**	**16.58**
21.55 Pz	**U** Bamberg 23.45 / 1.45 Pz	
	U Frankfurt a.M. 9.20 / 12.05 Pz	
	U Mannheim 15.28 / #	
	U Ludwigshafen # / 17.30	22.05

nach **Schwerin**

13.15 Ez	**U** Leipzig **23.00** ↪ / 7.00 Pz	
	U Magdeburg 9.50 / 10.45 GmP	
	U Wittenberge 14.10 / 15.10 GmP	
	U Hagenow 17.00* / 17.30 Pz	18.15
21.55 Pz	**U** Hof 6.30 / 7.00 Pz	
	U Leipzig 12.30 / 14.30 Pz	
	U Berlin 18.00 / **23.00 Cz**	
	U Hagenow **3.08*** / 7.30 Pz	8.12

* Ankunftszeit geschätzt

nach **Stettin**

13.15 Ez	**U** Leipzig **23.00** ↪ / **5.00 Sz**	
	U Berlin **10.30** / 12.15 Pz	15.52
21.55 Pz	**U** Hof 6.30 / 7.00 Pz	
	U Leipzig 12.30 / 14.30 Pz	
	U Röderau 16.15 / 16.45 Pz	
	U Berlin 20.45 / **22.40 Sz**	**1.47**^{3}

nach **Stralsund**

13.15 Ez	**U** Leipzig **23.00** ↪ / **5.00 Sz**	
	U Berlin **10.30** / 17.30 Pz	
	U Passow 20.00* / 20.20 ✉	11.20^{3}
21.55 Pz	**U** Hof 6.30 / 7.00 Pz	
	U Leipzig 12.30 / 14.30 Pz	
	U Röderau 16.15 / 16.45 Pz	
	U Berlin 20.45 / **22.40 Sz**	
	U Passow 0.50* / 1.15 ✉	18.00^{3}

* Ankunftszeit geschätzt

nach **Stuttgart**

5.45 Pz	**U** Augsburg 11.05 / 13.00 GmP	
	U Ulm 17.30 / 17.42 Pz	21.10
17.05 Ez	**U** Nördlingen **19.29** / 19.45 ✉	8.45
19.15 GmP	**U** Augsburg 8.25 / **9.00 Ez**	
	U Ulm **11.30** / 11.45 Pz	14.23

nach **Trier**

13.15 Ez	**U** Bamberg **14.45 / 15.45 Ez**	
	U Frankfurt a.M. **22.00** ↪/ 6.30 Pz	
	U Mannheim 9.23 / #	
	U Ludwigshafen # / **13.10 Sz**	
	U Saarbrücken **16.58** / 17.30 ✉	4.00^{3}
21.55 Pz	**U** Bamberg 23.45 / 1.45 Pz	
	U Frankfurt a.M. 9.20 / 12.05 Pz	
	U Mannheim 15.28 / #	
	U Ludwigshafen # / 17.30	
	U Saarbrücken 22.05 ↪/8.15 ✉	18.45^{3}

nach **Ulm**

5.45 Pz	**U** Augsburg 11.05 / 13.00 GmP	17.30
19.15 GmP	**U** Augsburg 8.25 / **9.00 Ez**	**11.30**

nach **Wiesbaden**

13.15 Ez	**U** Bamberg **14.45 / 15.45 Ez**	
	U Frankfurt (M) **22.00** ↪ / 5.45 Pz	7.30
21.55 Pz	**U** Bamberg 23.45 / 1.45 Pz	
	U Frankfurt (M). 9.20 / 11.15 Pz	12.45

nach **Würzburg**

9.30 GmP	**U** Bamberg 12.30 / 16.30 GmP	21.50
13.15 Ez	**U** Bamberg **14.45 / 15.45 Ez**	**18.15**
15.00 ✉	*über Kitzingen*	3.00
21.55 Pz	**U** Bamberg 23.45 / 1.45 Pz	4.50
22.00 ✉	*über Uffenheim*	11.00

nach **Zwickau**

13.15 Ez	**U** Werdau **20.55*** / 21.17 Pz	21.40*
21.55 Pz	**U** Hof 6.30 / 7.00 Pz	
	U Werdau 9.40* / 9.47 Pz	10.10*

* Ankunftszeit geschätzt

Auslandsverbindungen

Nürnberg ist außerdem im **Auslandsteil** ab S. 210 mit den hier abgehenden Post- und Schiffs-Coursen nach **Österreich** aufgeführt.

Oberhausen

Durch Oberhausen verläuft die Cöln-Mindener Eisenbahn, die in Minden Anschluß an die Hannöversche Staatsbahn findet mit Weiterfahrt bis nach Berlin.

Eine weitere Linie führt nach Ruhrort, woselbst die Züge per Dampffähre trajektiert werden und ihre Fahrt Richtung Gladbach–Aachen fortsetzen.

Im kommende Jahr ist mit der Eröffnung einer weiteren Schienenverbindung der Cöln-Mindener Eisenbahn von Oberhausen über Dinslaken nach Emmerich und weiter zur niederländischen Grenze zu rechnen.

von **Oberhausen**

nach **Aachen**

7.00 Pz	*über Ruhrort–Gladbach*	11.20
10.30 Pz	*über Ruhrort–Gladbach*	16.00
14.04 Sz	**U** Deutz > Cöln **16.00** / 18.00 Pz	20.00
14.20 Pz	*über Ruhrort–Gladbach*	20.20
20.22 Cz	**U** Deutz > Cöln **22.00** / **23.30 Sz**	**1.20**

nach **Augsburg**

6.46 Pz	**U** Deutz > Cöln 9.15 / 10.00 ⛴	
	U Coblenz 17.00 / 20.00 ✉	
	U Wiesbaden 5.00 / 5.45 Pz	
	U Frankfurt a.M. 7.30 / **8.30 Ez**	
	U Bamberg **14.45** / **15.30 Ez**	**21.20**
10.14 Pz	**U** Deutz (b. Cöln) 12.45 / 13.15 ✉	
	U Frankft. a.M. 12-13.00 / 17.15 Pz	
	U Bamberg 1.05 / 3.15Pz	11.05[3]
14.04 Sz	**U** Deutz > Cöln **16.00** / 20.15 ⛴	
	U Mainz 11.00 / **11.20 Sz**	
	U Ludwigshafen **13.00** / #	
	U Mannheim # / 15.10 Pz	
	U Bruchsal 17.01* / 17.20 Pz	
	U Stuttgart 20.15 ↪ / 7.05 Pz	
	U Ulm 10.50 / 11.15 GmP	15.40[3]

* Ankunftszeit geschätzt

nach **Basel***

14.04 Sz	**U** Deutz > Cöln **16.00** / 20.15 ⛴	
	U Mainz 11.00 / **11.20 Sz**	
	U Ludwigshafen **13.00** / #	
	U Mannheim # / 15.10 Pz	
	U Offenburg 20.47 ↪ / 6.00 Pz	10.55[3]
20.22 Cz	**U** Deutz > Cöln **22.00** ↪ / 6.00 ⛴	
	U Mainz 19.30 / 20.00 Pz	
	U Ludwigshafen 21.59 ↪ / #	
	U Mannheim # / **6.40 Sz**	**14.56**[3]

* Ankunft Basel Badischer Bf

nach **Berlin**

8.02 Cz	*über Hannover–Magdeburg*	**21.20**
13.23 Pz	*über Hannover–Magdeburg*	9.30
21.56 Sz	*über Hannover–Magdeburg*	**13.10**

nach **Bonn**

6.46 Pz	**U** Deutz > Cöln 9.15 / 10.00 Pz	10.50
10.14 Pz	**U** Deutz > Cöln 12.45 / 14.45 Pz	15.35
14.04 Sz	**U** Deutz > Cöln **16.00** / 17.45 Pz	18.35
17.49 Pz	**U** Deutz > Cöln 20.10 / 21.00 Pz	21.50
20.22 Cz	**U** Deutz > Cöln **22.00** ↪ / 7.00 Pz	7.50

nach **Braunschweig**

8.02 Cz	*über Hannover*	**15.22**
13.23 Pz	*über Hannover*	0.30
21.56 Sz	*über Hannover*	**7.05**

nach **Bremen**

8.02 Cz	**U** Wunstorf **13.15*** / 13.25 Pz	16.00
21.56 Sz	**U** Wunstorf **4.35*** / 7.30 Pz	10.15

* Ankunftszeit geschätzt

nach **Breslau**

8.02 Cz	**U** Berlin **21.20** / **22.15 Sz**	**5.45**

nach **Carlsruhe**

14.04 Sz	**U** Deutz > Cöln **16.00** / 20.15 ⛴	
	U Mainz 11.00 / **11.20 Sz**	
	U Ludwigshafen **13.00** / #	
	U Mannheim # / 15.10 Pz	17.50
17.49 Pz	**U** Deutz > Cöln 20.10 / 22.00 ⛴	
	U Mannheim 19.30 / 19.45 Pz	22.25
17.49 Pz	**U** Deutz > Cöln 20.10 / 22.00 ⛴	
	U Mainz 14.00 / 15.00 Pz	
	U Ludwigshafen 17.00 / #	
	U Mannheim # / 19.45 Pz	22.25
20.22 Cz	**U** Deutz > Cöln **22.00** ↪ / 6.00 ⛴	
	U Mainz 19.30 / 20.00 Pz	
	U Ludwigshafen 21.59 ↪ / #	
	U Mannheim # / 5.00 Pz	9.12
20.22 Cz	**U** Deutz > Cöln **22.00** ↪ / 6.00 ⛴	
	U Mainz 19.30 / 20.00 Pz	
	U Ludwigshafen 21.59 ↪ / #	
	U Mannheim # / **6.40 Sz**	**8.27**

nach **Essen***

8.00 Pz	*über Düsseldorf–Oberhausen*	10.40
11.00 Pz	*über Düsseldorf–Oberhausen*	13.45
16.00 Pz	*über Düsseldorf–Oberhausen*	18.55
20.00 Sz	*über Düsseldorf–Oberhausen*	**22.15**

* Abfahrt in Deutz, Ankunft in Alten-Essen, Ankunftszeit geschätzt; ein Fahrplan der Post-Course von Alten-Essen nach Essen Stadt liegt nicht vor.

nach **Cassel**

8.02 Cz	**U** Hamm **9.36** / 9.50 Pz	15.55
13.23 Pz	**U** Hamm 16.00 / 16.18 Pz	22.00

nach **Chemnitz**

8.02 Cz	**U** Magdeburg **18.00** / 18.15 Pz	
	U Leipzig 21.15 / **22.00 Sz**	
	U Riesa **23.15*** ↪ / 5.15 Pz	8.15
13.23 Pz	**U** Magdeburg 4.50 / 5.30 Pz	
	U Leipzig 9.00 / 10.00 Pz	
	U Riesa 11.25* / 12.15 Pz	15.30
21.56 Sz	**U** Magdeburg **10.00** / 10.45 Pz	
	U Leipzig 14.05 / 14.30 Pz	
	U Riesa 16.00* / 16.45 Pz	19.30

* Ankunftszeit geschätzt

nach **Coblenz**

6.46 Pz	**U** Deutz > Cöln 9.15 / 10.00 ⛴	17.00
10.14 Pz	**U** Deutz > Cöln 12.45 / 13.00 ⛴	20.00
14.04 Sz	**U** Deutz > Cöln **16.00** / 20.15 ⛴	2.45
17.49 Pz	**U** Deutz > Cöln 20.10 / 22.00 ⛴	5.45
20.22 Cz	**U** Deutz > Cöln **22.00** / 23.30 ⛴	9.00
	nur Mo und Do	.
20.22 Cz	**U** Deutz > Cöln **22.00** ↪ / 6.00 ⛴	12.15

nach **Cöln***

6.46 Pz	9.15
10.14 Pz	12.45
14.04 Sz	**16.00**
17.49 Pz	20.10
20.22 Cz	**22.00**

* Ankunft in Deutz

nach **Constanz**

20.22 Cz	**U** Deutz > Cöln **22.00** ↪ / 6.00 ⛴	
	U Mainz 19.30 / 20.00 Pz	
	U Ludwigshafen 21.59 ↪ / #	
	U Mannheim # / **6.40 Sz**	
	U Offenburg **10.22** / 10.45 ✉	6.15[4]

nach **Danzig**

8.02 Cz	**U** Berlin **21.20** / **22.40 Sz**	**11.35**

nach **Darmstadt**

6.46 Pz	**U** Deutz > Cöln 9.15 / 10.00 ⛴	
	U Coblenz 17.00 / 20.00 ✉	
	U Wiesbaden 5.00 / 5.45 Pz	
	U Frankfurt a.M. 7.30 / 8.00 GmP	9.15*

Fortsetzung siehe nächste Seite

noch: ab **Oberhausen**

noch: nach **Darmstadt**

10.14 Pz **U** Deutz (b. Cöln) 12.45 / 13.15 ✉
U Frankfurt a.M. 12-13.00 / 17.35 Pz — 18.20*

17.49 Pz **U** Deutz > Cöln 20.10 / 22.00 ⛴
U Frankfurt a.M. 17.30 / 20.45 — 21.30

* Ankunftszeit geschätzt

nach **Dortmund***

8.02 Cz — **9.02**
10.18 Pz — 11.52
13.23 Pz — 15.00
18.30 Pz — 20.25
21.56 Sz — **23.11**

* Ankunftszeiten in Dortmund sind sämmtlich geschätzt.

nach **Dresden**

8.02 Cz **U** Magdeburg **18.00** / 18.15 Pz
U Leipzig 21.15 / **22.00 Sz** — **0.30**

13.23 Pz **U** Magdeburg 4.50 / 5.30 Pz
U Leipzig 9.00 / 10.00 Pz — 13.15

21.56 Sz **U** Magdeburg **10.00** / 10.45 Pz
U Leipzig 14.05 / 14.30 Pz — 17.30

nach **Düsseldorf**

6.46 Pz — 7.55
10.14 Pz — 11.22
14.04 Sz — **14.57**
17.49 Pz — 18.52
20.22 Cz — **21.03**

nach **Elberfeld**

6.46 Pz **U** Düsseldorf 7.55 / 9.30 Pz — 10.36
10.14 Pz **U** Düsseldorf 11.22 / 12.30 Pz — 14.07
14.04 Sz **U** Düsseldorf **14.57** / 17.30 Pz — 18.36
20.22 Cz **U** Düsseldorf **21.03** / 21.15 Pz — 22.21

nach **Erfurt**

13.23 Pz **U** Hamm 16.00 / 16.18 Pz
U Cassel 22.00 / 22.15 Pz
U Guntershausen 22.35 / **22.45 Sz** — **2.50***

* Ankunftszeit geschätzt

nach **Essen***

10.15 Pz — 10.40
11.00 Pz — 13.45
16.00 Pz — 18.55
20.00 Sz — **22.15**

* Ankunft in Alten-Essen, Ankunftszeiten sind sämmtlich geschätzt; ein Fahrplan der Post-Course von Alten-Essen nach Essen Stadt liegt nicht vor.

nach **Frankfurt a.M.**

6.46 Pz **U** Deutz > Cöln 9.15 / 10.00 ⛴
U Coblenz 17.00 / 20.00 ✉
U Wiesbaden 5.00 / 5.45 Pz — 7.30

Fortsetzung siehe nächste Spalte

10.14 Pz **U** Deutz (b. Cöln) 12.45 / 13.15 ✉ — 12-13.00

17.49 Pz **U** Deutz > Cöln 20.10 / 22.00 ⛴ — 17.30

nach **Freiburg i.B.**

14.04 Cz **U** Deutz > Cöln **16.00** ↪ / 20.15 ⛴
U Mainz 11.00 / **11.20 Sz**
U Ludwigshafen **13.00** / #
U Mannheim # / 15.10 Pz
U Offenburg 20.47 ↪ / 6.00 Pz — 8.16[3]

20.22 Cz **U** Deutz > Cöln **22.00** ↪ / 6.00 ⛴
U Mainz 19.30 / 20.00 Pz
U Ludwigshafen 21.59 ↪ / #
U Mannheim # / **6.40 Sz** — **12.35[3]**

nach **Gera**

8.02 Cz **U** Magdeburg **18.00** / 18.15 Pz
U Leipzig 21.15 ↪ / 6.00 Pz
U Altenburg 7.10* / 9.00 ✉ — 13.00

8.02 Cz **U** Magdeburg **18.00** / 18.15 Pz
U Leipzig 21.15 ↪ / **7.15 Ez**
U Altenburg **8.08*** / 9.00 ✉ — 13.00

21.56 Sz **U** Magdeburg **10.00** / 10.45 Pz
U Leipzig 14.05 / 18.30 Pz
U Altenburg 19.40* / 20.30 ✉ — 0.30[3]

nach **Görlitz**

8.02 Cz **U** Berlin **21.20** / **22.15 Sz**
U Kohlfurt **2.40*** / 3.15 Pz — 4.00

8.02 Cz **U** Magdeburg **18.00** / 18.15 Pz
U Leipzig 21.15 / **22.00 Sz**
U Dresden **0.30** / 5.30 Pz — 9.00

13.23 Pz **U** Magdeburg 4.50 / 5.30 Pz
U Leipzig 9.00 / 10.00 Pz
U Dresden 13.15 / 14.30 Pz — 18.15

21.56 Sz **U** Magdeburg **10.00** / 10.45 Pz
U Leipzig 14.05 / 14.30 Pz
U Dresden 17.30 / 18.15 Pz — 21.40

* Ankunftszeit geschätzt

nach **Hagen***

10.18 Pz **U** Dortmund 11.52** / 13.23 Pz — 15.00
21.56 Sz **U** Dortmund **23.11**** ↪ / 7.15 Pz — 8.24

* Ankunftszeiten in Hagen sind sämmtlich geschätzt.
** Ankunftszeit geschätzt

nach **Halle**

8.02 Cz **U** Magdeburg **18.00** / 18.15 Pz — 20.25
13.23 Pz **U** Magdeburg 4.50 / 5.30 Pz — 8.00
21.56 Sz **U** Magdeburg **10.00** / 10.45 Pz — 13.10

nach **Hamburg**

8.02 Cz **U** Lehrte **14.25*** / 14.35 Pz
U Harburg 18.20 / 19.00 ⛴ — 20.15

21.56 Sz **U** Lehrte **6.00*** / 6.05 Pz
U Harburg 10.05 / 10.30 ⛴ — 11.45

* Ankunftszeit geschätzt

nach **Hamm**

8.02 Cz — **9.36**
10.18 Pz — 12.55
13.23 Pz — 16.00
18.30 Pz — 21.15
21.56 Sz — **24.00**

nach **Hannover**

8.02 Cz — **13.45**
13.23 Pz — 22.10
21.56 Sz — **5.10**

nach **Heidelberg**

14.04 Sz **U** Deutz > Cöln **16.00** / 20.15 ⛴
U Mainz 11.00 / **11.20 Sz**
U Ludwigshafen **13.00** / #
U Mannheim # / 15.10 Pz — 15.46

17.49 Pz **U** Deutz > Cöln 20.10 / 22.00 ⛴
U Mainz 14.00 / 15.00 Pz
U Ludwigshafen 17.00 / #
U Mannheim # / 19.45 Pz — 20.21

20.22 Cz **U** Deutz > Cöln **22.00** ↪ / 6.00 ⛴
U Mainz 19.30 / 20.00 Pz
U Ludwigshafen 21.59 ↪ / #
U Mannheim # / 5.00 Pz — 5.45

20.22 Cz **U** Deutz > Cöln **22.00** ↪ / 6.00 ⛴
U Mainz 19.30 / 20.00 Pz
U Ludwigshafen 21.59 ↪ / #
U Mannheim # / **6.40 Sz** — **7.07**

nach **Kiel**

8.02 Cz **U** Lehrte **14.25*** / 14.35 Pz
U Harburg 18.20 / 19.00 ⛴
U Hamburg > Altona 20.15 ↪ / 8.10 Pz — 11.00

21.56 Sz **U** Lehrte **6.00*** / 6.05 Pz
U Harburg 10.05 / 10.30 ⛴
U Hamburg > Altona 11.45 / 13.00 GmP — 16.30

* Ankunftszeit geschätzt

nach **Königsberg i.Pr.**

8.02 Cz **U** Berlin **21.20** / **22.40 Sz**
U Dirschau **10.45** / 11.37 ✉
U Marienburg 16.07 / **16.37 Sz** — **21.02**

nach **Leipzig**

8.02 Cz **U** Magdeburg **18.00** / 18.15 Pz — 21.15
13.23 Pz **U** Magdeburg 4.50 / 5.30 Pz — 9.00
21.56 Sz **U** Magdeburg **10.00** / 10.45 Pz — 14.05

nach **Lindau**

6.46 Pz **U** Deutz > Cöln 9.15 / 10.00 ⛴
U Coblenz 17.00 / 20.00 ✉
U Wiesbaden 5.00 / 5.45 Pz
U Frankfurt a.M. 7.30 / **8.30 Ez**
U Bamberg **14.45** / **15.30 Ez**
U Augsburg **21.20** / 21.30 GmP — 6.30[3]

Fortsetzung siehe nächste Seite

noch: nach **Lindau**

14.04 Sz **U** Deutz > Cöln **16.00** / 20.15 ⛴
U Mainz 11.00 / **11.20 Sz**
U Ludwigshafen **13.00** / #
U Mannheim # / 15.10 Pz
U Bruchsal 17.01* / 17.20 Pz
U Stuttgart 20.15 ↩ / 7.05 Pz
U Friedrichshafen 15.20 / 15.30 ⛴ k.A.[3]

* Ankunftszeit geschätzt

nach **Ludwigshafen**

14.04 Sz **U** Deutz > Cöln **16.00** / 20.15 ⛴
U Mainz 11.00 / **11.20 Sz** **13.00**
17.49 Pz **U** Deutz > Cöln 20.10 / 22.00 ⛴
U Mainz 14.00 / 15.00 Pz 17.00
20.22 Cz **U** Deutz > Cöln **22.00** / 23.30 ⛴
U Mainz 17.30 / 18.00 Pz 20.35
nur Mo und Do
20.22 Cz **U** Deutz > Cöln **22.00** ↩/6.00 ⛴
U Mainz 19.30 / 20.00 Pz 21.59

weitere Verbindungen > **Mannheim**

nach **Lübeck**

8.02 Cz **U** Lehrte **14.25*** / 14.35 Pz
U Harburg 18.20 / 19.00 ⛴
U Hamburg 20.15 / 23.00 ✉ 5.00
21.56 Sz **U** Lehrte **6.00*** / 6.05 Pz
U Harburg 10.05 / 10.30 ⛴
U Hamburg 11.45 / 17.00 Pz
U Büchen 18.45* / 19.00 Pz 20.11

* Ankunftszeit geschätzt

nach **Magdeburg**

8.02 Cz *über Hannover* **18.00**
13.23 Pz *über Hannover* 4.50
21.56 Sz *über Hannover* **10.00**

nach **Mainz**

14.04 Sz **U** Deutz > Cöln **16.00** / 20.15 ⛴ 11.00
17.49 Pz **U** Deutz > Cöln 20.10 / 22.00 ⛴ 14.00
20.22 Cz **U** Deutz > Cöln **22.00** / 23.30 ⛴ 17.30
nur Mo und Do
20.22 Cz **U** Deutz > Cöln **22.00** ↩/ 6.00 ⛴ 19.30

nach **Mannheim**

14.04 Sz **U** Düsseldorf **14.57** / 17.00 ⛴ 19.30

weitere Verbindungen > **Ludwigshafen**

nach **München**

6.46 Pz **U** Deutz > Cöln 9.15 / 10.00 ⛴
U Coblenz 17.00 / 20.00 ✉
U Wiesbaden 5.00 / 5.45 Pz
U Frankfurt a.M. 7.30 / **8.30 Ez**
U Bamberg **14.45** / **15.30 Ez** **23.00**.

Fortsetzung siehe nächste Spalte

10.14 Pz **U** Deutz (b. Cöln) 12.45 / 13.15 ✉
U Frankft. a.M. 12-13.00/17.15 Pz
U Bamberg 1.05 / 3.15 Pz 13.15[3]
14.04 Sz **U** Deutz > Cöln **16.00** / 20.15 ⛴
U Mainz 11.00 / **11.20 Sz**
U Ludwigshafen **13.00** / #
U Mannheim # / 15.10 Pz
U Bruchsal 17.01* / 17.20 Pz
U Stuttgart 20.15 ↩ / 7.05 Pz
U Ulm 10.50 / 11.15 GmP 20.30[3]

* Ankunftszeit geschätzt

nach **Münster**

8.02 Cz **U** Hamm 9.36 / 12.10 Pz 13.00
10.18 Pz **U** Hamm 12.55 / 13.15 GmP 14.45
13.23 Pz **U** Hamm 16.00 / 19.00 Pz 20.00
21.56 Sz **U** Hamm **24.00** ↩ / 7.30 Pz 8.30

nach **Nürnberg**

6.46 Pz **U** Deutz > Cöln 9.15 / 10.00 ⛴
U Coblenz 17.00 / 20.00 ✉
U Wiesbaden 5.00 / 5.45 Pz
U Frankfurt a.M. 7.30 / **8.30 Ez**
U Bamberg **14.45** / **15.30 Ez** **17.00**
10.14 Pz **U** Deutz (b. Cöln) 12.45 / 13.15 ✉
U Frankft. a.M. 12-13.00 / 17.15 Pz
U Bamberg 1.05 / 3.15 Pz 5.15[3]

nach **Oppeln**

8.02 Cz **U** Berlin **21.20** / **22.15 Sz** **7.45***

* Ankunftszeit geschätzt

nach **Osnabrück**

8.02 Cz **U** Bielefeld **11.13*** / 11.30 ✉ 18.00
13.23 Pz **U** Minden 19.45 / 1.00 ✉ 8.00
21.56 Sz **U** Minden **3.05** / 9.00 ✉ 16.00

* Ankunftszeit geschätzt

nach **Passau**

6.46 Pz **U** Deutz > Cöln 9.15 / 10.00 ⛴
U Coblenz 17.00 / 20.00 ✉
U Wiesbaden 5.00 / 5.45 Pz
U Frankfurt a.M. 7.30 / **8.30 Ez**
U Bamberg **14.45** / **15.30 Ez**
U Nürnberg **17.00** / 17.30 ✉
U Regensburg 5.30 / 11.00 ✉ 22.30[3]

nach **Posen**

8.02 Cz **U** Berlin **21.20** / **22.40 Sz**
U Kreutz **4.43** / 5.03 Pz 7.47

nach **Regensburg**

6.46 Pz **U** Deutz > Cöln 9.15 / 10.00 ⛴
U Coblenz 17.00 / 20.00 ✉
U Wiesbaden 5.00 / 5.45 Pz
U Frankfurt a.M. 7.30 / **8.30 Ez**
U Bamberg **14.45** / **15.30 Ez**
U Nürnberg **17.00** / 17.30 ✉ 5.30[3]

Fortsetzung siehe nächste Spalte

10.14 Pz **U** Deutz (b. Cöln) 12.45 / 13.15 ✉
U Frankft. a.M. 12-13.00/17.15 Pz
U Bamberg 1.05 / 3.15 Pz
U Nürnberg 5.15 / 6.00 ✉ 18.00[3]

nach **Rostock**

8.02 Cz **U** Lehrte **14.25*** / 14.35 Pz
U Harburg 18.20 / 19.00 ⛴
U Hamburg 20.15 / **22.30 Cz**
U Hagenow **0.40*** ↩ / 7.30 Pz 11.05
13.23 Pz **U** Magdeburg 4.50 / 7.45 Pz
U Wittenberge 10.15 / 10.55 Pz
U Hagenow 12.40* / 12.50 Pz 16.40
21.56 Sz **U** Magdeburg **10.00** / 10.45 GmP
U Wittenberge 14.10 / 15.10 GmP
U Hagenow 17.00 / 17.30 20.10

* Ankunftszeit geschätzt

nach **Saarbrücken**

14.04 Sz **U** Deutz > Cöln **16.00** / 20.15 ⛴
U Mainz 11.00 / **11.20 Sz** **16.58**
17.49 Pz **U** Deutz > Cöln 20.10 / 22.00 ⛴
U Mainz 14.00 / 15.00 Pz 22.05
20.22 Cz **U** Deutz > Cöln **22.00** ↩/ 6.00 ⛴
U Mainz 19.30 ↩ / 4.30 Pz 10.36[3]

nach **Schwerin**

8.02 Cz **U** Lehrte **14.25*** / 14.35 Pz
U Harburg 18.20 / 19.00 ⛴
U Hamburg 20.15 / **22.30 Cz**
U Hagenow **0.40*** ↩ / 7.30 Pz 8.12
13.23 Pz **U** Magdeburg 4.50 / 7.45 Pz
U Wittenberge 10.15 / 10.55 Pz
U Hagenow 12.40* / 12.50 Pz 13.35
21.56 Sz **U** Magdeburg **10.00** / 10.45 GmP
U Wittenberge 14.10 / 15.10 GmP
U Hagenow 17.00 / 17.30 18.15

* Ankunftszeit geschätzt

nach **Stettin**

8.02 Cz **U** Berlin **21.20** / **22.40 Sz** **1.47**
13.23 Pz **U** Berlin 9.30 / 12.15 Pz 15.52
21.56 Sz **U** Berlin **13.10** / 17.30 Pz 21.10

nach **Stralsund**

8.02 Cz **U** Berlin **21.20** / **22.40 Sz**
U Passow 0.50* / 1.15 ✉ 18.00.
21.56 Sz **U** Berlin **13.10** / 17.30 Pz
U Passow 20.00* / 20.20 ✉ 11.20[3]

* Ankunftszeit geschätzt

nach **Stuttgart**

14.04 Sz **U** Deutz > Cöln **16.00** / 20.15 ⛴
U Mainz 11.00 / **11.20 Sz**
U Ludwigshafen **13.00** / #
U Mannheim # / 15.10 Pz
U Bruchsal 17.01* / 17.20 Pz 20.15.

Fortsetzung siehe nächste Seite

noch: nach **Stuttgart**
20.22 Cz **U** Deutz > Cöln **22.00** ↵ / 6.00 ⛴
U Mainz 19.30 / 20.00 Pz
U Ludwigshafen 21.59 ↵ / #
U Mannheim # / **6.40 Sz**
U Bruchsal **7.59*** / 8.15 Pz — 11.05[3]
* Ankunftszeit geschätzt

nach **Trier**
14.04 Sz **U** Deutz > Cöln **16.00** / 19.00 ✉ — 17.30
17.49 Pz **U** Deutz > Cöln 20.10 / 22.00 ⛴
U Coblenz 5.45 / 6.45 ✉ — 21.00
20.22 Cz **U** Deutz > Cöln **22.00** ↵ / 5.00 ✉ — 2.15[3]
20.22 Cz **U** Deutz > Cöln **22.00** ↵ / 6.00 ⛴
U Coblenz 12.15 / 15.30 ✉ — 6.30[3]

nach **Ulm**
14.04 Sz **U** Deutz > Cöln **16.00** / 20.15 ⛴
U Mainz 11.00 / **11.20 Sz**
U Ludwigshafen **13.00** / #
U Mannheim # / 15.10 Pz
U Bruchsal 17.01* / 17.20 Pz
U Stuttgart 20.15 ↵ / 7.05 Pz — 10.50[3]
20.22 Cz **U** Deutz > Cöln **22.00** ↵ / 6.00 ⛴
U Mainz 19.30 / 20.00 Pz
U Ludwigshafen 21.59 ↵ / #
U Mannheim # / **6.40 Sz**
U Bruchsal **7.59*** / 8.15 Pz — 15.05[3]
* Ankunftszeit geschätzt

nach **Wiesbaden**
6.46 Pz **U** Deutz > Cöln 9.15 / 10.00 ⛴
U Coblenz 17.00 / 20.00 ✉ — 5.00
17.49 Pz **U** Deutz > Cöln 20.10 / 22.00 ⛴
U Coblenz 5.45 / 7.15 ✉ — 16.15

nach **Würzburg**
6.46 Pz **U** Deutz > Cöln 9.15 / 10.00 ⛴
U Coblenz 17.00 / 20.00 ✉
U Wiesbaden 5.00 / 5.45 Pz
U Frankfurt a.M. 7.30 / **8.30 Ez** — **12.00**
10.14 Pz **U** Deutz (b. Cöln) 12.45 / 13.15 ✉
U Frankfurt a.M. 12.00-13.00 /
17.15 Pz — 21.40
17.49 Pz **U** Deutz > Cöln 20.10 / 22.00 ⛴
U Frankfurt a.M. 17.30/ 20.55 GmP — 9.50[3]

nach **Zwickau**
6.46 Pz **U** Deutz > Cöln 9.15 / 10.00 ⛴
U Coblenz 17.00 / 20.00 ✉
U Wiesbaden 5.00 / 5.45 Pz
U Frankfurt a.M. 7.30 / **8.30 Ez**
U Bamberg **14.45** / **15.05 Ez**
U Werdau **20.55*** / 21.17 Pz — 21.40*
* Ankunftszeit geschätzt

Auslandsverbindungen

Oberhausen ist außerdem im **Auslandsteil** ab S. 210 mit den hier abgehenden Post-Coursen in die **Niederlande** aufgeführt

Oppeln

Oppeln hat schon sehr frühzeitig dank der Oberschlesischen Eisenbahn Anschluß an das Schienennetz gefunden, dessen Hauptrichtung von Breslau Richtung Schlesisch-Österreichischer Grenze bis Myslowitz–Krakau ebenso wie bis Ratibor–Oderberg–Wien reicht.

von Oppeln

nach **Aachen**
19.10 Sz **U** Berlin **5.00** / **7.30 Cz**
U Deutz > Cöln **22.00** / **23.30 Sz** — **1.20[3]**

nach **Augsburg**
19.10 Sz **U** Kohlfurt **0.10*** / 0.15 Pz
U Görlitz 1.00 / 6.00 Pz
U Dresden 9.40 / 10.30 Pz
U Leipzig 13.30 / 14.30 Pz
U Hof 20.00 / 20.30 Pz — 11.05[3]
* Ankunftszeit geschätzt

nach **Basel***
19.10 Sz **U** Berlin **5.00** / **18.40 Sz**
U Frankfurt a.M. **9.55** / **10.30 Sz**
U Heidelberg **12.35** / **12.55 Sz** — **19.15[3]**
* Ankunft Basel Badischer Bf

nach **Berlin**
19.10 Sz *über Breslau–Frankfurt a.O.* — **5.00**

nach **Bonn**
19.10 Sz **U** Berlin **5.00** / **7.30 Cz**
U Deutz > Cöln **22.00** ↵ / 7.00 Pz — 7.50[3]

nach **Braunschweig**
19.10 Sz **U** Berlin **5.00** / **7.30 Cz** — **12.50**

nach **Bremen**
19.10 Sz **U** Berlin **5.00** / **7.30 Cz**
U Wunstorf **15.03*** / 16.40 Pz — 19.25
* Ankunftszeit geschätzt

nach **Breslau**
6.20 Pz — 9.10
10.07 Pz — 12.40
19.10 Sz — **21.00**

nach **Carlsruhe**
19.10 Sz **U** Berlin **5.00** / **18.40 Sz**
U Frankfurt a.M. **9.55** / **10.30 Sz**
U Heidelberg **12.35** / **12.55 Sz** — **14.10[3]**

nach **Cassel**
19.10 Sz **U** Berlin **5.00** / 8.10 Pz — 22.00

nach **Chemnitz**
19.10 Sz **U** Kohlfurt **0.10*** / 0.15 Pz
U Görlitz 1.00 / 6.00 Pz
U Dresden 9.40 / 10.30 Pz
U Riesa 11.40* / 12.15 Pz — 15.30
* Ankunftszeit geschätzt

nach **Coblenz**
19.10 Sz **U** Berlin **5.00** / **7.30 Cz**
U Deutz > Cöln **22.00** / 23.30 ⛴ — 9.00
ab Cöln nur Mo und Do
19.10 Sz **U** Berlin **5.00** / **7.30 Cz**
U Deutz > Cöln **22.00** ↵ / 6.00 ⛴ — 12.15

nach **Cöln***
19.10 Sz **U** Berlin **5.00** / **7.30 Cz** — **22.00**
* Ankunft in Deutz

nach **Constanz**
19.10 Sz **U** Breslau **21.00** ↵ / 6.45 Pz
U Berlin 16.45 / **18.40 Sz**
U Frankfurt a.M. **9.55** / **10.30 Sz**
U Heidelberg **12.35** / **12.55 Sz**
U Freiburg i.B. **17.36** / 18.15 ✉
U Schaffhausen 5.15 / 12.30 ✉ — 17.00[4]

nach **Danzig**
19.10 Sz **U** Berlin **5.00** / 6.15 Pz — 22.19

nach **Darmstadt**
19.10 Sz **U** Breslau **21.00** ↵ / 6.45 Pz
U Berlin 16.45 / **18.40 Sz**
U Frankfurt a.M. **9.55** / **10.30 Sz** — **11.08*[3]**
* Ankunftszeit geschätzt

nach **Dortmund**
19.10 Sz **U** Berlin **5.00** / **7.30 Cz** — **19.20***
* Ankunftszeit geschätzt

nach **Dresden**
19.10 Sz **U** Kohlfurt **0.10*** / 0.15 Pz
U Görlitz 1.00 / 6.00 Pz — 9.40
* Ankunftszeit geschätzt

nach **Düsseldorf**
19.10 Sz **U** Berlin **5.00** / **7.30 Cz** — **21.03**

noch: ab **Oppeln**

nach Elberfeld
19.10 Sz **U** Berlin **5.00 / 7.30 Cz**
U Dortmund **19.20*** / 19.30 Pz 21.33
* Ankunftszeit geschätzt

nach Erfurt
19.10 Sz **U** Kohlfurt **0.10*** / 0.15 Pz
U Görlitz 1.00 / 6.00 Pz
U Dresden 9.40 / 10.30 Pz
U Leipzig 13.30 / 15.15 Pz
U Halle 16.00 / 18.40 Pz 22.55
* Ankunftszeit geschätzt

nach Essen*
19.10 Sz **U** Berlin **5.00 / 7.30 Cz**
U Oberhausen **20.20** / 21.56 Pz 22.15**
* Ankunft in Alten-Essen, Ankunftszeit geschätzt; ein Fahrplan der Post-Course von Alten-Essen nach Essen Stadt liegt nicht vor. Cours über Oberhausen nur mit Umwegkarte benutzbar. ** Ankunftszeit geschätzt

nach Frankfurt a.M.
19.10 Sz **U** Kohlfurt **0.10*** / 0.15 Pz
U Görlitz 1.00 / 6.00 Pz
U Dresden 9.40 / 10.30 Pz
U Leipzig 13.30 / 14.30 Pz
U Hof 20.00 / 20.30 Pz
U Bamberg 1.15 / 1.45 Pz 9.20[3]
19.10 Sz **U** Breslau **21.00** ↝ / 6.45 Pz
U Berlin 16.45 / **18.40 Sz** **9.55[3]**
* Ankunftszeit geschätzt

nach Freiburg i.B.
19.10 Sz **U** Berlin **5.00 / 18.40 Sz**
U Frankfurt a.M. **9.55 / 10.30 Sz**
U Heidelberg **12.35 / 12.55 Sz** **17.36[3]**

nach Gera
19.10 Sz **U** Kohlfurt **0.10*** / 0.15 Pz
U Görlitz 1.00 / 6.00 Pz
U Dresden 9.40 / 10.30 Pz
U Leipzig 13.30 / 18.30 Pz
U Altenburg 19.40* / 20.30 ⊠ 0.30[3]
* Ankunftszeit geschätzt

nach Görlitz
10.07 Pz **U** Breslau 12.40 / 17.45 GmP
U Kohlfurt 21.10* / 21.30 Pz 22.15
19.10 Sz **U** Kohlfurt **0.10*** / 0.15 Pz 1.00
* Ankunftszeit geschätzt

nach Hagen
19.10 Sz **U** Berlin **5.00 / 7.30 Cz**
U Dortmund **19.20*** / 19.30 Pz 20.28*
* Ankunftszeit geschätzt

nach Halle
19.10 Sz **U** Kohlfurt **0.10*** / 0.15 Pz
U Görlitz 1.00 / 6.00 Pz
U Dresden 9.40 / 10.30 Pz
U Leipzig 13.30 / 15.15 Pz 16.00

nach Hamburg
19.10 Sz **U** Berlin **5.00** / 7.30 Pz 15.30

nach Hamm
19.10 Sz **U** Berlin **5.00 / 7.30 Cz** **18.40**

nach Hannover
19.10 Sz **U** Berlin **5.00 / 7.30 Cz** **14.20**

nach Heidelberg
19.10 Sz **U** Berlin **5.00 / 18.40 Sz**
U Frankfurt a.M. **9.55 / 10.30 Sz** **12.35**

nach Kiel
19.10 Sz **U** Berlin **5.00** / 7.30 Pz
U Hamburg 15.30 >
Altona 17.10 Pz 20.00

nach Königsberg i.Pr.
19.10 Sz **U** Berlin **5.00 / 22.40 Cz**
U Dirschau **10.45** / 11.37 ⊠
U Marienburg 16.07 / **16.37 Sz** **21.02[3]**

nach Leipzig
19.10 Sz **U** Kohlfurt **0.10*** / 0.15 Pz
U Görlitz 1.00 / 6.00 Pz
U Dresden 9.40 / 10.30 Pz 13.30
* Ankunftszeit geschätzt

nach Lindau
19.10 Sz **U** Kohlfurt **0.10*** / 0.15 Pz
U Görlitz 1.00 / 6.00 Pz
U Dresden 9.40 / 10.30 Pz
U Leipzig 13.30 / 14.30 Pz
U Hof 20.00 / 20.30 Pz
U Augsburg 11.05 / 12.50 GmP 22.35[3]
* Ankunftszeit geschätzt

nach Ludwigshafen
> Mannheim

nach Lübeck
19.10 Sz **U** Berlin **5.00** / 7.30 Pz
U Büchen 13.55* / 14.00 Pz 15.11
* Ankunftszeit geschätzt

nach Magdeburg
19.10 Sz **U** Berlin **5.00 / 7.30 Cz** **10.40**

nach Mainz
19.10 Sz **U** Berlin **5.00 / 18.40 Sz**
U Frankfurt a.M. **9.55 / 10.15 Sz**
U Castel **11.00** / # ⊠ k.A.

nach Mannheim
6.45 Pz **U** Berlin 16.45 / **18.40 Sz**
U Frankfurt a.M. **9.55 / 10.30 Sz** **12.38**

nach München
19.10 Sz **U** Kohlfurt **0.10*** / 0.15 Pz
U Görlitz 1.00 / 6.00 Pz
U Dresden 9.40 / 10.30 Pz
U Leipzig 13.30 / 14.30 Pz 13.15[3]
* Ankunftszeit geschätzt

nach Münster
19.10 Sz **U** Berlin **5.00 / 7.30 Cz**
U Hamm **18.40** / 19.00 Pz 20.00

nach Nürnberg
19.10 Sz **U** Kohlfurt **0.10*** / 0.15 Pz
U Görlitz 1.00 / 6.00 Pz
U Dresden 9.40 / 10.30 Pz
U Leipzig 13.30 / 14.30 Pz
U Hof 20.00 / 20.30 Pz 5.15[3]

nach Oberhausen
19.10 Sz **U** Berlin **5.00 / 7.30 Cz** **20.20**

nach Osnabrück
19.10 Sz **U** Berlin **5.00** / 12.00 Pz
U Minden 23.45 / 1.00 ⊠ 8.00[3]

nach Passau
19.10 Sz **U** Breslau **21.00** ↝ / 6.45 Pz
U Kohlfurt 10.10* / 10.30 Pz
U Görlitz 11.15 / 11.45 Pz
U Dresden 15.30 / 18.00 Pz
U Leipzig 21.15 ↝ / **7.15 Ez**
U Nürnberg **17.00** / 17.30 ⊠
U Regensburg 5.30 / 11.00 ⊠ 22.30[4]
* Ankunftszeit geschätzt

nach Posen
6.20 Pz **U** Breslau 9.10 / 12.00 ⊠ 6.30
19.10 Sz **U** Breslau **21.00** / 22.30 ⊠ 17.00

nach Regensburg
19.10 Sz **U** Breslau **21.00** ↝ / 6.45 Pz
U Kohlfurt 10.10* / 10.30 Pz
U Görlitz 11.15 / 11.45 Pz
U Dresden 15.30 / 18.00 Pz
U Leipzig 21.15 ↝ / **7.15 Ez**
U Nürnberg **17.00** / 17.30 ⊠ 5.30[4]
* Ankunftszeit geschätzt

noch: ab **Oppeln**

nach **Rostock**
19.10 Sz **U** Berlin **5.00** / 7.30 Pz
U Hagenow 12.40* / 12.50 Pz 16.40
* Ankunftszeit geschätzt

nach **Saarbrücken**
19.10 Sz **U** Berlin **5.00** / **18.40 Sz**
U Frankfurt a.M. **9.55** / **10.30 Sz**
U Mannheim **12.38** / #
U Ludwigshafen # / **13.10 Sz** **16.58**[3]

nach **Schwerin**
19.10 Sz **U** Berlin **5.00** / 7.30 Pz
U Hagenow 12.40* / 12.50 Pz 13.35
* Ankunftszeit geschätzt

nach **Stettin**
19.10 Sz **U** Berlin **5.00** / 6.15 Pz 9.47

nach **Stralsund**
19.10 Sz **U** Berlin **5.00** / 6.15 Pz
U Passow 8.43* / 9.15 ⊠ 2.00[3]
* Ankunftszeit geschätzt

nach **Stuttgart**
19.10 Sz **U** Berlin **5.00** / **18.40 Sz**
U Berlin 16.45 / **18.40 Sz**
U Frankfurt a.M. **9.55** / **10.30 Sz**
U Heidelberg **12.35** / **12.55 Sz**
U Bruchsal **13.28*** / **13.48 Ez** **15.46**[3]
* Ankunftszeit geschätzt

nach **Trier**
19.10 Sz **U** Berlin **5.00** / **7.30 Cz**
U Deutz > Cöln **22.00** ↩ / 5.00 ⊠ 2.15[4]
19.10 Sz **U** Berlin **5.00** / **7.30 Cz**
U Deutz > Cöln **22.00** ↩ / 6.00 ⛴
U Coblenz 12.15 / 15.30 ⊠ 6.30[4]

nach **Ulm**
19.10 Sz **U** Berlin **5.00** / **18.40 Sz**
U Frankfurt a.M. **9.55** / **10.30 Sz**
U Heidelberg **12.35** / **12.55 Sz**
U Bruchsal **13.28*** / **13.48 Ez** **18.25**[3]
* Ankunftszeit geschätzt

nach **Wiesbaden**
19.10 Sz **U** Berlin **5.00** / **18.40 Sz**
U Frankfurt a.M. **9.55** / 11.15 Pz 12.45[3]

nach **Würzburg**
19.10 Sz **U** Kohlfurt **0.10*** / 0.15 Pz
U Görlitz 1.00 / 6.00 Pz
U Dresden 9.40 / 10.30 Pz
U Leipzig 13.30 / 14.30 Pz
U Hof 20.00 / 20.30 Pz
U Bamberg 1.15 / 1.45 Pz 4.50[3]
* Ankunftszeit geschätzt

nach **Zwickau**
19.10 Sz **U** Kohlfurt **0.10*** / 0.15 Pz
U Görlitz 1.00 / 6.00 Pz
U Dresden 9.40 / 10.30 Pz
U Leipzig 13.30 / 14.30 Pz
U Werdau 16.50* / 17.47 Pz 18.10*
* Ankunftszeit geschätzt

Auslandsverbindungen

Oppeln ist außerdem im **Auslandsteil** ab S. 210 mit den hier durchgehenden Eisenbahn-Coursen nach **Österreich** aufgeführt

Osnabrück

Osnabrück ist gegenwärtig noch nicht an das Eisenbahnnetz angeschlossen, doch schon für November dieses Jahres darf mit der Fertigstellung der Strecke (Hannover–) Löhne–Osnabrück der Hannöverschen Staatsbahn und mit der Eröffnung des Bahnhofs in Osnabrück gerechnet werden. Für 1856 ist die Weiterführung der Strecke in westlicher Richtung bis Rheine in Aussicht genommen.

von Osnabrück

nach **Aachen**
10.00 ⊠ **U** Bielefeld 16.30 / **17.16 Cz**
U Deutz > Cöln **22.00** / **23.30 Sz** **1.20**
21.45 ⊠ **U** Münster 4.00 / 6.00 Pz
U Hamm 7.00 / 7.30 Pz
U Oberhausen 10.10 / 10.30 Pz 16.00

nach **Augsburg**
21.45 ⊠ **U** Münster 4.00 / 6.00 Pz
U Hamm 7.00 / 9.50 Pz
U Cassel 15.55 / 16.10 Pz
U Guntershausen 16.30/16.45 Pz
U Frankfurt a.M. 22.30 ↩ / **8.30 Ez**
U Bamberg **14.45** / **15.30 Ez** **21.20**[3]

nach **Basel***
21.45 ⊠ **U** Münster 4.00 / 6.00 Pz
U Hamm 7.00 / 9.50 Pz
U Cassel 15.55 / 16.10 Pz
U Guntershausen 16.30 / 16.45 Pz
U Frankfurt a.M. 22.30 ↩ / **5.00 Cz**
U Heidelberg **7.05** / **7.20 Sz** **14.56**[3]
* Ankunft Basel Badischer Bf

nach **Berlin**
10.00 ⊠ **U** Bielefeld 16.30 / 18.25 Pz 9.30
19.00 ⊠ **U** Minden 1.45 / **3.30 Sz** **13.10**

nach **Bonn**
10.00 ⊠ **U** Bielefeld 16.30 / **17.16 Cz**
U Deutz > Cöln **22.00** ↩ / 7.00 Pz 7.50
21.45 ⊠ **U** Münster 4.00 / 6.00 Pz
U Hamm 7.00 / 7.30 Pz
U Deutz > Cöln 12.45 / 14.45 Pz 15.35

nach **Braunschweig**
6.15 ⊠ **U** Minden 13.00 / 14.30 Pz 20.00
10.00 ⊠ **U** Bielefeld 16.30 / 18.25 Pz 0.30
19.00 ⊠ **U** Minden 1.45 / **3.30 Sz** **7.05**

nach **Bremen**
15.00 ⊠ **U** Nienburg 4.35 / 8.25 10.15
19.00 ⊠ 8.30

nach **Breslau**
19.00 ⊠ **U** Minden 1.45 / **3.30 Sz**
U Berlin **13.10** / **22.15 Sz** **5.45**[3]

nach **Carlsruhe**
21.45 ⊠ **U** Münster 4.00 / 6.00 Pz
U Hamm 7.00 / 9.50 Pz
U Cassel 15.55 / 16.10 Pz
U Guntershausen 16.30 / 16.45 Pz
U Frankfurt a.M. 22.30 ↩ / **5.00 Cz**
U Heidelberg **7.05** / **7.20 Sz** **8.27**[3]

nach **Cassel**
21.45 ⊠ **U** Münster 4.00 / 6.00 Pz
U Hamm 7.00 / 9.50 Pz 15.55

nach **Chemnitz**
10.00 ⊠ **U** Bielefeld 16.30 / 18.25 Pz
U Magdeburg 4.50 / 5.30 Pz
U Leipzig 9.00 / 10.00 Pz
U Riesa 11.25* / 12.15 Pz 15.30
19.00 ⊠ **U** Minden 1.45 / **3.30 Sz**
U Magdeburg **10.00** / 10.45 Pz
U Leipzig 14.05 / 14.30 Pz
U Riesa 16.00* / 16.45 Pz 19.30
* Ankunftszeit geschätzt

nach **Coblenz**
10.00 ⊠ **U** Bielefeld 16.30 / **17.16 Cz**
U Deutz > Cöln **22.00** / 23.30 ⛴ 9.00
nur Mo und Do
10.00 ⊠ **U** Bielefeld 16.30 / **17.16 Cz**
U Deutz > Cöln **22.00** ↩ / 6.00 ⛴ 12.15
21.45 ⊠ **U** Münster 4.00 / 6.00 Pz
U Hamm 7.00 / 7.30 Pz
U Deutz > Cöln 12.45 / 13.00 ⛴ 20.00

nach **Cöln***
10.00 ✉ **U** Bielefeld 16.30 / **17.16 Cz** **22.00**

21.45 ✉ **U** Münster 4.00 / 6.00 Pz
U Hamm 7.00 / 7.30 Pz 12.45

* Ankunft in Deutz

nach **Constanz**
21.45 ✉ **U** Münster 4.00 / 6.00 Pz
U Hamm 7.00 / 9.50 Pz
U Cassel 15.55 / 16.10 Pz
U Guntershausen 16.30 / 16.45 Pz
U Frankfurt a.M. 22.30 ↪ / **5.00 Cz**
U Heidelberg **7.05** / **7.20 Sz**
U Offenburg **10.22** / 10.45 ✉ 6.15[4]

nach **Danzig**
19.00 ✉ **U** Minden 1.45 / **3.30 Sz**
U Berlin **13.10** / **22.40 Sz** **11.35**[3]

nach **Darmstadt***
21.45 ✉ **U** Münster 4.00 / 6.00 Pz
U Hamm 7.00 / 9.50 Pz
U Cassel 15.55 / 16.10 Pz
U Guntershausen 16.30 / 16.45 Pz
U Frankfurt a.M. 22.30 ↪ / **5.00 Cz** **5.38**[3]

* Ankunftszeit in Darmstadt geschätzt.

nach **Dortmund***
10.00 ✉ **U** Bielefeld 16.30 / **17.16 Cz** **19.20**

21.45 ✉ **U** Münster 4.00 / 6.00 Pz
U Hamm 7.00 / 7.30 Pz 8.26

* Ankunftszeiten in Dortmund sind sämmtlich geschätzt.

nach **Dresden**
10.00 ✉ **U** Bielefeld 16.30 / 18.25 Pz
U Magdeburg 4.50 / 5.30 Pz
U Leipzig 9.00 / 10.00 Pz 13.15

19.00 ✉ **U** Minden 1.45 / **3.30 Sz**
U Magdeburg **10.00** / 10.45 Pz
U Leipzig 14.05 / 14.30 Pz 17.30

nach **Düsseldorf**
10.00 ✉ **U** Bielefeld 16.30 / **17.16 Cz** **21.03**

21.45 ✉ **U** Münster 4.00 / 6.00 Pz
U Hamm 7.00 / 7.30 Pz 11.22

nach **Elberfeld**
10.00 ✉ **U** Bielefeld 16.30 / **17.16 Cz**
U Dortmund **19.20*** / 19.30 Pz 21.33

21.45 ✉ **U** Münster 4.00 / 6.00 Pz
U Hamm 7.00 / 7.30 Pz
U Dortmund 8.26* / 9.00 Pz 12.25

* Ankunftszeit geschätzt

nach **Erfurt**
21.45 ✉ **U** Münster 4.00 / 6.00 Pz
U Hamm 7.00 / 9.50 Pz
U Cassel 15.55 / 22.15 Pz
U Guntershsn. 22.35 / **22.45 Sz** **2.50***[3]

* Ankunftszeit geschätzt

nach **Essen***
10.00 ✉ **U** Bielefeld 16.30 / **17.16 Cz**
U Oberhausen **20.20** / 21.56** 22.15

21.45 ✉ **U** Münster 4.00 / 6.00 Pz
U Hamm 7.00 / 7.30 Pz 9.44

* Ankunft in Alten-Essen, Ankunftszeit geschätzt; Fahrplan der Post-Course von Alten-Essen nach Essen Stadt liegt nicht vor.

** Cours über Oberhausen nur mit Umwegkarte benutzbar.

nach **Frankfurt a.M.**
21.45 ✉ **U** Münster 4.00 / 6.00 Pz
U Hamm 7.00 / 9.50 Pz
U Cassel 15.55 / 16.10 Pz
U Guntershausen 16.30/16.45 Pz 22.30

nach **Freiburg i.B.**
21.45 ✉ **U** Münster 4.00 / 6.00 Pz
U Hamm 7.00 / 9.50 Pz
U Cassel 15.55 / 16.10 Pz
U Guntershausen 16.30 / 16.45 Pz
U Frankfurt a.M. 22.30 ↪ / **5.00 Cz**
U Heidelberg **7.05** / **7.20 Sz** **12.35**[3]

nach **Gera**
19.00 ✉ **U** Minden 1.45 / **3.30 Sz**
U Magdeburg **10.00** / 10.45 Pz
U Leipzig 14.05 / 18.30 Pz
U Altenburg 19.40* / 20.30 ✉ 0.30[3]

* Ankunftszeit geschätzt

nach **Görlitz**
10.00 ✉ **U** Bielefeld 16.30 / 18.25 Pz
U Magdeburg 4.50 / 5.30 Pz
U Leipzig 9.00 / 10.00 Pz
U Dresden 13.15 / 14.30 Pz 18.15

19.00 ✉ **U** Minden 1.45 / **3.30 Sz**
U Magdeburg **10.00** / 10.45 Pz
U Leipzig 14.05 / 14.30 Pz
U Dresden 17.30 / 18.15 Pz 21.40

nach **Hagen**
10.00 ✉ **U** Bielefeld 16.30 / **17.16 Cz**
U Dortmund **19.20*** / 19.30 Pz 20.28*

21.45 ✉ **U** Münster 4.00 / 6.00 Pz
U Hamm 7.00 / 7.30 Pz
U Dortmund 8.26* / 9.00 Pz 10.31*

* Ankunftszeit geschätzt

nach **Halle**
10.00 ✉ **U** Bielefeld 16.30 / 18.25 Pz
U Magdeburg 4.50 / 5.30 Pz 8.00

19.00 ✉ **U** Minden 1.45 / **3.30 Sz**
U Magdeburg **10.00** / 10.45 Pz 13.10

nach **Hamburg**
6.15 ✉ **U** Minden 13.00 / 14.30 Pz
U Lehrte 18.35* / 18.45 Pz
U Uelzen 22.05 ↪ / 4.45 Pz
U Harburg 8.20 / 9.00 ⛴ 10.15

19.00 ✉ **U** Minden 1.45 / **3.30 Sz**
U Lehrte **6.00*** / 6.05 Pz
U Harburg 10.05 / 10.30 ⛴ 11.45

* Ankunftszeit geschätzt

nach **Hamm**
10.00 ✉ **U** Bielefeld 16.30 / **17.16 Cz** **18.40**

21.45 ✉ **U** Münster 4.00 / 6.00 Pz 7.00

nach **Hannover**
6.15 ✉ **U** Minden 13.00 / 14.30 Pz 17.30

10.00 ✉ **U** Bielefeld 16.30 / 18.25 Pz 22.10

19.00 ✉ **U** Minden 1.45 / **3.30 Sz** **5.10**

nach **Heidelberg**
21.45 ✉ **U** Münster 4.00 / 6.00 Pz
U Hamm 7.00 / 9.50 Pz
U Cassel 15.55 / 16.10 Pz
U Guntershausen 16.30 / 16.45 Pz
U Frankfurt a.M. 22.30 ↪ /**5.00 Cz** **7.05**[3]

nach **Kiel**
19.00 ✉ **U** Minden 1.45 / **3.30 Sz**
U Lehrte **6.00*** / 6.05 Pz
U Harburg 10.05 / 10.30 ⛴
U Hamburg > Altona 11.45 / 13.00 GmP 16.30

* Ankunftszeit geschätzt

nach **Königsberg i.Pr.**
19.00 ✉ **U** Minden 1.45 / **3.30 Sz**
U Berlin **13.10** / **22.40 Sz**
U Dirschau **10.45** / 11.37 ✉
U Marienburg 16.07 / **16.37 Sz** **21.02**[3]

nach **Leipzig**
10.00 ✉ **U** Bielefeld 16.30 / 18.25 Pz
U Magdeburg 4.50 / 5.30 Pz 9.00

19.00 ✉ **U** Minden 1.45 / **3.30 Sz**
U Magdeburg **10.00** / 10.45 Pz 14.05

nach **Lindau**
21.45 ⊠ **U** Münster 4.00 / 6.00 Pz
U Hamm 7.00 / 9.50 Pz
U Cassel 15.55 / 16.10 Pz
U Guntershausen 16.30 / 16.45 Pz
U Frankfurt a.M. 22.30 ↝ / **10.30 Sz**
U Heidelberg **12.35** / **12.55 Sz**
U Bruchsal **13.28*** / **13.48 Ez**
U Ulm **18.25** / **18.45 Ez**
U Augsburg **21.15** / 21.30 GmP 6.30[4]

21.45 ⊠ **U** Münster 4.00 / 6.00 Pz
U Hamm 7.00 / 9.50 Pz
U Cassel 15.55 / 16.10 Pz
U Guntershausen 16.30 / 16.45 Pz
U Frankfurt a.M. 22.30 ↝ / **10.30 Sz**
U Heidelberg **12.35** / **12.55 Sz**
U Bruchsal **13.28*** / **13.48 Ez**
U Friedrichshafen **22.15** ↝ /
6.00 ⛴ k.A.[4]

nach **Ludwigshafen**
10.00 ⊠ **U** Bielefeld 16.30 / **17.16 Cz**
U Deutz > Cöln **22.00** / 23.30 ⛴ 20.35
nur Mo und Do

10.00 ⊠ **U** Bielefeld 16.30 / **17.16 Cz**
U Deutz > Cöln **22.00** ↝/ 6.00 ⛴
U Mainz 19.30 / 20.00 Pz 21.59

21.45 ⊠ **U** Münster 4.00 / 6.00 Pz
U Hamm 7.00 / 7.30 Pz
U Deutz > Cöln 12.45 / 20.15 ⛴
U Mainz 11.00 / **11.20 Sz** **13.00**[3]

weitere Verbindungen > **Mannheim**

nach **Lübeck**
19.00 ⊠ **U** Minden 1.45 / **3.30 Sz**
U Lehrte **6.00*** / 6.05 Pz
U Harburg 10.05 / 10.30 ⛴
U Hamburg 11.45 / 17.00 Pz
U Büchen 18.45* / 19.00 Pz 20.11

nach **Magdeburg**
10.00 ⊠ **U** Bielefeld 16.30 / 18.25 Pz 4.50
19.00 ⊠ **U** Minden 1.45 / **3.30 Sz** **10.00**

nach **Mainz**
10.00 ⊠ **U** Bielefeld 16.30 / **17.16 Cz**
U Deutz > Cöln **22.00** / 23.30 ⛴ 17.30
nur Mo und Do

10.00 ⊠ **U** Bielefeld 16.30 / **17.16 Cz**
U Deutz > Cöln **22.00** ↝/ 6.00 ⛴ 19.30

21.45 ⊠ **U** Münster 4.00 / 6.00 Pz
U Hamm 7.00 / 7.30 Pz
U Deutz > Cöln 12.45 / 20.15 ⛴ 11.00[3]

nach **Mannheim**
21.45 ⊠ **U** Münster 4.00 / 6.00 Pz
U Hamm 7.00 / 9.50 Pz
U Cassel 15.55 / 16.10 Pz
U Guntershausen 16.30/16.45 Pz
U Frankf. a.M. 22.30 ↝ / **5.00 Cz** **7.06**[3]

weitere Verbindungen > **Ludwigshafen**

nach **München**
21.45 ⊠ **U** Münster 4.00 / 6.00 Pz
U Hamm 7.00 / 9.50 Pz
U Cassel 15.55 / 16.10 Pz
U Guntershausen 16.30 / 16.45 Pz
U Frankfurt a.M. 22.30 ↝ / **8.30 Ez**
U Bamberg **14.45** / **15.30 Ez** **23.00**[3]

nach **Münster**
21.45 ⊠ 4.00

nach **Nürnberg**
21.45 ⊠ **U** Münster 4.00 / 6.00 Pz
U Hamm 7.00 / 9.50 Pz
U Cassel 15.55 / 16.10 Pz
U Guntershausen 16.30 / 16.45 Pz
U Frankfurt a.M. 22.30 ↝ / **8.30 Ez**
U Bamberg **14.45** / **15.30 Ez** **17.00**[3]

nach **Oberhausen**
10.00 ⊠ **U** Bielefeld 16.30 / **17.16 Cz** **20.20**

21.45 ⊠ **U** Münster 4.00 / 6.00 Pz
U Hamm 7.00 / 7.30 Pz 10.10

nach **Oppeln***
19.00 ⊠ **U** Minden 1.45 / **3.30 Sz**
U Berlin **13.10** / **22.15 Sz** **7.45**[3]

* Ankunftszeit in Oppeln geschätzt.

nach **Passau**
21.45 ⊠ **U** Münster 4.00 / 6.00 Pz
U Hamm 7.00 / 9.50 Pz
U Cassel 15.55 / 16.10 Pz
U Guntershausen 16.30 / 16.45 Pz
U Frankfurt a.M. 22.30 ↝ / **8.30 Ez**
U Bamberg **14.45** / **15.30 Ez**
U Nürnberg **17.00** / 17.30 ⊠
U Regensburg 5.30 / 11.00 ⊠ 22.30[4]

nach **Posen**
19.00 ⊠ **U** Minden 1.45 / **3.30 Sz**
U Berlin **13.10** / **22.40 Sz**
U Kreutz **4.43** / 5.03 Pz 7.47

nach **Regensburg**
21.45 ⊠ **U** Münster 4.00 / 6.00 Pz
U Hamm 7.00 / 9.50 Pz
U Cassel 15.55 / 16.10 Pz
U Guntershausen 16.30 / 16.45 Pz
U Frankfurt a.M. 22.30 ↝ / **8.30 Ez**
U Bamberg **14.45** / **15.30 Ez**
U Nürnberg **17.00** / 17.30 ⊠ 5.30[4]

nach **Rostock**
10.00 ⊠ **U** Bielefeld 16.30 / 18.25 Pz
U Magdeburg 4.50 / 7.45 Pz
U Wittenberge 10.15 / 10.55 Pz
U Hagenow 12.40* / 12.50 Pz 16.40

19.00 ⊠ **U** Minden 1.45 / **3.30 Sz**
U Magdeburg **10.00** / 10.45 GmP
U Wittenberge 14.10 / 15.10 GmP
U Hagenow 17.00* / 17.30 Pz 22.10

* Ankunftszeit geschätzt

nach **Saarbrücken**
21.45 ⊠ **U** Münster 4.00 / 6.00 Pz
U Hamm 7.00 / 9.50 Pz
U Cassel 15.55 / 16.10 Pz
U Guntershausen 16.30/16.45 Pz
U Frankf. a.M. 22.30 ↝ /**5.00 Cz**
U Mannheim **7.06** / #
U Ludwigshafen # / **13.10 Sz** **16.58**[3]

nach **Schwerin**
10.00 ⊠ **U** Bielefeld 16.30 / 18.25 Pz
U Magdeburg 4.50 / 7.45 Pz
U Wittenberge 10.15 / 10.55 Pz
U Hagenow 12.40* / 12.50 Pz 13.35

19.00 ⊠ **U** Minden 1.45 / **3.30 Sz**
U Magdeburg **10.00** / 10.45 GmP
U Wittenberge 14.10 / 15.10 GmP
U Hagenow 17.00* / 17.30 Pz 18.15

* Ankunftszeit geschätzt

nach **Stettin**
10.00 ⊠ **U** Bielefeld 16.30 / 18.25 Pz
U Berlin 9.30 / 12.15 Pz 15.52

19.00 ⊠ **U** Minden 1.45 / **3.30 Sz**
U Berlin **13.10** / 17.30 Pz 21.10

nach **Stralsund**
19.00 ⊠ **U** Minden 1.45 / **3.30 Sz**
U Berlin **13.10** / 17.30 Pz
U Passow 20.00* / 20.20 ⊠ 11.20[3]

* Ankunftszeit geschätzt

nach **Stuttgart**
21.45 ⊠ **U** Münster 4.00 / 6.00 Pz
U Hamm 7.00 / 9.50 Pz
U Cassel 15.55 / 16.10 Pz
U Guntershausen 16.30 / 16.45 Pz
U Frankfurt a.M. 22.30 ↝ / **5.00 Cz**
U Heidelberg **7.05** / **7.20 Sz**
U Bruchsal **7.59*** / 8.15 Pz 11.05[3]

nach **Trier**
10.00 ⊠ **U** Bielefeld 16.30 / **17.16 Cz**
U Deutz > Cöln **22.00** ↝ / 5.00 ⊠ 2.15[3]

10.00 ⊠ **U** Bielefeld 16.30 / **17.16 Cz**
U Deutz > Cöln **22.00** ↝/ 6.00 ⛴
U Coblenz 12.15 / 15.30 ⊠ 6.30[3]

Fortsetzung siehe nächste Seite

noch: nach **Trier**
21.45 ⊠ **U** Münster 4.00 / 6.00 Pz
U Hamm 7.00 / 7.30 Pz
U Deutz > Cöln 12.45 / 19.00 ⊠ 17.30[3]

21.45 ⊠ **U** Münster 4.00 / 6.00 Pz
U Hamm 7.00 / 7.30 Pz
U Deutz > Cöln 12.45 / 22.00 ⛴
U Coblenz 5.45 / 6.45 ⊠ 21.00[3]

nach **Ulm**
21.45 ⊠ **U** Münster 4.00 / 6.00 Pz
U Hamm 7.00 / 9.50 Pz
U Cassel 15.55 / 16.10 Pz
U Guntershausen 16.30 / 16.45 Pz
U Frankfurt a.M. 22.30 ↝ / **5.00 Cz**
U Heidelberg **7.05** / **7.20 Sz**
U Bruchsal **7.59*** / 8.15 Pz 15.05[3]

nach **Wiesbaden**
21.45 ⊠ **U** Münster 4.00 / 6.00 Pz
U Hamm 7.00 / 9.50 Pz
U Cassel 15.55 / 16.10 Pz
U Guntershausen 16.30/16.45 Pz
U Frankfurt a.M. 22.30 ↝/5.45 Pz 7.30[3]

nach **Würzburg**
21.45 ⊠ **U** Münster 4.00 / 6.00 Pz
U Hamm 7.00 / 9.50 Pz
U Cassel 15.55 / 16.10 Pz
U Guntershausen 16.30 / 16.45 Pz
U Frankft a.M. 22.30 ↝/ **8.30 Ez** **12.00**[3]

nach **Zwickau**
19.00 ⊠ **U** Minden 1.45 / **3.30 Sz**
U Magdeburg **10.00** / 10.45 Pz
U Leipzig 14.05 / 14.30 Pz
U Werdau 16.50* / 17.47 Pz 18.10*

* Ankunftszeit geschätzt

Passau

Gegenwärtig findet noch kein Zugverkehr von und nach Passau statt. Für die Städteverbindungen stehen in der Hauptsache Post-Course zur Verfügung.

von Passau

nach **Aachen**
1.00 ⊠ **U** Regensburg 13.00 / 22.00 ⊠
U Nürnberg 10.30 / **13.15 Ez**
U Bamberg **14.45** / **15.45 Ez**
U Frankfurt a.M. **22.00** ↝ / 8.30 ⛴
U Mainz 11.00 / 11.00 ⛴
U Cöln 20.15 / **23.30 Sz** **1.20**[4]

nach **Augsburg**
1.00 ⊠ **U** München 4.15 / **7.15 Ez** **8.45**[2]

13.00 ⊠ **U** München 11.45 / 17.15 GmP 20.00[2]

nach **Basel***
1.00 ⊠ **U** Regensburg 13.00 / 22.00 ⊠
U Nürnberg 10.30 / **13.15 Ez**
U Bamberg **14.45** / **15.45 Ez**
U Frankfurt a.M. **22.00** ↝ / **5.00 Cz**
U Heidelberg **7.05** / **7.20 Sz** **14.56**[3]

* Ankunft Basel Badischer Bf

nach **Berlin**
1.00 ⊠ **U** Regensburg 13.00 / 22.00 ⊠
U Nürnberg 10.30 / **13.15 Ez**
U Leipzig **23.00** ↝ / **5.00 Sz** **10.30**[3]

nach **Bonn**
1.00 ⊠ **U** Regensburg 13.00 / 22.00 ⊠
U Nürnberg 10.30 / **13.15 Ez**
U Bamberg **14.45** / **15.45 Ez**
U Frankfurt a.M. **22.00** ↝ / 5.45 Pz
U Castel 7.05* / # ⊠
U Mainz # / 9.00 ⛴ 16.15[3]

* Ankunftszeit geschätzt

nach **Braunschweig**
1.00 ⊠ **U** Regensburg 13.00 / 22.00 ⊠
U Nürnberg 10.30 / **13.15 Ez**
U Leipzig **23.00** ↝ / 7.00 Pz
U Magdeburg 9.50 / **10.40 Cz** **12.50**[3]

nach **Bremen**
1.00 ⊠ **U** Regensburg 13.00 / 22.00 ⊠
U Nürnberg 10.30 / **13.15 Ez**
U Bamberg **14.45** / **15.45 Ez**
U Frankfurt a.M. **22.00** ↝ / 5.45 Pz
U Guntershausen 11.45 / 11.50 Pz
U Cassel 12.10 / 12.30 ⊠
U Göttingen 17.45 / 18.00 Pz
U Hannover 21.30 / ↝ **6.45 Sz**
U Wunstorf **7.15*** / 7.30 Pz 10.15[4]

* Ankunftszeit geschätzt

nach **Breslau**
1.00 ⊠ **U** Regensburg 13.00 / 22.00 ⊠
U Nürnberg 10.30 / **13.15 Ez**
U Leipzig **23.00** ↝ / 6.00 Pz
U Dresden 9.15 / 9.45 Pz
U Görlitz 12.50 / 13.30 Pz
U Kohlfurt 14.10 / 14.15 Pz 18.30[3]

nach **Carlsruhe**
1.00 ⊠ **U** Regensburg 13.00 / 22.00 ⊠
U Nürnberg 10.30 / **13.15 Ez**
U Bamberg **14.45** / **15.45 Ez**
U Frankfurt a.M. **22.00** ↝ / **5.00 Cz**
U Heidelberg **7.05** / **7.20 Sz** **8.27**[3]

nach **Cassel**
1.00 ⊠ **U** Regensburg 13.00 / 22.00 ⊠
U Nürnberg 10.30 / **13.15 Ez**
U Bamberg **14.45** / **15.45 Ez**
U Frankfurt a.M. **22.00** ↝ / 5.45 Pz
U Guntershausen 11.45/11.50 Pz 12.10[3]

nach **Chemnitz**
1.00 ⊠ **U** Regensburg 13.00 / 22.00 ⊠
U Nürnberg 10.30 / **13.15 Ez**
U Werdau **20.55*** / 21.17 Pz
U Zwickau 21.40* / 22.30 ⊠ 3.00[3]

* Ankunftszeit geschätzt

nach **Coblenz**
1.00 ⊠ **U** Regensburg 13.00 / 22.00 ⊠
U Nürnberg 10.30 / **13.15 Ez**
U Bamberg **14.45** / **15.45 Ez**
U Frankfurt a.M **22.00** ↝ / 8.30 ⛴
U Mainz 11.00 / 11.00 ⛴ 15.15[3]

nach **Cöln**
1.00 ⊠ **U** Regensburg 13.00 / 22.00 ⊠
U Nürnberg 10.30 / **13.15 Ez**
U Bamberg **14.45** / **15.45 Ez**
U Frankfurt a.M. **22.00** ↝/5.45 Pz
U Castel 7.05* / # ⊠
U Mainz #/ 9.00 ⛴ 18.15[3]

* Ankunftszeit geschätzt

nach **Constanz**
1.00 ⊠ **U** München 4.15 / **7.15 Ez**
U Augsburg **8.45** / **9.00 Ez**
U Ulm **11.30** / 11.45 Pz
U Friedrichshafen 15.20 / 16.30 ⛴ k.A.[2]

nach **Danzig**
1.00 ⊠ **U** Regensburg 13.00 / 22.00 ⊠
U Nürnberg 10.30 / **13.15 Ez**
U Leipzig **23.00** ↝ / 15.15 Pz
U Berlin 21.30 / **22.40 Sz** **11.35**[4]

nach Darmstadt*

1.00 ✉ **U** Regensburg 13.00 / 22.00 ✉
U Nürnberg 10.30 / **13.15 Ez**
U Bamberg **14.45** / **15.45 Ez**
U Frankfurt a.M. **22.00** ↩ / **5.00 Cz 5.38**[3]

* Ankunftszeit geschätzt

nach Dortmund

1.00 ✉ **U** Regensburg 13.00 / 22.00 ✉
U Nürnberg 10.30 / **13.15 Ez**
U Bamberg **14.45** / **15.45 Ez**
U Frankfurt a.M. **22.00** ↩ / 5.45 Pz
U Guntershausen 11.45/11.50 Pz
U Cassel 12.10 / 12.30 Pz
U Hamm 18.26 / **18.45 Cz** **19.20***[3]

* Ankunftszeit igeschätzt.

nach Dresden

1.00 ✉ **U** Regensburg 13.00 / 22.00 ✉
U Nürnberg 10.30 / **13.15 Ez**
U Leipzig **23.00** ↩ / 6.00 Pz 9.15[3]

nach Düsseldorf

1.00 ✉ **U** Regensburg 13.00 / 22.00 ✉
U Nürnberg 10.30 / **13.15 Ez**
U Bamberg **14.45** / **15.45 Ez**
U Frankfurt a.M. **22.00** ↩/5.45 Pz
U Castel 7.05* / # ✉
U Mainz # / 9.00 ⛴
U Cöln > Deutz 18.15 / **20.00 Sz** **20.55**[3]

nach Elberfeld

1.00 ✉ **U** Regensburg 13.00 / 22.00 ✉
U Nürnberg 10.30 / **13.15 Ez**
U Bamberg **14.45** / **15.45 Ez**
U Frankfurt a.M. **22.00** ↩/5.45 Pz
U Castel 7.05* / # ✉
U Mainz # / 9.00 ⛴
U Cöln > Deutz 18.15 / **20.00 Sz**
U Düsseldorf **20.55** / 21.15 Pz 22.21

nach Erfurt*

1.00 ✉ **U** Regensburg 13.00 / 22.00 ✉
U Nürnberg 10.30 / **13.15 Ez**
U Bamberg **14.45** / **15.45 Ez**
U Frankfurt a.M. **22.00** ↩ /
5.45 Pz 16.50[3]

* Ankunftszeiten in Erfurt sind geschätzt.

Auslandsverbindungen

Passau ist außerdem im **Auslandsteil** ab S. 210 mit dem hier abgehenden Post- und Dampfschiff-Coursen nach **Österreich** aufgeführt

nach Essen*

1.00 ✉ **U** Regensburg 13.00 / 22.00 ✉
U Nürnberg 10.30 / **13.15 Ez**
U Bamberg **14.45** / **15.45 Ez**
U Frankfurt a.M. **22.00** ↩/5.45 Pz
U Castel 7.05** / # ✉
U Mainz #/ 9.00 ⛴
U Cöln > Deutz 18.15 / **20.00 Sz** **22.15**[3]

* Ankunft in Alten-Essen, Ankunftszeit geschätzt; Fahrplan der Post-Course von Alten-Essen nach Essen Stadt liegt nicht vor. ** Ankunftszeit geschätzt

nach Frankfurt a.M.

1.00 ✉ **U** Regensburg 13.00 / 22.00 ✉
U Nürnberg 10.30 / **13.15 Ez**
U Bamberg **14.45** / **15.45 Ez** **22.00**

nach Freiburg i.B.

1.00 ✉ **U** Regensburg 13.00 / 22.00 ✉
U Nürnberg 10.30 / **13.15 Ez**
U Bamberg **14.45** / **15.45 Ez**
U Frankfurt a.M. **22.00** ↩ / **5.00 Cz**
U Heidelberg **7.05** / **7.20 Sz** **12.35**[3]

nach Gera

1.00 ✉ **U** Regensburg 13.00 / 22.00 ✉
U Nürnberg 10.30 / **13.15 Ez**
U Altenburg **21.55*** ↩ / 9.00 ✉ 13.00[3]

* Ankunftszeit geschätzt

nach Görlitz

1.00 ✉ **U** Regensburg 13.00 / 22.00 ✉
U Nürnberg 10.30 / **13.15 Ez**
U Leipzig **23.00** ↩ / 6.00 Pz
U Dresden 9.15 / 9.45 Pz 12.50[3]

nach Hagen*

1.00 ✉ **U** Regensburg 13.00 / 22.00 ✉
U Nürnberg 10.30 / **13.15 Ez**
U Bamberg **14.45** / **15.45 Ez**
U Frankfurt a.M. **22.00** ↩ / 5.45 Pz
U Guntershausen 11.45/11.50 Pz
U Cassel 12.10 / 12.30 Pz
U Hamm 18.26 / **18.45 Cz**
U Dortmund **19.20*** / 19.30 Pz 20.28*

* Ankunftszeiten igeschätzt.

nach Halle

1.00 ✉ **U** Regensburg 13.00 / 22.00 ✉
U Nürnberg 10.30 / **13.15 Ez**
U Leipzig **23.00** ↩ / **5.00 Sz** **5.45**[3]

nach Hamburg

1.00 ✉ **U** Regensburg 13.00 / 22.00 ✉
U Nürnberg 10.30 / **13.15 Ez**
U Leipzig **23.00** ↩ / **5.00 Sz**
U Berlin **10.30** / **23.00 Cz** **5.16**[4]

nach Hamm

1.00 ✉ **U** Regensburg 13.00 / 22.00 ✉
U Nürnberg 10.30 / **13.15 Ez**
U Bamberg **14.45** / **15.45 Ez**
U Frankfurt a.M. **22.00** ↩ / 5.45 Pz
U Guntershausen 11.45 / 11.50 Pz
U Cassel 12.10 / 12.30 Pz 18.26[3]

nach Hannover

1.00 ✉ **U** Regensburg 13.00 / 22.00 ✉
U Nürnberg 10.30 / **13.15 Ez**
U Bamberg **14.45** / **15.45 Ez**
U Frankfurt a.M. **22.00** ↩ / 5.45 Pz
U Guntershausen 11.45 / 11.50 Pz
U Cassel 12.10 / 12.30 ✉
U Göttingen 17.45 / 18.00 Pz 21.30[3]

nach Heidelberg

1.00 ✉ **U** Regensburg 13.00 / 22.00 ✉
U Nürnberg 10.30 / **13.15 Ez**
U Bamberg **14.45** / **15.45 Ez**
U Frankfurt a.M. **22.00** ↩/ **5.00 Cz 7.05**[3]

nach Kiel

1.00 ✉ **U** Regensburg 13.00 / 22.00 ✉
U Nürnberg 10.30 / **13.15 Ez**
U Leipzig **23.00** ↩ / **5.00 Sz**
U Berlin **10.30** / **23.00 Cz**
U Hamburg **5.16** /
Altona 8.10 Pz 11.00[4]

nach Königsberg i.Pr.

1.00 ✉ **U** Regensburg 13.00 / 22.00 ✉
U Nürnberg 10.30 / **13.15 Ez**
U Leipzig **23.00** ↩ / **5.00 Sz**
U Berlin **10.30** / **22.40 Sz**
U Dirschau **10.45** / 11.37 ✉
U Marienburg 16.07 / **16.37 Sz** **21.02**[4]

nach Leipzig

1.00 ✉ **U** Regensburg 13.00 / 22.00 ✉
U Nürnberg 10.30 / **13.15 Ez** **23.00**

nach Lindau

1.00 ✉ **U** München 4.15 / **7.15 Ez**
U Augsburg **8.45** / **8.55 Ez** **15.10**[2]

1.00 ✉ **U** München 4.15 / 8.00 GmP
U Augsburg 10.45/ 12.50 GmP 22.35[2]

13.00 ✉ **U** München 11.45 / 17.15 GmP
U Augsburg 20.00 / 21.30 GmP 6.30[3]

nach Ludwigshafen

> Mannheim

nach **Lübeck**

1.00 ✉ **U** Regensburg 13.00 / 22.00 ✉
U Nürnberg 10.30 / **13.15 Ez**
U Leipzig **23.00** / ↪ 7.00 Pz
U Magdeburg 9.50 / 10.45 GmP
U Wittenberge 14.10 / 15.10 GmP
U Büchen 18.35* / 19.00 Pz — 20.11[3]

* Ankunftszeit geschätzt

nach **Magdeburg**

1.00 ✉ **U** Regensburg 13.00 / 22.00 ✉
U Nürnberg 10.30 / **13.15 Ez**
U Leipzig **23.00** ↪ **/** 7.00 Pz — 9.50[3]

nach **Mainz**

1.00 ✉ **U** Regensburg 13.00 / 22.00 ✉
U Nürnberg 10.30 / **13.15 Ez**
U Bamberg **14.45 / 15.45 Ez**
U Frankfurt a.M. **22.00** ↪ / 5.45 Pz
U Castel 7.05* / # — k.A.[3]

nach **Mannheim**

1.00 ✉ **U** Regensburg 13.00 / 22.00 ✉
U Nürnberg 10.30 / **13.15 Ez**
U Bamberg **14.45 / 15.45 Ez**
U Frankfurt a.M **22.00** ↪ / **5.00 Cz 7.06**[3]

nach **München**

1.00 ✉ *über Plattling–Landshut* — 4.15[2]
13.00 ✉ *über Erding* — 11.45[2]

nach **Münster**

1.00 ✉ **U** Regensburg 13.00 / 22.00 ✉
U Nürnberg 10.30 / **13.15 Ez**
U Bamberg **14.45 / 15.45 Ez**
U Frankfurt a.M. **22.00** ↪ / 5.45 Pz
U Guntershausen 11.45 / 11.50 Pz
U Cassel 12.10 / 12.30 Pz
U Hamm 18.26 / 19.00 Pz — 20.00[3]

nach **Nürnberg**

1.00 ✉ **U** Regensburg 13.00 / 22.00 ✉ — 10.30

nach **Oberhausen**

1.00 ✉ **U** Regensburg 13.00 / 22.00 ✉
U Nürnberg 10.30 / **13.15 Ez**
U Bamberg **14.45 / 15.45 Ez**
U Frankfurt a.M. **22.00** ↪/5.45 Pz
U Castel 7.05* / # ✉
U Mainz #/ 9.00 ⛴
U Cöln > Deutz 18.15 / **20.00 Sz** — **21.50**[3]

nach **Oppeln**

1.00 ✉ **U** Regensburg 13.00 / 22.00 ✉
U Nürnberg 10.30 / **13.15 Ez**
U Leipzig **23.00** ↪ **/** 6.00 Pz
U Dresden 9.15 / 9.45 Pz
U Görlitz 12.50 / 13.30 Pz
U Kohlfurt 14.10 / 14.15 Pz — 21.27[3]

nach **Osnabrück**

1.00 ✉ **U** Regensburg 13.00 / 22.00 ✉
U Nürnberg 10.30 / **13.15 Ez**
U Leipzig **23.00** ↪ / 7.00 Pz
U Magdeburg 9.50 / **10.40 Cz**
U Hannover **14.20** / 21.50 Pz
U Minden 23.45 / 1.00 ✉ — 8.00[4]

nach **Posen**

1.00 ✉ **U** Regensburg 13.00 / 22.00 ✉
U Nürnberg 10.30 / **13.15 Ez**
U Leipzig **23.00** ↪ / **5.00 Sz**
U Berlin **10.30 / 22.40 Sz**
U Kreutz **4.43** / 5.03 Pz — 7.47[4]

nach **Regensburg**

1.00 ✉ — 13.00
4.00 ⛴ — k.A.

nach **Rostock**

1.00 ✉ **U** Regensburg 13.00 / 22.00 ✉
U Nürnberg 10.30 / **13.15 Ez**
U Leipzig **23.00** ↪ / **5.00 Sz**
U Berlin **10.30 / 23.00 Cz**
U Hagenow **3.08*** / 7.30 Pz — 11.05[4]

* Ankunftszeit geschätzt

nach **Saarbrücken**

1.00 ✉ **U** Regensburg 13.00 / 22.00 ✉
U Nürnberg 10.30 / **13.15 Ez**
U Bamberg **14.45 / 15.45 Ez**
U Frankfurt a.M **22.00** ↪ / 6.30 Pz
U Mannheim 9.23 / #
U Ludwigshafen # / **13.10 Sz** — **16.58**[3]

nach **Schwerin**

1.00 ✉ **U** Regensburg 13.00 / 22.00 ✉
U Nürnberg 10.30 / **13.15 Ez**
U Leipzig **23.00** ↪ **/** 7.00 Pz
U Magdeburg 9.50 / 10. 45 GmP
U Wittenberge 14.10 / 15.10 GmP
U Hagenow 17.00* / 17.30 Pz — 18.15[3]

* Ankunftszeit geschätzt

nach **Stettin**

1.00 ✉ **U** Regensburg 13.00 / 22.00 ✉
U Nürnberg 10.30 / **13.15 Ez**
U Leipzig **23.00** ↪ / **5.00 Sz**
U Berlin **10.30** / 12.15 Pz — 15.52[3]

nach **Stralsund**

1.00 ✉ **U** Regensburg 13.00 / 22.00 ✉
U Nürnberg 10.30 / **13.15 Ez**
U Leipzig **23.00** ↪ / **5.00 Sz**
U Berlin **10.30** / 17.30 Pz
U Passow 20.00* / 20.20 ✉ — 11.20[4]

* Ankunftszeit geschätzt

nach **Stuttgart**

1.00 ✉ **U** München 4.15 / **7.15 Ez**
U Augsburg **8.45 / 9.00 Sz**
U Ulm **11.30** / 11.45 Pz — 14.23[2]

1.00 ✉ **U** München 4.15 / 8.00 GmP
U Augsburg 10.45 / 13.00 GmP
U Ulm 17.30 / 17.42 Pz — 21.10[2]

13.00 ✉ **U** München 11.45 / 13.45 Pz
U Nördlingen 18.05 / 19.45 ✉ — 8.45[3]

nach **Trier**

1.00 ✉ **U** Regensburg 13.00 / 22.00 ✉
U Nürnberg 10.30 / **13.15 Ez**
U Bamberg **14.45 / 15.45 Ez**
U Frankfurt a.M. **22.00** ↪/ 6.30 Pz
U Mannheim 9.23 / #
U Ludwigshafen # / **13.10 Sz**
U Saarbrücken **16.58** / 17.30 ✉ — 4.00[4]

nach **Ulm**

1.00 ✉ **U** München 4.15 / **7.15 Ez**
U Augsburg **8.45 / 9.00 Sz** — **11.30**[2]

1.00 ✉ **U** München 4.15 / 8.00 GmP
U Augsburg 10.45 / 13.00 GmP — 17.30[2]

13.00 ✉ **U** München 11.45 / 13.45 Pz
U Augsburg 15.35 / 16.15 GmP — 20.45[2]

nach **Wiesbaden**

1.00 ✉ **U** Regensburg 13.00 / 22.00 ✉
U Nürnberg 10.30 / **13.15 Ez**
U Bamberg **14.45 / 15.45 Ez**
U Frankfurt a.M **22.00** ↪/ 5.45 Pz — 7.30[3]

nach **Würzburg**

1.00 ✉ **U** Regensburg 13.00 / 22.00 ✉
U Nürnberg 10.30 / **13.15 Ez**
U Bamberg **14.45 / 15.45 Ez** — **18.15**

nach **Zwickau**

1.00 ✉ **U** Regensburg 13.00 / 22.00 ✉
U Nürnberg 10.30 / **13.15 Ez**
U Werdau **20.55*** / 21.17 Pz — 21.40*

* Ankunftszeit geschätzt

[redacted]

Posen

Posen ist gegenwärtig per Eisenbahn mit der Zweigbahn nach Kreutz verbunden, woselbst Anschluß an die Strecke Berlin–Stettin–Königsberg i. Pr. geboten wird.

Für 1857 ist seitens der Oberschlesischen Eisenbahn die Fertigstellung einer Strecke Breslau–Posen in Aussicht genommen.

---

von **Posen**

nach **Aachen**
10.46 Pz U Kreutz 13.42 / 13.56 Pz
U Berlin 21.15 / **22.00 Sz**
U Deutz > Cöln **16.00** / 18.00 Pz 20.00
20.24 Pz U Kreutz 22.39 / **22.51 Sz**
U Berlin **5.20 / 7.30 Cz**
U Deutz > Cöln **22.00 / 23.30 Sz** **1.20**[3]

nach **Augsburg**
20.24 Pz U Kreutz 22.39 / **22.51 Sz**
U Berlin **5.20** / 8.10 Pz
U Leipzig 14.05 / 14.30 Pz
U Hof 20.00 / 20.30 Pz 11.05

nach **Basel***
20.24 Pz U Kreutz 22.39 / **22.51 Sz**
U Berlin **5.20 / 18.40 Sz**
U Frankfurt a.M. **9.55 / 10.30 Sz**
U Heidelberg **12.35 / 12.55 Sz** **19.15**[3]
* Ankunft Basel Badischer Bf

nach **Berlin**
5.30 ✉ U Frankfurt a.O. 1.15 / **3.15 Sz** **5.00**
10.46 Pz U Kreutz 13.42 / 13.56 Pz 21.15
16.30 ✉ U Frankfurt a.O. 12.15 / 14.15 Pz 16.45
20.24 Pz U Kreutz 22.39 / **22.51 Sz** **5.20**

nach **Bonn**
10.46 Pz U Kreutz 13.42 / 13.56 Pz
U Berlin 21.15 / **22.00 Sz**
U Deutz > Cöln **16.00** / 17.45 Pz 18.35
20.24 Pz U Kreutz 22.39 / **22.51 Sz**
U Berlin **5.20 / 7.30 Cz**
U Deutz > Cöln **22.00** ☜ / 7.00 Pz 7.50[3]

nach **Braunschweig**
10.46 Pz U Kreutz 13.42 / 13.56 Pz
U Berlin 21.15 / **22.00 Sz** **4.30**
20.24 Pz U Kreutz 22.39 / **22.51 Sz**
U Berlin **5.20 / 7.30 Cz** **12.50**

nach **Bremen**
10.46 Pz U Kreutz 13.42 / 13.56 Pz
U Berlin 21.15 / **22.00 Sz**
U Wunstorf **7.15*** / 7.30 Pz 10.15
20.24 Pz U Kreutz 22.39 / **22.51 Sz**
U Berlin **5.20 / 7.30 Cz**
U Wunstorf **15.03*** / 16.40 Pz 19.25
* Ankunftszeit geschätzt

nach **Breslau**
9.00 ✉ 3.30
18.00 ✉ 12.30

nach **Carlsruhe**
20.24 Pz U Kreutz 22.39 / **22.51 Sz**
U Berlin **5.20 / 18.40 Sz**
U Frankfurt a.M. **9.55 / 10.30 Sz**
U Heidelberg **12.35 / 12.55 Sz** **8.27**[3]

nach **Cassel**
20.24 Pz U Kreutz 22.39 / **22.51 Sz**
U Berlin **5.20** / 8.10 Pz 22.00

nach **Chemnitz**
20.24 Pz U Kreutz 22.39 / **22.51 Sz**
U Berlin **5.20** / 7.00 Pz
U Röderau 10.55* / 11.30 Pz
U Riesa 11.45* / 12.15 Pz 15.30
* Ankunftszeit geschätzt

nach **Coblenz**
10.46 Pz U Kreutz 13.42 / 13.56 Pz
U Berlin 21.15 / **22.00 Sz**
U Deutz > Cöln **16.00** / 20.15 ⛴ 2.45[3]
20.24 Pz U Kreutz 22.39 / **22.51 Sz**
U Berlin **5.20 / 7.30 Cz**
U Deutz > Cöln **22.00** / 23.30 ⛴ 9.00[3]
ab Cöln nur Mo und Do
20.24 Pz U Kreutz 22.39 / **22.51 Sz**
U Berlin **5.20 / 7.30 Cz**
U Deutz > Cöln **22.00** ☜ / 6.00 ⛴ 12.15[3]

nach **Cöln***
10.46 Pz U Kreutz 13.42 / 13.56 Pz
U Berlin 21.15 / **22.00 Sz** **16.00**
20.24 Pz U Kreutz 22.39 / **22.51 Sz**
U Berlin **5.20 / 7.30 Cz** **22.00**
* Ankunft in Deutz

nach **Constanz**
20.24 Pz U Kreutz 22.39 / **22.51 Sz**
U Berlin **5.20** / 8.10 Pz
U Leipzig 14.05 / 14.30 Pz
U Hof 20.00 / 20.30 Pz
U Augsburg 11.05 / 12.50 GmP
U Lindau 22.35 ☜ / 6.00 ⛴
U Friedrichhafen # / 9.15 ⛴ k.A.[4]

nach **Danzig**
10.46 Pz U Kreutz 13.42 / 13.57 Pz
U Dirschau 21.04 / 21.26 Pz 22.19
20.24 Pz U Kreutz 22.39 / **4.51 Sz** **11.35**

nach **Darmstadt**
20.24 Pz U Kreutz 22.39 / **22.51 Sz**
U Berlin **5.20 / 18.40 Sz**
U Frankfurt a.M. **9.55 / 10.30 Sz** **11.08***[3]
* Ankunftszeit geschätzt

nach **Dortmund***
10.46 Pz U Kreutz 13.42 / 13.56 Pz
U Berlin 21.15 / **22.00 Sz** **12.40**
20.24 Pz U Kreutz 22.39 / **22.51 Sz**
U Berlin **5.20 / 7.30 Cz** **19.20**
* Ankunftszeit geschätzt

nach **Dresden**
9.00 ✉ U Breslau 3.30 / 6.45 Pz
U Kohlfurt 10.10* / 10.30 Pz
U Görlitz 11.15 / 11.45 Pz 15.30
20.24 Pz U Kreutz 22.39 / **22.51 Sz**
U Berlin **5.20** / 7.00 Pz 12.30
* Ankunftszeit geschätzt

nach **Düsseldorf**
10.46 Pz U Kreutz 13.42 / 13.56 Pz
U Berlin 21.15 / **22.00 Sz** **14.57**
20.24 Pz U Kreutz 22.39 / **22.51 Sz**
U Berlin **5.20 / 7.30 Cz** **21.03**

nach **Elberfeld**
10.46 Pz U Kreutz 13.42 / 13.56 Pz
U Berlin 21.15 / **22.00 Sz**
U Dortmund **12.40*** / 13.15 Pz 15.28
20.24 Pz U Kreutz 22.39 / **22.51 Sz**
U Berlin **5.20 / 7.30 Cz**
U Dortmund **19.20*** / 19.30 Pz 21.33
* Ankunftszeit geschätzt

nach **Erfurt***
20.24 Pz U Kreutz 22.39 / **22.51 Sz**
U Berlin **5.20** / 8.10 Pz 16.45
* Ankunftszeiten in Erfurt sind sämmtlich geschätzt.

nach **Essen**
10.46 Pz U Kreutz 13.42 / 13.56 Pz
U Berlin 21.15 / **22.00 Sz** **13.38***
20.24 Pz U Kreutz 22.39 / **22.51 Sz**
U Berlin **5.20 / 7.30 Cz**
U Oberhausen** **20.20** / 21.56 Pz 22.15*
* Ankunft in Alten-Essen, Ankunftszeit geschätzt; ein Fahrplan der Post-Course von Alten-Essen nach Essen Stadt liegt nicht vor.
** Cours über Oberhausen nur mit Umwegkarte zu benutzen.

noch: ab **Posen**

nach **Frankfurt a.M.**
20.24 Pz U Kreutz 22.39 / **22.51 Sz**
U Berlin **5.20 / 18.40 Sz** **9.55**[3]

nach **Freiburg i.B.**
20.24 Pz U Kreutz 22.39 / **22.51 Sz**
U Berlin **5.20 / 18.40 Sz**
U Frankfurt a.M. **9.55 / 10.30 Sz**
U Heidelberg **12.35 / 12.55 Sz** **17.36**[3]

nach **Gera**
20.24 Pz U Kreutz 22.39 / **22.51 Sz**
U Berlin **5.20** / 8.10 Pz
U Leipzig 14.05 / 18.30 Pz
U Altenburg 19.40* / 20.30 ✉ 0.30
* Ankunftszeit geschätzt

nach **Görlitz**
9.00 ✉ U Breslau 3.30 / 6.45 Pz
U Kohlfurt 10.10* / 10.30 Pz 11.15
10.46 Pz U Kreutz 13.42 / 13.56 Pz
U Berlin 21.15 / **22.15 Sz**
U Kohlfurt **2.40*** / 3.15 Pz 4.00
18.00 ✉ U Breslau 12.30 / 17.45 GmP
U Kohlfurt 21.10* / 21.30 Pz 22.15
20.24 Pz U Kreutz 22.39 / **22.51 Sz**
U Berlin **5.20** / 7.00 Pz
U Dresden 12.30 / 14.30 Pz 18.15
* Ankunftszeit geschätzt

nach **Hagen**
10.46 Pz U Kreutz 13.42 / 13.56 Pz
U Berlin 21.15 / **22.00 Sz**
U Dortmund **12.40*** / 13.15 Pz 14.22*
20.24 Pz U Kreutz 22.39 / **22.51 Sz**
U Berlin **5.20 / 7.30 Cz**
U Dortmund **19.20*** / 19.30 Pz 20.28*
* Ankunftszeit geschätzt

nach **Halle**
20.24 Pz U Kreutz 22.39 / **22.51 Sz**
U Berlin **5.20** / 8.10 Pz 13.15

nach **Hamburg**
10.46 Pz U Kreutz 13.42 / 13.56 Pz
U Berlin 21.15 / **23.00 Cz** **5.16**
20.24 Pz U Kreutz 22.39 / **22.51 Sz**
U Berlin **5.20** / 7.30 Pz 15.30

nach **Hamm**
10.46 Pz U Kreutz 13.42 / 13.56 Pz
U Berlin 21.15 / **22.00 Sz** **11.59***
20.24 Pz U Kreutz 22.39 / **22.51 Sz**
U Berlin **5.20 / 7.30 Cz** **18.40**
* Ankunftszeit geschätzt

nach **Hannover**
10.46 Pz U Kreutz 13.42 / 13.56 Pz
U Berlin 21.15 / **22.00 Sz** **6.20**
20.24 Pz U Kreutz 22.39 / **22.51 Sz**
U Berlin **5.20 / 7.30 Cz** **14.20**

nach **Heidelberg**
20.24 Pz U Kreutz 22.39 / **22.51 Sz**
U Berlin **5.20 / 18.40 Sz**
U Frankfurt a.M. **9.55 / 10.30 Sz** **12.35**[3]

nach **Kiel**
10.46 Pz U Kreutz 13.42 / 13.56 Pz
U Berlin 21.15 / **23.00 Cz**
U Hamburg **5.16** /
Altona 8.10 Pz 11.00
20.24 Pz U Kreutz 22.39 / **22.51 Sz**
U Berlin **5.20** / 7.30 Pz
U Hamburg 15.30 /
Altona 17.10 Pz 20.00

nach **Königsberg i.Pr.**
20.24 Pz U Kreutz 22.39 / **4.51 Sz**
U Dirschau **10.45** / 11.37 ✉
U Marienburg 16.07 / **16.37 Sz** **21.02**

nach **Leipzig**
20.24 Pz U Kreutz 22.39 / **22.51 Sz**
U Berlin **5.20** / 7.00 Pz
U Röderau 10.55* / 11.30 Pz 13.30
* Ankunftszeit geschätzt

nach **Lindau**
20.24 Pz U Kreutz 22.39 / **22.51 Sz**
U Berlin **5.20** / 8.10 Pz
U Leipzig 14.05 / 14.30 Pz
U Hof 20.00 / 20.30 Pz
U Augsburg 11.05 / 12.50 GmP 22.35[3]

nach **Ludwigshafen**
> Mannheim

nach **Lübeck**
10.46 Pz U Kreutz 13.42 / 13.56 Pz
U Berlin 21.15 / **23.00 Cz**
U Büchen **4.10*** / 9.00 Pz 10.45
20.24 Pz U Kreutz 22.39 / **22.51 Sz**
U Berlin **5.20** / 7.30 Pz
U Büchen 13.55* / 14.00 Pz 15.11
* Ankunftszeit geschätzt

nach **Magdeburg**
10.46 Pz U Kreutz 13.42 / 13.56 Pz
U Berlin 21.15 / **22.00 Sz** **1.50**
20.24 Pz U Kreutz 22.39 / **22.51 Sz**
U Berlin **5.20 / 7.30 Cz** **10.40**

nach **Mainz**
20.24 Pz U Kreutz 22.39 / **22.51 Sz**
U Berlin **5.20 / 18.40 Sz**
U Frankfurt a.M. **9.55 / 10.15 Sz**
U Castel **11.00** / # ✉ k.A.[3]

nach **Mannheim**
20.24 Pz U Kreutz 22.39 / **22.51 Sz**
U Berlin **5.20 / 18.40 Sz**
U Frankfurt a.M. **9.55 / 10.30 Sz** **12.38**[3]

nach **München**
20.24 Pz U Kreutz 22.39 / **22.51 Sz** **5.20**
U Berlin **5.20** / 8.10 Pz
U Leipzig 14.05 / 14.30 Pz
U Hof 20.00 / 20.30 Pz 13.15

nach **Münster**
10.46 Pz U Kreutz 13.42 / 13.56 Pz
U Berlin 21.15 / **22.00 Sz**
U Hamm **11.55*** / 12.10 Pz 13.00
20.24 Pz U Kreutz 22.39 / **22.51 Sz**
U Berlin **5.20 / 7.30 Cz**
U Hamm **18.40** / 19.00 Pz 20.00
* Ankunftszeit geschätzt

nach **Nürnberg**
20.24 Pz U Kreutz 22.39 / **22.51 Sz** **5.20**
U Berlin **5.20** / 8.10 Pz
U Leipzig 14.05 / 14.30 Pz
U Hof 20.00 / 20.30 Pz 5.15

nach **Oberhausen**
10.46 Pz U Kreutz 13.42 / 13.56 Pz
U Berlin 21.15 / **22.00 Sz** **14.00**
20.24 Pz U Kreutz 22.39 / **22.51 Sz**
U Berlin **5.20 / 7.30 Cz** **20.20**

nach **Oppeln***
9.00 ✉ U Breslau 3.30 / **6.00 Sz** **7.45**
18.00 ✉ U Breslau 12.30 / 18.40 Pz 21.27
* Ankunftszeiten in Oppeln sind sämmtlich geschätzt.

nach **Osnabrück**
10.46 Pz U Kreutz 13.42 / 13.56 Pz
U Berlin 21.15 / **22.00 Sz**
U Minden **8.35** / 9.00 ✉ 16.00
20.24 Pz U Kreutz 22.39 / **22.51 Sz**
U Berlin **5.20** / 12.00 Pz
U Minden 23.45 / 1.00 ✉ 8.00[3]

nach **Passau**
20.24 Pz U Kreutz 22.39 / **22.51 Sz**
U Berlin **5.20 / 18.40 Sz**
U Leipzig **0.15** ↩ **/ 7.15 Ez**
U Nürnberg 17.00 / 17.30 ✉
U Regensburg 5.30 / 11.00 ✉ 22.30[4]

nach **Regensburg**
20.24 Pz **U** Kreutz 22.39 / **22.51 Sz**
U Berlin **5.20 / 18.40 Sz**
U Leipzig **0.15** ↝ / **7.15 Ez**
U Nürnberg 17.00 / 17.30 ⊠ 5.30[4]

nach **Rostock**
10.46 Pz **U** Kreutz 13.42 / 13.56 Pz
U Berlin 21.15 / **23.00 Cz**
U Hagenow **3.08*** / 7.30 Pz 11.05
20.24 Pz **U** Kreutz 22.39 / **22.51 Sz**
U Berlin **5.20** / 7.30 Pz
U Hagenow 12.40* / 12.50 Pz 16.40
* Ankunftszeit geschätzt

nach **Saarbrücken**
20.24 Pz **U** Kreutz 22.39 / **22.51 Sz**
U Berlin **5.20 / 18.40 Sz**
U Frankfurt a.M. **9.55 / 10.30 Sz**
U Mannheim **12.38** / #
U Ludwigshafen # / **13.10 Sz** **16.58[3]**

nach **Schwerin**
10.46 Pz **U** Kreutz 13.42 / 13.56 Pz
U Berlin 21.15 / **23.00 Cz**
U Hagenow **3.08*** / 7.30 Pz 8.12
20.24 Pz **U** Kreutz 22.39 / **22.51 Sz**
U Berlin **5.20** / 7.30 Pz
U Hagenow 12.40* / 12.50 Pz 13.35
* Ankunftszeit geschätzt

nach **Stettin**
10.46 Pz **U** Kreutz 13.42 / 13.56 Pz 17.25
20.24 Pz **U** Kreutz 22.39 / **22.51 Sz** **1.37**

nach **Stralsund**
10.46 Pz **U** Kreutz 13.42 / 13.56 Pz
U Stettin 17.25 / 20.45 ⊠ 10.45
20.24 Pz **U** Kreutz 22.39 / **22.51 Sz**
U Stettin **1.37** / 2.30 ⊠ 18.30
20.24 Pz **U** Kreutz 22.39 / **22.51 Sz**
U Stettin **1.37** / 6.00 ⛴ 18-20.00
nur Di und Fr

nach **Stuttgart**
20.24 Pz **U** Kreutz 22.39 / **22.51 Sz**
U Berlin **5.20 / 18.40 Sz**
U Frankfurt a.M. **9.55 / 10.30 Sz**
U Heidelberg **12.35 / 12.55 Sz**
U Bruchsal **13.28* / 13.48 Ez** **15.46[3]**
* Ankunftszeit geschätzt

nach **Trier**
10.46 Pz **U** Kreutz 13.42 / 13.56 Pz
U Berlin 21.15 / **22.00 Sz**
U Deutz > Cöln **16.00** / 19.00 ⊠ 17.30[3]
20.24 Pz **U** Kreutz 22.39 / **22.51 Sz**
U Berlin **5.20 / 7.30 Cz**
U Deutz > Cöln **22.00** ↝/ 5.00 ⊠ 2.15[4]
20.24 Pz **U** Kreutz 22.39 / **22.51 Sz**
U Berlin **5.20 / 7.30 Cz**
U Deutz > Cöln **22.00** ↝ / 6.00 ⛴
U Coblenz 12.15 / 15.30 ⊠ 6.30[4]

nach **Ulm**
20.24 Pz **U** Kreutz 22.39 / **22.51 Sz**
U Berlin **5.20** / 8.10 Pz
U Leipzig 14.05 / 14.30 Pz
U Hof 20.00 / 20.30 Pz
U Augsburg 11.05 / 13.00 GmP 17.30

nach **Wiesbaden**
20.24 Pz **U** Kreutz 22.39 / **22.51 Sz**
U Berlin **5.20 / 18.40 Sz**
U Frankfurt a.M. **9.55** / 11.15 Pz 12.45[3]

nach **Würzburg**
20.24 Pz **U** Kreutz 22.39 / **22.51 Sz** **5.20**
U Berlin **5.20** / 8.10 Pz
U Leipzig 14.05 / 14.30 Pz
U Hof 20.00 / 20.30 Pz
U Bamberg 1.15 / 1.45 Pz 4.50

nach **Zwickau**
20.24 Pz **U** Kreutz 22.39 / **22.51 Sz** **5.20**
U Berlin **5.20** / 8.10 Pz
U Leipzig 14.05 / 14.30 Pz
U Werdau 16.50* / 17.47 Pz 18.10*
* Ankunftszeit geschätzt

Auslandsverbindungen
Posen ist außerdem im **Auslandsteil** ab S. 210 mit dem hier abgehenden Post-Cours nach **Polen** aufgeführt

Regensburg

Gegenwärtig findet noch kein Zugverkehr von und nach Regensburg statt. Für die Städteverbindungen stehen in der Hauptsache Post-Course zur Verfügung.

von **Regensburg**

nach **Aachen**
8.00 ⊠ **U** Nürnberg 20.30 / 21.55 Pz
U Bamberg 23.45 / 1.45 Pz
U Frankfurt a.M. 9.20 / 18.00 Pz
U Wiesbaden 19.30 / 20.15 ⊠
U Coblenz 5.30 / 6.00 ⛴
U Cöln 10.30 / 11.45 Pz 13.45
22.00 ⊠ **U** Nürnberg 10.30 / **13.15 Ez**
U Bamberg **14.45 / 15.45 Ez**
U Frankfurt a.M. **22.00** ↝ / 8.30 ⛴
U Mainz 11.00 / 11.00 ⛴
U Cöln 20.15 / **23.30 Sz** **1.20[3]**

nach **Augsburg**
12.30 ⊠ *über Aichach* 4.30
21.30 ⊠ **U** München 13.00 / 13.45 Pz 15.35

nach **Basel***
8.00 ⊠ **U** Nürnberg 20.30 / 21.55 Pz
U Bamberg 23.45 / 1.45 Pz
U Frankfurt a.M. 9.20 / **10.30 Sz**
U Heidelberg **12.35 / 12.55 Sz** **19.15.**
22.00 ⊠ **U** Nürnberg 10.30 / **13.15 Ez**
U Bamberg **14.45 / 15.45 Ez**
U Frankfurt a.M. **22.00** ↝ / **5.00 Cz**
U Heidelberg **7.05 / 7.20 Sz** **14.56[3]**
* Ankunft Basel Badischer Bf

nach **Berlin**
8.00 ⊠ **U** Nürnberg 20.30 / 21.55 Pz
U Hof 6.30 / 7.00 Pz
U Leipzig 12.30 / 14.30 Pz
U Röderau 16.15 / 16.45 Pz 20.45.
22.00 ⊠ **U** Nürnberg 10.30 / **13.15 Ez**
U Leipzig **23.00** ↝ / **5.00 Sz** **10.30[3]**

nach **Bonn**
8.00 ⊠ **U** Nürnberg 20.30 / 21.55 Pz
U Bamberg 23.45 / 1.45 Pz
U Frankfurt a.M. 9.20 / 18.00 Pz
U Wiesbaden 19.30 / 20.15 ⊠
U Coblenz 5.30 / 6.00 ⛴ 8.45[3]
22.00 ⊠ **U** Nürnberg 10.30 / **13.15 Ez**
U Bamberg **14.45 / 15.45 Ez**
U Frankfurt a.M. **22.00** ↝ / 5.45 Pz
U Castel 7.05* / # ⊠
U Mainz # / 9.00 ⛴ 16.15[3]
* Ankunftszeit geschätzt

nach **Braunschweig**
8.00 ⊠ **U** Nürnberg 20.30 / 21.55 Pz
U Hof 6.30 / 7.00 Pz
U Leipzig 12.30 / 17.30 Pz
U Magdeburg 21.00 / **1.50 Cz** **4.30[3]**
Fortsetzung siehe nächste Seite

noch: ab **Regensburg**

noch: nach **Braunschweig**

22.00 ✉ **U** Nürnberg 10.30 / **13.15 Ez**
U Leipzig **23.00** ⤻ / 7.00 Pz
U Magdeburg 9.50 / **10.40 Cz** **12.50**[3]

nach **Bremen**

8.00 ✉ **U** Nürnberg 20.30 / 21.55 Pz
U Hof 6.30 / 7.00 Pz
U Leipzig 12.30 / 22.00 Pz
U Magdeburg 1.15 / **1.50 Cz**
U Wunstorf **7.15*** / 7.30 Pz 10.15[3]

22.00 ✉ **U** Nürnberg 10.30 / **13.15 Ez**
U Leipzig **23.00** ⤻ / 7.00 Pz
U Magdeburg 9.50 / **10.40 Cz**
U Wunstorf **15.03*** / 16.40 Pz 19.25

* Ankunftszeit geschätzt

nach **Breslau**

8.00 ✉ **U** Nürnberg 20.30 / 21.55 Pz
U Hof 6.30 / 7.00 Pz
U Leipzig 12.30 / 14.30 Pz
U Dresden 17.30 / 18.15 Pz
U Görlitz 21.40 / 23.00 Pz
U Kohlfurt 23.45 / **2.45 Sz** **5.45**[3]

22.00 ✉ **U** Nürnberg 10.30 / **13.15 Ez**
U Leipzig **23.00** ⤻ / 6.00 Pz
U Dresden 9.15 / 9.45 Pz
U Görlitz 12.50 / 13.30 Pz
U Kohlfurt 14.10 / 14.15 Pz 18.30[3]

nach **Carlsruhe**

8.00 ✉ **U** Nürnberg 20.30 / 21.55 Pz
U Bamberg 23.45 / 1.45 Pz
U Frankfurt a.M. 9.20 / **10.30 Sz**
U Heidelberg **12.35 / 12.55 Sz** **14.10**

22.00 ✉ **U** Nürnberg 10.30 / **13.15 Ez**
U Bamberg **14.45 / 15.45 Ez**
U Frankfurt a.M. **22.00** ⤻ / **5.00 Cz**
U Heidelberg **7.05 / 7.20 Sz** **8.27**[3]

nach **Cassel**

8.00 ✉ **U** Nürnberg 20.30 / 21.55 Pz
U Bamberg 23.45 / 1.45 Pz
U Frankfurt a.M. 9.20 / 10.35 Pz
U Guntershausen 18.50/ 19.00 Pz 19.20.

22.00 ✉ **U** Nürnberg 10.30 / **13.15 Ez**
U Bamberg **14.45 / 15.45 Ez**
U Frankfurt a.M. **22.00** ⤻ / 5.45 Pz
U Guntershausen 11.45/11.50 Pz 12.10[3]

nach **Chemnitz**

8.00 ✉ **U** Nürnberg 20.30 / 21.55 Pz
U Hof 6.30 / 7.00 Pz
U Werdau 9.40* / 9.47 Pz
U Zwickau 10.10* / 10.30 ✉ 15.00

Fortsetzung siehe nächste Spalte

22.00 ✉ **U** Nürnberg 10.30 / **13.15 Ez**
U Werdau **20.55*** / 21.17 Pz
U Zwickau 21.40* / 22.30 ✉ 3.00[3]

* Ankunftszeit geschätzt

nach **Coblenz**

8.00 ✉ **U** Nürnberg 20.30 / 21.55 Pz
U Bamberg 23.45 / 1.45 Pz
U Frankfurt a.M. 9.20 / 11.35 Pz
U Castel 12.20* / # ✉
U Mainz #/ 14.30 ⛴ 18.00

22.00 ✉ **U** Nürnberg 10.30 / **13.15 Ez**
U Bamberg **14.45 / 15.45 Ez**
U Frankfurt a.M. **22.00** ⤻/5.45 Pz
U Castel 7.05* / # ✉
U Mainz #/ 9.00 ⛴ 13.00[3]

* Ankunftszeit geschätzt

nach **Cöln**

8.00 ✉ **U** Nürnberg 20.30 / 21.55 Pz
U Bamberg 23.45 / 1.45 Pz
U Frankfurt a.M. 9.20 / 11.35 Pz
U Castel 12.20* / # ✉
U Mainz #/ 14.30 ⛴ 23.00

22.00 ✉ **U** Nürnberg 10.30 / **13.15 Ez**
U Bamberg **14.45 / 15.45 Ez**
U Frankfurt a.M. **22.00** ⤻/5.45 Pz
U Castel 7.05* / # ✉
U Mainz #/ 9.00 ⛴ 18.15[3]

* Ankunftszeit geschätzt

nach **Constanz**

12.30 ✉ **U** Augsburg 4.30 / **9.00 Ez**
U Ulm **11.30** / 11.45 Pz
U Friedrichshafen 15.20 / 16.30 ⛴ k.A.

nach **Danzig**

8.00 ✉ **U** Nürnberg 20.30 / 21.55 Pz
U Hof 6.30 / 7.00 Pz
U Leipzig 12.30 / 14.30 Pz
U Röderau 16.15 / 16.45 Pz
U Berlin 20.45 / **22.40 Sz** **11.35**[3]

nach **Darmstadt***

8.00 ✉ **U** Nürnberg 20.30 / 21.55 Pz
U Bamberg 23.45 / 1.45 Pz
U Frankfurt a.M. 9.20 / **10.30 Sz** **11.08.**

22.00 ✉ **U** Nürnberg 10.30 / **13.15 Ez**
U Bamberg **14.45 / 15.45 Ez**
U Frankfurt a.M. **22.00** ⤻ /
5.00 Cz **5.38**[3]

* Ankunftszeiten in Darmstadt sind sämmtlich geschätzt.

nach **Dortmund***

8.00 ✉ **U** Nürnberg 20.30 / 21.55 Pz
U Bamberg 23.45 / 1.45 Pz
U Frankfurt a.M. 9.20 / 11.35 Pz
U Castel 12.20** / # ✉
U Mainz #/ 14.30 ⛴
U Cöln > Deutz 23.00 ⤻ / **6.30 Cz** **9.02**[3]

22.00 ✉ **U** Nürnberg 10.30 / **13.15 Ez**
U Bamberg **14.45 / 15.45 Ez**
U Frankfurt a.M. **22.00** ⤻/5.45 Pz
U Guntershausen 11.45/11.50 Pz
U Cassel 12.10 / 12.30 Pz
U Hamm 18.26 / **18.45 Cz** **19.20***[3]

* Ankunftszeiten in Dortmund sind sämmtlich geschätzt
** Ankunftszeit geschätzt

nach **Dresden**

8.00 ✉ **U** Nürnberg 20.30 / 21.55 Pz
U Hof 6.30 / 7.00 Pz
U Leipzig 12.30 / 14.30 Pz 17.30.

22.00 ✉ **U** Nürnberg 10.30 / **13.15 Ez**
U Leipzig **23.00** ⤻ / 6.00 Pz 9.15[3]

nach **Düsseldorf**

8.00 ✉ **U** Nürnberg 20.30 / 21.55 Pz
U Bamberg 23.45 / 1.45 Pz
U Frankfurt a.M. 9.20 / 11.35 Pz
U Castel 12.20* / # ✉
U Mainz #/ 14.30 ⛴
U Cöln > Deutz 23.00 ⤻ / **6.30 Cz** **7.15**[3]

22.00 ✉ **U** Nürnberg 10.30 / **13.15 Ez**
U Bamberg **14.45 / 15.45 Ez**
U Frankfurt a.M. **22.00** ⤻/5.45 Pz
U Castel 7.05* / # ✉
U Mainz #/ 9.00 ⛴
U Cöln > Deutz 18.15 / **20.00 Sz** **20.55**[3]

* Ankunftszeit geschätzt

nach **Elberfeld**

8.00 ✉ **U** Nürnberg 20.30 / 21.55 Pz
U Bamberg 23.45 / 1.45 Pz
U Frankfurt a.M. 9.20 / 11.35 Pz
U Castel 12.20* / # ✉
U Mainz #/ 14.30 ⛴
U Cöln > Deutz 23.00 ⤻ / **6.30 Cz**
U Düsseldorf **7.15** / 7.30 Pz 8.36[3]

22.00 ✉ **U** Nürnberg 10.30 / **13.15 Ez**
U Bamberg **14.45 / 15.45 Ez**
U Frankfurt a.M. **22.00** ⤻/5.45 Pz
U Castel 7.05* / # ✉
U Mainz #/ 9.00 ⛴
U Cöln > Deutz 18.15 / **20.00 Sz**
U Düsseldorf **20.55** / 21.15 Pz 22.21[3]

* Ankunftszeit geschätzt

nach **Erfurt***

8.00 ✉ **U** Nürnberg 20.30 / 21.55 Pz
U Bamberg 23.45 / 1.45 Pz
U Frankfurt a.M. 9.20 / **17.00 Sz** **2.50**[3]

22.00 ✉ **U** Nürnberg 10.30 / **13.15 Ez**
U Bamberg **14.45 / 15.45 Ez**
U Frankfurt a.M. **22.00** ⇢ /
5.45 Pz 16.50[3]

* Ankunftszeiten in Erfurt sind sämmtlich geschätzt.

nach **Essen***

22.00 ✉ **U** Nürnberg 10.30 / **13.15 Ez**
U Bamberg **14.45 / 15.45 Ez**
U Frankfurt a.M. **22.00** ⇢/5.45 Pz
U Castel 7.05** / # ✉
U Mainz #/ 9.00 ⛴
U Cöln > Deutz 18.15 / **20.00 Sz** **22.15**[3]

* Ankunft in Alten-Essen, Ankunftszeit geschätzt; Fahrplan der Post-Course von Alten-Essen nach Essen Stadt liegt nicht vor. ** Ankunftszeit geschätzt

nach **Frankfurt a.M.**

8.00 ✉ **U** Nürnberg 20.30 / 21.55 Pz
U Bamberg 23.45 / 1.45 Pz 9.20

22.00 ✉ **U** Nürnberg 10.30 / **13.15 Ez**
U Bamberg **14.45 / 15.45 Ez** **22.00**

nach **Freiburg i.B.**

8.00 ✉ **U** Nürnberg 20.30 / 21.55 Pz
U Bamberg 23.45 / 1.45 Pz
U Frankfurt a.M. 9.20 / **10.30 Sz**
U Heidelberg **12.35 / 12.55 Sz** **17.36**

22.00 ✉ **U** Nürnberg 10.30 / **13.15 Ez**
U Bamberg **14.45 / 15.45 Ez**
U Frankfurt a.M. **22.00** ⇢ / **5.00 Cz**
U Heidelberg **7.05 / 7.20 Sz** **12.35**[3]

nach **Gera**

8.00 ✉ **U** Nürnberg 20.30 / 21.55 Pz
U Hof 6.30 / 7.00 Pz
U Altenburg 10.55* / 15.00 ✉ 19.00

22.00 ✉ **U** Nürnberg 10.30 / **13.15 Ez**
U Altenburg **21.55*** ⇢ / 9.00 ✉ 13.00[3]

* Ankunftszeit geschätzt

nach **Görlitz**

8.00 ✉ **U** Nürnberg 20.30 / 21.55 Pz
U Hof 6.30 / 7.00 Pz
U Leipzig 12.30 / 14.30 Pz
U Dresden 17.30 / 18.15 Pz 21.40.

22.00 ✉ **U** Nürnberg 10.30 / **13.15 Ez**
U Leipzig **23.00** ⇢ / 6.00 Pz
U Dresden 9.15 / 9.45 Pz 12.50[3]

nach **Hagen***

8.00 ✉ **U** Nürnberg 20.30 / 21.55 Pz
U Bamberg 23.45 / 1.45 Pz
U Frankfurt a.M. 9.20 / 11.35 Pz
U Castel 12.20* / # ✉
U Mainz #/ 14.30 ⛴
U Cöln > Deutz 23.00 ⇢ / **6.30 Cz**
U Düsseldorf **7.15** / 7.30 Pz
U Elberfeld 8.36 / 9.40 Pz 11.17[3]

22.00 ✉ **U** Nürnberg 10.30 / **13.15 Ez**
U Bamberg **14.45 / 15.45 Ez**
U Frankfurt a.M. **22.00** ⇢ / 5.45 Pz
U Guntershausen 11.45 / 11.50 Pz
U Cassel 12.10 / 12.30 Pz
U Hamm 18.26 / **18.45 Cz**
U Dortmund **19.20*** / 19.30 Pz 20.28*[3]

* Ankunftszeiten geschätzt

nach **Halle**

8.00 ✉ **U** Nürnberg 20.30 / 21.55 Pz
U Hof 6.30 / 7.00 Pz
U Leipzig 12.30 / 15.15 Pz 16.00

22.00 ✉ **U** Nürnberg 10.30 / **13.15 Ez**
U Leipzig **23.00** ⇢ / **5.00 Sz** **5.45**[3]

nach **Hamburg**

8.00 ✉ **U** Nürnberg 20.30 / 21.55 Pz
U Hof 6.30 / 7.00 Pz
U Leipzig 12.30 / 15.15 Pz
U Berlin 21.30 / **23.00 Cz** **5.16**[3]

nach **Hamm**

8.00 ✉ **U** Nürnberg 20.30 / 21.55 Pz
U Bamberg 23.45 / 1.45 Pz
U Frankfurt a.M. 9.20 / 10.35 Pz
U Guntershausen 18.50 / 19.00 Pz
U Cassel 19.20 ⇢ / 5.55 Pz 11.46[3]

22.00 ✉ **U** Nürnberg 10.30 / **13.15 Ez**
U Bamberg **14.45 / 15.45 Ez**
U Frankfurt a.M. **22.00** ⇢ / 5.45 Pz
U Guntershausen 11.45 / 11.50 Pz
U Cassel 12.10 / 12.30 Pz 18.26[3]

nach **Hannover**

8.00 ✉ **U** Nürnberg 20.30 / 21.55 Pz
U Hof 6.30 / 7.00 Pz
U Leipzig 12.30 / 17.30 Pz
U Magdeburg 21.00 / **1.50 Cz** **6.20**[3]

22.00 ✉ **U** Nürnberg 10.30 / **13.15 Ez**
U Leipzig **23.00** ⇢ / 7.00 Pz
U Magdeburg 9.50 / **10.40 Cz** **14.20**[3]

nach **Heidelberg**

8.00 ✉ **U** Nürnberg 20.30 / 21.55 Pz
U Bamberg 23.45 / 1.45 Pz
U Frankfurt a.M. 9.20 / **10.30 Sz** **12.35**

Fortsetzung siehe nächste Spalte

22.00 ✉ **U** Nürnberg 10.30 / **13.15 Ez**
U Bamberg **14.45 / 15.45 Ez**
U Frankfurt a.M. **22.00** ⇢ /
5.00 Cz **7.05**[3]

nach **Kiel**

8.00 ✉ **U** Nürnberg 20.30 / 21.55 Pz
U Hof 6.30 / 7.00 Pz
U Leipzig 12.30 / 15.15 Pz
U Berlin 21.30 / **23.00 Cz**
U Hamburg **5.16** /
Altona 8.10 Pz 11.00[3]

nach **Königsberg i.Pr.**

8.00 ✉ **U** Nürnberg 20.30 / 21.55 Pz
U Hof 6.30 / 7.00 Pz
U Leipzig 12.30 / 15.15 Pz
U Berlin 21.30 / **22.40 Sz**
U Dirschau **10.45** / 11.37 ✉
U Marienburg 16.07 / **16.37 Sz** **21.02**[3]

nach **Leipzig**

8.00 ✉ **U** Nürnberg 20.30 / 21.55 Pz
U Hof 6.30 / 7.00 Pz 12.30

22.00 ✉ **U** Nürnberg 10.30 / **13.15 Ez** **23.00**

nach **Lindau**

12.30 ✉ **U** Augsburg 4.30 / **8.55 Ez** **15.10**

nach **Ludwigshafen**

> Mannheim

nach **Lübeck**

8.00 ✉ **U** Nürnberg 20.30 / 21.55 Pz
U Hof 6.30 / 7.00 Pz
U Leipzig 12.30 / 15.15 Pz
U Berlin 21.30 / **23.00 Cz**
U Büchen **4.10*** / 9.00 Pz 10.45[3]

22.00 ✉ **U** Nürnberg 10.30 / **13.15 Ez**
U Leipzig **23.00** / ⇢ 7.00 Pz
U Magdeburg 9.50 / 10.45 GmP
U Wittenberge 14.10 / 15.10 GmP
U Büchen 18.35* / 19.00 Pz 20.11[3]

* Ankunftszeit geschätzt

nach **Magdeburg**

8.00 ✉ **U** Nürnberg 20.30 / 21.55 Pz
U Hof 6.30 / 7.00 Pz
U Leipzig 12.30 / 17.30 Pz 21.00

22.00 ✉ **U** Nürnberg 10.30 / **13.15 Ez**
U Leipzig **23.00** ⇢ / 7.00 Pz 9.50[3]

nach **Mainz**

8.00 ✉ **U** Nürnberg 20.30 / 21.55 Pz
U Bamberg 23.45 / 1.45 Pz
U Frankfurt a.M. 9.20 / **10.15 Sz**
U Castel **11.00** / # k.A.

Fortsetzung siehe nächste Seite

noch: nach **Mainz**
22.00 ✉ **U** Nürnberg 10.30 / **13.15 Ez**
U Bamberg **14.45 / 15.45 Ez**
U Frankfurt a.M. **22.00** ↩ / 5.45 Pz
U Castel 7.05* / # — k.A.[3]

nach **Mannheim**
8.00 ✉ **U** Nürnberg 20.30 / 21.55 Pz
U Bamberg 23.45 / 1.45 Pz
U Frankfurt a.M. 9.20 / **10.30 Sz** — **12.38**
22.00 ✉ **U** Nürnberg 10.30 / **13.15 Ez**
U Bamberg **14.45 / 15.45 Ez**
U Frankfurt a.M. **22.00** ↩ / **5.00 Cz** **7.06**[3]

nach **München**
5.00 ✉ *über Landshut* — 20.30
12.30 ✉ *über Pörnbach* — 4.15
21.30 ✉ *über Landshut* — 13.00

nach **Münster**
8.00 ✉ **U** Nürnberg 20.30 / 21.55 Pz
U Bamberg 23.45 / 1.45 Pz
U Frankfurt a.M. 9.20 / 10.35 Pz
U Guntershausen 18.50 / 19.00 Pz
U Cassel 19.20 ↩ / 5.55 Pz
U Hamm 11.46 / 12.10 Pz — 13.00[3]
22.00 ✉ **U** Nürnberg 10.30 / **13.15 Ez**
U Bamberg **14.45 / 15.45 Ez**
U Frankfurt a.M. **22.00** ↩ / 5.45 Pz
U Guntershausen 11.45 / 11.50 Pz
U Cassel 12.10 / 12.30 Pz
U Hamm 18.26 / 19.00 Pz — 20.00[3]

nach **Nürnberg**
8.00 ✉ — 20.30
22.00 ✉ — 10.30

nach **Oberhausen**
8.00 ✉ **U** Nürnberg 20.30 / 21.55 Pz
U Bamberg 23.45 / 1.45 Pz
U Frankfurt a.M. 9.20 / 11.35 Pz
U Castel 12.20* / # ✉
U Mainz #/ 14.30 ⛴
U Cöln > Deutz 23.00 ↩ / **6.30 Cz** **8.00**[3]
22.00 ✉ **U** Nürnberg 10.30 / **13.15 Ez**
U Bamberg **14.45 / 15.45 Ez**
U Frankfurt a.M. **22.00** ↩/5.45 Pz
U Castel 7.05* / # ✉
U Mainz #/ 9.00 ⛴
U Cöln > Deutz 18.15 / **20.00 Sz** **21.50**[3]

* Ankunftszeit geschätzt

nach **Oppeln***
8.00 ✉ **U** Nürnberg 20.30 / 21.55 Pz
U Hof 6.30 / 7.00 Pz
U Leipzig 12.30 / 14.30 Pz
U Dresden 17.30 / 18.15 Pz
U Görlitz 21.40 / 23.00 Pz
U Kohlfurt 23.45 / **2.45 Sz** — **7.45**[3]
22.00 ✉ **U** Nürnberg 10.30 / **13.15 Ez**
U Leipzig **23.00** ↩ / 6.00 Pz
U Dresden 9.15 / 9.45 Pz
U Görlitz 12.50 / 13.30 Pz
U Kohlfurt 14.10 / 14.15 Pz — 21.27[3]

* Ankunftszeiten in Oppeln sind sämmtlich geschätzt.

nach **Osnabrück**
8.00 ✉ **U** Nürnberg 20.30 / 21.55 Pz
U Hof 6.30 / 7.00 Pz
U Leipzig 12.30 / 17.30 Pz
U Magdeburg 21.00 / **1.50 Cz**
U Hannover **6.20 / 6.45 Sz**
U Minden **8.35** / 9.00 ✉ — 16.00[3]
22.00 ✉ **U** Nürnberg 10.30 / **13.15 Ez**
U Leipzig **23.00** ↩ / 7.00 Pz
U Magdeburg 9.50 / **10.40 Cz**
U Hannover **14.20** / 21.50 Pz
U Minden 23.45 / 1.00 ✉ — 8.00[4]

nach **Passau**
5.00 ⛴ — k.A.
11.00 ✉ — 22.30

nach **Posen**
8.00 ✉ **U** Nürnberg 20.30 / 21.55 Pz
U Hof 6.30 / 7.00 Pz
U Leipzig 12.30 / 14.30 Pz
U Röderau 16.15 / 16.45 Pz
U Berlin 20.45 / **22.40 Sz**
U Kreutz **4.43** / 5.03 Pz — 7.47[3]

nach **Rostock**
8.00 ✉ **U** Nürnberg 20.30 / 21.55 Pz
U Hof 6.30 / 7.00 Pz
U Leipzig 12.30 / 22.00 Pz
U Magdeburg 1.15 / 7.45 Pz
U Wittenberge 10.15 / 10.55 Pz
U Hagenow 12.40* / 12.50 Pz — 16.40[3]
22.00 ✉ **U** Nürnberg 10.30 / **13.15 Ez**
U Leipzig **23.00** ↩ / 7.00 Pz
U Magdeburg 9.50 / 10.45 GmP
U Wittenberge 14.10 / 15.10 GmP
U Hagenow 17.00* / 17.30 Pz — 22.10[3]

* Ankunftszeit geschätzt

nach **Saarbrücken**
8.00 ✉ **U** Nürnberg 20.30 / 21.55 Pz
U Bamberg 23.45 / 1.45 Pz
U Frankfurt a.M. 9.20 / 12.05 Pz
U Mannheim 15.28 / #
U Ludwigshafen # / 17.30 — 22.05
22.00 ✉ **U** Nürnberg 10.30 / **13.15 Ez**
U Bamberg **14.45 / 15.45 Ez**
U Frankfurt a.M. **22.00** ↩/ 6.30 Pz
U Mannheim 9.23 / #
U Ludwigshafen # / **13.10 Sz** — **16.58**[3]

nach **Schwerin**
8.00 ✉ **U** Nürnberg 20.30 / 21.55 Pz
U Hof 6.30 / 7.00 Pz
U Leipzig 12.30 / 22.00 Pz
U Magdeburg 1.15 / 7.45 Pz
U Wittenberge 10.15 / 10.55 Pz
U Hagenow 12.40* / 12.50 Pz — 13.35[3]
22.00 ✉ **U** Nürnberg 10.30 / **13.15 Ez**
U Leipzig **23.00** ↩ / 7.00 Pz
U Magdeburg 9.50 / 10.45 GmP
U Wittenberge 14.10 / 15.10 GmP
U Hagenow 17.00* / 17.30 Pz — 18.15[3]

* Ankunftszeit geschätzt

nach **Stettin**
8.00 ✉ **U** Nürnberg 20.30 / 21.55 Pz
U Hof 6.30 / 7.00 Pz
U Leipzig 12.30 / 14.30 Pz
U Röderau 16.15 / 16.45 Pz
U Berlin 20.45 / **22.40 Sz** — **1.47**[3]
22.00 ✉ **U** Nürnberg 10.30 / **13.15 Ez**
U Leipzig **23.00** ↩ / **5.00 Sz**
U Berlin **10.30** / 12.15 Pz — 15.52[3]

nach **Stralsund**
8.00 ✉ **U** Nürnberg 20.30 / 21.55 Pz
U Hof 6.30 / 7.00 Pz
U Leipzig 12.30 / 15.15 Pz
U Berlin 21.30 / **22.40 Sz**
U Passow 0.50* / 1.15 ✉ — 18.00[3]
22.00 ✉ **U** Nürnberg 10.30 / **13.15 Ez**
U Leipzig **23.00** ↩ / **5.00 Sz**
U Berlin **10.30** / 17.30 Pz
U Passow 20.00* / 20.20 ✉ — 11.20[4]

* Ankunftszeit geschätzt

nach **Stuttgart**
12.30 ✉ **U** Augsburg 4.30 / **9.00 Ez**
U Ulm **11.30** / 11.45 Pz — 14.23
21.30 ✉ **U** München 13.00 / 13.45 Pz
U Augsburg 15.35 / 16.15 GmP
U Ulm 20.45 ↩ / 5.35 Pz — 9.00[3]

nach **Trier**

8.00 ✉	**U** Nürnberg 20.30 / 21.55 Pz	
	U Bamberg 23.45 / 1.45 Pz	
	U Frankfurt a.M. 9.20 / 12.05 Pz	
	U Mannheim 15.28 / #	
	U Ludwigshafen # / 17.30	
	U Saarbrücken 22.05 ↝/8.15 ✉	18.45[3]
22.00 ✉	**U** Nürnberg 10.30 / **13.15 Ez**	
	U Bamberg **14.45** / **15.45 Ez**	
	U Frankfurt a.M. **22.00** ↝/ 6.30 Pz	
	U Mannheim 9.23 / #	
	U Ludwigshafen # / **13.10 Sz**	
	U Saarbrücken **16.58** / 17.30 ✉	4.00[4]

nach **Ulm**

12.30 ✉	**U** Augsburg 4.30 / **9.00 Ez**	**11.30**
21.30 ✉	**U** München 13.00 / 13.45 Pz	
	U Augsburg 15.35 / 16.15 GmP	20.45

nach **Wiesbaden**

8.00 ✉	**U** Nürnberg 20.30 / 21.55 Pz	
	U Bamberg 23.45 / 1.45 Pz	
	U Frankfurt a.M. 9.20 / 11.15 Pz	12.45
22.00 ✉	**U** Nürnberg 10.30 / **13.15 Ez**	
	U Bamberg **14.45** / **15.45 Ez**	
	U Frankfurt a.M. **22.00** ↝/ 5.45 Pz	7.30

nach **Würzburg**

8.00 ✉	**U** Nürnberg 20.30 / 21.55 Pz	
	U Bamberg 23.45 / 1.45 Pz	4.50
22.00 ✉	**U** Nürnberg 10.30 / **13.15 Ez**	
	U Bamberg **14.45** / **15.45 Ez**	**18.15**

nach **Zwickau**

8.00 ✉	**U** Nürnberg 20.30 / 21.55 Pz	
	U Hof 6.30 / 7.00 Pz	
	U Werdau 9.40* / 9.47 Pz	10.10*
22.00 ✉	**U** Nürnberg 10.30 / **13.15 Ez**	
	U Werdau **20.55*** / 21.17 Pz	21.40*

* Ankunftszeit geschätzt

Auslandsverbindungen

Regensburg ist außerdem im **Auslandsteil** ab S. 210 mit den hier abgehenden Post- und Schiffs-Coursen nach **Österreich** einschl. Böhmen aufgeführt.

Rostock

Von Rostock geht die Mecklenburgische Eisenbahn ab, die über Kleinen–Schwerin bis Hagenow reicht, woselbst Anschluß an die Berlin-Hamburger Eisenbahn stattfindet.

von **Rostock**

nach **Aachen**

6.30 Pz	**U** Hagenow 10.05 / 10.20 Pz	
	U Wittenberg 12.00 / 13.00 Pz	
	U Magdeburg 15.20 / 16.15 Pz	
	U Oberhausen 6.42 / 7.00 Pz	11.20
16.40 Pz	**U** Hagenow 20.30 / 20.35 Pz	
	U Wittenberg 22.45 ↝ / 5.00 GmP	
	U Magdeburg 8.30 / **10.40 Cz**	
	U Deutz > Cöln **22.00** / **23.30 Sz**	**1.20**[3]

nach **Augsburg**

6.30 Pz	**U** Hagenow 10.05 / 10.20 Pz	
	U Wittenberg 12.00 / 13.00 Pz	
	U Magdeburg 15.20 / 18.15 Pz	
	U Leipzig 21.15 ↝ / **7.15 Ez**	**21.20**
16.40 Pz	**U** Hagenow 20.30 / 20.35 Pz	
	U Wittenberg 22.45 ↝ / 5.00 GmP	
	U Magdeburg 8.30 / 10.45 Pz	
	U Leipzig 14.05 / 14.30 Pz	
	U Hof 20.00 / 20.30 Pz	11.05[3]

nach **Basel***

6.30 Pz	**U** Hagenow 10.05 / 10.20 Pz	
	U Wittenberg 12.00 / 13.00 Pz	
	U Magdeburg 15.20 / 18.15 Pz	
	U Halle 20.25 / **23.00 Sz**	
	U Frankfurt a.M. **9.55** / **10.30 Sz**	
	U Heidelberg **12.35** / **12.55 Sz**	**19.15**

* Ankunft Basel Badischer Bf

nach **Berlin**

6.30 Pz	**U** Hagenow 10.05 / 10.20 Pz	16.00
16.40 Pz	**U** Hagenow 20.30 / **0.45 Cz**	**5.20**

nach **Bonn**

6.30 Pz	**U** Hagenow 10.05 / 10.20 Pz	
	U Wittenberg 12.00 / 13.00 Pz	
	U Magdeburg 15.20 / 16.15 Pz	
	U Deutz > Cöln 9.15 / 10.00 Pz	10.50
16.40 Pz	**U** Hagenow 20.30 / 20.35 Pz	
	U Wittenberg 22.45 ↝ / 5.00 GmP	
	U Magdeburg 8.30 / **10.40 Cz**	
	U Deutz > Cöln **22.00** ↝ / 7.00 Pz	7.50[3]

nach **Braunschweig**

6.30 Pz	**U** Hagenow 10.05 / 10.20 Pz	
	U Wittenberg 12.00 / 13.00 Pz	
	U Magdeburg 15.20 / 16.15 Pz	19.15
16.40 Pz	**U** Hagenow 20.30 / 20.35 Pz	
	U Wittenberg 22.45 ↝ / 5.00 GmP	
	U Magdeburg 8.30 / **10.40 Cz**	**12.50**

nach **Bremen**

6.30 Pz	**U** Hagenow 10.05 / 10.20 Pz	
	U Wittenberg 12.00 / 13.00 Pz	
	U Magdeburg 15.20 / **1.50 Sz**	
	U Wunstorf **7.15*** / 7.30 Pz	10.15
16.40 Pz	**U** Hagenow 20.30 / 20.35 Pz	
	U Wittenberg 22.45 ↝ / 5.00 GmP	
	U Magdeburg 8.30 / **10.40 Cz**	
	U Wunstorf **15.03*** / 16.40 Pz	19.25

* Ankunftszeit geschätzt

nach **Breslau**

6.30 Pz	**U** Hagenow 10.05 / 10.20 Pz	
	U Berlin 16.00 / **22.15 Sz**	**5.45**
16.40 Pz	**U** Hagenow 20.30 / **0.45 Cz**	
	U Berlin **5.20** / 8.00 Pz	18.30

nach **Carlsruhe**

6.30 Pz	**U** Hagenow 10.05 / 10.20 Pz	
	U Wittenberg 12.00 / 13.00 Pz	
	U Magdeburg 15.20 / 18.15 Pz	
	U Halle 20.25 / **23.00 Sz**	
	U Frankfurt a.M. **9.55** / **10.30 Sz**	
	U Heidelberg **12.35** / **12.55 Sz**	**14.10**

nach **Cassel**

6.30 Pz	**U** Hagenow 10.05 / 10.20 Pz	
	U Wittenberg 12.00 / 13.00 Pz	
	U Magdeburg 15.20 / 18.15 Pz	
	U Halle 20.25 / **23.00 Sz**	
	U Guntershausen **5.05** / 5.10 Pz	5.30

nach **Chemnitz**

6.30 Pz	**U** Hagenow 10.05 / 10.20 Pz	
	U Wittenberg 12.00 / 13.00 Pz	15.20
	U Magdeburg 15.20 / 18.15 Pz	
	U Leipzig 21.15 / **22.00 Sz**	
	U Riesa **23.15*** ↝ / 5.15 Pz	8.15
16.40 Pz	**U** Hagenow 20.30 / 20.35 Pz	
	U Wittenberg 22.45 ↝ / 5.00 GmP	
	U Magdeburg 8.30 / 10.45 Pz	
	U Leipzig 14.05 / 14.30 Pz	
	U Riesa 16.00* / 16.45 Pz	19.30

* Ankunftszeit geschätzt

nach **Coblenz**

6.30 Pz	**U** Hagenow 10.05 / 10.20 Pz	
	U Wittenberg 12.00 / 13.00 Pz	
	U Magdeburg 15.20 / 16.15 Pz	
	U Deutz > Cöln 9.15 / 10.00 ⛴	17.00

noch: nach **Coblenz**

16.40 Pz **U** Hagenow 20.30 / 20.35 Pz
U Wittenberg 22.45 🛏 / 5.00 GmP
U Magdeburg 8.30 / **10.40 Cz**
U Deutz > Cöln **22.00** / 23.30 🚢 9.00
ab Cöln nur Mo und Do .

16.40 Pz **U** Hagenow 20.30 / 20.35 Pz
U Wittenberg 22.45 🛏 / 5.00 GmP
U Magdeburg 8.30 / **10.40 Cz**
U Deutz > Cöln **22.00** 🛏 /
6.00 🚢 12.15[3]

nach **Cöln***

6.30 Pz **U** Hagenow 10.05 / 10.20 Pz
U Wittenberg 12.00 / 13.00 Pz
U Magdeburg 15.20 / 16.15 Pz 9.15

16.40 Pz **U** Hagenow 20.30 / 20.35 Pz
U Wittenberg 22.45 🛏 / 5.00 GmP
U Magdeburg 8.30 / **10.40 Cz** **22.00**

* Ankunft in Deutz

nach **Constanz**

6.30 Pz **U** Hagenow 10.05 / 10.20 Pz
U Wittenberg 12.00 / 13.00 Pz
U Magdeburg 15.20 / 18.15 Pz
U Halle 20.25 / **23.00 Sz**
U Frankfurt a.M. **9.55** / **10.30 Sz**
U Heidelberg **12.35** / **12.55 Sz**
U Freiburg i.B. **17.36** / 18.15 ✉
U Schaffhausen 5.15 / 12.30 ✉ 17.00[3]

nach **Danzig**

6.30 Pz **U** Hagenow 10.05 / 10.20 Pz
U Berlin 16.00 / **22.40 Sz** **11.35**

16.40 Pz **U** Hagenow 20.30 / **0.45 Cz**
U Berlin **5.20** / 6.15 Pz 22.19

nach **Darmstadt**

6.30 Pz **U** Hagenow 10.05 / 10.20 Pz
U Wittenberg 12.00 / 13.00 Pz
U Magdeburg 15.20 / 18.15 Pz
U Halle 20.25 / **23.00 Sz**
U Frankfurt a.M. **9.55** / **10.30 Sz** **11.08***

* Ankunftszeit geschätzt.

nach **Dortmund***

6.30 Pz **U** Hagenow 10.05 / 10.20 Pz
U Wittenberg 12.00 / 13.00 Pz
U Magdeburg 15.20 / 16.15 Pz 5.08

16.40 Pz **U** Hagenow 20.30 / 20.35 Pz
U Wittenberg 22.45 🛏 / 5.00 GmP
U Magdeburg 8.30 / **10.40 Cz** **19.20**

* Ankunftszeiten in Dortmund sind sämmtlich geschätzt.

nach **Dresden**

6.30 Pz **U** Hagenow 10.05 / 10.20 Pz
U Wittenberg 12.00 / 13.00 Pz
U Magdeburg 15.20 / 18.15 Pz
U Leipzig 21.15 / **22.00 Sz** **0.30**

16.40 Pz **U** Hagenow 20.30 / **0.45 Cz**
U Berlin **5.20** / 7.00 Pz 12.30

16.40 Pz **U** Hagenow 20.30 / 20.35 Pz
U Wittenberg 22.45 🛏 / 5.00 GmP
U Magdeburg 8.30 / 10.45 Pz
U Leipzig 14.05 / 14.30 Pz 17.30

nach **Düsseldorf**

6.30 Pz **U** Hagenow 10.05 / 10.20 Pz
U Wittenberg 12.00 / 13.00 Pz
U Magdeburg 15.20 / 16.15 Pz 7.55

16.40 Pz **U** Hagenow 20.30 / 20.35 Pz
U Wittenberg 22.45 🛏 / 5.00 GmP
U Magdeburg 8.30 / **10.40 Cz** **21.03**

nach **Elberfeld**

6.30 Pz **U** Hagenow 10.05 / 10.20 Pz
U Wittenberg 12.00 / 13.00 Pz
U Magdeburg 15.20 / 16.15 Pz
U Dortmund 5.08* / 7.15 Pz 9.30

16.40 Pz **U** Hagenow 20.30 / 20.35 Pz
U Wittenberg 22.45 🛏 / 5.00 GmP
U Magdeburg 8.30 / **10.40 Cz**
U Dortmund **19.20*** / 19.30 Pz 21.33

* Ankunftszeit geschätzt

nach **Erfurt***

6.30 Pz **U** Hagenow 10.05 / 10.20 Pz
U Wittenberg 12.00 / 13.00 Pz 15.20
U Magdeburg 15.20 / 18.15 Pz
U Halle 20.25 / **23.00 Sz** **1.20**

16.40 Pz **U** Hagenow 20.30 / 20.35 Pz
U Wittenberg 22.45 🛏 / 5.00 GmP
U Magdeburg 8.30 / 10.45 Pz
U Halle 13.10 / 13.40 Pz 16.50

* Ankunftszeiten in Erfurt sind sämmtlich geschätzt.

nach **Essen***

6.30 Pz **U** Hagenow 10.05 / 10.20 Pz
U Wittenberg 12.00 / 13.00 Pz
U Magdeburg 15.20 / 16.15 Pz 5.08

16.40 Pz **U** Hagenow 20.30 / 20.35 Pz
U Wittenberg 22.45 🛏 / 5.00 GmP
U Magdeburg 8.30 / **10.40 Cz**
U Oberhausen** **20.20** / 21.56 Pz 22.15

* Ankunft in Alten-Essen, Ankunftszeit geschätzt; ein Fahrplan der Post-Course von Alten-Essen nach Essen Stadt liegt nicht vor.
** Cours über Oberhausen nur mit Umwegkarte zu benutzen

nach **Frankfurt a.M.**

6.30 Pz **U** Hagenow 10.05 / 10.20 Pz
U Wittenberg 12.00 / 13.00 Pz
U Magdeburg 15.20 / 18.15 Pz
U Halle 20.25 / **23.00 Sz** **9.55**

nach **Freiburg i.B.**

6.30 Pz **U** Hagenow 10.05 / 10.20 Pz
U Wittenberg 12.00 / 13.00 Pz
U Magdeburg 15.20 / 18.15 Pz
U Halle 20.25 / **23.00 Sz**
U Frankfurt a.M. **9.55** / **10.30 Sz**
U Heidelberg **12.35** / **12.55 Sz** **17.36**

nach **Gera**

6.30 Pz **U** Hagenow 10.05 / 10.20 Pz
U Wittenberg 12.00 / 13.00 Pz
U Magdeburg 15.20 / 19.00 GmP
U Leipzig 0.15 🛏 / 6.00 Pz
U Altenburg 7.10* / 9.00 ✉ 13.00

6.30 Pz **U** Hagenow 10.05 / 10.20 Pz
U Wittenberg 12.00 / 13.00 Pz
U Magdeburg 15.20 / 19.00 GmP
U Leipzig 0.15 🛏 / **7.15 Ez**
U Altenburg **8.08*** / 9.00 ✉ 13.00

16.40 Pz **U** Hagenow 20.30 / 20.35 Pz
U Wittenberg 22.45 🛏 / 5.00 GmP
U Magdeburg 8.30 / 10.45 Pz
U Leipzig 14.05 / 18.30 Pz
U Altenburg 19.40* / 20.30 ✉ 0.30

* Ankunftszeit geschätzt

nach **Görlitz**

6.30 Pz **U** Hagenow 10.05 / 10.20 Pz
U Berlin 16.00 / **22.15 Sz**
U Kohlfurt **2.40*** / 3.15 Pz 4.00

16.40 Pz **U** Hagenow 20.30 / **0.45 Cz**
U Berlin **5.20** / 8.00 Pz
U Kohlfurt 14.10* / 14.30 Pz 15.15

* Ankunftszeit geschätzt

nach **Hagen**

6.30 Pz **U** Hagenow 10.05 / 10.20 Pz
U Wittenberg 12.00 / 13.00 Pz
U Magdeburg 15.20 / 16.15 Pz
U Dortmund 5.08* / 7.15 Pz 8.24*

16.40 Pz **U** Hagenow 20.30 / 20.35 Pz
U Wittenberg 22.45 🛏 / 5.00 GmP
U Magdeburg 8.30 / **10.40 Cz**
U Dortmund **19.20*** / 19.30 Pz 20.28*

* Ankunftszeit geschätzt

nach **Halle**

6.30 Pz **U** Hagenow 10.05 / 10.20 Pz
U Wittenberg 12.00 / 13.00 Pz
U Magdeburg 15.20 / 18.15 Pz 20.25

16.40 Pz **U** Hagenow 20.30 / 20.35 Pz
U Wittenberg 22.45 🛏 / 5.00 GmP
U Magdeburg 8.30 / 10.45 Pz 13.10

nach **Hamburg**

6.30 Pz **U** Hagenow 10.05 / 12.45 Pz 15.30

11.45 Pz **U** Hagenow 16.30 / 17.10 GmP 20.00

16.40 Pz **U** Hagenow 20.30 🛏 / **3.10 Cz** **5.16**

noch: ab **Rostock**

nach **Hamm**

6.30 Pz **U** Hagenow 10.05 / 10.20 Pz
U Wittenberg 12.00 / 13.00 Pz
U Magdeburg 15.20 / 16.15 Pz 4.05

16.40 Pz **U** Hagenow 20.30 / 20.35 Pz
U Wittenberg 22.45 ↷ / 5.00 GmP
U Magdeburg 8.30 / **10.40 Cz** **18.40**

nach **Hannover**

6.30 Pz **U** Hagenow 10.05 / 10.20 Pz
U Wittenberg 12.00 / 13.00 Pz
U Magdeburg 15.20 / 16.15 Pz 21.25

16.40 Pz **U** Hagenow 20.30 ↷ / **3.10 Cz**
U Hamburg **5.16** / 7.00 ⛴
U Harburg 8.15 / 9.20 Pz 14.05

16.40 Pz **U** Hagenow 20.30 / 20.35 Pz
U Wittenberg 22.45 ↷ / 5.00 GmP
U Magdeburg 8.30 / **10.40 Cz** **14.20**

nach **Heidelberg**

6.30 Pz **U** Hagenow 10.05 / 10.20 Pz
U Wittenberg 12.00 / 13.00 Pz
U Magdeburg 15.20 / 18.15 Pz
U Halle 20.25 / **23.00 Sz**
U Frankfurt a.M. **9.55** / **10.30 Sz** **12.35**

nach **Kiel**

6.30 Pz **U** Hagenow 10.05 / 12.45 Pz
U Hamburg > Altona 15.30 / 17.10 Pz 20.00

16.40 Pz **U** Hagenow 20.30 ↷ / **3.10 Cz**
U Hamburg > Altona **5.16** / 8.10 Pz 11.00

nach **Königsberg i.Pr.**

6.30 Pz **U** Hagenow 10.05 / 10.20 Pz
U Berlin 16.00 / **22.40 Sz**
U Dirschau **10.45** / 11.37 ✉
U Marienburg 16.07 / **16.37 Sz** **21.02**

nach **Leipzig**

6.30 Pz **U** Hagenow 10.05 / 10.20 Pz
U Wittenberg 12.00 / 13.00 Pz
U Magdeburg 15.20 / 18.15 Pz 21.15

16.40 Pz **U** Hagenow 20.30 / 20.35 Pz
U Wittenberg 22.45 ↷ / 5.00 GmP
U Magdeburg 8.30 / 10.45 Pz 14.05

nach **Lindau**

6.30 Pz **U** Hagenow 10.05 / 10.20 Pz
U Wittenberg 12.00 / 13.00 Pz
U Magdeburg 15.20 / 19.00 Pz
U Leipzig 0.15 ↷ / **7.15 Ez**
U Augsburg **21.20** / 21.30 GmP 6.30^{3}

Fortsetzung siehe nächste Spalte

16.40 Pz **U** Hagenow 20.30 / 20.35 Pz
U Wittenberg 22.45 ↷ / 5.00 GmP
U Magdeburg 8.30 / 10.45 Pz
U Leipzig 14.05 / 14.30 Pz
U Hof 20.00 / 20.30 Pz
U Augsburg 11.05 / 12.50 GmP 22.35^{3}

nach **Ludwigshafen**

> Mannheim

nach **Lübeck**

6.30 Pz **U** Schwerin 9.12 / 14.30 ✉ 21.00

16.40 Pz **U** Schwerin 19.20 ↷ / 7.00 ✉
U Ratzeburg 11.30 / 14.40 Pz 15.11

nach **Magdeburg**

6.30 Pz **U** Hagenow 10.05 / 10.20 Pz
U Wittenberg 12.00 / 13.00 Pz 15.20

16.40 Pz **U** Hagenow 20.30 / 20.35 Pz
U Wittenberg 22.45 ↷ / 5.00 GmP 8.30

nach **Mainz**

6.30 Pz **U** Hagenow 10.05 / 10.20 Pz
U Wittenberg 12.00 / 13.00 Pz 15.20
U Mannheim 15.20 / 18.15 Pz
U Halle 20.25 / **23.00 Sz**
U Frankfurt a.M. **9.55** / **10.15 Sz**
U Castel **11.00** / # ✉ k.A.**

6.30 Pz **U** Hagenow 10.05 / 10.20 Pz
U Wittenberg 12.00 / 13.00 Pz
U Mannheim 15.20 / 18.15 Pz
U Halle 20.25 / **23.00 Sz**
U Frankfurt a.M. **9.55** / 14.30 ⛴ 17.00

* Ankunftszeit geschätzt

** Ein Fahrplan der Post-Course von Castel auf der rechten Rheinseite über die Schiffsbrücke nach Mainz liegt nicht vor.

nach **Mannheim**

6.30 Pz **U** Hagenow 10.05 / 10.20 Pz
U Wittenberg 12.00 / 13.00 Pz
U Magdeburg 15.20 / 18.15 Pz
U Halle 20.25 / **23.00 Sz**
U Frankfurt a.M. **9.55** / **10.30 Sz** **12.38**

nach **München**

6.30 Pz **U** Hagenow 10.05 / 10.20 Pz
U Wittenberg 12.00 / 13.00 Pz
U Magdeburg 15.20 / 19.00 Pz
U Leipzig 0.15 ↷ / **7.15 Ez** **23.00**

16.40 Pz **U** Hagenow 20.30 / 20.35 Pz
U Wittenberg 22.45 ↷ / 5.00 GmP
U Magdeburg 8.30 / 10.45 Pz
U Leipzig 14.05 / 14.30 Pz
U Hof 20.00 / 20.30 Pz 13.15^{3}

nach **Münster**

6.30 Pz **U** Hagenow 10.05 / 10.20 Pz
U Wittenberg 12.00 / 13.00 Pz
U Magdeburg 15.20 / 16.15 Pz
U Hamm 4.05 / 7.30 Pz 8.30

16.40 Pz **U** Hagenow 20.30 / 20.35 Pz
U Wittenberg 22.45 ↷ / 5.00 GmP
U Magdeburg 8.30 / **10.40 Cz**
U Hamm **18.40** / 19.00 Pz 20.00

nach **Nürnberg**

6.30 Pz **U** Hagenow 10.05 / 10.20 Pz
U Wittenberg 12.00 / 13.00 Pz
U Magdeburg 15.20 / 19.00 Pz
U Leipzig 0.15 ↷ / **7.15 Ez** **17.00**

16.40 Pz **U** Hagenow 20.30 / 20.35 Pz
U Wittenberg 22.45 ↷ / 5.00 GmP
U Magdeburg 8.30 / 10.45 Pz
U Leipzig 14.05 / 14.30 Pz
U Hof 20.00 / 20.30 Pz 5.15^{3}

nach **Oberhausen**

6.30 Pz **U** Hagenow 10.05 / 10.20 Pz
U Wittenberg 12.00 / 13.00 Pz
U Magdeburg 15.20 / 16.15 Pz 6.42

16.40 Pz **U** Hagenow 20.30 / 20.35 Pz
U Wittenberg 22.45 ↷ / 5.00 GmP
U Magdeburg 8.30 / **10.40 Cz** **20.20**

nach **Oppeln***

6.30 Pz **U** Hagenow 10.05 / 10.20 Pz
U Berlin 16.00 / **22.15 Sz** **7.45**

16.40 Pz **U** Hagenow 20.30 / **0.45 Cz**
U Berlin **5.20** / 8.00 Pz 21.27

* Ankunftszeiten in Oppeln sind sämmtlich geschätzt.

nach **Osnabrück**

6.30 Pz **U** Hagenow 10.05 / 10.20 Pz
U Wittenberg 12.00 / 13.00 Pz
U Magdeburg 15.20 / 16.15 Pz
U Minden 23.45 / 1.00 ✉ 8.00

nach **Passau**

6.30 Pz **U** Hagenow 10.05 / 10.20 Pz
U Wittenberg 12.00 / 13.00 Pz
U Magdeburg 15.20 / 19.00 Pz
U Leipzig 0.15 ↷ / **7.15 Ez**
U Nürnberg **17.00** / 17.30 ✉
U Regensburg 5.30 / 11.00 ✉ 22.30^{3}

nach **Posen**

6.30 Pz **U** Hagenow 10.05 / 10.20 Pz
U Berlin 16.00 / **22.40 Sz**
U Kreutz **4.43** / 5.03 Pz 7.47

16.40 Pz **U** Hagenow 20.30 / **0.45 Cz** **5.20**
U Berlin **5.20** / 6.15 Pz
U Kreutz 13.32 / 14.11 Pz 16.26

nach **Regensburg**

6.30 Pz	**U** Hagenow 10.05 / 10.20 Pz	
	U Wittenberg 12.00 / 13.00 Pz	
	U Magdeburg 15.20 / 19.00 Pz	
	U Leipzig 0.15 ↝ / **7.15 Ez**	
	U Nürnberg **17.00** / 17.30 ✉	5.30[3]
16.40 Pz	**U** Hagenow 20.30 / 20.35 Pz	
	U Wittenberg 22.45 ↝ / 5.00 GmP	
	U Magdeburg 8.30 / 10.45 Pz	
	U Leipzig 14.05 / 14.30 Pz	
	U Hof 20.00 / 20.30 Pz	
	U Nürnberg 5.15 / 6.00 ✉	18.00[3]

nach **Saarbrücken**

6.30 Pz	**U** Hagenow 10.05 / 10.20 Pz	
	U Wittenberg 12.00 / 13.00 Pz	
	U Magdeburg 15.20 / 18.15 Pz	
	U Halle 20.25 / **23.00 Sz**	
	U Frankfurt a.M. **9.55** / 12.05 Pz	
	U Mannheim 15.28 / #	
	U Ludwigshafen # / 17.30	22.05

nach **Schwerin**

6.30 Pz	9.12
11.45 Pz	15.20
16.40 Pz	19.20

nach **Stettin**

12.00 ✉	**U** Stralsund 19.45 / 0.00 ✉	15.30
18.00 ✉	**U** Stralsund 2.30 / 8.00 ✉	23.30

nach **Stralsund**

12.00 ✉	19.45
18.00 ✉	2.30

nach **Stuttgart**

6.30 Pz	**U** Hagenow 10.05 / 10.20 Pz	
	U Wittenberg 12.00 / 13.00 Pz	15.20
	U Magdeburg 15.20 / 18.15 Pz	
	U Halle 20.25 / **23.00 Sz**	
	U Frankfurt a.M. **9.55 / 10.30 Sz**	
	U Heidelberg **12.35 / 12.55 Sz**	
	U Bruchsal **13.28* / 13.48 Ez**	**15.46**

* Ankunftszeit geschätzt

nach **Trier**

6.30 Pz	**U** Hagenow 10.05 / 10.20 Pz	
	U Wittenberg 12.00 / 13.00 Pz	
	U Magdeburg 15.20 / 16.15 Pz	
	U Deutz > Cöln 9.15 / 19.00 ✉	17.30[3]
6.30 Pz	**U** Hagenow 10.05 / 10.20 Pz	
	U Wittenberg 12.00 / 13.00 Pz	
	U Magdeburg 15.20 / 16.15 Pz	
	U Deutz > Cöln 9.15 / 22.00 ⛴	
	U Coblenz 5.45 / 6.45 ✉	21.00[3]

Fortsetzung siehe nächste Spalte

16.40 Pz	**U** Hagenow 20.30 / 20.35 Pz	
	U Wittenberg 22.45 ↝ / 5.00 GmP	
	U Magdeburg 8.30 / **10.40 Cz**	
	U Deutz > Cöln **22.00** ↝ / 5.00 ✉	2.15[4]
16.40 Pz	**U** Hagenow 20.30 / 20.35 Pz	
	U Wittenberg 22.45 ↝ / 5.00 GmP	
	U Magdeburg 8.30 / **10.40 Cz**	
	U Deutz > Cöln **22.00** ↝ / 6.00 ⛴	
	U Coblenz 12.15 / 15.30 ✉	6.30[4]

nach **Ulm**

6.30 Pz	**U** Hagenow 10.05 / 10.20 Pz	
	U Wittenberg 12.00 / 13.00 Pz	
	U Magdeburg 15.20 / 18.15 Pz	
	U Halle 20.25 / **23.00 Sz**	
	U Frankfurt a.M. **9.55 / 10.30 Sz**	
	U Heidelberg **12.35 / 12.55 Sz**	
	U Bruchsal **13.28* / 13.48 Ez**	**18.25**
16.40 Pz	**U** Hagenow 20.30 / 20.35 Pz	
	U Wittenberg 22.45 ↝ / 5.00 GmP	
	U Berlin **5.20** / 8.10 Pz	
	U Leipzig 14.05 / 14.30 Pz	
	U Hof 20.00 / 20.30 Pz	
	U Augsburg 11.05 / 13.00 GmP	17.30[3]

nach **Wiesbaden**

6.30 Pz	**U** Hagenow 10.05 / 10.20 Pz	
	U Wittenberg 12.00 / 13.00 Pz	
	U Magdeburg 15.20 / 18.15 Pz	
	U Halle 20.25 / **23.00 Sz**	
	U Frankfurt a.M. **9.55** / 11.15 Pz	12.45

nach **Würzburg**

6.30 Pz	**U** Hagenow 10.05 / 10.20 Pz	
	U Wittenberg 12.00 / 13.00 Pz	
	U Magdeburg 15.20 / 19.00 GmP	
	U Leipzig 0.15 ↝ / **7.15 Ez**	
	U Bamberg **15.05 / 15.45 Ez**	**18.15**
16.40 Pz	**U** Hagenow 20.30 / 20.35 Pz	
	U Wittenberg 22.45 ↝ / 5.00 GmP	
	U Magdeburg 8.30 / 10.45 Pz	
	U Leipzig 14.05 / 14.30 Pz	
	U Hof 20.00 / 20.30 Pz	
	U Bamberg 1.15 / 1.45 Pz	4.50[3]

nach **Zwickau**

6.30 Pz	**U** Hagenow 10.05 / 10.20 Pz	
	U Wittenberg 12.00 / 13.00 Pz	
	U Magdeburg 15.20 / 19.00 GmP	
	U Leipzig 0.15 ↝ / 6.00 Pz	
	U Werdau 8.40* / 9.15 Pz	9.40*
16.40 Pz	**U** Hagenow 20.30 / 20.35 Pz	
	U Wittenberg 22.45 ↝ / 5.00 GmP	
	U Magdeburg 8.30 / 10.45 Pz	
	U Leipzig 14.05 / 14.30 Pz	
	U Werdau 16.50* / 17.47 Pz	18.10*

* Ankunftszeit geschätzt

Saarbrücken

Saarbrücken (zur Zeit noch Saarbrück bezeichnet) mit dem auf dem rechten Saarufer in St. Johann befindlichen Bahnhofe liegt an der Strecke (Mainz–) Ludwigshafen–Kaiserslautern–Neunkirchen–St. Johann-Saarbrück–Forbach (–Paris), die bis zur Grenze nach der Pfalz von der Saarbrückener Eisenbahn (preußische Staatsbahn) betrieben wird. Als nächste Bahnstrecke könnte gemäß dem Stand der Planungen Saarbrücken–Merzig–Trier folgen.

von **Saarbrücken**

nach **Aachen**

7.58 Pz	**U** Mainz 14.06 / 14.30 ⛴	
	U Cöln 23.00 / **23.30 Sz**	**1.20**
18.18 Sz	**U** Mainz **23.39** ↝ / 6.00 ⛴	
	U Cöln 14.45 / 18.00 Pz	20.00

nach **Augsburg**

7.58 Pz	**U** Ludwigshafen 12.05 / #	
	U Mannheim # / 15.10 Pz	
	U Bruchsal 17.01* / 17.20 Pz	
	U Stuttgart 20.15 ↝ / 7.05 Pz	
	U Ulm 10.50 / 11.15 GmP	15.40
18.18 Sz	**U** Ludwigshafen **21.55** ↝ / #	
	U Mannheim # / **12.15 Sz**	
	U Bruchsal **13.28* / 13.48 Ez**	
	U Ulm **18.25 / 18.45 Ez**	**21.15**

* Ankunftszeit geschätzt

nach **Basel***

7.58 Pz	**U** Ludwigshafen 12.05 / #	
	U Mannheim # / 15.10 Pz	
	U Offenburg 20.47 ↝ / 6.00 Pz	10.55
18.18 Sz	**U** Ludwigshafen **21.55** ↝ / #	
	U Mannheim # / **6.40 Sz**	**14.56**

* Ankunft Basel Badischer Bf

nach **Berlin**

7.58 Pz	**U** Mainz 14.06 / 14.40* Pz	
	U Frankfurt/M 15.45 / **17.00 Sz**	**10.30**
7.58 Pz	**U** Ludwigshafen 12.05 / #	
	U Mannheim # / **13.10 Sz**	
	U Frankfurt a.M. **15.30 / 17.00 Sz**	**10.30**

* Abfahrt der Züge in Castel auf der rechten Rheinseite; ein Fahrplan der Post-Course von Mainz über die Schiffsbrücke nach Castel liegt nicht vor.

nach **Bonn**

7.58 Pz	**U** Mainz 14.06 / 14.30 ⛴	21.00
18.18 Sz	**U** Mainz **23.39** ↝ / 6.00 ⛴	12.45

noch: ab **Saarbrücken**

nach **Braunschweig**

7.58 Pz U Ludwigshafen 12.05 / #
U Mannheim # / **13.10 Sz**
U Frankfurt/M **15.30 / 17.00 Sz**
U Guntershausen **21.50** / 21.55 Pz
U Cassel 22.15 / 23.15 ✉
U Göttingen 4.40 / 5.15 Pz
U Hannover 8.45 / 10.00 Pz — 12.15

7.58 Pz U Ludwigshafen 12.05 / #
U Mannheim # / **13.10 Sz**
U Frankfurt/M **15.30 / 17.00 Sz**
U Halle **5.40** / 7.45 Pz
U Magdeburg 9.50 / **10.40 Cz** — **12.50**

12.25 Pz U Ludwigshafen 17.15 / #
U Mannheim # / 18.20 Pz
U Frankfurt/M 21.30 ↝ / 5.45 Pz
U Guntershausen 11.45 / 11.50 Pz
U Cassel 12.10 / 12.30 ✉
U Göttingen 17.45 / 18.00 Pz
U Hannover 21.30 / 22.30 Pz — 0.30[3]

18.18 Sz U Mainz **23.39** ↝ / 6.00 ⛴
U Cöln > Deutz 14.45 / **20.00 Sz** — **7.05**[3]

nach **Bremen**

7.58 Pz U Mainz 14.06 / 14.30 ⛴
U Cöln > Deutz 23.00 ↝ / **6.30 Cz**
U Wunstorf **13.15*** / 13.25 Pz — 16.00

18.18 Sz U Mainz **23.39** ↝ / 6.00 ⛴
U Cöln > Deutz 14.45 / **20.00 Sz**
U Wunstorf **4.35*** / 7.30 Pz — 10.15[3]

* Ankunftszeit geschätzt

nach **Breslau**

7.58 Pz U Ludwigshafen 12.05 / #
U Mannheim # / **13.10 Sz**
U Frankfurt a.M. **15.30** / **17.00 Sz**
U Berlin **10.30** / **22.15 Sz** — **5.45**[3]

nach **Carlsruhe**

7.58 Pz U Ludwigshafen 12.05 / #
U Mannheim # / 15.10 Pz — 17.50

12.25 Pz U Ludwigshafen 17.15 / #
U Mannheim # / 19.45 Pz — 22.25

18.18 Sz U Ludwigshafen **21.55** ↝ / #
U Mannheim # / 5.00 Pz — 9.12

18.18 Sz U Ludwigshafen **21.55** ↝ / #
U Mannheim # / **6.40 Sz** — **8.27**

nach **Cassel**

7.58 Pz U Ludwigshafen 12.05 / #
U Mannheim # / **13.10 Sz**
U Frankfurt/M **15.30** / **17.00 Sz**
U Guntershausen **21.50**/21.55 Pz — 22.15

7.58 Pz U Mainz 14.06 / 14.40* Pz
U Frankfurt/M 15.45 / **17.00 Sz**
U Guntershausen **21.50**/21.55 Pz — 22.15

Fortsetzung siehe nächste Spalte

12.25 Pz U Ludwigshafen 17.15 / #
U Mannheim # / 18.20 Pz
U Frankfurt/M 21.30 ↝ / 5.45 Pz
U Guntershausen 11.45/11.50 Pz — 12.10

* Abfahrt der Züge in Castel auf der rechten Rheinseite; ein Fahrplan der Post-Course von Mainz über die Schiffsbrücke nach Castel liegt nicht vor.

nach **Chemnitz**

7.58 Pz U Ludwigshafen 12.05 / #
U Mannheim # / **13.10 Sz**
U Frankfurt/M **15.30 / 17.00 Sz**
U Halle **5.40** / 6.15 Pz
U Leipzig 7.30 / 10.00 Pz
U Riesa 11.25* / 12.15 Pz — 15.30

12.25 Pz U Ludwigshafen 17.15 / #
U Mannheim # / 18.20 Pz
U Frankfurt/M 21.30 ↝ / 5.45 Pz
U Halle 20.05 / 20.30 Pz
U Leipzig 21.15 / **22.00 Sz**
U Riesa **23.15*** ↝ / 5.15 Pz — 8.15[3]

nach **Coblenz**

7.58 Pz U Mainz 14.06 / 14.30 ⛴ — 18.00

18.18 Sz U Mainz **23.39** ↝ / 6.00 ⛴ — 9.45

nach **Cöln**

7.58 Pz U Mainz 14.06 / 14.30 ⛴ — 23.00

18.18 Sz U Mainz **23.39** ↝ / 6.00 ⛴ — 14.45

nach **Constanz**

18.18 Sz U Ludwigshafen **21.55** ↝ / #
U Mannheim # / **6.40 Sz**
U Offenburg **10.22** / 10.45 ✉ — 6.15[3]

nach **Danzig**

7.58 Pz U Ludwigshafen 12.05 / #
U Mannheim # / **13.10 Sz**
U Frankfurt a.M. **15.30** / **17.00 Sz**
U Berlin **10.30** / **22.40 Sz** — **11.35**[3]

nach **Darmstadt***

7.58 Pz U Ludwigshafen 12.05 / #
U Mannheim # / **13.10 Sz** — **14.53**

12.25 Pz U Ludwigshafen 17.15 / #
U Mannheim # / 18.20 Pz — 20.43

18.18 Sz U Ludwigshafen **21.55** ↝ / #
U Mannheim # / 7.15 Pz — 9.15

* Ankunftszeit geschätzt

nach **Dortmund***

7.58 Pz U Mainz 14.06 / 14.30 ⛴
U Cöln > Deutz 23.00 ↝ / **6.30 Cz** — **9.02**

18.18 Sz U Mainz **23.39** ↝ / 6.00 ⛴
U Cöln > Deutz 14.45 / 16.00 Pz — 20.25

* Ankunftszeiten in Dortmund sind sämmtlich geschätzt

nach **Dresden**

7.58 Pz U Ludwigshafen 12.05 / #
U Mannheim # / **13.10 Sz**
U Frankfurt/M **15.30** / **17.00 Sz**
U Halle **5.40** / 6.15 Pz
U Leipzig 7.30 / 10.00 Pz — 13.15

7.58 Pz U Mainz 14.06 / 14.40* Pz
U Frankfurt/M 15.45/ **17.00 Sz**
U Halle **5.40** / 6.15 Pz
U Leipzig 7.30 / 10.00 Pz — 13.15

12.25 Pz U Ludwigshafen 17.15 / #
U Mannheim # / 18.20 Pz
U Frankfurt/M 21.30 ↝ / 5.45 Pz
U Halle 20.05 / 20.30 Pz
U Leipzig 21.15 / **22.00 Sz** — **0.30**

* Abfahrt der Züge in Castel auf der rechten Rheinseite; ein Fahrplan der Post-Course von Mainz über die Schiffsbrücke nach Castel liegt nicht vor.

nach **Düsseldorf**

7.58 Pz U Mainz 14.06 / 14.30 ⛴
U Cöln > Deutz 23.00 ↝ / **6.30 Cz** — **7.15**

18.18 Sz U Mainz **23.39** ↝ / 6.00 ⛴
U Cöln > Deutz 14.45 / 16.00 Pz — 17.10

nach **Elberfeld**

7.58 Pz U Mainz 14.06 / 14.30 ⛴
U Cöln > Deutz 23.00 ↝ / **6.30 Cz**
U Düsseldorf **7.15** / 7.30 Pz — 8.36

18.18 Sz U Mainz **23.39** ↝ / 6.00 ⛴
U Cöln > Deutz 14.45 / 16.00 Pz
U Düsseldorf 17.10 / 17.30 Pz — 18.36

nach **Erfurt***

7.58 Pz U Ludwigshafen 12.05 / #
U Mannheim # / **13.10 Sz**
U Frankfurt/M **15.30 / 17.00 Sz** — **2.50**

7.58 Pz U Mainz 14.06 / 14.40** Pz
U Frankfurt/M 15.45 / **17.00 Sz** — **2.50**

12.25 Pz U Ludwigshafen 17.15 / #
U Mannheim # / 18.20 Pz
U Frankfurt/M 21.30 ↝ / 5.45 Pz — 16.50

* Ankunftszeiten in Erfurt sind sämmtlich geschätzt.
** Abfahrt der Züge in Castel auf der rechten Rheinseite; ein Fahrplan der Post-Course von Mainz über die Schiffsbrücke nach Castel liegt nicht vor.

nach **Essen**

7.58 Pz U Mainz 14.06 / 14.30 ⛴
U Cöln > Deutz 23.00 ↝ / 8.00 Pz — 10.40

18.18 Sz U Mainz **23.39** ↝ / 6.00 ⛴
U Cöln > Deutz 14.45 / 16.00 Pz — 18.55

* Ankunft in Alten-Essen, Ankunftszeit geschätzt; Fahrplan der Post-Course von Alten-Essen nach Essen Stadt liegt nicht vor.

nach **Frankfurt (Main)**

7.58 Pz U Ludwigshafen 12.05 / #
U Mannheim # / **13.10 Sz** — **15.30**

Fortsetzung siehe nächste Seite

noch: **ab Saarbrücken**

noch: nach **Frankfurt (Main)**

7.58 Pz **U** Mainz 14.06 / 14.40* Pz 15.45

12.25 Pz **U** Ludwigshafen 17.15 / #
U Mannheim # / 18.20 Pz 21.30

18.18 Sz **U** Mainz **23.39** ⇄ / 6.10* Pz 7.10

* Abfahrt der Züge in Castel auf der rechten Rheinseite; ein Fahrplan der Post-Course von Mainz über die Schiffsbrücke nach Castel liegt nicht vor.

nach **Freiburg i.B.**

7.58 Pz **U** Ludwigshafen 12.05 / #
U Mannheim # / 15.10 Pz
U Offenburg 20.47 ⇄ / 6.00 Pz 8.16

18.18 Sz **U** Ludwigshafen **21.55** ⇄ / #
U Mannheim # / **6.40 Sz** **12.35**

nach **Gera**

7.58 Pz **U** Ludwigshafen 12.05 / #
U Mannheim # / **13.10 Sz**
U Frankfurt/M **15.30** / 18.30 Pz
U Marburg 21.50 ⇄ / 4.55 Pz
U Weimar 13.30* / 16.00 ✉ 24.00*

12.25 Pz **U** Ludwigshafen 17.15 / #
U Mannheim # / 18.20 Pz
U Frankfurt/M 21.30 ⇄ / 5.45 Pz
U Weissenfels 19.10* / 0.45 ✉ 7.30[3]

* Ankunftszeit geschätzt

nach **Görlitz**

7.58 Pz **U** Ludwigshafen 12.05 / #
U Mannheim # / **13.10 Sz**
U Frankfurt/M **15.30** / **17.00 Sz**
U Halle **5.40** / 6.15 Pz
U Leipzig 7.30 / 10.00 Pz
U Dresden 13.15 / 14.30 Pz 18.15

7.58 Pz **U** Mainz 14.06 / 14.40* Pz
U Frankfurt/M 15.45/ **17.00 Sz**
U Halle **5.40** / 6.15 Pz
U Leipzig 7.30 / 10.00 Pz
U Dresden 13.15 / 14.30 Pz 18.15

12.25 Pz **U** Ludwigshafen 17.15 / #
U Mannheim # / 18.20 Pz
U Frankfurt/M 21.30 ⇄ / 5.45 Pz
U Halle 20.05 / 20.30 Pz
U Leipzig 21.15 / **22.00 Sz**
U Dresden **0.30** ⇄ / 5.30 Pz 9.00[3]

* Abfahrt der Züge in Castel auf der rechten Rheinseite; ein Fahrplan der Post-Course von Mainz über die Schiffsbrücke nach Castel liegt nicht vor.

nach **Hagen***

7.58 Pz **U** Mainz 14.06 / 14.30 ⛴
U Cöln 23.00 ⇄ / **6.30 Cz**
U Düsseldorf **7.15** / 7.30 Pz
U Elberfeld 8.36 / 9.40 Pz 11.17

18.18 Sz **U** Mainz **23.39** ⇄ / 6.00 ⛴
U Cöln > Deutz 14.45 / 16.00 Pz
U Düsseldorf 17.10 / 17.30 Pz
U Elberfeld 18.36 / 19.25 Pz 20.33

* Ankunftszeiten in Hagen sind sämmtlich geschätzt.

nach **Halle**

7.58 Pz **U** Ludwigshafen 12.05 / #
U Mannheim # / **13.10 Sz**
U Frankfurt/M **15.30** / **17.00 Sz** **5.40**

7.58 Pz **U** Mainz 14.06 / 14.40* Pz
U Frankfurt/M 15.45/ **17.00 Sz** **5.40**

12.25 Pz **U** Ludwigshafen 17.15 / #
U Mannheim # / 18.20 Pz
U Frankfurt/M 21.30 ⇄ / 5.45 Pz 20.05

* Abfahrt der Züge in Castel auf der rechten Rheinseite; ein Fahrplan der Post-Course von Mainz über die Schiffsbrücke nach Castel liegt nicht vor.

nach **Hamburg**

7.58 Pz **U** Ludwigshafen 12.05 / #
U Mannheim # / **13.10 Sz**
U Frankfurt a.M. **15.30** / **17.00 Sz**
U Guntershausen **21.50** / 21.55 Pz
U Cassel 22.15 / 23.15 ✉
U Göttingen 4.40 / 5.15 Pz
U Hannover 8.45 / 10.00 GmP
U Lehrte 10.30* / 11.00 Pz 16.10**

12.25 Pz **U** Ludwigshafen 17.15 / #
U Mannheim # / 18.20 Pz
U Frankfurt a.M. 21.30 ⇄ / 5.45 Pz
U Guntershausen 11.45 / 11.50 Pz
U Cassel 12.10 / 12.30 ✉
U Göttingen 17.45 / 18.00 Pz
U Hannover 21.30 ⇄ / **5.30 Sz**
U Lehrte **6.00*** / 6.05 Pz
U Harburg 10.05 / 10.30 ⛴ 11.45[3]

* Ankunftszeit geschätzt ** Ankunft in Harburg

nach **Hamm**

7.58 Pz **U** Mainz 14.06 / 14.30 ⛴
U Cöln > Deutz 23.00 ⇄ / **6.30 Cz** **9.36**

12.25 Pz **U** Ludwigshafen 17.15 / #
U Mannheim # / 18.20 Pz
U Frankfurt a.M. 21.30 ⇄ / 5.45 Pz
U Guntershausen 11.45/ 11.50 Pz
U Cassel 12.10 / 12.30 Pz 18.26

18.18 Sz **U** Mainz **23.39** ⇄ / 6.00 ⛴
U Cöln > Deutz 14.45 / 16.00 Pz 21.15

nach **Hannover**

7.58 Pz **U** Ludwigshafen 12.05 / #
U Mannheim # / **13.10 Sz**
U Frankfurt a.M. **15.30** / **17.00 Sz**
U Guntershausen **21.50** / 21.55 Pz
U Cassel 22.15 / 23.15 ✉
U Göttingen 4.40 / 5.15 Pz 8.45

12.25 Pz **U** Ludwigshafen 17.15 / #
U Mannheim # / 18.20 Pz
U Frankfurt a.M. 21.30 ⇄ / 5.45 Pz
U Guntershausen 11.45/ 11.50 Pz
U Cassel 12.10 / 12.30 ✉
U Göttingen 17.45 / 18.00 Pz 21.30

18.18 Sz **U** Mainz **23.39** ⇄ / 6.00 ⛴
U Cöln > Deutz 14.45 / **20.00 Sz** **5.10[3]**

nach **Heidelberg**

7.58 Pz **U** Ludwigshafen 12.05 / #
U Mannheim # / 15.10 Pz 15.46

12.25 Pz **U** Ludwigshafen 17.15 / #
U Mannheim # / 19.45 Pz 20.21

18.18 Sz **U** Ludwigshafen **21.55** ⇄ / #
U Mannheim # / 5.00 Pz 5.45

18.18 Sz **U** Ludwigshafen **21.55** ⇄ / #
U Mannheim # / **6.40 Sz** **7.07**

nach **Kiel**

12.25 Pz **U** Ludwigshafen 17.15 / #
U Mannheim # / 18.20 Pz
U Frankfurt a.M. 21.30 ⇄ / 5.45 Pz
U Guntershausen 11.45 / 11.50 Pz
U Cassel 12.10 / 12.30 ✉
U Göttingen 17.45 / 18.00 Pz
U Hannover 21.30 ⇄ / **5.30 Sz**
U Lehrte **6.00*** / 6.05 Pz
U Harburg 10.05 / 10.30 ⛴
U Hamburg > Altona 11.45 /
13.00 GmP 16.30[3]

* Ankunftszeit geschätzt

nach **Königsberg i.Pr.**

7.58 Pz **U** Ludwigshafen 12.05 / #
U Mannheim # / **13.10 Sz**
U Frankfurt a.M. **15.30** / **17.00 Sz**
U Berlin **10.30** / **22.40 Sz**
U Dirschau **10.45** / 11.37 ✉
U Marienburg 16.07 / **16.37 Sz** **21.02[3]**

nach **Leipzig**

7.58 Pz **U** Ludwigshafen 12.05 / #
U Mannheim # / **13.10 Sz**
U Frankfurt/M **15.30** / **17.00 Sz**
U Halle **5.40** / 6.15 Pz 7.30

7.58 Pz **U** Mainz 14.06 / 14.40* Pz
U Frankfurt/M 15.45 / **17.00 Sz**
U Halle **5.40** / 6.15 Pz 7.30

12.25 Pz **U** Ludwigshafen 17.15 / #
U Mannheim # / 18.20 Pz
U Frankfurt/M 21.30 ⇄ / 5.45 Pz
U Halle 20.05 / 20.30 Pz 21.15

* Abfahrt der Züge in Castel auf der rechten Rheinseite; ein Fahrplan der Post-Course von Mainz über die Schiffsbrücke nach Castel liegt nicht vor.

nach **Lindau**

7.58 Pz **U** Ludwigshafen 12.05 / #
U Mannheim # / 15.10 Pz
U Bruchsal 17.00* / 17.20 Pz
U Stuttgart 20.15 ⇄ / 7.05 Pz
U Friedrichshafen 15.20 / 15.30 ⛴ k.A.

18.18 Sz **U** Ludwigshafen **21.55** ⇄ / #
U Mannheim # / **12.15 Sz**
U Bruchsal **13.28*** / **13.48 Ez**
U Ulm **18.25** / **18.45 Ez**
U Augsburg **21.15** / 21.30 GmP 6.30

Fortsetzung siehe nächste Seite

noch: ab **Saarbrücken**

noch: nach **Lindau**

18.18 Sz	**U** Ludwigshafen **21.55** ⤳ / #	
	U Mannheim # / **12.15 Sz**	
	U Bruchsal **13.28* / 13.48 Ez**	
	U Friedrichshafen **22.15** ⤳ / 6.00 ⛴	k.A.

* Ankunftszeit geschätzt

nach Ludwigshafen

7.58 Pz	*über Neunkirchen*	12.05
12.25 Pz	*über Neunkirchen*	17.15
18.18 Sz	*über Neunkirchen*	**21.55**

nach Lübeck

7.58 Pz	**U** Ludwigshafen 12.05 / #	
	U Mannheim # / **13.10 Sz**	
	U Frankfurt a.M. **15-30 / 17.00 Sz**	
	U Halle **5.40** / 7.45 Pz	
	U Magdeburg 9.50 / 10.45 GmP	
	U Wittenberge 14.10 / 15.10 GmP	
	U Büchen 18.35* / 19.00 Pz	20.11
12.25 Pz	**U** Ludwigshafen 17.15 / #	
	U Mannheim # / 18.20 Pz	
	U Frankfurt a.M. 21.30 ⤳ / 5.45 Pz	
	U Halle 20.05 / 22.45 Pz	
	U Magdeburg 1.15 / 7.45 Pz	
	U Wittenberge 10.15 / 10.55 Pz	
	U Büchen 13.55* / 14.00 Pz	15.11^{3}

* Ankunftszeit geschätzt

nach Magdeburg

7.58 Pz	**U** Ludwigshafen 12.05 / #	
	U Mannheim # / **13.10 Sz**	
	U Frankfurt a.M.**15.30 / 17.00 Sz**	
	U Halle **5.40** / 7.45 Pz	9.50
12.25 Pz	**U** Ludwigshafen 17.15 / #	
	U Mannheim # / 18.20 Pz	
	U Frankfurt a.M. 21.30 ⤳ / 5.45 Pz	
	U Halle 20.05 / 22.45 Pz	1.15

nach Mainz

7.58 Pz	*über Ludwigshafen*	14.06
12.25 Pz	*über Ludwigshafen*	20.33
18.18 Sz	*über Ludwigshafen*	**23.39**

nach Mannheim

> Ludwigshafen

nach München

7.58 Pz	**U** Ludwigshafen 12.05 / #	
	U Mannheim # / 15.10 Pz	
	U Bruchsal 17.01* / 17.20 Pz	
	U Stuttgart 20.15 ⤳ / 7.05 Pz	
	U Ulm 10.50 / 11.15 GmP	
	U Augsburg 15.40 / 17.45 GmP	20.30
18.18 Sz	**U** Ludwigshafen **21.55** ⤳ / #	
	U Mannheim # / **12.15 Sz**	
	U Bruchsal **13.28* / 13.48 Ez**	
	U Ulm **18.25 / 18.45 Ez**	
	U Augsburg **21.15 / 21.30 Ez**	**23.00**

Fortsetzung siehe nächste Spalte

* Ankunftszeit geschätzt

nach Münster

7.58 Pz	**U** Mainz 14.06 / 14.30 ⛴	
	U Cöln > Deutz 23.00 ⤳ / **6.30 Cz**	
	U Hamm **9.36** / 12.10 Pz	13.00
18.18 Sz	**U** Mainz **23.39** ⤳ / 9.00 ⛴	
	U Cöln > Deutz 18.15 / **20.00 Sz**	
	U Hamm **24.00** ⤳ / 7.30 Pz	8.30^{3}

nach Nürnberg

7.58 Pz	**U** Ludwigshafen 12.05 / #	
	U Mannheim # / **13.10 Sz**	
	U Frankfurt a.M.**15.30** / 17.15 Pz	
	U Bamberg 1.05 / 3.15 Pz	5.15
12.25 Pz	**U** Ludwigshafen 17.15 / #	
	U Mannheim # / 18.20 Pz	
	U Frankfurt a.M. 21.30 ⤳/ **8.30 Ez**	
	U Bamberg **14.45 / 15.30 Ez**	**17.00**

nach Oberhausen

7.58 Pz	**U** Mainz 14.06 / 14.30 ⛴	
	U Cöln > Deutz 23.00 ⤳ / **6.30 Cz**	**8.00**
18.18 Sz	**U** Mainz **23.39** ⤳ / 6.00 ⛴	
	U Cöln > Deutz 14.45 / 16.00 Pz	18.25

nach Oppeln

7.58 Pz	**U** Ludwigshafen 12.05 / #	
	U Mannheim # / **13.10 Sz**	
	U Frankfurt a.M. **15.30 / 17.00 Sz**	
	U Berlin **10.30 / 22.15 Sz**	**7.45^{3}**

nach Osnabrück

7.58 Pz	**U** Mainz 14.06 / 14.30 ⛴	
	U Cöln > Deutz 23.00 ⤳ / **6.30 Cz**	
	U Bielefeld **11.13*** / 11.30 ✉	18.00
18.18 Sz	**U** Mainz **23.39** ⤳ / 6.00 ⛴	
	U Cöln > Deutz 14.45 / **20.00 Sz**	
	U Minden **3.05** / 9.00 ✉	16.00^{3}

nach Passau

12.25 Pz	**U** Ludwigshafen 17.15 / #	
	U Mannheim # / 18.20 Pz	
	U Frankfurt a.M. 21.30 ⤳/ **8.30 Ez**	
	U Bamberg **14.45 / 15.30 Ez**	
	U Nürnberg **17.00** / 17.30 ✉	
	U Regensburg 5.30 / 11.00 ✉	22.30^{3}

nach Posen

7.58 Pz	**U** Mainz 14.06 / 14.30 ⛴	
	U Cöln > Deutz 23.00 ⤳ / **6.30 Cz**	
	U Berlin **21.20 / 22.40 Sz**	
	U Kreutz **4.43** / 5.03 Pz	7.47^{3}

Fortsetzung siehe nächste Spalte

7.58 Pz	**U** Ludwigshafen 12.05 / #	
	U Mannheim # / **13.10 Sz**	
	U Frankfurt a.M. **15.30 / 17.00 Sz**	
	U Berlin **10.30 / 22.40 Sz**	
	U Kreutz **4.43** / 5.03 Pz	7.47^{3}

nach Regensburg

7.58 Pz	**U** Ludwigshafen 12.05 / #	
	U Mannheim # / **13.10 Sz**	
	U Frankfurt a.M.**15.30** / 17.15 Pz	
	U Bamberg 1.05 / 3.15 Pz	
	U Nürnberg 5.15 / 6.00 ✉	18.00
12.25 Pz	**U** Ludwigshafen 17.15 / #	
	U Mannheim # / 18.20 Pz	
	U Frankfurt a.M. 21.30 ⤳/ **8.30 Ez**	
	U Bamberg **14.45 / 15.30 Ez**	
	U Nürnberg **17.00** / 17.30 ✉	5.30^{3}

nach Rostock

7.58 Pz	**U** Ludwigshafen 12.05 / #	
	U Mannheim # / **13.10 Sz**	
	U Frankfurt a.M. **15.30 / 17.00 Sz**	
	U Halle **5.40** / 7.45 Pz	
	U Magdeburg 9.50 / 10.45 GmP	
	U Wittenberge 14.10 / 15.10 GmP	
	U Hagenow 17.00* / 17.30 Pz	22.10
12.25 Pz	**U** Ludwigshafen 17.15 / #	
	U Mannheim # / 18.20 Pz	
	U Frankfurt a.M. 21.30 ⤳ / 5.45 Pz	
	U Halle 20.05 / 22.45 Pz	
	U Magdeburg 1.15 ⤳ / 7.45 Pz	
	U Wittenberge 10.15 / 10.55 Pz	
	U Hagenow 12.40* / 12.50 Pz	16.40^{3}

* Ankunftszeit geschätzt

nach Schwerin

7.58 Pz	**U** Ludwigshafen 12.05 / #	
	U Mannheim # / **13.10 Sz**	
	U Frankfurt a.M. **15.30 / 17.00 Sz**	
	U Halle **5.40** / 7.45 Pz	
	U Magdeburg 9.50 / 10.45 GmP	
	U Wittenberge 14.10 / 15.10 GmP	
	U Hagenow 17.00* / 17.30 Pz	18.15
12.25 Pz	**U** Ludwigshafen 17.15 / #	
	U Mannheim # / 18.20 Pz	
	U Frankfurt a.M. 21.30 ⤳ / 5.45 Pz	
	U Halle 20.05 / 22.45 Pz	
	U Magdeburg 1.15 ⤳ / 7.45 Pz	
	U Wittenberge 10.15 / 10.55 Pz	
	U Hagenow 12.40* / 12.50 Pz	13.35^{3}

* Ankunftszeit geschätzt

nach Stettin

7.58 Pz	**U** Ludwigshafen 12.05 / #	
	U Mannheim # / **13.10 Sz**	
	U Frankfurt a.M. **15.30 / 17.00 Sz**	
	U Berlin **10.30** / 12.15 Pz	15.52

nach **Stralsund**

7.58 Pz **U** Ludwigshafen 12.05 / #
U Mannheim # / **13.10 Sz**
U Frankfurt a.M. **15.30** / **17.00 Sz**
U Berlin **10.30** / 17.30 Pz
U Passow 20.00* / 20.20 ⊠ 11.20^3

* Ankunftszeit geschätzt

nach **Stuttgart**

7.58 Pz **U** Ludwigshafen 12.05 / #
U Mannheim # / 15.10 Pz
U Bruchsal 17.01* / 17.20 Pz 20.15

18.18 Sz **U** Ludwigshafen **21.55** ↪ / #
U Mannheim # / **6.40 Sz**
U Bruchsal **7.59*** / 8.15 Pz 11.05

* Ankunftszeit geschätzt

nach **Trier***

8.15 ⊠ 18.45
17.30 ⊠ 4.00
19.45 ⊠ *über Wadern* 6.15

* Abfahrtszeit vom Bahnhofe.

nach **Ulm**

7.58 Pz **U** Ludwigshafen 12.05 / #
U Mannheim # / 15.10 Pz
U Bruchsal 17.01* / 17.20 Pz
U Stuttgart 20.15 ↪ / 7.05 Pz 10.50

18.18 Sz **U** Ludwigshafen **21.55** ↪ / #
U Mannheim # / **6.40 Sz**
U Bruchsal **7.59*** / 8.15 Pz 15.05

* Ankunftszeit geschätzt

nach **Wiesbaden**

7.58 Pz **U** Ludwigshafen 12.05 / #
U Mannheim # / **13.10 Sz**
U Frankfurt a.M. **15.30** / 18.00 Pz 19.30

12.25 Pz **U** Ludwigshafen 17.15 / #
U Mannheim # / 18.20 Pz
U Frankfurt a.M. 21.30 ↪/5.45 Pz 7.30

nach **Würzburg**

7.58 Pz **U** Ludwigshafen 12.05 / #
U Mannheim # / **13.10 Sz**
U Frankfurt a.M. **15.30** / 17.15 Pz 21.40

12.25 Pz **U** Ludwigshafen 17.15 / #
U Mannheim # / 18.20 Pz
U Frankfurt a.M. 21.30 ↪/**8.30 Ez** **12.00**

nach **Zwickau**

7.58 Pz **U** Ludwigshafen 12.05 / #
U Mannheim # / **13.10 Sz**
U Frankfurt a.M. **15.30** / 17.15 Pz
U Bamberg 1.05 / 1.35 Pz
U Hof 6.30 / 7.00 Pz
U Werdau 9.40* / 9.47 Pz 10.10*

Fortsetzung siehe nächste Spalte

12.25 Pz **U** Ludwigshafen 17.15 / #
U Mannheim # / 18.20 Pz
U Frankfurt a.M. 21.30 ↪/ **8.30 Ez**
U Bamberg **14.45** / **15.05 Ez**
U Werdau 20.55* / 21.17 Pz 21.40*

* Ankunftszeit geschätzt

Auslandsverbindungen

Saarbrücken ist außerdem im **Auslandsteil** ab S. 210 mit den hier abgehenden Eisenbahn-Coursen nach **Frankreich** (Lothringen) aufgeführt.

Schwerin

Schwerin wird durchquert von der Mecklenburgischen Eisenbahn, die in Richtung Süden bis Hagenow reicht und nördlich bis Kleinen, wo sie sich nach Wismar und Bützow–Rostock verzweigt. In Hagenow besteht in der Regel unmittelbarer Anschluß an Züge der Berlin-Hamburger Eisenbahn in beiden Richtungen.

von **Schwerin**

nach **Aachen**

9.15 Pz **U** Hagenow 10.05 / 10.20 Pz
U Wittenberg 12.00 / 13.00 Pz
U Magdeburg 15.20 / 16.15 Pz
U Oberhausen 6.42 / 7.00 Pz 11.20

19.30 Pz **U** Wittenberg 22.45 ↪ / 5.00 Pz
U Magdeburg 8.30 / **10.40 Cz**
U Deutz > Cöln **22.00** / **23.30 Sz** **1.20^3**

nach **Augsburg**

9.15 Pz **U** Hagenow 10.05 / 10.20 Pz
U Wittenberg 12.00 / 13.00 Pz
U Magdeburg 15.20 / 18.15 Pz
U Leipzig 21.15 ↪ / **7.15 Ez** **21.20**

19.30 Pz **U** Wittenberg 22.45 ↪ / 5.00 Pz
U Magdeburg 8.30 / 10.45 Pz
U Leipzig 14.05 / 14.30 Pz
U Hof 20.00 / 20.30 Pz 11.05^3

nach **Basel***

9.15 Pz **U** Hagenow 10.05 / 10.20 Pz
U Wittenberg 12.00 / 13.00 Pz
U Magdeburg 15.20 / 18.15 Pz
U Halle 20.25 / **23.00 Sz**
U Frankfurt a.M. **9.55** / **10.30 Sz**
U Heidelberg **12.35** / **12.55 Sz** **19.15**

* Ankunft Basel Badischer Bf

nach **Berlin**

9.15 Pz **U** Hagenow 10.05 / 10.20 Pz 16.00

19.30 Pz **U** Hagenow 20.30 / **0.45 Cz** **5.20**

nach **Bonn**

9.15 Pz **U** Hagenow 10.05 / 10.20 Pz
U Wittenberg 12.00 / 13.00 Pz
U Magdeburg 15.20 / 16.15 Pz
U Deutz > Cöln 9.15 / 10.00 Pz 10.50

19.30 Pz **U** Wittenberg 22.45 ↪ / 5.00 Pz
U Magdeburg 8.30 / **10.40 Cz**
U Deutz > Cöln **22.00** ↪ / 7.00 Pz 7.50^3

nach **Braunschweig**

9.15 Pz **U** Hagenow 10.05 / 10.20 Pz
U Wittenberg 12.00 / 13.00 Pz
U Magdeburg 15.20 / 16.15 Pz 19.15

19.30 Pz **U** Wittenberg 22.45 ↪ / 5.00 Pz
U Magdeburg 8.30 / **10.40 Cz** **12.50**

nach **Bremen**

9.15 Pz **U** Hagenow 10.05 / 10.20 Pz
U Wittenberg 12.00 / 13.00 Pz
U Magdeburg 15.20 / **1.50 Sz**
U Wunstorf **7.15*** / 7.30 Pz 10.15

19.30 Pz **U** Wittenberg 22.45 ↪ / 5.00 Pz
U Magdeburg 8.30 / **10.40 Cz**
U Wunstorf **15.03*** / 16.40 Pz 19.25

nach **Breslau**

9.15 Pz **U** Hagenow 10.05 / 10.20 Pz
U Berlin 16.00 / **22.15 Sz** **5.45**

19.30 Pz **U** Hagenow 20.30 / **0.45 Cz**
U Berlin **5.20** / 8.00 Pz 18.30

nach **Carlsruhe**

9.15 Pz **U** Hagenow 10.05 / 10.20 Pz
U Wittenberg 12.00 / 13.00 Pz
U Magdeburg 15.20 / 18.15 Pz
U Halle 20.25 / **23.00 Sz**
U Frankfurt a.M. **9.55** / **10.30 Sz**
U Heidelberg **12.35** / **12.55 Sz** **14.10**

nach **Cassel**

9.15 Pz **U** Hagenow 10.05 / 10.20 Pz
U Wittenberg 12.00 / 13.00 Pz
U Magdeburg 15.20 / 18.15 Pz
U Halle 20.25 / **23.00 Sz**
U Guntershausen **5.05** / 5.10 Pz 5.30

nach **Chemnitz**

9.15 Pz **U** Hagenow 10.05 / 10.20 Pz
U Wittenberg 12.00 / 13.00 Pz
U Magdeburg 15.20 / 18.15 Pz
U Leipzig 21.15 / **22.00 Sz**
U Riesa **23.15*** ↪ / 5.15 Pz 8.15

Fortsetzung siehe nächste Seite

noch: **ab Schwerin**

noch: nach **Chemnitz**

19.30 Pz	**U** Hagenow 20.30 / 20.35 Pz	
	U Wittenberg 22.45 ⇝ / 5.00 GmP	
	U Magdeburg 8.30 / 10.45 Pz	
	U Leipzig 14.05 / 14.30 Pz	
	U Riesa 16.00* / 16.45 Pz	19.30

* Ankunftszeit geschätzt

nach **Coblenz**

9.15 Pz	**U** Hagenow 10.05 / 10.20 Pz	
	U Wittenberg 12.00 / 13.00 Pz	
	U Magdeburg 15.20 / 16.15 Pz	
	U Deutz > Cöln 9.15 / 10.00 ⛴	17.00
19.30 Pz	**U** Hagenow 20.30 / 20.35 Pz	
	U Wittenberg 22.45 ⇝ / 5.00 GmP	
	U Magdeburg 8.30 / **10.40 Cz**	
	U Deutz > Cöln **22.00** / 23.30 ⛴	9.00
	ab Cöln nur Mo und Do	
19.30 Pz	**U** Hagenow 20.30 / 20.35 Pz	
	U Wittenberg 22.45 ⇝ / 5.00 GmP	
	U Magdeburg 8.30 / **10.40 Cz**	
	U Deutz > Cöln **22.00** ⇝ / 6.00 ⛴	12.15[3]

nach **Cöln***

9.15 Pz	**U** Hagenow 10.05 / 10.20 Pz	
	U Wittenberg 12.00 / 13.00 Pz	
	U Magdeburg 15.20 / 16.15 Pz	9.15
19.30 Pz	**U** Hagenow 20.30 / 20.35 Pz	
	U Wittenberg 22.45 ⇝ / 5.00 GmP	
	U Magdeburg 8.30 / **10.40 Cz**	**22.00**

* Ankunft in Deutz

nach **Constanz**

9.15 Pz	**U** Hagenow 10.05 / 10.20 Pz	
	U Wittenberg 12.00 / 13.00 Pz	
	U Magdeburg 15.20 / 18.15 Pz	
	U Halle 20.25 / **23.00 Sz**	
	U Frankfurt a.M. **9.55 / 10.30 Sz**	
	U Heidelberg **12.35 / 12.55 Sz**	
	U Freiburg i.B. **17.36** / 18.15 ✉	
	U Schaffhausen 5.15 / 12.30 ✉	17.00[3]

nach **Danzig**

9.15 Pz	**U** Hagenow 10.05 / 10.20 Pz	
	U Berlin 16.00 / **22.40 Sz**	**11.35**
19.30 Pz	**U** Hagenow 20.30 / **0.45 Cz**	
	U Berlin **5.20** / 6.15 Pz	22.19

nach **Darmstadt**

6.30 Pz	**U** Hagenow 10.05 / 10.20 Pz	
	U Wittenberg 12.00 / 13.00 Pz	
	U Magdeburg 15.20 / 18.15 Pz	
	U Halle 20.25 / **23.00 Sz**	
	U Frankfurt a.M. **9.55 / 10.30 Sz**	**11.08***

* Ankunftszeit geschätzt.

nach **Dortmund***

9.15 Pz	**U** Hagenow 10.05 / 10.20 Pz	
	U Wittenberg 12.00 / 13.00 Pz	
	U Magdeburg 15.20 / 16.15 Pz	5.08
19.30 Pz	**U** Hagenow 20.30 / 20.35 Pz	
	U Wittenberg 22.45 ⇝ / 5.00 GmP	
	U Magdeburg 8.30 / **10.40 Cz**	**19.20**

* Ankunftszeiten in Dortmund sind sämmtlich geschätzt.

nach **Dresden**

9.15 Pz	**U** Hagenow 10.05 / 10.20 Pz	
	U Wittenberg 12.00 / 13.00 Pz	
	U Magdeburg 15.20 / 18.15 Pz	
	U Leipzig 21.15 / **22.00 Sz**	**0.30**
19.30 Pz	**U** Hagenow 20.30 / **0.45 Cz**	
	U Berlin **5.20** / 7.00 Pz	12.30
19.30 Pz	**U** Hagenow 20.30 / 20.35 Pz	
	U Wittenberg 22.45 ⇝ / 5.00 GmP	
	U Wittenberg 22.45 ⇝ / 5.00 GmP	
	U Magdeburg 8.30 / 10.45 Pz	
	U Leipzig 14.05 / 14.30 Pz	17.30

nach **Düsseldorf**

9.15 Pz	**U** Hagenow 10.05 / 10.20 Pz	
	U Wittenberg 12.00 / 13.00 Pz	
	U Magdeburg 15.20 / 16.15 Pz	7.55
19.30 Pz	**U** Hagenow 20.30 / 20.35 Pz	
	U Wittenberg 22.45 ⇝ / 5.00 GmP	
	U Magdeburg 8.30 / **10.40 Cz**	**21.03**

nach **Elberfeld**

9.15 Pz	**U** Hagenow 10.05 / 10.20 Pz	
	U Wittenberg 12.00 / 13.00 Pz	
	U Magdeburg 15.20 / 16.15 Pz	
	U Dortmund 5.08* / 7.15 Pz	9.30
19.30 Pz	**U** Hagenow 20.30 / 20.35 Pz	
	U Wittenberg 22.45 ⇝ / 5.00 GmP	
	U Magdeburg 8.30 / **10.40 Cz**	
	U Dortmund **19.20*** / 19.30 Pz	21.33

* Ankunftszeit geschätzt

nach **Erfurt***

9.15 Pz	**U** Hagenow 10.05 / 10.20 Pz	
	U Wittenberg 12.00 / 13.00 Pz	
	U Magdeburg 15.20 / 18.15 Pz	
	U Halle 20.25 / **23.00 Sz**	**1.20**
19.30 Pz	**U** Hagenow 20.30 / 20.35 Pz	
	U Wittenberg 22.45 ⇝ / 5.00 GmP	
	U Magdeburg 8.30 / 10.45 Pz	
	U Halle 13.10 / 13.40 Pz	16.50

* Ankunftszeiten in Erfurt sind sämmtlich geschätzt.

nach **Essen***

9.15 Pz	**U** Hagenow 10.05 / 10.20 Pz	
	U Wittenberg 12.00 / 13.00 Pz	
	U Magdeburg 15.20 / 16.15 Pz	5.08

Fortsetzung siehe nächste Spalte

19.30 Pz	**U** Hagenow 20.30 / 20.35 Pz	
	U Wittenberg 22.45 ⇝ / 5.00 GmP	
	U Magdeburg 8.30 / **10.40 Cz**	
	U Oberhausen** **20.20** / 21.56 Pz	22.15

* Ankunft in Alten-Essen, Ankunftszeit geschätzt; ein Fahrplan der Post-Course von Alten-Essen nach Essen Stadt liegt nicht vor.

** Cours über Oberhausen nur mit Umwegkarte zu benutzen

nach **Frankfurt (Main)**

9.15 Pz	**U** Hagenow 10.05 / 10.20 Pz	
	U Wittenberg 12.00 / 13.00 Pz	
	U Magdeburg 15.20 / 18.15 Pz	
	U Halle 20.25 / **23.00 Sz**	**9.55**

nach **Freiburg i.B.**

9.15 Pz	**U** Hagenow 10.05 / 10.20 Pz	
	U Wittenberg 12.00 / 13.00 Pz	
	U Magdeburg 15.20 / 18.15 Pz	
	U Halle 20.25 / **23.00 Sz**	
	U Frankfurt a.M. **9.55 / 10.30 Sz**	
	U Heidelberg **12.35 / 12.55 Sz**	**17.36**

nach **Gera**

9.15 Pz	**U** Hagenow 10.05 / 10.20 Pz	
	U Wittenberg 12.00 / 13.00 Pz	
	U Magdeburg 15.20 / 19.00 GmP	
	U Leipzig 0.15 ⇝ / 6.00 Pz	
	U Altenburg 7.10* / 9.00 ✉	13.00
9.15 Pz	**U** Hagenow 10.05 / 10.20 Pz	
	U Wittenberg 12.00 / 13.00 Pz	
	U Magdeburg 15.20 / 19.00 GmP	
	U Leipzig 0.15 ⇝ / **7.15 Ez**	
	U Altenburg **8.08*** / 9.00 ✉	13.00
19.30 Pz	**U** Hagenow 20.30 / 20.35 Pz	
	U Wittenberg 22.45 ⇝ / 5.00 GmP	
	U Magdeburg 8.30 / 10.45 Pz	
	U Leipzig 14.05 / 18.30 Pz	
	U Altenburg 19.40* / 20.30 ✉	0.30

* Ankunftszeit geschätzt

nach **Görlitz**

9.15 Pz	**U** Hagenow 10.05 / 10.20 Pz	
	U Berlin 16.00 / **22.15 Sz**	
	U Kohlfurt **2.40*** / 3.15 Pz	4.00
19.30 Pz	**U** Hagenow 20.30 / **0.45 Cz**	
	U Berlin **5.20** / 8.00 Pz	
	U Kohlfurt 14.10* / 14.30 Pz	15.15

* Ankunftszeit geschätzt

nach **Hagen**

9.15 Pz	**U** Hagenow 10.05 / 10.20 Pz	
	U Wittenberg 12.00 / 13.00 Pz	
	U Magdeburg 15.20 / 16.15 Pz	
	U Dortmund 5.08* / 7.15 Pz	8.24*
19.30 Pz	**U** Hagenow 20.30 / 20.35 Pz	
	U Wittenberg 22.45 ⇝ / 5.00 GmP	
	U Magdeburg 8.30 / **10.40 Cz**	
	U Dortmund **19.20*** / 19.30 Pz	20.28*

* Ankunftszeiten geschätzt

nach **Halle**

9.15 Pz	**U** Hagenow 10.05 / 10.20 Pz **U** Wittenberg 12.00 / 13.00 Pz **U** Magdeburg 15.20 / 18.15 Pz	20.25
19.30 Pz	**U** Hagenow 20.30 / 20.35 Pz **U** Wittenberg 22.45 ⇆ / 5.00 GmP **U** Magdeburg 8.30 / 10.45 Pz	13.10

nach **Hamburg**

6.15 Pz	**U** Hagenow 7.00 / 7.15 Pz	10.30
9.15 Pz	**U** Hagenow 10.05 / 12.45 Pz	15.30
15.30 Pz	**U** Hagenow 16.30 / 17.10 GmP	20.00
19.30 Pz	**U** Hagenow 20.30 ⇆ / **3.10 Cz**	**5.16**

nach **Hamm**

9.15 Pz	**U** Hagenow 10.05 / 10.20 Pz **U** Wittenberg 12.00 / 13.00 Pz **U** Magdeburg 15.20 / 16.15 Pz	4.05
19.30 Pz	**U** Hagenow 20.30 / 20.35 Pz **U** Wittenberg 22.45 ⇆ / 5.00 GmP **U** Magdeburg 8.30 / **10.40 Cz**	**18.40**

nach **Hannover**

9.15 Pz	**U** Hagenow 10.05 / 10.20 Pz **U** Wittenberg 12.00 / 13.00 Pz **U** Magdeburg 15.20 / 16.15 Pz	21.25
19.30 Pz	**U** Hagenow 20.30 ⇆ / **3.10 Cz** **U** Hamburg **5.16** / 7.00 ⛴ **U** Harburg 8.15 / 9.20 Pz	14.05
19.30 Pz	**U** Hagenow 20.30 / 20.35 Pz **U** Wittenberg 22.45 ⇆ / 5.00 GmP **U** Magdeburg 8.30 / **10.40 Cz**	**14.20**

nach **Heidelberg**

9.15 Pz	**U** Hagenow 10.05 / 10.20 Pz **U** Wittenberg 12.00 / 13.00 Pz **U** Magdeburg 15.20 / 18.15 Pz **U** Halle 20.25 / **23.00 Sz** **U** Frankfurt a.M. **9.55** / **10.30 Sz**	**12.35**

nach **Kiel**

6.15 Pz	**U** Hagenow 7.00 / 7.15 Pz **U** Hamburg > Altona 10.30 / 13.00 GmP	16.30
9.15 Pz	**U** Hagenow 10.05 / 12.45 Pz **U** Hamburg > Altona 15.30 / 17.10 Pz	20.00
19.30 Pz	**U** Hagenow 20.30 ⇆ / **3.10 Cz** **U** Hamburg > Altona **5.16** / 8.10 Pz	11.00

nach **Königsberg i.Pr.**

9.15 Pz	**U** Hagenow 10.05 / 10.20 Pz **U** Berlin 16.00 / **22.40 Sz** **U** Dirschau **10.45** / 11.37 ✉ **U** Marienburg 16.07 / **16.37 Sz**	**21.02**

nach **Leipzig**

9.15 Pz	**U** Hagenow 10.05 / 10.20 Pz **U** Wittenberg 12.00 / 13.00 Pz **U** Magdeburg 15.20 / 18.15 Pz	21.15
19.30 Pz	**U** Hagenow 20.30 / **0.45 Cz** **U** Berlin **5.20** / 7.00 Pz **U** Röderau 10.55* / 11.30 Pz	13.30
19.30 Pz	**U** Hagenow 20.30 / 20.35 Pz **U** Wittenberg 22.45 ⇆ / 5.00 GmP **U** Magdeburg 8.30 / 10.45 Pz	14.05

* Ankunftszeit geschätzt

nach **Lindau**

9.15 Pz	**U** Hagenow 10.05 / 10.20 Pz **U** Wittenberg 12.00 / 13.00 Pz **U** Magdeburg 15.20 / 19.00 Pz **U** Leipzig 0.15 ⇆ / **7.15 Ez** **U** Augsburg **21.20** / 21.30 GmP	6.30[3]
19.30 Pz	**U** Hagenow 20.30 / 20.35 Pz **U** Wittenberg 22.45 ⇆ / 5.00 GmP **U** Magdeburg 8.30 / 10.45 Pz **U** Leipzig 14.05 / 14.30 Pz **U** Hof 20.00 / 20.30 Pz **U** Augsburg 11.05 / 12.50 GmP	22.35[3]

nach **Ludwigshafen**

> Mannheim

nach **Lübeck**

7.00 ✉	**U** Ratzeburg 11.30 / 14.40 Pz	15.11
14.30 ✉		21.00

nach **Magdeburg**

9.15 Pz	**U** Hagenow 10.05 / 10.20 Pz **U** Wittenberg 12.00 / 13.00 Pz	15.20
19.30 Pz	**U** Hagenow 20.30 / 20.35 Pz **U** Wittenberg 22.45 ⇆ / 5.00 GmP	8.30

nach **Mainz**

6.30 Pz	**U** Hagenow 10.05 / 10.20 Pz **U** Wittenberg 12.00 / 13.00 Pz **U** Mannheim 15.20 / 18.15 Pz **U** Halle 20.25 / **23.00 Sz** **U** Frankfurt a.M. **9.55** / **10.15 Sz** **U** Castel **11.00** / # ✉	k.A.**
6.30 Pz	**U** Hagenow 10.05 / 10.20 Pz **U** Wittenberg 12.00 / 13.00 Pz **U** Mannheim 15.20 / 18.15 Pz **U** Halle 20.25 / **23.00 Sz** **U** Frankfurt a.M. **9.55** / 14.30 ⛴	17.00

* Ankunftszeit geschätzt

** Ein Fahrplan der Post-Course von Castel auf der rechten Rheinseite über die Schiffsbrücke nach Mainz liegt nicht vor.

nach **Mannheim**

9.15 Pz	**U** Hagenow 10.05 / 10.20 Pz **U** Wittenberg 12.00 / 13.00 Pz **U** Magdeburg 15.20 / 18.15 Pz **U** Halle 20.25 / **23.00 Sz** **U** Frankfurt a.M. **9.55** / **10.30 Sz**	**12.38**

nach **München**

9.15 Pz	**U** Hagenow 10.05 / 10.20 Pz **U** Wittenberg 12.00 / 13.00 Pz **U** Magdeburg 15.20 / 19.00 Pz **U** Leipzig 0.15 ⇆ / **7.15 Ez**	**23.00**
19.30 Pz	**U** Hagenow 20.30 / 20.35 Pz **U** Wittenberg 22.45 ⇆ / 5.00 GmP **U** Magdeburg 8.30 / 10.45 Pz **U** Leipzig 14.05 / 14.30 Pz **U** Hof 20.00 / 20.30 Pz	13.15[3]

nach **Münster**

9.15 Pz	**U** Hagenow 10.05 / 10.20 Pz **U** Wittenberg 12.00 / 13.00 Pz **U** Magdeburg 15.20 / 16.15 Pz **U** Hamm 4.05 / 7.30 Pz	8.30
19.30 Pz	**U** Hagenow 20.30 / 20.35 Pz **U** Wittenberg 22.45 ⇆ / 5.00 GmP **U** Magdeburg 8.30 / **10.40 Cz** **U** Hamm **18.40** / 19.00 Pz	20.00

nach **Nürnberg**

9.15 Pz	**U** Hagenow 10.05 / 10.20 Pz **U** Wittenberg 12.00 / 13.00 Pz **U** Magdeburg 15.20 / 19.00 Pz **U** Leipzig 0.15 ⇆ / **7.15 Ez**	**17.00**
19.30 Pz	**U** Hagenow 20.30 / 20.35 Pz **U** Wittenberg 22.45 ⇆ / 5.00 GmP **U** Magdeburg 8.30 / 10.45 Pz **U** Leipzig 14.05 / 14.30 Pz **U** Hof 20.00 / 20.30 Pz	5.15[3]

nach **Oberhausen**

9.15 Pz	**U** Hagenow 10.05 / 10.20 Pz **U** Wittenberg 12.00 / 13.00 Pz **U** Magdeburg 15.20 / 16.15 Pz	6.42
19.30 Pz	**U** Hagenow 20.30 / 20.35 Pz **U** Wittenberg 22.45 ⇆ / 5.00 GmP **U** Magdeburg 8.30 / **10.40 Cz**	**20.20**

nach **Oppeln***

9.15 Pz	**U** Hagenow 10.05 / 10.20 Pz **U** Berlin 16.00 / **22.15 Sz**	**7.45**
19.30 Pz	**U** Hagenow 20.30 / **0.45 Cz** **U** Berlin **5.20** / 8.00 Pz	21.27

* Ankunftszeiten in Oppeln sind sämmtlich geschätzt.

nach **Osnabrück**

9.15 Pz	**U** Hagenow 10.05 / 10.20 Pz **U** Wittenberg 12.00 / 13.00 Pz **U** Magdeburg 15.20 / 16.15 Pz **U** Minden 23.45 / 1.00 ✉	8.00

nach **Passau**

9.15 Pz	**U** Hagenow 10.05 / 10.20 Pz **U** Wittenberg 12.00 / 13.00 Pz **U** Magdeburg 15.20 / 19.00 Pz **U** Leipzig 0.15 ⇆ / **7.15 Ez** **U** Nürnberg **17.00** / 17.30 ✉ **U** Regensburg 5.30 / 11.00 ✉	22.30[3]

noch: ab **Schwerin**

nach **Posen**

9.15 Pz	**U** Hagenow 10.05 / 10.20 Pz	
	U Berlin 16.00 / **22.40 Sz**	
	U Kreutz **4.43** / 5.03 Pz	7.47
19.30 Pz	**U** Hagenow 20.30 / **0.45 Cz**	
	U Berlin **5.20** / 6.15 Pz	
	U Kreutz 13.32 / 14.11 Pz	16.26

nach **Regensburg**

9.15 Pz	**U** Hagenow 10.05 / 10.20 Pz	
	U Wittenberg 12.00 / 13.00 Pz	
	U Magdeburg 15.20 / 19.00 Pz	
	U Leipzig 0.15 ↝ / **7.15 Ez**	
	U Nürnberg **17.00** / 17.30 ✉	5.30[3]
19.30 Pz	**U** Hagenow 20.30 / 20.35 Pz	
	U Wittenberg 22.45 ↝ / 5.00 GmP	
	U Magdeburg 8.30 / 10.45 Pz	
	U Leipzig 14.05 / 14.30 Pz	
	U Hof 20.00 / 20.30 Pz	
	U Nürnberg 5.15 / 6.00 ✉	18.00[3]

nach **Rostock**

8.15 Pz	11.05
13.45 Pz	16.40
18.25 Pz	22.10

nach **Saarbrücken**

9.15 Pz	**U** Hagenow 10.05 / 10.20 Pz	
	U Wittenberg 12.00 / 13.00 Pz	
	U Magdeburg 15.20 / 18.15 Pz	
	U Halle 20.25 / **23.00 Sz**	
	U Frankfurt a.M. **9.55** / 12.05 Pz	
	U Mannheim 15.28 / #	
	U Ludwigshafen # / 17.30	22.05

nach **Stettin**

9.15 Pz	**U** Hagenow 10.05 / 10.20 Pz	
	U Berlin 16.00 / 17.30 Pz	21.10
19.30 Pz	**U** Hagenow 20.30 / **0.45 Cz**	
	U Berlin **5.20** / 6.15 Pz	9.47

nach **Stralsund**

8.15 Pz	**U** Rostock 11.05 / 12.00 ✉	19.45
13.45 Pz	**U** Rostock 16.40 / 18.00 ✉	2.30

Auslandsverbindungen

Schwerin ist außerdem im **Auslandsteil** ab S. 210 mit den von **Wismar** abgehenden Schiffs-Coursen nach **Dänemark** aufgeführt

nach **Stuttgart**

9.15 Pz	**U** Hagenow 10.05 / 10.20 Pz	
	U Wittenberg 12.00 / 13.00 Pz	15.20
	U Magdeburg 15.20 / 18.15 Pz	
	U Halle 20.25 / **23.00 Sz**	
	U Frankfurt a.M. **9.55** / **10.30 Sz**	
	U Heidelberg **12.35** / **12.55 Sz**	
	U Bruchsal **13.28*** / **13.48 Ez**	**15.46**

* Ankunftszeit geschätzt

nach **Trier**

9.15 Pz	**U** Hagenow 10.05 / 10.20 Pz	
	U Wittenberg 12.00 / 13.00 Pz	
	U Magdeburg 15.20 / 16.15 Pz	
	U Deutz > Cöln 9.15 / 19.00 ✉	17.30[3]
9.15 Pz	**U** Hagenow 10.05 / 10.20 Pz	
	U Wittenberg 12.00 / 13.00 Pz	
	U Magdeburg 15.20 / 16.15 Pz	
	U Deutz > Cöln 9.15 / 22.00 ⛴	
	U Coblenz 5.45 / 6.45 ✉	21.00[3]
19.30 Pz	**U** Hagenow 20.30 / 20.35 Pz	
	U Wittenberg 22.45 ↝ / 5.00 GmP	
	U Magdeburg 8.30 / **10.40 Cz**	
	U Deutz > Cöln **22.00** ↝ / 5.00 ✉	2.15[4]
19.30 Pz	**U** Hagenow 20.30 / 20.35 Pz	
	U Wittenberg 22.45 ↝ / 5.00 GmP	
	U Magdeburg 8.30 / **10.40 Cz**	
	U Deutz > Cöln **22.00** ↝ / 6.00 ⛴	
	U Coblenz 12.15 / 15.30 ✉	6.30[4]

nach **Ulm**

9.15 Pz	**U** Hagenow 10.05 / 10.20 Pz	
	U Wittenberg 12.00 / 13.00 Pz	
	U Magdeburg 15.20 / 18.15 Pz	
	U Halle 20.25 / **23.00 Sz**	
	U Frankfurt a.M. **9.55** / **10.30 Sz**	
	U Heidelberg **12.35** / **12.55 Sz**	
	U Bruchsal **13.28*** / **13.48 Ez**	**18.25**
19.30 Pz	**U** Hagenow 20.30 / 20.35 Pz	
	U Wittenberg 22.45 ↝ / 5.00 GmP	
	U Berlin **5.20** / 8.10 Pz	
	U Leipzig 14.05 / 14.30 Pz	
	U Hof 20.00 / 20.30 Pz	
	U Augsburg 11.05 / 13.00 GmP	17.30[3]

nach **Wiesbaden**

9.15 Pz	**U** Hagenow 10.05 / 10.20 Pz	
	U Wittenberg 12.00 / 13.00 Pz	
	U Magdeburg 15.20 / 18.15 Pz	
	U Halle 20.25 / **23.00 Sz**	
	U Frankfurt a.M. **9.55** / 11.15 Pz	12.45

nach **Würzburg**

9.15 Pz	**U** Hagenow 10.05 / 10.20 Pz	
	U Wittenberg 12.00 / 13.00 Pz	
	U Magdeburg 15.20 / 19.00 GmP	
	U Leipzig 0.15 ↝ / **7.15 Ez**	
	U Bamberg **15.05** / **15.45 Ez**	**18.15**

Fortsetzung siehe nächste Spalte

19.30 Pz	**U** Hagenow 20.30 / 20.35 Pz	
	U Wittenberg 22.45 ↝ / 5.00 GmP	
	U Magdeburg 8.30 / 10.45 Pz	
	U Leipzig 14.05 / 14.30 Pz	
	U Hof 20.00 / 20.30 Pz	
	U Bamberg 1.15 / 1.45 Pz	4.50[3]

nach **Zwickau**

9.15 Pz	**U** Hagenow 10.05 / 10.20 Pz	
	U Wittenberg 12.00 / 13.00 Pz	
	U Magdeburg 15.20 / 19.00 GmP	
	U Leipzig 0.15 ↝ / 6.00 Pz	
	U Werdau 8.40* / 9.15 Pz	9.40*
19.30 Pz	**U** Hagenow 20.30 / 20.35 Pz	
	U Wittenberg 22.45 ↝ / 5.00 GmP	
	U Magdeburg 8.30 / 10.45 Pz	
	U Leipzig 14.05 / 14.30 Pz	
	U Werdau 16.50* / 17.47 Pz	18.10*

* Ankunftszeit geschätzt

Stettin

Stettin wird durchquert von der Berlin-Stettiner Eisenbahn, die mit ihrem einen Ende nach Berlin führt und mit dem anderen Ende bis Stargard reicht, woselbst sie an die Stargard-Posener Eisenbahn anschließt. Von dieser wiederum geht in Kreutz die Preußische Ostbahn ab, die Danzig erreicht hat und ab Dirschau Anschluß per Trajekt nach Königsberg bietet. Brücken über Weichsel und Nogat sind in Bau, so daß voraussichtlich 1857 mit durchgehendem Bahnverkehr nach Ostpreußen zu rechnen ist.

von Stettin

nach **Aachen**

2.07 Sz	**U** Berlin **5.20** / **7.30 Cz**	
	U Deutz > Cöln **22.00** / **23.30 Sz**	**1.20**
6.30 Pz	**U** Berlin 9.57 / 12.00 Pz	
	U Oberhausen 6.42 / 7.00 Pz	11.20
17.45 Pz	**U** Berlin 21.15 / **22.00 Sz**	
	U Deutz > Cöln **16.00** / 18.00 Pz	20.00

nach **Augsburg**

2.07 Sz	**U** Berlin **5.20** / 8.10 Pz	
	U Leipzig 14.05 / 14.30 Pz	
	U Hof 20.00 / 20.30 Pz	11.05
12.35 Pz	**U** Berlin 16.08 / **18.40 Sz**	
	U Leipzig **0.15** ↝ / **7.15 Ez**	**21.20**

noch: ab **Stettin**

nach **Basel***

12.35 Pz **U** Berlin 16.08 / **18.40 Sz**
U Frankfurt a.M. **9.55** / **10.30 Sz**
U Heidelberg **12.35** / **12.55 Sz** **19.15**

* Ankunft Basel Badischer Bf

nach **Berlin**

2.07 Sz **5.20**
6.30 Pz 9.57
12.35 Pz 16.08
17.45 Pz 21.15

nach **Bonn**

2.07 Sz **U** Berlin **5.20** / **7.30 Cz**
U Deutz > Cöln **22.00** ↪ / 7.00 Pz 7.50
6.30 Pz **U** Berlin 9.57 / 12.00 Pz
U Deutz > Cöln 9.15 / 10.00 Pz 10.50
17.45 Pz **U** Berlin 21.15 / **22.00 Sz**
U Deutz > Cöln **16.00** / 17.45 Pz 18.35

nach **Braunschweig**

2.07 Sz **U** Berlin **5.20** / **7.30 Cz** **12.50**
6.30 Pz **U** Berlin 9.57 / 12.00 Pz 19.15
17.45 Pz **U** Berlin 21.15 / **22.00 Sz** **4.30**

nach **Bremen**

2.07 Sz **U** Berlin **5.20** / **7.30 Cz**
U Wunstorf **15.03*** / 16.40 Pz 19.25
17.45 Pz **U** Berlin 21.15 / **22.00 Sz**
U Wunstorf **7.15*** / 7.30 Pz 10.15

* Ankunftszeit geschätzt

nach **Breslau**

2.07 Sz **U** Berlin **5.20** / 8.00 Pz 18.30
17.45 Pz **U** Berlin 21.15 / **22.15 Sz** **5.45**

nach **Carlsruhe**

12.35 Pz **U** Berlin 16.08 / **18.40 Sz**
U Frankfurt a.M. **9.55** / **10.30 Sz**
U Heidelberg **12.35** / **12.55 Sz** **14.10**

nach **Cassel**

2.07 Sz **U** Berlin **5.20** / 8.10 Pz 22.00
12.35 Pz **U** Berlin 16.08 / **18.40 Sz**
U Guntershausen **5.05** / 5.10 Pz 5.30

nach **Chemnitz**

2.07 Sz **U** Berlin **5.20** / 7.00 Pz
U Röderau 10.55* / 11.30 Pz
U Riesa 11.45* / 12.15 Pz 15.30
6.30 Pz **U** Berlin 9.57 / 13.45 Pz
U Röderau* 17.40 / 18.00 Pz
U Riesa* 18.10 / 20.00 Pz 22.30
12.35 Pz **U** Berlin 16.08 / **18.40 Sz**
U Leipzig **0.15** / 5.00 Pz
U Riesa 7.10* / 8.30 Pz 11.00

* Ankunftszeit geschätzt

nach **Coblenz**

2.07 Sz **U** Berlin **5.20** / **7.30 Cz**
U Deutz > Cöln **22.00** / 23.30 ⛴ 9.00
nur Mo und Do
2.07 Sz **U** Berlin **5.20** / **7.30 Cz**
U Deutz > Cöln **22.00** ↪ / 6.00 ⛴ 12.15
6.30 Pz **U** Berlin 9.57 / 12.00 Pz
U Deutz > Cöln 9.15 / 10.00 ⛴ 17.00
17.45 Pz **U** Berlin 21.15 / **22.00 Sz**
U Deutz > Cöln **16.00** / 20.15 ⛴ 2.45[3]

nach **Cöln***

2.07 Sz **U** Berlin **5.20** / **7.30 Cz** **22.00**
6.30 Pz **U** Berlin 9.57 / 12.00 Pz 9.15
17.45 Pz **U** Berlin 21.15 / **22.00 Sz** **16.00**

* Ankunft in Deutz

nach **Constanz**

2.07 Sz **U** Berlin **5.20** / 8.10 Pz
U Leipzig 14.05 / 14.30 Pz
U Hof 20.00 / 20.30 Pz
U Augsburg 11.05 / 12.50 GmP
U Lindau 22.35 ↪ / 6.00 ⛴
U Friedrichhafen # / 9.15 ⛴ k.A.[3]
12.35 Pz **U** Berlin 16.08 / **18.40 Sz**
U Frankfurt a.M. **9.55** / **10.30 Sz**
U Heidelberg **12.35** / **12.55 Sz**
U Freiburg i.B. **17.36** / 18.15 ✉
U Schaffhausen 5.15 / 12.30 ✉ 17.00[3]

nach **Danzig**

1.57 Sz *über Schneidemühl–Dirschau* **11.35**
10.03 Pz *über Schneidemühl–Dirschau* 22.19
18.00 ✉ *über Stolp* 4.00[3]
23.00 ✉ *über Stolp* 11.30[3]

nach **Darmstadt**

12.35 Pz **U** Berlin 16.06 / **18.40 Sz**
U Frankfurt a.M. **9.55** / **10.30 Sz** **11.08***

* Ankunftszeit geschätzt

nach **Dortmund***

2.07 Sz **U** Berlin **5.20** / **7.30 Cz** **19.20**
6.30 Pz **U** Berlin 9.57 / 12.00 Pz 5.08
17.45 Pz **U** Berlin 21.15 / **22.00 Sz** **12.40**

* Ankunftszeiten in Dortmund sind sämmtlich geschätzt.

nach **Dresden**

2.07 Sz **U** Berlin **5.20** / 7.00 Pz 12.30
6.30 Pz **U** Berlin 9.57 / 13.45 Pz 20.00
12.35 Pz **U** Berlin 16.08 / **18.40 Sz**
U Leipzig **0.15** ↪ / 6.00 Pz 9.15

nach **Düsseldorf**

2.07 Sz **U** Berlin **5.20** / **7.30 Cz** **21.03**
6.30 Pz **U** Berlin 9.57 / 12.00 Pz 7.55
17.45 Pz **U** Berlin 21.15 / **22.00 Sz** **14.57**

nach **Elberfeld**

2.07 Sz **U** Berlin **5.20** / **7.30 Cz**
U Dortmund **19.20*** / 19.30 Pz 21.33
6.30 Pz **U** Berlin 9.57 / 12.00 Pz
U Dortmund 5.08* / 7.15 Pz 9.30
17.45 Pz **U** Berlin 21.15 / **22.00 Sz**
U Dortmund **12.40*** / 13.15 Pz 15.28

* Ankunftszeit geschätzt

nach **Erfurt**

2.07 Sz **U** Berlin **5.20** / 8.10 Pz 16.45*
12.35 Pz **U** Berlin 16.08 / **18.40 Sz** **1.25***

* Ankunftszeit geschätzt

nach **Essen***

2.07 Sz **U** Berlin **5.20** / **7.30 Cz**
U Oberhausen** **20.20** / 21.56 Pz 22.15*
6.30 Pz **U** Berlin 9.57 / 12.00 Pz 6.18
17.45 Pz **U** Berlin 21.15 / **22.00 Sz** **13.38**

* Ankunft in Alten-Essen, Ankunftszeit geschätzt; ein Fahrplan der Post-Course von Alten-Essen nach Essen Stadt liegt nicht vor.
** Cours über Oberhausen nur mit Umwegkarte zu benutzen.

nach **Frankfurt a.M.**

12.35 Pz **U** Berlin 16.08 / **18.40 Sz** **9.55**

nach **Freiburg i.B.**

12.35 Pz **U** Berlin 16.08 / **18.40 Sz**
U Frankfurt a.M. **9.55** / **10.30 Sz**
U Heidelberg **12.35** / **12.55 Sz** **17.36**

nach **Gera**

2.07 Sz **U** Berlin **5.20** / 8.10 Pz
U Leipzig 14.05 / 18.30 Pz
U Altenburg 19.40* / 20.30 ✉ 0.30
12.35 Pz **U** Berlin 16.08 / **18.40 Sz**
U Leipzig **0.15** ↪ / **7.15 Ez**
U Altenburg **8.08*** / 9.00 ✉ 13.00

* Ankunftszeit geschätzt

nach **Görlitz**

2.07 Sz **U** Berlin **5.20** / 8.00 Pz
U Kohlfurt 14.10* / 14.30 Pz 15.15
17.45 Pz **U** Berlin 21.15 / **22.15 Sz**
U Kohlfurt **2.40*** / 3.15 Pz 4.00

* Ankunftszeit geschätzt

nach **Hagen**

2.07 Sz **U** Berlin **5.20** / **7.30 Cz**
U Dortmund **19.20*** / 19.30 Pz 20.28*
6.30 Pz **U** Berlin 9.57 / 12.00 Pz
U Dortmund 5.08* / 7.15 Pz 8.24*
17.45 Pz **U** Berlin 21.15 / **22.00 Sz**
U Dortmund **12.40*** / 13.15 Pz 14.22*

* Ankunftszeit geschätzt

nach **Halle**

2.07 Sz **U** Berlin **5.20** / 8.10 Pz 13.15
12.35 Pz **U** Berlin 16.08 / **18.40 Sz** **23.00**

noch: ab **Stettin**

nach **Hamburg**

2.07 Sz **U** Berlin **5.20** / 7.30 Pz — 15.30

6.30 Pz **U** Berlin 9.57 / 10.30 GmP
U Wittenberge 15.10/15.10 GmP — 20.00

17.45 Pz **U** Berlin 21.15 / **23.00 Cz** — **5.16**

nach **Hamm**

2.07 Sz **U** Berlin **5.20 / 7.30 Cz** — **18.40**

6.30 Pz **U** Berlin 9.57 / 12.00 Pz — 4.05

17.45 Pz **U** Berlin 21.15 / **22.00 Sz** — **11.59***

* Ankunftszeit geschätzt

nach **Hannover**

2.07 Sz **U** Berlin **5.20 / 7.30 Cz** — **14.20**

6.30 Pz **U** Berlin 9.57 / 12.00 Pz — 21.25

17.45 Pz **U** Berlin 21.15 / **22.00 Sz** — **6.20**

nach **Heidelberg**

12.35 Pz **U** Berlin 16.06 / **18.40 Sz**
U Frankfurt a.M. **9.55 / 10.30 Sz** — **12.35**

nach **Kiel**

2.07 Sz **U** Berlin **5.20** / 7.30 Pz
U Hamburg 15.30 / Altona 17.10 Pz — 20.00

17.45 Pz **U** Berlin 21.15 / **23.00 Cz**
U Hamburg **5.16** / Altona 8.10 Pz — 11.00

nach **Königsberg i.Pr.**

1.57 Sz **U** Dirschau **10.45** / 11.37 ✉
U Marienburg 16.07 / **16.37 Sz** — **21.02**

nach **Leipzig**

2.07 Sz **U** Berlin **5.20** / 7.00 Pz
U Röderau 10.55* / 11.30 Pz — 13.30

6.30 Pz **U** Berlin 9.57 / 13.45 Pz — 20.30

12.35 Pz **U** Berlin 16.08 / **18.40 Sz** — **0.15**

* Ankunftszeit geschätzt

nach **Lindau**

2.07 Sz **U** Berlin **5.20** / 8.10 Pz
U Leipzig 14.05 / 14.30 Pz
U Hof 20.00 / 20.30 Pz
U Augsburg 11.05 / 12.50 GmP — 22.35

12.35 Pz **U** Berlin 16.08 / **18.40 Sz**
U Leipzig **0.15** ⤻ / **7.15 Ez**
U Augsburg **21.20** / 21.30 GmP — 6.30[3]

nach **Ludwigshafen**

> Mannheim

nach **Lübeck**

2.07 Sz **U** Berlin **5.20** / 7.30 Pz
U Büchen 13.55* / 14.00 Pz — 15.11

Fortsetzung siehe nächste Spalte

6.30 Pz **U** Berlin 9.57 / 10.30 GmP
U Wittenberge 15.10 / 15.10 GmP
U Büchen 18.35* / 19.00 Pz — 20.11

17.45 Pz **U** Berlin 21.15 / **23.00 Cz**
U Büchen **4.10*** / 9.00 Pz — 10.45

* Ankunftszeit geschätzt

nach **Magdeburg**

2.07 Sz **U** Berlin **5.20 / 7.30 Cz** — **10.40**

6.30 Pz **U** Berlin 9.57 / 12.00 Pz — 16.15

17.45 Pz **U** Berlin 21.15 / **22.00 Sz** — **1.50**

nach **Mainz**

12.35 Pz **U** Berlin 16.06 / **18.40 Sz**
U Frankfurt a.M. **9.55 / 10.15 Sz**
U Castel **11.00** / # ✉ — k.A.

nach **Mannheim**

12.35 Pz **U** Berlin 16.08 / **18.40 Sz**
U Frankfurt a.M. **9.55 / 10.30 Sz** — **12.38**

nach **München**

2.07 Sz **U** Berlin **5.20** / 8.10 Pz
U Leipzig 14.05 / 14.30 Pz
U Hof 20.00 / 20.30 Pz — 13.15

12.35 Pz **U** Berlin 16.08 / **18.40 Sz**
U Leipzig **0.15** ⤻ / **7.15 Ez** — **23.00**

nach **Münster**

2.07 Sz **U** Berlin **5.20 / 7.30 Cz**
U Hamm **18.40** / 19.00 Pz — 20.00

6.30 Pz **U** Berlin 9.57 / 12.00 Pz
U Hamm 4.05 / 7.30 Pz — 8.30

17.45 Pz **U** Berlin 21.15 / **22.00 Sz**
U Hamm **11.55*** / 12.10 Pz — 13.00

* Ankunftszeit geschätzt

nach **Nürnberg**

2.07 Sz **U** Berlin **5.20** / 8.10 Pz
U Leipzig 14.05 / 14.30 Pz
U Hof 20.00 / 20.30 Pz — 5.15

12.35 Pz **U** Berlin 16.08 / **18.40 Sz**
U Leipzig **0.15** ⤻ / **7.15 Ez** — **17.00**

nach **Oberhausen**

2.07 Sz **U** Berlin **5.20 / 7.30 Cz** — **20.20**

6.30 Pz **U** Berlin 9.57 / 12.00 Pz — 6.42

17.45 Pz **U** Berlin 21.15 / **22.00 Sz** — **14.00**

nach **Oppeln***

2.07 Sz **U** Berlin **5.20** / 8.00 Pz — 21.27

17.45 Pz **U** Berlin 21.15 / **22.15 Sz** — **7.45**

* Ankunftszeiten in Oppeln sind sämmtlich geschätzt.

nach **Osnabrück**

6.30 Pz **U** Berlin 9.57 / 12.00 Pz
U Minden 23.45 / 1.00 ✉ — 8.00

17.45 Pz **U** Berlin 21.15 / **22.00 Sz**
U Minden **8.35** / 9.00 ✉ — 16.00

nach **Passau**

12.35 Pz **U** Berlin 16.08 / **18.40 Sz**
U Leipzig **0.15** ⤻ / **7.15 Ez**
U Nürnberg 17.00 / 17.30 ✉
U Regensburg 5.30 / 11.00 ✉ — 22.30[3]

nach **Posen**

1.57 Sz **U** Kreutz **4.43** / 5.03 Pz — 7.47

10.03 Pz **U** Kreutz 13.32 / 14.11 Pz — 16.26

nach **Regensburg**

2.07 Sz **U** Berlin **5.20** / 8.10 Pz
U Leipzig 14.05 / 14.30 Pz
U Hof 20.00 / 20.30 Pz
U Nürnberg 5.15 / 6.00 ✉ — 18.00

12.35 Pz **U** Berlin 16.08 / **18.40 Sz**
U Leipzig **0.15** ⤻ / **7.15 Ez**
U Nürnberg 17.00 / 17.30 ✉ — 5.30[3]

nach **Rostock**

2.07 Sz **U** Berlin **5.20** / 7.30 Pz
U Hagenow 12.40* / 12.50 Pz — 16.40

6.30 Pz **U** Berlin 9.57 / 10.30 GmP
U Wittenberge 15.10 / 15.10 GmP
U Hagenow 17.00* / 17.30 Pz — 22.10

17.45 Pz **U** Berlin 21.15 / **23.00 Cz**
U Hagenow **3.08*** / 7.30 Pz — 11.05

* Ankunftszeit geschätzt

nach **Saarbrücken**

12.35 Pz **U** Berlin 16.08 / **18.40 Sz**
U Frankfurt a.M. **9.55 / 10.30 Sz**
U Mannheim **12.38** / #
U Ludwigshafen # / **13.10 Sz** — **16.58**

nach **Schwerin**

2.07 Sz **U** Berlin **5.20** / 7.30 Pz
U Hagenow 12.40* / 12.50 Pz — 13.35

6.30 Pz **U** Berlin 9.57 / 10.30 GmP
U Wittenberge 15.10 / 15.10 GmP
U Hagenow 17.00* / 17.30 Pz — 18.15

17.45 Pz **U** Berlin 21.15 / **23.00 Cz**
U Hagenow **3.08*** / 7.30 Pz — 8.12

* Ankunftszeit geschätzt

nach **Stralsund**

2.30 ✉ — 18.30

6.00 ⛴ *über Swinemünde–Putbus* — 18-20.00
nur Di und Fr

10.15 ✉ — 2.15

20.45 ✉ — 10.45

nach **Stuttgart**

12.35 Pz **U** Berlin 16.08 / **18.40 Sz**
U Frankfurt a.M. **9.55 / 10.30 Sz**
U Heidelberg **12.35 / 12.55 Sz**
U Bruchsal **13.28* / 13.48 Ez** — **15.46**

* Ankunftszeit geschätzt

nach **Trier**

2.07 Sz **U** Berlin **5.20** / **7.30 Cz**
U Deutz > Cöln **22.00** ⇄ / 5.00 ✉ 2.15[3]

2.07 Sz **U** Berlin **5.20** / **7.30 Cz**
U Deutz > Cöln **22.00** ⇄ / 6.00 ⛴
U Coblenz 12.15 / 15.30 ✉ 6.30[3]

17.45 Pz **U** Berlin 21.15 / **22.00 Sz**
U Deutz > Cöln **16.00**/ 19.00 ✉ 17.30[3]

17.45 Pz **U** Berlin 21.15 / **22.00 Sz**
U Deutz > Cöln **16.00**/ 22.00 ⛴
U Coblenz 5.45 / 6.45 ✉ 21.00[3]

nach **Ulm**

12.35 Pz **U** Berlin 16.08 / **18.40 Sz**
U Frankfurt a.M. **9.55** / **10.30 Sz**
U Heidelberg **12.35** / **12.55 Sz**
U Bruchsal **13.28*** / **13.48 Ez** **18.25**

* Ankunftszeit geschätzt

nach **Wiesbaden**

12.35 Pz **U** Berlin 16.06 / **18.40 Sz**
U Frankfurt a.M. **9.55** / 11.15 Pz 12.45

nach **Würzburg**

2.07 Sz **U** Berlin **5.20** / 8.10 Pz
U Leipzig 14.05 / 14.30 Pz
U Hof 20.00 / 20.30 Pz
U Bamberg 1.15 / 1.45 Pz 4.50

12.35 Pz **U** Berlin 16.08 / **18.40 Sz**
U Leipzig **0.15** ⇄ / **7.15 Ez**
U Bamberg **15.05** / **15.45 Ez** **18.15**

nach **Zwickau**

2.07 Sz **U** Berlin **5.20** / 8.10 Pz
U Leipzig 14.05 / 14.30 Pz
U Werdau 16.50* / 17.47 Pz 18.10*

12.35 Pz **U** Berlin 16.08 / **18.40 Sz**
U Leipzig **0.15** ⇄ / 6.00 Pz
U Werdau 8.40* / 9.15 Pz 9.40'

* Ankunftszeit geschätzt

Auslandsverbindungen

Stettin ist außerdem im **Auslandsteil** ab S. 210 mit den von hier abgehenden Schiffs-Coursen nach **Dänemark** und **Schweden** aufgeführt

Stralsund

Gegenwärtig findet noch kein Zugverkehr von und nach Stralsund statt. Für die Städteverbindungen stehen bis auf weiteres in erster Linie Post-Course zur Verfügung, und hier vor allem die im 8-Stunden-Takt verkehrenden Course nach Passow, woselbst diese Anschluß an die Eisenbahn nach Berlin finden.

von Stralsund

nach **Aachen**

0.00 ✉ **U** Passow 17.15 / 18.54 Pz
U Berlin 21.15 / **22.00 Sz**
U Deutz > Cöln **16.00** / 18.00 Pz 20.00.

8.00 ✉ **U** Passow 1.15 / **3.16 Sz**
U Berlin **5.20** / **7.30 Cz**
U Deutz > Cöln **22.00** / **23.30 Sz** **1.20**[3]

16.00 ✉ **U** Passow 6.45 / 7.39 Pz
U Berlin 9.57 / 12.00 Pz
U Oberhausen 6.42 / 7.00 Pz 11.20[3]

nach **Augsburg**

8.00 ✉ **U** Passow 1.15 / **3.16 Sz**
U Berlin **5.20** / 8.10 Pz
U Leipzig 14.05 / 14.30 Pz
U Hof 20.00 / 20.30 Pz 11.05[3]

16.00 ✉ **U** Passow 6.45 / 7.39 Pz
U Berlin 9.57 / **18.40 Sz**
U Leipzig **0.15** ⇄ / **7.15 Ez** **21.20**[3]

nach **Basel***

16.00 ✉ **U** Passow 6.45 / 7.39 Pz
U Berlin 9.57 / **18.40 Sz**
U Frankfurt a.M. **9.55** / **10.30 Sz**
U Heidelberg **12.35** / **12.55 Sz** **19.15**[3]

* Ankunft Basel Badischer Bf

nach **Berlin**

0.00 ✉ **U** Passow 17.15 / 18.54 Pz 21.15

8.00 ✉ **U** Passow 1.15 / **3.16 Sz** **5.20**

16.00 ✉ **U** Passow 6.45 / 7.39 Pz 9.57

nach **Bonn**

0.00 ✉ **U** Passow 17.15 / 18.54 Pz
U Berlin 21.15 / **22.00 Sz**
U Deutz > Cöln **16.00** / 17.45 Pz 18.35

8.00 ✉ **U** Passow 1.15 / **3.16 Sz**
U Berlin **5.20** / **7.30 Cz**
U Deutz > Cöln **22.00** ⇄ / 7.00 Pz 7.50[3]

16.00 ✉ **U** Passow 6.45 / 7.39 Pz
U Berlin 9.57 / 12.00 Pz
U Deutz > Cöln 9.15 / 10.00 Pz 10.50[3]

nach **Braunschweig**

0.00 ✉ **U** Passow 17.15 / 18.54 Pz
U Berlin 21.15 / **22.00 Sz** **4.30**

8.00 ✉ **U** Passow 1.15 / **3.16 Sz**
U Berlin **5.20** / **7.30 Cz** **12.50**

16.00 ✉ **U** Passow 6.45 / 7.39 Pz
U Berlin 9.57 / 12.00 Pz 19.15

nach **Bremen**

0.00 ✉ **U** Passow 17.15 / 18.54 Pz
U Berlin 21.15 / **22.00 Sz**
U Wunstorf **7.15*** / 7.30 Pz 10.15

8.00 ✉ **U** Passow 1.15 / **3.16 Sz**
U Berlin **5.20** / **7.30 Cz**
U Wunstorf **15.03*** / 16.40 Pz 19.25

8.00 ✉ **U** Rostock 15.30 / 16.40 Pz
U Hagenow 20.30 ⇄ / **3.10 Cz**
U Hamburg **5.16** / 7.00 ⛴
U Harburg 8.15 / 9.20 Pz
U Hannover 14.05 / 16.00 Pz
U Wunstorf 16.30* / 16.40 Pz 19.25

21.00 ✉ **U** Rostock 5.00 / 6.30 Pz
U Hagenow 10.05 / 12.45 Pz
U Hamburg 15.30 / 18.30 ⛴
U Harburg 19.45 / 20.00 ✉ 7.15[3]

nach **Breslau**

0.00 ✉ **U** Passow 17.15 / 18.54 Pz
U Berlin 21.15 / **22.15 Sz** **5.45**

8.00 ✉ **U** Passow 1.15 / **3.16 Sz**
U Berlin **5.20** / 8.00 Pz 18.30

nach **Carlsruhe**

16.00 ✉ **U** Passow 6.45 / 7.39 Pz
U Berlin 9.57 / **18.40 Sz**
U Frankfurt a.M. **9.55** / **10.30 Sz**
U Heidelberg **12.35** / **12.55 Sz** **14.10**[3]

nach **Cassel**

16.00 ✉ **U** Passow 6.45 / 7.39 Pz
U Berlin 9.57 / **18.40 Sz**
U Guntershausen **5.05** / 5.10 Pz 5.30

nach **Chemnitz**

8.00 ✉ **U** Passow 1.15 / **3.16 Sz**
U Berlin **5.20** / 7.00 Pz
U Röderau 10.55* / 11.30 Pz
U Riesa 11.45* / 12.15 Pz 15.30

16.00 ✉ **U** Passow 6.45 / 7.39 Pz 9.57
U Berlin 9.57 / 13.45 Pz
U Röderau* 17.40 / 18.00 Pz
U Riesa* 18.10 / 20.00 Pz 22.30

* Ankunftszeit geschätzt

nach **Coblenz**

0.00 ✉ **U** Passow 17.15 / 18.54 Pz
U Berlin 21.15 / **22.00 Sz**
U Deutz > Cöln **16.00*** / 20.15 ⛴ 2.45[3]

8.00 ✉ **U** Passow 1.15 / **3.16 Sz**
U Berlin **5.20** / **7.30 Cz**
U Deutz > Cöln **22.00*** / 23.30 ⛴ 9.00[3]
ab Cöln nur Mo und Do

8.00 ✉ **U** Passow 1.15 / **3.16 Sz**
U Berlin **5.20** / **7.30 Cz**
U Deutz>Cöln **22.00*** ⇄ / 6.00 ⛴ 12.15[3]

Fortsetzung siehe nächste Seite

noch: nach **Coblenz**

16.00 ✉ **U** Passow 6.45 / 7.39 Pz
U Berlin 9.57 / 12.00 Pz
U Deutz > Cöln 9.15* / 10.00 ⛴ 17.00[3]

* Ankunft in Deutz auf der rechten Rheinseite

nach **Cöln***

0.00 ✉ **U** Passow 17.15 / 18.54 Pz
U Berlin 21.15 / **22.00 Sz** **16.00**
8.00 ✉ **U** Passow 1.15 / **3.16 Sz**
U Berlin **5.20 / 7.30 Cz** **22.00**
16.00 ✉ **U** Passow 6.45 / 7.39 Pz
U Berlin 9.57 / 12.00 Pz 9.15

* Ankunft in Deutz auf der rechten Rheinseite

nach **Constanz**

16.00 ✉ **U** Passow 6.45 / 7.39 Pz
U Berlin 9.57 / **18.40 Sz**
U Frankfurt a.M. **9.55 / 10.30 Sz**
U Heidelberg **12.35 / 12.55 Sz**
U Freiburg i.B. **17.36** / 18.15 ✉
U Schaffhausen 5.15 / 12.30 ✉ 17.00[4]

nach **Danzig**

0.00 ✉ **U** Passow 17.15 / 18.54 Pz
U Berlin 21.15 / **22.40 Sz** **11.35**
16.00 ✉ **U** Stettin 5.30 / 10.03 Pz 22.19

nach **Darmstadt***

16.00 ✉ **U** Passow 6.45 / 7.39 Pz
U Berlin 9.57 / **18.40 Sz**
U Frankfurt a.M. **9.55 / 10.30 Sz** **11.08**[3]

* Ankunftszeit geschätzt

nach **Dortmund***

0.00 ✉ **U** Passow 17.15 / 18.54 Pz
U Berlin 21.15 / **22.00 Sz** **12.40**
8.00 ✉ **U** Passow 1.15 / **3.16 Sz**
U Berlin **5.20 / 7.30 Cz** **19.20**
16.00 ✉ **U** Passow 6.45 / 7.39 Pz
U Berlin 9.57 / 12.00 Pz 5.08

* Ankunftszeiten in Dortmund sind sämmtlich geschätzt.

nach **Dresden**

8.00 ✉ **U** Passow 1.15 / **3.16 Sz**
U Berlin **5.20** / 7.00 Pz 12.30
16.00 ✉ **U** Passow 6.45 / 7.39 Pz
U Berlin 9.57 / 13.45 Pz 20.00

nach **Düsseldorf**

0.00 ✉ **U** Passow 17.15 / 18.54 Pz
U Berlin 21.15 / **22.00 Sz** **14.57**
8.00 ✉ **U** Passow 1.15 / **3.16 Sz**
U Berlin **5.20 / 7.30 Cz** **21.03**
16.00 ✉ **U** Passow 6.45 / 7.39 Pz
U Berlin 9.57 / 12.00 Pz 7.55

nach **Elberfeld**

0.00 ✉ **U** Passow 17.15 / 18.54 Pz
U Berlin 21.15 / **22.00 Sz**
U Dortmund **12.40*** / 13.15 Pz 15.28
8.00 ✉ **U** Passow 1.15 / **3.16 Sz**
U Berlin **5.20 / 7.30 Cz**
U Dortmund **19.20*** / 19.30 Pz 21.33
16.00 ✉ **U** Passow 6.45 / 7.39 Pz
U Berlin 9.57 / 12.00 Pz
U Dortmund 5.08* / 7.15 Pz 9.30

* Ankunftszeit geschätzt

nach **Erfurt***

8.00 ✉ **U** Passow 1.15 / **3.16 Sz**
U Berlin **5.20** / 8.10 Pz 16.45
16.00 ✉ **U** Passow 6.45 / 7.39 Pz
U Berlin 9.57 / **18.40 Sz** **1.25**[3]

* Ankunftszeit geschätzt

nach **Essen***

0.00 ✉ **U** Passow 17.15 / 18.54 Pz
U Berlin 21.15 / **22.00 Sz** **13.38**
8.00 ✉ **U** Passow 1.15 / **3.16 Sz**
U Berlin **5.20 / 7.30 Cz**
U Oberhausen **20.20** / 21.56** 22.15
16.00 ✉ **U** Passow 6.45 / 7.39 Pz
U Berlin 9.57 / 12.00 Pz 6.18

* Ankunft in Alten-Essen, Ankunftszeit geschätzt; ein Fahrplan der Post-Course von Alten-Essen nach Essen Stadt liegt nicht vor.

** Cours über Oberhausen nur mit Umwegkarte zu benutzen.

nach **Frankfurt a.M.**

16.00 ✉ **U** Passow 6.45 / 7.39 Pz
U Berlin 9.57 / **18.40 Sz** **9.55**[3]

nach **Freiburg i.B.**

16.00 ✉ **U** Passow 6.45 / 7.39 Pz
U Berlin 9.57 / **18.40 Sz**
U Frankfurt a.M. **9.55 / 10.30 Sz**
U Heidelberg **12.35 / 12.55 Sz** **17.36**[3]

nach **Gera**

8.00 ✉ **U** Passow 1.15 / **3.16 Sz**
U Berlin **5.20** / 8.10 Pz
U Leipzig 14.05 / 18.30 Pz
U Altenburg 19.40* / 20.30 ✉ 0.30[3]
16.00 ✉ **U** Passow 6.45 / 7.39 Pz
U Berlin 9.57 / **18.40 Sz**
U Leipzig **0.15** ↝ / **7.15 Ez**
U Altenburg **8.08*** / 9.00 ✉ 13.00[3]

* Ankunftszeit geschätzt

nach **Görlitz**

0.00 ✉ **U** Passow 17.15 / 18.54 Pz
U Berlin 21.15 / **22.15 Sz**
U Kohlfurt **2.40*** / 3.15 Pz 4.00
8.00 ✉ **U** Passow 1.15 / **3.16 Sz**
U Berlin **5.20** / 8.00 Pz
U Kohlfurt 14.10* / 14.30 Pz 15.15

* Ankunftszeit geschätzt

nach **Hagen**

0.00 ✉ **U** Passow 17.15 / 18.54 Pz
U Berlin 21.15 / **22.00 Sz**
U Dortmund **12.40*** / 13.15 14.22*
8.00 ✉ **U** Passow 1.15 / **3.16 Sz**
U Berlin **5.20 / 7.30 Cz**
U Dortmund **19.20*** / 19.30 Pz 20.28*
16.00 ✉ **U** Passow 6.45 / 7.39 Pz
U Berlin 9.57 / 12.00 Pz
U Dortmund 5.08* / 7.15 Pz 8.24*

* Ankunftszeit geschätzt

nach **Halle**

8.00 ✉ **U** Passow 1.15 / **3.16 Sz**
U Berlin **5.20** / 8.10 Pz 13.15
16.00 ✉ **U** Passow 6.45 / 7.39 Pz
U Berlin 9.57 / **18.40 Sz** **23.00**

nach **Hamburg**

8.00 ✉ **U** Rostock 15.30 / 16.40 Pz
U Hagenow 20.30 ↝ / **3.10 Cz** **5.16**
21.00 ✉ **U** Rostock 5.00 / 6.30 Pz
U Hagenow 10.05 / 12.45 Pz 15.30

nach **Hamm**

0.00 ✉ **U** Passow 17.15 / 18.54 Pz
U Berlin 21.15 / **22.00 Sz** **11.55***
8.00 ✉ **U** Passow 1.15 / **3.16 Sz**
U Berlin **5.20 / 7.30 Cz** **18.40**
16.00 ✉ **U** Passow 6.45 / 7.39 Pz
U Berlin 9.57 / 12.00 Pz 4.05

* Ankunftszeit geschätzt

nach **Hannover**

0.00 ✉ **U** Passow 17.15 / 18.54 Pz
U Berlin 21.15 / **22.00 Sz** **6.20**
8.00 ✉ **U** Passow 1.15 / **3.16 Sz**
U Berlin **5.20 / 7.30 Cz** **14.20**
16.00 ✉ **U** Passow 6.45 / 7.39 Pz
U Berlin 9.57 / 12.00 Pz 21.25

nach **Heidelberg**

16.00 ✉ **U** Passow 6.45 / 7.39 Pz
U Berlin 9.57 / **18.40 Sz**
U Frankfurt a.M. **9.55/ 10.30 Sz** **12.35**[3]

nach **Kiel**

8.00 ✉ **U** Rostock 15.30 / 16.40 Pz
U Hagenow 20.30 ↝ / **3.10 Cz**
U Hamburg > Altona **5.16** / 8.10 Pz 11.00
21.00 ✉ **U** Rostock 5.00 / 6.30 Pz
U Hagenow 10.05 / 12.45 Pz
U Hamburg > Altona 15.30 / 17.10 Pz 20.00

nach **Königsberg i.Pr.**
0.00 ✉ **U** Passow 17.15 / 18.54 Pz
U Berlin 21.15 / **22.40 Sz**
U Dirschau **10.45** / 11.37 ✉
U Marienburg 16.07 / **16.37 Sz** — **21.02**

nach **Leipzig**
8.00 ✉ **U** Passow 1.15 / **3.16 Sz**
U Berlin **5.20** / 7.00 Pz
U Röderau 10.55* / 11.30 Pz — 13.30

16.00 ✉ **U** Passow 6.45 / 7.39 Pz
U Berlin 9.57 / 13.45 Pz
U Röderau 17.40* / 18.00 Pz — 20.30

* Ankunftszeit geschätzt

nach **Lindau**
8.00 ✉ **U** Passow 1.15 / **3.16 Sz**
U Berlin **5.20** / 8.10 Pz
U Leipzig 14.05 / 14.30 Pz
U Hof 20.00 / 20.30 Pz
U Augsburg 11.05 / 12.50 GmP — 22.35[3]

16.00 ✉ **U** Passow 6.45 / 7.39 Pz
U Berlin 9.57 / **18.40 Sz**
U Leipzig **0.15** ↝ / **7.15 Ez**
U Augsburg **21.20** / 21.30 GmP — 6.30[4]

nach **Ludwigshafen**
> Mannheim

nach **Lübeck**
8.00 ✉ **U** Rostock 15.30 / 16.40 Pz
U Schwerin 19.20 ↝ / 7.00 ✉
U Ratzeburg 11.30 / 14.40 Pz — 15.11

21.00 ✉ **U** Rostock 5.00 / 6.30 Pz
U Schwerin 9.12 / 14.30 ✉ — 21.00

nach **Magdeburg**
0.00 ✉ **U** Passow 17.15 / 18.54 Pz
U Berlin 21.15 / **22.00 Sz** — **1.50**

8.00 ✉ **U** Passow 1.15 / **3.16 Sz**
U Berlin **5.20 / 7.30 Cz** — **10.40**

16.00 ✉ **U** Passow 6.45 / 7.39 Pz
U Berlin 9.57 / 12.00 Pz — 16.15

nach **Mainz**
16.00 ✉ **U** Passow 6.45 / 7.39 Pz
U Berlin 9.57 / **18.40 Sz**
U Frankfurt a.M. **9.55 / 10.15 Sz**
U Castel **11.00** / # ✉ — k.A.[3]

nach **Mannheim**
16.00 ✉ **U** Passow 6.45 / 7.39 Pz
U Berlin 9.57 / **18.40 Sz**
U Frankfurt a.M. **9.55 / 10.30 Sz** — **12.38**[3]

nach **München**
8.00 ✉ **U** Passow 1.15 / **3.16 Sz**
U Berlin **5.20** / 8.10 Pz
U Leipzig 14.05 / 14.30 Pz
U Hof 20.00 / 20.30 Pz — 13.15[3]

16.00 ✉ **U** Passow 6.45 / 7.39 Pz
U Berlin 9.57 / **18.40 Sz**
U Leipzig **0.15** ↝ / **7.15 Ez** — **23.00**[3]

nach **Münster**
0.00 ✉ **U** Passow 17.15 / 18.54 Pz
U Berlin 21.15 / **22.00 Sz**
U Hamm **11.55*** / 12.10 Pz — 13.00

8.00 ✉ **U** Passow 1.15 / **3.16 Sz**
U Berlin **5.20 / 7.30 Cz**
U Hamm **18.40** / 19.00 Pz — 20.00

16.00 ✉ **U** Passow 6.45 / 7.39 Pz
U Berlin 9.57 / 12.00 Pz
U Hamm 4.05 / 7.30 Pz — 8.30

* Ankunftszeit geschätzt

nach **Nürnberg**
8.00 ✉ **U** Passow 1.15 / **3.16 Sz**
U Berlin **5.20** / 8.10 Pz
U Leipzig 14.05 / 14.30 Pz
U Hof 20.00 / 20.30 Pz — 5.15[3]

16.00 ✉ **U** Passow 6.45 / 7.39 Pz
U Berlin 9.57 / **18.40 Sz**
U Leipzig **0.15** ↝ / **7.15 Ez** — **17.00**[3]

nach **Oberhausen**
0.00 ✉ **U** Passow 17.15 / 18.54 Pz
U Berlin 21.15 / **22.00 Sz** — **14.00**

8.00 ✉ **U** Passow 1.15 / **3.16 Sz**
U Berlin **5.20 / 7.30 Cz** — **20.20**

16.00 ✉ **U** Passow 6.45 / 7.39 Pz
U Berlin 9.57 / 12.00 Pz — 6.42[3]

nach **Oppeln***
0.00 ✉ **U** Passow 17.15 / 18.54 Pz
U Berlin 21.15 / **22.15 Sz** — **7.45**

8.00 ✉ **U** Passow 1.15 / **3.16 Sz**
U Berlin **5.20** / 8.00 Pz — 21.27

* Ankunftszeiten in Oppeln sind sämmtlich geschätzt

nach **Osnabrück**
0.00 ✉ **U** Passow 17.15 / 18.54 Pz
U Berlin 21.15 / **22.00 Sz**
U Minden **8.35** / 9.00 ✉ — 16.00

16.00 ✉ **U** Passow 6.45 / 7.39 Pz
U Berlin 9.57 / 12.00 Pz
U Minden 23.45 / 1.00 ✉ — 8.00[3]

nach **Passau**
16.00 ✉ **U** Passow 6.45 / 7.39 Pz
U Berlin 9.57 / **18.40 Sz**
U Leipzig **0.15** ↝ / **7.15 Ez**
U Nürnberg **17.00** / 17.30 ✉
U Regensburg 5.30 / 11.00 ✉ — 22.30[4]

nach **Posen**
0.00 ✉ **U** Passow 17.15 / 18.54 Pz
U Berlin 21.15 / **22.40 Sz**
U Kreutz **4.43** / 5.03 Pz — 7.47

8.00 ✉ **U** Passow 1.15 / **3.16 Sz**
U Berlin **5.20** / 6.15 Pz
U Kreutz 13.32 / 14.11 Pz — 16.26

nach **Regensburg**
8.00 ✉ **U** Passow 1.15 / **3.16 Sz**
U Berlin **5.20** / 8.10 Pz
U Leipzig 14.05 / 14.30 Pz
U Hof 20.00 / 20.30 Pz
U Nürnberg 5.15 / 6.00 ✉ — 18.00[3]

16.00 ✉ **U** Passow 6.45 / 7.39 Pz
U Berlin 9.57 / **18.40 Sz**
U Leipzig **0.15** ↝ / **7.15 Ez**
U Nürnberg **17.00** / 17.30 ✉ — 5.30[4]

nach **Rostock**
8.00 ✉ — 15.30
21.00 ✉ — 5.00

nach **Saarbrücken**
16.00 ✉ **U** Passow 6.45 / 7.39 Pz
U Berlin 9.57 / **18.40 Sz**
U Frankfurt a.M. **9.55 / 10.30 Sz**
U Mannheim **12.38** / #
U Ludwigshafen # / **13.10 Sz** — **16.58**[3]

nach **Schwerin**
8.00 ✉ **U** Schwerin 15.30 / 16.40 Pz — 19.20
21.00 ✉ **U** Schwerin 5.00 / 6.30 Pz — 9.12

nach **Stettin**
0.00 ✉ — 15.45
6.00 ⛴ *über Putbus–Swinemünde* — 12-14.00
nur Mo und Do
8.00 ✉ — 23.30
16.00 ✉ — 5.30

nach **Stuttgart**
16.00 ✉ **U** Passow 6.45 / 7.39 Pz
U Berlin 9.57 / **18.40 Sz**
U Frankfurt a.M. **9.55 / 10.30 Sz**
U Heidelberg **12.35 / 12.55 Sz**
U Bruchsal **13.28* / 13.48 Ez** — **15.46**[3]

* Ankunftszeit geschätzt

nach **Trier**
0.00 ✉ **U** Passow 17.15 / 18.54 Pz
U Berlin 21.15 / **22.00 Sz**
U Deutz > Cöln **16.00** / 19.00 ✉ — 17.30[3]

0.00 ✉ **U** Passow 17.15 / 18.54 Pz
U Berlin 21.15 / **22.00 Sz**
U Deutz > Cöln **16.00** / 22.00 ⛴
U Coblenz 5.45 / 6.45 ✉ — 21.00[3]

Fortsetzung siehe nächste Seite

noch: ab **Stralsund**

noch: nach **Trier**

8.00 ✉ **U** Passow 1.15 / **3.16 Sz**
U Berlin **5.20** / **7.30 Cz**
U Deutz > Cöln **22.00** ⤻ / 5.00 ✉ 2.15[4]

8.00 ✉ **U** Passow 1.15 / **3.16 Sz**
U Berlin **5.20** / **7.30 Cz**
U Deutz > Cöln **22.00** ⤻ / 6.00 ⛴
U Coblenz 12.15 / 15.30 ✉ 6.30[4]

nach **Ulm**

16.00 ✉ **U** Passow 6.45 / 7.39 Pz
U Berlin 9.57 / **18.40 Sz**
U Frankfurt a.M. **9.55** / **10.30 Sz**
U Heidelberg **12.35** / **12.55 Sz**
U Bruchsal **13.28*** / **13.48 Ez** **18.25**[3]

* Ankunftszeit geschätzt

nach **Wiesbaden**

16.00 ✉ **U** Passow 6.45 / 7.39 Pz
U Berlin 9.57 / **18.40 Sz**
U Frankfurt a.M. **9.55** / 10.15 Pz 11.45[3]

nach **Würzburg**

8.00 ✉ **U** Passow 1.15 / **3.16 Sz**
U Berlin **5.20** / 8.10 Pz
U Leipzig 14.05 / 14.30 Pz
U Hof 20.00 / 20.30 Pz
U Bamberg 1.15 / 1.45 Pz 4.50[3]

16.00 ✉ **U** Passow 6.45 / 7.39 Pz
U Berlin 9.57 / **18.40 Sz**
U Leipzig **0.15** ⤻ / **7.15 Ez**
U Bamberg **15.05** / **15.45** Ez **18.15**[3]

nach **Zwickau**

8.00 ✉ **U** Passow 1.15 / **3.16 Sz**
U Berlin **5.20** / 8.10 Pz
U Leipzig 14.05 / 14.30 Pz
U Werdau 16.50* / 17.47 Pz 18.10*

16.00 ✉ **U** Passow 6.45 / 7.39 Pz
U Berlin 9.57 / **18.40 Sz**
U Leipzig **0.15** ⤻ / 6.00 Pz
U Werdau 8.40* / 9.15 Pz 9.40*[3]

* Ankunftszeit geschätzt

Auslandsverbindungen

Stralsund ist außerdem im **Auslandsteil** ab S. 210 mit dem hier abgehenden Dampfschiff-Cours nach **Schweden** aufgeführt.

Stuttgart

Stuttgart ist Mittelpunkt der Centralbahn der Württembergischen Staatseisenbahnen: In nordwestlicher Richtung führt sie über Bietigheim (dort Abzweigung nach Heilbronn) bis Bruchsal, woselbst sie auf die Badischen Staatseisenbahnen Richtung Heidelberg–Mannheim bzw. Carlsruhe trifft. In südöslicher Richtung verbindet die Centralbahn Stuttgart über die Geislinger Steige mit Ulm und Friedrichshafen am Bodensee. In Ulm findet Anschluß an die Bayerischen Staatseisenbahnen nach München über Augsburg statt.

Mehrere Nebenlinien sind in der Planung: Als erste dürfte die Obere Neckarbahn (ab Plochingen in Richtung Reutlingen) in Betrieb gehen.

Hinweis: Wegen der derzeit noch abweichenden Spurweite bei den Badischen Staatseisenbahnen (1600 mm) ist in Bruchsal in jedem Fall ein Zugwechsel erforderlich.

von Stuttgart

nach **Aachen**

9.15 Pz **U** Bruchsal 12.06 / **12.27 Sz**
U Mannheim **13.42** / #
U Ludwigshafen # / 15.10 Pz
U Mainz 17.15 / 20.00 ✉
U Coblenz 5.30 / 6.00 ⛴
U Cöln 10.30 / 11.45 Pz 13.45

14.38 Pz **U** Bruchsal 16.48 / 17.05 Pz
U Mannheim 18.52 / #
U Ludwigshafen # / **22.00 Sz**
U Mainz **23.39** ⤻ / 6.00 ⛴
U Cöln 14.45 / 18.00 Pz 20.00

18.10 Pz **U** Bruchsal 21.00 / **21.23 Sz**
U Mannheim **22.41** / #
U Ludwigshafen # ⤻ / 6.05 Pz
U Mainz 8.05 / 9.00 ⛴
U Cöln 18.15 / **23.30 Sz** **1.20**[3]

18.10 Pz **U** Bruchsal 21.00 / **21.23 Sz**
U Mannheim **22.41** ⤻ / 4.30 ⛴
U Cöln 18.15 / **23.30 Sz** **1.20**[3]

nach **Augsburg**

7.05 Pz **U** Ulm 10.50 / 11.15 GmP 15.40
16.00 Ez U Ulm **18.25** / **18.45 Ez** **21.15**
18.00 Pz **U** Ulm 21.50 / 4.15 GmP 8.45

nach **Basel***

7.20 Pz **U** Bruchsal 10.12 / 10.58 Pz 20.15
9.15 Pz **U** Bruchsal 12.06 / **13.38 Sz** **19.15**
14.38 Pz **U** Bruchsal 16.48 / 17.06 Pz
U Offenburg 20.47 ⤻ / 6.00 Pz 10.55

* Ankunft Basel Badischer Bf

nach **Berlin**

9.15 Pz **U** Bruchsal 12.06 / **12.27 Sz**
U Heidelberg **13.05** / **13.20 Sz**
U Frankfurt a.M. **15.30** / **17.00 Sz** **10.30**

nach **Bonn**

9.15 Pz **U** Bruchsal 12.06 / **12.27 Sz**
U Mannheim **13.42** / #
U Ludwigshafen # / 15.10 Pz
U Mainz 17.15 / 20.00 ✉
U Coblenz 5.30 / 6.00 ⛴ 8.45

14.38 Pz **U** Bruchsal 16.48 / 17.05 Pz
U Mannheim 18.52 / #
U Ludwigshafen # / **22.00 Sz**
U Mainz **23.39** ⤻ / 6.00 ⛴ 12.45

18.10 Pz **U** Bruchsal 21.00 / **21.23 Sz**
U Mannheim **22.41** / #
U Ludwigshafen # ⤻ / 6.05 Pz
U Mainz 8.05 / 9.00 ⛴ 16.15

18.10 Pz **U** Bruchsal 21.00 / **21.23 Sz**
U Mannheim **22.41** ⤻ / 4.30 ⛴ 16.15

nach **Braunschweig**

9.15 Pz **U** Bruchsal 12.06 / **12.27 Sz**
U Heidelberg **13.05** / **13.20 Sz**
U Frankfurt a.M. **15.30** / **17.00 Sz**
U Guntershausen **21.50**/ 21.55 Pz
U Cassel 22.15 / 23.15 ✉
U Göttingen 4.40 / 5.15 Pz
U Hannover 8.45 / 10.00 Pz 12.15.

9.15 Pz **U** Bruchsal 12.06 / **12.27 Sz**
U Heidelberg **13.05** / **13.20 Sz**
U Frankfurt a.M. **15.30** / **17.00 Sz**
U Halle **5.40** / 7.45 Pz
U Magdeburg 9.50 / **10.40 Cz** **12.50.**

18.10 Pz **U** Bruchsal 21.00 / **21.23 Sz**
U Heidelberg **21.59** / **22.10 Cz**
U Frankfurt a.M. **0.15** ⤻ / 5.45 Pz
U Guntershausen 11.45/ 11.50 Pz
U Cassel 12.10 / 12.30 ✉
U Göttingen 17.45 / 18.00 Pz
U Hannover 21.30 / 22.30 Pz 0.30[3]

nach **Bremen**

9.15 Pz **U** Bruchsal 12.06 / **12.27 Sz**
U Heidelberg **13.05*** / **13.20 Sz**
U Frankfurt a.M. **15.30** / **17.00 Sz**
U Guntershausen **21.50** / 21.55 Pz
U Cassel 22.15 / 23.15 ✉
U Göttingen 4.40 / 5.15 Pz
U Hannover 8.45 / 12.45 Pz 16.00.

18.10 Pz **U** Bruchsal 21.00 / **21.23 Sz**
U Heidelberg **21.59** / **22.10 Cz**
U Frankfurt a.M. **0.15** ⤻ / 5.45 Pz
U Guntershausen 11.45 / 11.50 Pz
U Cassel 12.10 / 12.30 ✉
U Göttingen 17.45 / 18.00 Pz
U Hannover 21.30 ⤻ / **6.45 Sz**
U Wunstorf **7.15*** / 7.30 Pz 10.15[3]

* Ankunftszeit geschätzt

nach **Breslau**

9.15 Pz	U Bruchsal 12.06 / **12.27 Sz**	
	U Heidelberg **13.05 / 13.20 Sz**	
	U Frankfurt a.M. **15.30 / 17.00 Sz**	
	U Berlin **10.30 / 22.15 Sz**	**5.45**[3]
18.10 Pz	U Bruchsal 21.00 / **21.23 Sz**	
	U Heidelberg **21.59 / 22.10 Cz**	
	U Frankfurt a.M. **0.15** ↪ / 5.45 Pz	
	U Halle 20.05 / 20.30 Pz	
	U Leipzig 21.15 ↪ / 6.00 Pz	
	U Dresden 9.15 / 9.45 Pz	
	U Görlitz 12.50 / 13.30 Pz	
	U Kohlfurt 14.10 / 14.15 Pz	18.30[3]

nach **Carlsruhe**

7.20 Pz	U Bruchsal 10.12 / 10.58 Pz	11.44
9.15 Pz	U Bruchsal 12.06 / **13.38 Sz**	**14.10**
14.38 Pz	U Bruchsal 16.48 / 17.06 Pz	17.50
18.10 Pz	U Bruchsal 21.00 / 21.41 Pz	22.25

nach **Cassel**

9.15 Pz	U Bruchsal 12.06 / **12.27 Sz**	
	U Heidelberg **13.05 / 13.20 Sz**	
	U Frankfurt a.M.**15.30 / 17.00 Sz**	
	U Guntershausen **21.50** / 21.55 Pz	22.15
18.10 Pz	U Bruchsal 21.00 / **21.23 Sz**	
	U Heidelberg **21.59 / 22.10 Cz**	
	U Frankfurt a.M. **0.15** / 5.45 Pz	
	U Guntershausen 11.45 / 11.50 Pz	12.10

nach **Chemnitz**

7.05 Pz	U Ulm 10.50 / 11.15 GmP	
	U Augsburg 15.40 / 15.55 Pz	
	U Hof 6.30 / 7.00 Pz	
	U Werdau 9.40* / 9.47 Pz	
	U Zwickau 10.10* / 10.30 ✉	15.00
20.30 ✉	U Nördlingen 10.15 / **10.48 Ez**	
	U Werdau **20.55*** / 21.17 Pz	
	U Zwickau 21.40* / 22.30 ✉	3.00

* Ankunftszeit geschätzt

nach **Coblenz**

9.15 Pz	U Bruchsal 12.06 / **12.27 Sz**	
	U Mannheim **13.42** / #	
	U Ludwigshafen # / 15.10 Pz	
	U Mainz 17.15 / 20.00 ✉	5.30
14.38 Pz	U Bruchsal 16.48 / 17.05 Pz	
	U Mannheim 18.52 / #	
	U Ludwigshafen # / **22.00 Sz**	
	U Mainz **23.39** ↪ / 6.00 ⛴	9.45
18.10 Pz	U Bruchsal 21.00 / **21.23 Sz**	
	U Mannheim **22.41** / #	
	U Ludwigshafen # ↪ / 6.05 Pz	
	U Mainz 8.05 / 9.00 ⛴	13.00
18.10 Pz	U Bruchsal 21.00 / **21.23 Sz**	
	U Mannheim **22.41** ↪ / 4.30 ⛴	13.00

nach **Cöln**

9.15 Pz	U Bruchsal 12.06 / **12.27 Sz**	
	U Mannheim **13.42** / #	
	U Ludwigshafen # / 15.10 Pz	
	U Mainz 17.15 / 20.00 ✉	
	U Coblenz 5.30 / 6.00 ⛴	10.30
14.38 Pz	U Bruchsal 16.48 / 17.05 Pz	
	U Mannheim 18.52 / #	
	U Ludwigshafen # / **22.00 Sz**	
	U Mainz **23.39** ↪ / 6.00 ⛴	14.45
18.10 Pz	U Bruchsal 21.00 / **21.23 Sz**	
	U Mannheim **22.41** / #	
	U Ludwigshafen # ↪ / 6.05 Pz	
	U Mainz 8.05 / 9.00 ⛴	18.15
18.10 Pz	U Bruchsal 21.00 / **21.23 Sz**	
	U Mannheim **22.41** ↪ / 4.30 ⛴	18.15

nach **Constanz**

7.05 Pz	U Friedrichshafen 15.20 /18.00 ⛴	19.30
16.00 Ez	U Friedrichshafen **22.15** ↪ /5.30 ⛴	7.00
20.30 ✉	U Stockach 13.45 / 15.00 ✉	19.00

nach **Danzig**

9.15 Pz	U Bruchsal 12.06 / **12.27 Sz**	
	U Heidelberg **13.05 / 13.20 Sz**	
	U Frankfurt a.M. **15.30 / 17.00 Sz**	
	U Berlin **10.30 / 22.40 Sz**	**11.35**[3]

nach **Darmstadt***

7.20 Pz	U Bruchsal 10.12 / 10.30 Pz	
	U Heidelberg 11.27 / 11.45 Pz	13.43*
9.15 Pz	U Bruchsal 12.06 / **12.27 Sz**	
	U Heidelberg **13.05 / 13.20 Sz**	**14.53***
14.38 Pz	U Bruchsal 16.48 / 17.05 Pz	
	U Heidelberg 18.04 / 18.25 Pz	20.43
18.10 Pz	U Bruchsal 21.00 / **21.23 Sz**	
	U Heidelberg **21.59 / 22.10 Cz**	**23.38**

* Ankunftszeiten in Darmstadt sind sämmtlich geschätzt.

nach **Dortmund**

9.15 Pz	U Bruchsal 12.06 / **12.27 Sz**	
	U Heidelberg **13.05 / 13.20 Sz**	
	U Frankfurt a.M.**15.30 /17.00 Sz**	
	U Guntershausen **21.50** / 21.55 Pz	
	U Cassel 22.15 ↪ / 5.55 Pz	
	U Hamm 11.46 / **12.01 Sz**	**12.40***
9.15 Pz	U Bruchsal 12.06 / **12.27 Sz**	
	U Mannheim **13.42** / #	
	U Ludwigshafen # / 15.10 Pz	
	U Mainz 17.15 / 20.00 ✉	
	U Coblenz 5.30 / 6.00 ⛴	
	U Cöln > Deutz 10.30 / 11.00 Pz	15.00*
18.10 Pz	U Bruchsal 21.00 / **21.23 Sz**	
	U Heidelberg **21.59 / 22.10 Cz**	
	U Frankfurt a.M. **0.15** / 5.45 Pz	
	U Guntershausen 11.45 / 11.50 Pz	
	U Cassel 12.10 / 12.30 Pz	
	U Hamm 18.26 / **18.45 Cz**	**19.20***

Fortsetzung siehe nächste Spalte

18.10 Pz	U Bruchsal 21.00 / **21.23 Sz**	
	U Mannheim **22.41** ↪ / 4.30 ⛴	
	U Cöln > Deutz 18.15 / **20.00 Sz**	**23.11***

* Ankunftszeit geschätzt

nach **Dresden**

9.15 Pz	U Bruchsal 12.06 / **12.27 Sz**	
	U Heidelberg **13.05 / 13.20 Sz**	
	U Frankfurt a.M. **15.30 / 17.00 Sz**	
	U Halle **5.40** / 6.15 Pz	
	U Leipzig 7.30 / 10.00 Pz	13.15
18.10 Pz	U Bruchsal 21.00 / **21.23 Sz**	
	U Heidelberg **21.59 / 22.10 Cz**	
	U Frankfurt a.M. **0.15** ↪ / 5.45 Pz	
	U Halle 20.05 / 20.30 Pz	
	U Leipzig 21.15 / **22.00 Sz**	**0.30**[3]
20.30 ✉	U Nördlingen 10.15 / **10.48 Ez**	
	U Leipzig **23.00** ↪ / 6.00 Pz	9.15[3]

nach **Düsseldorf**

9.15 Pz	U Bruchsal 12.06 / **12.27 Sz**	
	U Mannheim **13.42** / #	
	U Ludwigshafen # / 15.10 Pz	
	U Mainz 17.15 / 20.00 ✉	
	U Coblenz 5.30 / 6.00 ⛴	
	U Cöln > Deutz 10.30 / 11.00 Pz	12.10
14.38 Pz	U Bruchsal 16.48 / 17.05 Pz	
	U Mannheim 18.52 / #	
	U Ludwigshafen # / **22.00 Sz**	
	U Mainz **23.39** ↪ / 6.00 ⛴	
	U Cöln > Deutz 14.45 / 16.00 Pz	17.10
18.10 Pz	U Bruchsal 21.00 / **21.23 Sz**	
	U Mannheim **22.41** / #	
	U Ludwigshafen # ↪ / 6.05 Pz	
	U Mainz 8.05 / 9.00 ⛴	
	U Cöln > Deutz 18.15 / **20.00 Sz**	**20.55**
18.10 Pz	U Bruchsal 21.00 / **21.23 Sz**	
	U Mannheim **22.41** ↪ / 4.30 ⛴	
	U Cöln > Deutz 18.15 / **20.00 Sz**	**20.55**

nach **Elberfeld**

9.15 Pz	U Bruchsal 12.06 / **12.27 Sz**	
	U Mannheim **13.42** / #	
	U Ludwigshafen # / 15.10 Pz	
	U Mainz 17.15 / 20.00 ✉	
	U Coblenz 5.30 / 6.00 ⛴	
	U Cöln > Deutz 10.30 / 11.00 Pz	
	U Düsseldorf 12.10 / 12.30 Pz	14.07
14.38 Pz	U Bruchsal 16.48 / 17.05 Pz	
	U Mannheim 18.52 / #	
	U Ludwigshafen # / **22.00 Sz**	
	U Mainz **23.39** ↪ / 6.00 ⛴	
	U Cöln > Deutz 14.45 / 16.00 Pz	
	U Düsseldorf 17.10 / 17.30 Pz	18.36

Fortsetzung siehe nächste Seite

noch: nach **Elberfeld**

18.10 Pz **U** Bruchsal 21.00 / **21.23 Sz**
U Mannheim **22.41** / #
U Ludwigshafen # ↩ / 6.05 Pz
U Mainz 8.05 / 9.00 ⛴
U Cöln > Deutz 18.15 / **20.00 Sz**
U Düsseldorf **20.55** / 21.15 Pz 22.21

18.10 Pz **U** Bruchsal 21.00 / **21.23 Sz**
U Mannheim **22.41** ↩ / 4.30 ⛴
U Cöln > Deutz 18.15 / **20.00 Sz**
U Düsseldorf **20.55** / 21.15 Pz 22.21

nach **Erfurt**

9.15 Pz **U** Bruchsal 12.06 / **12.27 Sz**
U Heidelberg **13.05** / **13.20 Sz**
U Frankfurt a.M. **15.30** / **17.00 Sz** **2.50***

18.10 Pz **U** Bruchsal 21.00 / **21.23 Sz**
U Heidelberg **21.59** / **22.10 Cz**
U Frankfurt a.M. **0.15** ↩/ 5.45 Pz 16.50*

* Ankunftszeit geschätzt

nach **Essen**

9.15 Pz **U** Bruchsal 12.06 / **12.27 Sz**
U Mannheim **13.42** / #
U Ludwigshafen # / 15.10 Pz
U Mainz 17.15 / 20.00 ✉
U Coblenz 5.30 / 6.00 ⛴
U Cöln > Deutz 10.30 / 11.00 Pz 13.45

14.38 Pz **U** Bruchsal 16.48 / 17.05 Pz
U Mannheim 18.52 / #
U Ludwigshafen # / **22.00 Sz**
U Mainz **23.39** ↩ / 6.00 ⛴
U Cöln > Deutz 14.45 / 16.00 Pz 18.55

18.10 Pz **U** Bruchsal 21.00 / **21.23 Sz**
U Mannheim **22.41** / #
U Ludwigshafen # ↩ / 6.05 Pz
U Mainz 8.05 / 9.00 ⛴
U Cöln > Deutz 18.15 / **20.00 Sz** **22.15**

18.10 Pz **U** Bruchsal 21.00 / **21.23 Sz**
U Mannheim **22.41** ↩ / 4.30 ⛴
U Cöln > Deutz 18.15 / **20.00 Sz** **22.15**

* Ankunft in Alten-Essen, Ankunftszeit geschätzt; ein Fahrplan der Post-Course von Alten-Essen nach Essen Stadt liegt nicht vor.

nach **Frankfurt a.M.**

7.20 Pz **U** Bruchsal 10.12 / 10.30 Pz
U Heidelberg 11.27 / 11.45 Pz 14.30

9.15 Pz **U** Bruchsal 12.06 / **12.27 Sz**
U Heidelberg **13.05** / **13.20 Sz** **15.30**

14.38 Pz **U** Bruchsal 16.48 / 17.05 Pz
U Heidelberg 18.04 / 18.25 Pz 21.30

18.10 Pz **U** Bruchsal 21.00 / **21.23 Sz**
U Heidelberg **21.59** / **22.10 Cz** **0.15**

nach **Freiburg i.B.**

7.20 Pz **U** Bruchsal 10.12 / 10.58 Pz 17.07

9.15 Pz **U** Bruchsal 12.06 / **13.38 Sz** **17.36**

Fortsetzung siehe nächste Spalte

14.38 Pz **U** Bruchsal 16.48 / 17.06 Pz
U Offenburg 20.47 ↩ / 6.00 Pz 8.16

18.10 Pz **U** Bruchsal 21.00 / 21.41 Pz
U Carlsruhe 22.25 ↩ / **8.35 Sz** **12.35**

nach **Gera**

7.05 Pz **U** Ulm 10.50 / 11.15 GmP
U Augsburg 15.40 / 15.55 Pz
U Hof 6.30 / 7.00 Pz
U Altenburg 10.55* / 15.00 ✉ 19.00

20.30 ✉ **U** Nördlingen 10.15 / **10.48 Ez**
U Altenburg **21.55*** ↩ / 9.00 ✉ 13.00[3]

* Ankunftszeit geschätzt

nach **Görlitz**

9.15 Pz **U** Bruchsal 12.06 / **12.27 Sz**
U Heidelberg **13.05** / **13.20 Sz**
U Frankfurt a.M. **15.30** / **17.00 Sz**
U Halle **5.40** / 6.15 Pz
U Leipzig 7.30 / 10.00 Pz
U Dresden 13.15 / 14.30 Pz 18.15

18.10 Pz **U** Bruchsal 21.00 / **21.23 Sz**
U Heidelberg **21.59** / **22.10 Cz**
U Frankfurt a.M. **0.15** ↩ / 5.45 Pz
U Halle 20.05 / 20.30 Pz
U Leipzig 21.15 / **22.00 Sz**
U Dresden **0.30** ↩ / 5.30 Pz 9.00[3]

20.30 ✉ **U** Nördlingen 10.15 / **10.48 Ez**
U Leipzig **23.00** ↩ / 6.00 Pz
U Dresden 9.15 / 9.45 Pz 12.50[3]

nach **Hagen***

9.15 Pz **U** Bruchsal 12.06 / **12.27 Sz**
U Mannheim **13.42** / #
U Ludwigshafen # / 15.10 Pz
U Mainz 17.15 / 20.00 ✉
U Coblenz 5.30 / 6.00 ⛴
U Cöln > Deutz 10.30 / 11.00 Pz
U Düsseldorf 12.10 / 12.30 Pz
U Elberfeld 14.07 / 16.20 Pz 17.38

14.38 Pz **U** Bruchsal 16.48 / 17.05 Pz
U Mannheim 18.52 / #
U Ludwigshafen # / **22.00 Sz**
U Mainz **23.39** ↩ / 6.00 ⛴
U Cöln > Deutz 14.45 / 16.00 Pz
U Düsseldorf 17.10 / 17.30 Pz
U Elberfeld 18.36 / 19.25 Pz 20.33

18.10 Pz **U** Bruchsal 21.00 / **21.23 Sz**
U Mannheim **22.41** / #
U Ludwigshafen # ↩ / 6.05 Pz
U Mainz 8.05 / 9.00 ⛴
U Cöln > Deutz 18.15 / **20.00 Sz**
U Düsseldorf **20.55** / 21.15 Pz
U Elberfeld 22.21 ↩ / 6.45 Pz 7.50

18.10 Pz **U** Bruchsal 21.00 / **21.23 Sz**
U Mannheim **22.41** ↩ / 4.30 ⛴
U Cöln > Deutz 18.15 / **20.00 Sz**
U Düsseldorf **20.55** / 21.15 Pz
U Elberfeld 22.21 ↩ / 6.45 Pz 7.50

* Ankunftszeiten in Hagen sind sämmtlich geschätzt.

nach **Halle**

9.15 Pz **U** Bruchsal 12.06 / **12.27 Sz**
U Heidelberg **13.05** / **13.20 Sz**
U Frankfurt a.M. **15.30** / **17.00 Sz** **5.40**

18.10 Pz **U** Bruchsal 21.00 / **21.23 Sz**
U Heidelberg **21.59** / **22.10 Cz**
U Frankfurt a.M. **0.15** ↩/ 5.45 Pz 20.05

nach **Hamburg**

9.15 Pz **U** Bruchsal 12.06 / **12.27 Sz**
U Heidelberg **13.05** / **13.20 Sz**
U Frankfurt a.M. **15.30** / **17.00 Sz**
U Guntershausen **21.50**/ 21.55 Pz
U Cassel 22.15 / 23.15 ✉
U Göttingen 4.40 / 5.15 Pz
U Hannover 8.45 / 10.00 GmP
U Lehrte 10.30* / 11.00 Pz 16.10**

18.10 Pz **U** Bruchsal 21.00 / **21.23 Sz**
U Heidelberg **21.59** / **22.10 Cz**
U Frankfurt a.M. **0.15** ↩ / 5.45 Pz
U Guntershausen 11.45/ 11.50 Pz
U Cassel 12.10 / 12.30 ✉
U Göttingen 17.45 / 18.00 Pz
U Hannover 21.30 ↩ / **5.30 Sz**
U Lehrte **6.00*** / 6.05 Pz
U Harburg 10.05 / 10.30 ⛴ 11.45[3]

* Ankunftszeit geschätzt
** an Harburg ohne unmittelbaren Schiffsanschluß nach Hamburg

nach **Hamm**

9.15 Pz **U** Bruchsal 12.06 / **12.27 Sz**
U Heidelberg **13.05** / **13.20 Sz**
U Frankfurt a.M.**15.30** /**17.00 Sz**
U Guntershausen **21.50** / 21.55 Pz
U Cassel 22.15 ↩ / 5.55 Pz 11.46

18.10 Pz **U** Bruchsal 21.00 / **21.23 Sz**
U Heidelberg **21.59** / **22.10 Cz**
U Frankfurt a.M. **0.15** / 5.45 Pz
U Guntershausen 11.45 / 11.50 Pz
U Cassel 12.10 / 12.30 Pz 18.26

nach **Hannover**

9.15 Pz **U** Bruchsal 12.06 / **12.27 Sz**
U Heidelberg **13.05** / **13.20 Sz**
U Frankfurt a.M. **15.30** / **17.00 Sz**
U Guntershausen **21.50**/ 21.55 Pz
U Cassel 22.15 / 23.15 ✉
U Göttingen 4.40 / 5.15 Pz 8.45

18.10 Pz **U** Bruchsal 21.00 / **21.23 Sz**
U Heidelberg **21.59** / **22.10 Cz**
U Frankfurt a.M. **0.15** ↩ / 5.45 Pz
U Guntershausen 11.45 / 11.50 Pz
U Cassel 12.10 / 12.30 ✉
U Göttingen 17.45 / 18.00 Pz 21.30

nach **Heidelberg**

7.20 Pz **U** Bruchsal 10.12 / 10.30 Pz 11.27

9.15 Pz **U** Bruchsal 12.06 / **12.27 Sz** **13.05**

Fortsetzung siehe nächste Seite

noch: nach **Heidelberg**

14.38 Pz	**U** Bruchsal 16.48 / 17.05 Pz	18.04
18.10 Pz	**U** Bruchsal 21.00 / **21.23 Sz**	**21.59**
18.10 Pz	**U** Bietigheim 19.05* / 19.15 Pz **U** Heilbronn 20.10 / 20.45 ✉	4.15

nach **Kiel**

9.15 Pz	**U** Bruchsal 12.06 / **12.27 Sz** **U** Heidelberg **13.05** / **13.20 Sz** **U** Frankfurt a.M. **15.30** / **17.00 Sz** **U** Guntershausen **21.50** / 21.55 Pz **U** Cassel 22.15 / 23.15 ✉ **U** Göttingen 4.40 / 5.15 Pz **U** Hannover 8.45 / **14.00 Cz** **U** Lehrte **14.25*** / 14.35 Pz **U** Harburg 18.20 / 19.00 ⛴ **U** Hamburg > Altona 20.15 ↝ / 8.10 Pz	11.00^{3}
18.10 Pz	**U** Bruchsal 21.00 / **21.23 Sz** **U** Heidelberg **21.59** / **22.10 Cz** **U** Frankfurt a.M. **0.15** ↝ / 5.45 Pz **U** Guntershausen 11.45/ 11.50 Pz **U** Cassel 12.10 / 12.30 ✉ **U** Göttingen 17.45 / 18.00 Pz **U** Hannover 21.30 ↝ / **5.30 Sz** **U** Lehrte **6.00*** / 6.05 Pz **U** Harburg 10.05 / 10.30 ⛴ **U** Hamburg > Altona 11.45 / 13.00 GmP	16.30^{3}

* Ankunftszeit geschätzt

nach **Königsberg i.Pr.**

9.15 Pz	**U** Bruchsal 12.06 / **12.27 Sz** **U** Heidelberg **13.05** / **13.20 Sz** **U** Frankfurt a.M.**15.30** /**17.00 Sz** **U** Berlin **10.30** / **22.40 Sz** **U** Dirschau **10.45** / 11.37 ✉ **U** Marienburg 16.07 / **16.37 Sz**	**21.02**^{3}

nach **Leipzig**

7.05 Pz	**U** Ulm 10.50 / 11.15 GmP **U** Augsburg 15.40 / 15.55 Pz	12.30
9.15 Pz	**U** Bruchsal 12.06 / **12.27 Sz** **U** Heidelberg **13.05** / **13.20 Sz** **U** Frankfurt a.M. **15.30** / **17.00 Sz** **U** Halle **5.40** / 6.15 Pz	7.30
18.10 Pz	**U** Bruchsal 21.00 / **21.23 Sz** **U** Heidelberg **21.59** / **22.10 Cz** **U** Frankfurt a.M. **0.15** ↝ / 5.45 Pz **U** Halle 20.05 / 20.30 Pz	21.15
20.30 ✉	**U** Nördlingen 10.15 / **10.48 Ez**	**23.00**

nach **Lindau**

7.05 Pz	**U** Friedrichshafen 15.20 / 15.30 ⛴	k.A.
16.00 Ez	**U** Ulm **18.25** / **18.45 Ez** **U** Augsburg **21.15** / 21.30 GmP	6.30
16.00 Ez	**U** Friedrichshafen **22.15** ↝ / 6.00 ⛴	k.A.

nach **Ludwigshafen**

> Mannheim

nach **Lübeck**

9.15 Pz	**U** Bruchsal 12.06 / **12.27 Sz** **U** Heidelberg **13.05** / **13.20 Sz** **U** Frankfurt a.M. **15.30** / **17.00 Sz** **U** Halle **5.40** / 7.45 Pz **U** Magdeburg 9.50 / 10.45 GmP **U** Wittenberge 14.10 / 15.10 GmP **U** Büchen 18.35* / 19.00 Pz	20.11
18.10 Pz	**U** Bruchsal 21.00 / **21.23 Sz** **U** Heidelberg **21.59** / **22.10 Cz** **U** Frankfurt a.M. **0.15** ↝ / 5.45 Pz **U** Halle 20.05 / 22.45 Pz **U** Magdeburg 1.15 / 7.45 Pz **U** Wittenberge 10.15 / 10.55 Pz **U** Büchen 13.55* / 14.00 Pz	15.11^{3}

* Ankunftszeit geschätzt

nach **Magdeburg**

9.15 Pz	**U** Bruchsal 12.06 / **12.27 Sz** **U** Heidelberg **13.05** / **13.20 Sz** **U** Frankfurt a.M. **15.30** / **17.00 Sz** **U** Halle **5.40** / 7.45 Pz	9.50
18.10 Pz	**U** Bruchsal 21.00 / **21.23 Sz** **U** Heidelberg **21.59** / **22.10 Cz** **U** Frankfurt a.M. **0.15** ↝ / 5.45 Pz **U** Halle 20.05 / 22.45 Pz	1.15^{3}

nach **Mainz**

9.15 Pz	**U** Bruchsal 12.06 / **12.27 Sz** **U** Mannheim **13.42** / # **U** Ludwigshafen # / 15.10 Pz	17.15
14.38 Pz	**U** Bruchsal 16.48 / 17.05 Pz **U** Mannheim 18.52 / # **U** Ludwigshafen # / **22.00 Sz**	**23.39**
18.10 Pz	**U** Bruchsal 21.00 / **21.23 Sz** **U** Mannheim **22.41** / # **U** Ludwigshafen # ↝ / 6.05 Pz	8.05
18.10 Pz	**U** Bruchsal 21.00 / **21.23 Sz** **U** Mannheim **22.41** ↝ / 4.30 ⛴	8.30

nach **Mannheim**

7.20 Pz	**U** Bruchsal 10.12 / 10.30 Pz	12.09
9.15 Pz	**U** Bruchsal 12.06 / **12.27 Sz**	**13.42**
14.38 Pz	**U** Bruchsal 16.48 / 17.05 Pz	18.52
18.10 Pz	**U** Bruchsal 21.00 / **21.23 Sz**	**22.41**

nach **München**

7.05 Pz	**U** Ulm 10.50 / 11.15 GmP	20.30
16.00 Ez	**U** Ulm **18.25** / **18.45 Ez** **U** Augsburg **21.15** / **21.30 Ez**	**23.00**

nach **Münster**

9.15 Pz	**U** Bruchsal 12.06 / **12.27 Sz** **U** Heidelberg **13.05** / **13.20 Sz** **U** Frankfurt a.M. **15.30** / **17.00 Sz** **U** Guntershausen **21.50** / 21.55 Pz **U** Cassel 22.15 ↝ / 5.55 Pz **U** Hamm 11.46 / 12.10 Pz	13.00
18.10 Pz	**U** Bruchsal 21.00 / **21.23 Sz** **U** Heidelberg **21.59** / **22.10 Cz** **U** Frankfurt a.M. **0.15** ↝ / 5.45 Pz **U** Guntershausen 11.45 / 11.50 Pz **U** Cassel 12.10 / 12.30 Pz **U** Hamm 18.26 / 19.00 Pz	20.00

nach **Nürnberg**

7.05 Pz	**U** Ulm 10.50 / 11.15 GmP **U** Augsburg 15.40 / 15.55 Pz	21.20
20.30 ✉	**U** Nördlingen 10.15 / **10.48 Ez**	**13.10**

nach **Oberhausen**

9.15 Pz	**U** Bruchsal 12.06 / **12.27 Sz** **U** Mannheim **13.42** / # **U** Ludwigshafen # / 15.10 Pz **U** Mainz 17.15 / 20.00 ✉ **U** Coblenz 5.30 / 6.00 ⛴ **U** Cöln > Deutz 10.30 / 11.00 Pz	13.20
14.38 Pz	**U** Bruchsal 16.48 / 17.05 Pz **U** Mannheim 18.52 / # **U** Ludwigshafen # / **22.00 Sz** **U** Mainz **23.39** ↝ / 6.00 ⛴ **U** Cöln > Deutz 14.45 / 16.00 Pz	18.25
18.10 Pz	**U** Bruchsal 21.00 / **21.23 Sz** **U** Mannheim **22.41** / # **U** Ludwigshafen # ↝ / 6.05 Pz **U** Mainz 8.05 / 9.00 ⛴ **U** Cöln > Deutz 18.15 / **20.00 Sz**	**21.50**
18.10 Pz	**U** Bruchsal 21.00 / **21.23 Sz** **U** Mannheim **22.41** ↝ / 4.30 ⛴ **U** Cöln > Deutz 18.15 / **20.00 Sz**	**21.50**

nach **Oppeln**

9.15 Pz	**U** Bruchsal 12.06 / **12.27 Sz** **U** Heidelberg **13.05** / **13.20 Sz** **U** Frankfurt a.M. **15.30** / **17.00 Sz** **U** Berlin **10.30** / **22.15 Sz**	**7.45**^{3}
18.10 Pz	**U** Bruchsal 21.00 / **21.23 Sz** **U** Heidelberg **21.59** / **22.10 Cz** **U** Frankfurt a.M. **0.15** ↝ / 5.45 Pz **U** Halle 20.05 / 20.30 Pz **U** Leipzig 21.15 ↝ / 6.00 Pz **U** Dresden 9.15 / 9.45 Pz **U** Görlitz 12.50 / 13.30 Pz **U** Kohlfurt 14.10 / 14.15 Pz	21.27^{3}

Auslandsverbindungen

Stuttgart ist außerdem im **Auslandsteil** ab S. 210 mit dem hier abgehenden Post-Cours in die **Schweiz** (Schaffhausen) aufgeführt

nach **Osnabrück**

9.15 Pz	U Bruchsal 12.06 / **12.27 Sz**	
	U Heidelberg **13.05 / 13.20 Sz**	
	U Frankfurt a.M.**15.30 /17.00 Sz**	
	U Guntershausen **21.50** / 21.55 Pz	
	U Cassel 22.15 ↝ / 5.55 Pz	
	U Hamm 11.46 / 16.03 Pz	
	U Minden 19.45 / 1.00 ✉	8.00[3]
18.10 Pz	U Bruchsal 21.00 / **21.23 Sz**	
	U Heidelberg **21.59 / 22.10 Cz**	
	U Frankfurt a.M. **0.15** / 5.45 Pz	
	U Guntershausen 11.45 / 11.50 Pz	
	U Cassel 12.10 / 12.30 Pz	
	U Hamm 18.26 / **0.00 Sz**	
	U Minden **3.05** / 9.00 ✉	16.00[3]

nach **Passau**

20.30 ✉	U Nördlingen 10.15 / **10.48 Ez**	
	U Nürnberg **13.10** / 17.30 ✉	
	U Regensburg 5.30 / 11.00 ✉	22.30[3]

nach **Posen**

9.15 Pz	U Bruchsal 12.06 / **12.27 Sz**	
	U Heidelberg **13.05 / 13.20 Sz**	
	U Frankfurt a.M.**15.30 /17.00 Sz**	
	U Berlin **10.30 / 22.40 Sz**	
	U Kreutz **4.43** / 5.03 Pz	7.47[3]

nach **Regensburg**

16.00 Ez	U Ulm **18.25 / 18.45 Ez**	
	U Augsburg **21.15** / 21.40 GmP	
	U Donauwörth 23.25 / 23.30 ✉	14.30
16.00 Ez	U Ulm **18.25 / 18.45 Ez**	
	U Augsburg **21.15** / 23.00 ✉	14.15
20.30 ✉	U Nördlingen 10.15 / **10.48 Ez**	
	U Nürnberg **13.10** / 17.30 ✉	5.30[3]

nach **Rostock**

9.15 Pz	U Bruchsal 12.06 / **12.27 Sz**	
	U Heidelberg **13.05 / 13.20 Sz**	
	U Frankfurt a.M. **15.30 / 17.00 Sz**	
	U Halle **5.40** / 7.45 Pz	
	U Magdeburg 9.50 / 10.45 GmP	
	U Wittenberge 14.10 / 15.10 GmP	
	U Hagenow 17.00* / 17.30 Pz	22.10
18.10 Pz	U Bruchsal 21.00 / **21.23 Sz**	
	U Heidelberg **21.59 / 22.10 Cz**	
	U Frankfurt a.M. **0.15** ↝ / 5.45 Pz	
	U Halle 20.05 / 22.45 Pz	
	U Magdeburg 1.15 / 7.45 Pz	
	U Wittenberge 10.15 / 10.55 Pz	
	U Hagenow 12.40* / 12.50 Pz	16.40[3]

* Ankunftszeit geschätzt

nach **Saarbrücken**

7.20 Pz	U Bruchsal 10.12 / 10.30 Pz	
	U Mannheim 12.09 / #	
	U Ludwigshafen # / **13.10 Sz**	**16.58**
9.15 Pz	U Bruchsal 12.06 / **12.27 Sz**	
	U Mannheim **13.42** / #	
	U Ludwigshafen # / 17.30 Pz	22.05
18.10 Pz	U Bruchsal 21.00 / **21.23 Sz**	
	U Mannheim **22.41** ↝ / #	
	U Ludwigshafen # / 6.10 Pz	10.36

nach **Schwerin**

9.15 Pz	U Bruchsal 12.06 / **12.27 Sz**	
	U Heidelberg **13.05 / 13.20 Sz**	
	U Frankfurt a.M. **15.30 / 17.00 Sz**	
	U Halle **5.40** / 7.45 Pz	
	U Magdeburg 9.50 / 10.45 GmP	
	U Wittenberge 14.10 / 15.10 GmP	
	U Hagenow 17.00* / 17.30 Pz	18.15
18.10 Pz	U Bruchsal 21.00 / **21.23 Sz**	
	U Heidelberg **21.59 / 22.10 Cz**	
	U Frankfurt a.M. **0.15** ↝ / 5.45 Pz	
	U Halle 20.05 / 22.45 Pz	
	U Magdeburg 1.15 / 7.45 Pz	
	U Wittenberge 10.15 / 10.55 Pz	
	U Hagenow 12.40* / 12.50 Pz	13.35[3]

* Ankunftszeit geschätzt

nach **Stettin**

9.15 Pz	U Bruchsal 12.06 / **12.27 Sz**	
	U Heidelberg **13.05 / 13.20 Sz**	
	U Frankfurt a.M.**15.30 /17.00 Sz**	
	U Berlin **10.30** / 12.15 Pz	15.52

nach **Stralsund**

9.15 Pz	U Bruchsal 12.06 / **12.27 Sz**	
	U Heidelberg **13.05 / 13.20 Sz**	
	U Frankfurt a.M. **15.30 / 17.00 Sz**	
	U Berlin **10.30** / 17.30 Pz	
	U Passow 20.00* / 20.20 ✉	11.20[3]

* Ankunftszeit geschätzt

nach **Trier**

7.20	U Bruchsal 10.12 / 10.30 Pz	
	U Mannheim 12.09 / #	
	U Ludwigshafen # / **13.10 Sz**	
	U Saarbrücken **16.58** / 17.30 ✉	4.00
9.15 Pz	U Bruchsal 12.06 / **12.27 Sz**	
	U Mannheim **13.42** / #	
	U Ludwigshafen # / 17.30 Pz	
	U Saarbrücken 22.05 ↝ / 8.15 ✉	18.45

nach **Ulm**

7.05 Pz	*über Geislingen*	10.50
11.20 Pz	*über Geislingen*	15.05
16.00 Ez	*über Geislingen*	**18.25**
18.00 Pz	*über Geislingen*	21.50

nach **Wiesbaden**

7.20 Pz	U Bruchsal 10.12 / 10.30 Pz	
	U Heidelberg 11.30* / 11.45 Pz	
	U Frankfurt a.M. 14.30 / 14.45 Pz	16.15
9.15 Pz	U Bruchsal 12.06 / **12.27 Sz**	
	U Heidelberg **13.05 / 13.20 Sz**	
	U Frankfurt a.M. 15.30 / 18.00 Pz	19.30
18.10 Pz	U Bruchsal 21.00 / **21.23 Sz**	
	U Heidelberg **21.59 / 22.10 Cz**	
	U Frankfurt a.M. 0.15 / 5.45 Pz	7.30

* Ankunftszeit geschätzt

nach **Würzburg**

9.15 Pz	U Bruchsal 12.06 / **12.27 Sz**	
	U Heidelberg **13.05 / 13.20 Sz**	
	U Frankfurt a.M. **15.30** / 17.15 Pz	21.40
18.10 Pz	U Bietigheim 19.05* / 19.15 Pz	
	U Heilbronn 20.10 / 20.30 ✉	11.00
18.10 Pz	U Bruchsal 21.00 / **21.23 Sz**	
	U Heidelberg **21.59 / 22.10 Cz**	
	U Frankfurt a.M. **0.15** ↝/ **8.30 Ez**	**12.00**

nach **Zwickau**

7.05 Pz	U Ulm 10.50 / 11.15 GmP	
	U Augsburg 15.40 / 15.55 Pz	
	U Hof 6.30 / 7.00 Pz	
	U Werdau 9.40* / 9.47 Pz	10.10*
20.30 ✉	U Nördlingen 10.15 / **10.48 Ez**	
	U Werdau **20.55*** / 21.17 Pz	21.40*

* Ankunftszeit geschätzt

Trier

Gegenwärtig findet noch kein Zugverkehr von und nach Trier statt. Die Städteverbindungen werden in der Hauptsache durch Post-Course vermittelt, vereinzelt auch durch Dampfschiff-Course der Mosel-Schiffahrt.

von **Trier**

nach **Aachen**

20.00 ✉	*über Montjoie*	16.15

nach **Augsburg**

19.00 ✉	U Neunkirchen 6.30 / 8.37 Pz	
	U Ludwigshafen 12.05 / #	
	U Mannheim # / 15.10 Pz	
	U Bruchsal 17.01* / 17.20 Pz	
	U Stuttgart 20.15 ↝ / 7.05 Pz	
	U Ulm 10.50 / 11.15 GmP	15.40[3]

Fortsetzung siehe nächste Seite

noch: nach **Augsburg**

21.30 ⊠ **U** Saarbrücken 8.15 / 12.25 Pz
U Ludwigshafen 17.15 ↩ / #
U Mannheim # / **12.15 Sz**
U Bruchsal **13.28* / 13.48 Ez**
U Ulm **18.25 / 18.45 Ez** **21.15**[3]

* Ankunftszeit geschätzt

nach **Basel***

19.00 ⊠ **U** Neunkirchen 6.30 / 8.37 Pz
U Ludwigshafen 12.05 / #
U Mannheim # / 15.10 Pz
U Offenburg 20.47 ↩ / 6.00 10.55[3]

21.30 ⊠ **U** Saarbrücken 8.15 / 12.25 Pz
U Ludwigshafen 17.15 / #
U Mannheim # ↩ / **6.40 Sz** **14.56**[33]

* Ankunft Basel Badischer Bf

nach **Berlin**

6.00 ⊠ **U** Cöln > Deutz 4.30 / **6.30 Cz** **21.20**.

13.00 ⊠ **U** Coblenz 4.00 / 6.00 ⛴
U Cöln > Deutz 10.30 / 11.00 Pz 9.30[3]

20.00 ⊠ **U** Cöln > Deutz 18.00 / **20.00 Sz** **13.10**[3]

nach **Bonn**

5.00 ⛴ **U** Coblenz 17.00 / 18.15 ⛴ 21.00
nur Mo, Di, Mi, Fr und Sa .

13.00 ⊠ **U** Coblenz 4.00 / 6.00 ⛴ 8.45

nach **Braunschweig**

6.00 ⊠ **U** Cöln > Deutz 4.30 / **6.30 Cz** **15.22**

13.00 ⊠ **U** Coblenz 4.00 / 6.00 ⛴
U Cöln > Deutz 10.30 / 11.00 Pz 0.30[3]

20.00 ⊠ **U** Cöln > Deutz 18.00 / **20.00 Sz** **7.05**[3]

nach **Bremen**

6.00 ⊠ **U** Cöln > Deutz 4.30 / **6.30 Cz**
U Wunstorf **13.15*** / 13.25 Pz 16.00 .

20.00 ⊠ **U** Cöln > Deutz 18.00 / **20.00 Sz**
U Wunstorf **4.35*** / 7.30 Pz 10.15[3]

* Ankunftszeit geschätzt

nach **Breslau**

6.00 ⊠ **U** Cöln > Deutz 4.30 / **6.30 Cz**
U Berlin **21.20 / 22.15 Sz** **5.45**[3]

nach **Carlsruhe**

19.00 ⊠ **U** Neunkirchen 6.30 / 8.37 Pz
U Ludwigshafen 12.05 / #
U Mannheim # / 15.10 Pz 17.50

21.30 ⊠ **U** Saarbrücken 8.15 / 12.25 Pz
U Ludwigshafen 17.15 / #
U Mannheim # / 19.45 Pz 22.25

nach **Cassel**

6.00 ⊠ **U** Cöln > Deutz 4.30 / **6.30 Cz**
U Hamm **9.36** / 9.50 Pz 15.55

13.00 ⊠ **U** Coblenz 4.00 / 6.00 ⛴
U Cöln > Deutz 10.30 / 11.00 Pz
U Hamm 16.00 / 16.18 Pz 22.00

nach **Chemnitz**

6.00 ⊠ **U** Cöln > Deutz 4.30 / **6.30 Cz** .
U Magdeburg **18.00** / 18.15 Pz
U Leipzig 21.15 / **22.00 Sz**
U Riesa **23.15*** ↩ / 5.15 Pz 8.15[3]

13.00 ⊠ **U** Coblenz 4.00 / 6.00 ⛴
U Cöln > Deutz 10.30 / 11.00 Pz
U Magdeburg 4.50 / 5.30 Pz
U Leipzig 9.00 / 10.00 Pz
U Riesa 11.25* / 12.15 Pz 15.30[3]

20.00 ⊠ **U** Cöln > Deutz 18.00 / **20.00 Sz**
U Magdeburg **10.00** / 10.45 Pz
U Leipzig 14.05 / 14.30 Pz
U Riesa 16.00* / 16.45 Pz 19.30[3]

* Ankunftszeit geschätzt

nach **Coblenz**

5.00 ⛴ **nur Mo, Di, Mi, Fr und Sa** 17.00
5.15 ⊠ *über Wittlich–Polch* 18.45
13.00 ⊠ *über Wittlich–Mayen* 4.00

nach **Cöln**

5.00 ⛴ **U** Coblenz 17.00 / 18.15 ⛴ 23.00
nur Mo, Di, Mi, Fr und Sa .

6.00 ⊠ *über Münstereifel* 4.30
13.00 ⊠ **U** Coblenz 4.00 / 6.00 ⛴ 10.30
20.00 ⊠ *über Losheim* 18.00

nach **Constanz**

21.30 ⊠ **U** Saarbrücken 8.15 / 12.25 Pz
U Ludwigshafen 17.15 / #
U Mannheim # / 19.45 Pz
U Carlsruhe 22.25 ↩ / **6.40 Sz**
U Offenburg **10.22** / 10.45 ⊠ 6.15[4]

nach **Danzig**

6.00 ⊠ **U** Cöln > Deutz 4.30 / **6.30 Cz**
U Berlin **21.20 / 22.40 Sz** **11.35**[3]

nach **Darmstadt***

19.00 ⊠ **U** Neunkirchen 6.30 / 8.37 Pz
U Ludwigshafen 12.05 / #
U Mannheim # / **13.10 Sz** **14.53**

21.30 ⊠ **U** Saarbrücken 8.15 / 12.25 Pz
U Ludwigshafen 17.15 / #
U Mannheim # / 18.20 Pz 20.43

* Ankunftszeiten in Darmstadt sind sämmtlich geschätzt.

nach **Dortmund***

6.00 ⊠ **U** Cöln > Deutz 4.30 / **6.30 Cz** **9.02**

Fortsetzung siehe nächste Spalte

13.00 ⊠ **U** Coblenz 4.00 / 6.00 ⛴
U Cöln > Deutz 10.30 / 11.00 Pz 15.00

20.00 ⊠ **U** Cöln > Deutz 18.00 / **20.00 Sz** **23.11**

* Ankunftszeiten in Dortmund sind sämmtlich geschätzt.

nach **Dresden**

6.00 ⊠ **U** Cöln > Deutz 4.30 / **6.30 Cz** .
U Magdeburg **18.00** / 18.15 Pz
U Leipzig 21.15 / **22.00 Sz** **0.30**[3]

13.00 ⊠ **U** Coblenz 4.00 / 6.00 ⛴
U Cöln > Deutz 10.30 / 11.00 Pz
U Magdeburg 4.50 / 5.30 Pz
U Leipzig 9.00 / 10.00 Pz 13.15[3]

20.00 ⊠ **U** Cöln > Deutz 18.00 / **20.00 Sz**
U Magdeburg **10.00** / 10.45 Pz
U Leipzig 14.05 / 14.30 Pz 17.30[3]

nach **Düsseldorf**

6.00 ⊠ **U** Cöln 4.30 / 5.30 ⛴ 8.00
6.00 ⊠ **U** Cöln > Deutz 4.30 / **6.30 Cz** **7.15**

13.00 ⊠ **U** Coblenz 4.00 / 6.00 ⛴
U Cöln > Deutz 10.30 / 11.00 Pz 12.10

20.00 ⊠ **U** Cöln 18.00 / 18.30 ⛴ 22.00
20.00 ⊠ **U** Cöln 18.00 / **20.00 Sz** **20.55**

nach **Elberfeld**

6.00 ⊠ **U** Cöln > Deutz 4.30 / **6.30 Cz**
U Düsseldorf **7.15** / 7.30 Pz 8.36

13.00 ⊠ **U** Coblenz 4.00 / 6.00 ⛴
U Cöln > Deutz 10.30 / 11.00 Pz
U Düsseldorf 12.10 / 12.30 Pz 14.07

nach **Erfurt***

19.00 ⊠ **U** Neunkirchen 6.30 / 8.37 Pz
U Ludwigshafen 12.05 / #
U Mannheim # / **13.10 Sz**
U Frankfurt a.M. **15.30 / 17.00 Sz** **2.50**[3]

21.30 ⊠ **U** Saarbrücken 8.15 / 12.25 Pz
U Ludwigshafen 17.15 / #
U Mannheim # / 18.20 Pz
U Frankfurt a.M. 21.30 ↩ /
5.45 Pz 16.50[3]

nach **Essen***

6.00 ⊠ **U** Cöln > Deutz 4.30 / 8.00 Pz 10.40

13.00 ⊠ **U** Coblenz 4.00 / 6.00 ⛴
U Cöln > Deutz 10.30 / 11.00 Pz 13.45

20.00 ⊠ **U** Cöln > Deutz 18.00 / **20.00 Sz** **22.15**

* Ankunft in Alten-Essen, Ankunftszeit geschätzt; ein Fahrplan der Post-Course von Alten-Essen nach Essen Stadt liegt nicht vor.

nach **Frankfurt a.M.**

19.00 ⊠ **U** Neunkirchen 6.30 / 8.37 Pz
U Ludwigshafen 12.05 / #
U Mannheim # / **13.10 Sz** **15.30**

21.30 ⊠ **U** Saarbrücken 8.15 / 12.25 Pz
U Ludwigshafen 17.15 / #
U Mannheim # / 18.20 Pz 21.30

nach **Freiburg i.B.**

19.00 ⊠ **U** Neunkirchen 6.30 / 8.37 Pz
U Ludwigshafen 12.05 / #
U Mannheim # / 15.10 Pz
U Offenburg 20.47 ↪ / 6.00 Pz 8.16

21.30 ⊠ **U** Saarbrücken 8.15 / 12.25 Pz
U Ludwigshafen 17.15 / #
U Mannheim # ↪ / **6.40 Sz** **12.35**[3]

nach **Gera**

19.00 ⊠ **U** Neunkirchen 6.30 / 8.37 Pz
U Ludwigshafen 12.05 / #
U Mannheim # / **13.10 Sz**
U Frankfurt a.M. **15.30** / 18.30 Pz
U Marburg 21.50 ↪ / 4.55 Pz
U Halle 16.05 / 16.15 Pz
U Leipzig 17.15 / 18.30 Pz
U Altenburg 19.40* / 20.30 ⊠ 0.30[4]

21.30 ⊠ **U** Saarbrücken 8.15 / 12.25 Pz
U Ludwigshafen 17.15 / #
U Mannheim # / 18.20 Pz
U Frankfurt a.M. 21.30 ↪ / 5.45 Pz
U Weissenfels 19.10* / 0.45 ⊠ 7.30[4]

* Ankunftszeit geschätzt

nach **Görlitz**

6.00 ⊠ **U** Cöln > Deutz 4.30 / **6.30 Cz**
U Berlin **21.20** / **22.15 Sz**
U Kohlfurt **2.40*** / 3.15 Pz 4.00[3]

6.00 ⊠ **U** Cöln > Deutz 4.30 / **6.30 Cz**
U Magdeburg **18.00** / 18.15 Pz
U Leipzig 21.15 / **22.00 Sz**
U Dresden **0.30** / 5.30 Pz 9.00[3]

13.00 ⊠ **U** Coblenz 4.00 / 6.00 ⛴
U Cöln > Deutz 10.30 / 11.00 Pz
U Magdeburg 4.50 / 5.30 Pz
U Leipzig 9.00 / 10.00 Pz
U Dresden 13.15 / 14.30 Pz 18.15[3]

20.00 ⊠ **U** Cöln > Deutz 18.00 / **20.00 Sz**
U Magdeburg **10.00** / 10.45 Pz
U Leipzig 14.05 / 14.30 Pz
U Dresden 17.30 / 18.15 Pz 21.40[3]

* Ankunftszeit geschätzt

nach **Hagen***

6.00 ⊠ **U** Cöln > Deutz 4.30 / **6.30 Cz**
U Düsseldorf **7.15** / 7.30 Pz
U Elberfeld 8.36 / 9.40 Pz 11.17

13.00 ⊠ **U** Coblenz 4.00 / 6.00 ⛴
U Cöln > Deutz 10.30 / 11.00 Pz
U Düsseldorf 12.10 / 12.30 Pz
U Elberfeld 14.07 / 16.20 Pz 17.38

* Ankunftszeiten in Hagen sind sämmtlich geschätzt.

nach **Halle**

6.00 ⊠ **U** Cöln > Deutz 4.30 / **6.30 Cz**
U Magdeburg **18.00** / 18.15 Pz 20.25

Fortsetzung siehe nächste Spalte

13.00 ⊠ **U** Coblenz 4.00 / 6.00 ⛴
U Cöln > Deutz 10.30 / 11.00 Pz
U Magdeburg 4.50 / 5.30 Pz 8.00[3]

20.00 ⊠ **U** Cöln > Deutz 18.00 / **20.00 Sz**
U Magdeburg **10.00** / 10.45 Pz 13.10[3]

nach **Hamburg**

6.00 ⊠ **U** Cöln > Deutz 4.30 / **6.30 Cz**
U Lehrte **14.25*** / 14.35 Pz
U Harburg 18.20 / 19.00 ⛴ 20.15.

20.00 ⊠ **U** Cöln > Deutz 18.00 / **20.00 Sz**
U Lehrte **6.00*** / 6.05 Pz
U Harburg 10.05 / 10.30 ⛴ 11.45[3]

* Ankunftszeit geschätzt

nach **Hamm**

6.00 ⊠ **U** Cöln > Deutz 4.30 / **6.30 Cz** **9.36**

13.00 ⊠ **U** Coblenz 4.00 / 6.00 ⛴
U Cöln > Deutz 10.30 / 11.00 Pz 16.00

20.00 ⊠ **U** Cöln > Deutz 18.00 / **20.00 Sz** **23.58**

nach **Hannover**

6.00 ⊠ **U** Cöln > Deutz 4.30 / **6.30 Cz** **13.45.**

13.00 ⊠ **U** Coblenz 4.00 / 6.00 ⛴
U Cöln > Deutz 10.30 / 11.00 Pz 22.10

20.00 ⊠ **U** Cöln > Deutz 18.00 / **20.00 Sz** **5.10**[3]

nach **Heidelberg***

19.00 ⊠ **U** Neunkirchen 6.30 / 8.37 Pz
U Ludwigshafen 12.05 / #
U Mannheim # / 15.10 Pz 15.42*

21.30 ⊠ **U** Saarbrücken 8.15 / 12.25 Pz
U Ludwigshafen 17.15 / #
U Mannheim # / 19.45 Pz 20.17*

* Ankunftszeiten in Heidelberg sind sämmtlich geschätzt.

nach **Kiel**

6.00 ⊠ **U** Cöln > Deutz 4.30 / **6.30 Cz**
U Lehrte **14.25*** / 14.35 Pz
U Harburg 18.20 / 19.00 ⛴
U Hamburg > Altona 20.15 ↪ / 8.10 Pz 11.00[3]

20.00 ⊠ **U** Cöln > Deutz 18.00 / **20.00 Sz**
U Lehrte **6.00*** / 6.05 Pz
U Harburg 10.05 / 10.30 ⛴
U Hamburg > Altona 11.45 / 13.00 GmP 16.30[3]

* Ankunftszeit geschätzt

nach **Königsberg i.Pr.**

6.00 ⊠ **U** Cöln > Deutz 4.30 / **6.30 Cz**
U Berlin **21.20** / **22.40 Sz**
U Dirschau **10.45** / 11.37 ⊠
U Marienburg 16.07 / **16.37 Sz** **21.02**[3]

nach **Leipzig**

6.00 ⊠ **U** Cöln > Deutz 4.30 / **6.30 Cz**
U Magdeburg **18.00** / 18.15 Pz 21.15.

Fortsetzung siehe nächste Spalte

13.00 ⊠ **U** Coblenz 4.00 / 6.00 ⛴
U Cöln > Deutz 10.30 / 11.00 Pz
U Magdeburg 4.50 / 5.30 Pz 9.00[3]

20.00 ⊠ **U** Cöln > Deutz 18.00 / **20.00 Sz**
U Magdeburg **10.00** / 10.45 Pz 14.05[3]

nach **Lindau**

19.00 ⊠ **U** Neunkirchen 6.30 / 8.37 Pz
U Ludwigshafen 12.05 / #
U Mannheim # / 15.10 Pz
U Bruchsal 17.00* / 17.20 Pz
U Stuttgart 20.15 ↪ / 7.05 Pz
U Friedrichshafen 15.20 / 15.30 ⛴ k.A.[3]

21.30 ⊠ **U** Saarbrücken 8.15 / 12.25 Pz
U Ludwigshafen 17.15 ↪ / #
U Mannheim # / **12.15 Sz**
U Bruchsal **13.28*** / **13.48 Ez**
U Ulm **18.25** / **18.45 Ez**
U Augsburg **21.15** / 21.30 GmP 6.30[4]

* Ankunftszeit geschätzt

nach **Ludwigshafen**

19.00 ⊠ **U** Neunkirchen 6.30 / 8.37 Pz 12.05

21.30 ⊠ **U** Saarbrücken 8.15 / 12.25 Pz 17.15

nach **Lübeck**

6.00 ⊠ **U** Cöln > Deutz 4.30 / **6.30 Cz**
U Lehrte **14.25*** / 14.35 Pz
U Harburg 18.20 / 19.00 ⛴
U Hamburg 20.15 / 23.00 ⊠ 5.00[3]

20.00 ⊠ **U** Cöln > Deutz 18.00 / **20.00 Sz**
U Lehrte **6.00*** / 6.05 Pz
U Harburg 10.05 / 10.30 ⛴
U Hamburg 11.45 / 17.00 Pz
U Büchen 18.45** / 19.00 Pz 20.11[3]

* Ankunftszeit geschätzt

nach **Magdeburg**

6.00 ⊠ **U** Cöln > Deutz 4.30 / **6.30 Cz** **18.00.**

13.00 ⊠ **U** Coblenz 4.00 / 6.00 ⛴
U Cöln > Deutz 10.30 / 11.00 Pz 4.50[3]

20.00 ⊠ **U** Cöln > Deutz 18.00 / **20.00 Sz** **10.00**[3]

nach **Mainz**

14.15 ⊠ **U** Creutznach 6.15 / 8.30 ⊠ 13.00

19.00 ⊠ **U** Neunkirchen 6.30 / 8.37 Pz 14.06

23.00 ⊠ **U** Bingerbrück 14.00 / 19.45 ⊠ 23.00

nach **Mannheim**

> Ludwigshafen

nach **München**

19.00 ⊠ **U** Neunkirchen 6.30 / 8.37 Pz
U Ludwigshafen 12.05 / #
U Mannheim # / 15.10 Pz
U Bruchsal 17.01* / 17.20 Pz
U Stuttgart 20.15 ↪ / 7.05 Pz
U Ulm 10.50 / 11.15 GmP
U Augsburg 15.40 / 17.45 GmP 20.30[3]

Fortsetzung siehe nächste Seite

noch: nach **München**

21.30 ⊠ **U** Saarbrücken 8.15 / 12.25 Pz
U Ludwigshafen 17.15 ↪ / #
U Mannheim # / **12.15 Sz**
U Bruchsal **13.28* / 13.48 Ez**
U Ulm **18.25** / **18.45 Ez**
U Augsburg **21.15** / **21.30 Ez** **23.00**[3]

* Ankunftszeit geschätzt

nach **Münster**

6.00 ⊠ **U** Cöln > Deutz 4.30 / **6.30 Cz**
U Hamm **9.36** / 12.10 Pz 13.00

13.00 ⊠ **U** Coblenz 4.00 / 6.00 ⛴
U Cöln > Deutz 10.30 / 11.00 Pz
U Hamm 16.00 / 19.00 Pz 20.00

20.00 ⊠ **U** Cöln > Deutz 18.00 / **20.00 Sz**
U Hamm **24.00** ↪ / 7.30 Pz 8.30[3]

nach **Nürnberg**

19.00 ⊠ **U** Neunkirchen 6.30 / 8.37 Pz
U Ludwigshafen 12.05 / #
U Mannheim # / **13.10 Sz**
U Frankfurt a.M.**15.30** / 17.15 Pz
U Bamberg 1.05 / 3.15 Pz 5.15[3]

21.30 ⊠ **U** Saarbrücken 8.15 / 12.25 Pz
U Ludwigshafen 17.15 / #
U Mannheim # / 18.20 Pz
U Frankfurt a.M. 21.30 ↪/ **8.30 Ez**
U Bamberg **14.45** / **15.30 Ez** **17.00**[3]

nach **Oberhausen**

6.00 ⊠ **U** Cöln > Deutz 4.30 / **6.30 Cz** **8.00**

13.00 ⊠ **U** Coblenz 4.00 / 6.00 ⛴
U Cöln > Deutz 10.30 / 11.00 Pz 13.20

20.00 ⊠ **U** Cöln > Deutz 18.00 / **20.00 Sz** **21.50**

nach **Oppeln***

6.00 ⊠ **U** Cöln > Deutz 4.30 / **6.30 Cz**
U Berlin **21.20** / **22.15 Sz** **7.45**[3]

* Ankunftszeit in Oppeln geschätzt.

nach **Osnabrück**

6.00 ⊠ **U** Cöln > Deutz 4.30 / **6.30 Cz**
U Bielefeld **11.13*** / 11.30 ⊠ 18.00

13.00 ⊠ **U** Coblenz 4.00 / 6.00 ⛴
U Cöln > Deutz 10.30 / 11.00 Pz
U Minden 19.45 / 1.00 ⊠ 8.00[3]

20.00 ⊠ **U** Cöln > Deutz 18.00 / **20.00 Sz**
U Minden **3.05** / 9.00 ⊠ 16.00[3]

* Ankunftszeit geschätzt

nach **Passau**

21.30 ⊠ **U** Saarbrücken 8.15 / 12.25 Pz
U Ludwigshafen 17.15 / #
U Mannheim # / 18.20 Pz
U Frankfurt a.M. 21.30 ↪/ **8.30 Ez**
U Bamberg **14.45** / **15.30 Ez**
U Nürnberg **17.00** / 17.30 ⊠
U Regensburg 5.30 / 11.00 ⊠ 22.30[4]

nach **Posen**

6.00 ⊠ **U** Cöln > Deutz 4.30 / **6.30 Cz**
U Berlin **21.20** / **22.40 Sz**
U Kreutz **4.43** / 5.03 Pz 7.47[3]

nach **Regensburg**

19.00 ⊠ **U** Neunkirchen 6.30 / 8.37 Pz
U Ludwigshafen 12.05 / #
U Mannheim # / **13.10 Sz**
U Frankfurt a.M.**15.30** / 17.15 Pz
U Bamberg 1.05 / 3.15 Pz
U Nürnberg 5.15 / 6.00 ⊠ 18.00[3]

21.30 ⊠ **U** Saarbrücken 8.15 / 12.25 Pz
U Ludwigshafen 17.15 / #
U Mannheim # / 18.20 Pz
U Frankfurt a.M. 21.30 ↪/ **8.30 Ez**
U Bamberg **14.45** / **15.30 Ez**
U Nürnberg **17.00** / 17.30 ⊠ 5.30[4]

nach **Rostock**

6.00 ⊠ **U** Cöln > Deutz 4.30 / **6.30 Cz**
U Lehrte **14.25*** / 14.35 Pz
U Harburg 18.20 / 19.00 ⛴
U Hamburg 20.15 / **22.30 Cz**
U Hagenow **0.40*** ↪ / 7.30 Pz 11.05[3]

13.00 ⊠ **U** Coblenz 4.00 / 6.00 ⛴
U Cöln > Deutz 10.30 / 11.00 Pz
U Magdeburg 4.50 / 7.45 Pz
U Wittenberge 10.15 / 10.55 Pz
U Hagenow 12.40* / 12.50 Pz 16.40[3]

20.00 ⊠ **U** Cöln > Deutz 18.00 / **20.00 Sz**
U Magdeburg **10.00** / 10.45 GmP
U Wittenberge 14.10 / 15.10 GmP
U Hagenow 17.00 / 17.30 20.10[3]

* Ankunftszeit geschätzt

nach **Saarbrücken**

8.00 ⊠ 18.45
19.00 ⊠ 5.30
21.30 ⊠ 8.15

nach **Schwerin**

6.00 ⊠ **U** Cöln > Deutz 4.30 / **6.30 Cz**
U Lehrte **14.25*** / 14.35 Pz
U Harburg 18.20 / 19.00 ⛴
U Hamburg 20.15 / **22.30 Cz**
U Hagenow **0.40*** ↪ / 7.30 Pz 8.12[3]

Fortsetzung siehe nächste Spalte

13.00 ⊠ **U** Coblenz 4.00 / 6.00 ⛴
U Cöln > Deutz 10.30 / 11.00 Pz
U Magdeburg 4.50 / 7.45 Pz
U Wittenberge 10.15 / 10.55 Pz
U Hagenow 12.40* / 12.50 Pz 13.35[3]

19.00 ⊠ **U** Neunkirchen 6.30 / 8.37 Pz
U Ludwigshafen 12.05 / #
U Mannheim # / **13.10 Sz**
U Frankfurt a.M. **15.30** / **17.00 Sz**
U Halle **5.40** / 7.45 Pz
U Magdeburg 9.50 / 10.45 GmP
U Wittenberge 14.10 / 15.10 GmP
U Hagenow 17.00* / 17.30 Pz 18.15[3]

20.00 ⊠ **U** Cöln > Deutz 18.00 / **20.00 Sz**
U Magdeburg **10.00** / 10.45 GmP
U Wittenberge 14.10 / 15.10 GmP
U Hagenow 17.00* / 17.30 Pz 18.15[3]

* Ankunftszeit geschätzt

nach **Stettin**

6.00 ⊠ **U** Cöln > Deutz 4.30 / **6.30 Cz**
U Berlin **21.20** / **22.40 Sz** **1.47**[3]

13.00 ⊠ **U** Coblenz 4.00 / 6.00 ⛴
U Cöln > Deutz 10.30 / 11.00 Pz
U Berlin 9.30 / 12.15 Pz 15.52[3]

20.00 ⊠ **U** Cöln > Deutz 18.00 / **20.00 Sz**
U Berlin **13.10** / 17.30 Pz 21.10[3]

nach **Stralsund**

6.00 ⊠ **U** Cöln > Deutz 4.30 / **6.30 Cz**
U Berlin **21.20** / **22.40 Sz**
U Passow 0.50* / 1.15 ⊠ 18.00[3]

20.00 ⊠ **U** Cöln > Deutz 18.00 / **20.00 Sz**
U Berlin **13.10** / 17.30 Pz
U Passow 20.00* / 20.20 ⊠ 11.20[4]

nach **Stuttgart**

19.00 ⊠ **U** Neunkirchen 6.30 / 8.37 Pz
U Ludwigshafen 12.05 / #
U Mannheim # / 15.10 Pz
U Bruchsal 17.01* / 17.20 Pz 20.15

21.30 ⊠ **U** Saarbrücken 8.15 / 12.25 Pz
U Ludwigshafen 17.15 ↪ / #
U Mannheim # / **12.15 Sz**
U Bruchsal **13.28* / 13.48 Ez** **15.46**

* Ankunftszeit geschätzt

nach **Ulm**

19.00 ⊠ **U** Neunkirchen 6.30 / 8.37 Pz
U Ludwigshafen 12.05 / #
U Mannheim # / 15.10 Pz
U Bruchsal 17.01* / 17.20 Pz
U Stuttgart 20.15 ↪ / 7.05 Pz 10.50[3]

21.30 ⊠ **U** Saarbrücken 8.15 / 12.25 Pz
U Ludwigshafen 17.15 ↪ / #
U Mannheim # / **12.15 Sz**
U Bruchsal **13.28* / 13.48 Ez** **18.25**[3]

* Ankunftszeit geschätzt

noch: ab **Trier**

nach **Wiesbaden**

5.15 ✉ **U** Coblenz 18.45 / 20.00 ✉ 5.00
13.00 ✉ **U** Coblenz 4.00 / 7.15 ✉ 16.15

nach **Würzburg**

19.00 ✉ **U** Neunkirchen 6.30 / 8.37 Pz
U Ludwigshafen 12.05 / #
U Mannheim # / **13.10 Sz**
U Frankfurt a.M. **15.30** / 17.15 Pz 21.40
21.30 ✉ **U** Saarbrücken 8.15 / 12.25 Pz
U Ludwigshafen 17.15 / #
U Mannheim # / 18.20 Pz
U Frankfurt a.M. 21.30 ↵ / **8.30 Ez 12.00**[3]

nach **Zwickau**

19.00 ✉ **U** Neunkirchen 6.30 / 8.37 Pz
U Ludwigshafen 12.05 / #
U Mannheim # / **13.10 Sz**
U Frankfurtva.M. **15.30** / 17.15 Pz
U Bamberg 1.05 / 1.35 Pz
U Hof 6.30 / 7.00 Pz
U Werdau 9.40* / 9.47 Pz 10.10*[3]
21.30 ✉ **U** Saarbrücken 8.15 / 12.25 Pz
U Ludwigshafen 17.15 / #
U Mannheim # / 18.20 Pz
U Frankfurt a.M. 21.30 ↵ / **8.30 Ez**
U Bamberg **14.45 / 15.05 Ez**
U Werdau 20.55* / 21.17 Pz 21.40*[3]

* Ankunftszeit geschätzt

Auslandsverbindungen

Trier ist außerdem im **Auslandsteil** ab S. 210 mit den hier abgehenden Post-Coursen nach **Frankreich** und **Luxemburg** aufgeführt.

Ulm

Ulm wird durchquert von der Centralbahn der Württembergischen Staatseisenbahnen, die ihren Ausgang in Bruchsal hat (dort Anschlüsse der Badischen Staatseisenbahnen von Mannheim–Heidelberg bzw. Carlsruhe) und über Bietigheim (Anschluß von Heilbronn)–Stuttgart–Ulm bis Friedrichshafen am Bodensee führt. Außerdem ist Ulm Endpunkt der Bayerischen Staatseisenbahnen von München–Augsburg.

von Ulm

nach **Aachen**

5.35 Pz **U** Bruchsal 12.06 / **12.27 Sz**
U Mannheim **13.42** / #
U Ludwigshafen # / 15.10 Pz
U Mainz 17.15 / 20.00 ✉
U Coblenz 5.30 / 6.00 ⛴
U Cöln 10.30 / 11.45 Pz 13.45
11.45 Pz **U** Bruchsal 16.48 / 17.05 Pz
U Mannheim 18.52 / #
U Ludwigshafen # / **22.00 Sz**
U Mainz **23.39** ↵ / 6.00 ⛴
U Cöln 14.45 / 18.00 Pz 20.00
14.22 Pz **U** Bruchsal 21.00 / **21.23 Sz**
U Mannheim **22.41** ↵ / 4.30 ⛴
U Cöln 18.15 / **23.30 1.20**[3]
14.22 Pz **U** Bruchsal 21.00 / **21.23 Sz**
U Mannheim **22.41** / #
U Ludwigshafen # ↵ / 6.05 Pz
U Mainz 8.05 / 9.00 ⛴
U Cöln 18.15 / **23.30 1.20**[3]

nach **Augsburg**

4.15 GmP 8.45
11.15 GmP 15.40
18.45 Ez 21.15

nach **Basel***

5.35 Pz **U** Bruchsal 12.06 / **13.38 Sz 19.15**
11.45 Pz **U** Bruchsal 16.48 / 17.06 Pz
U Offenburg 20.47 ↵ / 6.00 Pz 10.55
14.22 Pz **U** Bruchsal 21.00 / 21.41 Pz
U Carlsruhe 22.25 ↵ / **8.35 Sz 14.56**
17.42 Pz **U** Stuttgart 21.10 ↵ / 7.20 Pz
U Bruchsal 10.12 / 10.58 Pz 20.15

* Ankunft Basel Badischer Bf

nach **Berlin**

5.35 Pz **U** Bruchsal 12.06 / **12.27 Sz**
U Heidelberg **13.05*** / **13.20 Sz**
U Frankfurt a.M. **15.30** / **17.00 Sz 10.30**

* Ankunftszeit geschätzt

nach **Bonn**

5.35 Pz **U** Bruchsal 12.06 / **12.27 Sz**
U Mannheim **13.42** / #
U Ludwigshafen # / 15.10 Pz
U Mainz 17.15 / 20.00 ✉
U Coblenz 5.30 / 6.00 ⛴ 8.45
11.45 Pz **U** Bruchsal 16.48 / 17.05 Pz
U Mannheim 18.52 / #
U Ludwigshafen # / **22.00 Sz**
U Mainz **23.39** ↵ / 6.00 ⛴ 12.45
14.22 Pz **U** Bruchsal 21.00 / **21.23 Sz**
U Mannheim **22.41** / #
U Ludwigshafen # ↵ / 6.05 Pz
U Mainz 8.05 / 9.00 ⛴ 16.15

Fortsetzung siehe nächste Spalte

14.22 Pz **U** Bruchsal 21.00 / **21.23 Sz**
U Mannheim **22.41** ↵ / 4.30 ⛴ 16.15

nach **Braunschweig**

5.35 Pz **U** Bruchsal 12.06 / **12.27 Sz**
U Heidelberg **13.05** / **13.20 Sz**
U Frankfurt a.M. **15.30** / **17.00 Sz**
U Guntershausen **21.50**/ 21.55 Pz
U Cassel 22.15 / 23.15 ✉
U Göttingen 4.40 / 5.15 Pz
U Hannover 8.45 / 10.00 Pz 12.15
5.35 Pz **U** Bruchsal 12.06 / **12.27 Sz**
U Heidelberg **13.05** / **13.20 Sz**
U Frankfurt a.M. **15.30** / **17.00 Sz**
U Halle **5.40** / 7.45 Pz
U Magdeburg 9.50 / **10.40 Cz 12.50**
14.22 Pz **U** Bruchsal 21.00 / **21.23 Sz**
U Heidelberg **21.59** / **22.10 Cz**
U Frankfurt a.M. **0.15** ↵ / 5.45 Pz
U Guntershausen 11.45/ 11.50 Pz
U Cassel 12.10 / 12.30 ✉
U Göttingen 17.45 / 18.00 Pz
U Hannover 21.30 / 22.30 Pz 0.30[3]

nach **Bremen**

5.35 Pz **U** Bruchsal 12.06 / **12.27 Sz**
U Heidelberg **13.05** / **13.20 Sz**
U Frankfurt a.M. **15.30** / **17.00 Sz**
U Guntershausen **21.50** / 21.55 Pz
U Cassel 22.15 / 23.15 ✉
U Göttingen 4.40 / 5.15 Pz
U Hannover 8.45 / 12.45 Pz 16.00
14.22 Pz **U** Bruchsal 21.00 / **21.23 Sz**
U Heidelberg **21.59** / **22.10 Cz**
U Frankfurt a.M. **0.15** ↵ / 5.45 Pz
U Guntershausen 11.45 / 11.50 Pz
U Cassel 12.10 / 12.30 ✉
U Göttingen 17.45 / 18.00 Pz
U Hannover 21.30 ↵ / **6.45 Sz**
U Wunstorf **7.15*** / 7.30 Pz 10.15[3]

* Ankunftszeit geschätzt

nach **Breslau**

5.35 Pz **U** Bruchsal 12.06 / **12.27 Sz**
U Heidelberg **13.05** / **13.20 Sz**
U Frankfurt a.M. **15.30** / **17.00 Sz**
U Halle **5.40** / 6.15 Pz
U Leipzig 7.30 / 10.00 Pz
U Dresden 13.15 / 18.15 Pz
U Görlitz 21.40 / 23.00 Pz
U Kohlfurt 23.45 / **2.45 Sz 5.45**[3]
14.22 Pz **U** Bruchsal 21.00 / **21.23 Sz**
U Heidelberg **21.59** / **22.10 Cz**
U Frankfurt a.M. **0.15** ↵ / 5.45 Pz
U Halle 20.05 / 20.30 Pz
U Leipzig 21.15 / **22.00 Sz**
U Dresden **0.30** ↵ / 9.45 Pz
U Görlitz 12.50 / 13.30 Pz
U Kohlfurt 14.10 / 14.15 Pz 18.30[3]

nach **Carlsruhe**

5.35 Pz	U Bruchsal 12.06 / **13.38 Sz**	**14.10**
11.45 Pz	U Bruchsal 16.48 / 17.06 Pz	17.50
14.22 Pz	U Bruchsal 21.00 / 21.41 Pz	22.25
17.42 Pz	U Stuttgart 21.10 ↪ / 7.20 Pz	
	U Bruchsal 10.12 / 10.58 Pz	11.44

nach **Cassel**

5.35 Pz	U Bruchsal 12.06 / **12.27 Sz**	
	U Heidelberg **13.05* / 13.20 Sz**	
	U Frankfurt a.M. **15.30** / **17.00 Sz**	
	U Guntershausen **21.50** / 21.55 Pz	22.15
14.22 Pz	U Bruchsal 21.00 / **21.23 Sz**	
	U Heidelberg **22.00*** / **22.10 Cz**	
	U Frankfurt a.M. **0.15** ↪ / 5.45 Pz	
	U Guntershausen 11.45 / 11.50 Pz	12.10

* Ankunftszeit geschätzt

nach **Chemnitz**

4.15 GmP	U Augsburg 8.45 / **8.55 Ez**	
	U Werdau **20.55*** / 21.17 Pz	
	U Zwickau 21.40* / 22.30 ✉	3.00
11.15 GmP	U Augsburg 15.40 / 15.55 Pz	
	U Hof 6.30 / 7.00 Pz	
	U Werdau 9.40* / 9.47 Pz	
	U Zwickau 10.10* / 10.30 ✉	15.00

* Ankunftszeit geschätzt

nach **Coblenz**

5.35 Pz	U Bruchsal 12.06 / **12.27 Sz**	
	U Mannheim **13.42** / #	
	U Ludwigshafen # / 15.10 Pz	
	U Mainz 17.15 / 20.00 ✉	5.30
11.45 Pz	U Bruchsal 16.48 / 17.05 Pz	
	U Mannheim 18.52 / #	
	U Ludwigshafen # / **22.00 Sz**	
	U Mainz **23.39** ↪ / 6.00 ⛴	9.45
14.22 Pz	U Bruchsal 21.00 / **21.23 Sz**	
	U Mannheim **22.41** / #	
	U Ludwigshafen # ↪ / 6.05 Pz	
	U Mainz 8.05 / 9.00 ⛴	13.00
14.22 Pz	U Bruchsal 21.00 / **21.23 Sz**	
	U Mannheim **22.41** ↪ / 4.30 ⛴	13.00

nach **Cöln**

5.35 Pz	U Bruchsal 12.06 / **12.27 Sz**	
	U Mannheim **13.42** / #	
	U Ludwigshafen # / 15.10 Pz	
	U Mainz 17.15 / 20.00 ✉	
	U Coblenz 5.30 / 6.00 ⛴	10.30
11.45 Pz	U Bruchsal 16.48 / 17.05 Pz	
	U Mannheim 18.52 / #	
	U Ludwigshafen # / **22.00 Sz**	
	U Mainz **23.39** ↪ / 6.00 ⛴	14.45
14.22 Pz	U Bruchsal 21.00 / **21.23 Sz**	
	U Mannheim **22.41** / #	
	U Ludwigshafen # ↪ / 6.05 Pz	
	U Mainz 8.05 / 9.00 ⛴	18.15
14.22 Pz	U Bruchsal 21.00 / **21.23 Sz**	
	U Mannheim **22.41** ↪ / 4.30 ⛴	18.15

Fortsetzung siehe nächste Spalte

nach **Constanz**

11.45 Pz	U Friedrichshafen 15.20 /18.00 ⛴	19.30
18.40 Ez	U Friedrichshafen **22.15** ↪ /5.30 ⛴	7.00

nach **Danzig**

5.35 Pz	U Bruchsal 12.06 / **12.27 Sz**	
	U Heidelberg **13.05* / 13.20 Sz**	
	U Frankfurt a.M. **15.30 / 17.00 Sz**	
	U Berlin **10.30 / 22.40 Sz**	**11.35**[3]

* Ankunftszeit geschätzt

nach **Darmstadt**

5.35 Pz	U Bruchsal 12.06 / **12.27 Sz**	
	U Heidelberg **13.05* / 13.20 Sz**	**14.53***
11.45 Pz	U Bruchsal 16.48 / 17.05 Pz	
	U Heidelberg 18.05* / 18.25 Pz	20.43*
14.22 Pz	U Bruchsal 21.00 / **21.23 Sz**	
	U Heidelberg **22.00* / 22.10 Cz**	**23.38***
17.42 Pz	U Stuttgart 21.10 ↪ / 7.20 Pz	
	U Bruchsal 10.12 / 10.30 Pz	
	U Heidelberg 11.30* / 11.45 Pz	13.43*

* Ankunftszeit geschätzt

nach **Dortmund**

5.35 Pz	U Bruchsal 12.06 / **12.27 Sz**	
	U Heidelberg **13.05 / 13.20 Sz**	
	U Frankfurt a.M.**15.30 /17.00 Sz**	
	U Guntershausen **21.50** / 21.55 Pz	
	U Cassel 22.15 ↪ / 5.55 Pz	
	U Hamm 11.46 / **12.01 Sz**	**12.40***
5.35 Pz	U Bruchsal 12.06 / **12.27 Sz**	
	U Mannheim **13.42** / #	
	U Ludwigshafen # / 15.10 Pz	
	U Mainz 17.15 / 20.00 ✉	
	U Coblenz 5.30 / 6.00 ⛴	
	U Cöln > Deutz 10.30 / 11.00 Pz	15.00*
14.22 Pz	U Bruchsal 21.00 / **21.23 Sz**	
	U Heidelberg **21.59** / **22.10 Cz**	
	U Frankfurt a.M. **0.15** / 5.45 Pz	
	U Guntershausen 11.45 / 11.50 Pz	
	U Cassel 12.10 / 12.30 Pz	
	U Hamm 18.26 / **18.45 Cz**	**19.20***
14.22 Pz	U Bruchsal 21.00 / **21.23 Sz**	
	U Mannheim **22.41** ↪ / 4.30 ⛴	
	U Cöln > Deutz 18.15 / **20.00 Sz**	**23.11***

* Ankunftszeit geschätzt

nach **Dresden**

5.35 Pz	U Bruchsal 12.06 / **12.27 Sz**	
	U Heidelberg **13.05 / 13.20 Sz**	
	U Frankfurt a.M. **15.30 / 17.00 Sz**	
	U Halle **5.40** / 6.15 Pz	
	U Leipzig 7.30 / 10.00 Pz	13.15
14.22 Pz	U Bruchsal 21.00 / **21.23 Sz**	
	U Heidelberg **21.59 / 22.10 Cz**	
	U Frankfurt a.M. **0.15** ↪ / 5.45 Pz	
	U Halle 20.05 / 20.30 Pz	
	U Leipzig 21.15 / **22.00 Sz**	**0.30**[3]

Fortsetzung siehe nächste Spalte

nach **Düsseldorf**

5.35 Pz	U Bruchsal 12.06 / **12.27 Sz**	
	U Mannheim **13.42** / #	
	U Ludwigshafen # / 15.10 Pz	
	U Mainz 17.15 / 20.00 ✉	
	U Coblenz 5.30 / 6.00 ⛴	
	U Cöln > Deutz 10.30 / 11.00 Pz	12.10
11.45 Pz	U Bruchsal 16.48 / 17.05 Pz	
	U Mannheim 18.52 / #	
	U Ludwigshafen # / **22.00 Sz**	
	U Mainz **23.39** ↪ / 6.00 ⛴	
	U Cöln > Deutz 14.45 / 16.00 Pz	17.10
14.22 Pz	U Bruchsal 21.00 / **21.23 Sz**	
	U Mannheim **22.41** / #	
	U Ludwigshafen # ↪ / 6.05 Pz	
	U Mainz 8.05 / 9.00 ⛴	22.00
14.22 Pz	U Bruchsal 21.00 / **21.23 Sz**	
	U Mannheim **22.41** ↪ / 4.30 ⛴	22.00

nach **Elberfeld**

5.35 Pz	U Bruchsal 12.06 / **12.27 Sz**	
	U Mannheim **13.42** / #	
	U Ludwigshafen # / 15.10 Pz	
	U Mainz 17.15 / 20.00 ✉	
	U Coblenz 5.30 / 6.00 ⛴	
	U Cöln > Deutz 10.30 / 11.00 Pz	
	U Düsseldorf 12.10 / 12.30 Pz	14.07
11.45 Pz	U Bruchsal 16.48 / 17.05 Pz	
	U Mannheim 18.52 / #	
	U Ludwigshafen # / **22.00 Sz**	
	U Mainz **23.39** ↪ / 6.00 ⛴	
	U Cöln > Deutz 14.45 / 16.00 Pz	
	U Düsseldorf 17.10 / 17.30 Pz	18.36
14.22 Pz	U Bruchsal 21.00 / **21.23 Sz**	
	U Mannheim **22.41** ↪ / 4.30 ⛴	
	U Düsseldorf 22.00 / 7.30 Pz	8.36[3]

nach **Erfurt**

5.35 Pz	U Bruchsal 12.06 / **12.27 Sz**	
	U Heidelberg **13.05* / 13.20 Sz**	
	U Frankfurt a.M. **15.30 / 17.00 Sz**	**2.50***
14.22 Pz	U Bruchsal 21.00 / **21.23 Sz**	
	U Heidelberg **22.00*** / **22.10 Cz**	
	U Frankfurt a.M. **0.15** ↪/ 5.45 Pz	16.50*

* Ankunftszeit geschätzt

nach **Essen***

5.35 Pz	U Bruchsal 12.06 / **12.27 Sz**	
	U Mannheim **13.42** / #	
	U Ludwigshafen # / 15.10 Pz	
	U Mainz 17.15 / 20.00 ✉	
	U Coblenz 5.30 / 6.00 ⛴	
	U Cöln > Deutz 10.30 / 11.00 Pz	13.45

Fortsetzung siehe nächste Seite

noch: nach **Essen**

11.45 Pz **U** Bruchsal 16.48 / 17.05 Pz
U Mannheim 18.52 / #
U Ludwigshafen # / **22.00 Sz**
U Mainz **23.39** ↪ / 6.00 ⛴
U Cöln > Deutz 14.45 / 16.00 Pz 18.55

14.22 Pz **U** Bruchsal 21.00 / **21.23 Sz**
U Mannheim **22.41** / #
U Ludwigshafen # ↪ / 6.05 Pz
U Mainz 8.05 / 9.00 ⛴
U Cöln > Deutz 18.15 / **20.00 Sz** **22.15**

14.22 Pz **U** Bruchsal 21.00 / **21.23 Sz**
U Mannheim **22.41** ↪ / 4.30 ⛴
U Cöln > Deutz 18.15 / **20.00 Sz** **22.15**

* Ankunft in Alten-Essen, Ankunftszeit geschätzt; ein Fahrplan der Post-Course von Alten-Essen nach Essen Stadt liegt nicht vor.

nach **Frankfurt a.M.**

5.35 Pz **U** Bruchsal 12.06 / **12.27 Sz**
U Heidelberg **13.05* / 13.20 Sz** **15.30**

11.45 Pz **U** Bruchsal 16.48 / 17.05 Pz
U Heidelberg 18.05* / 18.25 Pz 21.30

14.22 Pz **U** Bruchsal 21.00 / **21.23 Sz**
U Heidelberg **22.00* / 22.10 Cz** **0.15**

17.42 Pz **U** Stuttgart 21.10 ↪ / 7.20 Pz
U Bruchsal 10.12 / 10.30 Pz
U Heidelberg 11.30* / 11.45 Pz 14.30

* Ankunftszeit geschätzt

nach **Freiburg i.B.**

5.35 Pz **U** Bruchsal 12.06 / **13.38 Sz** **17.36**

11.45 Pz **U** Bruchsal 16.48 / 17.06 Pz
U Offenburg 20.47 ↪ / 6.00 Pz 8.16

14.22 Pz **U** Bruchsal 21.00 / 21.41 Pz
U Carlsruhe 22.25 ↪ / **8.35 Sz** **12.35**

17.42 Pz **U** Stuttgart 21.10 ↪ / 7.20 Pz
U Bruchsal 10.12 / 10.58 Pz 17.07

nach **Gera**

4.15 GmP **U** Augsburg 8.45 / **8.55 Ez**
U Altenburg **21.55*** ↪ / 9.00 ✉ 13.00

11.15 GmP **U** Augsburg 15.40 / 15.55 Pz
U Hof 6.30 / 7.00 Pz
U Altenburg 10.55* / 15.00 ✉ 19.00

* Ankunftszeit geschätzt

nach **Görlitz**

5.35 Pz **U** Bruchsal 12.06 / **12.27 Sz**
U Heidelberg **13.05 / 13.20 Sz**
U Frankfurt a.M. **15.30 / 17.00 Sz**
U Halle **5.40** / 6.15 Pz
U Leipzig 7.30 / 10.00 Pz
U Dresden 13.15 / 14.30 Pz 18.15

Fortsetzung siehe nächste Spalte

14.22 Pz **U** Bruchsal 21.00 / **21.23 Sz**
U Heidelberg **21.59 / 22.10 Cz**
U Frankfurt a.M. **0.15** ↪ / 5.45 Pz
U Halle 20.05 / 20.30 Pz
U Leipzig 21.15 / **22.00 Sz**
U Dresden **0.30** ↪ / 5.30 Pz 9.00[3]

nach **Hagen***

5.35 Pz **U** Bruchsal 12.06 / **12.27 Sz**
U Mannheim **13.42** / #
U Ludwigshafen # / 15.10 Pz
U Mainz 17.15 / 20.00 ✉
U Coblenz 5.30 / 6.00 ⛴
U Cöln > Deutz 10.30 / 11.00 Pz
U Düsseldorf 12.10 / 12.30 Pz
U Elberfeld 14.07 / 16.20 Pz 17.38

11.45 Pz **U** Bruchsal 16.48 / 17.05 Pz
U Mannheim 18.52 / #
U Ludwigshafen # / **22.00 Sz**
U Mainz **23.39** ↪ / 6.00 ⛴
U Cöln > Deutz 14.45 / 16.00 Pz
U Düsseldorf 17.10 / 17.30 Pz
U Elberfeld 18.36 / 19.25 Pz 20.33

14.22 Pz **U** Bruchsal 21.00 / **21.23 Sz**
U Mannheim **22.41** / #
U Ludwigshafen # ↪ / 6.05 Pz
U Mainz 8.05 / 9.00 ⛴
U Cöln > Deutz 18.15 / **20.00 Sz**
U Düsseldorf **20.55** / 21.15 Pz
U Elberfeld 22.21 ↪ / 6.45 Pz 7.50

14.22 Pz **U** Bruchsal 21.00 / **21.23 Sz**
U Mannheim **22.41** ↪ / 4.30 ⛴
U Cöln > Deutz 18.15 / **20.00 Sz**
U Düsseldorf **20.55** / 21.15 Pz
U Elberfeld 22.21 ↪ / 6.45 Pz 7.50

* Ankunftszeiten in Hagen sind sämmtlich geschätzt.

nach **Halle**

5.35 Pz **U** Bruchsal 12.06 / **12.27 Sz**
U Heidelberg **13.05 / 13.20 Sz**
U Frankfurt a.M. **15.30 / 17.00 Sz** **5.40**

14.22 Pz **U** Bruchsal 21.00 / **21.23 Sz**
U Heidelberg **21.59 / 22.10 Cz**
U Frankfurt a.M. **0.15** ↪ / 5.45 Pz 20.05

nach **Hamburg**

5.35 Pz **U** Bruchsal 12.06 / **12.27 Sz**
U Heidelberg **13.05* / 13.20 Sz**
U Frankfurt a.M. **15.30 / 17.00 Sz**
U Guntershausen **21.50**/ 21.55 Pz
U Cassel 22.15 / 23.15 ✉
U Göttingen 4.40 / 5.15 Pz
U Hannover 8.45 / 10.00 GmP
U Lehrte 10.30* / 11.00 Pz 16.10**

Fortsetzung siehe nächste Spalte

14.22 Pz **U** Bruchsal 21.00 / **21.23 Sz**
U Heidelberg **22.00*/22.10 Cz**
U Frankfurt a.M. **0.15** ↪ / 5.45 Pz
U Guntershausen 11.45 / 11.50 Pz
U Cassel 12.10 / 12.30 ✉
U Göttingen 17.45 / 18.00 Pz
U Hannover 21.30 ↪ / **5.30 Sz**
U Lehrte **6.00*** / 6.05 Pz
U Harburg 10.05 / 10.30 ⛴ 11.45[3]

* Ankunftszeit geschätzt ** Ankunft in Harburg

nach **Hamm**

5.35 Pz **U** Bruchsal 12.06 / **12.27 Sz**
U Heidelberg **13.05* / 13.20 Sz**
U Frankfurt a.M. **15.30 / 17.00 Sz**
U Guntershausen **21.50** / 21.55 Pz
U Cassel 22.15 ↪ / 5.55 Pz 11.46

14.22 Pz **U** Bruchsal 21.00 / **21.23 Sz**
U Heidelberg **22.00* / 22.10 Cz**
U Frankfurt a.M. **0.15** ↪ / 5.45 Pz
U Guntershausen 11.45 / 11.50 Pz
U Cassel 12.10 / 12.30 Pz 18.26

nach **Hannover**

5.35 Pz **U** Bruchsal 12.06 / **12.27 Sz**
U Heidelberg **13.05* / 13.20 Sz**
U Frankfurt a.M. **15.30 / 17.00 Sz**
U Guntershausen **21.50**/ 21.55 Pz
U Cassel 22.15 / 23.15 ✉
U Göttingen 4.40 / 5.15 Pz 8.45

14.22 Pz **U** Bruchsal 21.00 / **21.23 Sz**
U Heidelberg **22.00*/22.10 Cz**
U Frankfurt a.M. **0.15** ↪ / 5.45 Pz
U Guntershausen 11.45/ 11.50 Pz
U Cassel 12.10 / 12.30 ✉
U Göttingen 17.45 / 18.00 Pz 21.30

nach **Heidelberg**

5.35 Pz **U** Bruchsal 12.06 / **12.27 Sz** **13.05**

11.45 Pz **U** Bruchsal 16.48 / 17.05 Pz 18.04

14.22 Pz **U** Bruchsal 21.00 / **21.23 Sz** **21.59**

17.42 Pz **U** Stuttgart 21.10 ↪ / 7.20 Pz
U Bruchsal 10.12 / 10.30 Pz 11.27

nach **Kiel**

14.22 Pz **U** Bruchsal 21.00 / **21.23 Sz**
U Heidelberg **22.00*/22.10 Cz**
U Frankfurt a.M. **0.15** ↪ / 5.45 Pz
U Guntershausen 11.45 / 11.50 Pz
U Cassel 12.10 / 12.30 ✉
U Göttingen 17.45 / 18.00 Pz
U Hannover 21.30 ↪ / **5.30 Sz**
U Lehrte **6.00*** / 6.05 Pz
U Harburg 10.05 / 10.30 ⛴
U Hamburg > Altona 11.45 / 13.00 GmP 16.30[3]

nach **Königsberg i.Pr.**

5.35 Pz **U** Bruchsal 12.06 / **12.27 Sz**
U Heidelberg **13.05*** / **13.20 Sz**
U Frankfurt a.M. **15.30** / **17.00 Sz**
U Berlin **10.30** / **22.40 Sz**
U Dirschau **10.45** / 11.37 ✉
U Marienburg 16.07 / **16.37 Sz** **21.02**[3]

* Ankunftszeit geschätzt

nach **Leipzig**

5.35 Pz **U** Bruchsal 12.06 / **12.27 Sz**
U Heidelberg **13.05*** / **13.20 Sz**
U Frankfurt a.M. **15.30** / **17.00 Sz**
U Halle **5.40** / 6.15 Pz 7.30

14.22 Pz **U** Bruchsal 21.00 / **21.23 Sz**
U Heidelberg **22.00*** / **22.10 Cz**
U Frankfurt a.M. **0.15** ↝ / 5.45 Pz
U Halle 20.05 / 20.30 Pz 21.15

* Ankunftszeit geschätzt

nach **Lindau**

4.15 GmP **U** Augsburg 8.45 / **8.55 Ez** **15.10**
11.45 Pz **U** Friedrichshafen 15.20 / 15.30 ⛴ k.A.
15.45 ✉ **U** Kempten 1.45* / 2.30 GmP 6.30
18.40 Ez **U** Friedrichshafen **22.15** ↝ / 6.00 ⛴ k.A.
18.45 Ez **U** Augsburg **21.15** / 21.30 GmP 6.30

nach **Ludwigshafen**

> Mannheim

nach **Lübeck**

5.35 Pz **U** Bruchsal 12.06 / **12.27 Sz**
U Heidelberg **13.05** / **13.20 Sz**
U Frankfurt a.M. **15.30** / **17.00 Sz**
U Halle **5.40** / 7.45 Pz
U Magdeburg 9.50 / 10.45 GmP
U Wittenberge 14.10 / 15.10 GmP
U Büchen 18.35* / 19.00 Pz 20.11

14.22 Pz **U** Bruchsal 21.00 / **21.23 Sz**
U Heidelberg **21.59** / **22.10 Cz**
U Frankfurt a.M. **0.15** ↝ / 5.45 Pz
U Halle 20.05 / 22.45 Pz
U Magdeburg 1.15 / 7.45 Pz
U Wittenberge 10.15 / 10.55 Pz
U Büchen 13.55* / 14.00 Pz 15.11[3]

* Ankunftszeit geschätzt

nach **Magdeburg**

5.35 Pz **U** Bruchsal 12.06 / **12.27 Sz**
U Heidelberg **13.05** / **13.20 Sz**
U Frankfurt a.M. **15.30** / **17.00 Sz**
U Halle **5.40** / 7.45 Pz 9.50

14.22 Pz **U** Bruchsal 21.00 / **21.23 Sz**
U Heidelberg **21.59** / **22.10 Cz**
U Frankfurt a.M. **0.15** ↝/ 5.45 Pz
U Halle 20.05 / 22.45 Pz 1.15[3]

nach **Mainz**

5.35 Pz **U** Bruchsal 12.06 / **12.27 Sz**
U Mannheim **13.42** / #
U Ludwigshafen # / 15.10 Pz 17.15

11.45 Pz **U** Bruchsal 16.48 / 17.05 Pz
U Mannheim 18.52 / #
U Ludwigshafen # / **22.00 Sz** **23.39**

14.22 Pz **U** Bruchsal 21.00 / **21.23 Sz**
U Mannheim **22.41** / #
U Ludwigshafen # ↝ / 6.05 Pz 8.05

14.22 Pz **U** Bruchsal 21.00 / **21.23 Sz**
U Mannheim **22.41** ↝ / 4.30 ⛴ 8.30

nach **Mannheim**

5.35 Pz **U** Bruchsal 12.06 / **12.27 Sz** **13.42**
11.45 Pz **U** Bruchsal 16.48 / 17.05 Pz 18.52
14.22 Pz **U** Bruchsal 21.00 / **21.23 Sz** **22.41**
17.42 Pz **U** Stuttgart 21.10 ↝ / 7.20 Pz
U Bruchsal 10.12 / 10.30 Pz 12.09

nach **Münster**

5.35 Pz **U** Bruchsal 12.06 / **12.27 Sz**
U Heidelberg **13.05*** / **13.20 Sz**
U Frankfurt a.M. **15.30** / **17.00 Sz**
U Guntershausen **21.50** / 21.55 Pz
U Cassel 22.15 ↝ / 5.55 Pz
U Hamm 11.46 / 12.10 Pz 13.00

14.22 Pz **U** Bruchsal 21.00 / **21.23 Sz**
U Heidelberg **22.00*** / **22.10 Cz**
U Frankfurt a.M. **0.15** ↝ / 5.45 Pz
U Guntershausen 11.45 / 11.50 Pz
U Cassel 12.10 / 12.30 Pz
U Hamm 18.26 / 19.00 Pz 20.00

nach **Nürnberg**

4.15 GmP **U** Augsburg 8.45 / **8.55 Ez** **13.10**
11.15 GmP **U** Augsburg 15.40 / 15.55 Pz 21.20
18.45 Ez **U** Augsburg **21.15**/ 21.40 GmP 7.52

nach **Oberhausen**

5.35 Pz **U** Bruchsal 12.06 / **12.27 Sz**
U Mannheim **13.42** / #
U Ludwigshafen # / 15.10 Pz
U Mainz 17.15 / 20.00 ✉
U Coblenz 5.30 / 6.00 ⛴
U Cöln > Deutz 10.30 / 11.00 Pz 13.20

11.45 Pz **U** Bruchsal 16.48 / 17.05 Pz
U Mannheim 18.52 / #
U Ludwigshafen # / **22.00 Sz**
U Mainz **23.39** ↝ / 6.00 ⛴
U Cöln > Deutz 14.45 / 16.00 Pz 18.25

14.22 Pz **U** Bruchsal 21.00 / **21.23 Sz**
U Mannheim **22.41** / #
U Ludwigshafen # ↝ / 6.05 Pz
U Mainz 8.05 / 9.00 ⛴
U Cöln > Deutz 18.15 / **20.00 Sz** **21.50**

14.22 Pz **U** Bruchsal 21.00 / **21.23 Sz**
U Mannheim **22.41** ↝ / 4.30 ⛴
U Cöln > Deutz 18.15 / **20.00 Sz** **21.50**

nach **Oppeln**

5.35 Pz **U** Bruchsal 12.06 / **12.27 Sz**
U Heidelberg **13.05** / **13.20 Sz**
U Frankfurt a.M. **15.30** / **17.00 Sz**
U Berlin **10.30** / **22.15 Sz** **7.45**[3]

14.22 Pz **U** Bruchsal 21.00 / **21.23 Sz**
U Heidelberg **21.59** / **22.10 Cz**
U Frankfurt a.M. **0.15** ↝ / 5.45 Pz
U Halle 20.05 / 20.30 Pz
U Leipzig 21.15 / **22.00 Sz**
U Dresden **0.30** ↝ / 9.45 Pz
U Görlitz 12.50 / 13.30 Pz
U Kohlfurt 14.10 / 14.15 Pz 21.27[3]

nach **Osnabrück**

5.35 Pz **U** Bruchsal 12.06 / **12.27 Sz**
U Heidelberg **13.05*** / **13.20 Sz**
U Frankfurt a.M.**15.30** /**17.00 Sz**
U Guntershausen **21.50** / 21.55 Pz
U Cassel 22.15 ↝ / 5.55 Pz
U Hamm 11.46 / 16.03 Pz
U Minden 19.45 / 1.00 ✉ 8.00[3]

14.22 Pz **U** Bruchsal 21.00 / **21.23 Sz**
U Heidelberg **22.00*** / **22.10 Cz**
U Frankfurt a.M. **0.15** / 5.45 Pz
U Guntershausen 11.45 / 11.50 Pz
U Cassel 12.10 / 12.30 Pz
U Hamm 18.26 / **0.00 Sz**
U Minden **3.05** / 9.00 ✉ 16.00[3]

* Ankunftszeit geschätzt

nach **Passau**

4.15 GmP **U** Augsburg 8.45 / 11.25 Pz 13.15
11.15 GmP **U** Augsburg 15.40 / 17.45 GmP
U München 20.30 / 23.00 ✉ 23.15[3]

nach **Posen**

5.35 Pz **U** Bruchsal 12.06 / **12.27 Sz**
U Heidelberg **13.05** / **13.20 Sz**
U Frankfurt a.M. **15.30** / **17.00 Sz**
U Berlin **10.30** / **22.40 Sz**
U Kreutz **4.43** / 5.03 Pz 7.47[3]

* Ankunftszeit geschätzt

nach **Regensburg**

18.45 Ez **U** Augsburg **21.15** / 23.00 ✉ 14.15

nach **Rostock**

5.35 Pz **U** Bruchsal 12.06 / **12.27 Sz**
U Heidelberg **13.05** / **13.20 Sz**
U Frankfurt a.M. **15.30** / **17.00 Sz**
U Halle **5.40** / 7.45 Pz
U Magdeburg 9.50 / 10.45 GmP
U Wittenberge 14.10 / 15.10 GmP
U Hagenow 17.00* / 17.30 Pz 22.10

Fortsetzung siehe nächste Seite

noch: ab **Ulm**

noch: nach **Rostock**

11.15 GmP **U** Augsburg 15.40 / 15.55 Pz
U Hof 6.30 / 7.00 Pz
U Leipzig 12.30 / 14.30 Pz
U Röderau 16.15 / 16.45 Pz
U Berlin 20.45 / **23.00 Cz**
U Hagenow **3.08*** / 7.30 Pz 11.05[3]

14.22 Pz **U** Bruchsal 21.00 / **21.23 Sz**
U Heidelberg **21.59** / **22.10 Cz**
U Frankfurt a.M. **0.15** ↩ / 5.45 Pz
U Halle 20.05 / 22.45 Pz
U Magdeburg 1.15 / 7.45 Pz
U Wittenberge 10.15 / 10.55 Pz
U Hagenow 12.40* / 12.50 Pz 16.40[3]

* Ankunftszeit geschätzt

nach **Saarbrücken**

5.35 Pz **U** Bruchsal 12.06 / **12.27 Sz**
U Mannheim **13.42** / #
U Ludwigshafen # / 17.30 Pz 22.05

14.22 Pz **U** Bruchsal 21.00 / **21.23 Sz**
U Mannheim **22.41** ↩ / #
U Ludwigshafen # / 6.10 Pz 10.36

nach **Schwerin**

5.35 Pz **U** Bruchsal 12.06 / **12.27 Sz**
U Heidelberg **13.05*** / **13.20 Sz**
U Frankfurt a.M. **15.30** / **17.00 Sz**
U Halle **5.40** / 7.45 Pz
U Magdeburg 9.50 / 10.45 GmP
U Wittenberge 14.10 / 15.10 GmP
U Hagenow 17.00* / 17.30 Pz 18.15

14.22 Pz **U** Bruchsal 21.00 / **21.23 Sz**
U Heidelberg **22.00*** / **22.10 Cz**
U Frankfurt a.M. **0.15** ↩ / 5.45 Pz
U Halle 20.05 / 22.45 Pz
U Magdeburg 1.15 / 7.45 Pz
U Wittenberge 10.15 / 10.55 Pz
U Hagenow 12.40* / 12.50 Pz 13.35[3]

* Ankunftszeit geschätzt

nach **Stettin**

5.35 Pz **U** Bruchsal 12.06 / **12.27 Sz**
U Heidelberg **13.05*** / **13.20 Sz**
U Frankfurt a.M. **15.30** / **17.00 Sz**
U Berlin **10.30** / 12.15 Pz 15.52

* Ankunftszeit geschätzt

nach **Stralsund**

5.35 Pz **U** Bruchsal 12.06 / **12.27 Sz**
U Heidelberg **13.05** / **13.20 Sz**
U Frankfurt a.M. **15.30** / **17.00 Sz**
U Berlin **10.30** / 17.30 Pz
U Passow 20.00* / 20.20 ⊠ 11.20[3]

* Ankunftszeit geschätzt

nach **Stuttgart**

5.35 Pz *über Geislingen* 9.00
11.45 Pz *über Geislingen* 14.23
14.22 Pz *über Geislingen* 17.48
17.42 Pz *über Geislingen* 21.10

nach **Trier**

5.35 Pz **U** Bruchsal 12.06 / **12.27 Sz**
U Mannheim **13.42** / #
U Ludwigshafen # / 17.30 Pz
U Saarbrücken 22.05 ↩ / 8.15 ⊠ 18.45

17.42 Pz **U** Stuttgart 21.10 ↩ / 7.20 Pz
U Bruchsal 10.12 / 10.30 Pz
U Mannheim 12.09 / #
U Ludwigshafen # / **13.10 Sz**
U Saarbrücken **16.58** / 17.30 ⊠ 4.00[3]

nach **Wiesbaden**

5.35 Pz **U** Bruchsal 12.06 / **12.27 Sz**
U Heidelberg **13.05** / **13.20 Sz**
U Frankfurt a.M. **15.30** / 18.00 Pz 19.30

14.22 Pz **U** Bruchsal 21.00 / **21.23 Sz**
U Heidelberg **21.59** / **22.10 Cz**
U Frankfurt a.M. **0.15** ↩ / 5.45 Pz 7.30

17.42 Pz **U** Stuttgart 21.10 ↩ / 7.20 Pz
U Bruchsal 10.12 / 10.30 Pz
U Heidelberg 11.27 / 11.45 Pz
U Frankfurt a.M. 14.30 / 14.45 Pz 16.15

nach **Würzburg**

4.15 GmP **U** Augsburg 8.45 / **8.55 Ez**
U Bamberg **14.45** / **15.45 Ez** **18.15**

5.35 Pz **U** Bruchsal 12.06 / **12.27 Sz**
U Heidelberg **13.05** / **13.20 Sz**
U Frankfurt a.M. **15.30** / 17.15 Pz 21.40

11.15 GmP **U** Augsburg 15.40 / 15.55 Pz
U Bamberg 23.45 / 1.45 Pz 4.50

14.22 Pz **U** Bruchsal 21.00 / **21.23 Sz**
U Heidelberg **21.59** / **22.10 Cz**
U Frankfurt a.M. **0.15** ↩/ **8.30 Ez** **12.00**

nach **Zwickau**

4.15 GmP **U** Augsburg 8.45 / **8.55 Ez**
U Werdau **20.55*** / 21.17 Pz 21.40*

11.15 GmP **U** Augsburg 15.40 / 15.55 Pz
U Hof 6.30 / 7.00 Pz
U Werdau 9.40* / 9.47 Pz 10.10*

* Ankunftszeit geschätzt

Wiesbaden

Wiesbaden ist durch die Taunus-Eisenbahn sechsmal täglich mit Frankfurt am Main verbunden, woselbst zahlreiche Bahnanschlüsse in Richtung Cassel, Würzburg und Heidelberg/Mannheim bestehen. Diese Bahnlinie durchquert im übrigen Castel, das über eine Schiffsbrücke mit dem linksrheinischen Mainz verbunden ist, das ebenfalls mehrere Anschlüsse zu biezen hat.

Die Nassauische Eisenbahn errichtet zur Zeit ab Wiesbaden eine Bahnlinie rheinabwärts, die im kommenden Jahr Rüdesheim erreicht haben soll.

von **Wiesbaden**

nach **Aachen**

8.15 ⊠ **U** Coblenz 17.30 / 18.15 ⛴
U Cöln 23.00 / **23.30 Sz** **1.20**

20.15 ⊠ **U** Coblenz 5.30 / 6.00 ⛴
U Cöln 10.30 / 11.45 Pz 13.45

weitere Verbindungen > **Mainz**

nach **Augsburg**

5.45 Pz **U** Frankfurt a.M. 7.30 / **8.30 Ez**
U Bamberg **14.45** / **15.30 Ez** **21.20**

8.00 Pz **U** Frankfurt a.M. 9.30 / **10.30 Ez**
U Heidelberg **12.35** / **12.55 Sz**
U Bruchsal **13.28*** / **13.48 Ez**
U Ulm **18.25** / **18.45 Ez** **21.15**

14.15 Pz **U** Frankfurt a.M. 15.45 / 17.15 Pz
U Bamberg 1.05 / 3.15 Pz 11.05

* Ankunftszeit geschätzt

nach **Basel***

8.00 Pz **U** Frankfurt a.M. 9.30 / **10.30 Sz**
U Heidelberg **12.35** / **12.55 Sz** **19.15**

10.15 Pz **U** Frankfurt a.M. 11.45 / 12.05 Pz
U Heidelberg 15.25 / 16.00 Pz
U Offenburg 20.47 ↩ / 6.00 Pz 10.55

20.25 Pz **U** Frankfurt a.M. 22.00 ↩ /**5.00 Sz**
U Heidelberg **7.05** / **7.20 Sz** **14.56**

20.25 Pz **U** Frankfurt a.M. 22.00 ↩/6.30 Pz
U Heidelberg 9.20 / 9.50 Pz 20.15

* Ankunft Basel Badischer Bf

nach **Berlin**

14.15 Pz **U** Frankfurt a.M. 15.45 / **17.00 Sz** **10.30**

nach **Bonn**

8.15 ⊠ **U** Coblenz 17.30 / 18.15 ⛴ 21.00
20.15 ⊠ **U** Coblenz 5.30 / 6.00 ⛴ 8.45

weitere Verbindungen > **Mainz**

noch: ab **Wiesbaden**

nach **Braunschweig**

20.25 Pz U Frankfurt a.M. 22.00 ⇝ / 5.45 Pz
U Guntershausen 11.45 / 11.50 Pz
U Cassel 12.10 / 12.30 ✉
U Göttingen 17.45 / 18.00 Pz
U Hannover 21.30 / 22.30 Pz 0.30

14.15 Pz U Frankfurt a.M. 15.45 / **17.00 Sz**
U Guntershausen **21.50** / 21.55 Pz
U Cassel 22.15 / 23.15 ✉
U Göttingen 4.40 / 5.15 Pz
U Hannover 8.45 / 10.00 Pz 12.15

nach **Bremen**

20.25 Pz U Frankfurt a.M. 22.00 ⇝ / 5.45 Pz
U Guntershausen 11.45/ 11.50 Pz
U Cassel 12.10 / 12.30 ✉
U Göttingen 17.45 / 18.00 Pz
U Hannover 21.30 / ⇝ **6.45 Sz**
U Wunstorf **7.15*** / 7.30 Pz 10.15

14.15 Pz U Frankfurt a.M. 15.45 / **17.00 Sz**
U Guntershausen **21.50** / 21.55 Pz
U Cassel 22.15 / 23.15 ✉
U Göttingen 4.40 / 5.15 Pz
U Hannover 8.45 / 12.45 Pz 16.00

* Ankunftszeit geschätzt

nach **Breslau**

14.15 Pz U Frankfurt a.M. 15.45 / **17.00 Sz**
U Halle **5.40** / 6.15 Pz
U Leipzig 7.30 / 14.30 Pz
U Dresden 17.30 / 18.15 Pz
U Görlitz 21.40 / 23.00 Pz
U Kohlfurt 23.45 / **2.45 Sz** **5.45**[3]

14.15 Pz U Frankfurt a.M. 15.45 / **17.00 Sz**
U Berlin **10.30** / **22.15 Sz** **5.45**[3]

20.25 Pz U Frankfurt a.M. 22.00 ⇝ / 5.45 Pz
U Halle 20.05 / 20.30 Pz
U Leipzig 21.15 ⇝ / 6.00 Pz
U Dresden 9.15 / 9.45 Pz
U Görlitz 12.50 / 13.30 Pz
U Kohlfurt 14.10 / 14.15 Pz 18.30[3]

nach **Carlsruhe**

8.00 Pz U Frankfurt a.M. 9.30 / **10.30 Sz**
U Heidelberg **12.35** / **12.55 Sz** **14.10**

10.15 Pz U Frankfurt a.M. 11.45 / 12.05 Pz
U Heidelberg 15.25 / 16.00 Pz 17.50

14.15 Pz U Frankfurt a.M. 15.45 / 17.35 Pz
U Heidelberg 20.20 / 20.35 Pz 22.25

20.25 Pz U Frankfurt a.M. 22.00 ⇝ / **5.00 Sz**
U Heidelberg **7.05** / **7.20 Sz** **8.27**

20.25 Pz U Frankfurt a.M. 22.00 ⇝ / 6.30 Pz
U Heidelberg 9.20 / 9.50 Pz 11.44

nach **Cassel**

8.00 Pz U Frankfurt a.M. 9.30 / 10.35 Pz
U Guntershausen 18.50/19.00 Pz 19.20

Fortsetzung siehe nächste Spalte

14.15 Pz U Frankfurt a.M. 15.45 / **17.00 Sz**
U Guntershausen **21.50**/21.55 Pz 22.15

20.25 Pz U Frankfurt a.M. 22.00 ⇝ / 5.45 Pz
U Guntershausen 11.45/11.50 Pz 12.10

nach **Chemnitz**

14.15 Pz U Frankfurt a.M. 15.45 / **17.00 Sz**
U Halle **5.40** / 6.15 Pz
U Leipzig 7.30 / 10.00 Pz
U Riesa 11.25* / 12.15 Pz 15.30

20.25 Pz U Frankfurt a.M. 22.00 ⇝ / 5.45 Pz
U Halle 20.05 / 20.30 Pz
U Leipzig 21.15 / **22.00 Sz**
U Riesa **23.15*** ⇝ / 5.15 Pz 8.15[3]

* Ankunftszeit geschätzt

nach **Coblenz**

8.15 ✉ 17.30
20.15 ✉ 5.30

weitere Verbindungen > **Mainz**

nach **Cöln**

8.15 ✉ U Coblenz 17.30 / 18.15 ⛴ 23.00
15.00 ✉ U Limburg 20.15 / 21.00 ✉ 11.45
20.15 ✉ U Coblenz 5.30 / 6.00 ⛴ 10.30

weitere Verbindungen > **Mainz**

nach **Constanz**

8.00 Pz U Frankfurt a.M. 9.30 / **10.30 Sz**
U Heidelberg **12.35** / **12.55 Sz**
U Freiburg i.B. **17.36** / 18.15 ✉
U Schaffhausen 5.15 / 12.30 ✉ 17.00

20.25 Pz U Frankfurt a.M. 22.00 ⇝ / **5.00 Sz**
U Heidelberg **7.05** / **7.20 Sz**
U Offenburg **10.22** / 10.45 ✉ 6.15[3]

nach **Danzig**

14.15 Pz U Frankfurt a.M. 15.45 / **17.00 Sz**
U Berlin **10.30** / **22.40 Sz** **11.35**[3]

nach **Darmstadt**

5.45 Pz U Frankfurt a.M. 7.30 / 8.00 GmP 9.15*
8.00 Pz U Frankfurt a.M. 9.30 / **10.30 Sz** **11.08***
10.15 Pz U Frankfurt a.M. 11.45 / 12.05 Pz 12.58*
14.15 Pz U Frankfurt a.M. 15.45 / 17.35 Pz 18.20*
17.35 Pz U Frankfurt a.M. 19.05 / 20.45 Pz 21.30
20.25 Pz U Frankfurt a.M. 22.00 ⇝ / **5.00 Cz** **5.38***

* Ankunftszeit geschätzt

nach **Dortmund***

8.15 ✉ U Coblenz 17.30 / 18.15 ⛴
U Cöln > Deutz 23.00 ⇝ / **6.30 Cz** **9.02**

20.15 ✉ U Coblenz 5.30 / 6.00 ⛴
U Cöln > Deutz 10.30 / 11.00 Pz 15.00

* Ankunftszeiten in Dortmund sind sämmtlich geschätzt.

weitere Verbindungen > **Mainz**

nach **Dresden**

14.15 Pz U Frankfurt a.M. 15.45 / **17.00 Sz**
U Halle **5.40** / 6.15 Pz
U Leipzig 7.30 / 10.00 Pz 13.15

20.25 Pz U Frankfurt a.M. 22.00 ⇝ / 5.45 Pz
U Halle 20.05 / 20.30 Pz
U Leipzig 21.15 / **22.00 Sz** **0.30**

nach **Düsseldorf**

8.15 ✉ U Coblenz 17.30 / 18.15 ⛴
U Cöln > Deutz 23.00 ⇝ / **6.30 Cz** **7.15**

8.15 ✉ U Coblenz 17.30 / 18.15 ⛴
Cöln 23.00 ⇝ / 5.30 8.00

20.15 ✉ U Coblenz 5.30 / 6.00 ⛴
U Cöln > Deutz 10.30 / 11.00 Pz 12.10

weitere Verbindungen > **Mainz**

nach **Elberfeld**

8.15 ✉ U Coblenz 17.30 / 18.15 ⛴
U Cöln > Deutz 23.00 ⇝ / **6.30 Cz**
U Düsseldorf **7.15** / 7.30 Pz 8.36

20.15 ✉ U Coblenz 5.30 / 6.00 ⛴
U Cöln > Deutz 10.30 / 11.00 Pz
U Düsseldorf 12.10 / 12.30 Pz 14.07

weitere Verbindungen > **Mainz**

nach **Erfurt***

14.15 Pz U Frankfurt a.M. 15.45 / **17.00 Sz** **2.50**
20.25 Pz U Frankfurt a.M. 22.00 ⇝ / 5.45 Pz 16.50

* Ankunftszeiten in Erfurt sind sämmtlich geschätzt.

nach **Essen***

8.15 ✉ U Coblenz 17.30 / 18.15 ⛴
U Cöln > Deutz 23.00 ⇝ / 8.00 Pz 10.40

20.15 ✉ U Coblenz 5.30 / 6.00 ⛴
U Cöln > Deutz 10.30 / 11.00 Pz 13.45

* Ankunft in Alten-Essen, Ankunftszeit geschätzt; Fahrplan der Post-Course von Alten-Essen nach Essen Stadt liegt nicht vor.

nach **Frankfurt a.M.**

5.45 Pz *über Castel* 7.30
8.00 Pz *über Castel* 9.30
10.15 Pz *über Castel* 11.45
14.15 Pz *über Castel* 15.45
17.35 Pz *über Castel* 19.05
20.25 Pz *über Castel* 22.00

nach **Freiburg i.B.**

8.00 Pz U Frankfurt a.M. 9.30 / **10.30 Sz**
U Heidelberg **12.35** / **12.55 Sz** **17.36**

10.15 Pz U Frankfurt a.M. 11.45 / 12.05 Pz
U Heidelberg 15.25 / 16.00 Pz
U Offenburg 20.47 ⇝ / 6.00 Pz 8.16

20.25 Pz U Frankfurt a.M. 22.00 ⇝ / **5.00 Sz**
U Heidelberg **7.05** / **7.20 Sz** **12.35**

20.25 Pz U Frankfurt a.M. 22.00 ⇝ / 6.30 Pz
U Heidelberg 9.20 / 9.50 Pz 17.07

noch: ab **Wiesbaden**

nach **Gera**

14.15 Pz	**U** Frankfurt a.M. 15.45 / 18.30 Pz	
	U Marburg 21.50 ↪ / 4.55 Pz	
	U Weimar 13.30* / 16.00 ✉	24.00*
20.25 Pz	**U** Frankfurt a.M. 22.00↪/ 5.45 Pz	
	U Weissenfels 19.10* / 0.45 ✉	7.30[3]

* Ankunftszeit geschätzt

nach **Görlitz**

14.15 Pz	**U** Frankfurt a.M. 15.45 / **17.00 Sz**	
	U Halle **5.40** / 6.15 Pz	
	U Leipzig 7.30 / 10.00 Pz	
	U Dresden 13.15 / 14.30 Pz	18.15
20.25 Pz	**U** Frankfurt a.M. 22.00↪/ 5.45 Pz	
	U Halle 20.05 / 20.30 Pz	
	U Leipzig 21.15 / **22.00 Sz**	
	U Dresden **0.30** ↪ / 5.30 Pz	9.00

nach **Hagen***

8.15 ✉	**U** Coblenz 17.30 / 18.15 ⛴	
	U Cöln > Deutz 23.00 ↪ / **6.30 Cz**	
	U Düsseldorf **7.15** / 7.30 Pz	
	U Elberfeld 8.36 / 9.40 Pz	11.17
20.15 ✉	**U** Coblenz 5.30 / 6.00 ⛴	
	U Cöln > Deutz 10.30 / 11.00 Pz	
	U Düsseldorf 12.10 / 12.30 Pz	
	U Elberfeld 14.07 / 16.20 Pz	17.38

* Ankunftszeiten in Hagen sind sämmtlich geschätzt.

weitere Verbindungen > **Mainz**

nach **Halle**

14.15 Pz	**U** Frankfurt a.M. 15.45 / **17.00 Sz**	**5.40**
20.25 Pz	**U** Frankfurt a.M. 22.00↪/ 5.45 Pz	20.05

nach **Hamburg**

20.25 Pz	**U** Frankfurt a.M. 22.00 ↪ / 5.45 Pz	
	U Guntershausen 11.45/ 11.50 Pz	
	U Cassel 12.10 / 12.30 ✉	
	U Göttingen 17.45 / 18.00 Pz	
	U Hannover 21.30 ↪ / **5.30 Sz**	
	U Lehrte **6.00*** / 6.05 Pz	
	U Harburg 10.05 / 10.30 ⛴	11.45[3]
14.15 Pz	**U** Frankfurt a.M. 15.45 / **17.00 Sz**	
	U Guntershausen **21.50** / 21.55 Pz	
	U Cassel 22.15 / 23.15 ✉	
	U Göttingen 4.40 / 5.15 Pz	
	U Hannover 8.45 / 10.00 GmP	
	U Lehrte 10.30* / 11.00 Pz	16.10**[3]

* Ankunftszeit geschätzt ** Ankunft in Harburg

nach **Hamm**

8.15 ✉	**U** Coblenz 17.30 / 18.15 ⛴	
	U Cöln > Deutz 23.00 ↪/ **6.30 Cz**	**9.36**
14.15 Pz	**U** Frankfurt a.M. 15.45 / **17.00 Sz**	
	U Guntershausen **21.50** / 21.55 Pz	
	U Cassel 22.15 ↪ / 5.55 Pz	11.46

Fortsetzung siehe nächste Spalte

20.15 ✉	**U** Coblenz 5.30 / 6.00 ⛴	
	U Cöln > Deutz 10.30 / 11.00 Pz	16.00
20.25 Pz	**U** Frankfurt a.M. 22.00 ↪ / 5.45 Pz	
	U Guntershausen 11.45 / 11.50 Pz	
	U Cassel 12.10 / 12.30 Pz	18.26

weitere Verbindungen > **Mainz**

nach **Hannover**

20.25 Pz	**U** Frankfurt a.M. 22.00 ↪ / 5.45 Pz	
	U Guntershausen 11.45 / 11.50 Pz	
	U Cassel 12.10 / 12.30 ✉	
	U Göttingen 17.45 / 18.00 Pz	21.30
14.15 Pz	**U** Frankfurt a.M. 15.45 / **17.00 Sz**	
	U Guntershausen **21.50** / 21.55 Pz	
	U Cassel 22.15 / 23.15 ✉	
	U Göttingen 4.40 / 5.15 Pz	8.45

nach **Heidelberg**

8.00 Pz	**U** Frankfurt a.M. 9.30 / **10.30 Sz**	**12.35**
10.15 Pz	**U** Frankfurt a.M. 11.45 / 12.05 Pz	15.25
14.15 Pz	**U** Frankfurt a.M. 15.45 / 17.35 Pz	20.20
20.25 Pz	**U** Frankfurt a.M. 22.00 ↪/ **5.00 Cz**	**7.05**

nach **Kiel**

20.25 Pz	**U** Frankfurt a.M. 22.00 ↪ / 5.45 Pz	
	U Guntershausen 11.45 / 11.50 Pz	
	U Cassel 12.10 / 12.30 ✉	
	U Göttingen 17.45 / 18.00 Pz	
	U Hannover 21.30 ↪ / **5.30 Sz**	
	U Lehrte **6.00*** / 6.05 Pz	
	U Harburg 10.05 / 10.30 ⛴	
	U Hamburg > Altona 11.45 / 13.00 GmP	16.30[3]

nach **Königsberg i.Pr.**

14.15 Pz	**U** Frankfurt a.M. 15.45 / **17.00 Sz**	
	U Berlin **10.30** / **22.40 Sz**	
	U Dirschau **10.45** / 11.37 ✉	
	U Marienburg 16.07 / **16.37 Sz**	**21.02**[3]

nach **Leipzig**

14.15 Pz	**U** Frankfurt a.M. 15.45 / **17.00 Sz**	
	U Halle **5.40** / 6.15 Pz	7.30
20.25 Pz	**U** Frankfurt a.M. 22.00↪/ 5.45 Pz	
	U Halle 20.05 / 20.30 Pz	21.15

nach **Lindau**

8.00 Pz	**U** Frankfurt a.M. 9.30 / **10.30 Sz**	
	U Heidelberg **12.35** / **12.55 Sz**	
	U Bruchsal **13.28*** / **13.48 Ez**	
	U Ulm **18.25** / **18.45 Ez**	
	U Augsburg **21.15** / 21.30 GmP	6.30
8.00 Pz	**U** Frankfurt a.M. 9.30 / **10.30 Sz**	
	U Heidelberg **12.35** / **12.55 Sz**	
	U Bruchsal **13.28*** / **13.48 Ez**	
	U Friedrichshafen **22.15** ↪ / 6.00 ⛴	k.A.

Fortsetzung siehe nächste Spalte

10.15 Pz	**U** Frankfurt a.M. 11.45 / 12.05 Pz	
	U Heidelberg 15.25 / 16.00 Pz	
	U Bruchsal 17.01* / 17.20 Pz	
	U Stuttgart 20.15 ↪ / 7.05 Pz	
	U Friedrichshafen 15.20 / 15.30 ⛴	k.A.

* Ankunftszeit geschätzt

nach **Ludwigshafen**

> Mainz

nach **Lübeck**

14.15 Pz	**U** Frankfurt a.M. 15.45 / **17.00 Sz**	
	U Halle **5.40** / 7.45 Pz	
	U Magdeburg 9.50 / 10.45 GmP	
	U Wittenberge 14.10 / 15.10 GmP	
	U Büchen 18.35* / 19.00 Pz	20.11
20.25 Pz	**U** Frankfurt a.M. 22.00↪/ 5.45 Pz	
	U Halle 20.05 / 22.45 Pz	
	U Magdeburg 1.15 / 7.45 Pz	
	U Wittenberge 10.15 / 10.55 Pz	
	U Büchen 13.55* / 14.00 Pz	15.11[3]

* Ankunftszeit geschätzt

nach **Magdeburg**

14.15 Pz	**U** Frankfurt a.M. 15.45 / **17.00 Sz**	
	U Halle **5.40** / 7.45 Pz	9.50
20.25 Pz	**U** Frankfurt a.M. 22.00 ↪ / 5.45	
	U Halle 20.05 / 22.45 Pz	1.15

nach **Mainz***

5.45 Pz	**U** Castel 6.05** / # ✉	k.A.
8.00 Pz	**U** Castel 8.20** / # ✉	k.A.
10.15 Pz	**U** Castel 10.35** / # ✉	k.A.
14.15 Pz	**U** Castel 14.45** / # ✉	k.A.
17.35 Pz	**U** Castel 17.55** / # ✉	k.A.
20.25 Pz	**U** Castel 20.45** / # ✉	k.A.

* Zwischen Castel und Mainz bestehen Verbindungen mit Post-Coursen über eine Schiffsbrücke. Ein Fahrplan liegt nicht vor. ** Ankunftszeit geschätzt

nach **Mannheim**

8.00 Pz	**U** Frankfurt a.M. 9.30 / **10.30 Sz**	**12.38**
10.15 Pz	**U** Frankfurt a.M. 11.45 / 12.05 Pz	15.28
14.15 Pz	**U** Frankfurt a.M. 15.45 / 17.35 Pz	20.23
20.25 Pz	**U** Frankfurt a.M. 22.00 ↪/ **5.00 Cz**	**7.06**

nach **München**

5.45 Pz	**U** Frankfurt a.M. 7.30 / **8.30 Ez**	
	U Bamberg **14.45** / **15.30 Ez**	**23.00**
8.00 Pz	**U** Frankfurt a.M. 9.30 / **10.30 Sz**	
	U Heidelberg **12.35** / **12.55 Sz**	
	U Bruchsal **13.28*** / **13.48 Ez**	
	U Ulm **18.25** / **18.45 Ez**	
	U Augsburg **21.15** / **21.30 Ez**	**23.00**
14.15 Pz	**U** Frankfurt a.M. 15.45 / 17.15 Pz	
	U Bamberg 1.05 / 3.15 Pz	13.15

* Ankunftszeit geschätzt

noch: ab **Wiesbaden**

nach **Münster**

14.15 Pz	**U** Frankfurt a.M. 15.45 / **17.00 Sz**	
	U Guntershausen **21.50** / 21.55 Pz	
	U Cassel 22.15 ↪ / 5.55 Pz	
	U Hamm 11.46 / 12.10 Pz	13.00
20.25 Pz	**U** Frankfurt a.M. 22.00 ↪ / 5.45 Pz	
	U Guntershausen 11.45 / 11.50 Pz	
	U Cassel 12.10 / 12.30 Pz	
	U Hamm 18.26 / 19.00 Pz	20.00

nach **Nürnberg**

5.45 Pz	**U** Frankfurt a.M. 7.30 / **8.30 Ez**	
	U Bamberg **14.45 / 15.30 Ez**	**17.00**
14.15 Pz	**U** Frankfurt a.M. 15.45 / 17.15 Pz	
	U Bamberg 1.15 / 3.15 Pz	5.15

nach **Oberhausen**

8.15 ✉	**U** Coblenz 17.30 / 18.15 ⛴	
	U Cöln > Deutz 23.00 ↪ / **6.30 Cz**	**8.00**
20.15 ✉	**U** Coblenz 5.30 / 6.00 ⛴	
	U Cöln > Deutz 10.30 / 11.00 Pz	13.20

weitere Verbindungen > **Mainz**

nach **Oppeln***

14.15 Pz	**U** Frankfurt a.M. 15.45 / **17.00 Sz**	
	U Halle **5.40** / 6.15 Pz	
	U Leipzig 7.30 / 14.30 Pz	
	U Dresden 17.30 / 18.15 Pz	
	U Görlitz 21.40 / 23.00 Pz	
	U Kohlfurt 23.45 / **2.45 Sz**	**7.45**[3]
14.15 Pz	**U** Frankfurt a.M. 15.45 / **17.00 Sz**	
	U Berlin **10.30 / 22.15 Sz**	**7.45**[3]
20.25 Pz	**U** Frankfurt a.M. 22.00 ↪ / 5.45 Pz	
	U Halle 20.05 / 20.30 Pz	
	U Leipzig 21.15 ↪ / 6.00 Pz	
	U Dresden 9.15 / 9.45 Pz	
	U Görlitz 12.50 / 13.30 Pz	
	U Kohlfurt 14.10 / 14.15 Pz	21.27[3]

* Ankunftszeiten in Oppeln sind sämmtlich geschätzt.

nach **Osnabrück**

8.15 ✉	**U** Coblenz 17.30 / 18.15 ⛴	
	U Cöln > Deutz 23.00 ↪ / **6.30 Cz**	
	U Bielefeld **11.13*** / 11.30 ✉	18.00
20.15 ✉	**U** Coblenz 5.30 / 6.00 ⛴	
	U Cöln > Deutz 10.30 / 11.00 Pz	
	U Minden 19.45 / 1.00 ✉	8.00[3]
20.25 Pz	**U** Frankfurt a.M. 22.00 ↪ / 5.45 Pz	
	U Guntershausen 11.45 / 11.50 Pz	
	U Cassel 12.10 / 12.30 Pz	
	U Hamm 18.26 / **0.00 Sz**	
	U Minden **3.05** / 9.00 ✉	16.00[3]

nach **Passau**

5.45 Pz	**U** Frankfurt a.M. 7.30 / **8.30 Ez**	
	U Bamberg **14.45 / 15.30 Ez**	
	U Nürnberg **17.00** / 17.30 ✉	
	U Regensburg 5.30 / 11.00 ✉	22.30

nach **Posen**

14.15 Pz	**U** Frankfurt a.M. 15.45 / **17.00 Sz**	
	U Berlin **10.30 / 22.40 Sz**	
	U Kreutz **4.43** / 5.03 Pz	7.47[3]

nach **Regensburg**

5.45 Pz	**U** Frankfurt a.M. 7.30 / **8.30 Ez**	
	U Bamberg **14.45 / 15.30 Ez**	
	U Nürnberg **17.00** / 17.30 ✉	5.30
14.15 Pz	**U** Frankfurt a.M. 15.45 / 17.15 Pz	
	U Bamberg 1.15 / 3.15 Pz	
	U Nürnberg 5.15 / 6.00 ✉	18.00

nach **Rostock**

14.15 Pz	**U** Frankfurt a.M. 15.45 / **17.00 Sz**	
	U Halle **5.40** / 7.45 Pz	
	U Magdeburg 9.50 / 10.45 GmP	
	U Wittenberge 14.10 / 15.10 GmP	
	U Hagenow 17.00* / 17.30 Pz	22.10
20.25 Pz	**U** Frankfurt a.M. 22.00 ↪ / 5.45 Pz	
	U Halle 20.05 / 22.45 Pz	
	U Magdeburg 1.15 ↪ / 7.45 Pz	
	U Wittenberge 10.15 / 10.55 Pz	
	U Hagenow 12.40* / 12.50 Pz	16.40[3]

* Ankunftszeit geschätzt

nach **Saarbrücken**

10.15 Pz	**U** Frankfurt a.M. 11.45 / 12.05 Pz	
	U Mannheim 15.28 / #	
	U Ludwigshafen # / 17.30	22.05
14.15 Pz	**U** Frankfurt a.M. 15.45 / 17.35 Pz	
	U Mannheim 20.23 ↪ / #	
	U Ludwigshafen # / 6.10 Pz	10.36
20.25 Pz	**U** Frankfurt a.M. 22.00 ↪ / 6.30 Pz	
	U Mannheim 9.23 / #	
	U Ludwigshafen # / **13.10 Sz**	**16.58**

nach **Schwerin**

14.15 Pz	**U** Frankfurt a.M. 15.45 / **17.00 Sz**	
	U Halle **5.40** / 7.45 Pz	
	U Magdeburg 9.50 / 10.45 GmP	
	U Wittenberge 14.10 / 15.10 GmP	
	U Hagenow 17.00* / 17.30 Pz	18.15
20.25 Pz	**U** Frankfurt a.M. 22.00 ↪ / 5.45 Pz	
	U Halle 20.05 / 22.45 Pz	
	U Magdeburg 1.15 ↪ / 7.45 Pz	
	U Wittenberge 10.15 / 10.55 Pz	
	U Hagenow 12.40* / 12.50 Pz	13.35[3]

* Ankunftszeit geschätzt

nach **Stettin**

14.15 Pz	**U** Frankfurt a.M. 15.45 / **17.00 Sz**	
	U Berlin **10.30** / 12.15 Pz	15.52

nach **Stralsund**

14.15 Pz	**U** Frankfurt a.M. 15.45 / **17.00 Sz**	
	U Berlin **10.30** / 17.30 Pz	
	U Passow 20.00* / 20.20 ✉	11.20[3]

* Ankunftszeit geschätzt

nach **Stuttgart**

8.00 Pz	**U** Frankfurt a.M. 9.30 / **10.30 Sz**	
	U Heidelberg **12.35 / 12.55 Sz**	
	U Bruchsal **13.28* / 13.48 Ez**	**15.46**
10.15 Pz	**U** Frankfurt a.M. 11.45 / 12.05 Pz	
	U Heidelberg 15.25 / 16.00 Pz	
	U Bruchsal 17.01* / 17.20 Pz	20.15
20.25 Pz	**U** Frankfurt a.M. 22.00 ↪ / **5.00 Sz**	
	U Heidelberg **7.05 / 7.20 Sz**	
	U Bruchsal **7.59*** / 8.15 Pz	11.05

* Ankunftszeit geschätzt

nach **Trier**

20.15 ✉	**U** Coblenz 5.30 / 6.45 ✉	21.00

nach **Ulm**

8.00 Pz	**U** Frankfurt a.M. 9.30 / **10.30 Sz**	
	U Heidelberg **12.35 / 12.55 Sz**	
	U Bruchsal **13.28* / 13.48 Ez**	**18.25**
10.15 Pz	**U** Frankfurt a.M. 11.45 / 12.05 Pz	
	U Heidelberg 15.25 / 16.00 Pz	
	U Bruchsal 17.01* / 17.20 Pz	
	U Stuttgart 20.15 ↪ / 7.05 Pz	10.50
20.25 Pz	**U** Frankfurt a.M. 22.00 ↪ / **5.00 Sz**	
	U Heidelberg **7.05 / 7.20 Sz**	
	U Bruchsal **7.59*** / 8.15 Pz	15.05

* Ankunftszeit geschätzt

nach **Würzburg**

5.45 Pz	**U** Frankfurt a.M. 7.30 / **8.30 Ez**	**12.00**
14.15 Pz	**U** Frankfurt a.M. 15.45 / 17.15 Pz	21.40

nach **Zwickau**

5.45 Pz	**U** Frankfurt a.M. 7.30 / **8.30 Ez**	
	U Bamberg **14.45 / 15.05 Ez**	
	U Werdau 20.55* / 21.17 Pz	21.40*
14.15 Pz	**U** Frankfurt a.M. 15.45 / 17.15 Pz	
	U Bamberg 1.05 / 1.35 Pz	
	U Hof 6.30 / 7.00 Pz	
	U Werdau 9.40* / 9.47 Pz	10.10*

* Ankunftszeit geschätzt

Würzburg

Würzburg ist durch die Ludwigs-Westbahn der Bayerischen Staatseisenbahnen an das Schienennetz angebunden. Diese reicht im Westen bis zur Landesgrenze nach Aschaffenburg mit durchgehenden Zügen über die anschließende Frankfurt-Hanauer Eisenbahn bis Frankfurt am Main. In der Gegenrichtung reicht die Ludwigs-Westbahn bis Bamberg, woselbst sie auf die Ludwigs-Süd-Nord-Bahn trifft, die einerseits in Hof endet (dort Anschluß an die Sächsische Staatsbahn, vormals Sächsisch-bayerische Eisenbahn nach Leipzig) und andererseits bis Nürnberg–Augsburg–München bzw. Lindau reicht.

---

von **Würzburg**

nach **Aachen**

5.05 Pz **U** Frankfurt a.M. 9.20 / 11.35 Pz
U Castel 12.20* / # ✉
U Mainz #/ 14.30 ⛴
U Cöln 23.00 / **23.30 Sz** **1.20**

* Ankunftszeit geschätzt

nach **Augsburg**

12.10 Ez U Bamberg **14.45 / 15.30 Ez** **21.20**

22.00 Pz **U** Bamberg 1.15 / 3.15 Pz 11.05

nach **Basel**

5.05 Pz **U** Frankfurt a.M. 9.20 / **10.30 Sz**
U Heidelberg **12.35 / 12.55 Sz** **19.15**

18.35 Ez U Frankfurt a.M. **22.00** ↩/ **5.00 Cz**
U Heidelberg **7.05 / 7.20 Sz** **14.56**

nach **Berlin**

5.05 Pz **U** Frankfurt a.M. 9.20 / **17.00 Sz** **10.30**

12.10 Ez U Bamberg **14.45 / 15.05 Ez**
U Leipzig **23.00** ↩ / **5.00 Sz** **10.30**

22.00 Pz **U** Bamberg 1.15 / 1.35 Pz
U Hof 6.30 / 7.00 Pz
U Leipzig 12.30 / 14.30 Pz
U Röderau 16.15 / 16.45 Pz 20.45

nach **Bonn**

5.05 Pz **U** Frankfurt a.M. 9.20 / 11.35 Pz
U Castel 12.20* / # ✉
U Mainz #/ 14.30 ⛴ 21.00

18.35 Ez U Frankfurt a.M. **22.00** ↩ / 5.45 Pz
U Castel 7.05* / # ✉
U Mainz #/ 9.00 ⛴ 16.15

nach **Braunschweig**

5.05 Pz **U** Frankfurt a.M. 9.20 / **17.00 Sz**
U Guntershausen **21.50** / 21.55 Pz
U Cassel 22.15 / 23.15 ✉
U Göttingen 4.40 / 5.15 Pz
U Hannover 8.45 / 10.00 GmP 12.15

12.10 Ez U Bamberg **14.45 / 15.05 Ez**
U Leipzig **23.00** ↩ / 7.00 Pz
U Magdeburg 9.50 / **10.40 Cz** **12.50**

Fortsetzung siehe nächste Spalte

18.35 Ez U Frankfurt a.M. **22.00** ↩ / 5.45 Pz
U Guntershausen 11.45 / 11.50 Pz
U Cassel 12.10 / 12.30 ✉
U Göttingen 17.45 / 18.00 Pz
U Hannover 21.30 / 22.30 Pz 0.30[3]

22.00 Pz **U** Bamberg 1.15 / 1.35 Pz
U Hof 6.30 / 7.00 Pz
U Leipzig 12.30 / 17.30 Pz
U Magdeburg 21.00 / **1.50 Sz** **4.30**[3]

nach **Bremen**

18.35 Ez U Frankfurt a.M. **22.00** ↩ / 5.45
U Guntershausen 11.45 / 11.50 Pz
U Cassel 12.10 / 12.30 ✉
U Göttingen 17.45 / 18.00 Pz
U Hannover 21.30 ↩ / **6.45 Sz**
U Wunstorf **7.15*** / 7.30 Pz 10.15

* Ankunftszeit geschätzt

nach **Breslau**

12.10 Ez U Bamberg **14.45 / 15.05 Ez**
U Leipzig **23.00** ↩ / 6.00 Pz
U Dresden 9.15 / 9.45 Pz
U Görlitz 12.50 / 13.30 Pz
U Kohlfurt 14.10 / 14.15 Pz 18.30

22.00 Pz **U** Bamberg 1.15 / 1.35 Pz
U Hof 6.30 / 7.00 Pz
U Leipzig 12.30 / 14.30 Pz
U Dresden 17.30 / 18.15 Pz
U Görlitz 21.40 / 23.00 Pz
U Kohlfurt 23.45 / **2.45 Sz** **5.45**[3]

nach **Carlsruhe**

5.05 Pz **U** Frankfurt a.M. 9.20 / **10.30 Sz**
U Heidelberg **12.35 / 12.55 Sz** **14.10**

5.30 ✉ **U** Heidelberg 20.30 / 20.35 Pz 22.25

18.35 Ez U Frankfurt a.M. **22.00** ↩/ **5.00 Cz**
U Heidelberg **7.05 / 7.20 Sz** **8.27**

18.45 ✉ **U** Heidelberg 9.45 / 9.50 Pz 11.44

nach **Cassel**

5.05 Pz **U** Frankfurt a.M. 9.20 / 10.35 Pz
U Guntershausen 18.50 / 19.00 Pz 19.20

18.35 Ez U Frankfurt a.M. **22.00** ↩ / 5.45
U Guntershausen 11.45 / 11.50 Pz 12.10

nach **Chemnitz**

12.10 Ez U Bamberg **14.45 / 15.05 Ez**
U Werdau **20.55*** / 21.17 Pz
U Zwickau 21.40* / 22.30 ✉ 3.00

22.00 Pz **U** Bamberg 1.15 / 1.35 Pz
U Hof 6.30 / 7.00 Pz
U Werdau 9.40* / 9.47 Pz
U Zwickau 10.10* / 10.30 ✉ 15.00

* Ankunftszeit geschätzt

nach **Coblenz**

5.05 Pz **U** Frankfurt a.M. 9.20 / 11.35 Pz
U Castel 12.20* / # ✉
U Mainz #/ 14.30 ⛴ 18.00

12.30 GmP **U** Frankfurt a.M. 20.30 ↩ / 5.45 Pz
U Castel 7.05* / # ✉
U Mainz #/ 9.00 ⛴ 13.00

18.35 Ez U Frankfurt a.M. **22.00** ↩ / 5.45 Pz
U Castel 7.05* / # ✉
U Mainz #/ 9.00 ⛴ 13.00

nach **Cöln**

5.05 Pz **U** Frankfurt a.M. 9.20 / 11.35 Pz
U Castel 12.20* / # ✉
U Mainz #/ 14.30 ⛴ 23.00

18.35 Ez U Frankfurt a.M. **22.00** ↩ / 5.45 Pz
U Castel 7.05* / # ✉
U Mainz # / 9.00 ⛴ 18.15

* Ankunftszeit geschätzt

nach **Constanz**

5.05 Pz **U** Frankfurt a.M. 9.20 / **10.30 Sz**
U Heidelberg **12.35 / 12.55 Sz**
U Freiburg i.B. **17.36** / 18.15 ✉
U Schaffhausen 5.15 / 12.30 ✉ 17.00

18.35 Ez U Frankfurt a.M. **22.00** ↩ / **5.00 Cz**
U Heidelberg **7.05 / 7.20 Sz**
U Offenburg **10.22** / 10.45 ✉ 6.15[3]

nach **Danzig**

22.00 Pz **U** Bamberg 1.15 / 1.35 Pz
U Hof 6.30 / 7.00 Pz
U Leipzig 12.30 / 14.30 Pz
U Röderau 16.15 / 16.45 Pz
U Berlin 20.45 / **22.40 Sz** **11.35**

nach **Darmstadt**

5.05 Pz **U** Frankfurt a.M. 9.20 / **10.30 Sz** **11.08***

12.30 GmP **U** Frankfurt a.M. 20.30/20.45 Pz 21.30.

* Ankunftszeit geschätzt

nach **Dortmund**

18.35 Ez U Frankfurt a.M. **22.00** ↩ / 5.45 Pz
U Guntershausen 11.45 / 11.50 Pz
U Cassel 12.10 / 12.30 Pz
U Hamm 18.26 / **18.45 Cz** **19.20***

5.05 Pz **U** Frankfurt a.M. 9.20 / 11.35 Pz
U Castel 12.20* / # ✉
U Mainz # / 14.30 ⛴
U Cöln > Deutz 23.00 ↩ / **6.30 Cz** **9.02***

* Ankunftszeit geschätzt

nach **Dresden**

12.10 Ez U Bamberg **14.45 / 15.05 Ez**
U Leipzig **23.00** ↩ / 6.00 Pz 9.15

22.00 Pz **U** Bamberg 1.15 / 1.35 Pz
U Hof 6.30 / 7.00 Pz
U Leipzig 12.30 / 14.30 Pz 17.30

nach **Düsseldorf**

5.05 Pz **U** Frankfurt a.M. 9.20 / 11.35 Pz
U Castel 12.20* / # ✉
U Mainz #/ 14.30 ⛴
Cöln 23.00 ☞ / 5.30 — 8.00

5.05 Pz **U** Frankfurt a.M. 9.20 / 11.35 Pz
U Castel 12.20* / # ✉
U Mainz #/ 14.30 ⛴
U Cöln 23.00 ☞ / **6.30 Cz** — **7.15**

18.35 Ez **U** Frankfurt a.M. **22.00** ☞ / 5.45 Pz
U Castel 7.05* / # ✉
U Mainz #/ 9.00 ⛴ — 22.00

* Ankunftszeit geschätzt

nach **Elberfeld**

5.05 Pz **U** Frankfurt a.M. 9.20 / 11.35 Pz
U Castel 12.20* / # ✉
U Mainz #/ 14.30 ⛴
U Cöln 23.00 ☞ / **6.30 Cz**
U Düsseldorf **7.15** / 7.30 Pz — 8.36

18.35 Ez **U** Frankfurt a.M. **22.00** ☞ / 5.45 Pz
U Castel 7.05* / # ✉
U Mainz # / 9.00 ⛴
U Cöln 18.15 / **20.00 Sz**
U Düsseldorf **20.55** / 21.15 Pz — 22.21

* Ankunftszeit geschätzt

nach **Erfurt***

5.05 Pz **U** Frankfurt a.M. 9.20 / **17.00 Sz** — **2.50**
18.35 Ez **U** Frankfurt a.M. **22.00** ☞/ 5.45 Pz 16.50

* Ankunftszeiten in Erfurt sind sämmtlich geschätzt.

nach **Essen***

5.05 Pz **U** Frankfurt a.M. 9.20 / 11.35 Pz
U Castel 12.20** / # ✉
U Mainz # / 14.30 ⛴
U Cöln > Deutz 23.00 ☞ / 8.00 — 10.40

18.35 Ez **U** Frankfurt a.M. **22.00** ☞ / 5.45 Pz
U Castel 7.05** / # ✉
U Mainz # / 9.00 ⛴
U Cöln > Deutz 18.15 / **20.00 Sz** — **22.15**

* Ankunft in Alten-Essen, Ankunftszeit geschätzt; Fahrplan der Post-Course von Alten-Essen nach Essen Stadt liegt nicht vor. ** Ankunftszeit geschätzt

nach **Frankfurt a.M.**

5.05 Pz *über Aschaffenburg* — 9.20
12.30 GmP *über Aschaffenburg* — 20.30
18.35 Ez *über Aschaffenburg* — **22.00**

nach **Freiburg i.B.**

5.05 Pz **U** Frankfurt a.M. 9.20 / **10.30 Sz**
U Heidelberg **12.35** / **12.55 Sz** — **17.36**

18.35 Ez **U** Frankfurt a.M. **22.00** ☞ / **5.00 Cz**
U Heidelberg **7.05** / **7.20 Sz** — **12.35**

nach **Gera**

12.10 Ez **U** Bamberg **14.45** / **15.05 Ez**
U Altenburg **21.55*** ☞ / 9.00 ✉ — 13.00

22.00 Pz **U** Bamberg 1.15 / 1.35 Pz
U Hof 6.30 / 7.00 Pz
U Altenburg 10.55* / 15.00 ✉ — 19.00

* Ankunftszeit geschätzt

nach **Görlitz**

12.10 Ez **U** Bamberg **14.45** / **15.05 Ez**
U Leipzig **23.00** ☞ / 6.00 Pz
U Dresden 9.15 / 9.45 Pz — 12.50

22.00 Pz **U** Bamberg 1.15 / 1.35 Pz
U Hof 6.30 / 7.00 Pz
U Leipzig 12.30 / 14.30 Pz
U Dresden 17.30 / 18.15 Pz — 21.40

nach **Hagen***

5.05 Pz **U** Frankfurt a.M. 9.20 / 11.35 Pz
U Castel 12.20* / # ✉
U Mainz # / 14.30 ⛴
U Cöln > Deutz 23.00 ☞ / **6.30 Cz**
U Düsseldorf **7.15** / 7.30 Pz
U Elberfeld 8.36 / 9.40 Pz — 11.17

18.35 Ez **U** Frankfurt a.M. **22.00** ☞ / 5.45 Pz
U Guntershausen 11.45/11.50 Pz
U Cassel 12.10 / 12.30 Pz
U Hamm 18.26 / **18.45 Cz**
U Dortmund **19.20*** / 19.30 Pz — 20.28

* Ankunftszeiten in Hagen sind sämmtlich geschätzt.
** Ankunftszeit geschätzt

nach **Halle**

5.05 Pz **U** Frankfurt a.M. 9.20 / **17.00 Sz** — **5.40**
18.35 Ez **U** Frankfurt a.M. **22.00** ☞/ 5.45 Pz 20.05

* Ankunftszeiten in Erfurt sind sämmtlich geschätzt.

nach **Hamburg**

5.05 Pz **U** Frankfurt a.M. 9.20 / **17.00 Sz**
U Guntershausen **21.50** / 21.55 Pz
U Cassel 22.15 / 23.15 ✉
U Göttingen 4.40 / 5.15 Pz
U Hannover 8.45 / 10.00 GmP
U Lehrte 10.30* / 11.00 Pz — 16.10**

12.10 Ez **U** Bamberg **14.45** / **15.05 Ez**
U Leipzig **23.00** ☞ / **5.00 Sz**
U Berlin **10.30** / **23.00 Cz** — **5.16**[3]

18.35 Ez **U** Frankfurt a.M. **22.00** ☞ / 5.45 Pz
U Guntershausen 11.45 / 11.50 Pz
U Cassel 12.10 / 12.30 ✉
U Göttingen 17.45 / 18.00 Pz
U Hannover 21.30 ☞ / **5.30 Sz**
U Lehrte **6.00*** / 6.05 Pz
U Harburg 10.05 / 10.30 ⛴ — 11.45[3]

* Ankunftszeit geschätzt
** an Harburg ohne unmittelbaren Schiffsanschluß nach Hamburg

nach **Hamm**

5.05 Pz **U** Frankfurt a.M. 9.20 / **17.00 Sz**
U Guntershausen **21.50**/ 21.55 Pz
U Cassel 22.15 ☞ / 5.55 Pz — 11.46

18.35 Ez **U** Frankfurt a.M. **22.00** ☞ / 5.45 Pz
U Guntershausen 11.45/ 11.50 Pz
U Cassel 12.10 / 12.30 Pz — 18.26

nach **Hannover**

5.05 Pz **U** Frankfurt a.M. 9.20 / **17.00 Sz**
U Guntershausen **21.50** / 21.55 Pz
U Cassel 22.15 / 23.15 ✉
U Göttingen 4.40 / 5.15 Pz — 8.45

18.35 Ez **U** Frankfurt a.M. **22.00** ☞ / 5.45 Pz
U Guntershausen 11.45 / 11.50 Pz
U Cassel 12.10 / 12.30 ✉
U Göttingen 17.45 / 18.00 Pz — 21.30

nach **Heidelberg**

5.05 Pz **U** Frankfurt a.M. 9.20 / **10.30 Sz** — **12.35**
5.30 ✉ — 20.30
18.35 Ez **U** Frankfurt a.M. **22.00** ☞/ **5.00 Cz** **7.05**
18.45 ✉ *über Wertheim–Miltenberg* — 9.45

nach **Kiel**

12.10 Ez **U** Bamberg **14.45** / **15.05 Ez**
U Leipzig **23.00** ☞ / **5.00 Sz**
U Berlin **10.30** / **23.00 Cz**
U Hamburg **5.16** /
Altona 8.10 Pz — 11.00[3]

18.35 Ez **U** Frankfurt a.M. **22.00** ☞ / 5.45
U Guntershausen 11.45/ 11.50 Pz
U Cassel 12.10 / 12.30 ✉
U Göttingen 17.45 / 18.00 Pz
U Hannover 21.30 ☞ / **5.30 Sz**
U Lehrte **6.00*** / 6.05 Pz
U Harburg 10.05 / 10.30 ⛴
U Hamburg > Altona 11.45 /
13.00 GmP — 16.30[3]

* Ankunftszeit geschätzt

nach **Königsberg i.Pr.**

22.00 Pz **U** Bamberg 1.15 / 1.35 Pz
U Hof 6.30 / 7.00 Pz
U Leipzig 12.30 / 14.30 Pz
U Röderau 16.15 / 16.45 Pz
U Berlin 20.45 / **22.40 Sz**
U Dirschau **10.45** / 11.37 ✉
U Marienburg 16.07 / **16.37 Sz** — **21.02**[3]

nach **Leipzig**

12.10 Ez **U** Bamberg **14.45** / **15.05 Ez** — **23.00**
22.00 Pz **U** Bamberg 1.15 / 1.35 Pz
U Hof 6.30 / 7.00 Pz — 12.30

nach **Lindau**

12.10 Ez **U** Bamberg **14.45** / **15.30 Ez**
U Augsburg **21.20** / 21.30 GmP — 6.30

22.00 Pz **U** Bamberg 1.15 / 3.15 Pz
U Augsburg 11.05 / 12.50 GmP — 22.35

nach **Ludwigshafen**
> Mannheim

nach **Lübeck**
12.10 Ez **U** Bamberg **14.45 / 15.05 Ez**
U Leipzig **23.00** ↪ / 7.00 Pz
U Magdeburg 9.50 ↪ / 10.45 GmP
U Wittenberge 14.10 / 15.10 GmP
U Büchen 18.35* / 19.00 Pz 20.11
22.00 Pz **U** Bamberg 1.15 / 1.35 Pz
U Hof 6.30 / 7.00 Pz
U Leipzig 12.30 / 15.15 Pz
U Berlin 21.30 / **23.00 Cz**
U Büchen **4.10*** / 9.00 Pz 10.45^{3}

nach **Magdeburg**
12.10 Ez **U** Bamberg **14.45 / 15.05 Ez**
U Leipzig **23.00** ↪ / 7.00 Pz 9.50
22.00 Pz **U** Bamberg 1.15 / 1.35 Pz
U Hof 6.30 / 7.00 Pz
U Leipzig 12.30 / 17.30 Pz 21.00

nach **Mainz**
5.05 Pz **U** Frankfurt a.M. 9.20 / **10.15 Sz**
U Castel **11.00** / # k.A.
18.35 Ez **U** Frankfurt a.M. **22.00** ↪ / 5.45 Pz
U Castel 7.05* / # k.A.

nach **Mannheim**
5.05 Pz **U** Frankfurt a.M. 9.20 / **10.30 Sz** **12.38**
5.30 ✉ **U** Heidelberg 20.30 / 20.45 Pz 21.30
18.35 Ez **U** Frankfurt a.M. **22.00** ↪/ **5.00 Cz** **7.06**
18.45 ✉ **U** Heidelberg 9.45 / 11.40 Pz 12.09

nach **München**
12.10 Ez **U** Bamberg **14.45 / 15.30 Ez** **23.00**
22.00 Pz **U** Bamberg 1.15 / 3.15 Pz 13.15

nach **Münster**
5.05 Pz **U** Frankfurt a.M. 9.20 / **17.00 Sz**
U Guntershausen **21.50**/ 21.55 Pz
U Cassel 22.15 ↪ / 5.55 Pz
U Hamm 11.46 / 12.10 Pz 13.00
18.35 Ez **U** Frankfurt a.M. **22.00** ↪ / 5.45
U Guntershausen 11.45 / 11.50 Pz
U Cassel 12.10 / 12.30 Pz
U Hamm 18.26 / 19.00 Pz 20.00

nach **Nürnberg**
3.00 ✉ *über Uffenheim* 15.30
12.10 Ez **U** Bamberg **14.45 / 15.30 Ez** **17.00**
15.00 ✉ *über Kitzingen* 3.00
22.00 Pz **U** Bamberg 1.15 / 3.15 Pz 5.15

nach **Oberhausen**
5.05 Pz **U** Frankfurt a.M. 9.20 / 11.35 Pz
U Castel 12.20* / # ✉
U Mainz # / 14.30 ⛴
U Cöln > Deutz 23.00 ↪ / **6.30 Cz** **8.00**
18.35 Ez **U** Frankfurt a.M. **22.00** ↪ / 5.45 Pz
U Castel 7.05* / # ✉
U Mainz # / 9.00 ⛴
U Cöln > Deutz 18.15 / **20.00 Sz** **21.50**

* Ankunftszeit geschätzt

nach **Oppeln**
12.10 Ez **U** Bamberg **14.45 / 15.05 Ez**
U Leipzig **23.00** ↪ / 6.00 Pz
U Dresden 9.15 / 9.45 Pz
U Görlitz 12.50 / 13.30 Pz
U Kohlfurt 14.10 / 14.15 Pz 21.27
22.00 Pz **U** Bamberg 1.15 / 1.35 Pz
U Hof 6.30 / 7.00 Pz
U Leipzig 12.30 / 14.30 Pz
U Dresden 17.30 / 18.15 Pz
U Görlitz 21.40 / 23.00 Pz
U Kohlfurt 23.45 / **2.45 Sz** **7.45^{3}**

nach **Osnabrück**
5.05 Pz **U** Frankfurt a.M. 9.20 / **17.00 Sz**
U Guntershausen **21.50** / 21.55 Pz
U Cassel 22.15 ↪ / 5.55 Pz
U Hamm 11.46 / 16.03 Pz
U Minden 19.45 / 1.00 ✉ 8.00^{3}
18.35 Ez **U** Frankfurt a.M. **22.00** ↪ / 5.45 Pz
U Guntershausen 11.45 / 11.50 Pz
U Cassel 12.10 / 12.30 Pz
U Hamm 18.26 / **0.00 Sz**
U Minden **3.05** / 9.00 ✉ 16.00^{3}

nach **Passau**
12.10 Ez **U** Bamberg **14.45 / 15.30 Ez**
U Nürnberg **17.00** / 17.30 ✉
U Regensburg 5.30 / 11.00 ✉ 22.30

nach **Posen**
22.00 Pz **U** Bamberg 1.15 / 1.35 Pz
U Hof 6.30 / 7.00 Pz
U Leipzig 12.30 / 14.30 Pz
U Röderau 16.15 / 16.45 Pz
U Berlin 20.45 / **22.40 Sz**
U Kreutz **4.43** / 5.03 Pz 7.47^{3}

nach **Regensburg**
12.10 Ez **U** Bamberg **14.45 / 15.30 Ez**
U Nürnberg **17.00** / 17.30 ✉ 5.30
22.00 Pz **U** Bamberg 1.15 / 3.15 Pz
U Nürnberg 5.15 / 6.00 ✉ 18.00

nach **Rostock**
12.10 Ez **U** Bamberg **14.45 / 15.05 Ez**
U Leipzig **23.00** ↪ / 7.00 Pz
U Magdeburg 9.50 / 10.45 GmP
U Wittenberge 14.10 / 15.10 GmP
U Hagenow 17.00* / 17.30 Pz 22.10
22.00 Pz **U** Bamberg 1.15 / 1.35 Pz
U Hof 6.30 / 7.00 Pz
U Leipzig 12.30 / 22.00 Pz
U Magdeburg 1.15 / 7.45 Pz
U Wittenberge 10.15 / 10.55 Pz
U Hagenow 12.40* / 12.50 Pz 16.40^{3}

* Ankunftszeit geschätzt

nach **Saarbrücken**
5.05 Pz **U** Frankfurt a.M. 9.20 / **10.30 Sz**
U Mannheim **12.38** / #
U Ludwigshafen # / 17.30 Pz 22.05
5.30 ✉ **U** Heidelberg 20.30 / 20.45 Pz
U Mannheim 21.30 ↪ / #
U Ludwigshafen # / 6.10 Pz 10.36
18.35 Ez **U** Frankfurt a.M. **22.00** ↪/ 6.30 Pz
U Mannheim 9.23 / #
U Ludwigshafen # / **13.10 Sz** **16.58**

nach **Schwerin**
22.00 Pz **U** Bamberg 1.15 / 1.35 Pz
U Hof 6.30 / 7.00 Pz
U Leipzig 12.30 / 14.30 Pz
U Röderau 16.15 / 16.45 Pz
U Berlin 20.45 / **23.00 Cz**
U Hagenow **3.08*** / 7.30 Pz 8.12^{3}

* Ankunftszeit geschätzt

nach **Stettin**
12.10 Ez **U** Bamberg **14.45 / 15.05 Ez**
U Leipzig **23.00** ↪ / **5.00 Sz**
U Berlin **10.30** / 12.15 Pz 15.52 .
22.00 Pz **U** Bamberg 1.15 / 1.35 Pz
U Hof 6.30 / 7.00 Pz
U Leipzig 12.30 / 14.30 Pz
U Röderau 16.15 / 16.45 Pz
U Berlin 20.45 / **22.40 Sz** **1.47^{3}**

nach **Stralsund**
12.10 Ez **U** Bamberg **14.45 / 15.05 Ez**
U Leipzig **23.00** ↪ / **5.00 Sz**
U Berlin **10.30** / 17.30 Pz
U Passow 20.00* / 20.20 ✉ 11.20^{3}
22.00 Pz **U** Bamberg 1.15 / 1.35 Pz
U Hof 6.30 / 7.00 Pz
U Leipzig 12.30 / 14.30 Pz
U Röderau 16.15 / 16.45 Pz
U Berlin 20.45 / **22.40 Sz**
U Passow 0.50* / 1.15 ✉ 18.00^{3}

* Ankunftszeit geschätzt

nach **Stuttgart**

5.05 Pz	**U** Frankfurt a.M. 9.20 / **10.30 Sz**	
	U Heidelberg **12.35** / **12.55 Sz**	
	U Bruchsal **13.28*** / **13.48 Ez**	**15.46**
13.45 ✉	**U** Heilbronn 6.45 / 8.45 Pz	
	U Bietigheim 9.45 / 10.08 Pz	11.05
18.35 Ez	**U** Frankfurt a.M. **22.00** ↩ / **5.00 Cz**	
	U Heidelberg **7.05** / **7.20 Sz**	
	U Bruchsal **7.59*** / 8.15 Pz	11.05

nach **Trier**

5.05 Pz	**U** Frankfurt a.M. 9.20 / **10.30 Sz**	
	U Mannheim **12.38** / #	
	U Ludwigshafen # / 17.30 Pz	
	U Saarbrücken 22.05 ↩ / 8.15 ✉	18.45
18.35 Ez	**U** Frankfurt a.M. **22.00** ↩ / 6.30 Pz	
	U Mannheim 9.23 / #	
	U Ludwigshafen # / **13.10 Sz**	
	U Saarbrücken **16.58** / 17.30 ✉	4.00^{3}

nach **Ulm**

5.00 ✉	**U** Mergentheim 10.00 / 11.45 ✉	6.15
12.10 Ez	**U** Bamberg **14.45** / **15.30 Ez**	
	U Augsburg **21.20** / **9.00 Ez**	**11.30**
22.00 Pz	**U** Bamberg 1.15 / 3.15 Pz	
	U Augsburg 11.05 / 13.00 GmP	17.30

nach **Wiesbaden**

5.05 Pz	**U** Frankfurt a.M 9.20 / 11.15 Pz	12.45
12.30 GmP	**U** Frankfurt a.M 20.30 ↩ / 5.45 Pz	7.30
18.35 Ez	**U** Frankfurt a.M **22.00** ↩ / 5.45 Pz	7.30

nach **Zwickau**

12.10 Ez	**U** Bamberg **14.45** / **15.05 Ez**	
	U Werdau **20.55*** / 21.17 Pz	21.40*
22.00 Pz	**U** Bamberg 1.15 / 1.35 Pz	
	U Hof 6.30 / 7.00 Pz	
	U Werdau 9.40* / 9.47 Pz	10.10*

* Ankunftszeit geschätzt

Zwickau

Aus Zwickau geht eine Zweigbahn nach Werdau ab, das an der Strecke Leipzig–Hof der Sächsischen Staatsbahn liegt und in Hof an die Ludwigs-Süd-Nord-Bahn Richtung Nürnberg der Bayerischen Staatseisnbahnen anschließt.

Hinweis: Zu den *Ankunftszeiten der Zweigbahn in Werdau* liegen keine Angaben vor, sie mußten deshalb durchweg geschätzt werden.

von **Zwickau**

nach **Aachen**

8.20 Pz	**U** Werdau 8.43 / **9.13 Ez**	
	U Bamberg **15.05** / **15.45 Ez**	
	U Frankfurt a.M. **22.00** ↩ / 8.30 ⛴	
	U Mainz 11.00 / 11.00 ⛴	
	U Cöln 20.15 / **23.30 Sz**	$\mathbf{1.20}^{3}$
16.35 Pz	**U** Werdau 16.58 / 17.00 Pz	
	U Hof 20.00 / 20.30 Pz	
	U Bamberg 1.15 / 1.45 Pz	
	U Frankfurt a.M. 9.20 / 18.00 Pz	
	U Wiesbaden 19.30 / 20.15 ✉	
	U Coblenz 5.30 / 6.00 ⛴	
	U Cöln 10.30 / 11.45 Pz	13.45^{3}

nach **Augsburg**

8.20 Pz	**U** Werdau 8.43 / **9.13 Ez**	**21.20**
16.35 Pz	**U** Werdau 16.58 / 17.00 Pz	
	U Hof 20.00 / 20.30 Pz	11.05

nach **Basel***

8.20 Pz	**U** Werdau 8.43 / **9.13 Ez**	
	U Bamberg **15.05** / **15.45 Ez**	
	U Frankfurt a.M. **22.00** ↩ / **5.00 Cz**	
	U Heidelberg **7.05** / **7.20 Sz**	**14.56**
16.35 Pz	**U** Werdau 16.58 / 17.00 Pz	
	U Hof 20.00 / 20.30 Pz	
	U Bamberg 1.15 / 1.45 Pz	
	U Frankfurt a.M. 9.20 / **10.30 Sz**	
	U Heidelberg **12.35** / **12.55 Sz**	**19.15**

* Ankunft Basel Badischer Bf

nach **Berlin**

8.20 Pz	**U** Werdau 8.43 / 9.45 Pz	
	U Leipzig 12.30 / 14.30 Pz	
	U Röderau 16.15 / 16.45 Pz	20.45
20.35 Pz	**U** Werdau 20.58 / **21.00 Ez**	
	U Leipzig **23.00** ↩ / **5.00 Sz**	**10.30**

nach **Bonn**

8.20 Pz	**U** Werdau 8.43 / **9.13 Ez**	
	U Bamberg **15.05** / **15.45 Ez**	
	U Frankfurt a.M. **22.00** ↩ / 8.30 ⛴	
	U Mainz 11.00 / 11.00 ⛴	18.15
16.35 Pz	**U** Werdau 16.58 / 17.00 Pz	
	U Hof 20.00 / 20.30 Pz	
	U Bamberg 1.15 / 1.45 Pz	
	U Frankfurt a.M. 9.20 / 18.00 Pz	
	U Wiesbaden 19.30 / 20.15 ✉	
	U Coblenz 5.30 / 6.00 ⛴	12.45^{3}

nach **Braunschweig**

5.30 Pz	**U** Werdau 5.55 / 6.10 Pz	
	U Leipzig 9.00 / 12.00 Pz	
	U Magdeburg 15.30 / 16. 15 Pz	19.15
16.35 Pz	**U** Werdau 16.58 / 17.45 Pz	
	U Leipzig 20.30 / 22.00 Pz	
	U Magdeburg 1.15 / **1.50 Sz**	**4.30**
20.35 Pz	**U** Werdau 20.58 / **21.00 Ez**	
	U Leipzig **23.00** ↩ / 7.00 Pz	
	U Magdeburg 9.50 / **10.40 Cz**	**12.50**

Fortsetzung siehe nächste Spalte

nach **Bremen**

8.20 Pz	**U** Werdau 8.43 / **9.13 Ez**	
	U Bamberg **15.05** / **15.45 Ez**	
	U Frankfurt a.M. **22.00** ↩ / 5.45 Pz	
	U Guntershausen 11.45 / 11.50 Pz	
	U Cassel 12.10 / 12.30 ✉	
	U Göttingen 17.45 / 18.00 Pz	
	U Hannover 21.30 / ↩ **6.45 Sz**	
	U Wunstorf **7.15*** / 7.30 Pz	10.15^{3}
16.35 Pz	**U** Werdau 16.58 / 17.00 Pz	
	U Hof 20.00 / 20.30 Pz	
	U Bamberg 1.15 / 1.45 Pz	
	U Frankfurt a.M. 9.20 / **17.00 Sz**	
	U Guntershausen **21.50** / 21.55 Pz	
	U Cassel 22.15 / 23.15 ✉	
	U Göttingen 4.40 / 5.15 Pz	
	U Hannover 8.45 / 12.45 Pz	16.00^{3}

nach **Breslau**

8.20 Pz	**U** Werdau 8.43 / 9.45 Pz	
	U Leipzig 12.30 / 14.30 Pz	
	U Dresden 17.30 / 18.15 Pz	
	U Görlitz 21.40 / 23.00 Pz	
	U Kohlfurt 23.45 / **2.45 Sz**	**5.45**
20.35 Pz	**U** Werdau 20.58 / **21.00 Ez**	
	U Leipzig **23.00** ↩ / 6.00 Pz	
	U Dresden 9.15 / 9.45 Pz	
	U Görlitz 12.50 / 13.30 Pz	
	U Kohlfurt 14.10 / 14.15 Pz	18.30

nach **Carlsruhe**

8.20 Pz	**U** Werdau 8.43 / **9.13 Ez**	
	U Bamberg **15.05** / **15.45 Ez**	
	U Frankfurt a.M. **22.00** ↩ / **5.00 Cz**	
	U Heidelberg **7.05** / **7.20 Sz**	**8.27**
16.35 Pz	**U** Werdau 16.58 / 17.00 Pz	
	U Hof 20.00 / 20.30 Pz	
	U Bamberg 1.15 / 1.45 Pz	
	U Frankfurt a.M. 9.20 / **10.30 Sz**	
	U Heidelberg **12.35** / **12.55 Sz**	**14.10**

nach **Cassel**

8.20 Pz	**U** Werdau 8.43 / **9.13 Ez**	
	U Bamberg **15.05** / **15.45 Ez**	
	U Frankfurt a.M. **22.00** ↩ / 5.45 Pz	
	U Guntershausen 11.45 / 11.50 Pz	12.10
16.35 Pz	**U** Werdau 16.58 / 17.00 Pz	
	U Hof 20.00 / 20.30 Pz	
	U Bamberg 1.15 / 1.45 Pz	
	U Frankfurt a.M. 9.20 / 10.35 Pz	
	U Guntershausen 18.50 / 19.00 Pz	19.20

nach **Chemnitz**

10.30 ✉	15.00
14.30 ✉	19.00
22.30 ✉	3.00

nach **Coblenz**

8.20 Pz	**U** Werdau 8.43 / **9.13 Ez** **U** Bamberg **15.05 / 15.45 Ez** **U** Frankfurt a.M. **22.00** ⇆ / 8.30 ⛴ **U** Mainz 11.00 / 11.00 ⛴	15.15
16.35 Pz	**U** Werdau 16.58 / 17.00 Pz **U** Hof 20.00 / 20.30 Pz **U** Bamberg 1.15 / 1.45 Pz **U** Frankfurt a.M. 9.20 / 18.00 Pz **U** Wiesbaden 19.30 / 20.15 ✉	5.30^3

nach **Cöln**

8.20 Pz	**U** Werdau 8.43 / **9.13 Ez** **U** Bamberg **15.05 / 15.45 Ez** **U** Frankfurt a.M. **22.00** ⇆ / 8.30 ⛴ **U** Mainz 11.00 / 11.00 ⛴	20.15
16.35 Pz	**U** Werdau 16.58 / 17.00 Pz **U** Hof 20.00 / 20.30 Pz **U** Bamberg 1.15 / 1.45 Pz **U** Frankfurt a.M. 9.20 / 18.00 Pz **U** Wiesbaden 19.30 / 20.15 ✉ **U** Coblenz 5.30 / 6.00 ⛴	10.30^3

nach **Constanz**

8.20 Pz	**U** Werdau 8.43 / **9.13 Ez** **U** Bamberg **15.05 / 15.45 Ez** **U** Frankfurt a.M. **22.00** ⇆ **/ 5.00 Cz** **U** Heidelberg **7.05 / 7.20 Sz** **U** Offenburg **10.22** / 10.45 ✉	6.15^3
16.35 Pz	**U** Werdau 16.58 / 17.00 Pz **U** Hof 20.00 / 20.30 Pz **U** Bamberg 1.15 / 1.45 Pz **U** Frankfurt a.M. 9.20 / **10.30 Sz** **U** Heidelberg **12.35 / 12.55 Sz** **U** Freiburg i.B. **17.36** / 18.15 ✉ **U** Schaffhausen 5.15 / 12.30 ✉	17.00^3

* Ankunftszeit geschätzt

nach **Danzig**

8.20 Pz	**U** Werdau 8.43 / 9.45 Pz **U** Leipzig 12.30 / 15.15 Pz **U** Berlin 21.30 / **22.40 Sz**	**11.35**

* Ankunftszeit geschätzt

nach **Darmstadt**

8.20 Pz	**U** Werdau 8.43* / **9.13 Ez** **U** Bamberg **15.05 / 15.45 Ez** **U** Frankfurt a.M. **22.00** ⇆**/ 5.00 Cz**	**5.38***
16.35 Pz	**U** Werdau 16.58* / 17.00 Pz **U** Hof 20.00 / 20.30 Pz **U** Bamberg 1.15 / 1.45 Pz **U** Frankfurt a.M. 9.20 / **10.30 Sz**	**11.08***

* Ankunftszeit geschätzt

nach **Dortmund***

8.20 Pz	**U** Werdau 8.43 / **9.13 Ez** **U** Bamberg **15.05 / 15.45 Ez** **U** Frankfurt a.M. **22.00** ⇆ / 5.45 Pz **U** Guntershausen 11.45 / 11.50 Pz **U** Cassel 12.10 / 12.30 Pz **U** Hamm 18.26 / **18.45 Cz**	**19.20**
16.35 Pz	**U** Werdau 16.58 / 17.00 Pz **U** Hof 20.00 / 20.30 Pz **U** Bamberg 1.15 / 1.45 Pz **U** Frankfurt a.M. 9.20 / **17.00 Sz** **U** Guntershausen **21.50** / 21.55 Pz **U** Cassel 22.15 ⇆ / 5.55 Pz **U** Hamm 11.46 / **12.01 Sz**	**12.45^3**

* Ankunftszeiten in Dortmund sind sämmtlich geschätzt.

nach **Dresden**

5.30 Pz	**U** Werdau 5.55* / 6.10 Pz **U** Leipzig 9.00 / 10.00 Pz	13.15
8.20 Pz	**U** Werdau 8.43* / 9.45 Pz **U** Leipzig 12.30 / 14.30 Pz	17.30
16.35 Pz	**U** Werdau 16.58* / 17.45 Pz **U** Leipzig 20.30 / **22.00 Sz**	**0.30**
20.35 Pz	**U** Werdau 20.58* / **21.00 Ez** **U** Leipzig **23.00** ⇆ / 6.00 Pz	9.15

* Ankunftszeit geschätzt

nach **Düsseldorf**

8.20 Pz	**U** Werdau 8.43* / **9.13 Ez** **U** Bamberg **15.05 / 15.45 Ez** **U** Frankfurt a.M. **22.00** ⇆ / 5.45 Pz **U** Castel 7.05* / # ✉ **U** Mainz # / 9.00 ⛴ **U** Cöln > Deutz 18.15 / **20.00 Sz**	**20.55**
16.35 Pz	**U** Werdau 16.58* / 17.00 Pz **U** Hof 20.00 / 20.30 Pz **U** Bamberg 1.15 / 1.45 Pz **U** Frankfurt a.M. 9.20 / 18.00 Pz **U** Wiesbaden 19.30 / 20.15 ✉ **U** Coblenz 5.30 / 6.00 ⛴ **U** Cöln > Deutz 10.30 / 11.00 Pz	12.10^3

* Ankunftszeit geschätzt

nach **Elberfeld**

8.20 Pz	**U** Werdau 8.43* / **9.13 Ez** **U** Bamberg **15.05 / 15.45 Ez** **U** Frankfurt a.M. **22.00** ⇆ / 5.45 Pz **U** Castel 7.05* / # ✉ **U** Mainz # / 9.00 ⛴ **U** Cöln > Deutz 18.15 / **20.00 Sz** **U** Düsseldorf **20.55** / 21.15 Pz	22.21
16.35 Pz	**U** Werdau 16.58* / 17.00 Pz **U** Hof 20.00 / 20.30 Pz **U** Bamberg 1.15 / 1.45 Pz **U** Frankfurt a.M. 9.20 / 18.00 Pz **U** Wiesbaden 19.30 / 20.15 ✉ **U** Coblenz 5.30 / 6.00 ⛴ **U** Cöln > Deutz 10.30 / 11.00 Pz **U** Düsseldorf 12.10 / 12.30 Pz	14.07^3

* Ankunftszeit geschätzt

nach **Erfurt**

5.30 Pz	**U** Werdau 5.55* / 6.10 Pz **U** Leipzig 9.00 / 12.00 Pz **U** Halle 12.40 / 13.40 Pz	16.50*
8.20 Pz	**U** Werdau 8.43* / 9.45 Pz **U** Leipzig 12.30 / 15.15 Pz **U** Halle 16.00 / 18.40 Pz	22.55
16.35 Pz	**U** Werdau 16.58* / 17.45 Pz **U** Leipzig 20.30 / 22.00 Pz **U** Halle 22.45 / **23.00 Sz**	**1.20***
20.35 Pz	**U** Werdau 20.58* / **21.00 Ez** **U** Leipzig **23.00** ⇆ / 7.00 Pz **U** Halle 7.40 / 8.15 Pz	11.10*

* Ankunftszeit geschätzt

nach **Essen***

8.20 Pz	**U** Werdau 8.43* / **9.13 Ez** **U** Bamberg **15.05 / 15.45 Ez** **U** Frankfurt a.M. **22.00** ⇆ / 5.45 Pz **U** Castel 7.05* / # ✉ **U** Mainz # / 9.00 ⛴ **U** Cöln > Deutz 18.15 / **20.00 Sz**	**22.15**
16.35 Pz	**U** Werdau 16.58* / 17.00 Pz **U** Hof 20.00 / 20.30 Pz **U** Bamberg 1.15 / 1.45 Pz **U** Frankfurt a.M. 9.20 / 18.00 Pz **U** Wiesbaden 19.30 / 20.15 ✉ **U** Coblenz 5.30 / 6.00 ⛴ **U** Cöln > Deutz 10.30 / 11.00 Pz	13.45^3

* Ankunft in Alten-Essen, Ankunftszeit geschätzt; Fahrplan der Post-Course von Alten-Essen nach Essen Stadt liegt nicht vor.

nach **Frankfurt a.M.**

8.20 Pz	**U** Werdau 8.43* / **9.13 Ez** **U** Bamberg **15.05 / 15.45 Ez**	**22.00**
16.35 Pz	**U** Werdau 16.58* / 17.00 Pz **U** Hof 20.00 / 20.30 Pz **U** Bamberg 1.15 / 1.45 Pz	9.20

* Ankunftszeit geschätzt

nach **Freiburg i.B.**

8.20 Pz	**U** Werdau 8.43* / **9.13 Ez** **U** Bamberg **15.05 / 15.45 Ez** **U** Frankfurt a.M. **22.00** ⇆ **/ 5.00 Cz** **U** Heidelberg **7.05 / 7.20 Sz**	**12.35**
16.35 Pz	**U** Werdau 16.58* / 17.00 Pz **U** Hof 20.00 / 20.30 Pz **U** Bamberg 1.15 / 1.45 Pz **U** Frankfurt a.M. 9.20 / **10.30 Sz** **U** Heidelberg **12.35 / 12.55 Sz**	**17.36**

* Ankunftszeit geschätzt

nach **Gera**

16.35 Pz	**U** Werdau 16.58* / 18.15 ✉	23.00

* Ankunftszeit geschätzt

nach **Görlitz**

5.30 Pz	**U** Werdau 5.55* / 6.10 Pz	
	U Leipzig 9.00 / 10.00 Pz	
	U Dresden 13.15 / 14.30 Pz	18.15
8.20 Pz	**U** Werdau 8.43* / 9.45 Pz	
	U Leipzig 12.30 / 14.30 Pz	
	U Dresden 17.30 / 18.15 Pz	21.40
16.35 Pz	**U** Werdau 16.58* / 17.45 Pz	
	U Leipzig 20.30 / **22.00 Sz**	
	U Dresden **0.30** ↷ / 5.30 Pz	9.00
20.35 Pz	**U** Werdau 20.58* / **21.00 Ez**	
	U Leipzig **23.00** ↷ / 6.00 Pz	
	U Dresden 9.15 / 9.45 Pz	12.50

* Ankunftszeit geschätzt

nach **Hagen**

8.20 Pz	**U** Werdau 8.43* / **9.13 Ez**	
	U Bamberg **15.05** / **15.45 Ez**	
	U Frankfurt a.M. **22.00** ↷ / 5.45 Pz	
	U Guntershausen 11.45 / 11.50 Pz	
	U Cassel 12.10 / 12.30 Pz	
	U Hamm 18.26 / **18.45 Cz**	
	U Dortmund **19.20*** / 19.30 Pz	20.28*
16.35 Pz	**U** Werdau 16.58* / 17.00 Pz	
	U Hof 20.00 / 20.30 Pz	
	U Bamberg 1.15 / 1.45 Pz	
	U Frankfurt a.M. 9.20 / **17.00 Sz**	
	U Guntershausen **21.50** / 21.55 Pz	
	U Cassel 22.15 ↷ / 5.55 Pz	
	U Hamm 11.46 / **12.01 Sz**	
	U Dortmund **12.40*** / 13.15 Pz	14.22*[3]

* Ankunftszeit geschätzt

nach **Halle**

5.30 Pz	**U** Werdau 5.55* / 6.10 Pz	
	U Leipzig 9.00 / 12.00 Pz	12.40
8.20 Pz	**U** Werdau 8.43* / 9.45 Pz	
	U Leipzig 12.30 / 15.15 Pz	16.00
16.35 Pz	**U** Werdau 16.58* / 17.45 Pz	
	U Leipzig 20.30 / 22.00 Pz	22.45
20.35 Pz	**U** Werdau 20.58* / **21.00 Ez**	
	U Leipzig **23.00** ↷ **/ 5.00**	**5.45**

* Ankunftszeit geschätzt

nach **Hamburg**

5.30 Pz	**U** Werdau 5.55 / 6.10 Pz	
	U Leipzig 9.00 / 12.00 Pz	
	U Magdeburg 15.30 / 17.30 GmP	
	U Wittenberge 21.00 / **1.45 Cz**	**5.16**
16.35 Pz	**U** Werdau 16.58 / 17.45 Pz	
	U Leipzig 20.30 / 22.00 Pz	
	U Magdeburg 1.15 / 7.45 Pz	
	U Wittenberge 10.15 / 10.55 Pz	15.30

nach **Hamm**

8.20 Pz	**U** Werdau 8.43 / **9.13 Ez**	
	U Bamberg **15.05** / **15.45 Ez**	
	U Frankfurt a.M. **22.00** ↷ / 5.45 Pz	
	U Guntershausen 11.45 / 11.50 Pz	
	U Cassel 12.10 / 12.30 Pz	18.26
16.35 Pz	**U** Werdau 16.58 / 17.00 Pz	
	U Hof 20.00 / 20.30 Pz	
	U Bamberg 1.15 / 1.45 Pz	
	U Frankfurt a.M. 9.20 / **17.00 Sz**	
	U Guntershausen **21.50** / 21.55 Pz	
	U Cassel 22.15 ↷ / 5.55 Pz	11.46[3]

nach **Hannover**

8.20 Pz	**U** Werdau 8.43* / **9.13 Ez**	
	U Bamberg **15.05** / **15.45 Ez**	
	U Frankfurt a.M. **22.00** ↷ / 5.45 Pz	
	U Guntershausen 11.45 / 11.50 Pz	
	U Cassel 12.10 / 12.30 ✉	
	U Göttingen 17.45 / 18.00 Pz	21.30
16.35 Pz	**U** Werdau 16.58* / 17.00 Pz	
	U Hof 20.00 / 20.30 Pz	
	U Bamberg 1.15 / 1.45 Pz	
	U Frankfurt a.M. 9.20 / **17.00 Sz**	
	U Guntershausen **21.50** / 21.55 Pz	
	U Cassel 22.15 / 23.15 ✉	
	U Göttingen 4.40 / 5.15 Pz	8.45[3]

* Ankunftszeit geschätzt

nach **Heidelberg**

8.20 Pz	**U** Werdau 8.43* / **9.13 Ez**	
	U Bamberg **15.05** / **15.45 Ez**	
	U Frankfurt a.M. **22.00** ↷ / **5.00 Cz**	**7.05**
16.35 Pz	**U** Werdau 16.58* / 17.00 Pz	
	U Hof 20.00 / 20.30 Pz	
	U Bamberg 1.15 / 1.45 Pz	
	U Frankfurt a.M. 9.20 / **10.30 Sz**	**12.35**

* Ankunftszeit geschätzt

nach **Kiel**

8.20 Pz	**U** Werdau 8.43 / **9.13 Ez**	
	U Bamberg **15.05** / **15.45 Ez**	
	U Frankfurt a.M. **22.00** ↷ / 5.45 Pz	
	U Guntershausen 11.45 / 11.50 Pz	
	U Cassel 12.10 / 12.30 ✉	
	U Göttingen 17.45 / 18.00 Pz	
	U Hannover 21.30 ↷ / **5.30 Sz**	
	U Lehrte **6.00*** / 6.05 Pz	
	U Harburg 10.05 / 10.30 ⛴	
	U Hamburg > Altona 11.45 / 13.00 GmP	16.30[3]

Fortsetzung siehe nächste Spalte

16.35 Pz	**U** Werdau 16.58 / 17.00 Pz	
	U Hof 20.00 / 20.30 Pz	
	U Bamberg 1.15 / 1.45 Pz	
	U Frankfurt a.M. 9.20 / **17.00 Sz**	
	U Guntershausen **21.50** / 21.55 Pz	
	U Cassel 22.15 / 23.15 ✉	
	U Göttingen 4.40 / 5.15 Pz	
	U Hannover 8.45 / **14.00 Cz**	
	U Lehrte **14.25*** / 14.35 Pz	
	U Harburg 18.20 / 19.00 ⛴	
	U Hamburg > Altona 20.15 ↷ / 8.10 Pz	11.00[4]

* Ankunftszeit geschätzt

nach **Königsberg i.Pr.**

8.20 Pz	**U** Werdau 8.43 / 9.45 Pz	
	U Leipzig 12.30 / 14.30 Pz	
	U Röderau 16.15 / 16.45 Pz	
	U Berlin 20.45 / **22.40 Sz**	
	U Dirschau **10.45** / 11.37 ✉	
	U Marienburg 16.07 / **16.37 Sz**	**21.02**

nach **Leipzig**

5.30 Pz	**U** Werdau 5.55* / 6.10 Pz	9.00
8.20 Pz	**U** Werdau 8.43* / 9.45 Pz	12.30
16.35 Pz	**U** Werdau 16.58* / 17.45 Pz	20.30
20.35 Pz	**U** Werdau 20.58* / **21.00 Ez**	**23.00**

* Ankunftszeit geschätzt

nach **Lindau**

8.20 Pz	**U** Werdau 8.43* / **9.13 Ez**	
	U Augsburg **21.20** / 21.30 GmP	6.30
16.35 Pz	**U** Werdau 16.58* / 17.00 Pz	
	U Hof 20.00 / 20.30 Pz	
	U Augsburg 11.05 / 12.50 GmP	22.35

* Ankunftszeit geschätzt

nach **Ludwigshafen**

> Mannheim

nach **Lübeck**

5.30 Pz	**U** Werdau 5.55* / 6.10 Pz	
	U Leipzig 9.00 / 12.00 Pz	
	U Magdeburg 15.30 / 17.30 GmP	
	U Wittenberge 21.00 ↷ / 5.15 Pz	
	U Büchen 8.45* / 9.00 Pz	10.45
16.35 Pz	**U** Werdau 16.58* / 17.45 Pz	
	U Leipzig 20.30 / 22.00 Pz	
	U Magdeburg 1.15 / 7.45 Pz	
	U Wittenberge 10.15 / 10.55 Pz	
	U Büchen 13.55* / 14.00 Pz	15.11
20.35 Pz	**U** Werdau 20.58* / **21.00 Ez**	
	U Leipzig **23.00** ↷ / 7.00 Pz	
	U Magdeburg 9.50 / 10.45 GmP	
	U Wittenberge 14.10 / 15.10 GmP	
	U Büchen 18.35* / 19.00 Pz	20.11

* Ankunftszeit geschätzt

Auslandsverbindungen

Zwickau ist außerdem im **Auslandsteil** ab S. 210 mit dem hier abgehenden Post-Cours nach **Österreich** (Carlsbad) aufgeführt.

nach **Magdeburg**

5.30 Pz **U** Werdau 5.55* / 6.10 Pz
U Leipzig 9.00 / 12.00 Pz — 15.30

8.20 Pz **U** Werdau 8.43* / 9.45 Pz
U Leipzig 12.30 / 17.30 Pz — 21.00

16.35 Pz **U** Werdau 16.58* / 17.45 Pz
U Leipzig 20.30 / 22.00 Pz — 1.15

20.35 Pz **U** Werdau 20.58* / **21.00 Ez**
U Leipzig **23.00** ↪ / 7.00 Pz — 9.50

* Ankunftszeit geschätzt

nach **Mainz**

8.20 Pz **U** Werdau 8.43* / **9.13 Ez**
U Bamberg **15.05** / **15.45 Ez**
U Frankfurt a.M. **22.00** ↪ / 5.45 Pz
U Castel 7.05* / # — k.A.

16.35 Pz **U** Werdau 16.58* / 17.00 Pz
U Hof 20.00 / 20.30 Pz
U Bamberg 1.15 / 1.45 Pz
U Frankfurt a.M. 9.20 / **10.15 Sz**
U Castel **11.00** / # — k.A.

* Ankunftszeit geschätzt

nach **Mannheim**

8.20 Pz **U** Werdau 8.43* / **9.13 Ez**
U Bamberg **15.05** / **15.45 Ez**
U Frankfurt a.M. **22.00** ↪ / **5.00 Cz** — **7.06**

16.35 Pz **U** Werdau 16.58* / 17.00 Pz
U Hof 20.00 / 20.30 Pz
U Bamberg 1.15 / 1.45 Pz
U Frankfurt a.M. 9.20 / **10.30 Sz** — **12.38**

* Ankunftszeit geschätzt

nach **München**

8.20 Pz **U** Werdau 8.43* / **9.13 Ez** — **23.00**

16.35 Pz **U** Werdau 16.58* / 17.00 Pz
U Hof 20.00 / 20.30 Pz — 13.15

* Ankunftszeit geschätzt

nach **Münster**

8.20 Pz **U** Werdau 8.43* / **9.13 Ez**
U Bamberg **15.05** / **15.45 Ez**
U Frankfurt a.M. **22.00** ↪ / 5.45 Pz
U Guntershausen 11.45 / 11.50 Pz
U Cassel 12.10 / 12.30 Pz
U Hamm 18.26 / 19.00 Pz — 20.00

16.35 Pz **U** Werdau 16.58* / 17.00 Pz
U Hof 20.00 / 20.30 Pz
U Bamberg 1.15 / 1.45 Pz
U Frankfurt a.M. 9.20 / **17.00 Sz**
U Guntershausen **21.50** / 21.55 Pz
U Cassel 22.15 ↪ / 5.55 Pz
U Hamm 11.46 / 12.10 Pz — 13.00[3]

* Ankunftszeit geschätzt

nach **Nürnberg**

8.20 Pz **U** Werdau 8.43* / **9.13 Ez** — **17.00**

16.35 Pz **U** Werdau 16.58* / 17.00 Pz
U Hof 20.00 / 20.30 Pz — 5.15

20.35 Pz **U** Werdau 20.58* / 21.00 Pz
U Hof 24.00 / 3.45 GmP — 16.10

* Ankunftszeit geschätzt

nach **Oberhausen**

8.20 Pz **U** Werdau 8.43 / **9.13 Ez**
U Bamberg **15.05** / **15.45 Ez**
U Frankfurt a.M. **22.00** ↪ / 5.45 Pz
U Castel 7.05* / # ✉
U Mainz # / 9.00 ⛴
U Cöln > Deutz 18.15 / **20.00 Sz** — **21.55**

16.35 Pz **U** Werdau 16.58 / 17.00 Pz
U Hof 20.00 / 20.30 Pz
U Bamberg 1.15 / 1.45 Pz
U Frankfurt a.M. 9.20 / 18.00 Pz
U Wiesbaden 19.30 / 20.15 ✉
U Coblenz 5.30 / 6.00 ⛴
U Cöln > Deutz 10.30 / 11.00 Pz — 13.20[3]

nach **Oppeln***

8.20 Pz **U** Werdau 8.43* / 9.45 Pz
U Leipzig 12.30 / 14.30 Pz
U Dresden 17.30 / 18.15 Pz
U Görlitz 21.40 / 23.00 Pz
U Kohlfurt 23.45 / **2.45 Sz** — **7.45**

20.35 Pz **U** Werdau 20.58* / **21.00 Ez**
U Leipzig **23.00** ↪ / 6.00 Pz
U Dresden 9.15 / 9.45 Pz
U Görlitz 12.50 / 13.30 Pz
U Kohlfurt 14.10 / 14.15 Pz — 21.27

* Ankunftszeiten in Oppeln sind sämmtlich geschätzt.

nach **Osnabrück**

8.20 Pz **U** Werdau 8.43* / **9.13 Ez**
U Bamberg **15.05** / **15.45 Ez**
U Frankfurt a.M. **22.00** ↪ / 5.45 Pz
U Guntershausen 11.45 / 11.50 Pz
U Cassel 12.10 / 12.30 Pz
U Hamm 18.26 / **0.00 Sz**
U Minden **3.05** / 9.00 ✉ — 16.00[3]

16.35 Pz **U** Werdau 16.58* / 17.00 Pz
U Hof 20.00 / 20.30 Pz
U Bamberg 1.15 / 1.45 Pz
U Frankfurt a.M. 9.20 / **17.00 Sz**
U Guntershausen **21.50** / 21.55 Pz
U Cassel 22.15 ↪ / 5.55 Pz
U Hamm 11.46 / 16.03 Pz
U Minden 19.45 / 1.00 ✉ — 8.00[4]

* Ankunftszeit geschätzt

nach **Passau**

8.20 Pz **U** Werdau 8.43* / **9.13 Ez**
U Nürnberg **17.00** / 17.30 ✉
U Regensburg 5.30 / 11.00 ✉ — 22.30

* Ankunftszeit geschätzt

nach **Posen**

8.20 Pz **U** Werdau 8.43* / 9.45 Pz
U Leipzig 12.30 / 15.15 Pz
U Berlin 21.30 / **22.40 Sz**
U Kreutz **4.43** / 5.03 Pz — 7.47

* Ankunftszeit geschätzt

nach **Regensburg**

8.20 Pz **U** Werdau 8.43* / **9.13 Ez**
U Nürnberg **17.00** / 17.30 ✉ — 5.30

16.35 Pz **U** Werdau 16.58* / 17.00 Pz
U Hof 20.00 / 20.30 Pz
U Nürnberg 5.15 / 6.00 ✉ — 18.00

* Ankunftszeit geschätzt

nach **Rostock**

5.30 Pz **U** Werdau 5.55* / 6.10 Pz
U Leipzig 9.00 / 12.00 Pz
U Magdeburg 15.30 / 17.30 GmP
U Wittenberge 21.00 ↪ / 5.15 Pz
U Hagenow 7.10* / 7.30 Pz — 11.05

16.35 Pz **U** Werdau 16.58* / 17.45 Pz
U Leipzig 20.30 / 22.00 Pz
U Magdeburg 1.15 / 7.45 Pz
U Wittenberge 10.15 / 10.55 Pz
U Hagenow 12.40* / 12.50 Pz — 16.40

20.35 Pz **U** Werdau 20.58* / **21.00 Ez**
U Leipzig **23.00** ↪ / 7.00 Pz
U Magdeburg 9.50 / 10.45 GmP
U Wittenberge 14.10 / 15.10 GmP
U Hagenow 17.00* / 17.30 Pz — 22.10

* Ankunftszeit geschätzt

nach **Saarbrücken**

8.20 Pz **U** Werdau 8.43* / **9.13 Ez**
U Bamberg **15.05** / **15.45 Ez**
U Frankfurt a.M. **22.00** ↪ / **5.00 Cz**
U Mannheim **7.06** / #
U Ludwigshafen # / **13.10 Sz** — **16.58**

16.35 Pz **U** Werdau 16.58* / 17.00 Pz
U Hof 20.00 / 20.30 Pz
U Bamberg 1.15 / 1.45 Pz
U Frankfurt a.M. 9.20 / **10.30 Sz**
U Mannheim **12.38** / #
U Ludwigshafen # / 17.30 Pz — 22.05

nach **Schwerin**

5.30 Pz **U** Werdau 5.55* / 6.10 Pz
U Leipzig 9.00 / 12.00 Pz
U Magdeburg 15.30 / 17.30 GmP
U Wittenberge 21.00 ↪ / 5.15 Pz
U Hagenow 7.10* / 7.30 Pz — 8.12

16.35 Pz **U** Werdau 16.58* / 17.45 Pz
U Leipzig 20.30 / 22.00 Pz
U Magdeburg 1.15 / 7.45 Pz
U Wittenberge 10.15 / 10.55 Pz
U Hagenow 12.40* / 12.50 Pz — 13.35

Fortsetzung siehe nächste Seite

noch: nach **Schwerin**

20.35 Pz	**U** Werdau 20.58* / **21.00 Ez**	
	U Leipzig **23.00** ↩ / 7.00 Pz	
	U Magdeburg 9.50 / 10.45 GmP	
	U Wittenberge 14.10 / 15.10 GmP	
	U Hagenow 17.00* / 17.30 Pz	18.15

* Ankunftszeit geschätzt

nach **Stettin**

8.20 Pz	**U** Werdau 8.43* / 9.45 Pz	
	U Leipzig 12.30 / 15.15 Pz	
	U Berlin 21.30 / **22.40 Sz**	**1.47**
20.35 Pz	**U** Werdau 20.58* / **21.00 Ez**	
	U Leipzig **23.00** ↩ / **5.00 Sz**	
	U Berlin **10.30** / 12.15 Pz	15.52

* Ankunftszeit geschätzt

nach **Stralsund**

8.20 Pz	**U** Werdau 8.43* / 9.45 Pz	
	U Leipzig 12.30 / 14.30 Pz	
	U Röderau 16.15 / 16.45 Pz	
	U Berlin 20.45 / **22.40 Sz**	
	U Passow **0.50*** / 1.15 ✉	18.00
20.35 Pz	**U** Werdau 20.58* / **21.00 Ez**	
	U Leipzig **23.00** ↩ / **5.00 Sz**	
	U Berlin **10.30** / 17.30 Pz	
	U Passow 20.00* / 20.20 ✉	11.20[3]

* Ankunftszeit geschätzt

nach **Stuttgart**

8.20 Pz	**U** Werdau 8.43 / **9.13 Ez**	
	U Augsburg **21.20** ↩ / **9.00 Ez**	
	U Ulm **11.30** / 11.45 Pz	14.23
16.35 Pz	**U** Werdau 16.58 / 17.00 Pz	
	U Hof 20.00 / 20.30 Pz	
	U Augsburg 11.05 / 13.00 GmP	
	U Ulm 17.30 / 17.42 Pz	21.10

nach **Trier**

8.20 Pz	**U** Werdau 8.43 / **9.13 Ez**	
	U Bamberg **15.05** / **15.45 Ez**	
	U Frankfurt a.M. **22.00** ↩ / **5.00 Cz**	
	U Mannheim **7.06** / #	
	U Ludwigshafen # / **13.10 Sz**	
	U Saarbrücken **16.58** / 17.30 ✉	4.00[3]
16.35 Pz	**U** Werdau 16.58 / 17.00 Pz	
	U Hof 20.00 / 20.30 Pz	
	U Bamberg 1.15 / 1.45 Pz	
	U Frankfurt a.M. 9.20 / **10.30 Sz**	
	U Mannheim **12.38** / #	
	U Ludwigshafen # / 17.30 Pz	
	U Saarbrücken 22.05 ↩ / 8.15 ✉	18.45[3]

nach **Ulm**

8.20 Pz	**U** Werdau 8.43 / **9.13 Ez**	
	U Augsburg **21.20** ↩ / **9.00 Ez**	**11.30**

Fortsetzung siehe nächste Spalte

16.35 Pz	**U** Werdau 16.58 / 17.00 Pz	
	U Hof 20.00 / 20.30 Pz	
	U Augsburg 11.05 / 13.00 GmP	17.30

nach **Wiesbaden**

8.20 Pz	**U** Werdau 8.43 / **9.13 Ez**	
	U Bamberg **15.05** / **15.45 Ez**	
	U Frankfurt a.M **22.00** ↩ / 5.45 Pz	7.30
16.35 Pz	**U** Werdau 16.58 / 17.00 Pz	
	U Hof 20.00 / 20.30 Pz	
	U Bamberg 1.15 / 1.45 Pz	
	U Frankfurt a.M 9.20 / 11.15 Pz	12.45

nach **Würzburg**

8.20 Pz	**U** Werdau 8.43 / **9.13 Ez**	
	U Bamberg **15.05** / **15.45 Ez**	**18.15**
16.35 Pz	**U** Werdau 16.58 / 17.00 Pz	
	U Hof 20.00 / 20.30 Pz	
	U Bamberg 1.15 / 1.45 Pz	4.50

Auslandsverbindungen

Zwickau ist außerdem im **Auslandsteil** auf S. 218 mit dem hier abgehenden Post-Cours nach **Österreich** (Carlsbad) aufgeführt.

Verbindungen nach dem benachbarten Auslande

Als Ausgangspunkte für die gegenwärtigen Reisemöglichkeiten von Deutschland in die angrenzenden Länder wurden in der Regel grenznahe Orte bzw. Hafenstädte ausgewählt. Für die Anreise zu denselbigen suche man die günstigsten Anschlüsse aus den voranstehenden „Städteverbindungen Inland".

☛ **Hinweis:** Die hier vorgenommene geographische Einteilung entspricht nicht in allen Fällen der tatsächlichen staatlichen Zugehörigkeit von 1855 (beispielsweise bezüglich Polen/Rußland oder Oberitalien/Österreich). ☚.

Belgien

Belgien wird hauptsächlich über die aus Cöln bzw. Aachen abgehende Bahnlinie Richtung Lüttich–Brüssel erreicht. Zwecks Anschlüssen prüfe man in den „Städteverbindungen", welcher dieser beiden Ausgangsorte von den übrigen Städten aus jeweils am günstigsten zu erreichen ist.

Eisenbahn-Course ab Cöln und Aachen

ab Cöln	ab Aachen	Zug	nach
23.30	**1.30**	**Sz**	Verviers 2.30 – Lüttich 3.45 – Mecheln 6.15 – **Brüssel** 6.45 an *Eisenbahn-Anschluß ab Lüttich:* 6.45 **Namur** 8.50 an *Eisenbahn-Anschlüsse ab Mecheln:* 6.55 **Antwerpen** 7.30 an 7.30 Gand 9.05 – Brugges 10.20 – **Ostende** 11.15 an *Anschluß in Gand:* 9.25 Ri. Lille–Calais (☞ Frankreich) *Eisenbahn-Anschlüsse ab Brüssel:* 7.15 **Tournay** 10.30 an (– Lille) 8.00 **Mons** 9.25 an (– Valenciennes – Paris)
---	6.45	Pz	Verviers 8.00 – **Lüttich** 9.30 an *Eisenbahn-Anschluß ab Lüttich:* 10.00 **Namur** 11.45 an
7.00	9.15	Pz	Verviers 10.15 – Lüttich 11.25 – Mecheln 13.45 – **Brüssel** 14.10 an *Eisenbahn-Anschluß ab Lüttich:* 14.10 **Namur** 16.05 an *Eisenbahn-Anschlüsse ab Mecheln:* 15.00 **Antwerpen** 15.40 an 15.25 Gand 16.40 – Brugges 17.45 – **Ostende** 18.15 an *Eisenbahn-Anschlüsse ab Brüssel:* **15.00** **Mons** 16.15 an (– Valenciennes – Paris) 18.45 **Tournay** 21.50 an
11.45	14.00	Pz	Verviers 15.15 – Lüttich 16.50 – Mecheln 19.50 – **Brüssel** 20.30 an *Eisenbahn-Anschluß ab Lüttich:* 17.30 **Namur** 19.20 an *Eisenbahn-Anschluß ab Mecheln:* 20.25 **Antwerpen** 21.00 an 20.45 **Gand** 21.30 an
---	17.30	Pz	Verviers 18.45 – **Lüttich** 20.30 an

Eisenbahn-Anschlüsse ab Belgien nach Frankreich ☞ vollständig unter **Frankreich**

Günstigste Verbindung von Berlin nach Brüssel:

7.30 mit Cz ab Berlin über Hannover
22.00 Ankunft in Deutz (vis-à-vis von Cöln), **Rheinüberquerung**
23.30 mit Sz ab Cöln über Aachen
6.45 Ankunft in Brüssel

Dänemark

Dänemark, insbesondere seine Hauptstadt Kopenhagen, wird im Laufe einer Woche von verschiedenen deutschen Häfen angelaufen, sodaß – außer am Montag – durchweg täglich eine Reisemöglichkeit zu finden ist.

❶ Dampfschiff-Course ab Flensburg
❷ Dampfschiff-Course ab Kiel
❸ Dampfschiff-Course ab Lübeck
❹ Dampfschiff-Course ab Wismar
❺ Dampfschiff-Course ab Stettin
❻ Dampfschiff-Course ab Kopenhagen

❶ Dampfschiff-Course ab Flensburg

Abgang		nach
5.00	**Di, Sa**	Sonderburg – Svendburg – Gaabensee – Kallehave – Koster – **Kopenhagen**
7.00	**Mi**	**Aarhuus**
13.00	**Do**	Sonderburg – Svendburg – Gaabensee – Kallehave – Koster –**Kopenhagen**

❷ Dampfschiff-Course ab Kiel

Abgang		nach
5.00	**Do**	Gabense – Kallehave – Koster – **Kopenhagen**
21.00	**Di, Sa**	**Kopenhagen** 8.00-9.00 an *Dampfschiff-Anschluß ab Kopenhagen:* 13.00 **Mi** **Christiana** an Fr-Mittag

Anschlußzüge nach Kiel ☞ Städteverbindungen Inland.

❸ Dampfschiff-Course ab Lübeck

Abgang		nach
15.00	**Fr**	**Kopenhagen** 7.00-9.00 (weiter nach Malmö)
16.00	**Mi**	Kopenhagen 8.00-10.00 – Ystadt – **Bornholm**

Anschlußzüge nach Lübeck ☞ Städteverbindungen Inland.

❹ Dampfschiff-Course ab Wismar

Abgang		nach
16.00	**So, Do**	**Kopenhagen** 8.00-10.00 an

Anschluß-Zug: Schwerin ab 13.45, Wismar an 15.10

❺ Dampfschiff-Course ab Stettin

Abgang		nach
12.00	❖	Swinemünde – **Kopenhagen** 6.00-8.00 an ❖ Von April bis Sept. **Mi** und **Sa**; ab Okt. bis zum Ende der Fahrten **freitags**.

Anschlußzüge nach Stettin ☞ Städteverbindungen Inland.

❻ Dampfschiff-Course ab Kopenhagen*

Abgang		nach
6.00	**Sa**	Bogense – **Fredericia**
7.00	**Mi**	**Nyborg**
7.00	**Fr**	**Nyborg**
15.30		**Helsingör**
16.00	**Do**	Ystadt – **Bornholm** 12-14.00 an
17.00	**Mo+Do**	**Randers**

* In Kopenhagen besteht dreimal täglich Eisenbahn-Anschluß nach Roeskilde.
Dampfschiff-Kurse ab Kopenhagen zu schwedischen Häfen ☞ Schweden

England

England ist im nördlichen Landesbereich außer per Dampfschiff-Cours ab Hamburg mittels der beiden Fährverbindungen zwischen Ostende und Dover sowie Calais und Dover erreichbar. Für Reisende aus dem Süden kommend sind die Fährverbindungen via Paris–Calais zu empfehlen.

❶ Dampfschiff-Course ab Hamburg
❷ Eisenbahn-Verbindungen zu des Fährhäfen Ostende und Calais
❸ Fährverbindungen ab Ostende
❹ Fährverbindungen ab Calais
❺ Eisenbahn-Course ab London

❶ Dampfschiff-Course ab Hamburg

Abgang		nach
abds.	❖	**Hull** (Fahrzeit 36-40 Std.) ❖ Dienstag und Freitag
abds.	❖	**London** (Fahrzeit 40-50 Std.) ❖ Dienstag und Freitag

❷ Eisenbahn-Verbindungen zu den Fährhäfen Ostende und Calais

Ab **Cöln** und ab **Aachen** bestehen folgende drei Verbindungen zu den Fährhafen Calais:

ab Cöln	ab Aachen	Zug	nach
7.00	9.15	Pz	Lüttich 11.25 – Mecheln 13.40 – **Brüssel** 14.10 an *Eisenbahn-Anschluß ab Mecheln:* 15.25 Gand 16.45 – Brugges 17.45 – **Ostende** 18.15 an 16.55 Gand 18.40 – Lille 21.35 – **Calais** 2.30 an
23.30	**1.30**	**Sz**	Lüttich 3.45 – Mecheln 6.15 – **Brüssel** 6.45 an *Eisenbahn-Anschluß ab Mecheln:* 7.30 Gand 9.15 – Lille 11.55 – **Calais** 14.40 an

Aus Richtung **Carlsruhe** kommend bestehen folgende drei Verbindungen zum Fährhafen Calais:

Carlsruhe .	ab	*6.30*	*11.55*	***14.20***
Appenweier .	ab	*9.08*	*14.24*	*15.58*
Strasbourg .	ab	11.45	17.35	19.45
Paris . . .	an	21.55	5.00	10.25
Paris	ab	23.00	7.00	11.45
Calais	an	11.30	14.20	21.30

Fährverbindungen ab Ostende bzw. Calais nach England ☞ ❸ bzw. ❹

❸ Fährverbindungen ab Ostende

Abgang	nach
18.30 ❖	**Dover** 22.30 an ❖ tägl. außer Sa *Eisenbahn-Anschluß ab Dover:* 2.00 **London** 4.30 an
abds. ❖	**London** (Fahrzeit 12 Stunden) ❖ Di und Fr

Eisenbahn-Anschlüsse ab Cöln und Aachen ☞ ❷

❹ Fährverbindungen ab Calais

Abgang	nach
2.30 ❖	**Dover** 4.00 an ❖ tägl. außer Sonntag *Eisenbahn-Anschluß ab Dover:* 5.20 **London** 7.45 an
15.00	**Dover** 16.30 an *Eisenbahn-Anschluß ab Dover:* 17.15 **London** 21.15 an
22.00	**Dover** 23.30 an *Eisenbahn-Anschluß ab Dover:* 2.00 **London** 4.30 an
❖	**London** (Fahrzeit 10 Stunden) ❖ Mittwoch- und Samstag-Abend oder die folgenden Tage früh

Eisenbahn-Anschlüsse von Cöln und Aachen ☞ ❷

❺ Eisenbahn-Course* ab London

Abgang	nach
6.00	Brighton – **Portsmouth** 10.35 an
6.00	Reading – Bristol – **Exeter** 15.40 an
6.15	Blisworth – Rugby – Coventry – **Birmingham** 9.20 an und Stafford – Creve – **Liverpool** 12.10 an und – **Manchester** 12.00 an *Eisenbahn-Anschluß ab Birmingham:* 10.10 Shrewsbury – **Chester** 14.40 an *Eisenbahn-Anschluß ab Liverpool:* 13.00 **Edinburg** 20.00 an *und* **Glasgow** 20.25 an *Eisenbahn-Anschluß ab Manchester:* 14.20 **Leeds** 16.50 an
6.30	Blisworth – Rugby – Coventry – **Birmingham** 11.20 an und Stafford – Creve – **Liverpool** 15.10 an / – **Manchester** 14.35 an
7.00	Basingstoke – Southampton – **Dorchester** 13.25 an
7.10	Colchester – Ipswich – **Norwich** 13.30 an
8.00	Cambridge – Ely – **Peterborough** 12.20 an / – Norwich – **Yarmouth** 14.15 an
8.20	**Brighton** 10.30 an
9.00 Expr	Blisworth –Rugby – Coventry – **Birmingham** 12.00 an *Eisenbahn-Anschluß ab Birmingham:* 12.20 Shrewsbury – **Chester** 15.00 an
9.15 Expr	Blisworth – Rugby– Coventry – **Birmingham** 13.40 an und Stafford – Creve – **Liverpool** 15.40 an / – **Manchester** 15.05 an *Eisenbahn-Anschluß ab Liverpool:* 15.50**Edinburg** 1.00 an *und* **Glasgow** 1.00 an *Eisenbahn-Anschluß ab Manchester:* 15.30 **Leeds** 17.45 an
9.40 Expr	Bristol – Exeter – **Plymoth** 19.05 an
10.00 Expr	Blisworth – Rugby – Coventry – **Birmingham** 13.40 an und Stafford – Creve – **Liverpool** 16.50 an / – **Manchester** 17.10 an *Eisenbahn-Anschluß ab Birmingham:* 15.00 Shrewsbury – **Chester** 18.10 an *Eisenbahn-Anschluß ab Manchester:* 17.45 **Leeds** 19.45 an
10.00	Brighton – **Portsmouth** 13.40 an
10.30	Blisworth – **Peterborough** 14.35 an
11.00	Colchester – Ipswich – **Norwich** 15.55 an
11.30	Cambridge – Ely – **Peterborough** 15.50 an / – Norwich – **Yarmouth** 17.50 an

noch: England

noch: Eisenbahn-Course ab London

Abgang		nach
12.00		Brighton – **Portsmouth** 15.55 an
12.00		Blisworth – Rugby – Coventry – **Birmingham** 16.30 an und – Stafford – Creve – **Liverpool** 21.00 an / – **Manchester** 21.00 an
12.50		Reading – Bristol – **Exeter** 20.25 an
13.00		Basingstoke – **Southampton** 16.10 an
14.00		Brighton – **Portsmouth** 17.30 an
14.00		Blisworth – Coventry – **Birmingham** 18.50 an und – **Peterborough** 18.50 an *Eisenbahn-Anschluß ab Birmingham:* 19.30 Creve – **Manchester** 22.35 an und **Liverpool** 22.50 an 20.10 Shrewsbury – **Chester** 22.40 an
14.30		Cambridge – Ely – **Peterborough** 20.15 an
14.45		Reading – Bristol – **Exeter** 21.55 an
15.00	Expr	Basingstoke – Southampton – **Dorchester** 20.00 an
15.10		Colchester – Ipswich – **Norwich** 21.20 an
16.00	Expr	Brighton – **Portsmouth** 19.15 an
16.50	Expr	Reading – Bristol – Exeter – **Plymoth** 24.00 an
17.00	Expr	Basingstoke – Southampton – **Dorchester** 22.15 an
17.00	Expr	Blisworth – Rugby – Stafford – Creve – **Liverpool** 22.50 an / – **Manchester** 22.35 an
17.00	Expr	Cambridge – Ely – **Peterborough** 21.00 an / – Norwich – **Yarmouth** 21.20 an
17.05	Expr	Brighton – **Portsmouth** 21.15 an
17.15	Expr	Rugby– Coventry – **Birmingham** 20.15 an
17.30		Colchester – **Ipswich** 20.30 an
17.45		Blisworth – Rugby – Coventry – **Birmingham** 22.30 an und – **Peterborough** 22.30 an
18.00		**Brighton** 20.20 an
20.00	Expr	**Brighton** 21.35 an
20.30		Colchester – **Ipswich** 23.45 an
20.55	Expr	Blisworth – Rugby – Stafford – Creve – **Liverpool** 4.00 an / – **Manchester** 3.45 an *Eisenbahn-Anschluß ab Manchester:* 6.35 **Leeds** 9.00 an
21.00		Cambridge – Ely – Peterborough – Doncaster – **York** 8.45 an / – Norwich – **Yarmouth** 3.30 an

* Auswahl, keine Lokalzüge

Günstigste Verbindung von Berlin nach London:

7.30 mit Cz ab Berlin über Hannover
22.00 Ankunft in Deutz (vis-à-vis von Cöln)**, Rheinüberquerung**
23.30 mit Sz ab Cöln über Aachen
6.15 / 7.30 Zugwechsel in Mecheln
14.40 Ankunft in Calais mit sofortigem Anschluss
15.00 Abfahrt des Fährschiffes nach Dover
16.30 Ankunft in Dover und Weiterfahrt mit Zug um 17.15
21.15 Ankunft in London

Frankreich

Für Reisen nach Frankreich stehen verschiedene Course ab folgenden Ausgangspunkten zur Verfügung (in der Reihenfolge von Norden nach Süden):

❶ Dampfschiff-Course ab Hamburg
❷ Eisenbahn-Course ab Cöln und Aachen durch Belgien bis zu französischen Zielen
❸ Post-Course ab Trier
❹ Eisenbahn-Course ab Ludwigshafen–Saarbrücken bis Paris
❺ Eisenbahn-Course ab Strasbourg mit Anschluß von Karlsruhe –Kehl über Kehl
❻ Bahn-Anschlüsse ab Paris

❶ Dampfschiff-Course ab Hamburg

Abgang		nach
früh	❖	**Havre** (Fahrzeit 50-60 Std.) ❖ jeden zweiten Sonnabend

❷ Eisenbahn-Course ab Cöln und Aachen

ab Cöln	ab Aachen	Zug	nach
23.30	**1.30**	Sz	Lüttich 3.45 – Mecheln 6.15 – **Brüssel** 6.45 an *Eisenbahn-Anschluß in Mecheln:* 7.30 Gand 9.15 – Lille 11.55 – **Calais** 14.40 an *Eisenbahn-Anschlüsse ab Brüssel:* 7.15 Tournay 10.30 – **Lille** 11.55 an 8.00 Mons 9.25 – Valenciennes 10.10 – Amiens 13.35 – Creil 15.50 – **Paris** 17.05 an
7.00	9.15	Pz	Lüttich 11.25 – Mecheln 13.45 – **Brüssel** 14.10 an *Eisenbahn-Anschluß in Mecheln:* 16.55 Gand 18.40 – Lille 21.35 – **Calais** 2.30 an *Eisenbahn-Anschlüsse ab Brüssel:* **15.00 Expr** Mons 16.15 – Valenciennes 17.20 – Amiens 19.45 – Creil 21.59 – **Paris** 23.15 an 18.45 **Tournay** 21.50 an

Anschlüsse ab Paris ☞ ❻

❸ Post-Course ab Trier

Abgang		nach
8.00	✉	Perl 13.00 – **Thionville** 16.30 an *Eisenbahn-Anschluß ab Thionville:* 17.15 **Metz** 18.15 an

❹ Bahn-Course ab Ludwigshafen u. Saarbrücken*

ab Ludw.	ab Saarbr.	Zug	nach
---	4.30	Pz	Forbach 5.00 – **Paris** 21.20 an
6.10	10.45	Pz	Forbach 11.00 – **Paris** 22.00 an *Eisenbahn-Anschluß ab Forbach:* 11.10 Metz 13.18 – **Nancy** 14.15 an
13.10	**17.05**	**Sz**	Forbach 17.18 – **Paris** 5.00 an *Eisenbahn-Anschluß ab Forbach:* 17.25 Metz 19.35 – **Nancy** 21.15 an
---	20.00	Pz	**Forbach** 20.30 an *Eisenbahn-Anschluß ab Forbach:* 20.35 Metz 22.48 – **Nancy** 0.30 an

Eisenbahn-Anschlüsse ab Paris ☞ ❻

* gegenwärtiger Bahnhofsname noch St. Johann/Saarbrück

❺ Eisenbahn-Course ab Strasbourg

Zu den Eisenbahn-Coursen ab Strasbourg bestehen folgende Anschlüsse von Carlsruhe nach Kehl mit Umsteigen in Appenweier:

Carlsruhe .	**ab**	6.30	**8.35**	11.55	**14.20**	18.00
Appenweier* .	**an**	9.00	**10.07**	14.16	**15.53**	20.19
Appenweier .	**ab**	9-08	10.10	14.24	15.58	20.29
Kehl . . .	**an**	*20 bis 26 Minuten später*				
Kehl . . .	**ab**	*täglich zu jedem Zug ein Omnibus*				
Strasbourg .	**an**	*Fahrzeit: 1 ¼ Stunden*				

* Ankunftszeiten in Appenweier sind sämmtlich geschätzt

Abgang	nach
4.40	Colmar – Mühlhausen – **Basel** 9.20 an
5.30	Nancy 9.52 – Bar-le-Duc – Rheims – **Paris** 21.15 an
7.40	Colmar – Mühlhausen – **Basel** 11.25 an
11.40	Colmar – Mühlhausen – **Basel** 17.30 an
11.45	Nancy 14.32 – Bar-le-Duc – Rheims – **Paris** 21.55 an
12.25	Nancy 16.47 – Bar-le-Duc – Rheims – **Paris** 3.30 an
15.40	Colmar – Mühlhausen – **Basel** 20.40 an
17.35	Nancy 20.50 – Bar-le-Duc – Rheims – **Paris** 5.00 an
18.15	Colmar – Mühlhausen – **Basel** 21.50 an
19.45	Nancy 23.56 – Bar-le-Duc – Rheims – **Paris** 10.25 an

Eisenbahn-Anschlüsse ab Paris ☞ ❻

❻ Eisenbahn-Course* ab Paris

☞ **Hinweis:** Berücksichtigt sind hier bereits die Veränderungen auf der Eisenbahn-Route von Paris bis Marseille aufgrund der soeben erfolgten Eröffnung der Schienenverbindung zwischen Lyon und Valence.

Abgang		nach
6.45		Dijon – **Lyon** 22.10
7.00	Expr	Amiens 9.15 – Lille 12.30 – **Calais** 14.40 an und **Boulogne** 12.50 an
7.00		**Rouen** 11.10 an
7.30		Orleans 12.00 – Tours 16.15 – **Nantes** 23.37 an
8.10		Chartres 11.50 – **Le Mans** 15.36 an
8.40		Orleans 10.37 – Tours 13.56 – **Nantes** 18.29 an
9.00	Expr	Rouen 11.45 – **Dieppe** 13.15 an und **Havre** 14.00 an
9.00		Dijon – Lyon 19.10 – Valence 23.52 – Avignon – Arles – **Marseille** 7.30 an
10.00		Amiens 13.40 – **Boulogne** 16.20 an
10.05		Orleans 12.00 – **Tours** 19.14 an
10.25		Chartres 13.14 – **Le Mans** 16.10 an
11.15		**Dijon** 21.10 an
11.45		Amiens 14.30 – Lille 18.30 – **Calais** 21.30 an
12.00		Rouen 16.25 – **Dieppe** 18.35 an und **Havre** 19.00 an
12.10		**Chartres** 15.35 an
13.00		Amiens 17.00 – **Boulogne** 20.30 an
13.00		Orleans 17.05 – **Tours** 21.28 an
15.00		Dijon – **Lyon** 6.45 an
15.10		Chartres 18.50 – **Le Mans** 22.36 an
17.25		Rouen 20.50 – **Dieppe** 22.50 an und **Havre** 22.55 an
17.35		**Chartres** 20.56 an
18.00		Orleans 22.11 – Tours 1.43 – Angoulême – **Bordeaux** 9.53 an
19.25		Chartres 22.14 – **Le Mans** 1.10 an
19.30	Expr	Amiens 21.40 – Lille 0.25 – **Calais** 2.30 an
20.00		Orleans 22.56 – Tours 1.57 – **Nantes** 6.35 an
20.00		**Rouen** 23.55 an
20.05		Dijon – Lyon 6.00 – Valence 10.20 – Avignon – Arles – **Marseille** 16.10 an
20.20		Dijon – Lyon 9.45 – Valence 13.39 – Avignon – **Arles** 19.25 an
20.30		**Orleans** 23.22 an
22.15		Rouen 3.33 – **Havre** 6.50 an
22.30		Amiens 3.05 – **Boulogne** 7.00 an
22.45		Dijon – Lyon 13.55 – **Valence** 19.39 an
22.55		Orleans 3.17 – Tours 7.34 – **Nantes** 16.02 an
23.00		Amiens 3.10 – Lille 7.55 – **Calais** 11.30 an
23.00	Expr	Rouen 3.05 – **Dieppe** 6.10 an und **Havre** 5.45 an

* Auswahl, nur Fernziele

Zu den Verbindungen von Berlin nach Paris
☞ Seite 225 !

Italien

Das obere Italien gegenwärtig zu Österreich gehörend.

Für Reisen von Deutschland nach Italien durch die Schweiz bzw. Österreich stehen folgende drei Routen zur Verfügung:

❶ mit Post-Cours ab Basel über den Gotthard Richtung Mailand,
❷ mit Post-Cours ab München/Innsbruck über den Brenner-Paß Richtung Verona,
❸ mit Eisenbahncours ab Wien über den Semmering und Schiffscours zwischen Triest und Venedig und weiter per Eisenbahn Richtung Verona.

Anschlüsse ab Mailand bzw. Verona ☞ ❹ und ❺.

❶ Post-Cours ab Basel

Abgang		nach
20.00		Luzern 5.30 – Bellinzona 23.30 – **Mailand** 12.00[3] an

Anschlüsse ab Mailand ☞ ❹

❷ Post-Cours ab München

Abgang		nach
17.00	✉	Mittenwald 7.15 – **Innsbruck** 14.00 an *Post-Anschluß ab Innsbruck:* 17.00 Botzen 9.15 – **Verona** 3.30[3]

Anschlüsse ab Verona ☞ ❺

❸ Eisenbahn-Cours ab Wien

Abgang		nach
7.00	**Sz**	Neustadt 8.13 – Mürzzuschlag 11.05 – Bruck 12.12 – Gratz 13.52 – Marburg 15.46 – **Laybach** 20.03 an *Post-Anschluß ab Laybach:* 20.31 **Triest** 6.51 an (*dort Anschluß per Dampfschiff nach* **Venedig** 15.00 an)

❹ Eisenbahn- und Post-Anschlüsse ab Mailand

Abgang		nach
4.00	✉	**Genua** 16.00 an (ab Vigevano per Eisenbahn)
4.00	✉	**Turin** 15.30 an (ab Vigevano per Eisenbahn)
7.30	Pz	Treviglio 8.16* – Coccaglio 12.52 – Brescia 13.30 – Verona P.V. 16.20 – Vicenza 17.56 – Padua 18.48 – **Venedig** 19.56 an *Dampfschiff-Anschluß ab Venedig:* 22.00 **Triest** 4.00 an (ab Venedig Di, Do und Sa)
14.00	✉	**Bologna** 16.30[2] an
15.00	✉	**Novara** 20.30 an
15.40	Pz	Treviglio 16.26* – Coccaglio 20.41 – Brescia 21.23 – Verona P.V. 0.17 – Vicenza 2.06 – Padua 3.06 – **Venedig** 4.23 an *Dampfschiff-Anschluß ab Venedig:* 6.00 **Triest** 12.00 an
22.30	Pz	Treviglio 23.16* – Coccaglio 4.15 – Brescia 4.53 – Verona P.V. 7.32 – Vicenza 9.08 – Padua 10.00 – **Venedig** 11.08 an
23.00	✉	Novara 4.30 – **Genua** 12.00 an (ab Novara per Eisenbahn)
23.00	✉	Novara 4.30 – **Turin** 11.00 an (ab Novara per Eisenbahn)

* zwischen Treviglia und Coccaglio per Post

❺ Eisenbahn-Anschlüsse ab Verona*

Abgang		nach
6.12	Pz	Pesciera 7.16 – Brescia 8.53 – Coccaglio 9.25** – Treviglio 14.00 – **Mailand** 14.46 an
7.09	Pz	Vicenza 9.08 – Padua 10.00 – Mestre 10.55 – **Venedig** 11.08 an
7.48	Pz	**Mantua** 8.48 an
10.44	Pz	Pesciera 11.46 – Brescia 13.23 – Coccaglio 13.55** – Treviglio 18.30 – **Mailand** 19.16 an
11.00	Pz	**Mantua** 12.18 an
15.46	Pz	Vicenza 17.56 – Padua 18.48 – Mestre 19.43 – **Venedig** 19.56 an *Dampfschiff-Anschluß ab Venedig:* 22.00 **Triest** 4.00 an (ab Venedig Di, Do und Sa)
16.05	Pz	**Mantua** 17.13 an
20.40	Pz	Pesciera 21.42 – Brescia 23.27 – Coccaglio 0.01** – Treviglio 5.00 – **Mailand** 5.46 an
20.50	Pz	**Mantua** 21.58 an
23.51	Pz	Vicenza 2.06 – Padua 3.06 – Mestre 4.08 – **Venedig** 4.23 an *Dampfschiff-Anschluß ab Venedig:* 6.00 **Triest** 12.00 an

* Abfahrt der Züge ab Verona Porta Vescovo; weiterer Halt Verona Porta Nuova
** zwischen Coccaglio und Treviglia per Post

Luxemburg

Die Stadt Luxemburg wird mit den zweimal täglich ab Trier verkehrenden Post-Coursen erreicht, Vianden täglich einmal von Prüm.

❶ Post-Course ab Trier
❷ Post-Course ab Luxemburg
❸ Post-Cours ab Prüm

❶ Post-Course ab Trier

Abgang		nach
5.00	✉	Echternacherbrück 8.30 – **Luxemburg** 10.00 an
15.00	✉	**Luxemburg** 20.00 an

❷ Post-Course ab Luxemburg

An den um 10 Uhr in Luxemburg eintreffenden Post-Cours aus Trier bestehen folgende Anschlüsse:

Abgang		nach
15.30	✉	**Remich** 18.30 an
16.00	✉	**Esch** a.d. Alzette 18.30 an

❸ Post-Cours ab Prüm*

Abgang		nach
8.30	✉	**Vianden** 15.45 an

* Prüm wird mit Post-Coursen von Cöln aus angefahren.

Anschluß für den Post-Cours ab Prüm 8.30 nach Vianden:
Cöln ab 19.00 ✉ Prüm an 8.00

Niederlande

Für Reisen in die Niederlande stehen zahlreiche Routen zur Verfügung:

❶ Schiffs-Course ab Hamburg
❷ Post-Course ab Münster
❸ Post-Course ab Oberhausen Richtung Arnheim
❹ Schiffs-Course ab Cöln und Düsseldorf
❺ Post-Course ab Cleve
❻ Post-Course ab Viersen
❼ Eisenbahn-Course ab Aachen
❽ Eisenbahn-Anschlüsse ab Arnheim

❶ Schiffs-Course ab Hamburg

Abg		nach
k. A.	❖	**Amsterdam** (Fahrzeit 33-36 Std.) ❖ alle 5 Tage (am 5., 10., 15., 20., 25. und 30. des Monats)
k. A.	❖	**Rotterdam** ❖ am 8., 18. und 28. des Monats

❷ Post-Course ab Münster

Abg		nach
14.00	✉	Burgsteinfurt 17.30 – **Enschede** 21.45 an
18.15	✉	**Emmerich** 12.15 an *Post-Anschluß ab Emmerich:* 14.45 **Arnheim** 17.45 an

Anschlüsse ab Arnheim ☞ ❽

❸ Post-Course ab Oberhausen

Abg		nach
8.15	✉	Wesel 11.15 – **Emmerich** 14.45 an ab Emmerich Post-Cours nach **Arnheim** 17.45 an
20.30	✉	Wesel 23.30 – **Emmerich** 3.00 an ab Emmerich Post-Cours nach **Arnheim** 6.00 an

Anschlüsse ab Arnheim ☞ ❽

❹ Schiff-Course ab Cöln und Düsseldorf

Abg Cöln	D'dorf		nach
5.30	8.15	❖	**Arnheim** 14.00 an
18.30	22.30	❖	Arnheim 7.30 – **Rotterdam** 14.30 an ❖ **nur Mo, Mi, Do und So**
20.00	23.00	❖	Duisburg – Wesel – Emmerich – Arnheim – **Rotterdam** 16.00 an * ❖ **nur Mo,Mi, Do, Fr und So**

* Niederländische Gesellschaft

Zur günstigsten Verbindung von Berlin nach Amsterdam ☞ Seite 224

❺ Post-Course ab Cleve*

Abg		nach
7.00	✉	Cranenburg – **Nymwegen** 9.15 an *Post-Anschluß ab Nymwegen:* 9.30 Arnheim 11.30 – Utrecht 14.30 – **Amsterdam** 15.30 an
18.30	✉	Cranenburg – **Nymwegen** 20.45 an *Post-Anschluß ab Nymwegen:* 3.30 Arnheim 5.30 – Utrecht 8.30 – **Amsterdam** 9.30 an

* Cleve wird mit Post-Coursen von Düsseldorf aus angefahren.

Anschluß an den Post-Cours 7.00 nach Nymwegen:
Düsseldorf ab 21.30 ✉ über Crefeld–Geldern nach Cleve an 6.00

Anschluß an den Post-Cours 18.30 nach Nymwegen:
Düsseldorf ab 7.45 ✉ über Moers nach Cleve an 16.45

❻ Post-Course ab Viersen*

Abg		nach
6.30	✉	**Venlo** 9.30 an
19.30	✉	**Venlo** 22.30 an

* Viersen ist an die Bahnlinie Oberhausen–Gladbach–Aachen angeschlossen.

Anschlüsse zu dem Post-Cours 6.30 nach Venlo:
Oberhausen ab 18.40 Pz, Viersen an 21.23 ⮐.
Aachen ab 19.35, Viersen an 22.56 ⮐

Anschlüsse zu dem Post-Cours 19.30 nach Venlo:
Oberhausen ab 14.20 Pz, Viersen an 18.01,
Aachen ab 16.25, Viersen an 18.42

❼ Eisenbahn-Course ab Aachen

Abgang der Züge in Aachen ab Bahnhof Marschierthor, Halt auch im Bahnhof Templerbend 8-11 Minuten später.

Abg	Zug	nach
7.00	Pz	**Mastricht** 8.15 an
10.56	Pz	**Mastricht** 12.26 an
19.29	Pz	**Mastricht** 20.51 an

❽ Eisenbahn-Anschlüsse ab Arnheim*

Abg	Zug	nach
7.00	Pz	Utrecht 8.50 – **Amsterdam** 9.50 an
11.00	Pz	Utrecht 12.50 – **Amsterdam** 13.50 an
16.00	Pz	Utrecht 17.50 – **Amsterdam** 18.50 an
19.30	Pz	Utrecht 21.20 – **Amsterdam** 22.20 an

* mit den nach Redaktionsschluß bekannt gewordenen Veränderungen

Norwegen

Norwegen mit seiner Hauptstadt Christiana ist ausschließlich per Schiff erreichbar, entweder direkt ab Hamburg und Kiel oder über Kopenhagen mit Anschluß von Kiel.

Dampfschiff-Course ab Hamburg

Abgang		nach
k.A.	❖	Christiansand – Langesund – Drammen – **Christiana** ❖ jeden zweiten Dienstag
früh	❖	Christiansand – Stavanger – **Bergen** an Mittwoch ❖ jeden Sonnabend *Dampfschiff-Anschluß ab Bergen:* einmal wöchentlich nach Drontheim–Tromsö–Hammerfest und weiterem Anschluss bis Vadsö. (Von Bergen bis Vadsö wird die Reise in 17 Tagen zurückgelegt.)

Dampfschiff-Cours ab Kiel

Abgang		nach
mittags	**Sa**	Nyborg – **Christiana** Montag früh an
21.00*	**Di, Sa**	**Kopenhagen** 8.00-9.00 an *Dampfschiff-Anschluß ab Kopenhagen:* 13.00 **Mi** **Christiana** an Fr-Mittag

* Ein Anschlußzug aus Richtung Hamburg verlässt Altona um 17.10 und erreicht Kiel um 20.00.

Österreich

Reisen nach dem Königreich Österreich und zu einigen gegenwärtig zu Österreich gehörenden Gebieten (u.a. Böhmen, Mähren, Oberschlesien, Galizien, Ungarn) mit Bahn-, Post- und Schiffs-Coursen können von folgenden Ausgangs- bzw. Endpunkten angetreten werden (in der Reihenfolge von Osten nach Westen):

noch: Österreich

❶ Eisenbahn-Course ab Breslau/Oppeln
❷ Eisenbahn-, Post- und Schiffs-Course ab Dresden
❸ Post-Course nach Eger
❹ Post-Course nach Carlsbad
❺ Post-Course nach Franzensbad
❻ Post- und Schiffs-Course ab Regensburg und Passau
❼ Post-Course ab München
❽ Post- und Schiffs-Course ab Friedrichshafen und Lindau
❾ Post-Course ab Eger
❿ Bahn- und Postanschlüsse ab Prag
⓫ Post-Course ab Salzburg
⓬ Bahn-, Post- und Schiffsanschlüsse ab Wien
⓭ Post-Course ab Pesth

❶ Eisenbahn-Course ab Breslau/Oppeln

Abg	Zug	nach
6.00	**Sz**	Oppeln 7.45 – Oderberg 9.45 – Prerau 13.27 – Lundenburg 16.27 – **Wien** 19.35 an **und** Gleiwitz 10.02 – Myslowitz 11.45 – **Krakau** 14.25 an
12.30	Pz	Oppeln 15.03 – Oderberg 18.15 – Prerau 23.09 – Lundenburg 3.05 – **Wien** 5.55 an **und** Gleiwitz 19.37 – Myslowitz 22.00 – **Krakau** 1.04 an

Anschlüsse ab Wien ☞ ⓫

❷ Eisenbahn-, Post- und Schiffs-Course ab Dresden

Abgang		nach
6.00	⛴	Aussig 15.00 – **Leitmeritz** 18.00 an
7.00	Pz	Bodenbach 9.05 – Aussig 10.53 – Lobositz 11.32 – **Prag** 14.18 an *Post-Anschluß ab Aussig:* 14.00 **Teplitz** 16.00 an *Eisenbahn-Anschluß ab Prag:* 15.15 Böhm. Trübau 20.28 – Brünn 0.10 – Lundenburg 3.00 – **Wien** 5.55 ab
7.00	✉	Altenberg 13.00 – **Teplitz** 15.45 an
14.00	Pz	Bodenbach 16.05 – Aussig 17.39 – Lobositz 18.18 – **Prag** 21.01 an
21.45	**Ez**	Bodenbach 23.30 – Aussig 1.01 – Lobositz 1.40 – Prag 4.27 - Böhm. Trübau 11.07 – Brünn 14.53 – Lundenburg 16.57 – **Wien** 19.35 an *Post-Anschluß ab Aussig:* 1.30 **Teplitz** 3.30 an

Bahnanschlüsse ab Prag ☞ ❿
Bahn-, Post- und Schiffsanschlüsse ab Wien ☞ ⓫

❸ Post-Course nach Eger

Abgang		nach
ab Nürnberg und Amberg		
14.30	✉	Amberg 22.00 – **Eger** 12.00 an
ab Regensburg		
16.30	✉	Amberg 24.00 – **Eger** 10.45 an
ab Markt Schorgast und Wunsiedel		
11.15	✉	Wunsiedel 16.00 – **Eger** 19.15 an
17.30	✉	Wunsiedel 22.15 – **Eger** 1.30 an
ab Hof		
4.00	✉	Asch – **Eger** 11.00 an
11.30	✉	**Eger** 18,30 an

Post-Cours-Anschlüsse ab Eger ☞ ❾

❹ Post-Course nach Carlsbad

Abgang		nach
ab Chemnitz und Annaberg		
0.00	✉	Annaberg 6.00 – Ober-Wiesenthal – **Carlsbad** 12.45 an *Post-Anschluß ab Carlsbad:* 14.00 **Marienbad** 19.45 an
6.00	✉	Annaberg 12.00 – Weipert – **Carlsbad** 18.45 an
ab Zwickau und Schneeberg		
9.15	✉	Schneeberg 11.45 – **Carlsbad** 21.15 an

Verbindungen ab Eger nach Carlsbad ☞ ❾

❺ Post-Course nach Franzensbad

Abgang	nach
ab Plauen	
9.30	Elster – **Franzensbad** 17.00 an
13.00	Adorf 15.55 – **Franzensbad** 19.45 an

Verbindungen ab Eger nach Franzensbad ☞ ❾

Für Fahrten zu den böhmischen Bädern empfehlen sich folgende Postcourse:

nach Carlsbad: ab Chemnitz und Zwickau ☞ ❹ sowie ab Eger ☞ ❾
nach Franzensbad: ab Plauen ☞ ❺ sowie ab Eger ☞ ❾
nach Marienbad: ab Eger ☞ ❾

❻ Post- und Schiffs-Course ab Nürnberg, Regensburg und Passau

ab a)Nürnbg. b)Regensb.	ab Passau		nach
a) 17.00 b) 5.00	k.A.	✉	Linz 11.00 an – **Wien** 17.00 an Ankunft Wien ab Nürnberg am 3., ab Regensburg und Passau am 2. Reisetag
b) 11.00	---	✉	Straubing – Alt-Oetting 1.15 – **Salzburg** 10.00 an
b) 11.00	23.00	✉	Linz 10.30 – **Wien** 6.30[3] an
b) 16.30	---	✉	Amberg 24.00 – Bayreuth 8.15 – **Eger** 10.45 an
b) 17.30	---	✉	Pilsen 17.30[2] – **Prag** 7.00[3] an

Anschlüsse ab Prag ☞ ❿, Anschlüsse ab Wien ☞ ⓫

❼ Post-Course ab München

Abgang		nach
0.00	✉	Wasserburg – Salzburg 16.00 – **Wien** 7.00-12.00[3] an *Post-Anschluß ab Salzburg:* 16.00 **Mo u. Fr Villach** 0.15[3]
6.00	✉	Schärding – Linz 11.15[2] – **Wien** 6.00[3] an
12.00	✉	Erding – **Passau** 10.15 an *Dampfschiff-Anschluß ab:Passau:* Wien 17.30[3] an
13.00	✉	Rosenheim – **Salzburg** 6.00 an *Post-Anschluß ab Salzburg:* 6.00 **Gastein** 19.00 an
17.00	✉	Mittenwald 7.15 – **Innsbruck** 14.00 an *Post-Anschluß ab Innsbruck:* 17.00 Botzen 9.15 – **Verona** 3.30[3]
23.00	✉	Landshut 6.00 – Straubing – **Prag** 7.00[3] an

Bahn- und Postanschlüsse ab Prag ☞ ❿
Post-Course ab Salzburg ☞ ⓫
Bahn-, Post- und Schiffsanschlüsse ab Wien ☞ ⓬

❽ Post- und Schiffs-Course ab Friedrichshafen und Lindau

Abgang		nach
ab Friedrichshafen		
5.00	⛴ Fr	**Bregenz**
9.15	⛴ ❖	**Bregenz** ❖ **Mo, Di, Mi, Fr** und **Sa** *Post-Anschluß ab Bregenz:* 15.00 **Feldkirch** 19.00
15.30	⛴ ❖	**Bregenz** ❖ **Mo** und **Do**
ab Lindau		
7.00	✉	**Bregenz** 8.00 an
15.30	✉	Bregenz 16.30 – Feldkirch 23.30 – **Innsbruck** 22.30 an

❾ Post-Course ab Eger

Ab Eger gehen die folgenden Post-Course mit Zielen in Böhmen, insbesondere zu den böhmischen Bädern ab:

Abgang		nach
5.00	✉	**Carlsbad** 10.30 an
5.00	✉	Marienbad 8.00 – Pilsen 17.00 – **Prag** 3.30 an
5.30	✉	**Franzensbad** 6.00 an
12.00	✉	**Carlsbad** 17.00 – **Prag** 7.30 an
13.15	✉	**Franzensbad** 13.45 an
17.30	✉	Marienbad 20.30 – **Pilsen** 5.30 an
18.45	✉	**Franzensbad** 19.15 an

❿ Bahn- und Postanschlüsse ab Prag

Zu weiteren Zielen in Österreich resp. Böhmen gehen ab Prag die folgenden Zugläufe und Post-Course ab:

Abgang		nach
5.30	**Ez**	Pardubitz 8.49 – Böhm. Trübau 11.07 – Brünn 14.53 – Lundenburg 16.57 – **Wien** 19.35 an
15.15	Pz	Pardubitz 18.30 – Böhm. Tübau 20.48 – Brünn 0.30 – Lundenburg 3.10 – **Wien** 5.55 an
17.30	✉	Tabor – **Budweis** 9.00 an (So, Mo, Mi u. Fr bis **Linz** 5.30 an)
19.00	✉	**Pilsen** 5.30 (weiter nach Regensburg)

⓫ Post-Course ab Salzburg

Abgang		nach
5.00		**Innsbruck** 3.00 an *Post-Anschluß ab Innsbruck.:* 4.00 Landeck – **Feldkirch** 24.00 an
6.00		**Gastein** 19.00 an
7.00		**Ischl** 14.00 an
16.00	❖	**Villach** 22.45[2] an ❖ **Mo und Fr**
19.30		Linz 9.30 – **Wien** 5.30[3] an
22.00		Ischl 5.15 – **Bruck** 6.30[3] an

Anschlüsse ab Wien ☞ ⓬

⓬ Bahn-, Post- und Schiffsanschlüsse ab Wien

Zu weiteren Zielen in Österreich gehen ab Wien die folgenden Bahn-, Post- und Schiffscourse ab:

Abgang		nach
6.00	🚢	Pressburg – **Pesth** mittags an
7.00	**Sz**	Neustadt 8.13 – Mürzzuschlag 11.05 – Bruck 12.12 – Gratz 13.52 – Marburg 15.46 – **Laybach** 20.03 an *Post-Anschluß ab Laybach:* 20.31 **Triest** 6.51 an (*dort Anschluß per Dampfschiff nach* **Venedig** 15.00 an)
7.00	Pz	Marchegg 8.40 – Pressburg 10.05 – Szobb 14.35 – **Pesth** 16.17 an *Eisenbahn-Anschluß ab Pesth:* 20.00 Czegléd 0.05 – **Szolnok** 1.10 an
7.20	GmP	Neustadt 9.17 – Mürzzuschlag 13.14 – Bruck 14.37 – Gratz 16.26 – Marburg 18.46 – Pöltschach 19.58 – **Laybach** 0.30 an *Post-Anschluß ab Marburg:* 20.00 **Klagenfurt** 13.00 an *Post-Anschluß ab Pöltschach:* 21.15 **Agram** 23.30 an
9.00	Pz	**Bruck a.d.Leitha** 10.28 an
14.15	GmP	Marchegg 16.22 – **Pressburg** 17.16 an
16.00	Pz	**Bruck a.d.Leitha** 17.38 an
18.30	Pz	Marchegg 20.29 – Pressburg 21.53 – Szobb 3.29 – **Pesth** 5.30 an *Eisenbahn-Anschluß ab Pesth:* 6.45 Czegléd 9.50 – **Szolnok** 10.45 an
19.00	❖✉	Radziwilow – **Odessa** 7.00[3] an ❖ nur Di u. Fr
19.00	❖✉	Nowosielice – **Odessa** 7.00[3] an ❖ nur Mo, Do u. Sa

Abgang		nach
21.00	GmP	Neustadt 22.57 – Mürzzuschlag 3.15 – Bruck 4.42 – Gratz 6.48 – Marburg 9.06 – Steinbrücken 12.40 – **Laybach** 15.17 an *Post-Anschluß ab Bruck a.d.M.:* 5.45 **Klagenfurt** 2.00 an *Post-Anschluß ab Steinbrücken:* 15.00 **Agram** 2.00 an *Post-Anschluß ab Laybach:* 16.47 **Triest** 3.02 an 17.00 Adelsberg – **Fiume** 8.30 an

In **Triest** Anschluß an die Dampfschiffe des Österreichischen Lloyd u.a. nach Venedig, Istrien, Croatien, Dalmatien, Albanien, Griechenland, Levante und Alexandrien.

⓭ Post-Course ab Pesth

Abg		nach
4.45	✉	**Temesvar** 22.15 an
7.00	✉	**Fünfkirchen** 12.15[2] – **Hermannstadt** 11.00[3] an
19.00	❖ ✉	**Kaschau** 1.00[3] an ❖ So, Mo, Mi, Fr

☞ **Hinweis:** Reisemöglichkeiten in das obere Italien werden im Abschnitt Italien behandelt. Verbindungen nach Krakau sehe man unter Polen.

Polen

gegenwärtig zu Rußland bzw. Österreich gehörend

Verbindung ab Breslau

Der folgende Schnellzug ab Breslau wird in **Berlin** eingesetzt; Abfahrt dort um **22.15**:

Abgang		nach
6.00	**Sz**	Brieg – Oppeln – Gleiwitz – Myslowitz – Szczakowa – **Krakau** 14.25 an

In Szczakowa unmittelbarer Anschluss an Zug nach **Warschau** über Czenstochau, Ankunft dort um 23.00.

noch: Polen

Verbindung ab Posen

Abgang		nach
0.30	✉	**Lowicz** 5.00² an *Eisenbahn-Anschluß ab Lowicz:* 5.30 Pz **Warschau** 9.10 an

Eisenbahn-Verbindung von **Berlin nach Posen:**:

Berlin 6.15 Pz, umsteigen in Kreutz: an 13.32, ab 14.11, Posen an 16.26; Ankunft in **Warschau** am 3. Reisetag

Rußland

Verbindung ab Königsberg/Pr.

Verbindungen auf dem Landweg nach Riga und St. Petersburg ☞ **Seite 225**

Verbindung ab Warschau

Verbindungen auf dem Landweg nach St. Petersburg ☞ **Seite 225**

Dampfschiff-Course ab Lübeck und Stettin

Fahrten nach **Riga** und **St. Petersburg** in diesem Jahr nicht im Gange.

☞ Hinweis: Die Reisemöglichkeiten nach **Polen** werden oben in einem eigenen Abschnitt behandelt.

Schweden

Nach Schweden bestehen von deutschen Seehäfen aus mehrere direkte Dampfschiff-Verbindungen (bis Gothenburg, Malmö, Ystad und bis zur Hauptstadt Stockholm), ferner über Kopenhagen:

❶ Dampfschiff-Course ab Hamburg
❷ Dampfschiff-Course ab Lübeck
❸ Dampfschiff-Course ab Stralsund
❹ Dampfschiff-Course ab Stettin
❺ Dampfschiff-Course ab Kopenhagen

❶ Dampfschiff-Cours ab Hamburg

Abgang		nach
k.A.	Do	**Gothenburg** *Schiffs-Anschluß ab Gothenburg:* früh* **Stockholm** *auf dem Götha-Kanal* (72-80 Std.) * Mi, Fr und So

❷ Dampfschiff-Course ab Lübeck

Abgang		nach
15.00	Fr	Kopenhagen 7.00-9.00 – **Malmö** 15.00 an
16.00	Mo*	**Stockholm** * alle 14 Tage: 14. u. 28. Mai, 11. u. 25. Juni, 9. u. 23. Juli, 6. u. 20. Aug., 3. u. 17. Sept., 1., 15. u. 29. Okt.
16.00	Mo*	Ystadt – Calmar – Norköping – **Stockholm** 4.00-8.00 am 3. Tag * alle 14 Tage: 7. u. 21. Mai, 4. u. 18. Juni, 2., 16. u. 30 Juli, 13. u. 27. Aug., 10. u. 24. Sept., 8. u. 22. Okt., 5. Nov.
16.00	Mi	Kopenhagen 8.00-10.00 – **Ystadt** (weiter nach Bornholm)
16.00	Do	Ystadt – Calmar – **Stockholm** 4.00-8.00 am 3. Tag

❸ Dampfschiff-Course ab Stralsund

Abgang		nach
12.00	So, Do	**Ystadt** 20.00-22.00 an

❹ Dampfschiff-Course ab Stettin

Abgang		nach
mittags	❖	Swinemünde – Calmar – **Stockholm** (Fahrzeit 48-60 Std.) ❖ Dienstag von April bis Oktober

❺ Dampfschiff-Course ab Kopenhagen*

Abgang		nach
5.00	Mo	**Malmö** 7.00 an
8.00	Fr	**Gothenburg** Sa-früh
10.00		**Malmö** 12.00 an
13.00	Mi	**Gothenburg** Do-vorm.
14.00	Sa	**Malmö** 16.00 an
15.30	Mi	**Malmö** 17.30 an

* Reisemöglichkeiten nach Kopenhagen ☞ **Dänemark**

Schweiz

Hauptsächliche Reisemöglichkeit in die Schweiz bietet die aus Mannheim abgehende Hauptbahn der Badischen Staatseisenbahnen, die gegenwärtig in einem provisorischen Bahnhof auf Schweizer Territorium in Basel rechts des Rheines endet und dessen Weiterbau Richtung Waldshut–Schaffhausen–Constanz geplant ist. Zahlreiche Post-Course und einzelne Schiffs-Course auf dem Bodensee kommen ergänzend hinzu:

➊ Eisenbahn-Course ab Freiburg i.B.
➋ Anschlüsse mit Post-Coursen ab Basel
➌ Post-Course ab Freiburg i.B.
➍ Post-Course ab Stuttgart
➎ Post-Course ab Constanz
➏ Anschlüsse mit Post-Coursen ab Schaffhausen
➐ Schiffs-Course ab Friedrichshafen
➑ Post- und Schiffs-Course ab Lindau
➒ Post-Course ab Rorschach
➓ Post-Course ab St. Gallen
⓫ Post-Course ab Zürich

Zu den Eisenbahn-Coursen von Strasbourg auf der zu Frankreich gehörenden linken Rheinstrecke nach Basel ☞ Frankreich ➎.

➊ Eisenbahn-Course ab Freiburg i.B.:

Abgang	nach
5.15 Pz	**Basel** 8.40 an
8.25 Pz	**Basel** 10.55 an
12.42 Sz	**Basel 14.56** an
17.41 Sz	**Basel 19.15** an
17.50 Pz	**Basel** 20.15 an

In Basel Ankunft der Züge im Badischen Bf (rechte Rheinseite); Anschlüsse mit Post-Coursen ab Basel ☞ ➋

➋ Anschlüsse mit Post-Coursen ab Basel

In das Innere der Schweiz und zum Teil weiter nach Italien gehen ab Basel (in der Regel auf der linken Rheinseite) u.a. die folgenden Post-Course ab:

Abgang	nach
6.00	Sonceboz – **Bern** 17.00-17.30 an
7.30	Solothurn 14.00 – **Bern** 17.30 an
9.00	**Schaffhausen** 19.30 an
9.30	Solothurn 16.00 – Bern 19.30 – Murten – Lausanne 6.45 – **Genf** 13.30 an
9.30	**Baden** 16.00 *Eisenbahn-Anschluß ab Baden:* 17.00 Pz **Zürich** 17.45 an
9.30	**Luzern** 18.30 an
12.00	Waldshut – **Zürich** 22.15 an
13.00	**Baden** 19.30 an *Eisenbahn-Anschluß ab Baden:* 20.00 Pz **Zürich** 20.45 an
17.30	Waldshut – **Schaffhausen** 20.00 an
20.00	Luzern 5.30 – Bellinzona 23.30 – **Mailand** 12.00[3] an
20.15	Solothurn 2.45 – Bern 6.15 – Murten – Lausanne 17.45 – **Genf** 0.30[3] an
20.15	Sonceboz – **Bern** 7.15-7.45 an *Postcours-Anschluß ab Bern:* 8.00 Lausanne – **Genf** 8.30 Freiburg 12.00 an
22.00	**Baden** 5.00 an *Eisenbahn-Anschluß ab Baden:* 5.30 Pz **Zürich** 6.15 an

Anschlüsse ab Zürich ☞ ⓫

➌ Post-Course ab Freiburg i.B

Abgang	nach
8.30	Lenzkirch – **Schaffhausen** 19.30 an
13.00	Donaueschingen 21.30 – **Schaffhausen** 4.00 an
18.15	Lenzkirch – **Schaffhausen** 5.15 an

Anschlüsse ab Schaffhausen in das Innere der Schweiz ☞ ➏

➍ Post-Course ab Stuttgart

Abgang	nach
20.30	Tübingen 0.15 – Hechingen 2.30 – Rottweil 8.45 – Stockach 13.45 – **Schaffhausen** 21.30 an

Anschlüsse ab Schaffhausen in das Innere der Schweiz ☞ ➏

Zur günstigsten Verbindung von Berlin nach Zürich ☞ Seite 225

❺ Post-Course ab Constanz

Abgang	nach
6.30	**St. Gallen** 11.00 an
8.00	Schaffhausen 12.30 – **Zürich** 17.00 an
12.00	Schaffhausen 16.30 an (weiter nach Freiburg i.B.)
13.30	**St. Gallen** 18.00 an

Anschlüsse mit Post-Coursen ab St. Gallen ☞ ❿, ab Zürich ☞ ⓫

❻ Anschlüsse mit Post-Coursen ab Schaffhausen

In das Innere der Schweiz gehen ab Schaffhausen die folgenden Post-Course ab:

Abg		nach
7.00	✉	Winterthur 10.00 – **Zürich** 12.30 an
13.30	✉	Eglisau – Zürich 18.00 – **Luzern** 5.00 an
14.15	✉	**Aarau** 22.30 an
20.30	✉	Winterthur 23.30 – **Zürich** 2.00 an

Anschlüsse mit Post-Coursen ab Zürich ☞ ⓫

❼ Schiffs-Course ab Friedrichshafen

Friedrichshafen ist Endbahnhof der Württembergischen Staatsbahn, die ausgehend von Bruchsal und Heilbronn über Stuttgart–Ulm den Bodensee erreicht. Ankunft der Anschlußzüge in Friedrichshafen:

Ulm	**ab**	5.00	11.45	15.20	**18.40**
Friedrichshafen	**an**	10.00	15.20	18.30	**22.15**

Abg		nach	
5.30		**Rorschach**	
9.15		**Romanshorn**	
9.15		**Rorschach**	
14.00	❖	**Romanshorn**	❖ **So, Di, Mi, Fr** und **Sa**
15.30		**Rorschach**	
19.15		**Romanshorn**	

In **Rorschach** Anschlüsse mit Post-Coursen u.a. nach Zürich, St. Gallen und Chur (☞ ❾).

❽ Schiffs- und Post-Course ab Lindau

In Lindau endet die Bayerische Staatsbahn mit ihren Zügen aus Richtung Augsburg, woselbst Anschlüsse u.a. aus München und Hof–Nürnberg aufgenommen werden. Ankunft der Züge in Lindau:

Augsburg . .	**ab**	**8.55**	12.50	21.30
Lindau - . .	**an**	**15.10**	22.35	6.30

Abgang		nach
6.00	Schiff	**Rorschach** mit Anschlüssen nach Friedrichshafen, Chur – Mailand und St. Gallen
6.00	✉	Rorschach – **Chur** 19.00 Uhr
6.30	✉	St. Gallen – **Zürich** 18.30 an
6.30	✉	Rorschach – **Zürich** 19.30-21.30 an
12.00	Schiff	**Rorschach** mit Anschlüssen nach Friedrichshafen und St. Gallen
15.00	✉	Rorschach – **Chur** 4.00-5.00 Uhr
15.15	Schiff	**Rorschach** mit Anschlüssen nach Friedrichshafen, Chur und St. Gallen
15.30	✉	St. Gallen – **Zürich** 3.30 an
18.00	Schiff	**Rorschach** mit Anschluß nach St. Gallen
18.30	✉	Rorschach – **Zürich** 7.30-9.30 an

Anschlüsse mit Post-Coursen ab St. Gallen ☞ ❿, ab Zürich ☞ ⓫

❾ Post-Course ab Rorschach

Abgang		nach
5.15	✉	**St. Gallen** 7.00 an
7.15	✉	St. Gallen 9.00 – **Zürich** 17.45 an
7.30	✉	Romanshorn 8.15 – **Zürich** 15.45 an
8.15	✉	Arbon – **Zürich** 17.45 an
8.30	✉	**Chur** 20.00 an
11.00	✉	**St. Gallen** 12.45 an
16.00	✉	St. Gallen 17.45 – **Zürich** 2.30 an
17.30	✉	St. Gallen 19.15 – **Chur** 5.00 an

Anschlüsse mit Post-Coursen ab St. Gallen ☞ ❿, ab Zürich ☞ ⓫

❿ Post-Course ab St. Gallen

In die übrige Schweiz und zum Teil weiter Richtung Italien gehen ab St. Gallen die folgenden Post-Course ab:

Abgang		nach
6.00	✉	Uznach – **Chur** 20.30 an
6.00	✉	Horgen – **Luzern** 22.15 an
6.00	✉	**Glarus** 16.00 an
7.30	✉	**Chur** 19.30 an
9.30	✉	Winterthur – **Zürich** 18.30 an
16.15	✉	**Chur** 4.15 an (weiter nach Mailand)
18.00	✉	**Appenzell** 21.00 an
19.00	✉	Uznach – Rapperswil – **Zürich** 7.30 an
19.00	✉	Schwyz – **Luzern** 10.30 an
19.00	✉	**Glarus** 5.00 an
20.00	✉	Winterthur – **Zürich** 5.00 an

⑪ Post-Course ab Zürich

In die übrige Schweiz und zum Teil weiter Richtung Italien gehen ab Zürich die folgenden Post-Course ab:

Abgang		nach
5.30	✉	Brugg – Zofingen – **Bern** 19.00 an
7.30	✉	Aarau 11.15 – **Basel** 16.15 an
7.30	✉	Aarburg – **Bern** 20.30
7.30	✉	Albis – **Luzern** 13.45 an
7.30	✉	Winterthur 9.50 – Adorf – Wyl – **St. Gallen** 16.00 an
8.00	✉	Winterthur 10.20 – Rapperschwyl – St. Gallen – **Chur** 21.00 an
13.30	✉	Aarau 18.30 – **Basel** 22.15 an
14.30	✉	**Winterthur** 16.50 an
18.15	✉	Winterthur 21.00 – Rapperschwyl – St. Gallen – **Chur** 11.15 an
18.30	✉	Aarau 22.15 – **Basel** 3.15 an
18.30	✉	Kreuzstrasse – **Bern** 8.00 an
20.00	✉	**Winterthur** 22.20 an
21.30	✉	Horgen – Luzern 4.30 – Bellinzona 23.30 – **Mailand** 9.15[3] an
21.30	✉	Winterthur 23.50 – Wyl – **St. Gallen** 6.30 an

Verbindungen ab Berlin zu Metropolen Europas

Zeichenerklärungen siehe erste Innenseite

Berlin → Amsterdam

7.30 Cz **U** Oberhausen **20.20** / 20.30 ✉
U Emmerich 3.00 / # ✉
U Arnheim 6.00 / 7.00 Pz — 9.50

12.00 Pz **U** Oberhausen 6.42 / 8.15 ✉
U Emmerich 11.45 / # ✉
U Arnheim 17.45 / 19.30 Pz — 22.20

Berlin → Brüssel

7.30 Cz **U** Deutz > Cöln **22.00** / **23.30 Sz** — **6.45**

12.00 Pz **U** Deutz > Cöln 9.15 / 11.45 — 20.30

Berlin → Genf

18.40 Sz **U** Frankfurt a.M. **9.55** / **10.30 Sz**
U Heidelberg **12.35** / **12.55 Sz**
U Basel **19.15** / 20.15 ✉ — 0.30[4]

Berlin → Kopenhagen

Je nach Reisetag steht eine der folgenden Routen zur Verfügung:

Mo *keine Abfahrten ab Berlin Richtung Kopenhagen*

Di 7.30 Pz **U** Hamburg 15.30 / Altona 17.10 Pz
U Kiel 20.00 / 21.00 ⛴ — 8.00-9.00

Mi 6.15 Pz **U** Stettin 9.47 / 12.00 ⛴ — 6.00-8.00

7.30 Pz **U** Büchen 13.55* / 14.00 Pz
U Lübeck 15.11 / 16.00 ⛴ — 8.00-10.00

Do 7.30 Pz **U** Hagenow 12.40 / 12.50 Pz
U Schwerin 13.35 / 13.45 Pz
U Wismar 15.00 / 16.00 ⛴ — 8.00-10.00

23.00 Cz **U** Büchen **4.10** / 9.00 Pz
U Lübeck 10.45 / 15.00 ⛴ — 7.00-9.00[3]

Fr *keine Abfahrten ab Berlin Richtung Kopenhagen*

Sa 6.15 Pz **U** Stettin 9.47 / 12.00 ⛴ — 6.00-8.00

7.30 Pz **U** Hamburg 15.30 / Altona 17.10 Pz
U Kiel 20.00 / 21.00 ⛴ — 8.00-9.00

So 7.30 Pz **U** Hagenow 12.40 / 12.50 Pz
U Schwerin 13.35 / 13.45 Pz
U Wismar 15.00 / 16.00 ⛴ — 8.00-10.00

Berlin → London

Generell werden ab Cöln zwei Routen angeboten, die beide zunächst nach Belgien führen und sich dann in die Fährverbindung über Ostende–Dover und in die über Calais–Dover teilen. Im folgenden wird nur die Verbindung über das französische Calais angeboten, weil die Route über Ostende über keinen günstigen Anschluß aus Berlin verfügt.

7.30 Cz **U** Deutz > Cöln **22.00** / **23.30 Sz**
U Mecheln 6.15 / 7.30 Pz
U Calais 14.40 / 15.00 ⛴
U Dover 16.30 / 17.15 Pz — 21.15

Berlin → Mailand

Fünf, zum Teil langwierige, aber landschaftlich durchaus abenteuerliche Routen sind an jedem Tag (!) ab Berlin möglich:

① über Frankfurt a.M.–Basel–Luzern–Gotthard (über 65 Std.),
② über Breslau–Wien–Laybach–Triest–Venedig (79 ½ Std.),
③ über Stuttgart – Friedrichshafen – Rorschach – Chur (knapp 85 ½ Std.),
④ über Augsburg–Lindau–Chur (97 Std.),
⑤ über München–Innsbruck–Verona (102 ½ Std.)

☞ *Es ist zu beachten, daß die Routen sehr unterschiedliche Reisezeiten erfordern. Schnellste Verbindung ist die Route ① über Frankfurt a.M.–Basel–Gotthard mit reichlich 65 Stunden. In der obigen Aufstellung sind die übrigen Routen in zeitlich aufsteigender Reihenfolge aufgezählt, was die Reisezeiten betrifft.*

8.10 Pz **U** Leipzig 14.05 / 14.30 Pz
④ **U** Hof 20.00 / 20.30 Pz
U Augsburg 11.05 / 12.50 GmP
U Lindau 22.35 ⇁ / 6.00 ✉
U Chur 18.30 ⇁ / 5.00 ✉ — 9.15[5]

8.10 Pz U Leipzig 14.05 / 14.30 Pz
⑤ U Hof 20.00 / 20.30 Pz
U München 13.15 / 17.00 ✉
U Innsbruck 14.00 / 17.00 ✉
U Verona 3.30 / 6.22 Pz
U Coccaglio 9.25 / # ✉
U Treviglia # / 14.00 Pz 14.46[5]

18.40 Sz U Frankfurt a.M. **9.55 / 10.30 Sz**
① U Heidelberg **12.35 / 12.55 Sz**
U Basel **19.15** / 20.00 ✉ 12.00[4]

18.40 Sz U Frankfurt a.M. **9.55 / 10.30 Sz**
③ U Heidelberg **12.35 / 12.55 Sz**
U Bruchsal **13.38 / 13.48 Ez**
U Friedrichshafen **22.15** ↩ / 9.30 ⛴
U Rorschach 11.00 / 17.30 ✉
U Chur 4.00 / 5.00 ✉ 8.00[5]
zwischen Colico und Como per Dampfschiff

22.15 Sz in/aus Breslau 5.45 / 6.00 **Sz**
② in/aus Oderberg **9.45 / 10.20 Sz**
U Wien **19.35** / 21.00 Pz
U Laybach 15.17 / 16.47 ✉
U Triest 3.02 / 9.00 ⛴
U Venedig 15.00 / 16.37 Pz
U Coccaglio 0.01 / 0.30 ✉
U Treviglio 4.45 / 5.00 Pz 5.46[5]

Berlin → Marseille

Nach der soeben erfolgten Eröffnung der Eisenbahn zwischen Lyon und Valence sind täglich nunmehr folgende zwei Routen möglich:

① über Cöln–Brüssel–Paris und
② über Frankfurt a.M.–Saarbrücken–Paris:

7.30 Cz U Deutz > Cöln **22.00 / 23.30 Sz**
① U Brüssel **6.45** / 8.00 Pz
U Paris 17.00 / 20.05 Pz 16.10[3]

18.40 Sz U Frankfurt a.M. **9.55 / 10.30 Sz**
② U Mannheim **12.38** / #
U Ludwigshafen # / **13.10 Sz**
U Paris **5.05** / 9.00 Pz 7.30[4]

Berlin → Paris

Zwei Routen sind täglich möglich:
① über Cöln–Brüssel und
② über Frankfurt a.M.–Saarbrücken–Metz:

7.30 Cz U Deutz > Cöln **22.00 / 23.30 Sz**
① U Brüssel **6.45** / 8.00 Pz 17.00

18.40 Sz U Frankfurt a.M. **9.55 / 10.30 Sz**
② U Mannheim **12.38** / #
U Ludwigshafen # / **13.10 Sz** **5.05**

Berlin → Pesth

22.15 Sz in/aus Breslau 5.45 / 6.00 **Sz**
in/aus Oderberg 9.45 / **10.20 Sz**
U Wien **19.35** ↩ / 7.00 Pz 16.17[3]

Berlin → Prag

7.00 Pz U Dresden 12.30 / 14.00 Pz 21.01
13.45 Pz U Dresden 20.00 / **21.45 Ez** **4.27**

Berlin → St. Petersburg

An bestimmten Tagen sind folgende zwei Routen möglich:

① Sonntag und Donnerstag über Königsberg i. Pr. (der Donnerstag-Kurs endet in Riga!)
② Dienstag und Sonnabend über Königsberg i.Pr. (der Dienstag-Kurs endet in Riga!)
③ Sonnabend, Montag und Mittwoch über Warschau

☞ *Für die Touren über Königsberg i.Pr. werden die jüngst bekannt gewordenen Veränderungen berücksichtigt.*

6.15 U Dirschau 21.04 ↩ / 6.59 ✉
② U Marienburg 11.34 / 12.04
U Königsberg i.Pr. 18.55 / 20.00 Pz
U Tilsit 6.15 / 7.00 ✉
U Tauroggen vorm. / 12.00 ✉
Riga nachm mittags[5]

22.40 Sz U Dirschau **10.45** / 11.37 ✉
① U Marienburg 16.07 / **16.37 Sz**
U Königsberg i.Pr. **21.02** ↩ / 8.00 Pz
U Tilsit 18.15 / 24.00 ✉
U Tauroggen 15.45 / 19.00 ✉
Riga abends früh[5]

22.15 Sz in/aus Breslau **5.45 / 6.00 Sz**
③ in/aus Myslowitz **11.10 / 11.45 Sz**
durch Szczakowa 12.30
durch Czenstochau 16.10
U Warschau 22.00 ↩ / 16.30
durch Kowno 12.00 4.00[5]

Bahnanschluss ab St. Petersburg nach **Moskau:**
11.00 Pz 9.00

Der Abendzug wurde einstweilen eingestellt.

Berlin → Triest

22.15 Sz in/aus Breslau 5.45 / 6.00 **Sz**
in/aus Oderberg **9.45 / 10.20 Sz**
U Wien **19.35** / 21.00 GmP
U Laybach 15.17 / 16.47 ✉ 3.02[4]

Berlin → Warschau

Zwei Routen sind täglich möglich:
① über Stettin–Kreutz–Posen und
② über Breslau–Myslowitz

☞ *Es ist auch hier zu beachten: Die Route über Stettin–Posen (Berlin ab 6.15) beansprucht mit 51 Stunden die doppelte Fahrzeit gegenüber der Route über Breslau (knapp 25 Stunden).*

6.15 Pz U Kreutz 13.32 / 14.11 Pz
① U Posen16.26 / 0.30 ✉
U Lowicz 5.00 / 5.30 Pz 9.10[3]

22.15 Sz in/aus Breslau **5.45 / 6.00 Sz**
② in/aus Myslowitz **11.10 / 11.45 Sz**
durch Szczakowa 12.30
durch Czenstochau 16.10 23.00[2]

Berlin → Wien

Zwei Routen sind täglich möglich:
① über Dresden–Prag und
② über Breslau–Oderberg:

13.45 Pz U Dresden 20.00 / **21.45 Ez**
① in/aus Prag **4.30 / 5.30 Ez** **19.35**

22.15 Sz in/aus Breslau 5.45 / 6.00 **Sz**
② in/aus Oderberg **9.45 / 10.20 Sz** **19.35**

Berlin → Zürich

18.40 Sz U Frankfurt a.M. **9.55 / 10.30 Sz**
U Heidelberg **12.35 / 12.55 Sz**
U Basel **19.15** / 22.00 ✉
U Baden 5.00 / 5.30 Pz 6.15[3]

Weitere Empfehlungen für

DIE SCHÖNSTEN DAMPFLOKS
256 Seiten, ca. 400 größtenteils farb. Bilder,
220 x 275 mm, Hardcover

€ 9,99
ISBN 978-3-95843-154-6

DAMPFLOKOMOTIVEN
224 Seiten, ca. 210 s/w-Abbildungen und Zeichnungen, 181 x 261 mm, Hardcover mit Schutzumschlag

€ 9,99
ISBN 978-3-86852-534-2

NACHTZÜGE
128 Seiten, 97 farbige Abbildungen,
297 x 284 mm, Hardcover

€ 9,99
ISBN 978-3-95843-171-3

DEUTSCHE DAMPFLOKOMOTIVEN
272 Seiten, ca. 240 s/w-Abbildungen,
115 x 145 mm, Flexocover

€ 3,99
ISBN 978-3-86852-386-7

DEUTSCHE SCHMALSPUR-DAMPFLOKOMOTIVEN
224 Seiten, ca. 200 s/w-Abbildungen,
115 x 145 mm, Flexocover

€ 3,99
ISBN 978-3-86852-387-4

Unsere Bücher erhalten Sie in Ihrer Buchhandlung

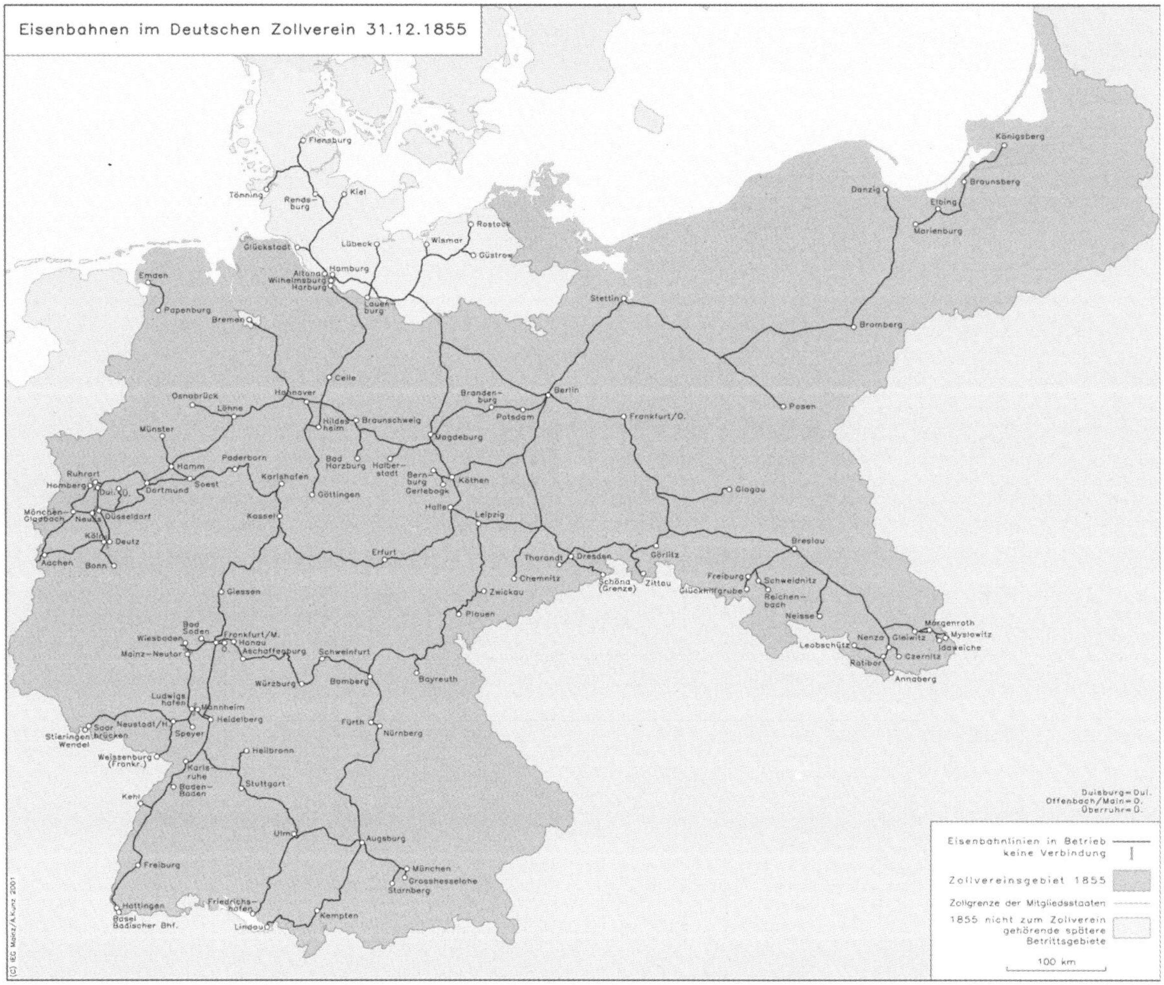

Quelle: http://www.ieg-maps.de

Im Jahr 1855 betrug die in der Karte dargestellte Gesamtstreckenlänge 7809,34 km. In Schlesien wurden weitere Teilstrecken eröffnet und somit die Städte Reichenbach, Leobschütz und Czernitz angeschlossen. Im Westen Deutschlands erhielt Osnabrück eine Anbindung, und mit den Streckeneröffnungen Dortmund-Soest und Köln-Neuss wurde das Schienennetz auch dort erweitert. Das französische Wissembourg (Weißenburg) wurde in das pfälzische Eisenbahn-System eingebunden. (W. Röss)